C/R/I/M/I/N/A/L/P/R/O/C/E/D/U/R/E/L/A/W

판례중심

형사소송법

제3판

최병천 저

정독
DEEP READING

판례중심

형사소송법

제3판

머리말

이 책의 특징은 다음과 같다.

서술의 순서는 형사절차가 진행되는 시간적 과정과 동일하게 하였다. 수사기관의 수사개시에서 시작하여 제1심과 상소심을 거쳐 재판이 확정되고 확정된 재판을 집행하는 일련의 흐름을 기본으로 하였다. 제1심과 병행하거나 제1심에 선행하는 특별한 절차들인 국민참여재판, 약식절차, 즉결심판절차, 소년보호사건과 소년형사사건, 배상명령은 제1심의 뒷부분에 위치시켰다. 형의 집행, 형사보상, 특수한 재판의 변경, 비상구제절차에 대해서는 재판확정 후의 절차라는 항목으로 묶어 책의 마지막 부분에 배열하였다.

판례에 관하여 사실관계를 충실히 추출하고, 판례 앞 부분에 사실관계를 요약해두었다. 특히 판례의 표현을 간결하고 알기 쉽게 가다듬기 위해 많은 노력을 기울였다.

전문법칙에 대해서는 2007년도의 법개정에 맞추어 증거에 따라 증거능력의 요건을 분석하였고, 관련 판례를 유형별로 분류하여 수록하였다. 진술서와 진술 기재서류(법 313조), 항고 및 준항고, 일부 상소 등에 대해서는 복잡다기한 판례들을 일목요연하게 체계적으로 정리하였다. 기판력과 일사부재리의 원칙은 같고 다름을 논할 성격의 것이 아니라는 논지를 폈다.

중복되는 항목은 가급적 한꺼번에 서술하였다. 가령 현행범체포, 체포영장에 의한 체포, 긴급체포는 체포라는 항목으로 묶어 요건, 절차, 효과 등을 동시에 설명하는 방식을 사용하였다. 이는 서술의 중복을 피하는 방편이기도 하지만 무엇보다도 유사한 제도를 비교하면서 읽어나가는 것이 이해하는 데 도움이 될 것이라는 판단 때문이다. 구속, 압수·수색·검증 등에 대해서도 그 주체가 수사기관인 경우와 법원인 경우를 동시에 설명하였다.

종래 무비판적으로 전개되어 오던 이론들에 대해 저자의 개인적인 의견을 과감히 밝혔다. 소인은 우리 법에 존재할 수 없는 개념이라는 것, 검증은 강제처분이 아니라는 것, 재정신청에 따른 법원의 심리절차의 법적 성격이 수사인지 항고소송인지에 관한 학설은 현실과 동떨어져 쓸모없다는 것, 피의자신문조서에 대한 내용이나 진정성립의 인부는 우리 법에 고유할 뿐 일본이나 영미의 법률에서는 발견되지 않는다는 것, 학설과 판례가 파악하는 특히 신빙할 만한 상태는 그 실체를 알 수 없다는 것, 증거능력은 없으나 증명력을 탄핵할 수는 있는 탄핵증거라는 개념은 논리적으로 존재할 수 없다는 것 등이다.

이 책의 부록으로 사례형 연습문제, 기록형에 관한 기본 자료 및 기록형 연습문제를 수록하였다. 위 문제와 자료들은 비교적 어려운 문제로 구성되어 있다. 형소법 전반을 아우르는 종합문제가 아니라 특정 주제에 관한 여러 쟁점을 중점적으로 분석해볼 수 있는 자료로 사용될 수 있을 것으로 믿는다.

이 책의 부족하거나 잘못된 부분을 보완하는 자료, 새로 나오는 판례를 정리한 자료 등은 출판사의 홈페이지 자료실에 게시하기로 한다.

전남대학교 법학전문대학원을 졸업한 박석원, 이현석 두 예비 법조인이 판례중심 형사소송법 제3판을 검토해주었다.

2019. 3.

저자 씀

차 례

▌제 1 편▌ 수 사

제 1 장 형사소송의 기본이론

제 2 장 수사기관

제 3 장 수사의 개시

제 2 편 제1심의 심리와 재판

제 1 장 공소의 제기

약어표

※ 용어 약어표

일반사경	일반사법경찰관리
사경	사법경찰관(리)
수사기관	검사 또는 사법경찰관(리)
특사경	특별사법경찰관리
특신상태	특히 신빙할 수 있는 상태

※ 법령 약어표

교특법	교통사고처리 특례법
국민참여재판법	국민의 형사재판 참여에 관한 법률
규칙	형사소송규칙
금융실명법	금융실명거래 및 비밀보장에 관한 법률
도교법	도로교통법
법(또는 형소법)	형사소송법
부수법	부정수표 단속법
사경법	사법경찰관리의 직무를 수행할 자와 그 직무범위에 관한 법률
수사 규정	검사의 사법경찰관리에 대한 수사지휘 및 사법경찰관리의 수사준칙에 관한 규정
성폭법	성폭력범죄의 처벌 등에 관한 특례법
(구 성폭법)	성폭력범죄의 처벌 및 피해자보호 등에 관한 법률
소촉법	소송촉진 등에 관한 특례법
아청법	아동·청소년의 성보호에 관한 법률
여전법	여신전문금융업법
정통망법	정보통신망 이용촉진 및 정보보호 등에 관한 법률

통비법	통신비밀보호법
특가법	특정범죄 가중처벌 등에 관한 법률
특경법	특정경제범죄 가중처벌 등에 관한 법률
폭처법	폭력행위 등 처벌에 관한 법률
형집행법	형의 집행 및 수용자의 처우에 관한 법률 (2008년 이전에는 행형법)
FRCP	Federal Rules of Criminal Procedure(연방형사소송규칙)
FRE	Federal Rules of Evidence(연방증거규칙)

※ 주요 참고문헌 약어표

법원실무제요 형사Ⅰ·Ⅱ	법원행정처, 법원실무제요 형사Ⅰ·Ⅱ, 2008

제 1 편

수 사

제 1 장

형사소송의 기본이론

1. 형사소송의 의의와 성격

형사절차는 국가의 형벌권을 실현하기 위한 것으로서 범죄의 수사, 재판, 형의 집행 등 일련의 과정을 말한다. 엄밀한 의미에서의 형사소송은 공소제기 이후 법원의 심리와 재판을 말한다 하겠으나 법은 수사와 형의 집행을 포함한 형사절차 전반에 관하여 규율하고 있다.

형법은 국가형벌권의 발생요건과 그 효과를 규율하는 실체법임에 반하여 법은 국가형벌권의 실현을 위한 절차법이다.

국민의 모든 자유와 권리는 국가안전보장·질서유지 또는 공공복리를 위하여 필요한 경우에 한하여 법률로써 제한할 수 있으며, 제한하는 경우에도 자유와 권리의 본질적인 내용을 침해할 수 없으므로(헌법 37조 2항), 국민의 자유, 권리 및 재산에 대한 침해를 수반하는 국가형벌권의 실현은 형식적 의미의 법률에 의하여야 한다. 이를 형사절차법정주의라고 한다.

2. 형사소송의 이념

형사소송의 기본이념은 실체적 진실주의와 적정절차이다.[1)]

실체적 진실주의는 적극적으로 죄를 범한 자를 처벌하고, 소극적으로 죄를 범하지 않은 자를 처벌해서는 안 된다는 형태로 발현된다.

그렇지만 형사소송의 실체적 진실주의도 일정한 제한을 받지 않을 수 없다. 실체적 진실주의는 형사소송의 또 다른 목적인 적정절차와 신속한 재판이라는 이념의 제한을 받는다. 실체적 진실주의는 인간의 능력과 한계 안에서의 개념이므로 합리적 의심의 여지가 없는 경우에는 유죄를 선고하는 사실상

---

1) 형사소송에서 추구하는 두 가지 이상은 기본적 인권의 보장과 실체적 진실의 발견이다. 실체적 진실의 발견은 기본적 인권을 침해함이 없이 합법적으로, 다시 말하면 공정한 재판에 의하여 실현되어야 한다(대판 1983. 3. 8. 82도3248).

의 제약을 받는다. 군사상비밀, 공무상비밀 또는 업무상비밀에 대해서는 압수·수색·검증에 제한이 있고(법 110조 내지 112조), 증인거부 또는 증언거부(법 147조 내지 149조)의 경우에는 증인신문을 할 수 없는 것처럼 실체적 진실주의가 초소송법적 이익을 침해할 수 없다는 제약을 받는다.

적정절차를 실현하는 하부 원칙으로는 공정한 재판의 원칙, 비례성의 원칙 그리고 피고인 보호의 원칙 등이 제시된다.

공정한 재판의 원칙으로는 법관의 제척·기피·회피 제도, 피고인의 진술권과 진술거부권, 증거신청권, 변호인의 조력을 받을 권리 등이 있다. 비례성의 원칙에 의해 강제처분은 필요한 최소한도의 범위에서만 해야 한다. 피고인 보호를 위해서는 진술거부권, 체포·구속사유, 상소권 등을 고지하여야 한다.

신속한 재판을 위해 체포·구속, 수사와 재판의 기한이 제한되고 공판준비절차나 집중심리주의 제도가 운용되고 있다.

증인에 대한 접촉을 독점하거나 차단 또는 구속된 증인에 대한 편의제공
검사이든 피고인이든 공평하게 증인에 접근할 수 있도록 기회가 보장되어야 한다. 검사와 피고인 중 어느 한 편이 증인과의 접촉을 독점하거나 상대방의 접근을 차단하도록 허용한다면 이는 상대방의 공정한 재판을 받을 권리를 침해한다. 구속된 증인에 대한 편의제공도 접근차단과 마찬가지로 공정한 재판을 해할 수 있다.[2]

3. 형사소송의 기본구조

가. 규문주의와 탄핵주의

규문주의는 법원이 스스로 절차를 개시하고 심리·재판하는 방식으로서 소추기관과 재판기관이 분리되지 않고 범죄의 혐의를 받는 자는 재판기관의 조사·심리의 객체일 뿐 소송의 주체가 아니므로 방어할 권리를 가지지 아니하며, 탄핵주의는 소추기관과 재판기관이 분리되어 불고불리의 원칙이 적용되고 피고인도 소송의 주체로서 절차에 관여할 수 있는 것이라고 설명되고 있다.

나. 당사자주의와 직권주의

법은 당사자주의를 기본 골격으로 하면서 직권주의적 규정을 아울러 두고 있다.[3] 당사자주의는 형사소송의 당사자인 검사와 피고인이 공격과 방어를 통해 주도적으로 심리를 진행하고 법원은 제3자적 입장에서 당사자의 주장·입장을 판단하는 소송구조이다. 당사자주의는 소송에 대한 직접적인 이해당사자가 증거의 수집과 제출에 있어 주도적인 지위를 차지하여 실체적 진실발견에 유리하고 소송경제를 도모할 수 있으며, 법원은 중립적인 입장에서 판단할 수 있다는 장점을 가진다. 반면 당사자주의

2) 대판 2002. 10. 8. 2001도3931; 헌재 2001. 8. 30. 99헌마496.
3) 대판 1983. 3. 8. 82도3248.

는 당사자의 능력 차이에 따라 형평성이 저해될 우려가 있고, 처분권주의의 인정을 통해 형사사법이 당사자의 타협이나 거래의 대상으로 전락할 우려가 있다.

직권주의는 법원이 주도적으로 증거를 수집·조사하며 소송을 진행하는 소송구조이다. 직권주의는 공평한 법원이 심리를 주도적으로 진행하므로 편향되거나 불필요한 증거조사를 회피함으로써 실체적 진실발견과 소송경제를 도모할 수 있고, 피고인의 부족한 능력을 보완해줄 수 있는 장점을 가진다. 반면에 직권주의에서는 법원이 소송에 직접 개입하므로 자의나 독단에 빠질 우려가 있고, 피고인이 적극적인 방어권을 행사하지 못한 채 소송의 객체가 될 위험성이 있으며, 법원의 업무량이 늘어난다는 단점을 가진다.

제 2 장

수사기관

법률상 수사의 권한을 부여받은 수사기관으로는 사법경찰관리('사경'으로 약칭함)와 검사가 있다. 사경은 일반사법경찰관리('일반사경'으로 약칭함)와 특별사법경찰관리('특사경'으로 약칭함)로 나뉜다.

Ⅰ. 사법경찰관리

1. 경찰공무원인 일반사법경찰관리

가. 경찰공무원의 소속과 계급

행정안전부장관 소속으로 경찰청을 두고, 해양수산부장관 소속으로 해양경찰청을 둔다(정부조직법 34조, 43조). 해양경찰청은 해양에서의 경찰 및 오염방제에 관한 사무를 관장한다. 경찰공무원의 계급은 치안총감, 치안정감, 치안감, 경무관, 총경, 경정, 경감, 경위, 경사, 경장, 순경으로 구분한다(경찰공무원법 2조).

나. 사법경찰관과 사법경찰리

경찰공무원 중에서 수사업무에 종사하는 자를 사법경찰관리라고 한다.[1] 경무관, 총경, 경정, 경감, 경위는 사법경찰관으로서 범죄의 혐의가 있다고 인식하는 때에는 수사를 개시·진행하여야 한다(법 196조 1항, 2항).[2] 경사, 경장, 순경은 사법경찰리로서 수사의 보조를 하여야 한다(법 196조 5항).

법은 위와 같이 사법경찰관에 대해서는 수사를 개시·진행할 권리를 부여하고, 사법경찰리에 대해서는 독자적인 수사를 하지 못하고 다만 수사를 보조하도록 하고 있다. 구체적으로 피의자신문(법 200조),

1) 사법경찰은 행정경찰에 대비되는 개념으로 사용된다.
2) 법 196조의 수사관은, 경찰공무원법에 규정되어 있지 않아 실제 존재하지는 않는다.

체포영장의 신청(법 200조의2 1항), 긴급체포(법 200조의3 1항), 구속영장의 신청(법 201조 1항) 및 압수·수색·검증영장의 신청(법 215조 2항), 참고인신문과 감정·통역 또는 번역의 위촉(법221조 1항, 2항) 등에서 그 권한을 행사할 수 있는 자로 사법경찰관만 열거되어 있다.

사법경찰리의 권한은 체포된 현행범의 인수(법 213조), 구속·압수·수색영장의 집행(법 81조, 115조), 피의자신문 참여(법 243조) 등 매우 제한적으로만 규정되어 있다.

그렇지만 판례는 "사법경찰리 작성의 진술조서 및 피의자신문조서도 권한 없는 자의 조서라 할 수 없다"라고 판시하였다.[3)]

2. 검찰청 소속 일반사법경찰관리

경찰공무원이 아니면서 검찰청법에 의해 일반사법경찰관리의 직무를 수행하는 경우가 있다. 즉 검찰총장 또는 검사장의 지명은 받은 경우에 검찰주사, 마약수사주사, 검찰주사보 및 마약수사주사보는 사법경찰관의 직무를, 검찰서기, 마약수사서기, 검찰서기보 및 마약수사서기보는 사법경찰리의 직무를 수행할 수 있다(검찰청법 47조 1항).

3. 특별사법경찰관리

법 197조는 삼림, 해사, 전매, 세무, 군수사기관 기타 특별한 사항에 관하여 사경의 직무를 행할 자와 그 직무의 범위는 법률로써 정한다고 규정하고 있다. 이에 따라 사경법이 특사경에 대해 규정하고 있다.[4)] 특사경의 직무범위는 일정한 지역에서의 특정한 범죄로 한정된다(사경법 6조).

사경법 이외의 다른 법률에 의한 특사경으로는 군사법원법에 의한 군사법경찰관리, 국가정보원법에 의한 사법경찰관리 등이 있다.

4. 수사권의 경합

특사경이 수사하는 범죄에 대해서는 일반사법경찰관리도 수사할 수 있는 것이 원칙이다. 이와 달리 개별 법률에 의하여 특사경에게 수사 전담권이 부여되는 경우가 있다. 근로기준법 105조는, "이 법이나 그 밖의 노동관계 법령에 따른 현장조사, 서류의 제출, 심문 등의 수사는 검사와 근로감독관이 전담하여 수행한다. 다만, 근로감독관의 직무에 관한 범죄의 수사는 그러하지 아니하다"라고 규정함으로써

---

3) 대판 1982. 3. 9. 82도63; 대판 1982. 12. 28. 82도1080. 위 판례는 위와 같은 판단의 근거로 "사법경찰리의 조서가 법 196조 2항과 이에 근거를 둔 사법경찰관리집무규칙 2조 및 경찰서직제 6조, 경찰공무원법 3조에 의하여 검사의 지휘를 받고 수사사무를 보조하기 위하여 작성되었다"라는 점을 들고 있다.
그러나 예컨대 사법경찰리가 구속영장을 신청하거나 긴급체포를 할 수 있는지, 그렇다면 검사나 사법경찰관의 명령과 지휘가 어느 정도 구체적이어야 하는지 등은 여전히 불분명하다. 경찰의 다수를 점하고 있는 사법경찰리가 일정한 범위 내에서 독자적인 수사를 할 수 있도록 보다 명확한 규정을 둘 필요가 있다.

4) 사회가 전문화되어감에 따라 특사경의 활동 범위는 확대되고 있다.

일반사경이 노동관계 법령에 관한 수사를 할 수 없도록 하고 있다. 그러므로 예컨대 임금, 퇴직금 등의 기일 내 지급의무위반의 근로기준법위반[5]은 검사와 근로감독관만 수사할 수 있으며, 일반사경이 이를 수사하여서는 아니 된다.[6]

Ⅱ. 검 사

1. 검사의 직무와 권한

검사는 공익의 대표자로서, 1. 범죄수사, 공소의 제기 및 그 유지에 필요한 사항, 2. 범죄수사에 관한 사법경찰관리 지휘·감독, 3. 법원에 대한 법령의 정당한 적용 청구, 4. 재판집행의 지휘·감독, 5. 국가를 당사자 또는 참가인으로 하는 소송과 행정소송 수행 또는 그 수행에 관한 지휘·감독, 6. 다른 법령에 따라 그 권한에 속하는 사항에 관한 직무와 권한을 가진다(검찰청법 4조 1항).

검사는 공익의 대표자로서의 객관의무를 진다.[7]

2. 검사의 법적 성격

가. 준사법기관

검사는 그 직무를 수행할 때 국민 전체에 대한 봉사자로서 정치적 중립을 지켜야 하며 주어진 권한을 남용하여서는 아니 된다(동법 4조 2항). 검사는 법관에 준하는 신분보장을 받는다(동법 29조, 37조).

검찰사무의 최고 감독자인 법무부장관은 검사를 일반적으로 지휘·감독하고, 구체적 사건에 대하여는 검찰총장만을 지휘·감독한다(검찰청법 8조). 준사법기관인 검사가 행정기관으로부터의 정치적 중립성을 유지할 수 있도록 하기 위함이다.

---

5) 사용자가 임금이나 퇴직금 등의 지급사유가 발생한 날로부터 14일 이내에 이를 지급하지 아니한 때에는 3년 이하의 징역 또는 2천만 원 이하의 벌금에 처한다(근로기준법 109조, 36조).

6) 체류자격이 없는 외국인들을 고용한 피고인을 출입국관리법위반으로 입건한 일반사경이 피고인을 출입국관리사무소장 등에게 인계하지 않고 고발 없이 수사한 사안에서, 출입국관리법 101조를 출입국관리공무원의 수사전담권에 관한 규정이라고까지 볼 수는 없으므로 이를 위반한 일반사경의 수사가 위법한 것은 아니다(대판 2011. 3. 10. 2008도7724).

7) 다음은 검사에게 객관의무를 인정한 민사판례이다.
검사가 피고인의 무죄를 입증할 감정서를 증거로 제출하지 않고 은폐
검사는 공익의 대표자로서 공소를 제기하고 유지할 의무뿐만 아니라 피고인의 정당한 이익을 옹호하여야 할 의무를 지므로 검사가 피고인에게 유리한 증거를 발견하였다면 이를 법원에 제출하여야 한다. 강도강간의 피해자가 제출한 팬티에 대한 유전자검사 결과 그 팬티에서 범인으로 지목되어 기소된 원고나 피해자의 남편과 다른 남자의 유전자형이 검출되었다는 감정서는 원고의 무죄를 입증할 결정적인 증거임에도 검사가 감정서를 법원에 제출하지 않고 은폐한 것은 위법하다(대판 2002. 2. 22. 2001다23447).

나. 단독관청

검사는 검찰 사무를 단독으로 처리할 수 있는 단독관청이다. 수사, 공소제기, 공소유지, 형의 집행 등 제반 업무는 단독관청인 개별 검사의 명의로 한다. 그렇기 때문에 검사가 상급자의 결재를 받지 않고 위와 같은 업무를 처리하였더라도 대외적으로 유효하다.

3. 검사직무대리

검찰총장은 사법연수원장이 요청하면 사법연수생으로 하여금 일정 기간 지방검찰청 또는 지청 검사의 직무를 대리(이를 '사법연수생인 검사직무대리'라고 함)할 것을 명할 수 있다(검찰청법 32조 1항). 검찰총장은 필요하다고 인정하면 검찰수사서기관, 검찰사무관, 수사사무관 또는 마약수사사무관으로 하여금 지방검찰청 또는 지청 검사의 직무를 대리(이를 '검찰청 직원인 검사직무대리'라고 함)하게 할 수 있다(동조 2항).[8] 위 각 검사직무대리는 법원조직법상의 합의부 심판사건을 처리하지 못한다(동조 3항).[9]

4. 검찰청

검사에 관한 사무를 관장하기 위하여 법무부장관 소속으로 검찰청을 둔다(정부조직법 32조). 검찰청은 대검찰청, 고등검찰청 및 지방검찰청으로 구성된다(검찰청법 2조).

검찰총장은 검찰사무를 총괄하고 검찰청의 공무원을 지휘·감독한다. 검찰총장은 그 임기가 2년이고 중임할 수 없다(동법 12조).

5. 검사동일체의 원칙

가. 의 의

검사동일체의 원칙은 검찰총장 이하의 모든 검사들이 일체불가분의 유기적 통일체로서 활동하는 것을 의미한다. 검찰권을 전국적으로 균형 있게 행사하고, 유기적인 수사를 통해 수사의 효율성을 높이는 데 그 의의가 있다.

---

8) 검찰청 직원인 검사직무대리가 처리할 수 있는 구체적인 사건과 사무는 검사직무대리 운영규정 5조에 규정되어 있다.

9) **사법연수생인 검사직무대리가 작성한 합의부 심판사건의 피의자신문조서**
검사직무대리는 법원조직법에 규정된 합의부의 심판사건에 관하여서는 기소, 불기소 등의 결정을 할 수 없음은 물론 수사도 할 수 없으므로 검사직무대리가 작성한 합의부 사건에 관한 피의자신문조서는 증거로 할 수 없다(대판 1978. 2. 28. 78도49).
재정합의사건이 합의부 심판사건인지
검사직무대리가 처리할 당시에는 단독판사 관할사건이었는데 기소 후에 '합의부의 결정에 따라 합의부 심판사건(재정합의사건)'으로 된 것은 검사직무대리가 처리할 수 없는 합의부 심판사건이 아니다(대판 2012. 6. 28. 2012도3927).

나. 내 용

(1) 지휘·감독관계

검사동일체의 원칙을 무제한적으로 적용하면 독립관청이자 준사법기관인 검사의 정당한 직무집행이 방해받을 수 있다. 그렇기 때문에 검사는 검찰사무에 관하여 소속 상급자의 지휘·감독에 따르면서도, 구체적 사건과 관련된 지휘·감독의 적법성 또는 정당성에 대하여 이견이 있을 때에는 이의를 제기할 수 있다(검찰청법 7조). 검사동일체의 원칙이 적용되더라도 독립관청으로서 성격은 유지되므로, 검사가 상급자의 지휘에 반하여 한 처분이라도 그 대외적 효력은 유효하다.

(2) 직무의 위임, 이전 및 승계

검찰총장, 각급 검찰청의 검사장 및 지청장은 소속 검사로 하여금 그 권한에 속하는 직무의 일부를 처리하게 할 수 있다(직무의 위임)(동법 7조의2 1항). 검찰총장, 각급 검찰청의 검사장 및 지청장은 소속 검사의 직무를 자신이 처리하거나(직무의 이전) 다른 검사로 하여금 처리하게 할 수 있다(직무의 승계)(동조 2항).

직무의 위임이나 이전이 행해지는 경우는 드물지만 직무의 승계는 자주 발생한다. 직무의 승계는 검사가 다른 청으로 전보발령되거나 동일 청 내에서 근무 부서가 변경되는 경우에 주로 발생한다. 검사에 대한 제척·기피제도가 법률상 규정되어 있지 않기 때문에 특정 검사가 직무를 처리하는 것이 부당하다고 판단되는 경우에는 직무의 승계가 행해질 수 있다. 직무의 승계가 발생하더라도 검사동일체의 원칙이 적용되므로 특별한 조치를 취할 필요는 없다. 이는 법원에서 공판절차를 진행하는 판사가 바뀌는 경우에는 공판절차를 갱신하여야 하는 것(법 301조)과 대비된다. 법관이 사건에 관하여 전심재판 또는 그 기초되는 조사·심리에 관여한 때에는 제척사유가 되지만(법 17조 7호), 검사동일체의 원칙이 적용되는 검사는 가령 수사 검사가 1심, 2심, 3심의 재판절차 전부에 관여하더라도 문제되지 않는다.

(3) 직무대리권

검찰총장이 부득이한 사유로 직무를 수행할 수 없을 때에는 대검찰청 차장검사가, 고등검찰청 검사장이 부득이한 사유로 직무를 수행할 수 없을 때에는 그 차장검사가, 지방검찰청 검사장 또는 지청장이 부득이한 사유로 직무를 수행할 수 없을 때에는 그 차장검사가 각각 직무를 대리한다(검찰청법 13조 2항, 18조 2항, 23조 2항).

Ⅲ. 검사와 사법경찰관리의 관계

검사는 직접 수사할 수 있는 수사권과 사경의 수사를 지휘할 수 있는 수사지휘권 외에 수사를 종결할 수 있는 배타적인 수사종결권을 보유하고 있으므로 수사의 주재자라고 할 수 있다. 이에 반하여 사경은 직접 수사할 수 있는 수사권을 가지고 있지만 검사의 수사지휘를 받아야 하고, 수사를 최종적으로 종결할 권한을 보유하지 않는다.

1. 수사권

검사나 사법경찰관은 모두 범죄 혐의를 인식한 때 수사를 개시할 수 있다(법 195조, 196조 2항). 검사와 사법경찰관은 피의자신문(법 200조), 참고인조사와 감정·통역·번역의 위촉(법 221조)을 할 수 있다. 검사와 사법경찰관이 공공장소에서의 검증과 같은 임의수사를 할 수 있다는 점에도 별다른 의문이 없다.

현행범체포는 일반 사인을 포함하여 누구나 할 수 있다(법 212조). 검사와 사법경찰관은 긴급체포를 할 수 있다(법 200조의3). 검사와 사법경찰관은 '피의자를 체포[10]·구속'하거나 '피고인을 구속'할 때, 일정한 요건 하에 영장 없이 압수·수색·검증을 할 수 있다(법 216조, 217조). 검사와 사법경찰관은 임의제출물을 영장 없이 압수할 수 있다(법 218조).

그러나 '피의자에 대한 체포·구속영장'과 '압수·수색·검증영장'은 검사만 판사에게 청구할 수 있고, 사법경찰관은 검사에게 '위 각 영장을 판사에게 청구하도록' 신청할 수 있을 뿐이다(법 200조의2 1항, 201조 1항, 215조 1항, 2항). 증거보전(법 184조), 증인신문(법 221조의2) 및 감정유치(법 221조의3)도 검사만 청구할 수 있고, 사법경찰관은 검사에게 '위 각 청구를 판사에게 하도록' 신청할 수 있을 뿐이다.

검사는 변사자를 검시하며 이를 사법경찰관에게 명할 수 있다(법 222조).

2. 수사지휘

사법경찰관은 모든 수사에 관하여 검사의 지휘를 받고, 범죄를 수사한 때에는 관계 서류와 증거물을 지체 없이 검사에게 송부하여야 하며, 사경은 검사의 지휘가 있는 때에는 이에 따라야 한다(법 196조). 검사의 수사지휘에 관한 구체적 사항은 수사 규정에 규정되어 있다.

수사지휘의 형태는 다음과 같이 다양하게 나타난다.

- 검사는 매월 1회 이상 관할 수사관서의 피의자의 체포·구속 장소를 감찰하여야 한다(법 198조의2).
- 사법경찰관이 긴급체포한 때에는 즉시 검사의 승인을 받아야 하고(법 200조의3 2항), 긴급체포한 피의자에 대해 구속영장을 신청하지 아니하고 석방한 경우에는 즉시 검사에게 보고하여야 한다(법 200조의4 6항).
- 사법경찰관은 영장(체포·구속영장 및 압수·수색·검증영장)을 판사에게 직접 청구하지 못하고 검사에게 신청하여야 한다(법 200조의2 1항, 201조 1항, 215조 1항, 2항).
- 사경이 관할구역 외에서 수사할 때에는 관할 지방검찰청 검사장 등에게 보고하여야 한다(법 210조).

---

10) 여기에는 현행범체포, 긴급체포 및 체포영장에 의한 체포가 모두 포함된다.

3. 수사종결권

사법경찰관은 범죄를 수사한 때에는 관계 서류와 증거물을 지체 없이 검사에게 송부하여야 한다(법 196조 4항). 수사종결권이 검사에게만 있기 때문이다. 수사를 종결한 사건에 대해 기소하지 않기로 한 때 검사는 불기소, 기소중지, 참고인중지, 공소보류의 처분을 한다(검찰사건사무규칙 69조 내지 80조). 수사를 종결하여 기소하는 권한도 검사에게만 부여되어 있다(법 246조).

4. 경찰의 수사권독립

실제 대부분의 수사업무를 수행하면서도 위와 같이 검사의 엄격한 수사지휘를 받고 있는 경찰에 대해 수사권을 독립시켜야 하는지 여부를 둘러싼 논란이 있다. 이에 관한 학설로는 수사권을 독립시켜야 한다는 견해, 독립시켜서는 안 된다는 견해, 아직은 시기상조라는 견해 등이 있다. 수사권독립과 관련하여 경찰이 각종 영장을 판사에게 직접 청구할 수 있도록 할 것인지가 많이 논의된다. 수사권독립에 대해 부정적인 입장을 취하는 견해는 검사의 지휘를 통해 인권옹호나 수사의 공정성을 담보할 필요가 있다는 점을 지적한다. 위와 같은 논란은 2011년에 수사 규정이 제정·시행됨으로써 일단락된 이후에도 계속되고 있다.

Ⅳ. 수사기관의 관할 구역

각급 검찰청과 지청의 관할구역은 각급 법원과 지방법원 지원의 관할구역에 따른다(검찰청법 3조 4항).[11]

검사는 법령에 특별한 규정이 있는 경우를 제외하고는 소속 검찰청의 관할구역에서 직무를 수행하며, 수사에 필요할 때에는 관할구역이 아닌 곳에서 직무를 수행할 수 있다(검찰청법 5조). 사경이 관할구역 외에서 수사하거나 관할구역 외의 사경의 촉탁을 받아 수사할 때에는 원칙적으로 관할 지방검찰청 검사장 또는 지청장에게 사전에 보고하여야 한다(법 210조).

---

11) 각급 법원과 지방법원 지원의 관할구역은 각급 법원의 설치와 관할구역에 관한 법률에 규정되어 있다.

제 3 장

수사의 개시

Ⅰ. 입 건

1. 입건의 의미

수사기관은 범죄의 혐의가 있다고 인정하는 때에는 수사를 개시하여야 한다(법 195조, 196조). 수사가 개시되는 인지, 고소, 고발, 자수의 4가지를 입건이라고 한다. 입건이 이루어짐으로써 범죄혐의가 있다고 사료되는 상대방은 피의자가 된다.[1] 다만 인지와 입건이 명확히 구분되지 않고 혼용되는 경우도 있다.[2] 인지, 고소, 고발, 자수가 있는 때에는 범죄인지서, 고소장, 고발장, 자수서에 사건번호를 기재하여야 한다.[3]

검사가 고소 또는 고발에 의하여 범죄를 수사할 때에는 고소 또는 고발을 수리한 날로부터 3월 이내에 수사를 완료하여 공소제기 여부를 결정하여야 한다(법 257조).[4]

---

1) 피의사실은 수사기관이 어떤 자에 대하여 내심으로 혐의를 품고 있는 정도의 상태만으로는 존재한다고 할 수 없고 고소, 고발 또는 자수를 받거나 또는 수사기관 스스로 범죄의 혐의가 있다고 보아 수사를 개시하는 범죄의 인지 등 수사의 대상으로 삼고 있음을 외부적으로 표현한 때에 비로소 그 존재를 인정할 수 있다. 대판 1979. 6. 12. 79도792에서 설시한 형사입건이라는 용어는 위에서 말한 범죄인지와 같은 개념이다(대판 1989. 6. 20. 89도648).
사건을 수리하는 사유는 13개로 분류되어 있다(검찰사건사무규칙 2조). 위 13개의 사유 중 수사가 최초로 개시되는 것은 인지·고소·고발·자수의 4가지이며, 그 나머지는 이미 사건이 수리되어 수사가 개시된 사건을 사법경찰관이나 다른 검사로부터 송치받거나 기소중지 사건을 재기하는 등 사건을 다시 수리하는 것이다.

2) 대판 2011. 4. 28. 2010도14487; 대판 2007. 1. 12. 2004도8071; 대결 2003. 3. 27. 2002모81 등 참조.

3) 고소·고발·자수가 구두로 이루어진 경우에는 고소·고발·자수인 진술조서에 사건번호를 기재한다(검찰사건사무규칙 4조 2항). 사건번호는 수리사건의 전산입력진행번호로서 사건마다 일련번호를 붙이되, 연도별로 접수연도와 접수번호를 "○년 형제 ○호"로 표시한다(동조 3항).

4) 사법경찰관은 고소·고발이 있는 날부터 2개월 이내에 수사를 마쳐야 하고, 그 기간 내에 수사를 마치지 못한 때에는 검사에게 수사기일 연장지휘를 건의하여야 한다(수사 규정 57조).

수사기관이 형식적으로 범죄인지서를 작성하는 때 '범죄의 인지(형식적인 인지)'가 이루어지는 것이 원칙이지만,[5] 수사기관이 범죄의 혐의가 있다고 보아 사실상 수사를 개시한 때에도 '범죄의 인지(실질적인 인지)'는 이루어졌다고 보아야 한다.

입건 전에는 증거보전의 청구(법 184조)를 할 수 없다.[6]

형식적인 인지절차를 밟기 전에 작성한 피의자신문조서나 진술조서

검사가 범죄를 인지하는 경우에는 범죄인지서를 작성하여 사건을 수리하는 절차를 거치도록 되어 있으므로, 특별한 사정이 없는 한 수사기관이 그와 같은 절차를 거친 때에 범죄인지가 된다. 그러나 범죄의 인지는 실질적인 개념이고, 검사가 '그와 같은 절차(형식적인 인지절차: 필자 주)'를 거치기 전에 수사를 개시한 때에는 이때에 '범죄를 인지(실질적인 인지: 필자 주)'한 것으로 보아야 한다. 형식적인 인지절차를 밟기 전에 수사하였더라도, 그 수사가 장차 인지의 가능성이 전혀 없는 상태 하에서 행해졌다는 등의 특별한 사정이 없는 한 적법하고, 그 수사과정에서 작성된 피의자신문조서나 진술조서 등도 증거능력이 있다.[7]

실질적으로 수사가 개시되는 때에는 진술거부권을 고지하여야

피의자의 지위는 수사기관이 범죄인지서를 작성하는 등의 형식적인 사건수리 절차를 거치기 전이라도 조사대상자에 대하여 범죄의 혐의가 있다고 보아 실질적으로 수사를 개시하는 행위를 한 때에 인정된다. 특히 조사대상자의 진술이 제3자의 범죄만이 아니라 자신과 제3자에게 공동으로 관련된 범죄에 관한 것이거나 제3자의 피의사실뿐만 아니라 자신의 피의사실에 관한 것이기도 하여 실질이 피의자신문조서의 성격을 가지면 수사기관은 진술을 듣기 전에 진술거부권을 고지하여야 한다.[8]

2. 진정·내사·수사사건과의 구분

가. 의 의

종래에는 입건 전의 조사를 진정과 내사로만 구분하였으나, 2012년에 입건 전 조사의 한 형태로 수사사건이 신설되었다.[9]

통설은 인지, 고소, 고발, 자수라는 입건사유는 물론 변사자 검시, 불심검문 등까지도 포괄하는 용어로 수사의 단서라는 개념을 사용하고 있다. 통설이 사용하는 수사의 단서에는 풍문, 피해자나 제3자의 범죄신고, 언론보도, 소지품검사, 자동차검문 등 수사기관이 최초로 범죄의 존재를 의심하게 되는

5) 범죄인지서의 작성은 검찰사건사무규칙 2조 내지 4조와 수사 규정 17조를 참조하라.
6) 대판 1979. 6. 12. 79도792.
7) 대판 2001. 10. 26. 2000도2968. 사경의 수사에 관하여 같은 취지로는 대판 2010. 6. 24. 2008도12127.
8) 대판 2015. 10. 29. 2014도5939.
9) 그 이유는 내사사건 또는 진정사건의 범위를 축소하고 수사사건 제도를 신설함으로써 수사절차의 투명성을 높이고 수사과정에서 국민의 인권을 더욱 두텁게 보호하려는 것이다(2012. 3. 15.자 법무부령 제766호, 검찰사건사무규칙에 대한 제·개정이유).

사유들이 망라된다.

내사사건은 범죄혐의 유무를 확인하기 위하여 범죄인지 전에 행해지는 수사기관 내부의 조사활동이 필요한 사건을 대상으로 하고, 진정사건은 전과를 정정하거나, 수사를 신속히 하여 달라는 등의 민원을 처리하기 위한 사건 등을 대상으로 한다.[10)]

나. 입건 전의 조사와 입건 후의 수사

입건 후에는 임의·강제수사를 할 수 있다. 반대의 견해가 없는 것은 아니지만, 입건 전의 조사 단계에서도 조서를 작성한다거나 영장에 의한 강제수사가 가능하다고 보아야 한다. 검찰사건사무규칙 143조의2도 입건 전의 '사건관계인 신문'이나 '영장에 의한 조사'가 가능함을 전제로 규정되어 있다. 변사자가 발생한 경우 사건관계인들을 신문하여 참고인진술조서를 작성하고, 필요한 경우 영장을 발부받아 사체를 부검하는 것은 전형적인 입건 전의 조사라고 할 수 있다. 이와 같이 입건 전에도 강제수사를 할 수 있는 경우는 다양하다. 가령 살인사건에 관하여 범인으로 의심되는 사람들이 다수 존재하는 경우에 이들을 모두 피의자로 입건한 이후에야 비로소 압수·수색·검증의 강제수사를 할 수 있는 것은 아니라고 보아야 한다.[11)]

임의동행된 피의자와 피내사자의 변호인 접견교통권

임의동행의 형식으로 수사기관에 연행된 피의자와 피내사자에게도 변호인 또는 변호인이 되려는 자와의 접견교통권은 당연히 인정된다.[12)]

진정에 관한 내사종결처리에 대한 재정신청/'진정에 관한 공람종결처분' 및 '내사'에 대한 헌법소원심판

진정사건에 관한 내사종결처리는 고소 또는 고발사건에 대한 불기소처분이라고 볼 수 없어 재정신청의 대상이 되지 아니한다.[13)]

진정은 법률상의 권리행사로서 인정되는 것이 아니고, 진정을 기초로 하여 수사소추기관의 적당한 처리를 요망하는 의사표시에 불과하여, 진정에 관한 공람종결처분은 진정인의 권리행사에 영향을 미치지 않으므로 헌법소원심판의 대상인 공권력의 행사가 아니다.

내사는 범죄혐의 유무를 확인하기 위하여 범죄인지 전에 행해지는 수사기관 내부의 조사활동에 불과하여, 내사 자체만으로는 피내사자에게 의무를 부과하거나 피내사자의 기본권에 직접적이고 구체적인 침해를 가한다고 볼 수 없어, 헌법소원심판의 대상인 공권력 행사가 아니다.[14)]

---

10) 헌재 2011. 2. 15. 2011헌마30 참조.
11) 그러나 입건 이전에 피조사자에 대해 피의자신문조서를 작성하거나, 피조사자를 체포·구속하는 것은 달리 볼 필요가 있다(동규칙 143조의4 2항 참조).
12) 대결 1996. 6. 3. 96모18.
13) 대결 1991. 11. 5. 91모68.
14) 헌재 2011. 2. 15. 2011헌마30.

Ⅱ. 인 지

인지는 수사기관이 스스로 범죄혐의를 인식하여 수사를 개시하는 것이다. 고소인·고발인·자수인의 요구에 의해 타율적으로 수사가 개시되는 고소·고발·자수와 대비된다. 실무상 교통사고, 각종 폭력범죄, 절도범죄 등은 주로 인지사건으로 처리된다. 가령 절도사건이 발생하였을 때 고소장을 접수하고 피해자 진술조서를 작성하려면 상당히 번잡하므로 이러한 경우 도난신고서를 받아두었다가 이후 범인을 확인한 때 비로소 인지절차를 거치는 경우가 많다.

인지사건에 관하여 검사가 불기소처분한 때 검찰항고나 재정신청의 대상이 되는지 문제된다. 검찰항고는 고소·고발인이 하고(검찰청법 10조 1항), 재정신청은 고소인과 형법 123조부터 126조까지의 죄에 대한 고발인이 하도록 되어 있는데 인지사건에서의 피해자는 신고인에 불과할 뿐 고소·고발인이 아니라고 볼 수 있기 때문이다. 교통사고, 각종 폭력범죄, 절도의 피해자가 수사기관에 범행을 신고하여 피해자로서 진술하고 인지절차를 거쳐 수사가 행해진 경우에는 피해자의 범행 신고가 고소에 해당될 수 있다고 본다.[15)]

Ⅲ. 자 수

자수는 범인이 수사기관에 대하여 자신의 범죄사실을 신고하는 것을 의미한다. 자수는 서면 또는 구술로써 수사기관에게 하여야 하며, 수사기관은 자수를 받은 때에는 조서를 작성하여야 한다(법 240조, 237조). 사법경찰관이 자수를 받은 때에는 신속히 조사하여 관계서류와 증거물을 검사에게 송부하여야 한다(법 240조, 238조).

위와 같이 자수는 입건 사유에 불과하여 자수 사건을 인지 사건으로 처리하거나 그 반대로 인지 사건을 자수 사건으로 처리하였다 하여 그 자체로 위법하다고 할 수는 없을 것이다. 그러나 형법상의 취급에 있어 자수에 해당하므로 형의 감면이 가능한지(형법 52조), 자수가 아니므로 형의 감면을 해서는 아니 되는지에 관하여 잘못 판단하는 것은 법령오인이나 사실오인에 해당할 수 있다. 따라서 입건 사유라는 관점에서 바라본 자수는 형의 임의적 감면 사유라는 관점에서 바라본 형법상의 자수와 구분되어야 한다. 자수에 관한 대법원 판례들은 모두 형의 임의적 감면사유인 형법상의 자수에 관한 것이며, 입건 사유로서의 자수에 관한 대법원 판례는 존재하지 않는 것으로 보인다.

---

15) 고소·고발은 구술로도 할 수 있고 이 경우 수사기관이 조서를 작성하여야 하므로(법 237조), 위와 같은 피해신고와 피해자로서의 진술 및 진술조서 작성이 고소에 해당한다고 볼 수 있을 것이기 때문이다. 위와 같은 인지 사건의 피해자를 고소인이 아니라고 보아 검찰항고를 불허하면, 가령 교통사고에 관하여 교특법위반으로 인지하여 수사를 진행하고 있으나 검사가 불기소처분을 할 가능성이 있는 경우에 피해자가 검찰항고권과 재정신청권을 확보하기 위해서는 고소장을 별도로 접수시켜 두어야 한다는 불합리한 결과에 이르게 된다.

Ⅳ. 고소 · 고발

1. 의 의

고소는 '피해자 또는 그와 일정한 관계에 있는 자(고소권자)'가 수사기관에 범죄사실을 신고하여 범인의 처벌을 구하는 의사표시이다(법 223조 이하 참조). 고소권자 아닌 자가 수사기관에 대하여 범죄사실을 신고하여 범인의 처벌을 구하는 의사표시를 하는 것은 고발이다.

2. 형사절차상 고소의 체계적 지위

피해자 및 그와 일정한 관계에 있는 자로 이루어진 고소권자는 범죄가 규명되고 범인이 처벌됨으로써 재산상 및 정신적인 피해를 보전하게 된다. 따라서 피해자는 국가의 사법권행사에 중대한 이해관계를 가지게 된다. 이와 같이 국가의 사법권행사에 직접적 이해관계를 가지고 있는 자에게 일정한 절차적 권리를 부여하는 것은 사법권행사의 적정성을 담보함에 그치지 않고 사인의 권리를 구제하는 데에도 필수적이다. 이를 고려하여 피해자 내지 고소권자에게 재판절차진술권(헌법 27조 5항), 각종 통지를 받을 권리(법 258조), 재정신청권(법 260조), 검찰항고권(검찰청법 10조), 헌법소원심판청구권(헌법재판소법 68조) 등이 부여되어 있다.

가. 입건 사유로서의 고소

고소가 제기되면 수사기관은 원칙적으로 이를 수리하여야 한다. 고소사건을 수리한 수사기관은 이를 수사 후 기소 또는 불기소의 종국처분을 해야 할 의무를 지게 된다. 이에 대응하여 고소인은 수사기관에 고소를 제기하고, 유리한 증거자료를 제출하고, 부실한 수사 및 사건의 장기간 방치 등에 대한 이의제기와 의견표명을 통하여 적정한 수사를 요구하고, 종국처분을 받을 권리를 가진다.

고소·고발이 제기되었더라도 고소인 또는 고발인의 진술이나 고소장 또는 고발장에 의하여 혐의없음, 죄가안됨, 공소권없음에 해당함이 명백한 경우 등에는 수사를 하지 않고 각하 처분을 할 수 있다(검찰사건사무규칙 69조 3항 5호).

검사가 고소 또는 고발에 의하여 범죄를 수사할 때에는 고소 또는 고발을 수리한 날로부터 3개월 이내에 수사를 완료하여 공소제기 여부를 결정하여야 한다(법 257조). 위 3개월의 시한은 훈시규정으로 해석되고 있다. 검사는 고소 또는 고발 있는 사건에 관하여 공소를 제기하거나 제기하지 아니하는 처분, 공소의 취소 또는 다른 검찰청으로 이송한 때에는 그 처분한 날로부터 7일 이내에 서면으로 고소인 또는 고발인에게 그 취지를 통지하여야 한다(법 258조 1항).

나. 실체판단과의 관계

친고죄의 고소는 소송조건이다. 따라서 친고죄에서 고소 또는 고발이 없거나 취소되면 검사는 공소권없음의 불기소처분을 하고 1심판결 선고 이전의 법원은 공소기각판결을 하여야 한다. 비친고죄의 고소는 소송조건이 아니고 양형사유가 될 수 있을 뿐이다.

다. 불기소처분에 대한 불복의 권리

검사의 불기소처분에 불복으로는 항고, 재정신청, 헌법소원심판청구가 있다. 항고는 고소·고발인이 하고(검찰청법 10조 1항), 재정신청은 고소인과 형법 123조부터 126조까지의 죄에 대한 고발인이 할 수 있다. 공권력의 행사 또는 불행사로 인하여 헌법상 보장된 기본권을 침해받은 자는 헌법소원심판청구를 할 수 있다(헌법재판소법 68조 1항). 즉 항고와 재정신청을 할 수 있는 자는 고소·고발인이고, 헌법소원심판 청구권자는 기본권을 침해받은 자이다.

3. 친고죄와 비친고죄

고소와 고발을 소송조건으로 하는 범죄를 친고죄라고 한다. 고소·고발에 관한 법적 고찰에 있어 친고죄와 비친고죄는 엄격히 구분되어야 한다. 친고죄에서 고소·고발이 유효하게 존재하는지 여부는 소송조건의 구비와 직결된다. 그러나 비친고죄에 있어서 고소·고발은 소송조건이 아니고 다만 양형사유로 기능할 수 있을 뿐이다.

친고죄에 있어서 고소·고발이 유효하게 존재하는지(또는 취소되었는지), 반의사불벌죄에서 처벌불원의사표시(또는 처벌희망의사표시의 철회)가 존재하는지는 직권조사사항이고,[16] 자유로운 증명의 대상이다.[17]

친고죄는 고소취소시 공소권없음의 처분 또는 공소기각의 판결로 종결되고 수사를 더 진행할 필요가 없으므로 현실적으로 사인간의 분쟁해결을 촉진하고 국가의 사법부담을 경감시키는 기능을 한다.

친고죄와 반의사불벌죄를 인정하는 이유

친고죄를 인정하는 이유는, ① 범죄를 소추해서 그 사실을 일반에게 알리는 것이 도리어 피해자에게 불이익을 줄 우려가 있기 때문에 이와 같은 경우에는 피해자의 처벌희망의 의사표시가 있어야 비로소 소추해서 처벌할 수 있게 하는 것이고, ② 비교적 경미하고 주로 피해자 개인의 법익을 침해하는 범죄에 관하여 구태여 피해자의 의사나 감정을 무시하면서까지 처벌할 필요가 없기 때문에 이와 같은 경우에는 피해자로부터 아무런 말이 없으면 소추하지 아니하고 피해자가 처벌을 희망하여 올 경우에 그때에 논하게 하겠다는 것이다.

---

16) 친고죄에서 공소제기 전에 고소의 취소가 있었다면 법원은 이를 직권으로 심리하여야 한다(대판 2009. 1. 30. 2008도7462).
비친고죄로 고소되었더라도, 검사가 친고죄로 기소한 경우, 법원은 소송조건인 고소가 유효하게 존재하는지를 직권으로 조사·심리하여야 한다(대판 2015. 11. 17. 2013도7987).
고발이 있어야 공소를 제기할 수 있는 친고죄에서 고발은 법원의 직권조사사항이다(대판 2014. 7. 10. 2014도224).
반의사불벌죄에 있어서 처벌불원의사표시의 부존재는 직권조사사항이다(대판 2001. 4. 24. 2000도3172; 대판 2009. 12. 10. 2009도9939).

17) 대판 1999. 2. 9. 98도2074; 대판 2010. 10. 14. 2010도5610.

반의사불벌죄는 1953년에 형법을 개정하면서 새로운 유형의 범죄를 창설한 것으로서, 위의 이유 중 ①은 없고, ②에 해당하는 유형의 경우 중 상대적으로 덜 경미하여 처벌의 필요성이 적지 않음에도 이를 친고죄로 하는 경우 피해자가 심리적 압박감이나 후환이 두려워 고소를 주저하여 법이 그 기능을 다하기 어려울 것에 대비한 것이다.[18]

해설: 명예훼손죄(형법 307조)와 출판물 등에 의한 명예훼손죄(형법 309조)는 상대적으로 중하여 반의사불벌죄로, 사자의 명예훼손죄(형법 308조)와 모욕죄(형법 311조)는 상대적으로 경미하여 친고죄로 하였다고 볼 수 있다.

가. 고소를 소송조건으로 하는 친고죄

고소를 소송조건으로 하는 친고죄는 신분관계를 묻지 않고 친고죄가 되는 절대적 친고죄(모욕죄, 사자명예훼손죄, 저작권법위반 등)와 일정한 신분관계에 있는 사람 사이에서만 친고죄로 되는 상대적 친고죄(형법상의 친족상도례)로 나뉜다.

나. 고발을 소송조건으로 하는 친고죄

고발을 소송조건으로 하는 친고죄는 고발이 있어야만 공소를 제기할 수 있는 범죄이다. 예컨대 국세청장, 지방국세청장 또는 세무서장의 고발(조세범처벌법 21조), 지방출입국·외국인관서의 장의 고발(출입국관리법 101조), 공정거래위원회의 고발(독점규제 및 공정거래에 관한 법률 71조) 등이 소송조건이 되는 고발이다. 고발을 소송조건으로 하는 친고죄에 있어서는 특정인의 고발만 소송조건이 된다. 즉 소송조건으로 기능할 수 있는 고발권이 특정인에게 전속하는 것이다. 따라서 고발을 소송조건으로 하는 범죄는 전속고발범죄에 해당하고, 그러한 고발을 할 수 있는 권리를 전속적 고발권이라 한다.

조세범 처벌절차법은 세무서장 등이 일정한 조세범칙사건[19]에 관하여 벌금상당액 등을 납부하도록 하는 통고처분을 하여, 그 처분을 받은 자가 통고대로 이행하였을 때에는 동일한 사건에 대하여 다시 처벌받지 아니하도록 함으로써 일사부재리의 효력을 인정하고 있다(동법 15조).[20] 세무서장 등은 '정상에 따라 징역형에 처할 것으로 판단되거나', '통고대로 이행할 자금이나 납부능력이 없다고 인정되는' 경우 등에는 통고처분을 거치지 않고 즉시 고발하여야 한다(동법 17조).

세무서장 등이 즉시 고발 후에 한 통고처분과 일사부재리

세무서장 등이 통고처분(조세범 처벌절차법 17조 1항)을 거치지 않고 즉시 고발하였다면 이로써 조세범칙사

18) 대판 1994. 4. 26. 93도1689.
19) 조세범 처벌법 3조부터 14조까지의 죄에 해당하는 위반행위(조세범칙행위)의 혐의가 있는 사건을 '조세범칙사건'이라 한다(조세범 처벌절차법 2조).
20) 출입국관리법에도 통고처분 제도가 규정되어 있다(동법 102조 이하).

건에 대한 조사 및 처분 절차는 종료되고 세무서장 등으로서는 동일한 조세범칙행위에 대하여 더 이상 통고처분을 할 권한이 없다.
따라서 세무서장 등이 조세범칙행위에 대하여 고발을 한 후에 동일한 조세범칙행위에 대하여 통고처분을 한 것은 법적 권한 소멸 후에 이루어진 것으로서 특별한 사정이 없는 한 효력이 없고, 조세범칙행위자가 이러한 통고처분을 이행하였더라도 일사부재리의 원칙(동법 15조 3항)이 적용될 수 없다.[21]

고발을 소송조건으로 하는 친고죄에 관하여 불기소처분 후 새로운 고발 없이 공소제기
세무공무원 등의 고발이 있어야 공소를 제기할 수 있는 조세범처벌법위반죄에 관하여 불기소처분이 있었더라도 세무공무원 등이 종전에 한 고발은 유효하다. 따라서 나중에 공소를 제기함에 있어 세무공무원 등의 새로운 고발이 있어야 하는 것은 아니다.[22]

다. 고소·고발 전의 수사

고소·고발 전에도 친고죄에 대한 수사가 허용되는지에 관하여 허용설, 불허용설, 고소·고발의 가능성이 있는 때에는 수사를 허용하자는 제한적 허용설(판례)이 있다.

친고죄에 관하여 고소·고발 이전에 한 수사
친고죄에 있어서 고소·고발은 소추조건이지 수사의 조건은 아니므로, 장차 고소나 고발의 가능성이 없다는 등의 특단의 사정이 없는 한, 고소나 고발이 있기 전에 수사를 하였다는 이유만으로 위법한 것은 아니다.[23]
해설: 위와 같은 판례의 태도에도 불구하고, 중범죄가 아니라면 비친고죄인 경우에도, 수사기관이 고소·고발 없이 함부로 수사를 개시하지는 않는 것이 현실이다.[24]

라. 반의사불벌죄

친고죄에서는 고소가 소송조건이 되지만, 반의사불벌죄에서는 처벌불원의사표시(또는 처벌희망의사표시의 철회)가 있을 때 비로소 그러한 의사표시가 소극적 소송조건이 된다. 친고죄에 관하여 소송조건인 고소·고발이 없으면 검사는 공소권없음의 불기소처분을 하고, 제1심 법원은 공소기각의 판결을 하

---

21) 대판 2016. 9. 28. 2014도10748.
22) 대판 2009. 10. 29. 2009도6614.
23) 대판 1995. 2. 24. 94도252; 대판 2011. 3. 10. 2008도7724. 다음은 같은 취지이다.
친고죄에 관하여 고발 전에 수사하여 구속한 다음 공소제기 전에 고발받음
수사기관이 고발에 앞서 조세범처벌법위반에 관하여 수사를 하여 피고인에 대한 구속영장을 발부받은 후 검찰의 요청에 따라 세무서장이 고발하였다고 하더라도 공소제기 전에 고발이 있은 이상, 그 공소제기의 절차가 법률의 규정에 위반하여 무효라고 할 수 없다(대판 1995. 3. 10. 94도3373).
24) 특히 개인적 법익을 침해하는 범죄에 있어서 그러한 현상은 두드러진다. 피해자측의 의사에 반한 수사는 사생활을 침해하거나 분쟁을 자율적으로 해결하는 기회를 박탈하는 등의 폐해를 발생시킬 수 있기 때문이다.

여야 한다. 그렇지만 반의사불벌죄에 있어서는 고소·고발이 없더라도 수사기관이 범지인지를 통해 수사하여 공소제기할 수 있고 법원도 유무죄의 실체재판을 할 수 있으나, 다만 처벌불원의사가 표시된 때에 비로소 그것이 소극적 소송조건이 될 뿐이다.

마. 공소기각 판결

공소제기 당시에 친고죄와 반의사불벌죄의 소송조건이 구비되지 아니한 때에는,[25] 공소제기의 절차가 법률의 규정에 반하여 무효인 때에 해당하므로 법원은 법 327조 2호에 의해 공소기각판결을 선고하여야 한다. 공소제기 후부터 제1심 판결선고 전까지 친고죄에 관하여 고소가 취소된 때에는 법 327조 5호에 의해 공소기각판결을 선고하고, 반의사불벌죄에 관하여 '처벌을 원치 않는 의사표시' 내지 '처벌을 희망하는 의사표시의 철회'가 있는 때에는 법 327조 6호에 의해 공소기각판결을 선고하여야 한다.

기소 이후에 친고죄의 고소를 추완

친고죄이던 강간죄에서 기소 이후의 고소의 추완은 허용되지 않는다. 이는 비친고죄인 강간치사죄로 기소되었다가 친고죄인 강간죄로 공소장변경된 경우에도 같다. 강간치사죄를 강간죄로 공소장변경한 후에 비로소 고소장이 제출되었더라도, 강간죄의 공소는 제기절차가 법률의 규정에 위반하여 무효이다.[26]

기소 이후에 친고죄(조세범칙사건)의 고발을 추완

세무공무원의 고발 없이 친고죄인 조세범칙사건이 기소되었다면, 그 후에 세무공무원이 고발하더라도 공소기각판결을 선고하여야 한다.[27]

고소가 없거나 취소되었음에도 친고죄로 기소 후 비친고죄로 공소장변경/친고죄로 기소된 후 고소취소되자 비친고죄로 공소장변경

친고죄에서 피해자의 고소가 없거나 고소가 취소되었음에도 친고죄로 기소되었다가 그 후 당초에 기소된 공소사실과 동일성이 인정되는 비친고죄로 공소장변경이 허용된 경우 그 공소제기의 흠은 치유된다.

친고죄로 기소된 후에 피해자의 고소가 취소되더라도 제1심이나 항소심에서 당초에 기소된 공소사실과 동일성이 인정되는 범위 내에서 다른 공소사실로 공소장을 변경할 수 있으며 이러한 경우 변경된 공소사실에 대하여 심리·판단하여야 한다.[28]

이는 반의사불벌죄에서 피해자의 '처벌불원의사표시' 또는 '처벌희망의사표시의 철회'가 있는 경우에도 마찬가지이다.[29] 따라서,

25) 검사가 '친고죄에 관하여 고소·고발이 없거나, 고소·고발이 존재하더라도 유효하지 않거나 취소되었음에도' 또는 '반의사불벌죄에 관하여 처벌불원의사표시가 존재함에도' 공소를 제기한 때가 공소제기 당시에 친고죄와 반의사불벌죄의 소송조건이 구비되지 아니한 경우에 해당한다.

26) 대판 1982. 9. 14. 82도1504.

27) 대판 1970. 7. 28. 70도942.

28) 대판 1990. 1. 25. 89도1317.

① 검사가 고소취소된 사건을 협박죄로 기소하였으나 공갈미수로 공소장변경된 경우, 공소제기의 하자가 치유되고,[30)]
② 협박죄로 기소된 후 피해자가 제1심에서 처벌불원의사표시를 하였고, 항소심에서 상해죄로 공소장변경된 경우 항소심은 상해죄로 심리 판단하여야 한다.[31)]

4. 고소의 성립요건

가. 수사기관에 대한 신고

고소는 수사기관에 대한 신고이다.[32)] 수사권한이 없는 기관에 대한 진정이나 탄원은 특정인에 대한 구체적인 범죄사실을 적시하여 그 처벌을 구하는 내용이 있더라도 고소가 아니다. 예컨대 법원에 대하여 범죄사실을 적시하고 범인을 엄벌에 처하라는 증언을 하거나 그러한 취지의 진술서를 제출하더라도 고소로서의 효력이 없다.[33)]

나. 범죄사실의 특정

고소·고발은 범죄사실을 신고하여 범인의 처벌을 구하는 의사표시이므로, 그 범죄사실이 특정되어야 한다. 특정은 범죄사실의 동일성을 인정할 수 있을 정도로 되어 있으면 족하다. 즉 고소인의 의사가 구체적으로 어떤 범죄사실을 지정하여 범인의 처벌을 구하고 있는 것인가를 확정할 수만 있으면 된다. 또한 범죄사실의 특정에 관한 고소인의 의사는 어떤 범죄사실을 처벌하여 달라는 것인지가 중요하고 그 범죄사실에 관한 죄명이 정확히 특정되지 않더라도 고소의 효력에는 영향이 없다.

처벌해달라는 범죄사실을 특정하는 정도는 고소인의 의사가 구체적으로 어떤 범죄사실을 지정하여 범인의 처벌을 구하고 있는지를 확정할 수만 있으면 되는 것이고, 고소인 자신이 직접 범행의 일시, 장소와 방법 등까지 구체적으로 상세히 지적하여 범죄사실을 특정할 필요까지는 없다.[34)]

---

29) 대판 2011. 5. 13. 2011도2233.
30) 대판 1996. 9. 24. 96도2151.
31) 대판 2011. 5. 13. 2011도2233.
32) 고소인이 간통사실을 신고하면서 현장에 출동한 경찰관에게 고소장을 교부했어도, 경찰서에 도착하여 최종적으로 고소장을 접수하지 않기로 결심하고 고소장을 반환받았다면, 고소의 효력은 발생하지 않았다(대판 2008. 11. 27. 2007도4977).
33) 대판 1984. 6. 26. 84도709.
34) 대판 1999. 4. 23. 99도576. 다음은 같은 취지이다.
고소사실은 고소인의 의사가 수사기관에 대하여 일정한 범죄사실을 지정신고하여 범인의 처벌을 구하는 의사표시가 있었다고 볼 수 있을 정도로 특정하면 그것으로 충분하고, 범인의 성명이 불명하거나, 오기가 있거나, 범행의 일시·장소·방법 등이 명확하지 않거나 틀리더라도 그 효력에는 영향이 없다(대판 1984. 10. 23. 84도1704).

범행기간을 특정하고 있는 고소에 있어서는 그 기간 중의 어느 특정범죄에 대하여 범인의 처벌을 원치 않는 고소인의 의사가 있다고 볼 만한 특단의 사정이 없는 이상 그 고소는 특정된 기간 중에 저지른 모든 범죄에 대하여 범인의 처벌을 구하는 의사표시이다.[35]

명예훼손죄로 고소하였으나 모욕죄를 구성

어떠한 사항을 고소하였는지는 고소장의 죄명에 구애될 것이 아니라 고소의 내용에 의하여 결정하여야 하므로 고소장에 명예훼손죄의 죄명을 붙이고 그 죄에 관한 사실을 적었으나 그 사실이 명예훼손죄를 구성하지 않고 모욕죄를 구성하는 경우에는 위 고소는 모욕죄에 대한 고소로서의 효력을 갖는다.[36]

다. 처벌의 의사표시

고소는 범인의 처벌을 구하는 의사표시이다. 비친고죄에서의 고소는 소송조건의 구비 여부와는 무관하며, 검사의 불기소처분에 대한 불복이나 양형사유와 관련하여 의미를 가질 수 있을 뿐이지만, 친고죄에서의 고소는 소송조건이 된다. 따라서 특정인에 대한 고소·고발이 존재하는지의 문제는 주로 친고죄에서 발생한다.

고소는 범죄의 피해자 기타 고소권자가 수사기관에 대하여 범죄사실을 신고하여 범인의 소추를 구하는 의사표시이며, 단순한 피해사실의 신고는 소추·처벌을 구하는 의사표시가 아니므로 고소가 아니다.[37]

해설: 교통사고나 절도 사실을 수사기관에 신고하더라도, 고소·고발장의 서면 제출이 없으면, 수사기관이 이를 '단순한 피해사실의 신고'로 보아 고소·고발로 처리하지 않는 것이 실무의 일반적인 모습이다.

고발하면서 범인을 잘못 지정

친고죄의 고발에서 지정한 범인이 진범인이 아니어도 고발의 효력에는 영향이 없으므로, 고발인이 농지전용행위를 한 사람을 갑으로 잘못 알고 갑을 피고발인으로 고발하였어도 을이 농지전용행위를 한 이상 을에 대하여도 고발의 효력이 미친다.[38]

---

35) 대판 1985. 7. 23. 85도1213. 간통죄에 관하여 같은 취지로는 대판 1990. 9. 28. 90도603; 대판 2000. 2. 11. 99도4123.

36) 대판 1981. 6. 23. 81도1250. 상표법위반 및 부정경쟁방지및영업비밀보호에관한법률위반에 관하여 같은 취지로는 대판 2003. 10. 23. 2002도446.

37) 대판 2008. 11. 27. 2007도4977.

38) 대판 1994. 5. 13. 94도458. 위 판례는 '범인을 지적할 필요가 없다'고 판시하기도 하였는데, 이는 범인을 특정할 필요가 없다는 취지가 아니라 '범인을 잘못 지적했더라도 진범인에 대한 처벌의 의사표시가 있다면 그 진범인에 대한 고발로서 유효하다'는 취지로 이해하면 족하다. 농지의 무허가 전용행위는 군수 등의 고발을 필요로 하는 친고죄였다(당시의 농지의 보전 및 이용에 관한 법률 21조).

5. 고소능력과 고소의 방식

가. 고소능력

고소는 의사표시이므로 소송행위로서의 성격을 가진다. 그러므로 고소를 함에는 소송행위능력, 즉 고소능력이 있어야 한다. 고소능력은 피해를 받은 사실을 이해하고 고소에 따른 사회생활상의 이해관계를 알아차릴 수 있는 사실상의 의사능력으로 충분하므로 민법상의 행위능력이 없어도 위와 같은 능력을 갖추면 고소능력이 인정되고, 고소위임을 위한 능력도 마찬가지이다.[39)]

미성년자의 고소능력에 관하여 판례는 그 인정범위를 점차 넓혀 오고 있다.[40)] 가장 최근에 선고된 다음 판례에 의하면 11세 남짓한 초등학교 6학년생도 고소능력이 인정된다. 피해자가 19세 이상의 성년(민법 4조)이 되면 부모의 법정대리권에 기한 고소권은 더 이상 존속하지 않는다. 따라서, 적법한 고소가 되기 위해서 대략적으로 피해자가 11세 미만인 경우에는 법정대리인이 고소를 대리하여야 하고, 11세부터 19세 미만인 경우에는 법정대리인과 피해자가 모두 고소를 할 수 있고, 19세 이상인 경우에는 피해자 본인만 고소를 할 수 있다.

11세 남짓한 초등학교 6학년생의 고소능력

11세 남짓한 초등학교 6학년생으로 피해사실을 이해하고 고소에 따른 사회생활상의 이해관계를 알 수 있는 사실상의 의사능력이 있는 피해자가 한 고소는 적법하다.[41)]

14세 10개월의 피해자가 법정대리인의 동의 없이 처벌희망의사표시를 철회

반의사불벌죄인 청소년의성보호에관한법률위반 사건에서, 피해자가 처벌희망 의사표시를 철회할 당시 14세 10개월이었더라도 그 철회의 의사표시 당시 의사능력이 있었다면 법정대리인의 동의가 없었어도 유효하다.[42)]

나. 고소의 방식

고소는 서면 또는 구술로 할 수 있고, 구술 고소인 경우 수사기관은 조서를 작성하여야 한다(법 237조).

---

39) 대판 1999. 2. 9. 98도2074.

40) 대판 1987. 9. 22. 87도1707은, "판시 제1의 범행을 당할 때는 나이가 너무 어려 고소능력이 없었으나 판시 제2의 범행을 당할 때는 나이 13세 남짓되어(중학교 1학년) 비로소 고소능력이 생겨 …"라고 판시하고, 대판 1995. 5. 9. 95도696은, "범행 당시 피해자가 11세의 소년에 불과하여 고소능력이 없었다가 …"라고 판시한 바 있다.

41) 대판 2011. 6. 24. 2011도4451.

42) 대판 2009. 11. 19. 2009도6058 전합.

구술 고소시 작성하여야 하는 조서의 형식
구술에 의한 고소를 받은 수사기관은 조서를 작성하여야 하지만 그 조서가 독립된 조서일 필요는 없다. 수사기관이 고소권자를 상대로 작성한 조서에 범인의 처벌을 요구하는 고소권자의 의사표시가 기재되면 고소는 적법하다.[43)]

피해자가 경찰청 인터넷 홈페이지에 '피고인을 철저히 조사해 달라'는 민원 접수
피해자가 경찰청 인터넷 홈페이지에 '피고인을 철저히 조사해 달라'는 취지로 한 민원접수 형태의 피고인에 대한 조사촉구의 의사표시는 적법한 고소가 아니다.[44)]

6. 고소권자

가. 피해자

범죄로 인한 피해자는 고소할 수 있다(법 223조).

나. 피해자 아닌 자

(1) 임의대리인

고소 또는 그 취소는 대리인으로 하여금 하게 할 수 있다(법 236조). 대리인에 의한 고소의 경우, 대리권이 정당한 고소권자에 의하여 수여되었음이 실질적으로 증명되면 충분하고 그 방식에 특별한 제한은 없으므로, 고소를 할 때 반드시 위임장을 제출한다거나 '대리'라는 표시를 하여야 하는 것은 아니다.[45)] 대리권수여를 증명하기 위하여 위임자가 위임의 취지를 기재한 위임장에 인감도장을 날인하여 인감증명과 함께 대리인에게 교부하는 방식이 널리 이용된다.

고소인에게 위임할 수 있는 권한의 범위에 대해서는 견해가 나뉜다. 표시대리설에 의하면 대리인은 고소인이 결정한 의사표시를 전달하는 행위만을 할 수 있고, 의사대리설은 대리인이 고소 여부에 관한 결정도 할 수 있다고 본다. 절충설은 비친고죄에서는 의사대리설도 무방하나 친고죄에서는 표시대리설이 타당하다고 한다.

친고죄인 모욕죄에 관하여 대리인이 구술로 고소하고 수사기관이 조서 작성
대리인에 의한 고소(법 236조)의 방식에 특별한 제한은 없고, 피해자로부터 고소를 위임받은 대리인은 수사기관에 구술에 의한 방식으로 고소를 제기할 수도 있다.

---

43) 대판 1985. 3. 12. 85도190; 대판 2011. 6. 24. 2011도4451.
44) 대판 2012. 2. 23. 2010도9524.
45) 대판 2001. 9. 4. 2001도3081.

모욕죄에 대하여 대리인 갑이 피해자로부터 고소권을 위임받아 검사에게 모욕죄에 대하여 구술로 고소하고 검사가 진술조서를 작성한 경우 그 고소는 적법하다.[46)]

임의대리에 있어서 고소기간의 기산

임의대리에 있어서 고소기간은 대리고소인이 아니라 정당한 고소권자를 기준으로 고소권자가 범인을 알게 된 날부터 기산한다.[47)]

(2) 법정대리인

피해자의 법정대리인은 독립하여 고소할 수 있다(법 225조 1항). 법정대리인은 친권자나 후견인과 같이 미성년자, 피성년후견인 등 제한능력자의 행위를 일반적으로 대리할 수 있는 자를 의미한다. 제한능력자인 피해자를 보호하고 고소권의 적정한 행사를 위하여 법정대리인으로 하여금 독립하여 고소할 수 있게 한 것이다.

호적부에 기재되지 않고 이혼한 생모가 자를 위하여 고소

모자관계는 호적에 입적[48)]되어 있는지와 관계없이 자의 출생으로 법률상 당연히 생기는 것이므로 고소 당시 이혼한 생모라도 피해자인 그의 자의 친권자로서 독립하여 고소할 수 있다.[49)]

여기서 '독립하여'의 의미에 관하여 독립대리권설은, 피해자의 일신전속적 권리인 고소권을 법정대리인이 대리하여 행사하는 것에 불과하며, 따라서 '독립하여'의 뜻은 피해자의 의사에 구애됨이 없어 독립하여 대리권을 행사할 수 있다는 것으로 이해한다. 그 결과 피해자의 고소권이 소멸하면 법정대리권도 소멸하며 피해자는 법정대리인이 한 고소를 취소할 수 있다. 이와 달리 고유권설은 법정대리인의 고소권은 무능력자의 보호를 위하여 법정대리인에게 인정된 고유권으로 이해한다. 고소권은 피해자에게 부여되는 것임에도 그와 별도로 법정대리인에게도 고유의 고소권이 있다고 봄으로써 2개의 고유한 고소권이 존재한다는 고유권설이 논리적으로 자연스러운 것은 아니다. 그렇지만 미성년자 등이 고소의 법률적 의미를 합리적으로 이해하고 행사할 것을 기대하기 어렵다는 점에서 법정대리인의 고소권을 고유권으로 보아 미성년자 등의 보호를 두텁게 할 필요가 있다는 점에서 고유권설이 타당하다고 하겠

46) 대판 2002. 6. 14. 2000도4595.
47) 대판 2001. 9. 4. 2001도3081.
48) 2008. 1. 1.부터 가족관계의 등록 등에 관한 법률에 의한 가족관계등록부가 호적을 대체하고 있다.
49) 대판 1987. 9. 22. 87도1707. 모자관계는 포태와 분만이라는 자연적 사실에 의하여 확정되지만 부자관계의 증명은 그렇지 않다. 따라서 민법은 법률상 부자관계를 조기에 확정하고 부자관계의 존부를 둘러싼 분쟁을 적절하게 처리하기 위하여 혼인 중의 자에 대해서 일정한 요건 하에 친생자로 추정하는 등의 여러 규정을 두고 있다(민법 844조 이하 참조).

다. 판례는 고유권설을 취하고 있다.

법정대리인의 고소권은 무능력자의 보호를 위하여 법정대리인에게 주어진 고유권이어서 피해자의 고소권 소멸 여부에 관계없이 고소할 수 있다.[50)]

피해자와 법정대리인이 별개로 고소하였다가 피해자가 고소취소

법정대리인은 피해자의 고소권 소멸 여부에 관계없이 고소할 수 있고, 이러한 고소권은 피해자의 명시한 의사에 반하여도 행사할 수 있는 것인바, 이러한 취지에서 이 사건 강간 피해자는 미성년자로서 이 사건 공소제기 이전에 피고인에 대한 고소를 취소하였지만 피해자의 법정대리인인 아버지가 이 사건 공소제기 이전에 피고인을 독립하여 고소한 이상 이 사건 강간 부분의 공소는 그 제기의 절차가 법률의 규정에 위반된 것으로 볼 수 없다.[51)]

고소능력 있는 피해자가 고소하였는데 합의서에 법정대리인의 무인 및 인감증명서가 첨부되어 있고 피해자 성명이 기재되어 있으나 피해자의 날인은 없음

미성년자이지만 고소능력 있는 피해자 본인이 고소한 경우에, 피고인 제출의 합의서에 피해자 성명이 기재되어 있으나 피해자의 날인은 없고, 피해자의 법정대리인인 부의 무인 및 인감증명서가 첨부되어 있을 뿐이어서 피해자 본인의 고소 취소의 의사표시가 여기에 당연히 포함되어 있다고 볼 수 없으므로, 법정대리인의 고소는 취소되었더라도 본인의 고소는 취소되지 않아 친고죄의 공소제기 요건은 충족된다.[52)]

(3) 피해자가 사망한 경우

피해자가 사망한 때에는 그 배우자, 직계친족 또는 형제자매가 고소할 수 있으나 이 경우에는 피해자의 명시한 의사에 반하지 못한다(법 225조 2항). 피해자의 사망으로 고소권을 가지게 되는 자와 민법상의 상속인(민법 1000조, 1003조)의 범위가 일치하는 것은 아니라는 점에 유의할 필요가 있다.

피해자가 사망하여 그의 형제자매가 고소

폐지된 간통죄(친고죄)에 있어서 피해자(고소권자)인 배우자가 사망한 경우에는 생존 중의 피해자의 명시한

50) 대판 1984. 9. 11. 84도1579.

51) 대판 1999. 12. 24. 99도3784.

52) 대판 2011. 6. 24. 2011도4451. 다음 판례는 법정대리인이 다수인 경우 그들 상호간의 고소권도 별개로 존재하는 것으로 보는 것 같다.

생모가 고소한 사건에서 아버지가 고소취소

피해자의 생모인 고소인 1은 피해자의 친권자로서 독립하여 고소할 수 있다. 피해자의 아버지인 고소인 2는 고소인이 아니므로 그가 고소를 취소하였다 하여 고소취소의 효력이 없다(대판 1987. 9. 22. 87도1707).

의사에 반하지 않는 한 그의 형제자매도 적법한 고소권자가 될 수 있고 그들이 한 고소는 간통죄의 적법한 공소제기 요건이다.[53)]

(4) 사자의 명예훼손죄

사자의 명예를 훼손한 범죄는 그 친족 또는 자손이 고소할 수 있다(법 227조).

(5) 검사가 지정한 자

친고죄에 대하여 고소할 자가 없는 경우에 이해관계인의 신청이 있으면 검사는 10일 이내에 고소할 수 있는 자를 지정하여야 한다(법 228조). 피해자가 고소능력이 없더라도 법정대리인이 있는 경우에는 법 225조 1항, 피해자가 사망한 경우에는 법 225조 2항에 의할 것이므로, 본조는 고소능력이 없는 피해자에게 법정대리인이 없는 때와 피해자가 사망하였으나 아무 친족이 없는 때가 주된 적용 대상이 될 것이다.

(6) 권리의 명의신탁

컴퓨터프로그램저작권의 명의신탁
컴퓨터프로그램 저작권이 명의신탁된 경우 대외적인 관계에서는 명의수탁자만이 프로그램저작권자이므로 제3자의 침해행위에 대한 고소(구 컴퓨터프로그램 보호법 48조) 역시 명의수탁자만이 할 수 있다.[54)]

(7) 신분관계자료의 제출

법 225조 내지 227조의 규정에 의하여 고소할 때에는 고소인과 피해자와의 신분관계를 소명하는 서면을, 법 228조의 규정에 의하여 검사의 지정을 받은 고소인이 고소할 때에는 그 지정받은 사실을 소명하는 서면을 제출하여야 한다(규칙 116조). 위와 같은 신분관계자료의 제출은, 대리권수여에 의한 대리인에 의한 고소의 경우, 대리권이 정당한 고소권자에 의하여 수여되었음이 실질적으로 증명되면 충분하고 그 방식에 특별한 제한은 없다는 것[55)]과 대비된다.

(8) 고소의 제한

범죄로 인한 피해자는 자기 또는 배우자의 직계존속을 고소하지 못한다(법 224조). 피해자의 법정대리인이 피의자이거나 법정대리인의 친족이 피의자인 때에는 피해자의 친족은 독립하여 고소할 수 있다(법 226조).

---

53) 대판 1967. 8. 29. 67도878. 다음은 유사 취지이다.
피해자가 피고인에게 미안하다고 말함
간통행위에 관하여 피해자가 피고인에게 미안하다는 말을 했더라도 그것만으로 피해자에게 처벌불원의사가 있었다고 할 수는 없으므로 피해자의 동생이 한 고소는 피해자의 명시한 의사에 반하지 않는다(대판 1985. 8. 20. 85도1288).

54) 대판 2013. 3. 28. 2010도8467. 컴퓨터프로그램저작물은 현재 저작권법에 의해 규율되고 있다.

55) 대판 2001. 9. 4. 2001도3081.

7. 고소기간

가. 고소기간

친고죄에 대하여는 범인을 알게 된 날로부터 6월을 경과하면 고소하지 못한다.[56] 단, 고소할 수 없는 불가항력의 사유가 있는 때에는 그 사유가 없어진 날로부터 기산한다(법 230조 1항).[57] 범행 당시 피해자에게 고소능력이 없었다가 그 후에 비로소 고소능력이 생겼다면 그 고소기간은 고소능력이 생긴 때로부터 기산하여야 한다.[58]

나. 범인을 알게 된 날의 의미

고소기간은 범인을 안 날로부터 기산한다. 고소기간은, 임의대리에 있어서는 고소대리인이 아니라 정당한 고소권자를 기준으로 고소권자가 범인을 알게 된 날부터 기산하고,[59] 법정대리에 있어서는 법정대리인이 범인을 알게 된 날로부터 기산한다.[60] 공범이 있는 때에는 고소불가분의 원칙과 관련하여 공범 중 1인을 알게 된 때로부터 고소기간이 기산된다고 볼 것이다. 범인을 알게 된다 함은 통상인의 입장에서 보아 고소권자가 고소를 할 수 있을 정도로 범죄사실과 범인을 아는 것을 의미하고, 범죄사실을 안다는 것은 고소권자가 친고죄에 해당하는 범죄의 피해가 있었다는 사실관계에 관하여 확정적인 인식이 있음을 말한다.[61] 또한 범인을 알게 된다 함은 범인이 누구인지 특정할 수 있을 정도로 알게 된다는 것을 의미하고, 범인의 동일성을 식별할 수 있을 정도로 인식함으로써 족하며, 범인의 성명, 주소, 연령 등까지 알 필요는 없다.[62]

---

56) 비친고죄는 공소시효가 도과되어야 처벌을 받지 않게 되는데, 친고죄는 6개월이라는 짧은 고소기간만 도과하면 범인이 처벌을 면하게 되는 모순이 발생한다. 고소기간 제한의 입법취지는 공소제기 여부를 오랫동안 사인의 의사에 맡겨 불확정한 상태에 두는 것을 막기 위한 것이라고 설명하는 것이 일반적이다. 그러나 살인죄나 마약류범죄 등을 제외한 대부분의 범죄는 현실적으로 친고죄나 비친고죄 모두 고소가 있어야 수사가 개시된다는 점, 다시 말하면 친고죄나 비친고죄 모두 공소제기 여부가 고소라는 사인의 의사에 맡겨진다는 점에서 별로 차이가 없다. 그럼에도 불구하고 친고죄에 대해서만 고소기간을 6개월로 하여 공소시효(법 249조)가 만료되기 훨씬 이전에 범인이 처벌을 면하게 하는 것은 합리적이지 못하다고 생각된다. 친고죄의 고소기간을 보다 길게 하여야 한다.

57) 친고죄 규정이 폐지된 업무상 위력에 의한 간음죄(형법 303조)에서 해고될 것이 두려워 고소하지 않은 것은 불가항력적 사유가 아님(대판 1985. 9. 10. 85도1273).

58) 대판 1987. 9. 22. 87도1707; 대판 1995. 5. 9. 95도696; 대판 2007. 10. 11. 2007도4962.
범행 당시 피해자가 11세의 소년에 불과하여 고소능력이 없었다가 고소 당시에 비로소 고소능력이 생겼다면, 그 고소기간은 고소능력이 생긴 때로부터 기산되어야 한다(대판 1995. 5. 9. 95도696).
강간 피해 당시 14세의 정신지체아가 범행일로부터 약 1년 5개월 후 피해사실을 알게 된 담임교사 등 주위 사람들로부터 고소의 의미와 취지를 설명듣고 고소에 이른 경우, 위 설명을 들은 때 고소능력이 생긴다(대판 2007. 10. 11. 2007도4962).

59) 대판 2001. 9. 4. 2001도3081.

60) 대판 1984. 9. 11. 84도1579.

61) 대판 2001. 10. 9. 2001도3106. 폐지된 혼인빙자간음죄, 간통죄에서의 범인을 알게 된 날의 의미에 관한 판례로는 대판 1997. 5. 9. 96도2784; 대판 2000. 11. 10. 2000도4042; 대판 2001. 10. 9. 2001도3106.

62) 대판 1999. 4. 23. 99도576.

포괄일죄의 중간에 범인을 알게 됨

고소권자가 범죄행위가 계속되는 도중에 범인을 알았다 하여도, 그 고소기간은 범죄행위가 종료된 때부터 계산하여야 한다. 영업범 등 포괄일죄의 경우에는 최후의 범행이 종료한 때에 전체 범행이 종료된 것으로 보아야 한다.

- 실용신안권자인 피해자는 1999. 3. 31. 피고인이 피해자의 동의 없이 위사감지기를 제작한 실용신안법위반의 범인임을 알게 되었고,
- 피고인은 그 뒤로도 피해자의 동의 없이 위사감지기를 계속 제작하였고,
- 피해자가 2000. 1. 6.에 이르러서야 피고인을 고소하였으며,
- 피고인의 실용신안법위반죄가 포괄일죄인 경우,
- 피고인의 실용신안법위반 중 고소시점으로부터 역산하여 6월이 되는 시점(1999. 7. 7.)보다 이전에 행하여진 범행에 대해서도 위 고소는 적법하다.[63)]

해설: 포괄일죄에 있어서는 전체 범행이 종료한 때에 고소기간이 기산되기 때문이다.

다. 고소기간의 해태

고소할 수 있는 자가 수인인 경우에는 1인의 기간의 해태는 타인의 고소에 영향이 없다(법 231조). 여기서 고소할 수 있는 자가 수인인 경우라 함은 고유의 고소권자(피해자)가 수인인 경우를 말한다. 예컨대 수인의 저작권을 동시에 침해하는 책을 출판한 경우에, 저작권을 침해당한 피해자들이 각자 범인을 알게 되었을 때로부터 개별적으로 고소기간이 진행되므로 그 중 1인의 고소기간 해태는 타인의 고소에 영향을 미치지 않는다.

8. 고소불가분의 원칙

고소불가분의 원칙이란 하나의 범죄의 일부에 대한 고소 또는 그 취소는 그 범죄사실 전부에 대하여 효력이 발생하며(객관적 불가분의 원칙), 수인의 공범 중 1인 또는 수인에 대한 고소나 그 취소는 다른 공범에 대해서도 효력이 미치는 것(주관적 불가분의 원칙)을 말한다.

가. 객관적 불가분의 원칙

하나의 범죄의 일부에 대한 고소 또는 그 취소는 그 범죄사실 전부에 대해서 효력이 발생한다는 객관적 불가분의 원칙을 인정하는 것이 통설, 판례이다. 그 근거는 친고죄로 규정함으로써 처벌 여부가 고소권자의 의사에 좌우되긴 하지만 처벌의 범위까지 고소권자의 의사에 좌우되어서는 아니 된다는 것이다. 일죄의 관계에 있는 친고죄 범죄사실 일부에 대한 고소의 효력은 일죄 전부에 대하여 미친다.[64)]

63) 대판 2004. 10. 28. 2004도5014.

64) 대판 2011. 6. 24. 2011도4451. 위 판례의 취지는 다음과 같다.
친고죄이던 간음목적미성년자약취죄에 관하여,
피해자의 고소: 02:30경 간음 목적으로 피해자를 주차장으로 끌고 가 약취함
공소사실: 고소 내용 외에 '같은 날 02:40경 다시 피해자를 그 부근의 빌딩 2층으로 끌고 가 약취하였다'는 내용까지

이는 고발을 소추조건으로 하는 친고죄의 고발에 있어서도 마찬가지이다.[65] 법원은 고소사실이 아니라 공소사실을 기준으로 친고죄 여부를 판단하여야 한다.[66]

실체적 경합관계에 있는 수죄 사이에서는 고소·고발의 객관적 불가분의 원칙이 적용되지 않는다.[67] 학설은 대체로 상상적 경합관계에 있는 수죄 사이에서 고소·고발의 객관적 불가분의 원칙이 적용되지 않는다고 본다. 학설은 다음 판례가 상상적 경합관계에 있는 수죄 사이에서 고소·고발의 객관적 불가분의 원칙을 적용하지 않았다고 본다.

상상적 경합관계인 강간미수죄(친고죄)와 감금죄(비친고죄) 중 강간미수죄 고소취소

상상적 경합에서 가장 중한 죄에 정한 형으로 처벌한다는 것은 경한 죄는 중한 죄에 정한 형으로 처단된다는 것이지, 경한 죄는 그 처벌을 면한다는 것은 아니므로, 친고죄인 강간미수죄에 관한 고소가 취소되었더라도 이와 상상적 경합관계에 있는 감금죄(폭처법위반)에 대하여는 아무런 영향을 미치지 않는다.[68]

해설: 감금죄에 관하여 고소취소의 효력이 미치지 않는 이유는, 감금죄가 비친고죄이기 때문이지, 위 판례가 상상적 경합관계에 있는 수죄 사이에서는 고소·고발의 객관적 불가분의 원칙이 적용되지 않는다고 보았기 때문은 아닐 것으로 생각된다. 참고로 상상적 경합관계에 있는 사기죄와 변호사법위반 중 변호사법위반의 공소시효가 완성되었더라도 사기죄의 공소시효까지 완성되는 것은 아니다.[69]

포함됨

판단: 공소사실은 고소 내용과 일죄 관계에 있어 고소의 효력이 공소사실에 미치므로, 공소사실은 소송조건(친고죄의 고소)을 구비함

65) **고발의 객관적 불가분의 원칙**
고발은 범죄사실에 대한 소추를 요구하는 의사표시로서 그 효력은 고발장에 기재된 범죄사실과 동일성이 인정되는 사실 전부에 미친다. 따라서 고발을 소송조건으로 하는 친고죄인 조세범 처벌절차법상의 범칙사건에 관하여 한 개의 범칙사실의 일부에 대한 고발은 전부에 대하여 효력이 생긴다. 그러나 수 개의 범칙사실 중 일부만을 범칙사건으로 하는 고발이 있는 경우 고발장에 기재된 범칙사실과 동일성이 인정되지 않는 다른 범칙사실에 대해서까지 고발의 효력이 미칠 수는 없다(대판 2014. 10. 15. 2013도5650). 같은 취지로는 대판 2005. 1. 14. 2002도5411.

66) 고소인이 비친고죄(성폭법위반)로 고소하였으나, 검사가 친고죄(강제추행)로 공소제기한 사안에서, 법원은 공소사실을 심판하는 것이지 고소사실을 심판하는 것이 아니므로, 고소불가분의 원칙은 당연히 적용된다(대판 2015. 11. 17. 2013도7987).

67) **실체적 경합관계에 있는 간통죄 중의 일부에 대해서만 고소**
고소를 소송조건으로 하는 간통죄는 각 성교행위마다 1개의 간통죄가 성립하므로, 공소제기된 수 개의 간통행위 중 그 일부인 A에 대하여만 고소가 있고 나머지 B에 대하여는 고소가 없는 경우에, 위 고소는 B에 대하여 효력을 미칠 수 없다(대판 1989. 9. 12. 89도54).

68) 대판 1983. 4. 26. 83도323. 다음은 같은 취지이다.
피고인이 **피해자를 자동차에 강제로 태워** 내릴 수 없게 하고 탈출할 수 없는 상태로 자동차를 운행하게 하여 판시 장소로 연행하여 가 강간미수에 이르렀다면 위 감금행위는 독립된 별개의 죄가 된다 할 것이므로 피해자가 위 강간미수죄가 친고죄로서 고소가 취소되었다 하더라도 위 감금죄에 대하여는 아무런 영향을 미치지 아니다(대판 1984. 8. 21. 84도1550).

69) 대판 2006. 12. 8. 2006도6356.

나. 주관적 불가분의 원칙

(1) 고소를 소송조건으로 하는 친고죄

고소를 소송조건으로 하는 친고죄의 공범 중 1인 또는 수인에 대한 고소와 그 취소는 다른 공범에 대해서도 효력이 있다(법 233조). 이를 고소의 주관적 불가분의 원칙이라고 한다. 고소인의 자의에 의하여 공범의 처벌에 있어 불공평한 결과가 생기는 것을 방지하기 위한 것이다. 여기서의 공범은 임의적 공범 외에 필요적 공범도 포함된다.[70)]

그러므로 친고죄의 고소인은 범죄사실을 특정하여 신고하면 족하고 범인이 누구인지 나아가 범인 중 처벌을 구하는 자가 누구인지를 적시할 필요도 없다.[71)] 양벌규정에서도 고소의 주관적 불가분의 원칙은 적용된다.[72)]

절대적 친고죄에 있어서는 범인 모두에게 친고죄 규정이 적용되므로 이 원칙이 언제나 적용된다. 친족상도례와 같은 상대적 친고죄에 있어서는 일정한 신분을 가지고 있는 자에 대해서만 친고죄가 적용되므로 고소불가분의 원칙은 신분을 가지고 있는 자들 상호간에만 적용되고 비신분자에 대해서는 적용되지 않는다. 그리하여 상대적 친고죄에 있어서의 피해자의 고소취소는 친족관계 없는 공범자에게는 그 효력이 미치지 아니한다.[73)]

친고죄의 공범 일부에 대해서만 처벌을 원하는 형태의 고소

고소불가분의 원칙상 공범 중 일부에 대하여만 처벌을 구하고 나머지에 대하여는 처벌을 원하지 않는 내용의 고소는 부적법하다.

고소인은 친고죄인 저작권법위반의 점에 관하여 피고인들만을 피고소인으로 하여 고소하였다가 수사과정에서 갑이 공범으로 밝혀지자 공소제기 전 갑에게 "갑이 유사한 행위를 반복하지 않기로 약속하는 각서를 제출하고, 이를 성실히 이행할 경우 갑에게 향후 민·형사상 책임을 묻지 않기로 한다"는 내용의 합의서를 작성하여 주었으며, 고소대리인은 검찰 수사관에게 "고소인은 갑을 고소할 의사가 없어 고소하지 않았는데, 갑이 피의자로 입건되어 합의서를 작성해주었으며, 만약 이건을 고소취소하게 되면 피고인을 고소취소하는 결과가 되기 때문에 부득이 합의서를 작성해주었다"고 진술한 경우 고소인이 피고인들만 고소하였을 뿐 갑을 고소할 의사는 없었다면 그러한 고소는 부적법하다.[74)]

70) 대판 1985. 11. 12. 85도1940.

71) 대판 1994. 4. 26. 93도1689; 대판 1996. 3. 12. 94도2423.

72) 저작권법상의 고소를 소송조건으로 하는 친고죄에서 행위자에 대한 고소만 있고 양벌규정에 의한 처벌대상인 법인이나 영업주 등에 대한 고소가 없더라도, 고소의 주관적 불가분의 원칙이 적용되므로 양벌규정에 의한 법인이나 영업주 등의 처벌이 가능하다(대판 1996. 3. 12. 94도2423).

73) 대판 1964. 12. 15. 64도481.

74) 대판 2009. 1. 30. 2008도7462.

공범 아닌 자에 대한 고소취소

고소인은 위사감지기에 관한 고소인의 실용신안권을 침해하였다는 내용으로 피고인과 갑을 고소하였으나, 갑이 피고인의 실용신안권침해행위에 가담한 사실이 인정되지 않아 갑을 피고인의 공범이라고 볼 수 없는 경우에, 갑에 대한 고소취소의 효력은 피고인에게 미치지 않는다.[75)]

(2) 고발을 소송조건으로 하는 친고죄

고소의 주관적 불가분의 원칙은 고발을 소송조건으로 하는 친고죄에는 준용되지 않으므로(법 235조), 고발을 소송조건으로 하는 친고죄에 있어서는 고발인이 처벌을 희망하는 범인을 특정하여야 한다는 것이 아래 판례들의 입장이다.

고발을 소송조건으로 하는 친고죄에서 고소의 주관적 불가분의 원칙은 준용 안됨

법 233조는 친고죄에 관한 고소의 주관적 불가분원칙을 규정하고 있는데, 고발에 있어서는 법 233조를 준용하는 규정이 존재하지 않는다. 이와 같이 고발에 있어서의 주관적 불가분원칙은 명문의 근거 규정이 없을 뿐만 아니라 소추요건이라는 성질상의 공통점 외에 그 고소·고발의 주체와 제도적 취지 등이 상이함에도, 법 233조가 독점규제 및 공정거래에 관한 법률상의 친고죄(동법 71조)에 관한 공정거래위원회의 고발에도 유추적용된다고 해석한다면 이는 공정거래위원회의 고발이 없는 행위자에 대해서까지 형사처벌의 범위를 확장하는 것으로서, 결국 피고인에게 불리하게 형벌법규의 문언을 유추해석한 경우에 해당하므로 죄형법정주의에 반하여 허용될 수 없다.[76)]

법인을 고발하면서 별지에 대표자의 범죄사실을 기재

친고죄의 고발에 있어, 법인만을 고발대상자로 명시한 경우 비록 별지로 첨부된 범죄사실에 법인 대표자의 범죄사실이 기재되어 있다 하더라도 이는 고발대상자인 법인의 범죄사실을 적시하면서 부수적으로 기재된 것에 불과하고, 법인 대표자에 대한 처벌의사표시까지 포함되었다고 보기는 어렵다.[77)]

피고발인을 법인으로 명시하고 이어 법인의 등록번호와 대표자의 인적사항을 기재

조세범 처벌법 21조에 의해 고발이 소송조건이 되는 친고죄에 있어서는 고소·고발 불가분의 원칙이 적용되

---

75) 대판 2004. 10. 28. 2004도5014.
76) 대판 2010. 9. 30. 2008도4762.
77) 대판 1992. 7. 24. 92도78. 다음은 같은 취지이다.
조세에 관한 범칙사건에 대한 세무공무원의 고발은 그 대상자가 특정되어 있음을 요건으로 하는 것이므로 세무서장의 고발서에 그 고발대상자로 "○○○외 성명미상 수명" 등의 사실만 기재되어 있다면 이를 피고인에 대한 고발이라고 볼 수 없다(대판 1973. 9. 25. 72도1610).
(조세범 처벌법상의 친고죄에 있어서) 고발서에 피고발인이 '피고인 1주식회사 취체역 사장 피고인 2'라고 표시되어 있으므로, 사장인 피고인 2 개인까지를 피고발자로 표시한 것이라고는 해석할 수 없다(대판 1962. 1. 11. 4293형상883).

지 아니하므로, 고발의 구비 여부는 양벌규정에 의하여 처벌받는 자연인인 행위자와 법인에 대하여 개별적으로 논하여야 한다.
고발장에, '피고발인을 법인으로 명시한 다음, 이어서 법인의 등록번호와 대표자의 인적 사항이 기재된 경우' 자연인인 개인까지 피고발자로 표시하였다고 볼 수는 없다.[78)]
해설: 고소를 소송조건으로 하는 친고죄에 있어서는 자연인에 대한 고소만 있더라도 고소의 주관적 불가분의 원칙이 적용되어 양벌규정에 의한 법인이나 영업주까지 처벌할 수 있다는 것[79)]과 대비된다.

다. 반의사불벌죄와 주관적 불가분의 원칙

법은 반의사불벌죄에 대하여 고소취소의 시한과 재고소금지에 관한 법 232조 1항, 2항을 준용하면서도(법 232조 3항) 고소불가분의 원칙에 관한 법 233조를 준용하는 규정을 두지 않고 있다. 여기서 반의사불벌죄에 대해서도 고소불가분의 원칙, 특히 고소의 주관적 불가분의 원칙에 관한 법 233조가 준용되는지 문제된다. 준용허용설은 반의사불벌죄에 있어서 고소불가분의 원칙을 준용하지 않으면 피해자가 처벌을 원하는 범인만을 처벌하게 되어 불공평하다고 주장한다. 판례는 다음과 같이 준용불허설이다.

① 출판물에 의한 명예훼손죄를 범한 3명 중 2명에 대해서만 처불불원의사표시를 함
3명(갑, 을, 병)이 공모하여 출판물에 의한 명예훼손죄를 범하였는데 피해자가 그 중 2명(갑, 을)에 대해서만 처벌불원의사표시를 한 사안에서,
법이 반의사불벌죄에 관하여 고소와 고소취소의 불가분에 대한 233조를 준용하는 규정을 두지 아니한 것은 반의사불벌죄에 관한 처벌불원의사표시나 처벌희망의사표시의 철회에 대하여 고소불가분의 원칙을 적용하지 않고자 함이지, 입법의 불비가 아니므로, 갑, 을에 대한 처벌불원의사표시의 효력은 병에게 미치지 않는다.[80)]

② 공범 중 일부가 부정수표를 회수
부정수표가 공범에 의하여 회수된 경우에 그 소추조건으로서의 효력은 회수 당시 소지인의 의사와 관계없이 다른 공범자에게도 당연히 미치고, 부정수표를 실제로 회수한 공범이 다른 공범자의 처벌을 원한다고 하여 달리 볼 것이 아니다.[81)]

수표를 발행한 자가 지급제시기일 내에 수표가 지급제시가 있었음에도 예금부족이나 거래정지처분 등으로 인하여 수표금이 지급되지 아니하게 한 부수법위반에 대해서는 수표를 발행한 자가 그 수표를 회수하거나 또는 회수하지 못하였더라도 수표소지인의 명시적 의사에 반하는 경우 공소를 제기할

78) 대판 2004. 9. 24. 2004도4066.
79) 대판 1996. 3. 12. 94도2423.
80) 대판 1994. 4. 26. 93도1689.
81) 대판 1999. 5. 14. 99도900.

수 없다(부수법 2조). 공범이 수표를 발행하여 부도낸 경우, i) 공범 중의 일부가 그 부도수표를 회수한 것은 위 판례 ②에 의하여 공범 전원에 대해 소극적 소송조건이 되고, ii) 수표소지인이 공범 중의 일부에 대해서만 처벌불원의 의사표시를 한 것은 위 판례 ①에 의하여 그 처벌불원의사표시의 상대방에 대해서만 소극적 소송조건이 된다.

9. 고소의 취소

고소의 취소는 고소와 동일한 방식으로 한다(법 239조, 237조).

가. 고소취소권자

고소를 취소할 수 있는 자는 원칙적으로 고소를 한 자이다. 고소취소는 대리인으로 하여금 하게 할 수 있다(법 236조). 피해자가 사망한 경우에 그 직계친족 등이 고소할 수 있으나(법 225조 2항), 피해자가 사망한 경우에 피해자가 한 고소를 그 직계친족 등이 취소할 수 있는지에 대해서는 아무런 규정이 없다. 다음 판례는 피해자가 고소하고 사망한 경우에 '상속인이 고소를 취소(또는 처벌불원의사를 표시)할 수 없다'고 본다.

피해자 사망 후 상속인이 처벌불원의사표시를 함
피해자가 사망한 후 그 상속인이 피해자를 대신하여 처벌불원의 의사표시를 할 수는 없다. 따라서 폭행죄에 관하여 피해자 사망 후 피해자의 상속인들이 제1심판결 선고 전에 피고인에 대한 처벌불원의 의사표시를 하였다고 하더라도 공소기각의 판결을 선고할 수 없다.[82)]

성년인 의식불명 피해자의 아버지가 처벌불원의 의사표시를 함
반의사불벌죄인 교특법위반(치상) 사안에서, 의식불명인 성년인 피해자의 아버지가 피고인에 대한 처벌불원 의사를 표시하였더라도 피해자의 의사표시로서의 효력은 없다.[83)]
해설: 피해자의 아버지는 법정대리인이나 임의대리인이 아니므로 처벌불원의사표시를 대리할 권한이 없다.

나. 고소취소의 능력

폭행죄와 같은 반의사불벌죄에서 처벌불원의 의사표시는 의사능력이 있는 피해자가 단독으로 할 수 있다.[84)] 따라서, 처벌희망 의사표시를 철회할 당시 나이가 14세 10개월이었더라도 그 철회의 의사표

82) 대판 2010. 5. 27. 2010도2680. 다음은 같은 취지이다.
피해자의 부친이 피해자 사망 후에 피해자를 대신하여 그 피해자가 이미 하였던 고소를 취소하더라도 이는 적법한 고소취소라 할 수 없다(대판 1969. 4. 29. 69도376).

83) 대판 2013. 9. 26. 2012도568.

84) 대판 2010. 5. 27. 2010도2680.

시가 의사능력이 있는 상태에서 행해졌다면 법정대리인의 동의가 없었더라도 유효하다.[85)]

다. 고소취소의 방법

구술에 의한 고소취소/고소취소의 철회

고소취소는 요식행위가 아니므로 고소권자가 검사에 의한 피해자 진술조서 작성시 고소를 취소하겠다고 명백히 하고 또 고소취소 후에는 다시 고소할 수 없다는 점도 알고 있다고 진술하였다면 그 고소는 적법하게 취소되었다.[86)]

해설: 마찬가지로 법원에서 피해자가 구두로 고소를 취소(또는 처벌불원의 의사를 표시)하는 진술을 하였다면 이는 고소취소로서 유효하다.

반의사불벌죄에서 처벌희망의사표시의 철회방법

반의사불벌죄에 있어서 피해자가 처벌을 희망하지 아니하는 의사표시 또는 그 처벌을 희망하는 의사표시의 철회는 피해자의 진실한 의사가 명백하고 믿을 수 있는 방법으로 표명되어야 한다.

반의사불벌죄에 관하여 처벌불원의 취지가 기재되고 피해자와 그의 부모 명의로 된 합의서가 작성·제출되었으나, 법원의 확인 전화에 대해 피해자의 부모가 피해자를 대신하여 작성하였고 여전히 처벌을 원한다고 진술하자, 피고인의 처가 피해자(17세)로부터 합의하여 선처를 바란다는 취지의 탄원서를 작성받아 제출한 경우, 피고인에 대한 처벌희망의 의사표시가 유효하게 철회되었다.[87)]

라. 고소취소의 의사표시가 수사기관과 법원에 도달

고소취소는 수사기관에 대해 하지만 기소 후에는 법원에 대해 하여야 한다.

① 합의서를 피고인에게 작성해주었으나 수사기관에 도달하지 않음

고소취소는 서면 또는 구술로 수사기관에게 하여야 하므로(법 239조, 237조), 모욕죄의 고소인이 합의서를 피고인에게 작성하여준 것만으로는 고소가 적법하게 취소된 것으로는 볼 수 없다.[88)]

해설: 그 합의서가 수사기관에 도달한 때 고소취소의 효력이 발생한다.

유사판례: 고소를 취소한다는 민사조정이 성립되었으나 그 조정조서 등이 제출되지 않음

피고인과 고소인 사이의 민사사건에서 '고소를 모두 취하한다'는 내용의 조정이 성립되었으나, 고소인이 조정성립 이후에도 수사기관과 제1심 법정에서 피고인의 처벌을 원한다고 진술하며, 고소인이 고소취소 또는 처벌불원의사를 표시하기 위하여 위 조정조서 사본 등을 수사기관이나 제1심 법정에 제출하지 아니한 경우, 위와 같은 조정의 성립만으로는 고소인이 수사기관이나 제1심 법정에서 고소를 취소하였다거나 처벌불원의

85) 대판 2009. 11. 19. 2009도6058 전합.
86) 대판 1983. 7. 26. 83도1431.
87) 대판 2010. 11. 11. 2010도11550.
88) 대판 1983. 9. 27. 83도516.

사를 표시하였다고 볼 수 없다.[89)]

② A사건 재판계속 중, B사건에 관한 수사과정에서 피고인에 대한 모든 고소가 취소되었으나 그 고소취소장이 A사건의 수소법원에 제출되지 아니함

'고소의 취소'나 '처벌을 희망하는 의사표시의 철회'는 수사기관 또는 법원에 대한 법률행위적 소송행위이므로 공소제기 전에는 고소사건을 담당하는 수사기관에, 공소제기 후에는 고소사건의 수소법원에 대하여 이루어져야 한다.[90)]

해설: 피고인에 대한 A사건이 재판계속 중인 상태에서, 수사기관이 피고인에 대한 B사건을 수사하는 과정에서 피고인에 대한 이전의 모든 고소 등을 취소한다는 취지가 기재된 합의서가 작성되어 검찰에 제출되었으나, 그것이 A사건이 계속 중인 법원에 제1심판결 선고 전까지 제출되지 않은 사안에 관한 것이다. 따라서 B사건에 대해서는 고소가 적법하게 취소되지 않았다.

③ 피해자가 반의사불벌죄에 관하여 공소제기 후 수사기관에 처벌불원의 의사표시를 한 후 법정에서 처벌을 원한다고 진술

사실관계

- 갑이 우편으로 발송한 '정통망법위반(명예훼손)에 대한 고소를 취소하는 고소취하요청서'가 2005. 2. 7. 수원지방검찰청에 접수되었고,
- 갑은 2005. 5. 24. 제1심 법정에서 "고소를 취하할 생각으로 고소취하요청서를 우편으로 보냈으나 현재는 처벌을 원한다"라고 증언하였으며,
- 그 후인 2005. 6. 7. 수원지방검찰청이 위 고소취하요청서를 제1심법원에 접수함

판단: 갑이 수원지방검찰청에 고소취하요청서를 우송함으로써 피고인에 대한 처벌을 희망하는 의사표시는 적법하게 철회되었고, 그 후 다시 처벌을 원한다고 하더라도 처벌을 희망하는 의사표시가 있었다고 할 수 없다. 정통망법위반(명예훼손)에 대하여는 공소기각판결(법 327조 6호)을 선고하여야 한다.[91)]

사례

- 피해자가 피의자에게 고소취소장을 작성해주었는데, 피의자가 위 고소취소장을 수사기관에 제출하기 이전에,
- 피해자가 마음을 바꾸어 수사기관에서 피의자에 대한 처벌을 원한다고 진술하면서 고소취소장에 기재된 고소취소의 의사표시를 철회하였고,
- 그 후 피의자가 위 고소취소장을 수사기관에 제출한 경우
- 고소는 취소되었다고 보아야 하는가?

---

89) 대판 2004. 3. 25. 2003도8136.
90) 대판 2012. 2. 23. 2011도17264.
91) 대판 2007. 9. 6. 2007도3405.

판례: 피해자가 합의서를 피고인에게 작성하여준 것만으로는 고소가 적법하게 취소된 것으로 볼 수 없고,[92] 그러한 의사표시가 수사기관이나 법원에 도달하여야 적법한 고소취소가 된다.[93] 공소제기 이후의 시점에서 적법한 고소취소가 되기 위해서는, 고소취소의 의사표시가 수사기관에 도달한 것만으로는 부족하고 수소법원에 대해 이루어져야 한다(위 ②판례).

사례의 검토

- 위 ③ 판례에서, 고소취하요청서가 수원지방검찰청에 접수된 시점은 공소제기 이후이다.[94]
- 공소제기 이후에 고소취하요청서가 수사기관에 도달한 것만으로는 고소가 적법하게 취소되었다고 볼 수 없다(위 ①, ② 판례).
- 위 ③ 판례에서, 피해자는 고소취소의 의사표시를 하였으나 그 의사표시가 수소법원에 도달하지 않아 고소취소의 효력이 발생하지 않은 상태에서, 피해자가 수소법원에서 고소취소의 의사표시를 철회한 것이다.
- 그럼에도 불구하고 위 ③ 판례는, 고소취소의 효력이 발생하기 이전에 피해자가 수소법원에서 고소취소의 의사표시를 철회하였음에도, (그 이전에 수사기관에 도달해 있던) 고소취소장이 법원에 제출되면 고소는 적법하게 취소된다고 본다.
- 위 ③ 판례의 입장은, "고소취소는 수사기관이나 법원에 도달하여야 그 효력이 발생하지만, 피해자는 고소취소의 의사표시를 적법하게 한 이상, 그 효력이 발생하기 이전에도 고소취소의 의사표시를 철회할 수는 없다"라는 것이 아닐까 생각된다.
- 그렇다면 위 사례에서, 고소취소의 의사표시가 철회될 수 없으므로, 고소는 취소되었다고 보아야 할 것이다.
- 이와 달리 고소취소의 의사표시가 수사기관이나 법원에 도달하기 전에는 이를 철회할 수 있다는 견해도 있다.[95]

피해자가 처벌을 원치 않는다고 말한 후 고소

(피해자가 고소장을 제출하여 처벌을 희망하는 의사를 분명히 표시한 후 고소를 취소한 바 없다면 비록) 고소 전에 피해자가 처벌을 원치 않았다 하더라도 그 후에 한 피해자의 고소는 유효하다.[96]

해설: 위 판례의 취지는 피해자가 범인 등에게 처벌을 원치 않는다는 의사표시를 하였더라도 그 후에 한 고소는 적법하다는 것이다. 그 논거는 ① 처벌불원의사표시가 수사기관에 도달하지 않았고, ② 고소권은 포기할 수 없다는 것이다.

---

92) 대판 1983. 9. 27. 83도516.

93) 이러한 경우 피해자가 합의서를 작성·교부함으로써 피고인에게 자신을 대리하여 자신의 처벌불원의사를 수사기관에 표시할 수 있는 권한을 수여한 것으로 볼 수 있고, 이에 따라 피고인이 그 합의서를 수사기관에 제출하면 피해자의 처벌불원의사가 수사기관에 적법하게 표시된 것이다(대판 2001. 12. 14. 2001도4283).

94) 위 ③ 판례가 법 327조 6호에 의해 공소기각판결을 선고하여야 한다고 판시하였기 때문이다. 만약 고소취하요청서가 공소제기 이전에 검찰청에 접수되었다면 법 327조 2호에 의해 공소기각판결을 선고하여야 한다.

95) 친고죄인 간통죄에 있어서 이미 한 고소의 취소를 다시 취소하려면 먼저 한 고소취소의 의사표시가 수사기관이나 법원에 도달하기 전에 한하여 이를 할 수 있다(대구지판 1988. 2. 24. 87노1851)

96) 대판 1993. 10. 22. 93도1620; 대판 2008. 11. 27. 2007도4977.

마. 고소취소 여부의 판단

고소취소 내지 처벌불원 의사표시가 있는지에 관한 판례들은 다음과 같다.

① 검사가 작성한 피해자에 대한 진술조서 기재 중 '피의자들의 처벌을 원하는가요?'라는 물음에 대하여 '법대로 처벌하여 주기바랍니다'로 되어 있고 이어서 '더 할 말이 있는가요?'라는 물음에 대하여 '젊은 사람들이니 한번 기회를 주시면 감사하겠읍니다'로 기재되어 있다면 피해자의 진술은 법대로 처벌하되 관대한 처분을 바란다는 취지이지, 처벌의사의 철회로 볼 것이 아니다.[97)]

② 법원에 제출된 합의서에는 고소인과 피고소인 상호간에 원만히 해결되었으므로 이후에 민·형사간 어떠한 이의도 제기하지 않을 것을 합의한다는 취지가 기재되어 있을 뿐이고 그 합의서 제출 후에 고소인이 법정에 나와 고소취소의 의사가 없다고 진술하였다면 고소는 취소되지 않았다.[98)]

③ 피해자 명의의 "당사자간에 원만히 합의되어 민·형사상 문제를 일체 거론하지 않기로 화해되었다"는 취지의 합의서 및 피고인들에게 중형을 내리기보다는 법의 온정을 베풀어 사회에 봉사할 수 있도록 관대한 처분을 바란다는 취지의 탄원서가 제1심법원에 제출되었다면 고소가 취소된 것으로 보아야 한다.[99)]

④ 피해자가 범죄사실을 신고한 후 경찰관에게 가해자의 처벌을 원한다는 취지의 진술을 하였다가, "가해자와 원만히 합의하였으므로 피해자는 가해자를 상대로 이 사건과 관련한 어떠한 민·형사상의 책임도 묻지 아니한다"라는 취지의 합의서가 제출되었다면, 이로써 피해자는 가해자에 대한 처벌희망의사를 철회하여 고소취소한 것으로 봄이 상당하다.[100)]

"원만히 합의하여 민·형사상 일체의 책임을 묻지 않는다"라는 취지의 합의문에 대해 위 ②의 판례에서는 위 ③, ④의 판례와 달리 나중에 고소취소의 의사가 없었다는 진술이 행해졌다는 이유로 고소취소의 효력을 인정하지 않고 있다. 고소취소 내지 처벌불원의사표시가 있는지 여부는 수사기관이나 법원에 도달한 합의서 자체만을 놓고 판단하여야 하고 '고소취소 내지 처벌불원의사표시'는 사후에 철회할 수 없다는 점에서 위 ②의 판례는 타당하지 않다고 생각된다. 위 ③, ④의 판례를 통해 위 ②의

---

97) 대판 1981. 1. 13. 80도2210.

98) 대판 1980. 10. 27. 80도1448. 다음은 같은 취지이다.
"상호간에 원만히 해결되었으므로 이후에 민·형사간 어떠한 이의도 제기하지 아니할 것을 합의한다"는 취지의 합의서가 제1심 법원에 제출되었으나 고소인이 제1심에서 고소취소의 의사가 없다고 증언하였다면 위 합의서의 제출로 고소취소의 효력이 발생하지 아니한다(대판 1981. 10. 6. 81도1968).

99) 대판 1981. 11. 10. 81도1171.

100) 대판 2002. 7. 12. 2001도6777.

판례를 변경하였다고 볼 여지도 있다. 위와 같은 불분명함을 피하기 위해서는 합의서에, "처벌을 원치 않는다" 또는 "고소를 취소한다"와 같이 취지가 분명한 문구를 사용할 필요가 있다.

바. 고소취소의 철회

친고죄에서 고소를 취소한 자는 다시 고소하지 못한다(법 232조 2항).[101] 반의사불벌죄에 있어서 처벌불원의사표시를 하였거나 처벌희망의사표시를 철회한 자는 다시 처벌불원의사표시를 철회하거나 처벌희망의사를 표시할 수 없다(법 232조 3항).[102]

고소취소의 철회

고소가 적법하게 취소된 이상 그 후 고소취소를 철회하는 의사표시를 다시 하였다고 하여도 그것은 효력이 없다.[103]

처벌불원의사표시를 한 후 처불불원의사표시를 철회

반의사불벌죄에 있어서 피해자가 처벌을 희망하지 아니하는 의사표시나 처벌을 희망하는 의사표시의 철회를 한 후에는 다시 처벌을 희망하지 아니하는 의사표시를 철회하거나 처벌을 희망하는 의사를 표시할 수 없다.[104]

민형사상 문제삼지 않기로 합의 후 치료비 미지급을 이유로 처불불원의사표시를 철회

피해자가 피고인과 사이에 피고인이 교통사고로 인한 피해자의 치료비 전액을 부담하는 조건으로 민·형사상 문제삼지 아니하기로 합의하고 피고인으로부터 합의금 일부를 수령하면서 피고인에게 합의서를 작성·교부하고, 피고인이 그 합의서를 수사기관에 제출한 경우, 피해자는 그 합의서를 작성·교부함으로써 피고인에게 자신을 대리하여 자신의 처벌불원의사를 수사기관에 표시할 수 있는 권한을 수여하였고, 이에 따라 피고인이 그 합의서를 수사기관에 제출한 이상 피해자의 처벌불원의사가 수사기관에 적법하게 표시되었다. 이후 피고인이 피해자에게 약속한 치료비 전액을 지급하지 않아도 민사상의 채무가 남는 것은 별론으로 하고 처벌불원의사를 철회할 수 없다.[105]

---

101) 비친고죄에서는 고소취소 후에 다시 고소하는 것이 금지되지 않는다. 비친고죄에서는 고소가 소송조건이 아니기 때문이다.

102) 대판 2007. 9. 6. 2007도3405.

103) 대판 1983. 7. 26. 83도1431. 다음은 같은 취지이다.
고소권자가 서면 또는 구술로써 수사기관이나 법원에 적법하게 고소를 취소한 이상 그 후 고소취소를 철회하여도 효력이 없다(대판 2009. 9. 24. 2009도6779).

104) 대판 2007. 9. 6. 2007도3405.

105) 대판 2001. 12. 14. 2001도4283.

사. 고소취소의 시기적 제한

고소·고발을 소송조건으로 하는 친고죄의 고소취소는 제1심판결 선고 이전에 해야 한다(법 232조 1항).[106] 반의사불벌죄에서 처벌불원의 의사표시도 제1심판결 선고 이전에 해야 한다(법 232조 3항).[107] 친고죄의 고소취소, 반의사불벌죄의 처벌불원의사표시를 할 수 있는 시기를 제1심판결 선고시까지로 한정한 목적은 국가형벌권의 행사가 피해자의 의사에 의하여 좌우되는 현상을 장기간 방치하지 않으려는 데 있다.[108] 따라서, 제1심판결 선고 후에 친고죄의 고소가 취소된 경우에는 그 취소의 효력이 없으므로 공소기각의 재판을 할 수 없다.[109]

항소심 진행 중에 친고죄의 고소가 취소된 후 파기환송되어 제1심 절차가 진행됨

상소심이 제1심 판결을 파기하고 사건을 제1심법원에 환송함에 따라 다시 제1심 절차가 진행된 경우, 종전의 제1심판결은 이미 파기되어 효력을 상실하였으므로 (고소취소의 제한사유가 되는) 제1심판결 선고가 없는 경우에 해당한다.

피고인의 간통 공소사실에 대한 고소가 효력이 없다는 이유로 공소를 기각한 제1심판결에 대하여 항소심 절차가 진행되던 중 고소가 취소되었는데, 항소심이 사건을 파기·환송하였다면 환송 후의 제1심은 공소제기 후의 고소취소를 이유로 한 공소기각판결(법 327조 5호)을 하여야 한다.[110]

항소심에서 고소취소되고 비친고죄(강제추행치상)를 친고죄(강제추행)로 인정

친고죄의 고소를 취소할 수 있는 시기에 관한 법의 규정을 현실적 심판의 대상이 된 공소사실이 친고죄로 된 당해 심급의 판결선고시까지 고소를 취소할 수 있다는 의미로 볼 수는 없다. 항소심에서 공소장의 변경에 의하여 또는 공소장변경절차를 거치지 아니하고 법원 직권에 의하여 비친고죄(강제추행치상)를 친고죄(강제추행, 현재는 비친고죄)로 인정하였더라도 항소심을 제1심이라 할 수는 없으므로, 항소심에서 한 고소취소는 '친고죄의 고소취소(즉 소극적 소송조건)'로서의 효력이 없다.[111]

해설: 제1심 판결 전에 비친고죄에 대한 고소취소가 이루어졌고 항소심이 위 비친고죄를 친고죄로 인정하는 경우에, 항소심은 공소기각의 판결을 하여야 한다.

---

106) 조세범처벌법위반 사건에 대한 세무공무원의 고발취소는 제1심판결선고 전에 한하여 할 수 있다(대판 1957. 3. 29. 4290형상58).

107) 반의사불벌죄에서 처벌희망의사표시의 철회 또는 처벌불원의 의사표시는 제1심판결 선고시까지 할 수 있고, 그 후의 처벌희망의사표시의 철회 또는 처벌불원의 의사표시는 소극적 소송조건으로서의 효력이 없다(대판 2000. 9. 29. 2000도2953).

108) 대판 1999. 4. 15. 96도1922 전합.

109) 대판 1985. 2. 8. 84도2682.

110) 대판 2011. 8. 25. 2009도9112.

111) 대판 1999. 4. 15. 96도1922 전합.

항소심에서 상해죄가 폭행죄로 공소장변경되고, 처벌불원의사표시가 있음

항소심에 이르러 비로소 반의사불벌죄가 아닌 상해죄에서 반의사불벌죄인 폭행죄로 공소장변경되었다 하여 항소심을 제1심으로 볼 수는 없으므로, 항소심에서 피해자의처벌불원의사표시가 있어도 폭행죄에 대하여 공소기각판결을 선고할 수 없다.[112)]

공범에 대한 제1심판결 선고 후 다른 공범에 대한 고소취소

친고죄의 공범 중 일부에 대하여 제1심판결이 선고된 후에는 제1심판결선고전의 다른 공범자에 대하여는 고소를 취소할 수 없고,[113)] 이러한 법리는 필요적 공범이나 임의적 공범이나를 구별함이 없이 모두 적용된다.[114)]

아. 재고소의 금지

친고죄의 고소를 취소한 자는 다시 고소하지 못한다(법 232조 2항). 반의사불벌죄에서 처벌불원의사를 표시한 자는 다시 처벌희망의사를 표시할 수 없다(법 232조 3항). 고소가 취소되면 친고죄에서는 소송조건이 결여되므로 다시 고소할 수 없다. 처벌불원의사표시가 소극적 소송조건이 되는 반의사불벌죄에서도 마찬가지로 처벌불원의 의사를 표시한 자는 다시 처벌희망의사를 표시할 수 없다. 그러나 비친고죄에서는 고소취소 후 다시 고소하더라도 그 자체로 부적법한 것은 아니다. 비친고죄의 고소는 소송조건이 아니기 때문이다. 다만 동일사건에 관하여 검사의 불기소처분이 있는 경우, 다시 고소가 제기되더라도 고소인이 새로이 중요한 증거가 발견되었음을 소명하지 아니하는 한 각하 처분의 대상이 될 수 있다(검찰사건사무규칙 69조 3항). 고소를 취소한 때에는 검찰항고, 재정신청을 할 수 없다.

자. 고소의 포기

친고죄에서의 고소권은 공법상의 권리이므로 고소 전에 고소권을 포기할 수 없다.[115)]

---

112) 대판 1988. 3. 8. 85도2518.

113) '고소를 취소할 수 없다'는 부분의 정확한 의미는, 고소를 취소할 수는 있으나 그러한 고소취소가 소극적 소송조건으로서의 효력을 발생할 수 없다는 것이다.

114) 대판 1985. 11. 12. 85도1940.

115) 대판 1967. 5. 23. 67도471.

제 4 장

수사의 방법

제 1 절 임의수사와 강제수사

1. 의 의

범죄혐의를 규명하고 공소를 제기할 것인지의 여부를 결정하기 위하여 증거를 수집·보전하고 범인을 확보하는 수사기관의 활동을 수사라고 한다. 수사는 임의수사와 강제수사로 나뉜다. 임의수사와 강제수사의 구별기준에 관하여, ① 법에 규정된 유형의 강제처분만을 강제수사로 보는 형식설, ② 의사에 반한 법익침해의 유무에 따라 구별하는 실질설, ③ 최저한도의 기본적 인권의 침해위험성을 기준으로 하는 적법절차기준설 등이 있다.

2. 임의수사의 원칙과 강제수사의 규제

가. 임의수사의 원칙

수사는 원칙적으로 임의수사에 의하고 강제수사는 법률에 규정된 경우에 한하여 필요한 최소한도의 범위 안에서만 허용되는 원칙을 말한다(법 199조 1항).

나. 강제수사의 규제

(1) 강제처분 법정주의

강제처분은 법률에 특별한 규정이 없으면 하지 못한다.

(2) 영장주의

강제처분은 법원 또는 법관이 발부한 영장에 의하여야 한다. 영장은 법관이 발부하여야 하고 포괄적인 일반영장은 금지되며, 사전영장을 원칙으로 한다. 그렇지만 긴급성이 인정되고 남용의 우려가 없는 경우에는 사후영장을 발부받도록 하는 영장주의의 예외가 인정된다.

(3) 비례성의 원칙

강제처분은 필요한 최소한도의 범위에서만 해야 한다.

제2절 임의수사

Ⅰ. 피의자신문

1. 수사기관의 출석요구

검사 또는 사법경찰관은 수사에 필요한 때에는 피의자의 출석을 요구하여 진술을 들을 수 있다(법 200조).

구속영장에 의해 구금된 피의자의 출석거부와 구인
구속영장에 의하여 적법하게 구금된 피의자가 피의자신문을 위한 출석요구에 응하지 아니할 경우, 수사기관은 구속영장의 효력에 의하여 피의자를 조사실로 구인할 수 있다.[1)]

2. 진술거부권

가. 의 의

진술거부권은 피고인 또는 피의자가 공판절차 또는 수사절차에서 법원 또는 수사기관의 신문에 대해 진술을 거부할 수 있는 권리를 말한다. 묵비권이라고도 하며 영미의 자기부죄금지특권(privilege against self-incrimination)에서 유래한다. 피고인의 진술거부권은 법 283조의2에 피의자의 진술거부권은 법 244조의3에 각각 규정되어 있다.

법 제244조의3(진술거부권 등의 고지) ① 검사 또는 사법경찰관은 피의자를 신문하기 전에 다음 각 호의 사항을 알려주어야 한다.

1) 대결 2013. 7. 1. 2013모160.

1. 일체의 진술을 하지 아니하거나 개개의 질문에 대하여 진술을 하지 아니할 수 있다는 것
2. 진술을 하지 아니하더라도 불이익을 받지 아니한다는 것
3. 진술을 거부할 권리를 포기하고 행한 진술은 법정에서 유죄의 증거로 사용될 수 있다는 것
4. 신문을 받을 때에는 변호인을 참여하게 하는 등 변호인의 조력을 받을 수 있다는 것

② 검사 또는 사법경찰관은 제1항에 따라 알려 준 때에는 피의자가 진술을 거부할 권리와 변호인의 조력을 받을 권리를 행사할 것인지의 여부를 질문하고, 이에 대한 피의자의 답변을 조서에 기재하여야 한다. 이 경우 피의자의 답변은 피의자로 하여금 자필로 기재하게 하거나 검사 또는 사법경찰관이 피의자의 답변을 기재한 부분에 기명날인 또는 서명하게 하여야 한다.

법 제283조의2(피고인의 진술거부권) ① 피고인은 진술하지 아니하거나 개개의 질문에 대하여 진술을 거부할 수 있다.

② 재판장은 피고인에게 제1항과 같이 진술을 거부할 수 있음을 고지하여야 한다.

규칙 제127조(피고인에 대한 진술거부권 등의 고지) 재판장은 법 제284조에 따른 인정신문을 하기 전에 피고인에게 진술을 하지 아니하거나 개개의 질문에 대하여 진술을 거부할 수 있고, 이익되는 사실을 진술할 수 있음을 알려 주어야 한다.

나. 진술거부권의 내용

(1) 진술거부권의 범위

금지되는 것은 진술의 강요이다. 따라서 지문이나 족형의 채취 등은 진술거부권의 대상이 아니다. 인정신문에 대해서도 진술거부권이 미치는지에 관하여 견해의 대립이 있다.[2)]

진술거부권의 보장 범위

진술거부권은 형사절차에서만 보장되는 것이 아니고 행정절차이거나 국회에서의 질문 등 어디에서나 그 진술이 자기에게 형사상 불리한 경우에는 묵비권을 가지고 이를 강요받지 아니할 국민의 기본권으로 보장된다. 따라서 현재 형사피의자나 피고인으로서 수사 및 공판절차에 계속 중인 자 뿐만 아니라 장차 형사피의자나 피고인이 될 가능성이 있는 자에게도 그 진술내용이 자기의 형사책임에 관련되는 것일 때에는 그 진술을 강요받지 않을 자기부죄거절의 권리가 보장된다.[3)]

음주측정거부죄의 위헌 여부

헌법상의 진술거부권(헌법 12조 2항)에서의 진술은 생각, 지식 또는 경험사실을 언어로 표출하는 것을 의미하는데 반해, 음주측정(도교법 41조 2항)은 호흡측정기에 호흡을 불어 넣음으로써 신체의 상태를 드러내는

---

2) 인정신문(법 284조)을 하기 전에 진술거부권(법 283조의2)을 고지하도록 규정되어 있다는 점을 진술거부권이 인정신문에도 미치는 근거로 보는 견해도 있다.

3) 대판 2015. 5. 28. 2015도3136.

것이어서 진술이라 할 수 없다. 따라서 주취운전 혐의자에게 호흡측정기에 의한 측정을 요구하고 이에 불응할 경우 처벌하는 것은 불리한 진술의 강요가 아니므로 진술거부권을 침해하지 않는다.[4)]

교통사고를 일으킨 운전자의 신고의무

교통사고를 일으킨 운전자에게 신고의무를 부담시키는 규정은(도교법 50조 2항, 111조 3호), 피해자의 구호 및 교통질서의 회복을 위한 조치가 필요한 범위 내에서 교통사고의 객관적 내용만을 신고하도록 한 것이고, 형사책임과 관련되는 사항에는 적용되지 않는 것으로 해석하는 한 위헌이 아니다.[5)]

(2) 진술거부권의 고지 시기

진술거부권은 피의자에 대해서는 신문하기 전에(법 244조의3), 피고인에 대해서는 인정신문을 하기 전에(법 283조의2, 규칙 127) 고지하도록 규정되어 있다.

피의자에 대한 진술거부권의 고지는 진술거부권을 실효적으로 보장하여 진술이 강요되는 것을 막기 위한 것이므로, 진술거부권의 고지 대상인 피의자 지위는 수사기관이 조사대상자에 대한 범죄혐의를 인정하여 수사를 개시하는 행위를 한 때 인정된다. 따라서 피의자 지위에 있지 않은 자에 대하여는 진술거부권이 고지되지 않아도 진술의 증거능력이 인정된다.[6)]

입건(고소, 고발, 자수, 인지의 4가지)되면 피입건자는 피의자가 된다. 따라서 입건이 이루어진 후에 피입건자(피고소인, 피고발인, 자수한 자, 인지된 자)를 신문하기 위해서는 진술거부권을 고지하여야 한다.

진술거부권의 고지시기/범죄인지서를 작성하여 사건을 수리하거나 실질적인 범죄인지

범죄혐의가 있다고 보아 '수사를 개시(인지)'하는 때에는 피조사자의 진술이 진술조서에 기재되었더라도 피의자신문조서와 달리 볼 수 없으므로 진술거부권을 고지하지 않았다면 진술조서는 증거능력이 없다.

검사가 범죄를 인지하는 경우에는 범죄인지서를 작성하여 사건을 수리하는 절차를 거쳐야 하므로(검찰사건사무규칙 2조 내지 4조), 특별한 사정이 없는 한 수사기관이 그와 같은 절차를 거친 때에 범죄인지가 된다. 그러나 범죄의 인지는 실질적인 개념이므로 검사가 그와 같은 절차를 거치기 전에 범죄의 혐의가 있다고 보아 수사를 개시하는 때에는 범죄를 인지한 것으로 보아야 한다.[7)]

4) 헌재 1997. 3. 27. 96헌가11. 다음은 같은 취지이다.
피의자가 신원을 밝히지 않고 지문채취에 불응하는 경우 형벌을 통하여 지문채취를 강제하는 경범죄처벌법은 영장주의와 적법절차의 원칙에 반하지 않는다(헌재 2004. 9. 23. 2002헌가17).

5) 헌재 1990. 8. 27. 89헌가118.

6) 대판 2011. 11. 10. 2011도8125.

7) 대판 2011. 11. 10. 2010도8294.

피의자에 대한 진술거부권의 고지시기

진술거부권의 고지는 피의자의 진술거부권을 실효적으로 보장하여 진술이 강요되는 것을 막기 위해 인정되는 것이다. 수사기관에 의한 진술거부권 고지 대상이 되는 피의자 지위는 수사기관이 조사대상자에 대한 범죄혐의를 인정하여 수사를 개시하는 행위를 한 때 인정되는 것으로 보아야 한다. 따라서 피의자 지위에 있지 아니한 자에 대하여는 진술거부권이 고지되지 아니하였더라도 진술의 증거능력을 부정할 것은 아니다.

피고인들이 중국에 있는 갑과 공모한 후 중국에서 입국하는 을을 통하여 필로폰이 들어 있는 곡물포대를 배달받는 방법으로 필로폰을 수입하였다고 기소되었고, 을에게서 곡물포대를 건네받아 피고인들에게 전달한 참고인 병에 대한 검사 작성 진술조서가 증거신청된 사안에서, 피고인들과 공범관계에 있을 가능성만으로 병이 참고인으로서 검찰 조사를 받을 당시 또는 그 후라도 검사가 병에 대한 범죄혐의를 인정하고 수사를 개시하여 피의자 지위에 있게 되었다고 단정할 수 없고, 검사가 병에 대한 수사를 개시할 수 있는 상태이었는데도 진술거부권 고지를 잠탈할 의도로 피의자신문이 아닌 참고인 조사의 형식을 취하였다고 볼 만한 사정도 없으며, 오히려 피고인들이 필로폰이 중국으로부터 수입되는 것인지 몰랐다는 취지로 변소하였기 때문에 피고인들의 수입에 관한 범의를 명백하게 하기 위하여 병을 참고인으로 조사한 것이라면, 병은 피의자의 지위에 있었다고 할 수 없어 진술거부권을 고지받지 않았다는 이유만으로 병에 대한 진술조서가 위법수집증거라고 할 수는 없다.[8)]

피의자임에도 참고인으로 보아 진술조서를 작성하면서 진술거부권을 고지하지 않음

갑이 참고인조사를 받을 당시 공소사실에 대하여 범죄혐의에서 벗어나지 못한 피의자 신분이었으므로, 갑에 대한 참고인진술조서는 진술조서의 형식을 취하였더라도 피의자신문조서와 달리 볼 수 없다. 그런데도 경찰이 갑의 진술을 들음에 있어 미리 진술거부권을 고지하지 않았으므로, 진술의 임의성이 인정되더라도 위법수집증거로서 증거능력이 없다.[9)]

진술 내용이 제3자의 범죄만이 아니라 자신의 범죄와도 관련됨

피의자의 지위는 수사기관이 형식적인 사건수리 절차를 거치기 전이라도 범죄혐의가 있다고 보아 실질적으로 수사를 개시하는 행위를 한 때에 인정된다. 조사대상자의 진술이 제3자의 범죄만이 아니라 자신과 제3자에게 공동으로 관련된 범죄에 관한 것이거나 제3자의 피의사실뿐만 아니라 자신의 피의사실에 관한 것이기도 한 경우에 수사기관은 진술거부권을 고지하여야 한다.[10)]

다. 진술거부권 불고지의 효과

진술거부권을 침해하고 고문이나 폭행 등에 의해 획득한 자백은 임의성이 없는 자백으로서 법 309조의 자백배제법칙에 의해 증거능력이 부정된다. 그런데 단순히 진술거부권을 고지하지 아니한 상태에

---

8) 대판 2011. 11. 10. 2011도8125.
9) 대판 2014. 4. 10. 2014도1779.
10) 대판 2015. 10. 29. 2014도5939.

서 획득한 자백의 증거능력을 어떻게 평가할지에 대해서는 견해가 나뉜다. 자백의 임의성은 인정되나 위법수집증거로서 법 308조의2에 의해 증거능력이 부정된다는 견해와 임의성에 의심이 있는 자백에 해당하여 증거능력을 부정하자는 견해가 그것이다. 판례는 위법수집증거의 법리에 의해 증거능력을 배척하고 있다.

피의자를 신문하면서 진술거부권을 고지하지 않음
수사기관이 피의자를 신문함에 있어서 미리 진술거부권을 고지하지 않은 때에는 그 피의자의 진술은 위법수집증거로서 진술의 임의성이 인정되더라도 증거능력이 없다.[11)]

진술거부권을 침해하여 얻은 자백에 의하여 획득한 2차 증거는 독수독과의 이론에 의해 위법수집증거로서 증거능력이 부정된다고 보는 것이 일반적이다.

라. 진술거부권의 포기

진술거부권을 행사하지 않고 진술하는 것과 달리 진술거부권을 포기하는 것은 허용되지 않는다. 따라서 피고인이나 피의자가 진술을 시작하였더라도 언제든지 진술을 거부할 수 있다.

마. 진술거부권 행사의 효과

- 진술거부권 행사를 이유로 형벌 기타 법적 제재를 가하는 것은 허용되지 않음
- 진술거부권 행사를 유죄 인정의 간접증거로 사용할 수 없다는 것이 일반적임
- 진술거부권 행사가 구속 사유인지는 견해가 나뉨
- 진술거부권 행사가 피고인에게 불리한 양형자료인지에 관하여, 진술거부권 보장을 위해서는 양형자료로 참작할 수 없다는 견해와 범인이 반성하고 수사·재판에 협조하는 것과 비교할 때 양형자료로 삼아야 한다는 견해가 있으며, 판례는 제한된 범위에서 양형사유로 참작할 수 있다는 절충적 입장임

범죄사실의 부인과 양형자료
형사상 자기에게 불리한 진술을 강요당하지 아니할 권리가 있으므로(헌법 12조 2항), 피고인은 진술을 거부하거나 거짓 진술을 할 수 있다. 범행의 단순 부인을 죄를 반성하지 않는다는 비난요소로 보아 가중적 양형조건으로 삼으면 자백을 강요하는 것이 되어 허용될 수 없지만, 그러한 태도나 행위가 방어권행사를 넘어 객관적이고 명백한 증거가 있음에도 진실발견을 적극적으로 숨기거나 법원을 오도하려는 것인 경우에는 가중적 양형조건으로 참작될 수 있다.[12)]

11) 대판 1992. 6. 23. 92도682; 대판 2010. 5. 27. 2010도1755; 대판 2009. 8. 20. 2008도8213.
12) 대판 2001. 3. 9. 2001도192.

3. 신문사항

검사 또는 사법경찰관이 피의자를 신문함에는 먼저 그 성명, 연령, 등록기준지, 주거와 직업을 물어 피의자임에 틀림없음을 확인하여야 한다(법 241조). 검사 또는 사법경찰관은 피의자에 대하여 범죄사실과 정상에 관한 필요사항을 신문하여야 하며 그 이익되는 사실을 진술할 기회를 주어야 한다(법 242조).

4. 피의자신문에의 참여

가. 단독 조사의 금지

검사가 피의자를 신문함에는 검찰청 수사관 또는 서기관이나 서기를 참여하게 하여야 하고, 사법경찰관이 피의자를 신문함에는 사법경찰관리를 참여하게 하여야 한다(법 243조). 단독 조사를 막아 신문의 적법성을 확보하기 위함이다.

나. 변호인의 입회

검사 또는 사법경찰관은 피의자 또는 그 변호인·법정대리인·배우자·직계친족·형제자매의 신청에 따라 변호인을 피의자와 접견하게 하거나 정당한 사유가 없는 한 피의자에 대한 신문에 참여하게 하여야 한다(법 243조의2 1항). 신문에 참여하고자 하는 변호인이 2인 이상인 때에는 피의자가 신문에 참여할 변호인 1인을 지정한다. 지정이 없는 경우에는 검사 또는 사법경찰관이 이를 지정할 수 있다(동조 2항). 신문에 참여한 변호인은 신문 후 의견을 진술할 수 있다. 다만, 신문 중이라도 부당한 신문방법에 대하여 이의를 제기할 수 있고, 검사 또는 사법경찰관의 승인을 얻어 의견을 진술할 수 있다(동조 3항). 3항에 따른 변호인의 의견이 기재된 피의자신문조서는 변호인에게 열람하게 한 후 변호인으로 하여금 그 조서에 기명날인 또는 서명하게 하여야 한다(동조 4항). 검사 또는 사법경찰관은 변호인의 신문참여 및 그 제한에 관한 사항을 피의자신문조서에 기재하여야 한다(동조 5항). 검사 또는 사법경찰관의 변호인의 참여 등에 관한 처분에 대해서는 준항고를 제기할 수 있다(법 417조).

정당한 사유 없이 변호인에게 피의자와 떨어져 앉으라고 요구하고 불응하자 참여권 제한

'정당한 사유(법 243조의2 1항)'는 변호인이 피의자신문을 방해하거나 수사기밀을 누설할 염려가 있음이 객관적으로 명백한 경우 등을 말하므로, 수사기관이 피의자신문을 하면서 정당한 사유 없이 변호인에게 피의자와 떨어져 앉으라고 지시하고, 이에 불응한다는 이유로 변호인의 피의자신문 참여권을 제한하는 것은 허용될 수 없다.[13)]

---

13) 대결 2008. 9. 12. 2008모793.

피의자신문을 하면서 변호인에게 피의자 후방에 앉으라고 요구
검찰수사관이 신문에 참여한 변호인에게 피의자 후방에 앉으라고 요구하는 행위는 변호인의 변호권을 침해한다.[14)]

불구속 피의자가 변호인의 조력을 받을 권리
불구속 피의자의 경우에도 변호인의 조력을 받을 권리는 당연히 인정된다. 불구속 피의자가 피의자신문시 변호인의 조언과 상담을 원한다면, 위법한 조력의 우려가 있고 이를 제한하는 규정이 있지 않는 한 수사기관은 피의자의 요구를 거절할 수 없다.[15)]

다. 신뢰관계 있는 자의 동석

법 제244조의5(장애인 등 특별히 보호를 요하는 자에 대한 특칙) 검사 또는 사법경찰관은 피의자를 신문하는 경우 다음 각 호의 어느 하나에 해당하는 때에는 직권 또는 피의자·법정대리인의 신청에 따라 피의자와 신뢰관계에 있는 자를 동석하게 할 수 있다.
1. 피의자가 신체적 또는 정신적 장애로 사물을 변별하거나 의사를 결정·전달할 능력이 미약한 때
2. 피의자의 연령·성별·국적 등의 사정을 고려하여 그 심리적 안정의 도모와 원활한 의사소통을 위하여 필요한 경우

동석한 신뢰관계에 있는 자의 진술을 기재한 조서의 증거능력
피의자와 신뢰관계에 있는 자의 동석(법 244조의5)을 허락하는 경우에도 동석한 사람으로 하여금 피의자를 대신하여 진술하도록 하여서는 안 된다. 만약 동석한 사람이 피의자를 대신하여 진술한 부분이 조서에 기재되어 있다면 그 부분은 (피의자의 진술이 아니라) '동석한 사람(참고인)'의 진술을 기재한 조서에 해당하므로, 법 312조 4항의 요건을 갖추어야 증거로 사용될 수 있다.[16)]

라. 참고인과의 대질

검사 또는 사법경찰관이 사실을 발견함에 필요한 때에는 피의자와 다른 피의자 또는 피의자 아닌 자와 대질하게 할 수 있다(법 245조).

마. 전문수사자문위원

법 제245조의2(전문수사자문위원의 참여) ① 검사는 공소제기 여부와 관련된 사실관계를 분명하게 하기 위

14) 헌재 2017. 11. 30. 2016헌마503.
15) 헌재 2004. 9. 23. 2000헌마138.
16) 대판 2009. 6. 23. 2009도1322.

하여 필요한 경우에는 직권이나 피의자 또는 변호인의 신청에 의하여 전문수사자문위원을 지정하여 수사절차에 참여하게 하고 자문을 들을 수 있다.

② 전문수사자문위원은 전문적인 지식에 의한 설명 또는 의견을 기재한 서면을 제출하거나 전문적인 지식에 의하여 설명이나 의견을 진술할 수 있다.

③ 검사는 제2항에 따라 전문수사자문위원이 제출한 서면이나 전문수사자문위원의 설명 또는 의견의 진술에 관하여 피의자 또는 변호인에게 구술 또는 서면에 의한 의견진술의 기회를 주어야 한다.

법 제245조의3(전문수사자문위원 지정 등) ① 제245조의2 제1항에 따라 전문수사자문위원을 수사절차에 참여시키는 경우 검사는 각 사건마다 1인 이상의 전문수사자문위원을 지정한다.

② 검사는 상당하다고 인정하는 때에는 전문수사자문위원의 지정을 취소할 수 있다.

③ 피의자 또는 변호인은 검사의 전문수사자문위원 지정에 대하여 관할 고등검찰청검사장에게 이의를 제기할 수 있다.

④ 전문수사자문위원에게는 수당을 지급하고, 필요한 경우에는 그 밖의 여비, 일당 및 숙박료를 지급할 수 있다.

⑤ 전문수사자문위원의 지정 및 지정취소, 이의제기 절차 및 방법, 수당지급, 그 밖에 필요한 사항은 법무부령으로 정한다.

5. 피의자신문조서의 작성

법 제244조(피의자신문조서의 작성) ① 피의자의 진술은 조서에 기재하여야 한다.

② 제1항의 조서는 피의자에게 열람하게 하거나 읽어 들려주어야 하며, 진술한 대로 기재되지 아니하였거나 사실과 다른 부분의 유무를 물어 피의자가 증감 또는 변경의 청구 등 이의를 제기하거나 의견을 진술한 때에는 이를 조서에 추가로 기재하여야 한다. 이 경우 피의자가 이의를 제기하였던 부분은 읽을 수 있도록 남겨두어야 한다.

③ 피의자가 조서에 대하여 이의나 의견이 없음을 진술한 때에는 피의자로 하여금 그 취지를 자필로 기재하게 하고 조서에 간인한 후 기명날인 또는 서명하게 한다.

피의자로 하여금 조서를 열람하고 간인 후 기명날인 또는 서명하게 하는 것은 조서 기재의 정확성을 확보하기 위함이다. 피의자의 간인과 기명날인 또는 서명이 없거나, 피의자가 진술한 대로 기재되어 있지 아니한 피의자신문조서는 증거능력이 없다(법 312조 참조). 따라서 피의자가 피의자신문조서에 간인과 기명날인 또는 서명하기를 거부하는 경우에 그 조서는 증거능력을 가질 수 없다. 피의자신문조서는 공무원이 작성하는 서류이므로 검사 또는 사법경찰관이 기명날인 또는 서명하여야 한다(법 57조 1항).

다만 판례는 수사기관이 피의자신문조서를 작성함에 있어서는 그것을 열람하게 하거나 읽어 들려야 하는 것이나 그 절차가 비록 행해지지 안 했다 하더라도 그것만으로 그 피의자신문조서가 증거능력이 없게 된다고는 할 수 없고 법 312조 소정의 요건을 갖추게 되면 그것을 증거로 할 수 있다고 한다.[17] 법 312조는 피의자신문조서가 증거능력을 가지기 위해서는 원진술자가 내용을 인정하거나 그가 진술한 대로 피의자신문조서가 작성되었음이 인정될 것 등을 요건으로 하고 있으므로 위 판례가 부당하다고 할 수는 없을 것이다.

피고인의 서명, 날인 및 간인이 없는 피의자신문조서
피고인의 서명, 날인 및 간인이 없는 검사 작성의 피고인에 대한 피의자신문조서는 <u>증거능력이 없다</u>.[18]

검사의 기명날인 또는 서명이 없는 피의자신문조서
공무원이 작성하는 서류에는 법률에 다른 규정이 없는 때에는 작성년월일과 소속공무소를 기재하고 기명날인 또는 서명하여야 한다(법 57조 1항). 그 기명날인 또는 서명은 공무원이 작성하는 서류에 관하여 그 기재내용의 정확성과 완전성을 담보하는 것이므로 검사 작성의 피의자신문조서에 작성자인 검사의 기명날인 또는 서명이 되어 있지 아니한 경우 그 피의자신문조서는 <u>공무원이 작성하는 서류로서의 요건을 갖추지 못한 것으로서</u> 위 법 규정에 위반되어 무효이고 따라서 이에 대하여 증거능력을 인정할 수 없다고 보아야 할 것이며, 그 피의자신문조서에 진술자인 피고인의 기명날인 또는 서명이 되어 있다거나, 피고인이 법정에서 그 피의자신문조서에 대하여 진정성립과 임의성을 인정하였다고 하여 달리 볼 것은 아니다.[19]

6. 수사과정의 가시화(可視化)

수사의 과정을 객관적인 방법으로 기록하여 이를 들여다볼 수 있게 함으로써 위법수사를 억제하고, 피의자가 한 진술을 정확히 보존하기 위해 영상녹화와 수사과정의 기록 제도가 2007년도의 법개정을 통해 도입되었다.

가. 영상녹화

법 제244조의2(피의자진술의 영상녹화) ① 피의자의 진술은 영상녹화할 수 있다. 이 경우 미리 영상녹화사실을 알려주어야 하며, 조사의 개시부터 종료까지의 전 과정 및 객관적 정황을 영상녹화하여야 한다.
② 제1항에 따른 영상녹화가 완료된 때에는 피의자 또는 변호인 앞에서 지체 없이 그 원본을 봉인하고 피의자로 하여금 기명날인 또는 서명하게 하여야 한다.
③ 제2항의 경우에 피의자 또는 변호인의 요구가 있는 때에는 영상녹화물을 재생하여 시청하게 하여야 한다. 이 경우 그 내용에 대하여 이의를 진술하는 때에는 그 취지를 기재한 서면을 첨부하여야 한다.

피의자의 진술을 영상녹화함에는 미리 영상녹화 사실을 알려주어야 하지만 영상녹화에 관하여 피

17) 대판 1988. 5. 10. 87도2716; 대판 1993. 5. 14. 93도486.
18) 대판 1992. 6. 23. 92도954.
19) 대판 2001. 9. 28. 2001도4091.

의자의 동의를 요하는 것은 아니다. 이는 참고인의 경우에 그의 동의를 받아야 영상녹화할 수 있는 것과 다르다(법 221조 1항). 조사의 개시부터 종료까지의 전 과정을 녹화하여야 하지만, 여러 차례 조사가 이루어진 경우 최초의 조사부터 모든 조사과정을 영상녹화해야 하는 것은 아니라는 견해가 있다.[20] 위 견해에 따르면 여러 차례 소환되어 조사받는 피의자가 초기에는 부인하다가 나중에 자백하는 경우, 자백할 때의 진술과정만 영상녹화해도 좋다는 결과에 이르게 되어 선뜻 동의하기 어렵다.

나. 수사과정의 기록

검사 또는 사법경찰관은 피의자가 조사장소에 도착한 시각, 조사를 시작하고 마친 시각, 그 밖에 조사과정의 진행경과를 확인하기 위하여 필요한 사항을 피의자신문조서에 기록하거나 별도의 서면에 기록한 후 수사기록에 편철하여야 한다(법 244조의4 1항). 기록의 정확성을 담보하기 위하여 수사과정을 기록한 조서나 서면은 피의자에게 열람하여 의견을 진술할 기회를 부여하는 등의 조치를 취하여야 한다(동조 2항, 법 244조 2항, 3항).

Ⅱ. 피의자 이외의 자에 대한 조사

1. 참고인 조사

가. 의 의

검사 또는 사법경찰관은 수사에 필요한 때에는 피의자가 아닌 자의 출석을 요구하여 진술을 들을 수 있다(법 221조 1항). 피의자 아닌 제3자를 참고인이라고 하며, 피해자, 감정수탁자, 통역인, 번역인도 참고인에 해당한다. 법정에서 증언하는 참고인은 증인이라고 한다.

나. 참고인의 출석·진술의무 및 구인

출석요구의 방법은 피의자에 대한 것과 같다. 증인은 출석하고 증언할 의무를 부담하지만 참고인에게는 그러한 의무가 없다. 참고인에게 진술거부권을 고지할 필요는 없지만, 참고인의 진술거부권은 인정된다.

참고인이 출석 또는 진술을 거부하는 경우에 검사가 제1회 공판기일 전에 판사에게 증인신문을 청구할 수 있다(법 221조의2). 검사, 피고인, 피의자 또는 변호인은 미리 증거를 보전하지 아니하면 그 증거를 사용하기 곤란한 사정이 있는 때에는 제1회 공판기일 전에 판사에게 증인신문을 청구할 수 있다(법 184조). 따라서 증인신문의 청구절차와 증거보전절차에서 참고인은 증인으로 출석하여 증언할 의무를 부담한다. 그렇지만 많은 시간과 비용이 소요된다거나 수사기밀이 유출될 우려가 있다는 등의 이유

20) 법무부, 개정형사소송법, 2007, 124면.

로 증인신문의 청구절차와 증거보전절차의 이용은 활성화되어 있지 않다.

참고인의 진술을 듣지 못하여 사안을 규명하지 못하는 경우에는 검사가 참고인중지라는 불기소처분을 하게 된다. 참고인에게는 출석의무가 없으므로 참고인중지 처분된 사건은 사안이 규명되지 아니한 채 공소시효가 도과되는 경우들이 많다. 이러한 이유로 증인신문의 청구절차 및 증거보전절차와 별도로 참고인의 출석을 강제할 수 있는 방안을 모색하려는 움직임이 있다.

다. 피해자 조사와 신뢰관계 있는 자의 동석

① 수사기관은 범죄로 인한 피해자를 참고인으로 신문하는 경우 참고인의 연령, 심신의 상태, 그 밖의 사정을 고려하여 참고인이 현저하게 불안 또는 긴장을 느낄 우려가 있다고 인정하는 때에는 직권 또는 피해자·법정대리인의 신청에 따라 피해자와 신뢰관계에 있는 자를 동석하게 할 수 있다. ② 수사기관은 범죄로 인한 피해자가 13세 미만이거나 신체적 또는 정신적 장애로 사물을 변별하거나 의사를 결정할 능력이 미약한 경우에는 수사에 지장을 초래할 우려가 있는 등 부득이한 경우가 아닌 한 피해자와 신뢰관계에 있는 자를 동석하게 하여야 한다. ③ 1항 또는 2항에 따라 동석한 자는 수사기관·사건관계인의 신문 또는 참고인의 진술을 방해하거나 그 진술의 내용에 부당한 영향을 미칠 수 있는 행위를 하여서는 아니 된다(법 221조 3항, 163조의2 1항 내지 3항).

라. 참고인진술조서

참고인의 진술은 진술조서에 적어야 하며, 조서 끝 부분에 참고인으로부터 기명날인 또는 서명을 받아야 한다(수사 규정 24조 2항, 법 237조 2항, 240조). 다만 진술사항이 복잡하거나 참고인이 서면진술을 원할 때에는 진술서를 작성하여 제출하게 할 수 있다(수사 규정 24조 3항).

참고인진술조서에 대해서 참고인으로 하여금 열람하여 증감·변경의 청구를 할 수 있게 하며, 이의나 의견이 없음을 진술한 때에는 자필 기재하는 등의 조치를 취하여야 함은 피의자신문조서에서와 같다(법 244조의4, 244조 2항, 3항). 참고인을 조사하는 경우에도 조사과정을 참고인진술조서에 기록하거나 별도의 서면에 기록한 후 수사기록에 편철하여야 한다(법 244조의4 3항, 1항).

참고인의 진술을 영상녹화하기 위해서는 그의 동의를 받아야 한다(법 221조 1항).

피고인 아닌 자가 수사과정에서 작성한 진술서에 관하여 조사과정의 진행경과를 확인하기 위한 사항을 기록하여 기록에 편철하지 아니함

'피고인이 아닌 자(참고인)'가 수사과정에서 진술서를 작성하였지만 수사기관이 그에 대한 조사과정을 기록하지 아니하여 법 244조의4 3항, 1항을 위반한 경우, 특별한 사정이 없는 한 '적법한 절차와 방식'에 따라 수사과정에서 진술서가 작성되었다 할 수 없으므로 그 증거능력을 인정할 수 없다(법 312조 5항, 4항).[21]

21) 대판 2015. 4. 23. 2013도3790.
사실관계

범인식별에 관한 진술을 듣기 위한 참고인조사의 방법

용의자의 인상착의 등에 의한 범인식별 절차에 있어 용의자 한 사람만을 (또는 용의자의 사진 한 장만을) 제시하고 목격자로부터 듣는 진술은, 기억력의 한계와 부정확성, 용의자나 그 사진상의 인물이 범인으로 의심받고 있다는 암시를 줄 수 있으므로, 목격자가 용의자와 안면이 있거나, 목격자의 진술 외에도 용의자를 범인으로 의심할 다른 정황이 존재하는 등의 사정이 없는 한 그 신빙성이 낮다.

범인식별 절차에 있어 목격자 진술의 신빙성을 높게 평가할 수 있게 하려면, ① 범인의 인상착의 등에 관한 목격자의 진술 내지 묘사를 사전에 상세히 기록화한 다음, ② 용의자를 포함하여 그와 인상착의가 비슷한 여러 사람을 동시에 목격자와 대면시켜 범인을 지목하도록 하여야 하고, ③ 용의자와 목격자 및 비교대상자들이 상호 사전에 접촉하지 못하도록 하여야 하며, ④ 사후에 증거가치를 평가할 수 있도록 대질 과정과 결과를 문자와 사진 등으로 서면화하는 등의 조치를 취하여야 한다. 사진제시에 의한 범인식별 절차에 있어서도 기본적으로 이러한 원칙에 따라야 한다.[22]

2. 감정(법원의 감정 포함)

가. 의 의

감정은 특수한 지식·경험을 가진 제3자가 그 지식·경험에 의하여 알 수 있는 법칙 또는 그 법칙을 적용하여 얻은 판단을 보고하는 것을 말한다.

법원은 학식경험 있는 자에게 감정을 명할 수 있다(법 169조). 검사 또는 사법경찰관은 수사에 필요한 때에는 감정을 위촉할 수 있다(법 221조 2항).

나. 감정인과 감정수탁자

법원은 감정인으로 하여금 감정 전에 선서하게 하여야 한다. 선서는 선서서에 의하여야 한다. 선서서에는 「양심에 따라 성실히 감정하고 만일 거짓이 있으면 허위감정의 벌을 받기로 맹서합니다」라고 기재하여야 한다. 선서의 방식에 관한 법 157조 3항, 4항과 선서한 증인에 대한 경고에 관한 법 158조의 규정은 감정인의 선서에 준용한다(법 170조).

감정의 경과와 결과는 감정인으로 하여금 서면으로 제출하게 하여야 한다. 감정인이 수인인 때에

---

① 갑은 다른 사건으로 구속 중에 검사에 의하여 검찰청에 소환된 상태에서 이 사건 진술서를 작성하였으나, 피고인에게 금품을 교부한 정확한 일시를 기억하지 못하였고,

② 검사는 역시 다른 사건으로 구속 중이던 을(피고인에게 자금을 마련해 준 자임)을 소환하여 갑으로 하여금 을과 대화를 나눈 뒤 이 사건 진술서를 작성하도록 하였는데,

③ 위 진술서에는 그날 갑에 대한 조사과정에 관한 내용이 기재되어 있지 않고 또한 그 조사과정을 별도로 기록한 자료도 제출되어 있지 아니하며,

④ 피고인은 위 진술서에 대해 증거부동의하였다.

판단: 위 진술서는 검사의 요구에 의하여 작성되었고, 비록 검사가 진술서의 구체적인 내용에 관여하지 아니하였더라도 작성 과정에서 을과의 대화 기회를 제공하는 등 갑이 피고인에게 금품을 교부한 사실에 대한 수사과정에서 작성되었다고 보이므로, '피고인이 아닌 자가 수사과정에서 작성한 진술서(법 312조 5항)'에 해당한다.

22) 대판 2004. 2. 27. 2003도7033. 같은 취지로는 대판 2007. 5. 10. 2007도1950; 대판 2015. 8. 27. 2015도5381.

는 각각 또는 공동으로 제출하게 할 수 있다. 감정의 결과에는 그 판단의 이유를 명시하여야 한다. 필요한 때에는 감정인에게 설명하게 할 수 있다(법 171조).

법원은 필요한 때에는 감정인으로 하여금 법원 외에서 감정하게 할 수 있다(법 172조 1항). 전항의 경우에는 감정을 요하는 물건을 감정인에게 교부할 수 있다(동조 2항). 감정인들은 대부분 법원 외에서 감정을 하여 감정서를 제출하고, 감정서에 대해 다툴 필요가 있는 경우에 감정인을 법정으로 소환하여 신문하는 것이 일반적이다.

위와 같이 법원으로부터 감정을 명받은 사람을 감정인이라 하고, 수사기관으로부터 감정의 위촉을 받은 사람은 감정수탁자라고 한다. 감정수탁자는 선서의 의무가 없으므로 허위 감정을 하더라도 형법 154조의 허위감정죄가 성립되지 않고, 당사자에 의한 반대신문의 기회가 보장되지 않는다는 점에서 법원의 명령에 의한 감정인과 다르다. 감정인·감정수탁자는 대체가 가능하므로 감정명령이나 감정위촉에 응할 의무를 지지 않는다.

다. 감정의 촉탁

법원은 필요하다고 인정하는 때에는 공무소·학교·병원 기타 상당한 설비가 있는 단체 또는 기관에 대하여 감정을 촉탁할 수 있다. 이 경우 선서에 관한 규정은 이를 적용하지 아니한다(법 179조의2 1항). 1항의 경우 법원은 당해 공무소·학교·병원·단체 또는 기관이 지정한 자로 하여금 감정서의 설명을 하게 할 수 있다(동조 2항). 위와 같은 감정촉탁제도는 선서가 불가능한 단체 등의 감정결과를 증거로 활용하기 위하여 사용된다.

라. 감정인의 구인

감정인은 대체성이 있으므로 감정인에 대해서는 구인이 허용되지 않는다(법 177조). 그러나 감정인 또는 감정수탁자가 법원의 명령 또는 수사기관의 위촉에 의하여 감정을 실시한 경우에 그 감정인 또는 감정수탁자는 실시한 감정에 관하여는 다른 사람이 알 수 없는 특별한 지식을 가지게 된다. 즉 실시한 감정에 대해서는 통상의 증인과 마찬가지로 비대체성을 가지게 되는 것이다. 위와 같이 감정인 또는 감정수탁자가 특별한 지식에 의하여 알게 된 과거의 사실을 신문하는 경우에는 감정에 관한 규정이 아니라 증인신문에 관한 규정에 의한다(법 179조). 증인신문의 규정에 의하여 신문하는 감정인 또는 감정수탁자를 감정증인이라 한다.

마. 감정인의 권리

감정인은 감정에 관하여 필요한 경우에는 재판장의 허가를 얻어 서류와 증거물을 열람 또는 등사하고 피고인 또는 증인의 신문에 참여할 수 있다. 감정인은 피고인 또는 증인의 신문을 구하거나 재판장의 허가를 얻어 직접 발문할 수 있다(법 174조).

감정인은 법률이 정하는 바에 의하여 여비, 일당, 숙박료 외에 감정료와 체당금의 변상을 청구할 수 있다(법 178조).

바. 감정인 또는 감정수탁자에 의한 강제처분

감정 자체는 강제처분이 아니지만, 감정을 함에 있어 강제력을 행사할 필요가 있어서 영장주의를 적용하여야 할 경우가 있다. 감정인 또는 감정수탁자가 감정을 하는데 필요한 경우에는 감정유치장을 발부받아 정신 또는 신체에 관한 감정이 필요한 피의자·피고인을 병원 기타의 장소에 유치한 상태에서 감정하거나 감정처분허가장을 발부받아 감정에 필요한 처분을 할 수 있다(법 172조, 172조의2, 173조, 221조, 221조의3, 221조의4). 전자의 것을 감정유치, 후자의 것을 감정에 필요한 처분이라고 한다.

(1) 감정유치

(가) 의 의

감정유치는 피의자·피고인의 정신 또는 신체에 관한 감정이 필요한 경우에 기간을 정하여 피의자·피고인을 병원 기타 적당한 장소에 유치(가두어 둠)하는 것을 말한다(법 172조 3항, 221조의3). 피의자·피고인이 일정한 장소에 유치된다는 점에서 감정유치는 구속과 비슷한 자유의 제한을 가져오므로 영장주의가 적용된다. 감정유치의 필요성은 감정하기 위해서 유치해두고 관찰할 필요성이 있다는 것을 의미하므로, 통원에 의해서도 감정이 가능한 경우에는 감정유치가 허용되지 않는다.[23] 구속 사유와는 별개이지만 범죄 혐의의 소명이 필요한 것은 마찬가지이다. 감정유치의 대상은 피의자·피고인에 한정되며, 이들 이외의 자를 감정유치할 수는 없다. 감정유치는 피의자·피고인이 심신장애 상태, 마약류·알코올이나 그 밖의 약물중독 상태, 정신성적(精神性的) 장애가 있어 치료감호법상의 치료감호가 필요한지, 정신질환으로 인한 심신장애(형법 10조) 상태에 있는지 등을 판단하기 위하여 행해진다. 국립법무병원 치료감호소(공주 치료감호소라고 호칭하는 경우가 많다) 또는 정신건강의학과 전문의가 있어 감정을 행할 수 있는 병원에 유치하여 감정하는 것이 보통이다.

(나) 감정유치장의 발부

피고인의 정신 또는 신체에 관한 감정이 필요한 때에는 법원은 감정유치장을 발부하여 기간을 정하여 병원 기타 적당한 장소에 피고인을 유치하게 할 수 있고 감정이 완료되면 즉시 유치를 해제하여야 한다(법 172조 3항, 4항).

검사가 감정수탁자에게 감정을 위촉하여 피의자의 정신 또는 신체에 관한 감정을 하고자 하는 때에는 판사로부터 감정유치장을 발부받아 행한다(법 221조의3 1항, 172조 3항, 4항). 사법경찰관은 검사에게 신청하여 검사의 청구로 판사로부터 감정유치장을 발부받는다(검찰사건사무규칙 46조).

(다) 감정유치장의 집행

감정유치를 함에 있어서 필요한 때에는 법원은 직권 또는 피고인을 수용할 병원 기타 장소의 관리

23) 법원실무제요 형사Ⅰ, 369면.

자의 신청에 의하여 사경에게 피고인의 간수를 명할 수 있다(법 172조 5항). 감정유치의 기간에 제한이 없으므로 법원은 필요한 때에는 유치기간을 연장하거나 단축할 수 있다(동조 6항). 구속에 관한 규정은 법에 특별한 규정이 없는 경우에는 감정유치에 관하여 이를 준용한다. 단, 보석에 관한 규정은 그러하지 아니하다(동조 7항). 감정유치는 미결구금일수의 산입에 있어서는 이를 구속으로 간주한다(동조 8항).

구속 중인 피고인에 대하여 감정유치장이 집행되었을 때에는 피고인이 유치되어 있는 기간 구속은 그 집행이 정지된 것으로 간주한다(법 172조의2 1항). 감정유치로 인하여 피고인을 구속하여 심판할 수 있는 기간이 짧아지지 않도록 하기 위함이다. 감정유치처분이 취소되거나 유치기간이 만료된 때에는 감정유치로 인한 구속의 집행정지가 취소된 것으로 간주한다(동조 2항).

수사기관이 피의자를 감정유치할 때에도 법원의 감정유치장 집행에 관한 위 규정들을 준용한다(법 221조의3 2항).

(2) 감정에 필요한 처분

감정인은 감정에 관하여 필요한 때에는 법원으로부터 감정처분허가장을 발부받아 타인의 주거, 간수자 있는 가옥, 건조물, 항공기, 선박 내에 들어 갈 수 있고 신체의 검사, 사체의 해부, 분묘의 발굴, 물건의 파괴를 할 수 있다(법 173조 1항). 검사가 위촉한 감정수탁자의 감정에 관하여 위와 같은 처분이 필요한 때에는 검사가 청구하여 판사로부터 감정처분허가장을 발부받아야 한다(법 221조의4 1항, 173조 1항). 사법경찰관은 검사에게 신청하여 검사의 청구로 판사로부터 감정처분허가장을 발부받는다(검찰사건사무규칙 55조). 감정유치된 피의자·피고인이라도 감정을 위해 신체내부검사 등 별도의 강제처분이 필요한 때에는 감정처분허가장이 필요하다.

감정처분허가장에는 피의자·피고인의 성명, 죄명, 들어갈 장소, 검사할 신체, 해부할 사체, 발굴할 분묘, 파괴할 물건, 감정인·감정수탁자의 성명과 유효기간을 기재하여야 하며, 감정인·감정수탁자는 감정처분을 행함에 있어 허가장을 제시하여야 한다(법 173조 2항, 3항, 221조의4 4항). 다만 감정인이 공판정에서 감정처분을 행하는 경우에는 감정처분허가장을 발부하거나 제시할 필요가 없다(법 173조 4항).

감정에 필요한 처분을 함에 있어 법 141조(신체검사에 관한 주의), 143조(시각의 제한)를 준용한다(법 173조 5항, 221조의4 4항).

3. 통역 및 번역(법원의 통역 및 번역 포함)

국어에 통하지 아니하는 자의 진술에는 통역인으로 하여금 통역하게 하여야 한다(법 180조). 농자(청각장애인)나 아자(언어장애인)의 진술은 통역인으로 하여금 통역하게 할 수 있다(법 181조). 국어 아닌 문자 또는 부호는 번역하게 하여야 한다(법 182조). 통역과 번역은 특별한 언어지식에 의한 진술내용의 보고이므로 감정에 관한 규정을 준용한다(법 183조). 법원의 통역과 번역에 관한 위 규정들은 수사기관의 통역과 번역에 준용된다.

외국어로 작성된 항소이유서를 번역하게 하지 아니함
국어 아닌 문자 또는 부호는 번역하게 하여야 하므로(법 182조), 피고인들이 외국어로 작성하여 제출한 항소이유서를 항소심이 번역하게 하지 아니한 것은 잘못이나, 이는 판결내용 자체가 아니라 소송절차가 법령에 위반된 경우로서 그로 인하여 피고인들의 방어권이나 변호권이 본질적으로 침해되어 판결의 정당성이 인정받기 어렵다고 보여지지 않는 한 그 자체만으로는 판결에 영향을 미친 상고이유가 되지 않는다.[24)]
해설: 소송절차가 법령에 위반된 때에는 그로 인하여 판결에 영향을 미친 경우에만 상고이유가 된다(법 383조 1호).

4. 사실조회

수사에 관하여는 공무소 기타 공사단체에 조회하여 필요한 사항의 보고를 요구할 수 있다(법 199조 2항). 조회를 받은 상대방은 보고의무를 지지만 그 의무이행을 강제할 방법은 없으므로 임의수사의 일종이다.

Ⅲ. 임의수사의 적법성

1. 불심검문

불심검문 대상자인지의 판단/불심검문의 방법
경찰관직무집행법상의 '불심검문 대상자' 해당 여부를 판단할 때에는 불심검문 당시의 구체적 상황은 물론 사전에 얻은 정보나 전문적 지식 등에 기초하여 불심검문 대상자인지를 객관적·합리적인 기준에 따라 판단하여야 하나, 반드시 불심검문 대상자에게 법상 체포나 구속에 이를 정도의 혐의가 있을 것을 요한다고 할 수는 없다. 그리고 경찰관은 불심검문 대상자에게 질문을 하기 위하여 범행의 경중, 범행과의 관련성, 상황의 긴박성, 혐의의 정도, 질문의 필요성 등에 비추어 목적 달성에 필요한 최소한의 범위 내에서 사회통념상 용인될 수 있는 상당한 방법으로 대상자를 정지시킬 수 있고 질문에 수반하여 흉기의 소지 여부도 조사할 수 있다.[25)]

범인과 흡사한 인상착의를 한 자가 자전거를 타고 가는 것을 막고 검문에 응하도록 요구
검문 중이던 경찰관들이, 검문검색 지령을 받은 자전거를 이용한 날치기 사건 범인과 흡사한 인상착의의 피고인이 자전거를 타고 오는 것을 발견하고 정지를 요구하였으나 멈추지 않아, 앞을 가로막고 검문에 협조해 달라고 하였음에도 불응하고 그대로 전진하자, 따라가서 재차 앞을 막고 검문에 응하라고 요구한 것은, 목적 달성에 필요한 최소한의 범위 내에서 사회통념상 용인될 수 있는 상당한 방법을 통하여 경찰관직무집행법 3조 1항에 규정된 자에 대해 의심되는 사항을 질문하기 위한 적법한 불심검문이다.[26)]

24) 대판 1998. 6. 23. 98도1038.
25) 대판 2014. 2. 27. 2011도13999.
26) 대판 2012. 9. 13. 2010도6203.

불심검문하는 사람이 경찰관이고 검문하는 이유가 범죄행위에 관한 것임을 피고인이 알고 있는 경우에 신분증을 제시하지 않음

법리: 경찰관이 불심검문을 하고자 할 때에는 신분을 표시하는 공무원증을 제시하여야 하는바(경찰관직무집행법 3조, 동법 시행령 5조), 불심검문의 경위, 현장상황과 검문 경찰관들의 복장, 피고인이 공무원증 제시를 요구하였는지 등을 종합적으로 고려하여, 검문하는 사람이 경찰관이고 검문 이유가 범행에 관한 것임을 피고인이 충분히 알고 있었다고 보이는 경우에는 신분증을 제시하지 않아도 적법하다.

사실관계

- 신고를 받고 현장인 카페에 출동한 순경 갑, 경사 을은 그곳 여종업원과 여사장으로부터 피고인이 술값을 내지 않고 가려다 여종업원과 실랑이가 있었다고 들었고 여종업원이 피 묻은 휴지를 얼굴에 대고 있는 것을 보자, 갑이 피고인에게 확인하려고 질문을 시도하였으나 피고인은 질문에 응하지 않고 출입문 쪽으로 나가려 하였고,
- 갑이 피고인을 막아선 다음 다시 상황을 설명해 달라고 하자 피고인이 욕설하며 갑의 멱살을 잡았으며,
- 그때 을이 피고인을 제지하려고 어깨를 잡자 피고인이 '넌 뭐야'라고 말하면서 팔꿈치로 을의 턱을 1회 때려,
- 피의사실의 요지 등을 고지하고 공무집행방해죄의 현행범으로 체포함

판단: 당시 갑, 을은 경찰 정복차림이었고, 피고인이 신분증제시를 요구하지 않았으며, 욕설하면서 바깥으로 나가려다가 제지하는 경찰관들을 폭행하였기에 피고인은 갑, 을이 경찰관이고 검문하는 이유가 자신에 관한 범죄행위 때문임을 알고 있었다고 보이므로, 경찰관들이 신분증을 제시하거나 그 소속 등을 밝히지 않았어도 불심검문은 적법하다.[27)]

2. 임의동행

수사기관이 피의자의 동의를 얻어 수사관서 등지로 동행하는 것을 임의동행이라고 한다. 임의동행은 허용되지 않는다는 견해가 있으나 판례는 임의동행이 제한된 범위 내에서 허용된다고 본다.

임의동행의 적법요건

임의동행이 적법하기 위해서는 수사관이 동행에 앞서 피의자에게 동행을 거부할 수 있음을 알려 주었거나 동행한 피의자가 언제든지 자유로이 동행과정에서 이탈 또는 동행 장소로부터 퇴거할 수 있었음이 인정되는 등 오로지 피의자의 자발적인 의사에 의하여 수사관서 등에의 동행이 이루어졌음이 객관적인 사정에 의하여 명백하게 입증되어야 한다. 수사기관이 피의자에게 임의적 출석을 요구할 수는 있으나, 그 경우에도 단순히 출석을 요구함에 그치지 않고 일정 장소로의 동행을 요구한다면 같은 법리가 적용되어야 한다.[28)]

27) 대판 2014. 12. 11. 2014도7976.
28) 대판 2006. 7. 6. 2005도6810.

동행거부권이 있음을 고지하고, 피고인이 동의한 임의동행

경찰관은 피고인을 경찰서로 동행하면서 언제든지 동행을 거부할 수 있음을 고지한 다음 동행에 대한 동의를 구하였고, 이에 피고인이 고개를 끄덕이며 동의의 의사표시를 하고 특별한 저항 없이 동행에 순순히 응하였던 점, 피고인이 술에 취하기는 하였으나, 경찰서에서 주취운전자정황진술보고서의 날인을 거부하고 "이번이 3번째 음주운전이다. 난 시청 직원이다. 1번만 봐 달라"고 말하기도 하는 등의 사정에 비추어 피고인이 임의동행 요구를 따를지에 관해 판단할 정도의 의사능력은 충분히 있었던 것으로 보이는 점 등을 종합하면, 임의동행은 적법하다.[29)]

강제연행 상태에서 마약투약을 확인하기 위한 채뇨 요구

강제연행 상태에서 마약투약 혐의를 확인하기 위한 채뇨 요구는 위법하므로 그에 의하여 수집된 '소변검사시인서'는 위법수집증거로서 증거능력이 없다.[30)]

강제연행 상태에서 음주측정요구에 불응

경찰관들이 경찰서에서 동행하기를 거절하는 피고인의 팔을 잡아끌고 교통조사계로 데리고 간 것은 위법한 강제연행에 해당하므로, 그러한 위법한 체포 상태에서 이루어진 음주측정요구 역시 위법하므로, 그와 같은 음주측정요구에 불응하였다고 하여 음주측정불응죄로 처벌할 수는 없다.[31)]

3. 보호실 유치

경찰관직무집행법 제4조(보호조치등) ① 경찰관은 수상한 행동이나 그 밖의 주위 사정을 합리적으로 판단해 볼 때 다음 각 호의 어느 하나에 해당하는 것이 명백하고 응급구호가 필요하다고 믿을 만한 상당한 이유가 있는 사람을 발견하였을 때에는 보건의료기관이나 공공구호기관에 긴급구호를 요청하거나 경찰관서에 보호하는 등 적절한 조치를 할 수 있다.

1. 정신착란을 일으키거나 술에 취하여 자신 또는 다른 사람의 생명·신체·재산에 위해를 끼칠 우려가 있는 사람
2. 자살을 시도하는 사람
3. 미아, 병자, 부상자 등으로서 적당한 보호자가 없으며 응급구호가 필요하다고 인정되는 사람. 다만, 본인이 구호를 거절하는 경우는 제외한다.

경찰관은 위와 같이 긴급구호를 요하는 자를 24시간 이내의 범위에서 경찰관서에 보호조치할 수 있는데(동조 7항), 보호실 유치는 구속과 유사한 정도로 자유를 억압한다는 점에서 위와 같은 요건을 갖

29) 대판 2012. 9. 13. 2012도8890.
30) 대판 2013. 3. 14. 2012도13611.
31) 대판 2015. 12. 24. 2013도8481. 같은 취지로는 대판 2006. 11. 9. 2004도8404

추지 못한 보호조치는 위법하다고 보아야 한다.

구속영장을 발부받지 아니한 채 피의자를 보호실에 유치
경찰서 보호실은 통상 그 장소에 유치되는 사람은 구금되는 결과가 되므로, 경찰관직무집행법상 정신착란자, 주취자, 자살기도자 등 응급의 구호를 요하는 자를 24시간을 초과하지 아니하는 범위 내에서 보호조치할 수 있는 시설로 운영되어야 한다. 구속영장을 발부받지 않고 피의자를 보호실에 유치함은 영장주의에 위배되는 위법한 구금이다.[32)]

4. 거짓말탐지기에 의한 검사

가. 의 의

거짓말탐지기에 의한 검사는 사람이 거짓말을 할 때 나타나는 신체적·생리적 변화에 의해 진술의 진위 여부를 판별하는 것을 말한다. 거짓말탐지기에 의한 조사는 과학적이라고 할 수 있지만 인권침해의 소지가 있다.

나. 검사결과의 증거능력

피조사자가 거짓말탐지기에 의한 조사에 동의한 경우에는 검사결과의 증거능력을 인정하는 견해와 거짓말탐지기에 의한 조사는 인격권을 침해한다거나 신용성이 결여됨을 이유로 증거능력을 부정하는 견해가 있다. 판례는 거짓말탐지기에 의한 조사결과는 엄격한 요건 하에 증거능력이 인정되고 그 증명력은 제한된다고 본다.

거짓말탐지기 검사결과의 증거능력과 증명력
거짓말탐지기 검사(감정의 경과와 결과를 기재한 서류)는 그 기구의 성능, 조작기술에 있어 신뢰도가 극히 높다고 인정되고 그 검사자가 적격자이며, 피검사자가 검사에 동의하였으며, 검사자 자신이 실시한 검사의 방법, 경과 및 그 결과를 충실하게 기재하였다는 점이 확인된 경우에 증거로 할 수 있다(법 313조 3항). 거짓말탐지기의 검사결과가 증거능력이 있는 경우에도 그 검사(즉 감정)의 결과는 피검사자의 진술의 신빙성을 가늠하는 정황증거로서의 기능을 다하는데 그친다.[33)]

---

32) 대판 1999. 4. 23. 98다41377.
수사기관이 피의자를 영장 없이 함부로 구금하였다면 직권남용 불법감금의 죄책을 지고, 수사의 필요상 임의동행하였더라도 그의 의사에 반하여 경찰서 조사실이나 보호실에 유치하는 것은 구금에 해당한다(대결 1985. 7. 29. 85모16).

33) 대판 1984. 2. 14. 83도3146. 다음은 유사 취지이다.
거짓말탐지기 조사결과에 따라 진술하기로 한 약속에 의한 자백과 임의성
거짓말탐지 검사시 3번째 옷으로부터 4번째 옷 검사로 넘어갈 때 떨린다고 한 것이 사실로 밝혀지거나 피고인의 몸 또는 주위에서 피해자의 소지품 기타 피해자와 관계된 자료 등이 발견되었을 때 또는 피해자의 몸이나 주위에서 피고인의 소지품이나 흔적이 남아 있을 경우에는 범행을 자백하겠다는 약속을 하였는데, 비디오를 보니까 3번째와 4

제 3 절 강제수사

대인적 강제처분으로는 체포·구속, 대물적 강제처분으로는 압수·수색·검증이 있다. 감정을 위한 감정유치는 대인적 강제처분, 감정에 필요한 처분은 대물적 강제처분이라고 할 수 있다. 그 외에도 증거보전절차(법 184조), 증인신문의 청구절차(법 221조의2)에 의한 증거조사도 강제처분에 해당한다.

영장과의 관계에서 강제처분은 사전에 발부된 법관의 영장(사전영장)에 의하는 강제처분과 사후의 영장발부(사후영장)를 전제로 하는 긴급강제처분으로 구분된다. 법은 법원의 강제처분에 관한 규정을 앞부분에 두고, 수사기관의 강제처분에 대해서는 법원의 강제처분에 관한 규정을 준용하는 방식을 사용하고 있다.

Ⅰ. 체 포

1. 의 의

체포는 48시간의 범위 내에서 피의자를 인치, 구금하는 것을 의미한다.[34] 체포는 현행범체포, 체포영장에 의한 체포, 긴급체포의 3가지로 나뉜다. 현행범체포는 범죄를 저질렀음이 명백한 현행범이나 준현행범을 대상으로 한다는 점에서, 체포영장에 의한 체포는 체포영장을 사전에 판사로부터 발부받아 행한다는 점에서 수사기관에 의한 남용의 우려가 크지 않다. 그렇지만 긴급체포는 위와 같은 제한이 없이 수사기관이 주도적으로 하는 것이라는 점에서 인권침해의 가능성이 상대적으로 크고 그 남용 여부가 논란이 되어 왔다.

2. 체포의 요건

가. 현행범체포

현행범이란 범죄의 실행 중이거나 실행 직후인 자를 말한다(법 211조 1항). 준현행범은 현행범은 아니지만 현행범으로 간주되는 자로서 1. 범인으로 호창되어 추적되고 있는 때, 2. 장물이나 범죄에 사용되었다고 인정함에 충분한 흉기 기타의 물건을 소지하고 있는 때, 3. 신체 또는 의복류에 현저한 증적

번째 사이에서 떨린다고 나오기에 이제는 도리가 없다고 생각하여 자백을 하게 되었더라도 위 자백의 약속이 검사의 강요나 위계에 의하여 이루어졌다던가 또는 불기소나 경한 죄의 소추등 이익과 교환조건으로 된 것이라고 인정되지 아니하므로 위와 같은 자백의 약속 하에 된 자백을 곧 임의성이 없는 자백이라고 단정할 수는 없다(대판 1983. 9. 13. 83도712).

34) 이영돈, 경찰수사단계에서 체포된 피의자의 법적 지위에 관한 연구 –영국 PACE(경찰과 형사증거법)와 비교를 중심으로–, 서울대학교 박사학위논문, 2011, 104면 이하.

이 있는 때, 4. 누구임을 물음에 대하여 도망하려 하는 때 인정된다(동조 2항).

현행범은 누구든지 영장 없이 체포할 수 있다(법 212조). 검사 또는 사경 아닌 자가 현행범을 체포한 때에는 즉시 검사 또는 사경에게 인도하여야 하고, 사경이 현행범의 인도를 받은 때에는 체포자의 성명, 주거, 체포의 사유를 물어야 하고 필요한 때에는 체포자에 대하여 경찰관서에 동행함을 요구할 수 있다(법 213조).

다액 50만 원 이하의 벌금, 구류 또는 과료에 해당하는 죄의 현행범에 대하여는 범인의 주거가 분명하지 아니한 때에 한하여 체포할 수 있다(법 214조).[35]

(1) 현행범의 의의 및 체포의 요건

현행범체포의 요건과 그 판단방법/불심검문을 받아 운전면허증을 교부한 후 경찰관에게 욕설하는 자를 현행범체포

현행범체포의 요건은, ① 행위의 가벌성, 범죄의 현행성·시간적 접착성, ② 범인·범죄의 명백성, ③ 체포의 필요성 즉, 도망 또는 증거인멸의 염려이고, 이러한 요건을 갖추지 못한 체포는 위법하다. 현행범체포의 요건을 갖추었는지는 체포 당시 상황을 기초로 판단하여야 하고, 이에 관한 수사기관의 판단에는 상당한 재량의 여지가 있으나, 체포 당시 상황으로 보아도 요건 충족 여부에 관한 검사나 사법경찰관 등의 판단이 경험칙에 비추어 현저히 합리성을 잃은 경우에는 그 체포는 위법하다.

피고인이 경찰관의 불심검문을 받아 운전면허증을 교부한 후 경찰관에게 큰 소리로 욕설하였는데, 경찰관이 모욕죄의 현행범으로 체포하겠다고 고지한 후 피고인의 오른쪽 어깨를 붙잡자 반항하면서 경찰관에게 상해를 가한 사안에서, 피고인은 경찰관의 불심검문에 응하여 이미 운전면허증을 교부한 상태이고, 경찰관뿐 아니라 인근 주민도 욕설을 직접 들었으므로, 도망하거나 증거를 인멸할 염려가 있다고 보기는 어렵고, 피고인의 범행은 불심검문에 항의하는 과정에서 일시적, 우발적으로 저지른 행위로서 사안이 경미할 뿐 아니라, 경찰관이 범행현장에서 즉시 범인을 체포할 급박한 사정이 있다고 보기도 어려우므로, 경찰관의 피고인 체포는 위법하다.

경찰관이 현행범체포 요건을 갖추지 못하였음에도 실력으로 현행범을 체포하려고 한 것은 적법한 공무집행이라 아니고(즉, **공무집행방해죄는 구성요건해당성이 조각되어 무죄**임), 현행범체포가 불법이라면 현행범이 체포를 면하려고 반항하는 과정에서 경찰관에게 상해를 가한 것은 불법체포로 인한 신체에 대한 현재의 부당한 침해에서 벗어나기 위한 정당방위이다(즉, **상해죄는 위법성이 조각되어 무죄**임).[36]

---

35) **경미범죄와 현행범인 체포**
법정형이 5만 원 이하의 벌금, 구류 또는 과료에 해당하는 경미범죄인 도교법위반 내지 경범죄처벌법위반의 경우, 현행범으로 체포할 수 없다(대판 1992. 5. 22. 92도506).
50만 원 이하의 벌금, 구류 또는 과료에 해당하는 경미사건에 관하여 현행범체포와 체포영장에 의한 체포에서 주거부정을 체포사유로 한 것은 차별적 취급이어서 부당하다는 견해가 있을 수 있다. 그러나 가령 주거부정인 노숙자에 대해서는 즉시 체포하여 조사하지 않으면 이후의 수사가 곤란해질 수 있기 때문에 위와 같은 차별은 부득이하다 하겠다. 경미범죄의 예로는 원동기장치자전거(도교법 2조 19호의 배기량 125시시 이하의 이륜자동차 등)를 원동기장치자전거 면허를 받지 아니하고 운전하는 행위(도교법 154조 2호, 30만 원 이하의 벌금 또는 구류), 경범죄처벌법 3조 1항 위반행위(10만 원 이하의 벌금, 구류 또는 과료) 또는 동조 2항 위반행위(20만 원 이하의 벌금, 구류 또는 과료)를 들 수 있다.

36) 대판 2011. 5. 26. 2011도3682.

해설: 위 판례는 체포의 필요성 즉, '도망 또는 증거인멸의 염려'가 현행범체포의 요건임을 해석에 의해 인정하고 있다.

술을 마신 다음 날 아침 차량 이동을 요구받은 피고인이 2m 운전하였다가, 음주감지기에 의한 확인을 거부하자 현행범체포

사실관계

① 피고인은 2015. 6. 29. 21:30경부터 23:00경까지 식당에서 술을 마시고 인근 빌라에 주차된 피고인의 차량을 그대로 둔 채 귀가,

② 위 빌라 측에서 다음 날 08:11경 차량을 이동시켜 달라고 신고하자 경찰관이 피고인에게 3회에 걸쳐 전화로 차량이동을 요구

③ 피고인은 같은 날 09:20경 위 차량을 약 2m 운전하였으나, 차량을 완전히 빼달라는 공사장 인부들과 시비되어 음주운전 신고됨

④ 출동한 경찰관은 피고인으로부터 '어젯밤에 술을 마셨다'는 말을 듣고 음주감지기(술을 마셨는지 여부만 확인할 수 있음) 확인을 요구하였으나 피고인은 '이만큼 차량을 뺀 것이 무슨 음주운전이냐'며 불응하고, 임의동행도 거부

⑤ 경찰관은 피고인을 도교법위반(음주운전)죄로 현행범체포하여 음주측정 요구

판단: 피고인은 술이 덜 깬 것으로 보이기는 하나, 술을 마신 때로부터 상당한 시간이 경과한 뒤에 운전하였으므로 도교법위반(음주운전)의 범인임이 명백하다고 속단하기는 어렵다. 더구나 피고인은 차량을 이동하라는 전화를 받고 2m 가량 운전하였을 뿐이어서 사안이 경미하다. 경찰관은 당시 아침이었고 전날 밤에 술을 마셨다는 얘기를 들었으므로, 술을 마신 때로부터 상당한 시간이 지난 후라는 것을 충분히 알 수 있었다. 경찰관은 음주운전 신고를 받고 출동하였으므로 음주측정기를 소지하였더라면 임의동행이나 현행범체포 없이도 음주측정을 시도할 수 있었을 것이다. 따라서 피고인이 도망하거나 증거를 인멸하려 하였다고 단정하기 어렵다. 현행범체포는 위법하고, 음주측정요구도 위법한 체포상태에서 이루어졌으므로 위법하다.[37]

해설: 현행범체포를 위법하다고 본 근거는 범인·범죄의 명백성과 체포의 필요성이 인정되지 않는다는 것이다.

언쟁하던 상대방을 때리려다가 제지하는 경찰관의 가슴을 밀치고 욕설하여 현행범체포됨

피고인이 갑과 주차문제로 언쟁을 벌이던 중, 신고를 받고 출동한 경찰관이 갑을 때리려는 피고인을 제지하자 자신만 제지당한 데 화가 나서 손으로 경찰관의 가슴을 1회 밀치고, 계속하여 욕설을 하면서 피고인을 현행범체포하며 순찰차에 태우려는 경찰관의 정강이를 양발로 2회 걷어차는 등의 공무집행방해 사안에서, 공무집행 중인 경찰관의 가슴을 밀치는 행위는 공무집행방해죄에 해당하며, 도망 또는 증거인멸의 염려가 없었다고 할 수 없어 체포의 필요성이 인정되므로 현행범체포는 적법하다.[38]

---

37) 대판 2017. 4. 7. 2016도19907.

38) 대판 2018. 3. 29. 2017도21537.

'범죄의 실행 직후인 자'는 범죄의 실행행위를 종료한 직후의 범인이라는 것이 체포하는 자의 입장에서 볼 때 명백한 경우이고, **'범죄의 실행행위를 종료한 직후'**라고 함은 범죄행위를 실행하여 끝마친 순간 또는 이에 아주 접착된 시간적 단계를 의미하므로, 시간적·장소적으로 보아 피체포자가 방금 범죄를 실행한 범인이라는 점에 관한 죄증이 명백히 존재한다면 현행범으로 볼 수 있다.[39)]

(2) 현행범 긍정례

신고를 받고 출동한 경찰관이 피고인을 체포하려고 할 때는, 피고인이 서울 성동구 사근동에 있는 무학여고 앞길에서 피해자의 자동차를 발로 걷어차고 그와 싸우는 범행을 한 지 10분 후이고, 그 장소도 범행 현장에 인접한 위 학교의 운동장이며, 피해자의 친구가 112 신고를 하고서 피고인이 도주하는지를 계속 감시하고 있던 중 경찰관 등에게 피고인을 지적하여 체포하도록 한 경우 현행범에 해당한다.[40)]

피고인이 이 사건 당일 09:10경 목욕탕 탈의실에서 피해자를 구타하다가 다른 사람들이 말려 앉아 있었는데, 피해자가 탈의실 내 평상을 뒤집었고 이에 다른 사람들이 그 평상을 원위치시켜 놓았으며, 위 목욕탕 주인의 112 신고를 받고 경찰관 갑과 을이 바로 현장에 출동하였을 때 피고인이 목욕탕 탈의실에서 옷을 입고 있었던 사실, 갑이 피해자, 피고인, 신고자 등을 상대로 신고내용을 들은 후 탈의실에 있는 피고인을 상해죄의 현행범으로 체포한다고 하면서 미란다 원칙을 고지하고 피고인을 강제로 연행하려고 하자, 피고인이 탈의실 바닥에 누워 한동안 체포에 불응한 사실, 이에 갑이 피고인에게 누워있지 말고 나오라고 하였음에도 피고인이 계속 누워서 저항하자 같은 날 09:35 내지 09:40경 갑은 을 등과 함께 피고인을 들고 나와 순찰차에 태웠는데 피고인이 갑자기 뛰쳐나와 갑을 때려 갑에게 전치 2주의 상해를 가하였다.
피고인을 현행범체포한 시기는 피고인이 피해자에 대한 상해행위를 종료한 순간과 아주 접착된 단계이고 체포 장소도 피고인이 상해범행을 저지른 목욕탕 탈의실이어서, 갑이 체포할 당시 피고인은 방금 범죄를 실행한 범인인 현행범에 해당한다.[41)]

(3) 준현행범 긍정례

순찰 중이던 경찰관이 교통사고를 낸 차량이 도주하였다는 무전연락을 받고 주변을 수색하다가 범퍼 등의 파손상태로 보아 사고차량으로 인정되는 차량에서 내리는 사람을 발견한 경우, '장물이나 범죄에 사용되었다고 인정함에 충분한 흉기 기타의 물건을 소지하고 있는 때(법 211조 2항 2호)'의 준현행범으로서 영장 없이 체포할 수 있다.
인천중부경찰서 신흥파출소에 근무하는 경장 갑과 순경 을이 112차량을 타고 순찰 근무를 하던 중 교통사고가 발생한 지 4분만에 경찰서 지령실로부터 교통사고를 일으킨 검정색 그랜져 승용차가 경찰서 방면으로

39) 대판 1995. 5. 9. 94도3016.
40) 대판 1993. 8. 13. 93도926.
41) 대판 2006. 2. 10. 2005도7158.

도주하였다는 무전연락을 받고 인천 중구 신흥동 소재 삼익아파트 쪽으로 진행하고 있었는데, 다시 도보 순찰자인 순경 병으로부터 검정색 그랜저 승용차가 펑크난 상태로 삼익아파트 뒷골목으로 도주하였다는 무전연락을 받고 주변을 수색하던 중 삼익아파트 뒤편에 세워진 검정색 그랜저 승용차에서 피고인이 내리는 것을 발견하였고, 그 승용차의 운전석 범퍼 및 펜더 부분이 파손된 상태였다면, 피고인은 '장물이나 범죄에 사용되었다고 인정함에 충분한 흉기 기타의 물건을 소지하고 있는 때(법 211조 2항 2호)'의 준현행범이므로 영장 없이 체포할 수 있다.[42]

(4) 현행범 부정례

교사가 교장실에 들어가 약 5분 동안 식칼을 휘두르며 교장을 협박하는 등의 소란을 피운 후 40여분이 지나 경찰관들이 출동하여 교장실이 아닌 서무실에서 그를 연행하려 한 경우에는 현행범이 아니다.[43]

신고를 받고 출동한 경찰관이 피고인이 음주운전을 종료한 후 40분 이상이 경과한 시점에서 길가에 앉아 있던 피고인에게서 술냄새가 난다는 점만을 근거로 음주운전의 현행범으로 체포한 것은 피고인이 '방금 음주운전을 실행한 범인이라는 점이 명백하지 않은 상태'에서 이루어져 위법한 공무집행이다.[44]

(5) 현행범체포의 적법성 판단

업무방해죄의 현행범인 것으로 알고 체포하였으나 업무방해죄가 성립하지 않음

사안: ① 경찰관 갑은 피고인이 식당에서 소란을 피우고 있다는 신고를 받고 현장에 출동하여 식당 안에 들어갔을 때는 피고인이 소란행위를 일시 중단한 채 자리에 앉아 있어 피해자 1에게 누가 영업을 방해하였느냐고 묻자 피해자 1이 피고인을 지목한 사실, ② 이에 갑이 피고인에게 상황을 설명해 달라고 하자 피고인은 자신이 가게 사장인데 무슨 영업방해냐고 항의하며 소리지르고 피해자 1 등에게 욕설을 하며 식당 계산대 쪽을 왔다 갔다 하면서 양은그릇 2개를 양손에 들고 서로 부딪치는 등의 소란을 피운 사실, ③ 그러자 갑이 현행범체포하겠다고 고지하고 수갑을 채우려는 과정에서 피고인이 갑을 도우려던 피해자 2를 발로 걷어차는 등 폭행하였고, 갑과 함께 출동한 다른 경찰관이 피고인에게 수갑을 채우고 데리고 나가려 하자 피고인이 테이블을 걷어차 넘어뜨렸으며, 바깥에 나가서는 순찰차량 밑에 자신의 하반신을 밀어 넣고 연행되지 않으려고 저항하였고, 피고인을 차량 밑에서 끌어내려는 피해자 3 경사의 코를 머리로 들이받는 등 하여 상해를 가하였다.

공무집행과 현행범체포의 적법성에 관한 판단 방법: 공무집행이 적법한지는 행위 당시의 구체적 상황에 기하여 객관적·합리적으로 판단하여야 하고 사후적으로 순수한 객관적 기준에서 판단할 것은 아니다. 현행범체포의 적법성도 체포 당시의 구체적 상황을 기초로 객관적으로 판단하여야 하고, 사후에 범인으로 인정되었는지에 의할 것은 아니다.

42) 대판 2000. 7. 4. 99도4341.
43) 대판 1991. 9. 24. 91도1314.
44) 대판 2007. 4. 13. 2007도1249.

판단: 피고인이 식당 안에서 소리를 지르거나 양은그릇을 부딪치는 등의 소란을 피워 업무방해하였다는 공소사실이 사후적으로 무죄로 판단되었더라도, 피고인이 상황을 설명해 달라거나 밖에서 얘기하자는 경찰관의 요구를 거부하고 경찰관 앞에서 소리를 지르고 양은그릇을 두드리면서 소란을 피운 당시 상황에서는 객관적으로 보아 피고인이 업무방해죄의 현행범이라고 인정할 만한 충분한 이유가 있으므로, 경찰관들이 피고인을 체포하려고 한 행위는 적법한 공무집행이라고 보아야 하고, 피고인이 체포에 저항하며 피해자들을 폭행하거나 상해를 가한 것은 공무집행방해죄 등을 구성한다.[45]

해설: 피고인이 식당 안에서 소리를 지르거나 양은그릇을 부딪치는 등의 소란행위를 하자 경찰관들이 피고인을 업무방해죄의 현행범으로 체포하였다. 그런데 피고인과 피해자 1 사이에 식당 운영권의 양도·양수 합의의 존부 및 그 효력에 관하여 다툼이 있는 상황에서, 피해자 1이 일방적으로 피고인을 배제한 채 식당영업을 하였지만 정상적인 업무에 종사하기 시작하였다거나 피고인과의 관계에서 보호할 가치가 있는 정도에 이르렀다고 보기 어렵고, 식당 운영권에 관한 양도·양수의 합의가 있었다고 인정되지도 않으므로 업무방해죄는 성립하지 않는다. 이와 같이 사후적으로 업무방해죄가 성립되지 않았지만, 체포 당시의 상황에서 객관적으로 보면 피고인이 업무방해죄의 현행범이라고 인정할 만한 충분한 이유가 있으므로, 경찰관들이 피고인을 체포하려고 한 행위는 적법한 공무집행이다. 위와 같은 공무집행의 적법성 판단기준은 현행범체포의 적법성 판단기준과 같다.

현행범체포의 경위와 일시에 관하여 현행범인체포서와 범죄사실에 약간의 차이가 있음

경찰관의 현행범인 체포경위 및 그에 관한 현행범인체포서(2007. 7. 23. 11:00 동성장 여관 302호내)와 범죄사실(2007. 7. 23. 10:50경 동성장 여관 앞 노상)의 기재에 다소 차이가 있더라도, 그것이 논리와 경험칙상 장소적·시간적 동일성이 인정되는 범위 내라면 그 체포행위는 적법하다.[46]

---

45) 대판 2013. 8. 23. 2011도4763.

46) 대판 2008. 10. 9. 2008도3640. 다음은 같은 취지이다.

현행범체포의 죄명인 폭행죄가 불성립하더라도 업무방해죄가 인정되면 체포는 적법함

사실관계: 서울 A역의 역무책임자인 갑은 피고인이 역사 내에서 승객에게 욕을 하는 등 시비를 걸고, 역무실 문과 매표실 문을 발로 차는 것을 보고 112신고를 하였고, 경찰관인 을은 무선 지령을 받고 경사 병과 함께 A역으로 출동하였다. 경찰관들이 A역에 도착할 당시 피고인은 소리를 지르면서 전철역 개찰구를 구두발로 걷어차고 있었다. 을은 갑으로부터 신고경위를 듣고, 피고인에게 사건의 경과를 물어보려는 순간 피고인이 갑에게 다가가면서 행패를 부리려 한다고 판단하여 피고인을 현행범체포하였다. 경찰관들이 피고인을 순찰차량에 태우려 하자 피고인은 타지 않으려고 발버둥을 치면서 을의 얼굴을 긁어 상처를 입혔다.

판단: 피고인의 행위는 폭행죄로 의율하기에 다소 애매하지만, A역의 역무종사자에 대한 업무방해죄의 현행범이라고 보기에는 충분하다. 한편 피고인에 대한 현행범인체포서의 '범죄사실 및 체포의 사유'란에 피고인의 위와 같은 행패의 과정이 모두 기재되어 있어, 피고인을 단순히 폭행죄의 현행범으로서만 체포한 것이 아니라 피고인의 행패 행위 전체를 범죄행위로 평가하여 체포의 사유로 삼았음을 알 수 있다(체포서의 죄명에는 '공무집행방해 및 폭처법위반'만이 기재되어 있을 뿐이지만, 죄명은 범행의 동일성이 유지되는 범위 안에서 체포 후에 변경할 수 있으므로 체포사유가 죄명에 의해 한정된다고 볼 수는 없다)(당시에는 야간의 폭행죄가 폭처법위반에 해당하였기 때문에 사경이 폭행죄 부분을 폭처법위반으로 의율함: 필자 주).

경찰관의 현행범체포는 적법하며, 체포사유로 삼은 범죄사실 중의 다른 일부가 범죄로 인정되지 않아도 그 이유만으로 불법체포라 할 수는 없다(대판 2006. 9. 28. 2005도6461).

해설: 위 판례가 체포의 적법성에 관하여 폭처법위반 부분만을 판단대상으로 삼은 이유는, 공무집행방해는 현행범체포 이후의 범행이어서 현행범체포의 사유가 아니기 때문이다.

※ 생각해볼 문제

준현행범이지만 현행범은 아닌 자를 현행범체포하는 것, 긴급체포의 대상이지만 현행범이나 준현행범은 아닌 자를 현행범체포하는 것은 적법한가?

나. 체포영장에 의한 체포

(1) 체포의 요건

법 제200조의2(영장에 의한 체포) ① 피의자가 죄를 범하였다고 의심할 만한 상당한 이유가 있고, 정당한 이유 없이 제200조의 규정에 의한 출석요구에 응하지 아니하거나 응하지 아니할 우려가 있는 때에는 검사는 관할 지방법원 판사에게 청구하여 체포영장을 발부받아 피의자를 체포할 수 있고, 사법경찰관은 검사에게 신청하여 검사의 청구로 관할지방법원 판사의 체포영장을 발부받아 피의자를 체포할 수 있다. 다만, 다액 50만 원 이하의 벌금, 구류 또는 과료에 해당하는 사건에 관하여는 피의자가 일정한 주거가 없는 경우 또는 정당한 이유 없이 제200조의 규정에 의한 출석요구에 응하지 아니한 경우에 한한다.
② 제1항의 청구를 받은 지방법원 판사는 상당하다고 인정할 때에는 체포영장을 발부한다. 다만, 명백히 체포의 필요가 인정되지 아니하는 경우에는 그러하지 아니하다.
③ 제1항의 청구를 받은 지방법원 판사가 체포영장을 발부하지 아니할 때에는 청구서에 그 취지 및 이유를 기재하고 서명날인하여 청구한 검사에게 교부한다.
④ 검사가 제1항의 청구를 함에 있어서 동일한 범죄사실에 관하여 그 피의자에 대하여 전에 체포영장을 청구하였거나 발부받은 사실이 있는 때에는 다시 체포영장을 청구하는 취지 및 이유를 기재하여야 한다.

체포영장에 의한 체포의 요건은 ① 범죄혐의의 상당성, ② 체포사유 – 정당한 이유 없이 출석요구에 응하지 아니하거나 응하지 아니할 우려, ③ 체포의 필요성 – 명백히 체포의 필요성이 없는 경우에는 체포가 허용되지 않음, ④ 경미범죄에 관한 특칙 – 50만 원 이하의 벌금, 구류 또는 과료에 해당하는 사건에 대해서는 주거부정 또는 출석불응이다. 증거인멸우려는 체포영장에 의한 체포의 사유가 아니다.

(2) 국회의원의 체포

국회의원은 현행범인 경우를 제외하고는 회기 중 국회의 동의 없이 체포 또는 구금되지 아니하며, 국회의원이 회기 전에 체포 또는 구금된 때에는 현행범이 아닌 한 국회의 요구가 있으면 회기 중 석방된다(헌법 44조). 국회의원을 체포 또는 구금하기 위하여 국회의 동의를 얻으려고 할 때에는 관할법원의 판사는 영장을 발부하기 전에 체포동의요구서를 정부에 제출하여야 하며, 정부는 이를 수리한 후 지체 없이 그 사본을 첨부하여 국회에 체포동의를 요청하여야 한다(국회법 26조 1항).

판사는 위와 같이 회기 중에 있는 국회의원 기타 법률에 의하여 체포에 관하여 소속 기관의 동의가 필요한 피의자에 대하여는 체포영장 발부 전에 체포동의요구서를 작성하여 대응 검찰청에 송부하는 방법으로 체포동의를 요구하여야 한다.[47]

47) 법원실무제요 형사Ⅰ, 255면.

(3) 체포영장의 방식[48]

규칙 제95조(체포영장청구서의 기재사항) 체포영장의 청구서에는 다음 각 호의 사항을 기재하여야 한다.

1. 피의자의 성명(분명하지 아니한 때에는 인상, 체격, 그 밖에 피의자를 특정할 수 있는 사항), 주민등록번호 등, 직업, 주거
2. 피의자에게 변호인이 있는 때에는 그 성명
3. 죄명 및 범죄사실의 요지
4. 7일을 넘는 유효기간을 필요로 하는 때에는 그 취지 및 사유
5. 여러 통의 영장을 청구하는 때에는 그 취지 및 사유
6. 인치·구금할 장소
7. 법 제200조의2 제1항에 규정한 체포의 사유
8. 동일한 범죄사실에 관하여 그 피의자에 대하여 전에 체포영장을 청구하였거나 발부받은 사실이 있는 때에는 다시 체포영장을 청구하는 취지 및 이유
9. 현재 수사 중인 다른 범죄사실에 관하여 그 피의자에 대하여 발부된 유효한 체포영장이 있는 경우에는 그 취지 및 그 범죄사실

(4) 체포영장의 집행

체포영장은 검사의 지휘에 의하여 사경이 집행한다. 교도소 또는 구치소에 있는 피의자에 대하여 발부된 체포영장은 검사의 지휘에 의하여 교도관이 집행한다(법 200조의6, 81조).

다. 긴급체포

법 제200조의3(긴급체포) ① 검사 또는 사법경찰관은 피의자가 사형·무기 또는 장기 3년 이상의 징역이나 금고에 해당하는 죄를 범하였다고 의심할 만한 상당한 이유가 있고, 다음 각 호의 어느 하나에 해당하는 사유가 있는 경우에 긴급을 요하여 지방법원 판사의 체포영장을 받을 수 없는 때에는 그 사유를 알리고

48) 제4호와 관련하여, 체포영장의 유효기간은 7일로 하고 판사가 상당하다고 인정하는 때에는 7일을 넘는 기간을 정할 수 있다(규칙 178조). 여기서 유효기간은 체포영장의 효력에 기하여 체포의 집행을 할 수 있는 기간을 의미하며, 체포의 집행이 이루어진 때에는 그때부터 48시간 안에 구속영장을 청구하거나 석방하여야 한다. 기소중지 처분을 하면서 지명수배자에 대해 체포영장을 발부하는 경우에는 체포영장의 유효기간을 '공소시효만료일까지'라고 기재해두는 경우가 대부분이다.
제6호와 관련하여 인치할 장소는 체포한 피의자를 데려갈 곳으로 검찰청 또는 그 지청이나 경찰서 등의 수사관서를, 구금할 장소는 인치한 피의자를 일시적으로 수용할 경찰서 유치장 또는 구치소 등을 각각 기재한다.
제8호와 관련하여 체포영장 재청구의 이유로는 전회의 체포영장이 요건의 불비 등으로 기각되었으나 보완된 경우, 체포영장이 발부되었으나 유효기간 내에 집행하지 못한 경우 등이 있을 수 있다. 재체포가 제한되는 경우가 있다. 체포·구속적부심사결정에 의하여 석방된(법 214조의2 4항) 피의자에 대해서는 도망하거나 죄증을 인멸하는 경우를 제외하고는 동일한 범죄사실에 관하여 재차 체포하지 못한다(법 214조의3 1항). 보증금 납입을 조건으로 한 석방명령에 따라 석방된(법 214조의2 5항) 피의자에 대해서는 1. 도망한 때, 2. 도망하거나 죄증을 인멸할 염려가 있다고 믿을 만한 충분한 이유가 있는 때, 3. 출석요구를 받고 정당한 이유 없이 출석하지 아니한 때, 4. 주거의 제한 기타 법원이 정한 조건을 위반한 때에만 재체포할 수 있다(법 214조의3 2항).

영장 없이 피의자를 체포할 수 있다. 이 경우 긴급을 요한다 함은 피의자를 우연히 발견한 경우 등과 같이 체포영장을 받을 시간적 여유가 없는 때를 말한다.
1. 피의자가 증거를 인멸할 염려가 있는 때
2. 피의자가 도망하거나 도망할 우려가 있는 때

긴급체포의 요건은 ① 사안의 중대성 – 사형·무기 또는 장기 3년 이상의 징역이나 금고에 해당하는 범죄, ② 체포의 필요성 – 증거를 인멸할 염려가 있거나, 도망하거나 도망할 우려가 있을 것, ③ 긴급성 – 긴급을 요하여 판사의 체포영장을 받을 수 없을 때이다.

수사기관이 피의자를 조사하여 혐의가 인정된 것으로 판단하고 조사 직후 조사실에서 피의자를 긴급체포하는 것이 적법한지를 둘러싸고 법원과 수사기관 사이에 많은 갈등이 있어 왔다. 위와 같은 상황이 피의자를 우연히 발견한 경우 등과 같이 체포영장을 받을 시간적 여유가 없는 때에 해당되는지를 둘러싼 논란이다.

법정형이 장기 3년 이상의 징역이나 금고에 해당하지 않아 긴급체포 대상이 아닌 범죄로는 다음과 같은 것들이 있다.

- 점유이탈물횡령죄(형법 360조 1항, 1년 이하의 징역이나 300만 원 이하의 벌금 또는 과료)
- 단순도박죄(형법 246조 1항, 1,000만 원 이하의 벌금)
- 사실적시 명예훼손(형법 307조 1항, 2년 이하의 징역이나 금고 또는 500만 원 이하의 벌금)
- 사자명예훼손(형법 308조, 2년 이하의 징역이나 금고 또는 500만 원 이하의 벌금)
- 모욕죄(형법 311조, 1년 이하의 징역이나 금고 또는 200만 원 이하의 벌금)
- 원동기장치자전거 무면허운전의 도교법위반(도교법 154조 2호, 43조, 80조, 30만 원 이하의 벌금이나 구류)

긴급체포의 적법성 판단/위법한 긴급체포상태 하에서 작성한 피의자신문조서의 증거능력

긴급체포의 요건을 갖추었는지는 사후에 밝혀진 사정이 아니라 체포 당시의 상황을 기초로 판단하여야 하고, 이에 관한 수사주체의 판단에는 상당한 재량의 여지가 있으나, 긴급체포 당시의 상황으로 보아서도 그 요건의 충족 여부에 관한 검사나 사법경찰관의 판단이 경험칙에 비추어 현저히 합리성을 잃은 경우에는 그 체포는 위법하고, 이러한 위법은 영장주의에 위배되는 중대한 것이니 그 체포에 의한 유치 중에 작성된 피의자신문조서는 위법수집증거로서 특별한 사정이 없는 한 증거능력이 없다.[49)]

소재를 감춘 피의자를 우연히 발견하고 긴급체포

사기죄로 고소된 피고인이 공장 경영을 그만 둔 채 거주지에도 귀가하지 않는 등 소재를 감추자, 담당 경찰

49) 대판 2008. 3. 27. 2007도11400. 같은 취지로는 대결 2003. 3. 27. 2002모81; 대판 2006. 9. 8. 2006도148.

관이 영장에 의한 휴대전화 위치추적 등의 방법으로 피고인의 소재를 파악하던 중 주거지로 귀가하던 피고인을 발견하고, 피고인이 계속 소재를 감추려는 의도가 다분하고 증거인멸 및 도망의 염려가 있다는 이유로 사기 혐의로 긴급체포한 것은 적법하다.[50)]

검사가 증뢰자와 참고인들을 조사하고 9일 후에 소환에 대비하여 자택 옆의 농막에서 기다리는 현직 군수를 긴급체포

검사는 1999. 11. 29. 군수인 피고인에게 뇌물을 주었다는 갑과 관련 참고인들의 진술을 확보한 다음, 피고인을 소환·조사하기 위하여 수사관 을이 1999. 12. 8. 16:40경 A군청 군수실에 도착하였으나 피고인이 없어 도시행정계장에게 물었더니, 피고인이 자신의 소환 사실을 미리 알고 00농장의 농막으로 오라고 하였다고 하므로, 같은 날 17:30경 을이 도시행정계장과 같이 농장으로 가서 피고인을 긴급체포하였고, 검사는 같은 달 11. 구속영장을 발부받을 때까지 피고인을 유치하면서 피의자신문조서를 작성하였다(긴급체포의 사유는 '긴급체포치 않으면 증거인멸 및 도주우려 있음'이라고만 되어 있다).

검사는 군수인 피고인의 소재를 쉽게 알 수 있었고, 1999. 11. 29. 갑의 진술 이후 시간적 여유도 있었으며, 피고인도 도망이나 증거인멸의 의도가 없었음은 물론, 언제든지 검사의 소환조사에 응할 태세를 갖추고 있었고, 이를 을도 충분히 알 수 있었으므로 <u>긴급체포의 요건을 갖추지 못한 것으로 쉽게 보여져 이를 실행한 검사 등의 판단은 현저히 합리성을 잃었다</u>.[51)]

---

50) 대판 2005. 12. 9. 2005도7569.

51) 대판 2002. 6. 11. 2000도5701. 다음은 같은 취지이다.

참고인 조사를 받는 줄 알고 출석한 변호사사무실 사무장에 대한 긴급체포

- 위증교사로 기소된 피고인 1(변호사)에 대하여 무죄가 선고되자 그 공판검사가 항소한 후 보완수사를 한다며 피고인 1의 변호사사무실 사무장이던 피고인 2에게 출석하라고 요구하였고,
- 위 검사는 "피고인 2가 갑에 대한 증인신문사항을 작성할 당시 갑이 허위 증언할 것을 알고 있었을 것이다"라는 취지로 진술한 을을 소환한 상태에서 자진출석한 피고인 2에 대하여 곧바로 위증 및 위증교사 혐의로 피의자신문조서를 받기 시작하였으나, 진술을 거부한 피고인 2의 전화연락을 받고 온 피고인 1이 위 검사에게 "참고인 조사만을 한다고 하여 응하였는데, 피의자로 조사하니 협조하지 않겠다"라는 취지로 말하며 피고인 2에게 나가라고 지시하고, 피고인 2가 일어서서 검사실을 나가려 하자 위 검사는 "긴급체포하겠다"고 말하면서 피고인 2를 제지하려 하였고, 피고인 1은 피고인 2에게 계속 나가라고 지시하면서 피고인 2를 붙잡으려는 위 검사를 몸으로 밀어 제지한 사안에서,

위 검사가 긴급체포하려고 할 당시 피고인 2가 <u>위증 및 위증교사의 범행을 범하였다고 의심할 만한 상당한 이유가 있었다고 볼 수 없고, 소환 경위 등에 비추어 보면 도망할 우려가 있다거나 증거를 인멸할 우려가 있다고 보기도 어려우므로</u>, 긴급체포를 하려고 한 것은 당시 상황에 비추어 요건을 갖추지 못한 것으로 보여져 이를 실행한 검사 등의 판단은 현저히 합리성을 잃었다. 검사가 긴급체포하려고 한 것은 위법하다(대판 2006. 9. 8. 2006도148).

도교법위반으로 기소유예처분을 받은 자가 혐의없음을 주장하면서 수사경찰관의 처벌을 요구하자 위 도교법위반을 재기하여 긴급체포

도교법위반 피의사건에서 기소유예 처분을 받은 갑이 그 후 혐의 없음을 주장함과 동시에 수사경찰관의 처벌을 요구하는 진정서를 검찰청에 제출하였고, 위 진정사건을 담당한 검사가 위 도교법위반 피의사건을 재기한 후, 담당검사인 자신의 교체를 요구하고자 부장검사 부속실에서 대기하고 있던 갑을 위 도교법위반죄로 긴급체포한 것은 그 요건을 갖추지 못하였고, 당시의 상황과 경험칙에 비추어 현저히 합리성을 잃어 위법하다(대결 2003. 3. 27. 2002모81).

위법하게 긴급체포된 상태에서 작성된 진술조서(1회)는 증거능력이 없으나, 위법하게 긴급체포되었으나 석방되고 그로부터 4개월 후에 진술조서(2회)가 작성되었으며 진술의 임의성도 인정되는 때에는 증거능력이 있다고 본 사례

필로폰을 투약한다고 제보된 자에게 전화하여 만나자고 하였으나 집에 없다고 거짓말하자 문을 강제로 열고 들어가 긴급체포

피고인이 필로폰을 투약한다는 제보를 받은 경찰관이 제보의 정확성을 사전에 확인하려고 피고인의 주거지를 방문하였다가, 피고인을 발견하고 사진을 촬영·전송하여 제보자로부터 사진에 있는 사람이 피고인이라는 확인을 받은 후, 피고인에게 전화하여 차량 접촉사고가 났으니 나오라고 하였으나 나오지 않고, 경찰관임을 밝히고 만나자고 하는데도 집에 있지 않다는 취지로 거짓말을 하자 피고인의 집 문을 강제로 열고 들어가 피고인을 긴급체포한 사안에서, 경찰관은 이미 피고인의 신원과 주거지 및 전화번호 등을 파악하고 있었고, 마약투약의 증거가 급속하게 소멸될 상황도 아니었던 점 등의 사정을 감안하면, 미리 체포영장을 받을 시간적 여유가 없었다고 볼 수 없어 긴급체포는 위법하다.[52)]

사경의 위법한 긴급체포 후 9일만에 검사가 작성한 피의자신문조서와 위법한 긴급체포에 수반하여 이루어진 압수절차

경찰의 긴급체포는 그 요건을 갖추지 못하였으므로 위법하고, 검사의 피고인에 대한 피의자신문은 2008. 12. 1. 피고인이 경찰에서 위법하게 긴급체포된 후 검찰로 송치되어 2008. 12. 10. 이루어졌으므로 위법한 긴급체포와 시간적으로 근접하여 이루어진 것인데다가, 피고인이 변호인의 조력을 받은 바도 없으므로 위 피의자신문조서는 위법의 정도가 중하여 증거능력이 없으며, 긴급체포가 위법하므로 그에 수반하여 이루어진 압수절차도 위법하다.[53)]

3. 체포의 절차

가. 영장의 제시

체포영장을 집행함에는 피의자에게 반드시 이를 제시하여야 하며 신속히 지정된 장소에 인치하여야 하고, 체포영장을 소지하지 아니한 경우에 급속을 요하는 때에는 피의자에 대하여 피의사실의 요지와 영장이 발부되었음을 고하고 집행할 수 있으며 집행을 완료한 후에는 신속히 체포영장을 제시하여야 한다(법 200조의6, 85조 1항, 3항, 4항). 긴급체포나 현행범체포를 하는 때는 영장이 존재하지 않으므로 이를 제시할 필요가 없다.

도주하려거나 대항하지 않았음에도 체포영장 제시와 미란다원칙 고지 없이 체포에 나섬

체포영장을 소지하고 피의자를 체포하기 위해서는 체포영장을 피의자에게 제시하고, 피의사실의 요지, 체포의 이유와 변호인을 선임할 수 있음을 말하고 변명할 기회를 주어야 한다. 이와 같은 체포영장의 제시나 고지 등은 체포를 위한 실력행사에 들어가기 이전에 미리 하는 것이 원칙이다. 그러나 달아나는 피의자를 쫓아

(대판 2007. 1. 12. 2004도8071).

52) 대판 2016. 10. 13. 2016도5814.

53) 대판 2009. 12. 24. 2009도11401.

가 붙들거나 폭력으로 대항하는 피의자를 실력으로 제압하는 경우에는 붙들거나 제압하는 과정에서 하거나, 그것이 여의치 않으면 일단 붙들거나 제압한 후에 지체 없이 하여야 한다.[54)]
경찰관들이 체포영장을 소지하고 필로폰 투약 혐의로 피고인을 체포하려고 하자, 피고인이 저항하면서 경찰관들에게 상해를 가하였다는 공무집행방해죄와 상해죄 피고사건에서, 피고인이 경찰관들과 마주하자마자 도망가려는 태도를 보이거나 먼저 폭력을 행사하며 대항한 바 없는 등 경찰관들이 체포를 위한 실력행사에 나아가기 전에 체포영장을 제시하고 미란다 원칙을 고지할 여유가 있었음에도 애초부터 미란다 원칙을 체포 후에 고지할 생각으로 먼저 체포행위에 나선 행위는 위법하다.[55)]

나. 피의사실의 요지 등의 고지

법에는 미란다원칙과 유사한 내용이 '체포·구속을 하는 때'와 '피의자·피고인신문을 하는 때'로 나뉘어 달리 규정되어 있다.

체포·구속을 하는 때 즉, 체포영장에 의한 체포나 긴급체포를 하는 때, 현행범을 체포하거나 현행범을 인도받은 때 또는 피의자·피고인을 구속하는 때는 피의자·피고인에 대하여 피의사실(또는 범죄사실)의 요지, 체포·구속의 이유와 변호인을 선임할 수 있음을 말하고 변명할 기회를 준 후가 아니면 체포·구속할 수 없다(법 200조의5, 213조의2, 209조, 72조). 위 체포·구속을 하는 때의 고지사항에는 진술거부권이 포함되어 있지 않다. 이에 반하여 피의자·피고인신문을 하는 때의 고지사항에는 진술거부권이 포함되어 있다(법 244조의3, 283조의2).

위와 같이 진술거부권의 고지가 체포·구속을 하는 때에는 필요하지 않고, 피의자·피고인신문을 때에 필요하다고 규정한 이유는 체포·구속하는 때의 고지는 사전 청문절차로서의 성격을 가질 뿐 피의자·피고인신문을 하는 상황은 아니기 때문이라고 보았기 때문이 아닐까? 즉 체포·구속을 하는 때에 체포·구속의 사유 등을 알려주는 것은 ① 부당한 체포·구속이 행해지는 것을 방지하고, ② 체포·구속되는 자와의 불필요한 마찰을 피하며, ③ 체포·구속되는 자로 하여금 방어를 준비할 수 있도록 하는 등의 기능을 할 것이다. 이와 달리 피의자·피고인신문 전에 진술거부권 등을 알려주는 것은 임의성 없는 진술이 행해지지 않도록 예방하는 기능을 할 것이다.[56)]

---

54) 대판 2017. 9. 21. 2017도10866. 같은 취지로는 대판 2008. 2. 14. 2007도10006.

55) 대판 2017. 9. 21. 2017도10866.

56) 미국에서도 "미란다원칙이 적용되어야 하는 것은 경찰이 피의자를 신문하는 때이며, 피의자가 자유로운 상태에 있다거나, 피의자를 체포하였지만 피의자를 상대로 신문을 하지 않는 때에는 미란다원칙을 고지할 필요가 없다. 실무상 체포 직후 미란다원칙이 고지되는 경우가 많으나 이는 미란다원칙이 직접 적용된 것은 아니고 자체적인 조직 내부의 지침을 따르거나 기타의 사정에 의한 것이다."라고 하고 있다.
1954년의 제정 법 72조는, "피고인에 대하여 범죄사실의 요지와 변호인을 선임할 수 있음을 말하고 변명할 기회를 준 후가 아니면 구금할 수 없다."고 규정하였고, 동법 209조는 위 72조를 수사기관의 구속에 준용하였다. 진술거부권 등에 관하여 미란다원칙을 천명한 미란다 판결(Miranda v. Arizona, 384 U.S. 436)은 1966년에 선고되었다. 따라서 제정 법 72조가 미란다 판결의 영향을 직접적으로 받았던 것은 아니다. 상세한 내용은 자백배제법칙 부분을 참조하라.

피고인의 구속과 관련하여 판례도, "법 72조는 피고인에 대하여 범죄사실의 요지, 구속의 이유와 변호인을 선임할 수 있음을 말하고 변명할 기회를 준 후가 아니면 구속할 수 없다고 규정하고 있는바, 이는 피고인을 구속함에 있어 법관에 의한 사전 청문절차를 규정한 것이다."라고 판시하였다.[57]

피의사실의 요지 등의 고지 시기

사법경찰리가 현행범으로 체포하는 경우에는 반드시 범죄사실의 요지, 구속의 이유와 변호인을 선임할 수 있음을 말하고 변명할 기회를 주어야 하며, 이러한 법리는 비단 현행범을 체포하는 경우뿐만 아니라 긴급체포의 경우에도 마찬가지로 적용되는 것이고, 이와 같은 고지는 ① 체포를 위한 실력행사에 들어가기 전에 미리 하여야 하는 것이 원칙이나, ② 달아나는 피의자를 쫓아가 붙들거나 폭력으로 대항하는 피의자를 실력으로 제압하는 경우에는 붙들거나 제압하는 과정에서 하거나, 그것이 여의치 않은 경우에는 일단 붙들거나 제압한 후에 지체 없이 하여야 한다.[58] (③ 애초부터 체포 후에 할 목적으로 위와 같은 고지 없이 체포로 나아가는 것은 위법하다: 필자 주)

지명수배자가 동생 행세를 하며 동생의 신분증을 제시하는 경우 피의사실의 요지 등을 고지할 시기

경찰관들이 피고인이 모텔에 투숙하였음을 확인한 후 도주나 자해우려를 이유로 검거하려고 방안으로 들어가 이름을 부르고, 지명수배사실과 범죄사실을 말하고 신분증 제시를 요구하였는데, 피고인이 자신이 동생인 갑이라고 주장하면서 갑 명의의 운전면허증을 제시하는 경우라면, 경찰관으로서는 체포하려는 상대방이 피고인 본인이 맞는지를 확인한 후에 미란다원칙을 고지하여야 하는 것이지, 그 상대방이 피고인인지 갑인지를 확인하지 아니한 채로 일단 체포하면서 미란다원칙을 고지할 것은 아니다. 만약 상대방을 확인하지도 않은 채로 먼저 체포한 다음에 미란다원칙을 고지한다면, 피의자가 아닌 사람을 체포하는 경우도 생길 수 있고, 이런 경우에는 미란다원칙의 고지가 앞당겨짐으로써 얻어지는 인권보호보다도 훨씬 더 큰 인권침해가 생길 수도 있다. 따라서 경찰관들이 미란다원칙의 고지사항을 전부 고지하지 않은 채로 신원확인절차에 나아간 것은 적법하다.

경찰관들이 지문을 확인하려 하자 피고인이 욕설을 하면서 주먹으로 유리창을 깨뜨리고 유리조각을 쥐고 경찰관들이 다가오지 못하도록 휘둘렀으며, 이에 경찰관들은 피고인을 제압하기 위하여 피고인과 엉켜서 20분간의 몸싸움을 하였는바, 이와 같이 폭력으로 대항하는 피의자를 실력으로 제압하는 단계에 이르면, 경찰관들로서는 그 제압 과정 또는 그것이 여의치 않으면 제압한 후에 지체 없이 미란다원칙을 고지하면 된다.[59]

---

57) 대결 2000. 11. 10. 2000모134.
58) 대판 2000. 7. 4. 99도4341; 대판 2010. 6. 24. 2008도11226; 대판 2012. 2. 9. 2011도7193.
59) 대판 2007. 11. 29. 2007도7961.

4. 체포 이후의 조치

가. 수사기관 내부 및 법원에 대한 조치

(1) 체포서면의 작성

피의자를 긴급체포한 경우에는 즉시 긴급체포서를 작성하여야 하며, 긴급체포서에는 범죄사실의 요지, 긴급체포의 사유등을 기재하여야 한다(법 200조의3 3항, 4항). 검사나 사경이 현행범을 체포하였을 때에는 현행범체포서를, 현행범을 인도받았을 때에는 현행범 인수서를 작성하여야 한다(검찰사건사무규칙 32조, 수사 규정 37조). 체포영장에 의해 체포하는 경우에는 체포영장이 미리 작성되어 있으므로 체포서면을 별도로 작성할 필요는 없다.

(2) 사법경찰관의 체포에 대한 검사의 통제

사법경찰관이 피의자를 긴급체포한 경우에는 즉시 검사의 승인을 얻어야 한다(법 200조의3 2항). 사법경찰관이 현행범체포나 체포영장에 의한 체포를 하였을 때에는 검사의 승인을 얻을 필요가 없다. 사법경찰관이 긴급체포한 피의자에 대하여 구속영장을 신청하지 아니하고 석방한 경우에는 즉시 검사에게 보고하여야 한다(법 200조의4 6항).

사경이 긴급체포하여 구속영장을 신청한 피의자를 검사가 검찰청으로 출석시켜 대면조사

사법경찰관이 검사에게 긴급체포된 피의자에 대한 긴급체포 승인 건의와 함께 구속영장을 신청한 경우, 검사는 긴급체포의 적법성을 심사하면서 피의자를 검찰청으로 출석시켜 대면조사할 수 있다. 위와 같은 검사의 구속영장 청구 전 피의자 대면조사는 <u>긴급체포의 적법성을 의심할 만한 사유가 기록 기타 객관적 자료에 나타나고 대면조사를 통해 그 판단이 가능할 것으로 보이는 예외적인 경우에 한하여 허용</u>될 뿐, 긴급체포의 합당성이나 구속영장 청구에 필요한 사유를 보강하기 위한 목적으로 실시되어서는 아니 된다. 검사의 구속영장 청구 전 피의자 대면조사는 강제수사가 아니므로 피의자는 출석 요구에 응할 의무가 없고, <u>사경은 피의자가 검사의 출석 요구에 동의한 때에 한하여 피의자를 검찰청으로 호송하여야</u> 한다.[60]

(3) 수사기관의 체포·구속에 대한 법원과 피의자의 통제

검사 또는 사법경찰관이 긴급체포한 피의자에 대해 구속영장을 청구하지 아니하고 피의자를 석방한 경우에 검사는 석방한 날부터 30일 이내에 긴급체포서의 사본을 첨부하여 서면으로, 1. 긴급체포 후 석방된 자의 인적사항, 2. 긴급체포의 일시·장소와 긴급체포하게 된 구체적 이유, 3. 석방의 일시·장소 및 사유, 4. 긴급체포 및 석방한 검사 또는 사법경찰관의 성명을 법원에 통지하여야 한다(법 200조의4 4항). 긴급체포의 남용을 감시하기 위한 것이다.

---

60) 대판 2010. 10. 28. 2008도11999.

긴급체포 후 석방된 자 또는 그 변호인·법정대리인·배우자·직계친족·형제자매는 통지서 및 관련 서류를 열람하거나 등사할 수 있다(법 200조의4 5항). 이는 긴급체포로 인한 위법행위의 시정이나 손해의 배상을 구하는데 사용할 수 있도록 하기 위한 것이다.[61]

체포영장 또는 구속영장의 발부를 받은 후 피의자를 체포·구속하지 아니하거나 체포·구속한 피의자를 석방한 때에는 지체 없이 검사는 영장을 발부한 법원에 그 사유를 서면으로 통지하여야 한다(법 204조).

긴급체포 하에서 조서를 작성하였으나 사후에 법원에 대한 석방통지가 누락됨
갑이 긴급체포되어 조사를 받고 구속영장이 청구되지 아니하여 석방되었음에도 검사가 그로부터 30일 이내에 석방통지(법 200조의4)를 법원에 하지 아니하였으나, 긴급체포 당시의 상황, 긴급체포 후의 조사 과정 등에 특별한 위법이 없다면, 사후에 석방통지가 이루어지지 않았다는 사정만으로 그 긴급체포에 의한 유치 중에 작성된 피의자신문조서가 소급하여 위법하게 되지는 않는다.[62]

나. 피의자에 대한 조치

(1) 체포·구속 및 체포·구속적부심사청구권의 통지

피의자·피고인을 체포·구속한 때 및 현행범을 인도받은 때에는 변호인이 있는 경우에는 변호인에게, 변호인이 없는 경우에는 법 30조 2항에 규정한 자 중 피의자·피고인이 지정한 자에게 피의사건명(또는 피고사건명), 체포·구속의 일시·장소, 범죄사실의 요지, 체포·구속의 이유와 변호인을 선임할 수 있는 취지를 알려야 하며, 위 통지는 지체 없이 서면으로 하여야 한다(법 200조의6, 209조, 213조의2, 87조).[63] 또한 체포·구속된 피의자는 체포·구속적부심사청구권이 있으므로 체포·구속한 검사 또는 사법경찰관은 체포·구속된 피의자와 일정한 자에게 체포·구속적부심사청구권이 있음을 알려야 한다(법 214조의2 2항).

(2) 구속영장의 청구 또는 석방

체포영장에 의하여 체포하거나 현행범으로 체포한 피의자를 구속하고자 할 때에는 체포한 때부터 48시간 이내에 구속영장을 청구하여야 하고, 그 기간 내에 구속영장을 청구하지 아니하는 때에는 피의자를 즉시 석방하여야 한다(법 200조의2 5항, 213조의2).

긴급체포된 피의자의 영장청구시한은 체포영장에 의한 체포 및 현행범체포의 경우와는 약간 달리

61) 법원실무제요 형사Ⅰ, 271면.
62) 대판 2014. 8. 26. 2011도6035.
63) 체포·구속 사실을 변호인 등에게 서면으로 통지하게 되면 변호인 등은 상당한 시간이 경과한 후에야 체포·구속 사실을 알게 되므로 실무상 구두 통지가 많이 행해진다.

되어 있다. 즉 피의자를 긴급체포한 경우 피의자를 구속하고자 할 때에는 지체 없이 구속영장을 청구하여야 하고, 이 경우 구속영장은 피의자를 체포한 때부터 48시간 이내에 청구하여야 한다(법 200조의4 1항). 위와 같이 긴급체포에 대해서는 '체포한 때로부터 48시간 이내에 구속영장을 청구하여야' 한다는 종전의 규정이 '지체 없이 구속영장을 청구하여야 한다'로 2007년도에 개정됨으로써 긴급체포 후 피의자의 구속영장 청구를 신속하게 하되 그 시한은 48시간을 넘지 않도록 함을 명시하였다.[64] 이는 긴급체포의 남용을 방지하기 위한 것이다. 긴급체포한 피의자에 대해 구속영장을 청구하지 아니하는 때에는 즉시 석방하여야 한다(동조 2항).

군인이 아라비아해 인근 공해상에서 현행범체포한 해적들을 국내 수사기관에 인도함

수사기관이 아닌 이가 현행범체포한 때에는 즉시 수사기관에게 인도하여야 하는데(법 213조 1항), 여기서 '즉시'는 '정당한 이유 없이 인도를 지연하거나 체포를 계속하는 등으로 불필요한 지체를 함이 없이'라는 뜻이다. 체포된 현행범에 대하여 48시간 이내에 내에 구속영장을 청구하도록 한(법 213조의2, 200조의2 5항) 취지는 영장에 의하지 아니한 체포가 부당하게 장기화되어서는 안 된다는 인권보호의 요청과 수사기관에 구속영장청구 여부를 결정하기 위한 합리적인 시간을 보장해 주려는 것이다. 수사기관이 아닌 이에 의하여 현행범체포된 경우 48시간의 기산점은 수사기관이 현행범을 인도받은 때이다.

소말리아 해적인 피고인들이 아라비아해 인근 공해상에서 대한민국 국민에게 해상강도 등 범행을 저질러 국군 청해부대에 의해 체포되어 국내 수사기관에 인도된 후 구속된 사안에서, 군인들이 피고인들을 현행범체포한 것은 수사기관이 아닌 이에 의한 현행범체포이고, 피고인들을 체포하여 국내로 이송하는 데에 약 9일이 소요된 것은 정당한 이유 없이 인도를 지연하거나 체포를 계속한 것이 아니며, 경찰관들이 신병을 인수한 때로부터 48시간 이내에 구속영장을 청구한 것은 적법하다.[65]

(3) 재긴급체포의 금지

구속영장을 청구하지 아니하거나 발부받지 못하여 긴급체포된 피의자를 석방한 때에는 영장 없이는 동일한 범죄사실에 관하여 다시 체포하지 못한다(법 200조의4 3항). 여기서 다시 체포하지 못한다는 것은 다시 긴급체포하지 못한다는 것을 의미하므로, 긴급체포되었다가 석방된 피의자를 체포영장에 의해 체포하는 것은 적법하다. 긴급체포 후 석방된 피의자라도 법원으로부터 구속영장을 발부받아 구속할 수 있음은 물론이다.[66]

64) 법원실무제요 형사Ⅰ, 270면.
65) 대판 2011. 12. 22. 2011도12927.
66) 대판 2001. 9. 28. 2001도4291.

Ⅱ. 구속(법원의 구속 포함)

1. 구속의 의의

구속은 피의자 또는 피고인의 신체의 자유를 제한하는 대인적 강제처분이다. 구속은 구인과 구금을 포함하는 개념이다(법 69조). 구인은 일정한 장소로 인치하는 것이고, 구금은 일정한 장소에 감금하는 것을 의미한다. 구금 장소로는 구치소나 경찰서의 유치장이 주로 이용된다.

구속은 피의자·피고인의 출석을 보장하고 증거인멸과 피해자 및 사회 일반에 대한 위해를 방지하며 확정된 형벌의 집행을 확보하기 위한 제도이다.

2. 구속의 요건

법 제70조(구속의 사유) ① 법원은 피고인이 죄를 범하였다고 의심할 만한 상당한 이유가 있고 다음 각 호의 1에 해당하는 사유가 있는 경우에는 피고인을 구속할 수 있다.

1. 피고인이 일정한 주거가 없는 때
2. 피고인이 증거를 인멸할 염려가 있는 때
3. 피고인이 도망하거나 도망할 염려가 있는 때

② 법원은 제1항의 구속사유를 심사함에 있어서 범죄의 중대성, 재범의 위험성, 피해자 및 중요 참고인 등에 대한 위해우려 등을 고려하여야 한다.

③ 다액 50만 원 이하의 벌금, 구류 또는 과료에 해당하는 사건에 관하여는 제1항 제1호의 경우를 제한 외에는 구속할 수 없다.

법 제201조(구속) ① 피의자가 죄를 범하였다고 의심할 만한 상당한 이유가 있고 제70조 제1항 각 호의 1에 해당하는 사유가 있을 때에는 검사는 관할지방법원 판사에게 청구하여 구속영장을 받아 피의자를 구속할 수 있고 사법경찰관은 검사에게 신청하여 검사의 청구로 관할지방법원 판사의 구속영장을 받아 피의자를 구속할 수 있다. 다만, 다액 50만 원 이하의 벌금, 구류 또는 과료에 해당하는 범죄에 관하여는 피의자가 일정한 주거가 없는 경우에 한한다.

② 구속영장의 청구에는 구속의 필요를 인정할 수 있는 자료를 제출하여야 한다.

③ 제1항의 청구를 받은 지방법원 판사는 신속히 구속영장의 발부여부를 결정하여야 한다.

④ 제1항의 청구를 받은 지방법원 판사는 상당하다고 인정할 때에는 구속영장을 발부한다. 이를 발부하지 아니할 때에는 청구서에 그 취지 및 이유를 기재하고 서명날인하여 청구한 검사에게 교부한다.

⑤ 검사가 제1항의 청구를 함에 있어서 동일한 범죄사실에 관하여 그 피의자에 대하여 전에 구속영장을 청구하거나 발부받은 사실이 있을 때에는 다시 구속영장을 청구하는 취지 및 이유를 기재하여야 한다.

가. 범죄의 혐의

구속하기 위해서는 죄를 범하였다고 의심할 만한 상당한 이유가 있어야 한다. 구속에 필요한 소명은 유죄 판결을 하기 위하여 요구되는 '합리적인 의심을 할 여지가 없을 정도'의 입증이 아니라, '죄를 범하였다고 의심할 만한 상당한 이유'의 소명을 말한다. 그러나 실무 관행은 '죄를 범하였다고 의심할 만한 상당한 이유'의 소명을 '합리적인 의심을 할 여지가 없을 정도'의 입증에 버금가는 것으로 운용하고 있다. 유죄 판결을 하기 위해서는 증거능력 있는 증거를 일정한 절차에 따라 증거조사함으로써 범죄사실을 입증하여야 한다. 그러나 구속사유를 소명함에 있어서는 전문증거와 같이 증거능력 없는 증거도 증거로 사용할 수 있고, 증거조사도 상당한 방법으로 할 수 있다.

나. 구속 사유

구속사유는 피고인이 일정한 주거가 없는 때, 피고인이 증거를 인멸할 염려가 있는 때, 피고인이 도망하거나 도망할 염려가 있는 때이다. 구속사유를 심사함에 있어서 범죄의 중대성, 재범의 위험성, 피해자 및 중요 참고인 등에 대한 위해우려 등을 고려하여야 한다.

다. 비례성의 원칙

다액 50만 원 이하의 벌금, 구류 또는 과료에 해당하는 경미사건에 관하여는 주거부정인 때에 한하여 구속할 수 있다.

3. 구속영장의 청구

가. 구속영장의 청구와 신청

검사는 관할지방법원 판사에게 청구하여 구속영장을 받아 피의자를 구속할 수 있고 사법경찰관은 검사에게 신청하여 검사의 청구로 관할지방법원 판사의 구속영장을 받아 피의자를 구속할 수 있다(법 201조 1항). 피고인에 대한 구속은 수소법원이 행하므로 검사의 청구를 요하지 않는다(법 70조 1항).[67]

나. 구속영장 청구의 방식

구속영장의 청구는 서면(구속영장청구서)에 의하여야 하며(규칙 93조), 구속의 필요를 인정할 수 있는 자료를 제출하여야 한다(법 201조 2항). 통상적으로 수사기록을 그대로 제출함으로써 구속의 필요를 인정할 수 있는 자료로 삼는다.

규칙 95조의2(구속영장청구서의 기재사항) 구속영장의 청구서에는 다음 각 호의 사항을 기재하여야 한다.

1. 제95조 제1호부터 제6호까지 규정한 사항[즉 ① 피의자의 성명(분명하지 아니한 때에는 인상, 체격, 그 밖에 피의자를 특정할 수 있는 사항), 주민등록번호 등, 직업, 주거, ② 피의자에게 변호인이 있는 때에는 그 성명, ③ 죄명 및 범죄사실의 요지, ④ 7일을 넘는 유효기간을 필요로 하는 때에는 그 취지 및 사유, ⑤ 여러 통의 영장을 청구하는 때에는 그 취지 및 사유, ⑥ 인치·구금할 장소]

67) 대결 1996. 8. 12. 96모46.

2. 법 제70조 제1항 각 호에 규정한 구속의 사유(즉 ① 피고인에게 일정한 주거가 없음, ② 피고인이 증거를 인멸할 염려가 있음, ③ 피고인이 도망하거나 도망할 염려가 있음)
3. 피의자의 체포여부 및 체포된 경우에는 그 형식
4. 법 제200조의6, 법 제87조에 의하여 피의자가 지정한 사람에게 체포이유 등을 알린 경우에는 그 사람의 성명과 연락처

4. 구속 전 피의자심문

1997년부터 시행된 구속 전 피의자심문은 영장실질심사라고도 한다. 그 이전에는 검사가 청구한 구속영장에 관하여 수사기록만을 판단 자료로 하여 구속 여부를 결정하였으나, 구속 전 피의자심문제도가 도입됨으로써 판사가 영장이 청구된 피의자를 대면하여 심문한 결과도 판단 자료로 삼을 수 있게 되었기 때문이다. 수사기록만에 의해 영장 발부 여부가 결정되면 피의자로서는 영장이 청구되는지 여부의 정보를 제대로 제공받지 못하고, 영장의 청구와 발부 사이의 시간적 간격도 짧아 피의자가 방어권을 행사하기 어려웠다. 구속 전 피의자심문을 하기 위해서는 통상 영장 청구가 이루어진 다음 날 심문기일이 열리고 피의자에게 심문 일시가 사전 고지되므로 피의자는 방어준비를 할 수 있는 최소한의 시간적 여유를 가질 수 있게 된다. 반면에 피의자심문을 하기 위해서는 수사기관이 피의자를 심문 장소로 호송해야 하는 부담을 지게 된다. 또한 미체포 피의자를 심문하기 위해서는 구인해야 하는바, 구인을 함으로써 불필요한 자유의 제한이 발생하기도 한다.

가. 심문 여부의 결정

구속 전 피의자심문 제도가 도입된 이후 구속 전 피의자심문을 해야 하는 사건의 범위에 관하여 상당한 논란이 있어 왔다.[68] 현행법의 입장은 다음과 같다.

체포된 피의자에 대하여 구속영장을 청구받은 판사는 지체 없이 피의자를 심문하여야 하며, 이 경우 특별한 사정이 없는 한 구속영장이 청구된 날의 다음날까지 심문하여야 한다(법 201조의2 1항).

체포되지 아니한 피의자에 대하여 구속영장을 청구받은 판사는 피의자가 죄를 범하였다고 의심할 만한 이유가 있는 경우에 구인을 위한 구속영장을 발부하여 피의자를 구인한 후 심문하여야 하며, 피의자가 도망하는 등의 사유로 심문할 수 없는 경우에는 예외적으로 심문 없이 구속영장 발부 여부를 결정할 수 있다(동조 2항).

체포절차에 하자가 있어 구속영장청구를 기각하여야 할 것이 명백하거나, 친고죄와 반의사불벌죄에 있어서 고소의 취소 또는 처벌불원의사표시가 있는 등의 사유가 있으면 심문하지 않고 영장청구를

68) 2007년도의 개정 이전에는 체포 피의자에 대해서는 피의자의 신청이 있는 때, 미체포 피의자에 대해서는 구속의 사유를 판단하기 위하여 필요하다고 인정하는 때 구속 전 피의자심문을 하도록 규정되어 있었다. 판례는 체포된 피의자의 심문 신청이 있어도 심문 여부는 영장담당 판사의 재량사항이라고 보았었다(대판 1999. 8. 20. 99도2029).

기각할 수 있다.[69]

체포된 피의자는 체포의 효력을 이용하여 인치, 구금할 수 있다. 미체포 피의자는 구인을 위한 구속영장에 의해 심문 장소로 인치한다. 미체포 피의자를 구인을 위한 구속영장에 의해 인치하였더라도 즉시 심문하지 못하고 유치를 하거나, 심문 종료 후에도 영장 발부 여부를 결정할 때까지 소요되는 상당한 기간 동안 유치할 필요가 있다. 이때 유치기간은 법원에 인치한 때로부터 24시간을 초과할 수 없다(법 201조의2 10항, 71조의2). 피의자를 법원 외의 장소에 유치하는 경우에 판사는 구인을 위한 구속영장에 유치할 장소를 기재하고 서명날인하여 이를 호송경찰관 등에게 교부하여야 한다(규칙 96조의11 2항).

나. 심문기일의 지정

체포된 피의자에 대해서는 구속영장의 청구를 받는 즉시, 미체포 피의자에 대해서는 피의자를 인치한 후 즉시 심문기일과 장소를 통지해 주어야 한다. 통지는 검사, 피의자 및 변호인에게 하여야 하고, 검사는 피의자가 체포되어 있는 때에는 심문기일에 피의자를 출석시켜야 한다(법 201조의2 3항).

다. 피의자의 출석과 심문 장소 등

(1) 피의자의 불출석

규칙 96조의13(피의자의 심문절차) ① 판사는 피의자가 심문기일에의 출석을 거부하거나 질병 그 밖의 사유로 출석이 현저하게 곤란하고, 피의자를 심문 법정에 인치할 수 없다고 인정되는 때에는 피의자의 출석 없이 심문절차를 진행할 수 있다.
② 검사는 피의자가 심문기일에의 출석을 거부하는 때에는 판사에게 그 취지 및 사유를 기재한 서면을 작성 제출하여야 한다.
③ 1항의 규정에 의하여 심문절차를 진행할 경우에는 출석한 검사 및 변호인의 의견을 듣고, 수사기록 그 밖에 적당하다고 인정하는 방법으로 구속사유의 유무를 조사할 수 있다.

(2) 심문의 비공개

피의자에 대한 심문절차는 공개하지 아니한다. 다만, 판사는 상당하다고 인정하는 경우에는 피의자의 친족, 피해자 등 이해관계인의 방청을 허가할 수 있다(규칙 96조의14).

(3) 심문 장소

피의자의 심문은 법원청사 내에서 하여야 한다. 다만, 피의자가 출석을 거부하거나 질병 기타 부득이한 사유로 법원에 출석할 수 없는 때에는 경찰서, 구치소 기타 적당한 장소에서 심문할 수 있다(규칙 96조의15).

---

69) 법원실무제요 형사Ⅰ, 288면.

라. 피의자의 방어권 보장

(1) 국선변호인의 선정

심문할 피의자에게 변호인이 없는 때에는 지방법원 판사는 직권으로 변호인을 선정하여야 한다. 이 경우 변호인의 선정은 피의자에 대한 구속영장 청구가 기각되어 효력이 소멸한 경우를 제외하고는 제1심까지 효력이 있다(법 201조의2 8항).

(2) 변호인의 접견 등

변호인은 구속영장이 청구된 피의자에 대한 심문 시작 전에 피의자와 접견할 수 있다(규칙 96조의20).

(3) 증거개시

규칙 96조의21(구속영장청구서 및 구속 소명자료의 열람) ① 피의자 심문에 참여할 변호인은 지방법원 판사에게 제출된 구속영장청구서 및 그에 첨부된 고소·고발장, 피의자의 진술을 기재한 서류와 피의자가 제출한 서류를 열람할 수 있다.

② 검사는 증거인멸 또는 피의자나 공범 관계에 있는 자가 도망할 염려가 있는 등 수사에 방해가 될 염려가 있는 때에는 지방법원 판사에게 1항에 규정된 서류(구속영장청구서는 제외한다)의 열람 제한에 관한 의견을 제출할 수 있고, 지방법원 판사는 검사의 의견이 상당하다고 인정하는 때에는 그 전부 또는 일부의 열람을 제한할 수 있다.

③ 지방법원 판사는 1항의 열람에 관하여 그 일시, 장소를 지정할 수 있다.

구속영장청구서는 열람제한의 대상이 아니다(규칙 96조의21 2항). 변호인의 구속영장청구서 및 소명자료 열람권은 구속영장이 청구된 피의자의 방어권을 보장하는 데 있어 매우 중요하다.

마. 심문기일의 절차

규칙 96조의16(심문기일의 절차) ① 판사는 피의자에게 구속영장청구서에 기재된 범죄사실의 요지를 고지하고, 피의자에게 일체의 진술을 하지 아니하거나 개개의 질문에 대하여 진술을 거부할 수 있으며, 이익되는 사실을 진술할 수 있음을 알려주어야 한다.

② 판사는 구속 여부를 판단하기 위하여 필요한 사항에 관하여 신속하고 간결하게 심문하여야 한다. 증거인멸 또는 도망의 염려를 판단하기 위하여 필요한 때에는 피의자의 경력, 가족관계나 교우관계 등 개인적인 사항에 관하여 심문할 수 있다.

③ 검사와 변호인은 판사의 심문이 끝난 후에 의견을 진술할 수 있다. 다만, 필요한 경우에는 심문 도중에도 판사의 허가를 얻어 의견을 진술할 수 있다.

④ 피의자는 판사의 심문 도중에도 변호인에게 조력을 구할 수 있다.

⑤ 판사는 구속 여부의 판단을 위하여 필요하다고 인정하는 때에는 심문 장소에 출석한 피해자 그 밖의 제3자를 심문할 수 있다.
⑥ 구속영장이 청구된 피의자의 법정대리인, 배우자, 직계친족, 형제자매나 가족, 동거인 또는 고용주는 판사의 허가를 얻어 사건에 관한 의견을 진술할 수 있다.
⑦ 판사는 심문을 위하여 필요하다고 인정하는 경우에는 호송경찰관 기타의 자를 퇴실하게 하고 심문을 진행할 수 있다.

검사와 변호인은 피의자를 심문하지 못하고 의견만을 진술할 수 있다(규칙 96조의16 3항).[70)]

바. 조서의 작성

피의자를 심문하는 경우 법원사무관등은 심문의 요지 등을 조서로 작성하여야 한다(법 201조의2 6항). 구속 전 피의자심문조서는 법 315조 3호에 해당하여 당연히 증거능력이 있다고 보아야 한다. 구속적부심문조서가 법 315조 3호에 의하여 증거능력이 인정되고 있고,[71)] 구속 전 피의자심문조서를 구속적부심문조서와 달리 취급할 이유가 없기 때문이다.

5. 구속영장의 발부

가. 발부 여부의 결정

지방법원 판사는 상당하다고 인정할 때에는 구속영장을 발부하고, 이를 발부하지 아니할 때에는 청구서에 그 취지 및 이유를 기재하고 서명날인하여 청구한 검사에게 교부한다(법 201조 4항). 법원이 피고인에 대한 구속영장을 발부하는 경우에는 검사의 청구를 요하지 않는다.[72)]

발부된 구속영장이 허가장인지 명령장인지에 관한 논의가 있다. 구속영장은 검사의 청구에 따라 판사가 구속 요건이 구비되었는지를 따져 발부 여부를 결정하는 것이어서 그 성질상 판사가 검사에게 구속을 명령하는 것이라고 보기 어렵고, 구속영장이 발부되었더라도 사정변경 등을 사유로 하여 검사가 재량에 의해 구속영장을 집행하지 않을 수도 있다는 점에서 허가장이라고 보는 것이 타당하다. 법도 구속영장이 허가장임을 전제로 하고 있다고 생각된다. 즉 법 204조는, "체포영장 또는 구속영장의 발부를 받은 후 피의자를 체포·구속하지 아니하거나 체포·구속한 피의자를 석방한 때에는 지체 없이 검사는 영장을 발부한 법원에 그 사유를 서면으로 통지하여야 한다"라고 규정하고 있는 것이다. 검사는

---

70) 검사와 변호인에게 심문의 기회를 주면 검사는 이를 증거수집의 기회로 이용하고, 변호인 역시 방어를 위한 장황한 심문을 행하는 폐단을 막기 위한 것이다. 위와 같은 심문기회의 박탈은 영장의 실질적인 심사를 저해할 우려가 있으나, 피의자는 증거자료와 의견서의 제출을 통해 필요한 주장과 입증을 할 수 있으므로 불합리하다고 할 수는 없을 것으로 생각된다.
71) 대판 2004. 1. 16. 2003도5693.
72) 대결 1996. 8. 12. 96모46.

직권으로 구속을 취소할 수도 있다(법 209조, 93조).

그러나 피고인에 대한 구속영장은 수소법원이 직권으로 발부하는 것이어서 수사기관에 대한 명령장이라고 보아야 한다(법 73조).

법 72조가 규정한 피고인에 대한 범죄사실의 요지 등의 고지가 구속영장 발부의 요건인지, 구속영장 집행의 요건인지에 관하여 견해가 나뉜다. 아래 판례는 구속영장 발부의 요건이라고 본다. 이는 체포(체포영장에 의한 체포, 긴급체포, 현행범체포 또는 현행범을 인도받음)하거나 또는 피의자를 구속하는 때에 행하는 피의사실의 고지 등이 '영장의 집행 또는 체포를 위한 요건'이라고 해석하는 것과는 다르다.[73] 피고인이 도망한 때에는 고지 절차를 거치지 아니하고 구속영장을 발부할 수 있다(법 72조).

법리: 피고인에 대한 구속영장을 발부하기 전에 법 72조의 절차(사전청문절차)를 이행하지 않으면 위법하지만, 절차적 권리가 실질적으로 보장되었다면 적법함

① **판례**

제1심: 갑에 대해 A사건과 B사건을 심리 후 판결 선고(갑은 별건으로 형집행 중이었으므로 A사건과 B사건으로는 구속되지 않음)

원심: - 별건의 형집행기간이 만료되자, A사건에 관하여 구속영장을 발부
- A사건의 구속기간이 만료되자, B사건에 관하여 법 72조에서 정한 절차를 거치지 아니한 채 구속영장을 발부함
- 법 72조에 따른 청문절차를 거친 다음 B사건에 관한 구속영장을 집행함

판단: 피고인은 B사건에 대하여 제1심에서 유죄판결을 받고 항소함으로써 범죄사실의 요지 등을 잘 알고 있었고, 변명의 기회가 충분히 주어졌으며, B사건 구속영장은 이와 별개인 A사건으로 구속되어 있는 갑에 대하여 A사건과 병합 심리되고 있는 B사건으로 갑을 재구속하는 것이므로 <u>법 72조에 따른 절차적 권리가 실질적으로 보장되었다</u>.[74]

② **판례**

- 피고인이 A사건에 관하여 구속영장에 의하여 구속된 상태에서 재판을 받던 중,
- 피고인에 대한 B사건이 기소되자 법원은 B사건을 A사건에 병합하였고,
- 병합된 사건의 제4회 공판기일에서 검사가 <u>B사건의 공소장에 의하여 공소사실, 죄명, 적용법조를 낭독하고, 피고인은 공소사실을 일부 부인하는 진술을 하였으나, 그 후 B사건에 관하여 증거제출이나 증거조사 등 추가심리가 진행되지 않은 상태에서</u>
- 법원은 A사건에 관한 구속영장의 구속기간이 만료하게 되자, <u>사전청문절차 없이 B사건에 관한 구속영장을 발부</u>하여 집행하였다.

---

73) 긴급체포나 현행범체포를 할 때는 사전 영장이 존재하지 않으므로 영장의 집행이라는 상황은 존재하지 않는다.

74) 대결 2000. 11. 10. 2000모134. 다음은 같은 취지이다.
<u>변호인을 선정하여 공판절차에서 변명과 증거의 제출을 다하고 그의 변호 아래 판결을 선고받는 피고인에게까지</u> 그 구속에 앞서 법 72조에 따른 절차를 거칠 필요는 없다(대결 1985. 7. 23. 85모12).

판단: 법원은 B사건에 관한 구속영장을 발부하기 전에 법 72조에 따른 절차를 거치지 아니하였는데, 그 전 공판기일에서 검사가 모두진술에 의하여 공소사실 등을 낭독하고 피고인과 변호인이 모두진술에 의하여 공소사실의 인정 여부 및 이익이 되는 사실 등을 진술하였다는 점만으로는 법 72조의 절차적 권리가 실질적으로 보장되었다고 보기는 어려우므로, B사건에 관한 구속영장 발부결정은 위법하다.[75]

나. 구속영장의 방식

① 구속영장에는 피의자·피고인의 성명, 주거, 죄명, 범죄사실의 요지, 인치·구금할 장소, 발부연월일, 그 유효기간과 그 기간을 경과하면 집행에 착수하지 못하며 영장을 반환하여야 할 취지를 기재하고 판사(피고인에 대한 구속영장인 경우에는 재판장 또는 수명법관)가 서명날인하여야 하고, ② 피의자·피고인의 성명이 분명하지 아니한 때에는 인상, 체격, 기타 피의자·피고인을 특정할 수 있는 사항으로 피의자·피고인을 표시할 수 있으며, ③ 피의자·피고인의 주거가 분명하지 아니한 때에는 그 주거의 기재를 생략할 수 있다(법 209조, 75조).

구속영장은 수통을 작성·교부할 수 있으며, 이러한 경우에는 그 사유를 구속영장에 기재하여야 한다(법 209조, 82조).

다. 구속영장의 기각

판사가 영장을 발부하지 아니할 때에는 청구서에 그 취지 및 이유를 기재하고 서명날인하여 청구한 검사에게 교부한다(법 201조 4항). 체포된 피의자에 대한 구속영장청구가 기각된 때에는 피의자를 즉시 석방하여야 한다(법 200조의4 2항, 규칙 100조 2항). 구속영장청구가 기각된 때에는 미체포 피의자에 대한 구속 전 피의자심문을 위해 구인을 위한 구속영장을 발부하여 집행함으로써 구인된 피의자도 즉시 석방하여야 한다.

판사의 영장기각 결정은 항고, 준항고의 대상이 되지 않는다. 검사의 체포영장 또는 구속영장 청구에 대한 지방법원 판사의 재판은 법 402조의 규정에 의하여 항고의 대상이 되는 '법원의 결정'에 해당하지 아니하고, 법 416조 1항의 규정에 의하여 준항고의 대상이 되는 '재판장 또는 수명법관의 구금 등에 관한 재판'에도 해당하지 아니하기 때문이다.[76] 따라서 검사가 영장청구 기각결정에 대해 불복하려는 경우에는 영장을 재청구하는 방식을 사용하여야 한다(법 201조 5항). 영장 발부 결정에 대해서도 마찬가지 이유로 피의자의 항고·준항고의 권리가 인정되지 않으므로 피의자가 이를 다투고자 하는 경우 구속적부심사청구 제도를 이용하여야 한다.

수소법원이 피고인에 대해 구속영장을 발부하는 것은 판결 전의 소송절차에 관한 것으로서 구금에 관한 결정이라 할 것이다. 따라서 수소법원의 구속영장 발부결정에 대해서는 법 403조 2항에 의하여

75) 대결 2016. 6. 14. 2015모1032.
76) 대결 2006. 12. 18. 2006모646.

항고할 수 있다고 생각된다.[77]

라. 구속영장의 집행

(1) 구속영장의 유효기간

구속영장의 유효기간은 7일로 하고 판사가 상당하다고 인정하는 때에는 7일을 넘는 기간을 정할 수 있다(규칙 178조). 여기서 유효기간은 구속영장의 효력에 기하여 구속의 집행을 할 수 있는 기간을 의미하며, 구속의 집행이 이루어진 때부터 구속기간이 기산됨은 체포영장의 경우와 같다.

(2) 구속영장을 집행할 자

피의자·피고인에 대한 구속영장은 검사의 지휘에 의하여 사경이 집행한다(법 209조, 81조 1항 본문). 교도소 또는 구치소에 수용된 피의자·피고인에 대해 형기가 만료되거나 다른 구속영장의 효력이 만료되기 이전에 구속영장을 집행할 필요가 있는 때에는 검사의 지휘에 의하여 교도관이 집행한다(법 209조, 81조 3항). 피고인에 대한 구속영장의 집행이 급속을 요하는 경우에는 재판장, 수명법관 또는 수탁판사가 그 집행을 지휘할 수 있다(법 81조 1항 단서). 이러한 경우에는 법원사무관등에게 그 집행을 명할 수 있고, 법원사무관등은 그 집행에 관하여 필요한 때에는 사경·교도관 또는 법원경위에게 보조를 요구할 수 있으며 관할구역 외에서도 집행할 수 있다(동조 2항).

검사는 필요에 의하여 관할구역 외에서 구속영장의 집행을 지휘하거나 또는 당해 관할구역의 검사에게 집행지휘를 촉탁할 수 있고, 사경은 필요에 의하여 관할구역 외에서 구속영장을 집행하거나 당해 관할구역의 사경에게 집행을 촉탁할 수 있다(법 209조, 83조).

(3) 집행절차

구속영장을 집행함에는 피의자·피고인에게 이를 제시하여야 하며, 구속영장을 소지하지 아니한 경우에 급속을 요하는 때에는 집행을 완료한 후에 신속히 구속영장을 제시하여야 한다(법 209조, 85조). 수사기관이 피의자를 구속하는 때에는 피의자에게 피의사실의 요지, 구속의 이유와 변호인을 선임할 수 있음을 말하고 변명할 기회를 주어야 한다(법 209조, 200조의5). 이와 달리 피고인을 구속함에 있어서 범죄사실의 요지, 구속의 이유와 변호인을 선임할 수 있음을 말하고 변명할 기회를 주는 것(법 72조)은 구속영장 발부의 요건이지 구속영장 집행의 요건이 아니라는 것이 판례의 입장이다.

구속영장을 집행한 때에는 신속히 구속영장에 기재된 장소에 피의자·피고인을 인치하여 구금하여야 한다. 구속영장의 집행을 받은 피의자·피고인을 호송할 경우에 필요한 때에는 가장 접근한 교도소 또는 구치소에 임시로 유치할 수 있다(법 209조, 86조).

---

77) 대결 2000. 11. 10. 2000모134은, 항소심인 지방법원 합의부의 구속영장발부결정에 대한 재항고 사건에서 위 재항고가 적법한 것을 전제로 하여 구속영장발부결정의 적법성에 관하여 판단하였다. 대결 2001. 5. 25. 2001모85은 구속취소청구에 대한 기각결정에 대해 항고할 수 있음을 전제로 하여 위 기각결정의 적법성에 관하여 판단하였다.

구속영장상의 구금 장소가 경찰서 유치장인 피의자를 안기부 청사에 구금

구속영장에는 청구인을 구금할 수 있는 장소로 서울 서초경찰서 유치장으로 기재되어 있었는데, 청구인에 대하여 위 구속영장에 의하여 1995. 11. 30. 07:50경 서초경찰서 유치장에 구속이 집행되었다가 같은 날 08:00에 그 신병이 조사차 국가안전기획부 직원에게 인도된 후 위 서초경찰서 유치장에 인도된 바 없이 계속하여 국가안전기획부 청사에 사실상 구금되어 있다면, 피청구인의 청구인에 대한 이러한 사실상의 구금장소의 임의적 변경은 청구인의 방어권이나 접견교통권의 행사에 중대한 장애를 초래하는 것이므로 위법하다고 할 것이다.[78)]

교도소장이 법무부장관의 승인을 얻어 미결수용자의 구금장소를 변경

법은 구속영장에 피고인 또는 피의자의 인치구금할 장소를 기재하도록 하고 있으며 구금장소는 피의자 또는 피고인의 방어권 행사에 영향을 미치는 요소의 하나이고 구금장소의 임의적 변경은 피의자 또는 피고인을 심리적으로 위축시킬 우려가 있음은 원심이 설시하고 있는 바와 같다. 그러나 그러한 사정만으로 구속영장상에 피고인 또는 피의자의 인치구금할 장소를 반드시 기재하도록 한 것이 법원 이외의 다른 기관의 일방적 처분에 기한 미결수용자의 구금장소의 변경은 법률상 명문의 규정이 있는 경우 외에는 이를 허용하지 아니하는 취지라거나(원심이 들고 있는 법 202조의 규정이 그 설시와 같이 그러한 구금장소의 변경을 허용하는 명문의 규정이라고 보기도 어렵다) 또는 법률상 명문의 규정이 없이도 구속된 피고인 또는 피의자의 구금장소를 변경함에 있어서도 법원의 사전허가를 받아야 한다고는 볼 수 없다.

그러므로 미결수용자를 수용하고 있는 교도소장 등은 행형법 62조에 의하여 미결수용자에게 준용되는 같은 법 제12조의 규정에 근거하여 미결수용자의 수용이나 처우상 특히 필요하다고 인정할 때에는 법무부장관의 승인을 얻어 미결수용자를 다른 수용시설로 이송할 수 있다.[79)]

해설: 위 행형법 12조의 내용은 현재 형집행법 20조에 규정되어 있다.

마. 구속영장 집행 후의 절차

피의자·피고인을 체포·구속한 때와 현행범을 인도받은 때에는 변호인이 있는 경우에는 변호인에게, 변호인이 없는 경우에는 법 30조 2항에 규정한 자 중 피의자·피고인이 지정한 자에게 피의·피고사건명, 체포·구속일시·장소, 피의사실(피고인에 대해서는 범죄사실)의 요지, 체포·구속의 이유와 변호인을 선임할 수 있는 취지를 알려야 하며, 위 통지는 지체 없이 서면으로 하여야 한다(법 200조의6, 209조, 213조의2, 87조). 또한 체포·구속된 피의자는 체포·구속적부심사청구권이 있으므로 체포·구속한 검사 또는 사법경찰관은 체포·구속된 피의자와 일정한 자에게 체포·구속적부심사청구권이 있음을 알려야 한다(법 214조의2 1항, 2항). 구속된 피고인에게는 구속적부심사청구권이 인정되지 않는다.

구속된 피의자·피고인은 법원, 수사기관, 교도소장이나 구치소장 또는 그 대리자에게 변호사를 지

78) 대결 1996. 5. 15. 95모94.
79) 대결 1992. 8. 7. 92두30.

정하여 변호인의 선임을 의뢰할 수 있으며, 의뢰를 받은 법원, 수사기관, 교도소장이나 구치소장 또는 그 대리자는 급속히 피의자·피고인이 지명한 변호사에게 그 취지를 통지하여야 한다(법 209조, 90조).

검사는 체포·구속영장을 발부받은 후 피의자를 체포·구속하지 아니하거나 체포·구속한 피의자를 석방한 때에는 지체 없이 영장을 발부한 법원에 그 사유를 서면으로 통지하여야 한다(법 204조).

피고인을 구속한 때에는 즉시 공소사실의 요지와 변호인을 선임할 수 있음을 알려야 한다(법 88조).[80]

사후청문절차의 위반과 구속영장의 효력

피고인을 구속한 때에는 즉시 공소사실의 요지와 변호인을 선임할 수 있음을 알려야 한다는 법 88조는 사후청문절차에 관한 규정으로서 이를 위반하였다 하여 구속영장의 효력에 어떠한 영향을 미치는 것은 아니다.[81]

바. 구속기간

(1) 수사기관의 구속기간

사법경찰관이 피의자를 구속한 때에는 10일 이내에 피의자를 검사에게 인치하지 아니하면 석방하여야 한다(법 202조). 검사가 피의자를 구속한 때 또는 사법경찰관으로부터 피의자의 인치를 받은 때에는 10일 이내에 공소를 제기하지 아니하면 석방하여야 한다(법 203조). 판사는 검사의 신청에 의하여 수사를 계속함에 상당한 이유가 있다고 인정한 때에는 10일을 초과하지 아니하는 한도에서 구속기간의 연장을 1차에 한하여 허가할 수 있으며, 검사가 구속기간의 연장을 신청하는 때에는 구속기간의 연장의 필요를 인정할 수 있는 자료를 제출하여야 한다(법 205조). 즉 사법경찰관과 검사의 구속기간은 각각 10일이고, 검사는 10일 이내의 범위에서 구속기간을 1회 연장받을 수 있는 것이다.

피의자가 체포영장에 의한 체포, 긴급체포, 구속 전 피의자심문을 위한 구인영장에 의한 구인, 현행범체포된 경우에는 체포 또는 구인된 때부터 구속기간을 기산하여 수사기관의 구속기간에 산입한다(법 203조의2). 기간의 계산에 있어 초일은 불산입하고, 기간의 말일이 공휴일 또는 토요일에 해당하는 날은 기간에 산입하지 아니하는 것이 원칙이나, 구속과 공소시효에 대해서는 예외로 하고 있다(법 66조). 따라서 구속기간의 계산에 있어 초일은 산입하고, 기간의 말일이 공휴일이나 토요일에 해당하더라도 이를 기간에 산입하여야 한다.

피의자심문을 하는 경우 법원이 구속영장청구서·수사 관계 서류 및 증거물을 접수한 날부터 구속영장을 발부하여 검찰청에 반환한 날까지의 기간은 수사기관의 구속기간에 산입하지 아니한다(법 211조

80) 법 72조에 의하여 구속영장을 발부하기 전에 범죄사실의 요지 등을 고지하였는데, 구속영장의 집행 후 법 88조에 의해 다시 공소사실의 요지 등을 고지하는 것은 불필요한 고지의 중복이다. 입법론적으로 법 88조는 피고인의 도망으로 인하여 법 72조의 절차가 행해지지 않은 경우에만 적용되도록 하여야 할 것이다.

81) 대결 2000. 11. 10. 2000모134.

의2 7항).

구속기간의 연장을 허가하지 아니하는 지방법원 판사의 결정은 항고(법 402조, 403조)나 준항고(법 416조)의 대상이 되지 않는다.[82)]

(2) 법원의 구속기간

구속기간은 2개월로 한다(법 92조 1항). 공소제기 전의 체포·구인·구속기간은 위 2개월에 산입하지 아니한다(동조 3항). 초일은 구속기간에 산입하며, 말일이 토요일이나 공휴일이더라도 구속기간에 산입한다(법 66조). 연이나 월은 역서(달력)에 따른다. 예를 들어 2월 15일 구속하였다면 2월이 28일까지인지 29일까지인지 구분하지 않고 4월 14일에 2개월이 종료된다. 그리고 12월 30일 구속기소된 경우 2월에 해당일이 없게 되는데 이때는 2월 말일로 구속기간이 만료된다고 본다.[83)]

그러나 현실적으로 구속되지 않은 일수, 가령 도망 중의 기간, 보석·구속집행정지·감정유치 중의 기간은 당연히 제외된다. 기피신청으로 인하여 소송진행이 정지된 경우(법 22조), 공소장변경으로 인하여 공판절차가 정지된 경우(법 298조 4항), 피고인의 심신상실 또는 질병에 의한 출정불능으로 인하여 공판절차가 정지된 경우(법 306조) 그 정지기간 동안의 일수도 구속기간에서 제외된다(법 92조 3항). 수소법원이 헌법재판소에 위헌 여부의 심판을 제청하여 재판절차가 정지되는 경우에도 마찬가지이다(헌법재판소법 42조).

구속기간의 갱신은 2개월 단위로 2차에 한하여 할 수 있으나, 상소심은 추가 심리가 필요한 부득이한 경우에 3차까지 갱신할 수 있다(법 92조 2항). 상소심의 경우 상소기간, 상소기록의 송부기간, 상소이유서 제출기간 등으로 많은 기일이 소요되어 실질적인 심리기간이 충분하지 못하기 때문에 2007년도의 법 개정을 통해 구속기간의 갱신을 1심과 달리한 것이다. 1심은 구속기간이 2개월이고 2회에 걸쳐 갱신을 할 수 있으므로 1심의 최대 구속가능기간은 6개월이 된다.

판결선고 후 상소기간 중 또는 상소 중의 사건에 관하여 구속기간의 갱신, 구속의 취소, 보석, 구속의 집행정지와 그 취소에 대한 결정은 소송기록이 원심법원에 있거나 원심법원을 떠났지만 아직 상소심법원에 도달하지 아니한 때에는 원심법원이 하여야 한다(법 105조, 규칙 57조 1항). 이송, 파기환송 또는 파기이송 중의 사건에 관한 구속기간의 갱신, 구속의 취소, 보석, 구속의 집행정지와 그 취소에 대한 결정은 소송기록이 이송 또는 환송법원에 도달하기까지는 이송 또는 환송한 법원이 이를 하여야 한다(규칙 57조 2항).

판결선고 후에 원심법원이 구속기간 갱신결정을 하면 이는 원래 상소법원이 해야 할 것을 원심법원이 대행하여 갱신한 것이므로 이후 상소법원은 나머지의 갱신밖에 할 수 없다.[84)]

---

82) 대결 1997. 6. 16. 97모1.
83) 법원실무제요 형사Ⅰ, 543면.
84) 법원실무제요 형사Ⅰ, 546~547면.

사. 재구속의 제한

수사기관에 의하여 구속되었다가 석방된 자는 다른 중요한 증거를 발견한 경우를 제외하고는 동일한 범죄사실에 관하여 재차 구속하지 못하며, 1개의 목적을 위하여 동시에 행하여지거나 수단과 결과의 관계에서 행하여진 행위는 동일한 범죄사실로 간주한다(법 208조). 구속적부심사결정에 의해 석방된 피의자에 대해서는 도망하거나 죄증을 인멸하는 등의 사정이 있는 경우에만 재구속을 할 수 있다(법 214조의3). 재구속영장의 청구서에는 구속영장을 재청구하는 취지와 재구속의 사유를 기재하여야 한다(규칙 99조 2항, 법 208조 1항 또는 법 214조의3). 법원이 피고인을 구속하는 때에는 위와 같은 제한을 받지 않는다.

수사기관이 체포하였다가 석방 후 구속영장을 발부받아 구속
법 208조 소정의 '구속되었다가 석방된 자'는 구속영장에 의하여 구속되었다가 석방된 경우를 말하고, 체포(현행범체포, 체포영장에 의한 체포, 긴급체포)되었다가 사후영장발부 전에 석방된 경우는 포함되지 않으므로, 수사기관이 긴급체포하였다가 석방한 후 구속영장을 발부받아 구속하는 것은 적법하다.[85]

항소법원이 구속기간만료로 구속의 효력이 상실된 피고인을 구속(법원의 재구속)
수소법원의 구속에 있어서는 수사기관의 피의자 구속에 관한 법 208조는 적용되지 않는다. 또한 항소법원은 항소사건의 '심리 중' 또는 '판결선고 후 상고제기 또는 판결확정에 이르기까지' 수소법원으로서 법 70조에 따라 피고인을 구속할 수 있다. 따라서 구속기간의 만료로 구속의 효력이 상실된 피고인에 대해 항소법원이 판결을 선고하면서 구속한 것은 법 208조에 위배되는 재구속이 아니다.[86]

아. 구속의 효력범위

구속영장의 효력이 미치는 범위에 관하여 구속되는 피의자 또는 피고인의 모든 범죄사실이라고 보는 인단위설이 있으나 구속영장에 기재된 범죄사실 및 그와 동일성이 인정되는 사실이라고 보는 사건단위설이 통설, 판례이다.[87] 체포에 있어서도 마찬가지이다.

① 횡령죄로 구속되었으나, 사기죄로 기소됨
구속영장에 기재된 횡령죄의 범죄사실과 공소장에 기재된 사기죄의 공소사실은 범행일시 및 장소가 같고, 매도금액이 일부 증가되었을 뿐 범행의 목적물과 그 행위의 내용인 사실도 같고, 다만 피고인이 한 영득행위

85) 대판 2001. 9. 28. 2001도4291. 위 판례는 체포영장에 의한 체포를 하였다가 석방한 후에도 구속영장을 발부받아 구속할 수 있는지에 관하여 언급하지 않고 있으나, 이는 당연히 가능하다고 보아야 한다.
86) 대결 1985. 7. 23. 85모12.
87) 종전의 구속영장에 의한 구속의 효력은 이 사건 구속영장에 기재된 별개의 범죄사실에는 미치지 않는다(대결 1996. 8. 12. 96모46).

에 대한 법적인 평가만이 다를 뿐이어서 그 기본적인 사실관계가 동일하므로 구속영장의 효력은 공소사실에 미친다.[88)]

② 신용카드업법위반으로 구속된 기간에 사기죄 수사가 이루어졌고, 사기죄만 기소

- 피고인은 신용카드업법위반으로 1990. 3. 1.부터 같은 달 27.까지 구속되었고,
- 위 구속기간 동안에 피고인에 대한 사기죄 수사가 이루어져 같은 달 27.부터 사기죄로 구속되었는데,
- 사기죄는 기소되고 신용카드업법위반은 기소되지 아니한 경우,
- 신용카드업법위반으로 한 구속이 결과적으로 사기죄 수사에 실질상 이용되었더라도 그 구금일수를 사기죄의 본형에 산입할 수는 없다.[89)]

③ A범죄로 구속하여 A, B범죄를 수사·기소하였고, A, B범죄에 대해 2개의 형을 선고

수 개의 범죄사실로 공소제기된 피고인이 그 중 일부의 범죄사실만으로 구속영장이 발부되어 구금되어 있었고, 법원이 그 수개의 범죄사실을 병합심리한 끝에 피고인에게 구속영장이 발부된 일부 범죄사실에 관한 죄의 형과 나머지 범죄사실에 관한 죄의 형으로 나누어 2개의 형을 선고한 경우, 위와 같은 경우에는 일부 범죄사실에 의한 구금의 효과는 피고인의 신병에 관한 한 나머지 범죄사실에도 미친다고 보아 그 구금일수를 어느 죄에 관한 형에 산입할 것인가는 형집행기관의 재량에 속하고, 따라서 이를 구속영장이 발부되지 아니한 다른 범죄사실에 관한 죄의 형에 산입할 수도 있다.[90)]

해설: 위 ② 판례에서 신용카드업법위반 피의사실은 공소제기되지 아니하였으므로 신용카드업법위반 피의사실로 구속된 기간을 사기죄의 본형에 산입할 수는 없지만, ③ 판례에서는 구속영장이 발부된 일부 범죄사실과 나머지 범죄사실이 모두 공소제기되었다는 점에서 차이가 있다.

자. 이중구속과 별건구속

이미 구속되어 있는 피의자·피고인에 대해 다시 다른 사건으로 구속하는 이중구속이 가능한지에 관하여 부정설이 있으나, 판례는 구속기간이 만료될 무렵 종전 구속영장 기재와 다른 범죄사실로 다시 구속하였다는 사정만으로 그 구속이 위법하다고 단정할 수 없다고 판시하여 이를 긍정한다.[91)] 이중구속의 문제는 대부분 갑죄에 대한 구속만기가 임박하여 그 석방을 막기 위해 을죄로 구속하는 경우에 발생하며, 갑죄에 대한 보석의 허부를 결정함에 있어 별도로 기소된 을죄를 참작하여야 하는지에 관해서도 논의가 있다.

수사기관이 본래 구속하여 수사하고자 하는 사건이 구속요건을 구비하지 못한 경우에 다른 사건

88) 대결 2001. 5. 25. 2001모85.
89) 대판 1990. 12. 11. 90도2337.
90) 대판 1986. 12. 9. 86도1875.
91) 대결 1996. 8. 12. 96모46.

(별건)으로 구속하여 본래 수사하고자 하는 사건을 수사하는 것을 별건구속에 의한 수사라고 한다. 이러한 별건구속이 위법하다는 견해와 그렇지 않다는 견해가 있다. 별건구속의 적법 여부는 별건이 구속의 요건을 갖추었는지에 따라 판단하면 족할 것으로 생각된다. 별건이 구속의 요건을 갖추었는지를 판단함에 있어 본래 구속하여 수사하려는 사건이 존재한다는 사정도 고려되어야 할 것이다. 예컨대 사기피의사건에 관하여 구속 여부를 결정함에 있어 동일 피의자가 살인피의사건으로도 조사를 받고 있다는 사정도 참작되어야 할 것이다. 피의자가 살인피의사건으로 인하여 도주할 우려가 있다면 이는 사기피의사건에 있어서도 도주할 우려가 있는 것으로 되기 때문이다. 실무상으로도 별건 구속은 드물지 않게 행해진다. 횡령이나 조세포탈의 피의사실로 구속한 상태에서 뇌물사건을 수사하는 것은 별건 구속의 전형적인 예라고 할 수 있다.

Ⅲ. 체포·구속된 피의자 및 피고인의 석방

1. 체포·구속적부심사

가. 의 의

체포·구속적부심사는 수사기관에 의해 체포·구속된 피의자에 대하여 법원이 체포·구속의 적법성과 필요성을 심사하여 부적법·부당한 경우에 피의자를 석방시키는 제도를 말한다. 체포·구속적부심사는 수사단계에서 체포·구속된 피의자에 대해 행해진다는 점에서 공소제기 후 법원이 피고인을 석방하는 보석과 다르고, 법원이 피의자를 석방시키는 것이라는 점에서 검사가 직권으로 체포·구속을 취소하는 것과 다르다.

헌법 12조 6항은 누구든지 체포·구속을 당한 때에는 적부의 심사를 법원에 청구할 권리를 가진다고 규정함으로써 체포·구속적부심사청구권을 피의자의 기본권으로 인정하고 있다.

나. 심사의 청구

(1) 체포·구속적부심사의 청구권자

체포·구속된 피의자 또는 그 변호인, 법정대리인, 배우자, 직계친족, 형제자매나 가족, 동거인 또는 고용주는 관할법원에 체포·구속의 적부심사를 청구할 수 있다(법 214조의2 1항). 피의자를 체포·구속한 검사 또는 사법경찰관은 체포·구속된 피의자와 1항에 규정된 자 중에서 피의자가 지정하는 자에게 1항에 따른 적부심사를 청구할 수 있음을 알려야 한다(동조 2항). 체포·구속된 피의자가 청구권자이므로 영장에 의해 체포·구속되거나 불법으로 체포·구속된 피의자 모두 청구권자로 된다.[92] 그러나 피고인

---

92) 긴급체포 등 체포영장에 의하지 아니하고 체포된 피의자의 경우에도 체포·구속적부심사를 청구할 권리를 가진다(대결 1997. 8. 27. 97모21).

은 청구권자가 아니다. 가족, 동거인 또는 고용주도 청구권자로 함으로써 변호인 선임권자(법 30조 2항)의 범위보다 넓게 되어 있다. 여기서 동거인은 사실상 동거관계에 있으면 족한 것으로 해석된다.

(2) 청구의 사유

청구의 사유는 체포·구속의 적부이므로 체포·구속이 위법하거나 부당한 것 모두 청구사유가 된다.

(3) 청구의 형식

체포·구속의 적부심사청구서에는 1. 체포·구속된 피의자의 성명, 주민등록번호(외국인의 경우에는 외국인등록번호, 위 번호가 없는 때에는 생년월일 및 성별), 주거, 2. 체포·구속된 일자, 3. 청구의 취지 및 청구의 이유, 4. 청구인의 성명 및 체포·구속된 피의자와의 관계를 기재하여야 한다(규칙 102조).

(4) 체포·구속 관련 서류의 열람과 교부청구

구속영장이 청구되거나 체포·구속된 피의자, 그 변호인, 법정대리인, 배우자, 직계친족, 형제자매나 동거인 또는 고용주는 긴급체포서, 현행범체포서, 체포영장, 구속영장 또는 그 청구서를 보관하고 있는 검사, 사법경찰관 또는 법원사무관등에게 그 등본의 교부를 청구할 수 있다(규칙 101조).

체포·구속적부심사의 청구를 한 변호인은 구속 전 피의자심문에 참여할 변호인과 마찬가지로, '검사가 구속영장을 청구함에 있어 지방법원 판사에게 제출한 구속영장청구서 및 그에 첨부된 고소·고발장, 피의자의 진술을 기재한 서류'와 '피의자가 제출한 서류'를 열람할 수 있다(규칙 104조의2, 96조의21 1항). 검사는 증거인멸 또는 피의자나 공범 관계에 있는 자가 도망할 염려가 있는 등 수사에 방해가 될 염려가 있는 때에는 지방법원 판사에게 위 서류들(구속영장청구서는 제외한다)의 열람 제한에 관한 의견을 제출할 수 있고, 지방법원 판사는 검사의 의견이 상당하다고 인정하는 때에는 그 전부 또는 일부의 열람을 제한할 수 있다(규칙 104조의2, 96조의21 2항).[93]

다. 법원의 심사

(1) 심사법원

체포·구속 피의사건의 관할 법원이 심사 법원이 된다. 체포영장 또는 구속영장을 발부한 법관은 심사에 관여하지 못하지만 체포영장 또는 구속영장을 발부한 법관 외에는 심사할 판사가 없는 경우에는 그러하지 아니하다(법 214조의2 12항).

(2) 심문기일의 지정과 통지

청구를 받은 법원은 청구서가 접수된 때부터 48시간 이내에 체포·구속된 피의자를 심문하여야 한

해설: 체포·구속적부심사의 청구권자에 관하여 '체포영장 또는 구속영장에 의하여 체포·구속된 피의자'라고 되어 있던 것을 2007년도의 법 개정으로 '체포·구속된 피의자'로 바꾸었다.

93) 체포·구속 관련 서류의 열람과 교부청구는 헌재 2003. 3. 27. 2000헌마474에 따라 2006년도의 규칙 개정을 통해 도입되었다.

다(동조 4항). 체포·구속의 적부심사의 청구를 받은 법원은 지체 없이 청구인, 변호인, 검사 및 피의자를 구금하고 있는 관서(경찰서, 교도소 또는 구치소등)의 장에게 심문기일과 장소를 통지하여야 하며, 사건을 수사 중인 검사 또는 사법경찰관은 심문기일까지 수사관계서류와 증거물을 법원에 제출하여야 하고, 피의자를 구금하고 있는 관서의 장은 심문기일에 피의자를 출석시켜야 한다(규칙 104조 1항, 2항).

(3) 국선변호인의 선정

체포·구속된 피의자에게 변호인이 없는 때에는 법 33조의 국선변호인 선정에 관한 규정을 준용하여 국선변호인을 선임하여야 한다(법 214조의2 10항).

(4) 심문기일의 절차

법원은 심문을 하는 경우 공범의 분리심문이나 그 밖에 수사상의 비밀보호를 위한 적절한 조치를 취하여야 한다(동조 11항).

검사·변호인·청구인은 심문기일에 출석하여 의견을 진술할 수 있다(동조 9항). 심문기일에 출석한 검사·변호인·청구인은 법원의 심문이 끝난 후 의견을 진술할 수 있지만 필요한 경우에는 심문 도중에도 판사의 허가를 얻어 의견을 진술할 수 있다(규칙 105조 1항). 이들은 의견을 진술할 수 있을 뿐 심문을 할 수는 없다.[94] 피의자는 판사의 심문 도중에도 변호인에게 조력을 구할 수 있고(동조 2항), 체포·구속된 피의자, 변호인, 청구인은 피의자에게 유리한 자료를 낼 수 있으며(동조 3항), 법원은 피의자의 심문을 합의부원에게 명할 수 있다(동조 4항).

(5) 체포·구속적부심문조서

체포·구속적부심사를 위하여 피의자를 심문하는 경우, 구속 전 피의자심문을 하는 때와 마찬가지로 법원사무관등은 심문의 요지 등을 조서로 작성하여야 한다(법 214조의2 14항).

구속적부심문조서의 증거능력과 증명력

구속적부심문조서는 특히 신용할 만한 정황에 의하여 작성된 문서라고 할 것이므로 법 315조 3호에 의하여 당연히 그 증거능력이 인정된다. 피의자는 구속적부심에서의 자백의 의미나 자백이 수사절차나 공판절차에서 가지는 중요성을 제대로 헤아리지 못한 나머지 허위자백을 하고라도 자유를 얻으려는 유혹을 받을 수가 있으므로, 법관은 구속적부심문조서의 자백의 기재에 관한 증명력을 평가함에 있어 이러한 점에 각별히 유의를 하여야 한다.[95]

94) 이는 구속전피의자심문절차에서 검사와 변호인에게 심문할 기회가 아니라 의견진술의 기회만을 부여한 것과 같은 취지이다.

95) 대판 2004. 1. 16. 2003도5693.

라. 법원의 결정

체포·구속의 적부심사청구에 대한 결정은 체포·구속된 피의자에 대한 심문이 종료된 때로부터 24시간 이내에 하여야 한다(규칙 106조). 청구를 받은 법원은 청구서가 접수된 때부터 48시간 이내에 체포·구속된 피의자를 심문하여야 한다(법 214조의2 4항).

(1) 심문 후의 석방과 기각 결정(4항), 심문 없이 하는 기각 결정(3항)

법원은 체포·구속된 피의자를 심문하고 수사관계서류와 증거물을 조사하여 그 청구가 이유 없는 때에는 기각 결정을 하고, 이유 있는 때에는 석방 결정을 하여야 한다. 심사청구 후의 공소제기로 인하여 피의자가 피고인으로 되었더라도 법원은 석방 결정을 할 수 있다(동조 4항).[96]

그러나 법원은, 1. 청구권자 아닌 자가 청구하거나 동일한 체포영장 또는 구속영장의 발부에 대하여 재청구한 때, 2. 공범 또는 공동피의자의 순차청구가 수사방해의 목적임이 명백한 때에는 심문을 하지 않고 결정으로 청구를 기각할 수 있다(동조 3항).

위 각 결정(심문 후의 석방과 기각 결정, 심문 없이 하는 기각 결정)에 대하여는 피의자와 검사 모두 항고하지 못한다(동조 8항).

(2) 보증금 납입조건부 석방결정

(가) 석방결정

청구가 이유 있어 법원이 석방결정을 할 때는 구속된 피의자(심사청구 후 기소된 자를 포함)에 대하여 출석을 보증할 만한 보증금의 납입을 조건으로 할 수 있다.[97] 다음 각 호의 경우에는 그렇지 않다(동조 5항).

1. 죄증을 인멸할 염려가 있다고 믿을 만한 충분한 이유가 있는 때
2. 피해자, 재판에 필요한 사실을 안다고 인정되는 자 또는 그 친족의 생명·신체나 재산에 해를 가하거나 가할 염려가 있다고 믿을 만한 충분한 이유가 있는 때

체포된 피의자에 대한 보증금납입조건부 석방
기소 전 보증금납입조건부 석방의 대상자가 '구속된 피의자'라고 명시되어(법 214조의2 5항), 체포된 피의자에 대해서는 보증금납입조건부 석방이 허용되지 않는다.[98]

---

96) 2004년도의 법 개정을 통해 '심사청구 후 피의자에 대하여 공소제기가 있는 경우에도 또한 같다(법 214조의2 4항 2문)'는 부분이 신설되기 이전에는, 구속된 피의자가 적부심사를 청구했어도 검사가 전격적인 기소를 하면 피의자가 피고인으로 되므로 구속적부심사청구가 기각될 수밖에 없었다. 이에 대해 헌법재판소가 헌법불합치 결정을 했었다(헌재 2004. 3. 25. 2002헌바104).

97) 구속된 피의자에 대해서만 보증금납입조건부 석방제도를 인정한 이유는, 체포기간이 48시간에 불과한 체포된 피의자에 대해서는 보증금납입을 조건으로 석방할 실익이 사실상 없을 것이기 때문일 것이다.

98) 대결 1997. 8. 27. 97모21.

보증금납입조건부 석방결정에 대한 항고
법 214조의2에 있어서, ① 5항에 의한 석방결정에 대해 항고하지 못한다는 규정은 없고(8항은 3항과 4항의 결정에 대해 항고하지 못한다는 것임), ② 4항의 석방결정은 체포·구속이 불법이거나 이를 계속할 사유가 없는 등 부적법한 경우에 하지만, 5항의 석방결정은 구속의 적법을 전제하므로 4항과 5항은 취지와 내용이 다르고, ③ 기소 후 보석결정에 대한 항고가 인정되고 있어 이와 유사한 기소 전 보증금납입조건부 석방결정에 대해서도 항고할 수 있게 하는 것이 타당할 것이므로, 구속적부심사절차에서의 구속피의자에 대한 보증금납입조건부 석방결정에 대해서는 피의자나 검사가 그 취소의 실익이 있는 한 법 402조에 의하여 항고할 수 있다.[99]

(나) 보증금의 결정 및 집행절차

보증금의 납입은 보석금의 납입과 유사하므로 보증금의 결정과 집행절차에 대해서는 '보석조건의 결정시 고려사항'에 관한 법 99조와 '보석집행의 절차'에 관한 법 100조를 준용한다(법 214조의2 7항).

(다) 조건의 부가

보증금 납입조건부 석방 결정을 함에 있어서는 주거의 제한, 법원 또는 검사가 지정하는 일시·장소에 출석할 의무 기타 적당한 조건을 부가할 수 있다(동조 6항).

(라) 보증금의 몰수

a) **임의적 몰수**: 보증금 납입조건부 석방결정에 따라 석방된 피의자에 대해서는 재체포, 재구속이 금지되지만, 1. 도망한 때, 2. 도망하거나 죄증을 인멸할 염려가 있다고 믿을 만한 충분한 이유가 있는 때, 3. 출석요구를 받고 정당한 이유 없이 출석하지 아니한 때, 4. 주거의 제한 기타 법원이 정한 조건을 위반한 때에는 예외적으로 재체포, 재구속을 할 수 있다(법 214조의3 2항). 보증금 납입조건부 석방결정에 따라 석방된 자를 위와 같은 예외 사유로 재구속할 때에는 납입된 보증금의 전부 또는 일부를 몰수할 수 있다(법 214조의4 1항 1호). 보증금 납입조건부 석방결정에 따라 석방된 자를 공소가 제기된 후 법원이 동일한 범죄사실에 관하여 재구속할 때에도 납입된 보증금의 전부 또는 일부를 몰수할 수 있다(동항 2호).

b) **필요적 몰수**: 법원은 보증금 납입조건부 석방결정에 따라 석방된 자가 동일한 범죄사실에 관하여 형의 선고를 받고 그 판결이 확정된 후, 집행하기 위한 소환을 받고 정당한 이유 없이 출석하지 아니하거나 도망한 때에는 직권 또는 검사의 청구에 의하여 결정으로 보증금의 전부 또는 일부를 몰수하여야 한다(동조 2항).

마. 재체포 및 재구속의 제한

법 214조의2 4항의 규정에 의한 체포·구속적부심사결정에 의하여 석방된 피의자에 대해서는 그가 도망하거나 죄증을 인멸하는 경우를 제외하고는 동일한 범죄사실에 관하여 재차 체포·구속하지 못한

99) 대결 1997. 8. 27. 97모21.

다(법 214조의3 1항).

법 214조의2 5항의 규정에 의한 보증금 납입조건부 석방결정으로 석방된 피의자에 대해서는 다음의 사유가 있는 경우를 제외하고는 동일한 범죄사실에 관하여 재차 체포·구속하지 못한다(법 214조의3 2항).

1. 도망한 때
2. 도망하거나 죄증을 인멸할 염려가 있다고 믿을 만한 충분한 이유가 있는 때
3. 출석요구를 받고 정당한 이유 없이 출석하지 아니한 때
4. 주거의 제한 기타 법원이 정한 조건을 위반한 때

2. 보 석

가. 의 의

보석은 일정한 보증금의 납부를 조건으로 구속의 집행을 정지함으로써 피고인을 석방하는 제도이다. 공소제기 이후의 제도이지만 구속된 자를 석방하는 것이라는 점에서 이곳에서 서술하기로 한다.

보석은 구속영장의 효력이 정지될 뿐 실효되는 것은 아니라는 점에서 구속영장이 실효되는 구속의 취소와 다르다. 구속의 집행만을 잠정적으로 정지시킨다는 점에서 구속의 집행정지와 유사하지만, 보석은 피고인에게 신청권이 인정되며 보증금의 납부를 조건으로 할 수 있다는 점에서 구속의 집행정지와는 구별된다. 보석은 피고인을 석방하기 위한 것이고, 체포·구속적부심사는 피의자를 석방하기 위한 것이라는 점에서 차이가 있다. 다만 법은 체포·구속적부심사에서 보증금 납입조건부 석방결정을 허용함으로써 구속된 피의자에 대해서도 사실상 보석제도를 운용하고 있다. 이러한 이유로 보증금납입조건부 석방을 기소 전 보석이라고 호칭하기도 한다.

보석은 피고인을 석방하여 불구속 상태에서 자유로운 방어를 할 수 있게 하면서도 보증금의 몰취 등을 수단으로 하여 피고인이 도주하거나 증거를 인멸하는 등의 행위를 하지 못하도록 담보하는 제도이다.

나. 보석의 종류

보석은 법원이 허가할 의무를 지느냐에 따라 필요적 보석과 임의적 보석으로 나뉜다. 즉 법 95조에서 규정하고 있는 일정한 사유가 있지 않는 한 반드시 보석을 허가하여야 하는 것을 필요적 보석이라 하고, 법 95조에서 규정하고 있는 필요적 보석의 제외 사유에 해당하더라도 법원이 상당한 이유가 있다고 판단하여 허가하는 보석을 임의적 보석이라고 한다. 그러나 필요적 보석의 제외 사유인 죄증을 인멸하거나 인멸할 우려, 도망하거나 도망할 염려, 생명·신체나 재산에 위해를 가하거나 가할 염려 등에 관한 판단에 재량의 여지가 많아 필요적 보석과 임의적 보석의 경계가 명확한 것은 아니다.

보석은 청구에 기한 것인지 여부에 따라 청구에 의한 보석과 직권보석으로 나뉜다. 필요적 보석은 청구에 의한 보석만 가능하지만, 임의적 보석은 청구에 의한 보석과 직권보석 모두 가능하다(법 95조, 96조).

(1) 필요적 보석

다음의 사유가 없는 한 보석을 허가하여야 하므로 필요적 보석이 원칙이다(법 95조).

1. 피고인이 사형, 무기 또는 장기 10년이 넘는 징역이나 금고에 해당하는 죄를 범한 때
2. 피고인이 누범에 해당하거나 상습범인 죄를 범한 때
3. 피고인이 죄증을 인멸하거나 인멸할 염려가 있다고 믿을 만한 충분한 이유가 있는 때
4. 피고인이 도망하거나 도망할 염려가 있다고 믿을 만한 충분한 이유가 있는 때
5. 피고인의 주거가 분명하지 아니한 때
6. 피고인이 피해자, 당해 사건의 재판에 필요한 사실을 알고 있다고 인정되는 자 또는 그 친족의 생명·신체나 재산에 해를 가하거나 가할 염려가 있다고 믿을 만한 충분한 이유가 있는 때

※ 필요적 보석의 제외사유인 '사형, 무기 또는 장기 10년이 넘는 징역이나 금고(법 95조 1호)는 피고인이 무죄를 주장하더라도, 기소된 죄명과 적용법조를 기준으로 한다.

(2) 임의적 보석

법원은 법 95조의 규정에 불구하고(즉 필요적 보석의 제외사유가 있더라도) 상당한 이유가 있으면 직권이나 보석청구권자(법 94조)의 청구에 의하여 결정으로 보석을 허가할 수 있다(법 96조).

집행유예결격자에 대한 임의적 보석

법 95조는 그 1호 내지 6호에 해당하지 않는 한 필요적으로 보석을 허가하여야 한다는 것이지 여기에 해당하면 보석을 허가할 수 없다는 규정이 아니다. 집행유예기간 중에 있는 피고인의 보석을 허가한 것이 누범과 상습범에 대하여는 보석을 허가하지 않을 수 있다는 법 95조 2호의 취지에 위배되어 위법이라고 할 수 없다. 따라서 집행유예 기간 중에 있는 집행유예결격자에 대해서도 보석을 허가할 수 있다.[100]

해설: ① 보석은 필요적으로 허가하여야 한다(법 95조).

② 법 95조 각 호의 사유가 존재하면 필요적으로 보석을 허가해야 하는 것은 아니다.

③ 집행유예결격자는 법 95조 각 호의 사유에 해당하지 않고, 집행유예결격자에 대해 보석을 허가하는 것이 누범과 상습범에 대해서는 보석을 허가하지 않을 수 있다는 법 95조 2호의 취지에 위배되는 것도 아니다.

③ 법 95조 각 호의 사유가 있어도 법 96조에 의해 임의적으로 보석허가할 수 있다.

---

100) 대결 1990. 4. 18. 90모22.

다. 보석의 절차

(1) 보석의 청구권자

보석의 청구권자는 피고인, 피고인의 변호인·법정대리인·배우자·직계친족·형제자매·가족·동거인 또는 고용주이다(법 94조).

(2) 보석청구의 방법

보석의 청구는 서면으로 하여야 하며 보석청구서에는 1. 사건번호, 2. 구속된 피고인의 성명, 주민등록번호, 주거, 3. 청구의 취지 및 청구의 이유, 4. 청구인의 성명 및 구속된 피고인과의 관계를 기재하여야 한다(규칙 53조 1항).

상소기간 중 또는 상소 중의 사건에 관하여 구속기간의 갱신, 구속의 취소, 보석, 구속의 집행정지와 그 취소에 대한 결정은 소송기록이 원심법원에 있는 때에는 원심법원이 하여야 한다(법 105조).

(3) 검사의 의견

재판장은 보석에 관한 결정을 하기 전에 검사의 의견을 물어야 하고, 검사는 위 의견요청에 대하여 지체 없이 의견을 표명하여야 한다(법 97조 1항, 3항). 검사는 법원으로부터 보석, 구속취소 또는 구속집행정지에 관한 의견요청이 있을 때에는 의견서와 소송서류 및 증거물을 지체 없이 법원에 제출하여야 하며, 특별한 사정이 없는 한 의견요청을 받은 날의 다음날까지 제출하여야 한다(규칙 54조 1항). 위와 같이 수소법원이 보석에 관한 결정을 하기 위해서는 '증거조사절차가 이루어지기 이전에 소송서류와 증거물(여기에는 증거능력이 없는 증거도 포함됨)'을 들여다보게 된다는 점에서 공소장일본주의 및 증거기록분리제출제도와는 어울리지 않는 측면이 있으나, 부득이하다고 생각된다. 검사는 보석허가가 상당하지 아니하다는 의견일 때에는 그 사유를 명시하여야 하고, 보석허가가 상당하다는 의견일 때에는 보석조건에 대하여 의견을 나타낼 수 있다(동조 2항, 3항).

검사의 의견을 듣지 아니한 보석 결정

피고인의 구속상태를 유지할 것인지의 판단은 수소법원의 전권에 속한다. 법원이 보석에 관한 결정을 함에 있어 검사의 의견을 듣도록 한 법 97조 1항은 검사에게 구속을 계속할 필요성에 관한 이유와 자료를 제출할 기회를 부여하고 법원이 이를 참고하도록 하여 결정의 적정을 기하려는 것이고, 위 규정에 따른 검사의 의견은 법원에 대하여 구속력을 가지지 않는다.

따라서 법원이 검사의 의견을 듣지 않고 보석에 관한 결정을 했어도 그 결정이 적정하면 취소할 수 없다.[101]

101) 대결 1997. 11. 27. 97모88.

(4) 법원의 심문

규칙 54조의2(보석의 심리) ① 보석의 청구를 받은 법원은 지체 없이 심문기일을 정하여 구속된 피고인을 심문하여야 한다. 다만, 다음 각 호의 어느 하나에 해당하는 때에는 그러하지 아니하다.
1. 법 제94조에 규정된 청구권자 이외의 사람이 보석을 청구한 때
2. 동일한 피고인에 대하여 중복하여 보석을 청구하거나 재청구한 때
3. 공판준비 또는 공판기일에 피고인에게 그 이익되는 사실을 진술할 기회를 준 때
4. 이미 제출한 자료만으로 보석을 허가하거나 불허가할 것이 명백한 때

② 제1항의 규정에 의하여 심문기일을 정한 법원은 즉시 검사, 변호인, 보석청구인 및 피고인을 구금하고 있는 관서의 장에게 심문기일과 장소를 통지하여야 하고, 피고인을 구금하고 있는 관서의 장은 위 심문기일에 피고인을 출석시켜야 한다.
③ 제2항의 통지는 서면 외에 전화·모사전송·전자우편·휴대전화 문자전송 그 밖에 적당한 방법으로 할 수 있다. 이 경우 통지의 증명은 그 취지를 심문조서에 기재함으로써 할 수 있다.
④ 피고인, 변호인, 보석청구인은 피고인에게 유리한 자료를 낼 수 있다.
⑤ 검사, 변호인, 보석청구인은 제1항의 심문기일에 출석하여 의견을 진술할 수 있다.
⑥ 법원은 피고인, 변호인 또는 보석청구인에게 보석조건을 결정함에 있어 필요한 자료의 제출을 요구할 수 있다.
⑦ 법원은 피고인의 심문을 합의부원에게 명할 수 있다.

(5) 법원의 결정

법원은 특별한 사정이 없는 한 보석 또는 구속취소의 청구를 받은 날부터 7일 이내에 그에 관한 결정을 하여야 한다(규칙 55조).

보석을 허가하지 아니하는 결정을 하는 때에는 결정이유에 법 95조 각 호 중 어느 사유에 해당하는지를 명시하여야 한다(규칙 55조의2). 보석청구가 이유 있는 때에는 보석 허가의 결정을 하여야 한다.

(가) 보석조건의 결정시 고려사항

법원은 법 98조에 의한 보석의 조건을 정함에 있어서 다음 각 호의 사항을 고려하여야 한다(법 99조 1항).

1. 범죄의 성질 및 죄상
2. 증거의 증명력
3. 피고인의 전과·성격·환경 및 자산
4. 피해자에 대한 배상 등 범행 후의 정황에 관련된 사항

법원은 피고인의 자력 또는 자산 정도로는 이행할 수 없는 조건을 정할 수 없다(동조 2항). 보석의 청구인은 적합한 보석조건에 관한 의견을 밝히고 이에 관한 소명자료를 낼 수 있으며, 보석의 청구인

은 보석조건을 결정함에 있어 법 99조 2항에 따른 이행가능한 조건인지 여부를 판단하기 위하여 필요한 범위 내에서 피고인(피고인이 미성년자인 경우에는 그 법정대리인 등)의 자력 또는 자산 정도에 관한 서면을 제출하여야 한다(규칙 53조의2).

(나) 보석의 조건

법원은 보석을 허가하는 경우에는 필요하고 상당한 범위 안에서 다음 각 호의 조건 중 하나 이상의 조건을 정하여야 한다(법 98조).

1. 법원이 지정하는 일시·장소에 출석하고 증거를 인멸하지 아니하겠다는 서약서를 제출할 것
2. 법원이 정하는 보증금 상당의 금액을 납입할 것을 약속하는 약정서를 제출할 것(현실적으로 보증금을 납입할 필요는 없고 납입을 약속하는 약정서의 제출만 요구된다. 이는 보증금에 갈음하여 제출하는 보증서와는 다름)
3. 법원이 지정하는 장소로 주거를 제한하고 이를 변경할 필요가 있는 경우에는 법원의 허가를 받는 등 도주를 방지하기 위하여 행하는 조치를 수인할 것(이는 치료 목적으로 보석을 허가하는 경우에 사용될 수 있음)
4. 피해자, 당해 사건의 재판에 필요한 사실을 알고 있다고 인정되는 자 또는 그 친족의 생명·신체·재산에 해를 가하는 행위를 하지 아니하고 주거·직장 등 그 주변에 접근하지 아니할 것.
5. 피고인 외의 자가 작성한 출석보증서를 제출할 것(종래 수사과정에서 체포·구속된 피의자를 석방하면서 그의 부모 등을 출석을 담보하기 위한 신원보증인으로 세우는 관행을 제도화한 것임)
6. 법원의 허가 없이 외국으로 출국하지 아니할 것을 서약할 것[장기 2년 이상의 형에 해당하는 죄를 범하고 기소되어 있는 사람에 대해서는 여권의 발급 또는 재발급이 거부될 수 있으므로(여권법 12조), 본 호의 보석조건은 여권이 발급되어 있어 재발급을 받을 필요가 없는 경우에 유용할 것임]
7. 법원이 지정하는 방법으로 피해자의 권리회복에 필요한 금원을 공탁하거나 그에 상당한 담보를 제공할 것
8. 피고인 또는 법원이 지정하는 자가 보증금을 납입하거나 담보를 제공할 것[보증금(현금)을 현실적으로 납입하거나, 이에 관한 담보를 제공하는 것이다. 법 100조 3항에 의해 유가증권 또는 피고인 이외의 자의 보증서를 제출함으로써 보증금을 대신할 수 있도록 허가할 수 있으나, 본 호에 의해 그 외의 담보제공이 가능하게 되었다. 가령 질권이나 저당권 등의 담보설정이 가능하다.[102] 보증보험회사가 발행한 보석보증보험증권을 첨부한 보증서에 의해 보증금을 대신하는 방식이 많이 이용된다. 위 보증서에는 보증금액을 언제든지 납입하겠다는 취지를 기재하여야 함(법 100조 4항)]
9. 그 밖에 피고인의 출석을 보증하기 위하여 법원이 정하는 적당한 조건을 이행할 것(사안과 시대상

102) 법원실무제요 형사 I, 562면.

황의 변화에 따라 다양한 보석조건을 부과할 수 있게 한 것임)

(다) 결정의 송달 및 불복

보석허가결정 또는 청구기각결정이 있은 때에는 그 등본을 검사와 피고인에게 송달하며 청구인이 피고인 이외의 자인 때에는 그에게도 송달한다. 피고인 또는 청구인은 보석허가결정 또는 청구기각결정에 대하여 보통항고를 할 수 있다(법 403조 2항). 보석허가결정에 대한 피고인이나 청구인의 보통항고는 보석금이 과다하다는 등으로 보석조건에 관하여 다툴 필요가 있을 때 행해질 것이다. 검사도 보석허가결정에 대해 보통항고를 할 수 있다(법 403조 2항).[103] 그러나 검사가 보석허가결정에 대해 즉시항고를 할 수는 없다.[104]

(라) 보석조건의 변경

법원은 직권 또는 법 94조에 규정된 보석청구권자의 신청에 따라 결정으로 피고인의 보석조건을 변경하거나 일정기간 동안 당해 조건의 이행을 유예할 수 있다(법 102조 1항).

(6) 보석집행

(가) 보석조건의 선이행

법 98조 1호(서약서), 2호(보증금 납입약정서), 5호(출석보증서), 7호(피해자의 권리회복) 및 8호(보증금의 납입 또는 담보제공)의 조건은 이를 이행한 후가 아니면 보석허가결정을 집행하지 못하며, 법원은 필요하다고 인정하는 때에는 다른 조건에 관하여도 그 이행 이후 보석허가결정을 집행하도록 정할 수 있다(법 100조 1항). 즉 보석허가 결정이 있더라도 위와 같이 보석조건의 선이행이 필요한 경우에는 이를 이행한 후에야 비로소 보석집행이 가능하며 보석집행에 의해 현실적으로 석방되는 것이다.

(나) 관공서에의 조치 의뢰

법원은 보석허가결정에 따라 석방된 피고인이 보석조건을 준수하는데 필요한 범위 안에서 관공서나 그 밖의 공사단체에 대하여 적절한 조치를 취할 것을 요구할 수 있다(동조 5항).[105]

(다) 보석조건 위반에 대한 제재

법원은 피고인이 정당한 사유 없이 보석조건을 위반한 경우에는 결정으로 피고인에 대하여 1천만원 이하의 과태료를 부과하거나 20일 이내의 감치에 처할 수 있으며, 이에 대해 피고인이 즉시항고를

---

103) 대결 1997. 4. 18. 97모26.

104) 종래 보석허가결정에 대해서 검사의 즉시항고권을 인정하는 규정이 있었으나, 보석허가결정에 대한 검사의 즉시항고를 허용하는 규정은 위헌이라는 결정(헌재 1993. 12. 23. 93헌가2)에 따라 1995년도의 법 개정으로 검사의 즉시항고권 규정을 삭제하였다. 즉시항고는 집행정지의 효력이 있으므로 보석허가결정에 대해 검사의 즉시항고를 허용하면 피고인에 대한 구속집행을 계속할 필요가 없다는 법원의 판단보다 검사의 불복을 우선시키는 것이 되어 부당하기 때문이다.

105) 가령 경찰로 하여금 피고인이 피해자와 접촉하는지 또는 법원이 지정한 장소에서 거주하고 있는지 여부를 확인하여 보고하게 할 수 있을 것이다.

할 수 있다(법 102조 3항, 4항).

법 98조 5호의 피고인 이외의 자의 출석보증서에 의해 석방된 피고인이 정당한 사유 없이 기일에 불출석하는 경우에는 결정으로 그 출석보증인에 대하여 500만 원 이하의 과태료를 부과할 수 있고, 위 결정에 대하여 즉시항고를 할 수 있다(법 100조의2).

(7) 보석의 취소와 실효

(가) 보석의 취소

법원은 피고인이 다음 각 호의 어느 하나에 해당하는 경우에는 직권 또는 검사의 청구에 따라 결정으로 보석을 취소할 수 있다(법 102조 2항).

1. 도망한 때
2. 도망하거나 죄증을 인멸할 염려가 있다고 믿을 만한 충분한 이유가 있는 때
3. 소환을 받고 정당한 사유 없이 출석하지 아니한 때
4. 피해자, 당해 사건의 재판에 필요한 사실을 알고 있다고 인정되는 자 또는 그 친족의 생명·신체·재산에 해를 가하거나 가할 염려가 있다고 믿을 만한 충분한 이유가 있는 때
5. 법원이 정한 조건을 위반한 때

보석허가결정의 취소는 그 취소결정을 고지하거나 결정 법원에 대응하는 검찰청 검사에게 결정서를 교부 또는 송달함으로써 즉시 집행할 수 있고 그 결정등본이 피고인에게 송달(또는 고지)되어야 집행할 수 있는 것은 아니다.[106] 보석이 취소되면 집행정지된 구속영장의 효력이 부활하므로 새로운 구속영장을 발부하여야 하는 것은 아니다. 보석취소의 결정이 있는 때에는 검사는 그 취소결정의 등본에 의하여 피고인을 재구금하여야 한다(규칙 56조 1항).

(나) 보석의 실효

보석이 취소되는 경우는 물론 구속영장이 실효되는 경우에도 보석의 효력이 없어진다. 보석은 유효한 구속영장의 존재를 전제로 하여 그 집행을 정지하는 제도이기 때문이다. 무죄, 면소, 형의 면제, 형의 선고유예, 형의 집행유예, 공소기각 또는 벌금이나 과료를 과하는 판결이 선고된 때에는 구속영장이 효력을 잃으므로(법 331조), 보석의 효력도 없어진다. 징역·금고형이나 사형이 확정된 경우에도 형의 집행 단계에 들어서게 되므로 구속영장의 효력이 없어지고 따라서 보석의 효력도 없어진다. 보석 중인 피고인에 대해 1심이나 2심에서 징역·금고형이나 사형이 선고되었더라도 보석이 취소되지 않는 한 피고인이 구속되는 것은 아니다.

그런데 법 103조 2항은, 법원은 보증금의 납입 또는 담보제공을 조건으로 석방된 피고인이 동일한 범죄사실에 관하여 형의 선고를 받고 그 판결이 확정된 후 집행하기 위한 소환을 받고 정당한 사유 없

106) 대결 1983. 4. 21. 83모19.

이 출석하지 아니하거나 도망한 때에는 직권 또는 검사의 청구에 따라 결정으로 보증금 또는 담보의 전부 또는 일부를 몰취하여야 한다고 규정하고 있다. 이와 관련하여 판례는 보석보증금은 소송절차 진행 중의 피고인의 출석을 담보하는 기능 외에 형 확정 후의 형 집행을 위한 출석을 담보하는 기능도 담당하는 것이라고 판시하고 있다.[107)]

(8) 보증금 등의 몰취와 환부

(가) 임의적 몰취

법원은 보석을 취소하는 때에는 직권 또는 검사의 청구에 따라 결정으로 보증금 또는 담보의 전부 또는 일부를 몰취할 수 있다(법 103조 1항). 위와 같은 임의적 몰취의 결정이 보석의 취소결정과 동시에 이루어져야 하는지에 대해 견해가 나뉜다.

보석취소결정과 보증금몰수결정을 동시에 해야 하는지

보석취소결정은 대부분 신속을 요하지만, 보증금몰수결정은 몰수의 요부(보석조건위반 등 귀책사유의 유무) 및 몰수 금액의 범위 등에 관하여 신중히 검토할 필요가 있으므로, 보석보증금의 몰수와 보석취소를 동시에 해야 하는 것은 아니고, 보석취소 후에 별도로 보증금몰수결정을 할 수도 있다.[108)]

(나) 필요적 몰취

법원은 보증금의 납입 또는 담보제공을 조건으로 석방된 피고인이 동일한 범죄사실에 관하여 형의 선고를 받고 그 판결이 확정된 후 집행하기 위한 소환을 받고 정당한 사유 없이 출석하지 아니하거나 도망한 때에는 직권 또는 검사의 청구에 따라 결정으로 보증금 또는 담보의 전부 또는 일부를 몰취하여야 한다(동조 2항). 여기서 석방된 피고인은 보석허가결정에 의하여 석방된 사람 모두를 가리키는 것이므로, 판결확정 전에 그 보석이 취소되었으나 도망 등으로 재구금이 되지 않은 상태에 있는 사람도 석방된 피고인에 해당한다.[109)]

(다) 보증금의 환부

구속 또는 보석을 취소하거나 구속영장의 효력이 소멸된 때에는 몰취하지 아니한 보증금 또는 담보를 청구한 날로부터 7일 이내에 환부하여야 한다(법 104조).

---

107) 대결 2001. 5. 29. 2000모22 전합; 대결 2002. 5. 17. 2001모53.
108) 대결 2001. 5. 29. 2000모22 전합; 대결 2002. 5. 17. 2001모53.
109) 대결 2002. 5. 17. 2001모53.

3. 체포·구속의 실효

가. 체포·구속의 취소

(1) 피고인에 대한 구속취소

구속의 사유가 없거나 소멸된 때에는 법원은 직권 또는 검사, 피고인, 변호인과 법 30조 2항에 규정한 자의 청구에 의하여 결정으로 구속을 취소하여야 한다(법 93조). 재판장은 구속취소에 관한 결정을 함에 있어서 검사의 청구에 의하거나 급속을 요하는 경우 외에는 검사의 의견을 물어야 한다(법 97조 1항). 검사는 위 의견요청에 대하여 지체 없이 의견을 표명하여야 하며 구속취소결정에 대하여 즉시항고를 할 수 있다(법 97조 3항, 4항).[110] 미결구금일수가 본형의 형기를 초과할 것이 명백한 때에는 구속취소 사유가 된다.[111] 잔여형기가 극히 적고 주거가 일정하며 도주 및 증거인멸의 우려 없는 경우에도 구속할 사유가 소멸하였으므로 구속취소신청을 기각하는 것은 위법하다.[112]

유죄확정에 따른 구속영장의 실효와 구속취소

구속취소는 구속영장에 의하여 구속된 피고인에 대하여 구속의 사유가 없거나 소멸된 때에 법원이 결정으로 하는 것으로서, 그 결정에 의하여 구속영장이 실효되므로, 구속영장의 효력이 존속하고 있음을 전제로 한다. 따라서 다른 사유로 구속영장이 실효된 경우에는 피고인이 구금되어 있더라도 구속취소결정을 할 수 없다. 구속 중인 피고인에 대하여 자유형(실형)의 판결이 확정되면 구속영장은 실효된다.[113] 형의 확정으로 구속영장이 실효된 때에는 법원이 구속취소결정을 할 수는 없다.[114]

(2) 피의자에 대한 체포·구속취소

검사 또는 사법경찰관은 체포·구속의 사유가 없거나 소멸된 때에는 체포·구속을 취소하여야 한다(법 200조의6, 209조, 93조). 다만 사법경찰관이 체포·구속한 피의자를 석방하려는 때에는 석방건의서를 작성·제출하여 미리 검사의 지휘를 받아야 한다(수사 규정 36조 1항). 체포·구속의 사유가 없거나 소멸된 때의 전형적인 예로는 친고죄나 반의사불벌죄에서 고소가 취소되거나 처벌불원의사표시가 이루어져 소송조건이 결여되거나, 수사결과 혐의 없음이 명백해진 때를 들 수 있다.

---

110) 법원의 보석허가결정이나 구속집행정지결정에 대하여 검사의 즉시항고권을 인정한 법 규정들이 위헌으로 판단되어(헌재 1993. 12. 23. 93헌가2; 헌재 2012. 6. 27. 2011헌가36) 법 개정을 통해 삭제된 점에 비추어, 법원의 구속취소결정에 대한 검사의 즉시항고권을 규정한 법 97조 4항은 위헌이라고 생각된다.

111) 대결 1990. 9. 13. 90모48; 대결 1991. 4. 11. 91모25.

112) 대결 1983. 8. 18. 83모42.

113) 구속영장이 실효된 피고인을 구금하려면 확정판결에 의해 형을 집행하여야 한다.

114) 대결 1999. 9. 7. 99초355, 99도3454.

위법수사와 구속취소 사유
체포, 구금 당시에 헌법 및 법에 규정된 사항(체포, 구금의 이유 및 변호인의 조력을 받을 권리) 등을 고지받지 못하였고, 구금기간 중에 면회거부 등의 처분을 받은 것은 구속취소사유가 아니다.[115)]

나. 체포·구속의 당연실효

① 체포·구속기간이 만료되면 체포·구속영장의 효력이 당연히 상실된다.

② 무죄, 면소, 형의 면제, 형의 선고유예, 형의 집행유예, 공소기각 또는 벌금이나 과료를 과하는 판결이 선고된 때에는 구속영장은 효력을 잃는다(법 331조).[116)] 이러한 경우 상소심에서 무죄를 유죄로, 집행유예를 실형으로 선고할 것이 예상되는 경우에는 다시 구속할 수 있다.

③ 징역·금고형 또는 사형의 선고가 확정되면 피고인의 지위는 소멸되고 형의 집행단계에 들어서므로 구속영장의 효력도 없어진다.

다. 체포·구속장소 감찰과 체포·구속의 취소

지방검찰청 검사장 또는 지청장은 불법체포·구속의 유무를 조사하기 위하여 검사로 하여금 매월 1회 이상 관할 수사관서의 피의자의 체포·구속장소를 감찰하게 하여야 한다. 감찰하는 검사는 체포·구속된 자를 심문하고 관련서류를 조사하여야 한다(법 198조의2 1항). 검사는 적법한 절차에 의하지 아니하고 체포·구속된 것이라고 의심할 만한 상당한 이유가 있는 경우에는 즉시 체포·구속된 자를 석방하거나 사건을 검찰에 송치할 것을 명하여야 한다(동조 2항).

4. 구속의 집행정지

가. 의 의

법원은 상당한 이유가 있는 때에는 결정으로 구속된 피고인을 친족·보호단체 기타 적당한 자에게 부탁하거나 피고인의 주거를 제한하여 구속의 집행을 정지할 수 있다(법 101조 1항). 검사와 사법경찰관도 위와 같이 구속된 피의자에 대해 구속의 집행을 정지할 수 있다(법 209조, 101조 1항). 구속의 집행정지에 관하여 당사자의 신청권이 있는 것은 아니다. 따라서 당사자의 신청이 있더라도 이는 직권발동을 촉구하는 것에 불과하다. 질병의 치료, 출산, 가족의 사망 등이 구속집행정지의 주된 사유이다.[117)]

---

115) 대결 1991. 12. 30. 91모76.

116) 동조에서 관할위반의 판결과 공소기각의 결정은 구속영장의 실효사유로 열거되어 있지 않다.

117) 법원은 세월호 사건에서 망 유병언의 장례식에 참석할 수 있도록 동인의 처, 아들, 동생, 처남 등 4인에 대해 기간제한(2014. 8. 29. 16:00시부터 같은 달 31. 20:00까지), 장소제한(주거지와 장례식장), 기타 조건[관할 경찰서장의 보호감독(경찰관들이 구속집행정지자의 근거리에서 보호 · 감독함)]을 부과하여 구속집행정지결정을 하였다.

나. 법원의 구속집행정지 절차

법원이 구속의 집행정지를 결정함에는 검사의 의견을 물어야 하며, 급속을 요하는 경우에는 그러하지 아니하다(법 101조 2항). 법원의 구속집행정지결정에 대해 검사가 즉시항고를 할 수 있다는 법 101조 3항은 위헌결정을 받아 삭제되었다.[118]

다. 국회의 석방요구

헌법 44조에 의하여 구속된 국회의원에 대한 석방요구가 있으면 당연히 구속영장의 집행이 정지되며, 위와 같은 석방요구의 통고를 받은 검찰총장은 즉시 석방을 지휘하고 그 사유를 수소법원에 통지하여야 한다(법 101조 4항, 5항).

라. 구속집행정지의 취소

법원은 구속의 집행정지 취소사유가 있는 경우에 직권 또는 검사의 청구에 따라 결정으로 취소할 수 있다. 구속의 집행정지 취소사유는 보석의 취소사유와 같다(법 102조 2항). 검사 또는 사법경찰관은 피의자에 대하여 구속집행정지를 취소할 수 있다(법 209조, 102조 2항).

그러나 국회의 석방요구에 의해 석방된 국회의원에 대해서는 그 회기 중 구속의 집행정지를 취소할 수 없다(법 102조 2항 단서).

마. 보석과 구속의 집행정지의 구분

양자는 구속의 집행이 정지될 뿐 구속영장의 효력이 없어지는 것은 아니라는 점에서 유사한 기능을 수행한다. 그러나 ① 보석은 피고인만을 대상으로 하지만 구속의 집행정지는 피고인 외에 피의자에 대해서도 행해지고, ② 보석은 보증금 등 다양한 보석조건을 붙일 수 있지만 구속집행정지에 수반하여 부과할 수 있는 조건은 주거제한 등에 한정되며, ③ 보석의 청구권은 인정되지만 구속집행정지의 청구권은 인정되지 않는다는 차이가 있다.

Ⅳ. 압수·수색(법원의 압수·수색 포함)

법 제215조(압수, 수색, 검증) ① 검사는 범죄수사에 필요한 때에는 피의자가 죄를 범하였다고 의심할 만한 정황이 있고 해당 사건과 관계가 있다고 인정할 수 있는 것에 한정하여 지방법원판사에게 청구하여 발부받은 영장에 의하여 압수, 수색 또는 검증을 할 수 있다.

② 사법경찰관이 범죄수사에 필요한 때에는 피의자가 죄를 범하였다고 의심할 만한 정황이 있고 해당 사건과 관계가 있다고 인정할 수 있는 것에 한정하여 검사에게 신청하여 검사의 청구로 지방법원판사가 발부한 영장에 의하여 압수, 수색 또는 검증을 할 수 있다.

---

118) 헌재 2012. 6. 27. 2011헌가36.

1. 압수·수색의 의의

압수는 물건의 점유를 취득하여 그 점유를 계속하는 강제처분을 말하고, 수색은 압수할 물건이나 피의자를 발견하기 위하여 사람의 신체나 물건 또는 일정한 장소에서 행하는 강제처분을 말한다. 수색은 압수를 하기 위한 전제로서 행해지는 것이 일반적이어서 압수와 수색은 압수·수색 영장이라는 형태로 한꺼번에 발부되는 것이 보통이다.

법 108조에 의해 소유자, 소지자 또는 보관자가 임의로 제출한 물건 또는 유류한 물건은 영장 없이 압수할 수 있는데 이를 영치라 한다.

법원은 압수할 물건을 지정하여 소유자, 소지자 또는 보관자에게 제출을 명할 수 있는데(법 106조 2항) 이를 제출명령이라 한다. 법 219조가 106조를 준용하고 있어 수사기관도 제출명령을 할 수 있는 것처럼 보인다. 그러나 법원의 제출명령은 상대방에게 의무를 부과하는 강제처분이지만 법원이 직접 행하는 명령이라는 점에서 굳이 영장을 발부하는 형식적인 절차를 거칠 필요가 없다는 점에서 인정된 제도이다. 따라서 수사기관은 임의제출물을 영치할 수 있을 뿐 상대방에게 제출의무를 지우는 제출명령은 할 수 없다고 보아야 한다.[119]

강학상 점유취득 과정에서 강제력을 행사하는 것을 압류라고 하며 이는 좁은 의미에서의 압수이다.[120] 위 압류와 영치 및 제출명령의 3가지를 압수라고 한다.

2. 압수·수색의 대상

재판 또는 수사에 필요한 때에는 피고·피의사건과 관계가 있다고 인정할 수 있는 것에 한정하여 증거물 또는 몰수할 것으로 사료하는 물건을 압수할 수 있다. 단, 법률에 다른 규정이 있는 때에는 예외로 한다(106조 1항, 215조, 219조). 증거물은 증거로 사용 후 환부하여야 하므로 증거물의 압수는 절차확보의 의미를 가진다. 이에 반하여 몰수물은 몰수의 대상이지 수사나 재판 종료 후 반환할 것이 아니므로 몰수물의 압수는 판결집행의 확보라는 의미를 가진다. 예컨대 뇌물수수에 제공된 돈은 증거물인 동시에 필요적으로 몰수할 물건(형법 134조)이므로 이를 반환해서는 아니 되나, 압수된 절취 장물은 몰수할 물건이 아니고 증거물에 불과하여 환부의 대상이 된다(법 333조, 형법 48조 1항).

3. 압수·수색의 요건

가. 범죄혐의

수사기관은 죄를 범하였다고 의심할 만한 정황이 있는 때에 한하여 압수, 수색을 할 수 있다(법 215조). 압수·수색에 필요한 범죄혐의의 소명에 관하여 구속과 같은 고도의 개연성이 필요하다는 견해와

119) 법원실무제요 형사Ⅰ, 343면.
120) 법원실무제요 형사Ⅰ, 343면.

단순한 혐의로 족하다는 견해가 있다. 수사기관이 영장에 의해 압수함에 있어, 합리적인 의심의 여지가 없을 정도로 범죄사실이 인정되는 경우에만 압수할 수 있는 것은 아니다.[121]

나. 관련성

재판 또는 수사에 필요하고, 사건과의 관계가 인정될 수 있어야 한다(법 106조 1항, 219조, 215조).

갑의 범행에 관한 영장에 의해 을과 병의 범행에 관한 녹음파일을 압수

수사기관이 갑의 공직선거법위반을 범죄사실로 하는 압수·수색영장을 집행하면서 을과 병 사이의 대화가 녹음된 녹음파일을 압수하여 을과 병의 공직선거법위반 혐의사실을 발견한 사안에서,

압수·수색영장에 기재된 '피의자'인 갑이 녹음파일에 의하여 의심되는 혐의사실과 무관하므로, 수사기관이 별도의 압수·수색영장을 발부받지 아니한 채 압수한 녹음파일은 '피고사건 내지 해당 사건'과의 관계가 인정되지 않는다(법 219조, 106조 1항, 215조). 따라서 위 녹음파일은 위법수집증거이므로 증거로 쓸 수 없다.[122]

영장에 의해 압수한 증거를 증거로 사용할 수 있는 범위/'영장 범죄사실과 공소사실의 객관적 관련성' 및 '영장 범죄사실의 피의자와 공소사실의 피고인 사이의 인적 관련성'

압수한 증거가 영장 기재 혐의사실과 무관한 때에는 원칙적으로 유죄의 증거로 사용할 수 없다. 압수·수색의 결과는 압수·수색의 목적이 된 범죄나 이와 관련된 범죄에 관한 때에 유죄의 증거로 사용할 수 있다.

압수·수색영장의 혐의사실과 관계있는 범죄: 압수·수색영장의 혐의사실과 객관적 관련성이 있고 압수·수색영장 대상자와 피의자 사이에 인적 관련성이 있는 범죄를 의미한다.

객관적 관련성: 압수·수색영장에 기재된 혐의사실 자체 또는 그와 기본적 사실관계가 동일한 범행과 직접 관련되어 있는 경우는 물론 범행 동기와 경위, 범행 수단과 방법, 범행 시간과 장소 등을 증명하기 위한 간접증거나 정황증거 등으로 사용될 수 있는 경우에도 인정될 수 있다. 그 관련성은 압수·수색영장 기재 혐의사실의 내용과 수사의 대상, 수사 경위 등을 종합하여 구체적·개별적 연관관계가 있는 경우에만 인정되고, 혐의사실과 단순히 동종 또는 유사 범행이라는 사유만으로 관련성이 있다고 할 것은 아니다.

인적 관련성: 압수·수색영장에 기재된 대상자의 공동정범이나 교사범 등 공범이나 간접정범은 물론 필요적 공범 등에 대한 피고사건에 대해서도 인정될 수 있다.

사실관계

- **압수·수색영장의 혐의사실**: 피고인이 2016. 4. 11. 선거운동과 관련하여 자신의 페이스북에 허위의 글을 게시(허위사실공표)
- **공소사실**: 피고인이 2016. 3. 30.경 선거운동과 관련하여 자신의 페이스북에 선거홍보물 게재 등을 부탁하면서 갑에게 금품제공

판단: 공소사실은 영장의 혐의사실에 대한 범행의 동기와 경위, 범행 수단과 방법, 범행 시간과 장소 등을 증명하기 위한 간접증거나 정황증거 등으로 사용될 수 있어, 영장의 혐의사실과 객관적 관련성이 있다. 공소

121) 대판 1997. 1. 9. 96모34.
122) 대판 2014. 1. 16. 2013도7101.

사실과 영장의 혐의사실은 모두 피고인이 범행 주체가 되어 페이스북을 통한 선거운동과 관련된 내용이므로 인적 관련성이 있다.123)

압수·수색영장 혐의사실과 별개로 압수하였다가 반환한 후 임의제출받은 증거

압수한 증거가 영장의 혐의사실과 무관한 때에는 원칙적으로 증거능력이 없다. 다만 수사기관이 혐의사실과 무관한 증거를 피압수자 등에게 환부하고 후에 임의제출받아 다시 압수하였다면 증거를 압수한 최초의 절차 위반행위와 최종적인 증거수집 사이의 인과관계가 단절되었다고 평가할 수 있으나, 다시 제출받는 과정에서 수사기관의 우월적 지위에 의하여 강제적인 압수가 행하여질 수 있으므로, 검사는 제출의 임의성을 합리적 의심을 배제할 정도로 증명하여야 하고, 임의제출로 볼 수 없다면 증거능력이 없다.124)

압수해제된 물품을 다시 압수

몰수의 선고가 없어 압수가 해제된 것으로 간주되는 압수물도 공범자에 대한 수사나 재판에서 압수가 필요하거나 몰수될 가능성이 있다면 다시 압수할 수 있다.125)

---

123) 대판 2017. 12. 5. 2017도13458. 다음은 같은 취지이다.
영장의 혐의사실과 관련 없는 증거물의 압수는 위법하여 증거물은 증거능력 없음
영장의 범죄사실: 갑 등이
① A와 B 재단법인의 설립·운영과정에서 866억 원의 기부금품을 모집하고,
② A와 B 재단법인 창립총회 회의록을 위조·행사하고 담당 공무원의 법인설립허가 업무를 방해하고,
③ 기업들로 하여금 866억 원을 출연하게 함으로써 A와 B 재단법인에 그 상당의 재산상이익을 취득하게 하고 기업들에게 그 상당의 손해를 가하고,
④ 위 출연금 일부를 C주식회사의 운영자금으로 사용하여 횡령
영장의 압수할 물건: 위 범죄사실과 관련하여 갑이 소유하거나 보관 중인 제1호부터 제7호까지의 물건
압수한 물건: '청와대 인사안', '청와대 및 행정 각부의 보고서', '대통령 일정 관련 자료', '대통령 말씀자료', '외교관계자료' 등의 전자정보
판단: 압수한 물건(전자정보)은 영장의 범죄사실에 대한 직접 또는 간접증거로서의 가치가 있다고 보기 어렵고 영장의 '압수할 물건'에도 해당된다고 보기 어렵다.
수사기관이 외장하드에 저장된 전자정보를 탐색하던 중 영장에 기재된 '압수할 물건'에는 포함되지 아니하지만 압수할 필요가 있다고 판단되는 전자정보를 우연히 발견하였으면, 추가 탐색을 중단하고 압수·수색영장을 발부받아야 함에도, 수사기관은 별도의 영장을 발부받지 않았다.
따라서 전자정보 출력물은 위법수집증거에 해당하여 유죄의 증거로 쓸 수 없고, 절차적 위법은 영장주의 내지 적법절차의 실질적 내용을 침해하므로, 예외적으로 증거능력을 인정할 수도 없다(대판 2018. 4. 26. 2018도2624).
영장의 혐의사실과 관련 없는 증거물의 압수는 위법하여 증거물은 증거능력 없음
압수영장의 혐의사실: 갑이 2014년 5월에서 6월 사이 을의 선거사무소에서 전화홍보원들에게 선거운동과 관련하여 금품제공
압수영장으로 압수한 증거물: 갑, 을 등이 2012년 8월에서 2013년 11월 사이 A포럼을 설립·운영하고 회비를 조성과 관련한 유사기관 설치와 사전선거운동으로 인한 공직선거법위반, 정치자금법위반
판단: 압수영장으로 압수한 증거물은 압수영장의 혐의사실과 관련이 없으므로, 압수영장의 집행은 위법하고, 압수한 증거물은 유죄의 증거로 사용할 수 없다(대판 2017. 11. 14. 2017도3449).

124) 대판 2016. 3. 10. 2013도11233.

125) 대판 1997. 1. 9. 96모34.

다. 비례성

압수·수색은 필요한 최소한의 범위에 그쳐야 한다.

압수의 요건인 '범죄수사에 필요한 때'의 의미

수사기관은 범죄수사에 필요한 때에는 영장에 의하여 압수를 할 수 있으나(법 215조), 여기서 '범죄수사에 필요한 때'는 수사를 위해 필요할 뿐만 아니라 강제처분으로서 압수를 행하지 않으면 수사의 목적을 달성할 수 없는 경우를 말하고, 그 필요성이 인정되는 경우에도 무제한적으로 허용되는 것은 아니며, 압수물이 증거물 내지 몰수물이더라도 범죄의 형태나 경중, 압수물의 증거가치 및 중요성, 증거인멸의 우려, 피압수자가 받을 불이익의 정도 등 제반 사정을 종합적으로 고려하여 판단해야 한다.[126]

라. 압수·수색할 대상의 특정

압수·수색의 대상은 영장에 반드시 특정되어야 한다. 압수·수색의 대상을 특정하지 않고 포괄적으로 허용하는 일반영장은 금지된다.[127]

'압수장소에 보관 중인 물건'이라고 기재된 영장으로 '압수장소에 현존하는 물건(압수·수색 중 다른 곳에서 들고 온 물건)'을 압수

압수·수색영장에서 압수·수색할 장소는 '제주도청 내 피내사자들(갑, 을, 병)의 사무실 등'이고, 압수할 물건은 '압수장소에 보관 중인 물건'으로 되어 있다.

검사와 수사관 등이 을의 사무실에서 압수·수색하는데 마침 제주도지사 비서관 정이 도지사 집무실에서 서류뭉치를 옆구리에 끼고서 위 사무실에 들어왔다. 정은 서류뭉치의 제출을 요구받고 거부하였으나 검사가 검찰에서 조사를 받고 주겠느냐고 강압적인 태도를 보이자 서류뭉치를 제출하였다.

법관이 '압수할 물건'을 특정하기 위하여 기재한 문언은 엄격하게 해석하여야 하고, 함부로 피압수자 등에게 불리한 내용으로 확장·유추 해석해서는 안 된다. 압수·수색영장에서 '압수장소에 보관 중인 물건'이라고 기재하고 있는 것을 '압수장소에 현존하는 물건'으로 해석할 수 없다. (검사가 서류뭉치를 제출받은 것은 영장에 의한 적법한 압수가 아니다: 필자 주).[128]

---

126) 검사가 폐수무단방류 혐의가 인정된다는 이유로 갑의 공장부지, 건물, 기계류 일체 및 폐수운반차량 7대에 대하여 한 압수처분은 수사상의 필요에서 행하는 압수의 본래의 취지를 넘어 상당성이 없을 뿐만 아니라, 수사상의 필요와 그로 인한 개인의 재산권 침해의 정도를 비교형량해 보면 비례성의 원칙에 위배되어 위법하다(대결 2004. 3. 23. 2003모126).

127) 예컨대 금융실명거래 및 비밀보장에 관한 법률 4조 2항은, 금융거래의 내용에 대한 정보 또는 자료를 요구함에 있어 1. 명의인의 인적사항, 2. 요구 대상 거래기간, 3. 요구의 법적 근거, 4. 사용 목적, 5. 요구하는 거래정보등의 내용, 6. 요구하는 기관의 담당자 및 책임자의 성명과 직책 등 인적사항 등을 기재하도록 하고 있다.

128) 대판 2009. 3. 12. 2008도763.

4. 압수·수색의 제한

가. 우체물

법원은 필요한 때에는 피고사건과 관계가 있다고 인정할 수 있는 것에 한정하여 우체물 또는 통비법 2조 3호에 따른 전기통신(이하 "전기통신"이라 한다)에 관한 것으로서 체신관서, 그 밖의 관련 기관 등이 소지 또는 보관하는 물건의 제출을 명하거나 압수를 할 수 있다. 위 처분을 할 때에는 발신인이나 수신인에게 그 취지를 통지하여야 한다. 단, 심리에 방해될 염려가 있는 경우에는 예외로 한다(법 107조). 법원이 우체물 또는 전기통신에 관한 물건의 제출명령이나 압수를 할 수 있다는 법 107조는 수사기관에 준용된다(법 219조). 그러나 수사기관이 우체물 또는 전기통신에 관한 물건의 제출명령이나 압수를 하는 것에 대해서는 특별법인 통신비밀 보호법이 별도의 규정을 두고 있어 수사기관이 법 107조를 근거로 하여 제출명령이나 압수를 할 여지는 별로 없다.

나. 군사상 비밀

군사상 비밀을 요하는 장소는 그 책임자의 승낙 없이는 압수 또는 수색할 수 없다. 군사상 비밀을 요하는 장소의 책임자는 국가의 중대한 이익을 해하는 경우를 제외하고는 승낙을 거부하지 못한다(법 110조, 219조).

다. 공무상 비밀

공무원 또는 공무원이었던 자가 소지 또는 보관하는 물건에 관하여는 본인 또는 그 해당 공무소가 직무상의 비밀에 관한 것임을 신고한 때에는 그 소속 공무소 또는 당해 감독 관공서의 승낙 없이는 압수하지 못한다. 소속 공무소 또는 당해 감독 관공서는 국가의 중대한 이익을 해하는 경우를 제외하고는 승낙을 거부하지 못한다(법 111조, 219조).

라. 업무상 비밀

변호사, 변리사, 공증인, 공인회계사, 세무사, 대서업자, 의사, 한의사, 치과의사, 약사, 약종상, 조산사, 간호사, 종교의 직에 있는 자 또는 이러한 직에 있던 자가 그 업무상 위탁을 받아 소지 또는 보관하는 물건으로 타인의 비밀에 관한 것은 압수를 거부할 수 있다. 단, 그 타인의 승낙이 있거나 중대한 공익상 필요가 있는 때에는 예외로 한다(법 112조, 219조).

수사 개시 전의 일상적 생활관계에서 변호사와 상담한 법률자문자료

수사가 개시되지 않아 피의자나 피고인이라고 볼 수 없는 사람이 일상적 생활관계에서 변호사와 상담한 법률자문에 대하여도 변호인의 조력을 받을 권리의 내용으로서 그 비밀의 공개를 거부할 수 있는 변호인-의뢰인 특권을 도출할 수 있다거나, 위 특권에 의하여 의뢰인의 동의가 없는 관련 압수물은 압수절차의 위법 여

부와 관계없이 증거로 사용할 수 없다는 견해는 받아들일 수 없다.[129)]

마. 출판물

출판물에 관하여는 법에 압수·수색의 제한 규정이 있는 것은 아니지만 헌법상 사전검열이 금지되어 있어 압수·수색이 제한된다.

출판물에 대한 사전검열의 금지와 압수

출판에 대한 사전검열은 헌법상 금지되므로 어떤 이유로도 행정적인 규제방법으로 사전검열을 하는 것은 허용되지 않는다. 출판내용에 범죄혐의가 있는 경우 그 증거물이나 몰수할 물건으로서 압수하는 것은 사법적 규제와 관련되므로 행정적인 규제로서의 사전검열과 같이 볼 수 없다. 다만 출판 직전에 출판물을 압수하는 것은 실질적으로 출판의 사전검열과 같은 효과를 가져올 수도 있으므로 범죄혐의와 강제수사의 요건을 엄격히 해석하여야 한다.[130)]

5. 압수·수색의 절차

가. 영장의 청구와 발부

검사는 판사에게 청구하여 압수·수색 영장을 발부받아야 한다. 사법경찰관은 검사에게 신청하여 검사로 하여금 판사에게 청구하도록 하여야 한다(법 215조). 법원이 공판정에서 압수·수색을 함에 있어서는 영장이 필요하지 않으나, 공판정 외에서의 압수·수색은 영장을 발부하여 시행하여야 한다(법 113조).

나. 영장의 방식

압수·수색영장에는 피의자·피고인의 성명, 죄명, 압수할 물건, 수색할 장소, 신체, 물건, 발부연월일, 유효기간과 그 기간을 경과하면 집행에 착수하지 못하며 영장을 반환하여야 한다는 취지 기타 대법원규칙으로 정한 사항을 기재하고 재판장 또는 수명법관이 서명날인하여야 한다. 다만, 압수·수색할 물건이 전기통신에 관한 것인 경우에는 작성기간을 기재하여야 한다(법 114조 1항, 219조).

피의자·피고인의 성명이 분명하지 아니한 때에는 인상, 체격, 기타에 의해 특정할 수 있는 사항으로 피의자·피고인을 표시할 수 있다(법 114조 2항, 75조 2항).

압수·수색영장의 집행종료 후 영장유효기간 내에 다시 압수·수색

법 제215조에 의한 압수·수색영장은 수사기관의 압수·수색에 대한 허가장으로서 거기에 기재되는 유효기

129) 대판 2012. 5. 17. 2009도6788 전합.

130) 대결 1991. 2. 26. 91모1.

간은 집행에 착수할 수 있는 종기를 의미한다. 수사기관이 압수·수색영장에 의해 압수·수색을 실시하고 그 집행을 종료하였다면 그 영장은 목적을 달성하여 효력이 상실되므로, 동일한 장소 또는 목적물에 대하여 다시 압수·수색할 필요가 있다면 새로운 압수·수색영장을 발부 받아야 하고, 앞서 발부 받은 압수·수색영장으로는 유효기간이 남아 있더라도 다시 압수·수색할 수 없다.[131)]

압수·수색할 장소가 피고인의 신체와 주거지일 때 신체 압수·수색 후 주거지 압수·수색

압수·수색·검증영장의 '압수·수색·검증할 장소 및 신체'란에 피고인의 주거지와 피고인의 신체 등이 기재된 경우, 위 영장을 제시하고 피고인의 신체에 대한 압수·수색을 종료하였더라도, 피고인의 주거지에 대한 압수·수색은 집행에 착수하였다고 볼 수 없으므로, 위 영장에 의해 피고인의 주거지를 압수·수색할 수 있다.[132)]

그러나 압수·수색을 종료한 것이 아니라 압수·수색영장의 집행을 중지한 경우에 필요한 때에는 집행이 종료될 때까지 그 장소를 폐쇄하거나 간수자를 둘 수 있다(법 127조, 219조). 이러한 때에는 영장을 다시 발부받지 않고 압수·수색을 계속할 수 있다.

다. 영장을 집행하는 기관

압수·수색영장은 검사의 지휘에 의하여 사경이 집행한다. 단, 필요한 경우에 재판장은 법원사무관 등에게 그 집행을 명할 수 있다(법 115조 1항). 관할구역 외에서 집행할 때는 관할구역 외에서의 구속영장의 집행에 관한 법 83조를 준용한다(법 115조 2항).

법원이 압수·수색을 할 때에는 법원사무관등을 참여하게 하여야 하고, 법원사무관등 또는 사경이 압수·수색영장에 의하여 압수·수색을 할 때에는 다른 법원사무관등 또는 사경을 참여하게 하여야 한다(규칙 60조). 법원사무관등은 압수·수색영장의 집행에 관하여 필요한 때에는 사경에게 보조를 구할 수 있다(법 117조).

라. 영장의 집행방법

압수·수색영장의 집행에 있어서는 타인의 비밀을 유지하여야 하며 처분받는 자의 명예를 해하지 아니하도록 주의하여야 한다(법 116조, 219조). 압수·수색영장은 처분을 받는 자에게 제시하여야 한다(법 118조, 219조). 그러나, 영장 없이 압수·수색을 하고 사후에 영장을 받아야 하는 경우(법 216조, 217조)에는 압수·수색을 할 때 영장을 제시할 필요가 없다.[133)]

---

131) 대결 1999. 12. 1. 99모161.
132) 대판 2013. 7. 26. 2013도2511.
133) 대판 2014. 9. 4. 2014도3263.

영장에 의한 압수·수색임을 확인하고 필요적 기재사항을 충분히 알 수 있게 제시

압수·수색영장을 집행하는 경우에 피압수자에게 반드시 압수·수색영장을 제시하도록 규정한 것은 법관이 발부한 영장 없이 압수·수색을 하는 것을 방지하여 영장주의 원칙을 절차적으로 보장하고, 압수·수색영장에 기재된 물건, 장소, 신체에 대해서만 압수·수색을 하도록 하여 개인의 사생활과 재산권의 침해를 최소화하는 한편, 준항고 등 피압수자의 불복신청의 기회를 실질적으로 보장하기 위한 것이다.

압수·수색영장을 집행하는 수사기관은 피압수자로 하여금 법관이 발부한 영장에 의한 압수·수색이라는 사실을 확인함과 동시에 법이 압수·수색영장에 필요적으로 기재하도록 정한 사항이나 그와 일체를 이루는 사항을 충분히 알 수 있도록 압수·수색영장을 제시하여야 한다.

수사기관이 피압수자에게 영장을 제시하면서 표지와 혐의사실이 기재된 부분만을 보여 주고, 압수·수색·검증할 물건과 장소, 압수·수색·검증을 필요로 하는 사유, 압수 대상 및 방법의 제한 등 필요적 기재 사항 및 그와 일체를 이루는 부분을 확인하지 못하게 한 것은, 피압수자가 그 내용을 충분히 알 수 있도록 한 제시가 아니다. 위와 같은 방식으로 영장을 제시하고 압수한 휴대전화 등은 적법절차에 따라 수집되었다고 보기 어렵다.[134)]

사무실관리책임자인 제주도지사 비서실장에게 압수·수색영장 제시 후 제주도지사 비서관으로부터 압수

압수·수색영장은 현장에서 압수·수색을 당하는 사람이 여러 명일 경우에는 그 사람들 모두에게 개별적으로 제시하는 것이 원칙이다. 수사기관이 압수·수색에 착수하면서 그 장소의 관리책임자에게 영장을 제시하였다고 하더라도, 물건을 소지하고 있는 다른 사람으로부터 압수하고자 하는 때에는 그 사람에게 따로 영장을 제시하여야 한다.

수사기관이 압수·수색에 착수하면서 사무실에 있던 제주도지사 비서실장에게 압수·수색영장을 제시하였더라도 그 뒤 그 사무실로 서류뭉치를 들고 온 제주도지사 비서관으로부터 이를 압수하면서 따로 압수·수색영장을 제시하지 않은 것은 위법하다.[135)]

압수·수색을 할 때 피처분자가 현장에 없거나 현장에서 그를 발견할 수 없음

압수·수색영장은 처분을 받는 자에게 제시하여야 하지만(법 219조, 118조), 이는 영장제시가 현실적으로 가능한 상황을 전제로 한 것이므로, 피처분자가 현장에 없거나 현장에서 그를 발견할 수 없는 경우 등 영장제시가 현실적으로 불가능한 경우에는 영장을 제시하지 아니한 채 압수·수색을 하더라도 위법하지 않다.

- 갑의 주소지와 거소지에 대한 압수·수색 당시 갑이 현장에 없었고,
- 을과 관련한 A평생교육원에 대한 압수·수색 당시 A의 원장은 현장에 없었고 A의 이사장도 신분을 밝히지 않은 채 건물 밖에서 지켜보기만 한 경우,

갑과 A의 원장 또는 이사장 등에게 영장을 제시하지 않았어도 위법하지 않다.[136)]

134) 대판 2017. 9. 21. 2015도12400.

135) 대판 2009. 3. 12. 2008도763. 같은 취지로는 대판 2017. 9. 21. 2015도12400.

136) 대판 2015. 1. 22. 2014도10978 전합.

영장 원본이 아닌 영장 사본을 팩스로 송신
수사기관이 A주식회사에서 피고인의 이메일을 압수하면서 영장 원본을 제시하여야 함에도 영장 사본을 팩스로 송신하기만 하였고, 압수물목록도 교부하지 않은 경우, 압수된 이메일은 위법수집증거로서 증거능력이 없다.137)

긴급압수·수색과 영장의 제시
사후에 영장을 받아야 하는 경우(법 216조 등)에는 압수·수색영장을 제시할 필요가 없다.138)

압수·수색영장의 집행 중에는 타인의 출입을 금지할 수 있으며, 위 금지를 위배한 자에 대해서는 퇴거하게 하거나 집행종료시까지 간수자를 붙일 수 있다(법 119조, 219조).

압수·수색영장의 집행에 있어서는 건정을 열거나 개봉 기타 필요한 처분을 할 수 있으며, 이러한 처분은 압수물에 대해서도 할 수 있다(법 120조, 219조). 따라서 피처분자가 압수·수색을 저지하기 위해 출입문을 봉쇄하는 경우 열쇠로 여는 등 하여 들어갈 수 있고, 피처분자가 압수·수색을 방해하는 경우에 실력으로 이를 제압할 수 있다.

강제채혈의 법적 성질(=감정에 필요한 처분 또는 압수영장의 집행에 필요한 처분)
수사기관이 동의 없이 피의자의 혈액을 취득·보관하는 것은 감정처분허가장을 받아 '감정에 필요한 처분'으로 할 수도 있고(법 221조의4 1항, 173조 1항), 압수의 방법으로 할 수도 있다(법 219조, 106조 1항). 압수의 방법에 의할 경우 혈액의 취득을 위하여 피의자의 신체로부터 혈액을 채취하는 행위는 혈액의 압수를 위한 것으로서 '압수영장의 집행에 있어 필요한 처분(법 219조, 120조 1항)'에 해당한다.139)

일출 전, 일몰 후에는 압수·수색영장에 야간집행을 할 수 있는 기재가 없으면 그 영장을 집행하기 위하여 타인의 주거, 간수자 있는 가옥, 건조물, 항공기 또는 선박 내에 들어가지 못한다(법 125조, 219조). 그러나 '도박 기타 풍속을 해하는 행위에 상용(常用)된다고 인정하는 장소'와 '여관, 음식점 기타 야간에 공중이 출입할 수 있는 장소(단, 공개된 시간 내에 한함)'에서 압수·수색영장을 집행함에는 위와 같은 야간집행의 제한을 받지 아니한다(법 126조, 219조).

137) 대판 2017. 9. 7. 2015도10648.
138) 대판 2014. 9. 4. 2014도3263.
139) 대판 2012. 11. 15. 2011도15258. 타인의 사무실에서 압수·수색을 하면서 잠겨 있는 사무실 출입문을 부수거나 열쇠로 여는 것 또는 사무실 출입을 저지하는 것을 실력으로 제압하는 것은 압수영장의 집행에 필요한 처분이고 압수물을 취득하는 것이 압수일 것이다. 그렇다면 타인의 혈액을 강제로 채취함에 있어 주사기를 이용하여 혈액을 채취하는 것이 압수이고, 병실 문을 잠그고 출입을 저지하거나 혈액을 채취당하지 않으려고 저항하는 것을 실력으로 제압하는 것이 압수영장의 집행에 필요한 처분이라고 보는 것이 더 자연스럽지 않을까 생각된다.

마. 당사자 등의 참여

검사, 피의자·피고인 또는 변호인은 압수·수색영장의 집행에 참여할 수 있다(법 121조, 219조). 따라서 압수·수색영장을 집행함에는 검사, 피의자·피고인 또는 변호인에게 미리 집행의 일시와 장소를 통지하여야 한다. 다만, 참여하지 아니한다는 의사를 명시한 때 또는 급속을 요하는 때에는 예외로 한다(법 122조, 219조). 통상적인 경우에 압수·수색영장을 집행할 일시와 장소를 미리 알려주는 것은 증거와 압수물의 은닉, 파손을 야기할 우려가 있다. 이러한 이유로 판례는 압수·수색영장을 집행할 일시와 장소의 사전 통지의무에 관한 예외인 '급속을 요하는 때'를 다음과 같이 넓게 해석하고 있다.

압수·수색의 사전통지의무에 관한 예외인 '급속을 요하는 때'의 의미
피의자나 변호인은 압수·수색영장의 집행에 참여할 수 있고(법 219조, 121조), 압수·수색영장을 집행함에는 원칙적으로 미리 집행의 일시와 장소를 피의자 등에게 통지하여야 하나(법 122조 본문), '급속을 요하는 때'에는 위와 같은 통지를 생략할 수 있다(법 122조 단서). 여기서 '급속을 요하는 때'는 압수·수색영장 집행 사실을 미리 알려주면 증거물을 은닉할 염려 등이 있어 압수·수색의 실효를 거두기 어려울 경우라고 해석함이 옳고, 그와 같이 합리적인 해석이 가능하므로 법 122조 단서가 명확성의 원칙 등에 반하여 위헌이라고 볼 수 없다.[140)]

공무소, 군사용의 항공기 또는 선박 내에서 압수·수색영장을 집행함에는 그 책임자에게 참여할 것을 통지하여야 한다. 그 밖에 타인의 주거, 간수자 있는 가옥, 건조물, 항공기 또는 선박 내에서 압수·수색영장을 집행함에는 주거주, 간수자 또는 이에 준하는 자를 참여하게 하여야 한다. 전항의 자를 참여하게 하지 못할 때에는 인거인(隣居人) 또는 지방공공단체의 직원을 참여하게 하여야 한다(법 123조, 219조).

여자의 신체를 수색할 때에는 성년의 여자를 참여하게 하여야 한다(법 124조, 219조).

바. 서면의 작성·교부

수색하였으나 증거물 또는 몰수할 물건이 없는 때에는 그 취지의 증명서를 교부하여야 한다(법 128조, 219조). 압수한 경우에는 압수물목록을 작성하여 소유자, 소지자, 보관자 기타 이에 준하는 자에게 교부하여야 한다(법 129조, 219조). 압수물목록은 피압수자 등이 압수처분에 대한 준항고 등 권리행사를 하는데 가장 기초적인 자료가 되므로, 수사기관은 압수 직후 현장에서 압수물목록을 작성·교부해야 하는 것이 원칙이다.[141)]

---

140) 대판 2012. 10. 11. 2012도7455.
141) 대판 2009. 3. 12. 2008도763; 대판 2018. 2. 8. 2017도13263.

압수물목록의 작성·교부 방법

수사기관이 피압수자 등에게 교부해야 하는 압수물목록에는 작성연월일을 기재하고(법 57조 1항), 그 내용은 사실에 부합하여야 하며, 압수 직후 현장에서 바로 작성·교부해야 하는 것이 원칙이다.

작성월일을 누락한 채 일부 사실에 부합하지 않는 내용으로 작성하여 압수·수색이 종료된 지 5개월이나 지나 압수물목록을 교부한 행위는 법에 따른 압수물목록 작성·교부에 해당하지 않는다.[142)]

법원이 정한 '압수된 정보의 상세목록'의 작성·교부 방법

법원은 압수·수색영장의 집행에 관하여 범죄 혐의사실과 관련 있는 정보의 탐색·복제·출력이 완료된 때에는 지체 없이 압수된 정보의 상세목록을 피의자 등에게 교부할 것을 정할 수 있다. 압수물목록의 교부취지에 비추어 볼 때, 압수된 정보의 상세목록에는 정보의 파일 명세가 특정되어야 하고, 수사기관은 이를 출력한 서면을 교부하거나 전자파일 형태로 복사해 주거나 이메일을 전송하는 등의 방식으로도 할 수 있다.[143)]

압수한 때에는 압수조서를 작성하여야 하며, 압수조서에는 품종, 외형상의 특징과 수량을 기재하여야 한다(법 49조, 수사 규정 44조).

6. 전자정보에 대한 압수·수색

압수의 목적물이 컴퓨터용디스크, 그 밖에 이와 비슷한 정보저장매체(이를 "정보저장매체등"이라고 함)인 경우에는 기억된 정보의 범위를 정하여 출력하거나 복제하여 제출받아야 한다. 다만, 범위를 정하여 출력 또는 복제하는 방법이 불가능하거나 압수의 목적을 달성하기에 현저히 곤란하다고 인정되는 때에는 정보저장매체등을 압수할 수 있다(법 106조 3항, 219조). 즉 전자적 정보가 입력된 컴퓨터용디스크 등 자체를 압수의 대상으로 하지 않고 그 안에 기억된 정보를 출력하거나 복제하는 방법에 의해 압수하여야 하고 그것도 정보의 범위를 정하여 출력하거나 복제하여야 하는 것이 원칙이다. 위와 같이 정보를 제공받은 경우 개인정보 보호법 2조 3호에 따른 정보 주체에게 해당 사실을 지체 없이 알려야 한다(법 106조 4항, 219조).

전자정보의 압수·수색 방법[144)]

전자정보의 압수·수색의 중요성과 특징

개인이든 단체든 컴퓨터나 서버 등 정보처리시스템 없이 활동하기 어렵다. 전자정보 저장매체는 대부분 대용량이어서 압수·수색영장의 범죄사실과 관련 없는 정보가 광범위하게 포함되어 있다. 이러한 전자정보에 대

142) 대판 2009. 3. 12. 2008도763.

143) 대판 2018. 2. 8. 2017도13263.

144) 이 부분은 다수의 판례를 종합하였다.

한 압수·수색은 개인의 권리를 침해할 우려가 크므로 포괄적으로 이루어져서는 안 되고 비례원칙에 따라 필요한 최소한도로 이루어져야 한다.

원칙: 영장 범죄사실과 관련된 부분만 문서출력하거나 복제/예외: 저장매체 자체 또는 '저장매체의 전자파일 전부를 하드카피나 이미징 등(복제본)'으로 외부 반출

따라서 전자정보에 대한 압수·수색은 영장 범죄사실과 관련된 부분만을 문서로 출력하거나 저장매체에 파일로 복제하는 방식으로 이루어져야 하고, 예외적으로 저장매체를 직접 반출하거나 그 저장매체에 들어 있는 전자파일 전부를 하드카피나 이미징(imaging) 등의 형태(이하 '복제본'이라 한다)로 외부로 반출할 수 있다. 이러한 예외는 현장 사정이나 전자정보의 대량성으로 말미암아 관련 정보 획득에 긴 시간이 들거나 전문 인력에 의한 기술적 조치가 필요한 경우 등과 같이 범위를 정하여 출력하거나 복제하는 방법이 불가능하거나 현저히 곤란한 때에 한한다.[145)]

반출한 저장매체나 복제본에서 전자정보를 문서출력하거나 파일로 복제하는 방법

저장매체 자체나 복제본에서 전자정보를 문서로 출력하거나 파일로 복제하는 것도 전체적으로 하나의 영장에 의한 압수·수색의 과정이므로, 혐의사실과 관련된 부분에 한정하여 문서출력이나 파일복제를 하여야 한다. 따라서 외부로 반출된 저장매체 또는 복제본에서 혐의사실과 무관한 전자정보를 임의로 획득하는 것은 원칙적으로 위법하다.[146)]

반출한 저장매체나 복제본에서 전자정보를 문서출력, 파일복제함에 있어 참여권보장

저장매체 자체 또는 복제본에서 전자정보를 문서로 출력하거나 파일로 복제하는 과정에서도 수사기관의 압수·수색영장 집행에 참여하는 '피압수·수색 당사자(피압수자)'나 변호인의 권리(법 219조, 121조)는 인정된다.[147)]

저장매체에서 혐의사실 관련 정보만을 선별, 제출받아 압수한 이미지 파일을 탐색·출력함에 있어 참여권보장

수사기관이 정보저장매체에 기억된 정보 중에서 키워드 또는 확장자 검색 등을 통해 범죄 혐의사실과 관련

---

145) 대판 2015. 7. 16. 2011모1839 전합; 대판 2017. 11. 14. 2017도3449.
다음은 이와 다른 취지이다.
저장매체를 직접 반출하거나 그 저장매체에 들어 있는 전자파일 전부를 하드카피나 이미징의 형태(이하 '복제본'이라 한다)로 외부로 반출하는 예외가 허용되기 위해서는 영장 혐의사실과 관련된 부분만을 문서출력하거나 저장매체에 복사하는 것이 집행현장 사정상 불가능하거나 현저히 곤란할 뿐만 아니라, 저장매체를 직접 혹은 하드카피나 이미징 형태로 수사기관 등 외부로 반출할 수 있도록 영장에 기재되어 있어야 한다(대결 2011. 5. 26. 2009모1190).

146) 대결 2011. 5. 26. 2009모1190; 대판 2015. 7. 16. 2011모1839 전합; 대판 2017. 11. 14. 2017도3449.

147) 대결 2011. 5. 26. 2009모1190; 대판 2015. 7. 16. 2011모1839 전합; 대판 2017. 9. 21. 2015도12400; 대판 2017. 11. 14. 2017도3449.

있는 정보를 선별한 다음 '정보저장매체와 동일하게 비트열 방식으로 복제하여 생성한 파일(이미지 파일)'을 제출받아 압수하였다면 압수·수색절차는 종료되었으므로, 위와 같이 압수된 이미지 파일을 탐색·복제·출력하는 때에는 피의자 등에게 참여 기회를 보장할 필요가 없다.148)

무관정보 발견시의 조치

전자정보에 대한 압수·수색 과정에서 '압수·수색영상의 범죄혐의와 무관한 전자정보(무관정보)'를 발견하면, 수사기관은 탐색을 중단하고 별도의 압수·수색영장을 발부받아 무관정보를 압수·수색하여야 한다. 이 경우에도 특별한 사정이 없는 한 피압수자에게 참여권을 보장하고 압수한 전자정보 목록을 교부하는 등의 조치를 하여야 한다.149)

사실관계

① 검사는 1차 압수영장에 기하여 컴퓨터와 USB에서 (무관정보까지 포함된) 8,628개의 파일을 '이미징'의 형태로 추출하여 휴대용 저장매체에 복제함

② 검사는 피압수자에게 참여할 기회를 주지 않은 채, 위 복제본을 탐색하는 과정에서 무관정보를 확인하였으나, 탐색을 중단하지 않음

③ 검사는 위 파일에 관하여 2차 압수영장을 발부받아 같은 이미징 방법으로 압수를 하였는데, 그 무렵까지 무관정보로 확인한 혐의사실의 수사를 계속함

④ 검사는 2차 압수영장으로 압수한 전자정보가 담긴 복제본을 탐색·복제·출력하면서 피압수자에게 참여할 기회를 주지 않음

판단: 2차 압수영장에 기한 압수·수색에서는, 1차 압수영장으로 획득한 복제본의 전자파일을 이미징 방법으로 복제한 저장매체를 외부로 반출하였다. 2차 압수영장에 기하여 위와 같이 반출한 복제본에서 전자정보를 출력하거나 파일로 복제하는 일련의 과정도 전체적으로 2차 압수영장에 기한 압수·수색에 해당함에도 검사는 복제본의 탐색 등의 과정에서 피압수자에게 참여할 기회를 보장하지 않았으므로, 2차 압수영장에 기한 압수·수색은 위법하다.

1·2차 압수영장에 기하여 전자정보를 이미징 형태로 복제하는 과정에서 피압수자가 참여하여 혐의사실과 무관한 전자정보가 섞여 있을 수 있다는 것에 동의하였지만, 이러한 사정만으로는 피압수자의 참여권이 보장되었다고 볼 수 없다.

2차 압수영장에 기하여 취득한 전자정보는 위법수집증거로서 증거능력이 없다.150)

---

148) 대판 2018. 2. 8. 2017도13263.

149) 대판 2015. 7. 16. 2011모1839 전합; 대판 2017. 11. 14. 2017도3449.

150) 대판 2017. 11. 14. 2017도3449.

영장의 혐의사실을 기준으로 하지 않고 일정 시점 이후의 파일 일체를 복사

영장의 명시적 근거 없이 수사기관이 임의로 정한 시점 이후의 접근 파일 일체를 복사하는 방식으로 8,000여 개의 파일을 복사한 것은 영장의 허용범위를 벗어났다고 볼 여지가 있는데, 수사기관이 영장의 혐의사실 일시로부터 소급하여 일정 시점 이후의 파일들만 복사한 것은 나름대로 대상을 제한하려고 노력한 것이고, 당사자도 그 적합성에 대하여 동의한 것으로 보여 적법하다(대결 2011. 5. 26. 2009모1190).

1영장에 의해 저장매체 반출 → 저장매체 이미징 복제 후 반환 → 이미징 복제본을 하드디스크에 재복제 → 하드디스크 탐색과정에서 별건정보를 발견하여 출력 → 출력한 별건정보를 소명자료로 삼아 2영장을 받음 → 2영장에 의해 하드디스크에서 별건정보를 출력

저장매체에 대한 압수·수색 과정에서 범위를 정하여 출력 또는 복제하는 방법이 불가능하거나 압수의 목적을 달성하기에 현저히 곤란한 예외적인 사정이 인정되어 '전자정보가 담긴 저장매체 또는 하드카피나 이미징 등 형태(복제본)를 수사기관 사무실 등으로 옮겨 복제·탐색·출력하는 경우에도, 피압수자나 변호인에게 참여의 기회를 보장하고 혐의사실과 무관한 전자정보의 복제를 막기 위한 조치를 취하는 등 영장주의 원칙과 적법절차를 준수하여야 한다. 그러한 조치가 취해지지 않았다면 피압수자측이 불참의사를 명시적으로 표시하였거나 절차위반이 이루어진 내용 등에 비추어 절차에 참여할 권리가 실질적으로 침해되었다고 볼 수 없는 특별한 사정이 없다면 압수·수색은 위법하고, 비록 수사기관이 저장매체나 복제본에서 혐의사실과 관련된 정보만을 복제·출력하였더라도 마찬가지이다.

전자정보에 관한 저장매체 압수·이미징·탐색·복제 및 출력행위 등 수사기관의 처분은 하나의 영장에 의한 압수·수색 과정이다. 그러한 일련의 행위가 모두 진행되어 압수·수색이 종료된 이후에는 특정단계의 처분만을 취소하더라도 그 이후의 압수·수색을 저지한다는 것을 상정할 수 없고 수사기관이 압수·수색의 결과물을 보유하도록 허용할 것인지만 문제된다. 이러한 경우에는 준항고인이 압수·수색과정을 개별적으로 구분하여 개별 처분의 취소를 구하더라도 법원은 특별한 사정이 없는 한 당해 압수·수색 과정 전체를 하나의 절차로 파악하여 그 과정에서 나타난 위법이 압수·수색 절차 전체를 위법하게 할 정도로 중대한지 여부에 따라 전체적으로 압수·수색 처분을 취소할 것인지를 가려야 한다.

사안

- 검사가 갑의 배임 혐의와 관련된 압수·수색영장(제1영장)에 의해 을의 빌딩 내에 있는 갑의 사무실에서 압수·수색을 하다가, 범죄혐의와 관련된 정보(유관 정보)와 범죄혐의와 관련되지 않은 정보(무관정보)가 혼재된 것으로 판단되자, 을의 동의를 받아 저장매체를 수사기관으로 반출(적법)
- 갑측의 참여 하에 위 저장매체를 이미징 방법으로 복제하고(제1처분)(적법), 위 저장매체를 반환
- 갑측의 참여 없이 위 복제본을 외장 하드디스크에 재복제(제2처분)(위법)
- 갑측의 참여 없이 위 외장 하드디스크를 탐색하다가 우연히 무관정보인 을의 약사법위반·조세범처벌법위반 혐의 관련 정보(별건 정보)를 발견하여 출력(제3처분)(위법)
- 다른 검사가 별건 정보를 소명자료로 삼아 새로운 압수·수색영장(제2영장)을 발부받아 을측의 참여 없이 위 외장 하드디스크에서 별건 정보를 탐색·출력(위법)

전자정보 압수·수색의 요건

① 정보가 영장발부사유인 범죄혐의와 관련될 것
② 정보 획득의 방법
　㉮ 원칙: 유관정보만을 출력하거나 파일 복제
　㉯ 예외: 유관정보만을 출력하거나 파일 복제하는 것이 불가능 또는 현저히 곤란한 경우에, 저장매체 자체를 반출하거나 저장매체 전체를 복제(하드카피, 이미징 등)
③ 영장주의원칙과 적법절차의 준수, 다만 특별한 사정이 있으면 예외임

④ 압수·수색 중 별도의 범죄혐의에 관한 전자정보를 우연히 발견한 때에는 추가 탐색을 중단하고 별도의 압수·수색영장을 발부받을 것

판단

① 제1처분: 적법

② 제2, 3처분: 부적법 ← 피압수·수색 당사자의 참여권이 보장되지 않고, 무관정보까지 재복제·출력하였기 때문임

③ 제2, 3처분의 위법의 중대성에 비추어 제2, 3처분은 물론 제1처분까지 취소되어야 함[151)]

④ 제2영장에 의한 별건 정보의 탐색·출력: 부적법 ← 제2영장에서 압수할 물건으로 삼은 정보는 위 외장 하드디스크에 저장된 정보로서 그 자체가 위법수집증거여서 별건 정보에 대한 영장청구요건을 충족하지 못하였고, 제2영장 집행시 갑 등의 참여권이 보장되지 않음[152)]

인터넷용 PC에서 피의자의 이메일계정에 로그인하여, 인터넷서비스제공자(중국 소재)의 서버에서 이메일 관련 전자정보를 캡처하여 저장함으로써 압수

사실관계

○ 수사기관은 USB를 압수·수색하여 '이메일 주소와 암호'를 알게 됨

○ 수사기관이 발부받은 영장의 기재는 다음과 같음

- **압수·수색·검증할 물건**: 피고인이 북한과 통신수단으로 사용한 중국 인터넷서비스제공자인 A와 B 회사가 제공하는 이메일서비스의 계정 중 특정 이메일 계정, 편지함, 보관함, 문서함 등
- **압수·수색·검증할 장소**: 서울 송파구 한국인터넷진흥원(KISA)에 설치된 인터넷용 PC
- **압수·수색·검증방법**: KISA에 설치된 인터넷용 PC에서 A와 B의 이메일 홈페이지 로그인 입력창에 위 이메일 계정·비밀번호를 입력, 로그인한 후 국가보안법위반 범증 자료 출력물 및 동 자료를 선별하여 저장한 저장매체 봉인·압수

○ 수사기관은 위 영장에 의하여 B의 이메일 계정에서 이메일과 첨부파일을 추출하여 캡쳐, 저장함으로써 압수

법리: 인터넷서비스이용자는 인터넷서비스제공자와 체결한 서비스이용계약에 따라 인터넷서비스를 이용하여 개설한 이메일 계정과 관련 서버에 대한 접속권한을 가지고, 해당 이메일 계정에서 생성한 이메일 등 전자정보에 관한 작성·수정·열람·관리 등의 처분권한을 가지는 주체로서 해당 전자정보의 소유자 내지 소지자이다. 수사기관이 인터넷서비스이용자인 피의자를 상대로 피의자의 컴퓨터 등 정보처리장치 내에 저장되어 있는 이메일 등 전자정보를 압수·수색하는 것은 전자정보의 소유자 내지 소지자를 상대로 해당 전자정보를 압

151) 이 부분에 관한 구체적인 판시는 다음과 같다.
제2·3처분에 해당하는 전자정보의 복제·출력 과정은 증거물을 획득하는 행위로서 압수·수색의 목적에 해당하는 중요한 과정인 점, 이 과정에서 혐의사실과 무관한 정보가 수사기관에 남겨지게 되면 피압수자의 다른 법익이 침해될 가능성이 한층 커지게 되므로 피압수자에게 참여권을 보장하는 것이 그러한 위험을 방지하기 위한 핵심절차인데도 그 과정에 참여권을 보장하지 않은 점, 더구나 혐의사실과 무관한 정보까지 출력한 점 등 위법의 중대성에 비추어 볼 때, 비록 제1 처분까지의 압수·수색 과정이 적법하다고 하더라도 전체적으로 제1 영장에 기한 압수·수색은 취소되어야 한다.

152) 대판 2015. 7. 16. 2011모1839 전합.

수·수색하는 대물적 강제처분으로 허용된다.
나아가 압수·수색할 전자정보가 압수·수색영장에 기재된 수색장소(서울 송파구 KISA)에 있는 컴퓨터 등에 있지 아니하고 그 정보처리장치와 정보통신망으로 연결되어 제3자가 관리하는 원격지의 서버 등에 저장되어 있어도, 수사기관이 피의자의 이메일 계정에 대한 접근권한에 갈음하여 발부받은 영장에 따라 영장 기재 수색장소에 있는 컴퓨터 등을 이용하여 적법하게 취득한 피의자의 이메일 계정 아이디와 비밀번호를 입력하는 등 피의자가 접근하는 통상적인 방법에 따라 원격지의 저장매체에 접속하고 그곳에 저장되어 있는 피의자의 이메일 관련 전자정보를 수색장소의 정보처리장치로 내려받거나 그 화면에 현출시키는 것 역시 피의자의 소유에 속하거나 소지하는 전자정보를 대상으로 이루어지는 것이므로 그 전자정보에 대한 압수·수색을 위와 달리 볼 필요가 없다.
판단: 압수·수색은 적법하다.[153)]

전자문서 파일의 원본 동일성
전자문서를 수록한 파일 등은, 성질상 작성자의 서명·날인이 없을 뿐만 아니라 작성자·관리자의 의도나 특정한 기술에 의하여 내용이 편집·조작될 위험성이 있음을 고려하여, 원본임이 증명되거나 혹은 원본으로부터 복사한 사본일 경우에는 복사 과정에서 편집되는 등 인위적 개작 없이 원본의 내용 그대로 복사된 사본임이 증명되어야 하고, 그러한 증명이 없으면 쉽게 증거능력을 인정할 수 없다. 증거로 제출된 전자문서 파일의 사본이나 출력물이 복사·출력 과정에서 편집되는 등 인위적 개작 없이 원본 내용을 그대로 복사·출력한 것이라는 사실은 ① 전자문서 파일의 사본이나 출력물의 생성과 전달 및 보관 등의 절차에 관여한 사람의 증언이나 진술, ② 원본이나 사본 파일 생성 직후의 해시(Hash)값 비교, ③ 전자문서 파일에 대한 검증·감정 결과 등 제반 사정을 종합하여 판단할 수 있다. 원본 동일성은 증거능력의 요건이므로 검사가 주장·증명해야 한다.[154)]

7. 압수물의 보관과 폐기

가. 자청보관의 원칙

압수물은 압수한 법원 또는 수사기관이 보관함이 원칙이다. 이를 자청보관의 원칙이라고 한다. 사찰이 수사기록을 검찰에 송치할 때는 압수물도 함께 송부한다(검찰압수물사무규칙 4조). 검사가 공소를 제기하는 때에는 압수물을 검찰청에서 계속 보관하고 있다가 증거조사를 하는 때에 이를 제시한다(법 292조의2). 법원은 증거조사를 마친 압수물에 관하여 법원이 보관할 특별한 사정이 없는 한 이를 검사에게 바로 반환하는 것이 원칙이다.

나. 위탁보관

가령 수십 톤에 이르는 많은 양의 상표법위반 의류를 압수하는 경우와 같이 운반이나 보관이 불편

153) 대판 2017. 11. 29. 2017도9747.
154) 대판 2018. 2. 8. 2017도13263.

한 압수물은 간수자를 두거나 소유자 또는 적당한 자의 승낙을 얻어 적당한 곳에 보관할 수 있다(법 130조 1항, 219조).

다. 폐기처분

위험발생의 염려가 있는 압수물은 폐기할 수 있으며, 법령상 생산·제조·소지·소유 또는 유통이 금지된 압수물로서 부패의 염려가 있거나 보관하기 어려운 압수물은 소유자 등 권한 있는 자의 동의를 받아 폐기할 수 있다(법 130조 2항, 3항, 219조).[155]

라. 대가보관

몰수하여야 할 압수물로서 멸실·파손·부패 또는 현저한 가치 감소의 염려가 있거나 보관하기 어려운 압수물은 매각하여 대가를 보관할 수 있다. 환부하여야 할 압수물 중 환부를 받을 자가 누구인지 알 수 없거나 그 소재가 불명한 경우로서 그 압수물의 멸실·파손·부패 또는 현저한 가치 감소의 염려가 있거나 보관하기 어려운 압수물도 매각하여 대가를 보관할 수 있다(법 132조, 219조). 즉 환부하여야 할 압수물에 대해서는 환부받을 자가 누구인지 모르거나 그 소재가 불명한 경우에만 매각하여 대가를 보관할 수 있다. 몰수를 함에 있어, '매각의 대가보관금(법 132조)'을 몰수 대상인 압수물로 볼 수 있다.[156] 대가보관을 함에는 검사, 피해자, 피의자·피고인 또는 변호인에게 미리 통지하여야 한다(법 135조, 219조).

8. 압수물의 환부·가환부

법 제133조(압수물의 환부, 가환부) ① 압수를 계속할 필요가 없다고 인정되는 압수물은 피고사건 종결 전이라도 결정으로 환부하여야 하고 증거에 공할 압수물[157]은 소유자, 소지자, 보관자 또는 제출인의 청구에 의하여 가환부할 수 있다.
② 증거에만 공할 목적으로 압수한 물건으로서 그 소유자 또는 소지자가 계속 사용하여야 할 물건은 사진촬영 기타 원형보존의 조치를 취하고 신속히 가환부하여야 한다.

법 218조의2(압수물의 환부, 가환부) ① 검사는 사본을 확보한 경우 등 압수를 계속할 필요가 없다고 인정되는 압수물 및 증거에 사용할 압수물에 대하여 공소제기 전이라도 소유자, 소지자, 보관자 또는 제출인의 청구가 있는 때에는 환부 또는 가환부하여야 한다. ② 제1항의 청구에 대하여 검사가 이를 거부하는 경우에

155) 압수한 과도를 소유권포기가 있다는 이유로 사건종결 전에 폐기한 것은 적법절차의 원칙에 반하고, 공정한 재판을 받을 권리를 침해하였다(헌재 2012. 12. 27. 2011헌마351).

156) 대판 1996. 11. 12. 96도2477.

157) 압수를 계속할 필요가 없다고 인정되는 압수물과 증거에 공할 압수물만 환부 또는 가환부의 대상이 될 수 있으므로(법 133조 1항, 법 218조의2 1항), 몰수하여야 할 압수물에 대해서는 환부는 물론 가환부를 해서도 안 될 것이다. 다만, 판례는 아래의 결정에서 임의적 몰수의 대상이 되는 압수물에 대해서는 법원이 가환부할 수 있다고 본다.
법 133조 1항 후단이, 2항의 '증거에만 공할' 목적으로 압수할 물건과는 따로이, '증거에 공할' 압수물에 대하여 법원의 재량에 의하여 가환부할 수 있도록 규정한 것을 보면, '증거에 공할 압수물'에는 증거물로서의 성격과 몰수할 물건으로서의 성격을 가진 압수물이 포함되어 있다고 해석함이 상당하다(대결 1998. 4. 16. 97모25).

는 신청인은 해당 검사의 소속 검찰청에 대응한 법원에 압수물의 환부 또는 가환부 결정을 청구할 수 있다.
③ 제2항의 청구에 대하여 법원이 환부 또는 가환부를 결정하면 검사는 신청인에게 압수물을 환부 또는 가환부하여야 한다.
④ 사법경찰관의 환부 또는 가환부 처분에 관하여는 제1항부터 제3항까지의 규정을 준용한다. 이 경우 사법경찰관은 검사의 지휘를 받아야 한다.

가. 환부 및 가환부의 의의

환부는 압수를 계속할 필요가 없게 된 경우 압수의 효력을 소멸시키고 종국적으로 압수물을 피압수자에게 반환하는 것을 말한다. 압수의 효력이 종국적으로 실효되는 점에서, 압수의 효력을 존속시키면서 잠정적으로 반환하는데 그치는 가환부와 구별된다. 환부나 가환부에 의한 반환의 상대방은 제출인(피압수자)이 되는 것이 원칙이며 그 이유는 민사적인 권리관계에 개입하지 않기 위함이다.

검사나 법원이 종국처분을 하는 때에는 환부를 하거나 하지 않거나를 선택하여야 하며 가환부는 성질상 종국처분과 어울리지 않는다.[158)]

민법상의 권리 변동이 환부받을 자의 지위에 영향을 미치는지
압수물의 환부는 환부를 받는 자에게 환부된 물건에 대한 소유권 기타 실체법상의 권리를 부여하거나 그러한 권리를 확정하는 것이 아니라 단지 압수를 해제하여 압수 이전의 상태로 환원시키는 것뿐으로서, 이는 실체법상의 권리와 관계없이 압수 당시의 소지인에 대하여 행하는 것이므로, 민법(사법)상 권리의 유무나 변동은 압수물의 환부를 받을 자의 절차법인 법(공법)상 지위에 영향을 미치지 않는다.[159)]

필요적 몰수물과 임의적 몰수물의 가환부
몰수할 것이라고 사료되어 압수한 물건 중 법률의 규정에 의하여 필요적 몰수에 해당하거나 누구의 소유도 허용되지 아니하여 몰수할 것에 해당하는 물건에 대한 압수는 몰수재판의 집행을 보전하기 위한 것이므로, 그와 같은 압수 물건은 가환부의 대상이 되지 않지만, 임의적 몰수에 해당하는 물건은 몰수 여부가 재량에 맡겨져 있으므로 특별한 사정이 없다면 가환부의 대상이 될 수 있다.[160)]

---

158) 검사의 불기소처분이나 법원의 종국재판시 압수물에 대한 처분을 할 수 있지만 압수로 인한 피해회복을 신속히 하기 위해 수사 중 또는 재판 중에 환부나 가환부가 행해질 수 있다. 압수물에 대한 재산권회복장치는, ① 수사절차 진행 중의 환부·가환부, ② 수사종결처분에 부수하는 종국처분으로서 환부, ③ 공판절차 진행 중의 환부·가환부, ④ 공판절차 종료 후의 재판의 선고에 부수하는 종국처분으로서의 환부가 있다(법원실무제요 형사Ⅰ, 620면).
159) 대결 1996. 8. 16. 94모51 전합.
160) 대결 1998. 4. 16. 97모25.

위조된 약속어음의 환부 · 가환부

압수를 계속할 필요가 없다고 인정되는 압수물 또는 증거에 공할 압수물은 환부 또는 가환부할 수 있는바(법 133조), 위조된 약속어음은 범죄행위로 인하여 생긴 위조문서로서 아무도 이를 소유하는 것이 허용되지 않는 물건이므로 몰수의 대상이 되고 환부나 가환부를 할 수 없다.

위조문서의 소유를 불허하는 것은 진정한 문서인 것처럼 통용되지 않도록 하고자 하는 것이므로, 몰수 선고 후에 검사가 법 485조에 의하여 위조의 표시를 하여 환부한 경우에는 이를 적법하게 소지할 수 있고 민법상 권리행사의 자료로도 사용할 수 있다.[161)]

증거물의 가환부

증거에 공할 압수물을 가환부(법 219조, 133조 1항)할 것인지는 범죄의 태양, 경중, 압수물의 증거가치, 압수물의 은닉, 인멸, 훼손될 위험, 수사나 공판수행의 지장, 피압수자가 압수에 의해 받는 불이익 등을 종합적으로 판단하여야 한다.[162)]

나. 종국 처분 전의 환부 및 가환부

(1) 법원의 처분

압수를 계속할 필요가 없다고 인정되는 압수물은 피고사건 종결 전이라도 결정으로 환부하여야 하고 증거에 공할 압수물은 소유자, 소지자, 보관자 또는 제출인의 청구에 의하여 가환부할 수 있다(법 133조 1항). 증거에만 공할 목적으로 압수한 물건으로서 그 소유자 또는 소지자가 계속 사용하여야 할 물건은 사진촬영 기타 원형보존의 조치를 취하고 신속히 가환부하여야 한다(동조 2항).

압수한 장물은 피해자에게 환부할 이유가 명백한 때에는 피고사건의 종결 전이라도 결정으로 피해자에게 환부할 수 있다(법 134조).

법원이 환부·가환부 결정이나 압수장물의 피해자환부 결정을 함에는 검사, 피해자, 피고인 또는 변호인에게 미리 통지하여야 한다(법 135조).

위조·변조한 물건을 환부하는 경우에는 그 물건의 전부 또는 일부에 위조·변조인 것을 표시하여야 한다. 위조·변조한 물건이 압수되지 아니한 경우에는 그 물건을 제출하게 하여 전항의 처분을 하여야 하고, 그 물건이 공무소에 속한 때에는 위조·변조의 사유를 공무소에 통지하여 적당한 처분을 하게

161) 대결 1984. 7. 24. 84모43.

162) 대결 1994. 8. 18. 94모42. 다음은 같은 취지이다.

필요적 몰수 대상인 밀수출미수 자동차에 대해, 범행과 무관한 렌트카 회사가 가환부청구

피의자들이 밀수출하려다가 미수에 그친 자동차(A주식회사 소유의 렌트차량임)를 세관의 특사경이 압수하였는데, A와 밀수출범죄 사이의 관련성이 발견되지 않음에도 검사가 A의 가환부청구를 거부한 사안에서, 자동차는 범인이 간접으로 점유하는 물품으로서 필요적 몰수의 대상이지만 밀수출범죄와 무관한 A의 소유이어서, 범인에 대한 몰수는 범인으로 하여금 소지를 못하게 함에 그치고 그 효력이 A에게 미치지는 않으며, … 사정을 감안하면, 가환부청구를 거부할 특별한 사정이 있다고 보기 어렵다(대결 2017. 9. 29. 2017모236).

하여야 한다(법 485조).

압수물을 환부받을 자의 소재가 불명하거나 기타 사유로 인하여 환부할 수 없는 경우에는 검사는 그 사유를 관보에 공고하여야 한다. 공고한 후 3월 이내에 환부청구가 없으면 그 물건은 국고에 귀속한다. 위 기간 내에도 가치 없는 물건은 폐기할 수 있고 보관하기 어려운 물건은 공매하여 대가를 보관할 수 있다(486조).

피고인에게 의견을 진술할 기회를 부여하지 아니한 가환부결정

법원이 압수물의 가환부결정을 함에 있어 미리 검사, 피해자, 피고인 또는 변호인에게 통지하도록 한 것은 (법 135조), 그들로 하여금 압수물의 가환부에 대한 의견을 진술할 기회를 주기 위함이다. 법원이 피고인(재항고인)에게 의견진술의 기회를 부여하지 아니한 채 한 가환부결정은 위법하다.[163)]

(2) 검사의 처분

검사는 사본을 확보한 경우 등 압수를 계속할 필요가 없다고 인정되는 압수물 및 증거에 사용할 압수물에 대하여 공소제기 전이라도 소유자, 소지자, 보관자 또는 제출인의 청구가 있는 때에는 환부 또는 가환부하여야 한다(법 218조의2 1항). 1항의 청구에 대하여 검사가 이를 거부하는 경우에는 신청인은 해당 검사의 소속 검찰청에 대응한 법원에 압수물의 환부 또는 가환부 결정을 청구할 수 있다(동조 2항). 2항의 청구에 대하여 법원이 환부 또는 가환부를 결정하면 검사는 신청인에게 압수물을 환부 또는 가환부하여야 한다(동조 3항). 사법경찰관의 환부 또는 가환부 처분에 관하여는 1항부터 3항까지의 규정을 준용하며, 이 경우 사법경찰관은 검사의 지휘를 받아야 한다(동조 4항).

압수한 장물은 피해자에게 환부할 이유가 명백한 때에는 피의사건의 종결 전이라도 결정으로 피해자에게 환부할 수 있다(법 219조, 134조).

수사기관이 위와 같이 환부·가환부 결정 또는 압수 장물의 피해자환부 결정을 함에는 검사, 피해자, 피의자 또는 변호인에게 미리 통지하여야 한다(법 219조, 135조).

(3) 종국 처분에서의 환부

검사가 기소중지, 참고인중지의 불기소처분을 하는 때에는 원칙적으로 계속 보관의 처분을 한다(검찰압수물사무규칙 62조 1항). 검사가 혐의없음, 공소권없음 등의 종국적인 불기소처분을 하는 때에는 압수물을 제출인 또는 피해자에게 환부하거나 폐기하는 등의 결정을 하며 이미 가환부된 경우에는 '가환부대로 본환부'라는 결정을 한다.

법원은 종국재판을 선고하면서 몰수판결을 할 수 있고, 몰수의 선고가 이루어지지 않으면 압수가 해제된 것으로 본다(법 332조). 압수한 장물로서 피해자에게 환부할 이유가 명백한 것은 판결로써 피해

163) 대결 1980. 2. 5. 80모3.

자에게 환부하는 선고를 하여야 하며, 장물을 처분하였을 때에는 판결로써 그 대가로 취득한 것을 피해자에게 교부하여야 한다(법 333조 1항, 2항).[164] 가환부한 장물에 대하여 별단의 선고가 없는 때에는 환부의 선고가 있는 것으로 간주한다(동조 3항). 즉 압수물에 대한 법원의 종국재판은 몰수, 피해자환부, 아무런 판단을 하지 않는 것[165]의 3가지 형태로 이루어진다.

기소중지처분시 관세장물이라고 인정할 수 없는 압수물에 대한 처분

외국산 물품을 관세장물의 혐의가 있다고 보아 압수하였다 하더라도 그것이 언제, 누구에 의하여 관세포탈된 물건인지 알 수 없어 기소중지 처분을 한 경우에는 그 압수물은 관세장물이라고 단정할 수 없어 이를 국고에 귀속시킬 수 없을 뿐만 아니라 압수를 더 이상 계속할 필요도 없다.[166]

사기행위로 매수하였다가 갑에게 위탁하여 을의 창고에 보관하는 물건(장물)

법 134조에서 '환부할 이유가 명백한 때'는 사법상 피해자가 그 압수된 물건의 인도를 청구할 수 있는 권리가 있음이 명백한 경우를 의미하고 위 인도청구권에 관하여 사실상, 법률상 다소라도 의문이 있으면 환부할 명백한 이유가 있다고 할 수 없다.

매수인이 피해자로부터 물건을 매수함에 있어 사기행위로써 취득하였다 하더라도 피해자가 매수인에게 사기로 인한 매매의 의사표시를 취소한 여부가 분명하지 않고, 위 매수인으로부터 위탁을 받은 갑이 위 물건을 인도받아 을의 창고에 임치하여 을이 보관하게 되었고 달리 을이 위 물건이 장물이라는 정을 알았다고 확단할 자료가 없다면, 을은 정당한 점유자라 할 것이고 이를 보관시킨 매수인에 대해서는 임치료 청구권이 있고 그 채권에 의하여 위 물건에 대한 유치권이 있다고 보여지므로 피해자가 을에 대하여 위 물건의 반환청구권이 있음이 명백하다고 보기는 어렵다 할 것이므로 이를 피해자에게 환부할 것이 아니라 민사소송에 의하여 해결함이 마땅하다.[167]

절취 장물을 환부받는 자에게 절취 장물의 처분대가를 교부함

사실관계

- 피고인이 피해자 소유의 젖소를 절취한 다음 이를 처분하여 자기앞수표를 취득함

---

164) 장물을 처분하여 그 대가로 취득한 압수물은 몰수할 것이 아니라 피해자에게 교부하여야 한다(대판 1969. 1. 21. 68도1672).

165) 이 때는 몰수의 선고가 없어 '압수가 해제'되거나 '가환부대로 본환부'가 이루어진 것으로 보게 되므로 검사가 압수물을 제출인에게 환부하여야 한다(대판 2001. 4. 10. 2000다49343).

166) 대결 1996. 8. 16. 94모51 전합. 다음 판례를 참고하라.
외국제 전자제품이 관세포탈물이라고 하더라도 피고인이 매수 또는 보관 당시 관세포탈의 본범에 대한 공소시효가 완성되었다면 관세법상의 장물성을 상실하게 되어 관세법으로 처벌할 수 없다(대판 1981. 4. 14. 81도75).
금괴가 관세포탈품이더라도 관세포탈의 정범에 대한 공소시효가 완성되어 그 위반물품의 장물성이 상실될 수도 있으므로 관세장물 알선죄를 인정하려면 그 금괴가 언제, 누구에 의하여 밀수입된 것이라는 사실이 인정되어야 한다(대판 1983. 5. 24. 83도639).

167) 대결 1984. 7. 16. 84모38.

- 수사기관은 젖소를 갑으로부터 압수한 뒤 피해자에게 가환부함
- 자기앞수표는 압수됨
- 원심은 자기앞수표를 피해자에게 환부하면서, 젖소에 대해 별단의 선고를 하지 않음

판단

- 젖소는, 이에 대해 별도의 선고가 없으므로 피해자에게 환부한 것으로 간주됨
- 피해자교부(법 333조 2항)의 취지는, 범인이 장물을 처분하여 피해자가 장물을 반환받을 수 없는 경우, 장물의 처분대가를 피해자에게 교부함으로써 피해회복을 함에 있음
- 사안에서, 장물을 환부받는 피해자에게 장물의 처분대가까지 교부하는 것은 위법함[168)]

다. 가환부 및 환부의 효력

(1) 가환부

가환부를 하더라도 압수 자체의 효력은 유지된다. 그러므로 가환부를 받은 자는 압수물에 대한 보관의무를 지며 이를 임의로 처분하지 못하고 법원 또는 수사기관의 요구가 있는 때에는 이를 제출하여야 한다.[169)]

(2) 환 부

환부에 의하여 압수는 효력을 상실한다. 그러나 환부는 압수를 해제할 뿐이며, 환부를 받은 자에게 실체법상의 권리를 확인하는 효력이 있는 것은 아니다. 압수물이 환부되었더라도 이해관계인이 민사소송 절차에 의하여 그 권리를 주장함에 영향을 미치지 아니한다(법 333조 4항). 이는 법원이나 검사의 환부 처분이 원칙적으로 제출인에 대해 이루어질 뿐 민사상의 권리관계에 영향을 미치고자 하는 것이 아니기 때문이다.

압수물에 대한 소유권포기

피압수자 등 환부를 받을 자가 소유권을 포기하는 등에 의하여 실체법상의 권리를 상실하더라도 그 때문에 압수물을 환부하여야 할 수사기관의 의무에 어떠한 영향을 미치지는 않는다. 또한 수사기관에게 환부청구권을 포기하는 의사표시를 하더라도 그 효력이 없어 수사기관의 환부의무가 면제되지는 않는다.[170)]

몰수판결이 선고되지 아니한 압수물의 환부의무 발생시기

압수한 서류 또는 물품에 대하여 몰수의 선고가 없는 때에는 압수를 해제한 것으로 간주하므로(법 332조),

168) 대판 1985. 1. 29. 84도2941.

169) 가환부결정이 있어도 압수의 효력은 지속되므로 가환부를 받은 자는 압수물을 보관하고, 법원의 요구가 있으면 압수물을 제출할 의무를 지므로, 압수물의 소유자라 하더라도 그 압수물을 처분할 수는 없다(대결 1994. 8. 18. 94모42).

170) 대결 1996. 8. 16. 94모51 전합; 대판 2001. 4. 10. 2000다49343.

> 어떠한 압수물에 대한 몰수의 선고가 포함되지 않은 판결이 선고되어 확정되었다면 검사에게 그 압수물을 제출자나 소유자 기타 권리자에게 환부하여야 할 의무가 당연히 발생하는 것이고, 권리자의 환부신청에 의한 검사의 환부결정 등 어떤 처분에 의하여 비로소 환부의무가 발생하는 것은 아니다.[171)]

라. 가환부 및 환부 처분에 대한 불복

법원은 압수물의 대가보관, 환부·가환부, 피해자환부를 결정에 의하여 한다(법 132조 내지 134조). 법원의 위와 같은 결정에 대하여 보통항고를 제기할 수 있다(법 403조 2항).

검사나 사법경찰관에 의한 압수물의 환부, 가환부 등에 관한 처분에 대하여 법 417조의 준항고를 제기할 수 있다. 다만, 검사나 사법경찰관이 제출인 등의 환부·가환부청구에 대해 거부한 때에는 소속 검찰청에 대응한 법원에 환부 또는 가환부의 결정을 청구할 수 있다(법 218조의2 2항, 4항). 이는 법 417조에 대한 특별 규정이다.

V. 검증(법원의 검증 포함)

1. 검증의 의의

검증은 물건, 장소, 사람의 신체 등의 형태나 성질을 시각, 청각, 후각, 미각, 촉각등 오관의 작용에 의해 실험하여 인식하는 강제처분을 말한다.[172)] 특히 사건 현장에서 행하는 검증을 현장검증이라고 한다.

법원이나 법관이 하는 검증은 영장을 요하지 않으나, 수사기관의 검증은 증거확보를 위한 강제처분이어서 원칙적으로 법관에 의한 영장을 필요로 한다. 그런데 수사기관에 의한 검증 중에는 공개된 도로에서 교통사고에 관하여 검증하거나, 화재 현장, 살인 현장에서 거주자의 동의 하에 영장 없이 행해지는 것들도 많다. 이와 같이 공공장소에서 행하거나 법익주체의 동의를 받아 행하는 검증은 임의수사에 해당한다. 이러한 임의수사로서의 검증을 실황조사라고도 한다.[173)]

---

171) 대판 2001. 4. 10. 2000다49343.

172) 검증이 강제처분이라는 점에 대해서는 이견이 없는 듯하다. 그러나 사람의 인지기능에 의해 사물을 인식하는 것이 왜 강제처분인지 이해하기 어렵다. 예를 들어 압수·수색영장에 의해 압수한 물건의 내용을 확인하는 것은 검증에 해당하는데 이러한 검증을 행하기 위해서는 검증영장이 별도로 요구된다고 볼 필요가 없다. 변사자검시, 교통사고 현장에서의 검증, 살인사건 현장에서의 검증 등 실무상 이루어지는 대부분의 검증은 영장 없이 행해진다. 검증을 행함에 있어 영장이 요구되는 경우는 검증을 위해 특정 장소로 출입하는 것이 그 소유자나 점유자의 의사에 반하거나, 검증을 행하기 위해서는 건물이나 시설물의 손괴가 수반되는 경우 등 검증을 위한 강제처분이 필요한 경우로 한정되어야 하지 않을까 생각된다. 즉 검증 자체는 임의수사이고, 검증을 행함에 있어 강제처분이 필요한 경우에만 영장에 의하여야 한다고 보는 것이 타당할 것으로 생각된다.

173) 수사 규정 43조는, "① 사법경찰관은 수사상 필요하다고 인정되면 범죄 현장이나 그 밖의 장소에 가서 실황을 조사하여야 한다. ② 제1항에 따른 조사를 할 때에는 별지 제38호 서식의 실황조사서를 작성하여야 한다"라고 규정하고 있다.

2. 검증의 절차

가. 법 원

법원은 사실을 발견함에 필요한 때에는 검증을 할 수 있다(법 139조). 법원이 공판기일에 검증을 함에 있어서는 별도의 절차를 필요로 하지 않으나 공판정 이외의 일정한 장소에서 검증을 하려면 검증기일을 지정하여야 한다. 그렇지만 압수·수색과 달리 공판정 외에서 검증을 하더라도 영장을 발부하여 시행할 필요는 없다(법 113조 참조).

나. 수사기관

검사는 범죄수사에 필요한 때에는 피의자가 죄를 범하였다고 의심할 만한 정황이 있고 해당 사건과 관계가 있다고 인정할 수 있는 것에 한정하여 지방법원 판사에게 청구하여 발부받은 영장에 의하여 압수, 수색 또는 검증을 할 수 있다. 사법경찰관은 검사에게 신청하여 검사의 청구로 지방법원 판사가 발부한 영장에 의하여 압수, 수색 또는 검증을 할 수 있다(법 215조).

3. 검증의 실시

가. 법원과 수사기관

법원과 수사기관은 피의자·피고인, 변호인 등이 참여하지 아니한다는 의사를 명시한 때 또는 급속을 요하는 때를 제외하고는 당사자에게 검증의 일시와 장소를 미리 통지하여 참여권을 보장하여야 한다(법 145조, 121조, 122조, 219조).

검증을 함에는 신체의 검사, 사체의 해부, 분묘의 발굴, 물건의 파괴 기타 필요한 처분을 할 수 있다(법 140조, 219조).

신체의 검사에 관하여는 검사를 당하는 자의 성별, 연령, 건강상태 기타 사정을 고려하여 그 사람의 건강과 명예를 해하지 아니하도록 주의하여야 한다. 피의자·피고인 아닌 자의 신체검사는 증적의 존재를 확인할 수 있는 현저한 사유가 있는 경우에 한하여 할 수 있다. 여자의 신체를 검사하는 경우에는 의사나 성년의 여자를 참여하게 하여야 한다. 사체의 해부 또는 분묘의 발굴을 하는 때에는 예를 잊지 아니하도록 주의하고 미리 유족에게 통지하여야 한다(법 141조, 219조).

나. 법 원

법원은 신체를 검사하기 위하여 피고인 아닌 자를 법원 기타 지정한 장소에 소환할 수 있다(법 142조).

일출 전, 일몰 후에는 가주(家主), 간수자 또는 이에 준하는 자의 승낙이 없으면 검증을 하기 위하여 타인의 주거, 간수자 있는 가옥, 건조물, 항공기, 선박 내에 들어가지 못한다. 단, 일출 후에는 검증의 목적을 달성할 수 없을 염려가 있는 경우에는 예외로 한다(법 143조 1항). 일몰 전에 검증에 착수한 때에는 일몰 후라도 검증을 계속할 수 있다(동조 2항). 법 126조(야간집행제한의 예외)에 규정한 장소에는 1항의 제한을 받지 아니한다(동조 3항).

4. 압수·수색에 관한 규정의 준용

법 110조(군사상비밀과 압수), 119조(집행 중의 출입금지), 120조(집행과 필요한 처분), 121조(영장집행과 당사자의 참여), 122조(영장집행과 참여권자에의 통지), 123조(영장의 집행과 책임자의 참여), 127조(집행중지와 필요한 처분)의 규정은 법원과 수사기관의 검증에 관하여 준용한다(법 145조, 219조). 다만 법 136조(수명법관, 수탁판사)는 법원의 검증에서만 준용한다(법 145조).

5. 검증조서의 작성

검증에 관하여는 조서를 작성하여야 하고, 검증조서에는 검증목적물의 현상을 명확하게 하기 위하여 도화나 사진을 첨부할 수 있다(법 49조). 법원 또는 법관이 작성한 검증조서는 법 311조에 의해, 수사기관이 작성한 검증조서는 법 312조 6항에 의해 증거능력이 인정된다.

6. 사진촬영

사진촬영이 강제수사인지에 대해서는 견해가 나뉜다. ① 강제수사설은 사진촬영은 사물의 존재와 상태를 오관의 작용으로 실험·인식한 것을 필름이나 디스크에 담는 것이라는 점에서 검증과 유사한 성격을 가진다고 한다. ② 공개된 장소에서 행해지는 사진촬영은 임의수사이지만, 사적 공간에서 상대방의 의사에 반하여 행해지는 사진촬영은 강제수사라고 하는 견해, ③ 사진촬영은 성질상 검증에 해당하므로 원칙적으로 검증영장에 의하여야 하지만, 일정한 요건 하에 영장주의가 적용되지 않는다는 견해도 있다.

제한속도 위반차량을 단속하려고 무인장비에 의해 차량번호 등을 촬영한 사진

수사기관의 활동은 수사 목적을 달성함에 필요한 경우에 한하여 사회통념상 상당하다고 인정되는 방법 등에 의하여 수행되어야 한다. 무인장비에 의한 제한속도 위반차량 단속은 수사활동의 일환으로서 도로교통법령에 따라 정해진 제한속도를 위반하여 차량을 주행하는 범죄가 현재 행하여지고 있고, 그 범죄의 성질·태양으로 보아 긴급하게 증거보전을 할 필요가 있는 상태에서 일반적으로 허용되는 한도를 넘지 않는 상당한 방법에 의한 것이므로, 무인장비에 의해 차량번호 등을 촬영한 사진을 위법수집증거라고 할 수 없다.[174)]

174) 대판 1999. 12. 7. 98도3329.

회합증거를 보전하려고 갑의 집에 출입하는 것을 그 담장 밖에서 비디오로 촬영

누구든지 자기의 얼굴 기타 모습을 함부로 촬영당하지 않을 자유를 가지나 이러한 자유도 국가권력의 행사로부터 무제한으로 보호되는 것은 아니고 국가의 안전보장·질서유지·공공복리를 위하여 필요한 경우에는 상당한 제한이 따르는 것이고, 수사기관이 범죄를 수사함에 있어 현재 범행이 행하여지고 있거나 행하여진 직후이고, 증거보전의 필요성 및 긴급성이 있으며, 일반적으로 허용되는 상당한 방법에 의하여 촬영을 한 경우라면 영장이 없었더라도 위법하다고 단정할 수 없다.

이 사건 비디오촬영은 피고인들에 대한 범죄의 혐의가 상당히 포착된 상태에서 그 회합의 증거를 보전하기 위한 필요에서 이루어진 것이고 갑의 주거지 외부에서 담장 밖 및 2층 계단을 통하여 갑의 집에 출입하는 피고인들의 모습을 촬영한 것으로 그 촬영방법도 상당성이 결여되었다고 할 수 없다.[175)]

반국가단체의 구성원과 회합하는 것을 공개적인 장소에서 동영상 촬영

피고인들이 일본 또는 중국에서 북한 공작원들과 회합하는 모습을 동영상으로 촬영한 것은 증거를 보전할 필요가 있어서이고, 피고인들이 반국가단체의 구성원과 회합 중이거나 회합하기 직전·직후의 모습을 촬영한 것으로 그 촬영 장소도 차량이 통행하는 도로, 식당 앞길, 호텔 프런트 등 공개적인 장소이어서, 일반적으로 허용되는 상당성을 벗어난 방법으로 촬영한 것이 아니어서 위법하지 않다.[176)]

Ⅵ. 통신 및 대화에 대한 강제수사

통비법은 통신 및 대화의 비밀과 자유에 대한 제한은 그 대상을 한정하고 엄격한 법적 절차를 거치도록 하고 있다(통비법 1조). 여기서 통신은 우편물 및 전기통신을 말한다. 우편물은 우편법에 의한 통상우편물과 소포우편물을 말하고, 전기통신은 전화·전자우편·회원제정보서비스·모사전송·무선호출 등과 같이 유선·무선·광선 및 기타의 전자적 방식에 의하여 모든 종류의 음향·문언·부호 또는 영상을 송신하거나 수신하는 것을 말한다(통비법 2조 1호 내지 3호).

누구든지 통비법과 법 또는 군사법원법의 규정에 의하지 아니하고는 우편물의 검열·전기통신의 감청 또는 통신사실확인자료의 제공을 하거나 공개되지 아니한 타인간의 대화를 녹음 또는 청취하지 못한다(통비법 3조). 통비법 3조에 위반하여 우편물 검열 또는 전기통신 감청을 하거나 공개되지 않은 타인간의 대화를 녹음·청취하는 자는 형사처벌한다(통비법 16조 1항).

1. 통신제한조치

우편물의 검열, 전기통신의 감청을 통신제한조치라고 한다(통비법 3조 2항). 검열은 우편물에 대하여

175) 대판 1999. 9. 3. 99도2317.
176) 대판 2013. 7. 26. 2013도2511.

당사자의 동의 없이 이를 개봉하거나 기타의 방법으로 그 내용을 지득 또는 채록하거나 유치하는 것을 말하고, 감청은 전기통신에 대하여 당사자의 동의 없이 전자장치·기계장치 등을 사용하여 통신의 음향·문언·부호·영상을 청취·공독하여 그 내용을 지득 또는 채록하거나 전기통신의 송·수신을 방해하는 것을 말한다(통비법 2조 6호, 7호). 우편물을 검열한다거나 전기통신을 감청하는 것은 통신 및 대화의 비밀과 자유에 대한 중대한 제한을 가져오므로 엄격한 요건 하에 허용되어야 한다.[177]

통신제한조치의 종류로는 범죄수사를 위한 통신제한조치, 국가안보를 위한 통신제한조치, 긴급통신제한조치가 있다.[178]

가. 동시성 또는 현재성

'통신제한조치(감청)의 집행'을 위탁받은 카카오가 3~7일마다 정기적으로 '서버에 저장된 대상자들의 카카오톡 대화내용을 추출(감청 아님)'하여 수사기관에 제공

법리: 'Ⅰ전기통신의 감청'은 전기통신이 이루어지고 있는 상황에서 실시간으로 전기통신의 내용을 지득·채록하는 경우와 통신의 송·수신을 직접적으로 방해하는 것을 의미하고, 이미 수신이 완료된 전기통신에 관하여 남아 있는 기록이나 내용을 열어보는 등의 행위는 포함하지 않는다.

수사기관으로부터 집행을 위탁받은 통신기관 등도 허가서에 기재된 집행방법 등을 준수하여야 한다.

사실관계

- 수사기관은 '주식회사 카카오(카카오)'에 통신제한조치허가서 사본을 교부하고 통신제한조치의 집행을 위탁함
- 카카오톡은 가입자들이 문언 등을 송·수신하며 대화하는 과정에서 그 내용이 서버에 저장되었다가 3~7일 후에 삭제됨
- 카카오는 3~7일마다 서버에 저장된 대상자들의 대화를 추출하여 수사기관에 제공함

판단: 통신제한조치허가서에 기재된 통신제한조치의 종류는 전기통신의 '감청'이므로, 집행위탁을 받은 카카오는 감청의 방식으로 통신제한조치를 집행하여야 한다. 그런데도 카카오는 이미 수신이 완료되어 서버에 저장된 전자정보를 3~7일마다 추출하여 수사기관에 제공하였다. 이러한 카카오의 집행은 동시성 또는 현재성 요건을 충족하지 못해 통비법이 정한 감청이라고 볼 수 없어 통신제한조치허가서에 기재된 방식을 따르지 않아 위법하고, 위 카카오톡 대화내용은 위법수집증거이므로 증거능력이 없다.[179]

수신이 완료되어 컴퓨터서버에 저장된 문자메시지 파일을 열람

피고인이 회사 컴퓨터 서버를 통해 고객들의 휴대폰으로 문자메시지 등을 전달하거나 전달받는 영업을 하던 중 컴퓨터 서버에 저장되어 있던 문자메시지 28,811건에 대한 파일을 열람하여 내용을 지득한 사안에서,[180]

177) 대판 1999. 9. 3. 99도2317.
178) 범죄수사를 위한 통신제한조치를 할 수 있는 경우는 일정한 범죄로 제한되어 있고(통비법 5조), 법원으로부터 통신제한조치 허가서를 발부받아서 한다(통비법 6조).
179) 대판 2016. 10. 13. 2016도8137.
180) 원심인 서울중앙지판 2012. 4. 5. 2011노3910.

통비법상 '감청'은 전자적 방식에 의하여 모든 종류의 음향·문언·부호 또는 영상을 송신하거나 수신하는 전기통신에 대하여 당사자의 동의 없이 전자장치·기계장치 등을 사용하여 통신의 음향·문언·부호·영상을 청취·공독하여 그 내용을 지득 또는 채록하거나 전기통신의 송·수신을 방해하는 것을 말한다. 해당 규정의 문언이 송신하거나 수신하는 전기통신 행위를 감청의 대상으로 규정하고 있을 뿐 송·수신이 완료되어 보관 중인 전기통신 내용은 대상으로 규정하지 않으므로 통비법상 '감청'이란 대상이 되는 전기통신의 송·수신과 동시에 이루어지는 경우만을 의미하고, 이미 수신이 완료된 전기통신의 내용을 지득하는 등의 행위는 포함되지 않는다.[181]

해설: 수신이 완료되어 컴퓨터서버에 저장된 문자메시지 파일을 열람하는 것은 감청이 아니므로 통신제한조치허가서가 아니라 통상의 압수·수색영장에 의하여야 한다.

동장 직무대리가 시장에게 "통장에게 시장을 도와달라고 부탁하였다"는 전자우편을 시청 전자문서시스템을 통해 보냈는데, 그 수신 완료 후 시청 공무원이 위 전자우편을 수집

A시 B동장 직무대리의 지위에 있던 피고인이 A시장 갑에게 A시청 전자문서시스템을 통하여 'B동 1통장인 을에게 갑을 도와 달라고 부탁하였다'는 내용의 전자우편을 보내었는데 A시청 소속 공무원인 제3자가 권한 없이 전자우편에 대한 비밀 보호조치를 해제하는 방법으로 이를 수집한 사안에서,

제3자가 (A시장이 수신을 완료한) 전자우편을 수집한 것은 감청이 아니다.[182]

나. 동 의

렉카 회사가 무전기로 한국도로공사와 순찰차의 무선전화통화를 청취

렉카 회사가 무전기를 이용하여 한국도로공사의 상황실과 순찰차 간의 무선전화통화를 청취한 경우 무전기를 설치함에 있어 한국도로공사의 정당한 결재가 없었으므로 전기통신의 당사자인 한국도로공사의 동의가 있었다고 볼 수 없어 감청에 해당한다.[183]

골프장 운영업체가 예약담당직원과 고객 간의 골프장예약에 관한 통화를 녹취

통비법 3조 1항이 금지하고 있는 '전기통신의 감청'이란 전기통신에 대하여 그 당사자인 송신인과 수신인이 아닌 제3자가 당사자의 동의를 받지 않고 전자장치 등을 이용하여 통신의 음향·문언·부호·영상을 청취·공독하여 그 내용을 지득 또는 채록하는 등의 행위를 하는 것을 의미하므로, 전기통신에 해당하는 전화통화의 당사자 일방이 상대방과의 통화내용을 녹음하는 것은 위 법조에 정한 '감청' 자체에 해당하지 아니한다. 따라서 골프장 운영업체가 예약전용 전화선에 녹취시스템을 설치하여 예약담당직원과 고객 간의 골프장 예약에 관한 통화내용을 녹취한 행위는 통비법 3조 1항 위반죄에 해당하지 않는다.[184]

---

181) 대판 2012. 10. 25. 2012도4644.
182) 대판 2013. 11. 28. 2010도12244.
183) 대판 2003. 11. 13. 2001도6213.
184) 대판 2008. 10. 23. 2008도1237.

수사기관이 구속된 자에게 휴대전화를 주고 타인과 통화하게 하여 이를 녹음
수사기관이 갑으로부터 피고인의 마약 범행에 대한 진술을 듣고 추가적인 증거를 확보할 목적으로, 구속수감되어 있던 갑에게 그의 압수된 휴대전화를 제공하여 피고인과 통화하고 위 범행에 관한 통화 내용을 녹음하게 한 행위는 불법감청이므로, 녹음 자체는 물론 이를 근거로 작성된 녹취록은 증거동의에 상관없이 증거능력이 없다.[185)]

다. 통신제한조치허가서의 효력 범위

통신제한조치허가서의 통신제한조치대상자가 아닌 자들 사이의 통화를 감청
갑의 국가보안법위반죄에 대한 증거의 수집을 위하여 발부된 통신제한조치허가서에 의하여 피고인과 을 사이 또는 피고인과 병 사이의 통화내용을 감청하여 작성한 녹취서는 통신제한조치의 목적이 된 갑의 국가보안법위반죄나 그와 관련된 범죄를 위하여 사용되어야 한다.[186)]

당초의 통신제한조치허가서에 없던 대화녹음이 연장결정서에 기재됨
통신제한조치에 대한 기간연장결정은 원 허가의 내용에 대하여 단지 기간을 연장하는 것일 뿐 원 허가의 대상과 범위를 초과할 수 없다. 당초의 통신제한조치허가서에 의하여 허가된 통신제한조치가 '전기통신 감청 및 우편물 검열' 뿐이라면 그 후 연장결정서에 대화녹음이 기재되었더라도 이는 대화녹음의 적법한 근거가 되지 못한다.[187)]

제3자의 통신내용도 감청될 수 있는 패킷 감청
인터넷 통신망을 통한 송·수신은 '전기통신(통비법 2조 3호)'이므로 인터넷 통신망을 통하여 흐르는 전기신호 형태의 패킷(packet)을 중간에 확보하여 그 내용을 지득하는 '패킷 감청'도 통비법 5조 1항의 요건을 갖추면 특별한 사정이 없는 한 허용되고, 이는 패킷 감청의 특성상 수사목적과 무관한 통신내용이나 제3자의 통신내용도 감청될 우려가 있더라도 마찬가지이다.[188)]

2. 통신사실 확인자료의 제공

통신사실 확인자료는 가입자의 전기통신일시, 전기통신개시·종료시간, 발·착신 통신번호 등 상대방의 가입자번호, 발신기지국의 위치추적자료, 접속지의 추적자료 등을 말한다(통비법 2조 11호). 통신사실 확인자료를 열람하게 하거나 제출하는 것을 통신사실 확인자료의 제공이라 한다.

수사기관은 수사 또는 형의 집행을 위하여 필요한 경우 전기통신사업법에 의한 전기통신사업자에

185) 대판 2010. 10. 14. 2010도9016.
186) 대판 2002. 10. 22. 2000도5461.
187) 대판 1999. 9. 3. 99도2317.
188) 대판 2012. 10. 11. 2012도7455.

게 통신사실 확인자료의 제공을 요청할 수 있다(통비법 13조 1항). 1항의 규정에 의한 통신사실 확인자료 제공을 요청하는 경우에는 요청사유, 해당 가입자와의 연관성 및 필요한 자료의 범위를 기록한 서면으로 관할 법원(보통군사법원을 포함함)의 허가를 받아야 한다. 관할 법원의 허가를 받을 수 없는 긴급한 사유가 있는 때에는 통신사실 확인자료 제공을 요청한 후 지체 없이 그 허가를 받아 전기통신사업자에게 송부하여야 한다(동조 2항). 긴급한 사유로 통신사실 확인자료를 제공받았으나 사후에 법원의 허가를 받지 못한 경우에는 통신사실 확인자료를 폐기하여야 한다(동조 3항).

법원은 재판상 필요한 경우에는 전기통신사업자에게 통신사실 확인자료 제공을 요청할 수 있다(통비법 13조의2).

범죄의 수사·소추를 위하여 통신사실확인자료를 사용할 대상범죄: 객관적·인적 관련성

통신사실확인자료 제공요청에 의하여 취득한 통화내역 등 통신사실확인자료를 범죄의 수사·소추를 위하여 사용하는 경우 대상 범죄는 통신사실확인자료 제공요청의 목적이 된 범죄 및 이와 관련된 범죄에 한정되어야 한다.[189] 여기서 통신사실확인자료 제공요청의 목적이 된 범죄와 관련된 범죄란 통신사실 확인자료제공 요청 허가서에 기재한 혐의사실과 객관적 관련성이 있고 자료제공 요청대상자와 피의자 사이에 인적 관련성이 있는 범죄를 의미한다.

① 혐의사실과의 객관적 관련성은, 통신사실 확인자료제공요청 허가서에 기재된 혐의사실 자체 또는 그와 기본적 사실관계가 동일한 범행과 직접 관련되어 있는 경우는 물론 범행 동기와 경위, 범행 수단 및 방법, 범행 시간과 장소 등을 증명하기 위한 간접증거나 정황증거 등으로 사용될 수 있는 경우에도 인정될 수 있다. 그 관련성은 통신사실 확인자료제공요청 허가서에 기재된 혐의사실의 내용과 수사의 대상 및 수사 경위 등을 종합하여 구체적·개별적 연관관계가 있는 경우에만 인정되고, 혐의사실과 단순히 동종 또는 유사 범행이라는 사유만으로 관련성이 있는 것은 아니다.

② 피의자와 사이의 인적 관련성은 통신사실 확인자료제공요청 허가서에 기재된 대상자의 공동정범이나 교사범 등 공범이나 간접정범은 물론 필요적 공범 등에 대한 피고사건에 대해서도 인정될 수 있다.[190]

같은 취지의 판례

갑과 을의 공직선거법위반 수사를 위한 통신사실확인자료를 피고인에 대한 증거로 사용

통신사실확인자료를 범죄의 수사·소추 또는 예방을 위하여 사용하는 경우 그 대상범죄는 통신사실확인자료 제공요청의 목적이 된 범죄나 이와 관련된 범죄에 한정된다.

검사가 법원의 허가를 받아 갑과 을에 대한 공직선거법위반 사건의 수사과정에서 에스케이텔레콤 주식회사로부터 취득한 통화내역은 갑과 을의 공직선거법위반죄와는 관련이 없는 피고인의 공소사실에 대한 증거로 사용할 수 없다.[191]

---

189) 통비법은 통신제한조치의 집행으로 인하여 취득된 전기통신의 내용은 통신제한조치의 목적이 된 범죄나 이와 관련되는 범죄를 수사·소추하거나 그 범죄를 예방하기 위한 경우 등에 한정하여 사용할 수 있도록 규정하고(12조 1호), 통신사실확인자료의 사용제한에 관하여 이 규정을 준용하도록 하고 있다(13조의5).

190) 대판 2017. 1. 25. 2016도13489.

191) 대판 2014. 10. 27. 2014도2121.

3. 대화비밀의 침해금지

누구든지 공개되지 아니한 타인 간의 대화를 녹음하거나 전자장치 또는 기계적 수단을 이용하여 청취할 수 없다(통비법 14조 1항).

가. 대화의 의미

갑이 피해자와 전화통화를 마칠 무렵 몸싸움을 하는 것 같아 전화를 끊지 않고 1~2분간 '악' 하는 소리와 '우당탕' 소리를 들음

통비법에서 보호하는 타인 간의 '대화'는 원칙적으로 현장에 있는 당사자들이 육성으로 말을 주고받는 의사소통행위를 가리킨다. 또한 사람의 목소리라고 하더라도 상대방에게 의사를 전달하는 말이 아닌 단순한 비명소리나 탄식 등은 타인과 의사소통을 하기 위한 것이 아니라면 특별한 사정이 없는 한 타인 간의 '대화'가 아니다.

위와 같은 소리가 비록 통비법에서 말하는 타인 간의 '대화'에는 해당하지 않더라도, 형사절차에서 그러한 증거를 사용할 수 있는지는 개별적인 사안에서 효과적인 형사소추와 형사절차상 진실발견이라는 공익과 개인의 인격적 이익 등의 보호이익을 비교형량하여 결정하여야 한다.

사실관계: 갑은 평소 친분이 있던 피해자와 휴대전화로 통화를 마친 후 전화가 끊기지 않은 상태에서 1~2분간 '악' 하는 소리와 '우당탕' 소리를 들었고, 통화를 마칠 무렵 몸싸움을 연상시키는 소리가 들려 전화를 끊지 않았던 것으로 보인다.

판단: 갑이 들었다는 '우당탕' 소리는 사람의 목소리가 아니므로 통비법에서 말하는 타인 간의 '대화'에 해당하지 않는다. '악' 소리도 사람의 목소리이기는 하나 단순한 비명소리에 지나지 않아 타인 간의 '대화'라고 볼 수 없다. 위와 같은 소리는 막연히 몸싸움이 있었다는 것 외에 사생활에 관한 다른 정보는 제공하지 않고, 갑이 소리를 들은 시간이 길지 않으며, 소리를 듣게 된 동기와 상황, 갑과 피해자의 관계 등에 비추어, 통비법에서 보호하는 타인 간의 '대화'에 준하는 것으로 보아 증거능력을 부정할 만한 특별한 사정이 있다고 보기도 어렵다.

갑의 청취행위가 피해자 등의 사생활에 관계된 것이라 하더라도, 청취 내용과 시간, 경위 등에 비추어 갑의 진술을 상해의 증거로 사용하는 것이 피해자 등의 사생활의 비밀과 자유 또는 인격권을 위법하게 침해한다고 볼 수 없어 그 증거의 제출은 허용된다.[192)]

나. 통신과 대화의 구별

무선전화기를 이용한 통화는 대화가 아니라 통신임

통비법에서는 그 규율의 대상을 통신과 대화로 분류하고 그 중 통신을 다시 우편물과 전기통신으로 나눈 다음, 그 2조 3호로 "전기통신"이라 함은 유선·무선·광선 및 기타의 전자적 방식에 의하여 모든 종류의 음향·문언·부호 또는 영상을 송신하거나 수신하는 것을 말한다고 규정하고 있는바, 무전기와 같은 무선전화기를 이용한 통화는 통비법상의 전기통신에 해당하며, 통비법상의 '타인간의 대화'가 아니다.

---

192) 대판 2017. 3. 15. 2016도19843.

렉카 회사가 무전기를 이용하여 한국도로공사와 순찰차 간의 무선전화통화를 무단 청취한 행위는 불법 감청이다.[193]

피고인이 갑의 동의를 받아 갑과 을의 전화통화를 몰래 녹음
피고인이 경영하는 이용원에서 경쟁업체를 공중위생법위반죄로 고발하는 데 사용할 목적으로 갑으로 하여금 A미용실을 경영하는 을에게 전화를 걸어 "귓불을 뚫어 주느냐"는 용건으로 통화하게 한 다음 그 내용을 녹음한 사안에서,
전화통화는 통비법에서 규정하고 있는 전기통신에 해당하므로, 통비법 3조 1항 소정의 '타인간의 대화'에 포함시킬 수 없다. 제3자의 경우는 설령 전화통화 당사자 일방의 동의를 받고 그 통화내용을 녹음하였다 하더라도 그 상대방의 동의가 없었던 이상, 통비법 3조 1항 위반(불법감청)이다.[194]

휴대폰으로 통화하면서 상대방 몰래 녹음하다가 통화를 종료하였음에도 상대방이 실수로 휴대폰 통화를 종료하지 않은 채 타인과 대화하는 것을 계속하여 녹음
피고인이 휴대폰의 녹음기능을 작동시킨 상태로 갑과 약 8분간의 전화통화를 마친 후 상대방에 대한 예우 차원에서 바로 전화통화를 끊지 않고 갑이 전화를 먼저 끊기를 기다리던 중, 을이 갑과 인사를 나누면서 병을 소개하는 목소리가 피고인의 휴대폰을 통해 들려오고, 때마침 갑이 실수로 통화종료 버튼을 누르지 아니한 채 휴대폰을 탁자 위에 놓아두자, 갑의 휴대폰과 통화연결상태에 있는 자신의 휴대폰 수신 및 녹음기능을 이용하여 대화를 몰래 청취하면서 녹음한 것은 작위에 의한 통비법 3조의 위반행위이다.[195]
해설: 위 판례는 피고인이 휴대폰으로 갑과 을의 대화를 녹음한 것은 '통신의 감청'이 아니라 '타인간의 대화'를 녹음한 것으로 보고 있다.

다. 당사자의 동의

대화의 당사자인 남편이 처와의 대화를 몰래 녹취
고소인이 간통이 있었음을 알고 처인 피고인과 대화하면서 이를 몰래 녹취한 것은 타인간의 대화를 녹음한 것이 아니므로 통비법 14조의 적용을 받지는 않는다.[196]

193) 대판 2003. 11. 13. 2001도6213.
194) 대판 2002. 10. 8. 2002도123.
195) 대판 2016. 5. 12. 2013도15616. 다음을 참조하라.
어떠한 범죄가 적극적 작위에 의하여 이루어질 수 있음은 물론 결과의 발생을 방지하지 아니하는 소극적 부작위에 의하여도 실현될 수 있는 경우에, 행위자가 자신의 신체적 활동이나 물리적·화학적 작용을 통하여 적극적으로 타인의 법익 상황을 악화시킴으로써 결국 그 타인의 법익을 침해하기에 이르렀다면, 작위에 의한 범죄로 봄이 원칙이다(대판 2004. 6. 24. 2002도995).
196) 대판 2001. 10. 9. 2001도3106.

택시기사가 승객인 피해자들과 대화하면서 몰래 대화를 촬영기와 무선통신장치를 이용하여 실시간으로 중계하는 방식으로 인터넷에 공개

택시 운전기사인 피고인이 자신의 택시에 승차한 피해자들에게 질문하여 피해자들의 지속적인 답변을 유도하는 등의 방법으로 피해자들과의 대화를 이어나가면서 피해자들 몰래 피해자들의 대화를 소형 촬영기와 무선통신장치를 이용하여 실시간으로 중계하는 방식으로 인터넷을 통하여 불특정 다수의 시청자에게 공개한 사안에서, 피해자들의 발언은 피고인에 대한 관계에서 통비법 3조 1항에서 정한 '타인 간의 대화'에 해당한다고 할 수 없으므로, 피고인이 통비법 3조 1항에 위반하여 지득한 타인 간의 대화 내용을 공개한 것으로서 통비법 16조 1항 2호에 해당한다고 볼 수는 없다.[197)]

3인 간의 대화에 있어서 그 중 한 사람이 대화를 녹음

통비법 3조 1항이 "공개되지 아니한 타인 간의 대화를 녹음 또는 청취하지 못한다"라고 정한 것은, 대화에 원래부터 참여하지 않는 제3자가 그 대화를 하는 타인들 간의 발언을 녹음해서는 아니 된다는 취지이다. 3인 간의 대화에 있어서 그 중 한 사람이 그 대화를 녹음하는 경우에 다른 두 사람의 발언은 그 녹음자에 대한 관계에서 '타인 간의 대화'라고 할 수 없으므로, 이와 같은 녹음행위가 통비법 3조 1항에 위배된다고 볼 수는 없다.[198)]

4. 집행의 위탁

'대화의 녹음·청취'에 있어서 제3자에게 집행을 위탁하거나 그의 협조를 받음

'우편물의 검열 또는 전기통신의 감청' 뿐만 아니라, '대화의 녹음·청취'에 있어서도 '검사·사법경찰관 또는 정보수사기관의 장(집행주체)'이 제3자의 도움을 받지 않고서는 '대화의 녹음·청취'가 사실상 불가능하거나 곤란한 사정이 있는 경우에는 비례의 원칙에 위배되지 않는 한 제3자에게 집행을 위탁하거나 그로부터 협조를 받을 수 있다.[199)]

Ⅶ. 대물적 강제처분과 영장주의의 예외

압수·수색·검증은 긴급히 행해질 필요성이 있어 영장주의의 예외가 비교적 넓게 인정되고 있다.

1. 당사자의 동의

대물적 강제처분은 당사자의 동의가 있으면 대체로 영장주의의 예외를 이룬다. 그 대표적인 예로는 수사기관이 당사자의 동의를 받아 영장 없이 금융기관과의 거래내역이나 통신내역 등을 조회하는

197) 대판 2014. 5. 16. 2013도16404.
198) 대판 2006. 10. 12. 2006도4981; 대판 2006. 10. 12. 2006도4981.
199) 대판 2015. 1. 22. 2014도10978 전합.

것을 들 수 있다.

동의는 당사자 본인이 하는 것이 원칙이다. 따라서, 피고인이 음주운전 중 교통사고를 내어 응급실로 호송되었으나 상처가 중하거나 의식불명 상태에 빠지는 등의 사정으로 인하여 피고인으로부터 혈액채취의 동의를 받을 수 없고, 영장주의를 준수하면 증거를 확보하기 곤란할 수 있어 의료진에게 요청하여 혈액을 채취하면서 혈액채취 동의를 피고인의 처, 아들, 동서로부터 받았더라도 채취한 혈액과 그에 관한 감정서는 피고인의 동의를 받지 않은 이상 영장주의 원칙을 위반하여 수집하거나 그에 기초하여 획득한 위법수집증거이다. 그러한 위법수집증거는 피고인이나 변호인의 동의가 있더라도 유죄의 증거로 사용할 수 없다.[200)]

음주운전으로 교통사고를 낸 의식불명 피의자의 법정대리인의 동의를 받아 혈액채취

경찰관이, 오토바이 운전 중 교통사고를 일으키고 의식을 잃은 채 병원으로 후송된 피고인의 아버지의 동의만 받고서 피고인으로부터 채혈한 사안에서,

피의자에게 의사능력이 있으면 직접 소송행위를 하는 것이 원칙이고, 피의자에게 의사능력이 없는 경우에는 형법 9조 내지 11조의 적용을 받지 않는 범죄에 한하여 예외적으로 그 법정대리인이 소송행위를 대리할 수 있지만(법 26조), 음주운전과 관련한 도교법위반죄는 그러한 예외에 해당하지 않으므로 피의자에게 의사능력이 있다면 피의자 본인만이 혈액채취에 관한 유효한 동의를 할 수 있고, 피의자에게 의사능력이 없어도 법정대리인이 피의자를 대리하여 동의할 수는 없다.

따라서 위와 같이 채취한 혈액에 대한 감정의뢰회보 등은 증거능력이 없다.[201)]

음주측정을 위해 호흡측정에 응한 운전자의 동의를 받아 혈액을 채취하기 위한 요건

호흡측정이 이루어진 경우에는 다시 음주측정을 할 필요성은 사라졌으므로 운전자의 불복이 없는 한 다시 음주측정을 할 수 없다. 그러나 구체적 상황에 비추어 호흡측정기의 오작동 등으로 인하여 호흡측정에 오류가 있다고 인정할 만한 사정이 있다면 추가로 음주측정을 할 필요성이 있으므로, 경찰관이 운전자의 동의를 얻어 혈액을 채취하여 다시 음주측정을 하는 것은 적법하다. 운전자의 동의는 경찰관이 미리 운전자에게 혈액채취를 거부할 수 있음을 알려주었거나 운전자가 언제든지 자유로이 혈액채취에 응하지 아니할 수 있었음이 인정되는 등 혈액채취가 자발적인 의사에 의하여 이루어졌음이 객관적인 사정에 의하여 명백한 경우에 한하여 적법하다.[202)]

2. 체포·구속할 피의자·피고인을 발견하기 위한 수색

수사기관은 피의자를 '체포영장에 의한 체포(법 200조의2), 긴급체포(법 200조의3), 현행범체포(법 212

200) 대판 2011. 4. 28. 2009도2109; 대판 2011. 5. 13. 2009도10871; 대판 2012. 11. 15. 2011도15258.
201) 대판 2014. 11. 13. 2013도1228.
202) 대판 2015. 7. 9. 2014도16051.

조) 또는 구속(법 201조)'하는 경우에 필요한 때에는 영장 없이 타인의 주거나 타인이 간수하는 가옥, 건조물, 항공기, 선박 내에서 피의자를 수색할 수 있다(법 216조 1항 1호). 피고인에 대한 구속영장을 집행함에 있어 수사기관이나 재판장, 수명법관 또는 수탁판사의 명을 받은 법원사무관 등도 필요한 때에는 피고인을 수색할 수 있다(법 137조).

위 규정에 의한 체포·구속을 위한 수색의 권한은 수사기관 등에 대해서만 인정되므로 사인이 현행범체포를 위하여 타인의 주거 등을 수색하는 것은 여기에 해당하지 않는다.

피의자·피고인의 수색은 체포·구속 대상인 피의자·피고인을 발견하기 위한 처분이므로, 체포·구속이 이루어진 이후 위 규정들을 근거로 한 추가적 수색은 허용되지 않는다.

체포영장에 의해 체포할 피의자의 발견을 위한 수색
(법 216조 1항 1호 중에서) 체포영장을 발부받아 피의자를 체포하는 경우에 필요한 때에는 영장 없이 타인의 주거 등에서 피의자를 수사(수색의 의미임: 필자 주)할 수 있다는 부분은, 영장을 발부받기 어려운 긴급한 사정이 있는지를 구별하지 않고 피의자가 소재할 개연성만 소명되면 영장 없이 타인의 주거 등을 수색할 수 있도록 허용하여 영장주의에 위반되므로 헌법불합치결정을 선고한다.[203)]

3. 긴급압수·수색·검증

가. 피의자·피고인의 체포·구속현장에서의 압수·수색·검증

(1) 의 의

수사기관이 피의자를 체포영장에 의한 체포(법 200조의2), 긴급체포(법 200조의3), 현행범체포(법 212조) 또는 구속(법 201조)하는 경우에 필요한 때에는 영장 없이 체포·구속현장에서 압수·수색·검증을 할 수 있다(법 216조 1항 2호).

위 규정은 수사기관이 피고인에 대한 구속영장을 집행하는 경우에 준용한다(동조 2항). 수사기관이 피고인에 대한 구속영장을 집행하는 경우에 구속영장의 집행 자체는 법원의 명령에 의해 영장의 집행기관으로서 행하는 것이지만, 집행현장에서의 압수·수색·검증은 공소제기 후에 하는 수사에 해당한다. 따라서 수사기관이 압수·수색·검증의 결과를 법원에 보고하거나 압수물을 법원에 제출하여야 하는 것은 아니다. 수사기관이 공소제기 후에 할 수 있는 예외적인 강제수사인 것이다.

(2) 영장 없는 압수·수색·검증의 근거

① 부수처분설은 체포에 의하여 가장 중요한 기본권인 자유권이 적법하게 침해된 때에는 이에 수반하는 보다 경한 처분을 영장 없이 행할 수 있음을 규정한 것이라고 본다. ② 긴급행위설은 체포하는

---

203) 헌재 2018. 4. 26. 2015헌바370.

자의 안전을 위하여 무기를 빼앗고 피의자가 증거를 파괴·은닉하는 것을 예방하기 위한 긴급행위를 허용하는 규정이라고 본다. ③ 이분설은 압수에 있어서는 긴급행위이지만 수색에 있어서는 부수처분이라고 본다.

(3) 체포·구속과의 시간적 접착성

체포·구속현장에서의 압수·수색·검증과 체포·구속 사이에 요구되는 시간적 접착이 구체적으로 무엇을 의미하는지에 대해서는 견해가 나뉜다. 이에 대해서는 ① 현실적으로 체포가 실현되었어야 한다는 견해, ② 피의자·피고인이 현실적으로 체포되었을 필요는 없지만 피의자·피고인이 체포현장에 존재하고 실제로 체포에 착수하였을 것을 요한다는 견해, ③ 압수·수색·검증 당시에 피의자·피고인이 현장에 있으면 족하고 체포에 착수할 필요는 없다는 견해, ④ 압수·수색이 체포행위에 시간적·장소적으로 접착되어 있으면 족하고 체포의 전후를 불문한다는 견해가 있다.

영장 없이 위법하게 압수한 직후 임의제출동의서를 작성받고 사후영장도 발부받지 않음

사경이 영장 없이 물건을 압수한 경우 그 압수물은 물론 이를 기초로 하여 획득한 2차적 증거 역시 유죄의 증거로 사용할 수 없고, 이는 위법하게 압수한 직후에 피고인으로부터 압수물에 대한 임의제출동의서를 작성받았어도 마찬가지이다.

경찰이 피고인의 집에서 20m 떨어진 곳에서 피고인을 체포한 후 피고인의 집안을 수색하여 칼과 합의서를 압수하였을 뿐만 아니라 사후 영장을 발부받지도 않은 경우 위 칼과 합의서는 임의제출물이 아니라 영장없이 위법하게 압수된 것으로서 증거능력이 없고, 2차 증거인 임의제출동의서, 압수조서 및 목록, 압수품 사진도 증거능력이 없다.[204)]

해설: 위 판례는 피고인을 체포한 곳이 피고인의 집에서 20m 떨어진 곳이므로, 피고인의 집안에서 압수·수색은 체포현장에서의 압수·수색이라고 볼 수 없다는 취지로 생각된다.

나. 범죄 장소에서의 압수·수색·검증

범행 중 또는 범행 직후의 범죄 장소에서 긴급을 요하여 법원 판사의 영장을 받을 수 없는 때에는 영장 없이 압수·수색·검증을 할 수 있다. 이 경우에는 사후에 지체 없이 영장을 받아야 한다(법 216조 3항).

현행범을 체포하는 때에는 체포현장에서의 압수·수색·검증이 허용되고 있음에도(법 216조 1항 2호), 이와 별도로 법 216조 3항을 둔 이유에 관하여 몇 가지 견해가 있으나, 판례는 범죄 장소에서의 압수·수색·검증은 다음과 같이 범행 현장 및 시간과의 근접성을 요건으로 하지만 체포 여부와는 무관하다고 하고 있다.

---

204) 대판 2010. 7. 22. 2009도14376.

음주운전으로 인한 교통사고 후 의식불명인 피의자로부터 채혈하기 위한 요건
피의자가 음주운전 중 교통사고를 야기하고 의식불명 상태에 빠지는 등으로 ① 호흡조사에 의한 음주측정이 불가능하고 혈액채취 동의를 받을 수도 없으며 혈액채취에 대한 감정처분허가장이나 압수영장을 발부받을 시간적 여유도 없이 긴급하고, ② 피의자의 신체나 의복류에 주취로 인한 냄새가 강하게 나는 등 범죄의 증적이 현저한 준현행범의 요건이 갖추어져 있고(법 211조 2항 3호). ③ 교통사고 발생 시각으로부터 사회통념상 범행 직후라고 볼 수 있는 시간 내라면,
피의자의 생명·신체를 구조하기 위하여 사고현장으로부터 곧바로 후송된 병원 응급실 등의 장소는 범죄 장소(법 216조 3항)에 준하므로, 수사기관은 혈중알코올농도 등 증거수집을 위하여 의료인으로 하여금 의학적인 방법에 따라 필요최소한의 혈액을 채취하게 하여 영장 없이 압수할 수 있다.
이 경우에도 사후에 지체 없이 압수영장을 받아야 한다.[205]

적발한 음주운전자를 체포하지 아니한 채 주취운전을 막기 위해 차량열쇠를 압수
음주운전으로 음주운전자를 구속·체포하지 않더라도 필요하다면 그 차량열쇠는 범행 중 또는 범행 직후의 범죄장소에서의 압수(법 216조 3항) 대상이므로 영장 없이 압수할 수 있다.[206]

다. 긴급체포 후의 압수·수색·검증

(1) 의 의

수사기관은 긴급체포된[207] 자가 소유·소지·보관하는 물건에 대하여 긴급히 압수할 필요가 있는 경우에는 체포한 때부터 24시간 이내에 한하여 영장 없이 압수·수색·검증을 할 수 있다(법 217조 1항). 수사기관은 1항에 따라 압수한 물건을 계속 압수할 필요가 있는 경우에는 지체 없이 압수·수색영장을 청구하여야 한다(동조 2항). 이 경우 압수·수색영장의 청구는 체포한 때부터 48시간 이내에 하여야 한다. 수사기관은 압수·수색영장을 발부받지 못하면 압수한 물건을 즉시 반환하여야 한다(동조 3항).

(2) 체포현장에서의 압수·수색·검증과의 관계

① 체포현장에서의 압수·수색·검증(법 216조 1항 2호)과 ② 긴급체포 후의 압수·수색·검증을 할 수 있는 요건의 차이는 다음과 같다.

---

205) 대판 2012. 11. 15. 2011도15258.
206) 대판 1998. 5. 8. 97다54482.
207) 2007년도의 법 개정으로 종전의 '제200조의3(긴급체포)의 규정에 의하여 체포할 수 있는 자' 부분은 '제200조의3(긴급체포)에 따라 체포된 자'로 바뀌었다. 따라서 법 217조에 의해 긴급압수·수색·검증을 하기 위해서는 긴급체포가 현실적으로 이루어졌어야 한다.

① 체포현장에서의 압수·수색·검증	② 긴급체포 후의 압수·수색·검증
체포현장의 의미에 대해서는 견해가 나뉨	긴급체포가 현실적으로 이루어진 때
체포와 압수·수색·검증과의 시간적 접착성에 대해서는 견해가 나뉨	긴급히 압수할 필요가 있고 긴급체포 후 24시간 이내에 압수·수색·검증을 할 수 있음
압수·수색·검증을 할 곳은 체포현장임	압수·수색·검증을 할 곳이 긴급체포한 장소로 제한되지 않지만, 긴급체포한 자가 소유, 소지 또는 보관하는 물건을 대상으로 함

긴급체포된 자가 소유·소지·보관하는 물건을 체포현장이 아닌 장소에서 압수·수색·검증함

긴급체포 후의 압수·수색·검증(법 217조 1항)은 체포된 사실이 관련자들에게 알려짐으로써 증거가 파괴·은닉되는 것을 방지하고, 증거물을 신속히 확보하기 위한 것이다. 긴급체포 후의 압수·수색·검증은 체포현장에서의 압수·수색·검증(법 216조 1항 2호)과 달리, 체포현장이 아닌 장소에서도 긴급체포된 자가 소유·소지·보관하는 물건을 대상으로 할 수 있다.

사경이 피고인을 긴급체포하고 현장에서 피고인이 위장거래자에게 건네준 메트암페타민을 압수하고, 그때부터 24분 후에 체포 현장에서 2km 떨어진 피고인의 주거지에서 메트암페타민을 추가로 압수한 다음 사후영장을 발부받은 경우, 주거지에서 압수한 메트암페타민도 긴급체포의 범죄사실 수사에 필요한 범위 내의 것으로서 적법하다.[208]

긴급체포한 때로부터 약 3시간 후에 피고인의 숙소에서 영장 없이 압수·수색

긴급체포한 때부터 약 3시간 후에 영장 없이 피고인의 숙소에서 한 압수·수색이 위법하다고 볼 수 없다.[209]

전화사기범을 긴급체포하면서 그가 보관하는 타인의 주민등록증 등을 긴급압수하여 점유이탈물횡령죄의 증거로 사용

긴급체포에 수반하여 긴급체포의 범죄사실 수사에 필요한 최소한의 범위 내에서 당해 범죄사실과 관련된 물건을 압수할 수 있다(법 217조 1항). 경찰관이 이른바 전화사기죄 혐의자를 긴급체포하면서 그가 보관하고 있던 다른 사람의 주민등록증, 운전면허증 등을 압수한 것은 긴급체포의 범죄사실 수사에 필요한 범위 내의 압수로서 적법하므로, 이를 혐의자의 점유이탈물횡령죄에 대한 증거로 사용할 수 있다.[210]

208) 대판 2017. 9. 12. 2017도10309.
209) 대판 2010. 8. 19. 2008도2158.
210) 대판 2008. 7. 10. 2008도2245.

(3) 의식불명자에 대한 긴급체포

수사기관이 체포에 착수하였으나 피의자가 음독자살을 기도하거나 투신하여 의식불명이 된 경우에 피의자를 긴급체포함으로써 긴급압수·수색을 할 수 있는지에 관하여 견해가 나뉜다.[211] 피의자가 의식불명인 때에는, '증거를 인멸하거나 도망할 우려가 있어 긴급을 요할 것'이라는 긴급체포의 요건을 충족할 수 없으므로 긴급체포를 할 수 없다고 보아야 할 것으로 생각된다.

라. 사후영장의 필요

(1) 체포·구속현장에서의 압수·수색·검증과 긴급체포 후의 압수·수색·검증

검사 또는 사법경찰관은 체포·구속현장에서의 압수·수색·검증(법 216조 1항 2호) 또는 긴급체포 후의 압수·수색·검증(법 217조 1항)에 따라 압수한 물건을 계속 압수할 필요가 있는 경우에는 지체 없이 압수·수색영장을 청구하여야 한다. 이 경우 압수·수색영장의 청구는 체포·구속한 때부터 48시간 이내에 하여야 한다. 검사 또는 사법경찰관이 위와 같이 청구한 압수·수색영장을 발부받지 못한 때에는 압수한 물건을 즉시 반환하여야 한다(법 217조 2항, 3항).

(2) 범죄 장소에서의 압수·수색·검증

범행 중 또는 범행 직후의 범죄 장소에서 긴급을 요하여 법원 판사의 영장을 받을 수 없는 때에는 영장 없이 압수, 수색 또는 검증을 할 수 있으며 이 경우에는 사후에 지체 없이 영장을 받아야 한다(법 216조 3항).

(3) 증거능력의 부정

사후 압수·수색영장을 발부받지 아니한 경우에는 압수한 물건, 압수조서 또는 검증조서는 증거능력을 가지지 못한다.[212]

음란물유포혐의로 압수·수색영장집행 중 대마를 발견하고 마약류관리에관한법률위반(대마)으로 현행범체포하면서 대마를 압수하였으나 사후영장을 받지 아니함

사법경찰리가 음란물유포 혐의로 발부받은 압수·수색영장에 기하여 피고인의 주거지를 수색하다가 대마가 발견되자, 피고인을 마약류관리에관한법률위반(대마)으로 현행범체포하면서 대마를 압수하였으나, 피고인이 다음날 석방되었음에도 사후 압수·수색영장을 받지 아니한 경우 압수한 대마와 이에 대한 압수조서는 영장주의를 위반하여 수집한 증거로, 그 절차위반의 정도가 적법절차의 실질적인 내용을 침해하므로 증거능력이 없다.[213]

---

211) 황정현, 긴급압수·수색·검증에 대한 고찰 -2007년 신형사소송법 제217조를 중심으로-, 서울대학교 석사학위논문, 2011. 2, 101~102면.

212) 대판 1984. 3. 13. 83도3006; 대판 1990. 9. 14. 90도1263.

213) 대판 2009. 5. 14. 2008도10914.

범죄 장소에서의 긴급검증 후 사후영장을 받지 아니함
범행 중 또는 범행 직후의 범죄 장소에서의 긴급검증(법 216조 3항)임에도 사후 영장을 받지 않았다면 그 검증조서는 피고인에 대한 유죄의 증거로 할 수 없다.[214]

적법한 긴급체포를 하면서 긴급압수하였으나 사후영장을 받지 아니함
긴급체포에 수반하여 적법하게 압수하였더라도 사후영장을 발부받지 아니한 때에는 위법한 압수절차에 의하여 압수한 물건으로 유죄의 증거로 사용할 수 없고, 피고인이나 변호인이 증거동의하더라도 마찬가지이다.[215]

범죄 장소에서의 위법한 긴급압수·수색·검증과 사후 영장의 발부
범행 중 또는 범행 직후의 범죄 장소에서의 긴급압수·수색·검증(법 216조 3항)의 요건 중 어느 하나라도 갖추지 못한 경우에 그러한 압수·수색·검증은 위법하며, 사후에 법원으로부터 영장을 발부받아도 위법성이 치유되지는 않는다.[216]

마. 요급처분

법 216조의 규정에 의한 처분을 하는 경우에 급속을 요하는 때에는 주거주, 간수자 또는 이에 준하는 자의 참여가 있어야 한다는 법 123조 2항과 야간집행의 제한에 관한 법 125조는 적용하지 아니한다(법 220조). 법 216조의 규정에 의한 처분으로는 체포·구속할 피의자·피고인을 발견하기 위한 수색, 피의자·피고인의 체포·구속현장에서의 압수·수색·검증, 범죄 장소에서의 압수·수색·검증이 있다.

긴급체포 후의 압수·수색·검증은 법 216조의 규정에 의한 처분이 아니므로, 긴급체포 후의 압수·수색·검증을 함에 있어서는 요급처분을 할 수 없고 법 123조 2항과 125조가 적용된다.

4. 유류물 또는 임의제출물의 영치

법원은 소유자, 소지자 또는 보관자가 임의로 제출한 물건 또는 유류한 물건을 영장 없이 압수할 수 있다(법 108조). 검사, 사법경찰관도 피의자 또는 기타의 사람이 유류한 물건이나 소유자, 소지자 또는 보관자가 임의로 제출한 물건을 영장 없이 압수할 수 있다(법 218조). 위와 같은 유류물 또는 임의제출물을 압수하는 것은 상대방의 의사에 반하지 않는다는 점에서 영장주의의 예외가 되며 이러한 경우의 점유취득을 특히 영치라고 한다. 그러나 일단 영치된 이상 임의로 취거할 수 없다는 점에서는 강제처분으로 볼 수 있다. 영치된 물건도 환부·가환부의 대상이 될 수 있다. 임의제출받은 물건에 대해서는

---

214) 대판 1984. 3. 13. 83도3006; 대판 1990. 9. 14. 90도1263.
215) 대판 2009. 12. 24. 2009도11401.
216) 대판 2017. 11. 29. 2014도16080.

사후 영장을 받을 필요가 없다.[217]

피고인의 주거지에서 발견한 피고인 소유의 쇠파이프를 피해자로부터 임의제출받음

피고인 소유의 쇠파이프를 피고인의 주거지 앞마당에서 발견하였으면서도 그 소유자, 소지자 또는 보관자가 아닌 피해자로부터 쇠파이프를 임의제출받아 압수하고, 그 사진을 찍은 사안에서, 소유자, 소지자 또는 보관자가 아닌 자로부터 제출받은 물건을 영장 없이 압수한 경우 그 '압수물' 및 '압수물을 찍은 사진'은 유죄의 증거로 사용할 수 없고, 영장주의의 중요성에 비추어 볼 때 피고인이나 변호인이 이를 증거동의하였더라도 같다.[218]

현행범체포 현장이나 범죄 장소에서 임의 제출받은 물건

수사기관은 피의자 등이 유류한 물건이나 소유자·소지자 또는 보관자가 임의로 제출한 물건을 영장 없이 압수할 수 있으므로(법 218조), 현행범체포 현장이나 범죄 장소에서도 소지자 등이 임의로 제출하는 물건은 영장 없이 압수할 수 있고, 이 때에는 사후영장을 받을 필요가 없다.[219]

의료인이 진료 목적으로 채혈해둔 환자의 혈액을 수사기관에 임의로 제출

의료인이 진료 목적으로 채혈한 환자의 혈액을 수사기관에 임의로 제출하였다면 그 혈액의 증거사용도 특별한 사정이 없는 한 반드시 그 환자의 동의를 받아야 하는 것이 아니다. 경찰관이 간호사로부터 진료 목적으로 이미 채혈되어 있던 피고인의 혈액을 임의제출받아 압수한 것은, 간호사가 혈액을 임의로 제출할 권한이 없었다고 볼 특별한 사정이 없는 이상, 피고인과 그 가족의 동의를 받지 않았더라도 적법하다.[220]

교도관이 재소자가 맡긴 비망록을 수사기관에 임의로 제출

교도관이 재소자가 맡긴 비망록을 수사기관에 임의로 제출하였다면 그 비망록의 증거사용도 재소자의 사생활의 비밀 기타 인격적 법익이 침해되는 등의 특별한 사정이 없는 한 반드시 그 재소자의 동의를 받아야 하는 것은 아니다. 검사가 교도관으로부터 그가 보관하던 피고인의 비망록을 임의제출받아 압수한 경우, 그 압수절차가 피고인의 승낙 없이 행해졌어도 적법하다.[221]

---

217) 대판 2016. 2. 18. 2015도13726.

218) 대판 2010. 1. 28. 2009도10092.

219) 대판 2016. 2. 18. 2015도13726.

220) 대판 1999. 9. 3. 98도968. 수사기관은 피의자, 기타인의 유류한 물건이나 소유자, 소지자 또는 보관자가 임의로 제출한 물건을 영장 없이 압수할 수 있고(법 218조), 변호사, 의사, 한의사, 치과의사, 약사, 약종상, 조산사, 간호사의 직에 있는 자 또는 이러한 직에 있던 자가 그 업무상 위탁을 받아 소지 또는 보관하는 물건으로 타인의 비밀에 관한 것은 압수를 거부할 수 있을 뿐이고(법 219조, 112조 본문), 달리 의료인이 진료 목적으로 채혈한 혈액을 수사기관이 압수하는 절차에 관한 특별한 제한은 없다.

221) 대판 2008. 5. 15. 2008도1097. 수사기관은 피의자, 기타인의 유류한 물건이나 소유자, 소지자 또는 보관자가 임의로 제출한 물건을 영장 없이 압수할 수 있고(법 218조), 공무원 또는 공무원이었던 자가 소지 또는 보관하는 물건에 관

세관공무원이 통관검사를 위하여 보관하는 우편물을 수사기관에 임의제출
우편물 통관검사절차에서 이루어지는 우편물의 개봉, 시료채취, 성분분석 등의 검사는 수출입물품에 대한 적정한 통관 등을 목적으로 한 행정조사의 성격을 가지고 수사기관의 강제처분이라고 할 수 없으므로, 영장 없이 그러한 검사가 진행되었어도 적법하다.
세관공무원이 통관검사를 위하여 직무상 보관하는 우편물을 수사기관에 임의로 제출한 경우, 수사기관이 강제로 점유를 취득하지 않은 이상 압수하였다고 할 수 없다.[222)]

5. 변사자 검시와 긴급 검증

변사자 또는 변사의 의심 있는 사체가 있는 때에는 그 소재지를 관할하는 지방검찰청 검사가 검시하여야 한다. 검시로 범죄의 혐의를 인정하고 긴급을 요할 때에는 영장 없이 검증할 수 있다. 검사는 사법경찰관에게 검시 및 긴급 검증을 명할 수 있다(법 222조).

제4절 위법수집증거

Ⅰ. 수사기관의 위법수사

1. 의 의

위법수집증거배제법칙은 위법한 절차에 의해 수집된 증거의 증거능력을 부정하는 증거법칙을 말한다(헌법 12조 7항, 법 308조의2, 통비법 4조 등). 위법수집증거배제법칙의 이론적 근거는 적법절차를 보장하고 위법수사를 억제한다는 데 있다.

2. 압수물에 대한 위법수집증거배제법칙의 적용

위법수집증거배제법칙은 종래 주로 진술증거를 중심으로 전개되어 왔다. 판례는 비진술증거에 관

하여는 본인 또는 그 해당 공무소가 직무상의 비밀에 관한 것임을 신고한 때에는 그 소속 공무소 또는 당해 감독관공서의 승낙 없이는 압수하지 못하고, 소속 공무소 또는 당해 감독관공서는 국가의 중대한 이익을 해하는 경우를 제외하고는 승낙을 거부하지 못할 뿐이며(법 219조, 111조), 달리 교도관이 그 직무상 위탁을 받아 소지 또는 보관하는 물건으로서 재소자가 작성한 비망록을 수사기관이 압수하는 절차에 관한 특별한 절차적 제한은 없다.

222) 대판 2013. 9. 26. 2013도7718.
그러나 마약류 불법거래 방지에 관한 특례법 4조 1항에 따른 조치의 일환으로 특정한 수출입물품을 개봉하여 검사하고 그 내용물의 점유를 취득한 행위는 수출입물품에 대한 적정한 통관 등을 목적으로 조사를 하는 경우와는 달리, 범죄수사인 압수·수색에 해당하여 영장을 받아야 한다(대판 2017. 7. 18. 2014도8719).

하여 "압수물은 압수절차가 위법하다고 하더라도 물건 자체의 성질, 형상에 변경을 가져오는 것은 아니어서 그 형태 등에 관한 증거가치에는 변함이 없어 증거능력이 있다."[223]라는 소위 '성질·형상불변론'에 따라 위법수집증거배제법칙을 적용하지 않았다. 그러다가 다음 판례가 비진술증거에 대해서도 위법수집증거배제법칙을 적용하면서 종래의 '성질·형상불변론'은 폐기되었다.

성질·형상불변론의 폐기

헌법과 법이 정한 절차에 따르지 아니하고 수집한 증거는 기본적 인권 보장을 위해 마련된 적법한 절차에 따르지 않은 것으로서 원칙적으로 유죄 인정의 증거로 삼을 수 없다. 수사기관의 위법한 압수·수색을 억제하고 재발을 방지하는 가장 효과적이고 확실한 대응책은 위법수집증거는 물론 이를 기초로 하여 획득한 2차적 증거의 증거능력을 부정하는 것이다.

수사기관의 절차 위반이 적법절차의 실질적인 내용을 침해하는 것은 아니고, 오히려 증거능력을 배제하는 것이 적법절차의 원칙과 실체적 진실규명의 조화를 도모함으로써 형사사법의 정의를 실현하려는 취지에 반하는 예외적인 경우에는 증거로 사용할 수 있다. 마찬가지로 2차 증거에 대해서도 위법수집증거와 2차 증거 사이의 인과관계의 희석 또는 단절 등을 종합적으로 고려하여 예외적인 경우에는 증거능력을 인정할 수 있다.

피고인이 적법절차를 위반하여 수집된 증거가 증거능력이 없다고 다투고 있음에도 불구하고, 충분히 심리하지 아니한 채 **압수절차가 위법하더라도 압수물의 증거능력은 인정된다는 이유만으로 압수물의 증거능력을 인정한 것은 위법**하다.[224]

위법수집증거의 증거능력/원칙과 예외

기본적 인권 보장을 위하여 압수·수색에 관한 적법절차와 영장주의의 근간을 선언한 헌법과 이를 이어받아 실체적 진실 규명과 개인의 권리보호 이념을 조화롭게 실현할 수 있도록 압수·수색절차에 관한 구체적 기준을 마련하고 있는 법의 규범력은 확고히 유지되어야 하므로, 헌법과 법이 정한 절차에 따르지 아니하고 수집한 증거는 물론이거니와 이를 기초로 하여 획득한 2차적 증거 또한 적법한 절차에 따르지 않은 것으로서 원칙적으로 유죄 인정의 증거로 삼을 수 없고, 다만 수사기관의 절차 위반행위가 적법절차의 실질적인 내용을 침해하는 경우에 해당하지 않고, 그 증거의 증거능력을 배제하는 것이 오히려 헌법과 법이 적법절차원칙과 실체적 진실규명의 조화를 통하여 형사사법 정의를 실현하려는 취지에 반하는 결과를 초래하는 예외적인 경우에 한하여 그 증거를 증거로 사용할 수 있다.[225]

위법수집증거의 증거능력을 인정할 수 있는 예외적 사정의 입증

위법수집증거는, 그 증거능력을 배제하는 것이 적법절차원칙과 실체적 진실규명의 조화를 통하여 형사사법 정의를 실현하려 한 취지에 반하는 예외적인 경우라면, 증거로 사용될 수 있다. 위법수집증거를 유죄 인정의

223) 대판 1987. 6. 23. 87도705; 대판 1994. 2. 8. 93도3318; 대결 1996. 5. 14. 96초88.
224) 대판 2007. 11. 15. 2007도3061 전합.
225) 대판 2007. 11. 15. 2007도3061 전합; 대판 2010. 1. 28. 2009도10092.

증거로 사용할 수 있는 예외적인 경우에 해당한다는 구체적이고 특별한 사정은 검사가 증명하여야 한다.[226]

거소지에서 참여인 없이 30분 가량 수색하다가 보좌관인 임차인과 변호인의 적극적인 참여 하에 압수물 선별 등의 과정을 거쳤고 압수·수색의 전 과정을 녹화

수사관들이 피고인의 거소지로 들어간 2013. 8. 28. 06:58경부터 피고인의 보좌관이자 임대차계약서상 거소지의 임차인인 갑이 현장에 도착한 같은 날 08:19경까지 주거주, 인거인 등의 참여가 없이 한 압수·수색은 법에 위배되나(법 219조, 123조 2항, 3항), 수사관들은 위와 같이 30분 가량 참여인 없이 수색하다가 갑에게 참여할 것을 고지하여 갑이 현장에 도착한 때부터는 압수물 선별 과정, 디지털 포렌식 과정, 압수물 확인 과정에 갑과 변호인의 적극적이고 실질적인 참여가 있었으며, 압수·수색의 전 과정이 영상녹화된 경우, 수집된 증거들은 예외적으로 증거능력이 있다.[227]

3. 위법수사

압수·수색영장의 집행과정에서 폭행당한 검사의 수사관여

'압수·수색영장을 집행하는 과정에서 폭행 등의 피해를 당한 검사' 또는 '압수·수색영장의 집행에 참여한 검사'가 수사에 관여하였다는 이유만으로 그 수사가 위법하거나, 참고인과 피의자 진술의 임의성이 부정되지는 않는다.[228]

선거관리위원회 위원·직원이 관계인에게 진술을 녹음한다는 사실을 알려 주지 아니한 채 진술을 녹음

선거관리위원회 위원·직원이 질문·조사하거나 자료제출을 요구하는 경우에는 관계인에게 신분증을 제시하고 목적과 이유를 설명하여야 한다(공직선거법 272조의2 6항). 관계인에게 설명할 '조사의 목적과 이유'에는 범죄혐의의 요지, 조사가 필요한 이유뿐만 아니라 진술을 기록하거나 녹음·녹화한다는 점도 포함된다. 선거관리위원회 위원·직원이 녹음한다는 사실을 알리지 않고 녹음한 진술의 녹음파일과 그 녹취록은 '위법수집증거'이므로 원칙적으로 증거능력이 없다.[229]

피고인 아닌 자를 강제연행하여 취득한 진술조서를 피고인에 대한 증거로 사용

A유흥주점의 업주와 종업원인 피고인들이 영업장을 벗어나 시간적 소요의 대가로 금품을 받아서는 아니 됨에도, '티켓영업' 형태로 성매매를 하면서 금품을 수수하였다는 식품위생법위반 사건에서, 경찰이 피고인 아닌 갑, 을(A의 손님과 종업원임)을 투숙하고 있는 여관에서 사실상 강제연행하여 불법체포한 상태에서 갑, 을을 상대로 자술서를 받고 진술조서를 작성한 경우, 자술서와 진술조서는 체포·구속에 관한 영장주의원칙

226) 대판 2011. 4. 28. 2009도10412; 대판 2017. 9. 21. 2015도12400.
227) 대판 2015. 1. 22. 2014도10978 전합.
228) 대판 2013. 9. 12. 2011도12918.
229) 대판 2014. 10. 15. 2011도3509.

에 위배하여 피고인 아닌 자를 상대로 수집한 위법수집증거로서 증거능력이 없으므로, 피고인들에 대해서도 증거로 사용할 수 없다.[230]

4. 독수독과의 이론

가. 의 의

독수독과(毒樹毒果)의 이론(doctrine of the fruit of the poisonous tree)은 위법하게 수집된 증거에 의하여 발견된 2차 증거의 증거능력을 부인하는 것을 말한다. 대법원도, "헌법과 법이 정한 절차에 따르지 아니하고 수집한 증거는 기본적 인권 보장을 위해 마련된 적법한 절차에 따르지 않은 것으로서 원칙적으로 유죄 인정의 증거로 삼을 수 없다. 수사기관의 위법한 압수·수색을 억제하고 재발을 방지하는 가장 효과적이고 확실한 대응책은 이를 통하여 수집한 증거는 물론 이를 기초로 하여 획득한 2차적 증거를 유죄 인정의 증거로 삼을 수 없도록 하는 것이다."[231] 라고 판시함으로써 독수독과의 이론을 인정하고 있다.

영장 없이 금융회사로부터 매출전표의 거래명의자 정보를 받아 자백이나 진술을 획득

수사기관이 범죄 수사를 목적으로 금융실명법 4조 1항에 정한 '거래정보 등'을 획득하기 위해서는 법관의 영장이 필요하고, 신용카드에 의하여 물품을 거래할 때 '금융회사 등'이 발행하는 매출전표의 거래명의자에 관한 정보 또한 금융실명법에서 정하는 '거래정보 등'에 해당하므로, 수사기관이 금융회사 등에 그와 같은 정보를 요구하는 경우에도 법관이 발부한 영장에 의하여야 한다. 그럼에도 수사기관이 영장에 의하지 않고 매출전표의 거래명의자에 관한 정보를 획득하였다면, 그러한 증거는 원칙적으로 '위법수집증거(법 308조의 2)'이므로 증거로 삼을 수 없다.

수사기관이 영장에 의하지 아니하고 매출전표의 거래명의자에 관한 정보를 획득한 경우, 이에 기한 2차적 증거들(피의자의 자백, 범죄 피해에 대한 제3자의 진술 등)이 증거능력이 있는지를 판단할 때, ① 수사기관이 의도적으로 영장주의의 정신을 회피하는 방법으로 증거를 확보한 것이 아니라고 볼 만한 사정, ② 위와 같은 정보에 기초하여 범인으로 특정되어 체포되었던 피의자가 석방된 후 상당한 시간이 경과하였음에도 다시 동일한 내용의 자백을 하였다거나 그 범행의 피해품을 수사기관에 임의로 제출하였다는 사정, ③ 2차적 증거 수집이 체포 상태에서 이루어진 자백 등으로부터 독립된 제3자의 진술에 의하여 이루어진 사정 등은 통상 2차적 증거의 증거능력을 인정할 만한 정황에 속한다.[232]

---

230) 대판 2011. 6. 30. 2009도6717.

231) 대판 2007. 11. 15. 2007도3061 전합.

232) 대판 2013. 3. 28. 2012도13607. 사안은 다음과 같다.

사실관계

- 2012. 2. 1.경 신고를 받고 출동한 경찰이 절도(제1범행) 현장에서 범인의 점퍼와 A카드회사 발행의 매출전표를 발견함
- 경찰은 공문을 발송하여 A로부터 매출전표 거래명의자의 인적사항을 알아냄
- 경찰은 2012. 3. 2. 피고인의 주거에서 절도 혐의로 피고인을 긴급체포함
- 긴급체포 당시 피고인의 집안에서 '구두(제2범행에 의해 취득)'가 발견됨

2차적 증거/맥주컵에서 적법하게 지문채취 후 맥주컵을 위법하게 압수

피해자의 신고를 받고 현장에 출동한 갑 경장은 피해자가 범인과 함께 술을 마신 테이블 위에 놓여 있던 맥주컵, 물컵, 맥주병에서 지문을 각각 현장에서 직접 채취하였다. 이와 같이 범행 현장에서 지문채취 대상물에 대한 지문채취가 먼저 이루어진 이상, 수사기관이 그 이후에 지문채취 대상물을 적법한 절차에 의하지 아니한 채 압수하였다고 하더라도 위와 같이 채취된 지문은 위법하게 압수한 지문채취 대상물로부터 획득한 2차적 증거에 해당하지 아니하여 위법수집증거가 아니다.[233]

나. 예 외

독수독과의 이론을 너무 엄격하게 적용하면 증거의 수집이 지나치게 제한되어 오히려 형사적 정의의 실현을 저해할 수 있으므로 일정한 예외가 인정되고 있다.

위법수집증거에 터 잡아 취득한 2차적 증거의 증거능력과 인과관계의 단절

적법한 절차에 따르지 아니한 위법행위를 기초로 하여 증거가 수집된 경우에는 당해 증거뿐 아니라 그에 터 잡아 획득한 2차적 증거에 대해서도 증거능력은 부정되어야 한다. 다만 적법절차에 위배되는 행위의 영향이 차단되거나 소멸되었다고 볼 수 있는 상태에서 수집한 증거는 그 증거능력을 인정하더라도 적법절차의 실질적 내용에 대한 침해가 일어나지는 않을 것이니 당초의 적법절차 위반행위와 증거수집 행위의 중간에 그 행위의 위법 요소가 제거 내지 배제되었다고 볼 만한 다른 사정이 개입됨으로써 인과관계가 단절된 예외적인 경우에는 증거능력이 있다.[234]

- 구금 상태에서 2차례의 경찰 신문에서 피고인이 '제1, 2범행'을 자백
- 2012. 3. 구속영장이 기각되어 피고인이 석방됨
- 2012. 3. 9. 피고인이 제3회 경찰 신문시 '제3범행'을 자백하고, 위 구두를 임의제출
- 자백을 기초로 확인된 제2, 3범행의 피해자들이 2012. 3. 18. 진술서를 제출함
- 2012. 6. 20. 제1심 제2회 공판기일에서 피고인이 제1, 2, 3범행을 자백함

판단

- 수사기관이 영장 없이 매출전표의 거래명의자 정보를 획득한 것은 위법함
- 위법한 절차에 터 잡아 수집된 증거의 증거능력은 부정하는 것이 원칙임
- 피고인의 제1심 법정에서의 자백은 그 자백에 이르게 되기까지의 모든 사정들, 특히 구속영장이 기각됨으로써 석방된 후에 제3회 경찰 신문에서도 제3범행을 자백하였고, 제1심 법정 자백은 최초 자백으로부터 약 3개월이 지난 시점에 법정에서 임의로 이루어진 것인 점 등을 고려하면 증거능력이 인정됨
- 제2, 3범행에 관한 피해자들의 진술서는 피해자들이 범행일로부터 약 3개월, 11개월 지난 시점에서 임의로 진술한 것으로 보이고, 특히 제3범행에 관한 진술서는 피고인이 석방되었음에도 불구하고 범행을 자백하면서 피해품을 수사기관에 임의로 제출한 이후에 비로소 수집된 증거인 점 등을 고려하여 볼 때, 위 증거들 역시 유죄의 증거임

233) 대판 2008. 10. 23. 2008도7471.

234) 대판 2013. 3. 14. 2010도2094. 사안은 다음과 같다.

사실관계

- 피고인이 승용차를 운행하다가 사고를 냄
- 피해 차량 측의 신고를 받고 출동한 경찰관들이 음주측정을 위해서 지구대로 동행할 것을 요구하였으나 피고인이 거부함
- 4명의 경찰관이 체포이유 등의 고지(법 200조의5) 없이, 피고인의 팔다리를 잡아 강제로 순찰차에 태워 지구대로

위법수사로 인하여 취득한 2차적 증거들의 증거능력을 인정하기 위한 요건

2차적 증거들의 증거능력 인정 여부는 제반 사정을 전체적·종합적으로 고려하여 판단하여야 한다. 예컨대 진술거부권을 고지하지 않은 것이 단지 수사기관의 실수일 뿐 피의자의 자백을 이끌어내기 위한 의도적이고 기술적인 증거확보의 방법으로 이용되지 않았고, 그 이후 이루어진 신문에서는 진술거부권을 고지하여 잘못이 시정되는 등 수사 절차가 적법하게 진행되었다는 사정, 최초 자백 이후 구금되었던 피고인이 석방되었다거나 변호인으로부터 충분한 조력을 받은 가운데 상당한 시간이 경과하였음에도 다시 자발적으로 계속하여 동일한 내용의 자백을 하였다는 사정, 최초 자백 외에도 다른 독립된 제3자의 행위나 자료 등도 물적 증거나 증인의 증언 등 2차적 증거 수집의 기초가 되었다는 사정, 증인이 그의 독립적인 판단에 의해 법이 정한 절차에 따라 소환을 받고 임의로 출석하여 증언하였다는 사정 등은 통상 2차적 증거의 증거능력을 인정할만한 정황에 속한다.[235]

영장 혐의사실과 무관한 전자정보 출력물(위법수집증거)을 압수한 다음 이를 기초로 신문하여 얻은 피고인의 검찰 및 법정 진술의 증거능력

법리: 압수한 증거(전자정보 출력물)가 영장의 혐의사실과 무관한 때에는 원칙적으로 증거능력이 없다. 법원이 2차적 증거의 증거능력을 판단할 때에는 위법한 1차적 증거 수집과 관련된 모든 사정들을 살펴야 한다. 그리고 1차적 증거를 기초로 하여 2차적 증거를 수집하는 과정에서 추가로 발생한 모든 사정들까지 인과관계 희석 또는 단절 여부를 중심으로 전체적·종합적으로 고려하여야 한다.

판단: 영장에 의해 압수한 1차적 증거인 전자정보 출력물은 영장 혐의사실과 무관하여 증거능력이 없고, 피고인의 검찰 및 법정 진술은 다음과 같이 위법수집증거인 전자정보 출력물의 2차적 증거로서 인과관계가 희석 또는 단절되지 아니하여 증거능력이 없다.

① 피고인의 진술은 위법수집증거인 전자정보 출력물을 직접 제시받고 한 것과 같거나, 전자정보 출력물의 내용을 전제로 한 신문에 답변한 것으로 볼 수 있다.

② 피고인은 전자정보 출력물이 위법수집증거에 해당할 수 있음을 고지받거나 그러한 내용의 법적 조언을 받지 못했다.[236]

데려가, 호흡측정에 의해 음주수치가 확인됨

– 호흡측정 결과를 받아들일 수 없다고 주장하는 피고인의 요구에 의해 채혈함

판단

– 피고인을 지구대로 강제연행한 행위는 위법한 체포임
– 위법 체포 상태에서의 요구에 따른 음주측정 결과는 위법수집증거로서 증거능력 없음
– 채취한 혈액에 대한 감정서는 불법체포의 연장선상에서 수집된 증거 내지 이를 기초로 한 2차적 증거로서 위법수집증거임
– 강제연행과 호흡측정 및 채혈에 이르기까지의 시간적, 장소적 연계 등에 비추어, 피고인이 채혈을 요구한 사정만으로는 채혈이 위법한 체포상태에서 벗어나고 피의자의 자유로운 의사결정이 보장되어 불법체포와 증거수집 사이의 인과관계가 단절됨으로써 위법수집증거 배제원칙이 적용되지 않는다고 볼 수 없음

235) 대판 2009. 3. 12. 2008도11437.
236) 대판 2018. 4. 26. 2018도2624.

(1) 오염순화의 예외(purged taint exception)

수사기관이 불법적인 행위에 의해 오염을 야기하였더라도 이후 개입된 요소가 현저하여 그 오염을 순화시키기에 충분한 경우에는 배제법칙이 적용되지 않는다는 것이다. 다음의 판례는 오염순화의 이론이 적용되었다고 볼 수 있다.

구속영장제시 없이 구속영장을 집행하였으나 구속적부심사 과정에서 구속영장을 제시받았고 변호인과 상의 후에 법정에서 한 자백의 증거능력

사전에 구속영장을 제시하지 아니한 채 구속영장을 집행하고, 그 구속 중 수집한 피고인의 진술증거 중 피고인의 제1심 법정진술은, 피고인이 구속집행절차의 위법성을 주장하면서 청구한 구속적부심사의 심문 당시 구속영장을 제시받은 바 있어 그 이후에는 구속영장에 기재된 범죄사실에 대하여 숙지하고 있었던 것으로 보이고, 구속 이후 원심에 이르기까지 구속적부심사와 보석의 청구를 통하여 구속집행절차의 위법성만을 다투었을 뿐, 그 구속 중 이루어진 진술증거의 임의성이나 신빙성에 대하여는 전혀 다투지 않았을 뿐만 아니라, 변호인과의 충분한 상의를 거친 후 공소사실 전부에 대하여 자백한 것이라면, 유죄의 증거로 삼을 수 있는 예외적인 경우에 해당한다.[237)]

위법한 연행상태에서 음주측정을 위하여 호흡측정 후 피의자의 요구로 채취한 혈액

위법한 강제연행 상태에서 호흡측정 방법에 의한 음주측정을 한 다음 강제연행 상태로부터 시간적·장소적으로 단절되었다고 볼 수도 없고 피의자의 심적 상태 또한 강제연행 상태로부터 완전히 벗어났다고 볼 수 없는 상황에서 피의자가 호흡측정 결과에 대한 탄핵을 하기 위하여 스스로 혈액채취 방법에 의한 측정을 할 것을 요구하여 혈액채취가 이루어졌다고 하더라도 그 사이에 위법한 체포 상태에 의한 영향이 완전하게 배제되고 피의자의 의사결정의 자유가 확실하게 보장되었다고 볼 만한 다른 사정이 개입되지 않은 이상 불법체포와 증거수집 사이의 인과관계가 단절된 것으로 볼 수는 없다. 따라서 그러한 혈액채취에 의한 측정 결과 역시 유죄 인정의 증거로 쓸 수 없다고 보아야 한다. 그리고 이는 수사기관이 위법한 체포 상태를 이용하여 증거를 수집하는 등의 행위를 효과적으로 억지하기 위한 것이므로, 피고인이나 변호인이 이를 증거로 함에 동의

237) 대판 2009. 4. 23. 2009도526. 구체적인 사안은 다음과 같다.
- 피고인은 2008. 6. 25. 체포영장에 의하여 체포되어 검사실에 인치되었다가 다음 날 2008. 6. 26. 수원구치소에 구금됨
- 2008. 6. 27. 구속영장이 발부되어 교도관리에 의해 집행됨
- 2008. 7. 1. 검사의 제3회 피의자신문조서가 작성됨
- 2008. 7. 7.과 같은 달 11. 검사의 제4, 6회 피의자신문조서가 작성됨
- 2008. 7. 2. 변호인을 선임하였고, 2008. 7. 3. 구속영장을 제시받지 못한 채 불법 구금되었다는 사유를 주장하면서 구속적부심사청구를 하여 구속적부심사 사건의 심문절차에서 판사로부터 구속영장을 제시받음
- 피고인은 검사의 제4회, 제6회 피의자신문조서에서 공소사실 중 일부만을 시인함
- 피고인은 제1심 소송계속 중에 구속영장을 제시받지 못한 채 구속되어 있다고 주장하면서 보석허가를 청구함
- 피고인과 변호인은 제1심 제1회 공판기일에서 범의를 일부 부인하였을 뿐 공소사실의 객관적인 사실관계는 인정하였고, 제2회 공판기일 이후에는 공소사실을 모두 자백함

하였다고 하여도 달리 볼 것은 아니다.[238)]

강제연행 상태에서 마약투약 확인을 위한 1차 채뇨 후, 압수영장을 받아 2차 채뇨
마약투약 혐의를 받던 피고인이 임의동행을 거부하였음에도 경찰관들이 피고인을 강제연행한 상태에서 마약투약의 확인을 위한 1차 채뇨가 이루어졌는데, 그 후 피고인의 소변 채취에 관한 압수영장에 기하여 2차 채뇨가 이루어지고 그 결과를 분석한 소변 감정서가 증거제출된 사안에서, 피고인을 강제연행한 것은 위법체포이고, 위법한 체포상태에서 이루어진 1차 채뇨요구는 위법하므로 그에 의하여 수집된 '소변검사시인서'는 유죄의 증거로 삼을 수 없다. 한편 연행 당시 피고인이 마약을 투약했거나 자살할지도 모른다는 제보가 있었고, 피고인이 경찰관 앞에서 바지와 팬티를 내리는 등 비상식적인 행동을 하였던 사정 등에 비추어 피고인을 긴급히 구호할 필요성이 전혀 없었다고 볼 수 없는 점, 경찰관들은 임의동행시점으로부터 얼마 지나지 아니하여 체포이유와 변호인 선임권 등을 고지하면서 긴급체포하는 등 잘못을 시정하려고 하여, 영장주의원칙을 현저히 침해할 정도에 이르렀다고 보기 어려운 점 등에 비추어 볼 때, 위와 같은 2차적 증거수집이 위법한 체포·구금절차에 의하여 형성된 상태를 직접 이용하여 행하여진 것으로는 쉽사리 평가할 수 없어 체포과정에서의 절차적 위법과 2차적 증거수집 사이의 인과관계를 희석하게 할 만한 정황에 속하고, 메스암페타민 투약 범행의 중대성도 참작할 필요가 있는 점 등을 고려할 때 2차적 증거인 소변 감정서는 증거능력이 있다.[239)]

(2) 필연적인 발견의 예외(inevitable discovery exception)

위법수사로 인한 1차 증거에 의해 2차 증거가 발견되었으나, 1차 증거가 없었더라도 수사기관의 다른 수사기법에 의해 어떤 방식으로든 2차 증거가 필연적으로 발견되었을 경우에는 2차 증거가 증거능력을 가진다는 이론이다. 예컨대 경찰관이 피의자에게 위법한 신문을 통해 자백을 얻고 사체를 발견하였으나, 경찰관이 다른 경로를 통해 사체를 발견할 수 있었을 것이라는 점이 증명된 때에는 위 사체가 증거능력을 가지는 것이다.[240)]

(3) 독립적인 정보원의 예외(independent source exception)

위법수사로 증거를 확보하였으나 수사기관이 그 위법수사와 관련되지 않은 별개의 정보원(source)을 가진 때에는 자백배제법칙이 적용되지 않는다는 이론이다. 독립적인 정보원의 이론이 적용된 것은 Segura v. U.S. 판결[241)]이다. 다음 판례는 독립적인 정보원의 예외와 유사한 논리를 전개하고 있다.

238) 대판 2013. 3. 14. 2010도2094.
239) 대판 2013. 3. 14. 2012도13611.
240) Nix v. Williams, 467 U.S. 431(1984).
241) Segura v. U.S., 468 U.S. 796(1984). 구체적인 판시는 다음과 같다.
사안: 경찰이 피고인의 마약범죄에 관하여 피고인을 체포하고 수색영장을 발부받기 위한 상당한 이유를 소명하고 있는 상태에서 피고인을 그의 아파트 외부에서 체포하였다. 경찰관들은 수색영장 없이 아파트에 들어갈 수 있는 긴급한 상황이 존재하지 않았음에도 수색영장을 발부받지 않은 채 피고인과 함께 아파트에 들어갔고 그곳에서 마약

여죄를 자백받고 여죄의 증거인 가방을 임의제출받은 후 최초로 진술거부권을 고지하였는데 제1심까지 계속 자백하고, 가방에서 인적사항을 확인한 피해자도 피해사실 진술

강도 현행범으로 체포된 피고인으로부터 진술거부권 고지 없이 강도범행을 자백받고, 이를 기초로 여죄에 대한 진술과 증거물을 확보한 후 진술거부권을 고지하여 피고인의 자백과 피해자의 피해사실에 대한 진술을 수집한 사안에서, 제1심에서의 피고인의 자백은 진술거부권의 고지가 없었던 상태에서의 최초 자백 이후 40여 일이 지난 후에 변호인의 충분한 조력을 받으면서 법정에서 임의로 이루어졌고, 피해자의 진술은 적법한 소환에 따라 자발적으로 출석하여 위증의 벌을 경고받고 선서한 후 법정에서 임의로 이루어져서, 예외적으로 유죄의 증거가 되는 2차적 증거이다.[242)]

5. 사인이 위법하게 수집한 증거의 증거능력

판례는 사인이 위법하게 수집한 증거의 증거능력에 관하여, "국민의 인간으로서의 존엄과 가치를 보장하는 것은 국가기관의 기본적인 의무에 속하는 것이고 이는 형사절차에서도 당연히 구현되어야 하는 것이지만, 국민의 사생활 영역에 관계된 모든 증거의 제출이 곧바로 금지되는 것으로 볼 수는 없

도구들과 다른 사람들을 발견하였다. 다른 사람들은 나중에 체포되었다. 행정적인 지연 때문에 수색 영장이 18시간 내지 20시간이 지나서야 발부되었고 그 사이에 경찰관 2명이 아파트 안에 머물면서 증거가 은닉되거나 파괴되지 않게 하였다. 영장이 발부되자 경찰관들이 이를 이용하여 마약과 다른 증거들을 발견하고 압수하였는데 이것들은 영장 발부 이전에는 목격되지 않았었다.

판단: 피고인은 경찰관들이 최초에 아파트 안에 진입한 것은 위법하고, 이들이 아파트 안에서 18시간을 머문 것이 위법하여 압수된 증거들은 위법에 의해 오염된 과실이므로 증거능력이 부정된다고 주장하였다. 연방대법원은 경찰관들이 아파트에 진입하기 이전에 이미 수색영장을 발부받기에 충분한 사실을 알고 있었고 따라서 이들이 아파트 밖에 머물면서 감시하다가 영장을 발부받아 동일한 증거를 압수하였을 수도 있다는 논리를 전개하였다. 경찰은 위 증거에 대해 아파트에 위법하게 진입하여 머문 것과 별개의 정보원(즉 아파트에 진입하기 이전에 수색영장을 발부받을 상당한 이유를 소명하고 있었다는 것: 필자 주)을 가졌다는 것이다.

242) 대판 2009. 3. 12. 2008도11437. 사안은 다음과 같다.

- 2008. 3. 12. 03:00경 연신내지구대 소속 경장 등에 의하여 강도 현행범으로 체포됨
- 은평경찰서 형사과 소속 경장이 진술거부권고지 없이 강도범행을 자백 받음
- 위 경장은 같은 날 06:00경 진술거부권고지 없이, 같은 해 2월 가방을 날치기하였고 그 가방을 집에 보관하고 있다는 진술을 들음
- 위 경장은 같은 날 09:00경 피고인의 집에서 가방 등을 임의제출받고, 그 직후 최초로 진술거부권을 고지한 후 피고인으로부터 가방을 빼앗았다는 자백을 받음
- 이후 경찰 및 검찰의 신문시 진술거부권이 적법하게 고지되었고, 피고인은 자백하였으며, 압수된 가방 내용물을 기초로 피해자를 확인하여 진술을 받음

해설: 위 판례에서 제1심 법정에서의 피고인의 자백에 관하여는 오염순화의 법리가 적용되었다고 볼 수 있고, 피해자의 법정 진술에 관하여는 독립한 정보원의 법리와 유사한 논리가 전개되고 있다. 그러나 위 판례에서 피고인이 진술거부권을 고지받지 아니한 상태에서 날치기한 가방을 집에 보관하고 있다고 진술하였고 피고인의 위 진술을 토대로 피해자를 찾아내어 결국 피해자의 법정 진술을 이끌어낸 것이므로 이는 위법수집증거에서 비롯된 2차적 증거일 뿐 경찰이 이와 별개의 정보원을 가진 것은 아니라는 점에서(진술거부권을 고지받지 아니한 상태에서의 피고인 진술이 없었더라면 피해자를 찾아내어 그의 법정 진술을 이끌어낼 다른 독립적인 정보원이 없음) 독립적인 정보원의 법리가 적용되었다고 보기는 어렵다.

으므로, 법원으로서는 효과적인 형사소추 및 형사소송에서의 진실발견이라는 공익과 개인의 인격적 이익 등의 보호이익을 비교형량하여 그 허용 여부를 결정하여야 한다"[243] 고 판시함으로써 실체적 진실발견이라는 공익과 인격적 이익 등의 사익을 비교형량하여야 한다는 입장을 취하고 있다.

제3자가 사문서위조죄 등의 증거물을 절취한 것을 피해자가 매수하여 증거로 제출

이 사건 업무일지 그 자체는 피고인 경영의 A주식회사가 그날그날 현장 및 사무실에서 수행한 업무내용 등을 담당직원이 기재한 것이고, 그 뒷면은 1996. 2. 25.자 신축계약서, 1998. 2. 25.자 추가계약서 및 1999. 11. 27.자 약정서 등 이 사건 각 문서의 위조를 위해 미리 연습한 흔적이 남아 있는 것에 불과하여, 이를 ① 피고인의 사생활 영역과 관계된 자유로운 인격권의 발현물이라고 볼 수는 없고, 사문서위조·위조사문서행사 및 소송사기로 이어지는 일련의 범행에 대하여 ② 피고인을 형사소추하기 위해서는 이 사건 업무일지가 반드시 필요한 증거로 보이므로, 설령 그것이 제3자에 의하여 절취된 것으로서 위 소송사기 등의 피해자측이 이를 수사기관에 증거자료로 제출하기 위하여 대가를 지급하였다 하더라도, 공익의 실현을 위하여는 이 사건 업무일지를 범죄의 증거로 제출하는 것이 허용되어야 하고, 이로 말미암아 피고인의 사생활 영역을 침해하는 결과가 초래된다 하더라도 이는 피고인이 수인하여야 할 기본권의 제한에 해당된다.[244]

6. 위법수집증거배제법칙과 증거동의 또는 책문권의 포기

위법수집증거는 증거능력이 부정되므로 원칙적으로 증거동의의 대상이 될 수 없다.

사경은 피의자를 긴급체포하는 경우에 필요한 때에는 영장 없이 체포현장에서 압수·수색을 할 수 있고, 압수한 물건을 계속 압수할 필요가 있는 경우에는 지체 없이 압수·수색영장을 청구하여야 하며, 청구한 압수·수색영장을 발부받지 못한 때에는 압수한 물건을 즉시 반환하여야 한다(법 216조 1항 2호, 217조 2

---

243) 대판 2010. 9. 9. 2008도3990.

244) 대판 2008. 6. 26. 2008도1584. 다음은 같은 취지이다.

간통죄 고소인이 주거에 침입하여 수집한 증거물

피고인 갑, 을의 간통 범행을 고소한 갑의 남편 병이 갑의 주거에 침입하여 수집한 후 수사기관에 제출한 혈흔이 묻은 휴지들 및 침대시트를 목적물로 하여 이루어진 감정의뢰회보에 대하여, 병이 갑의 주거에 침입한 시점은 갑이 그 주거에서의 실제상 거주를 종료한 이후이고, 위 회보는 피고인들에 대한 형사소추를 위하여 반드시 필요한 증거이므로 공익의 실현을 위해서 증거로 제출하는 것이 허용되어야 하고, 이로 말미암아 갑의 주거의 자유나 사생활의 비밀이 일정 정도 침해되는 결과를 초래하더라도 이는 갑이 수인하여야 할 기본권의 제한에 해당되므로, 위 회보의 증거능력이 인정된다(대판 2010. 9. 9. 2008도3990).

갑이 공갈 목적으로 피고인의 동의를 받아 촬영한 피고인의 사진(간통의 증거)

간통죄로 기소된 사안에서, 사진이 피고인의 동의에 의하여 촬영된 것이어서 사진의 존재만으로 피고인의 인격권과 초상권을 침해한다고 볼 수 없고, 가사 사진을 촬영한 갑이 사진을 이용하여 피고인을 공갈할 의도였더라도 사진이 임의성이 배제된 상태에서 촬영되었다고 할 수는 없으며, 사진이 피고인을 기소하는 데 반드시 필요하다고 보이므로, 공익실현을 위해서는 사진의 증거제출이 허용되어야 하고, 그로 인한 사생활의 비밀침해는 수인하여야 할 기본권의 제한이다(대판 1997. 9. 30. 97도1230).

항, 3항). 이에 위반하여 압수·수색영장을 발부받지 않고도 즉시 반환하지 않은 압수물은 유죄의 증거로 사용할 수 없고, 영장주의의 중요성에 비추어 볼 때 피고인이나 변호인이 이를 증거동의하였더라도 같다.[245)]

위법하게 취득한 혈액

교통사고를 내고 의식불명인 피고인의 동서로부터 동의를 받아 피고인으로부터 채취한 혈액은 위법수집증거여서 피고인이나 변호인이 증거동의하더라도 증거능력이 없다.[246)]

소유자, 소지자 또는 보관자가 아닌 자로부터 임의제출받은 압수물

피고인의 주거지에서 발견하였음에도 그 소유자, 소지자 또는 보관자가 아닌 피해자로부터 임의제출받은 피고인 소유의 쇠파이프는 피고인이나 변호인이 증거동의하더라도 증거능력이 없다.[247)]

영장 없이 위법하게 압수한 직후 임의제출동의서를 작성받음

사경이 영장 없이 압수한 압수물은 물론 이를 기초로 하여 획득한 2차적 증거 역시 유죄의 증거로 사용할 수 없고, 이는 위법하게 압수한 직후 피고인으로부터 압수물에 대한 임의제출동의서를 작성받아도 특별한 사정이 없는 한 마찬가지이다.[248)]

증거보전절차상의 증인신문에 참여할 기회를 보장하지 않고 증거조사에 이의신청함

증거보전절차상의 증인신문을 하면서, 피의자와 변호인에게 통지하지 않아 참여할 기회를 주지 않았고, 변호인이 증인신문조서의 증거조사에 대해 이의신청하였다면, 증인신문조서는 증거능력이 없고, 증인이 조서의 진정성립을 인정하더라도 같다.[249)]

다음의 경우에는 증거동의에 의해 예외적으로 위법수집증거의 증거능력이 인정될 수 있다.

증거보전절차상의 증인신문에 참여할 기회를 보장하지 않았으나 증거동의

증거보전절차상의 증인신문을 하면서 피의자 또는 변호인에게 참여할 기회를 주지 않았더라도 증거동의하여 증거조사를 거친 증인신문조서는 증거능력이 부여된다.[250)]

245) 대판 2009. 12. 24. 2009도11401.
246) 대판 2011. 4. 28. 2009도2109; 대판 2012. 11. 15. 2011도15258.
247) 대판 2010. 1. 28. 2009도10092.
248) 대판 2010. 7. 22. 2009도14376.
249) 대판 1992. 2. 28. 91도2337.
250) 대판 1988. 11. 8. 86도1646.

피고인에게 유리한 법정 증언을 일방적으로 번복시킨 진술조서
검사가 증언을 마친 증인을 소환하여 피고인에게 유리한 증언 내용을 추궁하여 이를 일방적으로 번복시켜 작성한 진술조서는 피고인이 증거동의하면 증거능력이 있지만, 증인이 그 진정성립을 인정하고 피고인에게 반대신문기회가 부여되더라도 증거능력이 없다.[251)]

Ⅱ. 자백배제법칙

1. 자백배제법칙의 의의와 이론적 근거

자백은 피고인 또는 피의자가 범죄사실의 전부 또는 일부를 인정하는 진술을 말한다. 법 309조는, "피고인의 자백이 고문, 폭행, 협박, 신체구속의 부당한 장기화 또는 기망 기타의 방법으로 임의로 진술한 것이 아니라고 의심할 만한 이유가 있는 때에는 이를 유죄의 증거로 하지 못한다"라고 하여 자백배제법칙을 규정하고 있다. 여기서 피고인의 진술의 자유를 침해하는 위법사유는 원칙적으로 예시적인 것으로 보아야 한다.[252)]

허위배제설은 임의성 없는 자백에는 허위가 숨어들 위험이 있기 때문이라고 본다. 인권옹호설은 불이익한 진술의 강요를 금지함으로써 피고인의 인권을 옹호할 필요가 있다고 한다. 위법배제설은 자백취득과정의 위법성으로 인하여 증거능력이 부정된다고 본다. 허위배제설과 인권옹호설을 절충하는 견해, 허위배제설, 인권옹호설, 위법배제설을 모두 종합하자는 견해도 있다.

2. 자백배제법칙의 연혁

종래 영국에서는 자백을 증거의 왕으로 취급하여 자백을 획득하려고 고문이나 폭행 등의 탈법적인 행위들을 하였다. 이에 대해 영국 법원은 "누구도 자기 스스로의 잘못을 말해야 할 의무는 없다"는 법리를 만들어 냈고, 18세기 후반부터 부당하게 강압적으로 취득한 자백에 대한 임의성을 의심하여 증거능력을 제한하기 시작하였다.

영국이나 유럽 또는 식민지 미국에서 행해진 탈법적인 관행을 방지하기 위해 미국 수정헌법 5조는, "누구도 형사사건에서 자기에게 불리한 증인이 되도록 강요되지 아니하고, 적법절차에 의하지 아니하고는 생명, 자유 또는 재산을 박탈당하지 않는다"라고 규정하였다. 자백배제법칙을 선구적으로 전개한 것은 Brown v. Mississippi 판결[253)]이다. 그 후 McNabb−Mallory Rule에 의해 불법구속 중의 자백은 증거능력을 가지지 못하게 되었고, Rogers v. Richmond 판결[254)]에서 임의성 없는 자백의 증거능력이 부정되

251) 대판 2000. 6. 15. 99도1108 전합.
252) 대판 1985. 2. 26. 82도2413.
253) Brown v. Mississippi, 297 U.S. 278(1936).
254) Rogers v. Richmond, 365 U.S. 534(1961).

었다. Escobedo v. Illinois 판결[255)]은 변호인의 접견권을 침해한 자백의 증거능력을 부정하였다.

1966년에 선고된 다음의 Miranda v. Arizona 판결[256)]은 미란다원칙을 확립하였다.

사건의 경과: 1963. 3. 3. 애리조나주 피닉스시 부근에서 18세 소녀인 피해자가 납치되어 강간당하였다. 경찰관들은 피해자로부터 범인의 인상착의와 범인이 사용한 자동차 등록번호의 일부를 알아내어 같은 달 13. 아침에 피고인 Miranda를 체포하고 피닉스경찰서로 인치하였다. 당시 피고인은 23세였고 경제적 빈곤으로 인하여 국선변호인 선정 대상자였으며, 중학교 3학년 중퇴의 학력을 가졌다. 경찰서에서 피해자가 라인업(line-up) 상태에 있는 피고인을 범인으로 지목하였다. 그러자 2명의 경찰관들이 피고인을 조사실로 데려가 오전 11시 30분부터 신문을 시작하였다. 피고인은 처음에는 부인하였으나 얼마 지나지 않아 범행을 자백하는 상세한 구두 진술을 하였고, 나아가 범행을 자백하는 간략한 자필 진술서에 서명하였다. 경찰관은 2시간 만에 위 진술서를 조사실에서 가지고 나왔다. 위 진술서의 상단에는 "협박이나 면책의 약속은 없었으며 나의 법적 권리에 대해 완전하게 알고 있고, 내가 하는 어떤 진술도 나에게 불리하게 사용될 수 있음을 이해하고 있는 상태에서 자백이 임의로 행해졌다"라는 문구가 부동문자로 인쇄되어 있었다.

피고인은 유죄평결을 받았다. 애리조나주 대법원은 자백을 획득함에 있어 피고인의 헌법적 권리가 침해된 것은 아니라고 판시하여 유죄평결을 유지하였다. 그러한 결론에 도달함에 있어 애리조나주 대법원은 피고인이 변호인을 특정하여 요구하지 않았다는 사실을 많이 강조하였다.

판단: 관련 공무원들의 증언과 검찰이 인정하는 바에 의하면, 피고인이 변호인의 조력을 받거나 신문시에 변호인을 입회하게 할 수 있는 권리에 대해 정보의 제공을 전혀 받지 못하였음은 분명하다. 또한 어떤 방식으로든 자기에게 죄가 있다고 강요되지 않을 피고인의 권리 역시 효과적으로 보호되지 못하였다. 이러한 경고들이 행해지지 않았다면 진술의 증거능력은 인정되지 않는다. 자신의 법적 권리를 모두 알고 있다는 문구가 부동문자로 인쇄되어 있는 서면에 서명하였다는 사실만으로는 헌법적 권리를 알고서 분별력 있게 포기(knowing and intelligent waiver)한 것이라고 볼 수 없다.[257)]

---

255) Escobedo v. Illinois, 378 U.S. 478(1964).

256) Miranda v. Arizona, 384 U.S. 436(1966).

257) 미란다판결의 구체적인 의미는 다음과 같다.

미란다 판결은 구두 자백과 진술서의 증거능력에 관하여 임의성이 있는지 여부뿐만 아니라 다음과 같은 절차적 안전장치들이 준수되었는지를 검사가 소명할 것을 요건으로 한다.

수사기관이 사실상의 구금상태에 있는 피의자를 신문하는 때에는 ① 피의자에게 침묵할 권리가 있고, ② 피의자가 하는 어떤 진술도 법정에서 불리하게 사용될 수 있고, ③ 변호인을 입회하게 할 권리가 있으며, ④ 변호인을 선임할 수 없는 때에는 국선변호인이 선정된다는 사실을 알려주어야 한다.

미란다 원칙을 준수하여야 하는 상황은 ① 피의자가 사실상의 구금상태(in custody)에 있고, ② 정부 공무원(경찰, 집행관 등)이 범행에 관하여 피의자를 신문하려고 하는 때이다. 여기서 사실상 구금상태에 있다는 것은 '공식적으로 체포된 것과 기능적으로 동등한 것(the functional equivalent of formal arrest)'이라고 정의되며, 혐의를 받고 있는 상태의 합리적인 사람이 그 순간 그 자리에서 떠나는 것이 자유롭지 못하다고 믿는 때에 사실상의 구금이 존재한다고 설명된다. 미란다 판결은 규문주의적 신문방법(inquisitorial methods of interrogation)의 역사적 전개과정, 사실상의 구금상태에서의 수사에 관한 교범(manual)이나 기타 자료와 그러한 실무관행의 폐해를 상세히 분석한 다음 위와 같은 결론에 이르게 된 것이다. 또한 미란다원칙이 적용되어야 하는 것은 경찰이 피의자를 신문하는 때이며 여기서 신문은 직접적인 질문 외에 기능적으로 이와 동일한 역할을 하는 것도 포함한다.

따라서 피의자가 자유로운 상태에 있다거나, 피의자를 체포하였지만 피의자를 상대로 신문을 하지 않는 때에는 미

3. 적용범위

자백은 피고인 또는 피의자가 재판상 또는 재판 외에서 범죄사실의 전부 또는 일부를 인정하는 진술을 말한다. 진술을 하는 자의 법률상의 지위는 문제되지 않고 진술의 형식이나 상대방도 묻지 않는다. 자기의 범죄사실을 승인하는 진술이면 족하고 형사책임을 긍정하는 것일 필요는 없다.

가. 고문·폭행·협박·신체구속의 부당한 장기화에 의한 자백

사경의 가혹행위로 인한 임의성 없는 상태가 검사 조사단계에도 계속됨
피고인이 검사 이전의 수사기관에서 고문 등 가혹행위로 인하여 임의성 없는 자백을 하고 그 후 검사의 조사단계에서도 임의성 없는 심리상태가 계속되어 동일한 내용의 자백을 하였다면 검사의 조사단계에서 고문 등 자백의 강요행위가 없었어도 검사 앞에서의 자백도 임의성 없는 자백이다.[258)]

수사기관의 가혹행위 등으로 임의성 없는 심리상태에서 법정자백
피고인이 수사기관에서 가혹행위 등으로 인하여 임의성 없는 자백을 하고 그 후 법정에서도 임의성 없는 심리상태가 계속되어 동일한 내용의 자백을 하였다면 법정에서의 자백도 임의성 없는 자백이다.[259)]

경찰에서의 가혹행위로 인하여 임의성 없는 심리상태에서 검찰과 법정 자백
피고인이 경찰에서 가혹행위 등으로 인하여 임의성 없는 자백을 하고 그 후 검찰이나 법정에서도 임의성 없는 심리상태가 계속되어 동일한 내용의 자백을 하였다면 각 자백도 임의성 없는 자백이다.[260)]

사경 단계에서의 강압적인 심리상태가 검사 조사단계에서는 제거됨
수사기관에서 다소 자백을 강요한 소행이 있었다 하더라도 피고인이 1심법정에서 검사 작성의 피고인에 대한 피의자신문조서의 진정성립과 임의성을 인정하였고 원심법정에서도 검사로부터는 폭행, 협박, 회유등 부당한 대우를 받음이 없이 자유로운 분위기에서 신문받았다고 진술하고 있으며 검사로부터 약 20일간에 5차에 걸친 신문을 받으면서 범행의 동기와 경위 등에 관하여 소상하게 진술하였고 일부 신문내용에 대하여는

란다원칙을 고지할 필요가 없다. 다만 실무상 체포 직후 미란다원칙이 고지되는 경우가 많으나 이는 미란다원칙이 직접 적용된 것은 아니고 자체적인 조직 내부의 지침을 따르거나 기타의 사정에 의한 것이다.
검사가 사실상의 구금상태에서 행해진 신문결과 얻어진 진술을 증거로 사용하기 위해서는, ① 충분하고 합당한 경고가 행해졌다는 사실, ② 피고인이 그 경고를 이해하였다는 사실, ③ 피고인이 진술거부권과 변호인의 입회권을 포기하였다는 사실을 소명하여야 한다.
미란다 판결 이후 위법수사의 억제효과가 없다, 실체적 진실발견을 지나치게 저해한다, 사회적 비용이 너무 크다, 인권보장에 필수적이라는 등의 논란 속에 미란다 원칙에 관한 많은 세부 법리들이 전개되어 오고 있다.

258) 대판 1992. 11. 24. 92도2409; 대판 2011. 10. 27. 2009도1603.
259) 대판 2012. 11. 29. 2010도3029.
260) 대판 2014. 12. 11. 2012도15405; 대판 2015. 9. 10. 2012도9879.

부인하고 변명하였으며 특히 많은 부분에 있어서 수사기관에서의 자백내용을 보충 내지 수정한 진술을 하고 있다면 피고인의 연령, 학력, 경력 등에 비추어 검사 앞에서의 자백은 임의성 있는 진술이라고 보아야 하고 그 자백과정에 있어서 송치 전 수사기관에서의 강압적인 심리상태가 계속되었다고 보기 어렵다.[261)]

나. 기망 또는 기타 방법에 의한 자백

검찰 주사가 모든 피의사실을 자백하면 원심 판시 범죄사실을 불문에 붙이고 소매치기 부분은 가볍게 처리할 것이며 보호감호청구를 하지 않겠다는 각서를 작성하여 주면서 유도한 자백이 기재된 피의자신문조서는 기망에 의하여 임의로 진술한 것이 아니라고 의심할 만한 이유가 있으므로 증거로 할 수 없다.[262)]

신빙성 부족을 이유로 법정 자백의 증거능력 부정

공판조서에 피고인이 변경된 공소사실을 사실을 자백한 것처럼 기재되어 있으나, 피고인은 그 공판기일 이전에 검사실에서 검사로부터 피해자를 밀쳤다고만 시인하면 공소장을 변경하여 벌금형이 선고되도록 해주겠다는 제의를 받고, 당시 미결구금일수가 165일이나 되었고 혹시 검사가 신청한 피해자등의 증언에 의하여 유죄로 인정되어 무거운 처벌을 받게 될지도 모른다는 두려움 때문에 허위 자백을 하였다고 변소하고, 자백 자체가 객관적 합리성이 없으며 자백에 이르게 된 경위가 타증거에 비추어 모순되어 신빙성이 없으므로 이를 유죄의 증거로 할 수 없다.[263)]

객관적 상황에 맞추어 자백진술을 변경/일정한 증거가 발견되면 자백하겠다고 약속

일정한 증거가 발견되면 자백하겠다는 피의자의 약속이 검사의 강요나 위계에 의하여 이루어졌다던가 또는 불기소나 경한 죄의 소추등 이익과 교환조건으로 된 것으로 인정되지 않는다면 위와 같은 약속 하에 된 자백을 임의성 없는 자백이라고 단정할 수는 없다.[264)]

다. 위법한 신문방법에 의한 자백

피고인이 검찰에 연행된 때로부터 약 30시간 동안 잠을 재우지 아니한 채 검사 2명이 교대로 신문을 하면서 회유한 끝에 검찰 자백을 받아낸 것으로 임의로 진술한 것이 아니라고 의심할 만한 이유가 있다면 그 피의자

261) 대판 1985. 2. 8. 84도2630.

262) 대판 1985. 12. 10. 85도2182, 85감도313.

263) 대판 1987. 4. 14. 87도317.

특가법상의 수뢰죄를 단순 수뢰죄로 처벌하겠다고 하여 유도한 자백의 증명력 배척

피고인이 검찰에서 범행을 부인하다가 뒤에 자백을 하는 과정에서 200만 원을 뇌물로 받은 것으로 하면 특가법위반으로 중형을 받게 되니 200만 원 중 30만 원은 술값을 갚은 것으로 조서를 허위 작성한 것이라면 이는 단순 수뢰죄로 처벌되도록 하겠다고 약속하고 유도한 자백이어서 그 임의성에 의심이 가고 진실성이 없다는 취지에서 이를 배척하였다 하여 자유심증주의의 한계를 벗어난 위법은 아니다(대판 1984. 5. 9. 83도2782).

264) 대판 1983. 9. 13. 83도712.

신문조서는 증거능력이 없다.[265)]

강압상태에서의 진술로 의심할만한 사정이 있음에도 검사가 이를 해소하는 증명을 못함

- 갑은 2002. 8. 4. 긴급체포되어 검찰에서 2회 조사받고 다음 날 석방됨
- 갑은 석방된 때부터 2002. 8. 10.까지 입원치료를 받았고, 진료기록부에는 갑이 검찰에서 구타당했다고 진술한 것으로 기재됨
- 갑에 대한 진료 결과 허리와 양측 대퇴부에 통증이 있고, 좌측 후두부에는 통증과 혹이 있으며, 갑이 전치 10일의 다발성좌상을 입었다는 내용의 상해진단서가 발급됨
- 갑이 치료를 받고 나온 며칠 후인 2002. 8. 19.자 갑에 대한 진술조서에는 강압수사가 없었다는 진술을 유도하기 위한 것으로 의심되는 이례적인 신문내용이 기재됨
- 갑은 원심에서 검찰에서 상당한 강압수사를 받았다고 구체적으로 진술하였고, 갑의 검찰 진술이 임의로 이루어졌음을 인정할 자료는 없음

갑에 대한 각 진술조서는 임의성을 의심할 사정이 있으므로, 검사가 그 의문점을 없애는 증명을 하지 못하면 증거능력이 없다.[266)]

별건으로 수감 중인 자를 1년 3개월 동안 270회 소환하여 심야조사

별건 수감 중인 자를 약 1년 3개월 동안 270회나 검찰청으로 소환하여 밤늦은 시각 또는 그 다음날 새벽까지 조사를 하였다면 그는 과도한 육체적 피로, 수면부족, 심리적 압박감 속에서 진술을 하였을 것이고, 미국 영주권을 신청해 놓았을 뿐 아니라 가족들도 미국에 체류 중이어서 반드시 미국으로 출국하여야 하는 자를 구속 또는 출국금지조치의 지속 등을 수단으로 삼아 회유, 압박하여 조사했을 가능성이 충분하다면 이들에 대한 진술조서는 임의성을 의심할 만한 사정이 있고, 검사가 그 의문점을 해소하는 증명을 하지 못하였으므로 증거능력이 없다.[267)]

라. 진술거부권 불고지와 자백

진술거부권은 헌법이 보장하는 형사상 자기에 불리한 진술을 강요당하지 않는 자기부죄거부의 권리에 터잡은 것이므로 수사기관이 피의자에게 미리 진술거부권을 고지하지 않은 때에는 그 피의자의 진술은 위법수집증거로서 진술의 임의성이 인정되더라도 증거능력이 없다.[268)]

265) 대판 1997. 6. 27. 95도1964.
266) 대판 2006. 11. 23. 2004도7900.
267) 대판 2006. 1. 26. 2004도517.
268) 대판 2010. 5. 27. 2010도1755; 대판 2011. 11. 10. 2010도8294.

4. 진술의 임의성의 조사와 판단

판례는 임의성 판단에 있어 임의성이 추정된다고 하거나,[269] 자유심증주의를 따라야 한다고 하면서도[270] 다른 한편으로 '임의성에 다툼이 있는 때' 또는 '임의성을 의심할 만한 사정이 존재하는 때'에는 검사가 임의성에 대한 의문점을 해소하는 입증을 하지 못하면 증거능력이 없다는 취지로 판시하고 있다. 피고인이 임의성의 부존재를 주장하기만 하면, 검사가 임의성의 존재를 입증하지 못하는 어떤 경우에도 증거능력이 없다고 보는 것은 불합리하므로 '임의성에 다툼이 있는 때'는 피고인이 임의성의 부존재를 주장하는 모든 경우가 아니라 '임의성을 의심할 만한 사정이 존재하는 때'를 의미한다고 보아야 할 것이다.

진술증거의 임의성을 의심할 만한 사정이 있는 경우에는 법원은 임의성에 관하여 직권으로 조사하여야 한다.[271]

피의자 진술의 임의성이 다투어지는 경우에, 법원은 증거조사의 방법이나 증거능력의 제한을 받지 아니하고 적당한 방법에 의하여 자유로운 증명으로 그 임의성 유무를 판단하면 된다.[272]

진술의 임의성과 특신상태에 관한 주장·입증책임

진술의 임의성에 관하여는 당해 조서의 형식, 내용, 진술자의 신분, 사회적 지위, 학력, 지능정도, 진술자가 피고인이 아닌 경우에는 그 관계 기타 여러 가지 사정을 참작하여 법원이 자유롭게 판정하면 되고 피고인 또는 검사에게 진술의 임의성에 관한 주장·입증책임이 분배되는 것은 아니다. 이는 진술이 특신상태 하에서 행하여진 때에도 동일하다.[273]

임의성을 의심할만한 사정이 있음에도 검사가 이를 해소하는 입증을 못함

진술의 임의성에 다툼이 있을 때에는 검사가 그 임의성의 의문점을 해소하는 입증을 하여야 한다. 알선수재 사건의 공여자 등이 별건으로 구속된 상태에서 10여 일 내지 수십여 일 동안 거의 매일 검사실로 소환되어 밤늦게까지 조사를 받았다면 이들은 과도한 육체적 피로, 수면부족, 심리적 압박감 속에서 진술을

---

269) 고문, 폭행, 협박, 신체구속의 부당한 장기화 또는 기망 기타 진술의 임의성을 잃게 하는 사정은 이례에 속하므로 진술의 임의성은 추정된다(대판 1983. 3. 8. 82도3248; 대판 1997. 10. 10. 97도1720).

270) 피고인이 검사 작성의 피의자신문조서에 관하여 임의성을 다투는 경우, 법원은 자유로운 심증으로 이를 판단하여야 한다(대판 1998. 12. 22. 98도2890).

271) 대판 2006. 11. 23. 2004도7900.

272) 대판 1986. 11. 25. 83도1718; 대판 1999. 9. 3. 99도2317; 대판 2012. 11. 29. 2010도3029.

273) 대판 1983. 3. 8. 82도3248. 같은 취지로는 대판 1984. 3. 13. 83도3228; 대판 1999. 9. 3. 99도2317; 대판 2012. 11. 29. 2010도3029.

한 것으로 보여지므로 이들에 대한 진술조서는 그 임의성을 의심할 만한 사정이 있고, 검사가 그 임의성의 의문점을 해소하는 입증을 하지 못하면 위 진술조서는 증거능력이 없다.[274)]

5. 인과관계

고문, 폭행, 협박, 신체구속의 부당한 장기화 등의 사유와 임의성 없는 자백 사이에 인과관계가 존재하여야 하는지에 관하여 견해가 나뉜다.

판례는 임의성을 의심할 만한 사정이 있으면 검사가 임의성에 대한 의문을 해소하는 입증을 하여야 한다고 봄으로써 인과관계가 추정된다는 듯한 입장을 취하고 있는 것,[275)] 위법사유가 존재하면 곧바로 증거능력을 부정하는 것,[276)] 위법사유와 임의성 없는 진술 사이의 인과관계가 필요하다는 것[277)]이 있다.

6. 임의성 없는 진술의 증거능력

임의성이 없는 진술은 피고인이 증거동의하더라도 증거능력이 없다.[278)]

Ⅲ. 함정수사

1. 의 의

수사기관이 범인으로 하여금 범행을 실행하도록 기다렸다가 그 범행을 적발하는 수사기법을 함정수사라 한다. 위법한 함정수사가 있더라도 유죄판결을 선고하여야 한다는 견해가 있으나, 통설은 수사기관에 의한 '범의유발형 함정수사'는 위법하지만, '기회제공형 함정수사'는 적법하다고 본다.

판례는 ① "범의를 가진 자에 대하여 범행의 기회를 주거나 범행을 용이하게 한 것은 함정수사 자체가 아니다"라고 본다.[279)] 판례는 이와 달리 ② "범의를 가진 자에 대하여 단순히 범행의 기회를 제공하는 것에 불과한 경우에는 위법한 함정수사라고 단정할 수 없다"라고 판시하거나,[280)] ③ "유인자가 수사기관과 직접적인 관련을 맺지 않은 상태에서 피유인자를 상대로 단순히 수차례 반복적으로 범행을 부탁하였을 뿐 수사기관이 사술이나 계략 등을 사용하였다고 볼 수 없는 경우는, 설령 그로 인하여 피

274) 대판 2002. 10. 8. 2001도3931; 대판 2006. 11. 23. 2004도7900.
275) 대판 2006. 1. 26. 2004도517; 대판 2006. 11. 23. 2004도7900.
276) 대판 1990. 9. 25. 90도1586; 대판 2010. 5. 27. 2010도1755; 대판 2011. 11. 10. 2010도8294.
277) 대판 1985. 12. 10. 85도2182, 85감도313; 대판 2011. 10. 27. 2009도1603.
278) 대판 2006. 11. 23. 2004도7900.
279) 대판 2004. 5. 14. 2004도1066; 대판 2005. 10. 28. 2005도1247; 대판 2007. 7. 26. 2007도4532.
280) 대판 2007. 5. 31. 2007도1903.

유인자의 범의가 유발되었다 하더라도 위법한 함정수사에 해당하지 않는다"[281]라고 판시하기도 한다. ①의 판례는 '기회제공형 수사'는 함정수사 자체가 아니라는 취지이고, ②와 ③의 판례는 '기회제공형 수사' 또는 '사술이나 계략을 사용하지 않은 채 수사기관과 무관한 자가 한 범행의 부탁'은 '위법한 함정수사가 아니다(함정수사 자체가 아니라는 것인지, 함정수사이기는 하지만 위법하지 않다는 것인지는 불분명함)'라는 취지이다.

위법한 함정수사에 기한 공소에 대해서는 그 절차가 법률의 규정에 위반하여 무효인 때에 해당하므로 공소기각판결(법 327조 2호)을 하여야 한다.[282]

범의유발형과 기회제공형

본래 범의를 가지지 아니한 자에 대하여 수사기관이 사술이나 계략 등을 써서 범의를 유발케 하여 범죄인을 검거하는 함정수사(범의유발형 함정수사: 필자 주)는 위법하고, 이러한 함정수사에 기한 공소제기는 그 절차가 법률의 규정에 위반하여 무효인 때에 해당하지만, 범의를 가진 자에 대하여 단순히 범행의 기회를 제공하는 것(기회제공형 함정수사: 필자 주)에 불과한 경우에는 위법한 함정수사라 할 수 없다.[283]

위법한 함정수사인지의 판단

위법한 함정수사에 해당하는지 여부는 해당 범죄의 종류와 성질, 유인자의 지위와 역할, 유인의 경위와 방법, 유인에 따른 피유인자의 반응, 피유인자의 처벌 전력 및 유인행위 자체의 위법성 등을 종합하여 판단하여야 한다.[284]

경찰관이 노래방에서 도우미를 불러달라고 요구하여 접객행위의 알선을 단속[285]

경찰관들이 노래방에서 피고인측으로부터 한 차례 거절당하였으면서도 다시 찾아가 도우미를 불러 줄 것을 요구하여 도우미가 오게 되었고, 위 노래방이 평소 손님들에게 도우미 알선 영업을 해 왔다는 아무런 자료도 없으며 경찰관들도 그와 같은 제보나 첩보를 가지고 단속을 하지는 않은 사안에서, 수사기관이 사술이나 계략 등을 써서 피고인의 범의를 유발한 것으로서 위법하다.[286]

---

281) 대판 2008. 7. 24. 2008도2794.

282) 대판 2005. 10. 28. 2005도1247; 대판 2007. 5. 31. 2007도1903.

283) 대판 2007. 5. 31. 2007도1903.

284) 대판 2007. 7. 12. 2006도2339; 대판 2008. 3. 13. 2007도10804.

285) 영리를 목적으로 노래연습장에서 손님과 함께 술을 마시거나 노래 또는 춤으로 손님의 유흥을 돋우는 접객행위를 하거나 타인에게 그 행위를 알선하는 자는 처벌한다(음악산업진흥에 관한 법률 34조 4항, 22조 2항).

286) 대판 2008. 10. 23. 2008도7362. 위법한 함정수사를 인정한 사례로는 대판 2004. 5. 14. 2004도1066; 대판 2006. 9. 28. 2006도3464.

취객 근처에서 감시하다가, 부축빼기 절도범이 취객을 10m 끌고 가 지갑을 뒤지자 체포
경찰관이 취객을 상대로 한 부축빼기 절도범을 단속하기 위하여 공원 인도에 쓰러져 있는 취객 근처에서 감시하고 있다가, 마침 피고인이 나타나 취객을 부축하여 10m 정도를 끌고 가 지갑을 뒤지자 체포한 경우, 피고인은 스스로 범의를 일으켜 범행에 나아간 것이어서 위법한 함정수사가 아니다.[287)]

수사기관이 추가 범행을 지켜보고 있다가 범죄사실이 많이 늘어난 후에 체포
수사기관이 피고인의 범죄사실을 인지하고도 피고인을 바로 체포하지 않고 추가 범행을 지켜보고 있다가 범죄사실이 많이 늘어난 뒤에야 피고인을 체포하였다는 사정만으로는 피고인에 대한 수사와 공소제기가 위법하다거나 함정수사에 해당한다고 할 수 없다.[288)]

범인을 정보원을 이용하여 일정한 장소로 유인하여 검거
범의를 가진 자에 대하여 범행의 기회를 주거나 단순히 사술이나 계략 등을 써서 범죄인을 검거하는 데 불과한 경우에는 이를 함정수사라고 할 수 없는바, 수사기관이 사술이나 계략 등에 의하여 피고인의 범행을 유발한 것이 아니라, 이미 범행을 저지른 피고인을 검거하기 위하여 수사기관이 정보원을 이용하여 피고인을 검거장소로 유인한 것에 불과한 때에는, 피고인의 범행이 함정수사에 의한 것이라 할 수 없다.[289)]

2. 사인에 의한 범행의 유발

수사기관과 직접 관련이 있는 유인자가 피유인자와의 개인적인 친밀관계를 이용하여 피유인자의 동정심이나 감정에 호소하거나, 금전적·심리적 압박이나 위협 등을 가하거나, 거절하기 힘든 유혹을 하거나, 또는 범행방법을 구체적으로 제시하고 범행에 사용될 금전까지 제공하는 등으로 과도하게 개입함으로써 피유인자로 하여금 범의를 일으키게 하는 것은 위법한 함정수사에 해당하여 허용되지 않지만, 유인자가 수사기관과 직접적인 관련을 맺지 아니한 상태에서 피유인자를 상대로 단순히 수차례 반복적으로 범행을 부탁하였을 뿐 수사기관이 사술이나 계략 등을 사용하였다고 볼 수 없는 경우는, 설령 그로 인하여 피유인자의 범의가 유발되었다 하더라도 위법한 함정수사에 해당하지 아니한다.[290)]

---

287) 대판 2007. 5. 31. 2007도1903.
288) 대판 2007. 6. 29. 2007도3164.
289) 대판 2007. 7. 26. 2007도4532.
290) 대판 2007. 7. 12. 2006도2339; 대판 2013. 3. 28. 2013도1473. 위 2006도2339의 사실관계와 판단은 다음과 같다.
사실관계
- 갑과 함께 거주하는 을은 서울중앙지방검찰청의 정보원으로 활동하여 오면서 마약수사에 협조하여 마약사범을 검거한 대가로 포상금을 수령함
- 갑은 피고인에게 "아는 여자가 필로폰을 구입하려고 하니 구해 달라"고 부탁함
- 피고인은 갑의 부탁을 거절하여 오다가 병에게 필로폰을 매수할 수 있는지를 물어, "필로폰을 판매하겠다는 사람

사인이 수사기관과 관련을 맺고 필로폰을 교부하거나 투약하도록 유인하지는 않음

피고인이 ① 갑에게 필로폰 약 0.03g이 든 주사기를 교부하고, ② 주사기로 피고인의 팔에 필로폰 약 0.03g을 투약하였으며, 갑이 위 사실을 검찰에 신고하여 피고인이 체포되었으나, 갑이 수사기관과 관련을 맺은 상태에서 피고인으로 하여금 위와 같이 필로폰을 교부하거나 투약하도록 유인했다고 볼 수 없다면 피고인의 필로폰 투약 등이 함정수사에 의한 것이라고 할 수 없다.[291]

체포된 동거남의 석방을 위한 공적을 쌓기 위하여 순차 필로폰 밀수입을 권유

갑이 수사기관에 체포된 동거남의 석방을 위한 공적을 쌓기 위하여 을에게 필로폰 밀수입에 관한 정보제공을 부탁하면서 대가의 지급을 약속하고, 이에 을이 병에게, 병은 정에게 순차 필로폰 밀수입을 권유하여, 이를 승낙하고 필로폰을 받으러 나온 정을 체포한 사안에서, 을, 병 등이 각자의 사적인 동기에 기하여 수사기관과 직접적인 관련이 없이 독자적으로 정을 유인한 것으로서 위법한 함정수사에 해당하지 않는다.[292]

오로지 공무원을 함정에 빠뜨릴 의사로 뇌물을 공여함

오로지 공무원을 함정에 빠뜨릴 의사로 직무와 관련되었다는 형식을 빌려 그 공무원에게 금품을 공여한 경우에도 공무원이 그 금품을 직무와 관련하여 수수한다는 의사를 가지고 받아들이면 뇌물수수죄가 성립한다. 갑이 군수인 피고인을 함정에 빠뜨리기로 다른 사람들과 공모하여, 피고인에게 공사를 수주할 수 있도록 해 달라고 부탁하면서 뇌물을 공여한 후, 피고인이 2월 안으로 공사를 주겠다고 했음에도 불구하고 기다리지 않고, 돈을 돌려받으려는 시도도 하지 아니한 채 그 사실을 검찰에 알린 사안에서, 뇌물공여자들에게 피고인을 함정에 빠뜨릴 의사만 있었고 뇌물공여의 의사가 전혀 없었다고 보기 어려울 뿐 아니라, 뇌물공여자들의

이 있다"는 연락을 받고 갑에게 그 사실을 알려줌
- 을은 위 사실을 서울중앙지방검찰청 마약수사관에게 전달하였으나, 필로폰 위장매수자금을 마련하지 못하였다는 말을 듣고, 갑을 시켜 필로폰 거래를 연기하게 함
- 위 자금이 마련되자 갑은 피고인과 필로폰 거래를 하기로 약속하고 이를 을에게 알려주었고, 을은 마약수사관에게 이를 제보함
- 매수인으로 위장한 마약수사관, 피고인 그리고 을이 병을 만남
- 병은 정으로 하여금 을에게 필로폰을 판매하도록 하던 중 마약수사관에게 검거됨
- 갑은 을을 도와 필로폰 매매에 관한 정보를 제공하였다는 이유로 입건되지 아니하였고, 을은 정보를 제공하여 마약사범을 검거하게 한 대가로 포상금 100만 원을 받음

판단: 수사기관은 피고인이 갑의 부탁을 받고 범행을 승낙한 이후에야 비로소 을을 통하여 그 사실을 알게 되었고, 갑이 피고인에게 필로폰을 구해달라는 부탁을 할 당시에는 아직 그 사실을 알지 못하였으므로, 수사기관이 갑 또는 을로 하여금 피고인을 유인하도록 한 것이라기보다는 갑 또는 을이 포상금 획득 등 사적인 동기에 기하여 수사기관과 관련 없이 독자적으로 피고인을 유인한 것이라고 보아야 한다. 갑은 피고인에게 단순히 10여 차례에 걸쳐 "아는 여자가 필로폰을 구입하려고 하니 구해 달라"는 부탁을 하였을 뿐 그 과정에서 피고인과의 개인적인 친밀관계를 이용하여 피고인의 동정심이나 감정에 호소하거나, 금전적·심리적 압박이나 위협 등을 가하거나, 거절하기 힘든 유혹을 하거나, 또는 범행방법을 구체적으로 제시하고 범행에 사용될 금전을 제공하는 등의 방법을 사용하지 아니하였으므로 수사기관이 사술이나 계략 등을 사용한 경우에 해당하지 않는다.

291) 대판 2008. 7. 24. 2008도2794.

292) 대판 2007. 11. 29. 2007도7680.

함정교사라는 사정은 피고인의 책임을 면하게 하는 사유가 될 수 없다.[293)]

Ⅳ. 공소제기 후의 수사

수사는 공소제기 전에 완료되는 것이 보통이다. 그러나 공소유지를 하는 과정에서 새로운 사실이 밝혀지거나, 피고인이 새로운 주장을 하거나, 증인이 종전과 다른 진술을 하는 경우 등에 있어서 공소제기 이후에도 수사를 할 필요가 발생한다. 공소제기 이후의 수사를 어디까지 허용할 것인지는 임의수사와 강제수사로 나누어 논해지고 있다.

1. 피고인의 구속

피고인의 구속은 법원의 권한이므로(법 70조), 검사가 판사로부터 영장을 발부받는 등으로 피고인을 구속하는 것은 허용되지 않는다. 체포는 피의자에 대해 적용되는 것이므로 피고인은 체포의 대상이 되지 않는다. 피고인이 구인의 대상이 될 수 있으나, 구인 역시 법원의 권한이다.

2. 대물적 강제처분

공소제기 이후 검사가 압수·수색·검증과 같은 대물적 강제처분을 할 수 있는지 문제된다. 법원의 대물적 강제처분은 법 106조 이하에 규정되어 있고, 수사기관의 대물적 강제처분은 법 215조 이하에 규정되어 있는 점에 비추어 수사기관은 원칙적으로 공소제기 이후에는 대물적 강제처분을 할 수 없다고 보아야 한다. 다만 예외적으로 수사기관은 공소제기 이후 법원이 발부한 구속영장을 집행하는 구속현장에서 압수, 수색, 검증을 할 수 있다(법 216조 2항, 1항 2호).

그렇지만 수사기관이 공소제기 이후 임의수사로서 임의제출물을 압수하거나, 공공 장소에서 검증을 하는 것은 허용된다고 보아야 한다.

기소 후 검사가 피고사건에 관하여 수소법원이 아닌 판사의 영장을 발부받아 압수·수색

공소제기 후에는 피고사건에 관한 형사절차의 모든 권한이 수소법원에 속하게 되며, 구속·압수·수색 등 피고인의 기본적 인권에 직접 영향을 미치는 강제처분은 원칙적으로 수소법원의 판단에 의하여 이루어져야 한다. 검사가 압수·수색 영장을 청구할 수 있는 시기가 공소제기 전으로 한정되어 있지는 아니하나(법 215조), 공소제기 후에는 검사가 피고사건에 관하여 법 215조에 의한 압수·수색을 할 수 없다고 보아야 하며, 그럼에도 검사가 공소제기 후 수소법원 이외의 판사에게 청구하여 발부받은 영장에 의하여 압수·수색을 하였다면, 그와 같이 수집된 증거는 적법절차에 따르지 않은 것으로서 원칙적으로 유죄의 증거로 삼을 수 없다.

293) 대판 2008. 3. 13. 2007도10804.

수사기관의 절차 위반행위가 적법절차의 실질적인 내용을 침해하는 경우에 해당하지 아니하고, 오히려 그 증거의 증거능력을 배제하는 것이 헌법과 법이 적법절차의 원칙과 실체적 진실 규명의 조화를 도모하고 이를 통하여 형사사법 정의를 실현하려 한 취지에 반하는 결과를 초래하는 것으로 평가되는 예외적인 경우라면, 법원은 이를 유죄 인정의 증거로 사용할 수 있다. 그러한 예외적인 경우에 해당한다고 볼 만한 구체적이고 특별한 사정이 존재한다는 것은 검사가 증명하여야 한다.
공정거래위원회 소속 공무원인 피고인이 주류도매업자로부터 향후 불공정거래행위 신고나 관련 업무처리 등을 할 경우 잘 봐달라는 취지로 수표를 교부받아 뇌물을 수수하였다는 사안에서, 이에 부합하는 검사 제출의 증거들은 모두 공소제기 후 적법한 절차에 따르지 아니하고 수집한 것들이거나 이를 기초로 하여 획득된 2차적 증거에 불과하여 원칙적으로 유죄 인정의 증거로 삼을 수 없다. 검사는 수소법원에 압수·수색에 관한 직권발동을 촉구하거나 사실조회(법 272조)를 통해 절차를 위반하지 않고서도 증명 목적을 달성할 수 있었으므로 '위법수집증거이지만 증거로 사용할 수 있는 예외적인 경우'에 해당하지 않는다.[294)]

3. 임의수사

공소제기 이후에 임의수사를 할 수 있다는 데에는 별다른 의문이 없다. 다만 피고인과 증인에 대한 수사기관의 신문이 가능한지에 대해서는 견해의 차이가 있다.

가. 피고인신문

공소제기 후에 수사기관이 피고인을 신문하는 것을 허용해서는 안 된다는 견해는, 그러한 신문을 허용하는 것은 당사자로서의 피고인의 지위와 모순되고 공판중심주의에도 반한다는 점을 논거로 한다. 허용하자는 견해는 피고인의 신문이 임의수사라는 점을 강조한다. 판례는 허용설을 취하고 있다. 다만, 수사기관이 법정 외에서 피고인을 상대로 기소한 사건에 관하여 신문하는 때에는 진술거부권을 고지하는 등 피의자에 준하여 신문하여야 한다.[295)]

검사의 피고인에 대한 진술조서가 공소제기 후에 작성되었다는 이유만으로 증거능력이 없다고 할 수 없다.[296)]

기소한 피의자를 소환하여 진술조서를 작성하였으나 그 내용이 피의자신문조서와 같음
피의자의 진술을 녹취 내지 기재한 서류 또는 문서가 수사기관에서의 조사 과정에서 작성된 것이라면, 그것이 '진술조서, 진술서, 자술서'라는 형식을 취하였다고 하더라도 피의자신문조서와 달리 볼 수 없다. 법이 보장하는 피의자의 진술거부권은 헌법이 보장하는 형사상 자기에게 불리한 진술을 강요당하지 않는 자기부죄거부의 권리에 터 잡은 것이므로, 수사기관이 피의자를 신문함에 있어서 피의자에게 미리 진술거부권을 고지

294) 대판 2011. 4. 28. 2009도10412.
295) 대판 2009. 8. 20. 2008도8213.
296) 대판 1984. 9. 25. 84도1646.

하지 않은 때에는 그 피의자의 진술은 위법하게 수집된 증거로서 진술의 임의성이 인정되는 경우라도 증거능력이 부인되어야 한다.
검사가 기소한 피의자를 소환하여 신문하면서 피의자신문조서가 아닌 일반적인 진술조서의 형식으로 조서를 작성한 사안에서, 진술조서의 내용이 피의자신문조서와 실질적으로 같고, 진술의 임의성이 인정되는 경우라도 미리 피의자에게 진술거부권을 고지하지 않았다면 위법수집증거에 해당하므로, 유죄인정의 증거로 사용할 수 없다.[297]
해설: 위 판례가 있기 이전에는 공소제기 이후에 공소제기된 사건에 관하여 검사가 피고인을 조사할 때 피고인은 더 이상 피의자가 아니라는 논리로 피고인을 참고인으로 취급하여 조서를 작성하던 관행이 있었다. 위 판례는 이러한 경우에 피고인을 피의자로 취급하라는 취지이다.

나. 참고인신문

공소제기 후에 수사기관이 참고인을 조사할 수 있고, 그 참고인이 이미 증인으로 증언하였더라도 마찬가지이다. 임의수사이기 때문이다. 그러나 공판기일에서 이미 증언을 마친 증인을 검사가 소환한 후 피고인에게 유리한 그 증언 내용을 추궁하여 이를 일방적으로 번복시키는 방식으로 작성한 진술조서는 당사자가 증거로 동의하지 않는 이상 증거능력을 가지지 못한다.[298]

피고인에게 유리하게 증언한 증인을, 수사기관이 추궁하여 일방적으로 번복시킨 진술
증언을 마친 증인을 검사가 소환한 후 피고인에게 유리한 증언 내용을 추궁하여 이를 일방적으로 번복시키는 방식으로 작성한 진술조서를 유죄의 증거로 삼는 것은 당사자주의·공판중심주의·직접주의를 지향하는 법의 소송구조에 어긋날 뿐만 아니라, 재판을 받을 권리(헌법 27조)를 침해하므로, 이러한 진술조서는 피고인이 증거동의하지 않는 한 증거능력이 없다. 원진술자인 종전 증인이 다시 법정에 출석하여 증언을 하면서 그 진술조서의 진정성립을 인정하고 반대신문의 기회가 부여되었더라도 그 증언 자체가 증거로 사용될 수 있을 뿐, 위와 같은 진술조서는 증거능력이 없다.[299]
해설: 증언을 마친 증인을 검사가 소환한 후 피고인에게 유리한 증언을 추궁하여 이를 일방적으로 번복시키는 방식으로 작성한 진술조서에 대해서는 그 증인이 다시 법정에 출석하여 진정성립을 인정하고 반대신문의 기회가 부여되더라도 증거능력이 인정되지 않는다. 다만 피고인이 증거동의하는 경우에는 위 진술조서의 증거능력이 인정된다. 또한 위 증인이 다시 법정에 출석하여 한 증언의 증거능력도 인정된다.
위 판례의 법리는, 검사가 증언을 마친 증인을 소환하여 피고인에게 유리한 증언 내용을 추궁한 다음 진술조서를 작성하는 대신 그로 하여금 본인의 증언 내용을 번복하는 내용의 진술서를 작성하도록 하거나,[300] 그 증인을 상대로 위증의 혐의를 조사한 내용을 담은 피의자신문조서를 작성한 경우에도[301] 동일하게 적용된다.

---

297) 대판 2009. 8. 20. 2008도8213.
298) 대판 2000. 6. 15. 99도1108 전합.
299) 대판 2000. 6. 15. 99도1108 전합.
300) 대판 2012. 6. 14. 2012도534.
301) 대판 2013. 8. 14. 2012도13665.

제5절 증거보전제도

1. 의 의

가. 증거보전제도의 성격

공소제기 후의 공판절차에서 증거조사가 행해질 때까지를 기다려서는 증거의 사용이 곤란해지는 경우에는 증거를 미리 확보해둘 필요가 있다. 이러한 필요에 부응하는 제도로는 법 184조의 증거보전절차와 법 221조의2의 증인신문절차가 있다.

법 제184조(증거보전의 청구와 그 절차) ① 검사, 피고인, 피의자 또는 변호인은 미리 증거를 보전하지 아니하면 그 증거를 사용하기 곤란한 사정이 있는 때에는 제1회 공판기일 전이라도 판사에게 압수, 수색, 검증, 증인신문 또는 감정을 청구할 수 있다.
② 전항의 청구를 받은 판사는 그 처분에 관하여 법원 또는 재판장과 동일한 권한이 있다.
③ 제1항의 청구를 함에는 서면으로 그 사유를 소명하여야 한다.
④ 제1항의 청구를 기각하는 결정에 대하여는 3일 이내에 항고할 수 있다.
법 제185조(서류의 열람등) 검사, 피고인, 피의자 또는 변호인은 판사의 허가를 얻어 전조의 처분에 관한 서류와 증거물을 열람 또는 등사할 수 있다.
법 제221조의2(증인신문의 청구) ① 범죄의 수사에 없어서는 아니 될 사실을 안다고 명백히 인정되는 자가 전조의 규정에 의한 출석 또는 진술을 거부한 경우에는 검사는 제1회 공판기일 전에 한하여 판사에게 그에 대한 증인신문을 청구할 수 있다.
② 삭제
③ 제1항의 청구를 함에는 서면으로 그 사유를 소명하여야 한다.
④ 제1항의 청구를 받은 판사는 증인신문에 관하여 법원 또는 재판장과 동일한 권한이 있다.
⑤ 판사는 제1항의 청구에 따라 증인신문기일을 정한 때에는 피고인·피의자 또는 변호인에게 이를 통지하여 증인신문에 참여할 수 있도록 하여야 한다.
⑥ 판사는 제1항의 청구에 의한 증인신문을 한 때에는 지체 없이 이에 관한 서류를 검사에게 송부하여야 한다.

나. 증거보전제도의 의의

증거보전절차에서는 미리 증거를 보전하지 아니하면 그 증거를 사용하기 곤란한 사정이 있는 때에 검사, 피고인, 피의자 또는 변호인의 청구에 의해 판사가 제1회 공판기일 이전에 압수, 수색, 검증, 증인신문을 행하거나, 판사의 명령에 의한 감정인이 감정을 행한다(법 184조).[302] 증인신문절차에서는

302) 검사가 영장을 발부받아 실시할 수 있는 압수·수색·검증이나, 수사기관의 위촉에 의해 실시할 수 있는 감정은 증거보전절차를 거칠 필요가 거의 없다. 그러한 이유로 증거보전절차를 통해 압수·수색·검증이나 감정을 실시하는 경우는 사실상 없다.

범죄의 수사에 없어서는 아니 될 사실을 안다고 명백히 인정되는 자가 수사기관의 출석 요구에 응하지 않거나 진술을 거부한 경우에 검사의 청구로 판사가 제1회 공판기일 이전에 증인신문을 행한다(법 221조의2 1항). 위 증거보전절차와 증인신문절차를 합하여 증거보전제도라고 할 수 있다. 증거보전제도는 수사기관이 아닌 판사가 행하고, 증거를 미리 조사하지 않으면 안 될 특별한 사정이 있는 경우에 한하여 가능하다는 점에서 수사활동과는 다르다. 또한 제1회 공판기일 이전에 한하여 행해지고 수소법원 이외의 판사에 의해 이루어진다는 점에서 수소법원에 의한 일반적인 증거조사와 구별된다.

2. 청구권자

증거보전절차의 청구권자는 검사, 피고인, 피의자 또는 변호인이고, 증인신문절차의 청구권자는 검사이다(법 184조 1항, 221조의2 1항).

3. 증거보전의 방법

증거보전의 청구절차에서는 압수, 수색, 검증, 증인신문 또는 감정을 할 수 있고, 증인신문의 청구절차에서는 증인신문을 할 수 있다. 어느 절차에서나 피고인신문은 불가능하다.[303)]

증거보전 및 증인신문의 청구를 받은 판사는 압수, 수색, 검증, 감정 또는 증인신문에 관하여 수소법원 또는 재판장과 동일한 권한이 있으므로 위 압수, 수색, 검증, 감정 또는 증인신문은 수소법원이 증거조사하는 것과 동일한 방식에 의해 행한다(법 184조 2항, 221조의2 4항). 따라서 당사자들은 증거조사절차에 참여하고 증인을 신문할 권리를 가진다.[304)] 다만 판례는 당사자의 참여권에 관하여 다음과 같이 제한적인 입장을 취한 바 있다.

증거보전절차상의 증인신문 일시 장소를 통지받지 못하여 증인신문참여 못함

제1회 공판기일 전에 법 184조에 의한 증거보전절차에서 증인신문을 하면서, 위 증인신문의 일시와 장소를 피의자 및 변호인에게 미리 통지하지 아니하여 <u>증인신문에 참여할 수 있는 기회를 주지 아니하였고, 또 변호인이 제1심 공판기일에 위 증인신문조서의 증거조사에 관하여 이의신청을 하였다면</u>, 위 증인신문조서는 증거능력이 없고, 그 증인이 후에 법정에서 그 진정성립을 인정하더라도 위 증인신문조서는 증거능력을 취득하지 못한다.[305)]

증거보전절차상의 증인신문에 참여의 기회를 보장하지 않았으나 증거동의

증거보전절차상의 증인신문을 하면서 피의자 또는 변호인에게 참여의 기회를 주지 않았더라도 <u>증거동의하여</u>

303) 피의자신문에 해당하는 사항을 증거보전의 방법으로 청구할 수는 없다(대판 1979. 6. 12. 79도792).
304) 2007년도의 법 개정을 통해 '수사에 지장이 없을 것'이라는 제한은 삭제되었다.
305) 대판 1992. 2. 28. 91도2337; 대판 1992. 9. 22. 92도1751.

증거조사를 거친 증인신문조서는 증거능력이 부여된다.[306]

필요적 공범에 대한 증인신문

공동피고인과 피고인이 뇌물을 주고 받은 필요적 공범관계에 있더라도 검사는 피고인에 대한 증거를 보전하기 위하여 공동피고인을 증인으로 신문할 것을 청구할 수 있다.[307]

사례: 피의자가 갑인 피의사건에서 증거보전절차가 진행되어 을을 증인으로 신문하였다. 그 후 갑과 을이 공동피고인으로 기소되었다. 증거보전절차에서 작성된 을에 대한 증인신문조서가 피고인 을에 대한 증거로 사용될 수 있는가?

해설: 증거보전절차에서 을을 증인으로 신문한 것은, 을을 기준으로 하여 보면 피의자(을)를 그 스스로의 피의사실에 대한 증인으로 신문한 것이어서 위법하므로, 피고인(을)에 대한 증거로 사용할 수 없다.[308]

4. 증거보전의 시기적 제한

증거보전의 청구(법 184조)와 검사의 증인신문청구(법 221조의2)는 입건(고소, 고발, 자수, 범죄인지)을 함으로써 피의사실이 존재하는 때에 한하여 할 수 있다.[309]

증거보전 및 증인신문을 제1회 공판기일 전까지만 할 수 있도록 한 것은 제1회 공판기일 이후에는 수소법원에 의한 증거조사가 가능하다고 보기 때문이다.[310]

범죄인지서 작성 전이지만 실질적인 인지를 한 상태에서 증인신문청구

사실관계

- 검사가 1988. 4. 28. 피고인들에 대한 범죄인지서를 작성
- 그 전인 1988. 4. 9. 뇌물공여자 갑을 상대로 피고인들의 뇌물수수를 조사하면서 진술서를 작성·제출케 함
- 1988. 4. 26. 뇌물의 중간전달자인 을을 상대로 뇌물전달을 조사하면서 진술서를 작성·제출케 하고, 참고인 진술조서를 작성함
- 1988. 4. 27. 뇌물을 받은 병을 피의자로 표시하여 을에 대한 증인신문청구(법 221조의2 2항)를 함

판단: 을에 대한 증인신문청구 전에 피고인들의 수뢰·증뢰에 관하여 공동피의자 중 1인과 참고인을 소환·조사함으로써 수사를 개시하였음이 명백하므로 증인신문청구 전에 피고인들에 대한 피의사실이 존재하였다.[311]

---

306) 대판 1988. 11. 8. 86도1646.

307) 대판 1988. 11. 8. 86도1646.

308) 대판 1979. 6. 12. 79도792 참조.

309) 대판 1979. 6. 12. 79도792; 대판 1989. 6. 20. 89도648.

310) 여기서 제1회 공판기일은 ① 적어도 검사의 모두진술(법 285조)이 행해진 때를 의미한다는 견해, ② 모두 절차가 끝난 때를 의미한다는 견해, ③ 증거조사가 개시되기 전까지를 의미한다는 견해가 있다.

311) 대판 1989. 6. 20. 89도648.

재심청구사건
증거보전은 공판 전에 미리 그 증거를 수집·보전하는 제도로서 제1심 제1회 공판기일 전에 한하여 허용되므로 재심청구사건에서 증거보전절차는 허용되지 않는다.[312)]

5. 증거보전의 사유

증거보전의 필요성은 미리 증거를 보전하지 아니하면 그 증거를 사용하기 곤란한 사정이 있는 경우에 인정되고, 증인신문의 필요성은 범죄의 수사에 없어서는 아니 될 사실을 안다고 명백히 인정되는 자가 수사기관에 출석 또는 진술을 거부한 경우에 인정된다(법 184조 1항, 221조의2 1항).[313)]

증거보전과 증인신문의 청구는 서면으로 그 사유를 소명하여야 한다(법 184조 3항, 221조의2 3항).

6. 법원의 결정

판사는 청구가 이유 없다고 인정하면 기각결정을 하고, 이유 있다고 인정하면 별도의 결정 없이 증거조사절차로 나아가면 된다. 증거보전의 청구를 기각하는 결정에 대해서는 3일 이내에 항고할 수 있다(법 184조 4항). 증인신문의 청구를 기각하는 결정에 대해서는 항고할 수 없다.[314)]

7. 증거보전 후의 절차

증거보전절차에서 작성하거나 취득한 서류와 증거물에 대해서는 검사, 피고인, 피의자 또는 변호인이 판사의 허가를 얻어 열람 또는 등사할 수 있다(법 185조). 검사, 피고인 등이 판사의 허가를 얻어 열람·등사를 하는 것은 증거보전절차에 의해 작성하거나 취득한 증거를 법원(수소법원이 아니라 법원조직법상 의미의 법원을 말함)이 보관함을 전제로 한다. 따라서 당사자가 법원이 보관하는 위 증거를 수소법원에 증거로 제출하기 위해서는 조서 등을 직접 등사하여 제출하거나 수소법원에 증거 및 기록의 송부촉탁신청을 하여 제출하는 과정을 거쳐야 한다.

이에 반하여 증인신문을 한 때에는 판사는 지체 없이 이에 관한 서류를 검사에게 송부하여야 한다(법 221조의2 6항). 서류를 지체 없이 검사에게 송부하는 이유는 수사의 보안을 위한 것이다. 증거보전절차에서와 달리 증인신문절차에서 작성된 증인신문조서에 대해서는 검사가 보관을 하고, 피의자나 피고인의 열람·등사권이 인정되지 않는다. 다만 증인신문절차에서 작성된 증인신문조서도 공소제기 이후에는 증거개시의 대상이 된다(법 266조의3).

---

312) 대결 1984. 3. 29. 84모15.
313) '진술번복의 우려'를 증인신문의 청구 사유로 한 규정은 삭제되었다.
314) 대결 1986. 7. 12. 86모25.

8. 증거능력

증거보전절차와 증인신문절차에서 작성된 조서는 법관의 조서로서 법 311조 2문에 의하여 당연히 증거능력이 인정된다.

9. 참고인 구인제도의 필요성

증인신문절차나 증거보전절차는 판사가 주재하는 상당히 번잡한 절차로서 피의자의 절차참여권이 보장되고, 수사기밀의 유지가 어렵기 때문에 참고인에 대한 구인영장 제도를 도입할 필요가 있다. 이에 대해서는 진술의무를 부담하지 않는 참고인에게 구인영장을 통해 사실상 진술을 강요하는 것은 인권침해의 우려가 있고 공판중심주의를 형해화한다는 비판이 제기된다. 참고인의 출석불응으로 인하여 사안을 규명하지 못한 채 공소시효가 도과되는 사건이 적지 않다는 점에서 참고인에 대한 구인영장 제도는 적극적으로 검토할 필요가 있다고 생각된다.

제 5 장

수사의 종결

수사는 공소 제기 여부를 결정할 수 있을 정도로 혐의 유무를 밝혔거나 더 이상 수사를 진행할 수 없는 상황에 이르게 되면 종결된다. 공소를 제기한 이후에도 수사는 가능하며 불기소처분을 하였더라도 수사를 재개할 3수 있다. 수사의 종결은 검사만 할 수 있다.

제 1 절 수사의 종결처분

1. 공소의 제기

검사는 수사결과 범죄의 객관적 혐의가 충분하고 소송조건을 구비하여 유죄판결을 받을 수 있다고 인정할 때에는 공소를 제기한다.

2. 불기소처분

불기소처분은 공소를 제기하지 아니하는 처분으로서 협의의 불기소처분, 기소유예, 기소중지 및 참고인중지가 있다.

검사가 불기소처분하는 경우에는 불기소 결정서에 피의사실의 요지와 수사의 결과 및 공소를 제기하지 아니하는 이유를 기재하여야 한다(검찰사건사무규칙 69조 1항).

검사의 불기소처분은 확정재판의 확정력과 같은 효력이 없으므로 불기소처분 후에도 공소시효가 완성되기 전이면 언제라도 공소를 제기할 수 있다.[1)]

1) 대판 2009. 10. 29. 2009도6614.

가. 협의의 불기소처분

(1) 혐의없음

혐의없음은 혐의없음(범죄인정안됨)과 혐의없음(증거불충분)으로 나뉜다. 전자는 피의사실이 범죄를 구성하지 아니하거나 인정되지 아니하는 경우에 하는 처분이고 후자는 피의사실을 인정할 만한 충분한 증거가 없는 경우에 하는 처분이다(동조 3항 2호).

(2) 죄가안됨

죄가안됨은 피의사실이 범죄구성요건에 해당하나 법률상 범죄의 성립을 조각하는 사유 즉 위법성조각사유나 책임조각사유가 있는 경우에 하는 처분이다(동항 3호). 예컨대 형사미성년자, 심신상실자, 정당방위 등이 이에 해당한다.

(3) 공소권없음

공소권없음은 소송조건이 결여되었거나 형 면제사유가 있는 경우에 하는 처분이다(동항 4호).

(4) 각 하

각하는 고소인 또는 고발인의 진술이나 고소장 또는 고발장에 의하여 혐의없음, 죄가안됨, 공소권없음의 사유에 해당함이 명백한 경우 등에 수사를 하지 않고 고소, 고발장에 의해 곧바로 불기소의 처분을 하는 것이다(동항 5호).

나. 기소유예

기소유예는 피의사실이 인정되지만 형법 51조 각 호의 사항을 참작하여 소추를 필요로 하지 아니하는 경우에 하는 처분이다(동항 1호).

검사가 기소유예의 결정을 하는 경우에는 피의자를 엄중히 훈계하고 개과천선할 것을 다짐하는 서약서를 받아야 한다. 기소유예 처분을 하는 경우에는 감호자·연고자 또는 범죄예방 자원봉사위원에게 신병인도조치를 하거나 한국법무보호복지공단 등 보호단체에 보호를 알선할 수 있다. 검사가 소년인 피의자에 관하여 선도조건부 기소유예 결정을 하는 경우에는 선도보호에 필요한 조치를 하여야 한다(동규칙 71조).

국가보안법 20조의 공소보류도 기소유예와 유사한 제도이나, 공소보류는 공소제기 없이 2년이 경과하면 공소제기를 할 수 없다는 점에서 기소유예와 다르다.

다. 기소중지 및 참고인중지

기소중지는 피의자의 소재불명 등의 사유로 수사를 종결할 수 없는 경우에 그 사유가 해소될 때까지 수사를 중지하는 처분을 의미한다(동규칙 73조). 기소중지 처분을 함에 있어서는 기소중지자의 소재

발견시 기소중지자를 구속영장, 구인영장, 체포영장, 긴급체포에 의해 체포·구인·구속하여야 할 경우에는 지명수배를, 기소중지자를 체포·구인·구속하지 아니할 경우에는 지명통보를 동시에 해두어야 한다[대검예규 지명수배(통보) 및 해제업무 처리지침].[2)]

참고인·고소인·고발인 또는 같은 사건의 다른 피의자의 소재불명으로 수사를 종결할 수 없는 경우에는 그 사유가 해소될 때까지 수사를 중지하는 처분을 참고인중지라고 한다(동규칙 74조).

3. 타관송치

가. 타관송치

검사는 사건이 그 소속 검찰청에 대응한 법원의 관할에 속하지 아니한 때에는 사건을 서류와 증거물과 함께 관할법원에 대응한 검찰청 검사에게 송치하여야 한다(법 256조).

나. 군검찰관 송치

검사는 사건이 군사법원의 재판권에 속하는 때에는 사건을 서류와 증거물과 함께 재판권을 가진 관할 군사법원 검찰부 검찰관에게 송치하여야 한다. 이 경우에 송치 전에 행한 소송행위는 송치 후에도 그 효력에 영향이 없다(법 256조의2).

다. 소년부 송치

소년에 대한 피의사건을 수사한 결과 보호처분에 해당하는 사유가 있다고 인정한 경우에는 사건을 관할 소년부에 송치하여야 한다(소년법 49조).

라. 가정보호사건 송치

가정폭력범죄로서 사건의 성질·동기 및 결과, 가정폭력행위자의 성행 등을 고려하여 가정폭력범죄의 처벌 등에 관한 특례법에 따른 보호처분을 하는 것이 적절하다고 인정하여 가정보호사건으로 처리하는 때에는 그 사건을 관할 가정법원 또는 지방법원에 송치하여야 한다(동법 9조, 11조).

마. 성매매보호사건 송치

성매매를 한 사람에 대하여 사건의 성격·동기, 행위자의 성행 등을 고려하여 성매매알선 등 행위의 처벌에 관한 법률에 따른 보호처분을 하는 것이 적절하다고 인정할 때에는 특별한 사정이 없으면 보호사건으로 관할법원에 송치하여야 한다(동법 12조).

---

2) 지명수배(통보) 입력요구서의 수배종별 기입방법은 다음과 같다[지명수배(통보) 및 해제업무 처리지침 3.의 사.].
- ○ 기소중지, 공판기일불출석 또는 위치추적 전자장치 부착명령 청구 관련 지명수배자에 대하여는 “A”
- ○ 형미집행자, 벌과금미납 또는 보호관찰, 사회봉사·수강명령, 위치추적 전자장치 부착명령 집행불응 및 보호관찰소장의 위치추적 전자장치 부착명령 청구 전 조사 관련 지명수배자에 대하여는 “B”
- ○ 기소중지 및 디엔에이감식시료채취 관련 지명통보자에 대하여는 “C”

4. 수사종결처분의 통지

가. 고소·고발인에 대한 통지

검사는 고소 또는 고발 있는 사건에 관하여 공소를 제기하거나 제기하지 아니하는 처분, 공소의 취소 또는 법 256조의 타관송치를 한 때에는 그 처분한 날로부터 7일 이내에 서면으로 고소인 또는 고발인에게 그 취지를 통지하여야 한다(법 258조 1항). 또한 검사는 고소 또는 고발 있는 사건에 관하여 공소를 제기하지 아니하는 처분을 한 경우에 고소인 또는 고발인의 청구가 있는 때에는 7일 이내에 고소인 또는 고발인에게 그 이유를 서면으로 설명하여야 한다(법 259조).

나. 피의자에 대한 통지

검사는 불기소 또는 법 256조의 타관송치의 처분을 한 때에는 피의자에게 즉시 그 취지를 통지하여야 한다(법 258조 2항). 이는 불안한 상태에 있는 피의자에게 처분 결과를 알림으로써 피의자를 보호하고, 기소유예 처분에 대해 헌법소원을 제기하는 등 일정한 경우에 피의자가 처분 결과에 대해 불복할 수 있도록 하기 위함이다. 여기서 통지받아야 할 대상인 피의자는 모든 피의자를 말하며 고소·고발사건에서의 피의자에 한정되지 않는다.[3)]

다. 피해자 등에 대한 통지

검사는 범죄로 인한 피해자 또는 그 법정대리인(피해자가 사망한 경우에는 그 배우자·직계친족·형제자매를 포함한다)의 신청이 있는 때에는 당해 사건의 공소제기여부, 공판의 일시·장소, 재판결과, 피의자·피고인의 구속·석방 등 구금에 관한 사실 등을 신속하게 통지하여야 한다(법 259조의2). 사건의 처리 결과에 대해 중대한 이해관계를 가진 피해자의 알권리를 보장하고 피해회복을 가능하게 하기 위함이다. 종래에는 피해자이더라도 고소·고발 사건이 아닌 경우에는 처분 결과를 통지받지 못하여 피해자가 겪는 불편함이 컸던 사정을 반영하여 2007년에 신설된 제도이다. 고소가 아닌 범죄의 신고를 통해 수사기관의 인지절차를 거쳐 입건되는 경우가 많은 교통사고, 절도, 폭력 사건에서 본조가 적용될 여지가 많을 것이다.

3) 헌재 2001. 12. 20. 2001헌마39.

제2절 불기소처분에 대한 불복

Ⅰ. 검찰항고

1. 의 의

검찰항고는 검사의 불기소처분에 불복이 있는 고소인 또는 고발인이 그 검사 소속의 지방검찰청 또는 지청을 거쳐 서면으로 관할 고등검찰청 검사장에게 불기소처분의 시정을 구하는 것을 말한다(검찰청법 10조). 검찰항고는 검사의 불기소처분에 대한 검찰조직 내부의 자체적 견제장치이다. 협의의 불기소처분은 물론 기소유예, 기소중지나 참고인중지 처분도 검찰항고의 대상이 된다. 공소제기가 가능하거나 공소시효의 만료가 임박하였음에도 만연히 기소중지나 참고인중지 처분을 하거나, 기소유예가 적당하지 아니한 사안에 관하여 기소유예 처분을 하는 데 대해 검찰항고를 통해 시정할 필요가 있기 때문이다. 검찰항고는 수사기관이 충실하지 못한 수사나 잘못된 판단에 의해 불기소처분하는 것을 견제하는 제도이다.

2. 항고의 절차

고소·고발인은 법 258조 1항에 따라 공소를 제기하지 아니하는 처분을 하였다는 통지를 받은 날부터 30일 이내에 고등검찰청 검사장에게 항고하여야 한다. 항고장은 불기소처분을 한 검사가 속한 지방검찰청 또는 지청에 제출하며, 이 경우 해당 지방검찰청 또는 지청의 검사는 항고가 이유 있다고 인정하면 사건을 재기하여 그 처분을 경정하여야 한다(동조 1항, 4항).

지방검찰청 또는 지청의 검사는 항고가 이유 없다고 판단하면 수사기록을 고등검찰청 검사장에게 송부한다. 고등검찰청 검사장은 소속 검사로 하여금 지방검찰청 또는 지청 검사의 불기소처분을 직접 경정하게 할 수 있다. 이 경우 고등검찰청 검사는 지방검찰청 또는 지청의 검사로서 직무를 수행하는 것으로 본다(동조 2항). 즉 고등검찰청 검사가 지방검찰청이나 지청 소속 검사의 지위에서 직접 대응 법원에 공소제기를 할 수 있는 것이다. 항고가 이유 없다고 인정하는 때에는 항고를 기각하는 결정을 한다.

3. 재항고

항고인은 '항고를 기각하는 처분'에 불복하거나 '항고를 한 날부터 항고에 대한 처분이 이루어지지 아니하고 3개월이 지났을 때'에는 그 검사가 속한 고등검찰청을 거쳐 서면으로 검찰총장에게 재항고할 수 있다. 이 경우 해당 고등검찰청의 검사는 재항고가 이유 있다고 인정하면 그 처분을 경정하여야 한

다. 다만 법 260조에 따라 재정신청을 할 수 있는 항고인은 재항고를 할 수 없다(동조 3항).[4]

재항고는 항고기각 결정을 통지받은 날 또는 항고 후 항고에 대한 처분이 이루어지지 아니한 채 3개월이 지난 날부터 30일 이내에 하여야 한다(동조 5항).

4. 항고기간의 특례

항고 또는 재항고를 한 자가 자신에게 책임이 없는 사유로 정하여진 기간 이내에 항고 또는 재항고를 하지 못한 것을 소명하면 그 항고 또는 재항고 기간은 그 사유가 해소된 때부터 기산한다(동조 6항). 항고기간이 지난 후 접수된 항고 또는 재항고는 기각하여야 하지만 중요한 증거가 새로 발견된 경우 고소인이나 고발인이 그 사유를 소명하였을 때에는 그러하지 아니하다(동조 7항).

5. 인지사건과 항고권

교통사고, 폭력 사건 등에서는 범죄혐의가 명백하고 사건의 처리가 급박하여 고소장의 제출을 기다릴 필요 없이 수사기관이 인지하여 수사를 개시하는 경우가 많다. 절도 사건에서는 범인을 알지 못하거나 검거가능성이 높지 않아 절도신고만 받아두었다가 나중에 범인이 밝혀진 이후 수사기관이 인지하여 처벌하는 예가 많다. 이러한 경우에는 형식적인 의미의 고소장이 제출되는 것은 아니므로 피해자를 고소인으로 보아야 할지 문제된다. 고소인이 아니라 단순히 범죄의 신고인 내지 진정인으로만 본다면 이들은 검찰항고와 재정신청을 할 수 없게 된다.

고소는 서면 또는 구술로써 하며, 수사기관은 구술에 의한 고소를 받은 때에는 조서를 작성하여야 한다(법 237조). 피해자의 범죄 신고가 범죄사실을 특정하여 범인을 처벌하여 달라는 것이고, 피해자를 신문한 진술조서가 작성되어 법 237조의 요건을 구비한 때에는 적법한 고소가 있는 것으로 보아 피해자의 검찰항고권 및 재정신청권을 인정할 필요가 있다고 본다.[5]

Ⅱ. 재정신청

1. 의 의

재정신청제도는 검사의 불기소처분에 불복하는 고소·고발인의 신청에 대하여 법원이 불기소처분의 당부를 판단하는 것을 말한다(법 260조 이하). 종래의 재정신청제도는 재정신청을 받은 법원이 검사의 불기소처분이 부당하다고 판단하여 법원의 심판에 회부하는 결정을 하면 곧바로 공소제기의 효과가

---

4) 재정신청을 할 수 있는 고소·고발인은 불기소처분에 대한 항고기각처분에 대하여 재항고를 제기할 수 없도록 규정한 검찰청법 10조 3항은 헌법에 반하지 않는다(헌재 2014. 2. 27. 2012헌마983).

5) 같은 취지로는, 서울고등검찰청, 검찰항고·고소제도 개선 및 사건처리절차 합리화방안 연구, 1997, 109면.

있는 것으로 보았기 때문에 '재판에 의한 준기소절차'라고 하였으나, 2007년 법 개정 이후에는 법원의 공소제기 결정에 의해 검사가 지체 없이 공소를 제기할 의무를 지는 것으로 바뀌었다. 법원의 공소제기 결정이 있으면 검사는 공소를 제기하여야 하고 이렇게 제기된 공소에 대해서는 검사가 공소를 취소할 수 없으므로 기소편의주의 및 기소독점주의에 대한 외부적 견제장치가 된다.

2. 재정신청권자 및 대상범죄

고소인과 형법 123조부터 126조까지의 죄에 대한 고발인이 재정신청권자이다. 고소인은 모든 범죄에 대해 재정신청을 할 수 있지만, 고발인은 형법 123조(직권남용), 124조(불법체포, 불법감금), 125조(폭행, 가혹행위), 126조(피의사실공표)의 죄에 대해서만 재정신청을 할 수 있으며 126조의 피의사실공표죄에 대해서는 피공표자의 명시한 의사에 반하여 재정을 신청할 수 없다(법 260조 1항). 고소, 고발을 취소한 자는 재정신청을 할 수 없다.

기소중지와 참고인중지 처분은 종국적인 처분이 아닌 수사중지처분에 불과하여 재정신청의 대상이 아니라는 견해가 있다. 그러나 혐의가 명백하거나 공소시효의 만료가 임박함에도 불구하고 만연히 기소중지, 참고인중지 처분하는 경우에는 재정신청에 의해 기소를 강제할 필요가 있으므로 기소중지나 참고인중지 처분을 재정신청 대상에서 제외하는 것은 옳지 않다고 생각된다. 오히려 참고인중지 처분이 있는 때는 참고인의 출석을 강제할 방법이 없어 참고인을 조사하지 못한 채 공소시효가 완성되는 경우가 많으므로 재정신청에 의해 처분의 당부를 판단할 필요성이 더 크다고 할 수 있다.[6]

> 검사의 불기소처분 당시에 공소시효가 완성되어 공소권이 없는 경우에는 불기소처분에 대한 재정신청은 허용되지 않는다.[7]

> **기소유예처분에 대한 재정신청**
> 검사는 범죄혐의가 충분하고 소송조건이 구비되어 있어도 구체적 사안에 따라 형법 51조의 사항을 참작하여 재량에 의해 기소유예할 수 있으나, 그 재량에는 한계가 있으므로 기소를 하여야 할 극히 상당한 이유가 있음에도 불기소처분하는 것은 기소편의주의의 법리에 어긋나는 부당한 조처이고 이를 시정하기 위한 방법의 하나로 재정신청제도를 두고 있다.[8]

---

6) 피청구인이 고소사건을 수사함에 있어서 당연히 의심을 가지고 조사하여야 할 사항들에 대하여 현저히 조사를 소홀히 하고, 형평에 반하는 자의적인 수사와 판단에 따라 기소중지처분을 하여 청구인에게 헌법상 보장된 평등권과 재판절차진술권을 침해하였다(헌재 1995. 2. 23. 94헌마54).
종국결정을 하기에 부족함이 없음에도 불구하고 피의자 중의 한 사람이 소재불명이라는 이유로 그에 대하여서 뿐만 아니라 다른 피의자에 대하여서까지도 기소중지처분을 하는 것은 기소중지권의 남용이다(헌재 1991. 4. 1. 90헌마115).
7) 대결 1990. 7. 16. 90모34.
8) 대결 1988. 1. 29. 86모58.

진정사건에 관한 내사종결처리는 고소 또는 고발사건에 대한 불기소처분이라고 볼 수 없어 재정신청의 대상이 아니다.9)

3. 재정신청 절차

가. 항고전치주의

재정신청을 하려면 검찰청법에 따른 항고를 거쳐야 한다. 검찰 내의 다른 검사로 하여금 자체 시정할 수 있도록 기회를 부여하는 것이 신속하고 효율적인 권리구제에 도움이 될 수 있기 때문이다. 예컨대 미진한 수사를 보완하는 데에 있어서는 검사가 법원 보다 효율적일 수 있다. 고소인은 고등검찰청 검사장의 항고기각 결정이 있는 때에 재정신청을 할 수 있다. 다만, 다음 각 호의 어느 하나에 해당하는 경우에는 고등검찰청 검사장의 항고기각 결정이 없어도 재정신청을 할 수 있다(법 260조 2항).

1. 항고 이후 재기수사가 이루어진 다음에 다시 공소를 제기하지 아니한다는 통지를 받은 경우
2. 항고 신청 후 항고에 대한 처분이 행하여지지 아니하고 3개월이 경과한 경우
3. 검사가 공소시효 만료일 30일 전까지 공소를 제기하지 아니하는 경우

나. 신청의 방법

재정신청을 하려는 자는 항고기각 결정을 통지받은 날로부터 10일 이내에 재정신청서를 제출하여야 한다. 항고기각 결정을 통지받지 않은 채 법 260조 2항 각 호의 사유가 있어 재정신청을 하는 때에는 동항 각 호의 사유가 발생한 날부터 10일 이내에 재정신청서를 제출하여야 한다. 다만, 검사가 공소시효 만료일 30일 전까지 공소를 제기하지 아니하는 경우에는 공소시효 만료일 전날까지 재정신청서를 제출할 수 있다(법 260조 3항). 재정신청서는 원처분 검사가 소속한 지방검찰청 검사장 또는 지청장에게 제출한다.

재정신청서에는 재정신청의 대상이 되는 사건의 범죄사실 및 증거 등 재정신청을 이유 있게 하는 사유를 기재하여야 한다(동조 4항).

고소인이 재정신청서를 교도소장에게 제출했으나 기간 내에 검사장에게 도달하지 않음

재정신청서는 정해진 기간 안에 불기소 처분을 한 검사가 소속한 지방검찰청의 검사장이나 지청장에게 도달하여야 하므로(법 260조 2항) 구금 중인 고소인이 재정신청서를 그 기간 안에 교도소장에게 제출했더라도 재정신청서가 위 기간 안에 불기소처분을 한 검사가 소속한 지방검찰청의 검사장이나 지청장에게 도달하지 않았다면 재정신청서의 제출은 적법하지 않다.10)

9) 대결 1991. 11. 5. 91모68.

10) 대결 1998. 12. 14. 98모127.

다. 검사장 또는 지청장의 처리

(1) 항고기각 결정의 통지가 있는 경우

항고기각 결정의 통지를 받은 항고인의 재정신청서를 제출받은 지방검찰청 검사장 또는 지청장은 재정신청서를 제출받은 날부터 7일 이내에 재정신청서·의견서·수사관계 서류 및 증거물을 관할 고등검찰청을 경유하여 관할 고등법원에 송부하여야 한다(법 261조 본문).

(2) 항고기각 결정의 통지가 없는 경우

법 260조 2항 각 호의 사유가 있어 항고기각 결정을 통지받지 않은 채 재정신청을 하는 때에는 지방검찰청 검사장 또는 지청장은, 1. 신청이 이유 있는 것으로 인정하는 때에는 즉시 공소를 제기하고 그 취지를 관할 고등법원과 재정신청인에게 통지하고, 2. 신청이 이유 없는 것으로 인정하는 때에는 30일 이내에 관할 고등법원에 송부한다(법 261조 단서).

(3) 재정신청의 효력

공동신청권자 중 1인의 신청은 그 전원을 위하여 효력이 발생한다. 재정신청은 재정결정이 있을 때까지 취소할 수 있으며 취소한 자는 다시 재정신청을 할 수 없다. 재정신청의 취소는 다른 공동신청권자에게 효력을 미치지 아니한다(법 264조).

재정신청이 있으면 재정결정이 있을 때까지 공소시효의 진행이 중단된다(법 262조의4 1항).

4. 고등법원의 심리

가. 관할 및 통지

원처분 검사 소속의 지방검찰청 소재지를 관할하는 고등법원이 재정신청사건을 관할한다(법 260조 1항). 법원은 재정신청서를 송부받은 날부터 10일 이내에 피의자 및 재정신청인에게 그 사실을 통지하여야 한다(법 262조 1항, 규칙 120조).

나. 고등법원의 심리의 법적 성격

재정신청사건에 관한 고등법원의 심리의 법적 성격에 대해서는 견해가 나뉜다. 공소제기 전의 절차임을 근거로 하여 수사절차의 연장으로 보는 수사설에 의하면 심리의 밀행성이 강조되고 신청인의 절차관여는 허용되지 않는다. 검사의 불기소처분의 당부를 심판의 대상으로 한다는 점을 근거로 하여 항고소송이라고 보는 견해에 의하면 검사와 재정신청인은 대립 당사자로서의 지위를 가지게 된다. 그 밖에도 고등법원의 심리는 수사로서의 속성과 항고소송으로서의 속성을 함께 가진다는 절충적인 견해, 밀행성의 원칙과 직권주의가 지배하는 특수한 형사소송절차라는 견해가 있다.[11)]

---

11) 고등법원의 심리절차를 수사나 항고소송 또는 그 결합으로 파악하는 것은 현실에 전혀 부합하지 않는다고 생각된다.

다. 심리의 방식

법원은 항고의 절차에 준하여 재정신청사건을 심리하여 결정한다(법 262조 2항). 따라서 재정신청사건을 심리하는 경우에는 구두변론에 의하지 않고 서면에 의한 심리를 할 수 있으며(법 37조 2항), 공판심리절차가 아니므로 법정에서 심리함을 요하지도 아니하며, 그 심리에 재정신청인이나 피의자를 참여시킬지 여부는 법원의 재량에 속한다(규칙 24조 2항).

재정신청사건의 심리는 특별한 사정이 없는 한 공개하지 아니한다(법 262조 3항). 당사자의 사생활을 보장하고 수사의 보안을 유지할 필요가 있기 때문이다.

결정을 함에 있어 필요한 때에는 사실을 조사할 수 있고(법 37조 3항), 결정을 함에 있어 법 37조 3항의 규정에 의하여 사실을 조사하는 때 필요한 경우에는 법 및 규칙이 정하는 바에 따라 증인을 신문하거나 감정을 명할 수 있고(규칙 24조 1항), 재정신청서를 송부받은 법원은 필요한 때 증거조사를 할 수 있으므로(법 262조 2항), 증인신문, 감정 등이 허용되며, 피의자신문도 증거를 조사하는 경우에 해당하므로 허용된다고 해석된다.[12)]

라. 열람·등사의 제한

재정신청사건의 심리 중에는 관련 서류 및 증거물을 열람 또는 등사할 수 없다. 다만, 재정신청사건을 심리하는 법원이 증거조사하는 과정에서 작성된 서류에 대해서는 그 전부 또는 일부의 열람 또는 등사를 허가할 수 있다(법 262조의2). 재정신청사건의 심리를 비공개원칙으로 하고 재정신청사건의 심리 중 관련 서류 및 증거물의 열람 또는 등사를 불허하는 것은 피의자의 사생활 침해, 수사의 비밀 저해 및 민사사건에 악용하기 위한 재정신청의 남발 등을 막기 위한 것으로 헌법에 반하지 않는다.[13)]

5. 재정결정

법원은 재정신청서를 송부받은 날부터 3개월 이내에 항고의 절차에 준하여 재정결정을 하여야 한다(법 262조 2항). 위 3개월의 처리기한은 훈시적인 것이라고 볼 것이다.[14)]

가. 기각 결정

재정신청이 법률상의 방식에 위배되거나 이유 없는 때에는 신청을 기각한다(법 262조 2항 1호). 재정신청이 '이유 없는 때'는 검사의 불기소처분이 정당한 경우뿐만 아니라 검사의 불기소처분이 부당하더라도 이를 뒤집고 공소제기 결정을 할 필요가 없는 경우를 포함한다.

---

12) 법원실무제요 형사Ⅰ, 456면.

13) 헌재 2011. 11. 24. 2008헌마578, 2009헌마41·98(병합).

14) 종전 재정결정 기간은 20일이었는데 지나치게 단기라는 판단에 따라 2007년부터 3개월로 개정되었다. 법 262조 1항이 20일 이내에 재정결정을 하도록 한 것은 훈시적 규정에 불과하므로 그 기간이 지난 후에 재정결정을 하였다 하여 재정결정 자체가 위법한 것은 아니다(대결 1990. 12. 13. 90모58; 대결 1990. 11. 2. 90모44).

'재정신청 기각결정(법 262조 2항 1호)'에 대하여는 법 415조에 따른 즉시항고를 할 수 있다(법 262조 4항 1문). 검사는 '재정신청의 기각결정(법 262조 2항 1호)'이 확정된 사건에 대하여 다른 중요한 증거를 발견한 경우를 제외하고는 공소를 제기할 수 없다(법 262조 4항 2문).

'법률상의 방식에 위배된 때'의 의미

재정신청이 '법률상의 방식에 위배된 때'란 신청권자가 아닌 자가 신청하거나, 신청기간이 지난 후에 신청을 한 경우 등을 의미한다. 재정신청서가 제출기한 내에 제출되었더라도 재정신청을 이유 있게 하는 사유가 제출기한 도과 후에 제출되었다면 이는 신청의 방식이 법률의 규정에 위반한 때에 해당한다.[15)]

재정신청 제기기간 경과 후에 새로운 재정신청사실을 추가

재정신청 제기기간이 경과된 후에 재정신청보충서를 제출하면서 원래의 재정신청에 재정신청 대상으로 포함되어 있지 않은 고발사실을 재정신청의 대상으로 추가한 경우, 그 재정신청보충서에서 추가한 부분에 관한 재정신청은 법률상 방식에 어긋난 것으로서 부적법하다.[16)]

검사가 무혐의 처분하였으나, 기소유예 처분함이 상당함

법원은 검사의 무혐의 불기소처분이 위법하다 하더라도 기록에 나타난 여러 가지 사정을 고려하여 기소유예의 불기소처분을 할 만한 사건이라고 인정되는 경우에는 재정신청을 기각할 수 있다.[17)]

고소된 A, B범죄사실 중 A에 대해서만 불기소되고 재정신청 기각결정이 확정됨

법 262조 4항 후문에서 말하는 '재정신청의 기각결정(법 262조 2항 1호)이 확정된 사건'은 재정신청사건을 담당하는 법원에서 공소제기의 가능성과 필요성 등에 관한 심리와 판단이 현실적으로 이루어져 재정신청 기각결정의 대상이 된 사건만을 의미한다. 따라서 고소내용에 포함되었지만 재정신청 기각결정의 대상이 되지 않은 사건(B범죄사실)은 '재정신청의 기각결정(법 262조 2항 1호)이 확정된 사건'이 아니다.[18)]

---

15) 대결 2002. 2. 23. 2000모216.
16) 대결 1997. 4. 22. 97모30.
17) 대결 1997. 4. 22. 97모30.
18) 대판 2015. 9. 10. 2012도14755. 다음은 유사 취지이다.
무고죄 피해자 중 1인이 한 재정신청에 대한 기각결정의 효력은 다른 피해자들에 대한 동일 무고죄에도 미침
일개의 고소로서 수인을 무고하여 피해자의 수만큼 무고죄가 성립한다 할지라도, 피해자 중의 한 사람이 한 고소에 대하여 검사의 혐의없음 처분이 있었고, 이에 대한 고소인의 재정신청이 이유 없다 하여 기각된 이상, 다른 피해자들이 고소를 하지 아니하였고 재정신청도 기각된 바 없다 하더라도 그 기각된 사건내용과 동일한 사실로서는 소추할 수 없다(법 262조 4항 제2문)(대판 1967. 7. 25. 66도1222).

재정신청 기각결정에 대한 재항고의 법정기간 준수

재정신청 기각결정에 대한 재항고나 그 재항고 기각결정에 대한 즉시항고로서의 재항고에 대한 법정기간의 준수 여부는 도달주의 원칙에 따라 재항고장이나 즉시항고장이 법원에 도달한 시점을 기준으로 판단하여야 하고, 재소자 피고인 특칙[19]은 준용되지 않는다.[20]

나. 공소제기 결정

법원은 신청이 이유 있는 때에는 공소제기의 결정을 한다(법 262조 2항 2호). 공소제기결정에 대하여는 불복할 수 없다(법 262조 4항). 공소제기의 결정이 있는 때에는 공소시효에 관하여 그 결정이 있는 날에 공소가 제기된 것으로 본다(법 262조의4 2항).

재정신청이 법률상의 방식에 위배되어 이를 기각하여야 함에도 재정법원이 공소제기결정을 하여, 공소제기된 본안사건의 절차가 개시된 후에는, 특별한 사정이 없는 한 본안사건에서 위와 같은 잘못을 다툴 수 없다. 그 이유는 본안사건에서 공소사실에 대하여 무죄, 면소, 공소기각 등의 판결을 함으로써 잘못을 바로잡을 수 있고, 심리 결과 유죄로 인정되는 때에는 이를 처벌하는 것이 오히려 실체적 정의를 구현할 수 있기 때문이다.[21]

법원이 재정신청 대상 사건이 아님에도 공소제기결정을 하여 공소가 제기됨

법원이 재정신청 대상 사건이 아님에도 이를 간과한 채 공소제기결정을 하였더라도, 그에 따른 공소가 제기되어 본안사건의 절차가 개시된 후에는 특별한 사정이 없는 한 본안사건에서 위와 같은 잘못을 다툴 수 없다.[22]

---

19) 법은 도달주의 원칙에 대한 예외로서, 교도소 또는 구치소에 있는 피고인(이하 '재소자 피고인'이라 한다)이 제출하는 상소장에 대하여 상소의 제기기간 내에 교도소장이나 구치소장 또는 그 직무를 대리하는 사람에게 이를 제출한 때에 상소의 제기기간 내에 상소한 것으로 간주하는 재소자 피고인에 대한 특칙(344조 1항, 이하 '재소자 피고인 특칙'이라 한다)을 두고 있다. 그런데 법은 상소장 외에 재소자가 제출하는 다른 서류에 대하여는 재소자 피고인 특칙을 일반적으로 적용하거나 준용하지 아니하고,
- 상소권회복의 청구 또는 상소의 포기나 취하(355조),
- 항소이유서 및 상고이유서 제출(361조의3 1항, 379조 1항),
- 재심의 청구와 취하(430조),
- 소송비용의 집행면제 신청,
- 재판의 해석에 대한 의의(疑義)신청과 재판의 집행에 대한 이의신청 및 취하(488조, 490조 2항) 등의 경우에 개별적으로 재소자 피고인 특칙을 준용하는 규정을 두고 있으며, 재정신청절차에 대하여는 재소자 피고인 특칙의 준용 규정을 두고 있지 않다.

20) 대결 2015. 7. 16. 2013모2347 전합.

21) 대판 2010. 11. 11. 2009도224; 서울고판 2017. 8. 17. 2017노1537.

22) 대판 2017. 11. 14. 2017도13465.

재정신청서에 재정신청을 이유 있게 하는 사유가 없음에도 공소제기결정

법원이 재정신청서에 재정신청을 이유 있게 하는 사유가 기재되어 있지 않음에도 이를 간과한 채 공소제기결정을 한 관계로 그에 따른 공소가 제기되어 본안사건의 절차가 개시된 후에는, 특별한 사정이 없는 한 본안사건에서 위와 같은 잘못을 다툴 수 없다.[23)]

재정신청서를 송부받은 사실을 10일 내에 피의자에게 통지하지 않은 채 공소제기결정

법원이 재정신청서를 송부받은 날부터 10일 내에 피의자에게 그 사실을 통지(법 262조 1항)하지 아니한 채 공소제기결정을 하였더라도, 그에 따른 공소가 제기되어 본안사건의 절차가 개시된 후에는 특별한 사정이 없는 한 본안사건에서 위와 같은 잘못을 다툴 수 없다.[24)]

다. 재정결정서의 송부 및 검사의 공소제기 의무

법원은 기각결정 또는 공소제기 결정을 한 때에는 즉시 그 정본을 재정신청인·피의자와 관할 지방검찰청 검사장 또는 지청장에게 송부하여야 한다. 공소제기의 결정을 한 때에는 관할 지방검찰청 검사장 또는 지청장에게 사건기록을 함께 송부하여야 한다(법 262조 5항). 공소제기의 결정에 따른 재정결정서를 송부받은 관할 지방검찰청 검사장 또는 지청장은 지체 없이 담당 검사를 지정하고 지정된 검사는 공소를 제기하여야 한다(법 262조 6항). 법원의 공소제기 결정에 따라 제기된 공소의 유지도 검사가 한다.[25)] 법원의 결정에 따라 공소제기된 사건에 관하여 검사는 공소를 취소할 수 없다(법 264조의2).

Ⅲ. 헌법소원

검사의 불기소처분으로 인하여 헌법상 보장된 기본권을 침해받은 자는 헌법소원심판을 청구할 수 있다(헌법재판소법 68조). 검찰항고와 재정신청을 할 수 있는 자는 고소인, 고발인이지만 헌법소원심판을 청구할 수 있는 자는 기본권을 침해받은 자이다.

Ⅳ. 행정소송

검사의 불기소처분 및 이에 대한 항고·재항고 결정에 대한 행정소송

행정소송법상 항고소송의 대상이 되는 처분에는 해당한다고 하더라도 그 처분의 근거 법률에서 행정소송 이

23) 대판 2010. 11. 11. 2009도224.
24) 대판 2017. 3. 9. 2013도16162.
25) 검사의 불기소처분에 대해 법원이 공소제기 결정을 한 관계로 검사가 공소유지를 소홀히 하는 경향이 발생하여 공소유지를 변호사가 담당하도록 하자는 견해가 있다.

외의 다른 절차에 의한 불복을 예정하고 있는 처분은 항고소송의 대상이 될 수 없다. 검사의 불기소처분에 대하여는 검찰청법에 의한 항고·재항고 및 법에 의한 재정신청에 의해서만 불복할 수 있으므로 검사의 불기소처분이나 그에 대한 항고 또는 재항고결정에 대하여는 행정소송을 제기할 수 없다.[26)]

공소제기에 대해 행정소송의 방법으로 공소취소를 구함
법상 검사가 공소를 제기한 사건은 법원의 심리대상이 되고 피의자 및 피고인은 수사의 적법성 및 공소사실에 대하여 형사소송절차를 통하여 불복할 수 있는 절차와 방법이 따로 마련되어 있으므로 공소제기가 적법한지와 관계없이 검사의 공소에 대하여는 형사소송절차로만 다툴 수 있고 행정소송의 방법으로 공소취소를 구할 수는 없다.[27)]

제3절 공소시효

1. 의 의

공소시효는 일정한 기간 내에 공소가 제기되지 아니하는 때에 소추권을 소멸시키는 것을 말한다. 공소시효는 공소가 제기되지 아니한 사건에 관하여 공소를 제기할 수 없도록 하는 제도라는 점에서 확정된 형벌권을 형의 집행 이전 단계에서 소멸시키는 형의 시효(형법 77조 내지 80조)와 구별된다. 또한 수형인(형법 41조의 형벌을 받은 자)이 형의 집행을 종료하거나 그 집행이 면제된 날부터 일정한 기간이 경과한 때에 그 형의 선고의 법률적 효과가 없어지는 형의 실효(형의 실효 등에 관한 법률 7조)와도 구별된다. 한편 공소가 제기된 범죄에 대해서는 판결의 확정이 없이 공소를 제기한 때로부터 25년을 경과하면 공소시효가 완성된 것으로 간주되는데 이를 의제공소시효라고 한다(법 249조 2항).

사람을 살해한 범죄(종범은 제외한다)로 사형에 해당하는 범죄에 대하여는 2015. 7. 31.부터 공소시효가 폐지되었다(법 253조의2).[28)]

2. 취지와 본질

공소시효 제도는 범행 후 오랜 시간이 지나면 증거가 훼손되어 진실을 발견하기 곤란하고, 시간의 경과에 따른 사실관계를 존중하여 사회와 개인생활의 안정을 도모할 필요가 있다는 점 등을 배경으로

26) 대판 1989. 10. 10. 89누2271; 대판 2018. 9. 28. 2017두47465.
27) 대판 2000. 3. 28. 99두11264.
28) 그 이전에 행하여진 범죄로써 2015. 7. 31. 당시 공소시효가 완성되지 아니한 범죄에 대하여도 이를 적용한다(법률 13454호, 2015. 7. 31. 법 부칙 2조).

한다.

공소시효의 본질에 대해서 시간의 경과에 따라 국가형벌권을 소멸시킨다는 실체법설, 국가의 소추권을 소멸케 하는 소극적 소송조건이 된다는 소송법설, 위 양 견해를 결합하는 견해 등이 있다.

성폭법상의 장애인준강간죄 등에 신설된 공소시효 배제조항이 소급적용되는지

2011. 11. 17. 개정된 성폭법은 "13세 미만의 여자 및 신체적인 또는 정신적인 장애가 있는 여자에 대하여 형법 297조(강간) 등의 죄를 범한 경우에는 법 249조부터 253조까지 및 군사법원법 291조부터 295조까지에 규정된 공소시효를 적용하지 아니한다"고 공소시효 배제조항을 신설하면서 이에 대하여 경과규정을 두지 않았다.

공소시효를 정지·연장·배제하는 내용의 특례조항을 신설하면서 소급적용에 관한 명시적인 경과규정을 두지 아니한 경우에 그 조항을 소급하여 적용할 수 있는지에 관하여 일반원칙이 존재할 수 없지만, 공소시효가 피고인에게 불리하게 변경되는 경우에는 피고인에게 유리한 종전 규정을 적용하여야 한다.[29]

3. 공소시효의 기간

법 제249조(공소시효의 기간) ① 공소시효는 다음 기간의 경과로 완성한다.

1. 사형에 해당하는 범죄에는 25년
2. 무기징역 또는 무기금고에 해당하는 범죄에는 15년
3. 장기 10년 이상의 징역 또는 금고에 해당하는 범죄에는 10년
4. 장기 10년 미만의 징역 또는 금고에 해당하는 범죄에는 7년
5. 장기 5년 미만의 징역 또는 금고, 장기10년 이상의 자격정지 또는 벌금에 해당하는 범죄에는 5년
6. 장기 5년 이상의 자격정지에 해당하는 범죄에는 3년
7. 장기 5년 미만의 자격정지, 구류, 과료 또는 몰수에 해당하는 범죄에는 1년

② 공소가 제기된 범죄는 판결의 확정이 없이 공소를 제기한 때로부터 25년을 경과하면 공소시효가 완성한 것으로 간주한다.

4. 공소시효기간의 결정 기준

가. 법정형

공소시효를 정하는 기준이 되는 형은 법정형이다. 따라서 형법에 의하여 형을 가중 또는 감경한 경우에는 가중 또는 감경하지 아니한 형에 의하여 법 249조의 규정을 적용한다(법 251조). 예컨대 형법상 심신장애인(10조), 미수범(25조), 누범(35조), 자수(52조) 등의 규정에 의해 가중·감경한 형을 처단형이라고 하는데 공소시효를 정하는 기준이 되는 형은 위 처단형이 아닌 법정형이다. 따라서 교사범, 종범은

29) 대판 2015. 5. 28. 2015도1362.

정범의 형을 기준으로 한다. 그러나 형법 이외의 특별법에 의한 형의 가중·감경은 그 특별법상의 법정형을 기준으로 하여 공소시효를 정한다.[30] 예컨대 특가법 8조 위반죄의 공소시효 기간은 동법 조항의 법정형에 따라 결정하여야 한다.[31]

법정형이 2개 이상의 형을 병과하거나 2개 이상의 형 중에서 1개를 선택하도록 규정되어 있는 경우에는 그 중 가장 중한 형에 의한다(법 250조).

나. 법정형 판단의 기초인 범죄사실

공소시효는 공소장에 기재된 공소사실에 대한 법정형이 기준이 된다. 예비적·택일적 기재와 과형상의 일죄인 경우에는 개별적으로 결정해야 한다.

공소장 변경이 있는 경우에 공소시효의 완성 여부는 당초의 공소제기가 있었던 시점을 기준으로 판단할 것이고 공소장 변경시를 기준으로 삼을 것은 아니다. 공소장변경절차에 의하여 공소사실이 변경됨에 따라 그 법정형에 차이가 있는 경우에는 변경된 공소사실에 대한 법정형이 공소시효기간의 기준이 된다. 따라서 공소제기 당시의 공소사실에 대한 법정형을 기준으로 하면 공소제기 당시 아직 공소시효가 완성되지 않았으나 변경된 공소사실에 대한 법정형을 기준으로 하면 공소제기 당시 이미 공소시효가 완성된 경우에는 공소시효의 완성을 이유로 면소판결을 선고하여야 한다.[32] 이러한 법리는 법원이 공소장을 변경하지 않고도 인정할 수 있는 사실에 대한 법정형을 기준으로 하면 공소제기 당시 이미 공소시효가 완성된 경우에도 마찬가지로 적용된다.[33]

범죄 후 법률의 개정에 의하여 법정형이 가벼워진 경우에는 형법 1조 2항에 의하여 당해 범죄사실에 적용될 가벼운 법정형(신법의 법정형)이 공소시효의 기준이다.[34] 형벌조항이 위헌결정되어 효력을 상실한 경우에는 그 대신 적용되는 형벌조항의 법정형에 따라 공소시효가 적용된다.[35]

상상적 경합관계에 있는 사기죄와 변호사법위반죄 중 변호사법위반죄의 공소시효 완성
형법 40조는 상상적 경합범을 과형상 일죄로 처벌한다는 것에 지나지 아니하고, 공소시효를 적용함에 있어서는 각 죄마다 따로 따져야 한다. 공무원이 취급하는 사건에 관하여 청탁·알선을 할 의사와 능력이 없음에도 청탁·알선한다고 기망하여 금품을 교부받은 경우에 성립하는 사기죄와 변호사법위반죄는 상상적 경합의 관계에 있고, 변호사법위반죄의 공소시효가 완성되었어도, 사기죄의 공소시효까지 완성되는 것은 아니다.[36]

---

30) 대판 1973. 3. 13. 72도2976.
31) 대판 1980. 10. 14. 80도1959.
32) 대판 2001. 8. 24. 2001도2902; 대판 2002. 10. 11. 2002도2939.
33) 대판 2013. 7. 26. 2013도6182.
34) 대판 2008. 12. 11. 2008도4376.
35) 대판 2011. 4. 14. 2010도5605.
36) 대판 2006. 12. 8. 2006도6356.

다. 공소시효의 기산

공소시효는 범죄행위가 종료한 때로부터 진행한다.[37] 공범의 경우에는 최종행위가 종료한 때부터 모든 공범에 대한 공소시효가 진행된다(법 252조).

공소시효의 기산점에 관한 '범죄행위(법 252조 1항)'는 당해 범죄행위의 결과까지도 포함한다. 따라서 결과범에 있어서는 범죄행위가 종료되고 결과가 발생한 때부터 공소시효가 진행한다.[38] 교량붕괴사고에 있어 업무상과실치사상죄, 업무상과실일반교통방해죄 및 업무상과실자동차추락죄의 공소시효도 교량붕괴사고로 인하여 피해자들이 사상에 이른 결과가 발생함으로써 그 범죄행위가 종료한 때로부터 진행한다.[39] 포괄일죄의 공소시효는 최종의 범죄행위가 종료한 때로부터 진행한다.[40]

범죄단체 구성·가입죄(즉시범)와 범죄단체 활동죄(계속범)는 포괄일죄

범죄단체 구성·가입죄(폭처법 4조 1항[41])는 폭처법에 규정된 범죄를 목적으로 한 단체 또는 집단을 구성함으로써 즉시 성립·완성되는 즉시범이므로 범죄성립과 동시에 공소시효가 진행된다.[42] 범죄단체 활동죄(폭처법 4조 1항)는, 범죄단체 구성·가입죄가 즉시범으로 공소시효가 완성된 경우에는 범죄단체에 가입하여 그 구성원으로 활동한 사람을 처벌할 수 없다는 불합리한 점을 감안하여 범죄단체의 구성·가입죄와 별도로 범죄단체 구성원으로서 활동하는 행위를 처벌하려는 것이다.[43] 범죄단체를 구성하거나 이에 가입하는 행위와 나아가 구성원으로 활동하는 행위는 포괄일죄이다.[44]

수표발행 후 부도의 부수법위반죄

수표발행 후 부도의 부수법위반죄(부수법 2조 2항)의 성립 시기는, 예금부족으로 인하여 제시일에 지급되지

37) 대판 2000. 2. 11. 99도4459; 대판 2012. 2. 23. 2011도7282.

38) 대판 2003. 9. 26. 2002도3924.

39) 대판 1997. 11. 28. 97도1740(성수대교 붕괴사건). 구체적인 내용은 다음과 같다.
성수대교는 1977. 4. 착공, 1979. 10. 준공, 1994. 10. 트러스의 수직재가 끊어져 상판이 한강으로 떨어지면서, 자동차 6대가 추락하고 49명이 한강으로 추락하여 그 중 32명이 사망하였다. 업무상과실치사상죄의 과실(붕괴원인)은, 시공사의 기술담당 상무이사 등이 트러스를 제작함에 있어 부실 용접하고, 핀플레이트 강판 등 부재를 부실제작하고, 시공사의 현장소장이 위와 같은 시공상의 잘못을 방치하고, 발주청인 서울시의 감독공무원들이 시공상의 잘못에 대한 감독을 제대로 하지 않고, 도로의 유지·관리업무 담당자들이 중차량 통행방치, 철강재 부식, 안전진단 불이행 등 유지·관리의무를 다하지 못한 것이다.
위 판례에 따르면 1977. 4. 착공부터 1979. 10. 준공까지 사이에 있었던 시공상의 과실에 대한 공소시효는, 1994. 10. 발생한 사고로 인한 결과 발생시부터 비로소 기산된다. 공소시효제도의 취지가 몰각된 것은 아닌지 의문이 든다.

40) 대판 2002. 10. 11. 2002도2939.

41) **폭처법 제4조(단체 등의 구성·활동)** ① 이 법에 규정된 범죄를 목적으로 하는 단체 또는 집단을 구성하거나 그러한 단체 또는 집단에 가입하거나 그 구성원으로 활동한 사람은 다음 각 호의 구분에 따라 처벌한다.

42) 대판 2005. 9. 9. 2005도3857.

43) 대판 2008. 5. 29. 2008도1857.

44) 대판 2015. 9. 10. 2015도7081.

아니할 것이라는 결과 발생을 예견하고 수표를 발행한 때이지, 소지인이 (발행일자를 보충기재하고) 지급제시하여 지급거절된 때가 아니다.[45)]

강제집행면탈죄의 공소시효는 늦어도 채권 허위 양도의 통지시부터 기산함

강제집행면탈죄는 채권자의 권리실현의 이익을 보호법익으로 한다. 강제집행을 면탈할 목적으로 채무자가 제3채무자에 대한 채권을 허위로 양도한 경우에, 채권양도가 통지됨으로써 제3채무자가 채권귀속의 변동을 인식할 수 있게 되면 채권실현의 이익을 해할 위험이 발현된다. 따라서 늦어도 채권양도통지가 있는 때에는 범죄행위가 종료하고 공소시효가 진행된다.[46)]

허위로 채무를 부담하는 공정증서를 작성하여 채권압류 및 추심명령을 받음

허위로 채무를 부담하는 채무변제계약 공정증서를 작성하고 이에 기하여 채권압류 및 추심명령을 받은 때에, 강제집행면탈죄가 성립함과 동시에 그 범죄행위가 종료되어 공소시효가 진행된다.[47)]

공무원이 뇌물수수의 방법으로 금전을 무이자로 차용

공무원이 직무에 관하여 금전을 무이자로 차용한 경우에는 차용 당시에 금융이익 상당의 뇌물을 수수한 것이므로, 공소시효는 금전을 무이자로 차용한 때로부터 기산한다.[48)]

미수범의 공소시효 기산/소송사기미수죄에서 패소판결의 확정

미수범은 범죄의 실행에 착수하여 행위를 종료하지 못하였거나 결과가 발생하지 아니한 때에 처벌받으므로 (형법 25조 1항), 행위를 종료하지 못하였거나 결과가 발생하지 아니하여 더 이상 범죄가 진행될 수 없는 때에 종료하고, 그때부터 공소시효가 진행된다.[49)]

법원을 기망하여 유리한 판결을 얻어내고 이에 터잡아 상대방으로부터 재물이나 재산상 이익을 취득하려고 소송을 제기하였다가 패소판결을 선고받고 그 판결이 확정되어 소송이 종료됨으로써 미수에 그친 소송사기미수죄의 종료시기는 소송이 종료된 때이다.[50)]

---

45) 대판 2003. 9. 26. 2003도3394.

46) 대판 2011. 10. 13. 2011도6855.

47) 대판 2009. 5. 28. 2009도875.

48) 대판 2012. 2. 23. 2011도7282. 다음은 같은 취지이다.
공무원이 뇌물로 투기적 사업에 참여할 기회를 제공받은 경우 뇌물수수죄는 투기적 사업에 참여하는 행위가 종료한 때 기수에 이르고 공소시효가 기산된다.
고수익이 예상되는 하나로엔지니어링의 전기공사 사업에 참여할 기회라는 무형의 이익을 제공받은 뇌물수수 사안에서, 피고인들이 공동으로 A엔지니어링을 설립한 때에 뇌물수수 범행이 종료된다(대판 2011. 7. 28. 2009도9122).

49) 대판 2017. 7. 11. 2016도14820.

50) 대판 2000. 2. 11. 99도4459. 다음은 같은 취지이다.
사안: 피고인이 피해자인 A대책위원회에 대한 업무상 임무에 위배하여 오피스텔 28세대에 관한 분양계약에 따라

갑은 수사기관과 법원에서 을, 병의 범행을 자신의 범행이라고 주장하였고, 항소이유서에서 진실을 밝혔다가 다시 허위자백을 유지한 후 검찰에서 최종 자백

- 갑이 을, 병의 교사에 따라 2010. 8. 31. 경찰 및 2011. 2. 17. 검찰에서 조사를 받고, 2011. 3. 18. 및 2011. 4. 8. 법원에서 제1심 재판을 받음에 있어 휴대전화 문자발송 사기범행을 자신이 저질렀다고 허위자백함으로써 을, 병을 도피하게 한 경우, 갑의 범인도피 범행은 2011. 4. 8. 이전에 이미 기수에 이르렀다.
- 갑은 2011. 5. 23. 진실을 밝히는 항소이유서를 항소심 법원에 제출하였으나, 2011. 6. 14. 항소심 공판기일에서 여전히 위 허위자백을 유지하였고, 2011. 6. 28. 검찰에서 조사를 받으면서 비로소 을, 병이 진범임을 밝힌 경우
- 갑의 범행종료 시점은 2011. 6. 28.이다.[51]

라. 기간의 계산

법 제66조(기간의 계산) ① 기간의 계산에 관하여는 시로써 계산하는 것은 즉시부터 기산하고 일, 월 또는 연으로써 계산하는 것은 초일을 산입하지 아니한다. 단, 시효와 구속기간의 초일은 시간을 계산함이 없이 1일로 산정한다.
② 연 또는 월로써 정한 기간은 역서에 따라 계산한다.
③ 기간의 말일이 공휴일 또는 토요일에 해당하는 날은 기간에 산입하지 아니한다. 단, 시효와 구속의 기간에 관하여서는 예외로 한다.

공소시효의 기간을 계산함에 있어 초일은 하루로 산입한다. 공소시효기간은 25년, 15년, 10년, 7년, 5년, 3년, 1년으로 나뉘어 있어 연(年)으로 정해진 기간에 해당한다. 따라서 역서에 따라 계산하여야 하기 때문에 1년이 365일인지 366일인지 구분하지 않는다. 가령 2012. 2. 20.에 공소시효가 기산되면 2017. 2. 19. 24:00에 5년의 공소시효가 만료되는 것이다. 2017. 2. 19.이 공휴일이나 토요일이더라도 마찬가지이다.

5. 공소시효의 정지

공소시효는 일정한 사유가 있으면 그 진행이 정지된다. 시효정지는 해당 사유가 존재하는 동안에만 이루어지고 그 사유가 소멸되면 다시 나머지의 기간이 진행된다. 중단사유가 소멸하면 시효가 처음부터 다시 시작되는 시효의 중단은 공소시효에서는 존재하지 않는다.

소유권이전등기를 하여 재산상이익을 취득하려다가 금전지급약정에 따라 B회사 등에게 분양계약서를 반환함으로써 오피스텔에 관한 소유권이전등기절차를 진행할 수 없어 미수에 그침
판단: 위 업무상배임미수죄의 범행 종료시기는 금전지급약정 및 분양계약서 반환으로 더 이상 소유권이전등기절차를 진행할 수 없게 된 때임(대판 2017. 7. 11. 2016도14820).

51) 대판 2012. 8. 30. 2012도6027.

가. 공소의 제기 및 공범의 특례

공소시효는 공소의 제기로 진행이 정지되고 공소기각 또는 관할위반의 재판이 확정된 때로부터 다시 진행한다(법 253조 1항). 공소기각이나 관할위반이 재판이 확정되더라도 일사부재리의 효력이 없어 공소가 다시 제기될 가능성이 있으므로 공소시효의 재진행은 의미를 가진다.

공범의 1인에 대한 공소의 제기에 의하여 공소시효가 정지되는 것은 다른 공범자에게 대하여도 그 효력이 미치고 당해 사건의 재판이 확정된 때로부터 다시 진행한다(법 253조 2항). 따라서 여러 명의 공범 중의 일부가 순차로 기소되어 재판을 받는 경우에는 이들이 기소된 때부터 재판 확정된 때까지의 기간을 합산하며, 중복된 기간은 공제함으로써 다른 공범자의 공소시효를 계산하여야 한다.

법원이 공소제기의 재정결정을 하는 때에는 공소시효에 관하여 그 결정이 있는 날에 공소가 제기된 것으로 보며(법 262조의4 2항), 이후 검사가 실제 공소를 제기하는 때부터 공소시효가 정지되는 것이 아니다.

공범의 약식명령 확정과 그에 대한 정식재판청구권회복 사이의 공소시효 진행

공범 중 1인에 대해 약식명령이 확정된 후 그에 대한 정식재판청구권회복결정이 있었어도 그 사이의 기간은, 특별한 사정이 없는 한, 다른 공범자에 대한 공소시효가 계속 진행한다.

피고인에 대한 공소시효는

- 공범인 갑에 대하여 약식명령이 청구된 2010. 6. 24. 정지되고,
- 갑에 대한 약식명령이 확정된 2010. 10. 8.부터 다시 진행하므로,

위 약식명령에 대한 정식재판청구권회복결정이 내려진 2010. 11. 17. 이전에 공소시효가 경과되었다면, 피고인에 대한 공소시효는 완성되었다.[52]

공범으로 기소된 자가 범죄의 증명이 없어 무죄판결을 받아 확정

공범으로 기소된 갑이, (책임조각을 이유로 무죄로 되는 경우와는 달리) 범죄의 증명이 없어 무죄의 확정판결을 선고받은 경우에는 갑을 공범이라고 할 수 없으므로, 갑에 대한 공소제기는 진범에 대한 공소시효정지의 효력이 없다.[53]

대향범에 있어서 공범에 대한 공소제기

뇌물공여죄와 뇌물수수죄 같은 대향범은 필요적 공범이라고 불리고 있으나, 서로 대향된 행위의 존재를 필요로 할 뿐 각자 자신의 구성요건을 실현하고 별도의 형벌규정에 따라 처벌되는 것이어서, 2인 이상이 가공하여 공동의 구성요건을 실현하는 공범관계와는 본질적으로 다르며, 대향범 관계에 있는 자 사이에서는 각자

52) 대판 2012. 3. 29. 2011도15137.

53) 대판 1999. 3. 9. 98도4621.

상대방의 범행에 대하여 형법 총칙의 공범규정이 적용되지 아니한다.
뇌물공여죄와 뇌물수수죄 같은 대향범 관계에 있는 자는 법 253조 2항의 '공범'이 아니다.[54)]

나. 국외도피

범인이 형사처분을 면할 목적으로 국외에 있는 경우 그 기간 동안 공소시효는 정지된다(법 253조 3항). 공범이 국외도피하였다 하여 다른 공범자의 공소시효가 정지되는 것은 아니다.

'형사처분을 면할 목적'은 국외 체류의 유일한 목적일 필요가 없고, 여러 국외 체류 목적 중에 포함되어 있으면 족하다. 범인이 국외에 있는 것이 형사처분을 면하기 위한 방편이라면 '형사처분을 면할 목적'이 인정된다. '형사처분을 면할 목적'과 양립할 수 없는 범인의 주관적 의사가 명백히 드러나는 객관적 사정이 없다면 '형사처분을 면할 목적'은 계속 유지된다. 그리고 '형사처분을 면할 목적'이 유지되지 않았다고 볼 사정이 있더라도 그러한 목적이 유지되고 있었다는 점은 검사가 증명하여야 한다.[55)]

부수법위반죄를 범한 사람이 중국에서 징역 14년을 선고받고 8년 복역
범인으로 하여금 외국의 수감시설에 수감되도록 한 범죄의 법정형이 당해 범죄의 법정형보다 월등하게 높고, 그 범죄로 인한 수감기간이 당해 범죄의 공소시효 기간보다 현저하게 길어서 범인이 수감기간 중에 우리나라로 돌아오려고 했을 것으로 인정할 수 있다면, 그 수감기간에는 '형사처분을 면할 목적'이 유지되지 않았다고 볼 여지가 있다. 그럼에도 그러한 목적이 유지되고 있었다는 점은 검사가 입증하여야 한다.
법정최고형이 징역 5년인 부수법위반죄를 범한 사람이 중국으로 출국하여 체류하다가 그곳에서 징역 14년을 선고받고 8년 이상 복역한 후 우리나라로 추방되어 부수법위반죄로 기소된 사안에서, 위 수감기간 동안에는 '형사처분을 면할 목적'을 인정할 수 없어 공소시효의 진행이 정지되지 않는다.[56)]

국외에서 범죄를 저지르고 형사처분을 면할 목적으로 국외에서 체류(공소시효 정지○)
'범인이 형사처분을 면할 목적으로 국외에 있는 경우'는 국내에서 범죄를 저지르고 형사처분을 면할 목적으로 국외로 도피한 경우뿐만 아니라, 국외에서 범죄를 저지르고 형사처분을 면할 목적으로 국외에서 계속 체류하는 경우도 포함된다.[57)]

다른 사건의 형사처분을 면할 목적으로 한 국외도피
피고인이 당해 사건으로 처벌받을 가능성이 있음을 인지하였다고 보기 어렵다면 피고인이 다른 고소사건과

54) 대판 2015. 2. 12. 2012도4842.
55) 대판 2012. 7. 26. 2011도8462.
56) 대판 2008. 12. 11. 2008도4101.
57) 대판 2015. 6. 24. 2015도5916.

> 관련하여 형사처분을 면할 목적으로 국외에 있었더라도 당해 사건의 형사처분을 면할 목적으로 국외에 있었다고 볼 수 없다.[58]

다. 재정신청

재정신청이 있으면 재정결정이 확정될 때까지 공소시효의 진행이 정지되고, 공소제기결정(법 262조 2항 2호)이 있으면 공소시효에 관하여 그 결정이 있는 날에 공소가 제기된 것으로 본다(법 262조의4).

라. 소년보호사건

소년보호사건에 있어서는 송치 또는 통고가 아니라 심리개시 결정이 있는 때부터 그 사건에 대한 보호처분의 결정이 확정될 때까지 공소시효의 진행이 정지된다(소년법 54조).

마. 가정보호사건 송치

가정폭력범죄에 대한 공소시효는 해당 가정보호사건이 법원에 송치된 때부터 시효 진행이 정지되는 것이 원칙이다(가정폭력범죄의 처벌 등에 관한 특례법 17조 1항).

바. 재직 중인 대통령

> "대통령은 내란 또는 외환의 죄를 범한 경우를 제외하고는 재직 중 형사상의 소추를 받지 아니 한다(헌법 84조)"는 규정은 국가의 소추권행사의 법률상 장애사유에 해당하므로, 대통령의 재직 중에는 공소시효의 진행이 당연히 정지된다.[59]

사. 헌정질서 파괴범죄

5·18민주화운동 등에 관한 특별법은 일정한 헌정질서파괴행위에 관하여 공소시효의 진행에 대한 특칙을 두고 있다.

6. 공소시효 완성의 효과

검사는 공소권없음의 불기소처분을 하고, 법원은 면소판결을 하여야 한다.

---

58) 대판 2014. 4. 24. 2013도9162.
59) 헌재 1995. 1. 20. 94헌마246.

제 2 편

제1심의 심리와 재판

제 1 장

공소의 제기

제 1 절 공소제기의 기본원칙

Ⅰ. 국가소추주의

법 246조는 공소는 검사가 제기하여 수행한다고 규정하고 있다. 공소의 제기를 국가가 전담하는 국가소추주의를 규정한 것이다. 국가소추주의와 달리 피해자 개인이나 공중으로 하여금 범인에 대한 처벌을 구할 수 있게 하는 사인소추주의를 인정하는 입법례도 있다.

Ⅱ. 기소독점주의

1. 의 의

기소독점주의는 국가소추주의를 전제로 하여 검사가 소추권을 독점하게 하는 제도를 말한다. 법 246조는 국가소추주의와 기소독점주의를 함께 선언하고 있는 것으로 해석된다.

기소독점주의는 전국적으로 통일된 조직을 이루고 있는 검사로 하여금 소추권을 독점케 함으로써 공소제기의 적정을 도모하고, 공평하고 획일적 소추를 가능하게 하는 장점을 가진다. 그러나 기소독점주의가 검찰의 독선이나 정치적 동기에 의해 영향받는 경우 소추권이 남용될 우려가 있다.

2. 기소독점주의의 규제

가. 부당한 공소제기에 대한 규제

(1) 공소취소

검사는 공소의 유지가 적정하지 않은 경우에 공소를 취소할 수 있다(법 255조). 공소제기가 부당하다고 판단하여 하는 공소의 취소는 부당한 공소제기에 대한 규제가 될 수도 있으나 효과적인 규제책이라고 보기는 어렵다.

(2) 공소권남용론

(가) 의 의

공소권남용론은 공소권의 남용이 있는 경우에 형식재판에 의해 소송을 종결시켜야 한다는 이론을 말한다.

(나) 공소권남용론의 인정 여부

형식재판의 사유는 제한적으로 열거되어 있는데, 공소권남용은 그러한 사유로 규정되어 있지 않다는 이유로 공소권남용론을 부정하는 견해가 있다. 그러나 검사의 부당한 기소를 견제할 필요가 있다는 점에서 공소권남용론을 인정할 필요가 있다. 판례는 다음과 같이 공소권남용론을 긍정하고 있으며, 공소권남용에 해당하는 때에는 공소제기의 절차가 법률의 규정에 위반하여 무효인 때에 해당하므로 공소기각판결(법 327조 2호)을 선고하여야 한다.[1]

공소권남용의 요건

검사가 자의적으로 공소권을 행사하여 피고인에게 실질적인 불이익을 줌으로써 소추재량권을 현저히 일탈한 경우에는 이를 공소권의 남용으로 보아 공소제기의 효력을 부인할 수 있으나, 자의적인 공소권의 행사로 인정되려면 단순히 직무상의 과실에 의한 것만으로는 부족하고 적어도 그에 관하여 미필적이나마 어떤 의도가 있음이 인정되어야 한다.[2]

(다) 유형별 고찰

A. 위법수사에 의한 공소제기: 수사절차에 위법사유가 있음에도 불구하고 공소의 제기가 이루어진 때에 이를 공소권남용으로 볼 것인지 견해가 나뉜다.

---

1) 대판 1990. 2. 23. 89도2102.

2) 대판 1998. 7. 10. 98도1273; 대판 2001. 9. 7. 2001도3026; 대판 2012. 7. 12. 2010도9349.

불법구금, 구금장소의 임의적 변경 등의 위법사유
불법구금, 구금장소의 임의적 변경 등의 위법사유가 있더라도 그 위법한 절차에 의하여 수집된 증거를 배제할 이유는 될지언정 공소제기의 절차가 위법하여 무효(법 327조 2호)라고 볼 수는 없다.[3)]

무혐의 결정이 있은 때로부터 3년 후의 재고소에 따른 공소제기
피고인의 범죄사실 중 일부에 대하여 검사의 무혐의결정이 있었고, 이에 대하여 그 고소인이 항고 등 아무런 이의를 제기하지 않고 있다가 그로부터 약 3년이 지난 뒤에야 피고인을 고소함에 따라, 검사가 수사를 재기한 경우, 검사가 그 수사결과에 터잡아 재량권을 행사하여 공소를 제기한 것은 적법하고, 공소권남용이 아니다.[4)]

B. **병합재판을 하지 못한 때**: 경합범에 관하여 별개의 사건에서 개별적으로 형을 선고하면 피고인이 그 형의 합계에 해당하는 만큼의 처벌을 받아야 하지만, 관련사건으로 병합하여 재판을 받으면 형법 38조의 경합범 가중에 의해 처단형의 범위가 정해지므로 피고인에게 더 유리할 수 있다. 위와 같이 관련사건으로 병합하여 재판할 수 있었음에도 검사가 별개의 사건으로 소추하여 개별적으로 형이 선고된 경우가 공소권남용에 해당하는지 문제된다.

항소심판결 선고 후 동종의 사기사건에 관한 고소장이 제출되자 수사하여 공소제기
사기사건에 대한 항소심판결 선고 이후 동종의 사기사건에 관한 다른 피해자들이 고소장을 제출함에 따라 비로소 수사가 개시되어 공소제기된 경우, 검사가 종전 사건에 대한 항소심판결 선고 이전에 관련 사건을 기소함으로써 피고인으로 하여금 두 사건을 병합하여 한꺼번에 재판받도록 하는 것은 불가능하므로, 피고인이 두 사건을 한꺼번에 재판받지 못하게 되었어도 공소권남용이 아니다.[5)]

피고인이 A사건을 부인하여 증거확보에 시간이 경과함으로 말미암아 그 후에 범해진 B사건의 항소심판결 선고 후 A사건 기소
A사건에 대한 공소의 제기가 늦어진 이유가 피고인이 그 공소사실을 부인함으로 말미암아 검사가 증거를 확보하느라고 상당한 시간이 경과되었기 때문인 경우, A사건 보다 늦게 범하여진 별개의 B사건에 대한 항소심판결이 선고된 후에야 A사건이 기소됨으로써 피고인이 두 개의 사건을 한꺼번에 재판받을 수 있는 기회를 상실하게 되었어도, A사건의 공소제기가 공소권남용이라고 볼 수는 없다.[6)]

---

3) 대판 1996. 5. 14. 96도561.
4) 대판 1995. 3. 10. 94도2598. 같은 취지로는 대판 1996. 2. 13. 94도2658.
5) 대판 1997. 6. 27. 97도508.
6) 대판 1996. 9. 24. 96도1730. 다음은 유사취지이다.
검사가 '특가법상 상습절도 등 사건(A사건)'을 수사할 당시 '가스분사기 소지(B사건)'까지 자백하였으나 A사건 확정 후에 B사건이 기소됨

약식명령청구된 사기죄가 제1심 계속 중일 때 사기 수단인 사문서위조, 동행사를 기소
검사가 사기죄에 대하여 약식명령의 청구를 한 다음, 피고인이 약식명령을 고지받고 정식재판청구를 하여 그 사건이 제1심법원에 계속 중일 때, 사기죄의 수단인 사문서위조 및 동행사를 추가 기소하더라도 공소권남용이 아니다.[7)]

사실관계
- 1998. 1. 5. 검사가 A사건(특가법상의 상습절도 등)으로 구속된 피고인을 신문할 당시 피고인이 B사건(가스분사기 소지죄)을 자백하고 압수물까지 있었음
- 1998. 1. 8. 검사가 A사건을 기소함
- 1998. 1. 12. B사건이 검찰에 송치되어 같은 검사에게 배당됨
- 1998. 3. 11. A사건이 확정됨
- 1998. 3. 20. B사건에 관하여 피의자신문을 함
- 1998. 4. 29. B사건을 기소함

판단: B사건에는 8건의 절도죄 여죄가 병합되어 있어 경찰에서 여죄를 수사하느라 A사건과 분리하여 뒤늦게 송치하였고, A사건 기소 당시 B사건은 아직 검찰에 송치되기 전이었고, B사건과 여죄에 대하여 검사가 피의자신문을 할 때에는 A사건에 대한 피고인의 자백과 항소포기로 의외로 빨리 유죄판결이 확정된 후여서 그 판결의 기판력이 미치는 여죄는 소추할 수 없게 되어 검사의 B사건 기소를 공소권남용이라고 보기 어렵다(대판 1999. 12. 10. 99도577).
같은 취지로는 대판 1996. 2. 13. 94도2658.

7) 대판 1990. 2. 23. 89도2102. 다음은 공소권남용 가능성을 인정한 사례이다.
기소가 가능하였음에도 하지 않아 병합 재판을 받지 못함
사실관계
- 피해자의 종업원인 피고인이 고양시에서 피해자 소유의 화물차를 절취하고, 위 장소에서부터 성남시까지 무면허 운전함(A절도죄와 B도교법위반죄)
- 피해자가 파출소에 절취신고하고 이후 피해자 조사를 받음
- 고양경찰서가 피고인에 대하여 절도죄로 지명수배함(고양경찰서가 A절도죄를 인지한 것으로 짐작됨)
- 검사가 A절도죄에 관하여 기소중지 처분함
- 피고인이 운전하는 화물차가 도난차량으로 확인되어 안산경찰서 목감경찰초소가 피고인을 A절도죄의 기소중지자로 검거함. 안산경찰서 경찰관은, 피고인이 A절도 범행뿐만 아니라 C도교법위반죄(피고인이 화물차를 훔친 이후 검거될 때까지 무면허로 운전하였다는 것)도 저지른 사실이 밝혀지자, 피고인의 신병을 수배관서인 고양경찰서에 인계하지 아니한 채, C도교법위반죄로 피고인을 구속하여 C도교법위반죄만을 조사한 다음 수원지방검찰청에 송치하였고, 화물차도 압수하지 않고 있다가 피해자에게 반환함
- C도교법위반죄로 구속 기소됨
- C도교법위반죄로 징역 6월의 형을 받아 같은 날 확정됨
- 피고인이 수원교도소에서 그 징역형을 복역하다가 가석방으로 출소하던 중 수원경찰서 경찰관들에게 A절도죄의 기소중지자로 긴급체포되어 고양경찰서로 인계됨
- 고양경찰서 경찰관이 B도교법위반죄를 추가로 인지함
- 검사가 A절도죄와 B도교법위반죄로 기소

판단: 피고인이 운전면허 없이 피해자인 고용주 소유의 화물차를 운전하고 감으로써 위 화물차를 절취하고(A절도죄), 무면허운전의 도교법위반죄(B도교법위반죄)를 저지른 후, 계속하여 운전면허 없이 위 화물차를 운전하고 다니다가(C도교법위반죄) A절도죄의 기소중지자로 검거된 다음, C도교법위반죄로 기소되어 징역 6월을 선고받고 확정되어 그 징역형을 복역하다가 가석방되면서 A절도죄로 긴급체포되고 B도교법위반죄로 인지되어 A절도죄와 B도교법위반죄로 기소된 경우 공소권남용의 가능성이 있다. 그 근거는, ① 검사가 C도교법위반죄의 재판계속 중에 A절도죄를 기소하여 병합 재판을 받도록 하는데 별다른 어려움이 없었음에도 A절도죄를 기소하지 않았고, ② A절도 범행이 C도교법위반죄의 양형 요소로 참작되었을 것으로 보이고, ③ 피고인이 C도교법위반죄에서 A절도 범행까지 처벌받았을 것으로 믿는데 상당한 이유가 있다는, 즉 피고인이 변론기일의 속행이나 선고기일의 연기를 신

C. **차별적 공소제기**: 검사는 피의자의 연령·성행·지능과 환경, 피해자에 대한 관계, 범행의 동기·수단과 결과, 범행 후의 정황 등의 사항을 참작하여 공소를 제기할 것인지의 여부를 결정할 수 있는 것으로서 똑같은 범죄구성요건에 해당하는 행위라고 하더라도 그 행위자 또는 그 행위 당시의 상황에 따라서 위법성이 조각되거나 책임이 조각되는 경우도 있을 수 있는 것이므로, 자신의 행위가 범죄구성요건에 해당한다는 이유로 공소가 제기된 사람은 단순히 자신과 동일한 범죄구성요건에 해당하는 행위를 하였음에도 불구하고 불기소된 사람이 있다는 사유만으로는 평등권이 침해되었다고 주장할 수는 없다.[8)]

새천년민주당 대통령후보 경선에 끝까지 참여한 다른 사람들의 위법한 정치자금 수수혐의는 문제 삼지 않으면서 중도 사퇴한 피고인의 정치자금수수만 기소하였더라도, 공소권남용이나 평등권 침해가 아니다.[9)]

피고인과 동일하거나 다소 중한 범죄구성요건에 해당하는 행위를 한 사람이 불기소되었다는 사유만으로 피고인에 대한 공소제기가 공소권남용이라고 볼 수 없다.[10)]

D. **범죄사실의 평가**: 검사는 범행에 관한 법률적 평가에 있어 재량을 가진다.

미성년자 약취 후 재물요구 → 재물취득미수

영리약취·유인등에 관한 특가법 5조의2 2항 1호는 '취득'과 '요구'를 별도의 행위태양으로 규정하고 있으므로, 미성년자를 약취한 자가 그 부모에게 재물을 요구하였으나 취득하지 못한 경우 검사는 이를 '재물요구죄'로 기소할 수 있음은 물론, '재물취득 미수죄'로 기소할 수도 있다.[11)]

청함으로써 병합될 수 있도록 조치하지 못한 데 잘못이 있다고 보기 어렵다는 것이다(대판 2001. 9. 7. 2001도3026).

8) 대판 1990. 6. 8. 90도646; 대판 2006. 12. 22. 2006도1623.

9) 대판 2006. 12. 22. 2006도1623.

10) 대판 2012. 7. 12. 2010도9349. 다음은 같은 취지이다.

대기업의 관행적인 분식결산에 의한 주식회사의외부감사에관한법률위반

피고인들의 이 사건 범행 당시 국내의 많은 다른 대기업들도 국가경제와 종업원들에 대한 고용안정, 수출입 거래선과의 거래를 유지시켜 기업경영을 계속 유지하기 위하여 분식회계로 인한 주식회사의외부감사에관한법률위반의 범행에 이르게 되었다고 하더라도, 그러한 사정만으로는 공소권남용이라고 볼 수는 없고, 또한 같은 범죄구성요건에 해당하는 행위라고 하더라도 그 행위자 또는 그 행위 당시의 상황에 따라서 위법성이 조각되거나 책임이 조각되는 경우도 있을 수 있는 것이므로, 범죄구성요건에 해당된다는 이유로 공소가 제기된 피고인과 동일한 범죄행위를 하였지만 처벌되지 않은 사람이 있다는 사유만으로는 검사가 피고인의 평등권을 침해하여 공소권을 남용하였다고 할 수도 없다(대판 2005. 4. 29. 2002도7262).

11) 대판 2008. 7. 10. 2008도3747.

E. **혐의없는 사건의 공소제기**: 범죄의 객관적 혐의가 없음에도 공소가 제기된 경우 공소제기의 절차가 법률의 규정에 반하여 무효이므로 공소기각판결(법 327조 2호)을 하자는 견해, 공소장에 범죄될 사실이 포함되지 아니한 때에 해당하므로 공소기각결정(법 328조 1항 4호)을 하자는 견해, 무죄판결을 하자는 견해 등이 있다.

F. **소추재량을 일탈한 경우**: 기소유예를 함이 상당한 사건을 검사가 공소제기한 경우 공소기각판결을 하자는 견해, 유죄판결을 하자는 견해가 있다. 실무에서는 선고유예의 판결을 하는 경우가 많은 것으로 생각된다.

나. 불기소처분에 대한 규제

불기소처분에 대한 규제로는 ① 불기소처분의 통지와 이유고지(법 258조, 259조), ② 검찰항고, ③ 재정신청, ④ 헌법소원이 있다(제1편 제5장 제2절 '불기소처분에 대한 불복 참조).

다. 기소독점주의의 예외

지방법원, 지원 또는 시·군법원의 판사는 즉결심판절차에 의하여 피고인에게 20만 원 이하의 벌금, 구류 또는 과료에 처할 수 있으며(즉결심판에 관한 절차법 2조), 즉결심판의 청구는 관할 경찰서장 또는 해양경찰서장이 하는바(동법 3조), 이는 기소독점주의의 예외이다.

법정경찰권에 의해 감치에 처하거나 과태료를 부과하는 것은(법원조직법 61조) 검사의 공소제기 없이 법원이 행하는 것이긴 하나 형벌이 아닌 질서벌을 대상으로 하는 것이어서 기소독점주의의 예외는 아니다.

Ⅲ. 기소편의주의

1. 의 의

기소편의주의는 공소를 제기하기에 충분한 혐의가 인정되고 소송조건을 갖추었더라도 검사의 재량에 의한 불기소를 허용하는 제도이다. 이에 반하여 혐의가 인정되고 소송조건이 구비된 때에는 검사가 반드시 공소를 제기하여야 하는 것을 기소법정주의라고 한다. 기소법정주의는 정치적 영향을 배제하고 획일적 업무처리를 할 수 있다는 장점을 가지지만 형사사법의 경직을 초래하고 불필요한 심리의 진행으로 소송경제에 반한다는 단점을 가진다. 이와 달리 기소편의주의는 형사사법을 탄력적으로 운용함으로써 구체적 타당성을 꾀하고 소송경제를 도모할 수 있지만 검사가 정치적인 영향을 받거나 자의적인 업무처리를 하게 될 위험성을 수반한다.

2. 기소유예

검사는 공소를 제기함에 충분한 혐의가 인정되고 소송조건을 갖추었더라도 형법 51조의 사항을 참작하여 공소를 제기하지 아니할 수 있다(법 247조).

검사의 불기소처분에는 기판력이 인정되지 않으므로 기소유예 처분이 있었던 사건에 관하여 공소를 제기하더라도 공소제기의 효력에는 영향이 없다.

기소유예처분한 사건을 재기하여 기소하고 법원이 유죄판결 선고
검사가 절도죄에 관하여 기소유예처분을 하였다가 재기하여 기소하였어도 기소의 효력에는 영향이 없고, 법원이 유죄판결을 선고한 것은 일사부재리의 원칙에 반하지 않는다.[12]

제 2 절 공소제기의 방식

I. 공소장의 제출

1. 서면주의

공소를 제기함에는 공소장을 관할법원에 제출하여야 한다(법 254조 1항). 공소장에는 피고인 수에 상응한 부본을 첨부하여야 한다(동조 2항). 법원은 공소의 제기가 있는 때에는 지체 없이 위 공소장부본을 피고인 또는 변호인에게 송달하여야 하며, 제1회 공판기일 5일 전까지는 송달하여야 한다(법 266조).

공소장의 제출일자와 법원의 접수인이 찍힌 날짜가 다름
공소장이 법원에 도달한 때에 공소제기의 효력이 발생한다. 공소장의 제출일자와 법원직원이 접수인을 찍은 날짜가 다르다면 공소장 제출일자를 공소제기일로 보아야 하나 통상의 경우 공소장에 접수일로 찍혀 있는 날짜는 공소제기일로 추정된다.[13]

공소제기의 현저한 방식 위반
공소의 제기에 현저한 방식 위반이 있는 경우에는 공소제기의 절차가 법률의 규정에 위반하여 무효인 경우에 해당하고, 위와 같은 절차위배의 공소제기에 대하여 피고인과 변호인이 이의제기 없이 변론에 응하여도

12) 대판 1983. 12. 27. 83도2686, 83감도456.
13) 대판 2002. 4. 12. 2002도690.

그 하자는 치유되지 않는다.
검사가 공판기일에서 피고인 등이 특정되어 있지 않은 공소장변경허가신청서를 공소장에 갈음하는 것으로 구두진술하고 피고인과 변호인이 이의를 제기하지 않은 사안에서, 이를 적법한 공소제기로 볼 수 없다.[14)]

공소사실의 일부인 범죄일람표가 전자문서로 작성된 저장매체 자체를 공소장에 첨부

전자문서나 전자매체를 이용한 공소제기를 허용하는 규정은 없으므로, 검사가 공소사실의 일부인 범죄일람표를 전자문서로 작성하고 저장매체 자체를 공소장에 첨부하여 제출한 경우에, 공소제기는 서면인 공소장에 기재된 부분에 한하여 적법하다. 이는 범행 내용이나 피해 목록이 방대하여 전자문서나 CD 등 저장매체를 이용한 공소제기를 허용해야 할 현실적인 필요가 있다거나 피고인과 변호인이 이의를 제기하지 않았어도 같다.
검사가 전자문서나 저장매체를 이용하여 공소를 제기한 경우, 법원은 저장매체에 저장된 전자문서 부분을 제외하고 서면인 공소장에 기재된 부분만으로 공소사실을 판단하여야 한다. 만일 그 기재 내용만으로는 공소사실이 특정되지 않은 부분이 있다면 검사에게 특정을 요구하여야 하고, 그런데도 검사가 특정하지 않는다면 그 부분은 공소기각판결을 하여야 한다.[15)]

공소장변경허가를 구하는 공소사실을 전자문서로 제출(공소장 CD별지 사건)

공소장변경은 서면(공소장변경허가신청서)에 의함이 원칙이고, 예외적으로 피고인이 재정하는 공판정에서 피고인에게 이익이 되거나 피고인이 동의하는 경우에 구술로 할 수 있다(규칙 142조).
검사가 공소사실이 저장된 전자적 저장매체를 첨부하는 방식으로 공소를 제기하거나 공소장변경허가신청서를 제출한 경우, 법원은 저장매체에 저장된 전자적 형태의 문서 부분을 고려함이 없이 서면인 공소장이나 공소장변경신청서의 기재만으로 공소사실 특정 여부를 판단하여야 한다. 공소사실이 특정되지 않았다면, 검사에게 석명을 구하여 특정을 요구하여야 하고, 그럼에도 검사가 공소사실을 특정하지 않으면 공소기각판결을 하여야 한다.[16)]

전자적 저장매체에 의한 공소장변경허가신청을 법원이 허가함

검사가 구술로 공소장변경허가신청을 하면서 변경하려는 공소사실의 일부만 진술하고 나머지는 전자적 저장매체를 제출하였다면, 공소사실의 내용을 구체적으로 진술한 부분에 한하여 공소장변경허가신청이 된 것으로 볼 수 있다. 그 경우 법원이 저장매체에 저장된 전자적 형태의 문서에 대해서까지 공소장변경을 허가하였더라도 적법하게 공소장이 변경되었다고 볼 수 없다.[17)]

---

14) 대판 2009. 2. 26. 2008도11813. 공소장변경허가신청서에는 알선행위에 대한 공소사실과 변경신청을 허가하여 달라는 취지만 기재되어 있을 뿐 피고인의 성명 기타 피고인을 특정할 수 있는 사항, 적용법조 등이 기재되어 있지 않고, 변경신청서가 피고인 또는 변호인에게 송달되지 않았으며, 공소제기에 대한 사건번호 부여 및 사건배당절차도 없었다.
15) 대판 2017. 2. 15. 2016도19027.
16) 대판 2016. 12. 15. 2015도3682.
17) 대판 2016. 12. 29. 2016도11138.

2. 공소장의 첨부 서류 및 공소장일본주의

공소장에는, 공소제기 전에 변호인이 선임되거나 보조인의 신고가 있는 경우 그 변호인선임서 또는 보조인신고서를, 공소제기 전에 특별대리인의 선임이 있는 경우 그 특별대리인 선임결정등본을, 공소제기 당시 피고인이 구속되어 있거나, 체포·구속된 후 석방된 경우 체포영장, 긴급체포서, 구속영장 기타 구속에 관한 서류를 각 첨부하여야 한다(규칙 118조 1항). 공소장에는 위 서류 외에 사건에 관하여 법원에 예단이 생기게 할 수 있는 서류 기타 물건을 첨부하거나 그 내용을 인용하여서는 아니 된다(동조 2항). 이를 공소장일본주의(公訴狀一本主義)[18]라고 한다.[19]

3. 공소장의 기재사항

공소장에는 1. 피고인의 성명 기타 피고인을 특정할 수 있는 사항, 2. 죄명, 3. 공소사실, 4. 적용 법조를 기재하여야 한다(법 254조 3항).

가. 피고인을 특정할 수 있는 사항

피고인을 특정할 수 있도록 공소장에는 1. 피고인의 주민등록번호 등, 직업, 주거 및 등록기준지(피고인이 법인인 때에는 사무소 및 대표자의 성명과 주소), 2. 피고인이 구속되어 있는지 여부를 기재하여야 한다(규칙 117조 1항). 다만 피고인의 주민등록번호 등이 명백하지 아니한 때에는 그 취지를 기재하고 인상, 체격의 조건이나 사진의 첨부 등에 의해 피고인을 특정할 수도 있다(동조 2항).

> 성명은 피고인 고유의 성명을 기재해야 하는 것이 아니고, 그 기재에 오기가 있더라도 인상 체격을 기재하거나 사진을 첨부하는 등으로 피고인을 특정할 수 있으면 된다.[20]

나. 죄명과 적용법조

죄명은 적용 법조와 함께 심판대상을 특정하는 보조적 기능을 하므로 구체적으로 표시하여야 한다. 죄명은 대검찰청의 예규[21]에 의한다.

> **적용법조 기재상의 오기나 누락**
> 공소장에 적용법조를 기재하는 이유는 공소사실의 법률적 평가를 명확히 하여 공소의 범위를 확정하는 데 보조기능을 하도록 하고, 피고인의 방어권을 보장하고자 함에 있으므로, 적용법조의 기재에 오기나 누락이

---

18) 一本은 한 개라는 의미의 일본어이다.
19) 대판 2015. 1. 29. 2012도2957.
20) 대판 1982. 10. 12. 82도2078.
21) 공소장 및 불기소장에 기재할 죄명에 관한 예규.

있어도 그로 인하여 피고인의 방어에 실질적인 불이익을 주지 않는 한 공소제기의 효력에는 영향이 없고, 법원도 공소장변경 없이 공소장에 기재되어 있지 않은 법조를 적용할 수 있다.[22]

다. 공소사실 및 그 특정

공소사실은 법원에 심판을 청구하는 범죄사실을 말한다. 공소사실의 기재는 범죄의 일시, 장소와 방법을 명시하여 사실을 특정할 수 있도록 하여야 한다(법 254조 4항). 공소사실의 특정에 있어 범죄의 "일시"는 이중기소나 공소시효에 저촉되지 않을 정도로, "장소"는 토지관할을 가름할 수 있는 정도로, "방법"은 범죄의 구성요건을 밝히는 정도로 기재할 필요가 있으며, 위 세 가지를 갖추도록 요구하는 취지는 피고인의 방어의 범위를 한정시켜 방어권을 쉽게 해주려는 데 있으므로, 공소사실은 위 세 가지의 특정요소를 종합하여 범죄구성요건에 해당하는 구체적 사실을 다른 사실과 판별할 수 있는 정도로 기재하여야 한다.[23]

공소사실이 특정되지 아니한 경우에는 공소제기의 절차가 법률의 규정에 위반하여 무효인 때에 해당하여 공소기각의 판결을 한다(법 327조 2호).

오해를 불러일으키거나 명료하지 못한 공소사실에 대해 석명권을 행사할 의무
아동복지법상 '아동에게 음란한 행위를 시키는 행위'로만 기소한 것인지 '아동에게 성적 수치심을 주는 성희롱 등 성적 학대행위'로도 기소된 것인지에 관하여,
공소제기의 취지가 명료하면 법원이 석명권을 행사할 필요는 없으나, 공소제기의 취지가 오해를 불러일으키거나 명료하지 못하면 법원은 검사에게 석명권을 행사하여 그 취지를 명확하게 하여야 한다(규칙 141조).[24]

피고인이 절취하였다는 물품이 "품명불상의 재물"이라고만 표현된 경우, 그것이 재물인지조차 알 수 없어 범죄사실이 특정되지 않았고, 피고인이 "성명불상자들과 합동하여 통행 중인 성명불상 여자로부터 품명 불상의 재물을 절취하였다"는 공소사실도 특정되지 않았다.[25]

---

22) 대판 2006. 4. 14. 2005도9743; 대판 2006. 4. 28. 2005도4085.

23) 대판 2005. 7. 29. 2005도2003.
특허발명의 특허권을 침해하였다는 특허법위반 사건에서 공소사실의 특정에 관하여는 대판 2016. 5. 26. 2015도17674.

24) 대판 2017. 6. 15. 2017도3448. 다음은 같은 취지이다.
"'1993. 8. 중순경 인천 이하 불상지'에서 메스암페타민을 투약하였다"라고 추측에 의하여 공소사실을 특정하였으나, 공소제기 후 모발감정에 의해 메스암페타민 투약시기가 확인된 경우, 공소사실의 기재가 오해를 불러일으키거나 명료하지 못한 경우에 해당하므로, 법원은 규칙 141조에 의하여 검사에게 석명권을 행사하여 그 취지를 명확히 하도록 하여야 할 것이고, 피고인이 그 공소사실에 기재되어 있는 시일 및 장소인 '1993.8. 중순경 인천 이하 불상지'에서 메스암페타민을 투약하였다고 볼 자료가 없다는 점만으로 바로 무죄를 선고할 것은 아니다(대판 1994. 12. 9. 94도1680).

25) 대판 1975. 11. 25. 75도2946. 다음은 같은 취지이다.

범행을 부인하고, 시신훼손으로 살해방법을 알 수 없고, 피고인의 범행이 명백한 경우
피고인이 살인의 범행을 부인하고 직접적이고 유일한 단서인 피해자의 시신이 심각하게 훼손되어 그 살해방법을 구체적으로 규명할 수 없는 예외적인 경우에는 공소사실의 특정의 정도를 완화하여 해석하지 않으면 현저히 불합리한 결과가 발생할 우려가 있고, 피고인의 변소가 합리성이 없을 뿐만 아니라 피고인의 범행 이외에 다른 방법으로 피해자가 사망하였을 가능성도 없는 경우, '2005. 1. 28 03:00경부터 05:20경 사이에 피고인의 집에서 불상의 방법으로 피해자를 살해하였다'는 공소사실은 특정되었다.[26)]

업무상과실치상죄에서 피해자의 치료기간을 미상이라고 기재
업무상과실치상의 공소사실 중 일부 피해자의 치료기간을 미상이라고 기재한 사안에서, 치상의 경우 치료기간은 필요적 기재사항이 아니므로 공소사실은 특정되었다.[27)]

(1) 공소사실의 개괄적 표시가 부득이한 경우

공소장에 범죄의 일시, 장소, 방법 등이 구체적으로 적시되지 않았더라도 공소사실을 특정하도록 한 법의 취지에 반하지 아니하고, 공소범죄의 성격에 비추어 그 개괄적 표시가 부득이하며 그에 대한 피고인의 방어권 행사에 지장이 없다면 그 공소내용이 특정되지 않았다고 볼 수 없다.[28)] 공소사실의 개괄적 표시가 부득이한 예로는 소변이나 모발의 감정에 의해 마약류 투약 사실을 인정하거나, 위·변조 문서 또는 유가증권을 행사하였으므로 그 위·변조 사실이 인정됨에도 피고인이 위·변조의 범행을 부인하는 경우 등을 들 수 있다.

(가) 마약류 범죄의 특정

① 모발감정에 기하여 범행시기를 '2010. 11.경'이라고 특정
공소장에 범행일시를 모발감정 결과에 기초하여 '2010. 11.경'으로, 투약장소를 '부산 사하구 이하 불상지'로 기재한 사안에서,
마약류 투약범죄는 은밀한 공간에서 목격자 없이 이루어지는 경우가 많고 관련 증거를 확보하기도 어려운 사정을 공소사실의 특정에 관한 판단을 함에 있어서 고려하여야 하나, 피고인이 필로폰 투약사실을 부인하고

"피고인이 갑과 공모하여 언제, 어디에서, 같은 날 09:00경 발생된 교통사고 피의사건과 관련 없는 경남 1바1229호 택시를 이용하여 그것이 범죄사실과 관계가 있는 것처럼 꾸며 증거를 위조하였다"는 공소사실은 특정되지 않았다(대판 1990. 3. 13. 89도1688).

26) 대판 2008. 3. 27. 2008도507. 다음은 같은 취지이다.
공소사실에 피고인이 피해자를 살해한 장소가 부산 불상의 장소로, 살해 방법이 불상의 방법으로 되어 있으나, 범행시간이 2010. 6. 17. 02:30경부터 04:00경까지로 특정되어 있고, 피고인의 범행동기와 피고인이 연구한 살해방법과 피해자를 물색한 정황, 피해자와의 접촉 경위 등이 자세하게 적시되어 있어, 살인의 공소사실은 특정되었다(대판 2013. 6. 27. 2013도4172).

27) 대판 1984. 3. 13. 83도3006.

28) 대판 2010. 8. 26. 2010도4671.

있고 그에 관한 뚜렷한 증거가 확보되지 않았음에도 모발감정 결과에 기초하여 투약가능기간을 추정한 다음 범행시기를 개괄적으로만 기재한 경우에 공소내용의 특정은 신중히 판단하여야 한다.
범행을 부인하는 피고인에 대한 모발감정 결과 등을 바탕으로 그 범행일시와 장소 및 투약방법을 단순히 추정한 것에 불과하고, 특히 범행시기로 기재된 '2010. 11.경'에는 1개월 이상의 기간이 포함될 수 있어 공소내용이 특정되었다고 보기는 어렵다.[29]

② '피고인이 1999년 5월 중순경부터 같은 해 11월 19일경까지 사이에 부산 이하 불상지에서 메스암페타민 약 0.03g을 1회용 주사기를 이용하여 팔 등의 혈관에 주사하거나 음료수 등에 타 마시는 방법으로 이를 투약하였다'는 공소사실의 경우, 투약량은 메스암페타민 투약자들이 보통 1회에 투약하는 최소한의 단위로 알려진 것이고, 투약방법 역시 메스암페타민 투약자들이 일반적으로 사용하는 방법을 막연히 기재한 것이며, 투약의 일시와 장소마저 위와 같은 정도로 기재한 것만으로는 공소사실이 특정되었다고 할 수 없다.[30]

소변감정결과에 의하여 메스암페타민의 투약일시를 '2009. 8. 10.부터 2009. 8. 19.까지 사이'로, 투약 장소를 '서울 또는 부산 이하 불상'으로 기재한 공소사실은 특정되었다.[31]
해설: 투약일시가 2009. 8. 10.부터 2009. 8. 19.까지의 10일로 위 ①, ② 판례에서의 투약일시보다 구체적으로 특정되었다.

필로폰 투약대상자의 진술에 기한 필로폰투약 공소사실의 특정
피고인이 마약류취급자가 아니면서 2010년 1월에서 3월 사이 일자불상 03:00경 서산시 소재 상호불상의 모텔에서, 갑과 공모하여 을에게 메스암페타민을 투약하였다는 공소사실에서, 공소사실은 투약 대상인 을의 진술에 기초하였다는 점에서 모발 등의 감정결과에만 기초한 경우와는 달리 볼 필요가 있는 점 등에 비추어 볼 때, 일시나 장소가 다소 개괄적으로 기재되었더라도 특정되었다.[32]

29) 대판 2012. 4. 26. 2011도11817.
모발감정결과만에 의한 투약기간 추정의 문제점
마약류 투약을 밝히기 위한 모발감정은 검사조건 등 외부요인에 의한 변수가 작용할 수 있고, 모발의 성장속도는 개인에 따라 차이가 있고, 동일인이라도 모발의 채취 부위, 건강상태 등에 따라 편차가 있으며, 마약류 투약범죄는 일정 기간에 여러 번 투약할 가능성이 있으므로 모발감정결과만을 토대로 투약기간을 추정하는 것은 신중하여야 한다(대판 2017. 3. 15. 2017도44).
30) 대판 2000. 10. 27. 2000도3082.
31) 대판 2010. 8. 26. 2010도4671. 다음은 같은 취지이다.
범죄의 일시를 1998. 9. 초순 어느 날로, 장소를 서울시내 불상지로, 방법은 불상의 방법으로 메스암페타민을 투약하였다고 기재한 공소사실은 이중기소나 시효, 토지관할의 구분이 가능할 정도로 특정되었다(대판 1999. 9. 3. 99도2666).
32) 대판 2014. 10. 30. 2014도6107.

(나) 문서, 유가증권위조의 특정

유가증권위조 공소사실의 범죄일시 및 장소가 "1991. 4. 일자 및 장소 미상지에서"이고, 범행방법이 "임의로 수표번호 마가 01167701호의 수표용지에 금액을 4,000만 원, 발행일자 1991. 6. 10.이라고 기재하고 미리 준비한 거성산업 대표 장○○의 명판을 발행인으로 찍어 위 수표를 위조한 것을 비롯하여"로 된 경우, 유가증권위조 여부가 문제되는 사건에서 위조유가증권들이 모두 현존하고 있는 이상 범죄 일시와 장소, 방법 등은 범죄의 동일성 인정과 이중기소방지, 시효저촉 여부, 토지관할을 가름할 수 있는 범위에서 유가증권위조 사실을 뒷받침할 수 있는 정도로만 기재되어 있으면 충분하므로, 공소사실은 특정되어 있다.[33)]

유가증권변조의 공소사실이 범행일자를 "2005. 1. 말경에서 같은 해 2. 4. 사이"로, 범행장소를 "서울 불상지"로, 범행방법을 "불상의 방법으로 수취인의 기재를 삭제"한 것으로 된 경우, 변조된 유가증권이 압수되어 현존하고 있는 이상 위 공소사실은 특정되었다.[34)]

(2) 경합범의 특정

경합범은 다른 범행과 구별이 가능하도록 범행별로 범죄의 시일, 장소와 방법을 명시하여 범죄사실을 특정하여야 한다.[35)]

'성명불상 범종추측 승려 100여 명의 전신을 손으로 때리고 발로 차 각 피해자들을 폭행'
공동폭행의 폭처법위반죄는 피해자별로 1개의 죄가 성립되므로 피해자별로 사실을 특정할 수 있도록 공소사실을 기재하여야 한다. 공소사실 중 '피고인들이 공동하여, 범종추측 승려 100여 명인 피해자들의 전신을 손으로 때리고 떠밀며 발로 차서 폭행을 각 가하였다'는 부분은 피해자의 숫자도 특정되지 않아 몇 개의 폭처법위반죄를 기소하였는지 알 수 없어, 공소사실이 특정되지 않았다.[36)]

---

33) 대판 1996. 4. 26. 96도435. 다음은 같은 취지이다.
오락기에 일련번호가 같은 위조상품권들을 투입해 두고 이용자가 당첨이 되면 자동으로 그에 상응하는 상품권이 배출되도록 한 위조유가증권행사죄의 특정
피고인이 미리 오락기에 위조상품권을 여러 장 투입해 두고, 후 오락기 이용자가 게임에서 당첨이 되면 오락기에서 자동으로 그 당첨액수에 상응하는 위조상품권이 배출되게 하였는데, 위조상품권에 표시된 일련번호가 모두 같아서 상품권 상호간의 구별이 불가능한 사안에서, 이러한 위조상품권의 행사방법을 기술함에 있어서는, 사용장소 및 사용기간을 특정하고 그 기간 내에 몇 매의 위조상품권이 사용되었는지를 적시할 수는 있지만, 각각의 상품권을 사용할 때 몇 매가 함께 사용되었고 행사 상대방이 누구인지를 특정하는 것은 불가능하다. 공소사실을 "사용일자의 범위, 장소, '경품용으로 지급'하였다는 용도" 정도로 특정하는 것은 부득이하다.
위조된 문화상품권 30,000장을 2006. 7. 일자불상경부터 같은 해 9. 5.경까지 불특정 다수의 손님에게 경품용으로 지급함으로써 행사하였다는 공소사실은 특정되었다(대판 2007. 4. 12. 2007도796).
34) 대판 2008. 3. 27. 2007도11000.
35) 대판 2007. 1. 11. 2004도3870; 대판 2013. 7. 26. 2011도1264.
36) 대판 1995. 3. 24. 95도22.

허위로 가공일을 당일로 표기하여 식품을 판매한 사기죄에서 피해자의 특정

백화점에서 판매하다 남은 식품에 부착되어 있는 바코드와 비닐랩 포장을 뜯어내고 다시 포장을 하면서 가공일이 당일로 기재된 바코드와 상표를 부착함으로써 마치 위 상품이 판매 당일 구입되어 가공된 것처럼 판매한 사안에서,

수인의 피해자에 대하여 각별로 기망행위를 하여 각각 재물을 편취한 경우에 그 범의가 단일하고 범행방법이 동일하더라도 포괄일죄가 아니라 피해자별로 1개씩의 사기죄가 성립하고, 그 공소사실은 각 피해자와 피해자별 피해액을 특정할 수 있도록 기재하여야 한다. '일정한 기간 사이에 성명불상의 고객들에게 1일 평균 매상액 상당을 판매하여 그 대금 상당액을 편취하였다'는 내용은 피해자나 피해액이 특정되지 않았다.[37]

경합범인 사기죄의 특정

여러 사람의 피해자에 대하여 따로 기망행위를 하여 각각 재물을 편취한 경우에는 비록 범의가 단일하고 범행방법이 동일하더라도 피해자별로 독립한 여러 개의 사기죄가 성립되고, 그 공소사실은 각 피해자와 피해자별 피해액을 특정할 수 있도록 기재하여야 한다.[38]

미성년자의제강간죄 또는 미성년자의제강제추행죄

미성년자의제강간죄 또는 미성년자의제강제추행죄는 행위시마다 1개의 범죄가 성립하므로, "피고인이 1980. 12. 일자불상경부터 1981. 9. 5. 전일경까지 사이에 피해자를 협박하여 20여회 강간 또는 강제추행하였다"라는 공소사실은 범행일시가 명시되지 아니하여 특정되지 않았다.[39]

만난 사실은 인정하되 추행의 정도와 강제력의 유무를 다투는 경우 범행일시의 특정

피해자에 대한 피고인의 성적 접촉행위는 1년여의 장기간 동안 10여 차례에 걸쳐 이루어졌고, 이에 따라 피해자가 처음 피해를 당한 날로부터 상당한 시간이 흐른 이후 피해사실을 진술하게 되어 일일이 그 날짜와 시간을 기억하는 것은 어려우므로, 시일을 개괄적으로 표시하는 것이 부득이하고, 피고인도 피해자와 만난 사실 자체는 인정하되 주로 추행의 정도와 강제력의 유무 등을 다투고 있어 범행일시의 특정이 피고인의 방어권행사에 지장을 초래할 것으로는 보이지 않으므로 공소사실이 특정되었다.[40]

(3) 포괄일죄, 상상적 경합범의 특정

포괄일죄에 있어서는 그 일죄를 구성하는 개개의 행위를 구체적으로 특정하지 않더라도 그 전체

---

37) 대판 1996. 2. 13. 95도2121. 다음은 같은 취지이다.
사기죄의 실체적 경합범에서, 단순히 피해자의 총 인원수만을 표시하고 피해액도 각 피해자별 피해액의 총액만을 기재한 것은 피해자나 그 피해액을 알 수 없어 공소사실이 특정되지 아니하였다(대판 2003. 4. 8. 2003도382).

38) 대판 2003. 4. 8. 2003도382.

39) 대판 1982. 12. 14. 82도2442.

40) 대판 2013. 12. 12. 2013도12803.

범행의 시기와 종기, 범행 방법과 장소, 상대방, 범행횟수나 피해액의 합계 등을 명시하면 이로써 그 범죄사실은 특정된다.[41] 다만 상습사기나 상습절도 등에 있어서는 개별 범죄가 특정되어야 한다는 것이 대체적인 판례의 취지이다.

보건범죄단속에관한특별조치법위반죄의 포괄일죄의 공소사실
일정기간 계속된 피고인의 각 의료행위를 보건범죄단속에관한특별조치법위반죄의 포괄일죄로 기소하면서 전체 범행의 시기와 종기, 범행방법, 갑 외 성명불상 다수의 환자들을 상대한 범행내용 등을 명시한 경우 공소사실은 특정되었다.[42]

'피고인이 일정 기간 동안 손님들에게 눈썹문신, 아이라인, 입술문신을 시술해주고 해당 시술료를 받는 영업을 하였다'는 영업 내용이 기재되어 있을 뿐, 보건범죄단속에 관한 특별조치법 5조 소정의 '의료행위'에 해당하는 구성요건사실로서 특정인에 대한 특정 치료행위 등이 전혀 기재되어 있지 않고, 전체 범행의 범행횟수나 수입액수 등 범행규모의 대강을 짐작할 수 있는 사항도 기재되어 있지 않아 공소사실이 특정되지 않았다.[43]

수입쇠고기를 한우고기로 속여 판매한 상습사기죄 피해자의 특정
수입쇠고기를 한우고기인 것처럼 기망하여 그 판매대금 상당액을 편취하였다는 부분은, 피고인들의 수입쇠고기 구입일과 구입량, 구입금액, 가공 후 판매량, 1인분 환산량, 판매금액만 구분되어 있을 뿐 피해자와 피해자별 피해금액이 특정되지 아니하였고, 불특정 다수인을 상대로 소액 단위로 판매하였다는 범행의 특성이나 상습범으로서 포괄일죄라는 특성을 고려하더라도, 수입쇠고기와 한우고기를 식당에서 함께 취급, 판매하였고 또한 일부 수입쇠고기는 다른 곳에 전매한 피고인들로서는 위와 같은 공소사실의 기재만으로는 방어권 행사에 커다란 불이익을 입었을 것이므로, 공소사실이 특정되지 않았다.[44]

상습사기에서 모든 피해자들의 성명이 명시되지는 않음
사설 족보학회의 원장인 피고인이 상습으로 1988. 5. 초순경부터 1989. 8. 30.까지 사이에 각 종친회에서 대동보 편찬사업을 하는 것처럼 기망하여 기부금 명목의 금원을 교부받는 방법으로 피해자 갑 외 12,239명으로부터 489,560,000원을 편취한 사안에서, 전체 범행의 시기와 종기, 범행방법, 범행횟수 또는 피해액의 합계 및 피해자나 상대방을 명시하면 그 범죄사실은 특정되므로 포괄일죄인 상습사기에 있어서 그 범행의 모든 피해자들의 성명이 명시되지 않았다 하여 범죄사실이 특정되지 않았다고 볼 수 없다.[45]

41) 대판 2008. 12. 24. 2008도9414.
42) 대판 2002. 6. 20. 2002도807 전합.
43) 대판 2009. 7. 23. 2008도5930.
44) 대판 2007. 8. 23. 2006도5041.
45) 대판 1990. 6. 26. 90도833.

"피고인은 갑의 집에 침입하여 라디오 1대를 훔친 것을 비롯하여 그 후 4회에 걸쳐 상습적으로 타인의 재물을 절취하였다"라는 공소사실은 특정되지 않았다.46)

명예훼손죄의 피해자를 '갑, 을 등 서울경찰청 제2기동대 소속 전경들'이라고 특정

명예훼손죄에서 어느 특정인을 지목하는지를 알 수 있으면 그 특정인에 대한 명예훼손죄가 성립한다.
공소사실에서 피해자가 '갑, 을 등 서울경찰청 제2기동대 소속 전경들'이라고 기재되어 피해자들 중 '갑, 을'만 성명이 명시되어 있을 뿐 나머지 피해자들은 성명이 명시되어 있지는 않지만, 범행의 시기와 장소, 범행의 내용과 방법 등이 구체적으로 적시되어 있고, 피고인이 이 사건 글을 인터넷에 게시할 당시의 기동대 소속 전경들을 구체적인 피해자로서 특정하는 것이 불가능하지는 않더라도 그 피해자가 다수여서 이를 개괄적으로 표시하는 것이 부득이한 측면도 있으므로, 공소사실은 특정되었다.47)

(4) 공범의 경우

공모의 일시, 장소, 내용에 관한 특정

공소사실의 특정은 공소의 원인 사실을 다른 공소사실과 구별할 수 있는 정도로 그 일시, 장소, 방법 등을 적시하면 족하고 공모의 시간, 장소, 내용 등을 구체적으로 명시하지 아니하였다 하더라도 다른 기재사실 등에 의하여 그 공소사실을 특정할 수 있으면 된다.48)

공모공동정범에서 공모의 특정

공모는 공모공동정범에서의 '범죄될 사실'이므로, 범죄에 공동가공하여 범죄를 실현하려는 의사결합이 있었다는 것은, 실행행위에 직접 관여하지 아니한 자에게 다른 공범자의 행위에 대하여 공동정범으로서의 형사책임을 지울 수 있을 정도로 특정되어야 한다.49)

교사·방조범의 공소사실

교사·방조범의 공소사실을 기재함에 있어서는 정범의 범죄사실을 기재하여야 한다.50)

---

46) 대판 1971. 10. 12. 71도1615.
47) 대판 2014. 3. 27. 2011도11226. 다음은 유사 취지이다.
파일 공유 사이트를 운영하면서 성명불상의 이용자들로 하여금 피해자 성명불상자가 저작권을 가진 영상저작물을 업로드하게 한 후 불특정 다수의 이용자들로 하여금 복제·전송받아 사용할 수 있게 한 저작권침해방조 사안에서 공소사실의 특정(대판 2016. 12. 15. 2014도1196).
48) 대판 1993. 6. 22. 91도3346.
49) 대판 2016. 4. 2. 2016도2696.
50) 대판 2001. 12. 28. 2001도5158.

직무유기교사죄의 공소사실: 전기협 회원들에 대하여 불법파업을 하여 직무유기할 것을 결의하게 하고, 전기협 회원 6,500여 명이 이에 따라 같은 해 6. 23. 04:00경부터 불법파업에 돌입하게 하여 직무유기를 교사하였다.
판단: 피교사자인 공무원들의 숫자조차 특정되어 있지 않아 몇 개의 직무유기교사죄를 공소제기하였는지, 유기한 직무의 내용 및 유기행위의 태양이 어떠한지 알 수 없어 공소사실이 특정되지 않았다.[51)]

공소사실: 피고인들은 공모하여, 의약품을 판매할 수 없는 갑이 염산날부핀을 일반인들에게 판매한다는 정을 알면서 갑에게 염산날부핀을 공급함으로써, 갑이 염산날부핀을 일반인들에게 판매할 수 있도록 방조하였다.
판단: 정범인 갑의 염산날부핀 판매행위라는 범죄사실이 전혀 특정되지 않았으므로 방조범인 피고인들의 공소사실도 특정되지 않았다.[52)]

(5) 공소사실의 불특정에 대하여 법원이 석명을 구할 의무

계금을 계원들에게 지급하지 아니한 배임죄의 공소사실: 피고인이 1979. 4. 7. 조직하여 계주가 된 낙찰계는 20구좌 300만 원 짜리이고 위 계는 13회째인 1980. 4. 7.에 끝났으며 계원들에게 분배하여야 할 계금은 150만 원이라고 특정되어 있고 다만 피해자인 계원들의 성명과 피해자별 피해액이 명확하지 아니한 흠은 있다.
판단: 공소장의 기재사실 중 일부가 명확하지 아니한 경우에는 법원은 검사에게 석명을 구하여 만약 이를 명확하게 하지 아니한 때에 공소사실의 불특정을 이유로 공소를 기각함이 상당하므로, 석명을 구하지 않은 채 공소사실의 불특정을 이유로 공소기각판결을 한 것은 심리미진이다.[53)]

라. 예비적·택일적 기재사항

(1) 의 의

공소장에는 수개의 범죄사실과 적용 법조를 예비적 또는 택일적으로 기재할 수 있다(법 254조 5항). 범죄사실과 적용 법조에 관하여 예비적 기재는 심판의 순서를 정하여 하는 것이고, 택일적 기재는 심판의 순서를 정하지 않고 어느 하나를 인정하여 달라고 하는 것이다. 예비적 기재는 '주위적으로 A, 예비적으로 B'라는 형태이고, 택일적 기재는 'A 또는 B'라는 형태이다.

(2) 법원의 심리

(가) 판단 순서

예비적 기재에 있어서는 주위적 기재사실을 먼저 판단하여 주위적 기재사실이 인정되면 예비적

51) 대판 1997. 8. 22. 95도984.
52) 대판 2001. 12. 28. 2001도5158.
53) 대판 1983. 6. 14. 83도293. 같은 취지로는 대판 2006. 5. 11. 2004도5972.

기재사실에 관하여 판단할 필요가 없다.[54] 그렇지만 주위적 기재사실이 인정되지 않는 경우에는 그 이유를 설시하고 예비적 기재사실에 관하여 판단하여야 한다. 택일적 기재에 있어서는 어느 하나가 인정되면 인정되는 것에 대해서만 판단하고, 어느 것도 인정되지 않는 경우에는 전부에 관하여 판단하여야 한다.

택일적 기재/채권을 갑 또는 을로부터 증여받고 조세포탈[55]
공소사실: 피고인이 A, B, C 등 복수의 채권을 갑 또는 을로부터 증여받고 증여세포탈
판단: 수 개의 가분적인 증여대상물에 대하여 증여자를 택일적으로 기재하여 증여세포탈죄로 기소한 경우, 법원은 각 증여대상물별로 증여자를 가려 심판하여야 한다.
특정 증여대상물에 대하여
- 택일적으로 기재된 증여자 중 한 쪽을 증여자로 인정한 경우에는 나머지 한 쪽이 증여자인지를 따로 심판할 필요가 없지만,
- 택일적으로 기재된 증여자 중 어느 쪽도 증여자로 인정되지 않는 때에는 택일적으로 기재된 증여자 모두에 관하여 증여자로 인정할 수 없는 이유를 밝혀야 한다.
- 검사는 택일적으로 기재된 증여자 중 한 쪽을 증여자로 인정한 경우에 나머지 한 쪽을 증여자로 인정하지 않았다는 이유로 불복할 수 없지만,
- 검사는 택일적으로 기재된 증여자 중 어느 쪽도 증여자로 인정되지 않은 경우, 그 중 적어도 어느 한 쪽은 증여자에 해당한다는 취지로 불복할 수 있다.[56]

택일적으로 기소된 강도살인죄와 '살인 및 절도죄' 중 '살인 및 절도죄'를 유죄 인정
강도살인죄와 '살인 및 절도죄'가 택일적으로 기소되고, 법원이 그중 '살인 및 절도죄'를 유죄로 인정한 경우 검사는 중한 강도살인죄를 유죄로 인정하지 않았다는 이유로 상소할 수 없다.[57]

공소사실: 택일적으로 남평문씨 35세손인 희성공 또는 남평문씨 40세손인 갑 종중 소유의 임야 횡령
직권 인정사실: 남평문씨 39세손인 을 또는 40세손인 갑 종중 소유의 임야를 횡령
유죄판결의 이유에서 택일적 기재의 허용 여부
원심: 피고인들이 남평문씨 35세손인 희성공을 공동선조로 하는 종중 또는 택일적으로 남평문씨 40세손인 갑을 공동선조로 하는 종중으로부터 명의신탁받아 보관 중이던 임야를 매도하여 횡령하였다는 공소사실에 관하여, 원심이 공소장변경 없이 피고인들이 남평문씨 39세손인 을 또는 40세손인 갑을 공동선조로 하는

54) 뇌물죄와 사기죄가 상상적 경합관계인 경우, 주위적으로 사기죄가 기소되고 예비적으로 뇌물수수죄가 기소된 때에는 사기죄만으로 처단하는 것은 위법이 아니다(대판 1977. 6. 7. 77도1069).
55) 증여세는 수증자가 납부할 의무를 지지만, 증여자도 일정한 경우에는 납부할 의무를 진다(상속세 및 증여세법 4조의2).
56) 대판 2006. 12. 22. 2004도7232.
57) 대판 1981. 6. 9. 81도1269.

소종중의 소유 임야를 명의신탁받아 보관하다가 매도하여 횡령한 것으로 인정한다.
대법원의 판단: 공소사실에 의하여 한정된 심판의 범위 안에서 택일적인 공소사실 중 어느 하나를 유죄로 인정하여야 하고, 만일 피고인들이 공소사실에 기재된 두 종중이 아닌 제3의 종중으로부터 임야의 소유자 명의를 신탁받은 것으로 인정되는 경우에는 공소장변경이 없는 한 피고인들을 그 범죄사실로 유죄를 인정할 수 없으므로 원심이 '심판을 청구받지도 아니한 사건(남평문씨 39세손인 을)'을 인정한 것은 위법하다.
공소장에 기재할 공소사실과 적용법조에 관하여는 수 개의 범죄사실과 적용 법조의 예비적·택일적 기재가 허용되지만(법 254조 5항), 유죄판결의 이유에 명시하여야 할 범죄될 사실과 법령의 적용에 관하여는 택일적 기재가 허용되지 않으므로(법 323조 1항), 원심이 유죄판결의 이유에 범죄될 사실을 택일적으로 기재한 것은 위법하다.[58]

(나) 심판의 대상

예비적·택일적 기재를 하는 경우에 예비적·택일적으로 기재한 모든 공소사실이 법원의 심판대상으로 된다. 항소심의 경우에도 마찬가지이다. 따라서 예비적·택일적 공소사실 가운데 일부만 항소한 경우에 항소하지 않은 나머지 공소사실도 항소심의 심판대상이 된다.

택일적 기재 중 유죄 부분에 대해서만 항소한 경우 항소심의 심판범위
택일적으로 기소된 범죄사실의 어느 하나만 유죄로 인정한 판결에 대해 항소가 제기된 경우, 항소심이 제1심판결을 파기하고 자판을 하는 때에는 사건 전체에 대하여 판결하는 것이어서 택일적으로 기소된 범죄사실 중 제1심판결에서 유죄로 인정되지 아니한 범죄사실도 항소심의 심판대상이다.[59]

주위적 공소사실(뇌물공여 무죄), 예비적 공소사실(배임증재 유죄)에서 피고인만 상고
주위적·예비적 공소사실의 일부에 대한 상소의 효력은 나머지 공소사실에 대하여도 미치는 것이고, 동일한 사실관계에 대하여 서로 양립할 수 없는 적용법조의 적용을 주위적·예비적으로 구하는 경우에는 예비적 공소사실만 유죄로 인정되고 그 부분에 대하여 피고인만 상소하였더라도 주위적 공소사실까지 상소심의 심판이 된다.
검사가 주위적으로 뇌물공여죄, 예비적으로 배임증재죄로 기소한 사안에서, 항소심이 뇌물공여죄는 무죄로 판단하고 배임증재죄는 유죄로 인정한 경우, 피고인만 예비적 공소사실에 대하여 상고하였더라도 주위적 공소사실도 상고심의 심판대상이 되므로 주위적 공소사실을 직권으로 파기할 수 있다.[60]

---

58) 대판 1993. 5. 25. 93도558.
59) 대판 1975. 6. 24. 70도2660.
60) 대판 2006. 5. 25. 2006도1146.

(3) 예비적·택일적 기재의 허용범위

판례는 공소사실의 동일성이 인정되지 않는 경우에도 그 예비적·택일적 기재가 허용된다고 본다(아래 ①). 그런데 공소장변경에 있어서는 공소사실의 예비적, 택일적 추가는 공소사실의 동일성이 인정되는 범위 내에서만 허용된다는 것이 판례의 일관된 입장(아래 ②)이다. 결국 판례의 입장은 최초의 공소제기에 있어서는 공소사실의 동일성이 인정되지 않더라도 예비적·택일적 기재를 할 수 있지만, 공소장변경의 방법에 의해 예비적·택일적 기재를 하는 것은 공소사실의 동일성이 인정되는 범위 내에서만 허용된다는 것이다.[61]

> **① 동일성이 인정되지 않는 수 개의 범죄사실을 예비적·택일적으로 기재**
> 수 개의 범죄사실간에 범죄사실의 동일성이 인정되는 경우는 물론 그들 상호간에 범죄의 일시, 장소, 수단 및 객체 등이 달라서 수 개의 범죄사실로 인정되는 경우에도 이들 수 개의 범죄사실을 예비적 또는 택일적으로 기재할 수 있다.[62]

> **② 횡령죄 공소사실에 동일성이 인정되지 않는 사기죄 공소사실을 예비적으로 추가**
> **공소사실**: 피고인이 1999. 6. 9. 법무사 사무실에서 갑으로부터 피해자를 위한 합의금 13,157,890원을 교부 받아 이를 보관 중, 1999. 6. 말경 피고인의 집에서 피해자로부터 반환을 요구받고도 거부하여 이를 횡령한다.
> **예비적 공소사실**: 피고인이 1999. 6. 7. 서울 이하 불상지에서 피해자와 관련된 수사사건에 관하여 진행사항을 알아 봐 줄 의사 없이 피해자를 기망하여, 다음 날 피해자로부터 위 수사사건에 관한 일체의 권한을 피고인에게 위임한다는 취지의 위임장을 팩스로 송부받아 위임장 사본 1매를 편취한다.
> **판단**: 횡령과 사기의 공소사실 사이에 동일성이 없으므로 공소장변경을 할 수 없다.[63]

Ⅱ. 공소장일본주의

1. 의 의

공소장일본주의는 검사가 공소를 제기할 때 법원에 공소장 하나만을 제출하여야 하고 그 외에 사건에 관하여 법원으로 하여금 예단을 가지게 할 수 있는 서류 기타 물건을 첨부하거나 그 내용을 인용하여서는 아니 된다는 원칙을 말한다(규칙 118조 2항).

공소장일본주의의 이론적 근거로는 예단배제의 원칙, 당사자주의적 소송구조, 공판중심주의, 위법

61) 학설상 예비적·택일적 기재를 공소사실의 동일성이 인정되는 범위 내로 한정할 것인지에 관하여 논란이 있다.
62) 대판 1966. 3. 24. 65도114 전합.
63) 대판 2001. 3. 27. 2001도116.

수집증거의 배제, 전문법칙 등이 거론된다.

학설·판례에 의해 공소장일본주의는 너무나 당연한 것으로 받아들여지고 있다. 그렇지만 공소장일본주의는 1982. 12. 31. 규칙이 제정되면서 비로소 도입된 것으로 법률이 아닌 대법원규칙에 근거를 두고 있다.

2. 공소장일본주의와 증거분리제출

의용 법이나 제정 법이 적용되던 시절에는 일건 수사기록과 공소장이 한꺼번에 법원에 제출되었다. 그 후 일건 수사기록을 공소제기와 동시에 법원에 송부하지 않고 이를 검찰이 보관하다가 제1회 공판기일 직전에 법원으로 보내는 관행이 지속되었다. 그러다가 2006년경부터 증거분리제출제도가 시행되면서 일건 수사기록 전체를 송부하는 관행이 원칙적으로 사라지게 되었고 비로소 공소장일본주의가 제대로 실천되고 있다.[64)]

증거분리제출제도 하에서 검사는 수사기록에서 증거로 제출할 증거서류를 분리하여 증거기록을 만들어야 한다. 따라서 증거로 제출하지 아니할 것들로 이루어진 '<u>수사기록</u>'과 증거로 제출할 것들로 이루어진 '<u>증거기록</u>'이라는 두 개의 일건 기록으로 나눠는 것이다. 공판관여 검사는 위 증거기록을 가지고 공판에 임하며 피고인의 증거동의나 증인에 의한 진정성립의 인정 등에 의해 증거능력이 있는 증거에 한하여 법원에 증거로 제출한다. 다수의 증거들에 대해 이와 같이 증거능력이 인정될 때마다 해당 증거만을 분리하여 바로 법정에서 증거로 제출하는 것은 상당히 번잡하고 기록의 망실 우려도 있게 된다. 이러한 이유 등으로 증거기록이 나중에 법정 외에서 일괄하여 법원에 제출되는 경우도 많다.

피고인이 공소사실의 전부 또는 일부를 부인하는 구공판 사건만 증거분리제출 대상이 되는 것이 원칙이므로(증거서류 분리제출 시행 지침 2조 2항) 구약식 사건과 자백하는 구공판 사건에서는 일건 수사기록을 법원에 제출하는 것이 보통이다.

3. 공소장일본주의의 내용

학설들은 대체로 공소장일본주의를 상당히 엄격하게 적용하려는 입장이다. 이러한 학설들은 판례 및 실무의 관행과 상당한 차이를 보이고 있다.

---

64) 이에 관하여 판례는 다음과 같이 설명하고 있다.
종래의 실무는 <u>검사가 제1회 공판기일 이전에 수사기록 일체를 법원에 제출하는 것이 관행이었다</u>. 그리하여 법원에 따라서는 제1회 공판기일 이전에 검사로부터 제출받은 수사기록을 살펴보고 사안을 미리 파악하기도 하는 등 실무상 혼란이 없지 않았고, 이에 대해서는 공소장일본주의에 반한다는 비판이 있었다.
이러한 실무관행은 2006. 4. 1. 개정된 대법원 재판예규에 의하여 전국적으로 <u>증거분리제출제도가 시행됨으로써</u> 획기적으로 변화하여, 검사는 피고인이 자백하든 부인하든 제1회 공판기일 이후 <u>증거조사에 들어가서야 비로소 증거서류를 법정에서 제출한다</u>(대판 2009. 10. 22. 2009도7436 전합).

가. 첨부의 금지

공소장에는 법원에 예단이 생기게 할 수 있는 서류 기타 물건을 첨부하여서는 아니 된다. 그러나 공소제기 전에 변호인이 선임되거나 보조인의 신고가 있는 경우 그 변호인선임서 또는 보조인신고서를, 공소제기 전에 특별대리인의 선임이 있는 경우 그 특별대리인 선임결정등본을, 공소제기 당시 피고인이 구속되어 있거나, 체포·구속된 후 석방된 경우 체포영장, 긴급체포서, 구속영장 기타 구속에 관한 서류는 공소장에 첨부하여야 한다(규칙 118조).

나. 인용의 금지

공소장에는 법원에 예단이 생기게 할 수 있는 문서내용을 인용하여서는 아니 된다(규칙 118조 2항). 그러나 문서를 수단으로 한 협박·공갈 등의 사건에 있어서 공소사실의 특정을 위해 문서를 제한적으로 인용하는 것은 허용된다고 해석된다. 출판물에 의한 명예훼손 사건에서 명예훼손하는 내용이 기재된 부분을 인용할 수도 있다.

명예훼손사실이 기재된 서면이나 특허권침해를 설명하기 위한 도면의 인용

공소사실은 이미 발생한 사실을 그에 관한 자료를 기초로 범죄사실로 재구성하는 것이어서 필연적으로 장차 증거로 제출될 서류 기타 물건에 담긴 정보를 기술하게 되고, 특히 명예훼손·모욕·협박 등과 같이 특정한 표현의 구체적인 내용에 따라 범죄의 성부가 판가름되는 경우나 특허권·상표권 침해사범처럼 사안의 성질상 도면 등에 의한 특정이 필요한 경우 등에는 서류 기타 물건의 내용을 직접 인용하거나 요약 또는 사본하여 첨부할 수밖에 없다. 공소장일본주의는 공소사실 특정의 필요성에 의하여 제약을 받을 수밖에 없으므로, 양자의 취지와 정신이 조화를 이룰 수 있는 선에서 공소사실 기재의 한계가 설정되어야 한다.[65]

다. 여사기재(餘事記載)의 금지

공소장에 법 254조 3항 이외의 사항을 기재하는 것을 여사기재라 하며, 예단을 생기게 할 우려 있는 사항의 기재가 금지된다.

학설은 대체로 여사기재를 엄격하게 금지하자는 입장이지만,[66] 판례가 여사기재로 인하여 공소제

---

65) 대판 2009. 10. 22. 2009도7436 전합. 다음은 같은 취지이다.
공소장에 인용된 서면이나 사진 등이 증거로 제출될 것이라 하더라도 공소사실을 특정하거나 객관적·주관적 구성요건요소의 일부 내용에 관한 것으로서, 인용으로 인하여 방어권행사에 장애를 가져오거나 법관에게 예단을 생기게 하는 것이 아니라면 공소장일본주의에 반하지 않는다(대판 2013. 7. 26. 2013도2511).

66) 다음은 학계에서 일반적으로 주장되는 내용이다.
전과는 누범전과나 상습범전과처럼 범죄구성요건 내지 형의 가중사유가 되는 경우나 범죄사실의 내용(예컨대 전과가 있음을 과시하여 협박하는 경우)을 이루는 경우 외에는 공소장에 기재하여서는 아니 된다.
피고인의 악성격이나 경력은 그것이 범죄사실의 일부를 이루거나(가령 악성격이 있음을 고지하여 공갈하는 경우), 범죄사실과 밀접하게 관련되지 않는 한 이를 공소장에 기재하여서는 아니 된다.

기의 절차가 법률의 규정에 위반하여 무효라고 인정한 경우는 드물다.

범행동기

살인, 방화 등의 경우 범죄의 직접적인 동기 또는 공소범죄사실과 밀접불가분의 관계에 있는 동기를 공소사실에 기재하는 것은 공소장일본주의 위반이 아니고, 범죄의 직접적인 동기가 아니더라도 동기를 기재하는 것은 공소장의 효력에 영향을 미치지 않는다.[67)]

피고인의 과거 경력, 성향, 활동 등에 관한 기재

원심판결이 공소장 첫머리에 기재된 피고인의 과거 경력, 성향, 활동 등에 관한 사항을 공소사실과 관계없는 불필요한 사실이라고 보아 인정되는 범죄사실에서 제외하고 있다면, 공소장 첫머리에 기재된 피고인에 관한 위와 같은 사항은 이미 심판대상이 아니므로 공소장 첫머리 기재의 사실이 인정될 수 없다는 이유로 원심을 탓할 수 없다.[68)]

공소시효가 완성된 범죄사실

검사가 공판기일에 '공소장에 기재된 공소시효가 완성된 범죄사실'에 관하여 공소범죄사실로 기재한 것이 아님을 밝힌 때에는 법원이 그 부분에 대하여 심리판단하지 아니한 조치는 당연하다.

공소장에 공소시효가 완성된 범죄사실을 공소범죄사실 이외의 사실로 기재한 것은 법 254조 3항에 위배되지 않는다.[69)]

공소사실 첫머리에 피고인이 전에 받은 소년부송치처분과 직업 없음을 기재한 것은 피고인을 특정할 수 있는 사항(법 254조 3항 1호)에 속하므로 그러한 기재가 있다 하여 공소제기의 절차가 법률의 규정에 위반되었다고 할 수 없다.[70)]

4. 공소장일본주의의 적용범위

공소장일본주의는 공소제기에 관하여 적용되는 것이므로 공판절차 갱신 후의 절차, 상소심에서의 절차, 파기 환송 또는 이송 후의 절차에서는 적용되지 않는다.

약식명령을 청구하는 경우에는 공소제기와 동시에 수사기록을 증거물로 제출하여야 하므로 공소

범죄의 동기도 예단을 불러일으킬 우려가 있어 원칙적으로 허용되지 않는다.

67) 대판 2007. 5. 11. 2007도748. 같은 취지로는 대판 2017. 11. 9. 2014도15129.

68) 대판 1999. 7. 23. 99도1860.

69) 대판 1983. 11. 8. 83도1979.

70) 대판 1990. 10. 16. 90도1813.

장일본주의의 예외가 된다(규칙 170조). 그런데 약식명령의 청구가 있는 경우에 그 사건이 약식명령으로 할 수 없거나 약식명령으로 하는 것이 적당하지 아니하다고 인정한 때에는 공판절차에 의하여 심판하여야 하고(법 450조), 약식명령에 대해 정식재판의 청구가 있는 때에는 공판절차에 의하여 심판하여야 하는 바(법 455조 3항), 판례는 이러한 경우에도 증거서류와 증거물을 검사에게 반환할 필요가 없다고 한다.

약식명령에 대한 정식재판청구사건과 공소장일본주의

검사가 약식명령을 청구하는 때에는 약식명령의 청구와 동시에 약식명령을 하는 데 필요한 증거서류 및 증거물을 법원에 제출하여야 하는바(규칙 170조), 이는 약식절차가 서면심리에 의한 재판이어서 공소장일본주의의 예외를 인정한 것이므로 약식명령의 청구와 동시에 증거서류 및 증거물이 법원에 제출되었다 하여 공소장일본주의를 위반하였다 할 수 없고, 그 후 약식명령에 대한 정식재판청구가 제기되었음에도 법원이 증거서류 및 증거물을 검사에게 반환하지 않고 보관하고 있다고 하여 그 이전에 이미 적법하게 제기된 공소제기의 절차가 위법하게 된다고 할 수도 없다.[71]

'즉결심판절차'와 '즉결심판에 대한 정식재판의 청구에 의해 진행되는 형사절차'도 공소장일본주의의 예외이다(즉결심판에 관한 절차법 4조, 14조).[72]

5. 공소장일본주의 위반의 효과

공소장일본주의를 위반한 때에는 공소제기의 절차가 법률의 규정에 위반하여 무효인 때에 해당하므로 공소기각판결을 선고하는 것이 원칙이다.[73]

공소장의 모두사실 기재가 공소장일본주의에 반하고, 피고인측이 유효하게 이의제기

공소장일본주의의 위배 여부는 (공소장에 기재할 수 있는 사실이나 첨부할 수 있는 서류 외에) 공소장에 기재된 사실이 법관이나 배심원에게 예단을 생기게 하여 범죄사실의 실체를 파악하는 데 장애가 될 수 있는지 여부에 따라 구체적으로 판단하여야 한다.

공소장일본주의에 위배된 공소제기에 대해서는, 그 절차가 법률의 규정에 위반하여 무효인 때에 해당하는 것으로 보아 공소기각판결을 선고하는 것이 원칙이다. 다만 공소장 기재의 방식에 관하여 피고인 측으로부터 아무런 이의가 제기되지 아니하였고 법원 역시 범죄사실의 실체를 파악하는 데 지장이 없다고 판단하여 그대로 공판절차를 진행한 결과 증거조사절차가 마무리되어 법관의 심증형성이 이루어진 단계에 이른 경우에는 공소장일본주의 위배를 주장하여 이미 진행된 소송절차의 효력을 다툴 수 없다. 그러나 피고인측이 유효하게 이의제기한 때에는 공판절차가 진행되어 법관이 심증을 형성하는 단계에 이르렀어도 공소장일본주의위배

71) 대판 2007. 7. 26. 2007도3906.
72) 대판 2011. 1. 27. 2008도7375.
73) 대판 2009. 10. 22. 2009도7436 전합.

의 하자가 치유되지 않는다.
공소장일본주의에 위배되고,[74] 변호인이 공소사실 낭독 후에 공소장일본주의에 위배된다는 이의를 유효하게 하였으므로, 비록 제1심 법원이 공판절차 초기에 '(공소장일본주의에 위배되는 부분인: 필자 주) 공소장의 모두사실'은 범죄구성요건과 상관 없어 심리하지 않겠다고 고지하고 증거조사 등의 절차를 진행했어도 하자가 치유되지 않는다.[75]

공소장일본주의위반시 공소기각/공소장일본주의위반이지만 피고인이 이의를 제기하지않아 증거조사절차가 마무리 단계인 때에는 더 이상 다투지 못함
공소장일본주의의 위배 여부는 공소사실로 기재된 범죄의 유형과 내용 등에 비추어 볼 때에 공소장에 첨부 또는 인용된 서류 기타 물건의 내용, 그리고 법령이 요구하는 사항 이외에 공소장에 기재된 사실이 예단을 생기게 하여 법관 또는 배심원이 범죄사실의 실체를 파악하는 데 장애가 될 수 있는지를 기준으로 구체적으로 판단하여야 한다. 공소장일본주의를 위반한 때에는 공소기각판결을 선고하는 것이 원칙이다(법 327조 2호). 그러나 공소장의 기재방식에 관하여 피고인 측으로부터 이의가 제기되지 아니하였고 법원도 범죄사실의 실체를 파악하는 데 지장이 없다고 판단하여 공판절차를 진행한 결과 증거조사절차가 마무리되어 법관의 심증형성이 이루어진 단계에서는 소송절차의 동적 안정성 및 소송경제의 이념 등에 비추어 볼 때 공소장일본주의 위배를 주장하여 이미 진행된 소송절차의 효력을 다툴 수는 없다.[76]

제 3 절 공소제기의 효과

1. 공소장의 접수 및 사건의 배당

공소장, 신청서 기타 소송서류의 접수는 법원사무관 등이 한다. 다만 일과시간 외에 공소장이 제출되었을 때에는 당직근무자가 이를 접수한다. 법원사무관 등은 공소장에 대한 심사권이나 접수를 거부할 권한이 없다. 따라서 공소장에 범죄사실로 기재된 사항이 죄가 되지 않음이 명백하거나 관할권 또는 재판권이 없음이 분명한 경우에도 공소장을 접수하여야 하며 공소제기의 적법 여부는 수소법원이 공소기각이나 관할위반의 재판에 의해 판단한다.[77]

공소장이 제출되면 접수 순서에 따라 문서접수인을 찍는데, 접수인은 날짜와 시간을 정확히 맞추

74) 공소장의 모두 사실에 장황하게 기재된 "['ㅇㅇ역전식구' 세력화 이전 ㅇㅇ지역 폭력배의 이합집산], ['ㅇㅇ역전식구'의 세력화 배경], [운영자금 조달], [조직적 지휘, 통솔체계 확립 시도], [조직의 단합과 결속 도모] 등"이 공소장일본주의에 반하는 구체적인 이유는 판례를 참조하라.
75) 대판 2015. 1. 29. 2012도2957.
76) 대판 2009. 10. 22. 2009도7436 전합.
77) 법원실무제요 형사Ⅰ, 435면.

어 날인한다. 사건이 접수되면 접수 담당직원은 접수와 동시에 사건번호를 부여한다. 사건명은 공소장에 기재된 죄명을 그대로 사용한다. 공소장의 죄명은 대검찰청의 '공소장 및 불기소장에 기재할 죄명에 관한 예규'와 특별법의 명칭에 의한다.

사건의 배당은 '사무분담·사건배당예규'에 의한다. 사건배당은 각급 법원장 또는 지원장이 주관자가 되어 행한다. 재정합의 대상사건에 대해서는 사건배당에 앞서 재정결정부에 회부하여 재정합의결정에 따른다.[78)]

2. 소송계속

소송계속은 공소의 제기로 피고사건이 법원의 심리와 재판의 대상이 된 상태를 말한다. 소송이 계속되면 법원은 심판을 할 권리와 의무를 가지고, 검사와 피고인은 당사자로서 심판받을 권리와 의무를 가지게 된다.

공소가 제기되면 동일 사건에 대하여 다시 공소를 제기할 수 없는데 이를 이중기소의 금지라고 한다. 동일 법원에 이중기소된 경우에는 후소에 대하여 공소기각 판결을 한다(법 327조 3호). 다른 법원에 이중기소된 경우에는 관할의 경합에 해당하여(법 12조, 13조), 심판을 할 수 없게 된 법원은 공소기각 결정을 하여야 한다(법 328조 1항 3호).

3. 심판범위의 한정

불고불리의 원칙에 의해 법원은 검사가 공소를 제기한 범위 내에서만 심판할 수 있다.[79)]

가. 공소제기의 효력이 미치는 범위

공소제기의 효력이 미치는 인적 범위에 관하여 법은, 검사가 피고인으로 지정한 사람 외의 다른 사람에게는 그 효력이 미치지 아니한다고 규정하고 있다(법 248조 1항). 따라서 공소제기 후 진범이 발견되어도 진범에 대한 새로운 공소제기가 필요하며, 공범 중 1인에 대한 공소의 제기는 다른 공범에 대해 효력이 없다. 다만 공범의 1인에 대한 공소의 제기로 인한 공소시효의 정지는 다른 공범자에게 대하여 효력이 미친다(법 253조 2항).

공소제기의 효력이 미치는 물적 범위에 관하여 법은, 범죄사실의 일부에 대한 공소제기의 효력은 범죄사실 전부에 미친다고 규정하고 있다(법 248조 2항). 이를 공소불가분의 원칙이라고 한다. 범죄사실의 일부에 대한 공소제기는 공소사실과 단일성, 동일성이 인정되는 전부에 대해 미치게 된다. 이는 공소장변경의 한계와 기판력의 물적 범위를 정하는 기준이 되며 죄수론과 밀접한 관련을 가진다.

---

78) 법원실무제요 형사Ⅰ, 439면.

79) 항소심이 '공소취소되어 제1심이 공소기각결정을 한 부분'을 심판대상으로 삼는 것은 불고불리원칙에 반하여 위법하다(대판 2015. 4. 23. 2015도686).

나. 범죄의 일부에 대한 공소제기

소송법상 일죄로 취급되는 단순일죄 또는 상상적 경합범의 전부에 대해 공소를 제기할 수 있음에도 그 일부에 대해서만 공소를 제기하는 것이 허용되는지에 관하여 견해가 나뉜다. 허용된다는 견해는 기소독점주의와 기소편의주의를 근거로 한다. 허용되지 않는다는 견해는 실체적 진실에 반한 검사의 자의적 기소를 인정해서는 안 된다는 점을 근거로 한다. 다음 판례는 허용설을 취하고 있는 것으로 생각된다.

범죄의 일부에 대한 공소제기

하나의 행위가 여러 구성요건을 동시에 충족하는 경우 검사가 자의적으로 공소권을 행사하여 소추 재량을 현저히 벗어났다는 등의 특별한 사정이 없는 한 증명의 난이 등을 고려하여 그중 일부 범죄만 기소할 수도 있다.[80]

체포하라는 지시를 받고도 범인을 도피케 한 사안에서, 직무유기로 공소제기

피고인이 국방부 합동조사단장으로부터 뇌물수수 혐의로 수배 중인 갑을 체포하는 임무를 부여받아 그 직무를 수행함에 있어 갑과 여러 차례 전화통화를 하고, 갑을 위하여 서류 전달 및 예금통장개설을 해주고도 그 사실을 보고하지 않아,

하나의 행위가 부작위범인 직무유기죄와 작위범인 범인도피죄의 구성요건을 동시에 충족하는 경우 검사는 재량으로 작위범인 범인도피죄가 아니라 부작위범인 직무유기죄로만 기소할 수도 있다.[81]

참고 판례: 예비군 중대장이 예비군대원이 훈련에 불참하였음에도 참석한 것처럼 허위로 학급편성명부를 작성·행사한 경우, 직무유기죄는 허위공문서 작성에 포함되고,[82] 검사로부터 범인검거지시를 받고도 범인을 도피케 한 경우, 범인도피죄만 성립하고 직무유기죄는 따로 성립하지 않는다.[83]

---

80) 대판 2017. 12. 5. 2017도13458.

81) 대판 1999. 11. 26. 99도1904. 다음은 같은 취지이다.

파출소로 연행한 불법체류자를 훈방 후 '혐의 없어 귀가시킴'이라고 허위공문서 작성

수원중부경찰서 A파출소 부소장인 피고인은 경찰관들이 파출소로 연행해온 5명을 불법체류자임을 알면서도 출입국관리사무소에 인계하지 않고 경찰서에 보고도 하지 않고, '지동 꼬치구이집에 밀항한 사람들이 있다는 신고를 접하고, 손님 3명, 여자 2명을 조사하였으나 꼬치구이집 종업원으로 혐의 없어 귀가시킴'이라고 허위사실을 근무일지에 기재하고, 불법체류자라는 사실은 기재하지도 않은 채 혼자 근무 중임을 이용하여 이들을 훈방하면서 통상의 절차와 달리 인적사항조차 기재하지 않은 것은 직무유기죄에 해당한다.

하나의 행위가 부작위범인 직무유기죄와 작위범인 허위공문서작성·행사죄의 구성요건을 동시에 충족하는 경우 검사는 재량으로 작위범인 허위공문서작성·행사죄가 아닌 부작위범인 직무유기죄로만 기소할 수도 있으므로, 검사가 허위공문서작성·행사죄로 기소하지 않고 직무유기죄로만 기소한 것은 정당하다(대판 2008. 2. 14. 2005도4202).

82) 대판 1982. 12. 28. 82도2210.

83) 대판 1996. 5. 10. 96도51.

상상적 경합범을 주위적, 예비적으로 기소/총기분실해결을 부탁받고 그 총기가 있는 곳을 알고도 기망적 방법으로 뇌물수수

총기분실의 해결을 부탁받고 그 총기가 있는 곳을 알고도 기망적 방법으로 뇌물수수한 때에는 뇌물죄와 사기죄의 상상적 경합관계가 성립하지만, 주위적으로는 사기죄, 예비적으로는 뇌물수수가 기소된 경우에 사기죄로만 처단한 것은 적법하다.[84)]

다. 일부 기소의 효력

일죄의 일부에 대해서만 기소되었더라도 공소불가분의 원칙상 일죄의 전부에 대해 공소제기의 효력이 미친다. 따라서 기소된 일죄의 일부는 현실적 심판의 대상이 되고, 그와 동일성이 인정됨에도 기소되지 아니한 부분은 잠재적 심판의 대상이 되며 공소장변경절차에 의해 현실적 심판의 대상이 될 수 있다. 기판력은 잠재적 심판의 대상이 된 부분에 대해서까지 미친다.

(친고죄이던) 강간죄에 관하여 적법한 고소가 없는 상태에서 폭행·협박만 기소

친고죄인 강간죄(현재는 비친고죄임)에서, 적법한 고소가 없는 때(고소가 없거나 취소된 경우 또는 고소기간 경과 후 고소가 있는 때 등)에는 강간죄로 공소를 제기할 수 없고, 강간죄의 구성요소로서 그에 흡수되는 법조경합의 관계에 있는 폭행·협박의 점만을 폭행죄·협박죄(또는 폭처법위반죄)로 기소할 수도 없다. 이를 허용한다면, 강간죄를 친고죄로 규정한 취지에 반하므로 그러한 공소에 대해서는 공소기각의 판결(법 327조 2호)을 선고하여야 한다.[85)]

해설: 위 판례의 취지에 따르면, 범인과 피해자가 친족이어서 상대적 친고죄인 야간주거침입절도죄에 관하여 피해자의 적법한 고소가 없음에도 주거침입 부분만 공소제기한 경우, 공소기각판결을 선고하여야 한다.

4. 공소시효의 정지

공소가 제기되면 공소시효의 진행이 정지된다. 공범의 1인에 대한 공소시효의 정지는 다른 공범에게도 그 효력이 미친다.

84) 대판 1977. 6. 7. 77도1069.

85) 대판 2002. 5. 16. 2002도51 전합. 위 판례에 의해 다음 판례는 변경되었다.
강간죄에 대하여 고소취소되었음에도 그 수단인 폭행만을 분리하여 공소제기하였다면 무죄를 선고하여야 한다(대판 1976. 4. 27. 75도3365).

제 4 절 심판의 대상과 공소장변경

Ⅰ. 불고불리의 원칙

공소를 제기함에는 공소장을 제출하여야 한다. 공소장에는 1. 피고인의 성명 기타 피고인을 특정할 수 있는 사항, 2. 죄명, 3. 공소사실, 4. 적용법조를 기재하여야 하며, 공소사실의 기재는 범죄의 시일, 장소와 방법을 명시하여 사실을 특정할 수 있도록 하여야 한다(법 254조). 법원은 검사가 공소제기한 피고인과 공소사실에 대해서만 심리·판단할 수 있으며 이를 불고불리(不告不理)의 원칙이라고 한다.

상상적 경합범에서 기소되지 아니한 범죄를 인정
상상적 경합관계에 있는 어느 한 죄로만 공소가 제기된 경우에 법원이 공소장변경절차를 거치지 아니하고 다른 죄로 바꾸어 인정하거나 다른 죄를 추가로 인정하는 것은 불고불리의 원칙에 위배된다.[86]

기소되지 않은 범죄에 관한 몰수·추징
공소가 제기되지 아니한 별개의 범죄사실을 법원이 인정하여 그에 관하여 몰수나 추징을 선고하는 것은 불고불리의 원칙에 위반된다.[87]

특수협박죄를 공소장변경 없이 상습특수협박죄로 처벌
상습특수협박죄는 특수협박죄보다 가중하여 처벌하도록 규정되어 있으므로, 특별한 사정이 없는 한 불고불리의 원칙상 법원이 특수협박죄로 공소가 제기된 범죄사실을 공소장변경 없이 상습특수협박죄로 처벌할 수 없다.[88]

Ⅱ. 심판의 대상

심판의 대상을 검사가 공소제기한 사건으로 한정하는 것은 법원의 심판범위를 제한함으로써 심리의 능률과 신속성을 도모할 수 있는 한편 피고인의 방어권을 충실히 보장하고자 함에 있다. 이러한 기능 때문에 심판의 대상은 공소제기의 효력범위, 공소장변경이 허용되는 한계, 기판력이 미치는 범위 등과 밀접한 관계를 가진다.

86) 대판 2007. 5. 10. 2007도2372.
87) 대판 1992. 7. 28. 92도700; 대판 2010. 5. 13. 2009도11732.
88) 대판 2016. 10. 27. 2016도11880.

심판의 대상이 구체적으로 무엇인지에 관해서는 학설이 나뉜다. ① 범죄사실대상설은, 공소장에 기재된 공소사실과 단일성 및 동일성이 인정되는 모든 범죄사실이 심판의 대상으로 된다고 한다. ② 소인대상설은 법원의 심판대상은 범죄가 되는 사실, 즉 검사가 공소장의 기재를 통하여 주장하는 구성요건에 해당하는 구체적 사실을 의미하는 소인(訴因)이고, 공소사실은 공소장변경의 한계가 되는 공소사실의 동일성을 판단할 때만 의미를 가지는 일종의 기능개념에 불과하다고 본다.[89)] ③ 절충설은 법원의 현실적 심판의 대상은 소인이고, 공소사실은 법원의 잠재적 심판의 대상이라고 본다. ④ 이원설은 공소장에 기재된 공소사실이 현실적 심판의 대상이고 공소사실과 동일성이 인정되는 사실이 잠재적 심판의 대상이며 잠재적 심판대상은 공소장변경에 의해 현실적 심판의 대상이 된다고 한다. 판례는 다음과 같이 이원설을 취하고 있다고 해석된다.

고소권자가 비친고죄로 고소 → 검사가 친고죄로 기소

법원은 검사가 기소한 범죄사실을 심판하는 것이지 고소권자의 고소내용을 심판하는 것이 아니다. 고소권자가 비친고죄로 고소하였더라도 검사가 친고죄로 기소하였다면 법원은 소송조건인 고소가 유효하게 존재하는지를 직권으로 조사·심리하여야 한다.[90)]

공소장에 기재되지 아니한 사실을 법원이 직권으로 인정하기 위한 요건

공소장에 공소사실로 기재되어 현실로 심판의 대상이 되지 아니한 사실은 공소사실과 동일성이 인정되고 피고인의 방어에 실질적 불이익을 초래할 염려가 없는 경우가 아니면 법원이 이를 임의로 인정할 수 없다. 공소장에 공소사실로 기재되어 현실로 심판의 대상이 되지 아니한 사실은 공소사실과 동일성이 인정되더라도 피고인의 방어에 실질적 불이익을 초래할 염려가 있다면 공소장변경을 통해 공소사실로 기재된 경우에 한하여 법원이 이를 인정할 수 있다.[91)]

현실적인 심판의 대상은 사실심리의 가능성 있는 최종 시점인 판결선고시에 특정된 공소사실과 적용법조이다.

① 상습절도를 의정부지원에 기소 → ② 상습절도를 대전지방법원에 기소 → ①을 대전지방법원으로 이송하여 ②와 병합 → ②를 장물알선으로 공소장변경

사실관계

- 1982. 5. 10. 피고인의 ① 범죄를 의정부지원에 상습절도로 기소

89) 공소사실은 역사적으로 존재하는 사실을 법원의 심판대상으로 삼기 위하여 범죄의 성립요건에 맞추어 재구성한 것이다. 법원의 심판대상으로서 공소사실과 구별되는 그 어떤 것이 존재한다고 상정해보기 어렵다. 따라서 소인은 우리 법상 존재할 수 없는 개념이라고 생각된다. 필자는 소인이 무엇인지 모른다.

90) 대판 2015. 1. 17. 2013도7987

91) 대판 1991. 5. 28. 90도1977.

- 1984. 4. 16. 피고인의 ② 범죄를 대전지방법원에 상습절도로 기소
- 1984. 4. 24. ①이 대전지방법원으로 이송되어 ②와 병합됨
- 1984. 5. 22. ②의 공소사실이 상습절도에서 장물알선으로 공소장변경됨

법리: 법원의 현실적인 심판대상은 (공소제기 당시가 아니라) 소송의 진행을 거쳐 사실심리의 가능성 있는 최종 시점인 판결선고시에 특정된 공소사실과 적용법조이다.

판단: 장물알선 사실은 ①과 포괄일죄의 관계에 있지 않고, 범죄의 일시, 장소, 피해자 등이 서로 달라 장물알선과 ①의 공소사실 간에는 동일성도 없으므로 변경된 장물알선죄는 제1심판결선고시에는 ①과 이중기소된 관계에 있지 않다. 기소 당시에는 이중기소의 위법이 있었지만 그 후 공소사실 및 적용법조가 적법하게 변경되어 새로운 사실의 소송계속상태가 있게 된 이상 이중기소의 위법상태는 더 이상 존재하지 않는다.[92]

해설: 사안에서 ①과 ②의 상습절도가 포괄일죄의 관계에 있다면, 다음과 같이 처리한다.

- **①이 의정부지원에 상습절도로 기소되고, ②가 대전지방법원에 상습절도로 기소된 때**: 동일사건이 사물관할이 같은 수 개의 법원에 계속되었으므로 먼저 공소를 받은 법원(의정부지원)이 심판하고 나중에 공소를 받은 법원(대전지방법원)은 재판할 수 없는 때에 해당하므로 공소기각결정을 하여야 한다(법 328조 1항 3호, 13조).
- **①이 대전지방법원으로 이송되어 ②와 병합된 때**: 공소제기된 사건에 대하여 다시 공소가 제기되었을 때에 해당하므로 공소기각판결을 선고하여야 한다(법 327조 3호).
- **①이 대전지방법원으로 이송되어 ②와 병합된 다음, ②가 장물알선으로 공소장변경된 때**: 이중기소의 위법상태가 계속되고 있지 않으므로 실체재판을 한다.

Ⅲ. 공소장변경

1. 공소장변경의 의의

공소장변경은 검사가 법원의 허가를 받아 공소사실의 동일성을 해하지 않는 범위 내에서 공소사실 또는 적용법조를 추가, 철회 또는 변경하는 것을 말한다(법 298조 1항). 공소제기 후 공소사실에 오류가 있음을 발견하거나 심리과정에서 공소사실을 변경할 필요성이 발생할 수 있다. 이러한 경우에 공소장변경이라는 간이한 방법에 의해 공소사실을 변경함으로써 소송경제를 도모할 수 있다. 또한 오류가 확인되었거나 심리 이후 밝혀진 사실이라고 하더라도 공소장변경을 통해 현실적인 공소사실이 되지 않는 한 심판대상이 되지 못하게 함으로써 피고인의 방어권을 보장한다.

2. 구별개념

공소장변경은 검사가 공소사실을 변경한 때에만 현실적 심판의 대상이 되게 하는 제도라는 점에서, 검사의 공소장변경 없이도 법원이 직권으로 공소사실과 다른 범죄사실 및 적용법조를 인정하는 것

92) 대판 1989. 2. 14. 85도1435.

과 구별된다.

공소장변경은 공소사실의 동일성이 인정되는 범위 내에서 새로운 공소의 제기 없이 공소사실이나 적용법조를 변경하는 것이라는 점에서 공소사실의 동일성이 인정되지 않는 별개의 범죄에 관하여 공소를 제기하는 추가 기소와 구별된다. 공소사실의 동일성이 인정되는 경우에는 공소장변경을 하여야 하고, 동일성이 인정됨에도 추가 기소를 하면 이중 기소(법 327조 3호)에 해당한다. 반대로 동일성이 인정되지 않는 공소사실에 대해서는 공소장변경을 할 수 없으므로, 추가 기소를 하여야 한다.

공소취소와 공소사실의 철회의 구별

공소장변경의 방식에 의한 공소사실의 철회는 공소사실의 동일성이 인정되는 범위 내의 일부 공소사실에 한하여 가능하므로, 수 개의 공소사실이 서로 동일성이 없고 실체적 경합관계에 있는 경우에 그 일부를 소추대상에서 철회하려면 공소장변경이 아니라 공소취소에 의하여야 한다.[93]

실체적 경합관계인 수 개의 공소사실 중 하나를 전부 철회하는 공소장변경신청

실체적 경합관계에 있는 수 개의 공소사실 중 하나의 공소사실을 전부 철회하는 검사의 구두 공소장변경신청이 있는 경우, 그 부분의 공소를 취소하는 취지가 명백하다면 공소취소의 형식을 갖추지 않았어도 공소취소로 보아 공소기각결정을 하여야 한다.[94]

포괄일죄의 일부 공소사실인 업무상배임죄를 철회 후 사기죄로 재기소

공소취소에 있어서는 공소취소에 의한 공소기각결정 확정 후의 재기소 제한이 적용되지만, 포괄일죄로 기소된 공소사실 중 일부에 대하여 공소장변경의 방식으로 이루어지는 공소사실의 일부 철회의 경우에는 그러한 제한이 적용되지 않는다.[95]

---

93) 대판 1982. 3. 23. 81도3073; 대판 1992. 4. 24. 91도1438.

94) 대판 1992. 4. 24. 91도1438.

95) 대판 2004. 9. 23. 2004도3203. 구체적인 판시는 다음과 같다.

A의 명의를 빌려 변제능력 없는 갑에게 대출한 업무상배임죄로 기소하였다가 공소철회 후 A를 피해자로 한 사기죄로 기소

신용협동조합 상무인 피고인이 A, B, C 등의 명의를 빌려 변제능력이 없는 갑, 을, 병 등에게 대출해준 점에 관하여 업무상배임죄로 기소되었다가 그중 A 명의로 이루어진 대출은 그 대출금이 신용협동조합의 시재금으로 충당되었을 뿐 피고인이 이를 현실로 인출, 사용한 것이 아니어서 (업무상배임죄가 성립하지 않으므로) 그 부분 공소사실 철회 후, 피해자를 A로 한 사기죄(사기죄가 성립하는 형태는, 실제 대출받는 자들에게 변제능력이 없음에도 있는 것으로 기망하여 이에 속은 A가 주채무자가 됨으로써 담보채무를 부담하는 처분행위를 하고, 그로 인하여 신용협동조합이 담보채권을 취득하는 것으로 짐작됨: 필자 주)로 기소된 경우, 공소사실의 철회는 공소취소가 아니므로 법 329조의 제한을 받지 않는다.

뇌물수수와 관련된 청탁이 ① 화분 등을 받은 것에 대한 감사 무마 → ② 학부모들에게 찬조금을 요청한 것에 대한 감사 무마 → ① 화분 등을 받은 것에 대한 감사 무마

공소장에 기재된 공소사실을 그와 동일성이 인정되는 한도에서 변경한 경우에는 공소취소가 있는 것으로 보아 공소기각결정을 할 것은 아니다. 위와 같이 변경된 공소사실이 공소 제기 당시의 공소사실로 다시 변경된 경우에도 공소취소된 공소사실에 대하여 다시 공소가 제기된 것이 아니므로, 이에 대하여 공소기각판결을 선고할 수 없다.

교육감이 교장으로부터 2백만 원을 교부받아 직무에 관하여 뇌물을 수수하였다는 공소사실의 청탁 내용이,

- 원래의 '초등학교의 교사들이 학부모들로부터 화분 등 물품을 제공받은 것과 관련된 청주시 교육청의 특별감사를 무마하여 달라는 것'으로부터,
- '초등학교의 급식시설을 위하여 학부모들에게 찬조금을 요청하는 가정통신문을 보낸 것과 관련된 청주시 교육청의 특별감사를 무마하여 달라는 것'으로 변경되었다가,
- 다시 공소제기 당시의 것으로 변경된 경우,

공소취소가 아니라 공소장변경(공소사실의 일부 철회)되었으므로 유·무죄의 실체재판을 할 수 있다.[96]

3. 공소사실의 동일성과 이중기소

공소사실은 범죄구성요건을 충족하는 구체적 사실을 말한다. 공소사실의 동일성은 공소장에 기재된 공소사실 및 적용법조와 다른 공소사실 및 적용법조가 동일한가의 문제이다. 공소장변경은 공소사실의 동일성이 인정되는 범위 내에서만 허용되므로 공소사실의 동일성은 공소장변경의 한계를 정하는 기능을 한다.

공소사실의 동일성 판단기준에 관하여 ① 공소사실을 그 기초가 되는 사회적 사실로 환원하여 그러한 사실 사이에 다소의 차이가 있더라도 기본적인 점에서 동일하다면 동일성이 인정된다는 기본적 사실관계 동일설(다수설, 판례), ② 소인의 주요부분을 공통으로 할 때에 동일성이 인정된다는 소인공통설, ③ 구성요건이 상당한 정도로 부합하는 때에 동일성이 인정된다는 구성요건공통설, ④ 구성요건의 유형적 본질, 즉 죄질의 동일성이 인정될 때에 동일성이 인정된다는 죄질공동설 등이 있다.

판례는, "기본적 사실관계의 동일성을 판단함에 있어서는 그 사실의 동일성이 갖는 기능을 염두에 두고 피고인의 행위와 그 사회적인 사실관계를 기본으로 하되 규범적 요소도 아울러 고려하여야 한다"라고 판시하였다.[97]

---

96) 대판 2003. 10. 9. 2002도4372.

97) 대판 1994. 3. 22. 93도2080 전합; 대판 2017. 1. 25. 2016도17679.

가. 두 개의 사실관계의 동일성

(1) 긍정례

범행 일시만 변경
일반적으로 범죄의 일시는 공소사실의 특정을 위한 요인이지 범죄사실의 기본적 요소는 아니므로 그 일시가 다소 다르더라도 공소장변경의 절차를 요하지 아니하나, 범죄의 시일이 그 간격이 길고 범죄의 성부에 중대한 관계가 있는 경우에는 피고인의 방어에 실질적 불이익을 가져다 줄 염려가 있으므로 이러한 경우에는 공소장변경의 절차를 밟아야 한다. 최초의 공소사실과 변경된 공소사실 간에 그 일시만을 달리하는 경우, 2개의 공소사실이 양립할 수 있는 경우에는 그 기본인 사회적 사실을 달리할 위험이 있으므로 그 기본적 사실은 동일하다고 볼 수 없지만, 일방의 범죄가 성립되는 때에는 타방의 범죄의 성립은 인정할 수 없다고 볼 정도로 양자가 밀접한 관계가 있는 경우에는 그간의 시간적 간격이 긴 경우라도 양자의 기본적 사실관계는 동일하다.
공소사실: 피고인은 1981. 1. 14. 19:00경 갑의 집에서 피해자의 얼굴을 1회 때려 폭행
변경된 공소사실: 그 일시만 '1979. 12. 중순경'으로 변경됨
판단: 피고인과 피해자에 의하여 공소사실의 폭행이 1981. 1. 중순경이 아니고 1979. 12. 중순경에 발생했었는데 경찰에서 잘못 진술한 것으로 인정되고, 양 공소사실은 폭행한 장소, 수단, 방법, 부위, 회수나 피해자가 같아서 1개의 동일한 사실이라고 보지 않을 수 없으므로 공소사실의 동일성이 인정된다.[98)]

살인미수에 강간치상을 예비적으로 추가
공소사실: 피해자를 살해하려고 목을 누르는 등 폭행하였으나 미수에 그침(살인미수)
예비적 공소사실: 강간하려고 위와 같은 폭행을 가하였으나 미수에 그치고 피해자에게 상해를 입힘(강간치상)
판단: 공소사실의 동일성을 해치지 않는다.[99)]

흉기휴대의 강도예비 → 흉기휴대의 폭처법위반
공소사실: 흉기를 휴대하고 다방에 모여 강도예비
변경된 공소사실: 정당한 이유 없이 폭력범죄에 공용될 우려가 있는 흉기를 휴대하여 폭처법 7조 소정의 죄를 범함
판단: 공소사실의 동일성이 인정된다.[100)]

참고인을 협박 → 참고인을 협박하여 허위진술케 함으로써 범인도피
공소사실: 참고인에 대하여 허위진술을 하여 달라고 요구하면서 이에 불응하면 어떠한 위해를 가할 듯한 태세를 보여 외포케 하여 참고인을 협박

98) 대판 1982. 12. 28. 82도2156.
99) 대판 1984. 6. 26. 84도666.
100) 대판 1987. 1. 20. 86도2396.

변경된 공소사실: 위와 같이 협박하여 겁을 먹은 참고인으로 하여금 허위로 진술케 함으로써 그 시경 수사기관에 검거되어 신병이 확보된 채 조사를 받고 있던 자를 증거불충분으로 풀려나게 하여 범인도피
판단: 두 공소사실은 허위진술하도록 참고인을 강요, 협박하였다는 기본적 사실관계가 동일하다.[101)]

법정 수수료 상한을 초과한 중개수수료를 갑으로부터 받음 → 을로부터 받음
임차권 양도계약을 중개한 후 법정 수수료 상한을 초과한 중개수수료를 교부받아 공인중개사의 업무 및 부동산거래신고에 관한 법률을 위반하였다는 공소사실에서 중개수수료 교부자를 갑에서 을로 변경한 경우 공소사실의 동일성이 인정된다.[102)]

절도죄 → 장물운반죄
공소사실: 갑과 합동하여 1997. 2. 2. 00:00경 동두천시 생연동 400의 3 앞길에서 피해자 소유의 그레이스 승합차를 절취함
예비적 공소사실: 1997. 2. 2. 01:40경 동두천시 생연동 신천교에서 같은 동 398 앞길까지 갑이 절취하여 온 피해자 소유의 그레이스 승합차가 장물인 정을 알면서 운전하여 가장물을 운반함
판단: 양 공소사실은 그 시기와 장소 및 행위의 태양이 다소 다르지만, 시기와 장소는 매우 근접해 있고, 피해자와 피해품이 같아 침해법익이 다르다고 볼 수 없으므로 기본적인 사실관계가 동일하다.[103)]

빌려온 다이아몬드를 반환거부하여 횡령 → 대금지급의 의사나 능력 없이 다이아몬드를 구입하여 사기
공소사실: A 보석가게를 운영하는 피고인이 B 보석가게를 운영하는 피해자로부터 "다이아몬드를 빌려주면 손님에게 판매하여 그 대금을 지급하고, 다이아몬드가 판매되지 않으면 이를 반환한다"라는 조건으로 다이아몬드를 빌려와 피해자를 위하여 보관하던 중, 피해자로부터 다이아몬드를 돌려달라는 요청을 받고 반환을 거부하여 이를 횡령
예비적 공소사실: 위 다이아몬드를 구입할 의사나 능력이 없음에도 불구하고 피해자에게 마치 그 대금을 지급할 것처럼 기망하고, 이에 속은 피해자로부터 즉석에서 위 다이아몬드를 교부받아 편취[104)]
해설: 위 판례의 원심과 대법원은 공소사실의 동일성이 인정됨을 전제로 판단하고 있다.

판매대금을 수금하여 횡령 → '판매대금을 수금하여 횡령' 및 '권한 없이 수금하여 편취'
공소사실(업무상횡령): A주식회사에서 의약품의 판매 및 수금업무에 종사하는 피고인은, 1981. 6. 10.부터 1982. 4. 22.까지 사이에 55개 거래처에서 8,491,590원을 수금하여 배당금을 제외한 5,519,534원을 보

101) 대판 1987. 2. 10. 85도897.
102) 대판 2010. 6. 24. 2009도9593.
103) 대판 1999. 5. 14. 98도1438.
104) 대판 2002. 3. 29. 2001도6550.

관 중 임의 소비(업무상횡령)

변경된 공소사실

1. 1981. 5. 29.부터 1981. 11. 19.까지 47개의 거래처에서 4,190,838원을 수금하여 배당금을 제외한 2,724,044원을 보관 중 임의 착복(업무상횡령)
2. 횡령사실이 밝혀져 판매대금의 수금을 금지당하였음에도, 1981. 11. 20.부터 1982. 4. 22.까지 사이에 수금권한이 있는 것처럼 기망하여 이를 오신한 43개의 거래처로부터 4,048,930원을 수금하여 이를 편취(사기)

판단: 각 공소사실은 피고인이 거래처인 약국 등에서 의약품대금으로 합계 8,491,590원을 수금하였다는 기본적인 사실은 동일한데 그 일부를 횡령하였다거나 수금한 금원의 일부는 횡령하고 일부는 편취한 것이라고 법률적 평가를 달리하고 있을 뿐이니 공소사실의 동일성이 인정된다.105)

갑의 보험에 관하여 갑으로부터 승낙받은 500만 원을 초과하여 약관대출을 받음

공소사실(컴퓨터등사용사기 및 전자서명법위반): 피고인은 A주식회사의 보험에 가입한 갑으로부터 500만 원의 범위 내에서 약관대출을 받아 사용하라는 승낙을 받았음에도 불구하고 2010. 3. 18.경 갑의 공인인증서를 이용하여 1,000만 원의 약관대출을 받고, 그 돈이 입금된 갑의 통장에서 다시 갑의 공인인증서를 이용하여 곧바로 피고인이 관리하는 계좌로 위 돈을 이체하여 500만 원(승낙받은 금액과 대출받은 금액의 차액) 상당의 재산상이익을 취득한 것을 비롯하여 2010. 8. 5.경까지 9회에 걸쳐 컴퓨터 등 정보처리장치에 권한 없이 정보를 입력하여 정보처리를 하게 함으로써 17,046,680원(취득한 22,046,680원에서 승낙받은 500만 원을 뺀 금액임) 상당의 재산상의 이익을 취득하고, 공인인증서를 이용 범위 또는 용도에 벗어나 부정하게 사용함

예비적 공소사실(사기): 피고인은 변제할 의사나 능력이 없음에도 2010. 3. 초순경 갑에게 돈을 융통하여 달라고 거짓말하여 이에 속은 갑의 승낙을 받아 위와 같이 2010. 3. 18.경부터 2010. 8. 5.경까지 9회에 걸쳐 22,046,680원을 갑의 계좌에서 인출하여 편취

판단: 두 공소사실은 행위 태양이나 피해법익 등을 달리하는 측면이 있으나, 전체적으로는 피고인이 갑이 가입한 보험을 이용하여 자신에게 필요한 자금을 마련하려는 일련의 행위로서 기본적인 사실관계가 동일하다. 또한 공소사실은 피고인이 갑으로부터 공인인증서의 사용승낙을 받지 못하였음을 전제로 하지만, 예비적 공소사실은 위와 같은 승낙을 받았음을 전제로 하므로 서로 양립할 수 없는 밀접한 관계에 있어 규범적으로도 공소사실의 동일성이 인정된다.106)

(2) 부정례

토지거래허가구역 내 토지를 매도하고도 타에 근저당권설정하여 배임죄 → 위 토지를 기망적 방법으로 매도하여 매매대금을 편취

105) 대판 1984. 2. 28. 83도3074.

106) 대판 2013. 9. 12. 2012도14097.

공소사실: 피고인들이 토지거래허가구역 내 토지를 미등기 전매한 후 매매대금을 지급 받고도 등기를 이전하지 않은 채 제3자에게 근저당권을 설정해 줌으로써 재산상이익을 취득하고 매수인들에게 손해를 가함(배임)
변경된 공소사실: 피고인들이 장차 설정될 예정이었던 근저당권을 말소하여 소유권이전등기를 넘겨줄 의사나 능력이 없고 산지전용허가가 취소될 것임을 알면서도 산지전용허가가 나 있다는 등으로 피해자들을 기망하여 매매대금을 편취(사기)
판단: 각 범죄사실은 범행일시와 장소, 수단, 방법 등 범죄사실의 내용이나 행위 태양, 범죄결과가 다르고 죄질도 현저히 차이가 있어 기본적 사실관계가 동일하지 않다.[107)]

갑에게 필로폰을 교부 → 갑으로부터 필로폰 매매대금 편취
공소사실: 피고인이 갑에게 필로폰 약 0.3g을 교부[마약류관리에관한법률위반(향정)]
변경된 공소사실: 피고인이 필로폰을 구해준다고 속여 갑에게서 필로폰대금 편취(사기)
판단: 두 범죄사실은 기본적인 사실관계가 동일하지 않다.[108)]

일정 기간 내에 아파트 관리소장을 자격 있는 자로 임명하라는 행정청의 지시를 불이행
A아파트의 입주자대표회의 회장인 피고인이 당국으로부터 1990. 12. 12.과 1991. 7. 25. 2회에 걸쳐 아파트 관리소장이 경력미달로 자격이 없으니 2개월 내에 자격이 있는 자로 보하고 그 결과를 보고하라는 행정지시를 받고도 정당한 이유 없이 이행하지 않은 주택건설촉진법위반 사안에서,
일정한 기간 내에 잘못된 상태를 바로잡으라는 행정청의 지시를 불이행한 것을 구성요건으로 하는 범죄는 진정부작위범으로서 그 의무이행기간의 경과에 의하여 범행이 기수에 이름과 동시에 작위의무를 발생시킨 행정청의 지시도 그 기능을 다한다.
2개월 내에 작위의무를 이행하라는 행정청의 지시를 이행하지 아니한 행위와 7개월 후 다시 같은 내용의 지시를 받고 이를 이행하지 아니한 행위는 성립의 근거와 일시 및 이행기간이 구별되어 양립가능한 범죄로서 동일성이 없다.[109)]

---

107) 대판 2012. 4. 13. 2011도3469. 다음은 유사 취지이다.
포괄적인 용도로 비자금을 조성하고 사용하여 업무상횡령 → 업무상배임
특정한 목적을 위하여 비자금을 조성, 사용하기로 결심하고 그에 따른 일련의 과정으로서 특별히 비자금을 조성하고, 그 비자금을 해당 목적으로 사용한 것이 아니라, 향후 정상적인 회계처리절차에 의하지 아니한 채 A회사의 자금을 사용할 필요가 있을 때를 대비하여 일반적, 포괄적, 지속적으로 비자금을 조성하고, 그와 같이 조성·관리하던 비자금을 그때그때 필요에 따라 A 또는 개인이나 제3자를 위하여 사용한 경우에는 비자금의 조성과 사용 사이에서 기본적 사실관계의 동일성을 인정하기 어렵다(대판 2009. 2. 26. 2007도4784).
108) 대판 2012. 4. 13. 2010도16659.
109) 대판 1994. 4. 26. 93도1731.

나. 죄수론과 공소장변경

(1) 실체적 경합범

실체적 경합관계에 있는 범죄들 사이에서는 공소사실의 동일성이 인정되지 않으므로 공소장변경을 통해 공소사실을 추가할 수 없고, 추가기소를 하여야 한다.

(2) 일 죄

일죄, 포괄일죄(협의의 포괄일죄, 영업범, 상습범 등) 및 상상적 경합 관계에 있는 범죄들 사이에서는 동일성이 인정되므로 공소장변경의 방법으로 공소사실에 그와 일죄의 관계에 있는 다른 공소사실을 추가할 수 있다.

그런데 일죄의 관계에 있는 범죄들임에도 공소장변경을 하지 않고 추가기소한 경우에 어떻게 처리할 것인지 문제된다. 공소제기의 효력은 그 공소사실과 동일성이 있는 전체에 대해 미치고 공소제기 이후에 범한 것이라고 하더라도 일죄의 추가기소는 이중기소에 해당하여 부적법하므로 공소기각판결을 하는 것이 원칙이다(공소기각판결설).[110] 그렇지만 일죄의 관계에 있는 범죄를 이중기소한 경우에는 위법하므로 공소기각판결을 하여야 한다는 원칙을 일관하면 소송경제적 관점에서 부적절하고, 피고인에게 유리할 것도 없으며, 일죄 여부의 판단이 늘 명백한 것은 아니어서 법원에서의 심리 후에 비로소 밝혀질 수도 있다는 점에서 판례는 공소장변경의제설이나 석명후판단설을 취하기도 한다. 즉, 판례는 일관된 입장을 취하고 있지 않다. 일죄의 추가기소에 관하여, 공소장변경의제설은 추가기소를 공소장변경으로 보자는 것이고, 석명후판단설은 검사에게 석명을 구하여 추가기소의 진정한 취지가 공소장변경인지 추가기소인지 확인하여 그에 따라 처리하자는 것이다.

영업범인 포괄일죄의 추가기소
유기기구를 사용하여 손님에게 사행행위를 하게 한 범죄사실로 구속, 기소되었다가 보석으로 석방된 후 영업을 재개하여 동일한 장소에서 같은 유기기구를 사용하여 손님에게 사행행위를 하게 하는 동일한 형태의 영업을 하였다고 다시 기소된 경우, 양 죄는 포괄일죄이다.
포괄일죄를 구성하는 행위의 일부에 관하여 추가기소하는 것은 일죄를 구성하는 행위 중 누락된 부분을 추가 보충하는 취지라고 볼 것이어서 이중기소의 위법이 없다.[111]
해설: 위 판례는 공소장변경의제설에 가까운 견해를 취하고 있다.

---

110) 보다 정확히 표현하면, 동일 법원에 이중기소한 때에는 법 327조 3호에 의해 공소기각판결을 하고, 다른 법원에 이중기소한 때에는 법 328조 3호에 의해 공소기각결정을 하여야 한다.

111) 대판 1993. 10. 22. 93도2178.

추가기소된 경합범이 포괄일죄로 밝혀진 경우

검사가 2004. 7. 25.자, 2005. 7. 26. 11:00경 및 2005. 7. 26. 오후 시간불상경의 각 협박 범행을 실체적 경합범으로 기소한 후, 2005. 7. 28.자 협박 범행을 추가로 기소한 사안에서,

공소기각판결(법 327조 3호)의 취지는 동일사건에 대하여 이중으로 처벌하거나 법원이 2개의 실체판결을 하지 않게 하는 것이므로, 먼저 기소된 수 개의 협박 범행과 나중에 추가 기소된 별개의 협박 범행을 병합심리하는 과정에서 모든 범행이 협박죄의 포괄일죄를 구성하는 것으로 밝혀진 경우, 법원이 각각의 범행을 협박죄의 포괄일죄로 인정한다 하여 이중기소의 금지에 반하지 않는다. 또한 공소사실을 그대로 인정하면서 실체적 경합범으로 기소된 것을 포괄일죄로 평가하더라도 피고인의 방어에 불이익을 주지 않으므로 공소장변경 없이 포괄일죄로 처벌할 수도 있다. 따라서 추가로 공소장을 제출한 것이 기존의 공소사실에 누락된 포괄일죄를 추가·보충하는 취지라는 석명절차를 거치지 않았어도, 기소된 범죄사실 전부에 대하여 실체판단을 할 수 있고, 추가기소된 부분에 대하여 공소기각판결을 할 필요는 없다.[112)]

해설: 위 판례는 공소장변경의제설에 가까운 견해를 취하면서 (공소기각판결을 할 수 없다가 아니라 할 필요가 없다고 판시함으로써) 공소기각판결도 가능한 여지를 남겨두고 있다.

상상적 경합범의 추가기소

먼저 기소된 공소사실과 추가 기소된 나머지 공소사실이 상상적 경합관계에 있음이 밝혀졌다면, 추가기소에 의하여 전후에 기소된 공소사실 전부를 처벌해달라는 신청취지가 포함되었다고 볼 수 있어, 공소사실을 추가하는 공소장변경과 절차상 차이가 있을 뿐 실질에 있어서 별 차이가 없다. 따라서 법원은 석명권을 행사하여 검사에게 추가기소의 취지를 밝히도록 하여 추가기소가 상상적 경합관계에 있는 행위 중 먼저 기소된 공소사실에 누락된 것을 추가 보충하는 취지로서 1개의 죄를 중복 기소한 것이 아님이 검사의 석명에 의하여 분명해진 경우에는, 추가기소에 의하여 공소장변경이 이루어진 것으로 보아야 하고 추가기소에 대하여 공소기각판결을 할 필요가 없다.[113)]

해설: 위 판례는 석명후판단설을 취하면서 (공소기각판결을 할 수 없다가 아니라 할 필요가 없다고 판시함으로써) 공소기각판결도 가능한 여지를 남겨두고 있다.

단순절도 기소 후 상습절도를 추가기소

검사가 단순일죄라고 하여 특수절도 범행을 기소한 후 포괄일죄인 상습특수절도 범행을 추가기소하였으나 심리과정에서 모든 범죄사실이 포괄하여 상습특수절도인 특가법위반(절도)의 일죄를 구성하는 것으로 밝혀진 경우, 추가기소에 의하여 '전후에 기소된 범죄사실 전부'를 포괄일죄로 처벌해달라는 신청취지가 포함되었다고 볼 수 있어, 공소장변경에 의한 공소사실의 추가와는 절차상 차이가 있을 뿐 그 실질에 있어서 별 차이가 없으므로, 그 경우에 검사의 석명에 의하여 추가기소의 공소장 제출은 먼저 기소된 공소사실에 누락된 포괄일죄를 추가 보충하고 죄명과 적용법조를 포괄일죄의 죄명과 적용법조로 변경하는 취지로서 1개의 죄를 중복 기

112) 대판 2007. 8. 23. 2007도2595.
113) 대판 2012. 6. 28. 2012도2087.

소한 것이 아니면, 추가기소에 의하여 공소장변경이 이루어진 것으로 보아 전후에 기소된 범죄사실 전부에 대하여 실체판단을 하여야 하고 추가기소에 대하여 공소기각판결을 할 필요가 없다.
법원은 검사에게 추가기소의 취지를 밝히도록 석명권을 행사하여, 그 취지가 이중기소가 아니라 공소장변경이라고 한다면 범죄사실 전체에 대하여 실체판단을 하여야 한다.[114)]
해설: 위 판례는 석명후판단설을 취하면서 공소기각판결을 해서는 아니 된다는 취지인 듯하다.

상습사기로 기소 후 상습사기로 추가기소/단순사기로 기소 후 상습사기로 추가기소
① 상습범에 있어서 공소제기의 효력은 공소가 제기된 범죄사실과 동일성이 인정되는 범죄사실 전체에 미치고, 공소제기의 효력은 사실심 판결선고시까지 미친다. 검사가 상습사기죄로 기소한 후 그 공소의 효력이 미치는 사실심 판결선고시까지의 사기행위 일부를 별개의 상습사기죄로 추가 기소하는 것은, (비록 그 공소사실이 먼저 기소한 상습사기 범행 이후의 사기 범행을 내용으로 하더라도) 공소제기된 사건에 대한 이중기소에 해당되어 허용될 수 없다.
② 다만, 검사가 단순 사기 범행을 먼저 기소하고 상습사기 범행을 추가 기소하였으나 그 심리과정에서 전후에 기소된 범죄사실이 모두 상습사기의 포괄일죄를 구성하는 것으로 밝혀진 경우, 검사의 추가기소에는 전후에 기소된 범죄사실 전부를 포괄일죄로 처벌해달라는 신청취지가 포함되었다고 볼 수 있어 공소장변경에 의해 공소사실을 추가하는 것과는 절차상 차이가 있을 뿐 그 실질에 있어서 별 차이가 없으므로, 석명에 의하여 추가기소는 먼저 기소된 공소사실에 누락된 포괄일죄를 추가 보충하고 죄명과 적용법조를 포괄일죄의 그것으로 공소장변경하는 것이고 중복 기소가 아님이 분명하여진 경우에는 공소장이 변경된 것으로 보아 전후 기소된 범죄사실 전부에 대해 실체판단을 하여야 하고 추가기소에 대해 공소기각판결을 할 필요는 없다.[115)]
해설: 위 판례는 ① 상습사기로 기소 후 상습사기로 기소된 때에는 공소기각판결설을 취하고, ② 단순사기로 기소 후 상습사기로 기소된 때에는 석명후판단설을 취하면서 (공소기각판결을 할 수 없다가 아니라 할 필요가 없다고 판시함으로써) 공소기각판결도 가능한 여지를 남겨두고 있다.

존속상해죄 기소 후 폭처법위반(상습존속상해)죄를 추가 기소하였는데, 전체가 폭처법위반(상습존속상해)죄를 구성함
검사가 존속상해죄 먼저 기소하고 포괄일죄인 폭처법위반(상습존속상해)죄를 추가로 기소하였는데 이를 병합심리하는 과정에서 위 범행이 하나의 폭처법위반(상습존속상해)죄를 구성하는 것으로 밝혀진 경우, 이중기소에 대하여 공소기각판결을 하도록 한(법 327조 3호) 취지는 동일사건에 대하여 이중처벌을 받거나 법원이 2개의 실체판결을 하지 않도록 함에 있으므로, 법원이 각각의 범행을 하나의 폭처법위반(상습존속상해)죄로 처벌하더라도 이중기소를 금지하는 취지에 반하지 않고, 법원은 실체적 경합범으로 기소된 경우 공소장변경 없이도 범죄사실을 그대로 인정하면서 죄수 평가만을 달리하여 포괄일죄로 처벌할 수 있는 점에 비추어 보면, 공소장변경절차가 없었다거나 석명절차를 거치지 않았더라도, 법원은 전후에 기소된 범죄사실 전부에 대

114) 대판 1996. 10. 11. 96도1698.
115) 대판 1999. 11. 26. 99도3929, 99감도97.

하여 실체판단을 할 수 있고, 추가기소된 부분에 대하여 공소기각판결을 할 필요는 없다.[116)]
해설: 위 판례는 공소장변경의제설에 가까운 견해를 취하면서 (공소기각판결을 할 수 없다가 아니라 할 필요가 없다고 판시함으로써) 공소기각판결도 가능한 여지를 남겨두고 있다.

①, ②, ③의 식품위생법위반죄가 포괄일죄 관계에 있고, ① 범행은 ②에 대한 판결 확정일 이전에, ③ 범행은 ②에 대한 판결 확정일 이후에 각각 범해짐
포괄일죄인 영업범에서 공소제기의 효력은 공소가 제기된 범죄사실과 동일성이 인정되는 범죄사실의 전체에 미치므로, 공판심리 중에 그 범죄사실과 동일성이 인정되는 범죄사실이 추가로 발견된 경우에 검사는 공소장변경절차에 의하여 그 범죄사실을 공소사실로 추가할 수 있다. 그러나 공소제기된 범죄사실과 추가로 발견된 범죄사실 사이에 그 범죄사실들과 동일성이 인정되는 또 다른 범죄사실에 대한 유죄의 확정판결이 있는 때에는, 추가로 발견된 확정판결 후의 범죄사실은 공소제기된 범죄사실과 분단되어 동일성이 없는 별개의 범죄가 된다.[117)] 따라서 이때 검사는 공소장변경절차에 의하여 확정판결 후의 범죄사실을 공소사실로 추가할 수는 없고 별개의 독립된 범죄로 공소를 제기하여야 한다.
① 피고인이 영업신고를 하지 아니하고 2015. 1. 20.부터 2016. 1. 7.까지 서울 은평구에서 A분식이라는 상호로 떡볶이 등을 조리·판매하여 휴게음식점 영업행위를 함(식품위생법위반죄)
② 피고인이 2016. 1. 27. 서울서부지방법원에서 '영업신고를 하지 아니하고 2015. 1. 20.부터 2015. 9. 21.까지 A분식에서 위와 동일한 행위를 하였다는 식품위생법위반죄'로 벌금 50만 원의 약식명령을 받아 그 무렵 위 약식명령이 확정됨
③ 검사가 ① 식품위생법위반죄의 범행일자를 '2015. 1. 20.부터 2016. 1. 7.까지'에서 '2016. 1. 28.부터 2016. 8. 18.까지'로 변경하는 공소장변경허가신청을 함
판단: 처음 공소제기된 ① 범죄사실과 약식명령이 확정된 ② 범죄사실은 범행일자만 다를 뿐 같은 장소에서 영업신고를 하지 아니하고 동일한 음식점 영업행위를 하였다는 것이어서 영업범으로서 포괄일죄의 관계에 있다. 공소장변경허가신청된 ③ 범죄사실은 ② 약식명령 확정 후인 '2016. 1. 28.부터 2016. 8. 18.까지' 이루어진 음식점 영업행위에 관한 것이어서 ① 범죄사실과 동일성이 없는 별개의 범죄이다. 따라서 검사는 ③ 범죄사실에 관하여 별도로 공소를 제기하여야 하고, 공소장변경절차에 의하여 ① 범죄사실의 범행일자를 ③ 범죄사실의 범행일자로 변경하거나 ③ 범죄사실을 ① 범죄사실에 추가할 수 없다.[118)]

---

116) 대판 2012. 1. 26. 2011도15356.
117) 확정판결 전에 저지른 범죄와 확정판결 후에 저지른 범죄는 형법 37조의 경합범 관계에 있는 것이 아니다(대판 1970. 12. 22. 70도2271; 대판 2010. 11. 25. 2010도10985). 포괄일죄는 그 중간에 동종의 죄에 관한 확정판결이 있는 경우에 그 확정판결에 의하여 그 확정판결의 전후로 분리되고, 이와 같이 분리된 각 사건은 서로 동일성이 있다고 할 수 없어 이중으로 기소되더라도 각 사건에 대하여 각각의 주문을 선고하여야 한다(대판 2000. 2. 11. 99도4797)(여기서 각 사건에 대해 각각의 주문을 선고하여야 한다는 것은 형법 37조의 경합범이 아니므로 형법 38조에 의해 흡수주의나 가중주의를 적용함으로써 하나의 주문을 선고할 수 없음을 의미함: 필자 주).
118) **확정판결(③)이 존재하고, ③의 확정일 이전의 상습 범죄(①)로 기소되어 있는데, ③의 확정일 이후의 상습 범죄(②)를 ①에 추가하는 공소장변경허가신청**
공소사실: 피고인이 상습으로 1997. 6. 14. 피해자 1에게 의자를 집어던져 전치 3주의 상해를 가함(①)
공소장변경에 의해 추가하려는 공소사실: 피고인이 상습으로 1999. 3. 5. 피해자 2를 밀어 넘어뜨려 폭행을 가함(②)

4. 공소장변경의 신청과 허가

검사가 서면에 의해 공소장변경신청을 하지만, 피고인에게 유리하거나 피고인 동의가 있으면 구술로도 할 수 있다(규칙 142조). 법원은 공소사실 또는 적용법조의 추가, 철회 또는 변경이 있을 때에는 그 사유를 신속히 피고인 또는 변호인에게 고지하여야 한다(법 298조 3항). 법원은 공소장변경으로 인하여 피고인의 불이익이 증가할 염려가 있다고 인정한 때에는 직권 또는 피고인이나 변호인의 청구에 의하여 피고인으로 하여금 필요한 방어의 준비를 하게 하기 위하여 결정으로 필요한 기간 공판절차를 정지할 수 있다(동조 4항).

검사의 구술 공소장변경허가신청에 대해 피고인이 동의하고 법원이 다음 공판절차를 진행

피고인이 재정하는 공판정에서 검사가 구술로 공소장변경신청을 하자 피고인이 동의하였고 법원도 변경신청을 기각하지 아니한 채 다음 공판절차를 진행하였다면, 공소장변경신청에 대한 명시적인 허가결정이 없었더라도 그 허가가 있었던 것으로 봄이 상당하다.[119)]

공소장변경허가결정의 위법

공소사실의 동일성이 인정되지 않는 등의 사유로 공소장변경허가결정에 위법사유가 있는 경우에는 공소장변경허가를 한 법원이 스스로 이를 취소할 수 있다.[120)]

공소장변경허가신청서 부본을 피고인 또는 변호인의 어느 한 쪽에만 송달

공소장변경허가신청서가 제출된 경우에 법원은 그 부본을 피고인 또는 변호인에게 즉시 송달하여야 하므로(규칙 142조 3항), 공소장변경허가신청서 부본을 피고인과 변호인 중 어느 한 쪽에게만 송달하였더라도 위법하지 않다.[121)]

(①과 ②의 공소사실은 다 같이 피고인의 폭행습벽의 발현에 의한 것임)

판단: 피고인은 ② 범행 이전인 1998. 8. 11. 인천지방법원에서 폭처법위반죄로 징역 8월을 선고받아 그 판결이 같은 해 11월 11일 확정된 바 있다(③). ③ 범행은 그 판결 선고 전에 저질러진 ① 범행과 동일한 폭행습벽의 발현에 의하여 저질러진 것이므로, 검사가 공소장변경에 의하여 추가하고자 하는 ② 범행과 ① 범행의 일죄성은 ③ 범행에 대한 확정판결에 의하여 분단되어 ① 범행과 판결이 확정된 ③ 범행만이 포괄하여 하나의 상습범을 구성하고, 그 판결 확정 후에 저질러진 ② 범행은 그것과 별개의 상습범이다.

따라서 공소장변경에 의하여 ② 범행을 ① 범행의 공소사실로 추가할 수 없으므로, 공소장변경을 불허하고 공소사실 ①에 대해서 면소판결을 선고하여야 한다(대판 2000. 3. 10. 99도2744).

119) 대판 2002. 3. 29. 2002도587.

120) 대판 2001. 3. 27. 2001도116.

121) 대판 2013. 7. 12. 2013도5165; 대판 2015. 2. 16. 2014도14843.

공소장변경신청서의 부본이 공판정에서 교부되었다 하더라도 피고인 등이 그 법정에서 변경된 공소사실에 대하여 충분히 변론한 이상 판결 결과에는 영향이 없다.[122)]

공소장변경에 관한 의견진술의 기회 없고, 추가 공소사실에 대한 심리 없이 유죄 판결

공소장변경을 허가하고 검사로 하여금 공소장의 변경요지를 진술하게 한 후 바로 변론을 종결하여 피고인에게 불리한 판결을 선고한 사안에서, 공소장변경허가신청서를 송달받지 못해 그 내용을 자세히 파악하고 있는지 의심스러운 피고인에게 그 변경허가에 관하여 의견진술의 기회를 주지 않고, 추가된 공소사실을 피고인이 인정하는지 여부에 대해 아무런 심리도 하지 않은 채 변론이 종결된 상태에서 추가된 공소사실을 유죄로 인정한 것은 피고인의 방어권을 본질적으로 침해하여 판결에 영향을 미친 위법이 있다.[123)]

법원이 서면에 의하지 아니한 공소장변경신청을 허가하고, 공소장변경요지의 진술도 없이 변론을 종결하고 판결을 선고한 것은 위법하다.[124)]

공소사실의 동일성이 인정되지 않는 범죄사실을 추가하는 공소장변경신청은 기각하여야 한다.[125)]

경합범을 상습범으로 공소장변경한 후 공판기일을 연기하지 않음

공소장변경이 있었음에도 법원이 공판절차를 정지하지 않더라도 그 변경이 피고인의 방어권행사에 실질적 불이익을 주지 않으면 위법하지 않다.[126)]

경합범으로 기소된 것을 상습범으로 공소장변경한 것은 공판절차를 정지할 정도로 피고인들의 방어권행사에 불이익을 초래하지 않으므로 공소장변경허가 후 공판기일을 연기하지 않았어도 위법하지 않다.[127)]

공소장변경허가에 관한 결정에 대한 불복(항고×)

공소장변경의 허가에 관한 결정은 판결 전의 소송절차에 관한 결정이므로, 그 결정의 위법이 판결에 영향을 미친 경우에 한하여 판결에 대한 상소로 불복할 수 있을 뿐 이에 대하여 독립하여 상소할 수 없다.[128)]

---

122) 대판 1986. 9. 23. 85도1041; 대판 1995. 2. 17. 94도3297.
123) 대판 2009. 6. 11. 2009도1830.
124) 대판 1991. 3. 27. 91도65.
125) 대판 2012. 5. 24. 2012도2142.
126) 대판 1995. 1. 12. 94도2687; 대판 2015. 11. 12. 2015도6809 전합.
127) 대판 1985. 8. 13. 85도1193.
128) 대결 1987. 3. 28. 87모17.

5. 공소장변경의 허가의무

공소장변경신청이 적법한 경우 법원은 의무적으로 허가하여야 한다.[129] 이는 불고불리의 원칙이나 기소독점주의와 관련된다.

폭행죄에 관하여 1심에서 처벌불원의사표시 후 항소심에서 상해죄로 공소장변경

친고죄로 기소된 후 고소 취소되더라도 제1심이나 항소심에서 당초 기소된 공소사실과 동일성이 인정되는 범위 내에서 다른 공소사실로 공소장을 변경할 수 있다. 위와 같은 법리는 반의사불벌죄의 경우에도 동일하게 적용된다.

폭행죄에 관하여 피해자가 제1심에서 처벌불원의사를 표시한 후에도 항소심에서 폭행죄를 상해죄로 공소장변경할 수 있고, 항소심은 변경된 상해죄를 심리·판단할 수 있다.[130]

적법한 변론종결 이후의 공소장변경허가신청

공판의 심리를 종결하기 전에 한 적법한 공소장변경허가신청에 대하여는 법원이 허가하여야 하지만, 적법하게 공판의 심리를 종결하고 판결선고 기일까지 고지한 후에 한 공소장변경허가신청에 대하여는 그것이 변론재개신청과 함께 되었어도 법원이 공판절차를 재개하여 공소장변경을 허가할 의무는 없다.[131]

항소심에서의 공소장변경

포괄일죄의 여러 범죄사실 중 일부가 기소된 뒤 항소심에서 나머지를 추가한 경우, 법원은 공소장변경을 허가하여야 한다.[132]

해설: 위 판례는 기소된 범죄사실과 포괄일죄 관계에 있는 범죄는 기판력이 미치므로 공소장변경을 허가하지 않으면 처벌을 할 수 없게 된다는 점을 고려하고 있다. 그렇지만 항소심에서 비로소 공소사실이 추가되면 피고인은 심급의 이익을 박탈당한다.

---

129) 대판 1999. 5. 14. 98도1438; 대판 2012. 4. 13. 2010도16659.

130) 대판 2011. 5. 13. 2011도2233.

131) 대판 2003. 12. 26. 2001도6484. 다음은 유사취지이다.

제1심 변론종결 이후 예비적 공소장변경을 한 경우 항소심법원의 조치

검사가 제1심 변론종결 이후 예비적 공소제기를 하여 공소사실과 적용법조를 추가한 때에는 원심법원(항소심법원)은 허가 여부를 결정하고, 허가하는 경우에는 심판대상으로 삼아야 함에도 불구하고 아무런 조치를 취하지 않은 것은 위법하다(대판 1970. 12. 22. 70도2169).

132) 대판 2016. 1. 14. 2013도8118. 다음은 같은 취지이다.

포괄적 1죄의 관계에 있는 위증죄의 일부 범죄사실에 대한 기판력은 현실적으로 심판대상이 되지 않는 다른 부분에까지도 미치므로, 그 일부의 범죄사실에 대하여 공소가 제기된 뒤에 항소심에서 나머지 부분을 추가하였다고 하여 공소사실의 동일성을 해하는 것이라고 볼 수 없다(대판 1992. 12. 22. 92도2047).

상고심에서 파기환송된 후의 항소심에서의 공소장변경
항소심이 사후심으로서의 성격만을 가지는 것은 아니므로, 상고심이 원심판결을 파기하고 사건을 항소심에 환송한 경우에도 공소장변경을 허용할 수 있다.133)

사문서위조, 동행사에 관하여 약식명령 발령 후 1심에서 '사서명위조, 동행사(법정형이 유기징역형만 있음)'로 공소장변경허가신청
약식명령에 대하여 피고인만이 정식재판을 청구하였는데, 검사가 당초의 공소사실인 사문서위조 및 위조사문서행사에 사서명위조 및 위조사서명행사의 공소사실을 예비적으로 추가하는 공소장변경을 신청한 사안에서, 피고인에 대하여 사서명위조와 위조사서명행사의 범죄사실이 인정되는 경우에는 비록 사서명위조죄와 위조사서명행사죄의 법정형에 유기징역형만 있다 하더라도 불이익변경금지 원칙이 적용되어 벌금형을 선고할 수 있으므로, 불이익변경금지 원칙을 이유로 공소장변경을 불허할 것은 아니다.134)

6. 공소장변경의 요구

법원은 심리의 경과에 비추어 상당하다고 인정할 때에는 공소사실 또는 적용법조의 추가 또는 변경을 요구하여야 한다(법 298조 2항). 공소장변경의 권한을 가진 검사가 공소장을 변경하지 않아 명백히 죄를 범한 자를 처벌하지 못하는 일이 없도록 하기 위함이다. 법원의 공소장변경 요구가 재량사항인지 의무사항인지에 관하여 견해가 나뉜다. 판례는 일관하여 의무가 아닌 것으로 보고 있다.

법원이 공소장변경을 요구할지는 재량이므로, 공소장변경을 요구하지 않았어도 위법하지 않다.135)

Ⅳ. 직권에 의한 범죄사실의 인정

1. 의 의

법원이 공소장변경 절차를 거치지 않고도 직권으로 공소사실과 다른 범죄사실 및 적용법조를 인정하는 것을 종래 공소장변경의 필요성(또는 공소장변경의 요부)이라는 제목으로 논하여 왔다. 이 책에서는 이를 직권에 의한 범죄사실(및 적용법조)의 인정이라고 표현하기로 한다. 공소장변경의 필요성이라는 제목은 공소장변경이 필요한가라는 의미를 나타낼 뿐 공소장변경 없이도 법원이 범죄사실을 직권으로 인정할 수 있음을 제대로 표현하지 못하기 때문이다.

직권에 의한 범죄사실의 인정은, 검사가 공소장에 공소사실로 기재하지 않은 범죄사실이나 적용

133) 대판 2004. 7. 22. 2003도8153.
134) 대판 2013. 2. 28. 2011도14986.
135) 대판 1999. 12. 24. 99도3003; 대판 2009. 5. 14. 2007도616; 대판 2011. 1. 13. 2010도5994.

법조를 법원이 직권으로 인정하는 것이라는 점에서, 공소장의 범죄일시, 피고인의 성명 등에 명백한 오기나 누락이 있어 검사가 공소사실을 정정하는 공소장의 표시정정과 구별된다.[136)]

2. 허용범위

법원이 공소장의 변경 없이 직권으로 공소장에 기재된 공소사실과 다른 범죄사실이나 적용법조를 인정할 수 있는 한계에 관하여, ① 공소장에 기재된 사실과 실질적으로 다른 사실을 인정할 때에는 공소장변경이 필요하며 여기서 실질적 차이가 있는지의 여부는, 형식적으로 사실의 변화가 사회적으로 의미를 달리하고 실질적으로 피고인의 방어권행사에 불이익을 초래하느냐를 기준으로 한다는 사실기재설이 통설·판례이다. 그 외에도 ② 구체적 사실관계가 다르더라도 그 벌조에 변경이 없는 한 공소장변경을 할 필요가 없다는 동일벌조설, ③ 구체적 사실관계가 다르더라도 그 구성요건에 변경이 없는 한 공소장변경을 할 필요가 없다는 동일구성요건설, ④ 구체적 사실관계가 다르더라도 그 법률구성에 영향이 없는 때에는 공소장변경이 불필요하다는 법률구성설 등이 있다.

공소장변경 없이 직권에 의해 범죄사실을 인정하기 위해서는 먼저 석명권을 행사함으로써 피고인의 방어권을 보장해야 한다고 판시한 판례도 있다.[137)]

공소장변경 없이 직권으로 사실을 인정하기 위한 요건
피고인의 방어권행사에 실질적인 불이익을 초래할 염려가 없고 공소사실과 기본적 사실이 동일한 범위 내에서 법원이 공소장변경절차를 거치지 아니하고 다르게 사실을 인정하더라도 불고불리 원칙에 위배되지 아니한다.[138)]

방어권행사에 있어서 실질적인 불이익 여부의 판단
방어권 행사에 있어서 실질적인 불이익 여부는 공소사실의 기본적 동일성이라는 요소 외에도 법정형의 경중, 그러한 경중의 차이에 따라 피고인이 방어에 들일 노력·시간·비용에 관한 판단을 달리할 가능성이 뚜렷한지 여부 등을 종합하여 판단하여야 한다.[139)]

---

136) 대판 1993. 1. 19. 92도2554; 대판 1997. 11. 28. 97도2215.

137) **범죄사실의 직권인정에 앞서 석명권을 행사하여 피고인의 방어권보장**
성폭법 7조 5항은 위력에 의해 13세 미만자를 간음한 자에 대해 동조 1항 내지 3항의 예에 따라 처벌하도록 규정하고 있다. 이 사건 공소사실은 피고인이 자신의 손가락을 음부에 2회 집어넣는 등 위력으로써 갑(여, 7세)을 추행하였다는 것이므로, 위력 부분을 제외한 공소사실의 행위유형이 성폭법 7조 2항 2호와 3항에 모두 해당할 수 있는데 검사는 성폭법 7조 5항으로만 공소제기한 채 성폭법 7조 2항 2호 또는 3항 중 그 적용 법조를 특정하지 않았고, 제1심이 피고인에게 보다 유리한 성폭법 7조 5항, 3항을 적용하였다. 이와 같이 제1심이 동조 3항을 적용한 상황에서 원심이 공소장변경을 거치지 않고 직권으로 동조 2항 2호를 적용할 수는 있지만 이러한 경우 석명권을 행사하여 피고인의 방어권을 보장하는 절차를 거쳐야 한다(대판 2011. 2. 10. 2010도14391, 2010전도119).

138) 대판 2011. 6. 30. 2011도1651.

139) 대판 2007. 12. 27. 2007도4749; 대판 2011. 2. 10. 2010도14391.

가. 허용되는 경우

(1) 축소사실의 인정

법원은 공소사실의 동일성이 인정되는 범위 내에서 공소가 제기된 범죄사실에 포함된 보다 가벼운 범죄사실이 인정되는 경우에 심리의 경과에 비추어 피고인의 방어권 행사에 실질적 불이익을 초래할 염려가 없다고 인정되는 때에는 공소장변경 없이도 직권으로 공소장에 기재된 공소사실과 다른 공소사실을 인정할 수 있다.[140] 다만 아래 ①, ②의 판례에서 대법원은 축소사실을 인정함에 있어 피고인의 방어권행사에 실질적 불이익을 초래할 염려가 있는지 여부를 따지지 않았다.

① 특가법위반(도주차량)죄 → 업무상과실치사상죄

특가법위반(도주차량)죄로 기소된 경우에 도주사실이 인정되지 않고 업무상과실치사상죄(형법 268조)만 인정되면 특가법위반(도주차량)죄가 업무상과실치사상죄를 포함하고 있으므로, 업무상과실치사상죄에 대해 판단하면 되는 것이지 업무상과실치사상죄가 기소되었는지를 석명하여 그 결과에 따라 판결할 것은 아니다.[141]

② 특가법상의 뇌물죄 → 형법상의 뇌물죄

특가법 2조 1항은 형법 129조, 130조 또는 132조의 죄를 범한 자가 수수, 요구 또는 약속한 뇌물의 가액이 소정의 금액 이상일 경우 그에 따라 가중처벌하는 것으로서 뇌물수수죄 등과는 뇌물의 가액에 차이가 있을 뿐 그 구성요건이 같아서 특가법 2조 1항 1호 위반의 공소사실에는 형법상 뇌물죄의 공소사실이 포함되어 있다. 특가법 2조 1항 1호 위반의 죄로 기소되었으나, 뇌물의 가액이 위 조항 소정의 금액 이상임이 인정되지 않더라도 형법상의 뇌물수수죄가 인정되면 유죄의 판결을 하고, 공소기각이나 면소의 사유가 있으면 공소기각이나 면소의 판결을 할 것이지 무죄를 선고할 것은 아니다.[142]

③ 강간죄 → 폭행죄

강간의 공소사실에 관하여 피고인은 피해자를 만난 것은 인정하면서, 술에 취하여 피해자의 목을 조르고 피해자의 휴대폰을 던지는 등 폭행하였다는 부분은 기억나지 않으나 피해자를 강제로 간음하였을 리가 없다고 변명하였고, 폭행 부분에 관하여 심신미약을 주장하고, 폭행은 강간의 공소사실에 포함되어 있으며, 충분히 심리된 경우, 강간이 인정되지 않고 폭행만이 인정된다면 공소장변경 없이 폭행죄를 인정하더라도 피고인의 방어권행사에 실질적 불이익을 초래할 염려가 없다.[143]

---

140) 대판 2006. 5. 25. 2004도3934.

141) 대판 1990. 3. 13. 89도2360.

142) 대판 1994. 11. 11. 94도2349; 대판 2011. 7. 28. 2009도9122.

143) 대판 2010. 11. 11. 2010도10512.

④ 친고죄나 반의사불벌죄가 아닌 범죄(상습공갈죄) → 친고죄나 반의사불벌죄(폭행죄)

법원은 공소사실의 동일성이 인정되고 공소사실에 포함된 보다 가벼운 범죄사실이 인정되는 경우에, 피고인의 방어권 행사에 실질적 불이익을 초래할 염려가 없으면 공소장변경 없이 공소사실과 다른 범죄사실을 인정할 수 있다. 이는 기소된 범죄는 친고죄나 반의사불벌죄가 아니지만 인정되는 범죄는 친고죄나 반의사불벌죄이더라도 마찬가지이다.

피고인은 검찰에서 공소사실 기재 일시·장소에서 피해자와 실랑이를 벌이면서 피해자의 머리 부분 등을 때린 사실을 인정했고, 법정에서도 피해자와 실랑이를 벌인 사실은 인정하면서 다만, 피해자로부터 신용카드 6매 등을 갈취한 것은 아니라고 변명하여 공소사실 중 피해자를 구타하였다는 부분은 충분히 심리되었다. 폭행죄는 상습공갈의 공소사실에 포함되어 있다. 따라서 공소장변경 없이 상습공갈을 반의사불벌죄인 폭행죄로 처벌하더라도 피고인의 방어권 행사에 실질적 불이익을 초래할 염려가 없다.[144)]

해설: 공소사실이 친고죄나 반의사불벌죄로 변경된다면 피고인은 고소취소나 처벌불원의사표시를 받으려고 더 많은 노력을 할 것이다. 그런데 위 판례처럼 공소장변경 없이도 친고죄나 반의사불벌죄가 아닌 범죄를 친고죄나 반의사불벌죄로 인정할 수 있다면, 피고인은 고소취소나 처벌불원의사표시를 받을 기회를 제대로 가지지 못할 우려가 있다. 그럼에도 불구하고 법원은 충분히 심리된 축소사실을 직권으로 인정할 수 있다는 것이 위 판례의 취지이다.

⑤ 허위사실적시 출판물에의한명예훼손 → 사실적시 출판물에의한명예훼손 또는 명예훼손

허위사실적시 출판물에의한명예훼손(형법 309조 2항)의 공소사실에는 사실적시 출판물에의한명예훼손(형법 309조 1항)이나 명예훼손(형법 307조 1항)의 공소사실도 포함되어 있으므로, 피고인에게 적시한 사실이 허위라는 인식이 없었다면 법원은 공소장변경 없이도 사실적시 출판물에의한명예훼손죄로 인정할 수 있고, 비방의 목적이 인정되지 아니하면 피고인의 방어권행사에 실질적 불이익을 초래할 염려가 없는 때에는 명예훼손죄로 인정할 수도 있다.[145)]

---

144) 대판 2006. 5. 25. 2004도3934. 다음은 같은 취지이다.
비친고죄인 강제추행치상을 직권으로 친고죄인 강제추행으로 인정
강제추행치상의 공소사실에는 강제추행도 포함되어 있고, 강제추행치상에 대한 피고인의 방어는 강제추행에 대한 방어도 겸하고 있으며 한편, 고소와 고소취소는 그 대상 범죄사실과 동일성이 인정되는 공소사실 전부에 대하여 효력이 미치므로, 피고인은 강제추행치상죄의 상해를 입히지 않았다고 주장하면서 법원이 이를 받아들여 강제추행죄로 처벌하는 경우까지 대비하여 강제추행죄에 관한 고소취소를 받는 등 일체의 방어를 할 수 있다. 법원이 심리를 거쳐 판단한 이상 공소장변경 없이 강제추행치상죄를 강제추행죄로 인정하였더라도, 불의의 타격을 가하여 강제추행죄에 관한 방어권행사에 불이익을 주었다고 할 수는 없다. 이는 기소된 강제추행치상죄는 친고죄가 아닌 반면 강제추행죄는 친고죄라 하여도 달라지지 않기 때문에, 기소된 강제추행치상죄 중 치상 부분만 입증되지 않는 때에는 법원은 공소장변경 없이 강제추행에 관하여 심리·판단할 수 있다(대판 1999. 4. 15. 96도1922 전합).

145) 대판 1997. 2. 14. 96도2234. 다음은 같은 취지이다.
형법 309조 2항의 허위사실 적시 출판물에 의한 명예훼손의 공소사실에 대하여 공소장 변경 절차 없이 같은 조 1항의 사실 적시 출판물에 의한 명예훼손으로 처벌할 수 있다(대판 2008. 11. 13. 2006도7915).

⑥ 공동정범 → 방조범
히로뽕 제조의 공동정범의 공소사실에 대하여 피고인이 이를 부인하는 한편 유죄로 인정된다 하더라도 공동정범이 아닌 방조범에 해당한다고 주장하여 온 사정 하에서는 위 공소사실의 범위 내인 제조의 방조를 인정하여도 피고인의 방어에 실질적인 불이익을 주지 아니하므로 공소장변경 없이 방조사실을 인정할 수 있다.[146)]

⑦ 공동정범 → 방조범
관세포탈죄의 공동정범으로 기소된 사건에서 관세포탈방조가 인정된다고 하더라도, 심리과정에서 단 한 번도 언급되지 않는 관세포탈의 방조사실을 공소장변경 없이 유죄로 인정하는 것은 피고인의 방어권행사에 실질적인 불이익을 초래할 염려가 없다고 보기 어렵다.[147)]

(2) 사실인정은 동일하고 법률적 구성을 달리하는 경우

공소장에 적용 법조를 기재하는 이유는 공소사실의 법률적 평가를 명확히 하여 피고인의 방어권을 보장하고자 함에 있다.[148)] 적용법조의 기재에 오기·누락이 있거나 또는 적용법조에 해당하는 구성요건이 충족되지 않을 때에는 공소사실의 동일성이 인정되는 범위 내로서 피고인의 방어에 실질적인 불이익을 주지 않는 한도에서 법원이 공소장 변경의 절차를 거침이 없이 직권으로 공소장 기재와 다른 법조를 적용할 수 있다.[149)]

적용법조가 단순한 오기나 누락이 아니고 구성요건이 충족됨
공소장에 기재된 적용법조를 단순한 오기나 누락으로 볼 수 없고 구성요건이 충족됨에도 법원이 공소장변경 없이 직권으로 다른 법조를 적용할 수는 없다.
폭처법위반(상습공갈)(현재는 폐지됨)을 직권으로 다른 구성요건인 형법상 상습공갈죄로 인정하는 것은 불고불리원칙에 반한다.[150)]

적용 법조 형법 347조 1항 → 형법 347조 2항, 1항
공소사실: 피고인이 기망행위로 피해자로부터 각 금원을 교부받은 것(형법 347조 1항)이 아니라 피해자로 하여금 A법인의 예금계좌로 각 금원을 송금하게 함(형법 347조 2항, 1항).

---

146) 대판 1982. 6. 8. 82도884.
147) 대판 1996. 2. 23. 94도1684.
148) 대판 1996. 8. 23. 96도1231; 대판 2006. 4. 28. 2005도4085.
149) 대판 2015. 11. 12. 2015도12372.
150) 대판 2015. 11. 12. 2015도12372.

판단: 공소의 취지는 피고인이 피해자를 기망하여 제3자인 A의 예금계좌로 금원을 송금케 하여 A로 하여금 재산상이익을 취득하게 하였다는 것으로 적용 법조가 특경법 3조 1항 2호, 형법 347조 2항, 1항의 오기라 할 것이고, 적용법조를 바로잡는다 하여 피고인의 방어권행사에 실질적인 불이익을 준다고 할 수 없으므로 법원이 공소장변경 없이 적용법조 중 형법 347조 1항을 형법 347조 2항, 1항으로 바로 잡을 수 있다.151)

실체적 경합범 → 포괄일죄

실체적 경합범으로 공소제기된 범죄사실에 대하여 법원이 범죄사실을 인정하면서 죄수에 관한 평가만을 달리하여 포괄일죄로 처단하더라도 피고인의 방어에 불이익을 미치지 않으므로 법원은 공소장변경 없이도 포괄일죄로 처벌할 수 있다.152)

포괄일죄로 기소된 뇌물수수죄 → 실체적 경합범

두 번에 걸친 뇌물수수를 포괄일죄로 기소한 경우에, 법원이 실체적 경합범으로 인정하더라도 죄수에 관한 평가를 달리한 것에 지나지 않고 피고인의 방어권행사에 실질적으로 불이익을 초래할 우려도 없으므로 불고불리원칙에 반하지 않는다.153)

실체적 경합범으로 기소된 수 죄를 법원은 공소장변경 없이 상상적 경합범으로 처단할 수 있다.154)

신법으로 기소하였으나 형의 경중에 차이가 없어 직권으로 구법 적용

법원이 인정하는 범죄사실이 공소사실과 동일한 경우에는 비록 검사가 재판시법인 개정 후 신법의 적용을 구하였더라도 그 범행에 대한 형의 경중의 차이가 없으면 피고인의 방어권 행사에 실질적으로 불이익을 초래할 우려도 없어 공소장변경 없이 정당하게 적용되어야 할 행위시법인 구법을 적용할 수 있다.155)

배임죄 → 횡령죄

횡령죄와 배임죄는 다 같이 신임관계를 기본으로 하는 같은 죄질의 재산범죄로서 그 형벌에 있어서도 경중의 차이가 없고 동일한 범죄사실에 대하여 단지 법률적용만을 달리하는 경우에 해당하므로 법원은 공소장변경 없이 배임죄의 공소사실을 횡령죄로 인정할 수 있다.

---

151) 대판 2006. 4. 28. 2005도4085.
특가법 5조의3 1항 2호, 형법 268조로 기소되었으나, 법원이 특가법 5조의3 1항 1호, 2호, 형법 268조를 적용한 것이 불고불리원칙에 반하지 않는다고 한 사례(대판 2006. 4. 14. 2005도9743).

152) 대판 1987. 7. 21. 87도546.

153) 대판 1987. 4. 14. 86도2075. 같은 취지로는 대판 1987. 5. 26. 87도527; 대판 2005. 10. 28. 2005도5996.

154) 대판 1980. 12. 9. 80도2236.

155) 대판 1992. 6. 23. 92도954.

피고인이 피해자로부터 명의신탁받은 토지에 관하여 피해자의 승낙 없이 근저당권설정등기를 경료한 행위가 배임죄로 기소되었지만, 법원이 공소장변경 없이 횡령죄로 의율할 수 있다.[156)]

횡령죄 → 배임죄
횡령죄와 배임죄는 다 같이 신임관계를 기본으로 하는 같은 죄질의 재산범죄로서 형벌에서도 경중의 차이가 없고 동일한 범죄사실에 대하여 법률적용만을 달리하는 경우에 해당하므로, 특별한 사정이 없는 한 법원은 공소장변경 없이 횡령죄의 공소사실을 배임죄로 인정할 수 있다.
피고인이 A주식회사에 대여금 명목으로 2억 300만 원을 교부한 부분이 업무상횡령죄로 기소되었더라도 공소사실의 동일성이 인정되고 피고인의 방어권 행사에도 지장이 없다면 공소장변경 없이 업무상배임죄를 적용할 수 있다.[157)]

(3) 피고인이 주장하거나 시인하는 것 또는 다툰 것을 인정하는 경우 등

단독범 → 공범
법원이 단독범으로 기소된 것을 공모공동정범으로 인정하는 것은, 피고인의 방어권행사에 실질적 불이익을 줄 우려가 없다면 반드시 공소장변경을 필요로 한다고 할 수 없다.
구청 시민봉사실 호적계의 호적주임으로 근무하면서 호적의 편제 또는 기재 등의 사무에 관한 구청장의 업무를 보조하는 피고인이 행사할 목적으로 허위내용의 호적정정허가신청서를 작성, 행사하였다는 공소사실에 대하여 피고인과 변호인이 피고인은 호적계장이나 시민봉사실장과 의논이 되어 호적정정허가신청서를 작성하여 행사한 것이고 시민봉사실장은 신청서의 정정사유가 허위임을 알면서도 결재한 것이라고 주장해 온 바 있다면, 공소장변경 없이 피고인이 호적계장, 시민봉사실장과 공모하여 위의 범행을 하였다고 인정하더라도 피고인의 방어권행사에 불이익을 줄 우려가 없으므로 적법하다.[158)]
해설: 피고인이 주장한 사실을 인정하는 것은 방어권행사에 불이익을 주지 않는다.

---

156) 대판 1999. 11. 26. 99도2651. 유사 취지로는 대판 2000. 9. 8. 2000도258.
157) 대판 2015. 10. 29. 2013도9481.
158) 대판 1991. 5. 28. 90도1977; 대판 2007. 4. 26. 2007도309. 다음은 같은 취지이다.
변경된 공소사실: 트럭 운전사인 피고인은 피해자 운전의 오토바이를 추월하기 위하여 오토바이 우측으로 너무 근접하여 진행한 과실로 피해자로 하여금 이에 위험을 느끼고 당황한 나머지 중심을 잃고 땅에 넘어지게 하여 그 충격으로 사망에 이르게 함.
원심이 직권으로 인정한 범죄사실: 피고인은 오토바이의 오른쪽으로 너무 근접하여 앞지르기를 하다가 트럭 왼쪽 뒷바퀴 부분으로 오토바이의 오른쪽을 충격하여 피해자로 하여금 오토바이와 함께 넘어져 6.3미터가량 미끄러지게 하여 사망에 이르게 함.
대법원의 판단: 공소사실과 원심이 인정한 범죄사실 사이에는 사고경위의 일부를 달리하고 있으나 공소사실 기재는 과실과 사망에 관한 인과관계의 중간경로를 설명한데 불과하므로 그 중간사실에 차이가 있어도 과실과 치사간에 인과관계가 있다면 법원은 공소장변경 없이도 그 죄책여부를 심판할 수 있고, 공소장변경 후에 피고인과 변호인은 피고인이 피해자의 오토바이에 근접하여 운행한 행위마저도 부인하고 있으니 원심의 조치가 피고인의 방어권행사에 실질적인 불이익을 주었다고 볼 수 없다(대판 1989. 12. 26. 89도1557).

공소사실: 변제할 의사와 능력 없이 피해자로부터 금원을 편취한다.
원심이 직권으로 인정한 범죄사실: 피해자에게 제3자를 소개케 하여 동액의 금원을 차용하고 피해자에게 그에 대한 보증채무를 부담케 하여 재산상의 이익을 취득한다.
대법원의 판단: 양 범죄사실을 비교해 보면 차용액, 기망의 태양, 피해의 내용이 실질에 있어 동일하여 피해자를 기망하여 금원을 편취하였다는 기본적 사실에 아무런 차이도 없고 피고인이 스스로 이를 시인하고 있는 이상 피고인의 방어에 불이익을 주었다고 볼 수도 없다.[159]
해설: 피고인이 시인하는 내용을 인정하는 경우에는 방어에 불이익이 없다.

(4) 기 타

공동 범행 중 일부를 피고인이 함 → 둘 중 누군가가 함
피고인과 공범자의 공동 범행 중 일부 행위에 관하여 피고인이 한 것이라고 기소된 것을 둘 중 누군가가 한 것이라고 인정하는 경우, 이 때문에 피고인의 방어권의 행사에 실질적인 불이익을 줄 우려가 있지 않는 한 공소장변경은 불필요하다.[160]

정범 → 간접정범
간접정범은 정범과 동일한 형 또는 그보다 감경된 형으로 처벌되는 점 등에 비추어 볼 때, 공소장변경 없이 직권으로 간접정범 규정을 적용하였더라도 피고인의 방어권행사에 실질적인 불이익을 초래하였다고 할 수는 없다.[161]

배임죄의 타인의 사무처리자 인정 근거를 변경된 계약 → 최초의 계약
공소사실: 대지의 대금에 해당하는 만큼의 골재를 납품받아 위 대지만을 피해자에게 양도하기로 계약을 변경한다.
법원이 직권으로 인정한 사실: 대지와 주택을 포함하는 최초의 주택분양계약이 유효하다.
판단: 공소사실과 기본적 사실의 동일성의 범위를 벗어나지 않고 피고인의 방어권행사에 실질적인 불이익이 초래될 염려도 없으므로 불고불리원칙에 반하지 않는다.[162]

나. 허용되지 않는 경우

살인죄 → 폭행치사죄
공소사실인 살인죄의 증명은 없으나 폭행치사죄의 증명이 있는 경우, 살인죄의 구성요건이 반드시 폭행치사

159) 대판 1984. 9. 25. 84도312.
160) 대판 2000. 5. 12. 2000도745.
161) 대판 2017. 3. 16. 2016도21075.
162) 대판 1990. 11. 13. 90도153.

사실을 포함한다고 할 수 없어 공소장변경 없이 폭행치사죄를 인정하는 것은 폭행치사죄에 대한 피고인의 방어권행사에 불이익을 주는 것이므로, 법원은 공소장변경 없이는 폭행치사죄로 처단할 수 없다.[163)]

'절취 신용카드를 사용한 사기죄' → '신용카드사용이 절취와 무관하게 사기죄'

절취한 신용카드를 사용한 사기죄의 공소사실에서, 신용카드의 사용이 신용카드의 절취 여부와 무관하게 사기죄를 구성할 수 있다는 검사 주장의 범죄사실은 범행의 내용이나 태양에서 서로 달라, 피고인의 방어행위 역시 달라질 수밖에 없으므로 공소장변경 없이는 인정할 수 없다.[164)]

금원 편취의 기망을 '석방시켜주겠다 → 변호사 사무실에 성공사례금을 지급하겠다'

'피고인이 갑을 석방시켜 줄 의사나 능력이 없음에도 피해자를 기망하여 이에 속은 피해자로부터 교제비 명목으로 500만 원을 교부받아 편취하였다'는 사기의 공소사실을, 직권으로 '피고인이 변호사 사무실에 성공사례금을 지급할 것처럼 피해자를 기망하여 피해자로부터 500만 원을 받아 편취하였다'고 인정하는 것은 피고인의 방어권행사에 실질적 불이익을 초래할 염려가 있다.[165)]

일반법과 특별법에 해당하는 범죄에 관하여 검사가 형이 경한 일반법으로 공소제기

범죄사실이 일반법과 특별법에 해당하는 경우 검사가 형이 경한 일반법의 적용을 청구하고 있는 이상 법원은 형이 중한 특별법을 적용하여 처단할 수 없다.

공무원이 직무상 부정한 행위를 한 후 1,000만 원을 교부받은 행위가 부정처사후수뢰(형법 131조 2항, 1항)로 기소된 경우, 위 범죄사실이 형이 중한 특가법 2조 1항 2호(현재는 3,000만 원 이상만 특가법위반에 해당함: 필자 주)에 해당하더라도 법원은 형법을 적용하여야 한다.[166)]

---

163) 대판 2001. 6. 29. 2001도1091.

164) 대판 2003. 7. 25. 2003도2252. 다음은 법원이 공소장변경 없이는 인정할 수 없는 범죄사실이다.
사기죄의 기망을 '토지 소유자와 토지매매계약을 체결하기로 약정한 사실이 없음' → '의사들로부터 건물을 분양받아 병·의원을 개업하겠다는 제안을 받고 분양계약체결만 앞두고 있는 것처럼 행세함'(대판 2010. 4. 29. 2010도2414).
범죄단체의 구성원으로 활동한 사실이 인정된다는 이유로 범죄에 대한 공소시효가 완성되었는지 여부를 결정짓는 요소인 범죄단체 가입일시를 공소장 기재 일시 이전으로 인정(대판 1993. 6. 8. 93도999).

165) 대판 2002. 2. 5. 2001도6311.

166) 대판 1962. 6. 28. 62도66; 대판 2006. 6. 15. 2006도1718. 같은 취지에서 다음의 각 사안에서는 공소장변경이 필요하다.
제3자 뇌물공여 교사죄(형법 130조, 31조 1항) → 특가법위반(특가법 2조 1항, 형법 130조, 31조 1항)(대판 2008. 3. 14. 2007도10601).
형법상의 상습절도죄 → 특가법상의 상습절도죄(현재는 폐지됨)(대판 2007. 12. 27. 2007도4749).
특수폭행치사방조로 기소되었으나, 특수폭행방조만 인정되는 경우, 특수폭행방조로 인정할 수 있을 뿐, 폭처법 3조 2항 위반 방조를 인정할 수 없음(대판 1998. 9. 4. 98도2061).

특가법상의 미성년자 약취 후 재물취득 미수 → 재물요구 기수 (미수감경배제)
미성년자 약취 후 재물을 요구하였으나 취득하지는 못한 범인을 '미성년자 약취 후 재물취득 미수'에 의한 특가법위반으로 공소제기 하였는데, 법원이 공소장변경 없이 '미성년자 약취 후 재물요구 기수'에 의한 특가법위반으로 인정하여 미수감경을 배제하는 것은 피고인의 방어권 행사에 실질적인 불이익을 초래한다.[167)]

상상적 경합범 중 어느 한 죄로만 기소되었으나 법원이 직권으로 다른 죄를 인정
공무원이 취급하는 사건에 관하여 청탁 또는 알선을 할 의사와 능력이 없음에도 청탁 또는 알선을 한다고 기망하고 이에 속은 피해자로부터 이른바 청탁자금 명목으로 금품을 받은 행위는 사기죄와 변호사법 111조 위반죄에 각 해당하고 두 죄는 상상적 경합관계에 있다. 그 중 어느 한 죄로만 기소된 경우에 법원이 공소장변경 없이 다른 죄로 바꾸어 인정하거나 다른 죄를 추가로 인정하는 것은 불고불리원칙에 위배된다.[168)]

관세포탈미수의 특가법위반죄 → 관세포탈예비의 특가법위반죄
밀수입하려고 외국에서 구입한 손목시계를 가지고 왔다가 통관시켜 줄 세관직원을 찾지 못하여 이를 보세창고에 예치시킨 행위가 관세포탈미수의 특가법위반죄로 기소된 경우, 공소장변경 없이는 관세포탈예비의 특가법위반죄로 심판할 수 없다.[169)]

다. 법원이 직권으로 심리·판단할 수 있는 죄가 여러 개인 경우

법원이 직권으로 심리·판단할 수 있는 죄가 여러 개임
공소장변경 없이도 법원이 심리·판단할 수 있는 죄가 여러 개인 경우에는, 법원이 어느 하나를 임의로 선택할 수 있는 것이 아니라 검사에게 공소사실 및 적용법조에 관한 석명을 구하여 공소장을 보완하게 한 다음 이에 따라 심리·판단하여야 한다.[170)]

167) 대판 2008. 7. 10. 2008도3747. 다음은 같은 취지이다.
(구 성폭법상) 주거침입강간미수를 직권으로 (구 성폭법상) 주거침입강제추행으로 인정하여 미수감경의 가능성을 배제하는 것은 위법하다(대판 2008. 9. 11. 2008도2409).

168) 대판 2007. 5. 10. 2007도2372.

169) 대판 1983. 4. 12. 82도2939.

170) 대판 2005. 7. 8. 2005도279. 구체적인 사안은 다음과 같다.
야간에 흉기를 휴대하여 협박죄를 범하였다는 폭처법 3조 2항, 1항, 2조 1항, 형법 283조 1항 위반의 공소사실 중에는 ① 폭처법 2조 2항, 형법 283조 1항 위반죄(야간협박)의 공소사실뿐만 아니라, ② 폭처법 3조 1항, 형법 283조 1항 위반죄(흉기휴대협박)의 공소사실, ③ 형법 284조의 특수협박죄의 공소사실, ④ 형법 283조 1항의 단순협박죄의 공소사실 등도 중첩적으로 포함되어 있으므로, 폭처법 3조 2항 중 '야간에 흉기 기타 위험한 물건을 휴대하여 협박죄(형법 283조 1항)를 범한 자' 부분이 위헌결정으로 인하여 효력을 상실한 경우에, 법원은 공소장변경 없이도 피고인의 방어에 실질적 불이익을 초래할 염려가 없는 한 공소장의 적용법조와 공소사실 안에 포함되어 있는 보다 가벼운 적용법조와 공소사실에 관하여 심리·판단할 수 있으며 이 사건과 같이 공소장변경절차 없이도 법원이 심리·판단할 수 있는 범죄가 여러 개인 경우 검사에게 석명을 구하여야 한다.

3. 범죄사실 직권인정의 의무성

공소장변경 없이 법원은 공소사실의 동일성이 인정되는 범위 내에서 심리의 경과에 비추어 피고인의 방어권 행사에 실질적인 불이익을 초래할 염려가 없다고 인정되는 때에는 공소장이 변경되지 않았더라도 직권으로 공소장에 기재된 공소사실과 다른 범죄사실을 인정할 수 있고, 이와 같은 경우 공소가 제기된 범죄사실과 대비하여 볼 때 실제로 인정되는 범죄사실의 사안이 가볍지 아니하여 공소장이 변경되지 않았다는 이유로 이를 처벌하지 않는다면 적정절차에 의한 신속한 실체적 진실의 발견이라는 형사소송의 목적에 비추어 현저히 정의와 형평에 반하는 것으로 인정되는 경우라면 법원으로서는 직권으로 그 범죄사실을 인정하여야 한다.[171)]

상해치사 → 폭행

피고인이 피해자의 얼굴을 주먹으로 2회 때리고, 피해자의 전신을 주먹 등으로 수회 때려 땅바닥에 넘어뜨려서 피해자로 하여금 심장파열상 등으로 사망하게 하였다는 상해치사 피고사건에서, 피고인이 주먹으로 얼굴을 2회 때리는 등으로 폭행을 가한 사실만 인정된다면 공소장이 변경되지 않았다는 이유로 폭행죄를 유죄로 인정하지 않더라도 현저히 정의와 형평에 반하지 않는다.[172)]

야간 또는 공동하여 폭행·협박의 폭처법위반 → 폭행·협박

야간 또는 공동하여 폭행·협박의 폭처법위반죄(폭처법 2조 2항, 1항, 형법 260조 1항, 283조 1항)의 공소사실에는 폭행죄, 협박죄도 포함되어 있고, 이 경우 법원이 폭행, 협박의 사실을 인정하더라도 피고인의 방어에 실질적 불이익을 초래할 염려는 없으므로 야간 또는 2인 이상의 공동사실이 인정되지 아니할 때에는 법원은 공소장변경 없이도 폭행, 협박의 공소사실에 관하여 심리, 판단할 수 있고, 법원이 이를 판단하지 아니하였다면 잘못이다.[173)]

특수강도 → 공동폭행·협박

특수강도죄 피고사건에서, 피고인이 특수강도에 관한 공모의 의사는 없었지만 다른 피고인들과 피해자들에 대하여 폭행·협박을 한 사실이 인정되는 경우, 공동폭행·협박을 유죄로 인정하지 않더라도 현저히 정의와

171) 대판 2009. 5. 14. 2007도616.
172) 대판 1990. 10. 26. 90도1229.
173) 대판 1990. 10. 30. 90도2022. 다음은 같은 취지이다.

야간흉기휴대주거침입의 폭처법위반 → 주거침입

야간흉기휴대주거침입의 폭처법위반죄(폭처법 3조 2항, 1항, 2조 1항, 형법 319조 1항)의 공소사실에는 주거침입죄의 공소사실도 포함되어 있고, 이 경우 법원이 주거침입 사실을 인정하더라도 피고인의 방어에 실질적 불이익을 초래할 염려는 없으므로 흉기휴대 사실이 인정되지 아니할 때에는 법원은 공소장변경 없이도 주거침입의 공소사실에 관하여 심리, 판단하여야 한다(대판 1990. 4. 24. 90도401).

형평에 반하지 않는다.[174)]

히로뽕 투약죄의 기수범 → 히로뽕 투약죄의 미수범
히로뽕 투약죄의 기수로 기소된 사안에서, 실행에 착수하였으나 기수에 이르지 않은 경우, 마약류의 폐해와 마약사범의 급속한 증가현상에 비추어 볼 때 히로뽕 투약의 경우 미수범도 기수범에 못지 않게 사안이 중대하므로 공소장이 변경되지 않았다는 이유로 이를 처벌하지 않으면 현저히 정의와 형평에 반하므로, 미수의 범죄사실을 인정하더라도 피고인의 방어권행사에 실질적인 불이익을 초래할 염려가 없다면 법원은 공소사실에 포함된 히로뽕 투약 미수의 범죄사실을 유죄로 인정하여야 한다.[175)]

피고인이 물건을 대신 구입해달라는 부탁과 함께 점유이탈물인 신용카드를 건네받은 사안을 장물취득죄로 기소
공소사실: 피고인은 갑으로부터 보수를 줄테니 물건을 대신 구입해 달라는 부탁을 받고 신용카드 2장이 점유이탈물인 사정을 알고도 이를 교부받아 장물취득
원심의 판단: 장물취득죄에서 '취득'은 점유를 이전받음으로써 그 장물에 대하여 사실상의 처분권을 획득하는 것을 의미하므로, 보수를 받고 본범을 위하여 장물을 일시 사용하거나 그와 같이 사용할 목적으로 장물을 건네받은 것만으로는 장물취득으로 볼 수 없어 원심이 무죄를 선고한다.
판단: 갑은 늦어도 습득한 신용카드 2장으로 물건을 구입하여 줄 것을 피고인에게 부탁한 때에는 불법영득의 의사가 확정됨으로써 점유이탈물횡령죄의 기수에 이르렀고, 점유이탈물횡령으로 인하여 영득한 재물은 장물이므로, 갑의 부탁을 받고 신용카드 2장을 교부받은 행위는 적어도 장물보관죄에 해당한다.
공소사실인 장물취득과 실제로 인정되는 장물보관은 객관적 사실관계가 동일하고, 다만 장물취득인지 장물보관인지의 법적 평가에 있어서 차이가 있을 뿐이어서 장물보관죄로 처단하더라도 피고인의 방어권행사에 실질적인 불이익을 초래할 염려는 없다. 신용카드의 사실상 처분권을 취득한 것이 아니라는 이유로 처벌하지 않는 것은 현저히 정의와 형평에 반하므로, 공소장변경 없이도 피고인을 장물보관죄로 처단하여야 한다.[176)]

피고인이 갑과 공모하여 사문서위조 → 피고인, 갑, 을이 공모하여 사문서위조
피고인이 갑과 공모하여 사문서위조죄를 저지른 것으로 공소제기되었으나, 피고인이 을이 실제 사문서를 위조하였다고 주장함에 따라 심리한 결과 피고인이 을 및 병과 함께 공모하여 사문서위조 범행을 저지른 것으로 밝혀졌다면, 법원은 공소장변경 없이도 피고인, 갑 및 을의 공모에 의한 사문서위조죄를 인정하여야 한다.[177)]

---

174) 대판 2001. 12. 11. 2001도4013.
175) 대판 1999. 11. 9. 99도3674.
176) 대판 2003. 5. 13. 2003도1366.
177) 대판 2006. 4. 13. 2005도9268.

살인죄 공소사실 중 피해자를 베란다로 끌고 가 난간 밖으로 밀어 12층에서 떨어지게 한 점을 제외한 나머지는 인정됨

살인죄의 공소사실 중 '피고인이 피해자를 베란다로 끌고 가 난간 밖으로 밀어 12층에서 떨어지게 하였다는 점'을 제외한 나머지는 인정되고, 피고인도 피해자를 때리고 양쪽 손과 발목을 테이프로 묶었다는 등 살인의 점을 제외한 나머지 공소사실을 전부 시인하고 있어 이 부분을 유죄로 인정하여도 피고인의 방어권 행사에 실질적인 불이익을 초래할 염려가 없다. 그리고 피고인은 피해자와 사실상 혼인관계에 있어 서로 신뢰하고 보호할 의무가 있고, 구체적 행위의 태양이나 전·후의 경위, 피해자가 발이 묶인 채로 추락하기까지 한 사정을 보면, 인정되는 범죄사실만으로도 살인죄에 비하여 결코 사안이 가볍다고 할 수 없으므로, 공소장변경이 없다는 이유만으로 공소사실에 포함된 나머지 범죄사실로 처벌하지 않는 것은 현저히 정의와 형평에 반한다. 공소장변경 없이도 기소된 범죄사실에 포함된 다른 범죄사실인 폭행이나 상해, 체포·감금 등의 죄에 해당하는지를 판단하여 그 죄로 처단하여야 한다.[178)]

차용증을 허위 작성하여 갑의 부동산에 근저당설정등기를 경료한 허위 근저당권자가 임의경매절차에서 배당금 편취(사기 피해자를 갑 → 경락인 을)

공소장에 기재된 재산상 피해자와 실제의 피해자가 다른 경우에는 공소사실의 동일성을 해하지 않고 피고인의 방어권 행사에 실질적 불이익을 주지 않는 한 공소장변경 없이 직권으로 실제의 피해자를 피해자로 적시하여 유죄를 인정하여야 한다.

근저당권자가 집행법원을 기망하여 원인무효이거나 피담보채권이 존재하지 않는 근저당권에 기해 채무자 또는 물상보증인 소유의 부동산에 대하여 임의경매신청을 함으로써 경매절차가 진행된 결과 부동산이 매각되었더라도 그 경매절차는 무효로서 채무자나 물상보증인은 부동산의 소유권을 잃지 않고, 매수인(경락인)은 부동산의 소유권을 취득할 수 없다.

이러한 경우에 허위의 근저당권자가 배당절차에서 배당금을 지급받았다면 집행법원의 배당표작성과 배당금 교부는 매수인의 재산을 처분하여 매수인에게 직접 재산상손해를 야기하는 행위로서 매수인의 처분행위에 갈음하는 효력을 가진다.[179)]

피고인이 갑에 대한 채권이 없음에도 갑 명의의 차용증을 허위로 작성하고 갑 소유의 부동산에 관하여 피고인 앞으로 근저당권설정등기를 마친 다음, 그에 기하여 부동산임의경매를 신청하여 배당금을 교부받아 편취한 사안에서, 공소사실과 동일성이 인정되고 피고인의 방어권 행사에 불이익을 주지 않는 이상 피해자가 공소장에 기재된 갑이 아니라고 하여 무죄를 선고할 것이 아니라 진정한 피해자에 대한 사기죄로 처벌하여야 한다. 공소사실에 따른 실제 피해자인 부동산 매수인 을에 대한 사기죄가 성립함에도, 무죄 판단한 것은 위법하다.[180)]

---

178) 대판 2009. 5. 14. 2007도616.

179) 여기서 피기망자는 집행법원이고, 피해자는 매수인이며 집행법원은 피해자를 위하여 재산을 처분할 수 있는 권능을 가지므로 삼각사기가 성립한다.

180) 대판 2017. 6. 19. 2013도564.

특가법위반(도주차량)죄 → 업무상과실치상죄
특가법위반(도주차량)죄는 업무상과실치상죄(형법 268조)를 범한 자가 피해자를 구호하지 아니하고 도주한 때에 성립하므로 업무상과실치상죄는 특가법위반(도주차량)죄에 포함되어 있다. 기소된 특가법위반(도주차량)죄는 인정되지 않고 업무상과실치상죄만 인정된다면 공소장변경 없이도 업무상과실치상죄로 처단되어야 한다.[181]

1. 기본적 사실관계의 동일성에 관한 판례의 입장
① **죄수론**: 실체적 경합범관계에 있는 범죄들 사이에서는 동일성이 인정되지 않고, 일죄, 포괄일죄(협의의 포괄일죄, 영업범, 상습범 등) 및 상상적 경합 관계에 있는 범죄들 사이에서는 동일성이 인정된다.
② **양립가능성**: 두 개의 사실관계가 양립할 수 있으면 별개의 사건이므로 동일성이 인정되지 않고, 양립할 수 없으면 동일사건이어서 동일성이 인정된다.

2. 공소제기의 효력 = 공소장변경의 한계 = 기판력의 객관적 범위
범죄사실의 일부에 대한 공소제기의 효력은 범죄사실 전부에 미친다(법 248조 2항). 다시 말하면 일부 범죄사실을 기소한 경우 그 범죄사실과 기본적 사실관계가 동일한 범죄사실 전체에 대해 공소제기의 효력이 미친다. 따라서 기소된 일죄의 일부는 현실적 심판의 대상이 되고, 그와 동일성이 인정됨에도 기소되지 않은 부분은 잠재적 심판의 대상으로서 공소장변경에 의해 현실적 심판의 대상이 된다. 기판력은 잠재적 심판의 대상이 된 부분에 대해서까지 미친다.
기소된 범죄사실과 기본적 사실관계가 동일한 범죄사실은 공소장변경에 의해 심판 대상이 되고, 기소된 범죄사실과 기본적 사실관계가 동일하지 않은 범죄사실은 추가 기소에 의해 심판 대상이 된다. 이를 기판력의 관점에서 보면, 기소된 범죄사실에 대한 판결이 확정되는 경우 그 확정판결의 기판력이 미칠 범죄사실은 공소장변경에 의해 심판 대상이 되고, 그 확정판결의 기판력이 미치지 않을 범죄사실은 추가 기소에 의해 심판 대상이 된다.

3. 공소장변경에서 문제되는 4가지 쟁점
① **공소장변경의 한계**: 기본적 사실관계의 동일성이 인정될 것
② **법원이 직권으로 범죄사실을 인정하기 위한 요건**: 기본적 사실관계의 동일성이 인정되고, 법원이 공소장변경 없이 범죄사실을 인정하더라도 피고인의 방어권행사에 실질적인 불이익이 없을 것
③ **법원이 직권으로 범죄사실을 인정하는 것이 의무적이기 위한 요건**: 기본적 사실관계의 동일성이 인정되고, 법원이 공소장변경 없이 범죄사실을 인정하더라도 피고인의 방어권행사에 실질적인 불이익이 없으며, 직권으로 범죄사실을 인정하지 않으면 현저히 정의와 형평에 반할 것
④ **검사가 일죄의 일부 기소 후 그 나머지를 추가 기소한 경우의 처리 방법**

181) 대판 1990. 12. 7. 90도1283.

제 2 장

소송의 주체

제 1 절 법 원

Ⅰ. 법원의 의의

법원은 법원조직법상 의미의 법원과 소송법상 의미의 법원으로 분류할 수 있다. 전자는 사법행정상의 단위로서의 법원을 의미하며 대법원장과 각급 법원장의 지휘감독을 받는다. 후자는 구체적 사건에 관하여 재판권을 행사하는 주체로서의 재판기관을 의미한다.

Ⅱ. 법원의 종류

1. 법원조직법상 의미의 법원

법원조직법상 의미의 법원은 최고법원으로서의 대법원, 하급법원인 고등법원과 지방법원(지방법원지원, 시·군법원)으로 조직되어 있다(법원조직법). 기타 특허법원, 행정법원, 가정법원(가정법원지원, 소년부지원), 회생법원 등이 있다.

시·군법원이 관할하는 형사사건은 20만 원 이하의 벌금 또는 구류나 과료에 처할 범죄사건이다(법원조직법 34조 1항 3호).

2. 소송법상 의미의 법원

소송법상 의미의 법원은 수소법원과 수임판사로 나뉜다. 수소법원은 공소제기된 피고사건을 심판할 권한을 가지는 법원을 의미한다. 수임판사는 수소법원과 무관하게 소송법상의 권한을 행사할 수 있는 개개의 법관을 의미하며, 압수·수색·검증영장 및 체포·구속영장의 발부, 체포·구속적부심사(법 214조의2), 증거보전(법 184조), 증인신문(법 221조의2)등의 업무를 담당한다.

가. 단독제와 합의제

수소법원은 1인 법관으로 구성되는 단독제(단독판사) 또는 3인의 법관으로 구성되는 합의제(합의부)로 이루어져 있다. 단독제는 강한 책임감과 신속성을 장점으로 하고, 합의제는 신중성과 공정성을 장점으로 한다. 형사소송에 있어 제1심에는 단독제와 합의제가 설치되어 있고, 상소법원에는 합의제만 설치되어 있다.

나. 재판장, 수명법관, 수탁판사

수소법원이 합의제인 경우 그 구성원 중의 1인이 재판장이 된다. 합의제 구성원 중 재판장이 아닌 법관을 합의부원 또는 배석판사라고 한다. 재판장은 피고사건의 심판에 있어 합의부원과 동일한 권한을 가진다. 다만 소송수행의 원활을 기하기 위하여 공판기일지정권(법 267조), 소송지휘권(법 279조), 법정경찰권(법 281조) 등의 권한은 재판장이 행사한다.

예컨대 수소법원은 소속 부원으로 하여금 압수·수색·검증 또는 증인신문을 하도록 명할 수 있다(법 136조 1항, 145조, 167조 1항). 위와 같이 수소법원의 명을 받아 압수·수색·검증 또는 증인신문 등을 하는 합의부원을 수명법관이라고 한다. 수명법관은 압수·수색·검증 또는 증인신문 등을 함에 있어 수소법원의 권한을 행사한다(법 136조 3항, 145조, 167조 3항).

수소법원은 압수·수색·검증 목적물의 소재지 또는 증인의 현재지를 관할하는 지방법원 소속 판사에게 압수·수색·검증 또는 증인신문 등을 촉탁할 수 있다(법 136조 1항, 145조, 167조 1항). 위와 같이 수소법원의 촉탁을 받아 압수·수색·검증 또는 증인신문 등을 하는 판사를 수탁판사라고 한다. 수탁판사는 압수·수색·검증 또는 증인신문 등을 함에 있어 수소법원의 권한을 행사한다(법 136조 3항, 145조, 167조 3항). 촉탁을 받은 판사는 압수·수색·검증의 목적물이 그 관할구역 내에 없는 때 또는 증인이 관할구역 내에 현존하지 아니하는 때에는 목적물 소재지 또는 증인 현재지 법원의 판사에게 압수·수색, 검증 또는 증인신문 등을 전촉할 수 있다(법 136조 2항, 145조, 167조 2항). 위와 같이 전촉을 받은 판사 또한 수탁판사이다.

그 밖에도 수명법관이나 수탁판사가 활용되는 경우로는 결정 또는 명령을 함에 필요한 조사(법 37조 3항, 4항), 피고인 구속의 촉탁(법 77조), 감정에 필요한 처분(법 175조), 공판준비기일의 진행(법 266조의7 3항), 공판기일 전의 증거조사(법 273조 2항) 등이 있다.

Ⅲ. 법원의 형사재판권

형사재판권은 우리나라의 법원이 형사사건에 대하여 심판권을 행사할 수 있는 일반적, 추상적인 권한을 말한다.

재판권이 없는 것으로 인정된 때에는 공소기각의 판결을 한다(법 327조 1호). 다만, 법원은 공소가 제기된 사건에 대하여 군사법원이 재판권을 가지게 되었거나 재판권을 가졌음이 판명된 때에는 결정으로 사건을 재판권이 있는 같은 심급의 군사법원으로 이송한다(법 16조의2).

Ⅳ. 법원의 관할

1. 관할의 의의

법원의 관할은 각 법원 상호간의 재판권의 분배, 즉 특정 법원이 특정 사건을 재판할 수 있는 권한을 의미한다. 재판권은 국가기관인 법원이 어떠한 사항에 관하여 심판할 수 있는 권한이 있는지 여부에 관한 것이고, 관할권은 재판권이 있을 것을 전제로 하여 특정한 사건에 관하여 어느 법원이 재판권을 행사할 것인지에 관한 것이다. 재판권이 없는 때에는 공소기각의 판결을 하고(법 327조 1호), 관할권이 없는 때에는 관할위반의 판결을 한다(법 319조).

관할권이 있는 법원 내부에 다수의 재판부가 있는 경우에 특정 피고사건에 대한 심판을 어느 재판부에 맡길 것인지는 법원 내부의 사무분장의 문제이므로 관할과는 구별되어야 한다.

2. 고유관할

가. 심급관할

심급관할은 상소관계에 있어서의 관할을 의미한다. 판결에 대한 상소는 항소와 상고가 있고, 결정에 대한 상소는 항고와 재항고가 있다.

(1) 항 소

지방법원 본원이나 지방법원 지원의 단독판사가 한 판결에 대한 항소사건은 원칙적으로 지방법원 합의부가 관할한다(법원조직법 32조 2항).

지방법원 합의부의 판결에 대한 항소사건은 고등법원이 관할한다(동법 28조 1호).

(2) 상 고

지방법원 합의부 또는 고등법원이 한 항소심 판결에 대한 상고사건은 대법원이 관할한다(동법 14조 1호). 제1심 판결에 일정한 사유가 있는 때에는 대법원에 비약상고를 할 수 있다(법 372조).

(3) 항 고

지방법원 본원이나 지방법원 지원의 단독판사가 한 결정에 대한 항고사건은 원칙적으로 지방법원 합의부가 관할한다(법원조직법 32조 2항). 지방법원 합의부의 결정에 대한 항고사건은 고등법원이 관할한다(동법 28조 1호). 고등법원의 결정과 항고법원(항고사건을 관할한 고등법원 또는 지방법원 합의부)의 결정에 대한 불복인 재항고사건은 대법원이 관할한다(동법 14조 2호).[1]

나. 토지관할

토지관할은 동등한 법원 상호간에 있어서 사건과 토지와의 관계에 의한 관할의 배분을 말하며 재판적이라고도 한다. 토지관할의 기준은 피고인의 응소의 편의성, 증거의 소재에 따른 재판의 효율성 등이다. 각급 법원의 설치와 관할구역에 관한 법률 4조는 각 고등법원·지방법원과 그 지원의 토지관할 구역에 관하여 정하고 있다. 형사사건의 제1심 법원은 각각 일정한 토지관할 구역을 나누어 가지는 대등한 관계에 있으며,[2] 제1심인 지방법원 본원과 지방법원 지원도 일정한 토지관할 구역을 나누어 가지는 대등한 관계에 있다.

토지관할은 범죄지, 피고인의 주소, 거소 또는 현재지에 있다(법 4조 1항).[3] 범죄지는 범죄사실의 전부 또는 일부가 행해진 곳으로서 실행 행위지와 결과 발생지를 모두 포함한다. 주소는 생활의 근거가 되는 곳이고, 거소는 사람이 다소 계속적으로 거주하는 곳으로 그 구체적 의미는 민법에 의한다(민법 18조, 19조). 현재지는 임의 또는 적법한 강제의 의하여 피고인이 현재하는 곳을 말한다.

공해상에서 적법하게 체포하여 국내에서 인도받은 소말리아인 해상강도범
'현재지'는 기소 당시 피고인이 현재한 장소로서 '임의에 의한 현재지'와 '적법한 강제에 의한 현재지'를 모두 포함한다.
소말리아 해적들이 아라비아해 인근 공해상에서 저지른 범죄로 적법하게 구속, 기소될 당시 부산구치소에 구금된 경우 현재지인 부산지방법원에 토지관할이 있다.[4]

선박이나 항공기에서의 범죄에 대해서는 위와 같은 토지관할에 대한 특별 규정이 있다. 즉 국외에 있는 대한민국 선박이나 항공기 내에서 범한 죄에 관하여는 범죄지, 피고인의 주소, 거소 또는 현재지 외에 선적지·기적지 또는 범죄 후의 선착지·기착지도 토지관할의 기준이 된다(법 4조 2항, 3항).

---

1) '항고법원이 아닌 고등법원'의 결정에 대한 불복도 재항고사건으로 취급된다.
2) 대결 2006. 12. 5. 2006초기335 전합.
3) 제1심 법원이 피고인의 현재지인 이상, 그 범죄지나 주소지가 아니더라도 토지관할은 인정된다(대판 1984. 2. 28. 83도3333).
4) 대판 2011. 12. 22. 2011도12927.

다. 사물관할

제1심 법원의 단독판사와 합의부 사이의 관할 배분을 사물관할이라 한다. 단독판사가 관할하는 사건이 많아지면 법원이 처리할 수 있는 사건의 양도 늘어난다. 이러한 이유로 단독판사의 관할 범위가 넓어져 왔다. 제1심의 재판은 단독판사가 담당하는 것이 원칙이다(법원조직법 32조 1항).

법원조직법 제32조(합의부의 심판권) ① 지방법원과 그 지원의 합의부는 다음의 사건을 제1심으로 심판한다.
1. 합의부에서 심판할 것으로 합의부가 결정한 사건
2. 생략(민사사건에 관한 것이므로)
3. 사형, 무기 또는 단기 1년 이상의 징역 또는 금고에 해당하는 사건. 다만, 다음 각 목의 사건은 제외한다.
   가. 형법 제258조의2, 제331조, 제332조(제331조의 상습범으로 한정한다)와 그 각 미수죄, 제350조의2와 그 미수죄, 제363조에 해당하는 사건
   나. 폭처법 제2조 제3항 제2호·제3호, 제6조(제2조 제3항 제2호·제3호의 미수죄로 한정한다) 및 제9조에 해당하는 사건
   다. 병역법위반사건
   라. 특가법 제5조의3 제1항, 제5조의4 제5항 제1호·제3호 및 제5조의11에 해당하는 사건
   마. 보건범죄 단속에 관한 특별조치법 제5조에 해당하는 사건
   바. 부수법 제5조에 해당하는 사건
   사. 도교법 제148조의2 제1항·제2항, 같은 조 제3항 제1호 및 제2호에 해당하는 사건(2019. 6. 25.부터 시행)
4. 제3호의 사건과 동시에 심판할 공범사건
5. 지방법원판사에 대한 제척·기피사건
6. 다른 법률에 따라 지방법원 합의부의 권한에 속하는 사건

상습특수상해죄는 그 법정형이 단기 1년 이상의 유기징역이므로(형법 264조, 258조의2 1항) 합의부관할 사건이다(법원조직법 32조 1항 3호 본문).[5]

합의부가 보석허가결정이나 그 취소결정한 사건에 관한 보석보증금몰수신청사건의 관할

보증금몰수사건(법 103조 2항)은 그 성질상 당해 형사본안 사건의 기록이 존재하는 법원 또는 그 기록을 보관하는 검찰청에 대응하는 법원의 토지관할에 속하고, 그 법원이 지방법원인 경우에 있어서 사물관할은 지방법원 단독판사에게 속하고(법원조직법 7조 4항), 소송절차 계속 중에 보석허가결정 또는 그 취소결정을 한 본안 관할법원(제1심 합의부 또는 항소심인 합의부)에 속하는 것은 아니다.[6]

---

5) 대판 2017. 6. 29. 2016도18194.

6) 대결 2002. 5. 17. 2001모53.

해설: 항소심인 지방법원 합의부(제1심은 지방법원 단독판사)가 보석결정을 하였고, 재판확정 후 검사가 위 지방법원에 보석보증금몰수신청을 하자 위 합의부가 신청에 대해 기각결정을 한 것은 관할위반이다(보석보증금몰수신청의 사물관할은 지방법원 단독판사에 속하므로).

3. 관련사건의 관할

가. 의 의

① 1인이 범한 수죄, ② 수인이 공동으로 범한 죄, ③ 수인이 동시에 동일 장소에서 범한 죄, ④ 범인은닉죄, 증거인멸죄, 위증죄, 허위감정·통역죄 또는 장물에 관한 죄와 그 본범의 죄의 4가지가 관련사건이다(법 5조). 관련사건은 수 개의 사건이 서로 관련되어 관할을 정함에 있어 특별한 취급을 받는다.

'수인이 공동으로 범한 죄'의 의미/죄를 범한 수인이 일가친척의 관계에 있음
'수인이 공동으로 범한 죄'는 형법상의 공범(공동정범, 교사범, 종범)뿐만 아니라, 필요적 공범, 합동범, 공동과실범, 상해의 동시범 등도 포함한다.
일가친척이라는 사실만으로는 '수인이 공동으로 범한 죄'라고 할 수 없다.[7)]

나. 토지관할을 달리하는 관련사건

(1) 병합관할의 원칙

토지관할을 달리하는 수 개의 사건이 관련된 때에는 1개의 사건에 관하여 관할권 있는 법원은 다른 사건까지 관할할 수 있다(법 5조).

갑 사건(토지관할이 A법원에 있음)이 A에 계속 중 갑 사건과 관련사건인 을 사건(토지관할이 A에 없음)이 A에 계속되었으나 병합심리 전에 갑 사건의 심리종결
관련사건의 관할(법 5조)은, 고유관할사건과 관련사건이 병합 기소되거나 병합 심리될 것을 요건으로 하지 않고, 고유관할사건 계속 중 고유관할 법원에 관련사건이 계속된 이상 그 후 양 사건이 병합 심리되지 않은 채 고유관할사건의 심리가 먼저 종결되었어도 관련사건에 대한 관할권은 유지된다.[8)]
해설: 위 판례에서 고유관할사건은 관할권 있는 법원에 계속된 사건을 의미한다.

(2) 병합심리결정

토지관할을 달리하는 수 개의 관련사건(즉 법 5조에 해당하여 어느 한 법원이 병합관할을 가지는 사건)이

7) 대판 1978. 10. 10. 78도2225.
8) 대판 2008. 6. 12. 2006도8568.

각각 다른 법원에 계속된 때에는 공통되는 직근 상급법원은 검사나 피고인의 신청에 의하여 결정으로 1개 법원으로 하여금 병합심리하게 할 수 있다(법 6조). 이 결정은 신청에 의해서만 가능하다.

마산지방법원 항소부의 사건과 부산고등법원의 사건
법 6조에서 말하는 '각각 다른 법원'은 사물관할은 같으나 토지관할을 달리하는 동종, 동등의 법원을 말한다. 마산지방법원 항소부와 부산고등법원은 심급은 같지만 사물관할이 다르므로 여기에 해당하지 않는다.[9)]
해설: 마산지방법원 항소부는 '단독판사 관할사건'의 항소심이고, 부산고등법원은 '(지방법원이나 지방법원지원의) 합의부 관할사건'의 항소심이므로 사물관할을 달리한다. 위 판례에서의 사안에 대해서는 아래 다.(2)에 의해 부산고등법원이 결정으로 병합할 수 있다(규칙 4조의2 1항).

서울중앙지방법원과 수원지방법원에 각각 사건이 있는 경우의 '공통 직근 상급법원'
사물관할은 같지만 토지관할을 달리하는 수 개의 제1심 법원(지원을 포함)들에 관련 사건이 계속된 경우에 있어서, '공통되는 직근 상급법원(법 6조)'은 형사사건의 토지관할[10)]을 기준으로 정해야 한다. 형사사건의 제1심 법원은 각각 일정한 토지관할 구역을 나누어 가지는 대등한 관계이므로 그 상급법원은 제1심 법원들의 토지관할 구역을 포괄하여 관할하는 고등법원이 된다. 따라서 토지관할을 달리하는 수 개의 제1심 법원들에 관련 사건이 계속된 경우에 그 소속 고등법원이 같으면 그 고등법원이, 그 소속 고등법원이 다르면 대법원이 제1심 법원들의 공통 직근 상급법원이다.
서울중앙지방법원 사건과 수원지방법원 성남지원 사건에 관하여 토지관할 병합심리 신청이 이루어진 경우, 위 법원들은 서울고등법원 소속이므로 위 법원들의 공통 직근 상급법원은 서울고등법원이지 대법원이 아니다.[11)]
해설: 수원고등법원이 설치되는 2019년부터는 서울중앙지방법원과 수원지방법원 성남지원의 공통 직근 상급법원은 대법원이다.

(3) 분리이송결정

토지관할을 달리하는 수 개의 관련사건이 동일법원에 계속된 경우에 병합심리의 필요가 없는 때에는 법원은 결정으로 이를 분리하여 관할권 있는 다른 법원에 이송할 수 있다(법 7조).

다. 사물관할을 달리하는 관련사건

(1) 병합관할의 원칙

사물관할을 달리하는 수 개의 사건이 관련된 때에는 법원합의부가 병합관할한다(법 9조). 처음부터 병합하여 기소된 사건에 관하여 합의부가 관할권을 가질 수 있고, 추가 기소된 사건을 합의부에 배당하여 합의부가 병합심리결정을 함으로써 관할권을 가질 수도 있다.

---

9) 대결 1990. 5. 23. 90초56.
10) 형사사건의 토지관할은 '각급 법원의 설치와 관할구역에 관한 법률' 4조에 기한 [별표 3]에 의한다.
11) 대결 2006. 12. 5. 2006초기335 전합.

(2) 병합심리결정

사물관할을 달리하는 수개의 관련사건이 각각 법원합의부와 단독판사에 계속된 때에는 합의부가 결정으로 단독판사에 속한 사건을 병합하여 심리할 수 있다(법 10조).

법원합의부와 단독판사에 계속된 각 사건이 토지관할을 달리하는 경우에도 법 10조를 적용하여 합의부가 결정으로 단독판사에 속한 사건을 병합하여 심리할 수 있다(규칙 4조 1항).

사물관할을 달리하는 수개의 관련 항소사건이 각각 고등법원과 지방법원본원합의부에 계속된 때에는 고등법원은 결정으로 지방법원본원합의부에 계속한 사건을 병합하여 심리할 수 있으며, 수개의 관련 항소사건이 토지관할을 달리하는 경우에도 같다(규칙 4조의2 1항).

(3) 분리이송결정

병합하여 기소되거나 추가 기소되어 위 (1)에 의해 합의부에 계속된 관련사건에 대해서는 합의부가 본래 합의부의 관할에 속하지 않은 사건을 직권에 의한 결정으로 관할권 있는 단독 판사에게 이송할 수 있다(법 9조 단서). 다만 이러한 이송결정이 행해지는 예는 거의 없다.[12)]

4. 재정관할

법원의 재판에 의해 정하는 관할을 재정관할이라 한다. 재정관할에는 관할의 지정과 이전이 있다.

가. 관할의 지정

관할의 지정은 1. 법원의 관할이 명확하지 아니한 때, 2. 관할위반을 선고한 재판이 확정된 사건에 관하여 다른 관할법원이 없는 때에 직근 상급법원의 결정에 의해 심판할 법원을 정하는 것을 말한다(법 14조).

나. 관할의 이전

1. 관할법원이 법률상의 이유 또는 특별한 사정으로 재판권을 행사할 수 없는 때, 2. 범죄의 성질, 지방의 민심, 소송의 상황 기타 사정으로 재판의 공평을 유지하기 어려운 염려가 있는 때에는 직근 상급법원이 결정으로 관할을 이전한다(법 15조).

<u>유죄판결에 불복하여 상고를 제기한 피고인을</u> <u>교도소</u> 소장이 검사의 이송지휘도 없이 <u>다른 교도소로 이송</u>한 것은 법 15조 1호의 관할이전신청의 사유가 아니다.[13)]

---

12) 법원실무제요 형사Ⅰ, 55면.
13) 대결 1983. 7. 5. 83초20. 다음은 같은 취지이다.
공소장변경을 허가한 것은 재판의 공평을 유지하기 어려울 염려가 있는 때에 해당하지 않는다(대결 1984. 7. 24. 84초45).

> 피고인이 피고사건의 법관에 대하여 기피신청을 하였고, 위 피고사건에서 위증을 한 자들을 고소하여 수사 중인 사실은 관할이전신청의 사유가 아니다.[14)]

다. 신 청

관할 지정의 신청은 검사가 하고, 관할 이전의 신청은 검사 또는 피고인이 한다(법 14조, 15조). 관할의 지정·이전을 신청함에는 그 사유를 기재한 신청서를 직근 상급법원에 제출하여야 한다. 공소제기 후 직근 상급법원에 관할의 지정·이전을 신청하는 때에는 검사는 즉시 공소를 접수한 법원에 이를 통지하여야 한다(법 16조).

라. 절 차

공소제기 전의 사건에 관하여 관할지정 또는 관할이전의 결정을 한 경우 결정을 한 법원은 결정등본을 검사와 피의자에게 각 송부하여야 하며, 검사가 그 사건에 관하여 공소를 제기할 때에는 공소장에 그 결정등본을 첨부하여야 한다(규칙 6조 1항). 공소가 제기된 사건에 관하여 관할지정 또는 관할이전의 결정을 한 경우 결정을 한 법원은 결정등본을 검사와 피고인 및 사건계속법원에 각 송부하여야 한다(동조 2항). 관할지정 또는 관할이전의 결정등본을 송부받은 사건계속법원은 지체 없이 소송기록과 증거물을 그 결정등본과 함께 그 지정 또는 이전된 법원에 송부하여야 한다. 다만, 사건계속법원이 관할법원으로 지정된 경우에는 그러하지 아니하다(동조 3항).

법원은 그 계속 중인 사건에 관하여 토지관할의 병합심리신청, 관할지정신청 또는 관할이전신청이 제기된 경우에는 그 신청에 대한 결정이 있기까지 소송절차를 정지하여야 한다. 다만, 급속을 요하는 경우에는 그러하지 아니하다(규칙 7조).

5. 사건의 이송

가. 피고인 현재지 법원으로의 이송

법원은 피고인이 그 관할구역 내에 현재하지 아니하는 경우에 특별한 사정이 있으면 결정으로 사건을 피고인의 현재지를 관할하는 동급 법원에 이송할 수 있다(법 8조 1항).

> **관할권 없는 사건을 피고인 현재지 관할법원으로 이송**
> 법 8조는 법원이 피고인에 대하여 관할권은 있으나, 피고인이 그 관할구역 내에 현재하지 아니한 경우에 심리의 편의와 피고인의 이익을 위하여 피고인의 현재지를 관할하는 동급법원에 이송할 수 있음을 규정한 것뿐이고 피고인에 대하여 관할권이 없는 경우에도 이송하여야 한다는 뜻은 아니다.[15)]

14) 대결 1982. 12. 17. 82초50.

나. 공소장변경에 따른 이송

단독판사의 관할사건이 공소장변경에 의하여 합의부 관할사건으로 변경된 경우에 법원은 결정으로 관할권이 있는 법원에 이송한다(법 8조 2항).[16] 공소장변경에 의하여 합의부 관할사건으로 바뀐 경우에 단독판사가 관할위반의 판결을 선고하고, 검사가 합의부가 있는 법원에 다시 기소해야 하는 불편을 피하고 소송경제를 도모하고자 법원으로 하여금 의무적으로 이송토록 하고 있는 것이다.

광주지방법원 합의부(항소심)가 단독사건 심리 중 공소장변경으로 합의부사건이 됨

사실관계

- 광주지방법원 단독판사가 제1심으로서 판결을 선고
- 항소심인 광주지방법원 합의부가 심리하던 중 공소장변경으로 합의부 관할사건이 됨
- 광주지방법원 합의부가 항소심으로서 판결을 선고

판단: 항소심에서 공소장변경에 의하여 단독판사 관할사건이 합의부 관할사건으로 된 경우에도 법원은 사건을 관할권이 있는 법원에 이송하여야 한다. 항소심에서 변경된 위 합의부 관할사건에 대한 관할권이 있는 법원은 고등법원이다.[17]

해설: 합의부 사건에 대한 관할권은 제1심에서는 광주지방법원 합의부, 제2심에서는 광주고등법원에 있다. 광주지방법원 합의부는 합의부 사건에 대해 항소심으로서의 관할권을 가지지 못하므로 관할권 있는 광주고등법원으로 이송하여야 한다.

합의부가 심리 중 단독판사 관할사건으로 공소장변경하는 신청서가 제출됨

사실관계

- 제1심에서 합의부가 관할사건을 심리하던 중 공소사실을 단독판사 관할사건으로 변경하는 공소장변경허가신청서가 제출됨
- 위 합의부가 공소장변경을 허가하지 않은 채 사건을 단독판사에게 재배당함

판단: 단독판사 관할사건이 공소장변경에 의하여 합의부 관할사건으로 변경된 경우 합의부로 이송하도록 규정되어 있을 뿐(법은 8조 2항), 그 반대의 경우에 관한 규정은 없다. 위 합의부는 공소장변경허가결정을 했는지와 관계없이 사건을 심판했어야 하고 단독판사에게 재배당할 수 없다.[18]

---

15) 대판 1978. 10. 10. 78도2225.

16) 법 8조 2항이 1995년에 위와 같이 개정됨에 따라 다음 판례는 폐기되었다.
법 319조에 의하면 피고사건이 법원의 관할에 속하지 아니한 때에는 판결로써 관할위반의 선고를 하도록 규정되어 있으므로 지방법원 단독판사는 공소장의 변경에 의하여 합의부에 사물관할권이 있는 사건이 심판대상이 됨으로써 사물관할이 없게 되면 관할위반의 판결을 선고하여야 한다(대판 1987. 12. 22. 87도2196).

17) 대판 1997. 12. 12. 97도2463.

18) 대판 2013. 4. 25. 2013도1658.

다. 군사법원으로의 이송

법원은 공소가 제기된 사건에 대하여 군사법원이 재판권을 가지게 되었거나(가령 피고인이 공소제기 후에 군인으로 된 때), 재판권을 가졌음이 판명된 때(가령 피고인이 공소제기 이전부터 군인이었음이 확인된 때)에는 결정으로 사건을 재판권이 있는 같은 심급의 군사법원으로 이송한다. 이 경우에 이송 전에 행한 소송행위는 이송 후에도 그 효력에 영향이 없다(법 16조의2).[19]

특정군사범죄와 '그 전후의 일반 범죄'가 경합범으로 하나의 법원에 기소됨

군사법원은 군인 등에 대해서만 재판권을 가지지만, 특정군사범죄(군용물절도)[20]에 있어서는 일반 국민에 대해서도 군인에 준하여 신분적 재판권을 가진다. 일반 국민이 특정군사범죄를 범한 경우 군사법원은 일반 국민의 특정군사범죄에 대해서만 재판권을 가지고, 일반 국민이 그 특정군사범죄 이전 또는 이후에 범한 다른 일반 범죄(허위공문서작성 등)에 대해서는 재판권을 가지지 않는다.

검사가 일반 국민이 범한 특정군사범죄와 그 밖의 일반 범죄를 경합범 관계에 있다고 보아 하나의 법원에 기소한 경우, 재판권은 특정군사범죄에 대해서는 군사법원이, 일반 범죄에 대해서는 일반 법원이 가진다. 따라서 특정군사범죄와 일반 범죄가 경합범으로 하나의 법원에 기소된 경우, 일반 법원이나 군사법원은 그 사건 전부를 심판할 수는 없다.[21]

군복무중인 자에 대해 일반 법원이 소촉법에 의해 불출석 재판을 하자 비상상고

법원이 소촉법에 의하여 공시송달로 공판을 진행하여 피고인이 불출석한 상태에서 징역 6월의 형을 선고하고 그 판결이 항소기간 도과로 확정되었는데, 피고인은 판결 선고 당시 군복무 중이었다.

피고인에 대하여는 공소가 제기된 후 군사법원이 재판권을 가지게 되었으므로 법원은 사건을 관할군사법원에 이송하였어야 함에도 재판권을 행사한 것은 위법하다.[22]

군복무중인 자에 대해 일반 법원이 소촉법에 의해 불출석 재판을 하였으나 방위소집해제 상황에서 비상상고하여 위 재판을 파기

사실관계: 소촉법에 의해 공시송달로 공판을 진행하여 피고인이 불출석한 상태에서 판결을 선고하여 확정되었고, 피고인은 판결선고 당시 방위로 군복무 중이었다.

판단: 법원이 군사법원에 이송하지 않고 재판권을 행사한 것은 위법하므로 이 비상상고는 이유 있다. 피고인

---

19) 이는 군사법원이 일반 법원으로 이송한 경우에도 마찬가지이다.
재심청구를 받은 군사법원은 재판권이 없다고 판단되면 재심개시절차로 나아가지 말고 같은 심급의 일반 법원으로 이송하여야 하고, 군사법원이 재판권이 없음에도 재심개시결정을 한 후에 일반 법원으로 이송하면, 일반 법원은 군사법원의 재심개시결정을 유효한 것으로 보아 후속 절차를 진행할 수 있다(대판 2015. 5. 21. 2011도1932 전합).

20) 군사법원법 2조 1항 1호, 군형법 1조 4항의 적용을 받는 범죄를 의미한다.

21) 대결 2016. 6. 16. 2016초기318 전합.

22) 대판 2006. 4. 14. 2006오1.

은 위 판결확정 후 방위소집 해제되어 현재는 군법피적용자가 아니므로, 이 사건을 군사법원이 아닌 주거지를 관할하는 일반 법원에 이송한다.[23]

군법피적용자를 일반 법원이 심리, 판결선고 후 항소심에서 고등군사법원으로 이송

기소된 사건에 관하여 군사법원[24]이 재판권을 가졌음이 판명된 때는 기소 당시에 이미 군사법원이 재판권을 가진 경우를 포함하고, 이송 전에 행한 소송행위는 이송 후에도 그 효력에 영향이 없다. 기소 전부터 군법피적용자의 신분이었던 피고인에 대해 제1심법원(일반 법원)이 판결을 선고한 후에 항소심 사건을 이송받은 고등군사법원은 제1심법원이 재판권 없이 판결하였음을 이유로 제1심법원의 판결을 파기할 수 없다.[25]

6. 관할의 경합

관할의 경합은 동일 사건이 수 개의 법원에 계속하고, 수 개의 법원에 관할권이 있는 것을 말한다. 여기서 여러 개의 법원은 법원조직법상 의미에 있어서의 법원(예컨대 서울동부지방법원과 서울서부지방법원)을 가리킨다. 동일 사건이 수 개의 법원에 계속하고 있더라도, 관할권을 가지지 못한 법원으로서는 관할위반의 판결 또는 이송결정을 하여야 하므로 관할권이 없는 법원은 관할권이 있는 법원과 사이에 관할권에 관하여 경합하는 것은 아니다.

동일한 사건이 A법원과 B법원에 계속된 경우에 그 사물관할이 동일하면 이는 토지관할의 경합(법 13조) 문제가 되고, 사물관할을 달리하면 사물관할의 경합(법 12조) 문제가 된다.

동일한 사건이 동일한 법원(예컨대 서울동부지방법원 A재판부와 B재판부)에 계속되는 것은 이중기소이고[다만, 동일한 사건이 동일한 법원(예컨대 서울중앙지방법원)에 계속되더라도 그 사물관할이 다른 때에는 사물관할의 경합임], 이때는 후에 기소된 사건에 대하여 공소기각판결을 선고한다(법 327조 3호).[26]

가. 사물관할의 경합[27]

동일사건이 사물관할을 달리하는 수 개의 법원에 계속된 때에는 법원합의부가 심판한다(법 12조).

---

23) 대판 1991. 3. 27. 90오1.

24) 원문에는 헌법개정에 따른 명칭 변경 전의 군법회의라는 용어가 사용되고 있다.

25) 대판 1982. 6. 22. 82도1072.

26) 법원실무제요 형사Ⅰ, 69면.

27) 동일 사건에 관하여 합의부와 단독판사의 사물관할이 경합하는 때는 다음과 같다.
① A 법원에 단독사건이 기소되고, B 법원에 같은 사건이 같은 피고인의 다른 합의부 관할사건과 병합하여 기소된 경우(법 9조)
② A, B 법원에 단독사건이 각각 기소되었는데, B 법원에서 위 사건을 합의부에서 심판할 것으로 결정한 경우(법원조직법 32조 1항 1호)
③ A 법원에 단독사건이 기소되고, B 법원에 같은 사건이 다른 공범의 합의사건과 병합하여 기소된 경우(동항 4호)(법원실무제요 형사Ⅰ, 68면).

여기서 수 개의 법원은 법원조직법상 의미의 수 개의 법원만을 의미하는 것이 아니라 동일 법원(예컨대 서울중앙지방법원) 내의 합의부와 단독판사에 동일 사건이 각각 계속된 경우에도 적용이 있다.[28] 이러한 경우 기소의 전후를 불문하고 단독판사에게 계속된 사건에 대해서는 공소기각결정을 하여야 한다(법 328조 1항 3호). 그렇지만 단독판사의 사건에 대한 판결이 먼저 확정된 경우에는 합의부가 면소판결을 선고하여야 한다(법 326조 1호).

나. 토지관할의 경합

토지관할의 경합은 동일 사건이 사물관할을 같이하는 여러 개의 법원에 계속된 경우를 말한다. 동일사건이 사물관할을 같이하는 수 개의 법원에 계속된 때에는 먼저 공소를 받은 법원이 심판하며(법 13조), 다른 법원은 공소기각의 결정을 하여야 한다(법 328조 1항 3호). 다만 이러한 경우에 각 법원에 공통되는 직근 상급법원은 검사 또는 피고인의 신청에 의하여 결정으로 뒤에 공소를 받은 법원으로 하여금 심판하게 할 수 있다(법 13조 단서). 따라서 동일한 법원에 동일한 사건이 계속된 이중기소의 경우에 있어서는 직근 상급법원의 결정에 의해 심판법원을 정할 수 없다.

7. 관할에 관한 결정에 대한 불복

관할의 수정 또는 경합에 대한 이상의 각 결정에 대해서는 특히 즉시항고를 할 수 있는 경우 외에는 항고하지 못하고(법 403조 1항), 즉시항고를 허용하는 규정도 없으므로 관할에 대한 결정에 대해서는 불복방법이 존재하지 않는다. 따라서 법원이 관할에 관한 결정을 함에 있어서는 이유를 기재할 필요가 없다(법 39조).

8. 관할권의 부존재

가. 관할권의 직권조사

관할권의 존재는 소송조건이므로 법원은 직권으로 관할권의 존부를 조사하여야 한다(법 1조).

나. 관할위반의 판결

관할권이 없는 때에는 판결로써 관할위반의 선고를 하여야 한다(법 319조). 관할권은 토지관할에 있어서는 공소제기시에 존재한 것으로 충분하지만, 사물관할은 재판을 종료할 때까지 계속 존재하여야 한다.

다만 토지관할에 대해서는 피고인의 신청이 있는 때에 한하여 법원이 관할위반의 선고를 할 수 있으며, 관할위반의 주장은 피고사건에 대한 진술 전에 하여야 한다(법 320조). 따라서 피고인이 관할위반의 주장을 하지 않은 채 피고사건에 대한 진술을 하면 토지관할위반의 하자는 치유된다.

---

28) 법원실무제요 형사Ⅰ, 68면.

전남 진도군에서 발생한 사건(광주지방법원 해남지원의 토지관할)을 광주지방법원에 기소

제1심 형사사건에 관하여 지방법원의 본원과 지원은 별개의 법원이자 각각 일정한 토지관할 구역을 나누어 가지는 대등한 관계에 있으므로, 지방법원의 본원과 지원 사이에서 관할의 분배는 지방법원 내부의 사무분배가 아니라 소송법상 토지관할의 분배이다. 그러므로 지방법원 지원에 제1심 토지관할이 인정된다 하여 지방법원 본원에도 제1심 토지관할이 인정된다고 볼 수는 없다.

범죄지가 전남 진도군인 사건(광주지방법원 해남지원의 토지관할)을 광주지방법원 본원에 기소한 것은 관할위반이다.[29)]

해설: 세월호사건에 관한 위 사안에서 관할위반을 주장하지 않고 이송을 신청한 피고인들에 대해서는 관할권이 있는 인천지방법원으로 이송하였다.

따라서 토지관할위반인 경우 피고인은 ① 관할위반을 주장하지 않고 기소된 법원에서 재판을 받거나, ② 이송신청을 하여 관할권이 있는 법원에서 재판을 받거나, ③ 관할위반을 주장하여 관할위반의 판결을 선고받을 수 있다.

다. 관할 없는 법원이 한 소송행위의 효력

소송행위는 관할위반인 경우에도 그 효력에 영향이 없다(법 2조). 따라서 관할권이 없는 법원이 증거조사하여 획득한 증거는 증거능력을 가진다.

라. 관할위반과 상소

관할의 인정 또는 관할위반의 인정이 법령에 반한 때에는 항소이유가 된다(법 361조의5 3호). 상고를 함에 있어서는 관할의 인정 또는 관할위반의 인정이 법령에 반하고 그로 인하여 판결에 영향을 미친 때에 한하여 상고이유로 된다(법 383조 1호).

관할의 인정이 법률에 위반됨을 이유로 원심판결 또는 제1심판결을 파기하는 경우에는 판결로써 사건을 관할 있는 법원에 이송하여야 한다(법 394조). 관할위반의 인정이 법률에 위반됨을 이유로 원심판결 또는 제1심판결을 파기하는 경우에는 판결로써 사건을 원심법원 또는 제1심법원에 환송하여야 한다(법 395조).

순천지원 단독판사가 심판한 단독사건을 광주고등법원이 항소심으로서 심판

지방법원 단독판사의 사물관할에 속하는 사건으로서, 광주지방법원 순천지원의 단독판사가 제1심으로서 이를 심판하였는데, 그 제1심판결에 대한 항소사건을 원심인 광주고등법원이 실체에 들어가 심판한 사안에 관하여, 원심인 광주고등법원이 위 제1심판결에 대한 항소사건을 그 실체에 들어가 심판한 조치는 관할권이 없음에도 이를 간과하고 실체판결을 한 것으로서, 소송절차의 법령을 위반한 잘못을 저지른 것이라 아니할 수 없고, 관할제도의 입법 취지(관할획일의 원칙)와 그 위법의 중대성 등에 비추어 이는 판결에 영향을 미쳤

29) 대판 2015. 10. 15. 2015도1803.

음이 명백하므로, 직권으로 원심판결 중 이미 확정된 건축법위반죄에 대한 부분을 제외한 나머지 부분을 파기하며, 법 394조를 적용하여 이 부분 사건을 관할권이 있는 광주지방법원본원 합의부에 이송한다.[30]

V. 법관 등의 제척·기피·회피

구체적 사건에서 불공평한 재판을 할 염려가 있는 법관을 법원의 구성에서 배제하여 공정한 재판을 보장하기 위한 제도로 제척·기피·회피가 있다.

1. 제 척

가. 제척의 의의

제척은 구체적인 사건에 있어서 법관이 불공평한 재판을 할 우려가 현저한 것으로 법률에서 유형적으로 규정되어 있는 사유에 해당하는 때에 그 법관을 직무집행에서 당연히 배제시키는 제도를 말한다. 제척사유의 존부는 직권으로 판단한다.[31] 이와 달리 기피는 그 원인이 비유형적·비제한적이며 당사자의 신청이 있는 경우에 한하여 법원이 결정에 의해 그 존부를 판단한다는 점에서 제척과 구별된다.

나. 제척 사유

법 제17조(제척의 원인) 법관은 다음 경우에는 직무집행에서 제척된다.

1. 법관이 피해자인 때
2. 법관이 피고인 또는 피해자의 친족 또는 친족관계가 있었던 자인 때
3. 법관이 피고인 또는 피해자의 법정대리인, 후견감독인인 때
4. 법관이 사건에 관하여 증인, 감정인, 피해자의 대리인으로 된 때
5. 법관이 사건에 관하여 피고인의 대리인, 변호인, 보조인으로 된 때
6. 법관이 사건에 관하여 검사 또는 사법경찰관의 직무를 행한 때
7. 법관이 사건에 관하여 전심재판 또는 그 기초되는 조사, 심리에 관여한 때

법 17조의 각 제척사유는 (1) 법관이 피해자인 때, (2) 법관이 피고인 또는 피해자와 일정한 관계에 있는 때, (3) 법관이 이미 당해 사건에 관여하였을 때로 분류할 수 있다.

법관의 제척·기피·회피에 관한 규정은 전심관여에 관한 법 17조 7호를 제외하고는 법원사무관등과 통역인에게 준용된다(법 25조 1항).

---

30) 대판 1997. 4. 8. 96도2789.

31) 대결 1987. 10. 21. 87두10; 대결 1990. 11. 2. 90모44; 대결 1996. 2. 9. 95모93.

(1) 법관이 피해자인 때(법 17조 1호)

(2) 법관이 피고인 또는 피해자와 일정한 관계에 있는 때

① 법관이 피고인 또는 피해자의 친족이거나 친족관계에 있었던 때(법 17조 2호)

② 법관이 피고인 또는 피해자의 법정대리인·후견감독인인 때(법 17조 3호)

③ 법관이 사건에 관하여 피해자의 대리인(법 17조 4호) 또는 피고인의 대리인, 변호인, 보조인으로 된 때(법 17조 5호)

(3) 법관이 당해 사건에 관여하였을 때

법관이 이미 당해 사건에 관여하였을 때는 예단을 가지고 있을 것이어서 공정한 재판을 기대하기 어려울 것이므로 제척사유가 된다.

① 법관이 사건에 관하여 증인·감정인으로 된 때(법 17조 4호)

여기서의 사건은 당해 형사피고사건만을 의미하며 민사소송 기타의 소송절차에서 증인이나 감정인이 된 때는 해당되지 않는다고 해석된다. 또한 증거보전절차(법 184조)와 증인신문절차(법 221조의2)에서 증인이나 감정인이 된 때도 본 호에 해당하지만, 수사기관에서 참고인으로 진술하였다거나, 수사기관의 위촉에 의한 감정수탁자로서 감정한 때는 본 호에 해당하지 않는다고 해석하는 것이 보통이다.

② 법관이 사건에 관하여 검사 또는 사법경찰관의 직무를 행한 때(법 17조 6호)

법관이 선거관리위원장으로서 공직선거및선거부정방지법위반에 대하여 수사기관에 수사의뢰를 한 사실은 제척사유인 '법관이 사건에 관하여 사법경찰관의 직무를 행한 때(법 17조 6호)'에 해당하지 않는다.[32]

③ 법관이 사건에 관하여 전심재판 또는 그 기초되는 조사·심리에 관여한 때(법 17조 7호)

여기서 전심은 상소에 의하여 불복신청을 한 당해 사건의 전심을 말하고,[33] 전심의 재판은 종국재판을 의미한다. 종국재판인 이상 판결이든 결정이든 불문한다. 제척에 의해 배제되는 직무의 집행은 당해 피고사건의 재판 업무이다.

㉮ 상소에 의하여 불복이 신청된 사건일 것: 약식명령을 발령한 법관이 정식재판을 담당하는 경우 제척사유에 해당하는지에 관하여 견해가 나뉜다. 약식명령을 발령한 법관도 사건의 실체에 관하여 조사·심리함으로써 예단을 가질 것이므로 전심재판에 관여한 것으로 보아야 한다는 견해가 있으나, 판례

32) 대판 1999. 4. 13. 99도155.
33) 대결 1982. 11. 15. 82모11.

는 다음과 같이 약식명령의 발령은 전심관여가 아니라고 본다.

약식명령을 발부한 법관이 정식재판절차의 제1심판결에 관여
약식절차와 정식재판청구에 의하여 개시된 제1심 공판절차는 동일한 심급 내에서 서로 절차만 달리할 뿐이므로(즉 상소에 의한 불복신청이 되지 않음: 필자 주), 약식명령은 제1심 공판절차의 전심재판에 해당하지 않는다. 따라서 약식명령을 발부한 법관이 정식재판절차의 제1심판결에 관여한 것은 '법관이 사건에 관하여 전심재판 또는 그 기초되는 조사, 심리에 관여한 때(법 17조 7호)'라는 제척사유에 해당하지 않는다.[34)]

그렇지만 판례는, 약식명령을 발령한 법관이 정식재판청구 사건에 대한 항소심 공판절차에 관여하는 것은 전심관여라고 본다.

약식명령을 발부한 법관이 그 정식재판 절차의 항소심판결에 관여
약식명령을 발부한 법관이 그 정식재판 절차의 항소심판결에 관여함은 '법관이 사건에 관하여 전심재판 또는 그 기초되는 조사심리에 관여한 때(법 17조 7호, 18조 1항 1호)'에 해당하여 제척, 기피의 원인이 된다.[35)]

그러나 '파기환송 전의 원심과 파기환송 후의 재판', '재심청구사건과 재심대상이 되는 사건' 사이에서는 다음과 같이 상소에 의해 불복이 신청된 사건이라는 관계가 인정되지 않는다.

환송판결 전의 원심에 관여한 재판관이 환송 후의 원심재판관으로 관여
환송판결을 받은 이후의 원심에서 재판관으로 관여함에 있어, 그 환송판결 전의 원심 재판에 관여하였다는 사실은 제척사유가 아니다.[36)]

재심청구사건에 있어서 재심대상판결의 제1심에 관여
기피·제척의 원인인 '법관이 사건에 관하여 전심재판 또는 그 기초되는 조사심리에 관여한 때'의 전심은 불복신청을 한 당해 사건의 전심을 말하므로 재심청구사건에 있어서 재심대상이 되는 사건은 이에 해당하지 않는다. 원심 재판장이 재심대상판결의 제1심에 관여한 것은 재심청구사건에서 제척·기피의 원인이 되지 않는다.[37)]

---

34) 대판 2002. 4. 12. 2002도944.
35) 대판 1985. 4. 23. 85도281; 대판 2011. 4. 28. 2011도17.
36) 대판 1968. 12. 6. 67도1112; 대판 1971. 12. 28. 71도1208; 대판 1979. 2. 27. 78도3204. 예컨대 A고등법원의 갑 판사가 B사건의 재판을 했는데, B에 대해 대법원이 파기환송판결을 하여, 갑이 B를 다시 재판하더라도 제척사유는 없다.
37) 대결 1982. 11. 15. 82모11.

법관이 상고법원의 판결에 대한 정정신청(법 400조) 사건을 처리함에 있어, 그 법관이 상고심에서 판결을 했다는 사실은 제척사유가 아니다.[38]

㈏ 전심재판 또는 그 기초되는 조사·심리에 관여하였을 것

공직선거및선거부정방지법위반을 수사의뢰한 선거관리위원장(법관)이 항소심재판

'법관이 사건에 관하여 그 기초되는 조사에 관여한 때'는 전심재판의 내용형성에 사용될 자료의 수집·조사에 관여하여 그 결과가 전심재판의 사실인정 자료로 쓰여진 경우를 말한다.

법관이 선거관리위원장으로서 공직선거및선거부정방지법위반에 대하여 수사를 의뢰하고, 그 후 당해 형사피고사건의 항소심 재판을 하는 것은, '법관이 사건에 관하여 그 기초되는 조사에 관여한 때'에 해당하지 않는다.[39]

판사가 증거조사하여 유죄의 증거로 사용되었으나 판결은 다른 판사가 함

제1심에서 갑 판사가 피고인에 대한 피의자신문조서, 공소외인들에 대한 진술조서 등에 대하여 증거조사를 하였고 위 증거들은 피고인에 대한 유죄 판결의 증거로 사용되었는데, 판결은 이후 경질된 다른 판사가 한 사안에서,

갑은 전심재판의 기초가 되는 조사, 심리에 관여함으로써 제척사유가 존재하여 항소심 재판에 관여할 수 없다.[40]

○ 판사가 구속영장을 발부하거나,[41]

○ 구속영장발부에 있어서 심문을 담당하거나,[42]

○ 구속적부심사에 관여하거나,[43]

○ 증거보전절차(법 184조)에서 증인신문을 하거나,[44]

○ 재정신청사건에 관여하여 이를 기각하거나,[45]

○ 원심 합의부원인 법관이 원심 재판장에 대한 기피신청 사건의 심리와 기각결정에 관여한 것은[46]

각각 '전심재판 또는 그 기초되는 조사, 심리에 관여한 때'에 해당하지 않는다.

㈐ 당해 피고사건의 재판에 관여하지 못함

38) 대결 1967. 1. 18. 66초67.
39) 대판 1999. 4. 13. 99도155.
40) 대판 1999. 10. 22. 99도3534.
41) 대판 1969. 7. 22. 68도817; 대판 1989. 9. 12. 89도612.
42) 대판 2002. 12. 10. 2001도7095.
43) 대판 1960. 7. 13. 4293형상166.
44) 대판 1971. 7. 6. 71도974.
45) 대판 2014. 1. 16. 2013도10316.
46) 대판 2010. 12. 9. 2007도10121.

약식명령을 발령한 판사가 항소심의 공판에 관여하였으나 판결에는 관여하지 않음
제척·기피되는 재판은 불복이 신청된 당해 사건의 **판결절차**를 말한다. 약식명령을 발령한 법관이 그 정식재판 절차의 항소심 공판에 관여하였지만 후에 경질되어 그 판결에는 관여하지 않았다면 전심재판에 관여한 법관이 당해 사건의 **재판에 관여한 것이 아니다**.[47)]

다. 제척의 효과

제척사유가 있는 법관은 당연히 당해 사건의 재판에서 배제된다. 제척사유가 있는 경우 당사자가 기피신청을 할 수 있으며(법 18조 1항 1호), 법관 스스로 회피할 수 있다. 이를 위반하고 재판을 한 때에는 절대적 항소이유(법 361조의5 7호), 상대적 상고이유(법 383조 1호)가 된다.

2. 기 피

가. 의 의

기피는 법관에게 제척사유가 있거나 법관이 불공평한 재판을 할 염려가 있는 때에 당사자의 신청에 의하여 해당 법관을 직무집행에서 탈퇴케 하는 제도를 말한다(법 18조).

나. 기피의 원인

'불공평한 재판을 할 염려'의 의미
제척사유는 직권으로 판단한다. '불공평한 재판을 할 염려'는 당사자가 불공평한 재판이 될지도 모른다고 추측할 만한 주관적인 사정이 아니라, 통상인이 법관과 사건과의 관계상 불공평한 재판을 할 것이라는 의혹을 갖는 것이 합리적이라고 볼 만한 객관적인 사정을 말한다.[48)]
○ 공소장변경을 불허한 것,[49)]
○ 당사자가 신청한 증거를 채택하지 않거나 재정신청사건에 대해서 정해진 기간(법 262조) 내에 결정하지 않은 것,[50)]
○ '당사자가 신청한 증거를 채택하지 않거나 이미 한 증거결정을 취소한 것' 또는 '재판장이 피고인의 증인신문을 제지하였으나 증인신문권을 본질적으로 침해하지는 않은 것(법 299조)'은[51)]
각각 '법관이 불공평한 재판을 할 염려가 있는 때'에 해당하지 않는다.

---

47) 대판 1985. 4. 23. 85도281.
48) 대결 1987. 10. 21. 87두10; 대결 1990. 11. 2. 90모44; 대결 1996. 2. 9. 95모93.
49) 대결 2001. 3. 21. 2001모2.
50) 대결 1990. 11. 2. 90모44.
51) 대결 1995. 4. 3. 95모10.

다. 기피신청의 절차와 재판

(1) 신청권자

검사와 피고인은 기피신청을 할 수 있으며(법 18조 1항), 변호인은 피고인의 명시한 의사에 반하지 아니하는 때에 한하여 기피신청을 할 수 있다(동조 2항).

(2) 방법 및 시기

합의법원의 법관에 대한 기피는 그 법관의 소속 법원에 신청하고 수명법관, 수탁판사 또는 단독판사에 대한 기피는 당해 법관에게 신청하여야 한다(법 19조 1항). 기피사유는 신청한 날로부터 3일 이내에 서면으로 소명하여야 한다(동조 2항).

(3) 간이기각결정

기피신청이 소송의 지연을 목적으로 함이 명백하거나 법 19조의 규정(기피신청의 관할 및 기피사유의 소명)에 위배된 때에는 신청을 받은 법원이나 법관은 결정으로 이를 기각한다(법 20조 1항). 이를 간이기각결정이라고 한다.

소송의 지연을 목적으로 함이 명백한 경우에 간이기각결정을 할 수 있도록 한 규정은 헌법에 위반되지 않는다.[52] 소송지연을 목적으로 함이 명백한지는 기피신청인이 제출한 소명방법 외에도 법원에 현저한 사실이나 사건기록에 나타난 제반 사정을 종합하여 판단할 수 있다.[53]

기피신청을 하였으나 기피신청대상인 법관이 어떠한 사유로 직무집행에서 배제됨

기피제도의 목적은, 제척의 원인이 될 사유가 있거나 불공평한 재판을 할 염려가 있는 법관을 직무집행으로부터 배제시켜 피고인이 공정한 재판을 받을 수 있도록 보장하려는 것이므로 어떠한 사유에 의했건 기피의 대상인 법관이 이미 당해 사건의 직무집행에서 배제되어 있다면 그 법관에 대한 기피신청은 부적법하다.[54]

이미 종국판결이 선고되어 버리면 기피신청은 그 목적의 소멸로 재판을 할 이익이 상실되어 부적법하게 된다.[55]

기피신청서에 기피이유만 기재하고 있고 이에 대한 소명자료를 제출하지 않음

기피이유의 소명(법 19조 2항)은 기피신청인의 주장이 진실이라고 추정할 수 있는 자료를 말하며 기피신청서에 기재된 기피이유만으로는 소명자료가 될 수 없다. 기피신청서에 기피이유만 기재하고 법정기간 내에 서면에 의한 소명자료의 제출이 없으면 기각 결정을 한다.[56]

52) 대판 2008. 12. 24. 2006도1427.
53) 대판 2001. 3. 21. 2001모2.
54) 대결 1986. 9. 24. 86모48.
55) 대결 1995. 1. 9. 94모77.
56) 대결 1987. 5. 28. 87모10.

(4) 의견서 제출 또는 기피인용결정의 간주

기피신청이 있는 때에는, 기피당한 법관은 간이기각결정하는 때를 제외하고는 지체 없이 기피신청에 대한 의견서를 제출하여야 한다(동조 2항). 기피당한 법관이 기피신청을 이유 있다고 인정하는 때에는 기피를 인용하는 결정이 있은 것으로 간주한다(동조 3항).

(5) 소송의 정지

기피신청이 있는 때에는 간이기각결정을 하는 경우를 제외하고는 소송 진행을 정지하여야 한다. 단, 급속을 요하는 경우에는 예외로 한다(법 22조).

구속기간의 갱신절차
'정지하여야 할 소송절차(법 22조)'는 본안의 소송절차를 말하며 구속기간의 갱신절차는 정지할 소송절차에 포함되지 아니한다.[57]

변론종결 뒤의 기피신청
판결선고는 '정지할 소송절차(법 22조)'에 포함되지 않으므로, 변론종결 뒤 재판부에 대한 기피신청이 있더라도 소송진행을 정지하지 않고 판결선고한 것은 정당하다.[58]

구속기간 만료를 24일 앞두고 있음
기피신청 때문에 소송진행이 정지되더라도 구속기간은 정지되지 않고 진행되므로 구속기간의 만료가 임박한 때에는 특별한 사정이 없는 한 소송진행정지의 예외사유인 급속을 요하는 경우에 해당한다고 보아야 한다. 피고인들에 대한 구속기간이 만료되기 불과 24일 가량을 앞둔 공판기일에 기피신청을 한 경우, 법원이 소송진행을 정지하지 않은 것은 정당하다.[59]

기피신청을 받은 법관이 법 22조에 위반하여 본안의 소송절차를 정지하지 않은 채 그대로 진행한 소송행위는 효력이 없고, 이는 그 후에 기피신청에 대한 기각결정이 확정되었어도 마찬가지이다.[60]

라. 기피신청사건의 관할

기피신청사건은 기피당한 법관의 소속 법원 합의부가 관할하며, 기피당한 법관은 여기에 관여하지 못한다. 기피당한 판사의 소속 법원이 합의부를 구성하지 못하는 때에는 직근 상급법원이 결정하여

57) 대결 1987. 2. 3. 86모57.
58) 대판 2002. 11. 13. 2002도4893.
59) 대판 1990. 6. 8. 90도646.
60) 대판 2012. 10. 11. 2012도8544.

야 한다(법 21조).

마. 기피신청에 대한 재판

기피신청이 이유 없는 때에는 기피신청을 기각하는 결정을 한다. 기피신청을 기각한 결정에 대하여는 즉시항고를 할 수 있다(법 23조 1항). 즉시항고의 제기기간 내에 그 제기가 있는 때에는 재판의 집행은 정지된다(법 410조). 따라서 기피신청 기각결정에 대한 즉시항고의 제기가 있으면 원칙적으로 소송진행을 계속 정지하여야 한다(법 22조). 다만 법 20조 1항에 의한 간이기각결정에 대한 즉시항고는 재판의 집행을 정지하는 효력이 없다(법 23조 2항). 기피신청이 이유 있다고 인정되는 경우에는 기피당한 법관을 당해 사건의 절차에서 배제하는 결정을 한다.

바. 기피의 효과

기피신청이 이유 있다고 인정하는 때에는 해당 법관을 당해 사건의 절차에서 배제하는 결정을 함으로써 탈퇴시킨다. 기피당한 법관이 기피신청이 이유 있다고 인정하는 때에도 같다. 기피신청이 이유 있음에도 해당 법관이 심판에 관여한 때에는 절대적 항소이유(법 361조의5 7호), 상대적 상고이유(법 383조 1호)가 된다.

3. 회 피

회피는 법관이 기피의 원인이 있다고 판단하여 자발적으로 직무집행에서 탈퇴하는 제도를 말한다. 법관은 기피 사유가 있다고 사료한 때에는 회피하여야 한다(법 24조 1항).

회피는 소속법원에 서면으로 신청하여야 한다(동조 2항).

회피신청사건은 회피를 신청한 법관의 소속 법원 합의부가 관할하며, 회피신청한 법관은 여기에 관여하지 못한다. 회피한 판사의 소속법원이 합의부를 구성하지 못하는 때에는 직근 상급법원이 결정하여야 한다(동조 3항, 21조).

4. 법원 사무관등에 대한 제척·기피·회피

가. 의 의

법관의 제척·기피·회피에 관한 규정은 전심관여에 관한 법 17조 7호를 제외하고는 법원서기관·법원사무관·법원주사 또는 법원주사보(이하 "법원사무관등"이라 한다)와 통역인에 준용한다(법 25조). 이들이 사건을 직접 심판하지는 않지만 재판과 밀접한 관련을 가지는 직무를 수행한다는 점을 고려한 것이다.

나. 절 차

법원사무관등과 통역인에 대한 기피재판은 그 소속 법원이 결정으로 하여야 한다. 다만 기피신청이 소송의 지연을 목적으로 함이 명백하거나 법 19조의 규정(기피신청의 관할 및 기피사유의 소명)에 위배된 때에 해당하여 하는 간이기각결정은 기피신청을 당한 자가 소속한 법관이 한다(법 25조 2항).

다. 전문심리위원

전문심리위원에게도 제척·기피 제도가 준용된다(법 279조의5 1항). 제척 또는 기피 신청이 있는 전문심리위원은 그 신청에 관한 결정이 확정될 때까지 그 신청이 있는 사건의 소송절차에 참여할 수 없다. 이 경우 전문심리위원은 해당 제척 또는 기피 신청에 대하여 의견을 진술할 수 있다(동조 2항).

증언한 사람이 통역인으로 통역/통역인이 피해자인 사실혼 배우자의 증언을 통역

법관이 사건에 관하여 증인, 감정인, 피해자의 대리인으로 된 때에는 직무집행에서 제척되고(법 17조 4호), 위 규정은 통역인에게 준용되므로(법 25조 1항), 통역인이 사건에 관하여 증언하면 제척사유가 되고, 그러한 제척사유가 있는 통역인이 통역한 증인의 증인신문조서는 증거능력이 없다.

법관이 피고인 또는 피해자의 친족 또는 친족관계가 있었던 자인 때에는 직무집행에서 제척되고(법 17조 2호), 위 규정은 통역인에게 준용된다(법 25조 1항). 그러나 민법상의 친족이 아닌 사실혼관계에 있는 사람은 제척사유인 친족(법 17조 2호)이 아니다. 피해자의 사실혼 배우자라는 사실은 통역인의 제척사유가 아니다.

통역인 갑이 특경법 위반(사기) 사건의 공판기일에 증인으로 증언한 다음, 같은 기일에 자신의 사실혼 배우자이자 피해자인 증인 을의 진술을 통역한 경우, 제척사유 있는 갑이 통역한 을의 증인신문조서는 증거로 사용할 수 없다.[61]

제 2 절 피고인

1. 피고인의 소송법상 지위

가. 의 의

피고인은 공소가 제기된 자 또는 공소가 제기된 자로 취급되어 있는 자를 말한다. 피고인은 공소제기 전의 수사대상자인 피의자, 유죄판결이 확정된 수형자와 구별된다.

피고인의 소송법상 지위는 소송구조와 밀접한 관련을 가진다. 규문주의에 있어 피고인은 조사의 객체에 불과하였으나 탄핵주의에서는 피고인이 소송의 주체로 인정된다.

---

61) 대판 2011. 4. 14. 2010도13583.

나. 당사자로서의 지위

(1) 수동적 당사자

피고인은 검사와 대등한 지위에서 소송절차에 참여하고 검사의 공격에 대해 자기를 방어할 수 있는 수동적 당사자이다.

(2) 방어권

피고인의 방어권을 보장하기 위하여 공소장부본을 송달받을 권리, 서류·증거물의 열람·등사권, 공판조서 열람·등사권, 공소장변경제도, 각종 증거조사에 참여할 수 있는 권리, 변호인선임권, 진술거부권 등이 피고인에게 인정되고 있다.

다. 증거방법으로서의 지위

피고인의 진술은 증거가 될 수 있고, 피고인의 신체가 감정이나 검증의 대상이 될 수 있다는 점에서 피고인은 인적 증거방법이자 물적 증거방법이다.

라. 절차의 대상으로서의 지위

피고인은 소환, 구속, 압수, 수색 등의 강제처분의 대상이 되는 점에서 절차의 대상으로서의 지위를 가진다.

마. 피의자의 지위와의 비교

피의자는 기본적으로 수사의 대상이며 수사의 주체는 아니다. 피의자의 진술이 증거로 되고, 피의자의 신체가 감정, 검증의 대상이 될 수 있다는 점에서 피의자는 인적·물적 증거방법이 된다. 피의자는 기본적으로 수사의 대상이지만 피고인으로서 장차 당사자가 될 자라는 의미에서 준당사자로서의 지위가 인정될 수 있다.

2. 무죄추정의 원칙

가. 의 의

형사절차에서 피고인 또는 피의자는 유죄판결이 확정될 때까지 무죄로 추정된다는 원칙을 말한다. 실정법적 근거로는 헌법 27조 4항과 법 275조의2가 있다.

나. 내 용

(1) 인신구속의 제한

무죄추정은 인신구속에 대한 제한원리가 되므로 수사와 재판에 있어 불구속 수사, 불구속 재판이 원칙이다.

또한 무죄추정의 원칙은 구속된 피고인이나 피의자에 대하여 구속 이외의 불필요한 고통을 가하지 않을 것을 요구한다. 가령 미결수용자인 피의자나 피고인의 변호인 접견에도 교도관이 참여할 수 있게 한 것은(형집행법 18조 3항) 신체구속을 당한 미결수용자에게 보장된 변호인의 조력을 받을 권리를 침해하여 위헌이다.[62]

(2) 의심스러운 때는 피고인의 이익으로

무죄추정의 원칙은 증명 단계에 있어 '의심스러운 때는 피고인의 이익으로'라는 원칙으로 작용한다. 따라서 피고인에게 유죄판결을 선고하기 위해서는 합리적 의심을 넘는 증명이 이루어져야 하며, 범죄의 성립과 형벌권의 발생에 관한 입증책임은 검사가 진다.

(3) 불이익처우의 금지

국가기관은 피고인을 예단하거나 피고인에게 불이익한 처우를 해서는 아니 된다.

미결수용자에게 재소자용 의류를 입게 함

유죄가 확정되지 아니한 미결수용자에게 재소자용 의류를 입게 하는 것은 모욕감이나 수치심을 느끼게 하고, 심리적인 위축으로 방어권을 제대로 행사할 수 없게 할 우려가 있으므로, 도주 방지 등 어떠한 이유로도 그 제한은 정당화될 수 없어 비례원칙에 위반되는 것으로서, 무죄추정의 원칙에 반하고 인격권과 행복추구권, 공정한 재판을 받을 권리를 침해한다.[63]

다. 적용 범위

헌법과 법은 피고인에 대해 무죄추정의 원칙을 규정하고 있으나, 피의자에 대해서도 무죄추정의 원칙은 당연히 적용된다.

재심사건에서도 무죄추정의 원칙이 적용되는지에 대해서는 견해가 나뉜다.

3. 진술거부권

제1편 수사 〉 제4장 수사의 방법 〉 제2절 임의수사 〉 Ⅰ. 피의자신문 〉 2. 진술거부권 부분 참조.

4. 접견교통권

제2편 제1심의 심리와 재판 〉 제2장 소송의 주체 〉 제3절 변호인 〉 Ⅵ. 접견교통권 부분 참조.

---

62) 헌재 1992. 1. 28. 91헌마111.

63) 헌재 1999. 5. 27. 97헌마137, 98헌마5.

5. 피고인의 당사자능력과 소송능력

가. 당사자능력

당사자능력은 소송법상 당사자가 될 수 있는 일반적·추상적 능력을 말한다. 이러한 당사자능력은 구체적인 특정 사건에서 당사자가 될 수 있는 자격인 당사자적격이나 실체법상 범죄성립요건인 형법상의 책임능력과 구별된다.

현행 법제도상 형벌을 받는 대상은 자연인과 법인이므로 이들이 피고인으로서의 당사자능력을 가진다. 자연인은 행위능력과 관계없이 무조건 당사자능력을 가진다. 태아나 사망한 사람에게는 당사자능력이 인정되지 않지만 재심절차에서는 피고인의 사망이나 심신장애가 당사자능력에 영향을 미치지 아니한다(법 424조 4호, 438조 2항 1호).

피고인이 사망하거나 법인이 존속하지 아니한 때에는 공소기각의 결정을 한다(법 328조 1항 2호). 법인이 존속하지 아니한 때가 구체적으로 언제인지에 관하여 법인이 해산된 때라는 견해, 청산된 때라는 견해 등이 있다. 판례는 다음과 같이 원칙적으로 청산등기가 경료된 때에 법인이 존속하지 않는 것으로 보고, 다만 공소제기되어 공판 계속 중인 때에 청산등기가 경료된 경우에는 법인의 당사자능력이 지속되는 것으로 보고 있다.[64] 위와 같은 판단은 형의 집행을 면하기 위해 의도적으로 청산등기를 경료하는 것을 방지하고, 청산등기가 경료되었더라도 법인의 재산이 남아 있거나 미발견 내지 은닉되어 있어 벌금형을 집행할 가능성이 있을 수 있다는 점을 감안한 것으로 생각된다.

공판계속 중에 법인의 청산등기가 경료됨

법인은 그 청산종결의 등기가 경료되었다면 특단의 사정이 없는 한 법인격이 상실되어 법인의 당사자능력 및 권리능력이 상실되었다고 추정할 것이나 법인세체납 등으로 기소되어 그 피고사건의 공판계속 중에 그 법인의 청산종결의 등기가 경료되었다고 하더라도 동 사건이 종결되지 아니하는 동안 법인의 청산사무는 종료된 것이라 할 수 없고 법상 법인의 당사자능력도 그대로 존속한다.[65]

재산형에 해당하는 사건으로 공소제기된 후 해산 및 청산등기

피고인 회사가 1977. 11. 2.자 주주총회의 결의로 해산되어 같은 해 12. 8.자로 해산등기를 하고 청산절차에 들어가 1978. 4. 20. 자로 청산이 종결되어 같은 해 4. 28.자로 청산등기가 경료되었다면 특단의 사정이 없는 한 그 법인격이 상실되어 법인의 당사자능력 및 권리능력이 상실되었다고 보아야 할 것이므로 법 328조 1항 2호의 피고인인 법인이 존속하지 아니하게 되었을 때에 해당한다 함은 소론과 같으나 회사가 이 사

64) 민사소송에 있어서는 청산종결등기가 경료되었더라도 청산사무가 종결되었다고 볼 수 없는 경우에는 청산법인으로 존속한다고 보므로 형사절차에서와 다르게 취급되는 것으로 생각된다(대판 1980. 4. 8. 79다2036; 대판 1994. 2. 8. 93도1483; 대판 2003. 2. 11. 99다66427, 73371 등 참조).

65) 대판 1986. 10. 28. 84도693.

건에 있어서와 같이 회사해산 및 청산등기 전에 업무 또는 재산에 관한 위반행위로 인하여 재산형에 해당하는 사건으로 소추를 받는 것과 같은 것은 청산인의 현존사무(상법 254조 1항 1호) 중에 포함되는 것이라 할 것이므로 비록 피고인 회사의 청산종료의 등기가 경료되었다 하더라도 그 피고사건이 종결되기까지는 피고인 회사의 청산사무는 종료되지 아니하고, 법상 당사자능력도 그대로 존속한다.[66]

나. 소송능력

(1) 의 의

소송능력은 피고인이 소송당사자로서 유효하게 소송행위를 할 수 있는 능력을 말한다. 소송법적으로 유효하기 위한 요건이지만 소송조건은 아니라는 점에서 당사자능력과 구별되고, 상고심에서는 변호인에게만 허용되는 변론능력(법 387조)과도 다른 개념이다.

(2) 흠결의 효과

(가) 원 칙

피고인이 사물의 변별 또는 의사의 결정을 할 능력이 없는 상태에 있는 때에는 법원은 검사와 변호인의 의견을 들어서 결정으로 그 상태가 계속하는 기간 공판절차를 정지하여야 한다(법 306조 1항). 소송능력은 소송행위가 유효하기 위한 요건에 불과하므로 소송능력에 흠결이 있더라도 공소기각의 사유는 아니고 위와 같이 공판절차의 정지사유가 된다.

(나) 예 외

피고사건에 대하여 무죄, 면소, 형의 면제 또는 공소기각의 재판을 할 것이 명백한 때에는 위와 같이 소송능력에 흠결이 있더라도 피고인의 출정 없이 재판할 수 있다(동조 4항).

형법 9조(형사미성년자), 10조(심신장애인), 11조(농아자)의 규정의 적용을 받지 아니하는 범죄사건(예컨대 담배사업법 31조[67])에 관하여 피고인 또는 피의자가 의사능력이 없는 때에는 그 법정대리인이 소송행위를 대리한다(법 26조). 피고인을 대리할 자가 없는 때에는 법원은 직권 또는 검사의 청구에 의하여 특별대리인을 선임하여야 하며 피의자를 대리할 자가 없는 때에는 법원은 검사 또는 이해관계인의 청구에 의하여 특별대리인을 선임하여야 한다(법 28조 1항). 특별대리인은 피고인 또는 피의자를 대리하여 소송행위를 할 자가 있을 때까지 그 임무를 행한다(동조 2항).

---

66) 대판 1982. 3. 23. 81도1450.

67) 담배사업법 제31조(형법의 적용제한) 이 법에 정한 죄를 범한 자에 대하여는 형법 제9조·제10조 제2항·제11조·제16조·제32조 제2항·제38조 1항 제2호 중 벌금경합에 관한 제한가중규정과 동법 53조의 규정은 이를 적용하지 아니한다.

6. 피고인의 특정

가. 의 의

피고인은 공소제기를 받은 자 또는 공소제기가 된 것으로 취급되어 있는 자를 말한다. 피고인은 공소제기 이후에 존재하므로, 공소제기 이전의 수사 대상자인 피의자, 유죄판결이 확정된 수형자와 구별된다.

피고인이 타인의 성명을 모용하고 있거나, 타인이 피고인을 대신하여 출석한 경우에 누구를 피고인으로 볼 것인지 문제가 된다. 가령 동생이 음주운전을 하다가 적발되었는데 그가 음주운전을 한 전력이 많고 누범 전과도 있어 중한 처벌을 받을 것으로 예상되자 형의 운전면허증을 제시하고 형인 것처럼 행세하는 것이 성명모용의 예이다. 성명모용의 경우에는 채취한 지문의 확인 과정에서 모용 사실이 발각되는 것이 보통이다. 이외에도 구공판 사건에서 피모용자를 소환하는 과정에서 성명모용 사실이 드러나거나, 서면에 의해 심판하는 약식명령 사건에서 피모용자가 약식명령을 송달받고서 성명모용 사실을 알게 되는 경우도 있다.

위장출석의 예로는 조직폭력의 두목이 입건되었는데 재판과정에서 부하가 두목 대신 법정에 출석하는 경우를 들 수 있다.

나. 피고인 특정의 기준

성명모용이나 위장출석의 경우 누구를 피고인으로 보아야 할지에 관하여, ① 검사의 의사를 기준으로 하는 의사설, ② 공소장에 피고인으로 표시된 자를 기준으로 하는 표시설, ③ 의사설과 표시설을 결합하여 피고인으로 표시되거나 행위한 자를 의미한다는 절충설, ④ 표시설을 중심으로 하면서도 행위와 의사를 참작하자는 실질적 표시설 등이 있다.

다. 성명모용

(1) 의 의

피의자가 타인의 성명 등을 사칭하였기 때문에 검사의 의사는 피의자를 기소하는 것이지만 공소장에는 피모용자의 인적사항이 기재된 경우를 성명모용이라 한다.

(2) 피고인의 특정

판례에 의하면, 성명모용의 경우에 성명모용자가 피고인이고 공소장에 피모용자를 피고인으로 표시한 것은 표시상의 착오에 불과하다. 따라서 성명모용자에 대해 공소가 제기된 것이고 공소제기의 효력이 피모용자에게 미치는 것은 아니다.

갑이 을의 성명과 생년월일 등을 사칭하여 기소(약식명령의 청구)된 경우에 그 소송의 효력은 갑에 대해서만 미치고 을에게는 미치지 않는다.[68]

(3) 성명모용을 바로잡는 방법

(가) 공판심리 중인 경우

공소장의 피고인 표시를 정정/모용자에 대해서 심판함

피의자가 타인의 성명을 모용하여 공소장에 피모용자가 피고인으로 표시된 경우, 이는 당사자의 표시상의 착오이고 검사는 모용자를 기소하였으므로 모용자가 피고인이며 피모용자에게는 공소의 효력이 미치지 않는다. 이러한 경우 검사는 공소장의 인적 사항의 기재를 정정하여 피고인의 표시를 바로잡아야 하는데, 이는 피고인의 표시상의 착오를 정정하는 것이지 공소장변경이 아니다. 따라서 공소장변경절차를 밟을 필요가 없고 법원의 허가도 필요 없다.

검사가 피고인 표시를 정정한 때에는 처음부터 모용자를 기소한 것이고 피모용자를 기소한 것은 아니므로 법원은 모용자에 대하여 심판을 하면 되고, 원칙적으로 피모용자에 대하여 심판할 것이 아니다.[69]

(나) 검사가 피고인 표시정정을 하지 않는 경우

성명이 모용되었음에도 검사가 피고인 표시를 정정하지 않으면 외형상 피모용자를 기소한 것이 되어 공소제기의 방식이 법 254조의 규정에 위반하여 무효이므로 공소기각의 판결을 선고하여야 한다.[70]

(다) 약식명령이 발령된 경우

피모용자가 정식재판을 청구한 경우 피모용자에게는 공소기각판결을 하고, 모용자에게는 피고인 표시를 경정하는 결정을 하여 본래의 약식명령정본과 함께 송달함

피모용자가 약식명령에 대하여 정식재판을 청구하여 피모용자를 상대로 심리를 하는 과정에서 성명모용사실이 발각되어 검사가 공소장을 정정하는 등 사실상의 소송계속이 발생하고, 피모용자가 형식상 또는 외관상 피고인의 지위를 갖게 된 경우에 법원은 피모용자에게 적법한 공소의 제기가 없었음을 밝혀 주는 의미에서 법 327조 2호를 유추적용하여 공소기각의 판결을 함으로써 피모용자의 불안정한 지위를 명확히 해소해 주어야 한다.

피모용자가 정식재판을 청구하였어도 모용자에게는 아직 약식명령의 송달이 없었다 할 것이어서 검사는 피고인의 표시를 정정할 수 있고, 법원은 이에 따라 약식명령의 피고인 표시를 경정할 수 있으며, 본래의 약식명령정본과 함께 이 경정결정을 모용자에게 송달하면 이때에 약식명령이 적법하게 송달된 것이다. 이에 대하여 소정의 기간 내에 정식재판의 청구가 없으면 약식명령은 확정된다.[71]

---

68) 대판 1981. 7. 7. 81도182.
69) 대판 1993. 1. 19. 92도2554.
70) 대판 1993. 1. 19. 92도2554.

(라) 판결 확정 후 성명모용 사실이 확인된 경우

피모용자에 대한 유죄판결이 확정된 때의 구제방법에 관하여 비상상고에 의하자는 견해와 피모용자로 하여금 검사에게 전과말소신청을 하여 검사가 전과기록을 말소하는 방식을 사용하자는 견해가 있다. 실무는 전과말소신청을 진정사건으로 수리하여 검사가 전과를 정정하는 방식을 취하고 있는 것으로 생각된다(검찰사건사무규칙 143조 2항 2호 참조). 약식명령에 대해서는 재판서의 경정이 가능할 것이다(규칙 25조).

라. 위장출석

공소장에는 갑이 피고인으로 기재되어 있음에도 불구하고 을이 출석하여 재판을 받는 경우에는 갑은 실질적 피고인, 을은 형식적 피고인(위장출석자)이 된다. 이러한 경우 공소제기의 효력은 실질적 피고인에 대해서만 발생하여 실질적 피고인에 대해서 공소제기가 되어 있으므로 공소장을 정정한다거나 별도의 공소제기 없이 그를 소환하여 절차를 진행하면 족하다. 그런데 형식적 피고인을 절차에서 배제하는 방법은 절차의 진행 정도에 따라 달라진다.

- 인정신문 단계에서 위장출석 사실이 확인된 때에는 실질적 심리가 행해지지 아니하였으므로 위장출석자를 절차에서 배제시키는 것으로 족하다.
- 그러나 위장출석자를 상대로 하여 사실심리가 진행된 때에는 위장출석자에 대해서도 사실상의 소송계속의 효과가 발생하였으므로 법 327조 2호를 준용하여 동인에 대해 공소기각의 판결을 선고하고, 실질적 피고인을 소환하여 공소제기 이후의 절차를 다시 진행하여야 한다.[72]
- 위장출석자에 대해서 실체판결이 선고된 이후 위장출석이 판명된 경우에는 상소에 의해 실체판결을 시정하여야 한다. 상소심에서는 법 327조 2호를 유추적용하여 공소기각의 판결을 선고하여야 한다. 위장출석자에 대한 실체판결의 효력은 실질적 피고인에 대해서는 미치지 않으므로 법원은 공소제기 이후의 제1심 절차를 다시 진행하여야 한다.[73]

마. 위장 자수

범인이 아닌 자가 범인으로 자수하여 형사절차가 진행되는 것을 위장 자수라고 한다. 수사와 공소제기가 위장 자수자에 대해 행해지므로 피고인의 특정 문제는 발생하지 않는다. 위장 자수 사실의 판명 시점이 수사단계이면 혐의없음 처분을 할 것이고, 공소제기 이후이면 공소를 취소하거나 무죄판결을 선고할 것이다. 판결의 확정 후에 위장 자수자가 재심을 청구할 수 있는지에 관하여 견해의 대립이 있다. 위장 자수하였다 하여 죄 없는 자에게 죄가 있다고 할 수는 없을 것이므로 재심을 청구할 수 있다고 볼 것이다. 위장 자수자가 범인도피죄의 책임을 지는 것은 별개의 문제이다.

---

71) 대판 1993. 1. 19. 92도2554; 대판 1997. 11. 28. 97도2215.
72) 법원실무제요 형사Ⅰ, 86면.
73) 법원실무제요 형사Ⅰ, 86면.

제 3 절 변호인

Ⅰ. 변호인 제도의 의의

1. 변호인의 의의

변호인은 일정한 자격을 가진 법률전문가로서 피고인이나 피의자의 방어능력을 보충하는 임무를 가진 보조자를 말한다. 피고인 또는 피의자의 법정대리인, 배우자, 직계친족과 형제자매는 보조인이 될 수 있다(법 29조).

2. 변호인의 자격

변호인은 변호사 중에서 선임하여야 한다(법 31조). 변호사의 자격은 1. 사법시험에 합격하여 사법연수원의 과정을 마친 자, 2. 판사나 검사의 자격이 있는 자 또는 3. 변호사시험에 합격한 자에게 부여된다(변호사법 4조). 단, 대법원 이외의 법원은 특별한 사정이 있으면 변호사 아닌 자를 변호인으로 선임함을 허가할 수 있다(법 31조 단서). 이를 특별변호인이라고 한다.

3. 변호인의 지위

가. 보호자로서의 지위

변호인은 법률전문가로서 피의자·피고인의 이익을 보호하는 지위에 있다.

나. 피고인과의 관계

변호인은 법률에 달리 규정되어 있지 않은 한 독립하여 소송행위를 할 수 있다(법 36조). 변호인에게는 독립대리권과 고유권이 인정되는 경우가 있다.

변호사는 직무상 알게 된 비밀을 누설하여서는 아니 되는 비밀유지의무를 진다(변호사법 26조). 변호사 등 또는 변호사 등의 직에 있던 자가 그 업무상 위탁을 받은 관계로 알게 된 사실로서 타인의 비밀에 관한 것은 증언을 거부할 수 있다. 단, 본인의 승낙이 있거나 중대한 공익상 필요가 있는 때에는 예외로 한다(법 149조).

다. 공익적 지위

변호사는 그 직무를 수행할 때에 진실을 은폐하거나 거짓 진술을 하여서는 아니 되는 진실의무를 부담한다(변호사법 24조 2항).

변호사가 피고인·피의자에게 진술거부권이 있음을 알려 주고 그 행사를 권고
변호사인 변호인에게는 변호사법상의 진실의무가 인정된다. 변호인이 구속된 사람에게 법률적 조언을 하는 것은 권리이자 의무이므로 변호인이 적극적으로 피고인·피의자로 하여금 허위진술하도록 하지 않고 단순히 진술거부권이 있음을 알려 주고 그 행사를 권고하는 것은 진실의무에 위반되지 않는다.[74)]

갑이 을 등이 범한 사기범행을 자신이 저질렀다고 허위자백하여 범인도피/변호인인 피고인이 갑의 허위자백을 적극적으로 유지하게 하여 범인도피방조
변호사는 직무를 수행하면서 진실을 은폐하거나 거짓 진술을 하여서는 아니 된다(변호사법 24조 2항). 변호인이 변론행위라는 명목으로 수사기관이나 법원에 대하여 적극적으로 허위진술을 하거나 피고인·피의자로 하여금 허위진술을 하도록 하는 것은 허용되지 않는다.
사실관계
- 갑이 수사기관과 법원에서 을 등의 사기 범행을 자신이 저질렀다고 허위자백함
- 그 후 갑의 사기 피고사건 변호인으로 선임된 피고인이 갑으로 하여금 을 등을 은폐하는 허위자백을 유지하게 함

판단: 피고인이 변호인으로서 갑을 위한 변론과 필요한 활동을 하는 데 그치지 않고, 갑과 을 사이에 부정한 거래가 진행 중이며 갑 피고사건의 수임과 변론이 거래의 향배와 불가결하게 관련됨을 인식하고도 을에게서 갑 피고사건을 수임하고, 그들의 합의가 성사되도록 도왔으며, 스스로 합의금의 일부를 예치하는 방안까지 용인하고 합의서를 작성하는 등으로 갑과 을의 거래에 깊숙이 관여한 것은 정당한 변론권의 행사가 아니다. 변호인의 비밀유지의무는 업무상 알게 된 비밀을 누설하지 않을 소극적인 것일 뿐 진범을 은폐하는 허위자백을 적극적으로 유지하게 한 행위가 변호인의 비밀유지의무에 의하여 정당화될 수 없다. 피고인의 범인도피방조죄가 인정된다.[75)]

4. 변호인의 권한

가. 대리권

변호인은 피고인 또는 피의자가 할 수 있는 소송행위로서 성질상 대리가 허용될 수 있는 모든 소송행위에 관하여 포괄적 대리권을 가진다. 변호인의 대리권에는 종속대리권과 독립대리권이 있다.

종속대리권은 본인의 의사에 구속되는 대리권을 말한다. 여기에 해당하는 것으로는 관할이전의 신청(법 15조), 토지관할위반의 신청(법 320조), 증거동의(법 318조), 상소의 포기 또는 취하(법 349조), 정식재판의 청구 또는 취하(법 453조, 454조) 등이 있다.

독립대리권에는 본인의 명시한 의사에 반하여 행사할 수 있는 것과 본인의 명시한 의사에 반할 수는 없지만 묵시의 의사에는 반할 수 있는 것이 있다. 전자에 해당하는 것으로는 구속취소의 청구(법 93

74) 대결 2007. 1. 31. 2006모656.
75) 대판 2012. 8. 30. 2012도6027.

조), 보석의 청구(법 94조), 증거보전의 청구(법 184조), 공판기일변경신청(법 270조 1항), 증거조사에 대한 이의신청(법 296조 1항) 등이 있다. 후자에 해당하는 것으로는 기피신청(법 18조), 상소의 제기(법 341조) 등이 있다.

나. 고유권

고유권은 변호인의 권리로 규정된 것 중에서 본인을 대리하는 권리라고 볼 수 없는 것 다시 말하면 변호인이라는 지위에서 독자적으로 인정되는 권리를 말한다. 고유권에는 변호인만이 가지는 것과 피고인 또는 피의자와 중복적으로 가지는 것이 있다. 전자를 협의의 고유권이라고 하며, 그 예로는 변호인의 접견교통권(법 34조), 피고인에 대한 신문권(법 296조의2), 상고심의 변론권(법 387조) 등이 있다.

변호인이 피고인 또는 피의자와 중복하여 가지는 고유권으로는 압수·수색·검증영장의 집행에 참여할 권리(법 121조, 145조), 감정에의 참여권(법 176조), 증인신문에의 참여권(법 161조의2, 163조), 서류·증거물의 열람·등사권(법 35조, 266조의3 이하) 등이 있다.

Ⅱ. 사선변호인

1. 선임권자

피의자·피고인 또는 그와 일정한 관계에 있는 자가 선임한 변호인을 사선변호인이라고 한다. 사선변호인에 대한 고유의 선임권자는 피의자·피고인이다(법 30조 1항). 피의자 또는 피고인의 법정대리인, 배우자, 직계친족과 형제자매는 독립하여 변호인을 선임할 수 있다(동조 2항). 이를 선임대리권자라고 한다. 여기서 '독립하여'는 본인의 의사에 반하여 변호인을 선임할 수 있다는 것이며, 선임대리권자에 의해 선임된 변호인을 본인이 해임하는 것은 이와 별개의 문제이다.

변호인선임권자/피고인(또는 피고인인 법인의 대표)의 위임을 받은 자가 선임한 변호인
변호인을 선임할 수 있는 자는 피고인·피의자와 법 30조 2항에 규정된 자에 한정되고, 피고인·피의자로부터 선임권을 위임받은 자가 피고인·피의자를 대리하여 변호인을 선임할 수는 없다. 피고인이 법인인 경우에는 대표자(법 27조 1항)가 변호인을 선임하여야 하며, 대표자가 제3자에게 위임하여 제3자로 하여금 변호인을 선임하게 할 수는 없다.
따라서 피고인(회사정리절차 개시결정에 의한 정리회사)의 대표자가 아닌 관리인이 선임한 변호인에 의하여 제기된 항고는 법률상 방식에 위반한 것이다.[76)]

76) 대결 1994. 10. 28. 94모25.

2. 변호인 선임권의 고지 및 변호인 선임의 의뢰

체포·구속하는 때에는 즉시 변호인을 선임할 수 있는 권리 등을 고지하여야 한다(법 87조, 88조, 200조의5, 200조의6, 209조).

체포·구속된 피의자·피고인은 법원, 수사기관, 교도소장 또는 구치소장 또는 그 대리자에게 변호사를 지정하여 변호인의 선임을 의뢰할 수 있다. 위와 같은 의뢰를 받은 법원, 수사기관, 교도소장이나 구치소장 또는 그 대리자는 급속히 피의자·피고인이 지명한 변호사에게 그 취지를 통지하여야 한다(법 90조, 200조의6, 209조).

3. 선임의 방식

변호인을 선임한 때에는 변호인과 선임자가 연명하여 날인한 서면인 변호인선임서를 제출하여야 한다(법 32조 1항). 변호사는 법률사건이나 법률사무에 관한 변호인선임서 또는 위임장 등을 공공기관에 제출할 때에는 사전에 소속 지방변호사회를 경유하여야 한다. 다만, 사전에 경유할 수 없는 급박한 사정이 있는 경우에는 변호인선임서나 위임장 등을 제출한 후 지체 없이 공공기관에 소속 지방변호사회의 경유확인서를 제출하여야 한다(변호사법 29조). 변호사는 법원이나 수사기관에 변호인선임서나 위임장 등을 제출하지 아니하고는, 1. 재판에 계속 중인 사건이나 2. 수사 중인 형사사건(내사 중인 사건을 포함한다)에 관하여 대리하거나 변호할 수 없다(동법 29조의2).

선임대리권자가 변호인을 선임하는 때에는 그 자와 피고인 또는 피의자와의 신분관계를 소명하는 서면을 변호인선임서에 첨부하여 제출하여야 한다(규칙 12조).

4. 선임의 효력

가. 효력 발생시기

변호인 선임의 효력은 변호인선임서를 제출하여야 발생하며, 변호인선임서는 특별한 사정이 없는 한 원본을 의미한다.[77]

항소이유서만 제출하였다가 항소이유서제출기간 도과 후 변호인선임계 제출
변호인선임계를 제출치 아니한 채 항소이유서만을 제출하고 항소이유서 제출기간 경과 후에 변호인선임계를 제출하였다면 항소이유서는 적법, 유효하지 않다.[78]

77) 대결 1969. 10. 4. 69모68; 대결 2005. 1. 20. 2003모429.
78) 대결 1969. 10. 4. 69모68.

변호인선임신고서 사본을 첨부하여 정식재판청구하고 정식재판청구기간 도과 후 변호인선임신고서 제출

사실관계

- 2003. 7. 23. 피고인이 약식명령을 송달받음
- 2003. 7. 30. 변호인은 변호인선임신고서 사본을 첨부하여 정식재판청구서를 법원에 제출하였으나 담당 공무원이 사본임을 이유로 정식재판청구서의 접수를 거절
- 2003. 7. 31. 변호인은 변호인선임신고서 원본을 첨부하여 정식재판청구서를 접수

판단: 담당공무원이 정식재판청구서의 접수를 거절할 권한은 없으므로 변호인 명의의 정식재판청구서는 2003. 7. 30. 법원에 제출되었다고 보아야 하지만, 변호인선임신고서 사본은 적법한 변호인선임신고서가 아니어서 2003. 7. 30. 법원에 제출된 정식재판청구서는 유효하지 않고, 2003. 7. 31. 접수된 변호인선임신고서는 정식재판청구기간 이후에 제출된 것이어서, 결국 정식재판청구서는 정식재판청구기간 내에 제출되지 않았다.[79)]

해설: 약식명령에 대해서는 고지일로부터 7일 이내에 정식재판을 청구할 수 있다(법 453조). 기간계산에 있어 초일은 산입하지 않으므로(법 66조) 2003. 7. 23. 약식명령을 송달받은 피고인은 같은 달 30.까지 정식재판을 청구할 수 있다.

나. 선임의 효력이 미치는 범위

변호인 선임의 효력은 선임된 사건과 단일성 및 동일성이 인정되는 범죄사실 전부에 대해서 미친다. 따라서 공소장변경에 의해 공소사실이 변경되더라도 선임의 효력은 유지된다. 다만, 하나의 사건에 관하여 한 변호인 선임은 피고인 또는 변호인이 다른 의사표시를 하지 않는 한, 동일 법원의 동일 피고인에 대하여 병합된 다른 사건에 관하여도 그 효력이 있다(규칙 13조).

변호인 선임의 효력은 당해 심급에 한하며, 공소제기 전의 변호인 선임은 제1심에도 그 효력이 있다(법 32조). 여기서 심급이 끝나는 시점은 종국판결선고시가 아니라 상소에 의하여 이심의 효력이 발생하거나 재판이 확정될 때까지라고 보는 것이 통설이다. 종국판결시부터 이심의 효력이 발생할 때까지 변호인 없는 공백기간이 있어서는 아니 되기 때문이다. 따라서 종국판결이 선고된 이후에 종국판결이 선고된 심급의 변호인이 피고인을 위하여 상소할 수 있다. 법은 변호인이 피고인의 명시한 의사에 반하지 않는 이상 피고인을 위하여 상소할 수 있다고 규정하고 있다(법 341조). 상소로 인하여 심급이 종료되면 상소 이전 심급에서의 선임의 효력도 종료되므로 이후의 소송행위를 위해서는 새로운 선임이 필요하다.

다만, 원심 법원에서의 변호인 선임은, 항소·상고법원이 법 366조 또는 법 367조의 규정에 의하여 원심판결을 파기하고 환송 또는 이송판결을 하여 환송 또는 이송한 후에도 효력이 있다(규칙 158조, 법 399조). 판결의 파기에 의해 원심 판결이 없는 상태로 되돌아가기 때문이다.

79) 대결 2005. 1. 20. 2003모429.

A사건에 관하여 국선변호인을 선정한 후, 변호인이 없는 B사건이 A사건에 병합됨
국선변호인 선정의 효력은 선정 이후 병합된 다른 사건에도 미치므로, 항소심에서 국선변호인이 선정된 이후 변호인이 없는 다른 사건이 병합되면, 항소법원은 지체 없이 국선변호인에게 병합된 사건에 관한 소송기록 접수통지를 함으로써 국선변호인으로 하여금 병합된 다른 사건에 관한 항소이유서를 작성·제출할 수 있도록 하여야 한다.[80)]

제1심에서만 변호인선임신고서를 제출한 제1심 변호인이 그 명의로 재항고장을 제출함
변호인선임신고서를 제출하지 않은 변호인이 변호인 명의로 재항고장을 제출한 경우, 재항고장은 적법·유효한 재항고로서의 효력이 없다.
재항고인이 제1심에서만 변호인선임신고서를 제출하였을 뿐 원심과 재항고심에는 별도의 변호인선임신고서를 제출하지 않은 경우, 재항고인의 제1심 변호인이 그 명의로 재항고장을 제출한 것은 재항고의 효력이 없다.[81)]

항소심에서 A사건의 변호인으로 갑이 선임되었는데, A사건의 상고심이 파기환송판결을 하여 A사건이 다시 항소심에 계속되면 갑의 변호권이 다시 생긴다.[82)]

5. 대표변호인 제도

피고인 또는 피의자가 선임할 수 있는 변호인의 숫자에는 제한이 없다. 법은 다수의 변호인이 선임된 경우에 재판장이나 검사가 통지나 서류의 송달을 받을 대표변호인을 지정할 수 있도록 하고 있다(법 32조의2).

Ⅲ. 국선변호인

국선변호인 제도는 구속 전 피의자심문 대상인 피의자(법 201조의2 8항), 체포·구속적부심사를 청구한 피의자(법 214조의2 10항), 아동·청소년 대상 성범죄의 피해자(아청법 18조의6)에게도 인정되지만, 이하에서는 피고인에 대한 국선변호인에 관해서만 언급한다.

국선변호인 제도의 적용범위/재심개시결정 전의 절차
국선변호인제도는 구속적부심 등을 제외하고는 공판절차에서 피고인의 지위에 있는 자에게만 인정되므로, 공판절차가 아닌 재심개시결정 전의 절차에서 재심청구인이 국선변호인선임청구를 할 수는 없다.[83)]

80) 대판 2015. 4. 23. 2015도2046.
81) 대결 2017. 7. 27. 2017모1377.
82) 대판 1968. 2. 27. 68도64.
83) 대판 1993. 12. 3. 92모49.

즉결심판에 대한 정식재판청구를 함으로써 개시된 공판절차
즉결심판을 받은 피고인이 정식재판청구를 함으로써 공판절차가 개시된 경우에는 통상의 공판절차와 마찬가지로 국선변호인의 선정에 관한 법 283조가 적용된다.[84)]

A법무법인의 정이 피고인 1의 담당변호사로 지정되었는데, 법원이 정을 피고인 1과 이해가 상반되는 피고인 2의 국선변호인으로 선정/국선변호인의 실질적 조력을 받을 권리
사실관계: A법무법인의 갑, 을, 병, 정이 피고인 1의 담당변호사로 지정된 상태에서, 법원이 정을 피고인 2의 국선변호인으로 선정
법리: 헌법상 보장되는 '변호인의 조력을 받을 권리'는 변호인의 '충분한 조력'을 받을 권리를 의미한다. 공소사실 기재 자체로 보아 어느 피고인에 대한 유리한 변론이 다른 피고인에게는 불리한 결과를 초래하는 경우 공동피고인들 사이에 이해가 상반된다. 이해가 상반된 피고인들 중 어느 피고인이 법무법인을 변호인으로 선임하고, 법무법인이 담당변호사를 지정하였을 때, 법원이 담당변호사 중 1인 또는 수인을 다른 피고인을 위한 국선변호인으로 선정한다면, 그 국선변호인은 이해가 상반된 피고인들 모두에게 유리한 변론을 하기 어려우므로 다른 피고인은 국선변호인의 조력을 받을 권리가 침해된다.
공소사실
가. 피고인 2는
팔꿈치로 피고인 1의 가슴을 밀쳐 넘어뜨려 상해를 가함
나. 피고인 1은
위와 같이 상해를 당할 때 쓰레기통으로 피고인 2의 어깨를 때려 상해를 가하고, 피고인 2의 명예를 훼손함
판단: 공소사실 기재 자체로 볼 때, 피고인들 중 어느 피고인에 대한 유리한 변론은 다른 피고인에게 불리한 결과를 초래하므로, 피고인들 사이에 이해가 상반된다. 법원이 정을 피고인 2의 국선변호인으로 선정한 것은, 국선변호인의 실질적 조력을 받을 피고인 2의 권리를 침해한다.[85)]

1. 국선변호인의 선정 사유

가. 법 33조의 선정 사유 및 변호인 없는 피고인에게 고지할 사항

법 제33조(국선변호인) ① 다음 각 호의 어느 하나에 해당하는 경우에 변호인이 없는 때에는 법원은 직권으로 변호인을 선정하여야 한다.
1. 피고인이 구속된 때
2. 피고인이 미성년자인 때
3. 피고인이 70세 이상인 때

84) 대판 1997. 2. 14. 96도3059.
85) 대판 2015. 12. 23. 2015도9951.

4. 피고인이 농아자인 때
5. 피고인이 심신장애의 의심이 있는 때
6. 피고인이 사형, 무기 또는 단기 3년 이상의 징역이나 금고에 해당하는 사건으로 기소된 때

② 법원은 피고인이 빈곤 그 밖의 사유로 변호인을 선임할 수 없는 경우에 피고인의 청구가 있는 때에는 변호인을 선정하여야 한다.

③ 법원은 피고인의 연령·지능 및 교육 정도 등을 참작하여 권리보호를 위하여 필요하다고 인정하는 때에는 피고인의 명시적 의사에 반하지 않는 범위 안에서 변호인을 선정하여야 한다.

재판장이 변호인 없는 피고인에게 서면으로 고지하여야 할 사항은

① 법 33조 1항에 해당하는 때에는 피고인이 변호인을 선임하지 아니하면 법원이 국선변호인을 선정한다는 것,

② 법 33조 2항에 해당하는 때에는 국선변호인선정을 청구할 수 있다는 것,

③ 법 33조 3항에 해당하는 때에는 국선변호인선정을 희망하지 않는다는 의사표시를 할 수 있다는 것이다(규칙 17조).

(1) 직권에 의한 선정

법 33조 1항과 3항은 변호인이 없는 피고인에 대해 법원이 직권으로 변호인을 선정하여야 할 의무를 부과하고 있다.

법 33조 1항과 3항은 직권으로 변호인 선정/1항은 의무, 3항은 재량

법 33조 1항과 3항은 법원이 직권으로 변호인을 선정하는 규정이다. 위 1항 각 호에 해당하지만 변호인이 없으면 의무적으로 변호인을 선정하여야 하지만, 위 3항에서는 피고인의 연령·지능 및 교육 정도 등을 참작하여 권리보호를 위하여 필요한 때에 한하여 재량으로 피고인의 명시적 의사에 반하지 아니하는 범위 안에서 변호인을 선정한다. 따라서 법 33조 1항 각 호에 해당하지 않는 한 법원은 권리보호를 위하여 필요하다고 인정하지 않으면 국선변호인을 선정하지 않을 수 있고, 국선변호인의 선정 없이 공판심리를 하더라도 피고인의 방어권이 침해되어 판결에 영향을 미치지 않았다면 법 33조 3항 위반이 아니다.[86]

판결을 선고하면서 법정구속한 피고인

'피고인이 구속된 때(법 33조 1항 1호)'는 피고인이 당해 형사사건에서 이미 구속되어 재판을 받고 있는 경우를 말하므로, 불구속 피고인에 대하여 판결을 선고한 다음 구속하더라도 구속되기 이전까지는 위 규정이 적용되지 않는다.[87]

86) 대판 2013. 5. 9. 2013도1886.
87) 대판 2011. 3. 10. 2010도17353.

2급 시각장애인인 피고인이 점자자료가 아닌 인쇄물에 접근하는 것이 상당히 곤란함

피고인이 2급 시각장애인으로서 점자자료가 아니면 인쇄물 정보접근에 상당한 곤란을 겪는 수준인 경우, 법원은 법 33조 3항의 규정을 준용하여 피고인의 연령·지능·교육 정도를 비롯한 시각장애의 정도 등을 확인한 다음 그 권리보호의 필요성이 있는 때에는 규칙 17조의 취지를 고지하고, 피고인의 명시적 의사에 반하지 않는 범위 안에서 국선변호인을 선정했어야 한다.[88]

3급 청각장애인인 피고인이 구술 변론이나 증거조사 과정에서 방어권행사가 상당히 곤란

사실관계

- 피고인은 3급 청각(청력)장애인으로서 공판기일에서의 구술로 진행되는 변론과정이나 증거서류의 낭독 등 증거조사과정에서 방어권을 행사함에 있어 상당한 곤란을 겪는 정도이고, 피고인은 2010. 2. 11. 청각장애로 인해 제1심 재판장의 질문을 제대로 듣지 못한 상태에서 대충 답변을 하였다는 취지가 담긴 항소이유서와 국선변호인 선정청구서를 함께 제출하면서 장애인증명서를 이에 첨부함
- 원심은 피고인의 연령·지능·교육 정도를 비롯한 청각장애의 정도 등을 확인하여 그 권리보호를 위한 필요성이 있는지를 심리하지 않고 그 다음날 국선변호인 선정청구를 기각하는 결정 후 변호인 없이 공판기일을 진행함

판단: 원심은 법 33조 3항에 관한 법리를 오해하여 국선변호인 선정이 필요한지에 대하여 필요한 심리를 다하지 아니함으로써 판결에 영향을 미친 위법이 있다.[89]

(2) 청구에 의한 선정

법원은 피고인이 빈곤 그 밖의 사유로 변호인을 선임할 수 없는 경우에 피고인의 청구가 있는 때에는 변호인을 선정하여야 한다(법 33조 2항). 빈곤 그 밖의 사유로 국선변호인 선정을 청구하는 경우 피고인은 소명자료를 제출하여야 한다. 다만, 기록에 의하여 그 사유가 소명되었다고 인정될 때에는 그러하지 아니하다(규칙 17조의2).

---

88) 대판 2010. 4. 29. 2010도881.

89) 대판 2010. 6. 10. 2010도4629. 다음은 같은 취지이다.

사실관계

- 2급 시각장애인으로 점자자료가 아닌 인쇄물정보 접근에 곤란을 겪을 피고인이 항소이유서제출기간 경과 후에 빈곤을 사유로 국선변호인선정청구를 함
- 원심이 법 33조 2항에 따라 국선변호인을 선정함
- 국선변호인이 항소이유서를 제출
- 원심은 항소이유서가 제출기간이 지난 후에 제출되었다는 이유로 항소기각판결

판단

- 원심은 피고인에 대하여 법 33조 3항에 따라 국선변호인을 선정했어야 한다.
- 원심이 법 33조 2항에 따라 국선변호인을 선정했어도 그 국선변호인을 법 33조 3항에 의한 국선변호인으로 보아 그에 대해 소송기록접수통지를 하여야 하므로 그 국선변호인이 선정결정일로부터 20일 이내에 항소이유서를 제출하였다면 그 항소이유서는 적법하다(대판 2014. 8. 28. 2014도4496).

빈곤 기타 사유로 변호인을 선임할 수 없는 때에 국선변호인을 선정하는 것[법 33조 5호(현행 법 33조 2항: 필자 주)]은 피고인의 청구가 있는 경우에 한한다.[90]

빈곤으로 변호인을 선임할 수 없음을 소명하였음에도 국선변호인 선정 없이 절차 진행
피고인이 소명자료(국민기초생활수급자에 해당한다는 수급자 증명서와 보증금 100만 원, 월차임 14만 원의 임대차계약서)를 제출하여, 빈곤으로 인하여 변호인을 선임할 수 없다고 볼 여지가 충분함에도, 국선변호인 선정(법 33조 2항) 없이 공판심리를 진행한 것은 국선변호인의 조력을 받을 권리 침해이다.[91]

경제적 빈곤을 이유로 국선변호인선정신청을 하였으나 결정을 하지 않음
피고인이 경제적 어려움으로 인하여 변호인을 선임할 수 없다는 이유로 국선변호인선정을 신청(법 33조 2항)하였음에도 법원이 결정을 하지 않은 것은 위법하다.[92]

나. 필요적 변호사건

법 33조 1항 각 호의 어느 하나에 해당하는 사건 및 같은 조 2항·3항의 규정에 따라 변호인이 선정된 사건에 관하여는 변호인 없이 개정하지 못한다(법 282조). 위와 같이 필요적 변호사건임에도 변호인이 출석하지 아니한 때에는 법원은 직권으로 변호인을 선정하여야 한다(법 283조). 다만 판결만을 선고할 경우에는 그러하지 아니하다(법 282조 단서). 필요적 변호사건에서 공판절차가 변호인 없이 이루어진 경우, 그와 같은 위법한 공판절차에서 이루어진 소송행위는 무효이다.[93]

피고인이 70세 이상임에도 국선변호인선정 없이 이루어진 공판절차에서의 소송행위
70세 이상인 피고인(필요적 변호사건임)으로서 사선변호인이 없음에도 국선변호인을 선정하지 아니한 채 개정한 위법한 공판절차에서 이루어진 소송행위는 무효이므로, 소송절차가 법령에 위반하여 판결에 영향을 미친 위법이 있다.[94]

제1심이 변호인선정 없이 공판절차를 진행한 경우 항소심의 조치
'필요적 변호사건(법 282조)'에서 제1심의 공판절차가 변호인 없이 이루어진 경우, 그와 같은 위법한 공판절

90) 대판 1983. 10. 11. 83도2117; 대판 1994. 10. 25. 94도1467.
91) 대판 2016. 12. 29. 2016도16661. 지체4급 장애인이자 국민기초생활수급자인 피고인이 빈곤을 사유로 국선변호인선정 청구한 사안에서 같은 취지로는 대판 2011. 3. 24. 2010도18103.
92) 대판 1995. 2. 28. 94도2880.
93) 대판 1995. 4. 25. 94도2347; 대판 2011. 9. 8. 2011도6325.
94) 대판 2006. 1. 13. 2005도5925.

차에서 이루어진 소송행위는 무효이므로, 항소심은 변호인이 있는 상태에서 소송행위를 새로이 한 후 위법한 제1심판결을 파기하고, 항소심에서의 진술 및 증거조사 등 심리결과에 기하여 다시 판결하여야 한다.[95]
해설: 위 판례에 따르면 필요적 변호사건임에도 변호인 없이 행해진 일체의 소송행위는 무효인바, 항소심이 파기하여 환송하지 않고 자판하므로 피고인은 심급의 이익을 박탈당하는 결과가 된다. 이러한 심급의 이익박탈은 위헌이 아니다.[96]

국선변호인선정 없이 심리하였으나 무죄판결을 선고
필요적 변호사건에서 변호인 없이 심리·판결한 것은 소송절차의 법령위반이지만 피고인의 이익을 위한 필요적 변호 규정이 피고인에게 불리하게 작용해서는 아니 되므로 그러한 법령위반은 무죄판결에 영향을 미치지 않는다.[97]

변호인 없이 공판절차를 진행하기 이전에 적법하게 한 진술
필요적 변호사건에서 변호인이 없거나 출석하지 아니한 채 공판절차가 진행되었기 때문에 그 공판절차가 위법한 것이라고 하여 이미 그 전에 적법하게 이루어진 소송행위까지 모두 무효로 된다고는 볼 수 없는 것이므로 위법하게 공판절차가 진행되기 이전에 한 피고인들의 각 진술은 증거능력이 있다.[98]

피고인측의 귀책사유에 기인한 변호인의 재정의무위반
필요적 변호사건에서 변호인이 피고인의 동의 아래 방어권행사의 한 방법으로, 허가 없이 퇴정하거나 피고인과 합세하여 법정질서를 문란케 함으로써 재판진행을 방해하여 퇴정명령을 받는 경우와 같이, 변호인의 재정의무위반이 피고인의 귀책사유에 기인하고 피고인측의 방어권남용 내지 변호권포기로 보여지는 경우에는, 신속한 재판 및 사법권의 옹호를 위해 법 330조를 유추적용하여 변호인 없이 심리할 수 있다.[99]

다. 재심사건

① 사망자 또는 회복할 수 없는 심신장애인을 위하여 재심의 청구가 있는 때 또는 ② 유죄의 선고를 받은 자가 재심의 판결 전에 사망하거나 회복할 수 없는 심신장애인으로 된 때에는 변호인이 출정하지 아니하면 개정하지 못하며, 재심을 청구한 자가 변호인을 선임하지 아니한 때에는 재판장은 직권으로 변호인을 선임하여야 한다(법 438조 2항 내지 4항).

---

95) 대판 1995. 4. 25. 94도2347; 대판 2011. 9. 8. 2011도6325.
96) 헌재 2010. 2. 25. 2008헌바67.
97) 대판 2003. 3. 25. 2002도5748.
98) 대판 1990. 6. 8. 90도646.
99) 대판 1990. 6. 8. 90도646.

라. 기 타

공판준비기일이 지정된 사건(법 266조의8 1항, 4항), 국민참여재판사건(국민참여재판법 7조), 치료감호청구사건(치료감호법 15조 2항), 전자장치의 부착명령청구사건(특정 범죄자에 대한 보호관찰 및 전자장치 부착 등에 관한 법률 11조), 군사재판사건(군사법원법 62조)은 필요적 변호사건이다.

2. 국선변호인의 자격과 수

국선변호인은 법원의 관할구역 안에 사무소를 둔 변호사, 그 관할구역 안에서 근무하는 공익법무관에 관한 법률에 의한 공익법무관(법무부와 그 소속기관 및 각급검찰청에서 근무하는 공익법무관을 제외함) 또는 그 관할구역 안에서 수습 중인 사법연수생 중에서 이를 선정한다(규칙 14조 1항).

국선변호인은 피고인 또는 피의자마다 1인을 선정한다. 다만, 사건의 특수성에 비추어 필요하다고 인정할 때에는 1인의 피고인 또는 피의자에게 수인의 국선변호인을 선정할 수 있다. 피고인 또는 피의자 수인 간에 이해가 상반되지 아니할 때에는 그 수인의 피고인 또는 피의자를 위하여 동일한 국선변호인을 선정할 수 있다(규칙 15조).

법원은 기간을 정하여 법원의 관할구역 안에 사무소를 둔 변호사(그 관할구역 안에 사무소를 둘 예정인 변호사를 포함한다) 중에서 국선변호를 전담하는 변호사를 지정할 수 있다(규칙 15조의2). 위와 같이 지정되어 국선변호를 전담하는 변호사를 국선전담변호사라고 한다.

3. 국선변호인의 선정취소 및 사임

법원이나 판사는 일정한 사유가 있는 때에는 국선변호인선정을 취소하여야 하거나, 취소할 수 있다(규칙 18조). 국선변호인도 일정한 사유가 있는 경우에는 법원의 허가를 얻어 사임할 수 있다(규칙 20조).

4. 국선변호인의 보수

국선변호인에게 지급할 일당, 여비, 숙박료 및 보수의 금액은 대법원규칙으로 정하는 범위에서 법원이 정한다(형사소송비용 등에 관한 법률 8조).

Ⅳ. 접견교통권

1. 변호인과의 접견교통권[100)]

변호인과의 접견교통권은 피고인 또는 피의자, 특히 구속된 피고인 또는 피의자가 변호인이나 가족·친지 등의 타인과 접견하고 서류 또는 물건을 수수하며 의사의 진료를 받는 권리를 말한다(법 89조,

100) '변호인과의 접견교통권'은 '변호인의 접견교통권'과 구별되어야 한다.

209조). 접견교통권을 인정하는 이유는 기본적 인권과 방어권을 보장하는 데 있다.

헌법 12조 4항은, "누구든지 체포·구속을 당한 때에는 즉시 변호인의 조력을 받을 권리를 가진다. 다만, 형사피고인이 스스로 변호인을 구할 수 없을 때에는 법률이 정하는 바에 의하여 국가가 변호인을 붙인다"라고 규정함으로써 체포·구속된 피의자·피고인의 접견교통권이 헌법상의 기본권임을 분명히 하고 있다.[101] 나아가 불구속 피의자·피고인의 접견교통권 역시 헌법상의 기본권이다.[102]

수사기관이나 법원은 도망하거나 죄증을 인멸할 염려가 있다고 인정할 만한 상당한 이유가 있는 때에는 구속된 피의자·피고인과 법 34조에 규정한 외의 타인과의 접견을 금하거나 수수할 서류 기타 물건의 검열, 수수를 금지 또는 압수할 수 있으나, 의류, 양식, 의료품의 수수는 금지하거나 압수할 수 없다(법 91조, 209조).

가. 접견교통권의 법적 성질

접견교통권을 침해하여 작성한 피의자신문조서는 증거능력을 가지지 못한다.[103] 그러나 피의자신문조서가 변호인과의 접견 전에 작성되었다는 이유만으로 증거능력이 부정되는 것은 아니다.[104]

나. 주 체

체포·구속된 피고인이나 피의자는 물론 불구속 피고인이나 피의자도 제한 없이 접견교통권이 보장된다(법 89조, 209조, 243조의2).

임의동행의 형식으로 연행된 피의자와 피내사자

임의동행의 형식으로 수사기관에 연행된 피의자와 피내사자에게도 변호인 또는 변호인이 되려는 자와의 접견교통권은 당연히 인정된다.[105]

재심청구절차

변호인이나 변호인이 되려는 자는 구속된 피고인·피의자와 접견하고 서류 또는 물건을 수수할 수 있는바(법 34조), 위 규정은 형이 확정된 수형자에 대한 재심개시의 여부를 결정하는 재심청구절차에는 그대로 적용될 수 없다.[106]

---

101) 구속된 피고인 또는 피의자의 타인과의 접견권(법 89조, 213조의2)은 헌법상의 기본권을 확인하는 것일 뿐 법 규정에 의하여 비로소 피고인·피의자의 접견권이 창설되는 것은 아니다(대판 1992. 5. 8. 91누7552).

102) 불구속 피의자의 경우에도 변호인의 조력을 받을 권리는 헌법에 나타난 법치국가원리, 적법절차원칙에서 인정되는 당연한 내용이고, 헌법 12조 4항도 이를 전제로 특히 신체구속을 당한 사람에 대하여 변호인의 조력을 받을 권리의 중요성을 강조하기 위하여 별도로 명시하고 있다(헌재 2004. 9. 23. 2000헌마138).

103) 대판 1990. 8. 24. 90도1285; 대판 1990. 9. 25. 90도1586; 대판 2007. 12. 13. 2007도7257.

104) 대판 1990. 9. 25. 90도1613.

105) 대결 1996. 6. 3. 96모18.

106) 대판 1998. 4. 28. 96다48831.

다. 제 한

변호인과의 접견교통권은 현행법상 아무런 제한 없이 보장되고 있다.

접견교통권은 피고인·피의자나 피내사자의 인권보장과 방어준비를 위하여 필수불가결한 권리이므로 법령에 의한 제한이 없는 한 수사기관의 처분이나 법원의 결정으로 제한할 수 없다.107)

변호인의 미결수용자에 대한 접견신청을 공휴일임을 이유로 불허

국가안전보장·질서유지 또는 공공복리를 위해 필요한 경우에는 형집행법에 의한 미결수용자의 변호인 접견권도 법률로 제한할 수 있다. 형집행법 84조 2항에 의해 접견에 관한 일체의 시간적 제한이 금지된다고 볼 수는 없고, 형집행법 41조 4항의 위임에 따라 수용자의 접견 시간대를 대통령령으로 정할 수 있다.

청구인은 불구속 상태로 재판받다가 5. 27. 구속되었고, 6. 1. 선정된 국선변호인이 6. 5. 접견을 신청하였는데, 접견 희망일인 6. 6.(현충일)이 공휴일이라는 이유로 접견이 거부되어 6. 8. 접견이 실시되었으며, 6. 19. 공판기일이 다시 열린 경우, 방어권행사에 불이익이 있었다고 보기 어려우므로 변호인의 조력을 받을 권리가 침해되지 않았다.108)

라. 접견신청의 방식

법 34조에 의한 변호사의 접견신청은 일정한 형식을 갖추어야 하는 것은 아니지만, 가능하면 구속되어 있는 장소와 신청의 상대방을 특정하여야 한다.109)

마. 내 용

변호인과의 접견교통권은 방해나 감시 없는 자유로운 접견교통을 본질로 하므로 접견시 교도관이나 경찰관의 참여나 내용청취는 허용되지 않는다. 다만, 보이는 거리에서 피의자·피고인을 관찰할 수는 있다(형집행법 84조 1항).

접견교통권의 보장 방법

접견교통권의 충분한 보장은 구속된 자와 변호인의 대화내용에 대하여 비밀이 완전히 보장되고 어떠한 제한·영향·압력 또는 부당한 간섭 없이 자유롭게 대화할 수 있는 접견을 통하여서만 가능하고 이러한 자유로운 접견은 구속된 자와 변호인의 접견에 교도관이나 수사관 등 관계공무원의 참여가 없어야 가능하다.110)

107) 대결 1996. 6. 3. 96모18.
108) 헌재 2011. 5. 26. 2009헌마341.
109) 대결 1991. 3. 28. 91모24.
110) 헌재 1992. 1. 28. 91헌마111.

피의자를 접견하는 변호인을 승낙 없이 사진촬영
변호인이 피의자를 접견할 때 국가정보원 직원이 승낙 없이 사진촬영을 한 것은 접견교통권의 침해이다.[111]

바. 접견교통권의 침해에 대한 구제

(1) 수사기관의 접견교통권 침해

수사기관의 접견교통권 침해는 준항고의 대상이 된다(법 417조).

(2) 수소법원의 접견교통권 침해

수소법원이 구속된 피고인과 변호인과의 접견을 제한하는 때에는 구금에 관한 결정이 있는 것으로 보아 항고가 허용된다(법 403조 2항).

(3) 행형 당국의 구금장소 변경

행형 당국의 구금장소 변경은 행정처분이므로 이로 인하여 접견교통권이 침해되는 경우에는 행정소송을 통하여 불복할 수 있다.[112]

2. 비변호인과의 접견교통권

가. 의 의

체포·구속된 피의자·피고인은 법률의 범위 내에서 타인과 접견하고 서류 또는 물건을 수수하며 의사의 진료를 받을 수 있다(법 89조, 200조의6, 209조).

구속된 피의자·피고인의 변호인 아닌 자와의 접견교통권
구속된 피의자·피고인이 변호인 아닌 자와 접견교통할 권리는 가족 등 타인과 교류하는 기본적인 생활관계가 인신구속으로 인하여 단절되어 파멸에 이르는 것을 방지하고, 방어권보장을 위해서도 보장되지 않으면 안 되는 기본적인 권리이므로 헌법상의 기본권에 속한다.[113]

나. 법원 또는 수사기관의 결정에 의한 제한

법원이나 수사기관은 도망하거나 죄증을 인멸할 염려가 있다고 인정할 상당한 이유가 있는 때에

111) 대판 2003. 1. 10. 2002다56628.
112) 대결 1992. 8. 7. 92두30.
113) 헌재 2003. 11. 27. 2002헌마193. 법 89조 및 213조의2가 규정하고 있는 구속된 피고인 또는 피의자의 타인과의 접견권은 헌법상의 기본권을 확인하는 것일 뿐 법의 규정에 의하여 비로소 피고인 또는 피의자의 접견권이 창설되는 것으로는 볼 수 없다(대판 1992. 5. 8. 91누7552).

는 체포·구속된 피의자·피고인이 '법 34조에 규정된 자(변호인 또는 변호인이 되려는 자)' 이외의 타인과 접견하는 것을 금지하거나 수수할 서류 기타 물건을 검열, 수수금지 또는 압수할 수 있다. 다만, 의류, 양식, 의료품은 수수를 금지하거나 압수할 수 없다(법 91조, 200조의6, 209조).

다. 행형기관의 접견교통권 침해

행형기관의 접견교통권 침해에 대해서는 행정소송으로 다툴 수 있다.[114]

3. 변호인의 접견교통권

변호인 또는 변호인이 되려는 자는 신체구속을 당한 피고인 또는 피의자와 접견하고 서류 또는 물건을 수수할 수 있으며 의사로 하여금 진료하게 할 수 있다(법 34조). 여기서 변호인이 되려는 자는 선임의뢰를 받았으나 선임신고서를 제출하지 않은 자 외에도 변호인이 되려는 의사를 표시하고 객관적으로 변호인이 될 가능성이 있다고 인정되는 자를 포함한다.[115] 변호인의 구속된 피고인·피의자와의 접견교통권은 헌법상의 권리가 아니라 법 34조에 의하여 비로소 보장되는 권리이다.[116]

변호인의 구속된 피고인·피의자와의 접견교통권

변호인의 구속된 피고인 또는 피의자와의 접견교통권은 피고인·피의자가 가지는 변호인과의 접견교통권과는 성질을 달리하는 것으로서 헌법상 보장된 권리라고는 할 수 없고, 법 34조에 의하여 비로소 보장되는 권리이지만, 신체구속을 당한 피고인 또는 피의자의 인권보장과 방어준비를 위하여 필수불가결한 권리이므로, 수사기관의 처분이나 법원의 결정으로 이를 제한할 수 없고, 법령에 의해서만 제한할 수 있다.[117]

접견신청하였으나 9일이 지나도록 접견이 허용되지 않음

변호인으로 선임되었거나 선임되려는 변호사들이 피의자들을 접견하려고 1989. 7. 31. 구치소장에게 접견신청을 하였으나 같은 해 8. 9.까지도 접견이 허용되지 아니하고 있었다면, 피의자들에 대한 접견이 접견신청일로부터 상당한 기간이 경과하도록 허용되지 않아 접견불허처분이 있는 것과 동일시된다.[118]

변호인이 되려는 자의 접견교통권/접견교통권 행사의 한계

변호인 또는 변호인이 되려는 자는 신체구속을 당한 피고인 또는 피의자와 접견하고 서류 또는 물건을 수수

114) 갑이 홍성교도소장인 피고에게 미결수용자인 을에 대한 접견을 신청하였으나 피고가 거부처분을 한 사안에서, 구속된 피고인이 타인과 접견할 권리는 헌법상의 기본권이므로 특별한 사정이 없는 한 을은 피고의 거부처분으로 인하여 자신의 접견권이 침해되었음을 이유로 하여 거부처분의 취소를 구할 수 있다(대판 1992. 5. 8. 91누7552).

115) 대판 2017. 3. 9. 2013도16162.

116) 대결 2002. 5. 6. 2000모112; 헌재 1991. 7. 8. 89헌마181.

117) 대결 1991. 3. 28. 91모24; 대결 2002. 5. 6. 2000모112. 변호인의 수진권에 대해서는 대결 2002. 5. 6. 2000모112.

118) 대결 1990. 2. 13. 89모37. 같은 취지로는 대결 1991. 3. 28. 91모24.

할 수 있으며 의사로 하여금 진료하게 할 수 있으므로(법 34조), 변호인이 되려는 의사를 표시한 자가 객관적으로 변호인이 될 가능성이 있으면, 신체구속을 당한 피고인·피의자와의 접견교통권은 제한할 수 없다. 변호인 또는 변호인이 되려는 자의 접견교통권은 신체구속제도 본래의 목적을 침해하지 아니하는 범위 내에서 행사되어야 하므로, 변호인 또는 변호인이 되려는 자가 구체적인 시간적·장소적 상황에 비추어 현실적으로 보장할 수 있는 한계를 벗어나 접견하려고 하는 것은 정당한 접견교통권의 행사가 아니다.[119)]

구속된 사람이 그 변호인을 자신의 범죄행위에 공범으로 가담시키려고 함

변호인이 구속된 피의자·피고인의 범행에 관련되어 있다는 등의 사유로 변호활동을 규제하는 변호인제척 제도가 없으므로, 접견교통의 상대방인 구속된 자가 변호인을 공범으로 가담시키려고 하는 등의 사정만으로 변호인과 구속된 자의 접견교통을 금지할 수는 없다.

이는 구속된 자의 변호인이 여러 명인 때에도 같고, 변호인의 접견교통권 행사가 한계를 일탈하였는지는 해당 변호인을 기준으로 개별적으로 판단하여야 한다.[120)]

---

119) 대판 2017. 3. 9. 2013도16162. 구체적인 판시는 다음과 같다.

변호인이 되려는 자의 접견제한

① 피해자(변호사)가 이 사건 직전에 A노동조합으로부터 'A노동조합의 지부에서 파업투쟁으로 연행자가 대량 발생 시 신속히 변호사 접견이 이루어지도록 해달라'는 공문을 받았고,

② 경찰이 위법하게 6명의 조합원들을 둘러싸고 이동하지 못하게 하여, 피해자가 이의를 제기하였음에도, 경찰이 같은 방법으로 을을 다시 체포하고, 그 이후에야 을에게 체포의 이유 등을 고지하자 피해자가 피고인에게 변호사임을 밝히면서 을의 접견을 수회 요청하였고,

③ 경찰은 을에게 피해자를 접견할 의사가 있는지 확인하지 않았고,

④ 을은 법률에 문외한이고 피해자를 직접 알지 못하여 피해자에게 변호인선임 내지 접견을 요청하기 어려웠기 때문에, 노동조합의 공문을 받은 피해자가 주도적으로 접견을 요청할 필요성이 있어,

을의 변호인이 되려는 피해자의 접견교통권을 제한한 것은 위법하다.

위와 같이 체포현장에서 한 접견요구가 접견교통권 행사의 한계를 일탈하였는지

① 피해자가 피고인에게 을에 대한 체포절차가 위법하다며 계속 이의제기하는데도 아무런 조치가 없어, 피해자는 빨리 을을 접견하여 사건을 파악하고 대응방안을 강구할 필요가 있었고,

② 을이 체포될 당시, 노사의 대치상황이 발생하거나 노조원들과 전투경찰대원들 사이에 물리적 충돌이 빚어질 우려가 없었고, 피해자와 조합원들이 을을 도주하게 하거나 증거인멸하려는 사정이 없었으므로, 피고인이 접견요청을 체포현장에서 수락하더라도 체포제도의 목적에 반하지 않고,

③ 체포가 위법하다고 볼 수 있다면 체포된 피의자의 변호인이 되려는 자는 이를 지적하며 항의할 수 있으므로,

피해자의 피고인에 대한 계속적인 접견요청은 접견교통권행사의 일탈이 아니다.

120) 대결 2007. 1. 31. 2006모656.

제 4 절 보조인

법 제29조(보조인) ① 피고인 또는 피의자의 법정대리인, 배우자, 직계친족과 형제자매는 보조인이 될 수 있다.
② 보조인이 될 수 있는 자가 없거나 장애 등의 사유로 보조인으로서 역할을 할 수 없는 경우에는 피고인 또는 피의자와 신뢰관계 있는 자가 보조인이 될 수 있다.
③ 보조인이 되고자 하는 자는 심급별로 그 취지를 신고하여야 한다.
④ 보조인은 독립하여 피고인 또는 피의자의 명시한 의사에 반하지 아니하는 소송행위를 할 수 있다. 단, 법률에 다른 규정이 있는 때에는 예외로 한다.

보조인은 피고인 또는 피의자의 법정대리인, 배우자, 직계친족과 형제자매로서 보조인으로 신고하여 피고인 또는 피의자의 이익을 보호하는 자를 의미한다(법 29조). 보조인은 신고에 의해 그 지위를 취득한다는 점에서 법원의 허가를 받아야 하는 특별변호인(법 31조 단서)과 다르다.

제 5 절 검 사

제1편 제2장 수사기관의 종류 부분을 참조하라.

제 3 장

소송절차와 소송행위

Ⅰ. 소송조건론

1. 소송조건의 종류

법원의 재판권이나 관할권과 같이 모든 사건에서 공통되는 소송조건을 일반적 소송조건이라 하고, 친고죄의 고소·고발과 같이 특수한 사건에서만 요구되는 소송조건을 특별소송조건이라 한다.

법원이 공익을 위하여 특히 필요하다고 인정하여 직권으로 조사하여야 하는 소송조건을 절대적 소송조건, 토지관할과 같이 당사자의 이익을 위한 것이어서 당사자의 신청이 있는 때에만 법원이 심리하는 소송조건을 상대적 소송조건이라고 한다.

재판권처럼 일정한 사실의 존재가 소송조건이 되는 것을 적극적 소송조건, 이중기소가 아닐 것과 같이 일정 사실의 부존재가 소송조건이 되는 것을 소극적 소송조건이라고 한다.

2. 소송조건의 조사와 흠결의 효과

가. 직권조사의 원칙

소송조건은 직권으로 조사하여 판단하는 것이 원칙이다. 친고죄에 있어서 고소·고발이 유효하게 존재하는지(또는 취소되었는지), 반의사불벌죄에서 처벌불원의사표시(또는 처벌희망의사표시의 철회)는 존재하는지는 직권조사사항이다.[1] 다만 토지관할(법 320조 1항)은 피고인의 신청이 있는 때에만 심리·판단한다.

1) 대판 2001. 4. 24. 2000도3172; 대판 2009. 1. 30. 2008도7462; 대판 2009. 12. 10. 2009도9939; 대판 2014. 7. 10. 2014도224; 대판 2015. 11. 17. 2013도7987.

나. 소송조건의 판단기준

소송조건은 공소제기의 유효요건이므로 공소사실을 기준으로 판단하며, 공소장이 변경된 경우에는 변경된 공소사실을 기준으로 한다.

소송조건은 절차의 생성뿐만 아니라 존속·발전을 위한 것이므로 공소제기시뿐만 아니라 판결시에도 존재하여야 한다. 다만 토지관할은 공소제기시에 존재한 것으로 충분하고, 공소시효는 공소제기로 인하여 정지되므로 공소시효의 완성 여부는 공소제기시를 기준으로 한다.

소송조건은 소송법적 사실로서 검사에게 입증책임이 있으며 자유로운 증명으로 족하다. 따라서 친고죄에 있어서 고소·고발이 유효하게 존재하는지(또는 취소되었는지), 반의사불벌죄에서 처벌불원의사표시(또는 처벌희망의사표시의 철회)가 존재하는지는 자유로운 증명의 대상이다.[2)]

고소가 취소되었음에도 협박죄로 기소 후 공갈죄로 공소장변경

공갈죄의 수단으로서 한 협박은 공갈죄에 흡수될 뿐 별도로 협박죄를 구성하지 않으므로, 그 범죄사실에 대한 피해자의 고소는 결국 공갈죄에 대한 것이라 할 것이어서 그 후 고소가 취소되었다 하여 공갈죄로 처벌하는 데에 아무런 장애가 되지 아니하며, 검사가 공소를 제기할 당시에는 그 범죄사실을 협박죄로 구성하여 기소하였다 하더라도, 그 후 공판 중에 기본적 사실관계가 동일하여 공소사실을 공갈미수로 공소장 변경이 허용된 이상 그 공소제기의 하자는 치유된다.[3)]

다. 소송조건 흠결의 효과

형식적 소송조건이 흠결된 때에는 공소기각의 판결과 결정(법 327조, 328조) 또는 관할위반의 판결(법 319조)을 하고, 실체적 소송조건이 결여된 때에는 면소판결(법 326조)을 하여야 한다. 소송조건이 흠결되었을 때에는 유무죄의 실체재판을 하지 않고 형식재판을 하여야 하며 피고인은 형식재판에 대해 무죄를 주장하여 상소할 수 없다. 이를 형식재판우선의 원칙이라고 한다.

검사는 소송조건이 흠결된 때 공소권없음의 불기소처분(다만 관할이 없을 때에는 타관송치 또는 군검찰관송치를 함)을 하여야 하며 공소제기 후에는 공소취소를 할 수 있다.

Ⅱ. 소송행위

1. 의 의

소송행위는 소송절차를 형성하는 행위로서 이를 통해 일정한 소송법적 효과가 인정되는 것을 말

2) 대판 1999. 2. 9. 98도2074; 대판 2010. 10. 14. 2010도5610.
3) 대판 1996. 9. 24. 96도2151.

한다. 소송행위는 소송목적을 위하여 앞의 행위를 기초로 다음 행위를 이어가는 절차의 연속을 전제로 하는 것이므로 소송법 독자의 이론이 전개될 필요성이 있고 특히 절차유지의 원칙 내지 하자의 치유가 문제된다.

2. 소송행위의 방식

형사절차를 구성하는 소송행위의 방식은 크게 구두주의와 서면주의로 나누어 볼 수 있다. 구두에 의한 소송행위는 그 내용이 신속하게 전달되고 의사표시가 왜곡되지 않는다는 장점이 있다. 이에 반해 서면주의는 소송행위의 내용이 명확하고 장래의 분쟁을 방지하며 신중한 소송행위가 가능해진다는 장점을 가진다. 서면에 의하여야 할 공소제기, 재정신청 등을 구두로 하는 것은 무효라고 보아야 한다.

서면에 의하여야 할 소송행위로는 공소제기(법 254조), 각종 영장의 청구와 발부, 상소제기(법 343조), 약식명령의 청구(법 449조), 정식재판의 청구(법 453조) 등이 있다.

3. 소송행위의 일시

가. 기 일

법관, 검사, 피고인 기타 소송관계인이 일정한 장소에서 소송행위를 하도록 정해진 때를 기일이라고 한다. 예컨대 공판기일, 증인신문기일 등이 여기에 해당한다. 기일은 일과 시로 지정되고 지정된 시각에 개시되나 종기에는 제한이 없다.

나. 기 간

기간은 시기와 종기에 의해 정해진 시간의 길이를 말한다.

(1) 기간의 종류

(가) 행위기간과 불행위기간

행위기간은 그 기간 내에만 적법하게 소송행위를 할 수 있는 시간적 범위를 말하며 고소기간(법 230조), 상소기간(법 358조, 374조) 등이 그 예이다. 이에 반하여 불행위기간은 일정한 기간 내에는 특정 소송행위를 하지 못하도록 정해진 시간적 범위를 말한다. 예컨대 제1회 공판기일의 유예기간(법 269조), 공판기일소환장의 송달시기(규칙 123조) 등이 있다.

(나) 불변기간과 훈시기간

불변기간은 연장이 허용되지 않는 기간을 말한다. 고소기간(법 230조), 상소기간(법 358조, 374조) 등이 불변기간에 속한다. 불변기간을 준수하지 아니한 소송행위는 효력을 발생하지 못한다. 다만 불변기간의 도과에 따라 일률적으로 소송행위를 할 수 있는 권리를 소멸시키는 것이 지나치게 가혹할 수 있으므로, 법정기간은 소송행위를 할 자의 주거 또는 사무소의 소재지와 법원 또는 검찰청 소재지와의 거리 및 교통통신의 불편 정도에 따라 대법원규칙으로 이를 연장할 수 있다(법 67조).

훈시기간은 기간이 경과한 후에 소송행위를 하더라도 그 효력에 영향이 없는 기간을 말한다. 고소·고발사건의 처리기간(법 257조), 재정결정기간(법 262조 2항), 변론종결 후 판결의 선고기일(법 318조의4 3항) 등이 그 예이다. 소촉법에서 규정하고 있는 판결 선고기간과 약식명령 기간도 마찬가지이다.[4)]

(다) 기간의 계산

법 제66조(기간의 계산) ① 기간의 계산에 관하여는 시로써 계산하는 것은 즉시부터 기산하고 일, 월 또는 연으로써 계산하는 것은 초일을 산입하지 아니한다. 단, 시효와 구속기간의 초일은 시간을 계산함이 없이 1일로 산정한다.
② 연 또는 월로써 정한 기간은 역서에 따라 계산한다.
③ 기간의 말일이 공휴일 또는 토요일에 해당하는 날은 기간에 산입하지 아니한다. 단, 시효와 구속의 기간에 관하여서는 예외로 한다.

기간의 계산에 있어 초일은 산입하지 않는 것(이를 초일불산입이라고 함)이 원칙이다. 상소기간(법 358조, 374조)은 7일이므로, 예를 들어 1월 5일 판결이 선고되었으면 (초일인 1월 5일은 산입하지 않고 그 다음 날인 1월 6일부터 7일간인) 1월 12일 24:00까지 상소를 제기하면 된다. 그러나 공소시효와 구속기간을 계산함에 있어서는 초일을 산입한다. 피고인에게 불리하지 않게 하기 위함이다.

연이나 월은 역서(달력)에 따른다. 예를 들어 법원의 구속기간에 관하여 2월 15일 구속하였다면 2월이 28일인지 29일인지 구분하지 않고 4월 14일로 2개월이 종료된다(구속에 관한 기간이므로 초일을 산입함). 그리고 12월 30일 구속기소된 경우 2월에 해당일이 없게 되는데 이때는 2월 말일로 2개월의 구속기간이 종료된다고 본다. 연단위로 정해진 공소시효의 기간을 계산하는 것도 동일한 방식에 의한다. 가령 공소시효기간이 7년인 범죄가 2월 15일 행해졌다면 그로부터 7년 후의 2월 14일에 공소시효가 만료되는 것이다.

기간의 말일이 공휴일 또는 토요일에 해당하는 날은 기간에 산입하지 않는다. 예컨대 판결선고된 날의 다음 날(초일을 불산입하므로)로부터 7일째 되는 날이 공휴일이면 그 다음 날까지 상소할 수 있는 것이다. 그러나 공소시효와 구속기간을 계산함에 있어서는 기간만료일이 공휴일이더라도 그날 공소시효와 구속기간이 만료된다.

4. 소송행위의 추완

소송행위가 법정기간 내에 행해지도록 규정되었음에도 법정기간 경과 후에 이루어진 소송행위에

---

4) **소촉법 제21조(판결 선고기간)** 판결의 선고는 제1심에서는 공소가 제기된 날부터 6개월 이내에, 항소심 및 상고심에서는 기록을 송부받은 날부터 4개월 이내에 하여야 한다.
제22조(약식명령기간) 약식명령은 법 제450조의 경우를 제외하고는 그 청구가 있은 날부터 14일 이내에 하여야 한다.

대하여 법정기간 내의 소송행위와 같은 효력을 인정할 수 있는지의 문제를 소송행위의 추완이라고 한다. 단순 추완은 소송행위의 추완에 의하여 추완되는 소송행위 자체가 보정될 수 있느냐의 문제이고, 보정적 추완은 이미 진행된 소송행위가 무효인 경우 별개의 행위로 이를 유효하게 할 수 있느냐의 문제이다.

가. 단순 추완

법은 상소(항소, 상고, 항고, 재항고)의 경우와 약식명령에 대한 정식재판의 청구에 있어서 귀책사유 없이 상소제기기간 또는 정식재판청구기간 내에 불복을 하지 못한 경우에 상소권회복청구를 통하여 추완을 허용하고 있다(법 345조, 458조). 위와 같은 명문의 규정이 없는 경우에도 단순 추완을 허용할 것인지에 관하여 견해가 나뉜다.

나. 보정적 추완

성명모용과 공소장의 인적사항 기재를 정정
피의자가 다른 사람의 성명을 모용하여 공소장에 피모용자가 피고인으로 표시된 것은 당사자의 표시상의 착오이므로, 검사는 공소장의 인적 사항의 기재를 정정하여 피고인의 표시를 바로잡을 수 있다. 이는 피고인의 표시상의 착오를 정정하는 것이지 공소장변경이 아니므로 법원의 허가가 필요 없다.[5]

다. 소송조건의 추완

판례는 고소가 없음에도 공소제기가 이루어진 친고죄에 관하여 고소의 추완을 허용하지 않고 있다.[6] 비친고죄인 강간치사죄로 기소되었다가 친고죄인 강간죄로 공소장변경이 이루어진 경우에도 마찬가지이다.[7]

친고죄에 관하여 고소·고발 없이 공소제기 후 고소·고발을 추완
세무공무원의 고발 없이 친고죄인 조세범칙사건의 공소제기 후에 세무공무원이 고발을 하여도 공소제기절차의 하자가 치유되지 않으므로 법원은 공소기각판결을 선고하여야 한다(법 327조 2호).[8]

고소가 취소되었음에도 협박죄로 기소 후 공갈미수로 공소장변경
공갈죄의 수단으로서 한 협박에 대해 피고인이 고소취소(처벌불원의사표시가 포함됨: 필자 주)한 후에, 그 범행이 협박죄로 기소되었더라도, 이와 기본적 사실관계가 동일한 공갈미수로 공소장이 변경되면, 공소제기

5) 대판 1993. 1. 19. 92도2554; 대판 1997. 11. 28. 97도2215.
6) 대판 1970. 7. 28. 70도942.
7) 대판 1982. 9. 14. 82도1504.
8) 대판 1970. 7. 28. 70도942.

의 하자는 치유된다.[9)]

5. 소송행위의 철회와 착오

가. 소송행위의 철회

소송행위의 철회는 소송행위의 효력을 장래에 향하여 소멸시키는 것을 말한다. 소송행위의 철회는 명문 규정이 없더라도 널리 인정된다. 고소의 취소(법 232조), 공소의 취소(법 255조), 재정신청의 취소(법 264조 2항), 상소의 취하(법 349조), 재심청구의 취하(법 429조), 정식재판청구의 취하(법 454조)는 취소나 취하라는 용어를 사용하였지만 그 실질은 철회에 해당한다.

나. 소송행위의 착오

보호감호선고에 대해 상고하였다가 보호감호청구가 기각되었다는 교도관의 말과 교도관 작성의 판결선고결과보고서를 믿고 상고취하

절차형성적 소송행위가 착오로 인하여 행하여진 경우, 착오에 의한 소송행위가 무효로 되기 위하여서는 ① 통상인의 판단을 기준으로 하여 만일 착오가 없었다면 그러한 소송행위를 하지 않았으리라고 인정되는 중요한 점(동기를 포함)에 관하여 착오가 있고, ② 착오가 행위자 또는 대리인이 책임질 수 없는 사유로 인하여 발생하였으며, ③ 그 행위를 유효로 하는 것이 현저히 정의에 반한다고 인정될 것 등 세 가지 요건을 필요로 한다.

보호감호를 선고받은 피고인이 상고를 제기하였다가 보호감호청구가 기각되었다는 취지의 교도관의 말과 교도관이 작성한 판결선고결과보고서를 믿고 착오에 빠져 판결등본송달(규칙 148조)을 기다리지 않고 상고취하한 경우 피고인의 과실이 없었다고 단정할 수 없어 이를 무효로 볼 수 없다.[10)]

교도관이 주는 상소권포기서를 항소장으로 잘못 믿고 이를 확인하여 보지도 않고 서명무인한 경우, 재항고인에게 과실이 없다고 보기는 어려워 항소포기는 유효하다.[11)]

Ⅲ. 소송서류

1. 의 의

소송서류는 특정 형사사건에 관하여 작성되는 일체의 서류로서 공소제기 후의 피고사건에서 작성된 것뿐만 아니라 피의사건에서 작성된 것도 포함한다. 압수된 서류는 증거물이지 소송서류가 아니다.

---

9) 대판 1996. 9. 24. 96도2151.
10) 대결 1992. 3. 13. 92모1.
11) 대결 1995. 8. 17. 95모49.

2. 소송서류 비공개의 원칙

소송에 관한 서류는 공판의 개정 전에는 공익상 필요 기타 상당한 이유가 없으면 공개하지 못한다(법 47조).

3. 소송서류의 분류

소송서류는 공무원이 작성한 것과 비공무원이 작성한 것으로 분류할 수 있다. 공무원이 작성하는 서류는 법원이 작성하는 것과 법원 이외의 기관이 작성하는 서류가 있다. 이러한 분류는 작성방법 및 증거능력과 관련하여 의미를 가진다.

소송서류는 원본과 정본·등본·초본으로 분류할 수 있다. 원본은 문서 그 자체를 말하고, 정본은 특히 정본이라고 표시한 문서의 등본으로 원본과 동일한 효력이 인정되는 것을 말한다. 등본은 원본 전부를 사본한 것을 말하며, 초본은 원본의 일부를 사본한 것이다. 인증기관이 공증한 등본을 인증등본이라고 한다.

가. 공무원이 작성하는 서류

(1) 작성방법

공무원이 작성하는 서류에는 법률에 다른 규정이 없는 때에는 작성 연월일과 소속 공무소를 기재하고 기명날인 또는 서명하여야 한다(법 57조 1항). 서류에는 간인하거나 이에 준하는 조치를 하여야 한다(동조 2항).

소속 공무소의 기재는 직무집행의 관할과 관련하여 의미를 가진다. 기명날인 또는 서명은 공무원이 작성하는 서류에 관하여 그 기재 내용의 정확성과 완전성을 담보하는 것이다.[12] '기명'이라 함은 방식에 제한이 없이 성명을 기재하는 것을 말하고, 자필 외에 고무인의 날인, 인쇄, 타자 등 어느 방식이건 가능하다.[13] '서명'이란 자기의 성명을 자필로 기재하는 것을 말하며 한 장에만 자필한 다음 복사기계로 복사하는 것은 타인도 할 수 있는 것이므로 서명으로서의 효력이 없다.[14]

그렇지만 판결과 각종 영장(감정유치장 및 감정처분허가장을 포함한다)에는 반드시 서명날인을 하여야 한다(법 41조, 규칙 25조의2).

검사의 기명날인 또는 서명이 없는 공소장

공소를 제기함에는 공소장을 제출하여야 한다(법 254조 1항). 공무원이 작성하는 서류에는 기명날인 또는

12) 대판 2001. 9. 28. 2001도4091.
13) 서울고판 2007. 6. 8. 2007노786.
14) 법원실무제요 형사 I, 147면.

서명하여야 한다(법 57조 1항). 공소장은 '공무원이 작성하는 서류'이므로, 검사의 기명날인 또는 서명 없이 법원에 제출된 공소장은 법 57조 1항에 위반된다. 이와 같이 법률상의 형식을 갖추지 못한 공소장에 의한 공소제기는 특별한 사정이 없는 한 그 절차가 법률의 규정에 위반하여 무효인 때(법 327조 2호)에 해당한다. 다만 기소 검사가 공소장에 기명날인 또는 서명을 추완하면 공소제기가 유효하게 될 수 있다.[15)]

검사의 기명날인 또는 서명이 없는 검사 작성의 피의자신문조서

검사 작성의 피의자신문조서에 검사의 기명날인이나 서명이 되어 있지 않다면 그 피의자신문조서는 공무원이 작성하는 서류로서의 요건을 갖추지 못하였으므로 무효이고(법 57조 1항), 증거능력이 없다. 피의자신문조서에 진술자인 피고인의 서명날인이 되어 있다거나, 피고인이 그 피의자신문조서에 대하여 진정성립과 임의성을 인정하더라도 같다.[16)]

(2) 정정방법

공무원이 서류를 작성함에는 문자를 변개하지 못한다(법 58조 1항). 삽입, 삭제 또는 난외기재를 할 때에는 이 기재한 곳에 날인하고 그 자수(字數)를 기재하여야 한다. 단, 삭제한 부분은 해득할 수 있도록 자체를 존치하여야 한다(동조 2항).

나. 비공무원의 서류

공무원 아닌 자가 작성하는 서류에는 연월일을 기재하고 기명날인 또는 서명하여야 한다. 인장이 없으면 지장으로 한다(법 59조).

4. 공판조서

가. 의 의

공판조서는 공판기일의 소송절차가 법정의 방식에 따라 적법하게 행하여졌는지 여부를 인증하기 위하여 법원사무관등이 공판기일의 소송절차의 경과를 기술하는 조서를 말한다. 공판조서에는 배타적 증명력(법 56조)과 무조건적인 증거능력(법 311조)이 부여된다.

나. 공판조서의 구성

공판조서는 기본되는 공판조서 외에 증인 등의 신문조서와 증거목록 등 세 부분으로 구성된다. 조서 열람의 편의를 위하여 증인신문조서, 감정인신문조서, 통역인신문조서, 번역인신문조서는 공판조서의 일부로서 각 진술자에 대해서 별지 조서를 작성하여야 하므로 그 부분의 기재는 기본되는 공판조서

15) 대판 2012. 9. 27. 2010도17052.
16) 대판 2001. 9. 28. 2001도4091.

로부터 분리하며, 기본되는 공판조서에 "출석한 증인 등 별지와 같이 신문하다"라고 기재한다.

다. 공판조서의 작성자

공판기일의 소송절차에 관하여는 참여한 법원사무관등이 공판조서를 작성하여야 한다(법 51조 1항). 피고인, 피의자, 증인, 감정인, 통역인 또는 번역인을 신문하는 때에는 참여한 법원사무관등이 조서를 작성하여야 한다(법 48조 1항). 공판조서는 공무원이 작성하는 서류이다.

공판조서에는 재판장과 참여한 법원사무관등이 기명날인 또는 서명하여야 한다(법 53조 1항). 재판장이 기명날인 또는 서명할 수 없는 때에는 다른 법관이 그 사유를 부기하고 기명날인 또는 서명하여야 하며 법관 전원이 기명날인 또는 서명할 수 없는 때에는 참여한 법원사무관등이 그 사유를 부기하고 기명날인 또는 서명하여야 한다(동조 2항). 법원사무관등이 기명날인 또는 서명할 수 없는 때에는 재판장 또는 다른 법관이 그 사유를 부기하고 기명날인 또는 서명하여야 한다(동조 3항).

법상 공판조서의 작성자는 법원사무관등으로 되어 있고 재판장 등은 공판조서에 기명날인 또는 서명을 하도록 되어 있다.

라. 공판조서의 기재사항

공판조서에는 공판을 행한 일시와 법원 기타 모든 소송절차를 기재하여야 한다(법 51조 2항).

마. 공판조서의 작성방법 및 정리

공판조서는 진술자에게 읽어주거나 열람하게 하여 기재내용의 정확 여부를 물어야 한다(법 48조 3항). 진술자가 증감변경의 청구를 한 때에는 그 진술을 조서에 기재하여야 한다(동조 4항). 신문에 참여한 검사, 피고인 또는 변호인이 조서의 기재의 정확성에 대하여 이의를 진술한 때에는 그 진술의 요지를 조서에 기재하여야 한다(동조 5항). 전항의 경우에는 재판장 또는 신문한 법관은 그 진술에 대한 의견을 기재하게 할 수 있다(동조 6항). 조서에는 진술자로 하여금 간인한 후 서명날인하게 하여야 한다. 단, 진술자가 서명날인을 거부한 때에는 그 사유를 기재하여야 한다(동조 7항).

공판조서는 각 공판기일 후 신속히 정리하여야 한다(법 54조 1항). 다음 회의 공판기일에 있어서는 전회의 공판심리에 관한 주요사항의 요지를 조서에 의하여 고지하여야 한다. 다만, 다음 회의 공판기일까지 전회의 공판조서가 정리되지 아니한 때에는 조서에 의하지 아니하고 고지할 수 있다(동조 2항). 검사, 피고인 또는 변호인은 공판조서의 기재에 대하여 변경을 청구하거나 이의를 제기할 수 있다(동조 3항). 3항에 따른 청구나 이의가 있는 때에는 그 취지와 이에 대한 재판장의 의견을 기재한 조서를 당해 공판조서에 첨부하여야 한다(동조 4항).

증인신문조서의 기재에 대한 정정신청

피고인이 제출한 각 이의신청은 증인들에 대한 각 증인신문조서의 기재에 대한 오기 및 누락을 주장하면서 정정되어야 할 곳을 구체적으로 지적한 문서로서 이는 이의의 진술에 해당하고(법 54조 2항), 이러한 이의의 진술에 대하여는 그 취지를 차회 공판조서에 기재하면 될 뿐 별도의 어떠한 결정을 필요로 하는 것은 아니다.17)

바. 공판정에서의 속기·녹음 및 영상녹화

법원은 검사, 피고인 또는 변호인의 신청이 있는 때에는 특별한 사정이 없는 한 공판정에서의 심리의 전부 또는 일부를 속기사로 하여금 속기하게 하거나 녹음장치 또는 영상녹화장치를 사용하여 녹음 또는 영상녹화(녹음이 포함된 것을 말한다. 이하 같다)하여야 하며, 필요하다고 인정하는 때에는 직권으로 이를 명할 수 있다(법 56조의2 1항). 법원은 속기록·녹음물 또는 영상녹화물을 공판조서와 별도로 보관하여야 한다(동조 2항). 검사, 피고인 또는 변호인은 비용을 부담하고 2항에 따른 속기록·녹음물 또는 영상녹화물의 사본을 청구할 수 있다(동조 3항).

조서 작성의 편의를 위한 공판정 녹음에 대한 사본 청구
검사가 사전에 공판정에서의 녹음을 신청하지 않았고, 법원이 직권으로 녹음을 명하지도 않았으나, 조서작성의 편의를 위해 녹음이 이루어진 사안에서, 검사는 녹음물의 사본을 청구할 수 없다.18)

사. 공판조서열람권등

피고인은 공판조서의 열람 또는 등사를 청구할 수 있다(법 55조 1항). 피고인이 공판조서를 읽지 못하는 때에는 공판조서의 낭독을 청구할 수 있다(동조 2항). 전 2항의 청구에 응하지 아니한 때에는 그 공판조서를 유죄의 증거로 할 수 없다(동조 3항).

피고인이 원하는 시기에 공판조서를 열람·등사하지 못했지만 변론종결 전에 열람·등사함
피고인에게 공판조서의 열람·등사청구권을 부여한 이유는 조서의 정확성을 담보함과 아울러 피고인의 방어권을 충실하게 보장하려는 데 있다. 피고인이 원하는 시기에 공판조서를 열람·등사하지 못하였더라도 변론종결 전에 열람·등사한 경우에는 열람·등사가 늦어짐으로 인하여 방어권행사에 지장이 있었다는 등의 특별한 사정이 없는 한 열람·등사청구권이 침해되었다고 볼 수 없어, 공판조서를 유죄의 증거로 할 수 있다.19)

17) 대판 2001. 6. 12. 2001도114.
18) 대결 2012. 4. 20. 2012모459.
19) 대판 2007. 7. 26. 2007도3906. 구체적인 사안은 다음과 같다.
피고인은 2005. 4. 18.에 이르러 2004. 10. 19. 열린 제1회 공판기일의 공판조서를 열람·등사하였는데, 법원은 2004. 12. 16. 제2회 공판기일에 제1회 공판심리에 관한 주요사항의 요지를 제1회 공판기일의 공판조서에 의하여 피고인에게 고지하였으며, 2005. 12. 8. 그 변론을 종결한 경우, 피고인이 제2회 공판기일 전인 2004. 12. 13. 열람·등사를 청구했지만 제1회 공판조서를 열람·등사하지 못했더라도, 피고인의 방어권행사에 지장이 있었다고 보이지 않으므로, 제1

피고인의 열람 · 등사청구권 침해
피고인의 공판조서에 대한 열람·등사청구에 법원이 불응하여 피고인의 열람·등사청구권이 침해된 경우에는 그 공판조서를 유죄의 증거로 할 수 없고, 공판조서에 기재된 피고인이나 증인의 진술도 증거로 할 수 없다.[20]

공판조서의 열람 · 등사청구권이 침해되었으나 다른 증거들만으로 유죄 인정이 충분함
피고인이 공판조서의 열람·등사를 청구하였음에도 법원이 불응하여 피고인의 열람·등사청구권이 침해된 경우에는 공판조서를 유죄의 증거로 할 수 없고 공판조서에 기재된 피고인이나 증인의 진술도 증거로 할 수 없다. 다만 그러한 증거들 이외에 적법한 다른 증거들만에 의하더라도 범죄사실을 인정하기에 충분하고, 또한 공판조서의 열람·등사에 불응한 것이 피고인의 방어권이나 변호인의 변호권을 본질적으로 침해한 것은 아니라면, 공판조서를 증거로 사용한 잘못을 판결에 영향을 미친 위법이라고 할 수 없다.[21]

아. 검증등의 조서

검증, 압수 또는 수색에 관하여는 조서를 작성하여야 한다(법 49조 1항). 검증조서에는 검증목적물의 현상을 명확하게 하기 위하여 도화나 사진을 첨부할 수 있다(동조 2항). 압수조서에는 품종, 외형상의 특징과 수량을 기재하여야 한다(동조 3항).

검증등의 조서에는 조사 또는 처분의 연월일시와 장소를 기재하고 그 조사 또는 처분을 행한 자와 참여한 법원사무관등이 기명날인 또는 서명하여야 한다. 단, 공판기일 외에 법원이 조사 또는 처분을 행한 때에는 재판장 또는 법관과 참여한 법원사무관등이 기명날인 또는 서명하여야 한다(법 50조).

자. 공판조서 작성의 특례

법은 공판조서 및 공판기일 외의 증인신문조서에 관하여 위와 같은 조서의 작성방법에 대한 예외를 규정하고 있다. 즉 법 52조는 '공판조서작성상의 특례'라는 표제 하에, "공판조서 및 공판기일 외의 증인신문조서에는 48조 3항 내지 7항의 규정에 의하지 아니한다"라고 규정하고 있는 것이다. 공판조서 및 공판조서의 일부인 증인신문조서 등은 심리 직후 완성하는 것이 사실상 곤란하므로 증인 등이 즉석에서 그 기재의 정확성을 확인한다거나 이에 서명날인을 하기는 현실적으로 곤란하다는 사정을 반영한 것으로 생각된다. 실제로 피고인이나 증인이 작성된 공판조서나 증인신문조서를 읽어 그 기재의 정확성을 확인한 다음 이에 서명날인하는 경우는 거의 없을 것으로 생각된다.[22]

회 공판조서는 증거능력이 있다.
20) 대판 2003. 10. 10. 2003도3282.
21) 대판 2012. 12. 27. 2011도15869.
22) 정한중, "다른 사건의 공판조서의 증거능력", 외법논집 제33권 제1호(2009. 2), 531면 각주 82.

차. 공판조서의 증명력

(1) 의 의

공판기일의 소송절차로서 공판조서에 기재된 것은 그 조서만으로써 증명한다(법 56조). 공판기일의 소송절차로서 공판조서에 기재된 것은 조서만으로써 증명하여야 하고, 그 증명력은 공판조서 이외의 자료에 의한 반증이 허용되지 않는 절대적인 것이다.[23] 공판조서는 그 기재의 정확성을 담보하기 위한 여러 장치가 마련되어 있어 정확히 기재되고, 소송절차에 관하여 법관이나 법원사무관등을 증인으로 신문하는 것은 적절하지 않으며 소송절차에 관한 불필요한 분쟁을 방지하여 상소심으로 하여금 소송경제를 도모할 수 있게 하기 위함이다.

법관의 심증 여하에 상관없이 공판조서에 의해서만 소송절차에 관한 사실을 인정해야 하므로 공판조서의 증명력은 자유심증주의의 예외가 된다.

(2) 배타적 증명력의 범위

공판조서의 배타적 증명력은 소송절차에 관한 것에 한하여 미친다. 소송절차에 관한 것으로는 피고인 또는 변호인의 출석, 진술거부권의 고지, 증거조사결과에 대한 의견 진술의 기회 부여, 증거동의, 판결선고 등이 있다.

공판조서에 기재된 피고인이나 증인 등의 진술은 소송절차에 관한 것이 아니며 그 증거능력에 대해서는 법원 또는 법관의 조서에 관한 법 311조가 적용된다.

> 공판조서의 기재가 명백한 오기인 경우를 제외하고는 공판기일의 소송절차로서 공판조서에 기재된 것은 조서만으로써 증명하여야 하고, 그 증명력은 공판조서 이외의 자료에 의한 반증이 허용되지 않는 절대적인 것이다.
>
> 원심 제1회 공판기일에 재판장이 피고인에게 진술거부권이 있음을 고지하였고, 제3회 공판기일에 변호인의 최종변론 및 피고인의 최후진술이 있은 후 변론이 종결되었으며, 제4회 공판기일에 재판장이 판결을 선고하면서 상소기간, 상소장 제출법원 및 상소법원에 대하여 고지한 것으로 공판조서에 기재되어 있고, 그 기재가 명백한 오기라고 볼 만한 자료가 없다면, 공판조서 이외의 자료에 의한 반증은 허용되지 않는다.[24]
>
> **해설**: 진술거부권을 고지한 사실, 최종변론과 최후진술을 거쳐 변론이 종결된 사실, 상소기간과 상소심 법원에 관한 고지 사실 등은 소송절차에 관한 것이어서 공판조서에 기재된 때에는 공판조서에 의해서만 증명하여야 한다.

---

23) 대판 2005. 12. 22. 2005도6557.
24) 대판 2002. 7. 12. 2002도2134.

공소장변경
공판조서에 공소장변경을 구술로 신청하고, 피고인과 변호인이 이에 대하여 동의하며, 재판장이 공소장변경 허가결정을 고지한 것으로 기재되고, 공판조서의 기재가 오기라는 증거가 없으면 공소사실과 적용법조는 공판조서의 기재와 같이 변경되었다고 보아야 한다.[25)]

공판조서에 변호인이 출석한 것으로 기재되어 있음에도 불출석재판이라고 주장
공판조서에 변호인이 출석한 것으로 기재되어 있으면, 변호인이 출석하지 않은 상태에서 재판을 진행한 것이 잘못이라는 주장은 받아들일 수 없다.[26)]

피고인이 변호인과 함께 출석한 공판기일의 공판조서에 증거동의라고 기재됨
증거동의(법 318조)는 소송 주체인 검사와 피고인이 하는 것이고, 변호인은 피고인을 대리하여 증거 동의에 관한 의견을 낼 수 있을 뿐이므로, 피고인이 변호인과 함께 출석한 공판기일의 공판조서에 검사가 제출한 증거에 대하여 동의한다고 기재되어 있다면 이는 피고인이 증거동의를 한 것으로 보아야 하고, 그 기재는 절대적인 증명력을 가진다.[27)]

(3) 명백한 오기인 경우

공판조서인 증거목록에 기재된 동의 또는 진정성립 여부 등에 관한 피고인의 진술
공판조서의 기재가 명백한 오기인 경우를 제외하고는 공판기일의 소송절차로서 공판조서에 기재된 것은 조서만으로써 증명하여야 하고 그 증명력은 공판조서 이외의 자료에 의한 반증이 허용되지 않는 절대적인 것이다. 검사 제출의 증거에 관하여 동의 또는 진정성립 여부 등에 관한 피고인의 의견이 증거목록에 기재된 경우에는 그 증거목록의 기재는 공판조서의 일부로서 명백한 오기가 아닌 이상 절대적인 증명력을 가진다.[28)]

---

25) 대판 2005. 10. 28. 2005도5996.
26) 대판 1996. 4. 9. 96도173. 다음은 같은 취지이다.
공판조서에 피고인에게 판결을 선고한 것으로 기재되어 있으면 원심이 선고를 연기한다고 하였다가 피고인의 재촉에 판결을 선고하면서 선고기일 연기결정 취소절차를 거치지 아니하여 위법하다는 주장은 받아들일 수 없다(대판 1996. 9. 10. 96도1252).
공판조서에 인정신문을 한 기재가 없어도 피고인이 공판기일에 출석하여 공소사실을 시인한다는 기재가 있으면 인정신문이 있었던 사실이 추정되고 조서에 이 점이 누락된 것으로 인정된다(대판 1972. 12. 26. 72도2421).
27) 대판 2016. 3. 10. 2015도19139.
28) 대판 2012. 6. 14. 2011도12571. 같은 취지로는 대판 2008. 4. 24. 2007도10058; 대판 2012. 6. 14. 2011도12571; 대판 2015. 8. 27. 2015도3467.
공판조서의 기재가 명백한 오기임
사안: 법원이 부정수표의 회수사실을 검사에게 알리자 검사가 회수된 수표들에 관한 공소를 구두로 취소하였고(법원사무관등이 이를 공판조서에 기재함), 공소가 취소되자 법원이 회수된 수표들에 관하여 법 328조 1호에 따라 공소기각의 결정을 구두로 고지하였다(법원사무관등이 이를 공판조서에 기재함). 그런데 위와 같이 회수사실을 알리고, 공소를 취소하고, 공소기각 결정을 고지한 수표는 공판조서상으로는 별지 8번 내지 12번 수표들로 되어 있으나 기록

해설: 증거목록은 공판조서의 일부이다. 공판조서가 절대적 증명력을 가지기는 하지만 당사자들이 증거동의나 진정성립의 인정 여부를 잘못 표시하는 경우들이 종종 있으므로 위와 같은 증거의견에 대해서는 명백한 오기나 착오가 있는 경우에 배타적 증명력을 배제할 필요가 있는 것으로 생각된다.

(4) 공판조서의 모순

검사가 1회 공판조서에 피고인의 진술이 잘못 기재되었다고 변경 청구하여 9회 공판조서에 피고인의 진술을 달리 기재함

검사가 제9회 공판기일에서 제1회 공판조서 중 피고인의 진술이 기재된 부분에 관하여 변경을 청구하면서 공판조서의 기재의 정확성에 대한 이의를 진술하자, 변호인은 그 공판조서의 기재가 정확한 것이라는 취지의 의견을 진술하였으나, 제1심 재판장은 검사의 청구가 이유 있다고 판단하여 법원사무관으로 하여금 피고인의 진술을 검사의 청구대로 제9회 공판조서에 다시 기재하도록 하였고, 피고인은 계속된 신문에서 제1회 공판조서에 기재된 바와 같은 취지로 진술한 경우, 동일한 사항에 관하여 두개의 서로 다른 내용이 기재된 공판조서가 병존하고, 두 개의 공판조서는 동일한 증명력을 가지므로, 그 중 어느 쪽 공판조서의 기재가 진실하다고 볼지는 증명력의 문제로 자유로운 심증에 따른다.[29)]

(5) 공판조서의 방식 위배

공판기일에 열석하지 아니한 판사가 공판조서에 재판장으로서 서명날인함

공판조서에 서명날인할 재판장은 당해 공판기일에 열석한 재판장이어야 하므로 당해 공판기일에 열석하지 아니한 판사가 재판장으로서 서명날인한 공판조서는 무효이므로 공판조서로서의 증명력이 없다.[30)]

(6) 공판조서의 멸실

공판조서가 절차와 방식에 위배됨이 없이 제대로 작성되었으나 화재나 분실 등으로 멸실된 경우

상 실제 회수된 것은 별지 8, 9, 12번 수표들일 뿐 별지 10, 11번 수표들은 회수되지 않았고 제1심 법원도 별지 10, 11번 수표들에 대해서도 유죄 판결을 하였다.

원심의 판단: 공판조서는 배타적 증명력을 가지며, 별지 10, 11번 수표들에 대해서는 이미 공소기각의 결정을 고지하였으니 이에 대한 제1심의 유죄판결은 위법하다.

대법원의 판단: 공판조서의 기재가 소송기록상 명백한 오기인 경우에는 공판조서는 그 올바른 내용에 따라 증명력을 가진다.

공판조서상의 "별지 8번 내지 12번 부도수표가 회수되었음을 고지" 부분은 "별지 8, 9, 12번 부도수표가 회수되었음을 고지"의 명백한 오기이다. 따라서 올바른 내용에 따라 검사의 공소취소 및 제1심 판사의 공소기각결정 대상으로 순차 기재된 것은 모두 "별지 8, 9, 12번 부도수표"를 가리키는 것이어서 공판기일에 별지 10, 11번 수표들에 대한 부수법위반의 점에 대한 공소기각결정 고지절차가 이루어진 것은 아니라고 보아야 한다. 따라서 제1심이 별지 10, 11번 수표들에 관하여 유죄 판단을 한 것은 정당하다(대판 1995. 4. 14. 95도110).

29) 대판 1988. 11. 8. 86도1646.

30) 대판 1983. 2. 8. 82도2940.

에 다른 자료에 의해 사실인정을 할 수 있다는 것이 통설이다. 다만 판례는 이를 부인한 바 있다.[31]

Ⅳ. 서류의 송달

1. 의 의

송달은 일정한 방식으로 소송서류의 내용을 알리거나 알 수 있는 기회를 부여하고 이를 공증하는 소송행위이다.

2. 송달의 방법

서류의 송달에 관하여 법률에 다른 규정이 없는 때에는 민사소송법을 준용한다(법 65조). 따라서 소송서류의 송달에는 교부송달(민사소송법 178조 1항, 183조), 보충송달·유치송달(동법 186조), 우편송달(동법 187조), 송달함 송달(동법 188조), 공시송달(동법 195조) 등의 방법이 사용된다. 법은 60조 이하에서 피고인 등에 대한 송달에 관하여 몇 가지 특칙을 두고 있다.

대법원규칙인 소송촉진 등에 관한 특례규칙은 피고인에 대한 원활한 송달을 위하여 특별 규정을 두고 있다. 재판장은 피고인에 대한 인정신문을 마친 뒤 피고인에 대하여 그 주소의 변동이 있을 때에는 이를 법원에 보고할 것을 명하고, 피고인의 소재가 확인되지 않는 때에는 그 진술 없이 재판할 경우가 있음을 경고하여야 한다(동규칙 18조 1항).

소송기록접수통지서를 10세 정도인 피고인의 아들에게 송달함(보충송달)

형사소송절차에서 보충송달에 관한 민사소송법 규정이 준용되므로(법 65조). 피고인의 동거가족에게 서류가 교부되고 그 동거가족이 사리를 변식할 지능이 있으면 피고인이 그 서류의 내용을 알지 못했어도 송달의 효력은 있다.

송달 당시 10세 정도인 피고인의 아들은 송달의 효력까지 이해하였다고 볼 수는 없으나 송달 자체의 취지를 이해하고 영수한 서류를 송달을 받을 피고인에게 교부할 것을 기대할 수 있는 능력(사리를 변식할 지능)은 있으므로, 피고인에 대한 소송기록접수통지서의 송달은 적법하다.[32]

가. 송달영수인

피고인, 대리인, 대표자, 변호인 또는 보조인이 법원 소재지에 서류의 송달을 받을 수 있는 주거 또는 사무소를 두지 아니한 때에는 법원 소재지에 주거 또는 사무소 있는 자를 송달영수인으로 선임하

31) 본건 기록이 분실되여 현존치 아니하매 원심판결은 결국 그 기초되는 사실심리 및 증거조사 없었음에 귀하므로 다시 이를 실시키 위하여 원판결을 파훼하고 사건을 원심에 환속시킴이 타당하다(대판 1950. 12. 4. 4283형상9).

32) 대결 1996. 6. 3. 96모32.

여 연명한 서면으로 신고하여야 한다(법 60조 1항). 송달영수인은 송달에 관하여 본인으로 간주하고 그 주거 또는 사무소는 본인의 주거 또는 사무소로 간주한다(동조 2항). 송달영수인의 선임은 같은 지역에 있는 각 심급법원에 대하여 효력이 있다(동조 3항). 전 3항의 규정은 신체구속을 당한 자에게 적용하지 아니한다(동조 4항).

다른 사건으로 구속된 자의 송달을 받기 위한 신고의무
법 60조 4항의 신체구속을 당한 자는 그 사건에서 신체를 구속당한 자를 가리키고, 다른 사건으로 신체구속을 당한 자는 여기에 해당되지 않는다.[33]

나. 우편송달

주거, 사무소 또는 송달영수인의 선임을 신고하여야 할 자가 그 신고를 하지 아니하는 때에는 법원사무관등은 서류를 우체에 부치거나 기타 적당한 방법에 의하여 송달할 수 있다(법 61조 1항). 서류를 우체에 부친 경우에는 도달된 때에 송달된 것으로 간주한다(동조 2항).

기피신청기각결정 등본을 수령하지 못한 자가 즉시항고를 하였으나 상소권회복 청구를 통한 상소권회복결정을 받지 아니함
형사절차에서 송달받을 자의 폐문부재로 인하여 소송서류가 송달되지 않는 경우에 보충송달·유치송달도 할 수 없으면 공시송달도 할 수 없으므로, 등기우편으로 발송할 수 있고(법 65조, 민사소송법 173조[34]), 이 경우 송달의 효력은 발송한 때가 아니라 소송서류가 송달할 곳에 도달된 때에 발생하므로(법 61조 2항), 소송서류를 실제로 수령하지 아니한 때에도 송달의 효력은 발생하고, 다만 송달받을 자가 소송서류를 수령하지 못한 데 고의·과실이 없음에도 불구하고, 등기우편으로 인한 송달의 효과가 발생하기 때문에 상소기간도과 등의 불이익을 받는 경우에는, 상소권회복청구(법 345조)를 할 수 있을 뿐이다.[35]

다. 체포·구속된 사람에 대한 송달

교도소·구치소 또는 국가경찰관서의 유치장에 체포·구속 또는 유치(留置)된 사람에게 할 송달은 교도소·구치소 또는 국가경찰관서의 장에게 한다(법 65조, 민사소송법 182조).

---

33) 대결 1976. 11. 10. 76모69.
34) 1963. 12. 13. 법률 제1499호 민사소송법 제173조 (우편송달) 전조의 규정에 의하여 송달을 할 수 없는 경우에는 법원서기관 또는 서기는 서류를 등기우편으로 발송할 수 있다.
35) 대결 1998. 7. 13. 98모53.

교도소나 구치소에 구속된 자에 대한 송달은 그 소장에게 송달하면 구속된 자에게 전달된 여부와 관계없이 효력이 생긴다.[36)]

구치소에 수감 중인 갑이 항소하자, 항소심법원이 송달받을 사람을 갑으로 하여 구치소에 소송기록접수통지서를 발송

교도소·구치소 또는 국가경찰관서의 유치장에 체포·구속 또는 유치된 사람에게 할 송달은 교도소·구치소 또는 국가경찰관서의 장에게 하여야 하고(형소법 제65조, 민사소송법 제182조), 재감자에 대한 송달을 교도소 등의 장에게 하지 아니하였다면 그 송달은 부적법하여 무효이다. 한편 통지는 법령에 다른 정함이 있다는 등의 특별한 사정이 없는 한 서면 이외에 구술·전화·모사전송·전자우편·휴대전화 문자전송 그 밖에 적당한 방법으로도 할 수 있고, 통지의 대상자에게 도달됨으로써 효력이 발생한다.

구치소에 재감 중인 갑이 제1심판결에 대하여 항소하였는데, 항소심법원이 구치소로 소송기록접수통지서를 송달하면서 송달받을 사람을 구치소의 장이 아닌 갑으로 하였고 구치소 서무계원이 이를 수령한 사안에서, 송달받을 사람을 갑으로 한 송달은 효력이 없고, 달리 갑에게 소송기록접수의 통지가 도달하였다는 등의 사정은 없으므로, 소송기록접수통지는 효력이 없다.[37)]

공소장이 교도소장 아닌 교도에게 송달되었으나 피고인이 이의하지 않고 충분히 변명함

공소장이 피고인이 수감 중이던 수원교도소의 소장이 아닌 교도 한 사람에게 송달된 것은 적법한 송달이 아니다. 공소장 송달이 부적법하더라도 피고인이 제1심에서 이의함이 없이 공소사실에 관하여 충분히 진술할 기회를 부여받았으면 판결결과에는 영향이 없어 적법한 상소이유가 아니다.[38)]

송달명의인이 체포·구속된 날 소송기록접수통지서 등이 그의 종전 주·거소에 송달됨

항소이유서 부제출을 이유로 항소기각의 결정을 하기 위해서는 항소인이 적법한 소송기록접수통지서를 받고서도 정당한 이유 없이 20일 이내에 항소이유서를 제출하지 않아야 한다(법 361조의4, 361조의3, 361조의2).

교도소·구치소 또는 경찰관서에 수감된 사람에게 할 송달을 교도소·구치소 또는 국가경찰관서의 장에게 하지 아니하고 수감되기 전의 종전 주·거소에 하였다면 부적법하여 무효이고, 이는 법원이 피고인의 수감 사실을 몰랐더라도 마찬가지이다(법 65조, 민소법 182조). 송달명의인이 체포·구속된 날 소송기록접수통지서 등의 송달서류가 송달명의인의 종전 주·거소에 송달되었다면 송달의 효력 발생 여부는 체포·구속된 시각과 송달된 시각의 선후에 의하여 결정하되, 선후관계가 명백하지 않다면 송달의 효력은 발생하지 않는 것으로 보아야 한다.[39)]

해설: 법원이 수감사실을 모르고 약식명령을 종전의 주·거소에 송달한 것은 부적법하므로 당사자가 약식명령의 고지사실을 다른 방법으로 알았어도 송달의 효력은 없다.[40)]

36) 대판 1995. 1. 12. 94도2687.
37) 대결 2017. 9. 22. 2017모1680.
38) 대판 1992. 3. 10. 91도3272.
39) 대결 2017. 11. 7. 2017모2162.
40) 대결 1995. 6. 14. 95모14.

재감자에 대한 재심기각결정의 송달(피고인에게 송달 후 다시 구치소장에게 송달)

교도소·구치소 또는 국가경찰관서의 유치장에 체포·구속 또는 유치된 사람에게 할 송달은 교도소·구치소 또는 국가경찰관서의 장에게 하도록 되어 있다. 따라서 재감자에 대한 재심기각결정의 송달을 교도소 등의 장에게 하지 아니하였다면 부적법하여 무효이고, 즉시항고 제기기간의 기산일을 정하는 송달 자체가 부적법한 이상 재감자인 피고인이 재심기각결정이 고지된 사실을 다른 방법으로 알았어도 송달의 효력은 발생하지 않는다.

제1심 법원이 재심청구기각결정을 재항고인에게 송달한 후 다시 구치소장에게 송달한 사안에서, 위 결정을 구치소장이 아닌 재항고인에게 송달한 것은 부적법하여 무효이고 송달받을 사람을 구치소장으로 하여 다시 송달한 때 비로소 그 송달의 효력이 발생하므로, 그로부터 3일의 즉시항고기간 내에 제기된 즉시항고는 적법하다.[41]

라. 검사에 대한 송달

검사에 대한 송달은 서류를 소속 검찰청에 송부하여야 한다(법 62조).

마. 공시송달

(1) 공시송달의 사유

피고인의 주거, 사무소와 현재지를 알 수 없는 때에는 공시송달을 할 수 있다(법 63조 1항). 피고인이 재판권이 미치지 아니하는 장소에 있는 경우에 다른 방법으로 송달할 수 없는 때에도 전항과 같다(동조 2항).

공시송달은 피고인의 재판청구권 행사에 대한 중대한 예외에 해당하므로 그 사유의 존부는 엄격하게 판단하여야 한다. 그렇기 때문에 소송촉진 등에 관한 특례규칙에서는 피고인에 대한 공시송달을 위한 별도의 요건을 규정하고 있다.

피고인에 대한 송달이 불능인 경우에 재판장은 그 소재를 확인하기 위하여 소재조사촉탁, 구인장의 발부 기타 필요한 조치를 취하여야 한다(동규칙 18조 2항). 공소장에 기재된 피고인의 주소가 특정되어 있지 아니하거나 그 기재된 주소에 공소제기 당시 피고인이 거주하지 아니한 사실이 인정된 때에는 재판장은 검사에게 상당한 기간을 정하여 그 주소를 보정할 것을 요구하여야 한다(동조 3항). 피고인에 대한 송달불능보고서가 접수된 때로부터 6월이 경과하도록 18조 2항 및 3항의 규정에 의한 조치에도 불구하고 피고인의 소재가 확인되지 아니한 때에는 그 후 피고인에 대한 송달은 공시송달의 방법에 의한다(동규칙 19조 1항). 피고인이 1항의 규정에 의한 공판기일의 소환을 2회 이상 받고도 출석하지 아니한 때에는 소촉법 23조의 규정에 의하여 피고인의 진술 없이 재판할 수 있다(동규칙 19조 2항).

제1심 공판절차에서 피고인에 대한 송달불능보고서가 접수된 때부터 6개월이 지나도록 피고인의

41) 대결 2009. 8. 20. 2008모630.

소재를 확인할 수 없는 경우에는 대법원규칙(즉 소송촉진 등에 관한 특례규칙)으로 정하는 바에 따라 피고인의 진술 없이 재판할 수 있다. 다만, 사형, 무기 또는 장기 10년이 넘는 징역이나 금고에 해당하는 사건의 경우에는 그러하지 아니하다(소촉법 23조).

(2) 공시송달의 방법

공시송달은 법원사무관등이 송달할 서류를 보관하고 그 사유를 법원게시장에 공시하여야 한다(법 64조 2항). 법원은 전항의 사유를 관보나 신문지상에 공고할 것을 명할 수 있다(동조 3항). 최초의 공시송달은 2항의 공시를 한 날로부터 2주일을 경과하면 그 효력이 생긴다. 단, 제2회 이후의 공시송달은 5일을 경과하면 그 효력이 생긴다(동조 4항).

제 4 장

공판절차의 기본원칙과 공판준비절차

제 1 절 공판절차의 기본원칙

수소법원이 피고사건을 심리하고 재판하는 절차를 공판절차라고 한다. 넓은 의미의 공판절차는 공소제기 후 소송계속이 종료할 때까지 법원이 행하는 심리와 재판(공판준비절차, 법정 외의 증인신문, 압수·수색·검증 등 증거조사절차를 포함)의 전 과정을 가리킨다. 좁은 의미의 공판절차는 공판기일에 공판정에서 행하는 심리와 재판만을 의미한다. 공판절차의 기본원칙으로는 공개재판의 원칙, 신속한 재판의 원칙, 구두변론주의, 직접주의가 있다. 이에 더하여 공판중심주의도 공판절차의 기본원칙이라고 보는 것이 일반적이다.

1. 공개재판의 원칙

가. 의 의

공개주의의 근거는 법원의 심판절차를 국민이 감시·통제함으로써 재판의 공정을 보장하고 재판에 대한 국민의 신뢰를 유지하는 데 있다. 헌법 27조 3항은 형사피고인은 상당한 이유가 없는 한 지체 없이 공개재판을 받을 권리를 가진다고 규정하고, 헌법 109조와 법원조직법 57조 1항은 재판의 심리와 판결은 공개한다고 규정하고 있다.

나. 제 한

헌법 109조와 법원조직법 57조 1항은 법원의 심리와 판결을 공개하도록 하면서도 법원의 심리에 관하여 국가의 안전보장 또는 안녕질서를 방해하거나 선량한 풍속을 해할 염려가 있을 때에는 법원의 결정으로 공개하지 아니할 수 있다고 규정하고 있다. 법원의 심리에 관해서는 공개가 위와 같이 제한될 수 있으나 법원의 판결은 공개제한의 대상이 아니다.

증인이 피고인과 그의 가족들 면전에서 충분히 진술할 수 없다고 보아 비공개 신문

증인 갑이 피고인과 그의 가족들 면전에서 충분한 진술을 할 수 없다고 보고 국가의 안녕질서를 방해할 우려가 있다는 이유로 증인신문절차의 공개 금지결정을 선고한 후 방청객의 퇴정을 명한 상태에서 증인신문을 실시한 사안에서,

갑이 피고인과 그의 가족들 면전에서 충분한 진술을 할 수 없다는 사정은 '국가의 안녕질서를 방해할 우려가 있는 때'에 해당하지 않고, 달리 공개금지사유(헌법 109조, 법원조직법 57조 1항)를 찾아볼 수 없다면 공개금지결정은 공개재판을 받을 권리를 침해한 것이었고, 갑의 증언은 증거능력이 없다. 변호인의 반대신문권이 보장되었어도 마찬가지이다.[1]

증거보전절차상 공개금지결정 하에 증인신문하였으나 공개금지사유가 없거나 이를 알 수 없음

공개금지사유[2]가 없음에도 불구하고 심리의 공개를 금지하는 결정은 공개재판을 받을 권리를 침해한 것으로서 그 절차에 의하여 이루어진 증인의 증언은 증거능력이 없고, 변호인의 반대신문권이 보장되었더라도 같다. 이는 공개금지결정의 선고가 없는 등으로 공개금지결정의 사유를 알 수 없는 경우에도 마찬가지이다. 증거보전절차에서 증인신문이 비공개로 진행되었는데, 증거보전기일에 비공개결정의 선고가 되지 않아 비공개사유를 알 수 없다면, 이 부분 증거는 공개재판을 받을 권리를 침해한 것으로 증거능력이 없다.[3]

(1) 법정 방청 및 촬영 등에 관한 규칙에 의한 제한

법정 방청 및 촬영 등에 관한 규칙은, 재판장이 방청석 수에 해당하는 방청권을 발행케 하고 그 소지자에 한하여 방청을 허용하거나(동규칙 2조), 법정에서 떠들거나 소란을 피우는 등 재판에 지장을 주는 자에게 퇴정을 명하는(동규칙 3조) 등의 조치를 취할 수 있도록 하고 있다.

(2) 특수 사건의 비공개

소년보호사건의 심리는 공개하지 아니하며, 다만 소년부 판사는 적당하다고 인정하는 자에게 참석을 허가할 수 있다(소년법 24조 2항).

(3) 법정에서의 사진촬영과 녹음

누구든지 법정 안에서는 재판장의 허가 없이 녹화·촬영·중계방송등의 행위를 하지 못한다(법원조직법 59조). 법정 안에서의 녹화·촬영·중계방송등에 관한 세부 내용은 법정 방청 및 촬영 등에 관한 규

1) 대판 2005. 10. 28. 2005도5854.
2) 헌법 109조, 법원조직법 57조 1항에 규정됨.
3) 대판 2015. 10. 29. 2014도5939. 같은 취지로는 대판 2013. 7. 26. 2013도2511.

칙 4조와 5조에 규정되어 있다.

2. 신속한 재판의 원칙

신속한 재판의 원칙은 피고인의 이익보호와 소송촉진이라는 측면을 가진다. 신속한 재판을 위한 제도로는 구속기간의 제한(법 92조), 의제공소시효(법 249조 2항), 공판준비절차(법 266조의5 내지 15), 집중심리주의(법 267조의2),[4] 변론종결일 판결선고(법 318조의4) 등이 있다.

3. 구두변론주의

구두변론주의는 소송관계인의 구두에 의한 공격·방어를 기초로 심판이 이루어져야 한다는 원칙을 말한다. 법 275조의3은 공판정에서의 변론은 구두로 하여야 한다고 규정하고 있다. 법 37조는 판결은 법률에 다른 규정이 없으면 구두변론에 의거하여야 하고, 결정 또는 명령은 구두변론에 의거하지 아니할 수 있다고 규정하고 있다.

구두변론주의는 구두주의와 변론주의를 그 내용으로 한다. 구두주의는 구술로 제공된 자료에 의하여 실체판단을 하여야 한다는 것이고, 변론주의는 당사자에게 공격·방어의 주도적 지위를 부여하여 형사절차를 진행하도록 하는 것이다.

준비서면을 미리 제출하고서 그 준비서면에 기재된 대로 진술한다고 하는 종래의 변론 관행은 구두주의를 형해화하므로 지양되어야 한다.

4. 직접심리주의

직접심리주의 내지 직접주의는 법원이 공판기일에 직접적으로 심리·조사한 증거만을 실체판단의 기초로 삼는다는 것을 말한다. 형식적 직접주의는 수소법원이 직접 조사한 증거를 토대로 심증을 형성해야 한다는 것이고, 실질적 직접주의는 증명의 대상이 되는 사실과 가장 가까운 원본증거를 재판의 기초로 사용하라는 것이다.

실질적 직접심리주의의 채택/제1심 증인의 신빙성에 관한 제1심과 항소심의 판단
우리 법은 <u>공판중심주의의 한 요소로서, 법관의 면전에서 직접 조사한 증거만을 재판의 기초로 삼을 수 있고 증명 대상이 되는 사실과 가장 가까운 원본 증거를 재판의 기초로 삼아야 하며, 원본 증거의 대체물 사용은 원칙적으로 허용되어서는 안 된다는 실질적 직접심리주의를 채택</u>하고 있다.
<u>제1심 증인이 한 진술에 대한 항소심의 신빙성 유무 판단은 원칙적으로 증인신문조서를 포함한 기록만을 그 자료로 삼게 되므로</u>, 진술 당시 증인의 모습이나 태도, 진술의 뉘앙스 등을 신빙성 유무 평가에 반영할 수

4) 집중심리주의는 종전에는 특정강력범죄에 있어서만 채택되었다가(특정강력범죄의 처벌에 관한 특례법 10조), 2007년도에 법에 전면적으로 도입되었다.

없다는 한계를 지진다. 제1심판결 내용과 제1심에서 적법하게 증거조사를 거친 증거들에 비추어 제1심 증인이 한 진술의 신빙성 유무에 대한 제1심의 판단이 명백하게 잘못되었다고 볼 특별한 사정이 있거나, 제1심의 증거조사 결과와 항소심 변론종결시까지 추가로 이루어진 증거조사 결과를 종합하면 제1심 증인이 한 진술의 신빙성 유무에 대한 제1심의 판단을 그대로 유지하는 것이 현저히 부당하다고 인정되는 예외적인 경우가 아니라면, 항소심은 제1심 증인이 한 진술의 신빙성 유무에 대한 제1심의 판단을 함부로 뒤집어서는 안 된다.[5)]

5. 공판중심주의

공판중심주의는 형사사건의 실체에 대한 유죄·무죄의 심증 형성은 법정에서의 심리에 의하여야 한다는 것을 말한다.[6)]

6. 공판절차 이분론

공판절차 이분론(또는 소송절차 이분론)은 공판절차를 범죄사실의 인정절차와 양형절차로 분리하자는 주장을 말한다. 공판절차 이분론은 배심재판에 의해 범죄사실을 인정한 다음 이와 별도로 양형조사를 시행하여 판결을 선고하는 영미의 법제도를 입법적 모델로 삼고 있다.

제 2 절 공판준비절차

공판준비절차는 공판기일에서의 심리를 준비하기 위하여 수소법원이 행하는 일련의 절차를 말한다. 수소법원에 의한 절차이므로 수임판사가 하는 증거보전절차(법 184조), 증인신문절차(법 221조의2), 각종 영장의 발부 등은 공판준비절차가 아니다.

공판준비절차는 협의의 공판준비절차와 광의의 공판준비절차로 나누어볼 수 있다. 협의의 공판준비절차는 2007년도의 법 개정으로 도입된 법 266조의5 이하의 제도를 말한다. 광의의 공판준비절차는 이외에도 공소장부본의 송달, 피고인의 의견서 제출, 공판기일의 지정, 피고인의 소환, 증거개시 등을 포함한다.

종래에도 이러한 공판준비에 관하여 공소장부본을 송달하고(법 266조), 법원이 검사, 피고인 또는 변호인의 신청에 의하여 공판준비에 필요하다고 인정한 때에는 공판기일 전에 피고인 또는 증인을 신

5) 대판 2009. 1. 30. 2008도7917; 대판 2012. 6. 14. 2011도5313.
6) 대판 2009. 1. 30. 2008도7917.

문할 수 있고, 검증, 감정 또는 번역을 명할 수 있고(법 273조), 검사, 피고인 또는 변호인이 공판기일 전에 서류나 물건을 증거로 법원에 제출할 수 있도록(법 274조)하고 있었다. 그러나 사건의 효율적이고 집중적인 심리를 위하여 쟁점을 정리하고 주장 및 입증계획 등을 준비하기 위한 공판준비절차가 미비되어 있었으므로 2007년도의 법 개정으로 협의의 공판준비절차가 신설되었다.

1. 공소장부본의 송달 및 의견서의 제출

법원은 공소의 제기가 있는 때에는 지체 없이 공소장의 부본을 피고인 또는 변호인에게 송달하여야 한다. 단, 제1회 공판기일 전 5일까지 송달하여야 한다(법 266조).

피고인 또는 변호인은 공소장 부본을 송달받은 날부터 7일 이내에 공소사실에 대한 인정 여부, 공판준비절차에 관한 의견 등을 기재한 의견서를 법원에 제출하여야 한다(법 266조의2 1항). 피고인의 의견서 제출은 법문상 의무인 것처럼 규정되어 있다. 그러나 의견서가 제출되지 아니한 데 대해 제재가 규정되어 있는 것도 아니고 피고인의 진술거부권이 보장되어야 한다는 점에서 피고인이 반드시 의견서를 제출하여야 하는 것은 아니다. 또한 의견서를 제출하였다 하더라도 이는 공소사실에 대한 피고인의 입장을 밝히는 것에 불과하여 유죄의 증거로 사용될 수 없고 피고인이 이에 구속되는 것도 아니라고 하여야 한다.[7] 피고인이 진술을 거부하는 경우에는 그 취지를 기재한 의견서를 제출할 수도 있다(동항 단서). 법원은 위 의견서가 제출된 때에는 이를 검사에게 송부하여야 한다(동조 2항).

재판장은 공소제기가 있는 때에는 변호인 없는 피고인에게 국선변호인 선정에 관한 취지를 서면으로 고지한다(규칙 17조).

2. 공판준비절차의 임의성

재판장은 효율적이고 집중적인 심리를 위하여 사건을 공판준비절차에 부칠 수 있으므로(법 266조의5), 공판준비절차는 임의적이다. 다만 국민참여재판에서는 재판장이 사건을 공판준비절차에 부치고(국민참여재판법 36조 1항), 법원이 공판준비기일을 지정하여야 하므로(동법 37조 1항) 공판준비절차뿐만 아니라 공판준비기일도 필요적으로 시행되도록 하였다. 국민이 배심원으로 참여하는 재판에 있어서는 배심원들의 부담을 경감하기 위하여 집중적이고 신속한 심리를 해야 하고, 이를 위해서는 미리 충실한 공판준비를 해두어야 할 필요성이 크기 때문이다.

공판준비절차는 공판준비기일을 열어 행할 수 있지만 공판준비기일을 열지 않고 주장 및 입증계획 등을 서면으로 제출하게 하는 방법을 사용할 수도 있다. 후자의 것을 기일외 공판준비절차라 한다(규칙 123조의9).

---

7) 법무부, 개정형사소송법, 2007, 164면; 법원실무제요 형사 I, 632면.

3. 공판준비를 위한 서면의 제출

공판준비절차에서 검사, 피고인 또는 변호인은 법률상·사실상 주장의 요지 및 입증취지 등이 기재된 서면을 법원에 제출할 수 있다. 재판장은 검사, 피고인 또는 변호인에 대하여 위와 같은 서면의 제출을 명할 수 있다. 법원은 위 서면이 제출된 때에는 그 부본을 상대방에게 송달하여야 한다(법 266조의6).

4. 공판준비기일

법원은 검사, 피고인 또는 변호인의 의견을 들어 공판준비기일을 지정할 수 있으며(법 266조의7 1항), 검사, 피고인 또는 변호인은 법원에 대하여 공판준비기일의 지정을 신청할 수 있다(동조 2항). 공판준비기일은 공개한다. 다만 공개하면 절차의 진행이 방해될 우려가 있는 때에는 공개하지 아니할 수 있다(동조 4항).

공판준비기일에는 검사 및 변호인이 출석하고, 법원사무관등이 참여하여야 한다(법 266조의8 1항, 2항). 위와 같이 공판준비기일이 지정된 사건은 필요적 변호사건이 되므로 이에 관하여 변호인이 없는 때에는 법원이 직권으로 변호인을 선정하여야 한다(동조 4항). 법원은 필요하다고 인정하는 때에는 피고인을 소환할 수 있으며, 피고인은 법원의 소환이 없는 때에도 공판준비기일에 출석할 수 있다(동조 5항).

공판준비기일에 할 수 있는 사항으로는 '공소사실 또는 적용법조의 추가·철회 또는 변경을 허가', '증거신청을 하도록 하는 행위', '증거채부의 결정을 하는 행위 등이 있다(법 266조의9 1항).

공판기일에서 조사할 증거는 증거능력 있는 증거에 한정되며, 공판준비절차에서는 증거채부까지 결정하는 것이 원칙이므로 이를 위하여 필요한 증거조사는 공판준비절차에서도 당연히 할 수 있다고 보아야 한다.[8] 증거채부를 판단하기 위한 증거조사는 실체에 관한 내용이 아니라 어떤 증거를 채택할 것인가 여부만을 조사하는 것이므로 공판준비기일에서 행한다 하여 불합리하다고 할 수 없을 것이다. 가령 피고인에 대한 피의자신문조서의 성립의 진정이나 임의성 여부가 문제될 때에는 공판준비기일에서 이에 관한 영상녹화물의 조사를 통하여 실질적인 진정성립 여부를 결정하거나, 조사 경찰관이나 조사에 참여한 검찰 수사관을 증인으로 신문하여 임의성 유무를 판단할 수 있고, 참고인 진술조서의 경우에도 원진술자의 행방불명 사실을 확인한 경찰관의 증언을 청취하거나 이를 입증할 각종 서류에 대하여 증거조사를 할 수 있다고 할 것이다.[9]

5. 공판준비기일조서 및 결과의 확인

법원이 공판준비기일을 진행한 경우에는 참여한 법원사무관 등이 조서를 작성하여야 하며, 위 조서에는 피고인, 증인, 감정인, 통역인 또는 번역인의 진술의 요지와 쟁점 및 증거에 관한 정리결과, 그

8) 법원행정처, 새로운 형사재판의 이해, 2007, 40면.
9) 법원행정처, 새로운 형사재판의 이해, 2007, 40면.

밖에 필요한 사항을 기재하여야 한다(규칙 123조의12 1항, 2항). 공판기일조서에는 재판장 또는 법관과 참여한 법원사무관 등이 기명날인 또는 서명하여야 한다(동조 3항).

6. 공판준비기일의 종결 및 그 효과

법원은 1) 쟁점 및 증거의 정리가 완료된 때, 2) 사건을 공판준비절차에 부친 뒤 3개월이 지난 때, 3) 검사·변호인 또는 소환받은 피고인이 출석하지 아니한 때에는 공판준비절차를 종결하여야 한다. 다만 위 2), 3)에 해당하는 경우로서 공판의 준비를 계속하여야 할 상당한 이유가 있는 때에는 그러하지 아니하다(법 266조의12).

공판준비기일에 신청하지 못한 증거는 1) 그 신청으로 인하여 소송을 현저히 지연시키지 아니하는 때, 2) 중대한 과실 없이 공판준비기일에 제출하지 못하는 등 부득이한 사유를 소명한 때의 어느 하나에 해당하는 경우에 한하여 공판기일에 이를 신청할 수 있다(법 266조의13 1항). 다만 법원은 실체적 진실발견을 위하여 필요한 때에는 위의 어느 하나에 해당하지 않더라도 직권으로 증거를 조사할 수 있다(동조 2항). 위와 같은 증거신청의 제한을 실권효라 한다.[10]

법 266조의13에 의하여 인정되는 실권효는, 증거신청에 관한 것이지 주장에 관한 것이 아니다.[11] 따라서 공판준비기일에 특정한 주장을 하지 아니하였다 하여 공판기일에 이를 주장할 수 없는 것은 아니다.

7. 공판준비기일의 재개

법원은 필요하다고 인정한 때에는 직권 또는 검사, 피고인이나 변호인의 신청에 의하여 결정으로 종결한 공판준비기일을 재개할 수 있다(법 266조의14, 305조). 공판준비기일의 재개에 시기적 제한은 없으므로 제1회 공판기일 이후에 공판준비기일을 재개하는 것도 가능하다.

8. 기일간 공판준비절차

법원은 쟁점 및 증거의 정리를 위하여 필요한 경우에는 제1회 공판기일 후에도 사건을 공판준비절차에 부칠 수 있다. 이 경우 기일 전 공판준비절차에 관한 규정을 준용한다(법 266조의15).

10) 법원실무제요 형사Ⅱ, 664면; 법원행정처, 새로운 형사재판의 이해, 2007, 40면.
11) 황태정, "개정 형사소송법상 공판준비절차", 비교형사법연구 제12권 제2호(2010), 한국형사법학회, 118면.

제 3 절 공판기일 전의 증거조사와 증거제출

1. 공무소등에 대한 조회

법원은 직권 또는 검사, 피고인이나 변호인의 신청에 의하여 공무소 또는 공사단체에 조회하여 필요한 사항의 보고 또는 그 보관서류의 송부를 요구할 수 있다. 위 신청을 기각함에는 결정으로 하여야 한다(법 272조).

2. 공판기일 전의 증거조사[12)]

법원은 검사, 피고인 또는 변호인의 신청에 의하여 공판준비에 필요하다고 인정한 때에는 공판기일 전에 피고인 또는 증인을 신문할 수 있고 검증, 감정 또는 번역을 명할 수 있다(법 273조 1항). 재판장은 부원으로 하여금 전항의 행위를 하게 할 수 있다(동조 2항). 1항의 신청을 기각함에는 결정으로 하여야 한다(동조 3항).

3. 공판기일 전의 증거제출

검사, 피고인 또는 변호인은 공판기일 전에 서류나 물건을 증거로 법원에 제출할 수 있다(법 274조).

4. 공소장일본주의와의 관계

공소장일본주의와 관련하여 법 272조 내지 274조의 공판기일 전이라고 하는 것은 제1회 공판기일 이후의 공판기일 전을 의미한다고 보는 견해가 있다. 이와 달리 하위법인 규칙에 규정된 공소장일본주의가 상위법인 법의 위 규정들을 우선할 수 없고 위와 같은 증거조사와 증거제출은 공판준비에 필요한 범위 내에서 허용되는 것이라는 이유로 공판기일 전은 제1회 공판기일 이전을 의미한다는 견해가 있다.

---

12) 증거조사를 하기 위해서는 증거능력이 인정될 것이 전제되고, 당사자가 참여하고, 증인신문이나 증거서류의 열람 등의 절차가 필요하기 때문에 공판기일 전의 증거조사가 가능한지는 의문이다. 필자는 공판기일 전에 증거조사가 행해지는 것을 보지 못했다.

제 4 절 증거개시

Ⅰ. 서 론

1. 증거개시의 의의

피의자· 피고인 또는 검사가 상대방이 보유하고 있는 증거를 들여다보는 것을 의미하는 용어로는 '증거개시', '서류등의 열람· 등사 또는 서면의 교부'라는 용어가 주로 사용되고 있다. 증거개시의 장점으로는 ① 사실확인을 보다 완전하게 할 수 있고, ② 적은 노력과 비용으로 실체적 진실에 접근할 수 있으며, ③ 기습적인 증거의 제출에 의한 불의의 공격을 방지할 수 있다는 점 등을 들 수 있다. 증거개시의 단점으로는 ① 피고인이 수사기관의 증거를 알게 되면 그에 대한 변명을 만들어 낼 수 있고, ② 증인의 인적사항이 공개되면 협박이나 위증교사가 행해질 수 있고, ③ 피고인이 증거를 은닉하거나 손상할 우려가 있고, ④ 수사기밀이 노출되며, ⑤ 수사기관이 증거개시를 회피하기 위하여 서면 작성을 꺼릴 것이라는 점 등을 들 수 있다. 증거개시는 실체적 진실발견과 효율적인 심리를 가능하게 하는 제도로서 특히 피고인에 대해서는 방어권을 보장하는 제도라고 할 수 있겠다.

2. 증거개시의 분류

증거개시는 공소제기 이후의 단계에서 주로 문제되지만 증거개시의 개념을 광의로 파악하면 수사단계에서의 증거개시를 포함한다. 증거개시 내지 수사기록의 열람· 등사에 관한 규정들은 산재되어 있으며 크게 보아 공소가 제기되기 전, 공소가 제기된 이후, 재판이 확정된 이후의 3단계로 나누어 규정되어 있다.

Ⅱ. 공소제기 전의 증거개시

1. 검찰 예규 등에 의한 증거개시

사건기록 열람· 등사에 관한 업무처리 지침[13] 3조는 공소제기 전 기록의 열람· 등사에 관하여 다음과 같이 규정하고 있다.

가. 본인 진술서류 또는 제출서류

사건관계인 또는 참고인은 수사 중인 기록, 진정· 내사 중인 기록, 불기소기록(기소중지· 참고인중지기

13) 2012. 10. 25.자 대검 예규 제615호.

록, 항고·재항고기록을 포함한다), 종결된 진정·내사 기록 중 본인 진술서류 및 본인 제출서류의 전부 또는 일부에 대하여 열람·등사를 신청할 수 있다(동지침 3조 1항). 여기서 "사건관계인"이라 함은 피고인, 피의자, 변호인, 보조인, 법인인 피고인 또는 피의자의 대표자·특별대리인, 피진정인, 피내사자, 신청사유를 소명한 고소인·고발인·진정인 또는 피해자를 말한다(동지침 2조 1호). 또한 "본인진술서류"라 함은 열람·등사를 신청하는 자의 진술이 기재된 서류를 말하며, 타인의 진술이 함께 기재된 서류를 포함하고, "본인제출서류"라 함은 열람·등사를 신청하는 자가 법원, 검찰청 또는 경찰서에 제출한 서류를 말한다(동조 4호, 5호).

피의자·피고인, 고소·고발인 또는 피해자, 참고인 등은 원칙적으로 본인이 진술한 서류나 본인이 제출한 서류에 한하여 열람·등사를 할 수 있는 것이다.

나. 항고를 위한 열람·등사

항고인·재항고인 또는 변호인은 항고·재항고이유서를 작성하기 위하여 필요한 경우에는 그 사유를 소명하고 검사의 불기소이유서(경찰의견서를 원용한 경우에는 그 의견서) 및 비진술서류의 전부 또는 일부에 대하여 열람·등사를 신청할 수 있다(동지침 3조 2항). 항고를 하려는 자에 대해서는 본인이 진술한 서류나 본인이 제출한 서류 외에 비진술서류에 대해서도 열람·등사를 허용하고 있다. 항고하려는 자가 불기소이유의 타당성을 검토하기 위해서는 비진술서류도 열람·등사할 필요가 있기 때문이다.

다. 피고소인·피고발인

피고소인·피고발인 또는 변호인은 필요한 사유를 소명하고 고소·고발장, 항고장, 재항고장의 열람·등사를 신청할 수 있다. 다만, 고소·고발장, 항고장, 재항고장에 첨부된 제출서류는 제외한다(동조 3항). 본인 진술서류 내지 제출서류가 아닌 고소·고발장 등을 열람·등사의 대상으로 한 이유는 피의자가 최소한 혐의사실이 무엇인지를 알아야 방어권을 제대로 행사할 수 있을 것이라는 고려 때문일 것으로 생각된다.

라. 열람·등사의 제한

위 가., 나., 다.의 경우 담당검사는 검찰보존사무규칙 22조 1항 각 호에 해당하는 사유가 있는 때에는 그 사유를 명시하여 기록의 열람·등사를 제한할 수 있다(사건기록 열람·등사에 관한 업무처리 지침 3조 4항).

마. 불기소사건기록의 열람·등사

검찰보존사무규칙 20조의2 이하는 불기소사건기록, 진정·내사 사건기록 등 검사의 처분으로 완결된 사건기록에 관한 열람·등사에 관하여 규정하고 있다.

2. 구속 전 피의자심문 및 체포·구속적부심사

구속 전 피의자심문에 참여할 변호인은 지방법원 판사에게 제출된 구속영장청구서 및 그에 첨부된 고소·고발장, 피의자의 진술을 기재한 서류와 피의자가 제출한 서류를 열람할 수 있다(규칙 96조의21). 체포·구속적부심사를 청구한 피의자의 변호인도 규칙 96조의21을 준용하여 고소·고발장, 피의자 진술 기재서류, 피의자 제출서류를 열람할 수 있다(규칙 104조의2).14)

3. 재정신청과 증거개시의 제한

재정신청사건의 심리 중에는 관련 서류 및 증거물을 열람 또는 등사할 수 없다. 다만, 재정신청사건을 심리하는 법원이 증거조사하는 과정에서 작성된 서류에 대해서는 그 전부 또는 일부의 열람 또는 등사를 허가할 수 있다(법 262조의2).

4. 정보공개

공공기관의 정보공개에 관한 법률에 의하여 모든 국민은 정보의 공개를 청구할 권리를 가진다(동법 5조). 공공기관이 보유·관리하는 정보는 동법이 정하는 바에 따라 공개하는 것이 원칙이고(동법 3조), 정보의 공개에 관하여는 다른 법률에 특별한 규정이 있는 경우를 제외하고는 동법이 정하는 바에 의한다(동법 4조). 진행 중인 재판에 관련된 정보와 범죄의 예방, 수사, 공소의 제기 및 유지, 형의 집행, 교정, 보안처분에 관한 사항으로서 공개될 경우 그 직무수행을 현저히 곤란하게 하거나 형사피고인의 공정한 재판을 받을 권리를 침해한다고 인정할 만한 상당한 이유가 있는 정보 등은 비공개대상정보로 규정되어 있다(동법 9조 1항). 따라서 수사기관이 보유하고 있는 수사기록도 원칙적으로 동법에 의한 공개의 대상이 된다. 정보공개청구인이 정보공개와 관련한 공공기관의 결정에 대하여 불복이 있는 때에는 이의신청, 행정심판, 행정소송 등을 제기할 수 있다(동법 18 내지 20조).

정보공개법상 수사 관련 비공개대상정보

'수사'에 관한 사항으로서 공개될 경우 그 직무수행을 현저히 곤란하게 한다고 인정할 만한 상당한 이유가 있는 정보는 비공개대상정보이다(공공기관의 정보공개에 관한 법률 9조 1항 4호). 그 취지는 수사 방법과 절차 등이 공개되어 수사기관의 직무수행에 현저한 곤란을 초래할 위험을 막고자 하는 것으로서, 수사기록

---

14) 다음과 같은 헌법재판소의 결정 이후 2006년도에 규칙 개정을 통해 구속 전 피의자심문 및 체포·구속적부심사에서 구속영장청구서 및 소명자료에 대한 열람 규정을 두게 되었다.
고소로 시작된 형사피의사건의 구속적부심절차에서 피구속자의 변호를 맡은 변호인으로서는 피구속자에 대한 고소장과 경찰의 피의자신문조서를 열람하여 그 내용을 제대로 파악하지 못한다면 피구속자를 충분히 조력할 수 없으므로 위 서류들의 열람은 피구속자를 충분히 조력하기 위하여 변호인에게 반드시 보장되지 않으면 안 되는 핵심적 권리이다(헌재 2003. 3. 27. 2000헌마474).

> 중의 의견서, 보고문서, 메모, 법률검토, 내사자료 등이 이에 해당할 수 있으나, 공개청구대상인 정보가 의견서 등에 해당한다고 하여 곧바로 비공개대상정보(동법 9조 1항 4호)로 볼 것은 아니고, 그 내용을 살펴 수사의 방법과 절차 등이 공개되면 수사기관의 직무수행을 현저히 곤란하게 될 상당한 이유가 있어야만 비공개대상정보에 해당한다.[15]

Ⅲ. 공소제기 이후 법원이 보유하는 증거의 개시

> **법 제35조(서류 · 증거물의 열람 · 복사)** ① 피고인과 변호인은 소송계속 중의 관계 서류 또는 증거물을 열람하거나 복사할 수 있다.
> ② 피고인의 법정대리인, 제28조에 따른 특별대리인, 제29조에 따른 보조인 또는 피고인의 배우자 · 직계친족 · 형제자매로서 피고인의 위임장 및 신분관계를 증명하는 문서를 제출한 자도 제1항과 같다.
> ③ 재판장은 피해자, 증인 등 사건관계인의 생명 또는 신체의 안전을 현저히 해칠 우려가 있는 경우에는 제1항 및 제2항에 따른 열람 · 복사에 앞서 사건관계인의 성명 등 개인정보가 공개되지 아니하도록 보호조치를 할 수 있다.
> ④ 제3항에 따른 개인정보 보호조치의 방법과 절차, 그 밖에 필요한 사항은 대법원규칙으로 정한다.

위와 같이 공소제기 이후 법원이 보관하는 증거에 대해서는 피고인과 변호인이 법원으로부터 직접 열람·등사를 할 수 있고, 법원이 별다른 제약 없이 열람·등사를 허용하고 있어 증거개시의 문제는 사실상 발생하지 않고 있다.

Ⅳ. 공소제기 이후 수사기관이 보유하고 있는 증거의 개시

종전에는 검찰이 일건 수사기록 전체를 제1회 공판기일 이전에 법원에 송부하는 관행이 있었으므로 공소제기 이후에 수사기관이 보유하고 있는 증거의 개시는 문제될 여지가 많지 않았다. 그런데 2006년경부터 증거분리제출제도가 시행됨으로써 검사는 제1회 공판기일 이후 증거조사에 들어가 증거능력이 인정된 다음에야 비로소 증거서류를 법원에 제출하게 되었다. 이에 따라 공소제기 이후에도 수사기관이 여전히 보유하고 있는 증거의 개시가 중요한 문제로 떠오르게 되었다.

2007년도의 법 개정을 통해 공소제기 이후 검사가 보유하고 있는 증거에 대해서는 전면적인 개시를, 피고인이 보유하고 있는 증거에 대해서는 제한적인 개시를 인정하고 있다.

---

15) 대판 2012. 7. 12. 2010두7048. 유사 취지로는 대판 2004. 9. 23. 2003두1370; 대판 2003. 12. 26. 2002두1342.

1. 검사의 증거개시의무

제266조의3(공소제기 후 검사가 보관하고 있는 서류 등의 열람·등사) ① 피고인 또는 변호인은 검사에게 공소제기된 사건에 관한 서류 또는 물건(이하 "서류등"이라 한다)의 목록과 공소사실의 인정 또는 양형에 영향을 미칠 수 있는 다음 서류등의 열람·등사 또는 서면의 교부를 신청할 수 있다. 다만, 피고인에게 변호인이 있는 경우에는 피고인은 열람만을 신청할 수 있다.

1. 검사가 증거로 신청할 서류등
2. 검사가 증인으로 신청할 사람의 성명·사건과의 관계 등을 기재한 서면 또는 그 사람이 공판기일 전에 행한 진술을 기재한 서류등
3. 제1호 또는 제2호의 서면 또는 서류등의 증명력과 관련된 서류등
4. 피고인 또는 변호인이 행한 법률상·사실상 주장과 관련된 서류등(관련 형사재판확정기록, 불기소처분기록 등을 포함한다)

② 검사는 국가안보, 증인보호의 필요성, 증거인멸의 염려, 관련 사건의 수사에 장애를 가져올 것으로 예상되는 구체적인 사유 등 열람·등사 또는 서면의 교부를 허용하지 아니할 상당한 이유가 있다고 인정하는 때에는 열람·등사 또는 서면의 교부를 거부하거나 그 범위를 제한할 수 있다.

③ 검사는 열람·등사 또는 서면의 교부를 거부하거나 그 범위를 제한하는 때에는 지체 없이 그 이유를 서면으로 통지하여야 한다.

④ 피고인 또는 변호인은 검사가 제1항의 신청을 받은 때부터 48시간 이내에 제3항의 통지를 하지 아니하는 때에는 제266조의4 제1항의 신청을 할 수 있다.

⑤ 검사는 제2항에도 불구하고 서류등의 목록에 대하여는 열람 또는 등사를 거부할 수 없다.

⑥ 제1항의 서류등은 도면·사진·녹음테이프·비디오테이프·컴퓨터용 디스크, 그 밖에 정보를 담기 위하여 만들어진 물건으로서 문서가 아닌 특수매체를 포함한다. 이 경우 특수매체에 대한 등사는 필요 최소한의 범위에 한한다.

가. 증거개시의 요건

(1) 증거개시의 시기

법 266조의3에 의한 증거개시는 공소제기 이후에 한하여 인정된다.

(2) 관련성

법은 ① 공소제기된 사건에 관한 서류등의 목록과 ② 공소사실의 인정 또는 양형에 영향을 미칠 수 있는 일정한 서류등에 대해서만 검사의 증거개시의무를 인정하고 있다. 증거개시가 서류등의 목록에 대해서는 무조건적으로 이루어지고, 서류등에 대해서는 '공소사실의 인정 또는 양형에 영향을 미칠 수 있는 것'을 요건으로 하여 이루어질 것을 규정하고 있는 것이다. 이 책에서는 위 '공소사실의 인정 또는 양형에 영향을 미칠 수 있는 것'을 '관련성'이라고 표현하기로 한다.

(3) 피고인의 신청

법 266조의3은 피고인 또는 변호인의 증거개시 신청에 대해 검사가 이를 개시하여야 하며, 개시를 거부하거나 그 범위를 제한하는 때에는 48시간 이내에 그 이유를 서면으로 통지하여야 한다고 규정하고 있다. 따라서 증거개시신청권자는 피고인과 변호인이며, 열람·등사 또는 교부의 신청은 검사에게 증거개시를 의무지우기 위한 요건이 된다.

(4) 신청의 방법 및 시기

피고인이 공소제기 후 검사가 보관하는 서류등의 열람·등사를 신청함에는, 1. 사건번호, 사건명, 피고인, 2. 신청인 및 피고인과의 관계, 3. 열람 또는 등사할 대상을 기재한 서면으로 하여야 한다(규칙 123조의2). 신청방식을 서면으로 하게 한 이유는 검사가 열람·등사 신청을 받은 때로부터 48시간 이내에 열람·등사를 거부하거나 범위를 제한할 것인지 여부를 피고인 또는 변호인에게 통지하여야 하므로 그 신청의 존재와 신청 시점을 명확하게 할 필요가 있기 때문이다.[16] 다만 피고인 또는 변호인은 공판준비 또는 공판기일에서 법원의 허가를 얻어 구두로 상대방에게 법 266조의3에 따른 서류등의 열람 또는 등사를 신청할 수 있다(규칙 123조의5).

나. 개시할 서류등의 유형

(1) 서류등의 목록

(가) 서류등의 목록의 의미

검사가 개시하여야 할 '서류등의 목록'에서 '서류등'은 '서류 또는 물건'을 의미한다(법 266조의3 1항). 그러므로 서류의 목록은 수사기록 중 수사서류의 목록을 의미하고, 물건의 목록은 수사기록 중 물건의 목록을 지칭하며 이는 곧 압수물총목록을 의미한다.[17]

(나) 서류등의 목록의 작성방법

수사기관이 작성하거나 취득한 서류등이 피고인에게 모두 노출되도록 하기 위해서는 그 서류등의 목록이 빠짐없이 정확하게 작성되도록 할 필요가 있다. 검사·사경과 그 밖에 직무상 수사에 관계있는 자는 수사과정에서 수사와 관련하여 작성하거나 취득한 서류 또는 물건에 대한 목록을 빠짐없이 작성하여야 한다(법 198조 3항).

(다) 서류등의 목록의 개시제한

검사는 국가안보, 증인보호의 필요성, 증거인멸의 염려, 관련 사건의 수사에 장애를 가져올 것으로 예상되는 구체적인 사유 등 열람·등사 또는 서면의 교부를 허용하지 아니할 상당한 이유가 있다고 인

---

16) 법원행정처, 새로운 형사재판의 이해, 2007, 51면.
17) 법원실무제요 형사Ⅰ, 640면.

정하는 때에는 열람·등사 또는 서면의 교부를 거부하거나 그 범위를 제한할 수 있다(법 266조의3 2항). 그렇지만 서류등의 목록에 대해서는 검사가 위와 같은 열람 또는 등사의 거부를 할 수 없다(동조 5항).

(2) 서류등

공소사실의 인정 또는 양형에 영향을 미칠 수 있는 서류등에 관하여 법 266조의3 1항은 4개의 유형으로 구분하고 있다.

(가) 검사가 증거로 신청할 서류등(제1호)

검사가 증거로 신청할 서류등은 당연히 증거개시의 대상이 된다. 검사가 증거로 신청할 서류등에 대해서는 피고인이 사전에 그 내용을 검토하여야 그 증거능력이나 증명력을 제대로 다툴 수 있을 것이기 때문이다. 제1호는 '검사가 증거로 신청할 서류등'만 증거개시의 대상으로 하므로 검사가 증거로 신청하지 않을 서류등은 제1호에 포함되지 않는다. 또한 서류등은 공소제기된 사건에 관한 '서류 또는 물건'만을 의미하므로 증인은 제1호에 의한 개시대상이 아니다.

(나) 검사가 증인으로 신청할 사람의 성명·사건과의 관계 등을 기재한 서면 또는 그 사람이 공판기일 전에 행한 진술을 기재한 서류등(제2호)

제1호는 서증과 물증으로 이루어진, <u>인증 이외의 모든 증거방법인 서류등을 증거로 신청하는 경우</u>에 관한 것이고, 제2호는 <u>인증을 증거로 신청하는 경우</u>에 관한 것이라고 생각된다. 제2호는 검사가 증인을 신청하고자 하는 경우에, '증인의 성명' 그리고 <u>'증인과 사건과의 관계 등을 기재한 서면(사건관계서면이라 함)'</u> 또는 <u>증인이 공판기일 전에 행한 진술을 기재한 서류등</u> 중 어느 하나를 피고인에게 개시하도록 함으로써 피고인의 방어권을 보장하겠다는 것으로 이해함이 상당하다.[18]

(다) 제1호 또는 제2호의 서면 또는 서류등의 증명력과 관련된 서류등(제3호)

제3호는 제1호 또는 제2호의 서면 또는 서류등의 증명력과 관련된 서류등이라고 규정하고 있다. '제1호 또는 제2호의 서면 또는 서류등'은 검사가 신청하는 서증과 물증(제1호) 또는 검사가 신청하는 인증과 관련되는 증거(제2호)를 의미하므로, 제3호는 결국 검사가 신청하는 개별 증거의 증명력과 관련된 증거를 의미한다.

(라) 피고인 또는 변호인이 행한 법률상·사실상 주장과 관련된 서류등(관련 형사재판확정기록, 불기소처분기록 등을 포함한다)(제4호)

제4호는 피고인 또는 변호인으로 하여금 검사가 보관하고 있는 피고인에게 유리한 자료를 열람·등사할 수 있게 하기 위하여 규정되었다. 예를 들어 피고인의 현장부재 또는 정당방위 주장이 있는 경

---

18) 법원행정처, 새로운 형사재판의 이해, 2007, 52면. 사건관계서면을 교부하여야 할 경우는 ① 증인으로 신청할 사람을 상대로 한 진술조서가 작성되지 아니한 경우와, ② 증인으로 신청할 사람을 상대로 한 진술조서가 작성되었지만 검사가 이에 관한 열람·등사를 거부하고, 법원도 이를 허용하지 않는 경우로 나누어 볼 수 있다.

우 이와 관련된 자료 등이 여기에 해당한다.

다. 열람·등사의 방법

피고인에게 변호인이 있는 경우에는 피고인은 열람만을 신청할 수 있다(법 266조의3 1항 단서).

검사가 개시하여야 할 서류등은 도면·사진·녹음테이프·비디오테이프·컴퓨터용 디스크, 그 밖에 정보를 담기 위하여 만들어진 물건으로서 문서가 아닌 특수매체를 포함한다(법 266조의3 6항). 특수매체의 경우 그 양이 방대하고, 피고인의 방어권행사와는 직접 관련이 없는 부분이 있을 수 있으므로, 특수매체에 대한 등사는 필요 최소한의 범위에 한정된다(동항 단서).

법 221조, 244조의2에 따라 피의자나 피의자 아닌 자의 진술을 녹화한 영상녹화물에 대한 열람·등사는 원본과 함께 작성된 부본에 의하여 이를 행할 수 있다(규칙 123조의3).

라. 검사의 열람·등사의 거부 또는 범위 제한

검사는 국가안보, 증인보호의 필요성, 증거인멸의 염려, 관련 사건의 수사에 장애를 가져올 것으로 예상되는 구체적인 사유 등 열람·등사 또는 서면의 교부를 허용하지 아니할 상당한 이유가 있다고 인정하는 때에는 열람·등사 또는 서면의 교부를 거부하거나 그 범위를 제한할 수 있다(법 266조의3 2항).

(1) 열람·등사의 거부 또는 범위제한의 금지

검사는 서류등의 목록에 대하여는 열람 또는 등사를 거부하거나 그 범위를 제한할 수 없다(법 266조의3 5항).

(2) 열람·등사의 거부 또는 범위제한의 통지

검사가 열람·등사 또는 서면의 교부를 거부하거나 그 범위를 제한하는 때에는 지체 없이 그 이유를 서면으로 통지하여야 한다(법 266조의3 3항). 검사가 열람·등사를 거부 또는 제한하기 위해서는 대상이 된 수사기록의 내용을 구체적으로 확인·검토하여 각 서류나 물건의 어느 부분이 어떠한 제한 사유에 해당되는지를 주장·입증하여야 한다.[19)]

마. 증거개시의무의 불이행

법원은 열람·등사에 관한 결정을 함에 있어 필요하다고 인정하는 때에는 검사에게 해당 서류등의 제시를 요구할 수 있고, 피고인이나 그 밖의 이해관계인을 심문할 수 있다(법 266조의4 4항). 또한 검사는 열람·등사 또는 서면의 교부에 관한 법원의 결정을 지체 없이 이행하지 아니하는 때에는 해당 증인 및 서류등에 대한 증거신청을 할 수 없다(동조 5항).

법원이 열람·등사 또는 서면교부의 허용결정을 하였을 때 검사가 반드시 이를 이행할 의무를 지

---

19) 대판 1999. 9. 21. 98두3426.

는지에 대해서 논란이 있으나, 헌법재판소는 검사의 이행의무를 인정하였다.[20)]

2. 피고인의 증거개시 의무

검사는 피고인 또는 변호인이 공판기일 또는 공판준비절차에서 현장부재·심신상실 또는 심신미약 등 법률상·사실상의 주장을 한 때에는 피고인 또는 변호인에게 피고인 또는 변호인이 증거로 신청할 서류등의 열람·등사 또는 서면의 교부를 요구할 수 있다(법 266조의11 1항).

법 제266조의11(피고인 또는 변호인이 보관하고 있는 서류등의 열람·등사) ① 검사는 피고인 또는 변호인이 공판기일 또는 공판준비절차에서 현장부재·심신상실 또는 심신미약 등 법률상·사실상의 주장을 한 때에는 피고인 또는 변호인에게 다음 서류등의 열람·등사 또는 서면의 교부를 요구할 수 있다.
1. 피고인 또는 변호인이 증거로 신청할 서류등
2. 피고인 또는 변호인이 증인으로 신청할 사람의 성명, 사건과의 관계 등을 기재한 서면
3. 제1호의 서류등 또는 제2호의 서면의 증명력과 관련된 서류등
4. 피고인 또는 변호인이 행한 법률상·사실상의 주장과 관련된 서류등

피고인 또는 변호인은 법 266조의3 1항에 의해 신청한 서류등의 열람·등사 또는 서면의 교부에 대해 검사로부터 거부처분을 받은 때에는 서류등의 열람·등사 또는 서면의 교부를 거부할 수 있다(법 266조의11 2항). 즉 검사가 개시를 거부하면 피고인도 개시를 거부할 수 있는 것이다. 그러나 피고인이 그 후 법원에 검사로 하여금 그 서류등의 열람·등사 또는 서면의 교부를 허용하도록 할 것을 신청하여 법원이 위 신청을 기각하는 결정을 한 때에는 피고인의 서류등의 열람·등사 또는 서면의 교부의무는 그대로 남는다(동항 단서).

3. 법원의 열람·등사에 관한 결정

가. 피고인의 열람·등사 신청

피고인 또는 변호인은 검사가 서류등의 열람·등사 또는 서면의 교부를 거부하거나 그 범위를 제한한 때에는 법원에 그 서류등의 열람·등사 또는 서면의 교부를 허용하도록 할 것을 신청할 수 있다(법 266조의4 1항).

20) 법원의 열람·등사 허용 결정에도 불구하고 검사가 이를 신속하게 이행하지 않는 경우에는 해당 증인과 서류 등을 증거로 신청할 수 없는 불이익을 받는 것에 그치지 않고, 그러한 검사의 거부는 피고인의 열람·등사권, 신속·공정한 재판을 받을 권리 및 변호인의 조력을 받을 권리를 침해한다[헌재 2010. 6. 24. 2009헌마257(용산철거민 사건)].

나. 공판준비기일 또는 공판기일에서의 열람·등사 신청

피고인 또는 변호인은 공판준비기일 또는 공판기일에서 법원의 허가를 얻어 구두로 검사에게 서류등의 열람·등사를 신청할 수 있다(규칙 123조의5 1항).

다. 증거개시의 거부·제한에 대한 판단

법원은 열람·등사 또는 서면의 교부를 허용하는 경우에 생길 폐해의 유형·정도, 피고인의 방어 또는 재판의 신속한 진행을 위한 필요성 및 해당 서류등의 중요성 등을 고려하여 검사에게 열람·등사 또는 서면의 교부를 허용할 것을 명할 수 있으며, 이 경우 열람 또는 등사의 시기·방법을 지정하거나 조건·의무를 부과할 수 있다(법 266조의4 2항).

라. 열람·등사에 대한 결정을 하기 위한 조사

법원은 열람·등사에 대한 결정을 하기 위하여 필요하다고 인정하는 때에는 검사에게 해당 서류등의 제시를 요구할 수 있고, 피고인이나 그 밖의 이해관계인을 심문할 수 있다(법 266조의4 4항).

4. 열람·등사된 서류등의 남용금지

피고인 또는 변호인(피고인 또는 변호인이었던 자를 포함함)은 검사가 열람 또는 등사하도록 한 법 266조의3 1항에 따른 서면 및 서류등의 사본을 당해 사건 또는 관련 소송의 준비에 사용할 목적이 아닌 다른 목적으로 다른 사람에게 교부 또는 제시(전기통신설비를 이용하여 제공하는 것을 포함함)하여서는 아니 된다. 피고인 또는 변호인이 이를 위반하는 때에는 1년 이하의 징역 또는 500만 원 이하의 벌금에 처한다(법 266조의16).

V. 재판확정기록의 열람·등사

1. 소송기록의 열람·등사

누구든지 권리구제·학술연구 또는 공익적 목적으로 재판이 확정된 사건의 소송기록을 보관하고 있는 검찰청에 그 소송기록의 열람 또는 등사를 신청할 수 있다(법 59조의2 1항).

검사는 심리가 비공개로 진행된 경우 등 일정한 사유가 있는 경우에는 소송기록의 전부 또는 일부의 열람 또는 등사를 제한할 수 있으나 소송관계인이나 이해관계 있는 제3자가 열람 또는 등사에 관하여 정당한 사유가 있다고 인정되는 경우에는 그러하지 아니하다(동조 2항).

2. 확정 판결서등의 열람·복사

누구든지 판결이 확정된 사건의 판결서 또는 그 등본, 증거목록 또는 그 등본, 그 밖에 검사나 피고인 또는 변호인이 법원에 제출한 서류·물건의 명칭·목록 또는 이에 해당하는 정보를 보관하는 법원에서 해당 판결서등을 열람 및 복사할 수 있다(법 59조의3 1항 본문). 다만, 심리가 비공개로 진행되었거나 소년법 2조에 따른 소년에 관한 사건인 경우 등의 사유가 있는 때에는 판결서등의 열람 및 복사를 제한할 수 있다(법 59조의3 1항 단서).

제 5 장

공판기일의 절차

제 1 절 모두절차

1. 공판기일의 지정과 피고인의 소환

재판장은 공판기일을 정하여야 하고, 공판기일에는 피고인, 대표자 또는 대리인을 소환하여야 하며, 공판기일은 검사, 변호인과 보조인에게 통지하여야 한다(법 267조). 제1회 공판기일은 소환장의 송달 후 5일 이상의 유예기간을 두어야 한다. 다만 피고인이 이의가 없는 때에는 유예기간을 두지 않을 수 있다(법 269조).

형사공판절차는 ① 진술거부권고지 → ② 인정신문 → ③ 주소변동사실 신고의무 고지 → ④ 검사의 모두진술 → ⑤ 피고인과 변호인의 모두진술 → ⑥ 재판장의 쟁점 정리 및 증거관계 진술 → ⑦ 증거조사절차 → ⑧ 피고인신문 → ⑨ 검사의 의견진술 → ⑩ 변호인과 피고인의 의견진술 → ⑪ 판결선고의 순서를 거쳐 진행된다.

2. 공판정의 개정

공판기일에는 공판정에서 심리한다(법 275조 1항). 재판장이 사건을 호명(사건번호와 피고인의 성명을 부르는 것)함으로써 판사와 검사, 법원사무관등, 피고인, 변호인이 출석하여 개정한다(동조 2항). 검사의 좌석과 피고인 및 변호인의 좌석은 대등하며 법대의 좌우측에 마주 보고 위치하고, 증인의 좌석은 법대의 정면에 위치한다. 다만, 피고인신문을 하는 때에는 피고인이 증인석에 좌석한다(동조 3항).

3. 모두절차

가. 진술거부권의 고지

공판기일의 모두절차는 진술거부권의 고지에서부터 시작한다. 피고인은 진술하지 아니하거나 개개의 질문에 대하여 진술을 거부할 수 있다(법 283조의2 1항). 재판장은 피고인에게 1항과 같이 진술을 거부할 수 있음을 고지하여야 한다(동조 2항).

공판정에서는 피고인의 신체를 구속하지 못한다. 다만, 재판장은 피고인이 폭력을 행사하거나 도망할 염려가 있다고 인정하는 때에는 피고인의 신체의 구속을 명하거나 기타 필요한 조치를 할 수 있다(법 280조). 따라서 구속 피고인에 대해서는 수갑을 풀어 구속 상태를 제거한 다음 진술거부권을 고지하는 것이 원칙이다. 국선변호인 선정에 관한 서면고지도 모두절차가 개시되기 이전에 행해져야 한다(규칙 17조 참조).

나. 인정신문

재판장은 피고인의 성명, 연령, 등록기준지, 주거와 직업을 물어서 피고인임에 틀림없음을 확인하여야 한다(법 284조). 이를 인정신문이라 한다. 재판장은 피고인에 대한 인정신문을 마친 뒤 피고인에 대하여 그 주소의 변동이 있을 때에는 이를 법원에 보고할 것을 명하고, 피고인의 소재가 확인되지 않는 때에는 그 진술 없이 재판할 경우가 있음을 경고하여야 한다(소송촉진 등에 관한 특례규칙 18조 1항).

다. 모두진술

종전에는 검사의 모두진술절차는 임의적인 것으로서 기소의 요지만을 진술할 수 있도록 되어 있었고 피고인의 모두진술절차는 존재하지 않았다. 2007년도의 법 개정을 통해 검사의 모두진술절차를 필수적인 것으로 하고 진술할 범위를 확장하였으며, 피고인의 모두진술절차를 인정하게 되었다.

모두진술절차의 확대를 통해 공개주의와 구두변론주의를 보다 철저히 할 수 있다. 피고인은 모두진술절차를 통해 이익되는 사실을 진술할 기회를 부여받고 쟁점을 명확히 할 수 있다.

(1) 검사의 모두진술

검사는 공소장에 의하여 공소사실·죄명 및 적용법조를 낭독하여야 한다(법 285조 본문). 검사의 공소장낭독은 필수적인 절차이다. 다만, 재판장은 필요하다고 인정하는 때에는 검사에게 공소의 요지(공소사실·죄명 및 적용법조의 요지)만을 진술하게 할 수 있다(동조 단서).

(2) 피고인의 모두진술

피고인은 검사의 모두진술이 끝난 뒤에 공소사실의 인정 여부를 진술하여야 한다. 다만, 피고인이 진술거부권을 행사하는 경우에는 그러하지 아니하다. 피고인 및 변호인은 이익이 되는 사실 등을 진술할 수 있다(법 286조). 2007년도의 법 개정을 통해 피고인신문의 순서가 증거조사 이후로 변경되어 피고인신문에 의한 쟁점파악은 불가능하게 되었다. 이에 따라 피고인의 모두진술을 통해 쟁점을 파악할 수 있게 한 것이다.

피고인은 모두절차를 이용하여 관할이전신청(법 15조), 기피신청(법 18조), 국선변호인의 선정청구(법 33조 2항), 공판기일의 변경신청(법 270조), 변론의 병합과 분리신청(법 300조) 등을 할 수 있다. 특히 토지관할위반의 신청(법 320조), 제1회 공판기일의 유예기간에 대한 이의신청(법 269조) 등은 늦어도 이 단계까지는 하여야 한다.

라. 쟁점정리 및 검사·변호인의 증거관계 등에 대한 진술

재판장은 피고인의 모두진술이 끝난 다음에 피고인 또는 변호인에게 쟁점의 정리를 위하여 필요한 질문을 할 수 있다. 재판장은 증거조사를 하기에 앞서 검사 및 변호인으로 하여금 공소사실 등의 증명과 관련된 주장 및 입증계획 등을 진술하게 할 수 있다. 다만, 증거로 할 수 없거나 증거로 신청할 의사가 없는 자료에 기초하여 법원에 사건에 대한 예단 또는 편견을 발생하게 할 염려가 있는 사항은 진술할 수 없다(법 287조).

4. 소송관계인의 출석

가. 검 사

검사의 출석은 공판개시의 요건이다(법 275조 2항). 검사동일체의 원칙상 어느 검사가 출석하더라도 무방하며, 중요한 사건이 아닌 경우에는 수사검사와 별도로 지정된 공판검사가 출석하여 공소유지 업무를 담당하는 것이 실무이다.

그러나 검사가 공판기일의 통지를 2회 이상 받고 출석하지 아니하거나 판결만을 선고하는 때에는 검사의 출석 없이 개정할 수 있다(법 278조). 위 2회는 연속 불출석이 아니라 전에 한 번 불출석한 사실이 있으면 충분하다.[1] 검사의 2회 이상 불출석으로 검사가 출석하지 아니한 채 공판절차를 진행하는 경우에 재판장은 공판정에서 소송관계인에게 그 취지를 고지하여야 한다(규칙 126조의6). 변론을 종결하는 때에는 검사가 사실과 법률적용에 관하여 의견을 진술하여야 하는데 위와 같이 2회 이상 불출석으로 인하여 검사의 출석 없이 개정하는 경우에는 공소장의 기재사항에 의하여 검사의 의견진술이 있는 것으로 간주한다(법 302조).

나. 피고인의 출석권과 출석의무

피고인이 공판기일에 출석하지 아니한 때에는 특별한 규정이 없으면 개정하지 못한다(법 276조). 피고인의 공판정 출석은 권리인 동시에 의무로서의 성격을 가진다. 따라서 피고인은 재판장의 허가 없이 퇴정하지 못하며, 재판장은 피고인의 퇴정을 제지하거나 법정의 질서를 유지하기 위하여 필요한 처분

1) 대판 1967. 2. 21. 66도1710. 같은 취지로는 대판 1969. 4. 15. 69도7; 대판 2000. 9. 26. 2000도2879.

을 할 수 있다(법 281조).

다. 피고인이 불출석한 상태에서 재판할 수 있는 경우

(1) 피고인의 불출석

(가) 구속피고인의 출석거부

피고인이 출석하지 아니하면 개정하지 못하는 경우에 구속된 피고인이 정당한 사유 없이 출석을 거부하고, 교도관에 의한 인치가 불가능하거나 현저히 곤란하다고 인정되는 때에는 피고인의 출석 없이 공판절차를 진행할 수 있다(법 277조의2 1항). 1항의 규정에 의하여 공판절차를 진행할 경우에는 출석한 검사 및 변호인의 의견을 들어야 한다(동조 2항).

구속 피고인의 출석 없이 공판절차를 진행하기 위한 요건
피고인의 출석 없이 공판절차를 진행하기 위해서는(법 277조의2), 구속된 피고인이 정당한 사유 없이 출석을 거부하고, 더 나아가 교도관리에 의한 인치가 불가능하거나 현저히 곤란하다고 인정되어야 한다. 따라서, 구속된 피고인이 출석하지 아니하자 그 출석거부사유만을 조사한 후 교도관에 의한 인치가 불가능하거나 현저히 곤란하였는지 여부에 대한 조사를 아니한 채 피고인의 출석 없이 공판절차를 진행한 것은 법 277조의2에 위반된다.[2]

(나) 피고인에 대한 송달불능

제1심 공판절차에서 피고인에 대한 송달불능보고서가 접수된 때부터 6개월이 지나도록 피고인의 소재를 확인할 수 없는 경우에는 대법원규칙으로 정하는 바에 따라 피고인의 진술 없이 재판할 수 있다. 다만, 사형, 무기 또는 장기 10년이 넘는 징역이나 금고에 해당하는 사건의 경우에는 그러하지 아니하다(소촉법 23조). 이에 따라 대법원규칙인 소송촉진 등에 관한 특례규칙은 아래와 같이 규정하고 있다. 피고인에 대한 송달이 불능인 경우에 재판장은 그 소재를 확인하기 위하여 소재조사촉탁, 구인장의 발부 기타 필요한 조치를 취하여야 한다(동규칙 18조 2항). 공소장에 기재된 피고인의 주소가 특정되어 있지 아니하거나 그 기재된 주소에 공소제기 당시 피고인이 거주하지 아니한 사실이 인정된 때에는 재판장은 검사에게 상당한 기간을 정하여 그 주소를 보정할 것을 요구하여야 한다(동조 3항). 피고인에 대한 송달불능보고서가 접수된 때로부터 6월이 경과하도록 18조 2항 및 3항의 규정에 의한 조치에도 불구하고 피고인의 소재가 확인되지 아니한 때에는 그 후 피고인에 대한 송달은 공시송달의 방법에 의한다(동규칙 19조 1항). 피고인이 1항의 규정에 의한 공판기일의 소환을 2회 이상 받고도 출석하지 아니한 때에는 법 23조의 규정에 의하여 피고인의 진술 없이 재판할 수 있다(동규칙 19조 2항).

피고인에게 책임 없는 사유로 인하여 위와 같이 불출석 재판을 하는 경우에는 피고인이 방어권을

---

2) 대판 2001. 6. 12. 2001도114.

행사할 기회를 부당하게 박탈당하는 것이 된다. 이에 따라 소촉법 23조의2는 위와 같이 불출석재판에 의해 유죄판결을 받고 그 판결이 확정된 자가 책임을 질 수 없는 사유로 공판절차에 출석할 수 없었던 경우에는 재심을 청구할 수 있도록 하고 있다.

우편집배원이 2회에 걸쳐 주소지에 갔으나 수취인 부재

공시송달은 피고인의 주거, 사무소와 현재지를 알 수 없는 때에 한하여 할 수 있을 뿐이고, 피고인의 사무소와 현재지가 기록상 명백한 경우에는 이를 할 수 없다. 우편집배원이 2회에 걸쳐 재항고인의 주소지에 갔으나 그때마다 수취인이 부재한 사유는 주거를 알 수 없는 때에 해당하지 않는다.[3)]

집행관 송달이나 소재조사촉탁 없이 송달불능과 통화불능의 사유만으로 공시송달

피고인에 대한 소송기록접수통지서, 항소이유서 등의 송달이 폐문부재로 송달불능된 사안에서, 집행관 송달이나 소재조사촉탁 등의 절차를 거치지 아니한 채 송달불능과 통화불능의 사유만으로 피고인의 주거를 알 수 없다고 단정하여 공시송달 절차에 의하여 판결한 것은 위법하다.[4)]

공시송달을 위한 '송달불능보고서의 접수'의 의미

피고인의 소재를 확인하기 위하여 필요한 조치를 취하였음에도 불구하고 피고인에 대한 **송달불능보고서가 접수**된 때로부터 6월이 경과하도록 피고인의 소재가 확인되지 아니한 때에 비로소 공시송달을 할 수 있다(소촉법 23조, 동법 시행규칙 19조 1항). 피고인이 주소지에 거주하지 않아 구속영장이 여러 차례에 걸쳐 집행불능되어 반환된 것은 '송달불능보고서의 접수'가 아니다. 반면에 소재탐지불능보고서는 경찰관이 직접 송달 주소를 방문하여 거주자나 인근 주민 등에 대한 탐문 등의 방법으로 피고인의 소재를 확인하므로 송달불능보고서보다 더 정확하게 피고인의 소재를 확인할 수 있기 때문에 소재탐지불능보고서의 접수는 '송달불능보고서의 접수'로 볼 수 있다.[5)]

공소장의 기재에만 의존하여 피고인의 주소지와 전화번호를 확인함

이 사건 공시송달명령은 공소장에 잘못 기재된 피고인의 휴대전화번호로 연락을 시도한 것에 불과하므로, 제1심으로서는 마땅히 피고인에 대한 각 경찰 및 검찰 피의자신문조서에 기재된 올바른 휴대전화번호로 다시 연락하여 송달받을 장소를 확인하여 보는 등의 시도를 해 보고, 피고인의 소재가 파악되는 경우 공시송달명령을 취소하여 그 소재지로 피고인 소환장을 송달하는 절차 등을 거쳐야 했음에도 이러한 조치를 취하지 아니한 채 공시송달의 방법에 의한 송달을 유지하고 피고인의 진술 없이 곧바로 판결을 한 것은 위법하다.[6)]

3) 대결 1984. 11. 8. 84모31.
4) 대판 2015. 2. 12. 2014도16822.
5) 대결 2014. 10. 16. 2014모1557.
6) 대판 2011. 7. 28. 2011도6762. 구체적인 사안은 다음과 같다.

공시송달로 소환받은 피고인이 2회 이상 불출석할 것

제1심 공판절차에서 피고인에 대한 소환이 공시송달로 행하여지는 경우에도 법원이 피고인의 진술 없이 재판을 하기 위하여는 공시송달로 소환받은 피고인이 2회 이상 불출석할 것이 요구된다(소송촉진 등에 관한 특례규칙 19조 2항). 그러므로 공시송달로 소환한 피고인이 불출석하면 공판기일을 다시 정하고 공시송달로 재소환한 후 그 기일에도 불출석한 경우에 비로소, 피고인의 불출석 상태에서 재판을 진행할 수 있다.[7)]

수감 중인 피고인에 대한 공시송달

피고인이 구치소나 교도소 등에 수감 중에 있는 것은, '피고인의 주거, 사무소, 현재지를 알 수 없는 때(법 63조 1항)'나 '피고인의 소재를 확인할 수 없는 경우(소촉법 23조)'가 아니므로, 법원이 수감 중인 피고인에 대하여 공소장 부본과 피고인소환장 등을 종전 주소지 등으로 송달한 경우는 물론 공시송달한 것도 위법하다. 따라서 법원은 주거, 사무소, 현재지 등 소재가 확인되지 않는 피고인에 대하여 공시송달을 할 때에는 피고인의 수감 여부를 확인할 필요가 있다.[8)]

위법한 공시송달에 의해 절차를 진행하여 선고한 판결을 파기한 항소심의 조치

공시송달에 의한 피고인 소환이 부적법하여 피고인이 공판기일에 출석하지 않은 가운데 진행된 제1심의 절차가 위법하고 그에 따른 제1심판결이 파기되어야 한다면, 항소심은 다시 적법한 절차에 의하여 소송행위를 새로이 한 후 항소심에서의 진술과 증거조사 등 심리 결과에 기초하여 다시 판결하여야 한다.

피고인이 송달받을 장소를 찾아보는 등의 시도를 하지 아니한 채 공시송달 방법으로 절차를 진행하여 판결을 선고한 제1심의 절차가 위법하다는 이유로 제1심판결을 파기하면서도, 다시 적법한 절차에 의하여 소송

- 제1심은 공소장에 기재된 피고인의 주소지로 공소장 부본, 피고인 소환장 등을 발송하였으나 폐문부재로 송달불능되자 검사에 대한 주소보정명령을 하고, 공소장의 휴대전화번호로 통화를 시도하였으나 피고인의 전화가 아니라고 하거나 전화를 받지 않음으로써 통화가 이루어지지 않았다. 이에 제1심은 피고인의 주소지 관할 경찰서장에게 소재탐지촉탁과 구금영장의 발부 등의 조치를 하였으나 역시 피고인의 소재를 파악하지 못하였다. 그 후 제1심은 공시송달 결정을 하고 공소장 부본과 소환장 등을 공시송달한 후 피고인이 제5회, 제6회 공판기일에 각 불출석하자 공판절차를 진행하고 변론을 종결하였다.
- 그런데 제1심 제6회 공판기일에 증거로 제출된 경찰과 검찰의 피의자신문조서에는 피고인의 휴대전화번호가 기재되어 있어 공소장에 기재된 휴대전화번호가 잘못임을 알 수 있었는데도, 제1심은 이들 전화번호로 연락을 시도하는 등의 조치 없이, 공시송달에 의하여 선고기일 소환을 하고 피고인이 불출석한 상태에서 판결을 선고하였다.
- 피고인의 상소권회복청구와 항소에 따라 진행된 항소심에서 원심은 제1심이 채택한 증거에 대한 조사를 마치고 항소기각 판결을 선고하였다.

다음은 같은 취지이다.

제1심의 법원사무관 등이, 공소장에 기재된 피고인의 주거로 공소장부본을 송달하였으나 2회에 걸쳐 이사불명으로 송달불능되자, 피고인의 휴대전화로 통화하면서 송달받을 장소를 확인하는 등의 시도 없이 단순히 제1회 공판기일에 출석할 것을 통지하는 데 그친 경우, 제1회 공판기일에 출석하지 아니한 피고인에 대하여 소재탐지촉탁, 구속영장 발부, 지명수배 의뢰 등의 절차를 거쳤어도 공소장 부본 등을 공시송달한 제1심의 조치는 위법하다(대판 2011. 5. 13. 2011도1094).

7) 대판 2011. 5. 13. 2011도1094.

8) 대판 2013. 6. 27. 2013도2714.

행위를 하지 않고 피고인의 참여 없이 실시된 제1심 증거조사 결과에 기초하여 공소사실을 유죄로 인정한 것은 위법하다.[9]

소촉법에 의해 피고인의 진술 없이 행한 재판에 관하여 소촉법에 의한 재심이 개시되어 제1심 계속 중 부도수표의 회수

제1심판결이 소촉법 23조 본문의 특례 규정에 의하여 선고된 다음 피고인이 책임질 수 없는 사유로 공판절차에 출석할 수 없었다고 하여 소촉법 23조의2의 규정에 의한 재심이 청구되고 재심개시결정이 내려진 경우, 피고인으로서는 제1심의 공판절차에서 적절한 방어를 할 기회를 가지지 못하였던 것이고 바로 그러한 이유로 인하여 재심청구가 허용된 것이므로, 이 경우에는 부도수표의 회수나 수표소지인의 처벌불원의사표시도 그 재심의 제1심판결 선고 전까지 하면 된다.[10]

(다) 항소심에서의 2회 연속 불출석

항소심에서 피고인이 공판기일에 출정하지 아니한 때에는 다시 기일을 정하여야 하고, 피고인이 정당한 사유 없이 다시 정한 기일에 출정하지 아니한 때에는 피고인의 진술 없이 판결을 할 수 있다(법 365조).

항소심에서도 피고인의 출석 없이는 개정하지 못하는 것이 원칙이다(법 370조, 276조). 항소심에서 법 365조에 의해 피고인이 불출석한 상태에서 그 진술 없이 판결할 수 있기 위해서는 피고인이 적법한 공판기일 통지를 받고서도 2회 연속으로 정당한 이유 없이 출정하지 않아야 한다.[11]

---

9) 대판 2012. 4. 26. 2012도986; 대판 2014. 5. 16. 2014도3037.
위 2014도3037 판결에서, 피고인 남편의 주소지가 기록상 나타나 있고, 피고인이 경찰에서 남편의 휴대전화번호를 진술하였음에도 피고인 남편의 주소지로 송달하거나 위 휴대전화번호로 연락하는 등의 조치 없이 공시송달하였다. 다음은 같은 취지이다.
제1심이 위법한 공시송달결정에 따라 절차를 진행하고, 항소심이 다시 공시송달결정에 따라 새로이 증거조사하였으나 공소장부본을 송달하지 않음
제1심이 위법한 공시송달결정에 기하여 공소장 부본과 공판기일 소환장 등을 송달하고 피고인이 2회 이상 출석하지 않았다고 보아 피고인의 진술 없이 심리·판단한 이상, 그 소송절차는 위법하다. 이러한 경우 항소심은 다시 공소장 부본을 송달한 후 적법한 절차에 의하여 소송행위를 새로이 한 다음 항소심에서의 진술과 증거조사 등 심리 결과에 기초하여 판결하여야 한다.
원심이, 제1심의 공시공달결정이 위법하다는 이유로 소재탐지 등을 거쳐 다시 공시송달결정을 하고 새로이 증거조사를 한 후 제1심판결을 파기하고 판결을 선고하는 과정에서 공소장부본을 공시송달하지 않은 것은 위법하다(대판 2014. 10. 27. 2014도11273). 같은 취지로는 대판 2014. 4. 24. 2013도9498.

10) 대판 2002. 10. 11. 2002도1228.

11) 대판 2012. 6. 28. 2011도16166. 구체적인 판시는 다음과 같다.
약식명령에 대해 피고인만이 정식재판을 청구한 사건의 항소심에서, 원심법원이 피고인이 출석한 제1회 공판기일에 변론을 종결하고 제2회 공판기일인 선고기일을 지정하여 고지하였는데, 피고인이 출석하지 아니하자 선고기일을 연기하고 제3회 공판기일을 지정하였으나 피고인에게 따로 공판기일 통지를 하지 않은 사안에서, 제3회 공판기일에

(라) 약식명령에 대한 정식재판청구사건에서의 2회 연속 불출석

약식명령에 대해 정식재판을 청구한 피고인이 정식재판절차의 공판기일에 2회 연속하여 불출석한 경우에는 피고인의 진술 없이 판결할 수 있다(법 458조 2항, 365).[12]

(2) 피고인에게 유리한 재판

(가) 공소기각 또는 면소의 재판을 할 경우

공소기각 또는 면소의 재판을 할 것이 명백한 사건인 때에는 피고인의 출석을 요하지 아니하며 이 경우 피고인은 대리인을 출석하게 할 수 있다(법 277조 2호).

(나) 공판절차의 정지사유와 불출석 재판

피고인이 사물의 변별 또는 의사의 결정을 할 능력이 없는 상태에 있는 때에는 법원은 검사와 변호인의 의견을 들어서 결정으로 그 상태가 계속하는 기간 공판절차를 정지하여야 한다(법 306조 1항). 또한 피고인이 질병으로 인하여 출정할 수 없는 때에는 법원은 검사와 변호인의 의견을 들어서 결정으로 출정할 수 있을 때까지 공판절차를 정지하여야 한다(동조 2항). 그러나 피고사건에 대하여 무죄, 면소, 형의 면제 또는 공소기각의 재판을 할 것이 명백한 때에는 1항, 2항의 사유 있는 경우에도 피고인의 출정 없이 재판할 수 있다(동조 4항).

대해서는 적법한 통지가 없었으므로 법 365조가 적용될 수 없으므로 제3회 공판기일에 피고인의 출석 없이 판결을 선고한 것은 위법하다.

다음은 같은 취지이다.

피고인이 출석한 상태에서 5회 공판기일 지정·고지 → 5회 공판기일에 피고인이 불출석하여 6회 공판기일을 지정하고 소환장 송달 → 6회 공판기일에 피고인이 불출석하여 7회 공판기일 지정 → 7회 공판기일에 피고인의 불출석 상태에서 판결선고

법원은 피고인이 공판기일에 출정하지 아니하여 다시 기일을 정하였음에도 그 기일마저 정당한 사유 없이 출정하지 아니한 경우 피고인의 진술 없이 판결을 선고할 수 있다(법 365조). 한편 일단 적법하게 판결 선고를 위한 공판기일이 지정·고지된 이상 그 기일에 당사자가 출석하지 아니한 상태에서 다시 새로운 기일이 지정·고지되었다 하여도 그와 같은 기일 고지는 출석하지 아니한 당사자에게 효력이 미치는 만큼 그 기일을 해태한 당사자에게 별도로 새로운 기일의 통지를 하여야 하는 것은 아니다. 원심이 제4회 공판기일에서 피고인이 출석한 가운데 심리를 종결하고 판결 선고를 위한 제5회 공판기일을 지정·고지하고, 그 기일에 피고인이 출석하지 아니하자 다시 제6회 공판기일을 지정하는 한편 기일 소환장을 피고인에게 송달하였는데, 그 기일에도 피고인이 출석하지 아니하자 다시 제7회 공판기일을 지정하고, 이어 그 기일에 피고인이 출석하지 아니한 상태에서 판결을 선고한 것은 적법하다(대판 2000. 9. 26. 2000도2879).

12) 약식명령에 대한 정식재판청구사건에서 피고인이 적법한 소환을 받고도 정당한 사유 없이 2회 이상 불출석하면 피고인의 진술 없이 판결을 할 수 있다(법 458조 2항, 365조). 피고인에 대한 송달불능보고서가 접수된 때부터 6개월이 지나도록 피고인의 소재를 확인할 수 없는 경우에 공시송달의 방법에 의하여 피고인의 진술 없이 재판할 수 있다는 규정(소촉법 23조, 그 시행규칙 19조)은 제1심 공판절차에서의 피고인 불출석 재판에 관한 특례규정이다. 위와 같이 법 458조, 365조가 적용되는 약식명령에 대한 정식재판청구사건에서 제1심은 소촉법 23조 및 그 시행규칙 19조가 정하는 "피고인에 대한 송달불능보고서가 접수된 때로부터 6개월이 지나도록 피고인의 소재를 확인할 수 없는 경우"에까지 이르지 아니하더라도 공시송달에 의하여 피고인의 진술 없이 재판을 할 수 있다(대판 2013. 3. 28. 2012도12843).

(3) 피고인의 진술거부 또는 퇴정

(가) 진술거부 또는 퇴정

피고인이 진술하지 아니하거나 재판장의 허가 없이 퇴정하거나 재판장의 질서유지를 위한 퇴정명령을 받은 때에는 피고인의 진술 없이 판결할 수 있다(법 330조). 법 330조는 법원의 심리가 끝나고 선고만 남은 상태에서 적용되는 규정이라는 이유로 동조에 의해 법원이 피고인의 진술 없이 할 수 있는 것은 판결에 한정된다는 견해가 있으나 판례는 다음과 같이 판결뿐만 아니라 심리도 할 수 있으며 나아가 증거동의가 의제된다고 보고 있다.

피고인측의 방어권남용 내지 변호권포기
필요적 변호사건이라 하여도 피고인이 재판거부의 의사를 표시하고 재판장의 허가 없이 퇴정하고 변호인마저 이에 동조하여 퇴정해 버린 것은 모두 피고인측의 방어권의 남용 내지 변호권의 포기로 볼 수밖에 없는 것이므로 수소법원은 피고인이나 변호인의 재정 없이도 심리, 판결할 수 있다(법 330조).
위와 같이 피고인과 변호인들이 출석하지 않은 상태에서 증거조사를 할 수밖에 없는 경우에는 피고인의 진의와는 관계없이 증거동의(법 318조 1항, 2항)가 있는 것으로 간주한다.[13)]

(나) 일시퇴정

재판장은 증인 또는 감정인이 피고인 또는 어떤 재정인의 면전에서 충분한 진술을 할 수 없다고 인정한 때에는 그를 퇴정하게 하고 진술하게 할 수 있다. 피고인이 다른 피고인의 면전에서 충분한 진술을 할 수 없다고 인정한 때에도 같다(법 297조 1항). 전항의 규정에 의하여 피고인을 퇴정하게 한 경우에 증인, 감정인 또는 공동피고인의 진술이 종료한 때에는 퇴정한 피고인을 입정하게 한 후 법원사무관등으로 하여금 진술의 요지를 고지하게 하여야 한다(동조 2항).

(4) 경미사건

다액 500만 원 이하의 벌금 또는 과료에 해당하는 사건에서는 피고인의 출석을 요하지 아니하며 이 경우 피고인은 대리인을 출석하게 할 수 있다(법 277조 1호).

즉결심판절차에서 피고인이 기일에 출석하지 아니한 때에는 즉결심판에 관한 절차법 또는 다른 법률에 특별한 규정이 있는 경우를 제외하고는 개정할 수 없다(동법 8조). 그러나 벌금 또는 과료를 선고하는 경우에는 피고인이 출석하지 아니하더라도 심판할 수 있으며, 피고인 또는 즉결심판출석통지서를 받은 자는 법원에 불출석심판을 청구할 수 있고 법원이 이를 허가한 때에는 피고인이 출석하지 아니하더라도 심판할 수 있다(동법 8조의2).

13) 대판 1991. 6. 28. 91도865.

(5) 피고인의 신청

장기 3년 이하의 징역 또는 금고, 다액 500만 원을 초과하는 벌금 또는 구류에 해당하는 사건에서 피고인의 불출석허가신청이 있고 법원이 피고인의 불출석이 그의 권리를 보호함에 지장이 없다고 인정하여 이를 허가한 사건에서는 피고인의 출석을 요하지 아니하며 이 경우 피고인은 대리인을 출석하게 할 수 있다. 다만, 법 284조에 따라 인정신문을 하거나 판결을 선고하는 공판기일에는 출석하여야 한다(법 277조 3호).

(6) 정식재판청구 사건에서의 판결선고

약식명령에 대해 피고인만이 정식재판의 청구를 하여 판결을 선고하는 사건에서는 피고인의 출석을 요하지 아니하며 이 경우 피고인은 대리인을 출석하게 할 수 있다(법 277조 4호).

1회 공판기일에 선고기일을 지정·고지받은 피고인이 선고기일에 불출석
약식명령에 대해 피고인만이 정식재판을 청구한 사건의 항소심에서, 원심법원이 피고인이 출석한 제1회 공판기일에 변론을 종결하고 제2회 공판기일인 선고기일을 지정하여 고지하였는데, 피고인이 출석하지 아니한 경우 약식명령에 피고인만이 정식재판을 청구하여 법 370조, 277조 4호에 따라 피고인 출석 없이 판결을 선고할 수 있다.[14)]

(7) 법인인 피고인

피고인이 법인인 때에는 그 대표자가 소송행위를 대표한다(법 27조 1항). 그런데 피고인을 대표할 자가 없는 때에는 법원은 직권 또는 검사의 청구에 의하여 특별대리인을 선임하여야 한다(법 28조 1항). 특별대리인은 피고인을 대표하여 소송행위를 할 자가 있을 때까지 그 임무를 행한다(동조 2항).

위와 같이 피고인이 법인인 때에는 대표자 또는 특별대리인이 출석하여야 하고 그의 출석 없이는 개정하지 못하는 것이 원칙이지만 법인에 대한 처벌은 벌금 또는 과료만 규정되어 있어 사안이 비교적 중하지 않고, 법인의 권리를 보호하기 위해서는 사건의 내용을 잘 아는 실무자가 출석하는 것이 바람직할 수도 있다. 이러한 점을 감안하여 법은 피고인이 법인인 경우에는 대리인을 출석하게 할 수 있도록 하고 있다(법 276조 단서). 피고인이 법 276조 단서에 따라 공판기일에 대리인을 출석하게 할 때에는 그 대리인에게 대리권을 수여한 사실을 증명하는 서면을 법원에 제출하여야 한다(규칙 126조).

(8) 선거범죄

선거범에 관한 재판에서 피고인이 공시송달에 의하지 아니한 적법한 소환을 받고서도 공판기일에 출석하지 아니한 때에는 다시 기일을 정하여야 한다(공직선거법 270조의2 1항). 피고인이 정당한 사유 없

14) 대판 2012. 6. 28. 2011도16166.

이 다시 정한 기일 또는 그 후에 열린 공판기일에 출석하지 아니한 때에는 피고인의 출석 없이 공판절차를 진행할 수 있다(동조 2항). 2항의 규정에 의하여 공판절차를 진행할 경우에는 출석한 검사 및 변호인의 의견을 들어야 한다(동조 3항). 법원은 2항의 규정에 따라 판결을 선고한 때에는 피고인 또는 변호인(변호인이 있는 경우에 한한다)에게 전화 기타 신속한 방법으로 그 사실을 통지하여야 한다(동조 4항).

라. 증거동의의 간주

피고인의 출정 없이 증거조사를 할 수 있는 경우에 피고인이 출정하지 아니한 때에는 증거동의가 있는 것으로 간주한다. 단, 대리인 또는 변호인이 출정한 때에는 예외로 한다(법 318조 2항).

마. 변호인의 출석

변호인이나 보조인은 소송주체가 아니므로 원칙적으로 그 출석이 공판개정의 요건은 아니다. 그러나 필요적 변호사건 또는 국선변호인이 선정된 사건(즉 법 33조 1항 각 호의 어느 하나에 해당하는 사건 및 동조 2항, 3항의 규정에 따라 변호인이 선정된 사건)에 관하여는 변호인 없이 개정하지 못한다. 단, 판결만을 선고할 경우에는 예외로 한다(법 282조). 따라서 변호인이 출석하지 아니한 때에는 판결만을 선고하는 경우를 제외하고는 법원은 직권으로 변호인을 선정하여야 한다(법 283조).

바. 전문심리위원의 출석

(1) 전문심리위원의 절차 참여

법원은 소송관계를 분명하게 하거나 소송절차를 원활하게 진행하기 위하여 필요한 경우에는 직권으로 또는 검사, 피고인 또는 변호인의 신청에 의하여 결정으로 의료, 건축 등의 전문분야에서 전문심리위원을 지정하여 공판준비 및 공판기일 등 소송절차에 참여하게 할 수 있다(법 279조의2 1항). 전문심리위원은 전문적인 지식에 의한 설명 또는 의견을 기재한 서면을 제출하거나 기일에 전문적인 지식에 의하여 설명이나 의견을 진술할 수 있다. 다만, 재판의 합의에는 참여할 수 없다(동조 2항). 전문심리위원은 기일에 재판장의 허가를 받아 피고인 또는 변호인, 증인 또는 감정인 등 소송관계인에게 소송관계를 분명하게 하기 위하여 필요한 사항에 관하여 직접 질문할 수 있다(동조 3항).

(2) 전문심리위원 참여결정의 취소

법원은 상당하다고 인정하는 때에는 검사, 피고인 또는 변호인의 신청이나 직권으로 279조의2 1항에 따른 결정을 취소할 수 있다(법 279조의3 1항). 법원은 검사와 피고인 또는 변호인이 합의하여 279조의2 1항의 결정을 취소할 것을 신청한 때에는 그 결정을 취소하여야 한다(법 279조의3 2항).

(3) 전문심리위원의 지정

법 279조의2 1항에 따라 전문심리위원을 소송절차에 참여시키는 경우 법원은 검사, 피고인 또는 변호인의 의견을 들어 각 사건마다 1인 이상의 전문심리위원을 지정한다(법 279조의4 1항).

(4) 전문심리위원의 제척 및 기피

법관에 대한 제척 및 기피에 관한 규정인 법 17조부터 20조까지 및 23조를 전문심리위원에게 준용한다(법 279조의5 1항). 제척 또는 기피 신청이 있는 전문심리위원은 그 신청에 관한 결정이 확정될 때까지 그 신청이 있는 사건의 소송절차에 참여할 수 없다. 이 경우 전문심리위원은 해당 제척 또는 기피 신청에 대하여 의견을 진술할 수 있다(동조 2항).

(5) 비밀누설죄와 공무원의제

전문심리위원 또는 전문심리위원이었던 자가 그 직무수행 중에 알게 된 다른 사람의 비밀을 누설한 때에는 2년 이하의 징역이나 금고 또는 1천만 원 이하의 벌금에 처한다(법 279조의7). 전문심리위원은 형법 129조부터 132조까지의 규정에 따른 벌칙의 적용에 있어서는 공무원으로 본다(법 279조의8).

제 2 절 소송지휘권과 법정경찰권

Ⅰ. 소송지휘권

1. 의 의

소송지휘권은 소송절차의 진행 및 심리를 원활하게 하기 위한 법원의 권한을 말한다.

2. 소송지휘권의 내용

소송지휘권은 재판장이 행사하는 것과 법원이 행사하는 것으로 분류할 수 있다.

공판기일의 소송지휘는 원칙적으로 재판장이 한다(법 279조).

재판장이 행사하는 소송지휘권으로는 공판기일의 지정과 변경(법 267조, 270조), 증인신문순서의 변경(법 161조의2 3항), 불필요한 변론 등의 제한(법 299조), 석명의 요구와 입증의 촉구(규칙 141조) 등이 있다.

법원이 행사하는 소송지휘권으로는 당사자의 증거신청이나 피해자의 진술신청에 대한 결정(법 295조), 증거조사에 관한 이의신청에 대한 결정(법 296조), 공소장변경의 허가와 요구(법 298조), 재판장의 처분에 관한 이의신청에 대한 결정(법 304조), 변론의 분리·병합·재개 결정(법 300조, 305조) 등이 있다.

항소이유서에 양형부당과 사실오인을 주장하였는데 재판장의 구석명에 따라 항소이유가 양형부당의 취지라고 석명

재판장은 소송지휘의 일환으로 검사, 피고인 또는 변호인에게 석명을 구하거나 입증을 촉구할 수 있다(법 279조, 규칙 141조 1항). 석명을 구한다는 것은 소송관계를 명확하게 하기 위하여 당사자에 대하여 사실상 및 법률상의 사항에 관하여 질문을 하고 그 진술 내지 주장을 보충 또는 정정할 기회를 부여하는 것을 말하므로, 당사자의 진술이나 주장이 명확한 사항은 석명의 대상이 되지 않는다.

항소이유를 철회하면 상고이유로 삼을 수 없게 될 수도 있으므로, 항소이유의 철회는 명백히 이루어져야만 그 효력이 있다.

항소이유서에 양형부당과 함께 사실오인 주장이 있음에도 재판장의 구석명에 따라 항소이유가 양형부당의 취지라고 석명한 경우, 사실오인 주장이 철회된 것으로 볼 수 없다.[15]

3. 소송지휘권의 행사방법

법원의 소송지휘권은 결정의 형식을, 재판장의 소송지휘권은 명령의 형식을 취하는 것이 원칙이다. 소송지휘권의 행사는 철회 또는 변경할 수 있다. 소송지휘권의 행사는 최종적인 판단이 아니라 절차의 진행 내지 심리방법에 대한 조치이므로 일단 행사한 후에라도 사정에 따라 이를 변경하도록 허용할 필요가 있기 때문이다.

재판장이 변호인에게 신청한 증인에 대한 증인신문사항의 제출을 명한 것은 적법한 소송지휘권의 행사이다(법 279조, 규칙 66조).[16]

4. 소송지휘권에 대한 불복

재판장의 소송지휘권에 대한 불복은 이의신청의 형태로 한다. 검사, 피고인 또는 변호인은 재판장의 처분에 대하여 이의신청을 할 수 있다(법 304조 1항). 전항의 이의신청이 있는 때에는 법원은 결정을 하여야 한다(동조 2항). 다만 재판장의 처분에 대한 이의신청은 법령의 위반이 있음을 이유로 하여서만 이를 할 수 있다(규칙 136조).

그러나 법원의 소송지휘권 행사는 판결 전 소송절차에 관한 결정이므로 즉시항고를 할 수 있거나 달리 규정이 있는 경우 외에는 항고할 수 없다(법 403조). 달리 규정이 있는 경우로는 증거조사에 대한 이의신청(법 296조)을 들 수 있다.

15) 대판 1999. 6. 11. 99도1238.
16) 대결 1994. 11. 3. 94모73.

Ⅱ. 법정경찰권

1. 의 의

법정경찰권은 법정질서를 유지하고 심판의 방해를 예방 또는 제지하기 위하여 하는 법원의 권력작용을 말한다. 사건의 실체를 규명하는 절차와 무관하다는 점에서 소송지휘권의 행사와 구별된다. 법정경찰권 발동의 신속성과 기동성을 위하여 법정의 질서유지는 재판장이 행하는 것으로 되어 있다(법원조직법 58조 1항).

2. 내용

가. 피고인에 대한 조치

공판정에서는 피고인의 신체를 구속하지 못한다. 다만, 재판장은 피고인이 폭력을 행사하거나 도망할 염려가 있다고 인정하는 때에는 피고인의 신체의 구속을 명하거나 기타 필요한 조치를 할 수 있다(법 280조). 피고인은 재판장의 허가 없이 퇴정하지 못한다. 재판장은 피고인의 퇴정을 제지하거나 법정의 질서를 유지하기 위하여 필요한 처분을 할 수 있다(법 281조). 재판장은 법정의 질서유지를 하며 법정의 존엄과 질서를 해할 우려가 있는 자의 입정금지 또는 퇴정을 명하거나 기타 법정의 질서유지에 필요한 명령을 발할 수 있다(법원조직법 58조 2항).

나. 기타의 처분

재판의 심리와 판결은 공개하는 것이 원칙이지만 심리에 대해서는 국가의 안전보장·안녕질서 또는 선량한 풍속을 해할 우려가 있는 때에는 결정으로 이를 공개하지 아니할 수 있으며 위 결정은 이유를 개시하여 선고한다(동법 57조 1항, 2항).

누구든지 법정 안에서는 재판장의 허가 없이 녹화·촬영·중계방송등의 행위를 하지 못한다(동법 59조). 재판장은 법정에 있어서의 질서유지를 위하여 필요하다고 인정할 때에는 개정 전후를 불문하고 관할경찰서장에게 국가경찰공무원의 파견을 요구할 수 있으며, 파견된 국가경찰공무원은 법정 내외의 질서유지에 관하여 재판장의 지휘를 받는다(동법 60조). 법원은 직권으로 법정 내외에서 58조 2항의 명령 또는 59조에 위배하는 행위를 하거나 폭언·소란등의 행위로 법원의 심리를 방해하거나 재판의 위신을 현저하게 훼손한 자에 대하여 결정으로 20일 이내의 감치 또는 100만 원 이하의 과태료에 처하거나 이를 병과할 수 있다(동법 61조 1항). 위 재판에 대하여는 항고 또는 특별항고를 할 수 있다(동조 5항). 위 감치 및 과태료는 형벌이 아니며 사법행정상의 질서벌에 해당한다.

다. 법정경찰권의 한계

법정경찰권은 심리의 방해를 제거하기 위한 것이므로 심리가 개시된 때부터 종료될 때까지의 시간범위 내에서 행해지는 것이 원칙이다. 법정경찰권은 법관이 법정 외의 장소에서 직무를 행하는 경우에도 적용된다(동법 63조).

법정의 존엄과 질서를 해할 우려가 있는 언행은 허용되지 않고, 이에 위반한 행위에 대하여 감치 등의 제재를 가하는 것은 표현의 자유의 침해가 아니다.[17)]

제 3 절 사실심리절차

사실심리절차는 증거조사와 피고인신문으로 구성된다. 피고인신문은 증거조사 종료 후에 한다. 증거조사 종료 후에 피고인신문을 하는 이유는 당사자주의와의 조화, 무죄추정의 원칙과 예단배제의 원칙을 강화하는 것이라고 설명된다.

I. 증거조사의 절차

증거조사란 범죄사실이나 양형에 관한 심증을 얻기 위하여 각종 증거방법을 조사하여 증거자료를 획득하는 소송행위를 말한다. 법은 유죄의 증거로 사용할 수 있는 자격을 의미하는 증거능력과 증거조사의 절차에 관하여 엄격하게 법률로 정하고 있다.

증거조사가 행해지는 절차는 ① 당사자의 증거신청(입증취지를 구체적으로 명시하고, 일괄하여 신청) → ② 상대방의 의견진술(동의/부동의, 진정성립/임의성/내용의 인부, 증거능력이나 사건과의 관련성 유무) → ③ 증거채택 여부의 결정 → ④ 증거조사의 실시(증거신청인의 개별적 지시·설명, 증거서류의 낭독/내용고지/열람, 증거물의 제시, 검사신청증거 조사 후 피고인측 신청증거를 조사함) → ⑤ 증거조사결과에 대한 의견청취 및 증거조사에 대한 이의신청의 순서를 거친다.

1. 증거신청과 증거조사의 순서

가. 신청 또는 직권에 의한 증거조사

증거조사는 당사자 또는 피해자의 신청에 의하거나(법 294조, 294조의2), 직권에 의한다(법 295조).

---

17) 대결 2007. 7. 18. 2007정모3.

피고인이 신청을 철회한 증인을 법원이 직권으로 신문
증인은 법원이 직권으로 신문할 수도 있고 증거의 채부는 법원의 직권에 속하므로 피고인이 철회한 증인을 법원이 직권으로 신문하고 이를 채증하더라도 적법하다.[18]

법원의 직권에 의한 증거조사가 법원의 의무인지 권한인지에 대해서는 논란이 있다. 판례는 법 295조가 의무적으로 증거조사를 하여야 한다는 규정으로는 볼 수 없다고 하면서도[19] 심리미진은 위법하다는 입장을 취하고 있다.[20]

나. 증거조사의 순서

법원은 검사가 신청한 증거를 먼저 조사한 후 피고인 또는 변호인이 신청한 증거를 나중에 조사한다(법 291조의2 1항). 법원은 1항에 따른 조사가 끝난 후 직권으로 결정한 증거를 조사한다(동조 2항). 다만 법원은 직권 또는 검사, 피고인·변호인의 신청에 따라 1항 및 2항의 순서를 변경할 수 있다(동조 3항).

법 312조 및 313조에 따라 증거로 할 수 있는 피고인 또는 피고인 아닌 자의 진술을 기재한 조서 또는 서류가 피고인의 자백 진술을 내용으로 하는 경우에는 범죄사실에 관한 다른 증거를 조사한 후에 이를 조사하여야 한다(규칙 135조). 이는 피고인의 자백 진술을 내용으로 하는 증거를 먼저 조사하는 경우에는 유죄에 대한 예단이 생길 수 있고, 피고인의 방어권행사에 지장이 초래될 수 있다는 점을 고려한 것이다.[21] 피고인의 자백 진술이 담긴 피의자신문조서나 조사자증언이 주된 적용대상이 될 것이다.

2. 증거조사의 신청방법

가. 신청권자

재판장은 피고인에게 권리를 보호함에 필요한 증거조사를 신청할 수 있음을 고지하여야 한다(법 293조). 검사, 피고인 또는 변호인은 서류, 물건 또는 증인·감정인 등에 대한 증거조사를 신청할 수 있다(법 294조 1항). 법정대리인이나 보조인도 피고인을 위하여 피고인의 의사에 반하지

---

18) 대판 1983. 7. 12. 82도3216.

19) 대판 1977. 4. 26. 77도535; 대판 1977. 12. 13. 77도2808.

20) 심리미진의 상당 부분은 다음과 같이 직권으로 증거조사를 하지 않았다는 것이다.
피고인이 범행 당시 입었다고 하는 잠바를 증거로 압수한 것 같은 수사기록이 있고, 그 잠바의 소매에 범행 당시에 묻었다는 혈흔이 있었던 것으로 보이는 기재 부분이 있어 중요한 증거가 되는데 기록상 이에 대한 압수조서와 압수목록이 없고 또 혈흔감정 등 증거채취나 증거조사를 한 흔적이 보이지 않으니 원심이 중요한 증거에 대해 심리를 다하지 않았다는 비난을 면할 수 없다(대판 1974. 1. 5. 73도2522).
항소이유서에서 피고인이 공소제기된 부수법위반의 수표발행시기에 교도소에 수감되어 있었고, 위 수표는 타인이 훔쳐 사용하였다고 주장하고, 실제로 피고인이 무고죄로 구속되어 재판을 받은 날과 마지막으로 수표를 발행하였다는 날짜와는 40일 정도의 간격밖에 없다면 항소심은 마땅히 이 부분을 심리하였어야 함에도 심리하지 아니한 것은 심리미진의 위법이다(대판 1990. 11. 27. 90도2205).

21) 법원실무제요 형사Ⅱ, 181면.

않는 한 독립하여 증거신청을 할 수 있다. 법 28조의 특별대리인도 마찬가지이다.

범죄 피해자 또는 그 법정대리인도 피해자등에 대한 증인신문을 신청할 수 있다. 다만, 피해자등이 이미 당해 사건에 관하여 공판절차에서 충분히 진술하여 다시 진술할 필요가 없다고 인정되거나 피해자등의 진술로 인하여 공판절차가 현저하게 지연될 우려가 있는 경우에는 증인으로 신문하지 않을 수 있다(법 294조의2).

나. 신청의 시기

증거조사의 신청시기에 특별한 제한은 없다. 다만 법원은 검사, 피고인 또는 변호인이 고의로 증거를 뒤늦게 신청함으로써 공판의 완결을 지연하는 것으로 인정할 때에는 직권 또는 상대방의 신청에 따라 결정으로 이를 각하할 수 있다(법 294조 2항). 공판준비기일에 신청하지 못한 증거에 대해서는 증거의 신청으로 인하여 소송을 현저히 지연시키지 아니하는 때 또는 중대한 과실 없이 공판준비기일에 제출하지 못하는 등 부득이한 사유를 소명한 때에 한하여 공판기일에 증거신청할 수 있는 실권효의 제한이 있다(법 266조의13).

검사, 피고인 또는 변호인은 특별한 사정이 없는 한 필요한 증거를 일괄하여 신청하여야 한다(규칙 132조). 증거신청은 검사가 먼저 하고 피고인 또는 변호인이 나중에 한다(규칙 133조).

다. 신청의 방식

증거신청은 법원에 대하여 특정한 증거조사의 실시를 구하는 소송행위이다. 법 294조는 증거신청의 방법에 관하여 당사자가 서류나 물건을 증거로 제출할 수 있다고 하고 있으나 여기서의 제출은 상대방의 증거에 대한 의견을 구하기 위한 것이므로, 증거조사를 위한 현실적인 제시나 제출(법 292조, 292조의2, 292조의3)과는 달리 증거물이나 서류의 존재, 형태, 서류의 기재내용 및 서명날인의 진위를 상대방이 충분히 확인할 수 있는 정도로 충분하다.[22)]

검사, 피고인 또는 변호인이 증거신청을 함에 있어서는 그 증거와 증명하고자 하는 사실과의 관계를 구체적으로 명시하여야 한다(규칙 132조의2 1항). 피고인의 자백을 보강하는 증거나 정상에 관한 증거는 보강증거 또는 정상에 관한 증거라는 취지를 특히 명시하여 그 조사를 신청하여야 한다(동조 2항). 서류나 물건의 일부에 대한 증거신청을 함에 있어서는 증거로 할 부분을 특정하여 명시하여야 한다(동조 3항). 법원은 필요하다고 인정할 때에는 증거신청을 한 자에게 신문할 증인, 감정인, 통역인 또는 번역인의 성명, 주소, 서류나 물건의 표목 및 1항 내지 3항에 규정된 사항을 기재한 서면의 제출을 명할 수 있다(동조 4항). 1항 내지 4항의 규정에 위반한 증거신청은 이를 기각할 수 있다(동조 5항).

다만 법원은 감정인의 선임에 있어서 당사자의 신청에 구애받지 않으므로, 당사자 역시 '입증취지'와 '관련된 전문가를 감정인으로 선임하여 달라'라는 취지의 신청을 하는 것으로 족하며 감정인을 특정

---

22) 법원실무제요 형사Ⅱ, 91면.

할 필요는 없다.

라. 수사기록의 분리신청

법 311조부터 315조까지 또는 법 318조에 따라 증거로 할 수 있는 서류나 물건이 수사기록의 일부인 때에는 검사는 이를 특정하여 개별적으로 제출함으로써 그 조사를 신청하여야 한다. 수사기록의 일부인 서류나 물건을 자백에 대한 보강증거나 피고인의 정상에 관한 증거로 낼 경우 또는 법 274조에 따라 공판기일 전에 서류나 물건을 낼 경우에도 이와 같다(규칙 132조의3 1항). 1항의 규정에 위반한 증거신청은 이를 기각할 수 있다(동조 2항).

마. 증거신청의 철회

증거신청한 당사자는 채택 결정이 있더라도 철회할 수 있다. 신청철회가 있으면 법원은 직권으로 조사할 증거가 아닌 한 증거결정을 취소하여야 한다. 그러나 이미 조사를 마친 증거에 대한 증거신청의 철회는 있을 수 없다.

3. 당사자의 의견진술

가. 임의적 진술

법원은 증거결정을 함에 있어서 필요하다고 인정할 때에는 그 증거에 대한 검사, 피고인 또는 변호인의 의견을 들을 수 있다(규칙 134조 1항). 이는 임의적 절차이다. 예컨대 증인이 요증사실을 알고 있는 사람인지 또는 소환가능한지 여부나 신청된 증거와 당해 사건과의 관련성이 임의적 의견진술의 대상이다.

나. 필요적 진술

법원은 서류 또는 물건이 증거로 제출된 경우에 이에 관한 증거결정을 함에 있어서는 제출한 자로 하여금 그 서류 또는 물건을 상대방에게 제시하게 하여 상대방으로 하여금 그 서류 또는 물건의 증거능력 유무에 관한 의견을 진술하게 하여야 한다(규칙 134조 2항). 증거능력의 유무에 관한 당사자의 의견진술을 실무상 증거인부라고 한다.

증거인부는 증거능력이 인정되기 위한 요건별로 의견을 진술한다. 가령 수사기관이 작성한 서류에 대한 의견진술은 다음과 같은 방법으로 한다.

증거능력에 관한 의견 진술의 대상이 되는 증거가 당해 피고인에 대한 수사기관 작성 피의자신문조서인 경우에는 적법한 절차와 방식으로 작성되었는지 여부, 실질적 진정성립 및 임의성에 관한 의견을 진술하고 나아가 그것이 검사 이외의 수사기관이 작성한 것인 때에는 내용 인정 여부에 관해서도 의견을 진술하여야 한다(법 312조 1항 내지 3항). 증거능력에 관한 의견 진술의 대상이 되는 증거가 당해 피고인 아닌 자가 작성하였거나 당해 피고인 아닌 자의 진술이 기재된 서류인 경우에는 동의 또는 부동의의 의견을 진술하면 된다. 당해 피고인 아닌 자가 작성하였거나 당해 피고인 아닌 자의 진술이 기재된 서류에 관하여 당해 피고인이 동의한 때에는 증거능력이 인정되고(법 318조 1항), 부동의한 때에는 원진술자인 당해 피고인 아닌 자의 진술 등에 의해 증거능력의 요건이 갖추어졌는지를 판단하여야 하기 때문에 당해 피고인으로서는 동의 여부만 진술하면 되는 것이다.

피고인 또는 변호인이 검사 작성의 피고인에 대한 피의자신문조서에 기재된 내용이 피고인이 진술한 내용과 다르다고 진술할 경우, 피고인 또는 변호인은 당해 조서 중 피고인이 진술한 부분과 같게 기재되어 있는 부분과 다르게 기재되어 있는 부분을 구체적으로 특정하여야 한다(규칙 134조 3항).

당연히 증거능력이 있는 서류(법 311조, 315조)와 피고인이나 변호인의 의견 여하에 불구하고 증거능력이 없는 서류는 의견진술의 대상이 되지 않는다 할 것이다. 그렇지만 위와 같은 증거에 대해서도 증거능력이 있는지 여부가 반드시 명확한 것은 아니며 증거에 대한 당사자의 의견이 무엇인지 확인함으로써 절차의 정확성과 신속성을 도모할 수 있다는 점에서 증거에 관한 의견진술을 하는 것이 보통이다.

증거물은 원칙적으로 증거능력에 제한이 없으므로 당사자의 동의 여부가 불필요하다. 그렇지만 위법수집증거이라거나 위조되었다는 등의 의견진술이 있는 경우에는 그 취지를 공판조서나 증거목록의 비고란에 기재하여야 한다.[23]

4. 증거결정

법원이 증거신청이나 직권에 기하여 증거조사를 할 것인지 여부를 정하는 것을 증거채부결정 또는 증거결정이라고 한다. 증거결정에는 당사자의 증거신청에 따른 채택결정과 기각결정 및 직권으로 증거조사하기로 하는 직권결정이 있다. 증거결정 이전에 당사자의 의견진술이 행해짐은 앞서 본 바와 같다. 법원은 증거신청을 기각·각하하거나, 증거신청에 대한 결정을 보류하는 경우, 증거신청인으로부터 당해 증거서류 또는 증거물을 제출받아서는 아니 된다(규칙 134조 4항).

당사자가 신청한 증거의 채택 여부는 법원의 재량이므로 법원은 신청한 증거가 불필요하다고 인정하면 조사하지 않을 수 있다.[24]

증거신청의 채택은 법원의 재량이므로, 공판의 심리를 종결한 뒤에 피고인이 증인신청을 하더라도 법원이 공판의 심리를 재개하여 증인신문을 해야 하는 것은 아니다.[25]

---

23) 법원실무제요 형사Ⅱ, 96면.
24) 대판 1995. 2. 24. 94도252; 대판 1995. 6. 13. 95도826.

증거조사신청에 대한 결정 이유의 기재
재판에는 이유를 명시하여야 하고, 상소를 불허하는 결정 또는 명령은 예외로 한다(법 39조). 그 이유 기재의 정도에 관하여는 법 323조가 유죄판결에 명시될 이유에 관하여 규정하고 있을 뿐 다른 규정은 없으므로, 어느 재판에 어느 정도의 이유 기재를 요하느냐는 그 재판의 성격에 따라 결정할 수밖에 없다. 증거조사신청의 기각결정 등 판결 전의 소송절차에 관한 재판에는 재판의 간결성의 원칙에 따라 그 사유의 존부에 관하여 자세하고 구체적인 설명을 생략하고 그 신청의 당부에 대한 이유를 '신청의 이유가 있다' 또는 '그 이유가 없다'고 간단히 밝히면 된다.[26]

5. 증거결정과 증거조사에 대한 불복

당사자의 증거신청에 대한 법원의 채택 여부의 결정은 판결 전 소송절차에 관한 결정이므로 즉시항고를 할 수 있거나 달리 규정이 있는 경우 외에는 항고할 수 없다(법 403조 1항). 달리 규정이 있는 경우로는 아래와 같이 이의신청이 있다.

법원의 **증거결정**(법 295조)에 대해서는 법령의 위반이 있음을 이유로 하여서만 이의신청을 할 수 있다(규칙 135조의2 단서).

검사, 피고인 또는 변호인은 법원의 **증거조사**에 대해서 법령의 위반이 있거나 상당하지 아니함을 이유로 하여 이의신청을 할 수 있다(규칙 135조의2 본문). 법원은 이의신청에 대하여 결정을 하여야 한다(법 296조).

증거결정에 대한 불복
당사자의 증거신청에 대한 법원의 채택여부의 결정은 판결 전의 소송절차에 관한 결정으로서 이의신청을 하는 외에는 불복방법이 없고, 다만 그로 말미암아 사실을 오인하여 판결에 영향을 미친 경우에는 상소이유로 삼을 수 있다.[27]

6. 증거조사결과와 피고인의 의견

재판장은 피고인에게 각 증거조사의 결과에 대한 의견을 물어야 한다(법 293조).

25) 대판 2011. 1. 27. 2010도7947.
26) 대결 1996. 11. 14. 96모94.
27) 대판 1990. 6. 8. 90도646.

Ⅱ. 증거조사의 방법

1. 개 요

소송관계인이 증거로 제출한 서류나 물건 또는 법 272조(공무소 등에 대한 조회), 273조(공판기일 전의 증거조사)의 규정에 의하여 작성 또는 송부된 서류는 검사, 변호인 또는 피고인이 공판정에서 개별적으로 지시·설명하여 조사하여야 한다(법 291조 1항). 증거신청인이 '개별적으로 지시·설명'하여 증거조사를 한다는 것은 증거조사가 서류 또는 물건의 표목을 특정하여 증거별로 이루어져야 하고, 개괄적이거나 일괄적인 증거조사는 허용되지 않는다는 원칙을 밝힌 것으로 이해되어야 한다.[28] 재판장은 직권으로 전항의 서류나 물건을 공판정에서 조사할 수 있다(동조 2항).

증거는 공판정에서 조사하여야 하므로 공판준비절차 또는 공판기일 전에 작성·수집된 증거는 공판기일에 증거조사절차를 거치지 않으면 증거로 사용될 수 없다.[29]

2. 증거서류의 조사방식

증거서류를 조사하는 방법은 다음과 같이 '낭독', '내용고지' 또는 '제시하여 열람'의 3가지이다.[30]

법 제292조(증거서류에 대한 조사방식) ① 검사, 피고인 또는 변호인의 신청에 따라 증거서류를 조사하는 때에는 신청인이 이를 낭독하여야 한다.
② 법원이 직권으로 증거서류를 조사하는 때에는 소지인 또는 재판장이 이를 낭독하여야 한다.
③ 재판장은 필요하다고 인정하는 때에는 제1항 및 제2항에도 불구하고 내용을 고지하는 방법으로 조사할 수 있다.
④ 재판장은 법원사무관등으로 하여금 제1항부터 제3항까지의 규정에 따른 낭독이나 고지를 하게 할 수 있다.
⑤ 재판장은 열람이 다른 방법보다 적절하다고 인정하는 때에는 증거서류를 제시하여 열람하게 하는 방법으로 조사할 수 있다.

---

28) 법원실무제요 형사Ⅱ, 183면.

29) **증거조사를 하지 않은 조서의 증거사용**
타사건에 관하여 작성된 갑에 대한 피의자신문조서를 검찰주사보가 사본하여 제1심법원에 접수하였으나 검사가 이를 증거로 제출하였거나 공판정에서 이에 대한 적법한 증거조사를 한 흔적을 찾아 볼 수 없다. 증거조사를 거치지 아니하고 따라서 증거능력이 없는 위 조서사본을 사실인정의 자료로 삼을 수 없다(대판 1983. 7. 26. 83도1448).

30) 많은 분량의 증거서류를 낭독하는 것은 현실적으로 곤란하다. 공소장일본주의의 원칙상 법원은 증거능력이 인정된 후에야 증거서류를 들여다 볼 수 있으므로, 법원이 증거서류의 내용을 알지 못하여 내용을 고지하는 것도 곤란하다. 이러한 이유로 실무상 증거서류의 조사는 보통 '제시하여 열람'이라는 방법에 의한다.

3. 증거물의 조사방식

검사, 피고인 또는 변호인의 신청에 따라 증거물을 조사하는 때에는 신청인이 이를 제시하여야 한다(법 292조의2 1항). 법원이 직권으로 증거물을 조사하는 때에는 소지인 또는 재판장이 이를 제시하여야 한다(동조 2항). 재판장은 법원사무관등으로 하여금 1항 및 2항에 따른 제시를 하게 할 수 있다(동조 3항).

증거물인 서면은 증거물이면서도 증거서류로서의 성격을 함께 가지므로 법 292조의2에 따라 이를 제시하는 외에 법 292조에 따라 낭독 또는 내용의 고지를 하거나 제시하여 열람을 하게 하여야 한다.

국가보안법상 소지가 금지된 이적표현물(증거물인 서면)의 증거조사방법
본래 증거물이지만 증거서류의 성질도 가지고 있는 이른바 '증거물인 서면'을 조사하기 위해서는 증거서류의 조사방식인 낭독·내용고지 또는 열람의 절차와 증거물의 조사방식인 제시의 절차가 함께 이루어져야 하므로(법 292조, 292조의2 1항, 규칙 134조의6), 원칙적으로 증거신청인으로 하여금 그 서면을 제시하면서 낭독하게 하거나 이에 갈음하여 그 내용을 고지 또는 열람하도록 하여야 한다.
국가보안법상 소지가 금지된 이적표현물에 대하여 제시, 내용 고지의 방식에 의하여 증거조사를 실시한 것은 타당하다.[31]

4. 그 밖의 증거에 대한 조사방식

도면·사진·녹음테이프·비디오테이프·컴퓨터용디스크, 그 밖에 정보를 담기 위하여 만들어진 물건으로서 문서가 아닌 증거의 조사에 관하여 필요한 사항은 대법원규칙으로 정한다(법 292조의3, 규칙 134조의7 내지 134조의 9).

5. 증거조사의 효력

증거조사 완료 후에 진정성립을 부인하거나 진술의 임의성을 다툼/증거배제결정
피고인이나 변호인이 검사 작성 피의자신문조서의 진정성립을 인정하였더라도, 증거조사(법 292조) 완료 전에는 최초의 진술을 번복함으로써 그 피의자신문조서를 유죄 인정의 자료로 사용할 수 없도록 할 수 있으나, 증거조사가 완료된 뒤에는 그와 같은 번복의 의사표시에 의하여 이미 인정된 조서의 증거능력이 당연히 상실되는 것은 아니다. 다만, 진정성립을 인정한 최초의 진술에 그 효력을 유지하기 어려운 중대한 하자가 있고, 진술인에게 귀책사유가 없다면 예외적으로 증거조사가 완료된 뒤에도 그 진술을 취소할 수 있고, 취소 주장이 이유 있으면 법원은 증거배제결정(규칙 139조 4항)을 통하여 그 조서를 유죄 인정의 자료에서 제외하여야 한다.
피고인이나 그 변호인이 임의성을 인정하여 검사 작성의 피고인에 대한 피의자신문조서에 대해 증거조사를

31) 대판 2013. 7. 26. 2013도2511.

마친 다음 위 조서의 임의성을 다투는 주장이 받아들여지게 되면, 그 조서는 증거배제결정을 통하여 유죄 인정의 자료에서 제외하여야 한다.[32)]

Ⅲ. 증인신문

1. 의 의

증인신문은 증인으로부터 그가 체험한 사실에 관한 진술을 듣는 증거조사절차이다. 증인은 법원 또는 법관에게 진술하는 제3자인 점에서 수사기관에게 진술하는 참고인과 구별된다. 감정인은 전문적 지식에 기하여 사실판단에 관한 지식이나 그 지식을 적용하여 얻은 구체적 결과를 법원에 보고하는 자이므로 전문지식을 가지는 한 누구나 감정인이 될 수 있지만, 자신의 체험사실을 진술하는 증인은 다른 사람으로 대체될 수 없다는 점에서 차이가 있다. 한편 감정인으로서 일단 일정한 사실을 실험한 자는 그 실험에 관한 한 비대체성을 띤다. 그러므로 그 실험에 관하여 진술이 필요한 때에는 증인신문의 절차에 의하여야 하며 이러한 감정인을 감정증인이라고 한다.

2. 증인적격

증인적격은 누가 증인이 될 자격이 있는가의 문제이다. 법원은 법률에 다른 규정이 없으면 누구든지 증인으로 신문할 수 있다(법 146조). 법률에 의해 증인적격을 제한하는 경우 외에 이론적인 필요성에 의해 증인적격을 부정하기도 한다.

가. 공무원의 증인적격

공무원 또는 공무원이었던 자가 그 직무에 관하여 알게 된 사실에 관하여 본인 또는 당해 공무소가 직무상 비밀에 속한 사항임을 신고한 때에는 그 소속 공무소 또는 감독 관공서의 승낙 없이는 증인으로 신문하지 못한다. 그 소속 공무소 또는 당해 감독 관공서는 국가에 중대한 이익을 해하는 경우를 제외하고는 승낙을 거부하지 못한다(법 147조).

나. 법관 및 법원사무관등

당해 사건을 심판하는 법관 및 법원사무관등은 그 직무에서 벗어나지 않는 한 증인이 될 수 없다고 할 것이다. 그렇지만 이들이 일단 증언을 하면 제척 사유에 해당하므로 당연히 직무집행에서 배제된다(법 17조 4호, 25조 1항).

---

32) 대판 2008. 7. 10. 2007도7760.

다. 검사와 변호사

검사와 변호사에 대해 증인적격이 인정되는지 논의되고 있다. 검사가 법 316조에 의해 조사자증언을 할 수 있음은 입법적으로 해결되었다. 검사가 조사자로서가 아니라 사실경험자로서 증언을 할 필요성이 있을 수도 있으므로 검사의 증인적격을 일률적으로 부정할 필요는 없을 것으로 생각된다.[33)]

변호인에게는 증언거부권이 인정된다(법 149조). 증언거부권이 인정된다하여 증인적격이 당연히 부정된다고 볼 수는 없다.

라. 사법경찰관리

사경은 증인적격을 부정하는 특별 규정이 있는 것도 아니고 소송당사자도 아니므로 증인적격이 긍정된다는 것이 통설과 판례이다.

> 현행범을 체포한 경찰관의 진술이라 하더라도 범행을 목격한 부분에 관하여는 여느 목격자의 진술과 다름없이 증거능력이 있다.[34)]
> **해설**: 위 판례에 관하여 조사자증언을 인정한 것처럼 이해하는 경우도 있으나 체포 경찰관의 진술은 전문증거가 아니어서 조사자증언과 무관하다고 보아야 할 것이다.

> 경찰 공무원은 피고인에 대한 수사를 담당하였는지와 관계없이 피고인에 대한 공판과정에서는 제3자라고 할 수 있어 수사 담당 경찰 공무원도 증인의 지위에 있을 수 있다.[35)]

마. 피고인

피고인의 증인적격을 인정하게 되면 피고인에게 진술의무를 부과하는 결과로 되어 피고인에게 진술거부권을 인정한 헌법과 법의 취지를 무의미하게 만들고, 피고인은 피고사건의 당사자로서 제3자성을 결한다는 이유로 피고인의 증인적격을 부정하는 것이 통설이다. 이와 달리 피고인은 진술거부권을 포기하고 증인이 될 수 있다는 견해도 있다. 피고인의 법정대리인(법 26조), 임의대리인(법 277조), 피고인인 법인의 대표자(법 27조), 특별대리인(법 28조) 등도 그 지위에 있는 한 증인적격이 인정되지 않는다고 보는 것이 통설이다.[36)]

---

33) 헌법재판소는 "검사의 증인자격을 부인하는 통설의 입장에서도 공소유지검사가 아닌 수사검사의 증인자격을 인정하고 있다는 점에서 …"라고 판시함으로써 공소유지검사의 증인적격은 부정하고 수사검사의 증인적격은 인정하는 입장을 취한 바 있다(헌재 2001. 11. 29. 2001헌바41).

34) 대판 1995. 5. 9. 95도535.

35) 대판 1990. 6. 8. 90도646.

36) 피고인에게는 위와 같이 증인적격이 인정되지 않으므로 피고인은 증인이 아닌 피고인의 지위에서 선서를 하지 않고 위증죄에 대한 부담 없이 진술하여 이를 증거로 사용할 수 있다. 반면에 피고인은 증인적격이 부정되기 때문에 선서

바. 공동피고인의 증인적격

동일한 형사절차에서 둘 이상의 피고인이 있을 때 한 피고인(갑)을 기준으로 하여 다른 피고인을 호칭할 때 공동피고인(을)이라고 한다.[37] 공동피고인이 증인적격을 가지는지에 대해서는 상당히 복잡한 논의가 전개되고 있다. '공동피고인의 증인적격'은 주로 공동피고인의 법정 진술을 피고인에 대한 증거로 사용하기 위한 요건이라는 관점에서 논의되고 있다.

(1) 판 례

판례는 공동피고인(을)의 진술을 피고인(갑)에 대한 증거로 사용할 수 있는 요건에 관하여 이들이 공범관계에 있는지 그렇지 않은지에 따라 달리 취급하고 있다.

> **공범인 공동피고인과 공범 아닌 공동피고인의 구별**
>
> 예컨대, 동일한 공판절차에서 다음 2개의 공소사실이 함께 심리된다고 하자.
>
> 1. 피고인 갑과 피고인 을은 언제, 어디에서 함께 피해자의 재물을 들고 와 합동하여 절취하였다(특수절도).
> 2. 피고인 갑은 언제, 어디에서 공무집행 중인 피해자 경찰관의 얼굴을 주먹으로 2회 때려 피해자의 공무집행을 방해하였다(공무집행방해).
>
> 여기서, 갑과 을은 특수절도의 공소사실을 기준으로 하면 공범인 공동피고인이고, 공무집행방해의 공소사실을 기준으로 하면 공범 아닌 공동피고인이다.

(가) 공동피고인이 공범인 경우

공범인 공동피고인(을)은 당해 소송절차에서는 피고인의 지위에 있으므로 <u>피고인으로 신문</u>할 수 있고 이에 대해 당해 피고인(갑)의 반대신문권은 보장되고 있다(아래 ②의 판례).

그렇지만 공동피고인(을)이 공범인 경우에도 변론절차를 분리하면 <u>증인으로 신문</u>할 수 있고(공동피고인은 변론절차를 분리하지 않는 한 피고인의 지위에 있어 증인적격이 부정되므로 증인으로 신문할 수 없음), 이때는 공동피고인이 위증죄의 책임을 진다(아래 ④, ⑤의 판례). 다만 증언거부권을 고지받지 못하여 증언거부권을 행사하는 데 사실상의 장애가 초래된 경우에는 위증죄로 처벌할 수 없다(아래 ⑤의 판례).[38]

하여 위증죄의 책임을 지기로 하고 증언함으로써 진술의 신빙성을 높이는 방법을 사용할 수 없다.
우리와 달리 미국에서는 피고인의 증인적격이 인정되고 있을 뿐만 아니라 피고인이 증인으로서 증언하는 것은 피고인의 권리로 이해되고 있다. 피고인이 자신을 변호하기 위해 증언할 수 있는 권리는 수정헌법 6조와 14조에서 비롯되었으며 공정한 당사자주의 절차에 있어 적법절차의 필수적 요소이다(essential to due process of law in a fair ad-versary process)[Rock v. Arkansas, 483 U.S. 44(1987)].

37) 다수의 피의자들이 하나의 사건으로 기소되면 공동피고인이 된다. 다수의 피의자가 다수의 사건으로 기소되더라도 그 사건들이 병합됨으로써 모든 피고인들이 같은 공판절차 내지 재판절차에서 재판을 받게 되면 그 피고인들은 공동피고인이 된다. 공동피고인도 변론절차가 분리되면 더 이상 공동피고인이 아니다. 자세히는 제4절 Ⅳ. 변론의 분리·병합 참조.

38) 소송절차가 분리된 공범인 공동피고인이 증언거부권을 고지받은 상태에서 자기의 범죄사실에 대하여 허위로 진술한 경우, 위증죄가 성립한다(대판 2012. 10. 11. 2012도6848, 2012전도143).

(나) 공동피고인이 공범이 아닌 경우

공동피고인(을)이 공범이 아닌 경우에 공동피고인은 피고인(갑)과의 관계에 있어 증인의 지위에 있을 뿐이므로 증인으로 신문하여야 한다(아래 ①의 판례). 이때 공동피고인을 증인으로 신문하기 위해서 변론절차를 분리하여야 하는지에 관하여 견해가 나뉜다. 변론절차의 분리는 재판장이 변론절차를 분리한다는 결정을 고지함으로써 이루어지는 관념적인 성격의 것이긴 하지만, 변론절차를 분리하는 과정을 거침으로써 피고인이 더 이상 피고인의 지위에 있지 않음을 명확히 해주는 것이 바람직하다고 생각된다. 실무는 변론절차를 분리한다.[39)]

(다) 보강증거와의 관계

공동피고인(을)의 진술(또는 증언)은 당해 피고인(갑)과 공범관계에 있는지 그렇지 않은지 여부와 상관없이 당해 피고인(갑)의 범죄에 관하여 법 310조의 자백이 아니다. 따라서 공동피고인(을)의 진술(또는 증언)에 의해 당해 피고인(갑)의 범죄사실을 유죄로 인정함에 있어 보강증거를 필요로 하지 않는다.[40)]

공동피고인(을)의 진술(또는 증언)은 당해 피고인(갑)과 공범관계에 있는지 그렇지 않은지 여부와 상관없이 당해 피고인(갑)의 자백에 대한 보강증거가 된다. 아래 ②, ⑥의 판례는 '공범인 공동피고인(을)'의 진술이 '당해 피고인(갑)'의 자백에 대한 보강증거가 될 수 있다고 보고 있다. 따라서 피고인의 진술이라기보다는 증인의 증언이라고 할 수 있는 '공범 아닌 공동피고인(을)의 증언'이 '당해 피고인(갑)'의 자백에 대한 보강증거가 될 수 있음은 명백하다 하겠다.

(라) 공범 여부의 판단

절도범과 장물범은 공범이 아니고(아래 ③의 판례), 뇌물공여자와 뇌물수수자는 공범이다(아래 ⑤의 판례).

① 공범 아닌 공동피고인

피고인과 별개의 범죄사실로 기소되어 병합심리 중인 공동피고인은 피고인의 범죄사실에 관하여는 증인의 지위에 있으므로 선서 없이 한 공동피고인의 법정진술은 피고인의 공소 범죄사실을 인정하는 증거로 할 수 없다.[41)]

② 공범인 공동피고인

법 310조의 피고인의 자백에는 공범인 공동피고인의 진술은 포함되지 않는다. 이러한 공동피고인의 진술에 대하여는 피고인의 반대신문권이 보장되어 있어 독립한 증거능력이 있으므로, 피고인의 범죄사실을 인정함에 있어서 공범인 다른 피고인들의 진술을 증거로 삼은 것은 적법하다.[42)]

39) 사법연수원, 형사증거법 및 사실인정론, 2017, 117면.
40) 대판 1986. 10. 28. 86도1773; 대판 1990. 10. 30. 90도1939.
41) 대판 1982. 9. 14. 82도1000. 같은 취지로는 대판 1979. 3. 27. 78도1031.

③ 공동피고인인 절도범과 장물범

공동피고인인 절도범과 그 장물범은 서로 다른 공동피고인의 범죄사실에 관하여는 증인의 지위에 있다. 피고인이 증거로 함에 동의한 바 없는 공동피고인에 대한 피의자신문조서는 공동피고인의 증언에 의하여 진정성립이 인정되지 않는 한 피고인의 공소사실을 인정하는 증거로 할 수 없다.[43)]

④ 게임장 종업원(피고인)과 운영자(갑)가 게임산업진흥에관한법률위반죄의 공범으로 기소된 사안에서 피고인이 변론절차분리 없이 증인으로 증언

공범인 공동피고인은 당해 소송절차에서는 피고인의 지위에 있으므로 다른 공동피고인의 공소사실에 관한 증인이 될 수 없으나, 소송절차가 분리되어 피고인의 지위에서 벗어나면 다른 공동피고인의 공소사실에 관한 증인이 될 수 있다.

피고인은 게임장 종업원으로서 게임장 운영자인 갑과 공모하여 관할관청의 허가를 받지 않고 게임장 영업행위를 하였다는 게임산업진흥에 관한 법률 위반의 공소사실로 갑과 공동으로 기소되어 심리가 진행되고 있어 피고인의 지위에 있음에도 불구하고, 갑과 피고인의 변론이 분리되지 아니한 상태에서 갑의 공소사실에 관하여 증인으로 선서하고 증언하였다. 이러한 경우 피고인과 갑의 변론이 분리되지 아니한 이상 피고인은 공범인 갑의 공소사실에 관하여 증인이 될 수 없고, 따라서 피고인이 갑의 공소사실에 관하여 기억에 반하는 허위의 증언을 하였더라도 위증죄가 성립하지 않는다.[44)]

⑤ 뇌물공여자와 수뢰자(대향범)가 함께 기소되어 변론절차분리 후 증인으로 증언

피고인들이 뇌물공여죄와 수뢰죄로 기소되어 공동피고인으로 재판을 받던 중, 뇌물증·수뢰의 상대방인 공동피고인에 대한 사건이 변론분리되면서 뇌물공여 또는 뇌물수수의 증인으로 증언하게 된 사안에서, 피고인의 지위에 있는 (공범인: 필자 주) 공동피고인은 다른 공동피고인의 공소사실에 관하여 증인이 될 수 없으나, 소송절차가 분리되어 피고인의 지위에서 벗어나면 다른 공동피고인의 공소사실에 관하여 증인이 될 수 있고, 이는 대향범인 공동피고인의 경우에도 다르지 않다.

피고인들이 뇌물증·수뢰사건으로 기소되어 공동피고인으로 함께 재판을 받으면서 뇌물을 주고받은 사실이 없다고 주장하며 다투던 중 뇌물증·수뢰의 상대방인 공동피고인에 대한 사건이 변론분리되면서 뇌물공여 또는 뇌물수수의 증인으로서 검사의 신문을 받게 된 경우, 피고인들은 증인신문과정에서 자신의 뇌물공여 또는 뇌물수수에 관하여 신문을 받게 됨에 따라 유죄판결을 받을 수 있는 범죄사실이 발각될 염려가 있어 증언거부사유가 발생하였음에도, 증언거부권을 고지받지 못한 상태에서 종전 주장을 되풀이함으로써 거짓 진술에 이르게 되었다. 그렇다면 피고인들은 증언거부권을 고지받지 못하여 증언거부권을 행사하는 데 사실상 장애가 초래되었으므로, 위증죄로 처벌할 수 없다.[45)]

---

42) 대판 1992. 7. 28. 92도917. 대판 2006. 5. 11. 2006도1944는, 공동피고인의 자백은 이에 대한 피고인의 반대신문권이 보장되어 있어 증인으로 신문한 경우와 다를 바 없으므로 독립한 증거능력이 있고, 이는 피고인들 간에 이해관계가 상반된다고 하여도 마찬가지라 할 것이라고 판시하였다.

43) 대판 2006. 1. 12. 2005도7601.

44) 대판 2008. 6. 26. 2008도3300.

45) 대판 2012. 3. 29. 2009도11249.

해설: 뇌물공여자(갑)와 수뢰자(을)가 함께 기소된 경우 갑과 을은 피고인이므로 증언할 수 없다. 그렇지만 변론절차를 분리하면 갑과 을은 피고인이 아니므로 증언할 수 있다. 위와 같이 갑과 을이 변론절차분리 후 증인으로서 한 증언은 갑과 을 본인에게 불리하게 사용될 수 있다. 따라서 갑과 을은 법 148조에 의해 증언거부권을 가진다.
여기서 피고인은 증인적격을 가지지 못한다는 논리는 제한적인 의미만을 가지게 됨을 알 수 있다. 즉 피고인도 변론절차를 분리하면 증인이 될 수 있고, 피고인이 변론절차분리 후 증인으로서 한 증언은 피고인 본인에게 불리하게 사용될 수 있는 것이다.

⑥ 공범인 공동피고인의 진술을 보강증거로 사용
법 310조의 "피고인의 자백"에 공범인 공동피고인의 진술은 포함되지 아니하므로 공범인 공동피고인의 진술은 다른 공동피고인의 범죄사실을 인정하는 증거로 할 수 있고, 공범인 공동피고인들의 각 진술은 상호간에 서로 보강증거가 될 수 있다.[46)]

(2) 학 설

학설로는 공동피고인이 공범관계에 있는지 상관없이 변론이 분리되지 않는 한 증인적격이 없다는 견해, 공동피고인도 다른 피고인에 대한 관계에 있어서는 제3자이므로 병합 심리 중의 공동피고인도 증인적격이 인정된다는 견해, 판례와 같이 공범관계에 있는지 여부에 따라 달리 취급하자는 견해가 있다.

공동피고인의 증인적격 여부를 따질 때 고려하여야 할 점은 아래와 같다.

① 공범 상호간에는 서로 책임을 전가하려는 경향이 있다.

② 진술거부권을 가지는 피고인에게 증인적격을 인정하면 진술거부권이 침해될 우려가 있다. 증인은 출석할 의무(법 151조)와 선서 및 증언할 의무(법 161조)를 지기 때문이다. 그렇지만 피고인이 증인으로서 출석하여 증언할 의무를 지더라도 자기나 친족 등에게 불리한 사실에 대해서는 여전히 증언거부권을 가지므로(법 148조, 149조) 피고인에게 증인적격을 인정한다 하여 반드시 진술거부권이 침해된다고 단정하기는 어렵다.[47)]

③ 공동피고인이 위증죄의 책임을 지지 않고 진술거부권을 가지는 피고인의 지위에서 진술하는 경우에는 당해 피고인의 반대신문권이 충분히 보장되지 않을 수 있다.[48)]

---

46) 대판 1990. 10. 30. 90도1939.
47) 대판 2010. 1. 21. 2008도942 전합을 참조하라.
48) 대판 1992. 7. 28. 92도917; 대판 2006. 5. 11. 2006도1944은 이러한 경우 당해 피고인의 반대신문권이 보장된다고 하나 수긍하기 어렵다. 피고인의 지위에서 진술하는 공동피고인은 진술거부권을 보유하고 있어 언제든지 진술을 거부할 수 있고, 위증죄의 책임을 지지 않아 진실성을 담보하기도 어렵기 때문이다.

3. 증인의 의무

가. 출석의무

(1) 증인의 소환

법원은 소환장의 송달, 전화, 전자우편, 그 밖의 상당한 방법으로 증인을 소환한다. 증인을 신청한 자는 증인이 출석하도록 합리적인 노력을 할 의무가 있다(법 150조의2). 증인에 대한 소환장은 늦어도 출석할 일시 24시간 이전에 송달하여야 한다. 다만, 급속을 요하는 경우에는 그러하지 아니하다(규칙 70조). 증인이 법원의 구내에 있는 때에는 소환함이 없이 신문할 수 있다(법 154조).

(2) 구인 및 동행명령

정당한 사유 없이 소환에 응하지 아니하는 증인은 구인할 수 있다(법 152조). 법원은 필요한 때에는 결정으로 지정한 장소에 증인의 동행을 명할 수 있다. 증인이 정당한 사유 없이 동행을 거부하는 때에는 구인할 수 있다(법 166조).

(3) 출석의무위반에 대한 제재

법 제151조(증인이 출석하지 아니한 경우의 과태료 등) ① 법원은 소환장을 송달받은 증인이 정당한 사유 없이 출석하지 아니한 때에는 결정으로 당해 불출석으로 인한 소송비용을 증인이 부담하도록 명하고, 500만 원 이하의 과태료를 부과할 수 있다. 제153조에 따라 준용되는 제76조 제2항·제5항에 따라 소환장의 송달과 동일한 효력이 있는 경우에도 또한 같다.
② 법원은 증인이 제1항에 따른 과태료 재판을 받고도 정당한 사유 없이 다시 출석하지 아니한 때에는 결정으로 증인을 7일 이내의 감치에 처한다.
③ 법원은 감치재판기일에 증인을 소환하여 제2항에 따른 정당한 사유가 있는지의 여부를 심리하여야 한다.
④ 감치는 그 재판을 한 법원의 재판장의 명령에 따라 사법경찰관리·교도관·법원경위 또는 법원사무관 등이 교도소·구치소 또는 경찰서유치장에 유치하여 집행한다.
⑤ 감치에 처하는 재판을 받은 증인이 제4항에 규정된 감치시설에 유치된 경우 당해 감치시설의 장은 즉시 그 사실을 법원에 통보하여야 한다.
⑥ 법원은 제5항의 통보를 받은 때에는 지체 없이 증인신문기일을 열어야 한다.
⑦ 법원은 감치의 재판을 받은 증인이 감치의 집행 중에 증언을 한 때에는 즉시 감치결정을 취소하고 그 증인을 석방하도록 명하여야 한다.
⑧ 제1항과 제2항의 결정에 대하여는 즉시항고를 할 수 있다. 이 경우 제410조는 적용하지 아니한다.

나. 선서의무

증인에게는 신문 전에 선서하게 하여야 한다. 단, 법률에 다른 규정이 있는 경우에는 예외로 한다(법 156조).

선서는 선서서에 의하여야 하며, 선서서에는 「양심에 따라 숨김과 보탬이 없이 사실 그대로 말하고 만일 거짓말이 있으면 위증의 벌을 받기로 맹세합니다」라고 기재하여야 한다(법 157조 1항, 2항). 재판장은 증인으로 하여금 선서서를 낭독하고 기명날인 또는 서명하게 하여야 한다. 단, 증인이 선서서를 낭독하지 못하거나 서명을 하지 못하는 경우에는 참여한 법원사무관등이 이를 대행한다(동조 3항). 선서는 기립하여 엄숙히 하여야 한다(동조 4항).

재판장은 선서할 증인에 대하여 선서 전에 위증의 벌을 경고하여야 한다(법 158조).

증인이 16세미만의 자이거나 선서의 취지를 이해하지 못하는 선서무능력자인 때에는 선서하게 하지 아니하고 신문하여야 한다(법 159조).

증인이 정당한 이유 없이 선서나 증언을 거부한 때에는 결정으로 50만 원 이하의 과태료에 처할 수 있다. 위 결정에 대하여는 즉시항고를 할 수 있다(법 161조).

선서 무능력자에 대하여 선서하게 하고 신문한 경우, 그 선서만이 무효가 되고 그 증언은 유효하다.[49)]

다. 증언거부권

(1) 의 의

증언거부권은 증언의무가 인정된 증인이 일정한 사유를 근거로 하여 증언을 거부할 수 있는 권리를 말한다. 증언거부권이 인정된 증인이라도 출석을 거부할 권리는 없으며 출석하여 거부사유를 소명하여야 한다.

(2) 증언거부권의 고지

증인이 법 148조, 149조에 해당하는 증언거부권자인 경우에는 재판장은 신문 전에 증언을 거부할 수 있음을 설명하여야 한다(법 160조). 증언거부권자가 증언거부권을 행사하지 않고 증언하는 것은 자유이다. 위와 같은 증언거부권의 고지는 '국회에서의 증언·감정 등에 관한 법률'에는 유추 적용되지 않는다.[50)]

---

49) 대판 1957. 3. 8. 4290형상23.

50) 법 160조는 '증인이 148조, 149조에 해당하는 경우에는 재판장은 신문 전에 증언을 거부할 수 있음을 설명하여야 한다'고 규정하고 있음에 반해, '국회에서의 증언·감정 등에 관한 법률'은 위와 같은 증언거부권의 고지에 관한 규정을 두고 있지 아니한데, 증언거부권을 고지받을 권리가 형사상 자기에게 불리한 진술을 강요당하지 아니함을 규정한 헌법 12조 2항에 의하여 바로 국민의 기본권으로 보장받아야 한다고 볼 수는 없고, 증언거부권의 고지를 규정한 법 160조 규정이 '국회에서의 증언·감정 등에 관한 법률'에도 유추 적용되는 것으로 인정할 근거가 없다(대판 2012. 10. 25. 2009도13197).

유죄의 확정판결을 받은 자가 공범에 대한 공판절차에서 허위증언

피고인이 유죄의 확정판결을 받은 후 별건으로 기소된 공범에 대한 공판절차의 증인으로서 허위 진술을 한 경우, 피고인에게 증언거부권이 없으므로 증언거부권을 고지받지 못하였더라도 증인신문절차상 잘못이 없다.[51)]

증언거부권이 있음을 설명하지 않았어도 증인이 선서하고 증언한 이상 증언은 유효하다.[52)]

(3) 증언거부권자

누구든지 자기나 1. 친족 또는 친족관계가 있었던 자 또는, 2. 법정대리인, 후견감독인에 해당한 관계있는 자가 형사소추 또는 공소제기를 당하거나 유죄판결을 받을 사실이 발로될 염려 있는 증언을 거부할 수 있다(법 148조).

변호사, 변리사, 공증인, 공인회계사, 세무사, 대서업자, 의사, 한의사, 치과의사, 약사, 약종상, 조산사, 간호사, 종교의 직에 있는 자 또는 이러한 직에 있던 자가 그 업무상 위탁을 받은 관계로 알게 된 사실로서 타인의 비밀에 관한 것은 증언을 거부할 수 있다. 단, 본인의 승낙이 있거나 중대한 공익상 필요가 있는 때에는 예외로 한다(법 149조).

증언을 거부하는 자는 거부사유를 소명하여야 한다(법 150조).

증인이 앞으로 할 증언이 범죄로 되는 경우의 증언거부권

'형사소추(법 148조)'는 증인이 이미 저지른 범죄사실에 대한 것을 의미하므로, 증인의 증언에 의하여 비로소 범죄가 성립하는 경우에는 증언거부권의 고지 대상이 아니다.[53)]

범인 아닌 자가 범인으로 기소되어 공범에 대한 증인으로서 함께 범행하였다고 허위 증언

'공소제기를 당하거나 유죄판결을 받을 사실이 발로될 염려 있는 증언'에는 자신이 범행을 한 사실뿐 아니라 범행을 한 것으로 오인되어 유죄판결을 받을 우려가 있는 사실 등도 포함된다. 따라서 범행을 하지 아니한 자가 범인으로 공소제기가 되어 피고인의 지위에서 범행사실을 허위자백하고, 나아가 공범에 대한 증인의 자격에서 증언을 하면서 그 공범과 함께 범행하였다고 허위의 진술을 한 경우에도 그 증언은 자신에 대한 유죄판결의 우려를 증대시키는 것이므로 증언거부권의 대상이다. 다만 그 경우는 증언거부권을 고지받았으면 증언을 거부하였을지 여부, 즉 증언거부권의 행사에 사실상 장애가 초래되었다고 볼 수 있는지를 판단하는 중요한 요소이다.[54)]

51) 대판 2011. 11. 24. 2011도11994.
52) 대판 1957. 3. 8. 4290형상23.
53) 대판 2011. 12. 8. 2010도2816.
54) 대판 2012. 12. 13. 2010도10028.

변호사가 법률자문과정에서 작성한 법률의견서에 관하여 증언거부

A주식회사 및 그 직원인 피고인들이 정비사업전문관리업자의 임원에게 A가 주택재개발사업 시공사로 선정되게 해 달라는 청탁을 하면서 금원을 제공하였다는 건설산업기본법위반으로 기소되었는데, 변호사가 법률자문 과정에 작성하여 A측에 전송한 전자문서를 출력한 '법률의견서'에 대하여 변호사가 증인으로 출석하여 증언할 내용이 A로부터 업무상 위탁을 받은 관계로 알게 된 타인의 비밀에 관한 것임을 소명한 후 증언을 거부한 것은 정당한 증언거부권의 행사이다(법 149조).[55]

유죄의 확정판결을 받은 자가 공범에 대한 공판절차에서 허위증언

유죄판결이 확정된 피고인이 별건으로 기소된 공범의 형사사건에서 자신의 범행사실을 부인하는 증언을 한 경우, 이미 유죄의 확정판결을 받은 피고인은 공범의 형사사건에서 증언을 거부할 수 없고, 사실대로 증언하여야 하므로, 피고인이 자신의 형사사건에서 시종일관 그 범행을 부인하였더라도 위증죄가 성립한다.[56]

유죄의 확정판결을 받은 자가 공범에 대한 공판절차에서 허위증언하였으나 재심청구예정

자신에 대한 유죄판결이 확정된 증인이 재심을 청구한다 하더라도, 이미 유죄의 확정판결을 받은 사실은 일사부재리의 원칙이 적용되고, 피고인의 불이익을 위한 재심청구는 허용되지 않으며, 재심사건에는 불이익변경금지 원칙이 적용되므로, 자신의 유죄 확정판결에 대하여 재심을 청구한 증인에게 증언의무를 부과하는 것은 형사소추 또는 공소제기를 당하거나 유죄판결을 받을 사실이 발로될 염려 있는 증언을 강제하는 것이 아니다. 따라서 자신에 대한 유죄판결이 확정된 증인이 공범에 대한 피고사건에서 증언할 당시 앞으로 재심을 청구할 예정이라고 하여도 증언거부권이 인정되지는 않는다.[57]

라. 증언의무

증인은 주신문에 대해서뿐만 아니라 반대신문에 대해서도 증언할 의무가 있다. 증인이 주신문에 대해서만 증언하고 반대신문에 대해서는 증언을 거부한 경우에는 반대신문권을 침해한 것이므로 주신문에 대한 증언의 증거능력이 인정되지 않는다는 것이 통설이다. 이러한 경우 판례는 제한적으로 증거능력을 인정하면서도 이러한 증거를 채용하여 공소사실을 인정함에 있어서는 신중을 기하여야 한다는 입장을 취하고 있다.[58]증인에게 증언의무가 인정되기 위해서는 증언능력이 있음이 전제되어야 한다.

55) 대판 2012. 5. 17. 2009도6788 전합.

56) 대판 2008. 10. 23. 2005도10101.

57) 대판 2011. 11. 24. 2011도11994.

58) 대판 2001. 9. 14. 2001도1550. 검사 작성의 진술조서에 대하여 원진술자가 공판기일에서 그 성립의 진정을 인정하면서도 그 진술조서상의 진술내용을 탄핵하려는 변호인의 반대신문에 대하여 묵비한 것이 피고인 또는 변호인의 책임 있는 사유에 기인한 것이라고 인정할 수 없는 경우, 그 진술기재는 반대신문에 의한 증명력의 탄핵이 제대로 이루어지지 아니한 것이므로 그 신빙성을 선뜻 인정하기 어렵다.

사고 당시 3년 3월, 증언 당시 3년 6월된 강간치상죄의 피해자
증인의 증언능력은 증인 자신이 과거에 경험한 사실을 그 기억에 따라 공술할 수 있는 정신적인 능력이다. 사고 당시는 만 3년 3월 남짓, 증언 당시는 만 3년 6월 남짓된 강간치상죄의 피해자인 여아가 피해상황에 관하여 비록 구체적이지는 못하지만 개괄적으로 물어 본 검사의 질문에 이를 이해하고 고개를 끄덕이는 형식으로 답변한 때에는 증언능력이 있다.[59)]

피해자(사건 당시 만 3세 3개월 내지 만 3세 7개월 가량)가 정신과 전문의, 임상심리전문가 및 사회복지사와 대화시에는 각 만 5세 가량, 경찰에서 진술할 때에는 만 5세 9개월 남짓 된 여아이나, 피해자가 경험한 사실이 "피고인이 피해자의 발가락을 빨고 가슴을 만졌으며, 또한 음부에 피고인의 손가락을 넣거나 성기를 집어넣었다"라는 단순한 것으로서 피해자 연령 정도의 유아라고 하더라도 이를 알고 그 내용을 표현할 수 있을 뿐만 아니라, 그 진술이 그 연령의 유아 수준의 표현이라고 보여지며, 심리평가 결과 피해자가 경험하는 일들을 적절히 보고하는 능력이 있는 것으로 나타나는 등을 종합해 보면, 피해자는 위 각 대화나 진술 당시 증언능력에 준하는 능력이 인정된다.[60)]

4. 범죄피해자의 진술권

검사는 범죄로 인한 피해자 또는 그 법정대리인(피해자가 사망한 경우에는 그 배우자·직계친족·형제자매를 포함한다)의 신청이 있는 때에는 당해 사건의 공소제기 여부, 공판의 일시·장소, 재판결과, 피의자·피고인의 구속·석방 등 구금에 관한 사실 등을 신속하게 통지하여야 한다(법 259조의2).

법은 범죄피해자의 진술권(294조의2), 피해자진술의 비공개(294조의3), 피해자의 공판기록 열람·등사(294조의4) 등에 관하여 규정하고 있다.

동일한 범죄사실에 관하여 수인의 피해자가 진술신청
법원은 동일한 범죄사실에 대하여 피해자 진술신청을 한 자가 수인인 경우에는 피고인과의 관계, 피해의 정도와 그 결과, 신청인들이 진술하려는 취지와 내용, 재판절차가 지연될 가능성 등을 고려하여 가장 적합한 자의 신청만 받아들이고 나머지의 신청은 기각할 수 있다(법 294조의2 1항, 3항).[61)]

5. 신뢰관계에 있는 자의 동석

법 제163조의2(신뢰관계에 있는 자의 동석) ① 법원은 범죄로 인한 피해자를 증인으로 신문하는 경우 증인의 연령, 심신의 상태, 그 밖의 사정을 고려하여 증인이 현저하게 불안 또는 긴장을 느낄 우려가 있다고

59) 대판 1991. 5. 10. 91도579.
60) 대판 2006. 4. 14. 2005도9561.
61) 대결 1996. 11. 14. 96모94.

인정하는 때에는 직권 또는 피해자·법정대리인·검사의 신청에 따라 피해자와 신뢰관계에 있는 자를 동석하게 할 수 있다.
② 법원은 범죄로 인한 피해자가 13세 미만이거나 신체적 또는 정신적 장애로 사물을 변별하거나 의사를 결정할 능력이 미약한 경우에 재판에 지장을 초래할 우려가 있는 등 부득이한 경우가 아닌 한 피해자와 신뢰관계에 있는 자를 동석하게 하여야 한다.
③ 제1항 또는 제2항에 따라 동석한 자는 법원·소송관계인의 신문 또는 증인의 진술을 방해하거나 그 진술의 내용에 부당한 영향을 미칠 수 있는 행위를 하여서는 아니 된다.
④ 제1항 또는 제2항에 따라 동석할 수 있는 신뢰관계에 있는 자의 범위, 동석의 절차 및 방법 등에 관하여 필요한 사항은 대법원규칙으로 정한다.

6. 중계장치, 차폐시설 등에 의한 증인신문

법원은 피고인 등과 대면하여 진술하는 경우 심리적인 부담으로 정신의 평온을 현저하게 잃을 우려가 있다고 인정되는 자 등을 증인으로 신문하는 경우 상당하다고 인정하는 때에는 검사와 피고인 또는 변호인의 의견을 들어 비디오 등 중계장치에 의한 중계시설을 통하여 신문하거나 차폐(遮蔽)시설 등을 설치하고 신문할 수 있다(법 165조의2).

차폐시설 등을 설치하는 방식으로 증인신문할 수 있는 상대방
증인이 대면하여 진술함에 있어 심리적인 부담으로 정신의 평온을 현저하게 잃을 우려가 있는 상대방은 피고인인 경우가 대부분이겠지만, 증인이나 피고인과의 관계에 따라서는 방청인 등 다른 사람도 상대방이 될 수 있다. 이에 따라 법 165조의2 3호도 대상을 '피고인 등'이라고 규정하고 있으므로, 피고인뿐만 아니라 검사, 변호인, 방청인 등에 대하여도 차폐시설 등을 설치하는 방식으로 증인신문을 할 수 있다.
다만 증인이 변호인을 대면하여 진술함에 있어 심리적인 부담으로 정신의 평온을 현저하게 잃을 우려가 있는 경우는 쉽게 상정할 수 없고, 피고인뿐만 아니라 변호인에 대해서까지 차폐시설을 설치하는 방식으로 증인신문이 이루어지면 피고인과 변호인 모두 증언하는 모습이나 태도 등을 관찰할 수 없어 반대신문권이 제한될 수 있으므로, 변호인에 대한 차폐시설의 설치는, 이미 인적사항에 관하여 비밀조치가 취해진 증인이 변호인을 대면하여 진술함으로써 자신의 신분이 노출되는 것에 대하여 심한 심리적인 부담을 느끼는 등의 특별한 사정이 있는 경우에 예외적으로만 허용된다.[62]

7. 당사자의 참여권

검사, 피고인 또는 변호인은 증인신문에 참여할 수 있다(법 163조 1항). 증인신문의 시일과 장소는 전항의 규정에 의하여 참여할 수 있는 자에게 미리 통지하여야 한다. 단, 참여하지 아니한다는 의사를

62) 대판 2015. 5. 28. 2014도18006.

명시한 때에는 예외로 한다(동조 2항).

검사, 피고인 또는 변호인이 증인신문에 참여하지 아니할 경우에는 법원에 대하여 필요한 사항의 신문을 청구할 수 있다. 피고인 또는 변호인의 참여 없이 증인을 신문한 경우에 피고인에게 예기하지 아니한 불이익한 증언이 진술된 때에는 반드시 그 진술내용을 피고인 또는 변호인에게 알려주어야 한다(법 164조).

피고인에게 증인신문의 일시, 장소를 통지하지 않고 증인신문하였으나 책문권 포기
법원이 피고인에게 증인신문의 시일과 장소를 미리 통지하지 않고 증인신문한 것은 위법하지만, 그 후 증인신문결과를 증인신문조서에 의하여 소송관계인에게 고지하였으나 피고인이나 변호인이 이의하지 않았다면 그 하자는 책문권의 포기로 치유된다.[63]

8. 증인신문의 방법

가. 주신문과 반대신문

증인은 신청한 검사, 변호인 또는 피고인이 먼저 이를 신문하고 다음에 다른 검사, 변호인 또는 피고인이 신문한다(법 161조의2 1항). 재판장은 전항의 신문이 끝난 뒤에 신문할 수 있다(동조 2항). 재판장은 필요하다고 인정하면 전 2항의 규정에 불구하고 어느 때나 신문할 수 있으며 1항의 신문순서를 변경할 수 있다(동조 3항). 법원이 직권으로 신문할 증인이나 범죄로 인한 피해자의 신청에 의하여 신문할 증인의 신문방식은 재판장이 정하는 바에 의한다(동조 4항). 합의부원은 재판장에게 고하고 신문할 수 있다(동조 5항).

증인을 신청한 당사자가 먼저 신문하는 것을 주신문이라고 하고, 그 반대당사자가 다음에 신문하는 것을 반대신문이라고 한다. 반대신문 후 신청당사자가 다시 하는 주신문을 재주신문, 그 반대당사자가 다시 하는 반대신문을 재반대신문이라고 한다. 위와 같이 신청당사자와 반대당사자가 번갈아가며 신문하는 것을 교호신문 또는 상호신문(cross-examination)이라고 한다.

주신문은 증명할 사항과 이에 관련된 사항에 관하여 한다(규칙 75조 1항). 주신문에서 유도신문을 하여서는 아니 되며, 주신문에서 유도신문이 허용되는 예외적인 경우는 다음과 같다(동조 2항).

1. 증인과 피고인과의 관계, 증인의 경력, 교우관계 등 실질적인 신문에 앞서 미리 밝혀둘 필요가 있는 준비적인 사항에 관한 신문의 경우
2. 검사, 피고인 및 변호인 사이에 다툼이 없는 명백한 사항에 관한 신문의 경우
3. 증인이 주신문을 하는 자에 대하여 적의 또는 반감을 보일 경우

63) 대판 1974. 1. 15. 73도2967.

4. 증인이 종전의 진술과 상반되는 진술을 하는 때에 그 종전 진술에 관한 신문의 경우
5. 기타 유도신문을 필요로 하는 특별한 사정이 있는 경우

재판장은 위와 같은 예외 사유에 해당하지 아니하는 경우의 유도신문은 이를 제지하여야 하고, 유도신문의 방법이 상당하지 아니하다고 인정할 때에는 이를 제한할 수 있다(동조 3항).

반대신문은 주신문에 나타난 사항과 이에 관련된 사항에 관하여 한다(규칙 76조 1항). 반대신문에 있어서 필요할 때에는 유도신문을 할 수 있으며 재판장은 유도신문의 방법이 상당하지 아니하다고 인정할 때에는 이를 제한할 수 있다(동조 2항, 3항). 반대신문의 기회에 주신문에 나타나지 아니한 새로운 사항에 관하여 신문하고자 할 때에는 재판장의 허가를 받아야 하며, 이러한 사항에 대해서는 주신문으로 본다(동조 4항, 5항).

유도신문에 의한 주신문에 관하여 책문권포기
검사가 증인에게 주신문을 하면서 유도신문을 하였다고 볼 여지가 있었는데, 다음 공판기일에 재판장이 증인신문 결과 등을 각 공판조서(증인신문조서)에 의하여 고지하였음에도 피고인과 변호인이 '변경할 점과 이의할 점이 없다'고 진술한 경우, 피고인이 책문권포기의사를 명시함으로써 유도신문의 하자가 치유된다.[64]
해석: 검사나 피고인이 주신문을 할 때 특정한 내용을 알려주면서 증인으로 하여금 '예 또는 아니오'라는 답변만을 하도록 요구하는 것은 유도신문이라고 보아야 한다. 위 판례는 널리 관행화된 위와 같은 방식의 신문이 (비록 책문권포기에 의해 하자가 치유되기는 하지만) 위법하다고 판단한 것이어서 중요한 의미를 가진다.

나. 개별신문과 대질신문

증인신문은 각 증인에 대하여 개별적으로 신문하여야 하고, 신문하지 아니한 증인이 재정한 때에는 퇴정을 명하여야 한다(법 162조 1항, 2항). 증인이 다른 증인의 증언에 의해 영향을 받지 않도록 하기 위함이다. 다만 필요한 때에는 증인과 다른 증인 또는 피고인과 대질하게 할 수 있다(동조 3항).

다. 피고인등의 퇴정

재판장은 증인 또는 감정인이 피고인 또는 어떤 재정인의 면전에서 충분한 진술을 할 수 없다고 인정한 때에는 그를 퇴정하게 하고 진술하게 할 수 있다. 피고인이 다른 피고인의 면전에서 충분한 진술을 할 수 없다고 인정한 때에도 같다(법 297조 1항). 전항의 규정에 의하여 피고인을 퇴정하게 한 경우에 증인, 감정인 또는 공동피고인의 진술이 종료한 때에는 퇴정한 피고인을 입정하게 한 후 법원사무관등으로 하여금 진술의 요지를 고지하게 하여야 한다(동조 2항).

64) 대판 2012. 7. 26. 2012도2937.

피고인은 퇴정시키고 변호인 참여 하에 증인신문 후 진술요지 고지 및 반대신문 기회부여
재판장이 피해자인 증인들이 피고인의 면전에서 충분한 진술을 할 수 없다고 인정하여 피고인을 퇴정시키고, 변호인을 참여시킨 상태에서 증인신문을 진행한 후, 피고인을 입정하게 하여 법원사무관 등으로 하여금 진술의 요지를 고지하게 한 다음 변호인을 통하여 반대신문의 기회를 부여한 경우, 증인신문절차는 위법하지 않다.[65]

피고인 퇴정 하에 증인신문하고 실질적인 반대신문기회를 부여하지 않았으나 책문권 포기
재판장은 증인이 피고인의 면전에서 충분한 진술을 할 수 없다고 인정한 때에는 피고인을 퇴정하게 하고 증인신문함으로써 피고인의 증인대면을 제한할 수 있지만, 이러한 경우에도 피고인의 반대신문권을 배제할 수는 없다(법 297조). 변호인 없는 피고인을 퇴정하게 하고 증인신문을 한 다음 피고인에게 실질적인 반대신문기회를 부여하지 않은 채 이루어진 증인의 진술은 위법하여 증거능력이 없다고 볼 여지가 있다. 그러나 다음 공판기일에 재판장이 증인신문 결과 등을 공판조서(증인신문조서)에 의하여 고지하였는데 피고인이 '변경할 점과 이의할 점이 없다'고 진술하여 책문권포기 의사를 명시하면 하자는 치유된다.[66]

라. 법정외 증인신문

법원은 증인의 연령, 직업, 건강상태 기타의 사정을 고려하여 검사, 피고인 또는 변호인의 의견을 묻고 법정 외의 장소로 소환하거나 현재지에서 신문할 수 있다(법 165조).[67]

피고인이 불출석하여 개정할 수 없는 경우, 출석한 증인에 대해 공판기일 외의 증인신문을 하고 다음 공판기일에 증인신문조서에 대해 서증조사
법원이 증인을 채택하여 증인신문을 하기로 피고인에게 고지하였는데 다음 공판기일에 증인은 출석하고 피고인은 정당한 사유 없이 불출석한 경우, 그 사건이 '피고인의 출석을 요하지 않는 경미사건 등(법 277조)'이 아니어서 '피고인의 출석 없이 개정할 수 없더라도(법 276조)', 출석한 증인에 대해 공판기일 외의 신문으로서 증인신문을 하고 다음 공판기일에 그 증인신문조서에 대한 서증조사를 하는 것은 적법하다.[68]

소송관계인의 참여없이 법정외에서 시행한 증인신문조서에 대하여 공판기일에서 증거조사 그 자체를 시행하지 않았다면 그 증인신문조서는 증거능력이 없다.[69]

---

65) 대판 2012. 2. 23. 2011도15608.
66) 대판 2010. 1. 14. 2009도9344.
67) 법원은 필요한 때에는 결정으로 지정한 장소에 증인의 동행을 명할 수 있다. 증인이 정당한 사유 없이 동행을 거부하는 때에는 구인할 수 있다(법 166조).
법원은 합의부원에게 법정 외의 증인신문을 명하거나 증인 현재지의 지방법원 판사에게 그 신문을 촉탁할 수 있다. 수탁판사는 증인이 관할구역 내에 현재하지 아니한 때에는 그 현재지의 지방법원 판사에게 전촉할 수 있다. 수명법관 또는 수탁판사는 증인신문에 관하여 법원 또는 재판장에 속한 처분을 할 수 있다(법 167조).
68) 대판 2000. 10. 13. 2000도3265.
69) 대판 1967. 7. 4. 67도613.

9. 비용청구권

소환받은 증인은 법률의 규정한 바에 의하여 여비, 일당과 숙박료를 청구할 수 있다. 단, 정당한 사유 없이 선서 또는 증언을 거부한 자는 예외로 한다(법 168조).

Ⅳ. 사실조회

1. 의 의

법원은 직권 또는 검사, 피고인이나 변호인의 신청에 의하여 공무소 또는 공사단체에 조회하여 필요한 사항의 보고 또는 그 보관서류의 송부를 요구할 수 있다(법 272조 1항). 전항의 신청을 기각함에는 결정으로 하여야 한다(동조 2항). 필요한 사실을 공무소 또는 공사단체에 조회하는 것이므로 개인에 대해서는 할 수 없는 것으로 해석된다. 따라서 개인이 보관하는 서류에 대해서는 압수 또는 제출명령(법 106조)을 하여야 한다. 실무상 많이 행해지는 조회 대상은 출소일자, 가석방에 의한 형기종료일자 또는 보석결정을 위한 건강상태(구치소나 교도소), 금융거래내역(은행 기타 금융기관), 통신사실확인자료(통신사), 재판기록(법원), 수사기록(검찰청) 등이다. 법상 필요사항의 보고 또는 보관서류의 송부를 요구할 수 있도록 하고 있으나 보관서류에 대해서는 원본이 아닌 사본의 송부를 요구하는 것이 통례인 것으로 생각된다.

2. 보관서류에 대한 송부요구

검사나 피고인은 법원, 검찰청, 기타의 공무소 또는 공사단체가 보관하고 있는 서류의 일부에 대하여도 보관서류에 대한 송부요구를 신청할 수 있다(규칙 132조의4 1항). 1항의 신청을 받은 법원이 송부요구신청을 채택하는 경우에는 서류를 보관하고 있는 법원등에 대하여 그 서류 중 신청인 또는 변호인이 지정하는 부분의 인증등본을 송부하여 줄 것을 요구할 수 있다(동조 2항). 보관서류의 송부는 법원이 서류를 보관하고 있는 법원등을 상대로 하여 요구하는 것이지만, 송부요구를 신청한 당사자가 직접 송부를 요구한 서류 중 필요한 부분만을 지정할 수 있도록 한 규정이다.[70] 2항의 규정에 의한 요구를 받은 법원등은 정당한 이유없이 이에 대한 협력을 거절하지 못한다(동조 3항).

보관서류에 대한 신청당사자의 열람·지정권/불기소결정서가 열람·지정의 대상인지/유·무죄의 심증에 영향을 미칠 중요증거에 대한 송부 거절

법원이 송부요구한 서류에 대하여 변호인 등이 열람·지정할 수 있도록 한 것은 피고인의 방어권과 변호인의 변론권 행사를 위한 것으로서 실질적인 당사자 대등을 확보하고 피고인의 신속·공정한 재판을 받을 권리를

70) 따라서 보관서류의 송부를 신청한 당사자는 송부할 부분을 지정하기 위하여 송부요구를 신청한 서류를 열람할 수 있다(대판 2012. 5. 24. 2012도1284 참조).

실현하기 위한 것이므로(법 272조 1항, 규칙 132조의4 2항, 3항), 서류의 열람·지정을 거절할 수 있는 '정당한 이유'는 엄격하게 제한하여 해석하여야 한다. 특히 서류가 관련 형사재판확정기록이나 불기소처분기록 등으로서 피고인 또는 변호인이 행한 법률상·사실상 주장과 관련된 것인 때에는, "국가안보, 증인보호의 필요성, 증거인멸의 염려, 관련 사건의 수사에 장애를 가져올 것으로 예상되는 구체적인 사유"에 준하는 사유가 있어야만 그에 대한 열람·지정을 거절할 수 있는 정당한 이유가 인정될 수 있다(법 266조의3 1항 4호, 2항 참조).

검찰청이 보관하고 있는 불기소처분기록에 포함된 불기소결정서는 형사피의자에 대한 수사의 종결을 위한 검사의 처분 결과와 이유를 기재한 서류로서, 작성 목적이나 성격 등에 비추어 이는 수사기관 내부의 의사결정과정 또는 검토과정에 있는 사항에 관한 문서도 아니고, 그 공개로써 수사에 관한 직무의 수행을 현저하게 곤란하게 하는 것도 아니므로, 달리 특별한 사정이 없는 한 변호인의 열람·지정에 의한 공개의 대상이 된다.

법원이 법 272조 1항에 의하여 송부요구한 서류가 피고인의 무죄를 뒷받침할 수 있거나 적어도 법관의 유·무죄에 대한 심증을 달리할 만한 상당한 가능성이 있는 중요증거에 해당하는데도 정당한 이유 없이 피고인 또는 변호인의 열람·지정 내지 법원의 송부요구를 거절하는 것은 피고인의 신속·공정한 재판을 받을 권리와 변호인의 조력을 받을 권리를 중대하게 침해하는 것이다. 따라서 이러한 경우 서류의 송부요구를 한 법원으로서도 해당 서류의 내용을 가능한 범위에서 밝혀보아 서류가 제출되면 유·무죄의 판단에 영향을 미칠 상당한 개연성이 있다고 인정될 경우에는 공소사실이 합리적 의심의 여지 없이 증명되었다고 보아서는 아니 된다.[71]

3. 보고서면 또는 보관서류의 증거사용

공무소 또는 공사단체가 사실을 조회하여 보고한 서면 또는 송부한 보관서류는 당사자가 증거로 제출하고 증거조사가 이루어져야 비로소 증거로 사용될 수 있다(법 291조).

V. 통역·번역·감정·압수·수색·검증

제1편 제4장 수사의 방법 부분을 참조하라.

Ⅵ. 피고인신문

1. 의 의

공소사실과 정상에 관하여 필요한 사항을 질문하여 피고인으로부터 답변을 듣는 절차를 피고인신문이라고 한다.

71) 대판 2012. 5. 24. 2012도1284.

피고인신문은 2007년도의 법 개정을 통해 원칙적으로 증거조사를 마친 다음에 하도록 바뀌었다(법 296조의2).[72] 증거조사가 이루어진 이후에는 피고인이 진술을 하더라도 이를 토대로 심리계획을 수립하여 심리를 진행할 여지가 없다. 즉 2007년도의 법 개정 이후에는 피고인신문이 쟁점을 정리하는 기능을 수행할 수 없게 된 것이다. 또한 증거조사가 종료된 시점에서는 피고인이 증거조사의 결과를 잘 알게 되므로 증거의 내용에 맞추어 진술할 수 있게 된다. 따라서 증거조사의 결과를 참작하여 진술할 경향이 강한 피고인 진술의 증명력은 낮아진다.[73] 이러한 이유로 피고인신문은 중요성을 상실하고 생략되는 경우도 적지 않은 것으로 보인다. 다만 쟁점을 정리하는 피고인신문의 기능은 공판준비절차(법 266조의5 이하), 피고인의 모두진술권(법 286조) 또는 재판장의 쟁점정리 및 검사·변호사의 증거관계 등에 대한 진술(법 287조) 등으로 대체할 수 있을 것이다.[74]

2. 피고인신문의 순서

검사 또는 변호인은 증거조사 종료 후에 순차로 피고인에게 공소사실 및 정상에 관하여 필요한 사항을 신문할 수 있다. 다만, 재판장은 필요하다고 인정하는 때에는 증거조사가 완료되기 전이라도 이를 허가할 수 있다(법 296조의2 1항). 재판장은 필요하다고 인정하는 때에는 피고인을 신문할 수 있다(동조 2항). 재판장은 검사와 변호인의 신문이 종료된 후에 신문하는 것이 원칙이지만, 필요하다고 인정되는 때에는 어느 때나 신문할 수 있으며 신문순서를 변경할 수도 있고, 합의부원은 재판장에게 고하고 신문할 수 있다(동조 3항).

3. 피고인신문의 방법

피고인신문을 하는 때에 피고인은 증인석에 좌석한다(법 275조 3항). 피고인을 신문함에 있어서 그 진술을 강요하거나 답변을 유도하거나 그 밖에 위압적·모욕적 신문을 하여서는 아니 된다(규칙 140조의2). 재판장은 피고인이 어떤 재정인의 앞에서 충분한 진술을 할 수 없다고 인정한 때에는 그 재정인을 퇴정하게 하고 진술하게 할 수 있다(규칙 140조의3).

---

72) 법 개정의 논거로 사용된 의견은, "종전에는 모두절차를 거친 다음 곧바로 피고인신문을 하여 피고인의 공소사실 인정 여부 및 주장을 파악한 다음 심리계획을 수립하여 심리를 진행하고, 신문의 결과도 증거로 사용하였는데, 이와 같이 소송의 당사자인 피고인을 신문하고 그 결과를 증거로 사용하는 것은 당사자주의와 어울리지 않는다거나 피고인이 답변을 거부하거나 잘못 답변을 하는 경우에는 판사가 유죄일 것이라는 예단을 가질 것이므로 불합리하다"라는 것이다.

73) 영국에서는 피고인이 그의 증인보다 나중에 증언하면 증인들의 증언을 참고하여 증언할 우려가 있음을 이유로 피고인에 대한 증인신문은 피고인측 증인들에 대한 신문보다 먼저 하는 것을 원칙으로 한다. 안성수, 형사소송법, 박영사, 2010, 296~297면.

74) 안성수, 형사소송법, 박영사, 2010, 302면.

변호인의 중복되고 불상당한 피고인신문에 대한 재판장의 제한
변호인의 중복되고 상당하지 아니한 피고인신문에 대하여 재판장이 제한을 명하는 것은 재판장의 소송지휘권에 속하고, 현저하게 부당하거나 부적절하지 않는 한 재판장의 신문 제한은 적법하다.[75]

4. 신뢰관계인의 동석

피고인을 신문함에 있어 피고인이 신체적 또는 정신적 장애로 사물을 변별하거나 의사를 결정·전달할 능력이 미약하거나, 피고인의 연령·성별·국적 등의 사정을 고려하여 그 심리적 안정의 도모와 원활한 의사소통을 위하여 필요한 경우에, 재판장 또는 법관은 직권 또는 피고인·법정대리인·검사의 신청에 따라 피고인과 신뢰관계에 있는 자를 동석하게 할 수 있다. 동석할 수 있는 신뢰관계에 있는 자의 범위, 동석의 절차 및 방법 등에 관하여 필요한 사항은 대법원규칙으로 정한다(법 276조의2).

Ⅶ. 의견진술

1. 의 의

증거조사와 피고인신문절차가 종결되면 당사자들이 최종 의견진술을 한다. 재판을 하기에 앞서 당사자로 하여금 증거조사 결과에 기하여 사실관계와 법률적용에 관한 각자의 의견을 개진할 수 있도록 한 것이다.

2. 의견진술의 순서

의견진술은 검사가 먼저 한다. 즉 증거조사와 피고인신문이 종료한 때에는 검사는 사실과 법률적용에 관하여 의견을 진술한다. 다만 법 278조(검사의 불출석)의 경우에는 공소장의 기재사항에 의하여 검사의 의견진술이 있는 것으로 간주한다(법 302조). 위와 같은 검사의 의견진술을 논고(論告)라고 하며, 특히 양형에 관한 의견진술을 구형이라고 한다. 그러나 검사가 양형에 관한 의견진술을 하지 않았다 하더라도 이로써 판결에 영향을 미친 법률위반이 있는 경우에 해당한다고 할 수 없고, 검사의 구형은 양형에 관한 의견진술에 불과하여 법원은 그 의견에 구속되지 않는다.[76] 따라서 법원은 검사의 구형보다 중한 형을 선고할 수도 있다.

재판장은 검사의 의견을 들은 후 피고인과 변호인에게 최종의 의견을 진술할 기회를 주어야 한다(법 303조). 피고인과 변호인에게 최종의견 진술의 기회를 주지 않은 채 심리를 마치고 선고한 판결

75) 대판 2008. 3. 27. 2007도4116.
76) 대판 2001. 11. 30. 2001도5225.

은 위법하다.[77]

피고인이나 변호인에게 최종의견 진술의 기회를 주지 않고 변론종결 후 판결선고
재판장은 검사의 의견을 들은 후 피고인과 변호인에게 최종의 의견을 진술할 기회를 주어야 하므로(법 303조), 최종의견 진술의 기회는 피고인과 변호인 모두에게 주어져야 한다. 이러한 최종의견 진술의 기회는 피고인과 변호인이 사실관계의 다툼이나 유리한 양형사유를 주장할 수 있는 마지막 기회이므로, 피고인이나 변호인에게 최종의견 진술의 기회를 주지 아니한 채 변론을 종결하고 판결을 선고하는 것은 소송절차의 법령위반이다.[78]

Ⅷ. 변론절차의 종결

당사자들의 최종 의견진술 절차가 종료되면 변론절차를 종결하고, 판결의 선고절차로 나아가게 된다. 법원은 필요한 때에는 직권이나 당사자의 신청에 의하여 결정으로 종결한 변론을 재개할 수 있다(법 305조).

변론재개신청의 기각
변론재개신청이 있어도 종결한 변론을 재개하느냐의 여부는 법원의 재량이다. 검사나 피고인에게 주장·입증을 위한 충분한 기회를 부여한 후 변론을 종결한 이상, 특별한 사정이 없으면 변론재개신청을 받아들이지 않았어도 위법하지 않다.[79]

변론종결 후의 공소장변경허가신청
공소장변경은, 그 변경사유가 변론종결 이후에 발생하는 등 특별한 사정이 없는 한, 공판의 심리를 종결하기 전에 신청한 것에 한하여 허가하여야 한다. 적법하게 공판의 심리를 종결한 뒤에 공소장변경이 신청된 경우, 반드시 공판의 심리를 재개하여 공소장변경을 허가하여야 하는 것은 아니다.[80]

---

77) 대판 1975. 11. 11. 75도1010.
78) 대판 2018. 3. 29. 2018도327.
79) 대판 2014. 4. 24. 2014도1414. 다음은 같은 취지이다.
판결선고기일에 변론재개하여 공소장변경허가하고 최종의견진술 기회부여 후 즉일 선고
판결선고기일에 변론을 재개하고 바로 검사의 공소장변경허가신청을 허가하여 변경된 공소사실에 대하여 심리를 하고 이에 출석한 피고인과 피고인의 변호인이 별다른 이의를 제기하지 아니한 채 달리 신청할 증거가 없다고 진술함에 따라 피고인 및 피고인의 변호인에게 최종 의견진술의 기회를 부여한 다음 다시 변론을 종결하고, 같은 날 판결을 선고하였다고 하여, 피고인의 방어권을 제약하여 법률에 의한 재판을 받을 권리를 침해한 것은 아니다(대판 1996. 4. 9. 96도173).
80) 대판 1994. 10. 28. 94도1756.

Ⅸ. 재판의 선고 또는 고지

1. 선고기일의 지정

판결의 선고는 변론을 종결한 기일에 하여야 한다. 다만, 특별한 사정이 있는 때에는 따로 선고기일을 지정할 수 있다(법 318조의4 1항). 변론을 종결한 기일에 판결을 선고하는 경우에는 판결의 선고 후에 판결서를 작성할 수 있지만(동조 2항), 그 판결서는 선고 후 5일 내에 작성하여야 한다(규칙 146조). 변론을 종결한 기일에 선고기일을 따로 지정하는 경우에 그 선고기일은 변론종결 후 14일 이내이어야 한다(법 318조의4 3항).

2. 재판서

재판은 법관이 작성한 재판서에 의하여야 한다. 단, 결정 또는 명령을 고지하는 경우에는 재판서를 작성하지 아니하고 조서에만 기재하여 할 수 있다(법 38조). 재판서는 판결서, 결정서, 명령서로 구분된다.

재판의 선고 또는 고지는 공판정에서는 재판서에 의하여야 하고 기타의 경우에는 재판서등본의 송달 또는 다른 적당한 방법으로 하여야 한다. 단, 법률에 다른 규정이 있는 때에는 예외로 한다(법 42조). 재판장은 판결을 선고함에 있어서 피고인에게 적절한 훈계를 할 수 있다(규칙 147조). 재판장은 판결을 선고함에 있어서 피고인에게 형법 59조의2, 62조의2의 규정에 의하여 보호관찰, 사회봉사 또는 수강을 명하는 경우에는 그 취지 및 필요하다고 인정하는 사항을 설명하여야 한다(규칙 147조의2).

3. 피고인의 출석

판결선고기일도 공판기일의 일종이므로 피고인이 참석하여야 판결을 선고할 수 있는 것이 원칙이다(법 276조). 그러나 판결선고기일에는 필요적 변호사건이라고 하더라도 변호인의 출석을 요하지 않는다(법 282조 단서). 검사도 판결선고기일에 반드시 출석하여야 하는 것은 아니다(법 278조).[81]

4. 판결선고 후의 조치

법원은 피고인에 대하여 판결을 선고한 때에는 선고일로부터 14일 이내에 피고인에게 그 판결서등본을 송달하여야 한다. 다만, 불구속 피고인과 법 331조(무죄 등 선고와 구속영장의 효력)의 규정에 의하여 구속영장의 효력이 상실된 구속 피고인에 대하여는 판결서등본의 일률적 송달이 사생활 침해를 야기할 수 있으므로 피고인이 송달을 신청하는 경우에 한하여 판결서등본을 송달한다(규칙 148조). 판결이

81) 따라서 검사에게 선고기일 통지를 하지 않았어도 판결에 영향을 미친 절차법규의 위반이 있다고 보기 어렵다(대판 2008. 7. 10. 2008도3435).

공판정에서 출석한 피고인에게 선고된 경우 상소기간은 선고시를 기준으로 하며 판결서등본의 송달시를 기산일로 하는 것은 아니다(법 343조 2항).

제 4 절 공판절차의 특수 문제

Ⅰ. 간이공판절차

1. 의 의

피고인이 공판정에서 자백하는 때에 증거조사절차를 간이화하고 증거능력의 제한을 완화하여 심리를 신속하게 하는 공판절차를 간이공판절차라고 한다. 피고인이 공판정에서 공소사실에 대하여 자백한 때에는 법원은 그 공소사실에 한하여 간이공판절차에 의하여 심판할 것을 결정할 수 있다(법 286조의2).

2. 개시의 요건

가. 제1심

간이공판절차는 지방법원 또는 지원의 제1심에서 인정되는 제도이다.

나. 피고인의 자백

피고인이 공소사실에 대하여 자백하여야 한다. 경합범과 같이 수개의 공소사실 가운데 일부에 대해서만 자백한 경우에는 간이공판절차에 의할 수 있지만 상상적 경합관계에 있거나 예비적·택일적으로 기재된 공소사실의 일부에 대해 자백이 있더라도 간이공판절차에 의할 수 없다고 보는 것이 통설이다. 공소사실에 대해 자백하면서 위법성이나 책임을 조각하는 사유를 주장하는 때에는 자백이라고 볼 수 없다.

간이공판절차회부의 요건인 자백의 의미
간이공판절차회부의 요건인 자백은 공소장 기재 사실을 인정하고 나아가 위법성이나 책임 조각사유를 진술하지 않는 것으로 충분하고, 명시적으로 유죄임을 자인할 것을 요건으로 하지 않는다.[82)]

82) 대판 1981. 11. 24. 81도2422. 구체적 판시는 다음과 같다.
공소사실을 자백하면서 다만 딸의 부탁으로 하였다고 진술
검사가 "피고인은 갑으로부터 밀항자인 을을 부산까지 인솔하여 달라는 부탁을 받고 을이 밀항자임을 알면서도 을의 밀항을 용이하게 하여 이를 방조한 사실이 있는가요?"라고 묻자, 피고인이 "피고인의 딸인 갑이 을을 데리고 가서 병에게 인도하여 주라고 하여 실행하였을 뿐입니다"라고 답변하고, 특히 범행을 부인하는 진술을 하고 있지 않다. 피고인의 답변 취지는 공판정 진술의 전체를 모아 볼 때, 공소사실을 자백하면서 딸의 부탁으로 한 것이라는 범행의

검사의 주신문에서는 자백하였으나 변호인의 반대신문에서는 부인

피고인이 검사가 신문을 할 때에는 공소사실이 사실과 다름없다고 진술하였으나 변호인이 신문을 할 때에는 범의나 공소사실을 부인하였다면 그 공소사실은 간이공판절차에 의하여 심판할 대상이 아니다.[83)]

피고인이 범의를 부인하는 경우에는 간이공판절차에 의하여 심판할 수 없다.

공소사실과 같이 음식을 먹고 그 대금을 지급하지 않거나 금원을 받은 사실은 인정하나 이는 외상으로 먹거나 차용한 것이지 갈취가 아니라는 진술은 범의 부인이다.[84)]

도주차량사건에서 공소사실은 사실이라고 하면서 술에 만취되어 기억이 없다고 진술

피고인이 법정에서 "공소사실은 사실과 다름없다"고 하면서 술에 만취되어 기억이 없다는 취지로 진술한 경우에, 피고인이 음주운전하다가 교통사고를 내었고, 사고 후에 도주까지 하였더라도 피고인이 술에 만취되어 사고 사실을 몰랐다고 범의를 부인함과 동시에 범행 당시 심신상실 또는 심신미약의 상태에 있었다는 주장으로서 '범죄의 성립을 조각하거나 형의 감면의 이유가 되는 사실의 진술(법 323조 2항)'에 해당하여 피고인은 공소사실을 부인하거나 심신상실을 주장한다고 볼 여지가 충분하므로 간이공판절차에 의하여 심판할 대상이 아니다.[85)]

다. 개시결정

법원의 간이공판절차 개시결정은 재량사항이다. 위 개시결정은 판결 전 소송절차에 대한 결정이므로 항고할 수 없다(법 403조 1항).

3. 간이공판절차의 내용

가. 전문증거의 증거동의

간이공판절차 개시결정이 있으면 전문증거(법 310조의2, 312조 내지 314조 및 316조의 증거)에 대하여 증

동기를 부인 진술한 것이어서 간이공판절차에 의하여 심판한 것은 정당하다.

83) 대판 1998. 2. 27. 97도3421. 2007년도의 법 개정에 의해 피고인신문이 원칙적으로 증거조사 후에 이루어지므로 위 판례에서처럼 피고인신문의 결과에 따라 간이공판절차회부를 결정할 경우는 별로 없을 것이다. 간이공판절차에 회부할 수 있는 요건인 자백은 피고인의 모두진술에서 주로 이루어지겠지만, 그 이후로도 자백이 있는 때에 간이공판절차에 회부하는 것은 그 실익이 있는 한 언제든지 가능할 것이다.

법정에서 공소사실을 부인하다가 자백

피고인은 그 전까지의 진술 중 부인한 부분은 잘못되었으며 공소사실과 같이 범행한 것이 틀림 없다고 자백하고, 위법성이나 책임 조각사유를 진술하지 않아(제1심 제5회 공판조서의 기재), 간이공판절차에 의한 심판은 정당하다(대판 1987. 8. 18. 87도1269).

84) 대판 1981. 6. 9. 81도775.

85) 대판 2004. 7. 9. 2004도2116.

거동의(법 318조 1항)가 있는 것으로 간주한다. 단 검사, 피고인 또는 변호인이 증거로 함에 이의가 있는 때에는 그렇지 않다(법 318조의3). 공소사실을 자백하더라도 범행의 구체적 방법이나 정상관계에 관한 증거 등에 대해 다툴 필요가 있을 수 있기 때문이다.

나. 증거조사방식의 간이화

간이공판절차에서는 정식의 증거조사방식에 의할 필요가 없고 법원이 상당하다고 인정하는 방법으로 증거조사를 할 수 있다.

증거목록에 열거된 증거방법을 증거조사함이라고 기재함
기록 증거목록에 여러 증거방법을 열거하고 각기 조사내용에 증거조사함이라고 기재한 방식으로 증거조사를 한 것은 상당한 방법으로 한 것으로 인정된다.[86]

다. 공판절차에 관한 규정의 적용

간이공판절차는 증거능력과 증거조사에 관한 특칙이 인정되는 것 외에는 통상의 공판절차와 같다.

간이공판절차에 의해 증거조사하였으나 1심에서 자백한 피고인이 항소심에서 부인
피고인이 자백하여 제1심법원이 간이공판절차에 의하여 심판할 것을 결정하고, 제1심 판결에 명시한 증거들을 증거능력이 있다고 보고, 상당하다고 인정하는 방법으로 증거조사를 한 이상, 피고인이 항소심에서 범행을 부인하더라도 제1심법원이 증거로 할 수 있었던 증거는 항소법원도 증거로 할 수 있으므로 제1심법원에서 증거능력이 있었던 증거는 항소심에서도 증거능력이 유지된다.[87]

4. 간이공판절차 개시결정의 취소

법원은 간이공판절차 개시결정을 한 사건에 대하여 피고인의 자백이 신빙할 수 없다고 인정되거나 간이공판절차로 심판하는 것이 현저히 부당하다고 인정할 때에는 검사의 의견을 들어 그 결정을 취소하여야 한다(법 286조의3). 여러 명의 공동피고인 중 1인에 대해서만 간이공판절차 개시결정을 하였는데 그로 인하여 증거조사절차가 매우 복잡하게 되어 불편한 때가 간이공판절차로 심리하는 것이 현저히 부당하다고 인정할 때의 전형적인 예라고 설명된다.[88]

간이공판절차 개시결정이 취소된 때에는 공판절차를 갱신하여야 한다. 단 검사, 피고인 또는 변호인의 이의가 없는 때에는 그러하지 아니하다(법 301조의2).

---

86) 대판 1980. 4. 22. 80도333.
87) 대판 1998. 2. 27. 97도3421.
88) 법원실무제요 형사Ⅱ, 308면.

Ⅱ. 공판절차의 정지

1. 의 의

일정한 사유가 있어 공판절차를 진행하지 않는 것을 공판절차의 정지라고 한다. 공판절차의 정지는 법원의 결정에 의한 것과 법원의 결정에 의하지 않은 것으로 나뉠 수 있다.

2. 법원의 결정에 의한 공판절차의 정지

가. 피고인의 심신상실과 질병

피고인이 사물의 변별 또는 의사의 결정을 할 능력이 없는 상태에 있는 때에는 법원은 검사, 변호인 및 의사의 의견을 들어서 결정으로 그 상태가 계속하는 기간 공판절차를 정지하여야 한다(법 306조 1항, 3항). 피고인이 질병으로 인하여 출정할 수 없는 때에도 법원은 검사, 변호인 및 의사의 의견을 들어서 결정으로 출정할 수 있을 때까지 공판절차를 정지하여야 한다(동조 2항, 3항).

그러나 피고사건에 대하여 무죄, 면소, 형의 면제 또는 공소기각의 재판을 할 것이 명백하거나, 법 277조(경미사건 등과 피고인의 불출석)의 규정에 의하여 대리인이 출정할 수 있는 경우에는 1항 또는 2항의 규정을 적용하지 아니한다(법 306조 4항, 5항).

나. 공소장변경

법원은 공소장변경으로 인하여 피고인의 불이익이 증가할 염려가 있다고 인정한 때에는 직권 또는 피고인이나 변호인의 청구에 의하여 피고인으로 하여금 필요한 방어의 준비를 하게 하기 위하여 결정으로 필요한 기간 공판절차를 정지할 수 있다(법 298조 4항).

공소장이 변경되었으나 공판절차를 정지하지 않음
공소사실변경 등이 피고인의 불이익을 증가할 염려가 있으면 피고인이 방어준비를 할 수 있도록 공판절차를 정지할 수 있으므로(법 298조 4항), 공소사실이 일부 변경되었음에도 법원이 공판절차를 정지하지 않은 것은, 그 변경이 피고인의 방어권행사에 실질적 불이익을 주지 않는다면 위법하지 않다.[89]

다. 재심청구의 경합

항소기각의 확정판결과 그 판결에 의하여 확정된 제1심판결에 대하여 각각 재심의 청구가 있는 경우에 항소법원은 결정으로 제1심법원의 소송절차가 종료할 때까지 소송절차를 정지하여야 한다. 상고기각의 판결과 그 판결에 의하여 확정된 제1심 또는 제2심의 판결에 대하여 각각 재심의 청구가 있

89) 대판 1995. 1. 12. 94도2687; 대판 2015. 11. 12. 2015도6809 전합.

는 경우에 상고법원은 결정으로 제1심법원 또는 항소법원의 소송절차가 종료할 때까지 소송절차를 정지하여야 한다(규칙 169조).

3. 법원의 결정에 의하지 않은 공판절차의 정지

일정한 사유가 발생하면 법원의 결정 없이 바로 공판절차가 정지되는 경우가 있다.

① 기피신청이 있는 때에는 기피신청이 소송의 지연을 목적으로 함이 명백하거나 방식에 위배되어 결정으로 기각하는 경우(법 20조 1항)를 제한 외에는 소송진행을 정지하여야 한다. 단, 급속을 요하는 경우에는 예외로 한다(법 22조).

② 법원은 그 계속 중인 사건에 관하여 토지관할의 병합심리신청, 관할지정신청 또는 관할이전신청이 제기된 경우에는 그 신청에 대한 결정이 있기까지 소송절차를 정지하여야 한다. 다만, 급속을 요하는 경우에는 그러하지 아니하다(규칙 7조).

③ 법원이 법률의 위헌 여부 심판을 헌법재판소에 제청한 때에는 당해 소송사건의 재판은 헌법재판소의 위헌 여부의 결정이 있을 때까지 정지된다. 다만, 법원이 긴급하다고 인정하는 경우에는 종국재판 외의 소송절차를 진행할 수 있다(헌법재판소법 42조 1항).

4. 공판절차정지의 효력

공판절차가 정지된 때에는 정지결정을 취소하거나 정지사유가 해소될 때까지는 공판절차를 진행할 수 없다. 진행할 수 없는 것은 협의의 공판절차에 한정된다. 따라서 공판절차가 정지되었더라도 구속취소나 보석에 관한 결정을 할 수는 있다.

기피신청(법 22조), 공소장변경(법 298조 4항), 피고인의 심신상실과 질병(법 306조 1항 및 2항)에 의하여 공판절차가 정지된 기간은 법원의 구속기간에 산입하지 아니한다(법 92조).

Ⅲ. 공판절차의 갱신

1. 의 의

공판절차의 갱신은 공판절차를 진행한 법원이 이전에 행해진 공판절차를 일단 무시하고 공판절차를 다시 진행하는 것을 말한다. 판결이 선고된 경우에는 공판절차를 갱신할 여지가 없다.

2. 갱신사유

가. 판사의 경질

공판개정 후 판사의 경질이 있는 때에는 공판절차를 갱신하여야 한다. 피고사건에 대한 판단은 구두주의와 직접주의에 의해 심증을 직접 형성한 법관이 하는 것이 바람직하기 때문이다. 그렇지만 판결의 선고만을 하는 경우에는 공판절차를 갱신할 필요가 없다(법 301조). 즉 심증을 직접 형성한 법관에 의해 재판이 내부적으로 성립되어 선고만을 기다리는 경우에는 공판절차를 갱신할 필요가 없는 것이다.

구속취소사건에서는 공판절차가 필요하지 않으므로 공판절차를 갱신할 필요가 없다.[90]

나. 간이공판절차의 취소

간이공판절차 개시결정이 취소된 때에는 공판절차를 갱신하여야 한다. 단, 검사, 피고인 또는 변호인이 이의가 없는 때에는 그러하지 아니하다(법 301조의2). 간이공판절차에서는 전문증거에 대해 증거동의가 있는 것으로 간주하고 증거조사방식도 간이화되어 있어 통상의 방식에 의한 증거조사를 새로이 실시할 필요가 있기 때문이다. 그렇지만 당사자가 이의하지 않은 때에는 통상의 방식에 의한 증거조사를 반드시 실시하여야 하는 것은 아니다.

다. 심신상실로 인한 공판절차의 정지

피고인의 심신상실로 인하여 공판절차가 정지된 경우(법 306조 1항)에는 그 정지사유가 소멸한 후의 공판기일에 공판절차를 갱신하여야 한다(규칙 143조). 피고인의 심신상실로 인하여 공판절차가 정지된 경우에는 피고인이 소송 전의 소송행위에 대해 제대로 기억하지 못할 수 있다는 점을 고려한 것이다.

라. 국민참여재판

국민참여재판에서 공판절차가 개시된 후 새로 재판에 참여하는 배심원 또는 예비배심원이 있는 때에는 공판절차를 갱신하여야 한다. 위 갱신절차는 새로 참여한 배심원 또는 예비배심원이 쟁점 및 조사한 증거를 이해할 수 있도록 하되, 그 부담이 과중하지 아니하도록 하여야 한다(국민참여재판법 45조).

3. 공판절차의 갱신방법

가. 규 정

규칙 제144조(공판절차의 갱신절차) ① 법 제301조, 법 제301조의2 또는 제143조에 따른 공판절차의 갱신은 다음 각 호의 규정에 의한다.

1. 재판장은 제127조의 규정에 따라 피고인에게 진술거부권 등을 고지한 후 법 제284조에 따른 인정신문을 하여 피고인임에 틀림없음을 확인하여야 한다.
2. 재판장은 검사로 하여금 공소장 또는 공소장변경허가신청서에 의하여 공소사실, 죄명 및 적용 법조를 낭독하게 하거나 그 요지를 진술하게 하여야 한다.
3. 재판장은 피고인에게 공소사실의 인정 여부 및 정상에 관하여 진술할 기회를 주어야 한다.

---

90) 대결 1986. 4. 30. 86모10. 따라서 구속취소청구를 불허한 제1심 결정에 관여하지 아니한 신임법관이 항고에 대한 의견서를 첨부하여 항고법원에 송부한 것은 직접심리주의에 위배되지 않는다.

4. 재판장은 갱신 전의 공판기일에서의 피고인이나 피고인이 아닌 자의 진술 또는 법원의 검증결과를 기재한 조서에 관하여 증거조사를 하여야 한다.
5. 재판장은 갱신 전의 공판기일에서 증거조사된 서류 또는 물건에 관하여 다시 증거조사를 하여야 한다. 다만, 증거능력 없다고 인정되는 서류 또는 물건과 증거로 함이 상당하지 아니하다고 인정되고 검사, 피고인 및 변호인이 이의를 하지 아니하는 서류 또는 물건에 대하여는 그러하지 아니하다.

② 재판장은 제1항 제4호 및 제5호에 규정한 서류 또는 물건에 관하여 증거조사를 함에 있어서 검사, 피고인 및 변호인의 동의가 있는 때에는 그 전부 또는 일부에 관하여 법 제292조·제292조의2·제292조의3에 규정한 방법에 갈음하여 상당하다고 인정하는 방법으로 이를 할 수 있다.

나. 구체적 검토

(1) 판사의 경질

심리 도중에 판사가 바뀌면 직접주의와 구두주의의 요청상 종전의 소송절차는 효력을 잃는다. 그러나 이는 실체형성에 관해서이고 절차형성행위(각종 증거신청이나 증거결정 등)는 효력을 잃지 않으므로 이를 새로이 할 필요는 없다.

종전 절차에서 증인이나 감정증인의 신문, 검증, 피고인신문 등 실체형성행위가 있는 경우 증언, 검증결과, 피고인의 진술 자체가 증거로 된다. 그렇지만 신임판사로서는 경질 이전에 행해진 증인이나 감정증인의 증언, 검증결과, 피고인의 진술을 알지 못하므로 그 내용이 기재된 증인신문조서, 검증조서, 피고인신문조서를 증거로 사용하여야 한다. 그런데 위 조서들은 공판조서로서 당연히 증거능력을 가진다(법 311조). 그렇기 때문에 판사의 경질이 있으면 위 조서들을 서증으로 조사하여야 하고 증인신문, 검증, 피고인신문을 다시 반복할 필요는 없다는 것이 규칙 144조 1항 4호의 취지이다.[91]

신임판사는 서증이나 증거물에 대해서 증거조사한 바 없으므로 이에 관하여 증거조사를 새로이 하여야 한다. 그렇지만 증거능력이 없거나 증거로 함이 상당하지 않아 증거로 사용할 필요가 없고 당사자가 이의하지도 않는 서증이나 증거물에 대해서까지 증거조사를 다시 할 필요는 없다는 것이 규칙 144조 1항 5호의 취지이다.

법 292조, 292조의2, 292조의3에 의하면 증거조사의 방법이 서증은 낭독, 내용고지 또는 제시하여 열람이고, 증거물은 제시이다. 공판절차를 갱신하는 경우에는 당사자의 동의가 있을 것을 조건으로 하여 이와 같이 통상의 증거조사절차를 거칠 필요 없이 상당한 방법으로 증거조사를 할 수 있다는 것이 규칙 144조 2항의 취지이다. 즉 규칙 144조 2항의 취지는 규칙 144조 1항 4호, 5호의 증거조사를 통상의 증거조사절차보다 간이하게 할 수 있다는 것이다.

요컨대 판사의 경질이 있는 경우에 공판절차를 갱신하기 위해서는 규칙 144조 1항 각 호를 모두 하여야 하고, 그 중 동항 4호와 5호의 증거조사는 당사자의 동의가 있으면 상당한 방법으로 할 수 있다.

91) 법원실무제요 형사Ⅱ, 316–317면.

(2) 간이공판절차 취소의 경우

간이공판절차를 취소하는 경우에는 판사가 바뀐 것은 아니므로 규칙 144조 1항 1호, 2호의 절차를 거칠 필요가 없다. 또한 자백을 전제로 하는 간이공판절차에서는 피고인이나 피고인 아닌 자의 진술이 이루어지거나 법원의 검증이 행해지지는 않을 것이기 때문에 규칙 144조 1항 4호의 절차를 거칠 필요도 없다.[92] 따라서 간이공판절차를 취소하는 경우에는 규칙 144조 1항 3호, 5호의 절차를 거치면 된다.

(3) 심신상실로 인한 공판절차 정지의 경우

심신상실로 인한 공판절차 정지의 경우에는 피고인이 종전 절차를 제대로 기억하지 못할 가능성이 있으므로 종전 절차를 피고인 앞에서 재현한 후 절차를 속행함이 타당하다는 취지에서 공판절차를 갱신하도록 하였다.[93] 따라서 규칙 144조 1항 각 호의 절차를 모두 거쳐야 한다.

(4) 국민참여재판의 경우

배심원 또는 예비배심원이 바뀐 경우에는 규칙 144조 1항 4호와 5호의 절차만 거치면 될 것으로 생각된다.

Ⅳ. 변론의 분리 · 병합

법원은 필요하다고 인정한 때에는 직권 또는 검사, 피고인이나 변호인의 신청에 의하여 결정으로 변론을 분리하거나 병합할 수 있다(법 300조). 변론의 병합은 수개의 관련사건이 사물관할을 같이하는 동일한 법원(법원조직법상의 법원)의 동일 또는 수개의 재판부에 계속되어 있는 경우에 그 법원 소속의 한 재판부가 하나의 공판절차에 수개의 사건을 한 사건으로 심리하는 것을 말한다. 여러 개의 관련사건이 여러 법원(법원조직법상의 법원)에 계속되어 있다든지 사물관할을 달리하여 합의부와 단독판사에게 각각 계속되어 있다든지 하는 때에는 관할의 병합심리(법 6조, 10조)의 문제가 되고 변론을 병합할 수 있는 것은 아니다.

변론의 분리는 하나의 재판부에 병합된 수개의 관련사건을 동일 또는 수개의 재판부가 별도의 공판절차에서 심리하는 것을 말한다.[94]

---

92) 법원실무제요 형사Ⅱ, 309면.

93) 법원실무제요 형사Ⅱ, 315면.

94) 변론의 분리에는 종국적 분리와 임시의 분리가 있다. 예컨대 공동피고인 중 일부가 불출석한 경우 불출석한 피고인에 대한 공판절차를 분리하여 출석한 피고인에 대해서만 심리하거나 또는 일부 공동피고인에 대한 공판절차를 분리하여 그를 증인으로 신문하고자 하는 경우에는 분리된 공판절차가 조만간 병합될 것이므로 임시의 분리에 해당한다. 이때는 기록을 분리할 필요가 없다. 그렇지만 변론을 종국적으로 분리하는 경우에는 공판조서를 기록마다 별도로

변론의 병합, 분리를 할 때 공판조서의 기재방법은 '이 사건에 B 사건을 병합하여 심리한다는 결정 고지', '이 사건을 A 사건에 병합하여 심리한다는 결정 고지', '이 사건 중 피고인 ○○○에 대한 부분을 분리하여 심리한다는 결정 고지' 등이다.

변론의 병합신청이 있는 경우, 변론을 병합할지 여부는 법원의 재량이다.[95)]

동일 피고인에 대하여 2개 이상의 사건이 기소됨
동일 피고인에 대하여 2개 이상의 사건이 기소된 경우 반드시 병합심리하여 동시에 판결을 선고해야 되는 것은 아니다.[96)]

집합범이나 공범인 피고인들이 여러 사건으로 기소됨
집합범이나 2인 이상의 공범관계에 있는 피고인들이 여러 사건으로 기소된 경우, 법원이 변론을 병합하지 않더라도 구두변론주의와 직접심리주의 위반은 아니다.[97)]

작성하고 판결도 별도로 선고하여야 하므로 기록의 분리가 필요하다.

95) 대판 1987. 6. 23. 87도706.

96) 대판 2005. 12. 8. 2004도5529.

97) 대판 1990. 6. 22. 90도764.

제 6 장

증 거

제 1 절 증거의 의의와 종류

Ⅰ. 증거와 증명의 의의

1. 증거방법과 증거자료

증거는 증거방법과 증거자료의 두 가지 의미를 포함한다. 증거방법은 증인, 감정인, 증거물과 같이 사실인정의 자료가 되는 유형물 자체를 말한다. 신문, 감정, 검증 등으로 증거방법을 조사하여 알게 된 내용인 증언, 감정결과, 증거물의 성질과 상태 등을 증거자료라고 한다.

2. 증거의 종류

가. 직접증거와 간접증거

증거는 증거자료와 요증사실과의 관계에 따라 직접증거와 간접증거로 나눌 수 있다. 피해자에게 컵을 집어던지는 것을 목격하였다는 증언은 직접 폭행이라는 요증사실의 증명에 이용되는 것이어서 직접증거이고, 위와 같은 범행 후 폭행 현장에 깨진 컵이 있었다는 사실은 폭행이라는 요증사실을 간접적으로 증명하는 것이어서 간접증거에 해당한다. 과학수사기법이 발달하고 자유심증주의를 채택하고 있는 현행 법에서는 직접증거와 간접증거 사이에 증명력의 우열이 존재하지 않으므로 직접증거와 간접증거의 구별이 중요한 의미를 가지는 것은 아니다.

살인죄 등에서 간접증거만으로 유죄를 인정하기 위한 요건
살인죄 등과 같이 법정형이 무거운 범죄의 경우에도 직접증거 없이 간접증거만으로 유죄를 인정할 수 있으나, 그러한 유죄 인정에는 공소사실에 대한 관련성이 깊은 간접증거들에 의하여 신중한 판단이 요구되므로, 간접증거에 의하여 주요사실의 전제가 되는 간접사실을 인정할 때에는 증명이 합리적인 의심을 허용하지 않을 정도에 이르러야 하고, 하나하나의 간접사실 사이에 모순, 저촉이 없어야 하는 것은 물론 간접사실이 논리와 경험칙, 과학법칙에 의하여 뒷받침되어야 한다.[1)]

나. 실질증거와 보조증거

실질증거는 요증사실의 존부를 증명하기 위하여 사용되는 증거이고, 보조증거는 실질증거의 증거능력이나 증명력과 관련된 증거를 말한다. 요증사실에는 유무죄 또는 양형에 영향을 미치는 사실이 포함된다. 보조증거는 증명력을 강화하는 증강증거와 증명력을 약화시키는 탄핵증거로 나뉘는 것으로 설명되고 있다.

다. 인적증거와 물적증거

인적 증거는 사람이 언어로 진술하는 내용이 증거로 되는 것을 말하고, 물적 증거는 물건의 존재 또는 상태가 증거로 되는 것을 말한다.

라. 진술증거와 비진술증거

진술증거는 사람의 진술 내용이 증거로 되는 것으로서 '진술'과 '진술이 기재된 서면'을 말한다. 비진술증거는 사람의 진술 이외의 것이 증거로 되는 것으로서 진술을 내용으로 하지 않는 서면과 물적 증거를 말한다. 진술증거는 임의성이 인정되어야 증거능력이 있다. 진술증거는 체험자가 직접 경험한 사실을 중간의 매개체를 거치지 않고 직접 진술하여 법원에 도달하는 원본증거 내지 본래증거와 체험자의 진술이 서면이나 다른 사람의 진술을 통해 법원에 전달되는 전문증거(hearsay evidence)로 나뉜다. 전문증거에 대해서는 전문법칙이 적용된다.

마. 증거서류와 증거물인 서면

서류에 기재된 의미내용만이 증거로 되는 것을 증거서류라고 한다. 법원 또는 법관의 조서, 수사기관의 피의자신문조서와 진술조서, 사인이 작성한 진술서 등이 증거서류의 예이다. 서류에 기재된 의미내용 외에 서류라고 하는 물건 자체의 존재 내지 그 형상 역시 증거로 되는 것을 증거물인 서면이라고 한다. 위조·변조 문서, 협박이나 명예훼손의 범행에 사용된 서면은 증거물인 서면에 해당한다. 증거서류와 증거물인 서면을 구분할 필요성은 증거조사방법에 차이가 있기 때문이다. 증거조사에 있어 증거물은 제시하여야 하지만(법 292조의2), 증거서류는 '낭독', '내용의 고지' 또는 '제시하여 열람' 중의 어느

1) 대판 2011. 5. 26. 2011도1902.

한 방법에 의하여야 하기 때문이다(법 292조). 따라서 증거서류는 낭독, 내용의 고지 또는 제시하여 열람 중의 어느 하나만을 하면 족하지만 증거물인 서면은 그 외에 제시가 필요한 것이다.

바. 본증과 반증

본증은 거증책임을 지는 당사자가 제출하는 증거이고, 반증은 그 반대당사자가 본증에 의하여 증명하려는 사실의 존재를 부정하기 위하여 제출하는 증거를 말한다. 거증책임은 원칙적으로 검사에게 있으므로 통상적으로 검사가 제출하는 증거는 본증이고 피고인이 제출하는 증거는 반증이 된다.

검사가 유죄의 증거로 제출하였으나 증거능력이 없는 증거
검사가 유죄의 자료로 제출한 증거들은 그 진정성립이 인정되지 않고 상대방의 증거동의가 없더라도, 유죄의 증거가 아니라 공소사실과 양립할 수 없는 사실을 인정하는 자료로는 쓸 수 있다.[2]

유죄의 자료로 제출된 증거의 반대증거 서류는 그것이 유죄의 증거가 아닌 이상 진정성립이 증명되지 아니하거나 상대방의 증거동의가 없더라도 증거판단의 자료로 할 수 있다.[3]

피고인측이 무죄의 자료로 제출하였으나 유죄의 증거임
증거공통의 원칙은 증거의 증명력은 그 제출자나 신청자의 입증취지에 구속되지 않는다는 것을 의미할 뿐이고, 증거능력이나 증거에 관한 조사절차를 불필요하게 할 수 있는 힘은 없다.
증거동의는 법원이 직권으로 증거조사를 할 때에는 양 당사자의 동의가 필요하지만, 당해 서류를 제출한 당사자는 그것을 증거로 함에 동의하고 있음은 명백한 것이므로 상대방의 동의만 얻으면 충분하다. 그리고 피고인이나 변호인이 무죄의 자료로 제출한 서증 가운데 오히려 유죄를 뒷받침하는 내용이 있어도 법원은 상대방의 원용(동의)이 없는 한 당해 서류의 진정성립 여부 등을 조사하고, 아울러 당해 서류에 대한 피고인이나 변호인의 의견과 변명의 기회를 준 다음이 아니면 당해 서증을 유죄인정의 증거로 쓸 수 없고, 무죄의 자료가 유죄로 쓰여질 수 있음을 피고인이나 변호인이 예기하였거나 할 수 있었을 것이라는 구실만으로 위와 같은 절차가 불필요하다고 볼 수 없다.[4]

3. 증거능력과 증명력

증거능력은 증거가 엄격한 증명의 자료로 사용될 수 있는 자격을 말한다. 증거능력은 법률에 그 요건이 정해져 있다. 사실의 인정은 증거에 의하여야 한다는 증거재판주의를 규정한 법 307조 1항은, 엄격한 증명의 대상이 되는 사실은 증거능력 있는 증거에 의하여 입증되어야 한다는 법리를 입법화한

2) 대판 1994. 11. 11. 94도1159.
3) 대판 1981. 12. 22. 80도1547.
4) 대판 1989. 10. 10. 87도966; 대판 2009. 5. 28. 2008도10787; 대판 2014. 2. 27. 2013도12155.

것으로 이해된다.

증명력은 사실인정을 위한 증거의 실질적 가치를 말한다. 증명력은 법관의 자유심증에 따른다. 법 308조는 증거의 증명력은 법관의 자유판단에 의한다고 규정하여 자유심증주의를 천명하고 있다.

증거능력 없는 증거에 의해 간접사실이나 보조사실을 인정

구성요건에 해당하는 사실은 엄격한 증명에 의하여 이를 인정하여야 하고, 증거능력이 없는 증거는 구성요건 사실을 추인하게 하는 간접사실이나 구성요건 사실을 입증하는 직접증거의 증명력을 보강하는 보조사실의 인정자료로서도 허용되지 아니한다.

증거조사를 거치거나 피고인의 증거동의가 없어 증거능력이 없는 증거에 의하여 피고인의 범죄사실에 관한 직접증거인 병, 정 등의 진술의 신빙성을 보강하는 보조사실을 인정한 것은 위법하다.[5)]

신빙성이 약한 증거를 사실상 유일한 증거로 하여 공소사실을 인정

공소사실: A유흥주점 업주들인 피고인들이 2002. 7.경 B보도방 소속 접객원인 갑 또는 을로 하여금 부근 숙박업소에서 각 윤락행위를 하도록 직접 알선하였다.

피고인들의 변명: 평소 B 소속 접객원들을 불러 접객행위를 하도록 한 사실은 있지만 윤락행위를 알선한 사실은 없고, 특히 공소사실 일시경 갑과 을을 A에 접객원으로 부른 사실이 있는지조차 분명하지 않다.

판단: 갑, 을이 공소사실 일시경 A에 불려 간 사실을 뒷받침할 만한 증거는 갑, 을이 수사기관에서 한 진술이 사실상 유일하다. 위 각 진술은 갑, 을이 A에 대하여 압수·수색영장을 집행하던 경찰에 의하여 느닷없이 임의동행 형식으로 경찰서에 출석한 상태에서 단순히 기억에만 의존하여 약 보름 동안의 행적에 관하여 개괄적으로 언급한 것으로, 그 내용 중 일부 유흥주점 방문 시기는 서로 일치하지 않을 뿐 아니라, 방문 업소의 위치나 구체적으로 윤락행위를 알선한 자에 대하여는 다소 추상적으로 언급하고 있을 뿐이다. 그 외 위 진술의 신빙성이나 증명력을 보강할 만한 증거는 없다.

피고인들은 갑, 을에 대한 반대신문 기회 보장을 요구하였지만, 소재불명 등으로 인하여 법정 출석 및 반대신문은 성사되지 못하였고, 피고인들은 재판의 장기화에 따라 9회 또는 10회 공판기일에 가서 부득이 수사기관 작성의 조서에 대해 증거동의하였다.

수사기관이 갑, 을의 진술을 기재한 조서는 법관의 올바른 심증 형성의 기초가 될 만한 진정한 증거가치를 가진 것이 아니어서, 이를 사실상 유일한 증거로 하여 공소사실을 인정하는 것은 허용될 수 없다.[6)]

증뢰자의 진술만으로 수뢰사실을 인정하기 위한 요건

뇌물죄에 있어서 수뢰자로 지목된 피고인이 수뢰사실을 시종일관 부인하고 있고 이를 뒷받침할 금융자료 등 물증이 없는 경우에, 증뢰자의 진술만으로 유죄를 인정하기 위하여는 증뢰자의 진술이 증거능력이 있어야 함은 물론 합리적인 의심을 배제할 만한 신빙성이 있어야 하고, 신빙성이 있는지 여부를 판단함에 있어서는 그

5) 대판 2006. 12. 8. 2006도6356. 같은 취지로는 대판 2009. 2. 12. 2008도9757; 대판 2009. 5. 28. 2008도10787.

6) 대판 2006. 12. 8. 2005도9730.

진술내용 자체의 합리성, 객관적 상당성, 전후의 일관성 등뿐만 아니라 그의 인간됨, 그 진술로 얻게 되는 이해관계 유무 등도 아울러 살펴보아야 한다.[7]

Ⅱ. 증명의 기본원칙

1. 증거재판주의

증거재판주의는 사실의 인정은 증거에 의하여야 한다는 원칙을 말한다(법 307조 1항). 증거재판주의는 사실의 인정을 자백에 의존하지 말라는 소극적이고 역사적인 의미를 가지는 데 그치지 않고 범죄될 사실은 엄격한 증명을 요한다는 적극적인 의미도 가진다.

증명은 사실의 존부에 관하여 법관으로 하여금 합리적 의심의 여지가 없을 정도로 확신을 가지게 하는 것(proof beyond a reasonable doubt)을 말한다. 증명은 엄격한 증명과 자유로운 증명으로 나뉜다. 전자는 법률상 증거능력이 있고 법률로 정한 방식에 의한 증거조사를 거친 증거에 의한 증명을 말하고, 후자는 증거능력이 없거나 법률로 정한 방식에 의한 증거조사를 거치지 않은 증거에 의한 증명을 말한다.[8] 엄격한 증명이나 자유로운 증명 모두 합리적 의심이 없는 정도의 증명을 요한다는 점에서는 동일하다.

증명력의 판단/유죄입증의 정도/간접증거에 의한 유죄입증

증거의 증명력은 법관의 자유판단에 맡겨져 있으나 그 판단은 논리와 경험칙에 합치하여야 하고, 유죄 인정을 위한 심증형성의 정도는 합리적인 의심을 할 여지가 없을 정도이어야 하나 합리성이 없는 모든 가능한 의심을 배제할 정도에 이를 것까지 요구하는 것은 아니며, 증명력이 있는 것으로 인정되는 증거를 합리적인 근거가 없이 의심하여 이를 배척하는 것은 자유심증주의의 한계를 벗어나는 것으로 허용되지 아니하고, 또한 범죄사실의 증명은 반드시 직접증거만으로 이루어져야 하는 것은 아니고 논리와 경험칙에 합치되는 한 간접증거로도 할 수 있으며, 간접증거가 개별적으로는 범죄사실에 대한 완전한 증명력을 가지지 못하더라도 전체 증거를 상호 관련하에 종합적으로 고찰할 경우 그 단독으로는 가지지 못하는 종합적 증명력이 있는 것으로 판단되면 그에 의하여도 범죄사실을 인정할 수가 있다.[9]

---

7) 대판 2006. 5. 26. 2005도1904; 대판 2007. 1. 12. 2006도6890; 대판 2007. 7. 27. 2007도3798; 대판 2008. 2. 14. 2005도4202. 다음은 유사 취지이다.

뇌물수수의 입증

피고인과 증뢰자가 수시로 접촉을 계속하여 왔고 사생활에까지 도움을 줄 정도의 관계라면, 증뢰자가 피고인에게 전혀 알리지 않은 채 피고인의 처에게 금품을 보냈다고 보기 어려울 뿐만 아니라 피고인의 처로서도 그가 금품을 보냈다는 사실을 피고인에게 숨기기는 어렵다고 보여지므로, 달리 합리적인 근거가 없는 한 그 금품은 피고인에게 전달되었다고 봄이 상당하다(대판 1996. 12. 6. 96도144).

8) 대판 2010. 4. 29. 2010도750; 대판 2010. 10. 14. 2010도5610.

9) 대판 1998. 11. 13. 96도1783.

2. 엄격한 증명과 자유로운 증명

법 307조의 사실은 엄격한 증명의 대상이 되는 것으로서 형벌권의 존부와 그 범위에 관한 사실을 의미한다.

가. 엄격한 증명

다음은 엄격한 증명의 대상이다.[10)]

○ 객관적, 주관적 구성요건 해당사실

○ 위법성·책임에 관한 사실(=조각사유의 부존재)

※ 예외적으로 '진실한 사실로서 오로지 공공의 이익에 관한 때(형법 310조)에 해당함'의 증명은 자유로운 증명으로 가능하므로 전문법칙(법 310조의2)이 적용되지 않는다.[11)]

○ 법률상 형의 가중 감면 사유[12)]

○ 처벌조건(친족상도례에 있어서 일정한 친족관계의 부존재)에 관한 사실

○ 과학적 경험법칙

○ 외국법규

구성요건 해당사실, 간접사실, 보조사실

구성요건에 해당하는 사실은 엄격한 증명에 의하여 인정하여야 한다. 증거능력이 없는 증거는 구성요건 사실을 추인하게 하는 간접사실이나 구성요건 사실을 입증하는 직접증거의 증명력을 보강하는 보조사실의 증거로도 사용할 수 없으며, 이러한 간접사실이나 보조사실도 범죄의 구성요건과 관련되므로 엄격한 증명을 요한다.[13)]

공모의 입증

공모나 모의는 공모공동정범에 있어서의 범죄될 사실이므로 엄격한 증명에 의하여 이를 인정하여야 한다.[14)]

공모의 증명 방법

피고인이 범죄의 주관적 요소인 공모의 점을 부인하는 경우에는, 사물의 성질상 이와 상당한 관련성이 있는

---

10) 사법연수원, 법학전문대학원 형사재판실무, 2017, 149면.

11) 대판 1996. 10. 25. 95도1473. 다음은 같은 취지이다.
대통령 후보의 아들이 병역면제를 받은 것이 비리라는 취지로 위 후보를 반대하는 내용이 포함된 책자를 출간하고 광고물을 게재한 행위에 대하여 적시한 사실이 진실이라는 점에 관한 입증이 부족하므로 위법성이 조각될 수 없다(대판 2004. 6. 25. 2004도2062).

12) 대판 2010. 4. 29. 2010도750.

13) 대판 2006. 5. 25. 2006도641; 대판 2008. 12. 11. 2008도7112; 대판 2015. 1. 22. 2014도10978 전합.

14) 대판 1988. 9. 13. 88도1114; 대판 2012. 8. 30. 2012도5220.

간접사실 또는 정황사실을 증명하는 방법에 의하여 이를 입증할 수밖에 없으며, 이때 무엇이 상당한 관련성이 있는 간접사실에 해당할 것인가는 정상적인 경험칙에 바탕을 두고 치밀한 관찰과 분석을 통하여 사실의 연결상태를 합리적으로 판단하는 방법에 의하여야 한다.[15)]

알선수재죄에서 '금품수수' 사실은 인정하면서도 범의는 부인

알선수재죄에서 '공무원의 직무에 속한 사항을 알선한다는 명목'으로 수수하였다는 범의는 범죄사실을 구성하는 것으로서 엄격한 증명이 요구되지만, 피고인이 '금품 등을 수수'한 사실을 인정하면서도 범의를 부인하는 경우에는, 이러한 주관적 요소로 되는 사실은 사물의 성질상 범의와 상당한 관련성이 있는 간접사실을 증명하는 방법에 의하여 입증할 수밖에 없다.[16)]

교사사실의 입증

교사범에 있어서의 교사사실은 범죄사실을 구성하는 것으로서 이를 인정하기 위하여는 엄격한 증명이 요구되지만, 피고인이 교사사실을 부인하고 있는 경우에는 사물의 성질상 그와 상당한 관련성이 있는 간접사실을 증명하는 방법에 의하여 이를 입증할 수도 있다.[17)]

시체가 발견되지 아니하고 범행 전체를 부인하는 경우, 살인죄 인정의 요건

시체가 발견되지 아니한 상황에서 범행 전체를 부인하는 피고인에 대하여 살인죄의 죄책을 인정하기 위해서는 피해자의 사망사실이 추가적·선결적으로 증명되어야 함은 물론, 그러한 피해자의 사망이 살해의사를 가진 피고인의 행위로 인한 것임이 합리적인 의심의 여지가 없을 정도로 증명되어야 한다.[18)]

과학공식 등 경험칙 적용의 전제사실

범죄구성요건사실의 존부를 알아내기 위해 과학공식 등의 경험칙을 이용하는 경우에 그 법칙 적용의 전제가 되는 개별적이고 구체적인 사실은 엄격한 증명을 요한다. 위드마크 공식의 적용을 위한 전제사실인 섭취한 알코올의 양, 음주 시각, 체중 등은 엄격한 증명이 요구된다.[19)]

외국 법규/뉴질랜드인이 뉴질랜드에서 한국인 상대로 범한 사기죄를 처벌하기 위한 요건

뉴질랜드인이 뉴질랜드에서 한국인인 피해자에 대하여 사기 범행을 저지른 것은, 외국인이 대한민국 영역 외에서 대한민국 국민에 대하여 범죄를 저지른 경우에 해당한다.

---

15) 대판 2008. 9. 11. 2007도6706; 대판 2012. 8. 30. 2012도5220.
16) 대판 2006. 10. 27. 2006도4659.
17) 대판 2000. 2. 25. 99도1252.
18) 대판 2008. 3. 13. 2007도10754.
19) 대판 2008. 8. 21. 2008도5531.

외국인이 대한민국 영역 외에서 대한민국 국민에 대하여 범죄를 저지른 경우에도 우리 형법이 적용되지만, 행위지의 법률에 의하여 범죄를 구성하지 않거나 소추 또는 형의 집행을 면제할 경우에는 우리 형법을 적용하여 처벌할 수 없다(형법 6조). 이 경우 행위지의 법률에 의하여 범죄를 구성하는지는 검사가 엄격한 증명에 의하여 입증하여야 한다.[20]

나. 자유로운 증명

다음은 자유로운 증명의 대상이다.[21]

○ 피고인에게 유리한 사항(무죄, 면소, 공소기각을 할 사유)

○ 정상관계사실(피고인에게 불리한 양형사실은?)

○ 소송법적 사실

- 친고죄의 고소, 반의사불벌죄에서 처벌불원의사표시나 처벌희망의사표시
- 피고인의 구속기간
- 증거의 증거능력을 인정하기 위한 기초사실(자백의 임의성, 특히 신빙할 수 있는 상태)

○ 보조사실

- 증거의 증명력을 탄핵하는 사실
- 공소사실과 양립할 수 없는 반대사실

몰수·추징의 사유

몰수·추징의 대상이 되는지 여부나 추징액의 인정 등은 범죄구성요건사실에 관한 것이 아니어서 엄격한 증명은 필요 없지만 역시 증거에 의하여 인정되어야 함은 당연하고, 그 대상이 되는 범죄수익을 특정할 수 없는 경우에는 추징할 수 없다.[22]

해설: 몰수나 추징은 부가형으로서 형벌의 일종이므로 엄격한 증명의 대상이 된다고 보는 것이 보통이다. 그러나 위 판례는 이와 다른 견해를 취하고 있다.

---

20) 대판 2008. 7. 24. 2008도4085. 같은 취지로는 대판 1973. 5. 1. 73도289; 대판 2011. 8. 25. 2011도6507.

21) 사법연수원, 법학전문대학원 형사재판실무, 2017, 149면.

22) 대판 2006. 4. 7. 2005도9858 전합; 대판 2014. 7. 10. 2014도4708. 다음은 같은 취지이다.
몰수, 추징의 대상이 되는지 여부나 추징액의 인정은 엄격한 증명을 필요로 하지 아니하는바, 수사기록에 첨부된 세관공무원의 시가감정서(이 사건 선박들의 범칙 당시의 국내도매물가를 산출한 것)에 근거하여 추징액을 결정한 제1심판결은 정당하다(대판 1993. 6. 22. 91도3346).
해설: '증거능력이 없는 수사기록에 첨부된 세관공무원의 시가감정서'에 의해 추징액을 산정할 수 있다는 취지로 생각된다. 같은 취지로는 대판 1973. 4. 17. 73도279.

양형의 조건에 관한 형법 51조의 사항

양형의 조건에 관한 형법 51조의 사항은 형의 양정에 관한 법원의 재량사항에 속한다.[23] 법원은 범죄의 구성요건이나 법률상 규정된 형의 가중·감면의 사유가 되는 경우를 제외하고는, 법률이 규정한 증거로서의 자격이나 증거조사방식에 구애됨이 없이 상당한 방법으로 조사하여 양형의 조건이 되는 사항을 인정할 수 있다.[24]

친고죄에서의 고소의 유무는 자유로운 증명의 대상이다.[25]

반의사불벌죄에서 처벌불원의사표시 또는 처벌희망의사표시의 철회의 유무나 그 효력 여부에 관한 사실은 자유로운 증명의 대상이므로, 증거능력 없는 수사보고서에 의해 처벌희망의사표시 철회의 효력을 판단할 수 있다.[26]

'특신상태(법 312조 4항)'는 증거능력의 요건이므로 검사가 주장·증명하여야 하지만, 소송상의 사실에 관한 것이므로 자유로운 증명으로 족하다.[27]

진술의 임의성은 피고인의 학력, 경력, 진술의 내용 등 제반 사정을 참작하여 자유로운 심증으로 판단할 수 있다.[28]

다. 공지의 사실

공지의 사실은 증명을 요하지 않는다.

북한이 대남적화통일을 기본목표로 설정하고 변증법적 유물론의 역사관에 서서 한국의 역사를 지배계급에 대한 피지배계급의 계급투쟁으로 규정하고 있으며 국내 반정부인사 및 운동권학생을 입북시켜 연공통일전선을 구축하고자 획책하고 있음은 공지의 사실이므로 그 인정에 증거를 요하지 아니한다.[29]

---

23) 대판 2008. 5. 29. 2008도1816; 대판 2010. 4. 29. 2010도750.
24) 대판 2010. 4. 29. 2010도750.
25) 대판 1999. 2. 9. 98도2074.
26) 대판 2010. 10. 14. 2010도5610.
27) 대판 2012. 7. 26. 2012도2937.
28) 대판 2003. 5. 30. 2003도705; 대판 2004. 3. 26. 2003도8077.
29) 대판 1993. 9. 28. 93도1730. 다음은 같은 취지이다.
대륙종합개발은 1992. 4.경 중국의 흑룡강성 농업개발건설총공사와 합작하여 중국 흑룡강성의 삼강평원에 대규모 농지를 임차하여 농장을 개발하는 사업을 추진하던 한국 최초의 대규모 해외농업개발 추진업체이었고, 당시는 정부의

3. 입증책임

가. 의 의

유죄의 입증에 있어 합리적 의심의 의미
유죄 인정을 위한 심증형성의 정도는 합리적인 의심을 할 여지가 없을 정도여야 하고, 여기에서 말하는 합리적 의심은 논리와 경험칙에 기하여 요증사실과 양립할 수 없는 사실의 개연성에 대한 합리성 있는 의문을 의미한다.[30)]

선행차량에 충격되어 쓰러진 피해자를 다시 역과하여 사망케 하였다는 공소사실에서 역과 당시 피해자가 생존해 있었다는 점에 관한 증명책임
자동차 운전자인 피고인이, 갑이 운전하는 선행차량에 충격되어 도로에 쓰러져 있던 피해자를 다시 역과함으로써 사망에 이르게 하고도 필요한 조치를 취하지 않고 도주하였다는 특가법위반(도주차량) 사안에서, 피고인이 일으킨 후행 교통사고 당시에 피해자가 생존해 있었다는 점에 관한 증명책임은 검사에게 있다.[31)]

주식회사의 대표이사가 회사의 돈을 인출하여 사용하였음에도 사용처에 관한 설명이나 증빙자료를 제출하지 못함/횡령의 입증책임
주식회사의 대표이사가 회사의 돈을 인출하여 사용하였는데 그 사용처에 관한 증빙자료를 제시하지 못하고 있고 그 인출사유와 사용처에 관하여 합리적인 설명을 하지 못하고 있다면, 불법영득의 의사로 회사의 돈을 인출하여 개인적 용도로 사용한 것으로 추단할 수 있다. 그렇지만 횡령행위가 있다는 점은 검사가 증명하여야 한다.[32)]

북방정책에 따라 중국과의 수교가 이루어지고 중국의 개혁·개방정책과 맞물려 우리 기업의 중국에 대한 투자가 적극적으로 벌어지기 시작하던 무렵이었던 점은 공지의 사실이다(대판 2004. 7. 22. 2002도4229).
비상사태 하의 범죄처벌에관한특별조치령폐지법이 법률로서 확정된 사실은 논지와 같으나 동법이 현재 미공포 중에 있음은 공지의 사실이다(대판 1954. 10. 5. 4287형상18).
국가안전과공공질서의수호를위한대통령긴급조치 제9호가 1979. 12. 8. 폐지되었음은 당원에 현저한 사실이다(대판 1979. 12. 28. 79도2391).

30) 대판 2011. 9. 29. 2010도5962; 대판 2014. 5. 16. 2013도14656.
31) 대판 2014. 6. 12. 2014도3163.
32) 대판 2013. 6. 27. 2013도2510. 구체적인 사안은 다음과 같다.
① A 주식회사의 자금으로 갑, 을에 대한 개인 사채이자를 변제한 부분에 관하여, 피고인이 그 사채의 구체적인 사용 내역이나 그 사용처에 관한 증빙자료를 제시하거나 그 사용처에 대하여 납득할 만한 합리적인 설명을 하지 못하고 있고,
② 병 명의로 분양받은 빌라의 분양대금으로 송금된 돈 중 3,500만 원 부분에 관하여 그 돈의 세부적인 출처 등에 대해 설명하지 못하고 있으며,
③ B 주식회사의 자금으로 정의 임차보증금 및 정에 대한 기부금으로 송금된 부분에 관하여, 위 회사가 종교단체에 기부하여야 할 특별한 사정이 있다고 할 수 없고, 재정상태가 좋지 않아 종교단체에 거액을 기부할 만한 사정은 아니였으며, 정식으로 기부하였음을 소명할 만한 증명자료도 없고,
④ C 주식회사의 자금을 이용하여 피고인 개인 명의로 D 주식회사 주식을 인수한 부분에 관하여, 피고인의 개인적

서증의 증거능력을 부여하기 위한 입증책임은 서증을 증거로 제출한 검사에게 있다.[33)]

나. 상해죄의 동시범 특례

독립행위가 경합하여 상해의 결과를 발생하게 한 경우에 있어서 원인된 행위가 판명되지 아니한 때에는 공동정범의 예에 의한다(형법 263조). 위와 같은 상해죄의 동시범 특례에 대해서는 ① 공동정범에 관한 법률상의 책임추정을 인정한 것이라는 견해, ② 피고인에게 거증책임을 전환시킨 것이라는 견해, ③ 사실상 추정에 불과하여 피고인이 다투는 경우에는 추정력이 깨어진다는 견해, ④ 헌법상 무죄추정의 원칙에 반하여 위헌이라는 견해 등이 있다.

시간적 차이가 있는 독립된 상해행위나 폭행행위가 경합하여 사망의 결과가 일어나고 그 사망의 원인된 행위가 판명되지 않은 경우에는 공동정범의 예에 의하여 처벌할 것이므로, 2시간 남짓한 시간적 간격을 두고 피고인이 두 번째의 가해행위인 이 사건 범행을 한 후, 피해자가 사망하였고 그 사망의 원인을 알 수 없다고 보아 피고인을 폭행치사죄의 동시범으로 처벌한 것은 옳다.[34)]

피해자가 갑으로부터 구타당한 지 3시간 후 피고인으로부터 다시 구타당하여 사망

갑은 술에 취해있던 피해자의 어깨를 주먹으로 1회 때리고 쇠스랑 자루로 머리를 2회 강타하고 가슴을 1회 밀어 땅에 넘어뜨렸고, 그 후 3시간 가량 지나서 피고인이 피해자의 멱살을 잡아 평상에 앉혀놓고 피해자의 얼굴을 2회 때리고 손으로 2,3회 피해자의 가슴을 밀어 땅에 넘어뜨린 다음, 나일론 슬리퍼로 피해자의 얼굴을 수회 때려 피해자가 그로부터 6일 후에 뇌출혈로 사망하였고, 갑과 피고인 중 누구의 행위에 기인하여 피해자가 사망하였는지 판별할 수 없는 사안에서,

위와 같은 이시의 상해의 독립행위가 경합하여 사망의 결과가 일어난 경우에도 그 원인된 행위가 판명되지 아니한 때에 형법 263조의 동시범으로 의율한 것은 정당하다.[35)]

인 이익을 위해서 위 주식을 인수한 것이 아니라는 것에 대하여 납득할 만한 합리적인 설명을 하지 못하고 있는 등의 사유로, 모두 피고인이 횡령 범죄의 불법영득의사로 회사의 자금을 개인적인 용도나 이익을 위해 사용한 것으로 추단된다고 판단한 것은 정당하다.

33) 대판 1970. 11. 24. 70도2109.

34) 대판 2000. 7. 28. 2000도2466.

35) 대판 1981. 3. 10. 80도3321. 다음은 같은 취지이다.
시간적 차이가 있는 독립된 상해행위나 폭행행위가 경합하여 사망의 결과가 일어나고 그 사망의 원인된 행위가 판명되지 않은 경우에는 공동정범의 예에 의하여 처벌할 것이므로, 2시간 남짓한 시간적 간격을 두고 피고인이 두 번째의 가해행위 인 이 사건 범행을 한 후, 피해자가 사망하였고 그 사망의 원인을 알 수 없다고 보아 피고인을 폭행치사죄의 동시범으로 처벌한 것은 옳다(대판 2000. 7. 28. 2000도2466).

다. 명예훼손죄의 위법성조각사유

공연히 사실을 적시하여 사람의 명예를 훼손한 행위가 진실한 사실로서 오로지 공공의 이익에 관한 때에는 처벌하지 않는다(형법 310조). 위 규정의 성격에 관하여 거증책임전환규정이라는 견해, 언론의 자유를 보장할 목적에서 규정된 특수한 위법성조각사유로서 피고인이 이를 주장하면 검사가 비진실성과 비공익성에 관하여 입증을 하여야 하므로 거증책임전환규정이 아니라는 견해가 있다.

사실적시명예훼손죄에서 진실한 사실로서 오로지 공공의 이익에 관한 것임의 증명

공연히 사실을 적시하여 사람의 명예를 훼손한 행위가 형법 310조의 규정에 따라서 위법성이 조각되어 처벌대상이 되지 않기 위하여는 그것이 진실한 사실로서 오로지 공공의 이익에 관한 때에 해당함을 행위자가 증명하여야 하지만, 그 증명은 법관으로 하여금 의심할 여지가 없을 정도의 확신을 가지게 하는 증명력을 가진 엄격한 증거에 의하여야 하는 것은 아니므로, 전문법칙(법 310조의2)은 적용되지 않는다.[36)]

명예훼손에서 특정사실의 부존재에 관한 입증

범죄의 구성요건을 이루는 사실은 그것이 주관적 요건이든 객관적 요건이든 그 증명책임이 검사에게 있으므로, 구 정통망법 70조 2항의 허위사실 적시 정보통신망을 통한 명예훼손죄로 기소된 사건에서 사람의 사회적 평가를 떨어뜨리는 사실이 적시되었다는 점, 그 적시된 사실이 객관적으로 진실에 부합하지 아니하여 허위일 뿐만 아니라 그 적시된 사실이 허위라는 것을 피고인이 인식하고서 이를 적시하였다는 점은 모두 검사가 증명하여야 한다. 그런데 위 증명책임을 다하였는지 여부를 결정할 때에는, 어느 사실이 적극적으로 존재한다는 것의 증명은 물론, 그 사실의 부존재의 증명이라도 특정 기간과 특정 장소에서의 특정행위의 부존재에 관한 것이라면 적극적 당사자인 검사가 이를 합리적 의심의 여지가 없이 증명하여야 하지만, 특정되지 아니한 기간과 공간에서의 구체화되지 아니한 사실의 부존재를 증명한다는 것은 사회통념상 불가능한 반면 그 사실이 존재한다고 주장·증명하는 것이 보다 용이하므로 이러한 사정은 검사가 그 증명책임을 다하였는지를 판단할 때에 고려되면 된다.[37)]

허위사실공표죄에서 의혹을 받을 사실이 존재한다고 주장하는 자의 소명자료 제시

공직선거법상의 허위사실공표죄에 있어서 의혹을 받을 일을 한 사실이 없다고 주장하는 사람에 대하여 의혹을 받을 사실이 존재한다고 적극적으로 주장하는 자는 그러한 사실의 존재를 수긍할 만한 소명자료를 제시할 부담을 지고, 검사는 제시된 그 자료의 신빙성을 탄핵하는 방법으로 허위성의 증명을 할 수 있다. 이때 제시하여야 할 소명자료는 위 법리에 비추어 단순히 소문을 제시하는 것만으로는 부족하고 적어도 허위성에

---

36) 대판 1996. 10. 25. 95도1473.

37) 대판 2010. 11. 25. 2009도12132. 감사원 국장의 지시로 효산콘도사업승인에 대한 감사를 중단하였다고 기자회견한 사건에서 같은 취지로는 대판 2008. 11. 13. 2006도7915.

관한 검사의 증명활동이 현실적으로 가능할 정도의 구체성은 갖추어야 하며, 이러한 소명자료의 제시가 없거나 제시된 소명자료의 신빙성이 탄핵된 때에는 허위사실 공표의 책임을 져야 한다.[38]

4. 자유심증주의

가. 의 의

법 308조는 증거의 증명력은 법관의 자유판단에 의한다고 규정하여 자유심증주의를 천명하고 있다.

나. 자유심증주의의 내용

증거의 증명력 판단의 주체는 법관이다. 합의제의 법원도 각 법관의 자유심증의 결과를 기초로 하여 사실인정을 하여야 한다. 자유심증주의가 적용되는 영역은 증거의 증명력에 관한 것이며, 증거능력은 그 요건이 법률로 정해져 있다.

합리적 의심이 없는 증명의 의미

형사재판에서 유죄의 인정은 법관으로 하여금 합리적인 의심을 할 여지가 없을 정도로 공소사실이 진실한 것이라는 확신을 갖도록 할 수 있는 증명력을 가진 증거에 의하여야 한다. 합리적 의심은 모든 의문이나 불신을 말하는 것이 아니라 논리와 경험법칙에 기하여 증명이 필요한 사실과 양립할 수 없는 사실의 개연성에 대한 합리적인 의문을 의미한다. 따라서 단순히 관념적인 의심이나 추상적인 가능성에 기초한 의심은 합리적 의심에 포함되지 않는다.[39]

검찰에서는 피고인에게 정치자금으로 제공하였다고 진술하였다가, 제1심 법정에서는 피고인에게 정치자금으로 제공한 사실을 부인하고 자금의 사용처를 달리 진술

법관이 증거능력 있는 증거 중 필요한 증거를 채택·사용하고 증거의 실질적인 가치를 평가하여 사실을 인정하는 것은 법관의 자유심증에 속한다(법 307조 1항, 308조). 따라서 충분한 증명력이 있는 증거를 합리적인 근거 없이 배척하거나 반대로 객관적인 사실에 명백히 반하는 증거를 합리적인 근거 없이 채택·사용하는 등으로 논리와 경험칙에 어긋나는 것이 아닌 이상, 법관은 자유심증으로 증거를 채택하여 사실을 인정할 수 있다.[40]

---

38) 대판 2015. 10. 29. 2015도8400.
39) 대판 2017. 1. 25. 2016도15526. 같은 취지로는 대판 2011. 9. 29. 2010도5962; 대판 2014. 5. 16. 2013도14656.
40) 대판 2015. 8. 20. 2013도11650 전합. 같은 취지로는 대판 2001. 10. 26. 2001도4112.

다. 구체적 판단

(1) 피고인의 진술

피고인이 법정에서 '공소사실은 모두 사실과 다름없다'고 자백하였음에도 그 취지는 피해자 등에게 피해를 변상하지 못한 입장에서 책임을 느낀다는 것이었다고 변명

피고인이 수사기관이나 법정에서 공소사실을 인정하는 진술을 한 경우, 사실심 법원으로서 그 진의가 의심된다면 피고인신문을 통하여 피고인의 진의를 확인하여야 할 것이지, 특별한 사정이 없는 한 임의로 피고인의 진술의 취지를 추단하여 공소사실을 자백한 것이 아니라고 할 수는 없고, 다만 자백의 진술내용이 객관적으로 합리성을 띠고 있는지, 자백의 동기나 이유가 무엇이며, 자백에 이르게 된 경위는 어떠한지, 그리고 자백 이외의 다른 증거 중 자백과 저촉되거나 모순되는 것은 없는지 등을 고려하여 그 자백의 신빙성 유무를 판단할 수 있을 뿐이다.

… 위와 같은 학력, 경력, 형사재판경험을 가진 피고인이 제1심 및 원심에서 수회에 걸쳐 이 사건 공소사실 전부를 인정하는 진술을 하였다면, 피고인의 제1심에서의 '공소사실은 모두 사실과 다름없다'는 진술은 피해자 등에게 피해를 변상하지 못한 입장에서 책임을 느낀다는 취지에 불과한 것이 아니라, 공소사실을 자백한 것으로 봄이 상당하다.[41]

(2) 증 인

증거보전 절차에서의 진술

증거보전 절차에서의 진술은 수사기관에서의 진술보다 임의성이 더 보장되는 것이기는 하나 보전된 증거가 항상 진실이라고 단정 지을 수는 없는 것이므로 법원이 그것을 믿지 않을 만한 사유가 있어서 믿지 않는 것에 자유심증주의의 남용이 있다고 볼 수 없다.[42]

일부 진술을 배척하면서 나머지 진술을 취신하기 위한 요건

금품수수 여부가 쟁점이 된 사건에서 여러 차례에 걸쳐 금원을 제공하였다고 주장하는 사람의 진술을 신뢰할 수 있는지 심사해 본 결과 그중 상당한 진술 부분을 그대로 믿을 수 없는 객관적인 사정 등이 밝혀짐에 따라 그 부분 진술의 신빙성을 배척하는 경우라면, 여러 차례에 걸쳐 금원을 제공하였다는 진술의 신빙성은 전체적으로 상당히 허물어졌다고 보아야 하므로, 비록 나머지 일부 금원제공 진술 부분에 대하여는 이를 그대로 믿을 수 없는 객관적 사정 등이 직접 밝혀지지 않았다고 하더라도, 여러 차례에 걸쳐 금원을 제공하였다고 주장하는 사람의 진술만을 내세워 함부로 나머지 일부 금원수수 사실을 인정하는 것은 원칙적으로 허용될 수 없다. 나머지 일부 금원수수 사실을 인정할 수 있으려면, 신빙성을 배척하는 진술 부분과는 달리 이 부분 진술만은 신뢰할 수 있는 근거가 확신할 수 있을 정도로 충분히 제시되거나, 그 진술을 보강할 수 있는 다른 증거들에 의하여 충분히 뒷받침되는 경우 등과 같이 합리적인 의심을 해소할 만한 특별한 사정이 존재하여야 한다.[43]

---

41) 대판 2003. 9. 26. 2003도1520.

42) 대판 1980. 4. 8. 79도2125.

43) 대판 2014. 6. 26. 2013도9866.

(3) 감 정

감정의견의 증명력/감정의견들이 상충되는 경우

감정의견의 판단과 그 채부 여부는 법원의 자유심증에 따르며 법원이 감정결과를 전문적으로 비판할 능력을 가지지 못하는 경우에는 그 결과가 사실상 존중되는 수가 많게 된다 해도 감정의견은 법원이 가지고 있지 못한 경험칙 등을 보태준다는 이유로 항상 따라야 하는 것도 아니고 감정의견이 상충된 경우 다수 의견을 안 따르고 소수 의견을 채용해도 되고 여러 의견 중에서 그 일부씩을 채용하여도 무방하며 여러 개의 감정의견이 일치되어 있어도 이를 배척하려면 특별한 이유를 밝히거나 또는 반대감정의견을 구하여야 된다는 법리도 없다.[44]

형법 10조 소정의 심신장애의 유무는 법원이 형벌제도의 목적 등에 비추어 판단하여야 할 법률문제로서, 그 판단에 있어서는 전문감정인의 정신감정 결과가 중요한 참고자료가 되기는 하나, 법원으로서는 반드시 그 의견에 기속을 받는 것은 아니고, 그러한 감정 결과뿐만 아니라 범행의 경위, 수단, 범행 전후의 피고인의 행동 등 기록에 나타난 제반 자료 등을 종합하여 단독적으로 심신장애의 유무를 판단하여야 한다.[45]

부검의 소견의 증명력

부검은 사망 이전의 질병 경과나 사망을 초래한 직접 혹은 간접적 요인들을 자세한 관찰 및 검사를 통하여 규명하는 것으로서, 사망원인의 인정 내지 추정을 위하여는 단편적인 개별 소견을 종합하여 최종 사인에 관한 판단에 이르는 추론의 과정을 거쳐야 한다. 따라서 부검의가 사체에 대한 부검을 실시한 후 어떤 것을 유력한 사망원인으로 지시한다고 하여 그 밖의 다른 사인이 존재할 가능성을 가볍게 배제하여서는 아니 되고, 특히 형사재판에서 부검의의 소견에 주로 의지하여 유죄의 인정을 하기 위해서는 다른 가능한 사망원인을 모두 배제하기 위한 치밀한 논증의 과정을 거치지 않으면 아니 된다. 더구나 사체에 대한 부검이 사망으로부터 상당한 시간이 경과한 후에 실시되고 그 과정에서 사체의 이동·보관에 따른 훼손·변화 가능성이 있는 경우에는 그 판단에 오류가 포함될 가능성을 전적으로 배제할 수 없다.[46]

상해진단서의 증명력

상해죄의 피해자가 제출하는 상해진단서는 일반적으로 의사가 당해 피해자의 진술을 토대로 상해의 원인을 파악한 후 의학적 전문지식을 동원하여 관찰·판단한 상해의 부위와 정도 등을 기재한 것으로서 거기에 기재된 상해가 곧 피고인의 범죄행위로 인하여 발생한 것이라는 사실을 직접 증명하는 증거가 되기에 부족한 것이지만, 그 상해에 대한 진단일자 및 상해진단서 작성일자가 상해 발생시점과 시간상으로 근접하고 상해진단서 발급 경위에 특별히 신빙성을 의심할 만한 사정이 없으며 거기에 기재된 상해 부위와 정도가 피해자가

---

44) 대판 1976. 3 23. 75도2068.
45) 대판 1995. 2. 24. 94도3163.
46) 대판 2012. 6. 28. 2012도231.

주장하는 상해의 원인 내지 경위와 일치하는 경우에는, 그 무렵 피해자가 제3자로부터 폭행을 당하는 등으로 달리 상해를 입을 만한 정황이 발견되거나 의사가 허위로 진단서를 작성한 사실이 밝혀지는 등의 특별한 사정이 없는 한, 그 상해진단서는 피해자의 진술과 더불어 피고인의 상해 사실에 대한 유력한 증거가 되고, 합리적인 근거 없이 그 증명력을 함부로 배척할 수 없다.[47)]

피해자의 진술과 의학적인 가능성만으로 발급된 상해진단서의 증명력

형사사건에서 상해진단서는 피해자의 진술과 함께 피고인의 범죄사실을 증명하는 유력한 증거가 될 수 있다. 그러나 상해 사실의 존재 및 인과관계 역시 합리적인 의심이 없는 정도의 증명에 이르러야 인정할 수 있으므로, 상해진단서의 객관성과 신빙성을 의심할 만한 사정이 있는 때에는 증명력을 판단하는 데 매우 신중하여야 한다. 특히 상해진단서가 주로 통증이 있다는 피해자의 주관적인 호소 등에 의존하여 의학적인 가능성만으로 발급된 때에는 진단 일자 및 진단서 작성일자가 상해 발생 시점과 시간상으로 근접하고 상해진단서 발급 경위에 특별히 신빙성을 의심할 만한 사정은 없는지, 상해진단서에 기재된 상해 부위 및 정도가 피해자가 주장하는 상해의 원인 내지 경위와 일치하는지, 피해자가 호소하는 불편이 기왕에 존재하던 신체 이상과 무관한 새로운 원인으로 생겼다고 단정할 수 있는지, 의사가 상해진단서를 발급한 근거 등을 두루 살피는 외에도 피해자가 상해 사건 이후 진료를 받은 시점, 진료를 받게 된 동기와 경위, 그 이후의 진료 경과 등을 면밀히 살펴 논리와 경험법칙에 따라 증명력을 판단하여야 한다.[48)]

해설: 주로 통증이 있다는 피해자의 주관적인 호소 등에 의존하여 의학적인 가능성만으로 인정되는 상해로는 (요추부·경추부 등의) 염좌나 뇌진탕이 있다. 이러한 상해는 통상 방사선(X-ray)촬영이나 자기공명영상장치에 의한 검사에서는 확인되지 않는다. 그러므로 의사는 환자가 통증을 호소하고 환자의 그러한 진술이 신빙성 있다고 판단할 때 염좌와 뇌진탕의 존재를 인정하는 것이 보통이다.

감정에 사용된 시료의 동일성과 무결성

과학적 증거방법이 사실인정에 있어서 상당한 정도로 구속력을 갖기 위해서는 감정인이 전문적인 지식·기술·경험을 가지고 공인된 표준 검사기법으로 분석한 후 법원에 제출하였다는 것만으로는 부족하고, 시료의 채취·보관·분석 등 모든 과정에서 시료의 동일성이 인정되고 인위적인 조작·훼손·첨가가 없었음이 담보되어야 하며 각 단계에서 시료에 대한 정확한 인수·인계 절차를 확인할 수 있는 기록이 유지되어야 한다.[49)]

---

47) 대판 2007. 5. 10. 2007도136; 대판 2011. 1. 27. 2010도12728. 다음은 유사 취지이다.
피해자를 진단한 의사의 진술이나 진단서의 증명력
상해사건 발생 직후 피해자를 진찰한 바 있는 의사의 진술 및 상해진단서를 발행한 의사의 진술이나 진단서는 가해자의 상해 사실 자체에 대한 직접적인 증거가 되는 것은 아니고, 다른 증거에 의하여 상해의 가해행위가 인정되는 경우에 그에 대한 상해의 부위나 정도의 점에 대한 증거가 된다(대판 1983. 2. 8. 82도3021; 대판 1995. 9. 29. 95도852).

48) 대판 2016. 11. 25. 2016도15018.

49) 대판 2018. 2. 8. 2017도14222. 다음은 유사 취지이다.
과학적 분석기법에 기한 1차적 증거방법에 오류가능성이 있고, 동일한 분석기법에 기한 2차 증거방법이 공소사실과 배치되는 경우 1차적 증거방법을 취신하기 위한 요건
어떠한 과학적 분석기법을 사용하여 제출된 것으로서 공소사실을 뒷받침하는 1차적 증거방법 자체에 오류가 발생할

(4) 직접증거가 없는 경우

목격자의 진술 등 직접증거가 전혀 없는 사건에 있어서는 적법한 증거들에 의하여 인정되는 간접사실들에 논리법칙과 경험칙을 적용하여 공소사실이 합리적인 의심이 없을 정도로 추단될 수 있을 경우에만 이를 유죄로 인정할 수 있다.[50)]

살인죄와 같이 법정형이 무거운 범죄의 경우에도 직접증거 없이 간접증거만으로도 유죄를 인정할 수 있으나, 그 경우에도 주요사실의 전제가 되는 간접사실의 인정은 합리적 의심을 허용하지 않을 정도의 증명이 있어야 한다. 여러 간접사실로 보아 피고인이 범행한 것으로 보기에 충분할 만큼 압도적으로 우월한 증명이 있어야 하고, 피고인이 고의적으로 범행한 것이라고 보기에 의심스러운 사정이 병존하고 증거관계 및 경험법칙상 고의적 범행이 아닐 여지를 확실하게 배제할 수 없다면 유죄로 인정할 수 없다. 피고인은 무죄로 추정된다는 것이 헌법상의 원칙이고, 그 추정의 번복은 직접증거가 존재할 경우에 버금가는 정도가 되어야 한다.[51)]

(5) 확정판결

형사확정판결의 증명력

형사재판에서 이와 관련된 다른 형사사건의 확정판결에서 인정된 사실은 특별한 사정이 없는 한 유력한 증거자료가 되는 것이나, 당해 형사재판에서 제출된 다른 증거 내용에 비추어 관련 형사사건의 확정판결에서의 사실판단을 그대로 채택하기 어렵다고 인정될 경우에는 이를 배척할 수 있다.[52)]

가능성이 내포되어 있고, 그와 동일한 분석기법에 의하여 제출된 2차적 증거방법이 공소사실과 배치되는 소극적 사실을 뒷받침하고 있는 경우, 법원은 각 증거방법에 따른 분석 대상물과 분석 주체, 분석 절차와 방법 등의 동일 여부, 내포된 오류가능성의 정도, 달라진 분석결과가 일정한 방향성을 가지는지 여부, 상반된 분석결과가 나타난 이유의 합리성 유무 등에 관하여 면밀한 심리를 거쳐 각 증거방법의 증명력을 판단하여야 한다. 이때 각 분석결과 사이의 차이점이 합리적인 의심 없이 해명될 수 있고 1차적 증거방법에 따른 결과의 오류가능성이 무시할 정도로 극소하다는 점이 검증된다면 공소사실을 뒷받침하는 1차적 증거방법만을 취신하더라도 그것이 자유심증주의의 한계를 벗어났다고 할 수는 없을 것이나, 그에 이르지 못한 경우라면 그 중 공소사실을 뒷받침하는 증거방법만을 섣불리 취신하거나 이와 상반되는 증거방법의 증명력을 가볍게 배척하여서는 아니 된다(대판 2014. 2. 13. 2013도9605).

50) 대판 2000. 11. 7. 2000도3507; 대판 2011. 1. 13. 2010도13226.

51) 대판 2017. 5. 30. 2017도1549.

52) 대판 2014. 3. 27. 2014도1200. 다음은 같은 취지이다.
피고인이 '갑 등과 공동하여 을을 폭행하고, 피고인은 을을 마구 때려 사망에 이르게 하였다'는 내용의 유죄판결이 확정된 후, 관련 형사사건의 증인으로 출석하여 '을을 때린 사실이 없고, 피고인과 갑은 을의 사망과 관련이 없다'는 취지로 허위 진술을 하여 위증하였다는 내용으로 기소된 사안에서, 유죄 확정판결이 내려지게 된 결정적 증거인 피고인과 갑의 수사기관 및 제1심 법정에서의 자백 진술과 갑의 항소심 증언은 범행에 이르게 된 동기, 범행 장소까지 가게 된 경위 내지 과정, 범행 장소에 도착한 이후부터 사건 현장에 이르기까지 이동 방식 및 경로, 폭행 당시 구체적인 행동 양태와 범행 이후의 제반 정황, 폭행 시각과 사망추정 시각의 불일치, 피고인과 갑이 자백을 번복하게 된 경위 등 여러 사정에 비추어 신빙성을 인정하기 어렵고, 달리 피고인의 증언이 허위라고 인정할 만한 증거가 없다고 보아 무죄를 인정한 원심판단은 수긍이 간다(대판 2012. 6. 14. 2011도15653).

민사확정판결의 구속력

형사재판에 있어서, 관련된 민사사건의 판결에서 인정된 사실은 공소사실에 대하여 유력한 인정자료가 된다고 할지라도, 반드시 그 민사판결의 확정사실에 구속을 받는 것은 아니고, 형사법원은 증거에 의하여 민사판결에서 확정된 사실과 다른 사실을 인정할 수 있다.[53)]

(6) 기 타

호흡측정과 혈액검사에 의한 음주측정치가 다름

호흡측정기에 의한 음주측정치와 혈액검사에 의한 음주측정치가 다른 경우에 어느 음주측정치를 신뢰할 것인지는 법관의 자유심증에 의한 증거취사선택의 문제이지만, 특별한 사정이 없는 한, 혈액검사에 의한 음주측정치가 호흡측정기에 의한 음주측정치보다 더 정확하다고 보는 것이 경험칙에 부합한다.[54)]

인감증명서상의 특정된 용도에 맞게 작성된 문서에 본인이 발급받은 인감증명서가 첨부되고 인감도장이 날인됨

특정된 용도로 본인이 직접 발급받은 인감증명서가 첨부되어 있고 그 특정된 용도에 맞게 같은 인감도장에 의하여 작성된 문서는 특별한 사정이 없는 한 본인이나 그로부터 정당한 권한을 위임받은 자에 의하여 그 권한의 범위 안에서 적법하게 작성된 것으로 보아야 하므로, 뚜렷한 증거가 없는 한 쉽사리 이를 위조된 문서라고 인정할 것은 아니다.[55)]

경험칙에 의한 사실인정/건강한 남성의 치아탈구가 왜소한 부녀자에 의한 2회의 뺨 구타로 인한 것인지

피고인은 46세의 왜소한 부인이고 피해자는 키 171센티미터, 몸무게 85키로그램의 55세의 건강한 거구를 지닌 남자이고, 서로 얽혀 있는 상태에서 피고인이 피해자의 뺨을 2회 구타하였다 하여 곧바로 치아가 탈구된다는 것은 그 힘의 차이로 보아 쉽사리 수긍이 되지 아니하므로 원래 병약한 상태의 치아이었다는 등 특별한 사정이 없는 한 피해자의 상해가 피고인의 구타로 인한 것이라고 단정하기 어렵다.[56)]

연속되거나 견련되는 범죄의 일부를 무죄로, 나머지를 유죄로 하기 위한 요건

공소사실의 내용 자체로 전후 연속되거나 견련되어 있는 여러 범죄사실에 대하여 그 중 일부는 무죄로 판단하면서도 나머지는 유죄로 인정하려면, 그와 같이 무죄로 본 근거가 되는 사정들이 나머지 부분의 유죄 인정에 방해가 되지 않는다는 점이 합리적으로 설명될 수 있어야 한다.[57)]

53) 대판 1996. 8. 23. 95도192; 대판 2010. 2. 25. 2008도8356.
54) 대판 2004. 2. 13. 2003도6905.
55) 대판 1995. 6. 30. 94도1286.
56) 대판 1983. 4. 12. 82도2081.
57) 대판 2013. 9. 26. 2012도3722.

라. 자유심증주의의 한계

오류의 가능성이 전무하거나 극소한 유전자검사 등 과학적 증거방법의 증명력
증거의 증명력은 법관의 자유판단에 맡겨져 있으나 그 판단은 논리와 경험법칙에 합치하여야 하고, 형사재판에 있어서 유죄로 인정하기 위한 심증형성의 정도는 합리적인 의심을 할 여지가 없을 정도여야 한다. 특히, 유전자검사나 혈액형검사 등 과학적 증거방법은 그 전제로 하는 사실이 모두 진실임이 입증되고 그 추론의 방법이 과학적으로 정당하여 오류의 가능성이 전무하거나 무시할 정도로 극소한 것으로 인정되는 경우에는 법관이 사실인정을 함에 있어 상당한 정도로 구속력을 가지므로, 비록 사실의 인정이 사실심의 전권이라 하더라도 아무런 합리적 근거 없이 함부로 이를 배척하는 것은 자유심증주의의 한계를 벗어나는 것으로서 허용될 수 없다.[58]

마. 자유심증주의의 예외

(1) 자백의 보강법칙(법 310조)

자백에 의하여 유죄의 심증을 얻더라도 보강증거가 없으면 유죄판결을 할 수 없으므로 자백의 보강법칙은 자유심증주의의 예외이다.

(2) 공판조서의 증명력(법 56조)

공판기일의 소송절차에 관해서는 법관의 심증을 불문하고 공판조서에 배타적 증명력을 인정하므로 자유심증주의의 예외이다.

(3) 진술거부권의 행사

진술거부권을 행사한 사실을 피고인에게 불리한 증거로 사용할 수 없게 하는 것은 자유심증주의의 예외이다. 증언거부권을 행사하는 것도 마찬가지이다.

제2절 자백의 보강법칙

1. 의 의

자백의 보강법칙은 증거능력과 신용성이 있는 피고인의 자백에 의하여 유죄의 심증을 얻었다하더라도 자백에 대한 보강증거가 없으면 유죄로 인정할 수 없다는 원칙을 말한다. 헌법 12조 7항 후단은, "피고인의 자백이 그에게 불리한 유일한 증거일 때에는 이를 유죄의 증거로 삼거나 이를 이유로 처벌

58) 대판 2007. 5. 10. 2007도1950.

할 수 없다"라고 규정하고 있고, 법 310조는, "피고인의 자백이 그 피고인에게 불이익한 유일의 증거인 때에는 이를 유죄의 증거로 하지 못한다"라고 규정하여 자백의 보강법칙을 명시하고 있다. 자백의 보강법칙은 자유심증주의의 예외이다.

2. 근 거

자백보강법칙의 근거는 허위자백으로 인한 오판의 위험성을 배제하고, 자백 편중 수사로 인한 인권침해를 방지하기 위한 것이다.

3. 적용범위

자백의 보강법칙은 간이공판절차와 약식명령절차에서도 적용된다.

4. 보강증거의 자격

자백을 보강하는 증거는 자백과 독립한 증거여야 한다. 따라서 아래 판례와 같이 피고인이 경찰, 검찰, 법정에서 동일 내용의 자백을 반복하더라도 서로 보강증거가 되지 못하며, 피고인의 위와 같은 자백을 들었다는 진술도 보강증거가 될 수 없다.

피고인의 경찰, 검찰, 법정 자백/피고인의 자백을 내용으로 하는 타인의 진술

피고인의 법정 및 검찰이나 경찰에서의 자백은 법 310조에서 규정하는 자백의 개념에 포함되어 그 자백만으로는 유죄의 증거로 삼을 수 없다. 검사 작성의 갑에 대한 진술조서나 사경 작성의 을에 대한 진술조서의 각 기재내용은 피고인이 이 사건 범죄사실을 모두 자인하는 것을 들었다는 진술로서 법 310조의 자백에는 포함되지 않는다 할 것이다. 그러나 피고인의 자백을 내용으로 하고 있는 이와 같은 진술기재 내용을 피고인의 자백의 보강증거로 삼는다면 결국 피고인의 자백을 피고인의 자백으로서 보강하는 결과가 되어 아무런 보강도 하는 바 없는 것이니 보강증거가 되지 못하고 오히려 보강증거를 필요로 하는 피고인의 자백과 동일하게 보아야 할 성질의 것이다.[59)]

다만 피고인이 범인으로 검거되기 전에 범죄혐의와는 상관없이 작성한 일기장, 수첩 등에 대하여 학설은 대체로 보강증거가 될 수 없다고 하나, 판례는 일정한 경우에는 다음과 같이 보강증거가 될 수 있다고 본다.

인허가업무를 수행하면서 지출한 자금을 기계적, 계속적으로 기재한 수첩

상업장부나 항해일지, 진료일지 또는 이와 유사한 금전출납부 등과 같이 범죄사실의 인정 여부와는 관계없이

59) 대판 1981. 7. 7. 81도1314; 대판 2008. 2. 14. 2007도10937.

자기에게 맡겨진 사무를 처리한 사무 내역을 그때그때 계속적, 기계적으로 기재한 문서 등의 경우는 사무처리 내역을 증명하기 위하여 존재하는 문서로서 그 존재 자체 및 기재가 그러한 내용의 사무가 처리되었음의 여부를 판단할 수 있는 별개의 독립된 증거자료이고, 설사 그 문서가 우연히 피고인이 작성하였고 그 문서의 내용 중 피고인의 범죄사실의 존재를 추론해 낼 수 있는, 즉 공소사실에 일부 부합되는 사실의 기재가 있다고 하더라도, 이를 일컬어 피고인이 범죄사실을 자백하는 문서라고 볼 수는 없다.
피고인이 뇌물공여 혐의를 받기 전에 이와는 관계없이 준설공사에 필요한 각종 인·허가 등의 업무를 위임받아 이를 추진하는 과정에서 그 업무수행에 필요한 자금을 지출하면서, 스스로 그 지출한 자금내역을 자료로 남겨두기 위하여 뇌물자금과 기타 자금을 구별하지 아니하고 그 지출 일시, 금액, 상대방 등 내역을 그때그때 계속적, 기계적으로 기입한 수첩의 기재 내용은, 피고인이 자신의 범죄사실을 시인하는 자백이라고 볼 수 없으므로, 증거능력이 있는 한 피고인의 금전출납을 증명할 수 있는 별개의 증거라고 할 것인즉, 피고인의 검찰에서의 자백에 대한 보강증거가 될 수 있다.[60)]

5. 보강을 필요로 하는 자백

자백의 보강법칙은 피고인의 자백에 대해서 적용된다. 자백이 어떠한 절차와 지위에서 행해졌는지는 가리지 않는다.[61)] 따라서 피고인, 피의자, 증인, 참고인의 지위에서 행한 자백은 물론 형사절차와 무관하게 사인으로서 행한 진술도 보강증거를 필요로 한다. 공판정에서 법원에게 한 진술도 보강증거가 필요함은 당연하다.[62)]

공범자의 자백도 법 310조의 피고인의 자백에 해당하여 자백의 보강법칙이 적용되는지에 관하여 견해가 나뉜다. 학설로는 ① 보강증거가 필요하다는 견해, ② 보강증거가 불필요하다는 견해(판례), ③ 공범자가 공동피고인인 때에는 보강증거가 필요하지 않지만, 공범자가 공동피고인이 아닌 때에는 보강증거가 필요하다는 견해가 있다.

공범의 진술
법 310조 소정의 "피고인의 자백"에 공범인 공동피고인의 진술은 포함되지 아니하므로 공범인 공동피고인의 진술은 다른 공동피고인에 대한 범죄사실을 인정하는 증거로 할 수 있는 것일 뿐만 아니라 공범인 공동피고인들의 각 진술은 상호간에 서로 보강증거가 될 수 있다.[63)]

60) 대판 1996. 10. 17. 94도2865 전합.
61) 대판 1996. 10. 17. 94도2865 전합.
62) 대판 1981. 7. 7. 81도1314는, 피고인의 법정 및 검찰이나 경찰에서의 자백은 법 310조에서 규정하는 자백의 개념에 포함되어 그 자백만으로는 유죄의 증거로 삼을 수 없다고 한다.
63) 대판 1986. 10. 28. 86도1773; 대판 1990. 10. 30. 90도1939.

확정판결은 엄격한 의미의 범죄사실과는 구별되는 것이어서 피고인의 자백만으로서도 그 존부를 인정할 수 있다.[64)]

전과에 관한 사실은 피고인의 자백만으로도 인정할 수 있다.[65)]

6. 보강증거의 범위

보강증거가 필요한 범위에 관하여 ① 객관적 범죄구성사실인 죄체의 전부 또는 중요부분에 대하여 보강증거가 필요하다는 죄체설, ② 자백의 진실성을 담보하는 정도이면 족하다는 진실성담보설이 있다. 판례는, "자백에 대한 보강증거는 범죄사실의 전부 또는 중요부분을 인정할 수 있는 정도가 되지 아니하더라도 자백이 가공적인 것이 아닌 진실한 것임을 인정할 수 있는 정도만 되면 족하고, 직접증거가 아닌 간접증거나 정황증거도 보강증거가 될 수 있다"[66)]라고 함으로써 진실성담보설을 취하고 있다.

자백: 을로부터 러미라 1,000정을 받아 갑에게 제공하고, 나머지는 투약/보강증거: 러미라 1,000정을 피고인에게 주었다는 을의 진술 및 피고인으로부터 러미라를 건네받았다는 갑의 카카오톡 메시지

자백에 대한 보강증거는 범죄사실의 전부 또는 중요 부분을 인정할 수 있는 정도가 되지 않더라도, 피고인의 자백이 가공적인 것이 아닌 진실한 것임을 인정할 수 있는 정도만 되면 충분하다. 또한 직접증거가 아닌 간접증거나 정황증거도 보강증거가 될 수 있고, 자백과 보강증거가 서로 어울려서 전체로서 범죄사실을 인정할 수 있으면 유죄의 증거로 충분하다.

피고인이 마약류취급자가 아님에도 향정신성의약품인 러미라를 3회에 걸쳐 갑에게 제공하고, 2회에 걸쳐 스스로 투약하였다는 마약류 관리에 관한 법률 위반(향정) 사안에서,

피고인은 동종 범죄전력이 4회 더 있어 공소사실을 자백하면 더 불리한 처벌을 받으리라는 사정을 알고 있었음에도, 수사기관에서 '을로부터 러미라 약 1,000정을 건네받아 그중 일부는 갑에게 제공하고, 남은 것은 자신이 투약하였다'고 자백하고, 을에 대한 검찰 진술조서 및 수사보고(피의자 휴대전화에서 복원된 메시지 관련)에 의하면, 을은 피고인의 최초 러미라 투약행위가 있었던 시점에 피고인에게 러미라 약 1,000정이 들어있는 플라스틱통 1개를 건네주었다고 하고 있고, 갑은 을에게 피고인으로부터 러미라를 건네받았다는 취지의 카카오톡 메시지를 보낸 경우, 을에 대한 검찰 진술조서 및 수사보고는 피고인의 자백의 진실성을 담보하기에 충분하다.[67)]

---

64) 대판 1983. 8. 23. 83도820.
65) 대판 1981. 6. 9. 81도1353.
66) 대판 2006. 1. 27. 2005도8704.
67) 대판 2018. 3. 15. 2017도20247.

필로폰매수대금을 송금한 사실이 필로폰 매수 외에 투약에 대한 보강증거도 되는지
실체적 경합범은 실질적으로 수죄이므로 각 범죄사실에 관하여 자백에 대한 보강증거가 있어야 한다.
'피고인이 갑으로부터 필로폰을 매수하면서 그 대금을 은행계좌로 송금한 사실'에 대한 압수·수색검증영장 집행보고는 필로폰 매수행위에 대한 보강증거는 될 수 있어도 그와 실체적 경합범 관계에 있는 필로폰투약행위에 대한 보강증거는 될 수 없다.[68]

소변검사 결과가 4회의 투약행위 중 1회의 투약행위에 관한 것이며, 투약습성에 관한 정황증거에 불과하므로 나머지 3회의 투약행위에 대한 보강증거가 될 수 없음
소변검사 결과는 1995. 1. 17.자 투약행위로 인한 것일 뿐 그 이전의 4회에 걸친 투약행위와는 무관하고, 압수된 약물도 이전의 투약행위에 사용되고 남은 것이 아니므로, 위 소변검사 결과와 압수된 약물은 결국 피고인이 투약습성이 있다는 점에 관한 정황증거에 불과하다 할 것인바, 피고인의 습벽을 범죄구성요건으로 하며 포괄일죄인 상습범에 있어서도 이를 구성하는 각 행위에 관하여 개별적으로 보강증거를 요구하고 있는 점에 비추어 보면 투약습성에 관한 정황증거만으로 향정신성의약품관리법위반죄의 객관적 구성요건인 각 투약행위가 있었다는 점에 관한 보강증거로 삼을 수는 없다.[69]
해설: 위 판례는 상습범에 있어서도 개별 범죄별로 보강증거가 필요하다고 판시하고 있다. 가령 상습사기죄, 상습절도죄에서 각 사기죄나 절도죄별로 보강증거가 필요하다.

피고인이 위조신분증을 제시, 행사한 사실을 자백하고 있고, 제시, 행사하였다는 위 신분증이 현존한다면 위 신분증은 피고인의 자백사실의 진실성을 인정할 간접증거(즉 보강증거)가 된다.[70]

자동차등록증(차량소유사실 입증)에 의한 무면허운전 자백의 보강
자동차등록증에 차량의 소유자가 피고인으로 등록·기재된 것이 피고인이 그 차량을 운전하였다는 사실의 자백 부분에 대한 보강증거가 될 수 있고 결과적으로 피고인의 무면허운전이라는 전체 범죄사실의 보강증거로 충분하다.[71]

---

68) 대판 2008. 2. 14. 2007도10937.
69) 대판 1996. 2. 13. 95도1794.
70) 대판 1983. 2. 22. 82도3107.
71) 대판 2000. 9. 26. 2000도2365. 다음은 같은 취지이다.
특정 다세대주택에서의 7건의 절도 자백(4건은 호수 불특정)과 압수된 피해품의 현존
피고인이 자신이 거주하던 다세대주택의 여러 세대에서 7건의 절도행위를 한 것으로 기소되었는데 그 중 4건은 범행 장소인 구체적 호수가 특정되지 않은 사안에서, 위 4건에 관한 피고인의 범행 관련 진술이 매우 사실적·구체적·합리적이고 진술의 신빙성을 의심할 만한 사유도 없어 자백의 진실성이 인정되므로, 피고인의 집에서 해당 피해품을 압수한 압수조서와 압수물 사진은 위 자백에 대한 보강증거가 된다(대판 2008. 5. 29. 2008도2343).
2010. 2. 18. 01:35경 자동차를 타고 온 피고인으로부터 필로폰을 건네받은 후 피고인이 위 차량을 운전해 갔다고 한 갑의 진술과 2010. 2. 20. 피고인으로부터 채취한 소변에서 나온 필로폰 양성 반응은, 피고인이 2010. 2. 18. 02:00경의

메스암페타민을 피고인에게 매도하였다는 갑의 진술은 메스암페타민 투약사실에 관한 피고인의 자백에 대한 보강증거로서 충분하다.72)

피고인이 갑과 합동하여 을의 재물을 절취하려다가 미수에 그쳤다는 내용의 공소사실을 자백한 사안에서, 피고인을 현행범으로 체포한 을의 수사기관에서의 진술과 현장사진이 첨부된 수사보고서는 보강증거가 된다.73)

제 3 절 전문법칙

Ⅰ. 전문증거와 전문법칙

1. 전문증거의 의의

전문증거(傳聞證據, hearsay)는 사실인정의 기초가 되는 사실을 경험자 자신이 직접 법원에 진술하지 않고 다른 형태로 간접적으로 보고하는 것을 말한다. 법 310조의2는, 전문증거에 관하여 공판기일에서의 진술에 대신하여 진술을 기재한 서류(이를 전문서류라고 함)나 공판기일 외에서의 타인의 진술을 내용으로 하는 진술(이를 전문진술이라고 함)이라고 정의하고 있다.74)

필로폰 투약으로 정상적으로 운전하지 못할 우려가 있는 상태에 있었다는 공소사실 부분에 대한 자백을 보강하는 증거가 되기에 충분하다.

해설: 피고인은 2010. 2. 18. 02:00경 부산 북구 구포동 A마트 앞길에서 필로폰 약 0.03g을 커피에 타 마신 후 스타렉스 차량을 그곳에서부터 부산 북구 덕천동 B병원 앞길까지 1km 가량 운전한 사실은 자백하였지만, 필로폰 투약 후 자동차를 운전할 당시 아무런 증상이 없었다고 진술하였다. 도교법 150조 1호는 '동법 45조의 규정을 위반하여 약물로 인하여 정상적으로 운전하지 못할 우려가 있는 상태에서 자동차 등을 운전'하는 것을 범죄로 규정하고 있다. 필로폰 투약의 증상이 나타나는 통상적인 수량을 투약하고 근접한 시간 내에 운전을 하였다면 위태범인 위 범죄가 성립하는바, 피고인은 필로폰 투약의 증상이 나타나는 통상적인 수량을 투약하고 근접한 시간 내에 운전하였으므로 위 범죄가 성립한다. 위와 같은 사안에서 위 판례의 밑줄 부분이 도교법위반에 관한 위 자백의 보강증거가 된다.

72) 대판 2008. 11. 27. 2008도7883.

73) 대판 2011. 9. 29. 2011도8015.

74) 이는 법정외 진술(즉 전문진술)을 법원에게 전달하는 수단(즉 전달수단이 서면이나 사람이냐)을 전문증거의 개념요소로 파악하고 있다는 점에서 전달수단을 전문진술의 개념요소로 파악하지 않는 FRE와는 다르다. FRE에서는 증거를 물적 증거(서증 포함)와 인적 증거로 구분한다. 물적 증거는 법원이 증거방법에서 증거자료를 바로 인식한다. 그러나 인적 증거인 경우에 법원은 증인(증거방법)을 통해서만 진술(증거자료)을 취득할 수 있다. 따라서 인적 증거에 대해서는 증인이 신용할 수 있는지에 관한 탄핵증거가 증거로 사용될 필요성이 있다. 이에 반하여 물적 증거에서는 증거가 진정한(genuine) 것인지, 다시 말하면 그 증거가 증거제출자가 주장하는 것이 맞는지(예컨대 위·변조된 것은 아닌지, 다른 물건과 바뀐 것은 아닌지)를 확인하여야 하고 이를 진정성의 인정(authentication)이라고 한다. 이러한 진정성의 인정은 우리 법의 '원진술자의 진술에 의한 진정성립의 인정'과 전혀 다르다.

전문증거는 전문증거를 법원에게 전달하는 수단이 서류인 경우의 전문서류와 사람인 경우의 전문진술로 나누어 볼 수 있다. 폭행 사건의 피해자가 폭행 상황에 관하여 한 진술을 들은 사람이 들은 내용에 관하여 법원에서 증언하는 것은 전문진술이다. 폭행 사건의 피해자가 폭행 상황을 서면에 기재하고 그 서면이 법원에 증거로 제출되는 경우에 이는 전문서류이다.

그런데 수사기관이 작성하는 조서는 엄격하게 말하면 이중의 전문증거라고 볼 수 있다. 가령 참고인진술조서는 진술한 참고인으로 하여금 열람하게 하고 증감·변경의 청구를 할 수 있게 하며, 이의나 의견이 없음을 진술한 때에는 자필 기재하고 간인한 후 기명날인 또는 무인을 하게 하는 방법으로 작성된다(법 244조의4 2항, 244조 2항, 3항). 그런데 수사기관이 작성하는 조서는 공무원이 작성하는 서류이므로 수사기관이 참고인진술조서에 기명날인 또는 서명하여야 한다.[75] 수사기관이 작성한 조서의 작성명의인은 수사기관이다.[76] 그렇다면 참고인진술조서는 수사기관이 경험자인 원진술자의 진술을 듣고, 그와 같이 들은 진술을 서면에 기재하여(전문진술+전문서류) 증거로 사용되는 것이다. 결국 참고인진술조서는 전문진술과 전문서류가 복합된 이중의 전문증거인 셈이다.

종래 학설과 판례는 전문서류를 경험자가 경험사실을 직접 서면에 기재한 진술서와 경험사실을 들은 타인이 전문사실을 서면에 기재하는 진술녹취서로 구분하였다. 진술녹취서는 엄밀히 따지면 진술녹취자가 경험자인 원진술자의 진술을 듣고, 그와 같이 들은 진술을 녹취서에 기재하는(전문진술+전문서류) 방식으로 작성하므로 이중의 전문증거라고 할 수 있다. 그렇지만 종래의 학설과 판례는 전문서류 중 진술녹취서가 이중의 전문증거라는 점에 대해서는 그다지 주목하지 않았다.

2. 전문법칙

전문증거는 증거능력을 가지지 못한다는 원칙을 전문법칙이라고 한다. 법 310조의2는, "① '311조 내지 316조에 규정한 것' 이외에는 ② '공판기일에서의 진술에 대신하여 진술을 기재한 서류나 공판기일외에서의 타인의 진술을 내용으로 하는 진술'은 이를 증거로 할 수 없다"라고 규정하고 있다. 여기서 ②는 전문증거를 의미한다. 따라서 위 규정은 "① 이외에는 전문증거는 이를 증거로 할 수 없다"라는 것이 된다. 즉 위 규정은 전문증거는 증거능력이 없다는 전문법칙과 전문증거 중 ①은 증거로 할 수 있다는 전문법칙의 예외를 동시에 명시하고 있는 것이다.

위와 같이 전문증거가 원칙적으로 증거능력을 가지지 못하는 근거에 관하여, ① 전문증거는 반대신문권이 행사되지 않았기 때문이라는 견해, ② 법이 당사자주의와 직권주의를 절충한 소송구조를 취하고 있는바, 전문증거는 반대신문권이 보장되지 않고 태도증거에 의한 정확한 심증형성이라는 의미에서의 직접주의도 실현되지 않기 때문이라는 견해, ③ 전문증거는 신용성이 결여되어 있기 때문이라는 견해 등이 있다.

---

75) 대판 2001. 9. 28. 2001도4091 참조.
76) 대판 1995. 11. 10. 95도2088.

전문법칙의 예외를 인정하는 기준은 신용성의 정황적 보장과 필요성이라고 설명되고 있다. 신용성의 정황적 보장은 법정 외에서의 진술의 진실성이 제반 정황에 의하여 보장되어 있는 것을 말한다. 신용성이 정황적으로 보장되는 예로는 사망 직전의 진술, 사건 직후의 충동적인 발언과 같은 무의식적인 진술, 법관 면전에서의 진술 등이 거론되고 있다. 필요성은 원진술자가 사망, 질병 등으로 인하여 증언할 수 없어 전문진술이라도 증거로 사용할 필요가 있음을 말한다. 그러나 우리 법에 규정된 전문법칙의 예외가 신용성의 정황적 보장과 필요성이라는 기준에 의해 설정되었는지는 의문이다. 조서의 진정성립과 내용의 인정은 다른 나라에서 발견되지 않는 우리나라 고유의 증거능력 인정요건으로서 전문법칙과 무관하다.

전문법칙의 예외에 해당하는 증거들은 모두 진술의 임의성이 인정되어야 한다(법 317조). 진술 내용이 피고인의 자백인 경우에도 마찬가지이다(법 309조). 진술이나 자백이 임의로 이루어져야 한다는 요건은 전문법칙과는 별개의 것이지만 전문법칙이 진술을 대상으로 한다는 점에서 전문법칙에서 함께 거론되고 있다.

3. 전문증거와 본래증거의 구별

전문법칙은 진술증거에 대해서만 적용되고, 그 중에서도 원진술에 의해 요증사실을 증명하는 경우, 즉 타인의 진술에 포함된 원진술자의 진술내용의 진실성이 요증사실로 되는 경우에만 적용된다. 갑이 을에게 “A는 B로부터 돈을 빌리고도 변제하지 않았다. A는 처음부터 변제할 의사와 능력이 없었던 사기꾼이다”라고 말하여, 을이 법정에서 “갑으로부터 위와 같은 말을 들었다”라고 진술하는 경우, 갑의 위 진술은 A의 사기죄를 입증하는 데 사용되는 때에는 전문증거이지만(A의 사기죄를 입증하기 위해서는 갑의 진술 내용이 진실하여야 함), 갑의 A에 대한 명예훼손죄를 입증하는 데 사용되는 때에는 전문증거가 아니다(이 때는 갑의 진술 내용이 아니라 갑이 위와 같이 말하였다는 사실 자체가 명예훼손죄의 요증사실임). 즉 타인의 진술을 내용으로 하는 진술이 전문증거인지 여부는 요증사실과의 관계에서 정하여지는바, 원진술의 내용인 사실이 요증사실인 경우에는 전문증거이지만, 원진술의 존재 자체가 요증사실인 경우에는 본래증거이지 전문증거가 아니다.[77]

갑이 A라고 말했고, 이를 들은 을이 “갑이 A라고 말했다”라고 진술하는 경우, 을의 진술이 전문증거인지 아니면 본래증거인지의 구별은, 공소사실 내지 요증사실을 기준으로 하였을 때, 갑의 말이 ‘경험사실의 진술’인지 아니면 ‘범행이거나 범행 당시의 정황’인지에 따라 달라진다. 갑의 말이 ‘경험사실의 진술’이면 을의 진술은 전문증거이지만, 갑의 말이 ‘범행이거나 범행 당시의 정황’이면 을의 진술은 본래증거가 된다. 다음의 표를 보라.

77) 대판 2008. 11. 13. 2008도8007; 대판 2012. 7. 26. 2012도2937; 대판 2014. 2. 27. 2013도12155.

	공소사실 내지 요증사실	갑의 말	갑의 말을 내용으로 하는 을의 진술	공소사실 내지 요증사실이 달라지는 경우
①	폭행죄: (피고인) 을은 병의 얼굴을 주먹으로 2회 때려 병을 폭행하였다.	어제 을이 병의 얼굴을 주먹으로 2회 때리는 것을 보았다.	갑이 제게 "을 네가 병의 얼굴을 주먹으로 2회 때리는 것을 보았다"라고 말했다.	
		갑의 말은 경험사실의 진술임	을의 진술은 전문증거임	
②	사기죄: (피고인) 갑은 88체육관 부지를 공시지가로 매입하게 해줄 의사와 능력이 없음에도 피해자 을에게 "수고비 2,000만 원을 주면 88체육관 부지를 공시지가로 매입하게 해주겠다"라고 거짓말하여 이에 속은 을로부터 수고비 명목으로 2,000만 원을 교부받아 편취하였다.[78]	수고비 2,000만 원을 주면 88체육관 부지를 공시지가로 매입하게 해주겠다.	갑이 "수고비 2,000만 원을 주면 88체육관 부지를 공시지가로 매입하게 해주겠다"라고 말했다.	
		갑의 말은 사기 범행 자체임 (경험사실의 진술이 아님)	을의 진술은 경험사실의 진술임 (전문증거 아님)	
③	공갈죄: (피고인) 갑은 을에게 "을 네가 어제 저녁에 병의 집에서 컴퓨터를 들고 나와 훔친 것을 보았다. 100만 원을 달라. 그렇지 않으면 너의 절도사실을 경찰서에 신고하여 콩밥을 먹게 해주겠다"라고 말하여, 이에 겁을 먹은 을로부터 100만 원을 교부받아 갈취하였다.	을 네가 어제 저녁에 병의 집에서 컴퓨터를 들고 나와 훔친 것을 보았다. 100만 원을 달라. 그렇지 않으면 너의 절도사실을 경찰서에 신고하여 콩밥을 먹게 해주겠다.	갑이 "을 네가 어제 저녁에 병의 집에서 컴퓨터를 들고 나와 훔친 것을 보았다. 100만 원을 달라. 그렇지 않으면 너의 절도사실을 경찰서에 신고하여 콩밥을 먹게 해주겠다"라고 말하는 것을 들었다.	만약 공소사실이 을의 병에 대한 절도죄라면, 갑의 말은 경험사실의 진술이고, 을의 진술은 전문증거이다. (①과 같은 구조임)
		갑의 말은 공갈 범행 자체임 (경험사실의 진술이 아님)	을의 진술은 경험사실의 진술임 (전문증거 아님)	
④	허위사실적시 명예훼손죄: (피고인) 갑은, 사실은 을이 병을 강제추행하지 않았음에도 정 등 10여명이 듣고 있는 가운데 을에게 "네가 어제 병의 가슴을 수 회 만져 강제추행하는 것을 보았다. 어떻게 그렇게 나쁜 짓을 할 수 있느냐."라고 말하였다.	네가 어제 병의 가슴을 수 회 만져 강제추행하는 것을 보았다. 어떻게 그렇게 나쁜 짓을 할 수 있느냐.	갑이 "네가 어제 병의 가슴을 수 회 만져 강제추행하는 것을 보았다. 어떻게 그렇게 나쁜 짓을 할 수 있느냐."라고 말하는 것을 들었다.	만약 공소사실이 을의 병에 대한 강제추행죄라면, 갑의 말은 경험사실의 진술이고, 을의 진술은 전문증거이 다. (①과 같은 구조임)
		갑의 말은 허위사실적시 명예훼손 범행 자체임 (경험사실의 진술이 아님)	을의 진술은 경험사실의 진술임 (전문증거 아님)	
⑤	장물취득죄: (피고인) 을은 컴퓨터 1대 시가 100만 원 상당이 갑이 병으로부터 절취한 장물인 정을 알면서도 갑으로부터 위 컴퓨터를 50만 원에 구입하여 장물을 취득하였다.[79]	이 컴퓨터는 내가 훔쳐온 것이니 시가보다 저렴한 50만 원에 구입하라.	갑이 제게 "이 컴퓨터는 내가 훔쳐온 것이니 시가보다 저렴한 50만 원에 구입하라."라고 말했습니다.	만약 공소사실이 갑의 병에 대한 절도죄라면, 갑의 말은 경험사실의 진술이고, 을의 진술은 전문증거이다. (①과 같은 구조임)
		훔친 컴퓨터라고 말해줌으로써 을은 장물인 정을 알게 되므로, 갑이 을에게 한 말은 을이 장물인 사정을 인식하게 되는 장물취득 범행 당시의 정황임 (경험사실의 진술이 아님)	을의 진술은 경험사실의 진술임 (전문증거 아님)	

78) 대판 2008. 11. 13. 2008도8007; 대판 2012. 7. 26. 2012도2937을 참조하라.
79) 대판 2000. 2. 25. 99도1252를 참조하라.

본래증거와 전문증거의 구별

문제

○ 갑은 을이 듣고 있는 가운데 병에게 "정과 함께 훔친 차이니 싸게 구입하라."라고 말하여 병이 장물인 위 차를 구입하였고,

○ 위 말을 들은 을과 병이 (수사기관, 법원 또는 제3자에게) "갑이 위와 같이 말하였다"라고 진술한 사안에서,

○ 을과 병의 위 진술은 '갑과 정의 절도죄'와 '병의 장물취득죄'에서 본래증거인가? 전문증거인가?

해설

① 전문증거의 의미

전문증거는 사실인정의 기초가 되는 사실을 원경험자가 법원(또는 수사기관이나 제3자)에게 직접 진술하지 않고 다른 형태(전문진술 또는 전문서류)로 보고하는 것임

② 본래증거와 전문증거의 구별 기준

타인의 말을 내용으로 하는 진술이 본래증거인지 전문증거인지는 요증사실과의 관계에서 정해지는데, 입증하려는 것이 '타인의 말이 존재하는지 여부'이면 본래증거이고, '타인 말의 내용이 진실한지 여부'이면 전문증거임

③ 요증사실

- 갑과 정의 절도죄: 갑과 정이 함께 차를 훔침
- 병의 장물취득죄: 병이 훔친 차임을 알고 이를 구입함

④ 갑이 을과 병에게 한 말의 분석

- 갑과 정의 절도죄에서는 '경험사실의 진술(증거임)'에 해당하고,
- 병의 장물취득죄에서는, '경험사실의 진술이 아니라 범행 당시의 정황(장물취득죄의 증거 아님)'임
  (갑이 병에게 훔친 차라고 말해줌으로써 병은 장물인 정을 알게 되므로, 갑이 을과 병에게 한 말은 병이 장물인 사정을 인식하게 되는 장물취득 범행 당시의 정황일 뿐임)

⑤ '을과 병의 진술'의 평가

갑이 을과 병에게 한 말을 내용으로 하는 '을과 병의 진술'은

- 갑과 정의 절도죄에서는 전문진술이고,
- 병의 장물취득죄에서는 전문진술이 아니고 경험사실의 진술임

⑥ 유의사항

타인의 말을 내용으로 하는 진술이 본래증거인지 전문증거인지를 판별하기 위해서는 어느 부분이 경험사실의 진술인지를 파악하는 것이 관건임

진술을 간접사실에 대한 정황증거로 사용

어떤 진술이 범죄사실에 대한 직접증거로 사용함에 있어서는 전문증거가 된다고 하더라도 그와 같은 진술을 하였다는 것 자체 또는 그 진술의 진실성과 관계없는 간접사실에 대한 정황증거로 사용함에 있어서는 반드시 전문증거가 되는 것은 아니다.[80)]

80) 대판 2000. 2. 25. 99도1252.

컴퓨터 디스켓에 저장, 보관하는 이적표현물
이적표현물을 컴퓨터 디스켓에 저장, 보관하였다는 이적표현물 소지의 국가보안법위반죄에서, 컴퓨터 디스켓에 담긴 문건의 내용의 진실성이 아니라 문건의 존재 그 자체가 증거로 되므로 컴퓨터 디스켓은 적법한 검증 절차를 거친 이상 증거능력이 인정된다.[81)]

공포심을 유발하는 글이 반복적으로 상대방에게 도달한 문자정보가 저장된 휴대전화기
휴대전화기에 저장된 문자정보에서, '휴대전화기에 저장된 문자정보가 그 증거가 되는 경우',[82)] 그 문자정보는 범행의 직접적인 수단이고 경험자의 진술에 갈음하는 대체물이 아니므로, 전문법칙이 적용되지 않는다.[83)]

전문증거와 증거물의 구별/부도수표를 회수하였음을 증명하기 위하여 제출한 수표
수표를 발행하여 예금부족으로 지급되지 아니하게 하였다는 부수법위반죄에서, 수표는 그 존재 또는 상태 자체가 증거가 되므로 증거물인 서면이고, 어떠한 사실을 직접 경험한 사람의 진술에 갈음하는 대체물이 아니므로 전문법칙이 적용되지 않는다. 수표 원본이 아니라 사본이 증거로 제출되었고 이에 대해 피고인이 증거 부동의한 경우 수표 사본을 증거로 사용하기 위해서는 수표 원본을 법정에 제출할 수 없거나 그 제출이 곤란한 사정이 있고 수표 원본이 존재하거나 존재하였으며 증거로 제출된 수표 사본이 이를 정확하게 전사한 것이라는 사실이 증명되어야 한다.[84)]

Ⅱ. 법원 또는 법관의 조서

법 311조는 ① 공판기일에 피고인이나 피고인 아닌 자의 진술을 기재한 조서, ② 법원 또는 법관의 검증의 결과를 기재한 조서와 ③ 184조 및 221조의2의 규정에 의하여 작성한 조서에 관한 규정이다. ①은 수소법원, 수명법관 또는 수탁판사가 작성하므로 법원의 조서이고, ②는 수소법원, 수명법관 또는 수탁판사가 작성한 검증조서이므로 법원의 검증조서이고, ③은 수소법원과는 무관한 법관이 작성하므로 법관의 조서이다.[85)]

81) 대판 1999. 9. 3. 99도2317.
82) 이 부분은 '휴대전화기에 저장된 문자정보 내용의 진실성이 아니라 문자정보가 존재한다는 사실 자체가 요증사실인 경우'라고 표현하는 것이 보다 정확하다.
83) 대판 2008. 11. 13. 2006도2556.
84) 대판 2015. 4. 23. 2015도2275.
85) 법 311조 제1문의 '공판기일 또는 공판준비기일에 법원이 작성한 조서'는 법원의 조서이고, 동조 제2문의 '184조 및 221조의2의 규정에 의하여 작성한 조서'는 수소법원과 무관한 법관의 조서임이 문언상 명백하다. 그런데 공판기일 또는 공판준비기일에 법원 또는 재판장의 명에 의해 수명법관이나 수탁판사가 작성한 조서를 법원의 조서와 법관의 조서 중 어느 쪽으로 분류하여야 할지는 명확하지 않다. 이러한 경우 수명법관 또는 수탁판사는 법원 또는 재판장에 속한 처분을 할 수 있고 당사자의 절차참여권이 보장된다는 점에서 수명법관 또는 수탁판사가 증거조사하여 작성한

법원 또는 법관의 조서는 당연히 증거능력이 인정된다(법 311조). 무조건적인 증거능력을 부여하는 근거에 관하여 법원 또는 법관의 면전에서 이루어진 진술은 신용성의 정황적 보장이 높고, 조서의 진정성도 당연히 인정된다는 점을 드는 것이 일반적이다.

1. 법원의 조서

가. 법원의 조서가 작성되는 경우

공판기일에 피고인이나 피고인 아닌 자의 진술을 기재한 조서, 즉 공판조서를 작성하는 경우는 다음과 같다.

(1) 공판기일

① 증인신문(법 12장): 법원은 합의부원(수명법관)에게 법정 외의 증인신문을 명할 수 있고 또는 증인 현재지의 지방법원 판사(수탁판사)에게 그 신문을 촉탁할 수 있다(법 167조)

② 감정증인(법 179조)(증인신문에 관한 법 12장을 준용)

③ 통역·번역(법 180조 내지 183조)

④ 피고인신문(법 296조의2)

(2) 공판준비기일(법 273조)

수소법원이 스스로 또는 수소법원이나 재판장의 명에 의해 수명법관이나 수탁판사가 증거조사를 하여 작성한 조서는 법원의 조서이다. 위와 같은 법원의 조서는 공판기일에 작성될 수도 있고, 공판준비기일에 작성될 수도 있다. 그런데 공판준비기일을 열어 증거조사를 하는 경우는 거의 없다.[86] 그러므로 이하에서는 이해의 편의를 위해 공판조서가 공판기일에 작성되는 것을 전제로 하여 서술하기로 한다.

위와 같은 조서는 ① 기본되는 공판조서(이를 '기본조서'라고 함) 외에 ② 증인 등의 신문조서와 ③ 증거목록 등 세 부분으로 구성된다.[87] 조서 열람의 편의를 위하여 증인신문조서, 감정인신문조서, 통역인

조서는 법원의 조서로 분류함이 타당할 것으로 생각된다.

86) 공판준비기일을 열어 증거조사를 하는 경우가 거의 없는 이유는 다음과 같다. ① 공소를 제기함에 있어서는 검사에 의한 증거의 수집이 사실상 완료되어 있고, 특히 참고인에 대해 진술조서를 작성해두면 그 참고인이 사망하거나 출국하는 등으로 증인신문을 할 수 없더라도 대부분 법 314조에 의해 증거능력을 가지므로 참고인 진술의 증거능력을 확보하기 위해 공판준비기일을 열 필요가 별로 없다. ② 또한 제1회 공판기일 이전에는 증거보전절차(법 184조)와 증인신문청구절차(법 221조의2)를 이용하여 증거조사를 할 수 있다. ③ 그럼에도 불구하고 통상적인 과정을 거친 공판절차 이전에 증거조사를 할 필요가 있는 경우에는 공판기일을 앞당겨 열면 된다. 공소장부본을 제1회 공판기일 전 5일까지 송달하여야 하는 것(법 266조)은 피고인의 방어권보장을 위한 것으로서 피고인이 위 규정에 의한 권리를 포기할 수 있기 때문이다(대판 1992. 3. 10. 91도3272 참조).
필자는 공판준비기일에 증거조사를 할 수는 없다고 생각한다.

87) 법원실무제요 형사 I, 161면.

신문조서, 번역인신문조서는 공판조서의 일부로서 각 진술자마다 별지 조서를 작성하여야 한다. 피고인의 진술은 기본조서에 기재된다.

나. 공판조서가 전문증거로 이용되는 경우

수소법원이 당해 피고사건에서 피고인이나 증인 등을 신문하여 진술을 듣고 재판하는 경우에는 진술 그 자체가 증거로 사용되며, 공판조서가 증거로 사용되는 것은 아니다. 증거로 사용되는 위 진술 자체는 본래증거(또는 원본증거)이지 전문증거가 아니다. 그런데 판사가 바뀌는 등으로 공판절차가 갱신되거나, 상급심의 파기·환송이나 파기·이송판결로 인하여 다시 재판하거나, 관할위반의 판결이 확정되어 재기소되는 등으로 증거조사를 한 법원과 재판하는 법원이 달라지는 경우에 피고인이나 증인 등이 한 진술 자체를 증거로 사용할 수 없고 이들의 진술이 기재된 공판조서를 증거로 사용하여야 한다.[88] 즉 직접 증거조사를 하지 않고 공판조서에 기재된 내용에 의해 재판하는 경우에 그 공판조서가 전문증거로 되고 이러한 경우에 법 311조가 적용된다.

다. 당해 피고사건 여부

법 311조의 공판기일이 당해 피고사건에 한정되는가 아니면 다른 사건의 경우도 해당되는가에 대해서는 견해가 나뉜다. ① 통설인 제한설은 당해 피고사건으로 한정하며 다른 사건의 공판기일의 조서는 법 315조 3호의 '기타 특히 신용할 만한 정황에 의하여 작성된 문서'에 해당한다고 본다. ② 무제한설은 당해 피고사건뿐만 아니라 다른 사건의 공판조서도 법 311조에 포함된다고 본다. ③ 구분설은 피고인의 진술이 기재된 공판조서는 반대신문권을 보장할 필요가 없으므로 다른 사건의 공판조서도 포함하고, 피고인 아닌 자의 진술이 기재된 조서는 반대신문권을 보장할 필요가 있으므로 당해 피고사건에 한정된다고 본다.

판례는 다른 피고인에 대한 형사사건의 공판조서[89]와 다른 피고인에 대한 공판조서의 일부인 증인신문조서[90] 모두 법 315조 3호에 정한 서류로서 당연히 증거능력이 있다고 보았고, 이러한 판례는 제

---

88) 공판조서를 증거로 사용하는 경우는 그 외에도 ① 친고죄에서 고소·고발이 없다는 이유로 법 327조 2호에 의해 공소기각의 판결이 선고된 이후 고소·고발을 추완하여 재기소한 경우, ② 공소장에 기재된 사실이 진실하다 하더라도 범죄가 될 만한 사실이 포함되지 않았다는 이유로 공소기각의 결정이 있은 후 공소사실을 명확히 하여 재기소한 경우, ③ 공소취소 후 공소취소된 범죄사실에 대한 다른 중요한 증거를 발견하여 재기소한 경우, ④ 재심사건인 경우, ⑤ 군 입대 또는 제대로 재판권이 변경되어 군사법원과 일반 법원 상호간에 이송이 이루어진 경우(법 16조의2, 군사법원법 2조 3항), ⑥ 소년보호사건이 법원으로 이송되거나(소년법 51조), 검찰로 송치되었다가(소년법 7조) 공소제기된 경우, ⑦ 국민참여재판 중 공소사실의 일부 철회 등으로 인하여 국민참여재판사건에 해당되지 아니하게 되고 법원이 지방법원합의부로 하여금 심판하게 한 경우(국민참여재판법 6조 1항), ⑧ 수소법원을 달리하여 공판절차가 진행된 2개의 사건이 병합되는 경우 등이 있을 수 있다. 또한 수소법원이 수명법관에게 명하거나 수탁판사에게 촉탁하는 방법으로 작성한 증인신문조서 등(법 145조, 136조, 167조)은 수소법원 내지 증인신문 등에 참여하지 않은 다른 법관의 입장에서 전문증거가 된다고 보아야 할 것이다.

89) 대판 1964. 4. 28. 64도135; 대판 1966. 7. 12. 66도617.

90) 대판 2005. 4. 28. 2004도4428.

한설에 입각한 것으로 해석되고 있다. 즉 통설·판례는 제한설이다.

라. 피고인의 진술과 피고인 이외의 자의 진술

공판조서에 기재된 진술이 피고인의 것이건 피고인 이외의 자의 것이건 무조건 증거능력이 인정된다는 점에서 학설과 판례는 일치되어 있다. 다만 당연히 증거능력이 인정되는 근거가 법 311조인지, 315조 3호인지는 제한설, 무제한설, 구분설에 따라 달라진다.

통설은 공범이나 공동피고인은 피고인 아닌 자에 해당한다고 한다. 미국이나 일본에서는 공판조서에 기재된 진술이 피고인의 것인지 피고인 이외의 자의 것인지에 따라 증거능력 부여의 요건이 달라지지만 우리는 그러한 구분을 하지 않고 당연히 증거능력을 부여하고 있으므로 위와 같은 구분은 실익이 없다.

마. 민사소송 등의 공판조서 및 무제한설의 타당성

법 311조 또는 315조 3호에 의해 당연히 증거능력이 인정되는 공판조서에는 다른 형사 피고사건에서 작성된 것뿐만 아니라 민사, 행정, 가사사건 등에서 작성된 것도 포함된다고 해석하는 것이 실무이며 타당하다고 생각된다. 그렇지만, 공판조서가 당해 피고사건에서 작성되었는지 다른 사건에서 작성되었는지에 따라 증거능력 인정의 근거를 달리하여야 할 합리적인 이유는 없으므로 모든 공판조서에 관하여 법 311조를 적용하는 것이 타당하다고 생각된다.

그런데 피고인 아닌 자가 다른 사건에서 당사자(원고, 피고, 피고인)로서 한 진술이 기재된 공판조서를 증거로 사용함에 있어서는 피고인의 반대신문권을 보장할 필요성이 크다. 따라서 이러한 경우에는 원진술자가 증언불능이거나 법정에 출석하여 피고인에게 반대신문의 기회가 부여된 경우에 한하여 증거능력을 인정하는 것이 입법론적으로 타당하다고 생각된다.

2. 법원 또는 법관의 검증조서

제139조(검증) 법원은 사실을 발견함에 필요한 때에는 검증을 할 수 있다.
제145조(준용규정) 제136조의 규정은 검증에 관하여 준용한다.
제136조(수명법관, 수탁판사) ① 법원은 압수 또는 수색을 합의부원(수명법관)에게 명할 수 있고 그 목적물의 소재지를 관할하는 지방법원 판사(수탁판사)에게 촉탁할 수 있다.
② 수탁판사는 압수 또는 수색의 목적물이 그 관할구역 내에 없는 때에는 그 목적물 소재지 지방법원 판사에게 전촉할 수 있다.
③ 수명법관, 수탁판사가 행하는 압수 또는 수색에 관하여는 법원이 행하는 압수 또는 수색에 관한 규정을 준용한다.

'공판준비기일에 검증(법 273조)'하는 경우는 거의 없다는 점, 공판절차가 갱신되는 등으로 검증을 행한 법원과 재판을 하는 법원이 달라지는 경우에 검증조서가 전문증거로 사용된다는 점 등은 공판조서에서 언급한 바와 같다.

법원이 검증을 하고도 검증결과를 검증조서에 기재하지 않음
법원이 공판기일에 CCTV 동영상에 대해 검증한 경우, 그 검증결과(즉, 법원이 오관의 작용에 의하여 판단한 결과)가 증거이고, 검증결과를 기재한 검증조서가 증거인 것은 아니다. 따라서 위 검증은 검증결과가 바로 증거가 되므로 검증결과를 검증조서에 일부 기재하지 않았어도 심리미진의 위법은 없다.[91]

전화대화시 주취상태였는지를 확인하기 위하여 위 전화대화를 녹음한 테이프를 검증/전문증거와 본래증거의 구분/검증결과가 증거인지 공판조서가 증거인지
갑이 을과 전화통화하면서 그 대화를 녹음한 녹음테이프를 원심법원에 제출하였다. 을은 증인으로 출석하여 "갑과 위와 같이 전화통화하면서 부동산을 2억 원이 아니라 1억 900만 원에 매도하였다고 대답한 것은 사실이다"라고 증언하면서, 술에 취한 상태에서 다른 부동산 매도건과 착각하여 위와 같이 대답하였다는 취지로 다투었다. 이에 원심법원이 녹음 당시 을이 술에 취한 상태였는지 확인하기 위하여 녹음테이프를 검증한 사안에서,
녹음테이프에 대한 검증의 내용이 그 진술 당시 진술자의 상태 등을 확인하기 위한 것인 경우에는, 검증조서는 법원의 검증의 결과를 기재한 조서로서 법 311조에 의하여 당연히 증거로 할 수 있다.[92]
해설: 검증의 내용이 진술 당시 진술자의 상태(술에 취한 상태였느냐)를 확인하기 위한 것이므로 위 진술은 경험사실의 진술이 아니고, 따라서, 위 진술이 녹음된 녹음테이프는 전문증거가 아니다. 만약 검증이 진술내용이 무엇인지 확인하여 그 내용의 진실성(즉 1억 900만 원에 매도하였는지 여부)이 요증사실로 되는 경우라면, 위 진술은 '경험사실의 진술(1억 900만 원에 매도하였음)'이고, 위 진술이 녹음된 녹음테이프는 전문증거로서 법 313조의 적용 대상이 된다.
원심법원은 검증결과 자체를 증거로 사용할 뿐, (법관이 바뀌는 등의 사정이 없다면) 검증조서를 증거로 사용하지는 않는다. 대법원은 검증을 하지 않았으므로 검증결과 자체를 증거로 사용할 수는 없고, 검증결과가 기재된 검증조서를 증거로 사용하게 되는데, 대법원의 입장에서 검증조서는 법 311조에 의하여 당연히 증거능력이 있다.

3. 증거보전절차와 증인신문청구절차에서 작성된 조서

증거보전절차(법 184조)와 증인신문청구절차(법 221조의2)에서 조서작성의 주체는 법관(수소법원이 아님)이다. 이러한 법관의 조서는 당연히 증거능력이 있다(법 311조 2문).

91) 대판 2009. 11. 12. 2009도8949.
92) 대판 2008. 7. 10. 2007도10755

증인신문절차에서 피의자가 자신의 범행을 인정하는 전제 하에 증인에게 한 질문

사례: 살인죄에 관한 증거보전절차에서 피의자가 자신의 살인 범행을 시인하는 전제 하에 증인 갑에게 질문(반대신문임)하고, 갑이 답변(증언임)하여 그 질문과 답변이 증인신문조서에 기재되고, 증인신문조서가 살인죄의 피고사건에서 증거로 제출된 경우, 증인신문조서의 기재 중 '갑의 답변'과 '피고인의 질문' 부분은 증거능력이 있는가?

- **'갑의 답변(증인의 증언)' 부분**은 법 311조 2문의 '법 184조에 의하여 작성된 문서'이므로 증거로 사용할 수 있다.
- **'피고인의 질문(피의자의 진술)' 부분**은 ① '증거보전절차(법 184조)'에서 작성되었으므로 '공판기일에 피고인 등의 진술을 기재한 조서(법 311조 본문)'가 아니고, ② 증거보전절차에서 작성되기는 하였으나 위 절차에서 보전할 수 없는 피의자의 진술을 내용으로 하므로 '법 184조의 증인신문조서'도 아니어서, 법 311조에 의해 증거로 사용할 수는 없다.[93]

Ⅲ. 수사기관 작성의 조서

법 312조는 검사가 작성한 피의자신문조서(동조 1항, 2항), 검사 이외의 수사기관이 작성한 피의자신문조서(동조 3항), 검사 또는 사법경찰관이 작성한 참고인진술조서(동조 4항), 피의자 또는 참고인이 수사과정에서 작성한 진술서(동조 5항), 검사 또는 사법경찰관이 작성한 검증조서(동조 6항)의 증거능력에 관하여 규정하고 있다.

1. 사경 작성 피의자신문조서

사경이 작성한 피의자신문조서가 증거능력을 가지기 위해서는 적법한 절차와 방식에 따라 작성되고, 공판기일에 그 피의자였던 피고인 또는 변호인이 그 내용을 인정하여야 한다(법 312조 3항).

가. 증거능력의 요건

(1) 적법한 절차와 방식에 의하여 작성되었을 것

피의자신문조서가 적법하기 위해서는 다음과 같은 절차와 방식을 따라야 한다.

피의자신문조서는 피의자에게 열람하게 하거나 읽어 들려주어야 하며, 피의자가 조서에 대하여 이의나 의견이 없음을 진술한 때에는 피의자로 하여금 그 취지를 자필로 기재하게 하고 조서에 간인한 후 기명날인 또는 서명하게 하여야 한다(법 244조). 또한 단독조사의 금지(법 243조), 변호인의 수사과정에의 참여(법 243조의2), 진술거부권의 고지(법 244조의3), 수사과정의 기록(법 244조의4 1항) 등의 절차가 준수되어야 한다.

93) 대판 1984. 5. 15. 84도508.

위와 같은 요건들 중 피의자신문조서의 기재가 피고인이 진술한 내용과 일치되는 것을 실질적 진정성립, 피의자가 피의자신문조서에 한 간인, 기명날인 또는 서명이 진정할 것을 형식적 진정성립이라고 한다.[94)]

따라서 적법한 절차와 방식은 피의자신문조서의 진정성립(형식적 진정성립 및 실질적 진정성립)과 그 이외의 것으로 나누어볼 수 있다. 사경이 작성한 피의자신문조서는 내용을 부인하면 증거능력이 부정되므로 진정성립이 문제되는 경우는 드물다.

(2) 내용의 인정

내용을 인정한다는 것은 피의자신문조서의 기재 내용이 진술한 것과 같다는 의미가 아니고 그와 같이 진술한 내용이 실제 사실과 부합한다는 것을 의미한다.[95)] 위와 같은 내용의 인정은 공판기일에 피고인 또는 그 변호인만이 할 수 있다. 사경이 작성한 피의자신문조서에 관하여 피고인이나 변호인이 "조서에 기재된 내용은 사실이 아니다"라고만 주장하면 그 주장의 진위 여부를 따지지 않고 피의자신문조서가 증거로 사용될 수 없는 것이다. 사경이 작성한 피의자신문조서에 관하여 위와 같이 너무도 쉽게 증거능력을 부정할 수 있도록 한 이유는 그 신문에 있어서 있을지도 모르는 개인의 기본적 인권보장의 결여를 방지하려는 입법정책적 고려에 있다.[96)]

나. 판 례

(1) 사경이 작성하였을 것

사법경찰리 작성의 진술조서 및 피의자신문조서는 법 196조 2항 등에 의하여 사법경찰리가 검사의 지휘를 받고 수사사무를 보조하기 위하여 작성한 서류이므로 권한 없는 자의 조서가 아니다.[97)]
해설: 법 243조가, 사법경찰관이 피의자를 신문함에는 사법경찰관리를 참여하게 하여야 한다고 규정함으로써 피의자신문조서의 작성권자를 (검사와) 사법경찰관으로만 한정하고 있지만 위 판례는 사법경찰리가 작성한 피의자신문조서의 증거능력도 인정한다.

---

94) 법상 명문 규정은 없으나 사경 작성 피의자신문조서가 증거능력을 가지기 위해서는 실질적 진정성립이 인정되어야 함은 당연하다.

95) 대판 2010. 6. 24. 2010도5040.
피고인이 법정에서 공소사실을 부인한 것은, 사경 작성 피의자신문조서의 내용을 인정하지 않은 것이므로 피의자신문조서는 증거능력이 없고, 피고인을 조사한 경찰관이 법정에서 "피고인의 진술대로 조서가 작성되었고, 작성 후 피고인이 조서를 읽어보고 내용을 확인한 후 서명·무인하였다"라고 증언하더라도 피의자신문조서는 증거능력이 없다(대판 1997. 10. 28. 97도2211).

96) 대판 1982. 9. 14. 82도1479 전합. 이러한 사정은 제2대 국회 엄상섭 의원의 다음과 같은 발언에 잘 나타나 있다. 경찰에서 무엇을 말했다든지 수사기관에서 한 자백은 검찰기관 혹은 공판정에서 부인할 때에 언제든지 칠판에다가 써두었던 글을 닦아버린다든지 하는 것처럼 아무런 효과가 없다는 방향으로 나가야 비로소 경찰기관에서 행해지고 있는 고문을 근절은 못 시키더라도 어느 정도 견제할 수 있지 않는가 이러한 생각을 가지고 있습니다[신동운, "공판절차에 있어서 피고인의 방어권보장", 서울대학교 법학 제44권 제1호(2004), 146면].

97) 대판 1982. 12. 28. 82도1080.

미국 범죄수사대(CID), 연방수사국(FBI)의 수사관들이 작성한 수사보고서 및 위 수사관들에 의한 조사를 받는 과정에서 피고인이 작성하여 제출한 진술서는 피고인이 그 내용을 부인하는 이상 증거로 쓸 수 없다. 외국의 권한 있는 수사기관도 '검사 이외의 수사기관(법 312조 3항)'에 해당한다.[98]

(2) 조서의 형식[99]

수사과정에서 피의자의 진술을 진술조서, 진술서, 자술서 등에 기재함

피의자의 진술을 녹취 내지 기재한 서류 또는 문서가 수사기관의 수사과정에서 작성된 것이라면 그것이 진술조서, 진술서, 자술서 등의 형식을 취하였더라도 피의자신문조서로 볼 것이므로 공판정에서 그 내용을 부인하면 증거능력이 없다.[100]

(3) 적법한 절차와 방식

피의자의 진술을 기재한 서류이면 형식에 불문하고 진술거부권의 고지대상임

피의자의 진술을 기재한 서류 또는 문서가 수사기관에서의 조사 과정에서 작성된 것이라면, 그것이 '진술조서, 진술서, 자술서'라는 형식을 취하였다고 하더라도 피의자신문조서와 달리 볼 수 없고, 진술거부권 고지의 대상이 되는 피의자의 지위는 실질적으로 수사를 개시하는 행위를 한 때에 인정된다.[101]

진술거부권 행사에 관하여 피의자의 답변이 자필기재가 아니거나 답변부분에 피의자의 기명날인·서명이 없음/변호인참여를 원함에도 변호인참여 없이 작성한 피의자신문조서

사경이 피의자에게 진술거부권을 알려 주고 그 행사 여부를 질문하였더라도, 진술거부권 행사 여부에 대한 답변이 자필로 기재되지 않거나 그 답변 부분에 피의자의 기명날인이나 서명이 되어 있지 않은 사경 작성의 피의자신문조서는 '적법한 절차와 방식(법 312조 3항)'에 따라 작성되었다고 할 수 없어 증거능력이 없다. 피의자가 변호인의 참여를 원한다는 의사를 명백하게 표시하였음에도 수사기관이 정당한 사유 없이 변호인을 참여하게 하지 아니한 채 신문하여 작성한 피의자신문조서는 '적법한 절차와 방식(법 312조)'에 위반될 뿐만 아니라, '적법한 절차에 따르지 아니하고 수집한 증거(법 308조의2)'이므로 증거능력이 없다.[102]

---

98) 대판 2006. 1. 13. 2003도6548.

99) 다음 판례의 취지는 2007년도의 법 개정을 통해 법 312조 5항에 반영되었다.
피의자신문조서에 기재됨이 마땅한 피의자의 진술을 진술서로 작성, 제출케 함
사경이 피의자를 조사하는 과정에서 피의자신문조서에 기재함이 마땅한 피의자의 진술내용에 관하여, 피의자로 하여금 진술서에 기재하여 제출하게 한 경우에 진술서의 증거능력은 (법 313조 1항이 아니라) 검사 이외의 수사기관이 작성한 피의자신문조서와 마찬가지로 법 312조 3항에 따라 결정하여야 한다(대판 1982. 9. 14. 82도1479 전합). (김시훈 사건)

100) 대판 1983. 7. 26. 82도385.

101) 대판 2015. 10. 29. 2014도5939.

102) 대판 2013. 3. 28. 2010도3359.

(4) 공소사실을 부인함에도 공판조서에 내용인정이라고 기재됨

피고인이 법정에서 공소사실을 부인하는 때에는, 공소사실을 자백하는 내용의 사경 작성 피의자신문조서에 대해서도 내용을 부인한 것으로 보아 증거능력을 부정하는 것이 논리적이다. 그렇게 되면 피고인이 공소사실을 부인하는 때에는 공소사실을 자백하는 내용의 사경 작성 피의자신문조서도 언제나 증거능력이 부정되어 증거로 사용될 여지가 없게 된다. 이는 사경 작성 피의자신문조서의 증거능력을 지나치게 제한하는 결과가 된다.

그렇지만 피고인이 법정에서 공소사실을 부인하면서도 공소사실을 자백하는 내용의 사경 작성 피의자신문조서에 대해서 내용을 인정하는 증거의견을 개진하면, 그 피의자신문조서에 대해 증거능력을 인정하는 것이 대체적인 실무의 관행인 것으로 생각된다.

이러한 문제 상황에서 판례는 다음과 같이 중도적인 입장을 취하고 있다. 즉, 피고인이 수사기관 이래 또는 제1심 법정에서부터 일관하여 공소사실을 부인하므로 사경 작성 피의자신문조서에 대해서도 내용을 부인함이 마땅함에도 불구하고, 공판조서에 그 피의자신문조서에 관하여 내용을 인정한 것으로 기재되어 있는 때에 위 기재는 착오로 인한 것이거나 아니면 피고인이 그와 같이 진술한 사실이 있었다는 것을 '내용인정'으로 조서를 잘못 정리한 것으로 보아 그 피의자신문조서의 증거능력을 부정하는 것이다.

> <u>피고인이 검찰 이래 원심법정에 이르기까지 사경 앞에서의 자백이 허위였다고 일관되게 진술하고 있다면</u> 결국 사경 작성의 피의자신문조서에 대해 내용을 부인한 것이라고 보아야 하므로, 기록상 공판기일에 피고인이 그 서증의 내용을 인정한 것으로 기재된 것은 착오 기재였거나 아니면 피고인이 그와 같이 진술한 사실이 있었다는 것을 '내용인정'으로 조서를 잘못 정리한 것으로 보아 그 피의자신문조서는 증거능력이 없다.[103)]

> <u>피고인은 제1심 법정 이래 계속 공소사실을 부인</u>하고 있으므로, <u>자백하는 듯한 취지가 포함된 경찰 작성의 피의자신문조서</u>의 진술내용을 부정하였다고 보아야 할 것이고, <u>증거목록상</u> 피고인이 경찰 작성의 피의자신문조서의 <u>내용을 인정한 것으로 기재된 것은 착오 기재이거나 아니면 피고인이 그와 같이 진술한 사실이 있었다는 것을 내용인정으로 조서를 잘못 정리한 것으로 이해될 뿐</u> 이로써 피의자신문조서가 증거능력을 가지게 되는 것은 아니다.[104)]

> <u>공소사실이 최초로 심리된 제1심 제4회 공판기일부터 피고인이 공소사실을 일관되게 부인하여 경찰 작성 피의자신문조서의 진술 내용을 인정하지 않는 경우</u>, 공판조서상 피고인이 제1심 제4회 공판기일에 내용을 인정한 것으로 기재된 것은 착오 기재 등으로 보아 피의자신문조서의 증거능력을 부정하여야 한다.[105)]

---

103) 대판 1995. 5. 23. 94도1735.

104) 대판 2001. 9. 28. 2001도3997; 대판 2006. 5. 26. 2005도6271.

105) 대판 2010. 6. 24. 2010도5040.

(5) 공범에 대한 피의자신문조서

사경 작성의 공범에 대한 피의자신문조서에 관하여 내용부인

법 312조 3항은 사경이 작성한 피고인에 대한 피의자신문조서를 유죄의 증거로 하는 경우뿐만 아니라 사경이 작성한 피고인과 공범관계에 있는 다른 피고인이나 피의자에 대한 피의자신문조서를 피고인에 대한 유죄의 증거로 채택할 경우에도 적용된다. 사경이 피고인과 공범관계가 있는 다른 피의자에 대하여 작성한 피의자신문조서는, 그 피의자의 진술에 의하여 진정성립이 인정되는 등 법 312조 4항의 요건을 갖추더라도 피고인이 그 내용을 부인하면 증거능력이 없다.[106)]

해설

- 위 판례에 따르면 사경 작성의 공범(갑)에 대한 피의자신문조서는 피고인(을)이 내용을 부인하면 증거능력이 없다. 그런데 법 312조 3항에 의하면 사경 작성의 피의자신문조서에 대해 내용을 인정하는 주체는 원진술자(갑)이므로 갑에 대한 피의자신문조서에 대하여 을이 내용을 부인한다는 위 판례의 논리가 부자연스럽다. 이와 달리 사경 작성의 공범(갑)에 대한 피의자신문조서에 대하여 피고인(을)이 내용을 부인하는 취지로 증거부동의하면 그 피의자신문조서는 증거능력이 없다고 판시한 판례도 있다.[107)]
- 위 판례에서의 공범에는 '공동피고인이 아닌 공범'도 포함된다. 따라서 갑이 다른 사건으로 재판을 받아 형이 확정되었거나, 갑이 다른 사건으로 공소제기되어 재판계속 중에 있지만 변론이 병합되지 않았거나 또는 갑에 대한 공소가 제기되지 않은 것과 상관 없이 사경 작성의 갑에 대한 피의자신문조서는 을이 내용을 부인하면(또는 내용을 부인하는 취지로 증거부동의하면) 을에 대해 증거능력을 가지지 못하는 것이다.
- 사경 작성의 공범 아닌 자에 대한 피의자신문조서는 법 312조 4항에 따라 증거능력을 판단한다.[108)]

관련 판례: 피고인이 내용부인(또는 내용부인 취지로 증거부동의)하면 사경 작성의 공범에 대한 피의자신문조서의 증거능력이 부정되는 이유는 다음과 같다.

사경 작성의 공범에 대한 피의자신문조서의 증거능력을 사경 작성의 피고인에 대한 피의자신문조서와 마찬가지로 엄격히 제한하여야 하는 이유는 그 내용이 피고인에 대한 피의자신문조서의 내용과 다름없기 때문이다. 그렇지 않고 원진술자인 공범(갑)이 피고인(을)의 피고사건에서 그 내용을 인정하면 증거능력이 있다고 보면, 형사재판이 별개로 이루어져 자기(갑)의 피고사건에서는 내용부인하여 증거능력이 없는 피의자신문조서도 피고인(을)에 대해서는 증거능력이 인정되는 불합리한 결과가 생길 수 있다. 갑의 피고사건에서 갑이 내용을 인정하였다는 이유로 이를 피고인(을)에 대한 증거로 사용할 수 있다고 본다면 피고인(을)이 반대신문을 할 기회도 없이 증거능력이 인정될 뿐 아니라, 만일 갑의 피고사건에서 증거능력이 인정된 이유가 변호인이 피의자신문조서의 내용을 인정하였기 때문이라면 을로서는 자기의 변호인도 아닌 사람의 소송행위로 불이익을 받게 되어 부당하기 때문이다.[109)]

---

106) 대판 2004. 7. 15. 2003도7185 전합; 대판 2008. 2. 14. 2005도4202 전합; 대판 2009. 10. 15. 2009도1889; 대판 2010. 2. 25. 2009도14409.

107) 대판 2009. 7. 9. 2009도2865.

108) 예컨대 갑과 을이 공동피고인인데 특수절도죄에 대해서는 갑과 을이 공범으로 기소되었고, 공무집행방해죄에 대해서는 갑만 기소된 경우, 사경이 작성한 을에 대한 피의자신문조서에 을이 갑의 공무집행방해범행을 목격한 사실이 기재된 경우, 위 피의자신문조서는 법 312조 4항의 요건을 갖추어야 갑에 대해 증거능력을 가진다.

109) 대판 1986. 11. 1. 86도1783.

사경 작성의 공범에 대한 피의자신문조서에 대해서는 법 314조가 적용 안됨
피고인과 공범관계가 있는 다른 피의자에 대한 사경 작성의 피의자신문조서는 그 피의자의 법정진술에 의하여 진정성립이 인정되더라도 피고인이 그 조서의 내용을 부인하면 증거능력이 부정되므로 그 피의자신문조서에 대하여는 원진술자가 사망 등으로 인하여 진술할 수 없는 때에 예외적으로 증거능력을 인정하는 법 314조가 적용되지 않는다.[110)]

공범인 공동피고인이 사경 작성 피의자신문조서에 관하여 법정에서 경찰수사 도중 피의자신문조서에 기재된 것과 같은 내용으로 진술하였다는 취지로 증언
사경 작성의 피고인과 공범인 공동피고인(갑)에 대한 피의자신문조서는 그 공동피고인(갑)에 의하여 진정성립이 인정되더라도 피고인이 조서의 내용을 부인하면 증거능력이 없다. 이러한 경우 그 공동피고인(갑)이 법정에서 경찰수사 도중 피의자신문조서에 기재된 것과 같은 내용으로 진술하였다고 증언하더라도, 이는 원진술자인 공동피고인(갑)이 자신에 대한 사경 작성의 피의자신문조서의 진정성립을 인정하는 취지에 불과하여 위 조서와 분리하여 독자적인 증거가치를 인정할 것은 아니므로, 위 조서의 증거능력이 부정되는 이상 위와 같은 증언 역시 증거능력이 없다.[111)]

2. 검사 작성 피의자신문조서

검사가 작성한 피의자신문조서는 적법한 절차와 방식에 따라 작성되고, 실질적 진정성립이 공판기일에서의 피고인의 진술에 의하여 인정되고, 특신상태가 증명되어야 증거로 사용될 수 있다(법 312조 1항). 다만 피고인이 실질적 진정성립을 부인하는 경우에는 영상녹화물이나 그 밖의 객관적인 방법에 의하여 이를 증명할 수 있다(동조 2항).

가. 증거능력의 요건

(1) 2007년도의 법 개정 이전

2007년도의 법 개정 이전에는 검사 작성 피의자신문조서에 관하여 원진술자가 진정성립(형식적 진정성립과 실질적 진정성립)을 인정할 때 증거능력이 인정되었다. 판례는 진정성립의 인정에 관하여, 원진술자인 피고인이 공판정에서 간인과 서명, 무인한 사실이 있음을 인정하여 형식적 진정성립이 인정되면 거기에 기재된 내용이 자기의 진술내용과 다르게 기재되었다고 하여 그 실질적 진정성립을 다투더라도 그 간인과 서명, 무인이 법 244조 2항, 3항의 절차를 거치지 않고 된 것이라고 볼 사정이 발견되지 않는 한 그 실질적 진정성립이 추정되는 것으로 보았다.[112)] 그러다가 2004년도의 전합 판결을 통하여 공판기일에서 원진술자의 진술에 의하여 형식적 진정성립뿐만 아니라 실질적 진정성립도 인정된 때에

110) 대판 2009. 5. 28. 2008도10787.
111) 대판 2009. 10. 15. 2009도1889.
112) 대판 1984. 6. 26. 84도748; 대판 2003. 10. 23. 2003도4411 등.

한하여 비로소 그 성립의 진정함이 인정된다고 판시함으로써 형식적 진정성립이 인정되면 실질적 진정성립이 추정된다는 이론을 폐기하였다.[113] 여기서 사경 작성 피의자신문조서의 내용 부인(즉 조서에 기재된 내용은 사실과 다르다)과 검사 작성 피의자신문조서의 진정성립 부인(조서에 기재된 내용은 진술한 것과 다르다는 실질적 진정성립의 부인)은 증거능력을 배제함에 있어 차이가 별로 없게 되었다.

형식적 진정성립이 인정되더라도 실질적 진정성립이 추정되지 않음
검사가 피의자나 피의자 아닌 자의 진술을 기재한 조서는 공판기일에서 원진술자의 진술에 의하여 형식적 진정성립뿐만 아니라 실질적 진정성립까지 인정되어야 비로소 그 진정성립이 인정되어 증거로 사용할 수 있다.[114]

(2) 2007년도의 법 개정 이후

(가) 적법한 절차와 방식

이 요건은 사경 작성의 피의자신문조서에 관하여 서술한 바와 같다. 다만 실질적 진정성립은 사경 작성 피의자신문조서에서와 달리 적법한 절차와 방식의 내용에 포함되지 않고 이와 별도의 요건이 된다고 보아야 한다. 왜냐하면 법 312조 1항이 '적법한 절차와 방식에 따라 작성되고, 실질적 진정성립이 공판기일에서의 피고인의 진술에 의하여 인정되고'라고 규정함으로써 실질적 진정성립이 인정될 것을 적법한 절차와 방식에 의할 것과는 별도의 요건으로 정하고 있기 때문이다. 반면에 형식적 진정성립은 사경 작성의 피의자신문조서에서와 마찬가지로 적법한 절차와 방식의 일부가 된다. 그렇기 때문에 조서의 간인이나 기명날인 또는 서명의 진정함(즉 형식적 진정성립)이 종전에는 원진술자인 피고인의 진술에 의해서만 인정될 수 있었으나, 2007년도의 법 개정 이후로는 피고인의 진술 외에도 필적이나 인영의 감정 등 다양한 방법에 의해서도 인정될 수 있다고 보아야 할 것이다.

'작성절차와 방식의 적법성'과 실질적 진정성립의 관계
검사가 피고인의 진술을 기재한 조서는 그 작성절차와 방식의 적법성과 별도로 그 내용이 검사 앞에서 진술한 것과 동일하게 기재되어 있다는 점, 즉 실질적 진정성립이 인정되어야 증거능력이 있다.[115]

실질적 진정성립이 인정되지 않으나 특신상태는 인정됨
검사 작성의 피의자신문조서는 실질적 진정성립이 인정되지 않으면 그 조서에 기재된 피고인의 진술이 특신상태 하에서 행하여졌더라도 증거능력이 없다.[116]

113) 대판 2004. 12. 16. 2002도537 전합.
114) 대판 2004. 12. 16. 2002도537 전합.
115) 대판 2013. 3. 14. 2011도8325.
116) 대판 2007. 1. 25. 2006도7342.

피고인의 서명, 날인 없는 조서
피고인의 서명, 날인 및 간인이 없는 검사 작성의 피고인에 대한 피의자신문조서는 증거능력이 없다.[117)]

피고인의 거부로 인하여 피의자신문조서에 서명만 있고, 날인이나 간인이 없음
조서말미에 피고인의 서명만이 있고, 그 날인(무인 포함)이나 간인이 없는 검사 작성의 피고인에 대한 피의자신문조서는 증거능력이 없다. 그 날인이나 간인이 없는 것이 피고인이 그 날인이나 간인을 거부하였기 때문이라는 취지가 조서말미에 기재되었다거나, 피고인이 법정에서 그 피의자신문조서의 임의성을 인정하였더라도 마찬가지이다.[118)]

(나) 실질적 진정성립

종전에는 실질적 진정성립과 형식적 진정성립은 오로지 피고인의 진술에 의해서만 인정될 수 있는 것으로 해석되었다.[119)] 2007년도의 법 개정을 통해 실질적 진정성립은 공판기일에서의 피고인의 진술 외에 '영상녹화물이나 그 밖의 객관적인 방법'에 의해서도 증명할 수 있도록 하고 있다. 여기서 영상녹화물은 법 244조의2에 의한 것을 말한다. 그 밖의 객관적 방법의 의미에 관하여 영상녹화물에 준하는 정도의 엄격한 객관성을 갖춘 것에 한정된다는 견해, 그와 같이 한정되지 않고 조사자증언도 포함된다는 견해가 있다. 실질적 진정성립을 '영상녹화물이나 그 밖의 객관적인 방법'에 의하여 입증하는 때에는 특신상태까지 증명되어야 증거능력을 가진다(법 312조 2항).

(다) 특신상태

특신상태에 대해서는 다른 증거들의 특신상태라는 요건과 함께 일괄하여 뒤에서 서술한다.

나. 판 례

(1) 검사가 작성

검찰 송치 전 검사가 구속피의자를 신문하여 작성한 피의자신문조서
검찰에 송치되기 전에 검사가 구속피의자를 상대로 피의자신문조서를 작성하는 것은 극히 이례적이고, 사경이 작성한 피의자신문조서상의 자백 등을 부당하게 유지하려는 수단으로 악용될 가능성이 있어, 그러한 피의자신문조서는 특별한 사정이 없는 한 검사가 작성한 피의자신문조서가 아니라, 사경이 작성한 피의자신문조

117) 대판 1992. 6. 23. 92도954. 다음은 같은 취지이다.
피고인의 기명만이 있고, 그 날인이나 무인이 없는, 검사 작성의 피고인에 대한 피의자 신문조서는 증거능력이 없다(대판 1981. 10. 27. 81도1370).
말미에 서명 또는 기명날인이 되어 있지 아니한 피고인에 대한 진술조서는 증거능력을 인정할 수 없다(대판 1993. 4. 23. 92도2908).
118) 대판 1999. 4. 13. 99도237.
119) 대판 2004. 12. 16. 2002도537 전합.

서로 취급하여야 한다.[120)]

검사가 핵심적인 사항을 질문하고 이를 토대로 검찰주사보가 문답하여 피의자신문조서를 작성 후 검사가 검토
검사가 피의사실에 관하여 전반적 핵심적 사항을 질문하고 이를 토대로 그 신문에 참여한 검찰주사보가 직접 문답하여 피의자 신문조서를 작성함에 있어 검사가 신문한 사항 중에 다소 불분명한 사항이나 또는 보조적 사항(행위일시, 장소 등)에 관하여 피의자에게 직접 질문하여 이를 조서에 기재하였다 하여도 참여주사보가 문답할 때 검사가 동석하여 이를 지켜보면서 문제점이 있을 때에는 재차 직접 묻고 참여주사보가 조서에 기재하고, 조서작성 후에는 검사가 이를 검토하여 검사의 신문결과와 일치한다고 인정하여 서명날인하였다면 참여주사보가 불분명 또는 보조적 사항을 직접 질문하여 기재하였더라도 이를 검사 작성의 피의자신문조서로 볼 수 있다.[121)]

검찰주사 등이 검사의 참석 없이 신문하고 검사는 조사 직후 개괄적으로만 질문
검찰주사가 검사의 지시에 따라 검사가 참석하지 않은 상태에서 피고인을 신문하여 작성하고 검사는 검찰주사의 조사 직후 피고인에게 개괄적으로 질문하였을 뿐인데도 검사가 작성한 것으로 되어 있는 피의자신문조서는 검사 작성의 피의자신문조서가 아니다.[122)]

사법연수원생인 검사직무대리가 작성한 피의자신문조서
사법연수원생인 검사직무대리가 작성한 피의자신문조서(검찰청법 32조)는 검사 작성의 피의자신문조서와 같은 증거능력이 인정된다.[123)]

(2) 실질적 진정성립

실질적 진정성립의 의미/피고인 본인의 진술에 의한 실질적 진정성립의 인정
검사가 피고인의 진술을 기재한 조서는 조서의 내용이 검사 앞에서 진술한 것과 동일하게 기재되어 있다는 점, 즉 실질적 진정성립이 인정되어야 증거로 사용할 수 있다. 여기서 기재 내용이 동일하다는 것은 적극적

---

120) 대판 1994. 8. 9. 94도1228.
해설: 사경이 수사한 사건에서 피의자가 구속된 경우에는 피의자를 경찰서 유치장에 구금하였다가 경찰 수사가 종결되면 수사기록을 검찰로 보내면서 신병도 함께 인도하는 것이 통상이지만, 수사기록이 방대한 경우에는 신병을 인도하기 전에 수사기록을 먼저 검찰로 보내어 이를 검토할 수 있게 하는 경우도 있다. 사건의 송치시점은 신병을 인도하는 때를 기준으로 판단하는 것으로 생각된다. 위와 같이 사경이 검사에게 송치하기 이전 단계에서는 피의자의 신병을 사경이 관리하는바, 이러한 상태에서 검사가 피의자를 일시 검찰청으로 소환하여 피의자신문조서를 작성한 사안에 관한 것이다.
121) 대판 1984. 7. 10. 84도846.
122) 대판 2003. 10. 9. 2002도4372.
123) 대판 2010. 4. 15. 2010도1107.

으로 진술한 내용이 진술대로 기재되어 있어야 한다는 것뿐 아니라 진술하지 않은 내용이 진술한 것처럼 기재되어 있지 않을 것도 포함한다. 피고인의 진술에 의한 실질적 진정성립의 인정은 공판기일에서의 명시적인 진술에 의하여야 하고, 피고인이 실질적 진정성립에 대하여 이의하지 않았다거나 조서 작성절차와 방식의 적법성을 인정하였다는 것만으로는 실질적 진정성립까지 인정하였다고 볼 수 없다. 특별한 사정이 없는 한 '입증취지 부인'이라는 진술이 '조서의 진정성립을 인정하고 그 증명력만을 다투는 것'이라고 가볍게 단정할 수 없다.[124)]

실질적 진정성립 인정의 의미/조서의 일부에 대한 실질적 진정성립 인정
수사기관이 작성한 조서(피의자신문조서와 진술조서)의 내용이 원진술자가 진술한 대로 기재되었다는 것은 조서 작성 당시 원진술자의 진술대로 기재되었는지 만을 의미하고, 그와 같이 진술하게 된 연유나 그 진술의 신빙성은 고려할 것이 아니다. 한편 검사가 작성한 조서 중 일부에 관하여만 원진술자가 실질적 진정성립을 인정하는 경우에는 법원은 당해 조서 중 어느 부분이 원진술자가 진술한 대로 기재되어 있고 어느 부분이 달리 기재되어 있는지를 심리한 다음 진술한 대로 기재되어 있는 부분에 한하여 증거능력을 인정하여야 한다. 갑이, 조서를 읽어보고 서명, 날인한 것은 맞는데, 조서의 내용이 일부 틀리다고 진술한 경우, 법원은 조서 중 어느 부분이 진술한 대로 기재되어 있고, 어느 부분은 그렇지 않은지를 심리하여 실질적 진정성립이 인정되지 않는 부분만 증거능력을 부정하여야 한다.[125)]
해설: 위 판례의 취지는 2가지이다. 첫째, 원진술자가 피의자신문조서가 진술한 대로 기재되지 않았다고 진술함으로써 실질적 진정성립을 부정하는 경우에, 피의자신문조서 작성 당시의 진술이 신빙성이 있는지 또는 왜 그러한 진술을 하였는지를 따질 필요가 없다는 것이다. 둘째, 하나의 피의자신문조서의 일부에 대해서는 진정성립을 인정하고, 나머지에 대해서는 이를 부정하는 것이 가능하며 이러한 경우에는 진정성립이 부정된 부분에 한하여 증거능력을 배척하라는 것이다.

증거의견으로 진정성립부인 후 '피고인 또는 증인 신문 과정에서 진정성립을 인정함'
검사 작성의 피의자신문조서에 관하여 진정성립을 인정할 '원진술자인 피고인의 진술(법 312조 1항)'은, 피고인이 조서의 증거능력에 관하여 법관에게 하는 진술 중 당해 공판절차의 당사자로서 한 진술만을 의미한다. 따라서 피고인이 당해 공판절차의 당사자로서 피의자신문조서의 진정성립을 부인한 경우, 비록 그 공판진행 중 피고인신문 또는 공동피고인에 대한 증언 과정에서 그 조서의 진정성립을 인정하는 진술을 하였더라도, 그것이 조서의 증거능력에 관한 종전 진술을 번복하는 것임이 분명한 예외적인 경우가 아니라면, 그 조서의 진정성립이 인정되었다고 할 수는 없다.[126)]

124) 대판 2013. 3. 14. 2011도8325.
125) 대판 2005. 6. 10. 2005도1849.
126) 대판 2008. 10. 23. 2008도2826.

조사관 또는 조사 과정에 참여한 통역인 등의 증언에 의한 진정성립의 인정
검사 작성의 피의자신문조서에 대한 실질적 진정성립을 증명할 수 있는 수단인 '영상녹화물이나 그 밖의 객관적인 방법(법 312조 2항)'은 법과 규칙에 규정된 방식과 절차에 따라 제작된 영상녹화물 또는 그러한 영상녹화물에 준할 정도로 피고인의 진술을 과학적·기계적·객관적으로 재현해 낼 수 있는 방법만을 의미하고, 그 외에 조사관 또는 조사 과정에 참여한 통역인 등의 증언은 이에 해당하지 않는다. 영상녹화물은 객관성이 보장되어 있으나, 피고인을 조사하였거나 조사에 참여하였던 자들의 증언은 증언자의 기억에 의존할 수밖에 없어 객관성이 보장된다고 보기 어렵기 때문이다.[127]

(3) 실질적 진정성립을 인정하였다가 증거조사 완료 후 진정성립 부인

법 318조에 규정된 증거동의의 의사표시는 증거조사가 완료되기 전까지 취소 또는 철회할 수 있다.[128] 마찬가지로 피고인이나 그 변호인이 검사 작성의 당해 피고인에 대한 피의자신문조서의 성립의 진정함을 인정하는 진술을 하였다 하더라도, 그 피의자신문조서에 대하여 법 292조에서 정한 증거조사가 완료되기 전에는 최초의 진술을 번복함으로써 그 피의자신문조서를 유죄 인정의 자료로 사용할 수 없도록 할 수 있다.[129] 그런데 피고인이 검사 작성의 피고인에 대한 피의자신문조서의 진정성립을 인정하고 이에 따라 증거조사가 완료된 후에 이를 부인하는 진술을 하거나 서면을 제출한 경우에 피의자신문조서의 증거능력이 있는지에 관하여 판례는 다음 2가지 형태로 판시하여 왔다.

최초의 진술이 신빙성이 있다고 보는 경우에 증거능력 있음
피고인이 검사 작성 피의자신문조서의 진정성립을 인정하였다가 그 뒤 이를 부인하는 경우, 그 조서의 증거능력이 언제나 없다고 할 수는 없고 법원이 그 조서의 기재내용, 형식 등과 피고인의 관련 진술 등에 비추어 진정성립을 인정한 최초의 진술이 신빙성이 있다고 보아 진정성립을 인정하는 때에는 그 피의자신문조서는 증거능력이 있다.[130]

증거조사 완료 후 진정성립 인정진술을 취소
피고인이나 변호인이 검사 작성 피의자신문조서의 진정성립을 인정하였더라도, 증거조사(법 292조)가 완료되기 전에는 최초의 진술을 번복함으로써 그 피의자신문조서를 유죄의 증거로 사용할 수 없도록 할 수 있으나, 그 피의자신문조서에 대하여 증거조사가 완료된 뒤에는 그와 같은 번복의 의사표시에 의하여 이미 인정된 조서의 증거능력이 당연히 상실되는 것은 아니다. 다만, 진정성립을 인정한 최초의 진술에 그 효력을 유

127) 대판 2016. 2. 18. 2015도16586.
128) 대판 1999. 8. 20. 99도2029.
129) 대판 2008. 7. 10. 2007도7760.
130) 대판 1992. 6. 23. 92도954; 대판 2004. 10. 15. 2003도3472; 대판 2007. 6. 28. 2005도8317; 대판 2005. 8. 19. 2005도3045. 위 판례들은 모두 증거조사 완료 후에 진정성립을 부인한 사안에 관한 것이다.

지하기 어려운 중대한 하자가 있고, 진술인에게 귀책사유가 없다면 예외적으로 증거조사 절차가 완료된 뒤에도 그 진술을 취소할 수 있고, 취소 주장이 이유 있으면 법원은 증거배제결정(규칙 139조 4항)을 통하여 그 조서를 유죄 인정의 증거에서 제외하여야 한다.[131]

(4) 공범 또는 공동피고인에 대한 피의자신문조서

공범 또는 공동피고인에 대한 검사 작성 피의자신문조서의 증거능력에 관하여 법 312조 1항, 2항에 의하자는 견해와 법 312조 4항에 의하자는 견해가 있으나 실무(사법연수원)는 후자의 견해를 취하고 있다.[132]

공동피고인이 절도범과 그 장물범인 경우, 공동피고인에 대한 피의자신문조서
공동피고인인 절도범과 그 장물범은 서로 다른 공동피고인의 범죄사실에 관하여는 증인의 지위에 있으므로, 피고인이 증거로 함에 동의한 바 없는 공동피고인에 대한 피의자신문조서는 공동피고인의 **증언**에 의하여 진정성립이 인정되지 않는 한 피고인의 범죄사실을 인정하는 증거로 할 수 없다.[133]
해설: 갑은 절도죄로, 을은 장물취득죄로 각각 기소되었고, 수사기관(검사와 사경)이 작성한 을에 대한 피신이 갑의 절도죄에 대한 증거로 제출된 경우, 을에 대한 피신이 갑의 절도죄에 대한 증거로 사용될 수 있기 위해서는, **(변론절차를 분리한 다음) 을이 증인으로서 을에 대한 피신의 진정성립을 인정하여야** 한다는 취지이다.

다른 피고사건에서 원진술자(공범이나 제3자)가 진정성립을 인정한 검사 작성 피의자신문조서
공범이나 제3자에 대한 검사 작성의 피의자신문조서등본이 증거로 제출된 경우 피고인이 증거동의하지 않는 이상, 원진술자인 공범이나 제3자가 각기 자신에 대한 공판절차나 다른 공범에 대한 증인신문절차에서 위 피의자신문조서의 진정성립을 인정한 것만으로는 증거능력을 부여할 수 없고, 반드시 공범이나 제3자가 **현재의 사건에 증인으로 출석**하여 진정성립을 인정하여야 증거능력이 인정된다.[134]
해설: 원진술자가 다른 사건에서 피의자신문조서의 진정성립을 인정하였다면 그 피의자신문조서의 진정성립은 이미 인정되었고 따라서 이를 반복하여 인정할 필요가 없을 것이다. 그럼에도 불구하고 원진술자로 하여금 현재 사건의 증인으로 출석하여 진정성립을 다시 인정하도록 요구하는 이유는 (현재 사건에 출석하지 않으면 반대신문을 할 수 없으므로) 피고인의 반대신문권을 보장하려는 데 있을 것이다.

---

131) 대판 2008. 7. 10. 2007도7760.

132) "검사 작성의 공범인 공동피고인 등에 대한 피의자신문조서에 관하여 논의가 있을 수 있으나, 공동피고인 등은 312조 4항에서 규정하는 피고인이 아닌 자에 해당함이 분명하여 이를 참고인 진술조서로 취급하여야 하고, 따라서 312조 1항이 아니라 312조 4항에 따라 증거능력을 인정할 것이다(법원실무제요 형사 Ⅱ, 110면; 사법연수원, 형사증거법 및 사실인정론, 2017, 65면).

133) 대판 2006. 1. 12. 2005도7601.

134) 대판 1999. 10. 8. 99도3063.

(5) 피의자신문조서초본

피의자신문조서의 일부를 가린 채 복사한 초본을 증거로 제출
검사 작성의 피의자신문조서가 그 내용 중 일부를 가린 채 복사되어 초본의 형식으로 제출된 경우에, 그러한 피의자신문조서초본은 ① 피의자신문조서원본 중 가려진 부분의 내용이, 가려지지 않은 부분과 분리 가능하고 공소사실과 관련되지 않으며, ② 원본이 존재하고 있거나 존재했는데 원본 제출이 불능 또는 곤란하며, ③ 원본을 정확하게 전사하였을 것을 요건으로 하여 피의자신문조서원본과 동일하게 취급할 수 있다.[135)]

3. 수사기관 작성의 진술조서

수사기관이 피고인 아닌 자의 진술을 기재한 조서[136)]는 적법한 절차와 방식에 따라 작성되고, 원진술자의 진술 또는 영상녹화물 또는 그 밖의 객관적인 방법에 의하여 실질적 진정성립이 증명되고, 피고인 또는 변호인이 원진술자를 신문할 수 있었으며 특신상태가 증명된 때에 한하여 증거능력을 가진다(법 312조 4항).

가. 증거능력의 요건

(1) 2007년도의 법 개정 이전

2007년도의 법 개정 이전에는 수사기관 작성의 참고인진술조서에 관하여 원진술자가 진정성립을 인정할 때 증거능력이 인정되었다. 여기서 진정성립이라 함은 형식적인 진정성립과 실질적인 진정성립을 모두 의미한다.[137)]

(2) 2007년도의 법 개정 이후

(가) 적법한 절차와 방식

적법한 절차와 방식으로는 참고인으로 하여금 조서를 열람하게 하고 증감·변경의 청구를 할 수 있게 하며, 이의나 의견이 없음을 진술한 때에는 자필 기재하고 간인한 후 기명날인 또는 서명을 하게 하는 등의 조치를 취하여야 하고(법 244조의4, 244조 2항, 3항), 피해자 조사와 신뢰관계 있는 자의 동석(법 221조 3항, 163조의2 1항, 2항, 3항), 제3자의 출석요구(법 221조), 수사과정의 기록(법 244조의4 3항, 1항) 등이 있다. 형식적 진정성립은 적법한 절차와 방식의 일부가 되지만, 실질적 진정성립은 적법한 절차와 방식에 포함되지 않고 이와 별도의 요건이 된다고 보아야 한다. 법 312조 4항이 실질적 진정성립이 인정될 것

---

135) 대판 2002. 10. 22. 2000도5461.

136) 수사기관이 조서를 작성함에 있어 피의자의 진술은 피의자신문조서에 피의자 이외의 자의 진술은 진술조서에 기재하여야 한다(수사 규정 20조, 24조, 검찰사건사무규칙 10조, 13조). 진술조서는 통상 참고인에 대해서 작성되므로 진술조서는 보통 참고인진술조서를 의미한다. 참고인은 고소·고발인과 그 이외의 자로 분류할 수 있다.

137) 대판 2004. 12. 16. 2002도537 전합. 2007년도의 법 개정 이전에는 검사 작성 진술조서의 증거능력은 법 312조 1항에 의해, 사경 작성 진술조서의 증거능력은 법 313조 1항에 의해 각각 판단하였다.

을 적법한 절차와 방식에 의할 것과 다른 별도의 요건으로 규정하고 있기 때문이다. 따라서 조서의 간인이나 기명날인 또는 서명이 진정하다는 점(형식적 진정성립)에 관하여 종전에는 원진술자인 피고인의 진술에 의해서만 인정하였으나, 2007년도의 법 개정 이후에는 원진술자의 진술 외에도 필적이나 인영의 감정 등 다양한 방법에 의해서도 인정할 수 있다고 보아야 할 것이다.

수사기관이 진술자의 성명을 가명으로 기재하여 작성한 조서
진술자와 피고인의 관계, 범죄의 종류, 진술자 보호의 필요성 등에 비추어 상당한 이유가 있으면 수사기관이 진술자의 성명을 가명으로 기재하여 조서를 작성하였다는 이유만으로 '적법한 절차와 방식'을 따르지 않았다고 볼 것은 아니다. 그러한 조서도 법 312조 4항의 요건을 갖추면 증거능력이 있다.[138)]

피해자에 대한 진술조서가 피해자가 화상으로 서명을 할 수 없다는 이유로 입회하고 있던 피해자의 동생에게 읽어 주고 동생으로 하여금 대신 서명날인하게 하는 방법으로 작성된 경우, 법 312조 4항[139)]의 형식적 요건을 결여하여 증거로 사용할 수 없다.[140)]

(나) 실질적 진정성립

진술조서의 기재가 원진술자가 진술한 내용과 동일하다는 실질적 진정성립에 관하여 종전에는 실질적 진정성립과 형식적 진정성립 모두 오로지 원진술자의 진술에 의해서만 인정될 수 있는 것으로 해석되었다.[141)] 2007년도의 법 개정을 통해 실질적 진정성립은 공판기일에서의 원진술자의 진술 외에 '영상녹화물이나 그 밖의 객관적인 방법'에 의해서도 증명할 수 있도록 하고 있다. 여기서 영상녹화물은 법 244조의2에 의한 것을 말한다. 그 밖의 객관적 방법의 의미에 관하여 영상녹화물에 준하는 정도의 엄격한 객관성을 갖춘 것에 한정된다는 견해, 그와 같이 한정되지 않고 조사자증언도 포함된다는 견해가 있다.

수사기관에서 사실대로 진술하고 그 내용을 확인한 후 서명날인하였다고 진술
증인으로 출석한 피해자가 수사기관에서 사실대로 진술하고 그 내용을 확인한 후 서명날인하였다는 취지로 증언하고 있을 뿐인 경우, 조서의 진정성립을 인정하는 취지인지 불분명하므로 그 진술만으로는 조서의 진정성립을 인정할 수 없다.[142)]

---

138) 대판 2012. 5. 24. 2011도7757.
139) 판례 원문에는 법 313조 1항으로 되어 있다.
140) 대판 1997. 4. 11. 96도2865.
141) 대판 2004. 12. 16. 2002도537 전합.
142) 대판 1979. 11. 27. 76도3962; 대판 1996. 10. 15. 96도1301. 대판 2000. 6. 27. 99도128은, 수사기관에서 사실대로 진술하고 진술조서를 읽어보고 서명 날인하였다는 취지의 진술을 하였을 뿐인 경우에도 적법한 진정성립의 인정이 아니라

해설: 위 판례가 조서의 진정성립을 인정하지 않는 이유는 원진술자가 진술조서를 열람하거나 그 내용을 고지 받는 등으로 진술조서의 기재가 진술한 내용과 동일함을 확인하여 인정하지 않았기 때문이다. 다음 판례를 참조하라.

원진술자가 '수사기관이 피고인 아닌 자의 진술을 기재한 조서(법 312조 4항)'에 관하여 조서의 내용을 열람하거나 고지받지 않은 채 사실대로 진술하였다고 증언

피고인이 사경 작성의 갑에 대한 피의자신문조서, 진술조서 및 검사 작성의 피고인에 대한 피의자신문조서 중 갑의 진술기재 부분을 증거부동의하였고, 원진술자인 갑이 그 진술 기재 내용을 열람하거나 고지받지 못한 채 단지 수사기관에서 사실대로 진술하였다는 증언을 하고 있을 뿐이라면, 위 피의자신문조서와 진술조서는 증거능력이 없다.[143)]

참고인진술조서의 진정성립을 피고인이 인정

피의자 아닌 자의 진술을 기재한 조서는 원진술자가 진정성립을 인정하지 않았다면 피고인이 (증거동의하지 않은 이상) 진정성립을 인정하더라도 증거능력이 없다.[144)]

해설: 진술조서의 진정성립 인정은 (피고인이 아니라) 원진술자만 할 수 있고, 피고인이 진술조서의 증거능력을 부여하기 위해서는 증거동의를 하여야 한다.

원진술자가 진술한 것과 다른데도 괜찮다고 하여 서명날인하였다고 진술

수사기관 작성의 참고인에 대한 진술조서들에 관하여 (피고인이 증거동의하지 않고) 진술자가 진술조서들의 기재 내용이 자기가 진술한 것과 다른데도 검사나 사경이 마음대로 공소사실에 부합되도록 기재한 다음 괜찮으니 서명날인하라고 요구해서 할 수 없이 서명날인하였다고 증언했다면 진술조서들은 증거능력이 없다.[145)]

원진술자가 진정성립은 인정하면서도 진술조서의 기재와 다른 내용으로 진술함

진술조서에 대하여 원진술자가 진정성립을 인정하면 그 조서는 증거능력이 있고, 원진술자가 그 조서의 내용과 다른 증언을 하더라도 증거능력이 부정되는 것은 아니다.[146)]

고 한다.

143) 대판 1994. 11. 11. 94도343.

144) 대판 1983. 8. 23. 83도196.

145) 대판 1990. 10. 16. 90도1474. 다음은 같은 취지이다.

미리 타인의 진술을 기재한 서면에 자신의 서명 무인만을 하였다고 진술

진술조서에 관하여 원진술자 갑이 공판기일에서 수사관이 자신의 진술을 받아 기재한 것이 아니라, 을이 범죄사실에 관하여 진술한 내용을 미리 적어놓은 다음 자신의 서명 무인만을 받은 것이라고 진술하여 실질적 진정성립을 부인하면 진술조서는 증거로 사용할 수 없다(대판 1992. 6. 9. 92도737).

146) 대판 2000. 8. 18. 2000도2943.

원진술자가 실질적 진정성립을 부정하고 조사 경찰관이 진정성립을 인정
사경 작성의 피의자 아닌 자에 대한 진술조서에 관하여 (피고인이 증거동의하지 않았고) 원진술자가 공판기일에서 진술조서에 서명·무인한 것은 맞으나 진술조서에 기재된 내용과 같이 진술하지는 않았다고 진술함으로써 실질적 진정성립을 부인한 경우, 진술조서는 증거능력이 없고, 진술조서를 작성한 경찰관이 원진술자가 진술한 내용대로 조서를 작성하고 진술인이 서명·무인하였다고 진술하더라도 증거능력은 없다.[147]
해설: '영상녹화물 기타 객관적인 방법'에 의해 실질적 진정성립을 증명할 수 있도록 법 312조 4항이 개정된 현재에도 위 판례의 취지는 타당하다.

(다) 반대신문의 기회 부여

수사기관이 작성한 진술조서에 관하여 오로지 원진술자의 진술에 의해서만 진정성립을 인정하는 것은 합리적이라고 할 수 없다.[148] 이러한 사정을 감안하여 2007년도의 법 개정시 진술조서의 실질적 진정성립을 원진술자의 진술 외에 영상녹화물 또는 기타 객관적인 방법에 의해서도 입증할 수 있도록 하였다.[149]

2007년도의 법 개정 이전처럼 원진술자의 진술에 의해서만 진정성립을 인정할 수 있게 하면 원진술자가 법정에 출석하지 않고서는 진술조서의 진정성립을 인정할 수 없게 되므로 진술조서를 증거로 사용하기 위해서는 원진술자가 반드시 법정에 출석하여야 하며 그러한 한도에서 피고인의 반대신문권이 보장된다. 그런데 원진술자의 진술 외의 다른 방법에 의해서도 진정성립을 인정할 수 있게 되면 진술조서를 증거로 사용하기 위해서 반드시 원진술자가 법정에 출석할 필요는 없게 되므로 반대신문권이 침해될 수 있다. 그렇기 때문에 2007년도의 법 개정을 통해 진술조서가 증거로 사용될 수 있기 위해서는 피고인 또는 변호인에게 반대신문의 기회가 부여될 것이라는 요건이 추가되었다.[150] 반대신문할 기회는 부여되면 족하고 반대신문이 실제 행해질 필요는 없다.

(라) 성폭법

성폭력범죄의 피해자가 19세 미만이거나 신체적·정신적 장애로 사물을 변별하거나 의사를 결정할 능력이 미약한 경우에는 피해자의 진술과 조사과정을 영상물 녹화장치로 촬영·보존하여야 하고, 위와 같이 촬영한 영상물에 수록된 피해자의 진술은 피해자나 조사과정에 동석한 신뢰관계에 있는 사람 또는 진술조력인의 진술에 의하여 진정성립이 인정되면 증거로 할 수 있다(성폭법 30조 6항, 1항).

147) 대판 2002. 8. 23. 2002도2112.
148) 이완규, 형사소송법연구 I, 탐구사, 2007, 224면 이하; 이승련, "한국 사법개혁과 개정 형사소송법", 동북아법연구, Vol. 1 No. 1(2007), 149면.
149) 이완규, 형사소송법연구 I, 탐구사, 2007, 232면 이하.
150) 이완규, 형사소송법연구 I, 탐구사, 2007, 237~238면.

영상물 녹화장치로 촬영한 영상물에 수록된 피해자의 진술
구 성폭법 21조의3 3항에 의해 촬영된 영상물에 수록된 '피해자의 진술'은 동조 4항에 의해 공판기일에서 피해자 또는 조사과정에 동석하였던 신뢰관계에 있는 자의 진술에 의하여 그 성립의 진정함이 인정된 때에는 증거로 할 수 있다. 그리고 동조 4항의 규정에 의하여 증거능력이 인정될 수 있는 것은 '동조 3항에 의해 촬영된 영상물에 수록된 피해자의 진술' 그 자체일 뿐이고, '피해자에 대한 경찰 진술조서'나 '조사과정에 동석하였던 신뢰관계 있는 자의 공판기일에서의 진술'이 아니다.[151]

4. 수사기관 작성의 검증조서

수사기관이 작성한 검증조서는 적법한 절차와 방식에 따라 작성되고, 그 작성자의 진술에 의해 성립의 진정함이 증명된 때에 증거로 할 수 있다(법 312조 6항).

가. 증거능력의 요건

(1) 적법한 절차와 방식

검증조서의 작성에 있어 요구되는 적법한 절차와 방식으로는 영장주의의 준수, 당사자의 참여권 보장(법 219조, 121조, 122조), 신체검사에 관한 주의(법 219조, 141조), 야간집행의 제한(법 219조, 125조) 등이 있다.

(2) 진정성립

공판기일에서의 작성자의 진술에 따라 검증조서의 성립의 진정함이 증명된 때에는 증거로 할 수 있다. 여기서 성립의 진정은 실질적 진정성립만을 의미하는 것으로 보아야 할 것이다. 법 312조 1항과 4항에서 형식적 진정성립이 적법한 절차와 방식에 포함되는 것으로 규정되어 있다는 것과 형식적 진정성립을 그 작성자의 진술에 의해서만 인정함은 합리적이지 않다는 것이 그 근거이다.

나. 판 례

(1) 진정성립을 인정할 수 있는 원진술자

법 312조 6항의 작성자는 검증조서의 작성자를 말하는 것이고 검증에 참여한데 불과한 자는 이에 해당하지 않는다.[152]

(2) 검증조서에 기재된 피고인의 진술과 사진

피고인이 사경의 면전에서 자백한 진술에 따라 사고 당시의 상황을 재현한 사진과 그 진술이 기재된 사경

151) 대판 2010. 1. 28. 2009도12048. 구 성폭법 21조의3 4항, 3항은 현행 성폭법 30조 6항, 1항에 해당한다.
152) 대판 1976. 4. 13. 76도500.

작성의 실황조사서(검증조서임)는 피고인이 공판정에서 범행재현의 상황을 부인하면 증거능력이 없다.[153]
해설: 검증을 함에 있어 피고인이 범행을 자백하고 범행상황을 재현하여 사경이 검증조서에 위 자백을 기재하고 범행상황을 재현하는 모습을 촬영한 사진을 첨부한 경우, 위 자백과 사진은 사경 작성 피의자신문조서와 마찬가지로 내용을 부인하면 증거능력이 부정된다는 취지이다.
같은 취지의 판례: 사경 작성의 검증조서에 대하여 피고인이 증거동의하였으나 법정에서 검증조서에 기재된 피고인의 진술내용 및 범행을 재연한 부분에 대하여 그 성립의 진정 및 내용을 부인하는 경우에는 그 증거능력을 인정할 수 없다.[154]
해설: 피고인의 진술과 피고인의 범행을 재연한 부분은 수사기관의 검증조서에 기재되어 있더라도 수사기관이 검증 결과가 아니라 피의자로서의 진술에 불과하다.

(3) 임의수사에 의한 검증

강제수사인 검증이 임의수사의 방식으로도 행해질 수 있는지에 관하여 학설이 나뉜다.[155] 판례는 다음과 같이 이를 긍정한다.

실황조사서는 원작성자의 공판기일에서의 진술에 의하여 진정성립이 인정되면 증거능력이 있다.[156]
해설: 위 판례는 동의를 받았다거나 공공 도로에서 행해지는 것처럼 기본권침해와 무관한 경우에는 영장 없는 검증도 적법하다는 취지의 것으로 이해할 수 있다.

긴급검증 후 사후영장을 받지 아니한 검증조서의 증거능력
실황조서가 사고발생 직후 사고 장소에서 긴급을 요하여 영장 없이 법 216조 3항에 의하여 시행된 검증에 따라 작성되었다면 사후영장을 받지 않는 한 증거능력이 없다.[157]

(4) 수사기관 작성의 압수조서와 수사보고서

사경이 작성한 "피고인이 임의로 제출한 물건을 압수하였다"라는 내용의 압수조서는, (피고인이 증거동의하지 않았고) 원진술자(압수조서의 작성자)의 증언에 의하여 진정성립이 인정되지 않았다면 증거로 쓸 수 없다.[158]

---

153) 대판 1989. 12. 26. 89도1557.
154) 대판 1998. 3. 13. 98도159; 대판 2007. 4. 26. 2007도1794.
155) 필자는 검증 자체는 강제수사가 아니라고 생각한다. 오관의 작용에 의해 사물을 인식하는 검증을 하기 위해서 법관의 영장을 받는 것은 불필요하기 때문이다. 다만 검증을 하기 위해 타인의 주거에 들어가는 등으로 검증이 타인의 법익에 대한 침해를 수반하는 부분에 대해서는 영장이 필요하다고 보아야 한다.
156) 대판 1982. 9. 14. 82도1504.
157) 대판 1989. 3. 14. 88도1399; 대판 1984. 3. 13. 83도3006.
158) 대판 1995. 1. 24. 94도1476.

'사경 작성의 압수조서와 검증조서' 그리고 감정서는 피고인이 증거동의하면 증거능력이 있다.[159)]

수사보고서에 기재된 검증결과(피고인들에게 상처가 있다는 것)
사경 작성의 수사보고서 중 "피고인 1, 2 서로 왼쪽 눈부위에 타박상이 있고, 피고인 1은 무릎에도 찰과상이 있다"라는 기재 부분은 검사가 작성하는 실황조서나 사경이 작성하는 실황조사서에 해당하지 않고, 다만 수사의 경위와 결과를 내부적으로 보고하기 위하여 작성된 서류에 불과하므로 그 안에 검증의 결과에 해당하는 기재가 있다고 하여 이를 '수사기관이 검증의 결과를 기재한 조서(법 312조 6항)'라고 할 수 없고, '피고인 또는 피고인이 아닌 자가 작성한 진술서나 그 진술을 기재한 서류(법 313조)'라고 할 수도 없어 그 기재 부분은 증거능력이 없다.[160)]

Ⅳ. 진술서와 감정서

법 제313조(진술서등) ① 전2조의 규정 이외에 피고인 또는 피고인이 아닌 자가 작성한 진술서나 그 진술을 기재한 서류로서 그 작성자 또는 진술자의 자필이거나 그 서명 또는 날인이 있는 것(피고인 또는 피고인 아닌 자가 작성하였거나 진술한 내용이 포함된 문자·사진·영상 등의 정보로서 컴퓨터용디스크, 그 밖에 이와 비슷한 정보저장매체에 저장된 것을 포함한다. 이하 이 조에서 같다)은 공판준비나 공판기일에서의 그 작성자 또는 진술자의 진술에 의하여 그 성립의 진정함이 증명된 때에는 증거로 할 수 있다. 단, 피고인의 진술을 기재한 서류는 공판준비 또는 공판기일에서의 그 작성자의 진술에 의하여 그 성립의 진정함이 증명되고 그 진술이 특신상태하에서 행하여 진 때에 한하여 피고인의 공판준비 또는 공판기일에서의 진술에 불구하고 증거로 할 수 있다.
② 제1항 본문에도 불구하고 진술서의 작성자가 공판준비나 공판기일에서 그 성립의 진정을 부인하는 경우에는 과학적 분석결과에 기초한 디지털포렌식 자료, 감정 등 객관적 방법으로 성립의 진정함이 증명되는 때에는 증거로 할 수 있다. 다만, 피고인 아닌 자가 작성한 진술서는 피고인 또는 변호인이 공판준비 또는 공판기일에 그 기재 내용에 관하여 작성자를 신문할 수 있었을 것을 요한다.
③ 감정의 경과와 결과를 기재한 서류도 제1항 및 제2항과 같다.

1. 법 313조의 적용범위

법 313조 1항, 2항은 '법원 또는 법관의 조서(법 311조)'나 '수사기관의 조서(312조)'가 아니면서 (즉 법 311조와 312조의 적용을 받지 않는 전문서류로서) '피고인 또는 피고인 아닌 자가 작성한 진술서나 그 진술을 기재한 서류'에 대해 적용된다. 피해신고서나 고소장은 법 313조의 적용 대상이다.[161)] 법 313조 3항은

159) 대판 1999. 10. 22. 99도3273.
160) 대판 2001. 5. 29. 2000도2933.
161) 사법연수원, 법학전문대학원 형사재판실무, 2017, 213면.

감정서에 대해 적용된다.

2. 진술서와 진술 기재서류

진술서는 피고인 또는 피고인 아닌 자가 스스로 작성한 서면으로 진술자와 작성자가 일치하는 것을 말한다. 진술 기재서류는 진술자 아닌 자가 '진술자인 피고인 또는 피고인 아닌 자'의 진술을 기재한 서류로 진술자와 작성자가 불일치한 것을 말한다.

법 313조의 적용 대상이 되는 서류는, 피고인의 진술서, 피고인 아닌 자의 진술서, 피고인의 진술 기재서류, 피고인 아닌 자의 진술 기재서류의 4가지이다.

예컨대 갑이 운영하는 슈퍼마켓에서 횡령 사건이 발생하였고, 갑은 범인으로 의심되는 직원인 을과 병에게 질문하고 답변을 듣는 방식으로 조사하였다. 이때 을이 작성한 서류는 을의 진술서(ⓐ)이고 병이 작성한 서류는 병의 진술서(ⓑ)이며, 갑이 을의 진술을 듣고 을의 진술을 기재한 서류는 을의 진술 기재서류(ⓒ)이고, 병의 진술을 듣고 병의 진술을 기재한 서류는 병의 진술 기재서류(ⓓ)이다. 여기서 횡령 사건에 관하여 을이 횡령죄로 기소되었다고 하자. 그렇다면 ⓐ는 피고인의 진술서, ⓑ는 피고인 아닌 자의 진술서, ⓒ는 피고인의 진술 기재서류, ⓓ는 피고인 아닌 자의 진술 기재서류이다.

수사과정에서 작성한 진술서와 진술 기재서류는 수사기관이 작성한 피의자신문조서 내지 진술조서로 취급되며(법 312조 5항), 법 313조 1항, 2항의 적용대상이 아니다.

가. 법 313조 1항과 2항의 의미

(1) 법 313조 1항 본문의 의미

법 313조 1항 본문 중 '진술서나 진술 기재서류로서 … 그 작성자 또는 진술자의 진술에 의하여 진정성립이 증명되어야 …'라는 부분에서, 작성자는 진술서에 연결되고 진술자는 진술 기재서류에 연결된다.[162] 다시 말하면 진술서는 그 작성자에 의하여, 진술 기재서류는 그 진술자에 의하여 진정성립이 인정되어야 증거능력이 있다. 진술서는 그 작성자와 진술자가 같다. 따라서 법 313조 1항 본문에 의하면, 모든 진술서와 진술 기재서류는 진술자가 진정성립을 인정해야 증거능력이 있다.

(2) 법 313조 1항 단서의 의미

법 313조 1항 단서 중 '피고인의 진술을 기재한 서류'에 관하여 피고인의 진술 기재서류만을 의미한다는 견해, 피고인의 진술 기재서류 외에 피고인의 진술서도 포함한다는 견해가 있다. 판례는 후자의 견해를 취하고 있다.

---

162) 법원실무제요 형사Ⅱ, 114면.

피고인의 진술서/피고인이 피해자에게 횡령금액을 자필로 기재해준 각서

피고인이 유치원 원장인 피해자에게 횡령금액에 관하여 자필로 각서를 작성해준 사안에서, 피고인이 자필로 작성한 진술서는 서류의 작성자가 동시에 진술자이므로 진정하게 성립된 것으로 인정되어 법 313조 1항 단서에 의하여 그 진술이 특신상태 하에서 행하여진 때에는 증거능력이 있다.[163)]

해설: 위 판례의 의미는 다음과 같다.

- 법 313조 1항 본문에 의하면, 피고인의 자필 각서(진술서)는 진술자가 진정성립을 인정하여야 증거능력이 있는데, 진술자인 피고인이 진정성립을 인정하지 않았다.
- 법 313조 1항 단서에 의하면, 위 각서는 작성자가 진정성립을 인정하여야 증거능력이 부여된다.
- 그런데 위 판례는 위 각서에 대하여 (작성자인 피고인이 진정성립을 인정하지 않더라도) 각서가 자필로 작성되었기 때문에 진정성립이 인정된다고 보았다.
- 법 313조 1항 단서는 그 문언상 피고인의 진술 기재서류에 대해서만 적용되는 것으로 보이고, 피고인의 진술 기재서류에 대해서만 적용되어야 한다는 견해도 있으나, 위 판례는 법 313조 1항 단서가 피고인의 진술서에 대해서도 적용된다는 견해를 취하고 있다.

※ 법 313조 1항 단서를 적용하여 피고인의 자필 각서(진술서)의 증거능력을 인정한 위 판례의 논리는 대단히 부자연스럽다. 현재는 법 313조 2항에 의해 감정 등 객관적인 방법으로 각서의 진정성립을 증명함으로써 그 증거능력을 부여할 수 있다.

(3) 법 313조 2항의 의미

(피고인 또는 피고인 아닌 자의) 진술서는 그 작성자가 진정성립을 부인하더라도 감정 등 객관적 방법으로 진정성립이 증명되면 증거능력이 있다. 다만, 피고인 아닌 자의 진술서는 피고인의 반대신문권이 보장되어야 한다.

나. 법 313조 1항, 2항의 적용범위와 증거능력

(1) 법 313조 1항, 2항

'법원 또는 법관의 조서(법 311조)'와 '수사기관의 조서(법 312조)'는 법 313조 1항, 2항의 적용대상 아님

(2) 법 313조 1항

- 법 313조 1항의 적용 대상은 ㉮ 피고인의 진술서, ㉯ 피고인의 진술 기재서류, ㉰ 피고인 아닌 자의 진술서, ㉱ 피고인 아닌 자의 진술 기재서류임
- 위 ㉮, ㉯, ㉰, ㉱는 그 진술자가 진정성립을 인정하여야 증거능력이 있음

---

163) 대판 2001. 9. 4. 2000도1743.

(3) 법 313조 1항 단서

- 법 313조 1항 단서의 적용대상은 ㉮ 피고인의 진술서, ㉯ 피고인의 진술 기재서류임
- 위 ㉮, ㉯는 작성자가 진정성립을 인정하여야 증거능력이 있으나, 피고인의 진술서가 자필로 작성된 때에는 (작성자인 피고인의 진술 여하에 불구하고) 진정성립이 당연히 인정됨(판례)

(4) 법 313조 2항

- 법 313조 2항의 적용대상은 ㉮ 피고인의 진술서, ㉯ 피고인 아닌 자의 진술서임
- 위 ㉮, ㉯는 작성자가 진정성립을 부인하더라도 감정 등 객관적 방법으로 진정성립이 증명되면 증거능력이 있고, 피고인 아닌 자의 진술서는 피고인의 반대신문권이 보장되어야 함

다. 판례의 검토

피고인 아닌 자의 진술서/공갈 피해자가 동생에게 피해사실을 적어 보낸 문자메시지를 촬영한 사진

공소사실: 피고인이 피해자에게 협박하는 말을 하여 공갈

문제

- 피해자가 동생에게 피고인이 협박한 말을 포함한 공갈 피해사실을 문자메시지로 보냄
- 동생이 문자메시지의 내용을 촬영한 사진이 증거로 제출됨
- 문자메시지를 촬영한 사진의 증거능력은?[164)]

문자메시지를 촬영한 사진의 법적 성격

- 문자메시지를 촬영한 사진은 피해자가 작성한 진술서임
- 피해자의 진술은 경험사실의 진술임(본래증거임)

해설: 사진은,

- 법 313조 1항 본문: 진술자인 피해자가 진정성립을 인정했으므로 증거능력 있음
- 법 313조 1항 단서: 피고인 아닌 자의 진술서이므로 법 313조 1항 단서의 적용 대상 아님
- 법 313조 2항: 진술서이므로 감정 기타 객관적인 방법으로 진정성립을 증명하면 증거능력 있음
- 법 318조: 피고인이 증거동의하면 증거능력 있음

※ 동생이 법정에 출석하여 피해자가 보낸 문자메시지를 촬영한 사진이 맞다고 확인함(원본이 존재하고, 원본을 정확하게 복사한 사본임을 입증함)

---

164) 이 문제는 다음 판례를 재구성한 것이다.
이 사건 문자메시지는 피해자가 피고인으로부터 풀려난 당일에 남동생에게 도움을 요청하면서 피고인이 협박한 말을 포함하여 공갈 등 피고인으로부터 피해를 입은 내용을 문자메시지로 보낸 것이므로, 이 사건 문자메시지의 내용을 촬영한 사진은 증거서류 중 피해자의 진술서에 준하는 것으로 취급함이 상당할 것인바, 진술서에 관한 법 313조에 따라 이 사건 문자메시지의 작성자인 피해자가 제1심 법정에 출석하여 자신이 이 사건 문자메시지를 작성하여 동생에게 보낸 것과 같음을 확인하고, 그 동생도 제1심 법정에 출석하여 피해자가 보낸 이 사건 문자메시지를 촬영한 사진이 맞다고 확인한 이상, 이 사건 문자메시지를 촬영한 사진은 그 성립의 진정함이 증명되었다고 볼 수 있으므로 이를 증거로 할 수 있다(대판 2010. 11. 25. 2010도8735).

피고인 아닌 자의 진술서/피고인이 갑, 을 등에게 한 명예훼손 발언에 관하여, 갑과 을이 대화하면서 그 대화 내용을 녹음한 녹음테이프의 녹취록을 증거제출

공소사실: 피해자에게 정신병이 없음에도 갑, 을 등에게 "학교에 알아보니 피해자에게 원래 정신병이 있었다고 하더라"라고 말하여 허위사실적시 명예훼손

문제

- 피고인이 자신의 아들에게 폭행당하여 입원한 피해자의 병실로 찾아가, 피해자의 모 갑, 그 이웃 을 등이 있는 자리에서 대화하면서 "학교에 알아보니 피해자에게 원래 정신병이 있었다고 하더라"라고 말함
- 피고인은 위 명예훼손 발언으로 허위사실적시 명예훼손죄로 기소됨
- 갑이 을과 위 명예훼손 발언에 관하여 대화하면서 그 내용을 녹음테이프에 녹음하였고 그 녹취록이 증거로 제출됨
- 피고인이 녹취록에 관하여 증거부동의
- 갑이 "을이 사건 당시 피고인의 말을 다 들었다. 그래서 지금 녹취도 해왔다"라고 증언
- 위 녹취록의 증거능력은?[165)]

녹취록의 법적 성격

- 녹음테이프에 녹음된 갑의 진술 부분은 피고인 아닌 자의 진술서임[166)]
- 갑의 진술은 경험사실의 진술임(본래증거임)

해설: 녹취록(피고인 아닌 자의 진술서)은,

- 법 313조 1항 본문: 진술자 갑의 증언은 진정성립 인정진술이라고 볼 수 없어 증거능력 없음 (을의 진술 부분도 을이 진정성립을 인정하지 않아 증거능력이 없음)
- 법 313조 1항 단서: 피고인 아닌 자의 진술서이므로 법 313조 1항 단서의 적용 대상 아님 (을의 진술 부분도 피고인 아닌 자의 진술 기재서류이므로 법 313조 1항 단서의 적용 대상 아님)
- 법 313조 2항: 피고인 아닌 자의 진술서이므로 감정 등 객관적 방법에 의해 진정성립이 증명되고 반대신문의 기회가 부여되면 증거능력 있음 (을의 진술 부분은 피고인 아닌 자의 진술 기재서류이므로 법 313조 2항의 적용 대상 아님)
- 녹음테이프 원본이나 원본을 정확하게 복사한 사본이 제출되지도 않아 증거능력 없음
- 법 318조: 피고인이 증거동의하면 증거능력 있음

---

165) 이 문제는 다음 판례를 재구성하였다.
피고인이 자신의 아들 등에게 폭행을 당하여 입원한 피해자의 병실로 찾아가 그의 모 갑과 대화하던 중 갑의 이웃 을 및 피고인의 일행 병 등이 있는 자리에서 "학교에 알아보니 피해자에게 원래 정신병이 있었다고 하더라."라고 허위사실을 말하여 피해자의 명예를 훼손하였다는 내용으로 기소된 사안에서, 이 사건 녹취록은 갑이 을과 나눈 대화내용을 녹음한 녹음테이프 등을 기초로 작성된 것으로서, 법 313조의 진술서에 준하여 피고인의 동의가 있거나 원진술자의 공판준비나 공판기일에서의 진술에 의하여 성립의 진정함이 증명되어야 증거능력을 인정할 수 있는데, 피고인이 녹취록을 증거로 함에 동의하지 않았고, 갑이 원심 법정에서 "을이 사건 당시 피고인의 말을 다 들었다. 그래서 지금 녹취도 해왔다"고 진술하였을 뿐, 원진술자인 갑과 을의 공판준비나 공판기일에서의 진술에 의하여 자신들이 진술한 대로 기재된 것이라는 점이 인정되지도 아니하고 한편 검사가 녹취록 작성의 토대가 된 대화내용을 녹음한 원본 녹음테이프 등을 증거로 제출하지 아니하는 등 법 313조 1항에 따라 녹취록의 진정성립을 인정할 수 있는 요건이 전혀 갖추어지지 않았으므로, 위 녹취록은 증거능력이 없다(대판 2011. 9. 8. 2010도7497).

166) 을의 진술 부분은 '피고인 아닌 자의 진술 기재서류'임.

피고인의 진술 기재서류/고소인이 처인 피고인의 간통 발언을 녹음한 녹음테이프
공소사실: 피고인이 공소외인과 간음하여 간통
문제
- 고소인이 처인 피고인과 대화하면서 간통에 관한 처의 발언을 몰래 녹음테이프에 녹음
- 녹음테이프가 증거로 사용되기 위한 요건은?167)

녹음테이프의 법적 성격
- 녹음테이프는 고소인이 작성한 피고인의 진술 기재서류임
- 피고인의 발언은 경험사실의 진술임(본래증거임)
- 고소인은 피고인의 발언을 몰래 녹음했지만 대화의 당사자이므로 통비법 위반이 아님

해설: 녹음테이프(피고인의 진술 기재서류)는
- 법 313조 1항 본문: 진술자(피고인)가 진정성립을 인정하면 증거능력 있음
  (판례의 사안에서 피고인이 진정성립을 인정하지 않은 것으로 판단됨)
- 법 313조 1항 단서: 작성자(갑)가 진정성립을 인정하면 증거능력 있음
- 법 313조 2항: 진술서가 아니므로 법 313조 2항의 적용 대상 아님
- 법 318조: 피고인이 증거동의하면 증거능력 있음

※ 사안과 같은 경우에, 녹음테이프의 대화를 녹취한 녹취서가 증거로 제출되었고 법원이 녹취서의 기재와 녹음테이프의 녹음내용이 동일한지에 관하여 검증한 경우, 증거자료가 되는 것은 녹음테이프에 녹음된 대화내용 그 자체이다.168)

피고인의 진술 기재서류/피고인이 갑·을과 나눈 대화를 녹음한 녹음테이프의 녹취서
공소사실: 피고인이 폭행, 협박당하지 않았음에도 폭행, 협박당하였다고 허위 고소하여 무고
문제
- 피고인이 폭행, 협박당하였는지에 관하여 갑·을과 대화한 것을 을이 녹음한 녹음테이프의 녹취록이 증거로 제출됨

---

167) 이 문제는 다음 판례를 재구성한 것이다.
고소인이 간통이 있었음을 알고 처인 피고인과 대화하면서 이를 처 몰래 녹취한 사안에서, 그 중 피고인의 진술내용은 실질적으로 법 311조, 312조 규정 이외에 피고인의 진술을 기재한 서류와 다를 바 없으므로, 피고인이 그 녹음테이프를 증거로 할 수 있음에 동의하지 않은 이상 그 녹음테이프 검증조서의 기재 중 피고인의 진술내용을 증거로 사용하기 위해서는 법 313조 1항 단서에 따라 공판기일에서 그 작성자인 고소인의 진술에 의하여 녹음테이프에 녹음된 피고인의 진술내용이 피고인이 진술한 대로 녹음된 것이라는 점이 증명되고 그 진술이 특히, 신빙할 수 있는 상태 하에서 행하여진 것으로 인정되어야 한다(대판 2001. 10. 9. 2001도3106). 같은 취지로는 대판 2008. 12. 24. 2008도9414.

168) 피고인과 상대방 사이의 대화내용에 관한 녹취서가 증거로 제출되어 그 녹취서의 기재내용과 녹음테이프의 녹음내용이 동일한지에 대하여 법원이 검증을 실시한 경우에, 증거자료가 되는 것은 녹음테이프에 녹음된 대화내용 그 자체이고, 그 중 피고인의 진술내용은 실질적으로 법 311조, 312조의 규정 이외에 피고인의 진술을 기재한 서류와 다름없어, 피고인이 그 녹음테이프를 증거로 할 수 있음에 동의하지 않은 이상 그 녹음테이프 검증조서의 기재 중 피고인의 진술내용을 증거로 사용하기 위해서는 법 313조 1항 단서에 따라 공판기일에서 그 작성자인 상대방의 진술에 의하여 녹음테이프에 녹음된 피고인의 진술내용이 피고인이 진술한 대로 녹음된 것임이 증명되어야 한다(대판 2008. 12. 24. 2008도9414).

- 을이 대화를 자신이 녹음하였고 녹취록의 내용이 다 맞다고 법정에서 증언
- 녹취록에 그 작성자가 기재되어 있지 않음
- 검사가 녹취록 작성의 토대가 된 녹음테이프 원본 등을 증거로 제출하지 않음
- 피고인은 녹취록에 대해 증거부동의함
- 위 녹취록의 증거능력은?169)

녹음테이프의 법적 성격
- 녹음테이프는 을이 작성한 피고인의 진술 기재서류임
- 피고인의 발언은 경험사실의 진술임(본래증거임)

해설: 녹취록은,
- 법 313조 1항 본문: 녹취록의 진정성립을 인정할 수 있는 요건이 전혀 갖추어지지 않아 (특히 진술자인 피고인이 진정성립을 인정하지 않아) 증거능력 없음
- 법 313조 1항 단서: 작성자인지 알 수 없는 을이 녹음테이프에 대해 진정성립을 인정하였으므로 작성자가 진정성립을 인정하였다고 볼 수 없고, 녹음테이프 원본이 제출되거나 원본을 정확하게 복사한 사본임이 입증되지도 않아 증거능력 없음
- 법 313조 2항: 진술서가 아니므로 법 313조 2항의 적용 대상 아님

피고인 아닌 자의 진술 기재서류/피고인의 북한을 찬양·고무하는 발언을 내용으로 하는 학생들의 진술을 녹음한 녹음테이프

공소사실: 피고인이 수업시간에 학생들에게 북한을 찬양·고무하는 발언을 하여 국가보안법위반

문제
- 피고인이 수업시간에 학생들에게 북한을 찬양·고무하는 발언을 하였고,
- 학생들이 피고인으로부터 들은 위 발언을 갑에게 진술하였고,
- 갑이 학생들의 위 진술을 녹음테이프에 몰래 녹음한 경우,
- 위 녹음테이프의 증거능력은?170)

---

169) 이 문제는 다음 판례를 재구성한 것이다.
피고인과 갑·을의 대화에 관한 녹취록은 피고인의 진술에 관한 전문증거인데 피고인이 위 녹취록에 대하여 부동의한 경우, 을이 위 대화를 자신이 녹음하였고 녹취록의 내용이 다 맞다고 법정에서 진술하였다 하더라도, 녹취록에 그 작성자가 기재되어 있지 않을 뿐만 아니라 검사 역시 녹취록 작성의 토대가 된 위 대화내용을 녹음한 원본 녹음테이프 등을 증거로 제출하지도 아니하는 등 법 313조 1항에 따라 위 녹취록의 진정성립을 인정할 수 있는 요건이 전혀 갖추어지지 아니한 이상, 그 녹취록의 기재는 증거능력이 없어 이를 증거로 사용할 수 없다(대판 2010. 3. 11. 2009도14525).

170) 이 문제는 다음 판례를 재구성한 것이다.
갑이 '피고인이 수업시간에 학생들에게 북한을 찬양·고무하는 발언을 하였다는 사실에 대한 학생들의 대화 내용'을 학생들 모르게 녹음한 녹음테이프 중 학생들의 대화의 내용은 실질적으로 법 311조, 312조 규정 이외의 피고인 아닌 자의 진술을 기재한 서류와 다를 바 없으므로, 피고인이 그 녹음테이프를 증거로 할 수 있음에 동의하지 않은 이상 녹음테이프의 녹음내용 중 위와 같은 내용의 학생들의 진술 및 이에 관한 검증조서의 기재 중 학생들의 진술내용을 공소사실을 인정하기 위한 증거자료로 사용하기 위하여서는 법 313조 1항에 따라 공판준비나 공판기일에서 원진술자인 학생들의 진술에 의하여 이 사건 녹음테이프에 녹음된 각자의 진술내용이 자신이 진술한 대로 녹음된

녹음테이프의 법적 성격
- 녹음테이프는 갑이 작성한 '피고인 아닌 자(학생들)'의 진술 기재서류임
- 피고인의 발언은 범행 자체임
- 학생들의 진술은 경험사실의 진술임(본래증거임)
- 갑은 학생들의 진술을 몰래 녹음했지만 대화의 당사자이므로 통비법 위반이 아님

해설: 녹음테이프(피고인 아닌 자의 진술 기재서류)는
- 법 313조 1항 본문: 진술자(학생들)가 진정성립을 인정하면 증거능력 있음
- 법 313조 1항 단서: 피고인 아닌 자의 진술 기재서류이므로 법 313조 1항 단서의 적용대상 아님
- 법 313조 2항: 진술서가 아니므로 법 313조 2항의 적용 대상 아님
- 법 318조: 피고인이 증거동의하면 증거능력 있음

수사보고서/외국 거주 참고인과의 전화대화를 문답형식으로 기재함
외국에 거주하는 참고인과의 전화 대화내용을 문답형식으로 기재한 검찰주사보 작성의 수사보고서는 (법 311조, 312조, 315조, 316조의 적용대상이 아님이 분명하므로) 313조의 진술 기재서류에 해당해야만 314조를 적용할 여지가 있다. 313조가 적용되기 위해서는 그 진술을 기재한 서류에 진술자의 서명·날인이 있어야 한다.
수사보고서에는 검찰주사보의 기명날인만 되어 있을 뿐 원진술자인 갑 등의 서명이나 기명날인이 없어, 수사보고서는 313조의 진술 기재서류가 아니고 따라서 314조를 적용할 여지가 없다.[171)]

3. 감정서

가. 의 의

감정서는 감정인이 감정의 경과와 결과를 기재한 서면이다. 감정서의 증거능력은 법 313조 1항과 같다(동조 3항).

수사기관의 위촉을 받은 감정수탁자가 작성한 감정서에 대해서는 법 313조 3항이 적용된다는 견해[172)]와 동조 1항이 적용된다는 견해가 있다.[173)]

의사가 작성한 진단서는 특수한 지식·경험을 가진 자가 그 지식·경험에 의하여 알 수 있는 법칙 또는 그 법칙을 적용하여 얻은 판단을 보고하는 것이라는 점에서 감정서의 일종으로 볼 수 있다. 위와 같이 사인의 의뢰에 의하여 작성된 감정서에 대해서는 법 313조 1항의 진술서로 보고 증거능력을 판단

것이라는 점이 인정되어야 한다(대판 1997. 3. 28. 96도2417).

171) 대판 1999. 2. 26. 98도2742. 같은 취지로는 대판 2010. 10. 14. 2010도5610.

172) 법원실무제요 형사Ⅱ, 115면.

173) 대판 1994. 12. 9. 94도1680은, "검사의 감정위촉에 따른 국립과학수사연구소장 작성의 감정의뢰회보는 피고인이 증거에 부동의하였고, 법정에서 그 작성자에 의하여 그 진정성립이 인정된 바 없으므로, 증거로 쓸 수 없고…"라고만 하고 있으며 증거능력에 관한 적용법조가 법 313조 1항인지, 3항인지는 밝히고 있지 않다.

하는 것이 일반적이다. 판례도 사인인 의사 작성의 진단서는 법 313조 1항에 따라 증거능력 유무를 결정하여야 한다고 판시한 바 있다.[174] 이에 반하여 변호인이 전문적인 학식경험을 가진 자에게 일정 감정사항을 제시하고 일정한 자료를 제공하여 감정을 의뢰하여 작성한 감정서도 검사 등이 촉탁한 감정수탁자가 작성한 감정서와 성질이 같으므로 법 313조 3항이 적용된다는 견해[175]도 있다.

나. 증거능력의 요건

감정인은 피고인이 아니고, 감정서는 진술 기재서류가 아니라 진술서이다. 즉 법 313조 3항의 감정서의 증거능력의 요건은 동조 1항 중 피고인 아닌 자의 진술서와 같다고 할 수 있다. 따라서 감정인의 자필이거나 그 서명 또는 날인이 있고 공판기일에서의 감정인의 진술에 의하여 진정성립이 증명된 때에만 증거능력이 있다.

감정서의 증거능력 요건
유죄의 증거인 과학적 증거방법은 전문적인 지식·기술·경험을 가진 감정인에 의하여 공인된 표준 검사기법으로 분석을 거쳐 작성되어야 하고, 채취·보관·분석 등 모든 과정에서 자료의 동일성이 인정되고 인위적인 조작·훼손·첨가가 없었음이 담보되어야 한다.[176]

다. 감정인신문조서

감정서의 증거능력은 법 313조 3항에 의하지만, '감정인을 신문하여 작성한 감정인신문조서(법 179조)'는 당연히 증거능력을 가진다(법 311조).

Ⅴ. 진술불능으로 인한 증거능력의 인정

법 312조 또는 313조의 경우에 공판기일에 진술을 요하는 자가 사망·질병·외국거주·소재불명 그 밖에 이에 준하는 사유로 인하여 진술할 수 없고 특신상태가 증명된 때에는 그 조서 및 그 밖의 서류를 증거로 할 수 있다(법 314조).

---

174) 대판 1960. 9. 14. 4293형상247; 대판 1967. 4. 18. 67도231.
175) 법원실무제요 형사Ⅱ, 116면.
176) 대판 2011. 5. 26. 2011도1902. 다음은 유사 취지이다.
육군과학수사연구소 실험분석관이 작성한 감정서는 피고인들이 증거동의하지 않으면 증거능력이 없다(대판 1976. 10. 12. 76도2960).
해설: 위 판례의 취지는 위 감정서를 공무원의 직무상 문서가 아니라 감정서(법 313조 3항)로 취급하겠다는 것으로 생각된다.

1. 질병과 기타 사유의 정의

필요성의 요건 중 '질병'은 진술을 요할 자가 공판이 계속되는 동안 임상신문이나 출장신문도 불가능할 정도의 중병임을 요하고, '기타 사유'는 사망이나 질병에 준하여 증인으로 소환될 당시부터 기억력이나 분별력이 상실 상태에 있다거나, 법정에 출석하여 증언거부권을 행사한다거나, 증인소환장을 송달받고 출석하지 아니하여 구인을 명하였으나 끝내 구인의 집행이 되지 아니하는 등으로 진술을 요할 자가 공판기일에 진술할 수 없는 예외적인 사유가 있어야 한다.[177)]

해설: 증언거부권의 행사 중 적법한 증언거부권의 행사는 진술불능사유가 아닌 것으로 판례가 변경되었다.[178)]

2. 질 병

증인이 소환받고도 출산을 앞두고 있다는 이유로 불출석한 것은 특별한 사정이 없는 한 진술불능이 아니다.[179)]

3. 외국 거주

외국에 거주하면서 출석거부하지만 증언 자체의 거부의사가 분명한 것은 아니고, 거주하는 외국의 주소나 연락처 등이 파악되며 해당 국가와 국제형사사법공조조약이 체결됨

법 314조의 '외국거주'란 진술을 요하는 자가 외국에 있다는 것만으로는 부족하고, 수사 과정에서 수사기관이 진술을 청취하면서 진술자의 외국거주 여부와 장래 출국 가능성을 확인하고, 만일 진술자의 거주지가 외국이거나 그가 가까운 장래에 출국하여 장기간 외국에 체류하는 등의 사정으로 향후 공판정에 출석하여 진술을 할 수 없는 경우가 발생할 개연성이 있다면 진술자의 외국 연락처를, 일시 귀국할 예정이 있다면 귀국 시기와 귀국 시 체류 장소와 연락 방법 등을 사전에 미리 확인하고, 진술자에게 공판정 진술을 하기 전에는 출국을 미루거나, 출국한 후라도 공판 진행 상황에 따라 일시 귀국하여 공판정에 출석하여 진술하게끔 하는 방안을 확보하여 진술자가 공판정에 출석하여 진술할 기회를 충분히 제공하며, 그 밖에 그를 공판정에 출석시켜 진술하게 할 모든 수단을 강구하는 등 가능하고 상당한 수단을 다하더라도 진술을 요할 자를 법정에 출석하게 할 수 없는 사정이 있어야 예외적으로 적용이 있다.

진술을 요하는 자가 외국에 거주하고 있어 공판정 출석을 거부하면서 공판정에 출석할 수 없는 사정을 밝히고 있더라도 증언 자체를 거부하는 의사가 분명한 경우가 아닌 한 거주하는 외국의 주소나 연락처 등이 파악되고, 해당 국가와 대한민국 간에 국제형사사법공조조약이 체결된 상태라면 우선 사법공조의 절차에 의하여 증인을 소환할 수 있는지를 검토해 보아야 하고, 소환을 할 수 없는 경우라도 외국의 법원에 사법공조로 증인신문을 실시하도록 요청하는 등의 절차를 거쳐야 하고, 이러한 절차를 전혀 시도해 보지도 아니한 것은 가

177) 대판 2006. 5. 25. 2004도3619.
178) 대판 2012. 5. 17. 2009도6788 전합 참조.
179) 대판 1999. 4. 23. 99도915.

능하고 상당한 수단을 다하더라도 진술을 요하는 자를 법정에 출석하게 할 수 없는 사정이 있는 때에 해당한다고 보기 어렵다.[180)]

차량공급업체 선정과 관련한 특가법위반(알선수재) 혐의로 수사받던 중 미국으로 도피하여 거주하고 있는 갑에 대하여 소재를 확인하여 소환장을 발송하더라도 갑이 법정에 출석할 것을 기대하기는 어려우므로, 갑의 미국 거주 사실이 확인된 후 검찰이 갑의 소재를 확인하여 증인소환장을 발송하는 등의 조치를 취하지 않았어도 진술불능이 인정된다.[181)]

일본 거주자를 증인으로 채택하여 환문코자 하였으나 외무부로부터 일본이 형사사건에 대하여는 형법체계상의 상이함을 이유로 송달에 응하지 않아 송달이 불가능하다는 회신을 받고 증인을 취소하였다면 진술불능에 해당한다.[182)]

4. 소재불명

법원이 수회에 걸쳐 진술을 요할 자에 대한 증인소환장이 송달되지 아니하여 그 소재탐지촉탁까지 하였으나 그 소재를 알지 못하게 된 경우 소재불명이 인정된다.[183)]

해설: 증인을 소환하는 통상적인 절차는,

- 기록에 나타나는 주소나 전화번호로 소환장을 송달하거나 전화 통화를 시도하고,
- 이사를 하였다는 등의 사유가 있는지 주민등록상의 주소를 새로 확인하고(주소보정),
- 그래도 송달이 이루어지지 않으면 수사관서(파출소 내지 지구대에서 담당하는 것이 보통임)에 소재탐지를 촉탁하여 주소지 등을 직접 방문하여 송달을 강구한다.
- 소재탐지에 의해서도 송달할 곳을 탐지하지 못하면 소재불명이 인정되지만,
- 송달은 되면서 증인이 출석하지 아니하는 때에는 소재불명으로 볼 수 없으므로 과태료를 부과하거나 구인하는 등으로 소환을 시도하여야 한다(법 151조, 152조).

소환장이 주소불명 등으로 송달불능이 되어 소재탐지촉탁에 의해 소재수사를 하였음에도 소재를 확인할 수 없으면 진술불능이지만, 소환장이 주소불명 등으로 송달불능되었다거나 소재탐지촉탁을 하였으나 그 회보가 오지 않은 것만으로는 진술불능이 아니다.[184)]

---

180) 대판 2016. 2. 18. 2015도17115. 같은 취지로는 대판 2008. 2. 28. 2007도10004.
181) 대판 2002. 3. 26. 2001도5666.
182) 대판 1987. 9. 8. 87도1446.
183) 대판 2005. 9. 30. 2005도2654 등 다수.
184) 대판 1996. 5. 14. 96도575.

증인의 주소지가 아닌 곳으로 소환장을 보내 송달불능이 되자 그 곳을 중심으로 소재탐지를 한 끝에 소재불능회보를 받은 경우에는 진술불능이 아니다.185)

증인이 수사기관에서의 진술 당시 일정한 주거가 없었음에도 불구하고 수사기관이 그 소재를 알 수 있는 방법을 강구하지 않았거나, 진술조서에 실제 거주지가 아닌 주민등록지를 주소지로 기재함으로써 증인소환장이 송달불능되고 소재탐지촉탁을 하였으나 그 소재를 알 수 없는 경우에도 소재불명이 인정된다.186)

제1심법원이 증인 갑의 주소지에 송달한 소환장이 송달되지 않자 갑에 대한 소재탐지를 촉탁하여 소재탐지불능보고서를 제출받은 다음 갑이 '소재불명'인 경우에 해당한다고 본 사안에서, 검사가 제출한 증인신청서에 휴대전화번호가 기재되어 있고, 수사기록 중 갑에 대한 경찰 진술조서에는 집 전화번호도 기재되어 있으며, 그 이후 작성된 검찰 진술조서에는 위 휴대전화번호와 다른 휴대전화번호가 기재되어 있는데도, 검사가 직접 또는 경찰을 통하여 위 각 전화번호로 갑에게 연락하여 법정 출석의사가 있는지 확인하는 등의 방법으로 갑의 법정 출석을 위하여 상당한 노력을 기울이지 않은 경우, 가능하고도 충분한 노력을 다하였음에도 갑의 법정 출석이 불가능하게 되었다고 볼 수 없다.187)

5. 기타 사유

전화로 모 상대로 출석케 할 의사 없다는 진술을 들었다는 구인장집행불능보고서

'기타 사유로 인하여 진술할 수 없는 때'는, 형식적으로 구인장집행이 불가능하다는 취지의 서면이 제출된 것만으로는 부족하고, 구인장의 강제력에 기하여 가능하고도 충분한 노력을 다하였음에도 불구하고 증인의 법정 출석이 불가능하게 되었음을 검사가 입증하여야 한다.

경찰이 증인과 가족의 실거주지를 방문하지 않은 채 전화상으로 증인의 모로부터 법정에 출석케 할 의사가 없다는 진술을 들었다는 내용의 구인장 집행불능 보고서를 제출하고 있을 뿐이고, 검사가 기록상 확인된 증인의 휴대전화번호로 연락하여 법정 출석의사가 있는지를 확인하는 등의 방법으로 출석을 적극적으로 권유·독려하는 등 증인의 법정 출석을 위하여 상당한 노력을 기울이지 않았다면, '기타 사유로 인하여 진술할 수 없는 때'에 해당하지 않는다.188)

주거가 일정하지만 소환에 불응하고 구인장도 집행되지 않음

진술을 요할 자가 일정한 주거를 가지고 있더라도 법원의 소환에 계속 불응하고 구인하여도 구인장이 집행

185) 대판 1979. 12. 11. 79도1002.
186) 대판 1999. 4. 23. 98도1923.
187) 대판 2013. 4. 11. 2013도1435.
188) 대판 2007. 1. 11. 2006도7228.

되지 않는 등 법정에서의 심문이 불가능한 상태이면 진술불능이다.[189)]

수사기관에서 진술한 유아가 일부는 증언하고 일부는 기억나지 않는다고 증언하여 재현 불가능

수사기관에서 진술한 피해자인 유아가 공판정에서 진술을 하였지만 증인신문 당시 일정한 사항은 기억나지 않는다고 진술하여 진술의 일부가 재현 불가능한 경우, '원진술자가 진술을 할 수 없는 때(법 314조, 316조 2항)'에 해당한다.[190)]

원진술자가 진정성립은 인정하면서도 반대신문에 대해서는 묵비함

진술조서에 대하여 원진술자가 진정성립을 인정하면서도 진술조서상의 진술을 탄핵하려는 변호인의 반대신문에 대하여 묵비한 것이 피고인이나 변호인의 책임있는 사유에 기인하지 않은 때에는 증거능력이 있지만 그 진술은 반대신문에 의한 탄핵이 제대로 이루어지지 않았으므로 이를 증거로 한 공소사실의 인정은 신중을 요한다.[191)]

해설: 원진술자를 신문할 수 있었던 때에 한하여 증거능력이 인정되는 현행 법 312조 4항에 의하면, 위 판례에서의 진술조서는 반대신문권이 보장되지 않아 증거능력이 없다고 보아야 하는 것은 아닌지 의문이 든다.

정당한 사유 없이 증언거부

'기타 사유로 진술할 수 없는 때'에는 증인이 정당한 사유도 없이 그 선서 및 증언을 거부한 경우도 해당한다.[192)]

변호사가 의뢰인에게 작성해준 법률의견서에 관하여 정당하게 증언거부

A주식회사와 그 직원인 피고인들이 정비사업 전문관리업자에게 A가 시공사로 선정되게 해달라고 청탁하면서 금원을 제공하였다는 건설산업기본법위반 사안에서, 변호사가 작성하여 A측에 전송한 전자문서를 출력한 '법률의견서'에 대하여 피고인들이 증거부동의한 경우, 변호사가 정당하게 증언거부권(법 149조)을 행사하여 증언거부한 것은 '그 밖에 이에 준하는 사유로 인하여 진술할 수 없는 때'에 해당하지 않으므로 법률의견서는 증거능력이 없다.[193)]

189) 대판 1989. 6. 27. 89도351.
190) 대판 2006. 4. 14. 2005도9561.
191) 대판 2001. 9. 14. 2001도1550.
192) 대판 1992. 8. 14. 92도1211.
193) 대판 2012. 5. 17. 2009도6788 전합. 위 판례에 의해 다음 판례는 폐기되었다.
법정에 출석한 증인이 증언거부권을 행사하여 증언을 거절한 때도 '기타 사유로 인하여 진술할 수 없는 때'에 해당한다(대판 1992. 8. 18. 92도1244).

진정성립을 묻는 질문에 대해 피고인이 정당하게 진술거부권을 행사

피고인이 증거서류('공소외 1 USB 문건', '피고인 3 컴퓨터 발견 문건' 등)의 진정성립을 묻는 질문에 대하여 진술거부권을 행사하여 진술을 거부한 경우는 '기타 사유로 인하여 진술할 수 없는 때'에 해당하지 않아 증거능력이 없다.[194]

해설: 증거서류인 '공소외 1 USB 문건', '피고인 3 컴퓨터 발견 문건' 등은 피고인의 진술을 기재한 서류이므로 법 313조 1항 본문에 의해 그 진술자인 피고인의 진술로 진정성립을 인정하여야 하는데, 피고인이 정당한 진술거부권을 행사하여 진술을 거부하였으므로 '기타 사유로 인하여 진술할 수 없는 때'에 해당하지 않는다.

Ⅵ. 당연히 증거능력이 있는 서류

법 제315조(당연히 증거능력이 있는 서류) 다음에 게기한 서류는 증거로 할 수 있다.

1. 가족관계기록사항에 관한 증명서, 공정증서등본 기타 공무원 또는 외국공무원의 직무상 증명할 수 있는 사항에 관하여 작성한 문서
2. 상업장부, 항해일지 기타 업무상 필요로 작성한 통상문서
3. 기타 특히 신용할 만한 정황에 의하여 작성된 문서

1. 공무원이 직무상 작성한 문서

공무원이 직무상 작성한 문서는 고도의 신용성이 보장되며, 공무원을 증인으로 신문하는 것이 곤란하기 때문에 당연히 증거능력이 인정된다. 여기에 해당하는 것으로는 등기부등·초본, 인감증명서, 전과조회회보, 신원증명서 등이 열거된다.

가. 긍정례

군법회의판결사본(교도소장이 교도소에 보관 중인 판결등본을 사본한 것)은 피고인이 증거부동의하거나 그 진정성립의 증명이 없다는 이유로 증거능력을 부인할 수 없다.[195]

---

194) 대판 2013. 6. 13. 2012도16001.

195) 대판 1981. 11. 24. 81도2591. 다음은 공무원이 직무상 작성한 문서로 인정되었다.

- 보건복지부 장관의 시가조사보고서(대판 1967. 6. 13. 67도544)
- 세관공무원의 시가 감정서(대판 1985. 4. 9. 85도225)
- 일본 하관(下關, 시모노세키) 세관서 통괄심리관 작성의 범칙물건감정서등본과 분석의뢰서 및 분석 회답서등본(대판 1984. 2. 28. 83도3145)
- 국립과학수사연구소장 작성의 감정의뢰 회보서(대판 1982. 9. 14. 82도1504).

나. 부정례

피고인들이 공소외인들과 금괴밀수입을 공모하여 피고인들과 공소외인들이 출자한 돈으로 일본 시모노세끼항에서 금괴 85개를 구입하였으나 일본 해상보안청 직원에게 압수당하였다는 조세포탈예비를 인정함에 있어, 공소외인들이 조세포탈예비를 함에 있어 피고인들도 이에 가담 공모하였다는 취지의 공소장을 증거로 사용한 사안에서, 공소장은 형사재판을 청구하는 서류로서 그 기재내용이 사실인정의 증거자료가 될 수는 없다.[196]

해설: 위 판례의 취지가 공소장은 법 315조 1호에 해당하지 않는다는 것이라고 해석하는 견해가 있다. 그러나 위 판례는 일정한 범죄사실이 공소제기된 바 있다는 것(즉 일정 범죄사실이 공소장에 기재되어 있다는 것)은 법원에 대하여 재판을 청구하였다는 것에 불과하므로 이를 그 범죄사실을 인정하는 증거로 사용하지 말라는 취지일 뿐이다. 가령 공소장 기재와 같이 기소된 것이 사실인지가 명예훼손죄의 요증사실인 경우, 공소장은 법 315조 1호의 문서에 해당된다고 보아야 할 것이다.

대사관 영사가 작성한 사실확인서

주중국 대사관 영사 갑 작성의 사실확인서 중 공인 부분을 제외한 나머지 부분은

- 북한 A무역공사 북경대표처 지사장 을이 사용 중인 승용차의 소유주가 병이라는 것,
- 병의 신원 및 병이 대표로 있는 B무역공사의 실체에 관한 내용,
- 을이 거주 중인 북경시 조양구 소재 주택이 북한 대남공작조직의 공작아지트로 활용되고 있다는 내용,
- 피고인이 북경에서 만난 정이 북한공작원이라는 취지로,

갑의 공무수행 과정에서 작성되었지만 그 목적이 공적인 증명이라기보다 상급자 등에 대한 보고에 있어 엄격한 증빙서류를 바탕으로 하여 작성되었다고 할 수 없으므로, 법 315조 1호, 3호에 해당하지 않는다.[197]

2. 업무상 통상적으로 작성한 문서

업무의 통상적인 과정에서 작성된 문서는 그 업무의 목적상 정확한 기재가 당연히 전제되고, 기계적이고 반복적 기재로 인하여 허위 기재의 염려가 적을 뿐만 아니라 작성자를 일일이 소환하는 것이 부적당하다는 점을 근거로 한다. 이에 해당하는 것으로는 상업장부, 금전출납부, 항해일지, 전표 등이 열거된다.

진료기록부(또는 진료일지)[198]는 의료인이 의료행위에 관한 사상과 의견을 그때그때 계속적이고 기

196) 대판 1978. 5. 23. 78도575.

197) 대판 2007. 12. 13. 2007도7257.

198) **의료법 제22조(진료기록부 등)** ① 의료인은 각각 진료기록부, 조산기록부, 간호기록부, 그 밖의 진료에 관한 기록(이하 "진료기록부등"이라 한다)을 갖추어 두고 그 의료행위에 관한 사항과 의견을 상세히 기록하고 서명하여야 한다.
② 의료인이나 의료기관 개설자는 진료기록부등을 보건복지부령으로 정하는 바에 따라 보존하여야 한다.
③ 의료인은 진료기록부등을 거짓으로 작성하거나 고의로 사실과 다르게 추가기재·수정하여서는 아니 된다.

계적으로 작성하므로 법 315조 2호에 해당하지만,[199] 의사의 진단서는 업무상 통상적으로 작성한 문서라고 할 수 없다.[200]

법 315조 2호, 3호의 의미
상업장부나 항해일지, 진료일지 또는 이와 유사한 금전출납부 등과 같이 범죄사실의 인정과 여부와는 관계없이 사무처리 내역을 그때그때 계속적, 기계적으로 기재한 문서는 사무처리 내역을 증명하기 위한 문서로서 당연히 증거능력이 있다(법 315조 2호). 이러한 문서는 업무의 기계적 반복성으로 인하여 허위개입의 여지가 적고, 고도의 신용성이 인정되어 반대신문의 필요가 없거나 작성자를 소환해도 서면제출 이상의 의미가 없으므로 당연히 증거능력이 인정된다는 법 315조의 입법 취지와 아울러, 법 315조 1호와 2호의 문서들을 '특히 신용할 만한 정황에 의하여 작성된 문서'의 예시로 삼고 있는 법 315조 3호를 종합하면, '기타 특히 신용할 만한 정황에 의하여 작성된 문서(법 315조 3호)'는 법 315조 1호와 2호의 문서에 준하여 '반대신문의 기회부여가 문제되지 않을 정도로 고도의 신용성의 정황적 보장이 있는 문서'를 의미한다.[201]

성매매업에 종사하는 여성들이 영업에 참고하려고 적어둔 아이디, 전화번호 등
성매매를 업으로 하는 여성들이 영업에 참고하기 위하여 성매매 상대방의 아이디, 전화번호, 성매매방법 등을 메모지에 적어두었다가 직접 메모리카드에 입력하거나 다른 여직원이 그 내용을 입력한 것은 업무상 통상적으로 작성한 문서이다.[202]

체포·구속인접견부는 유치된 피의자가 죄증을 인멸하거나 도주를 기도하는 등 유치장의 안전과 질서를 위태롭게 하는 것을 방지하기 위한 목적으로 작성되는 서류로 보일 뿐이어서 법 315조 2, 3호의 서류로 볼 수는 없다.[203]

3. 기타 문서

법 315조 3호는 공무원이 직무상 작성한 문서, 업무의 통상적인 과정에서 작성된 문서에 준할 정도로 고도의 신용성이 보장되는 문서를 적용 대상으로 한다. 정기간행물의 시장가격표, 스포츠기록, 각종 통계와 연감 등이 여기에 해당하는 것으로 열거된다. 다른 피고인에 대한 형사사건의 공판조서 및 공판조서 중 일부인 증인신문조서[204]는 본 호에 해당한다고 보는 것이 통설·판례이다.

---

199) 대판 1996. 10. 17. 94도2865 전합.
200) 대판 1969. 3. 31. 69도179.
201) 대판 2015. 7. 16. 2015도2625 전합.
202) 대판 2007. 7. 26. 2007도3219.
203) 대판 2012. 10. 25. 2011도5459.
204) 대판 1964. 4. 28. 64도135; 대판 1966. 7. 12. 66도617; 대판 2005. 4. 28. 2004도4428.

구속적부심문조서는 특히 신용할 만한 정황에 의하여 작성된 문서이므로 특별한 사정이 없는 한 법 315조 3호에 의하여 당연히 증거능력이 있다.[205)]

탐독사실을 인정한 새세대 16호를 분석하고, 이를 복사하여 첨부한 수사보고
사경 작성의 새세대 16호에 대한 수사보고서는 피고인이 검찰에서 소지 탐독사실을 인정하고 있는 새세대 16호라는 유인물의 내용을 분석하고, 이를 기계적으로 복사하여 그 말미에 그대로 첨부한 문서로서 그 신용성이 담보되어 있어 법 315조 3호 소정의 "기타 특히 신용할 만한 정황에 의하여 작성된 문서"에 해당된다.[206)]

보험사기 사건에서 수사기관의 의뢰에 따라 작성한 '건강보험심사평가원의 입원진료 적정성 여부 등 검토의뢰에 대한 회신'
사무처리 내역을 계속적, 기계적으로 기재한 문서가 아니라 범죄사실의 인정 여부와 관련 있는 어떠한 의견을 제시하는 내용을 담고 있는 문서는 법 315조 3호의 당연히 증거능력이 있는 서류에 해당하지 않으므로, 이른바 보험사기 사건에서 건강보험심사평가원이 수사기관의 의뢰에 따라 그 보내온 자료를 토대로 입원진료의 적정성에 대한 의견을 제시하는 내용의 '건강보험심사평가원의 입원진료 적정성 여부 등 검토의뢰에 대한 회신'은 법 315조 3호의 '기타 특히 신용할 만한 정황에 의하여 작성된 문서'에 해당하지 않는다.[207)]

Ⅶ. 전문진술

1. 의 의

법 316조는 공판기일에 **진술자가 한 진술이 '타인(원진술자)의 진술(본래증거)'을 내용으로 하는 전문진술**에 대해 전문법칙의 예외를 인정한다는 점에서 전문서류에 대해 전문법칙의 예외를 인정하는 법 311조 내지 315조와 대비된다.

법 316조는 피고인 아닌 자의 진술이 타인의 진술을 내용으로 하는 경우에 대해서만 규정하고 있

---

205) 대판 2004. 1. 16. 2003도5693.
206) 대판 1992. 8. 14. 92도1211. 다음은 부정례이다.
시흥군 서면 박달리 주민들의 진정서 사본은 법 315조 3호의 사유가 있다고 볼 사유가 없다(대판 1983. 12. 13. 83도2613).
피고인이 피씨방에서 성인도박 사이트인 '메트로 게임' 사이트를 운영하면서 게임이용료 명목의 금품을 지급받았다는 도박개장 사건에서, 메모지는 그 작성자가 누구인지 알 수 없고 서명 또는 날인도 없으며, 피고인이 증거로 동의하지도 아니한 이상 증거능력이 없고, 그 작성자 및 작성·보관 등의 경위가 분명하지 아니할 뿐 아니라 그 기재 내용 또한 공소사실과의 관련성이 분명하지 않아 법 315조의 당연히 증거능력 있는 문서가 아니다(대판 2009. 5. 28. 2008도7769).
207) 대판 2017. 12. 5. 2017도12671.

고, 피고인의 진술이 타인의 진술을 내용으로 하는 경우에 대해서는 규정하고 있지 않다. 피고인 아닌 자의 진술이 피고인(원진술자)의 진술을 내용으로 하는 때에는 원진술이 특신상태 하에서 행해졌을 것을 요건으로 하여 증거능력이 있다(동조 1항). 이에 반하여 피고인 아닌 자의 진술이 피고인 아닌 자(원진술자)의 진술을 내용으로 하는 때에는 원진술자가 진술불능이고 원진술이 특신상태 하에서 행해졌을 때 한하여 증거능력을 가진다(법 316조 2항).[208]

전문진술은 다음 표와 같이 4가지 형태로 분류할 수 있다.

진술자	원진술자	적용 법조
피고인 아닌 자	피고인	법 316조 1항
	피고인 아닌 자	법 316조 2항
피고인	피고인	명시적인 적용 법조가 없으므로 해석론에 따름
	피고인 아닌 자	

2. 진술자가 피고인이 아닌 경우(법 316조)

법 316조에서의 진술자(피고인 아닌 자)에는 그 피고사건의 제3자는 물론 공동피고인도 포함된다고 해석하는 것이 일반적이다.

가. 원진술자가 피고인인 경우(법 316조 1항)

'법 316조 1항에서의 원진술자(피고인)의 진술'은 피고인의 지위에서 한 진술은 물론 피의자로서 또는 피의자로 입건되기 이전에 한 진술도 포함한다.

나. 원진술자가 피고인이 아닌 경우(법 316조 2항)

'법 316조 2항에서의 원진술자(피고인 아닌 자)의 진술'은 제3자의 진술은 말할 것도 없고 공동피고인이나 공범자의 진술을 모두 포함한다.[209] 따라서 진술자(피고인 아닌 자)의 진술이 '공동피고인이나 공범자인 원진술자'의 진술을 내용으로 하는 경우에는 공동피고인이나 공범자가 진술불능인 경우에 한하여 증거능력이 인정된다.

---

208) 원진술자가 '피고인 아닌 자'인 때에는 그를 법정으로 소환하여 "'피고인 아닌 자'의 진술(본래증거)"을 직접 듣고 반대신문하는 것이 바람직하고, 그가 사망이나 질병 등으로 진술불능인 때에는 부득이하게 특신상태가 인정될 것을 조건으로 "'피고인 아닌 자(원진술자)'의 진술을 내용으로 하는 진술자의 진술(전문진술)"을 증거로 사용한다. 이에 반하여 원진술자가 피고인인 때에는 진술거부권을 가지는 피고인의 진술을 다시 듣기 곤란할 뿐만 아니라, 피고인이 법정 외에서 한 말에 대해 피고인의 반대신문권을 보장하는 것은 무의미하다는 사정 등이 있어, "피고인의 진술(본래증거)을 내용으로 하는 피고인 아닌 자의 진술(전문진술)"은, 피고인의 진술불능과 무관하게 곧바로 증거로 사용한다.

209) 대판 1984. 11. 27. 84도2279; 대판 2000. 12. 27. 99도5679; 대판 2007. 2. 23. 2004도8654; 대판 2011. 11. 24. 2011도7173.

공동피고인의 진술을 내용으로 하는 증인의 증언

'증인 갑(진술자)'은 피고인 2에 대한 공소사실에 부합하는 증언을 하였다. 갑의 증언은 '공동피고인 1(원진술자)'로부터 들은 말을 내용으로 한다. 피고인 2에 대한 공소사실을 기준으로 하면, '공동피고인 1'은 '피고인 아닌 자(원진술자)'에 해당한다. 공동피고인 1이 제1심부터 제2심에 이르기까지 일관하여 범행을 부인하는 (즉 공동피고인 1이 법정에 출석하여 진술하고 있는) 이 사건에서 공동피고인 1은 사망, 질병 기타 사유로 인하여 진술할 수 없는 때에 해당하지 않는다. '공동피고인 1(원진술자)'의 진술을 내용으로 하는 '갑(진술자)'의 진술은 전문증거로서 법 316조 2항의 요건을 갖추지 못하여 피고인 2에 대한 공소사실에 있어서 증거능력이 없다.[210)]

해설: 갑의 진술은, 피고인 2에 대한 공소사실을 기준으로 하면 '공동피고인 1(원진술자)'이 진술불능이 아니어서 증거능력이 없으나(법 316조 2항), 공동피고인 1에 대한 공소사실을 기준으로 하면 해서는 '공동피고인 1의 진술(원진술)'이 특신상태에서 행해졌을 것을 조건으로 하여 증거능력이 있다(법 316조 1항).

원진술자의 진술을 내용으로 하는 조사자의 증언(원진술자가 법정에서 수사기관에서 한 진술을 부인)

피고인 아닌 원진술자가 법정에 출석하여 수사기관에서 한 진술을 부인하는 취지로 증언한 이상 원진술자의 진술을 내용으로 하는 조사자의 증언은 증거능력이 없다. 법 316조 2항에 의하여 증거능력을 가지기 위해서는 원진술자가 사망, 질병, 외국거주, 소재불명, 그 밖에 이에 준하는 사유로 인하여 진술할 수 없어야 하는데, 원진술자가 법정에 출석하여 진술불능이 아니기 때문이다.[211)]

제1심에서 갑이 을로부터 들은 말을 증언하였는데, 을이 제1심에 출석하였다가 항소심에서 진술불능

원심(제2심) '증인 갑(진술자)'의 증언이 '피해자(원진술자)'로부터 들은 말을 내용으로 하는 전문진술인 경우, '피해자(원진술자)'가 제1심 법정에 출석하여 증언하였다가 항소심에 이르러 진술할 수 없게 된 것은, 법 316조 2항에서 정한 원진술자가 진술할 수 없는 경우가 아니다.[212)] 따라서, 원심(제2심) 증인 갑(진술자)의 증언은 법 316조 2항의 요건을 갖추지 못하여 증거능력이 없다.

유아의 진술을 내용으로 하는 의사와 사회복지사의 진술

정신과 전문의 갑과 사회복지사 을이 유아인 피해자로부터 들은 말에 관하여 한 진술을 기재한 참고인 진술조서와 법정증언의 증거능력에 관하여,

수사기관에서 진술한 피해자인 유아가 공판정에서 진술을 하였더라도 증인신문 당시 일정한 사항에 관하여 기억이 나지 않는다는 취지로 진술하여 그 진술의 일부가 재현 불가능하게 된 경우, 법 314조, 316조 2항에서 말하는 '원진술자가 진술을 할 수 없는 때'에 해당한다.[213)]

---

210) 대판 2000. 12. 27. 99도5679. 같은 취지로는 대판 1984. 11. 27. 84도2279.
211) 대판 2008. 9. 25. 2008도6985.
212) 대판 2001. 9. 28. 2001도3997.
213) 대판 2006. 4. 14. 2005도9561.

해설

○ 피해자가 피해사실을 갑, 을에게 말함

○ 피해자가 한 피해사실의 진술, 갑과 을이 피해자로부터 들은 말에 관하여 한 진술이 각각 진술조서에 기재됨

○ 피해자, 갑, 을에 대한 진술조서가 증거로 제출됨

○ 갑, 을이 법정에서 피해자로부터 들은 말에 관하여 증언함

○ 피해자는 법정에서 증인으로 진술하면서 일정한 사항은 기억나지 않는다고 증언함

○ 원진술자인 피해자가 진술불능인 때에 해당하므로,

- 피해자에 대한 진술조서는 법 314조, 312조 4항에 의해서 증거능력이 있고,
- 피해자로부터 들은 말에 관하여 한 갑, 을의 '진술이 기재된 진술조서와 증언'은 법 316조 2항에 의해 증거능력이 있음(진술조서는 법 312조 4항의 요건도 구비하여야 함)

3. 조사자증언

가. 조사자증언제도의 도입

예컨대 사경이나 검사가 피의자 갑을 신문하여 갑에 대한 피의자신문조서를 작성하고, 참고인 을을 신문하여 을에 대한 진술조서를 작성하였으며, 위와 같은 신문과정에서 병이 갑과 을의 진술을 들었다고 하자. 신문과정에서 갑과 을이 한 진술을 들은 사경, 검사, 병이 갑과 을의 진술 내용을 법정에서 증언한 경우, 과거에는 그 증언의 증거능력은 조서의 증거능력과 운명을 같이 하였다. 즉 조서가 증거능력이 없으면 그 조서에 담긴 진술자의 진술을 내용으로 한 조사자 등의 증언도 증거능력이 없었던 것이다.[214] 조서와 증언의 증거능력이 운명을 같이 한다는 의미에서, 이를 조서와 증언의 패키지 이론이라고 명명하기도 하였다. 사경이나 검사가 작성한 피의자신문조서 또는 진술조서는 피고인이 진정성

214) 조사자증언제도가 도입되기 이전에는 수사과정에서의 피고인의 진술을 내용으로 하는 피고인 아닌 자의 진술의 증거능력은 아래 판례들과 같이 피고인의 진술이 기재된 수사기관 작성 조서의 증거능력과 동일하게 취급되었다.
피고인에 대하여 피의자신문을 한 경찰관의 피고인이 경찰에서 자백하였다는 증언은 피고인이 경찰에서의 진술을 부인하므로 법 312조 2항의 취지에 비추어 증거능력이 없다(대판 2002. 8. 23. 2002도2112).
피고인이 경찰에서 조사받는 도중에 범행을 시인하였고 피해자측에게도 용서를 구하는 것을 직접 보고 들었다는 취지의 증인들의 각 증언은 피고인이 경찰에서 조사받을 때의 진술을 그 내용으로 하므로, 피고인이 공판정에서 경찰에서의 위와 같은 진술을 부인하는 이상, 위 증거들은 증거능력이 없다.
피고인을 검거한 경찰관의, 검거 당시 또는 조사 당시 피고인이 범행사실을 순순히 자백하였다는 취지의 법정증언이나 위 경찰관의 진술을 기재한 서류는, 피고인이 그 경찰관 앞에서의 진술과는 달리 범행을 부인하는 이상 법 312조 2항의 취지에 비추어 증거능력이 없다(대판 2005. 11. 25. 2005도5831).
수사보고서에는 검찰주사보의 기명날인만 되어 있을 뿐 원진술자인 갑 등의 서명이나 기명날인이 없어, 수사보고서는 313조의 진술 기재서류가 아니고 따라서 314조를 적용할 여지가 없다. 이는 검찰주사보가 법정에서 수사보고서는 전화통화내용을 사실대로 기재한 것이라고 진술하더라도 마찬가지이다(대판 1999. 2. 26. 98도2742).
위와 같은 판례들은 조사자증언제도가 도입됨으로써 폐기되었다고 보아야 한다. 즉 위 각 판례의 사안에서 수사기관 작성의 조서의 증거능력이 인정되지 않더라도 '피고인이나 피고인 아닌 자'의 진술을 들은 '수사기관 또는 제3자'가 '피고인이나 피고인 아닌 자'의 발언에 관하여 한 진술은 법 316조의 요건을 갖출 것을 요건으로 하여 증거능력을 가진다.

립(사경 작성 피의자신문조서는 내용)을 부인하면 증거로 사용할 수 없게 되는데, 그러한 경우에 피의자나 참고인의 진술을 내용으로 하는 조사자나 제3자의 증언의 증거능력을 법 316조에 의해 인정하는 것은 불합리하다고 보았기 때문이다.

2007년도의 법 개정을 통해 조사자증언제도가 도입됨으로써 조서와 증언의 패키지 이론은 폐기되었다. 즉 공소제기 전에 피의자나 참고인을 조사하였거나 그 조사에 참여하였던 자가 그 피의자나 참고인이 조사과정에서 한 진술을 내용으로 하는 증언을 한 경우, 그 증언의 증거능력도 명시적으로 법 316조에 의해 규율되게 되었다.

나. 조사자증언제도의 문제점

조사자증언제도는 많은 문제점을 가지고 있다. 수사기관이 작성한 피의자·참고인에 대한 조서는 적법한 절차와 방식에 따라 작성되어야 하며, 진술자가 작성된 조서의 내용을 읽어 틀림 없음을 확인한 다음 기명날인 등을 하였더라도 법정에서 피고인이나 원진술자가 내용을 부인하거나, 진정성립을 부인하면 증거로 사용될 수 없다. 이와 달리 조사자가 피의자·참고인으로부터 들은 내용을 법정에서 증언하면 이는 법 316조에 의하여 증거로 사용될 수 있다. 조사자증언에 있어서는 진술자가 작성된 조서의 내용을 읽어 틀림없음을 확인한 다음 기명날인을 하는 등 진술 내용이 법정에 정확히 전달되도록 담보하는 안전장치가 작동되지 않고, 피고인이나 원진술자가 내용이나 진정성립을 부인할 여지도 없다. 조사한 내용이 많거나 조사 후 상당한 시간이 경과한 다음에 증언하는 때에는 조사자의 기억이 불완전할 수밖에 없다. 이러한 이유로 실무에서 조사자증언의 증거 사용은 회피되는 경향이 강하다.[215)]

4. 전문진술이 기재된 진술조서

전문진술이 기재된 조서는 법 312조 또는 314조에 의하여 증거능력이 인정되고 나아가 법 316조의 요건을 갖추어야 예외적으로 증거능력이 있다.[216)] 참고인(피고인 아닌 자)의 진술이 전문진술(피고인이나 피고인 아닌 자로부터 들은 말을 내용으로 하는 진술)인 경우, 그러한 전문진술이 기재된 참고인 진술조서가 증거로 사용되기 위해서는 전문진술과 진술조서가 각각 증거능력을 갖추어야 한다.

---

215) 다음은 이러한 실무의 분위기를 반영한 판례이다.
피고인을 조사하였던 경찰관의 증언은 피고인의 진술을 그 내용으로 하고 있고, 이를 증거로 사용할 수 있기 위해서는 피고인의 진술이 특신상태 하에서 행하여졌음이 증명되어야 한다. 피고인이 그 진술 경위에 관하여 치열하게 다투고 있고, 위와 같은 진술이 체포된 상태에서 변호인의 동석 없이 이루어진 점 등을 고려해 보면, 특신상태를 인정하기 어려우므로, 피고인의 진술을 내용으로 한 경찰관의 증언은 증거능력이 없다(대판 2012. 10. 25. 2011도5459).
해설: 피고인이 진술경위에 관하여 다툰다거나(이는 피고인이 진술한 사실 자체는 인정하고 있음을 전제함), 체포된 상태에서 변호인의 동석 없이 진술이 이루어진(피의자의 진술은 변호인의 동석 없이 이루어지는 경우가 대부분임) 사정은 특신상태를 부정할 상당한 이유가 된다고 보기 어려우므로, 위 판례는 조사자증언의 증거사용을 회피하려는 실무의 분위기를 반영하였다고 생각된다.

216) 대판 2000. 3. 10. 2000도159. 같은 취지로는 대판 2004. 3. 11. 2003도171; 대판 2012. 5. 24. 2010도5948.

예컨대 피고인 갑이 피해자 을의 얼굴을 주먹과 발로 수 회 때려 폭행하였다는 폭행피고사건에서, 수사기관 작성의 병에 대한 진술조서에 ① "갑이 을의 얼굴을 주먹과 발로 수 회 때렸다고 말하는 것을 들었다.", ② "을이 갑에게 얼굴을 주먹과 발로 수 회 맞았다고 말하는 것을 들었다"라는 병의 진술이 기재되었다고 하자. 위 진술조서가 증거능력을 가지기 위해서는 진술조서 자체가 법 312조 4항의 요건을 갖추어야 하고, 나아가 ① 부분은 (피고인 아닌 병의 진술이 피고인의 진술을 내용으로 하므로) 법 316조 1항의 요건을, ② 부분은 (피고인 아닌 병의 진술이 피고인 아닌 을의 진술을 내용으로 하므로) 법 316조 2항의 요건을 각각 충족하여야 한다.

조서에 기재된 참고인의 진술이 피고인의 진술을 내용으로 함(법 312조 내지 314조 + 법 316조 1항)
피고인 아닌 자의 진술을 기재한 조서가 피고인의 진술을 내용으로 하는 때에는 법 312조 내지 314조의 규정에 의하여 증거능력이 인정되고, 나아가 법 316조 1항의 요건까지 갖추어야 증거능력이 있다.[217)]

진술조서의 참고인 진술이 피고인의 말을 내용으로 함(312조 4항 + 316조 1항)
사경 작성의 갑에 대한 진술조서 중 피고인의 진술을 내용으로 하는 부분은 "피해자로부터 피고인이 휴대폰을 훔쳐간 것 같다는 말을 들은 후에 피고인과 전화통화를 하였는데, 피고인이 '을과 함께 공장에 들어갔다가 휴대폰을 훔쳐 가지고 나왔다'고 얘기하였다"라는 내용이다. 진술조서는 원진술자인 갑에 의해 실질적 진정성립이 증명되는 등 312조 4항의 요건을 갖추었고, 또한 피고인이 얘기한 경위에 비추어 볼 때, 피고인의 진술은 특신상태에서 행하여진 것으로 판단되므로 법 316조 1항의 요건도 갖추었다. 그렇다면 진술조서 중 피고인의 진술을 내용으로 하는 부분은 증거능력이 있다.[218)]

5. 재전문증거

재전문증거는 전문증거가 전문증거를 내용으로 하는 것을 말한다. 다시 말하면 전문증거 안에 전문증거가 들어 있는 것을 의미한다. 재전문증거에는 재전문진술과 재전문서류의 형태가 있다. 재전문증거에 대해서는 증거능력을 인정할 명문 규정이 없다는 이유로 증거능력을 부정하는 견해, 각각의 전문증거에 전문법칙의 예외가 존재하는 경우에는 증거능력을 인정하자는 견해가 있다.

사안
- 공소사실: 1997. 8. 피고인이 피해자(당시 생후 약 30개월)를 강제추행함
- 1998. 4. 24. 피해자의 모가 피고인을 고소함
- 모의 진술은 1998. 4. 12. 피해자로부터 공소사실과 같이 들었다는 것임

217) 대판 1994. 9. 27. 94도1905; 대판 2007. 7. 27. 2007도3798.
218) 대판 2000. 9. 8. 99도4814. 법 316조 1항의 특신상태를 다룬 판례로는 대판 2012. 5. 24. 2010도5948가 있다.

- 피해자의 부의 원심 법정에서의 진술과 성폭력상담소 상담원인 갑의 검찰 진술을 기재한 조서는, 부나 갑이, 모가 피해자로부터 들었다는 피해사실을, 모로부터 다시 전해 들어서 알게 되었다는 것을 그 내용으로 함(즉 피해사실의 전달 경로는 피해자 → 모 → 부와 갑임)

판단: '피고인 아닌 자(원진술자인 피해자)'의 진술을 내용으로 하는 전문진술은 원진술자가 사망, 질병, 외국거주 기타 사유로 인하여 진술할 수 없고 그 진술이 특신상태 하에서 행하여진 때에 한하여 예외적으로 증거능력이 있다(법 316조 2항). 전문진술이 기재된 조서는 법 312조 또는 314조에 의하여 증거능력이 인정되고 나아가 법 316조 2항의 요건을 갖추어야 예외적으로 증거능력이 있다. 이 사건에서는 특신상태가 인정되지 않아 모의 공판기일에서의 진술과 모의 진술이 기재된 수사기관의 조서는 증거능력이 없다.
법 316조는 단순한 전문의 형태를 취하는 경우에 한하여 예외적으로 그 증거능력을 인정할 뿐, 재전문진술이나 재전문진술을 기재한 조서에 대해서는 그 증거능력을 인정하는 규정이 없으므로, 부의 법정진술이나 갑에 대한 진술조서는 피고인이 증거동의하지 않는 한 법 310조의2에 의하여 증거로 할 수 없다.[219]

해설: 위 판례의 취지는 다음과 같다.

① 모가 공판기일에서 한 진술(전문진술)은 법 316조 2항에 의해 증거능력을 판단하여야 하는데, 특신상태가 인정되지 않아 증거능력 없음

② 모의 수사기관에서의 진술을 기재한 조서(전문진술이 기재된 조서)는 법 312조 또는 314조에 의하여 그 증거능력이 인정되고 나아가 법 316조 2항의 요건을 충족하여야 하는데, 특신상태가 인정되지 않아 증거능력이 없음

③ 부의 법정진술은 재전문진술이고, 검사의 갑에 대한 진술조서는 재전문진술이 기재된 조서인데 법에서 재전문진술이나 재전문서류에 관하여 증거능력을 인정하는 규정을 두고 있지 않으므로 각각 증거능력 없음

※ 수사기관의 조서는 엄밀하게 따지면 재전문증거(전문진술 + 전문서류)에 해당한다는 점에 대해서는 전문증거의 의의 부분에서 설명하였다.[220] 그러나 위 판례로 미루어 볼 때 수사기관의 조서는 전문서류일 뿐 재전문증거가 아니라고 보아야 한다. 위 판례의 취지는 전문증거(전문진술 및 전문진술이 기재된 조서)는 일정한 요건 하에 증거능력이 있지만, 재전문증거(재전문진술 및 재전문진술이 기재된 조서)는 법 316조에 의해 증거능력이 인정될 여지가 없다는 것이다. 그렇지만 재전문증거(재전문진술 및 재전문진술이 기재된 조서)도 당사자의 동의가 있으면 증거능력이 있다.[221]

6. 피고인의 전문진술

피고인이 공판기일에 피고인 아닌 자의 진술을 내용으로 하는 진술을 하는 경우에 관하여 법은 아무런 규정을 두지 않고 있다. 이에 관하여 원진술이 피고인에게 불리한 경우에는 피고인이 반대신문권을 포기한 것으로 보아 증거능력을 인정하고 피고인에게 유리한 경우에는 법 316조 2항을 유추적용하

219) 대판 2000. 3. 10. 2000도159. 같은 취지로는 대판 2004. 3. 11. 2003도171; 대판 2012. 5. 24. 2010도5948.

220) 수사기관이 작성한 조서의 증거사용은, 원진술자의 수사기관 진술 → 수사기관이 원진술자의 진술을 들어 조서에 기재 → 조서가 증거로 제출되는 절차를 거친다.

221) 을, 병 등의 법정진술과 수사기관에서의 진술을 기재한 조서 중 '피고인이 피해자를 계단에서 밀었다'는 부분은 갑이 피고인으로부터 들은 말을 순차로 전해 들었다는 것으로서, 이른바 재전문진술이나 재전문진술을 기재한 조서에 해당하므로, 피고인이 증거동의하지 않는 한 증거로 사용할 수 없다(대판 2012. 5. 24. 2010도5948).

자는 견해, 원진술이 피고인에게 유리한지 여부를 불문하고 무조건 법 316조 2항을 유추적용하자는 견해가 있다.

Ⅷ. 특히 신빙할 만한 상태

1. 의 의

여러 형태의 전문증거에 있어서 증거능력의 요건으로 규정되어 있는 '특히 신빙할만한 상태', 즉 특신상태의 의미가 모두 동일한지는 분명하지 않다.[222)]

특신상태의 의미에 관하여 ㉮ 신용성의 정황적 보장을 의미한다는 견해, ㉯ 절차의 적법성을 의미한다는 견해, ㉰ 신용성의 정황적 보장과 적법성을 모두 의미한다는 견해가 있다. 판례는 특신상태에 관하여 "진술내용이나 조서 또는 서류의 작성에 허위개입의 여지가 거의 없고, 그 진술내용의 신빙성이나 임의성을 담보할 구체적이고 외부적인 정황이 있는 경우를 가리킨다"라고 판시하고 있다.[223)][224)]

---

222) 특신상태는 법 312조 1항, 2항, 4항, 313조 1항, 314조, 315조 3호, 316조 1항, 2항에 규정되어 있다.
법 314조와 316조 2항의 특신상태는 같은 의미이다(대판 2014. 4. 30. 2012도725).

223) 대판 2000. 3. 10. 2000도159; 대판 2004. 4. 27. 2004도482; 대판 2006. 5. 25. 2004도3619; 대판 2014. 4. 30. 2012도725 등.

224) 위와 같은 학설과 판례의 견해는 동의하기 어렵다.
먼저 학설에 대해서 본다.
- 특신상태가 신용성의 정황적 보장을 의미한다고 보면, 수사기관 작성의 조서는 어떤 상황에서 신용성이 정황적으로 보장된다는 것인지 또는 통상의 수사절차에서 작성된 조서가 신용성이 정황적으로 보장되었다고 볼 것인지 알 수 없다.
- 특신상태가 적법한 절차를 의미한다고 보면, 절차적 적법성을 준수하여 작성된 모든 조서는 특신상태가 인정된다는 것인지 또는 적법한 절차를 의미하는 특신상태와 수사기관의 조서가 적법한 절차와 방식에 따라 작성되어야 한다는 것과의 관계가 무엇인지 알 수 없다.

다음으로 판례에 대해서 본다.
- 진술내용에 허위 개입의 여지가 거의 없어야 특신상태가 인정된다고 보면, 수사기관에서 이루어지는 진술의 상당 부분이 허위인 현실에서 그러한 진술을 기재한 조서는 모두 특신상태의 요건을 갖추지 못하여 증거로 사용될 수 없게 되고, 나아가 법원은 특신상태가 인정되는 다시 말하면 허위 개입의 여지가 거의 없는 진술에 의해서만 사실인정을 해야 한다는 부당한 결론에 이르게 된다.
- 조서 또는 서류의 작성에 허위개입의 여지가 거의 없다는 것은 실질적 진정성립과 비슷한 개념으로 이해된다. 실질적 진정성립이 증명되어야 조서의 증거능력이 인정됨은 당연하므로, 그것이 다시 특신상태의 요건이 된다고 보는 것은 무의미하다.
- 진술내용의 신빙성은 위에서 본 진술내용에 허위 개입의 여지가 거의 없을 것과 중복되는 개념이라고 생각된다.
- 어떤 상황이 임의성을 담보할 구체적이고 외부적인 정황인지 알 수 없다.

FRE에서 신용성의 정황적 보장(circumstantial guarantee of trustworthiness)은 흥분상태에서의 발언, 치료받기 위해 의사에게 한 진술, 사망이 임박하였다고 믿고 한 진술, 이해관계에 반하는 진술 등 '진실을 말했을 것이라고 믿을 수 있는 특정한 상황'을 의미한다. FRE는 Rule 801에서 전문진술이 아닌 것으로 보아 증거로 사용할 수 있는 2가지를, Rule 803에서 원진술자의 진술불능 여부와 무관하게 증거로 사용할 수 있는 23가지를, Rule 804에서 원진술자가 진술불능인 경우에만 증거로 사용할 수 있는 5가지를, Rule 807에서 기타 전문법칙의 예외를 각각 규정하고 있다. FRE가 증거능력을 인정한 위 각 증거들은 법정외에서 행해진 사람의 진술을 내용으로 하는 것들로서 대체로 신용

법 314조의 특신상태의 입증
참고인의 소재불명 등의 경우에 그 참고인이 진술하거나 작성한 진술조서나 진술서에 대하여 증거능력을 법 314조에 의해 인정하는 것은, 법 312조 또는 313조에서 직접심리주의 등 기본원칙에 대한 예외를 인정한 데 대하여 다시 중대한 예외를 인정하여 원진술자 등에 대한 반대신문의 기회조차 없이 증거능력을 부여할 수 있도록 한 것이므로, 참고인의 진술 또는 작성이 '특신상태 하에서 행하여졌음에 대한 증명'은 그러할 개연성이 있다는 정도로는 부족하고 합리적인 의심의 여지를 배제할 정도에 이르러야 한다.[225]

2. 판 례

① 검사 및 사경 작성의 증인에 대한 진술조서의 진술내용이 상치되어 어느 진술이 진실인지 알 수 없을 뿐 아니라 동인이 제1심 법정에서 증인으로 채택되어 소환장을 두 번이나 받고도 소환에 불응하고 주소지를 떠나 행방을 감춘 경우라면 동인의 위 진술이 특신상태에서 행하여진 것으로 볼 수 없다.[226]

② 공판조서 중 증인 갑의 진술기재부분은 법 310조의2 소정의 공판기일 외에서의 타인의 진술을 내용으로 하는 이른바 전문진술로서 원칙적으로 증거능력이 없고, 단지 같은 법 316조 2항의 요건을 갖춘 때에만 예외적으로 증거능력을 갖게 된다고 할 것인데, 원진술자인 다카시가 일본에 거주하는 일본국적인으로서 우리 법원이 그의 출석을 강제할 수 있는 관할구역 밖에 있어 "원진술자가 사망·질병 기타 사유로 인하여 진술할 수 없는 경우"에는 해당한다고 하더라도 "그 진술이 특신상태에서 행하여진 때"에 해당한다고 볼 자료가 전혀 없으므로, 위 전문증거는 증거능력을 갖추지 못한 것이다.[227]

③ 시내버스에 승차하여 가던 중 소매치기 범행을 목격하고 버스 안의 승객들에게 주의를 준 다음 버스를 파출소 앞에 정차시켜 범인을 지목하였고 그 직후 경찰에서 범인과의 대질신문을 통해 소매치기 범행내용을 구체적으로 명확하게 진술하였다면 진술 또는 서류의 작성이 특신상태 하에서 행하여진 경우에 해당하며, 그 목격자가 경찰에서 자신의 인적 사항을 사실과 다르게 진술하였더라도 그 뒤 검찰 수사과정 및 공판과정에서 그의 정확한 신원이 밝혀졌고, 그가 인적 사항을 허위진술한 것은 범인의 추적을 피할 목적에서 비롯된 것이라고 짐작되므로, 그와 같은 사정만으로 진술조서의 증거능력을 부정할 사유는 되지 아니한다.[228]

④ 피해자는 원심법정에 증인으로 출석하여 이름과 나이 등을 묻는 재판장의 질문에만 대답하였을 뿐, 피고인이나 피고인의 가족을 알고 있느냐는 질문에 대하여는 모른다고 하거나 대답하기 싫다고 하였다. 이러한

성이 정황적으로 보장되는 것들이다.

225) 대판 2014. 2. 21. 2013도12652; 대판 2017. 7. 18. 2015도12981.
226) 대판 1986. 2. 5. 85도2788.
227) 대판 1994. 1. 28. 93도1278.
228) 대판 1995. 6. 13. 95도523.

경우 피해자는 증언능력을 결여하였거나 적어도 요증사실에 관하여 증언을 거부한 것과 마찬가지이므로, 피해자가 진술할 수 없는 사유가 있는 경우에 해당한다.
그러나 피해자의 모는 피해자가 사건 발생한 후 7개월 가량이 지난 후에 성행위를 연상케 하는 이상한 행동을 하다가 모로부터 질문을 받고서야 피고인으로부터 추행당한 사실을 이야기하였다고 진술하고 있고, 피해자로부터 그와 같은 이야기를 들었다는 사람은 모 이외에는 없으며, 더욱이 모는 피해자로부터 그와 같은 이야기를 들었다는 1998. 4. 12. 남편인 갑과 상의하거나 피고인에게 추궁이나 항의도 하지 않고 피고인의 처인 을에게 피해사실을 알리고 각자 남편에게는 알리지 말고 해결하자면서 교외에서 살 수 있도록 도와달라 하여 금전적인 보상을 요구하였으며, 다음날에도 을에게 전화하여 200 내지 300만 원의 보상을 요구하다가 을이 응하지 않자, 같은 달 14일 성폭력상담소에서 상담하고 고소 안내를 받은 다음, 같은 달 24일에야 고소하였다. 피해자가 모에게 그와 같은 내용의 이야기를 하였다는 데에 허위개입의 여지가 전혀 없다고 할 수 없고 그 진술내용의 신빙성이나 임의성을 담보할 구체적이고 외부적인 정황이 있다고 볼 자료도 없어, 특신상태를 인정할 수 없다.[229)]
해설: 피고인 아닌 자(피해자의 모)의 진술이 피고인 아닌 자(피해자)의 진술을 내용으로 하므로 법 316조 2항의 특신상태에 관한 판례이다. 피해자가 증언불능이라는 요건은 갖추었지만 특신상태가 인정되지 않아 피해자의 모의 진술은 증거능력이 없다.

⑤ 공소제기 후 과테말라 호텔에서 작성한 뇌물공여자에 대한 진술조서

검찰관이 피고인을 뇌물수수 혐의로 기소한 후, 형사사법공조절차를 거치지 아니한 채 과테말라공화국에 현지출장하여 그곳 호텔에서 뇌물공여자 갑을 상대로 참고인 진술조서를 작성한 사안에서, 갑이 자유스러운 분위기에서 임의수사 형태로 조사에 응하였고 조서에 직접 서명·무인하였다는 사정만으로 특신상태를 인정하기에 부족하고, 검찰관이 군사법원의 증거조사절차 외에서, 그것도 형사사법공조절차나 과테말라공화국 주재 우리나라 영사를 통한 조사 등의 방법을 택하지 않고 직접 현지에 가서 조사를 실시한 것은 수사의 정형적 형태를 벗어난 것이라고 볼 수 있는 점 등에 비추어 (위법수집증거는 아니지만) 특신상태의 증명이 있다고 보기 어려워 갑의 진술조서는 증거능력이 없다.[230)]

⑥ 피고인이 갑에게, 피해자를 밀쳐 계단에 부딪쳐 사망케 하였다는 말과 피고인이 잘못되면 노래방을 잘 관리해달라는 말 등을 하고 초조해 함[231)]

---

229) 대판 2000. 3. 10. 2000도159.
230) 대판 2011. 7. 14. 2011도3809.
231) **공소사실**: 피고인이 2009. 7. 20. 05:00경 피해자와 동거하는 빌라 2층 계단에서 피해자를 밀쳐 계단 바닥에 부딪히게 함으로써 피해자가 2일 후 사망케 함
원심의 판단: 피고인이 갑에게 "하도 때려서 내가 밀었어."라고 '제1진술'을 할 당시 피고인이 전날 마신 술에서 깨지 않았고, 같은 기회에 "피해자를 잠시 피했다가 돌아왔더니 피해자가 쓰러져 있었다"라는 등의 '제2진술'을 하여 피고인의 진술에 일관성이 없고, 전날 밤에 피해자에게 맞아 감정이 악화된 피고인이 진실과 다르게 말할 수도 있어 제1진술을 들었다는 갑의 진술(법정 진술과 진술조서)의 증거능력을 부정함
사실관계

⑦ A저축은행이 피고인에게 지급한 5억 원을 전달하였다는 갑과 갑의 말을 들었다는 병의 진술[232)]

⑧ 피고인과 갑이 채팅을 통해 알게 되어 모텔방으로 갔다가 다투어 피고인이 112 신고한 후 피고인은 모텔방에 온 후 대가를 요구하여 신고했다고 진술함에 반하여 갑은 피고인이 약속과 달리 유사성행위를 요구하였다고 진술하고/갑이 자신이 허위진술하였다고 말하는 CD가 존재함[233)]

- 피고인은 2009. 7. 20. 00:30경 피고인이 운영하는 A노래방에서 피해자와 다투기 이전까지는 상당량의 술을 마셨으나 그 이후로는 술을 마시지 않음
- 피고인은 A에서 자다가 같은 날 05:00경 피해자에게 이끌려 동거 빌라 2층 202호 원룸으로 돌아와 잠을 자다가 09:30경 그곳으로 찾아온 갑에게 제1진술을 함
- 갑은 피해자의 누나와 전화통화하여 피해자가 병원에 입원한 사실을 알게 되자 위 원룸에 있는 피고인에게 입원한 이유를 물어보아 피고인으로부터 제1진술을 들음
- 갑은 수시로 A의 가게 문을 열거나 청소를 하는 등 피고인을 대신하여 A를 관리하였는데, 피고인은 피해자 사망 직후 갑에게 '자신이 잘못되면 A를 대신 운영하여 노모와 아이들을 돌봐 달라'고 부탁함
- 갑은 피해자 사망 직후부터 매일 청심환을 복용하는 등 초조한 모습을 보이기도 함

대법원의 판단: 피고인이 2009. 7. 20. 09:30경 갑을 만나 이야기를 나눌 당시 진술의 의미를 판별하지 못할 정도의 주취상태였다고 볼 수는 없고, 갑이 피고인으로부터 듣지도 않은 말을 허위로 진술하거나 왜곡하여 전달하였다고 볼 수도 없으며, 피고인이 제1진술을 한 경위와 피해자 사망 이후에 갑이 보인 태도에 비추어 보더라도 피고인이 갑에게 진솔한 속내를 이야기하였고, 갑이 이를 진실되게 받아들인 것으로 보인다. 피고인으로부터 제1진술을 들었다는 갑의 법정 진술과 갑에 대한 진술조서는 특신상태가 인정된다(대판 2012. 5. 24. 2010도5948).

232) **가. 갑에 대한 검찰 진술조서 및 그 작성의 진술서에 기재된 진술**

① 피고인이 A 저축은행 경영진들의 비리를 언론이나 감독기관에 제보하겠다는 취지의 발언을 하였는지 여부 및 누구에게 그러한 발언을 하였는지 등에 관하여 일관되지 않고, 위 발언에 관한 진술의 일부는 을과 병의 진술이나 명백한 사실관계에 배치되고,

② 갑은 경영진의 지시에 따라 5억 원을 피고인에게 지급할 때에 부친 명의의 대출을 이용하도록 하는 등 경영진에 적극 협조한 자로서 사건 발생시로부터 5년 이상 경과한 시점에 위와 같은 진술을 하면서 A의 경영진의 입장에서 피고인에게 불리한 내용을 일방적으로 진술하고 있을 개연성을 배제할 수 없고,

③ 피고인의 범행 부인, 갑의 추가 진술, 피고인에 대한 공소제기의 각 시점에 비추어 보면, 특별한 사정이 없음에도 수사기관은 피고인과 갑을 대질신문하지 않고 갑으로부터 간략한 진술서만 제출받은 점 등에 비추어

갑에 대한 진술조서 및 갑 작성의 진술서에 기재된 진술의 특신상태는 증명되지 않았다.

나. 병의 진술서, 법정진술 중 갑으로부터 전해들은 부분

A 경영진이 피고인에게 5억 원을 지급할 무렵 갑이 병에게 한 진술의 특신상태는 검사가 증명하여야 하는데, 갑이 병에게 한 진술이 특신상태 하에서 이루어졌음을 인정할 자료가 없고, 검사가 이에 관하여 주장·입증을 하지 않으므로, 갑이 병에게 한 진술의 특신상태는 증명되지 않았다(대판 2014. 4. 30. 2012도725).

233) 갑에 대한 검찰 신문 과정에서 피고인과 대질이 이루어지기는 하였으나, 함께 들어간 모텔방에서 다툼이 있어 피고인이 먼저 112 신고를 하고 곧바로 갑과 함께 경찰에 가서 조사받았고, 피고인의 진술은 채팅으로 만난 갑이 합의 하에 모텔방에 온 후에야 대가를 요구하길래 이를 신고하였다는 취지인 반면 갑의 진술은 채팅으로 미리 행위의 내용과 대가를 정하였는데 피고인이 다른 행위를 요구하여 다투었다는 취지로서, 사전에 유사성교행위의 대가를 지급하기로 하였는지 등 공소사실의 핵심적인 사항에 관하여 두 사람의 진술이 시종일관 일치하지 않았다. 원심에서 피고인이 제출한 CD의 동영상에서는 갑이 수사기관에서 한 자신의 진술이 허위라고 진술하고 있다. 갑의 진술이 특신상태 하에서 이루어졌음이 증명되어 법정에서 반대신문을 통한 확인과 검증을 거치지 않아도 될 정도에 이르지 않았다(대판 2014. 2. 21. 2013도12652).

⑨ 부당한 장기간의 구금과 변호인의 조력 없이 회유에 의하여 작성한 진술조서
특사경과 검사의 갑에 대한 각 진술조서는 갑이 부당하게 장기간 사실상의 구금상태에서 변호인의 조력을 받을 권리도 보장받지 못한 채 불안감과 위축 속에서 수사관의 회유에 넘어가 한 진술을 기재한 것이어서 그 진술의 특신상태를 인정하기 어렵다.[234]

3. 특신상태의 의미에 관한 판례의 분석

① 판례: 특신상태 부정
근거: 진술조서들의 내용이 상치됨/법원의 소환에 불응하고 주소지를 떠나 행방을 감춤

② 판례: 특신상태 부정
근거: 특신상태를 인정할 자료가 없음

③ 판례: 특신상태 긍정
근거: 수사기관에서 진술하기까지의 정황/진술내용이 구체적이고 명확함

④ 판례: 특신상태 부정[피해자가 모에게 피해사실을 이야기한 것이 사실인지(즉 피해자의 진술이 아니라, 피해사실을 들었다는 모의 진술의 신빙성)에 관한 특신상태]
근거: 범죄발생과 피해사실을 진술할 때까지의 시간적 간격/피해자로부터 피해사실을 들은 사람이 모 외에는 없음/피해사실을 듣고 난 이후의 모의 행동

⑤ 판례: 특신상태 부정
근거: 형사사법공조나 영사를 통한 조사가 아닌 현지 출장조사임

⑥ 판례: 특신상태 긍정
근거: 피고인이 갑에게 진술한 경위/피고인과 갑과의 신뢰관계(이상은 진술에 이르기까지의 정황)/피고인이 진술할 당시 술에 취한 것은 아님(진술 당시의 정황)/진술을 들은 이후 갑의 태도(진술 이후의 정황)

⑦ 판례: 특신상태 부정
㉮ 부분의 근거: 갑의 진술이 일관되지 않고 을, 병의 진술과 모순됨/갑이 A의 입장에서 피고인에게 불리한 진술을 할 사정이 있을 수 있음/수사기관이 피고인과 대질하지 않고 갑으로부터 진술서만 제출받음
㉯ 부분의 근거: 특신상태를 인정할 자료 없고 검사가 주장·입증하지 않음

⑧ 판례: 특신상태 부정
근거: 피고인과 갑의 진술이 핵심적인 부분에서 시종일관 불일치함/갑이 허위진술하였다고 말하는 CD가 존재함

---

234) 대판 2015. 10. 29. 2014도5939.

⑨ 판례: 특신상태 부정
근거: 부당한 구금과 변호인의 조력이 없는 위법수사가 존재함/불안감 속에 수사기관의 회유에 넘어가 진술함

위 판례들이 특신상태를 판단하는 주된 자료로 삼은 것은 1) 진술에 이르기까지의 정황, 2) 피고인과 진술인과의 관계, 3) 진술 내용이 구체적이며 모순이 없는지 여부, 4) 진술 이후의 행동, 5) 수사기관의 수사방법이 적절한지 여부, 6) 특신상태에 대한 검사의 주장·입증의 존부 등이다.

판례는 특신상태에 관하여 "진술내용이나 조서 또는 서류의 작성에 허위개입의 여지가 거의 없고, 그 진술내용의 신빙성이나 임의성을 담보할 구체적이고 외부적인 정황이 있는 경우를 가리킨다"라고 판시함으로써 특신상태의 인정을 엄격히 하는 것처럼 표현하고 있다. 그러나 위 판례들의 구체적 사실관계에서 알 수 있듯이 특히 신빙할 수 없는 상태가 존재하지 않는 한 특신상태는 인정된다고 볼 수도 있다.

Ⅸ. 수사과정의 영상녹화

1. 영상녹화하는 경우

수사기관은 피의자의 진술을 영상녹화할 수 있고, 이 경우 미리 영상녹화사실을 알려주어야 하며, 조사의 개시부터 종료까지의 전 과정 및 객관적 정황을 영상녹화하여야 한다(법 244조의2 1항). 수사기관이 피의자 아닌 자의 진술을 들을 때에는 그의 동의를 받아야 영상녹화할 수 있다(법 221조 1항).

영상녹화물은 검사 작성 피의자신문조서 및 수사기관 작성 참고인진술조서의 진정성립을 인정하는 방법이 되고(법 312조 2항, 4항), 기억환기의 수단이 될 수 있다(법 318조의2 2항).

피의자의 진술은 조서에 기재하여야 한다(법 244조 1항). 참고인의 진술도 조서에 기재하여야 한다(수사 규정 24조 2항, 법 237조 2항, 240조). 따라서 피의자나 참고인의 진술에 관하여 조서를 작성하지 않는 경우에는 이들의 진술이 담긴 영상녹화물이 증거로 활용될 여지는 없다고 보아야 한다.[235]

2. 영상녹화물의 장점과 단점

영상녹화물의 장점으로는 1) 피조사자의 진술을 판사에게 정확히 전달하고, 2) 피조사자의 진술태도를 볼 수 있고, 3) 적법한 절차와 방식의 준수 여부를 확인할 수 있고, 4) 수사절차의 투명화를 통하여 인권침해를 예방하며, 5) 사경의 수사 결과에 대한 증거능력 부여가 용이하여 중복 수사가 방지될 수 있다는 점 등이 제시되고 있다. 영상녹화물의 단점으로는 1) 피조사가가 진술하는데 부담을 느낄 수

235) 법원행정처, 새로운 형사재판의 이해, 2007, 120면.

있고, 2) 수사기관이 다양한 형태의 수사기법을 동원하기를 꺼려 실체적 진실발견이 저해될 수 있고, 3) 영상녹화물이 조작될 우려가 있고, 4) 비용이 많이 소요되고, 5) 공판중심주의가 형해화될 수 있으며, 6) 법원의 심리가 장시간에 걸쳐 영상녹화물을 시청하는 방식으로 이루어진다는 점 등이 제시되고 있다.[236)]

3. 진정성립의 인정방법으로서의 영상녹화물

검사 작성 피의자신문조서(법 312조 2항), 수사기관 작성 참고인진술조서(법 312조 4항), 진술서(법 313조 2항)는 영상녹화물이나 감정 등 객관적인 방법에 의하여 그 진정성립을 증명할 수 있다.

---

236) 김판수, 수사기관 영상녹화물의 증거능력에 관한 연구, 명지대학교 박사학위논문, 2011, 7~14면; 김현숙, 피의자신문조서와 영상녹화물의 증거능력에 관한 연구, 서울대학교 박사학위논문, 2008, 120~125면 등. 영상녹화물의 단점으로 제시되는 것들 중의 일부는 반드시 타당하다고 보기 어렵다.

① 수사기관이 다양한 형태의 수사기법을 동원할 수 없어 실체적 진실발견에 저해된다는 것은 영상녹화물이 수사의 적법성을 보장하는 장치로서 기능하는 데에서 비롯되므로 이를 단점이라고 볼 수 없을 것이다.

② 영상녹화물이 조작될 우려가 있다는 것은 사실상 추상적인 가능성을 지적하는 것에 불과하다고 보아야 할 것이다. 영상녹화물의 조작가능성은 수사기관의 조서가 조작될 가능성보다 현저히 낮을 것이다. 진술을 전달한다는 측면에서 영상녹화물은 기억의 부정확성, 편향된 진술의 가능성 등이 있는 조사자증언보다 정확하다고 할 수 있다. 따라서 조작가능성이라는 측면에서 본다면 영상녹화물은 조서나 조사자증언보다 훨씬 우수한 증거방법이라고 할 수 있다.

③ 선서, 위증의 제재, 반대신문이 행해지지 않는 수사기관에서의 진술을 중심으로 증거조사를 하게 되면 공판중심주의가 형해화되는 것은 사실이다. 그렇지만 공판중심주의가 형해화되는 것은 원진술자가 법정에서 진술을 했다면 선서, 위증의 제재, 반대신문이 있었을 경우에 한정된다. 따라서 선서를 한다거나 위증의 제재를 받지 않으며, 반대신문권을 행사할 기회를 부여할 필요가 없는 피고인 본인의 진술에 대해서는 위와 같은 비판이 적용되지 않는다. 선서, 위증의 제재, 반대신문이 필요한 피고인 아닌 자의 진술에 대해서는 원진술자를 상대로 반대신문을 할 수 있는 기회가 부여되거나 원진술자가 증언불능인 경우에 한하여 증거능력을 부여한다면 공판중심주의의 형해화라는 지적은 더 이상 타당하다고 보기 어렵다. 또한 원진술자가 증언불능인 때에 법 314조에 의해 조서만을 증거로 사용하는 것보다는 영상녹화물까지 증거로 사용하는 경우에 공판중심주의의 형해화라는 폐해가 더 커지는 것은 아니다.

④ 영상녹화물을 실질증거로 사용하면 법원이 장시간에 걸쳐 영상녹화물을 시청하여야 하므로 불합리하다는 지적은 일응 타당하다. 그렇지만 영상녹화물의 주요 내용만 조서로 작성하여 실질증거로 사용하고, 조서의 기재가 영상녹화물과 다르다는 지적이 제기되었음에도 상대방이 이에 대해 동의하지 않는 경우에 한하여 영상녹화물의 해당 부분을 증거조사하도록 한다면 위와 같은 문제는 대부분 해소될 수 있을 것이다. 조서와 영상녹화물의 내용이 일치하는지에 관하여 당사자들의 의견이 불일치하는 경우는 별로 없을 것이기 때문이다. 또한 피고인은 영상녹화물이 존재하면 수사의 편향성이나 조서의 잘못된 부분을 쉽게 지적하고 입증할 수 있다. 이러한 점에서 영상녹화는 수사기관으로 하여금 편향되지 않고 정확한 조서 작성을 위해 노력하도록 강제하는 작용을 할 것이다. 나아가 영상녹화물이 존재하면 피고인이 영상녹화물을 확보함으로써 증거개시의 목적을 달성할 수 있고, 효율적인 반대신문을 할 수 있다.

수사기관에서의 진술을 법정에 전달하는 방식은, 비용 문제를 제외한다면, 조사자증언보다는 영상녹화와 조서를 병용하는 것이 훨씬 우수할 것으로 생각된다.

영상녹화물과 피의자신문조서 기재의 불일치

갑에 대한 제3회 피의자신문조서에서는 '2006. 10.경 전국체전 당시 숙소에서 혼자 10억, 20억 고민하다 20억 주기로 결심하고, 다음 날 을에게 20억 제안하고, 그 후 을에게 보고 여부 확인 했다', '병이 20억 당좌수표로 달라. 그러면 분양승인 도와주겠다고 했다', '피고인이 843만 원에 승인하겠다고 했다'는 등 갑이 피고인에 대한 뇌물액수를 20억 원으로 정한 시기, 뇌물약속을 제안한 상대방, 뇌물약속의 이행방법, 뇌물약속으로 받을 특혜의 내용으로서 피고인에 대한 공소사실을 유죄로 인정하기 위한 구성요건적 사실이나 핵심적 정황에 관한 사실들이 기재되어 있으나, 그 영상녹화물에는 위와 같은 진술이 없거나 그 내용이 다르다. 이처럼 영상녹화물에 나타난 갑의 진술내용과 그에 대응하는 피의자신문조서의 기재 사이에 위와 같은 정도의 차이가 있다면 다른 특별한 사정이 없는 한 그 진술의 내용이나 조서의 작성이 법 314조의 '특신상태하에서 행하여졌음'이 증명되었다고 볼 수 없다.[237]

4. 영상녹화물의 증거능력

수사기관이 작성한 영상녹화물이 진정성립이나 적법한 절차와 방식을 준수하였음을 인정하는 증거로 사용되는 것에서 나아가 영상녹화물 자체가 조서와 같은 독립적인 증거능력을 가지는지에 대해서는 견해가 나뉜다. 2007년도의 법 개정을 통해 영상녹화제도를 도입한 취지가 수사절차의 적법성을 보장하여 인권침해를 방지하려는 데 있고, 법이 영상녹화물에 관하여 조서의 진정성립을 인정하는 방법과 기억환기의 수단이 될 수 있다는 점만 규정하고 있으므로(법 312조 2항, 4항, 318조의2 2항), 영상녹화물을 조서와 같은 실질증거로 사용할 수는 없다 하겠다.[238]

참고인 진술에 대한 영상녹화물의 증거능력

수사기관이 참고인을 조사하는 과정에서 법 221조 1항에 따라 그 진술을 영상녹화한 것은 참고인에 대한 진술조서의 실질적 진정성립을 증명하거나 참고인의 기억을 환기시키기 위한 용도로만 사용하도록 한정하고

---

237) 대판 2014. 8. 26. 2011도6035.

238) 법원행정처, 새로운 형사재판의 이해, 2007, 119면은 법 개정 과정에서 영상녹화물의 독립증거사용이 배제되었음을 밝히고 있다.
따라서 영상녹화물에 대해 조서에 준하는 증거능력을 부여한 아래의 판례들은 변경되어야 할 것으로 생각된다. 그러나 전달의 정확성이라는 측면에서 영상녹화물이 조서나 조사자증언보다 우수하다는 점에서 위와 같은 입법이 타당하다고 보기는 어렵다. 이와 달리 현행법 하에서도 영상녹화물을 조서와 같은 실질증거로 사용할 수 있다는 견해도 있다.
수사기관에서 피의자로 조사하는 과정을 녹화한 비디오테이프, CD 또는 이에 준하는 것들은 실질적으로 피의자의 진술을 기재한 수사기관 작성의 피의자신문조서와 다를 바 없으므로 피의자신문조서에 준하여 그 증거능력을 가려야 할 것이다(대판 2007. 10. 25. 2007도6129).
공범으로서 별도로 공소제기된 다른 사건의 피고인 갑에 대한 수사과정에서 담당 검사가 피의자인 갑과 그 사건에 관하여 대화하는 내용과 장면을 녹화한 비디오테이프에 대한 법원의 검증조서는 이러한 비디오테이프의 녹화내용이 피의자의 진술을 기재한 피의자신문조서와 실질적으로 같다고 볼 것이므로 피의자신문조서에 준하여 그 증거능력을 가려야 한다(대판 1992. 6. 23. 92도682).

있고,[239)] 다른 법률[240)]에서는 영상물에 수록된 성범죄 피해자의 진술에 대하여 독립적인 증거능력을 인정하는 특별 규정을 두고 있다는 점에 비추어 보면, 수사기관이 참고인을 조사하는 과정에서 법 221조 1항에 따라 작성한 영상녹화물은, 다른 법률에서 달리 규정하고 있는 등의 특별한 사정이 없는 한, 공소사실을 직접 증명할 수 있는 독립적인 증거로 사용될 수 없다.[241)]

5. 영상녹화물과 탄핵증거

피고인 또는 피고인 아닌 자의 진술을 내용으로 하는 영상녹화물은 피고인 또는 피고인 아닌 자의 기억환기를 위하여 필요하다고 인정되는 경우에 한하여 피고인 또는 피고인 아닌 자에게 재생하여 시청하게 할 수 있다(법 318조의2 2항). 영상녹화물을 탄핵증거로 사용할 수 있게 하면 수사기관이 영상녹화물을 별다른 제한 없이 법정에서 재생할 것이고, 그렇게 되면 증거능력 없는 영상녹화물에 의해 법원의 심증형성이 좌우될 우려가 있으므로 영상녹화물의 탄핵증거 사용은 허용되지 않는다고 해석된다.[242)]

6. 사인(私人)이 촬영한 영상녹화물

사인이 촬영한 비디오테이프의 진술 부분은 녹음테이프에 준하여 취급한다.

사인이 피고인 아닌 자와의 대화를 녹음한 녹음테이프
사인이 피고인 아닌 사람과의 대화내용을 녹음한 녹음테이프는 법 313조의 피고인 아닌 자의 진술 기재서류와 다를 바 없으므로, 피고인이 그 녹음테이프를 증거동의하지 않는 이상 그 증거능력을 부여하기 위하여는 ① 녹음테이프가 원본이거나 원본으로부터 복사한 사본일 경우에는 복사과정에서 편집되는 등의 인위적 개작 없이 원본 그대로 복사된 사본일 것, ② 법 313조 1항에 따라 공판기일에서 원진술자의 진술에 의하여 녹음테이프에 녹음된 내용이 자신이 진술한 대로 녹음된 것임이 인정되어야 한다.
감정결과 원본이거나 인위적 편집 없이 복사된 사본으로서 법정에서 원진술자들의 진술에 의해 진정성립이 인정되면 증거능력이 있다.[243)]

239) 법 312조 4항, 318조의2 2항.
240) 성폭법 30조 6항 또는 아청법 26조 6항.
241) 대판 2014. 7. 10. 2012도5041.
242) 법원행정처, 새로운 형사재판의 이해, 2007, 120면.
243) 대판 1999. 3. 9. 98도3169.

X. 기타의 증거

1. 녹음테이프

가. 녹음테이프의 특성

녹음테이프는 사람의 음성이나 음향을 기계적 장치를 통하여 기록하였다가 재생할 수 있는 것이다. 진술의 전달 수단으로서 녹음테이프는 기록과 재생이 정확하다는 점에서 불완전한 지각과 기억에 의존하는 증인보다 우월한 증거방법이다. 녹음테이프는 그 성질상 작성자나 진술자의 서명 혹은 날인이 없을 뿐만 아니라, 녹음자의 의도나 특정한 기술에 의하여 그 내용이 편집, 조작될 위험성이 있다.[244] 즉 녹음테이프의 증거능력이 인정되기 위하여 서명이나 날인이 있어야 하는 것은 아니라는 것이 판례의 입장이다.

나. 녹음테이프와 증거

진술을 녹음한 경우에 원본인 녹음테이프, 녹음테이프 사본, 녹음테이프의 내용을 풀어쓴 녹취록, 법원이 녹음테이프를 검증한 검증조서가 존재할 수 있다. 이러한 경우 피고인이 증거동의하지 않는 한 증거로 사용되는 것은 어디까지나 원본인 녹음테이프에 녹음된 대화내용 그 자체이다.

피고인과 피해자 사이의 대화내용에 관한 녹취서가 공소사실의 증거로 제출되어 그 녹취서의 기재내용과 녹음테이프의 녹음내용이 동일한지 여부에 관하여 법원이 검증을 실시한 경우에 증거자료가 되는 것은 녹음테이프에 녹음된 대화내용 그 자체이다.[245]

다. 원본 또는 원본 그대로 복사한 것

녹음테이프를 증거로 사용하기 위해서는 녹음테이프가 원본이거나 원본 그대로 복사되었음이 입증되어야 한다.

원본이거나 원본 그대로 복사한 사본임을 증명

녹음테이프는 성질상 작성자나 진술자의 서명이나 날인이 없을 뿐만 아니라 녹음자의 의도나 특정한 기술에 의하여 내용이 편집·조작될 위험이 있으므로, 그 대화내용을 녹음한 원본이거나 혹은 원본으로부터 복사한 사본일 경우에는 복사과정에서 편집되는 등의 인위적 개작 없이 원본의 내용 그대로 복사된 사본임이 증명되어야만 하고, 그러한 증명이 없는 경우에는 쉽게 증거능력을 인정할 수 없으며, 녹음테이프에 수록된 대화

244) 대판 2005. 12. 23. 2005도2945; 대판 2007. 3. 15. 2006도8869.
245) 대판 1996. 10. 15. 96도1669; 대판 2005. 12. 23. 2005도2945.

내용이 이를 풀어쓴 녹취록의 기재와 일치한다거나 녹음테이프의 대화내용이 중단되었다고 볼 만한 사정이 없다는 점만으로는 위와 같은 증명이 있다고 할 수 없다.[246)]

녹음기로 녹음 → 콤팩드디스크에 복사 → 녹취록 작성

디지털 녹음기로 녹음한 내용이 콤팩트디스크에 다시 복사되어 그 콤팩트디스크에 녹음된 내용을 담은 녹취록이 증거로 제출된 사안에서, 위 콤팩트디스크가 현장에서 녹음하는 데 사용된 디지털 녹음기의 녹음내용 원본을 그대로 복사한 것이라는 입증이 없는 이상, 그 콤팩트디스크의 내용이나 이를 녹취한 녹취록의 기재는 증거능력이 없다.[247)]

보이스 펜 → 카세트테이프 → 녹취록

제1심이 검증을 실시한 녹음테이프는 피해자가 피고인과의 대화내용을 디지털 녹음기(보이스 펜)에 녹음해 두었다가 그 녹음내용을 카세트테이프에 재녹음한 복제본이고, 피고인은 수사기관 이래 원심에 이르기까지 위 복제된 녹음테이프나 이를 풀어 쓴 녹취록이 편집 혹은 조작되었다고 주장하면서 그 증거능력을 일관되게 부정하여 왔다. 그렇다면 원본의 녹음내용을 옮겨 복제한 녹음테이프에 수록된 대화내용이 녹취록의 기재와 일치함을 확인한 것에 불과한 제1심의 검증 결과만으로는 피고인이 그 진정성립을 다투고 있는 녹음의 원본, 즉 디지털 녹음기에 수록된 피고인의 진술내용이 녹취록의 기재와 일치한다고 단정할 수는 없으므로, 원심이 검증조서를 증거로 채택하기 위해서는 피해자가 소지 중이라고 하는 녹음 원본이 수록된 디지털 녹음기를 제출받아 이를 검증한 다음 작성자인 피해자의 진술 혹은 녹음상태 감정 등의 증거조사를 거쳐야 한다.[248)]

라. 녹음테이프에 대한 증거능력 인정의 근거

사람의 진술이 녹음된 녹음테이프가 진술내용의 진실성을 증명하기 위한 증거로 사용되는 경우에는 전문증거가 된다. 여기서 녹음된 진술의 증거능력을 인정하는 근거가 무엇인지에 대해서는 견해가 나뉜다. 녹음테이프는 진술서 또는 진술녹취서의 실질을 가지므로 법 313조가 적용된다는 견해와 원진술자와 녹음 주체에 따라 법 311조 내지 313조가 적용된다는 견해가 있다. 아래 판례는 후자의 견해를 따르고 있는 것으로 해석된다.

법원이 녹음테이프에 대하여 실시한 검증의 내용이 녹음테이프에 녹음된 전화대화 내용이 녹취서에 기재된 것과 같다는 것에 불과한 경우 증거자료가 되는 것은 여전히 녹음테이프에 녹음된 대화 내용임에는 변함이 없으므로, 그와 같은 녹음테이프의 녹음 내용이나 검증조서의 기재는 실질적으로는 공판기일에서의 진술에 대신하여 진술을 기재한 서류와 다를 바 없어서 법 311조 내지 315조에 규정한 것이 아니면 이를 유죄의

---

246) 대판 2014. 8. 26. 2011도6035. 같은 취지로는 대판 2008. 12. 24. 2008도9414.
247) 대판 2007. 3. 15. 2006도8869.
248) 대판 2005. 12. 23. 2005도2945.

증거로 할 수 없다.[249]

마. 진정성립의 인정

판례에 의하면 녹음테이프의 증거능력은 원진술자와 녹음 주체에 따라 법 311조 내지 313조를 적용하여 결정한다. 그러나 현실적으로 법원 또는 법관의 면전에서 이루어지는 진술을 녹음테이프에 녹음하여 증거로 사용하거나(이때는 법 311조가 적용될 것임), 수사기관 면전에서 이루어지는 진술을 녹음테이프에 녹음하여 증거로 사용하는(이때는 법 312조가 적용될 것임) 경우는 거의 없다. 이러한 이유로 판례에서 나타나는 녹음테이프에 대해서는 대부분 법 313조 1항이 적용되고 있다.

진정성립의 인정방법은 법 313조 1항에서 정한 바와 같이 녹음테이프에 녹음된 진술이 피고인의 것인지 피고인 이외의 자의 것인지에 따라 달라진다. 녹음테이프에는 서명이나 날인이 있어야 하는 것은 아니므로 형식적 진정성립은 문제되지 않는다.

진술서에 대해서는 감정 등 객관적인 방법으로 진정성립을 인정할 수 있다(법 313조 2항).

2. 전자적 정보

가. 전문법칙의 적용

컴퓨터 디스켓에 담긴 문건이나 디지털 저장매체로부터 출력한 문서는 법 313조 1항 본문에 의하여 그 작성자 또는 진술자의 진술에 의하여 그 성립의 진정함이 인정된 때에 이를 증거로 사용할 수 있다. 컴퓨터 디스켓에 담긴 문건이나 디지털 저장매체로부터 출력한 문서가 진술서인 경우에는 감정 등 객관적인 방법으로 진정성립을 인정할 수 있다(법 313조 2항).

컴퓨터 디스켓에 담긴 문건의 증거능력

컴퓨터 디스켓에 담긴 문건이 증거로 사용되는 경우 그 기재 내용의 진실성에 관하여는 전문법칙이 적용되고, 따라서 피고인 또는 피고인 아닌 자가 작성하거나 또는 그 진술을 기재한 문건은, 원칙적으로 법 313조 1항 본문에 의하여 그 작성자 또는 진술자의 진술에 의하여 그 성립의 진정함이 인정된 때에 증거로 사용할 수 있다.[250]

디지털 저장매체로부터 출력한 문서(진술서 부분은 법 313조 2항에 의해 폐기됨)

쟁점: 국가정보원 소속 심리전단 소속 직원들의 '사이버 활동(인터넷 게시글, 댓글, 찬반클릭 및 트윗글과 리트윗글 활동)'이 정치관여행위나 선거운동에 해당한다는 공직선거법위반 사건에서, 425지논 파일 및 시큐리티 파일의 증거능력이 있는지

249) 대판 1996. 10. 15. 96도1669.

250) 대판 2001. 3. 23. 2000도486.

판단: 압수된 디지털 저장매체로부터 출력한 문서를 진술증거로 사용하는 경우, 그 기재 내용의 진실성에 관하여는 전문법칙이 적용되므로 법 313조 1항에 따라 그 작성자 또는 진술자의 공판기일에서의 진술에 의하여 진정성립이 증명된 때에 한하여 이를 증거로 사용할 수 있다.[251] 이에 관하여 디지털 저장매체로부터 출력된 문서는 저장매체의 사용자 및 소유자, 로그기록 등 저장매체에 남은 흔적, 초안 문서의 존재, 작성자만의 암호 사용 여부, 전자서명의 유무 등 여러 사정에 의하여 동일인이 작성하였다고 볼 수 있고 그 진정성을 탄핵할 다른 증거가 없는 한 그 작성자의 공판기일에서의 진술과 상관없이 진정성립을 인정하여야 한다는 유력한 견해가 있으나, 이는 실정법 해석의 한계를 넘는다.
위 두 파일은 작성자로 추정되는 갑의 진술에 의하여 진정성립이 증명되지 않아 증거능력이 없다.[252]
해설: 위 판례에서의 유력한 견해는 진술서에 관하여 법 313조 2항으로 입법화되었다(진술 기재서류는 법 313조 2항의 적용 대상이 아님).

나. 디지털저장매체 원본에 저장된 내용과 출력한 문건의 동일성

정보저장매체 원본 → '하드카피' 또는 '이미징'한 매체 → 출력 문건의 동일성, 무결성
압수물인 컴퓨터용 디스크 그 밖에 이와 비슷한 정보저장매체에 입력하여 기억된 문자정보 또는 그 출력물을 증거로 사용하기 위해서는 정보저장매체 원본에 저장된 내용과 출력 문건의 동일성이 인정되어야 하고, 이를 위해서는 '정보저장매체 원본이 압수 시부터 문건 출력 시까지 변경되지 않았다는 사정(**무결성**)'이 담보되어야 한다. 특히 정보저장매체 원본을 대신하여 저장매체에 저장된 자료를 '하드카피' 또는 '이미징'한 매체로부터 출력한 문건의 경우에는 정보저장매체 원본과 '하드카피' 또는 '이미징'한 매체 사이에 자료의 동일성도 인정되어야 할 뿐만 아니라, 이를 확인하는 과정에서 이용한 컴퓨터의 기계적 정확성, 프로그램의 신뢰성, 입력·처리·출력의 각 단계에서 조작자의 전문적인 기술능력과 정확성이 담보되어야 한다.
압수·수색이 개시된 이후 시점에 증거로 제출된 MP3 파일이 저장된 하드디스크에 접속한 흔적이 나타나 있고, 압수·수색을 담당한 수사관의 증언 등에 의하더라도 그 접속 경위에 관하여 납득할 만한 사정이 밝혀지지 않은 등의 사정이 있다면, 정보저장매체 원본이 문건 출력 시까지 변경되지 않았다고 단정할 수 없어 위 파일을 증거로 사용할 수 없다.[253]

대화를 녹음한 파일 등의 전자매체 사본이 원본의 내용과 동일함에 관한 입증 방법
증거로 제출된 녹음파일이 대화 내용을 녹음한 원본이거나 혹은 복사 과정에서 편집되는 등 인위적 개작 없이 원본 내용을 그대로 복사한 사본이라는 점은 ① 녹음파일의 생성과 전달 및 보관 등의 절차에 관여한 사람의 증언이나 진술, ② 원본이나 사본 파일 생성 직후의 해쉬(Hash)값과의 비교, ③ 녹음파일에 대한 검증·감정 결과 등 제반 사정을 종합하여 판단할 수 있다.[254]

251) 대판 2007. 12. 13. 2007도7257; 대판 2013. 6. 13. 2012도16001 등 참조.
252) 대판 2015. 7. 16. 2015도2625 전합.
253) 대판 2013. 7. 26. 2013도2511.
254) 대판 2015. 1. 22. 2014도10978 전합.

3. 사 진

① 공포심이나 불안감을 유발하는 문자가 저장된 휴대전화기의 화면을 촬영한 사진

검사가 정보통신망을 통하여 공포심이나 불안감을 유발하는 글을 반복적으로 상대방에게 도달하게 하는 행위에 대한 유죄의 증거로 문자정보가 저장되어 있는 휴대전화기를 법정에 제출하는 경우, 휴대전화기에 저장된 문자정보 그 자체가 범행의 직접적인 수단으로서 증거로 사용될 수 있다. 또한, 검사는 휴대전화기의 화면을 촬영한 사진을 증거로 제출할 수도 있는데, 이를 증거로 사용하려면 문자정보가 저장된 휴대전화기를 법정에 제출할 수 없거나 그 제출이 곤란한 사정이 있고, 그 사진의 영상이 휴대전화기의 화면에 표시된 문자정보와 정확하게 같다는 사실이 증명되어야 한다.

정보통신망을 통하여 공포심이나 불안감을 유발하는 글을 반복적으로 상대방에게 도달하게 하는 행위를 하였다는 공소사실에 대하여 휴대전화기에 저장된 문자정보가 그 증거가 되는 경우, 그 문자정보는 범행의 직접적인 수단이고 경험자의 진술에 갈음하는 대체물이 아니므로, 전문법칙이 적용되지 않는다.

문자메시지로 전송된 문자정보를 휴대전화기 화면에 띄워 촬영한 사진에 대하여, 피고인이 성립 및 내용의 진정을 부인한다는 이유로 증거능력을 부정한 것은 위법하다.[255)]

해설: 위 판례에서의 문자정보는 전문증거가 아니므로 전문증거에 관한 법 313조 1항이 적용될 여지가 없고 문자정보의 작성자이자 진술자인 피고인에 의한 진정성립의 증명은 문제되지 않는다.

② 공갈 피해자가 피해사실을 기재한 문자메시지를 촬영한 사진

피해자가 남동생에게 도움을 요청하면서 피고인이 협박한 말을 포함하여 공갈 등 피고인으로부터 피해 입은 내용을 문자메시지로 보낸 경우, 문자메시지의 내용을 촬영한 사진은 '피해자의 진술서(법 313조)'에 준하므로, 문자메시지의 작성자인 피해자가 자신이 문자메시지를 작성하여 동생에게 보낸 것과 같음을 확인하고, 피해자의 동생도 피해자가 보낸 문자메시지를 촬영한 사진이 맞다고 확인하면, 문자메시지를 촬영한 사진은 진정성립이 증명되었다.[256)]

해설: 위 ①의 판례에서 문자정보 자체는 범행의 수단이고 그 내용이 요증사실이 아니어서 전문증거가 아니지만, 위 ②의 판례에서 피해자가 작성한 문자메시지는 경험사실의 진술로서 그 내용이 진실한지가 요증사실이므로 전문증거이다.

---

255) 대판 2008. 11. 13. 2006도2556.

256) 대판 2010. 11. 25. 2010도8735.

제4절 당사자의 동의와 증거능력

1. 의 의

검사와 피고인이 증거로 사용하는 데 동의한 서류 또는 물건은 진정한 것으로 인정한 때에는 증거로 할 수 있다(법 318조 1항). 증거동의는 전문법칙의 적용으로 인하여 증거능력이 없는 전문증거에 대하여 당사자가 증거사용을 동의하는 때에는 증거능력을 부여하기 위한 조사를 하지 않아도 되게 함으로써 재판의 신속과 소송경제를 도모한다.

2. 동의의 본질

동의의 본질에 관하여 ① 동의의 대상이 서류 또는 물건으로 되어 있다는 점에서 동의는 증거의 증거능력에 대한 당사자의 처분권을 인정하는 것이라고 보는 견해, ② 당사자가 증거능력과 증명력을 다툴 권리를 포기하는 것이라는 견해, ③ 증거능력에 대한 당사자의 반대신문권을 포기하는 것이라는 견해, ④ 한편으로는 반대신문권의 포기를 다른 한편으로는 직접심리주의의 예외를 의미한다는 견해가 있다.

판례는 법 318조 1항은 전문증거금지의 원칙에 대한 예외로서 반대신문권을 포기하겠다는 피고인의 의사표시에 의하여 서류 또는 물건의 증거능력을 부여하려는 규정이므로 피고인의 의사표시가 위와 같은 내용을 적극적으로 표시하는 것이라고 인정되는 경우이면 증거동의로서의 효력이 있다고 판시하였다.[257]

3. 증거동의의 방법

가. 동의의 주체와 상대방

동의의 주체는 당사자인 검사와 피고인이다. 변호인도 피고인의 명시한 의사에 반하지 않는 한 증거동의할 수 있다. 동의의 의사표시는 법원에게 한다.

변호인의 증거동의에 대해 피고인이 즉시 이의하지 아니함
증거동의의 주체는 당사자이지만 변호인은 피고인의 명시한 의사에 반하지 않는 한 피고인을 대리하여 이를 할 수 있음은 물론이므로 피고인이 증거부동의한다고 명시적인 의사표시를 한 경우 이외에는 변호인은 서류나 물건에 대하여 증거동의할 수 있다. 이 경우 변호인의 동의에 대하여 피고인이 즉시 이의하지 않으면 변호인의 동의로 증거능력이 인정되고 증거조사 완료 전까지 앞서의 동의가 취소 또는 철회하지 아니한 이상

257) 대판 1983. 3. 8. 82도2873.

일단 부여된 증거능력은 그대로 존속한다.[258)]

피고인이 증거부동의한 후 변호인만 공판기일에 출석하여 증거동의

증거동의의 주체는 소송 주체인 검사와 피고인이고, 변호인은 피고인을 대리하여 증거동의할 수 있을 뿐이므로 피고인의 명시한 의사에 반하여 증거동의할 수는 없다. 따라서 피고인이 공판기일에서 증거부동의한다는 의견을 진술한 경우에는 그 후 피고인이 출석하지 아니한 공판기일에 변호인만 출석하여 종전 의견을 번복하여 증거동의하더라도 이는 특별한 사정이 없는 한 효력이 없다.[259)]

나. 동의의 대상

전문법칙에 의하여 증거능력이 인정되지 않은 서류나 진술에 대해 증거동의를 할 수 있다. 재전문진술이나 재전문진술을 기재한 조서도 증거동의의 대상이 된다.[260)] 전문증거에 대해서는 전문법칙의 예외가 되기 위한 여러 요건들이 필요한데 증거동의가 이루어지면 위와 같은 요건들을 인정하기 위한 절차를 거칠 필요가 없다. 따라서 전문증거에 대해서는 증거동의가 실질적인 의미를 가진다.

그런데 증거물도 동의의 대상이 되는지에 대해서 적극설과 소극설이 있다. 증거물이 증거능력을 가지기 위해서는 적법한 절차와 방식에 따라 수집되었고 위조나 변조되지 아니한 진정한 것이라는 등의 요건이 필요하다. 사후의 증거동의로 인하여 위법하게 수집된 증거가 위법하지 않게 수집된 증거로 바뀐다거나 진정하지 않은 증거가 진정하게 되는 것은 아니라고 할 것이다. 따라서 위법하게 수집한 증거가 아니라거나 진정한 증거라는 것을 인정함에 있어 당사자의 증거동의가 영향을 미칠 여지는 없다고 보아야 하지 않을까 생각된다. 다만 증거물에 대해서도 증거동의가 있으면 특별한 사정이 없는 한 증거수집과정의 위법 여부나 진정성을 확인하는 절차를 거치지 않고 증거능력을 인정함으로써 곧바로 증거조사로 나아갈 수 있을 것이라는 정도의 의미를 가질 수는 있을 것이다.

위법수집증거도 증거동의의 대상이 되는지에 관하여 견해가 나뉜다. 판례는 위법수집증거에 대해서도 제한적으로 증거동의를 인정하고 있다. 위법수집증거에 대한 증거동의는 증거수집절차의 위법성을 치유하는 것이 아니라 이에 대한 책문권을 포기하는 것이라고 이해함이 상당할 것이다.

증거동의된 서류 또는 물건이 진정한 것으로 인정하는 방법

법 318조 1항은 "검사와 피고인이 증거로 할 수 있음을 동의한 서류 또는 물건은 진정한 것으로 인정한 때에는 증거로 할 수 있다"고 규정하고 있을 뿐 진정한 것으로 인정하는 방법을 제한하고 있지 아니하므로, 증

258) 대판 1988. 11. 8. 88도1628; 대판 1999. 8. 20. 99도2029.
259) 대판 2013. 3. 28. 2013도3.
260) 대판 2000. 3. 10. 2000도159.

거동의가 있는 서류 또는 물건은 법원이 제반 사정을 참작하여 진정한 것으로 인정하면 증거로 할 수 있다.[261)]

다. 반대증거와 증거동의

다음 판례들은 유죄증거의 반대증거에 대해서는 증거동의가 없어도 증거로 사용할 수 있다고 판시하고 있다. 그렇지만 다음 판례들이, 피고인의 무죄 주장에 부합하는 증거는 전문법칙의 적용을 받지 않는다는 입장을 취하고 있는 것인지는 불분명하다.

유죄의 자료가 되는 것으로 제출된 증거의 반대 증거서류에 대하여는 그것이 유죄사실을 인정하는 증거가 되는 것이 아닌 이상 반드시 그 진정성립이 증명되지 아니하거나 이를 증거로 함에 있어서 상대방의 동의가 없더라도 증거판단의 자료로 할 수 있다.[262)]

검사가 유죄의 자료로 제출한 증거들이 그 진정성립이 인정되지 아니하고 이를 증거로 함에 상대방의 동의가 없더라도, 이는 유죄의 증거로 사용하는 것이 아닌 이상 공소사실과 양립할 수 없는 사실을 인정하는 자료로 쓸 수 있다.[263)]

라. 동의의 시기

동의는 증거능력을 부여하기 위한 의사표시이므로 증거조사를 하기 이전에 하여야 한다.

마. 동의의 방식

증거동의가 묵시적으로도 행해질 수 있는지에 관하여 견해가 나뉜다. 증거동의는 중요한 소송행위이므로 동의에 관한 의사표시를 서면으로 하거나 소송지휘권의 행사에 의해 동의 여부를 명확히 하여야 할 것이다.

피고인이 신청한 증인의 증언이 피고인 아닌 타인의 진술을 내용으로 하는 전문진술이더라도 피고인이 그 증언에 대하여 별 의견이 없다고 진술하였다면 그 증언을 증거로 함에 동의한 것으로 볼 수 있으므로 증거능력 있다.[264)]

261) 대판 2015. 8. 27. 2015도3467.
262) 대판 1974. 8. 30. 74도1687; 대판 1981. 12. 22. 80도1547.
263) 대판 1994. 11. 11. 94도1159.
264) 대판 1983. 9. 27. 83도516.

진술조서에 관하여 피고인이 공판정 진술과 배치되는 부분은 부동의한다고 진술
검사 작성의 피고인 아닌 자에 대한 진술조서에 관하여 피고인이 공판정 진술과 배치되는 부분은 부동의한다고 진술한 것은 조서내용의 특정부분에 대하여 증거로 함에 동의한다는 특별한 사정이 있는 때와는 달리 그 조서에 관하여 증거부동의한다는 취지로 해석하여야 한다.[265)]

개개의 증거에 대하여 개별적인 증거조사방식을 거치지 아니하고 검사가 제시한 모든 증거에 대하여 피고인이 증거로 함에 동의한다는 방식으로 이루어진 것이라 하여도 증거동의의 효력이 있다.[266)]
해설: 증거동의를 포괄적으로 할 수 있는지에 관하여 학설이 나뉘나 위 판례는 포괄적 증거동의가 가능하다고 본다.

4. 증거동의의 의제

피고인의 출정 없이 증거조사를 할 수 있는 경우에 피고인이 출정하지 아니한 때에는 증거동의가 있는 것으로 간주하지만, 대리인 또는 변호인이 출정한 때에는 예외로 한다(법 318조 2항). 피고인의 출정 없이 증거조사를 할 수 있는 경우로는 경미사건 등(법 277조), 피고인의 출석거부(법 277조의2), 피고인의 소재불명(소촉법 23조),[267)] 피고인의 퇴정 또는 퇴정명령(법 281조, 330조), 항소심과 정식재판청구사건에서의 2회 불출석(법 365, 458조 2항) 등이 있다.

정식재판청구사건에서 피고인의 2회 불출석으로 피고인 출석 없이 증거조사
약식명령에 대해 피고인이 정식재판을 청구한 사건에서 피고인이 2회 연속하여 불출석한 때에는 피고인의 출석 없이 판결을 할 수 있도록 한 규정(법 458조 2항, 365조)은 피고인이 출정을 하지 않음으로써 본안에 대한 변론권을 포기한 것으로 보는 일종의 제재적 규정이다. 이와 같은 경우 피고인의 출정 없이도 심리, 판결할 수 있고 증거조사가 행해지게 마련이어서 피고인이 출석하지 아니한 상태에서 증거조사를 할 수밖에 없는 경우에는 증거동의가 있는 것으로 간주된다(법 318조 2항, 1항).[268)]

필요적 변호사건에서 피고인측의 귀책사유로 피고인측의 출석 없이 심리판결
필요적 변호사건이라 하여도 피고인이 재판거부의 의사를 표시하고 재판장의 허가 없이 퇴정하고 변호인마저 이에 동조하여 퇴정해 버린 것은 모두 피고인측의 방어권남용 내지 변호권포기로 볼 수밖에 없으므로 법원은 피고인이나 변호인의 재정 없이도 심리 판결할 수 있다(법 330조). 이러한 경우 증거동의가 있는 것으

265) 대판 1984. 10. 10. 84도1552.
266) 대판 1983. 3. 8. 82도2873.
267) 구 소촉법 23조가 위헌이므로 효력이 없다는 판단(헌재 1998. 7. 16. 97헌바22; 대판 1998. 10. 15. 98도1759 전합)이 있었고 이후 동조가 개정되었다.
268) 대판 2010. 7. 15. 2007도5776.

로 간주한다(법 318조 1항, 2항).[269)]

간이공판절차 회부결정이 있는 사건에 대해서는 검사, 피고인 또는 변호인이 증거로 함에 이의가 있는 때를 제외하고는 증거동의가 있는 것으로 간주한다(법 318조의3). 피고인이 공소사실에 대해 자백할 것을 요건으로 하여 간이공판절차에 회부하므로 증거능력을 부여하기 위한 절차를 별도로 밟을 필요가 없다는 취지이다. 다만 범행을 자백하더라도 증거에 대해 다툴 필요가 있는 경우도 있을 수 있으므로 증거에 대해 부동의할 수 있는 여지를 남겨두고 있다.

5. 증거동의의 효과

당사자가 증거동의를 하면 법 311조 내지 316조의 요건을 갖추지 못한 증거도 증거능력을 부여받게 된다. 증거동의를 하여 증거능력이 인정되었음에도 그 증거의 증명력을 다투는 것은 가능하다.[270)] 증거동의를 하여 증거능력을 인정하는 것과 그 증거의 내용이 진실하다는 것을 인정하는 것은 별개의 문제이기 때문이다.

증거가 가분적인 경우 일부의 증거에 대해서는 동의하고 나머지는 부동의하는 것도 가능하다. 동의의 효력은 동의한 당사자에게만 미치며 동의하지 아니한 자에게까지 미치는 것은 아니다. 동의의 효력은 심급을 달리한다고 하여 소멸되지 않는다.

제1심에서 증거동의 후 항소심에서 범행부인
피고인들이 제1심법정에서 경찰 작성 조서들에 대하여서 증거로 함에 동의하였다면 그 후 항소심에서 범행을 다투더라도 이미 동의한 효과에 영향을 미치지 않는다.[271)]

약식명령에 불복하여 정식재판을 청구한 피고인이 정식재판절차의 제1심에서 2회 불출정하여 법 318조 2항에 따른 증거동의가 간주된 후 증거조사를 완료한 경우에는 증거동의의 취소 또는 철회가 인정되지 않고, 증거동의의 간주는 피고인의 진의와는 관계없이 이루어지므로, 피고인이 항소심에서 간주된 증거동의를 철회 또는 취소하더라도 이미 부여된 증거능력은 상실되지 않는다.[272)]

---

269) 대판 1991. 6. 28. 91도865.

270) 가령 강간 피고사건에서 피해자를 법정으로 소환하여 증인신문하는 것은 피해자에게 큰 고통을 주는 것이어서 양형에 크게 불리하게 작용하는 경우가 많다. 이러한 경우 피해자에 대한 진술조서에 관하여 증거동의를 하면서 (증거동의를 하지 않으면 그 진정성립 등을 입증하기 위하여 검사가 피해자를 증인으로 신청하게 되므로) 다른 증거에 의해 무죄를 입증하려고 할 수도 있다. 이러한 경우 피해자에 대한 진술조서의 증거능력을 인정하면서도 그 증명력을 다툴 필요가 있다.

271) 대판 1990. 2. 13. 89도2366.

272) 대판 2010. 7. 15. 2007도5776.

6. 증거동의의 철회

증거동의의 의사표시는 증거조사가 완료되기 전까지 취소 또는 철회할 수 있으나, 일단 증거조사가 완료된 뒤에는 취소 또는 철회가 인정되지 아니하므로 제1심에서 한 증거동의를 제2심에서 취소할 수 없고, 일단 증거조사가 종료된 후에 증거동의의 의사표시를 취소 또는 철회하더라도 취소 또는 철회 이전에 이미 취득한 증거능력이 상실되지 않는다.[273)]

증거동의의 취소·철회
증거동의한 경우, 그 동의의 의사표시는 증거조사가 완료되기 전까지 취소 또는 철회할 수 있으나 일단 증거조사가 완료된 뒤에는 취소 또는 철회할 수 없으므로, 1심에서 한 증거동의를 2심에서 취소할 수 없다.[274)]

증거조사 완료 후의 증거동의의 취소·철회
증거동의의 의사표시는 증거조사가 완료되기 전까지 취소 또는 철회할 수 있으나, 일단 증거조사가 완료된 뒤에는 취소 또는 철회가 인정되지 않으므로 취소 또는 철회 이전에 취득한 증거능력은 상실되지 않는다.[275)]

피고인이 의미를 모르고 증거동의하였으나 재정 변호인이 이의하지 않음
피고인이 진술조서를 증거동의함에 있어서 그 동의의 법률적 의미를 몰랐더라도 변호인이 공판정에 재정하고 있으면서 피고인의 동의에 대하여 이의나 취소를 하지 않았다면 그 동의는 유효하다.[276)]

제 5 절 탄핵증거

1. 의 의

법 318조의2 1항은, "312조부터 316조까지의 규정에 따라 증거로 할 수 없는 서류나 진술이라도 공판기일에서의 피고인 또는 피고인이 아닌 자의 진술의 증명력을 다투기 위하여 증거로 할 수 있다"라고 규정하고 있다. 이와 같이 전문법칙에 의해 증거능력이 없는 전문증거라고 하더라도 진술의 증명력을 다투기 위해 사용되는 증거를 탄핵증거라고 한다.

273) 대판 1996. 12. 10. 96도2507; 대판 2004. 6. 25. 2004도2611 등.
274) 대판 1983. 4. 26. 83도267.
275) 대판 2004. 6. 25. 2004도2611.
276) 대판 1983. 6. 28. 83도1019.

그러나 위와 같이 탄핵증거가 진술의 증명력을 다투기 위해 사용되는 증거라고 이해하면, 탄핵증거가 공소사실에 부합하는 진술증거의 증명력을 감쇄시키는 경우에는 공소사실의 부존재를 증명하는 것이 되고, 탄핵증거가 공소사실에 부합하지 않는 진술증거의 증명력을 감쇄시키는 경우에는 공소사실의 존재를 증명하는 것이 된다. 이는 실질증거로서의 증거능력이 없는 탄핵증거에 의해 공소사실의 존부를 증명하는 것이 되어 타당하지 않다. 이러한 문제를 해결하기 위해서는 진술의 증명력을 다툰다는 것이, 미국에서와 같이, '증인의 신용성'을 탄핵함으로써 '진술의 증명력'에 간접적으로 영향을 미치는 것을 의미한다고 보아야 할 것으로 생각된다.[277)]

2. 판례의 분석

① 탄핵증거는 범죄사실을 인정하는 증거가 아니므로 그것이 증거서류이던 진술이든 간에 유죄증거에 관한 소송법상의 엄격한 증거능력을 요하지 않으므로 위 증언들이 전문증거라 하여도 유죄 증거의 증명력을 다투기 위한 반대 증거로 채택한 것은 적법하다.[278)]

② 탄핵증거는 범죄사실을 인정하는 증거가 아니어서 엄격한 증거능력을 요하지 않으므로 공무소의 직무범위를 벗어난 것으로서 증거능력이 없는 베를린 주재 총영사에 대하여 한 사실조회의 회신을 유죄 증거의 증명력을 다투기 위한 반대증거로 채택함에는 아무런 잘못이 없다.[279)]

③ 내용부인하여 증거능력 없는 사경 작성 피의자신문조서에 의해 피고인의 법정진술을 탄핵/증거조사가 이루어지지 않은 탄핵증거의 증거사용

사경 작성의 피고인에 대한 피의자신문조서들과 피고인이 작성한 자술서들은 피고인이 그 내용을 부인하여 증거능력이 없으나, 그러한 증거라 하더라도 그것이 임의로 작성된 것이 아니라고 의심할 만한 사정이 없는 한 피고인의 법정 진술을 탄핵하기 위한 반대증거로 사용할 수 있다.

탄핵증거는 범죄사실을 인정하는 증거가 아니므로 엄격한 증거조사를 거쳐야 할 필요가 없지만, 법정에서 탄핵증거로서의 증거조사는 필요하다. 법정에서 증거로 제출된 바가 없어 증거조사가 이루어지지 아니한 채 수사기록에만 편철되어 있는 소득세징수액집계표를 피고인 등의 진술을 탄핵하는 증거로 사용한 것은 위법하다.[280)]

---

277) 미국에서 탄핵증거(impeachment evidence)는 공소사실의 존부와는 무관하게 오로지 증인의 신용성을 탄핵하는 용도로만 사용된다. 증인이 의식적으로 거짓말을 하고 있다는 것을 나타내려는 것뿐만 아니라 증인이 진실한지 아닌지(sincere or not) 또는 틀렸다거나 착오에 빠져 있다는 것(wrong or mistaken)을 입증하는 것도 탄핵이다. 미국의 탄핵증거는 성격증거(character), 과거의 불일치 진술(prior inconsistent statement), 편향성(bias), 감각기관 또는 정신적인 결함(sensory or mental defect), 모순진술(contradiction)의 5가지로 분류하는 것이 보통이다. 이에 관하여 상세히는 최병천, 탄핵증거이론의 재구성 －미국과의 비교법적 고찰－(경찰법연구, 2015. 6).

278) 대판 1985. 5. 14. 85도441.

279) 대판 1996. 1. 26. 95도1333.

280) 대판 1998. 2. 27. 97도1770.

④ 사경 작성의 피고인에 대한 피의자신문조서는 피고인이 그 내용을 부인하여 증거능력이 없으나, 그것이 임의로 작성된 것이 아니라고 의심할 만한 사정이 없는 한 피고인의 법정 진술을 탄핵하기 위한 반대증거로 사용할 수 있다.[281]

⑤ 변호인은 항소이유서에서 현금서비스 취급내역서 사본을 제출하면서 A 공소사실을 탄핵하였고, 원심 공판기일에는 신용카드 사용내역승인서 사본과 함께 다시 이를 제시하여 B 공소사실까지 탄핵하였다. 비록 위 각 서증들이 증거목록에 기재되지 않았고 증거결정이 없었다 하더라도 공판과정에서 그 입증취지가 구체적으로 명시되고 제시까지 되었으므로 위 각 서증들에 대하여 탄핵증거로서의 증거조사는 이루어졌다고 보아야 하므로 위 각 서증은 탄핵증거로 사용할 수 있다. 원심이 변호인 제출의 신용카드 사용내역승인서 사본 및 현금서비스 취급내역서 사본에 의해 공소사실에 부합하는 증거인 피해자의 진술을 탄핵한 것은 적법하다.[282]

탄핵증거는 범죄사실을 인정하는 증거가 아니며(위 ①, ②, ③, ④의 판례), 진술의 증명력을 다투는 증거이다(위 ③의 판례에서는 피고인과 갑 등의 진술을, 위 ④의 판례에서는 피고인의 법정 진술을, 위 ⑤의 판례에서는 피해자의 진술을 각각 탄핵하고 있다).

진술의 증명력을 다툰다는 것의 구체적 의미에 관하여 아래 ⑥의 판례는 '진술의 증명력을 감쇄하는 것이고 범죄사실 또는 그 간접사실의 인정의 증거로 허용되지 않음'을 의미하는 것으로 보고 있다.

⑥ 법 318조의2에 의한 탄핵증거의 증거 사용은 진술의 증명력을 감쇄하기 위한 것이고, 범죄사실이나 그 간접사실을 인정하기 위한 것이 아니다.[283]

⑦ 탄핵증거는 진술의 증명력을 감쇄하기 위하여 인정되는 것이고 범죄사실 또는 그 간접사실을 인정하는 증거로서는 사용될 수 없다. 검사가 탄핵증거로 신청한 체포·구속인접견부 사본은 피고인의 부인 진술을 탄핵한다는 것이므로 결국 검사에게 입증책임이 있는 공소사실 자체를 입증하기 위한 것에 불과하므로 '피고인의 진술의 증명력을 다투기 위한 탄핵증거(법 318조의2 1항)'로 볼 수 없다.[284]
해설: 탄핵증거에 의해 피고인의 진술을 탄핵할 수 있는지에 관하여 견해의 대립이 있다. 피고인의 부인 진술을 탄핵하는 것은 공소사실을 증명하는 것이 되므로, 탄핵증거에 의해 피고인의 진술을 탄핵할 수 있도록 하면 탄핵증거를 공소사실의 존재를 증명하는 증거로 사용하는 결과가 되기 때문이다.
위 판례는 피고인의 진술은 탄핵증거에 의한 탄핵의 대상이 될 수 없다는 견해를 취하고 있고, 탄핵증거에

281) 대판 2005. 8. 19. 2005도2617.
282) 대판 2006. 5. 26. 2005도6271.
283) 대판 1976. 2. 10. 75도3433; 대판 1996. 9. 6. 95도2945.
284) 대판 2012. 10. 25. 2011도5459.

의해 범행을 부인하는 피고인 진술의 증명력을 탄핵할 수 있다고 보는 위 ③, ④ 판례를 변경하였다고 볼 여지가 있다.

3. 탄핵증거의 허용 범위

탄핵증거로 사용할 수 있는 증거의 범위에 관하여 학설이 나뉜다. 이에 대해서는 ① 같은 증인의 법정 증언과 다른 법정 외의 진술에 한정된다는 한정설, ② 널리 전문증거가 제한 없이 탄핵증거로 사용될 수 있다는 비한정설, ③ 자기 모순의 진술에 한정되지 않고 증인의 신빙성에 대한 순수한 보조사실을 입증하기 위한 증거로 제한된다는 절충설, ④ 피고인은 증명력을 다투기 위하여 모든 전문증거를 제출할 수 있으나 검사는 자기모순의 진술만을 제출할 수 있다는 이원설 등이 있다.

4. 탄핵증거의 조사방법

탄핵증거는 엄격한 증거조사를 거쳐야 할 필요는 없으나 법정에서 탄핵증거로서의 증거조사는 반드시 하여야 한다(위 ③, ⑤ 판례). 탄핵증거의 제출에 있어서도 상대방에게 이에 대한 공격방어의 수단을 강구할 기회를 사전에 부여하여야 한다는 점에서 그 증거와 증명하고자 하는 사실과의 관계 및 입증취지 등을 미리 구체적으로 명시하여야 한다(아래 ⑧ 판례).

⑧ 탄핵증거는 범죄사실을 인정하는 증거가 아니므로 엄격한 증거조사를 거쳐야 할 필요가 없지만, 법정에서 탄핵증거로서의 증거조사는 필요하다. 탄핵증거의 제출에 있어서도 상대방에게 이에 대한 공격방어의 수단을 강구할 기회를 사전에 부여하여야 한다는 점에서 그 증거와 증명하고자 하는 사실과의 관계 및 입증취지 등을 미리 구체적으로 명시하여야 할 것이므로(규칙 132조의2 1항), 증명력을 다투고자 하는 증거의 어느 부분에 의하여 진술의 어느 부분을 다투려고 한다는 것을 사전에 상대방에게 알려야 한다.[285]

285) 대판 2005. 8. 19. 2005도2617.

제 7 장

재 판

제 1 절 재판의 기본개념

Ⅰ. 재판의 의의

재판은 협의로는 유·무죄의 실체적 종국재판을 의미하나, 광의로는 법원 또는 법관의 법률행위적 소송행위를 말한다. 법률행위적 소송행위라는 점에서 증거조사나 재판의 선고와 같은 사실행위적 소송행위와 구별된다.

Ⅱ. 재판의 종류

1. 판결, 결정, 명령

재판은 그 형식에 따라 판결, 결정, 명령으로 나뉜다.

종국재판은 원칙적으로 판결로 하여야 한다. 판결은 법률에 다른 규정이 없으면 구두변론에 의거하여야 하고(법 37조 1항), 이유를 명시하여야 한다(법 39조). 판결은 법관이 작성한 서면에 의하여야 하고(법 38조), 법정에서 선고의 방식으로 하는 것이 원칙이다(법 42조). 판결에 대한 상소방법은 항소와 상고이다.

결정은 수소법원이 행하는 종국 전 재판의 원칙적 형식이다. 증거신청에 대한 결정(법 295조), 공소장변경허가 결정(법 298조) 등이 그 예이다. 종국재판인 결정으로는 공소기각 결정(법 328조, 363조, 382조), 상소기각 결정(법 360조, 361조의4, 362조, 376조, 380조, 381조), 약식명령청구에 대한 정식재판청구기각 결정

(법 455조) 등이 있다. 재판에는 이유를 명시하여야 하지만 상소를 불허하는 결정에 대해서는 이유를 명시할 필요가 없다(법 39조). 법원의 결정에 대해서는 불복하여 항고할 수 있지만(법 402조), 대부분의 결정은 종국 전 재판, 즉 관할 또는 판결 전의 소송절차에 관한 것이어서 원칙적으로 항고하지 못하므로 이유를 명시할 필요가 없는 것이다(법 403조). 결정에 대한 상소방법은 항고(법 402조, 403조), 재항고(415조)이다.

명령은 수소법원이 아니라 그 구성원인 재판장, 수명법관 또는 수탁판사가 행하는 재판을 말한다. 재판장에 의한 공판기일의 지정, 피고인에 대한 퇴정명령 등이 명령의 예이다. 명령은 모두 종국 전의 재판이다. 명령에 대해서는 원칙적으로 항고 등을 통한 불복이 허용되지 않고 일정한 사유가 있는 경우에 이의신청(법 304조)이나 준항고(법 416조)가 허용될 뿐이다. 상소를 불허하는 명령에 대해서는 이유를 명시하지 않아도 된다(법 39조). 다만 약식명령은 통상적인 명령이 아니라 판결과 유사한 것으로서 정식재판을 청구함으로써 불복할 수 있다.

결정이나 명령을 함에는 구두변론에 의거하지 않을 수 있고 필요한 경우에는 사실을 조사할 수 있다(법 37조 2항, 3항). 위와 같은 조사는 부원에게 명할 수 있고 다른 지방법원의 판사에게 촉탁할 수 있다(동조 4항). 결정 또는 명령은 재판서를 작성하지 아니하고 구두로 고지할 수 있으며, 이 경우에는 그 뜻을 공판조서에 기재하여야 한다(법 38조, 42조).

법 39조는 "재판에는 이유를 명시하여야 한다. 단, 상소를 불허하는 결정 또는 명령은 예외로 한다."고 규정하고 있으나, 그 이유 기재의 정도에 관하여는 법 323조가 유죄판결에 명시될 이유에 관하여 규정하고 있을 뿐 다른 규정은 없으므로, 어느 재판에 어느 정도의 이유 기재를 요하느냐는 그 재판의 성격에 따라 결정할 수밖에 없다. 따라서 증거조사신청의 기각결정 등 판결 전의 소송절차에 관한 재판에는 재판의 간결성의 원칙에 따라 그 사유의 존부에 관하여 자세하고 구체적인 설명을 생략하고 그 신청의 당부에 대한 이유를 다만 신청의 이유가 있다 또는 그 이유가 없다고 간단히 밝히면 된다. "이 사건 증인신청은 그 이유가 없다고 인정되므로 이를 기각한다"고 이유를 기재한 원심결정에 적법한 이유의 기재가 있다.[1]

구속기간갱신결정에는 재판의 간결성의 요청에 따라 구속을 계속할 필요가 있다고 인정되는 사유에 관하여 자세하고 구체적인 설명을 생략하고, 다만 구속을 계속할 필요가 있다고 그 이유에서 간단히 밝히면 된다. 구속기간갱신결정을 함에 있어 그 이유에서 피고인에 대한 구속을 계속할 필요가 있다고 기재한 것은 적법하다.[2]

1) 대결 1996. 11. 14. 96모94.
2) 대결 1987. 2. 3. 86모57.

즉시항고할 수 없는 결정은 고지 즉시 집행력 발생
법원의 열람·등사 허용 결정(법 266조의4)에 대하여 집행정지의 효력이 있는 즉시항고로 불복할 수 있는 명문의 규정이 없다. 따라서 법원의 열람·등사 허용 결정은 그 결정이 고지되는 즉시 집행력이 발생한다.[3)]

2. 종국재판과 종국 전 재판

소송계속을 그 심급에서 종결시키는 재판을 종국재판이라고 한다. 모든 종류의 판결과 결정 중의 일부가 종국재판이다. 종국재판을 한 법원은 이를 취소, 변경할 수 없으며 종국재판에 대해서는 상소가 허용된다. 상소심에서 하는 파기자판, 파기환송, 파기이송, 상소기각의 판결도 그 심급에서의 소송계속을 종결시킨다는 점에서 종국재판이다. 공소기각 결정(법 328조), 소년부송치 결정(소년법 50조), 항소기각 결정(법 360조, 361조의4, 362), 상고기각 결정(법 376조, 380조, 381조), 항고기각 결정(법 407조, 413조)은 결정의 형식을 취하고 있지만 그 심급에서의 소송계속을 종결시킨다는 점에서 종국재판에 해당한다고 볼 수 있다.

종국재판에 이르기까지의 절차에 관한 재판을 종국 전 재판이라고 한다. 종국 전 재판은 법원 스스로가 취소, 변경할 수 있으며, 원칙적으로 상소가 허용되지 않는다(법 403조 1항). 제1심에서 하는 대부분의 결정은 종국 전 재판이다. 약식명령을 제외한다면 종국재판을 명령의 형식으로 하는 경우는 없다.

3. 실체재판과 형식재판

실체재판은 법원이 피고사건의 실체를 심리하고 그 실체관계에 구체적 형벌법규를 적용하여 얻은 판단을 의미한다. 유죄판결과 무죄판결은 실체재판이다. 형식재판은 피고사건의 실체면을 제외한 나머지 부분, 즉 절차면과 관련하여 행해진 일체의 재판을 의미하며 관할위반의 판결, 공소기각의 판결, 면소판결, 공소기각의 결정은 형식재판이다. 실체판결은 피고사건의 실체자체를 심리한 결과 얻어진 판단이라는 점에서 일사부재리의 효력이 인정되지만 형식재판은 그렇지 않다.

가. 형식재판우선의 원칙

형식재판의 사유가 존재하면 실체에 나아가 심리하지 않고 형식재판으로 종결하여야 한다는 형식재판우선의 원칙이 판례와 실무에 의해 확립되어 있다.[4)] 소송조건이 존재하는 경우에 한하여 실체에 관하여 심리를 하는 것이 논리적으로 자연스럽고 사건의 신속한 처리와 소송경제를 도모하는데 바람직하기 때문이다.

---

3) 대판 2012. 11. 15. 2011다48452.
4) 대판 1994. 10. 14. 94도1818; 대판 2010. 7. 15. 2007도7523 등.

면소 사유와 무죄 사유의 경합
범죄 후 법령의 개폐로 그 형이 폐지된 경우, 실체재판을 하기에 앞서 면소판결을 하여야 하므로(법 326조 4호), 무죄의 실체재판을 한 것은 위법하다.[5]

공소기각 사유와 무죄 사유의 경합
교특법위반(교특법 3조 1항, 2항 단서 2호)로 공소제기되었으나 중앙선침범은 인정되지 않고, 피고인이 운행하던 차가 종합보험에 가입되어 있음이 밝혀졌다면 무죄를 선고할 것이 아니라 공소기각의 판결을 선고하여야 한다(법 327조 2호).[6]

1심의 무죄판결에 대한 항소심에서 항소이유로 주장되지 않은 공소기각사유가 인정됨
무죄의 제1심판결에 대하여 검사가 채증법칙 위배 등을 들어 항소하였으나 공소기각 사유가 있다고 인정될 경우, 법원은 직권으로 제1심판결을 파기하고 공소기각의 판결을 선고하여야 하고, 공소기각 사유가 있으나 피고인의 이익을 위한다는 이유로 검사의 항소를 기각하여 무죄의 제1심판결을 유지할 수 없다.[7]

나. 형식재판우선의 원칙에 대한 예외

피고인에게 무죄를 선고하여야 할 경우에도 예외 없이 형식재판우선의 원칙을 적용하여야 하는지에 대해서는 반론이 모색되고 있다.[8] 반론을 모색하는 견해는, ① 고소가 취소되어 공소기각의 판결이 있더라도 이에 대해 일사부재리의 효력이 미치는 것은 아니므로 재기소되어 유죄판결을 받을 가능성

---

5) 대판 2010. 7. 15. 2007도7523.
6) 대판 1994. 10. 14. 94도1818. 같은 취지로는 대판 2004. 11. 26. 2004도4693.
7) 대판 1994. 10. 14. 94도1818.
8) 박길성, "형사재판에서 형식재판우선의 원칙은 언제나 타당한가? —대판 2002. 7. 12. 2001도6777을 중심으로", 저스티스 제126호(2011. 10).
다음은 형식재판우선의 원칙에 관한 종래의 확립된 판례와 실무관행을 뒤집은 파격적인 판례이다. 다음 판례에도 불구하고 형식재판우선의 원칙은 확고하게 지켜지고 있다.
신호를 위반하여 차량을 운전한 과실로 피해자에게 상해를 입혔다고 공소제기되었으나, 신호위반은 인정되지 않고, 공제조합에 가입한 경우 무죄판결 가능
교특법 3조 1항, 2항 단서, 형법 268조를 적용하여 공소가 제기된 사건에서, 심리 결과 교특법 3조 2항 단서에서 정한 사유가 없고 같은 법 3조 2항 본문이나 4조 1항 본문의 사유로 공소를 제기할 수 없는 경우에 해당하면 공소기각의 판결을 하는 것이 원칙이다. 그런데 사건의 실체에 관한 심리가 이미 완료되어 교특법 3조 2항 단서에서 정한 사유가 없는 것으로 판명되고 달리 피고인이 같은 법 3조 1항의 죄를 범하였다고 인정되지 않는 경우, 설령 같은 법 3조 2항 본문이나 4조 1항 본문의 사유가 있더라도, 사실심법원이 피고인의 이익을 위하여 교특법위반의 공소사실에 대하여 무죄의 실체판결을 선고하였다면, 이를 위법이라고 볼 수는 없다.
피고인이 교통신호를 위반하여 차량을 운행한 과실로 피해자로 하여금 2주간의 치료를 요하는 상해를 입게 하였다는 교특법위반의 공소사실에 대하여, 피고인이 신호를 위반하였음을 인정하기에 부족하고, 비록 피고인 차량이 공제조합에 가입하여 교특법 4조 1항 본문의 사유가 있지만, 무죄의 실체판결을 할 수 있다(대판 2015. 5. 14. 2012도11431).

이 남아 있어 그러한 불안정한 지위를 해소시킬 필요가 있고 ② 형식재판을 할 사유가 존재하더라도 이미 심리가 충분히 진행되어 피고인의 무죄가 확인된 경우에는 무죄판결을 선고하더라도 소송경제에 반하지 않는다는 등의 논거를 들고 있다.

Ⅲ. 재판의 성립과 방식

재판은 법원 또는 법관이 하는 의사표시적 소송행위로서 법원 또는 법관이 내부적으로 의사를 결정하는 내부적 성립과 재판의 의사표시적 내용이 재판을 받는 자에게 인식될 수 있는 상태에 이르는 외부적 성립으로 나누어 볼 수 있다. 재판이 내부적으로 성립된 이후에는 판사가 경질되더라도 공판절차를 갱신할 필요가 없다(법 301조 단서).

1. 내부적 성립

합의부의 재판은 그 구성원인 법관들이 합의한 때 내부적으로 성립한다. 법원의 합의는 공개하지 않는다(법원조직법 65조). 합의는 헌법 또는 법률에 다른 규정이 없으면 과반수로 결정하며 합의에 관한 의견이 3설 이상 분립하여 각각 과반수에 달하지 못하는 때에는 과반수에 달하기까지 피고인에게 가장 불리한 의견의 수에 순차 유리한 의견의 수를 더하여 그 중 가장 유리한 의견에 의한다(동법 66조).

수소법원이 단독판사인 때에는 합의의 과정을 거치지 않으므로 재판서를 작성한 때 재판이 내부적으로 성립한다고 본다.

심리에 관여하지 아니한 법관이 재판의 내부적 성립에 관여하는 것은 허용되지 않아 절대적 항소이유가 된다(법 361조의5 8호). 따라서 재판의 심리에 관여하지 아니한 판사는 공판절차를 갱신하여야 재판의 내부적 성립에 관여할 수 있다. 다만 판결의 선고만을 하는 경우에는 그러하지 아니하다(법 301조 단서).

2. 외부적 성립

가. 의 의

판결은 선고, 결정과 명령은 고지에 의해 외부적으로 성립한다. 재판은 법관이 작성한 재판서에 의하여야 하는데 결정 또는 명령을 고지하는 경우에는 재판서를 작성하지 아니하고 조서에만 기재하여 할 수 있다(법 38조). 재판의 선고 또는 고지는 재판장이 하며, 판결을 선고함에는 주문을 낭독하고 이유의 요지를 설명하여야 한다(법 43조).

나. 외부적 성립의 효력

종국재판이 외부적으로 성립하면 그 재판을 한 법원 스스로 이를 철회하거나 변경하는 것은 허용되지 않는다. 이를 재판의 구속력이라고 한다.

다만, 법원은 재판서에 잘못된 계산이나 기재, 그 밖에 이와 비슷한 잘못이 있음이 분명한 때에는 직권으로 또는 당사자의 신청에 따라 경정결정을 할 수 있다(규칙 25조 1항). 경정결정은 재판서의 원본과 등본에 덧붙여 적어야 하며, 등본에 덧붙여 적을 수 없을 때에는 경정결정의 등본을 작성하여 재판서의 등본을 송달받은 자에게 송달하여야 한다(동조 2항). 경정결정에 대하여는 즉시항고를 할 수 있으나 재판에 대하여 적법한 상소가 있는 때에는 그러하지 아니하다(동조 3항). 또한 상고법원은 그 판결의 내용에 오류가 있음을 발견한 때에는 직권 또는 검사, 상고인이나 변호인의 신청에 의하여 판결로써 정정할 수 있다(법 400조 1항).

상소의 제기기간은 재판을 선고 또는 고지한 날로부터 진행한다(법 343조 2항). 무죄, 면소, 형의 면제, 형의 선고유예, 형의 집행유예, 공소기각 또는 벌금이나 과료를 과하는 판결이 선고된 때에는 구속영장은 효력을 잃는다(법 331조).

형이 선고된 것과 판결원본에 기재된 것이 다름
판결은 그 선고에 의하여 효력을 발생하고 판결원본의 기재에 의하여 효력을 발생하는 것이 아니므로 양자의 형이 다른 경우에는 검사는 선고된 형을 집행하여야 한다.[9)]

다. 재판서의 방식

(1) 재판서의 작성

재판은 법관이 작성한 재판서에 의하여야 한다. 단, 결정 또는 명령을 고지하는 경우에는 재판서를 작성하지 아니하고 조서에만 기재하여 할 수 있다(법 38조). 재판서는 판결서, 결정서, 명령서로 구분된다.

(2) 재판서의 방식

법 제40조(재판서의 기재요건) ① 재판서에는 법률에 다른 규정이 없으면 재판을 받는 자의 성명, 연령, 직업과 주거를 기재하여야 한다.
② 재판을 받는 자가 법인인 때에는 그 명칭과 사무소를 기재하여야 한다.
③ 판결서에는 기소한 검사와 공판에 관여한 검사의 관직, 성명과 변호인의 성명을 기재하여야 한다.
법 제41조(재판서의 서명등) ① 재판서에는 재판한 법관이 서명날인하여야 한다.
② 재판장이 서명날인할 수 없는 때에는 다른 법관이 그 사유를 부기하고 서명날인하여야 하며 다른 법관이 서명날인할 수 없는 때에는 재판장이 그 사유를 부기하고 서명날인하여야 한다.
③ 판결서 기타 대법원규칙이 정하는 재판서를 제외한 재판서에 대하여는 제1항 및 제2항의 서명날인에 갈음하여 기명날인할 수 있다.

9) 대결 1981. 5. 14. 81모8.

제 2 절 종국재판

소송을 그 심급에서 종결시키는 재판을 종국재판이라고 한다. 종국재판에는 유·무죄 판결, 관할위반의 판결, 면소판결, 공소기각의 판결·결정이 있다. 유·무죄의 판결은 실체재판, 그 이외의 판결과 결정은 형식재판에 속한다.

Ⅰ. 형식재판

1. 관할위반의 판결

법원의 관할 부분을 참조하라.

2. 면소판결

가. 의 의

법 326조는 1. 확정판결이 있은 때, 2. 사면이 있은 때, 3. 공소의 시효가 완성되었을 때, 4. 범죄 후의 법령개폐로 형이 폐지되었을 때 면소판결을 선고하도록 규정하고 있다.

범죄 후 법령의 개폐로 그 형이 폐지되었을 경우에는 실체적 재판을 하기 전에 면소판결을 하여야 한다.[10)]

범죄 후 법령의 개폐로 그 형이 폐지된 경우 면소판결을 선고하여야 하고, 무죄의 실체 재판을 하는 것은 위법하다.[11)]

공소시효가 완성되었다는 이유로 면소의 판결을 한 것이 명백한 경우 피고인이 이에 대하여는 실체판결을 구하여 상소를 할 수 없다.[12)]

나. 면소판결의 사유

(1) 확정판결이 있은 때

확정판결의 기판력의 시적 범위는 사실심리가 가능한 최후의 시점인 사실심 판결선고시까지이다.

---

10) 대판 1969. 12. 30. 69도2018.
11) 대판 2010. 7. 15. 2007도7523.
12) 대판 2005. 9. 29. 2005도4738.

항소된 경우의 기판력이 미치는 시점은 항소심의 구조에 비추어 항소심 판결선고시까지이고, 그것은 파기자판한 경우이든 항소기각된 경우든 같다.[13] 다만 항소이유서 미제출로 항소기각 결정된 경우 제1심 판결의 확정력이 미치는 시간적 한계는 직권조사사항에 대해서 심리가 가능한 최후의 시점인 항소기각 결정시이다.[14] 약식명령은 발령시까지 기판력이 미치며 송달일을 기준으로 하지 않는다.[15]

약식명령의 대상은 벌금, 과료, 몰수이고(법 448조), 즉결심판의 대상은 20만 원 이하의 벌금, 구류 또는 과료이다(즉결심판에 관한 절차법 2조). 즉 약식명령이나 즉결심판은 형법 41조의 형벌을 대상으로 한다. 위와 같은 약식명령이나 즉결심판이 확정되면 확정판결과 동일한 효력이 있다(법 457조, 즉결심판에 관한 절차법 16조). 범칙금을 낸 사람은 범칙행위에 대해 다시 벌받지 아니한다(경범죄처벌법 8조, 9조, 도교법 164조 3항). 따라서 약식명령이나 즉결심판이 확정되는 경우 또는 범칙금을 납부한 경우에는 확정판결에 준하는 효력이 부여되어 면소판결을 하여야 한다.

(2) 사면이 있은 때

사면은 일반사면과 특별사면으로 구분한다(사면법 2조). 일반사면은 '죄를 범한 자'를 대상으로 하고(동법 3조 1호), 죄의 종류를 정하여 한다(동법 8조).[16] 특별사면은 '형을 선고받은 자'를 대상으로 하므로(동법 3조 2호), 형의 선고를 받은 개개인을 대상으로 할 뿐 죄의 종류를 정하여 하는 것은 아니다.

일반사면이 있으면 형 선고의 효력이 상실되고, 형을 선고받지 아니한 자에 대하여는 공소권이 상실되며, 특별한 규정이 있을 때에는 예외로 한다(동법 5조 1항 1호). 따라서 형이 확정된 자에 대해서 일반사면이 있으면 형 선고의 효력이 없어지는바, 형이 확정되었다가 일반사면으로 형 선고의 효력이 없어진 사건에 관하여 재기소된 때에는 면소판결을 선고한다(법 326조 2호).[17] 형이 확정되지 아니한 자에 대해 일반사면이 있으면 검사는 공소권없음의 처분을 하고, 법원은 면소판결을 선고한다.[18]

사면법 3조 2호에서 특별사면의 대상이 되는 '형을 선고받은 자'는 형의 선고를 받아 확정된 사람을 의미하므로 수사나 재판 도중에 있는 사람은 특별사면의 대상이 되지 않는 것으로 해석된다. 특별사면이 있으면 형의 집행이 면제되고 다만, 특별한 사정이 있을 때에는 이후 형 선고의 효력을 상실하게 할 수 있다(동법 5조 1항 2호).

---

13) 대판 1983. 4. 26. 82도2829.
14) 대판 1993. 5. 25. 93도836.
15) 대판 1994. 8. 9. 94도1318.
16) 일반사면의 대표적인 예로는, 교통사고, 음주운전 등으로 인하여 운전면허가 없는 사람들이 생업에 종사할 수 없는 것을 구제하기 위하여 반복적인 음주운전, 죄질이 나쁜 도주차량 등을 제외한 일정한 범위의 교특법위반죄, 도교법위반죄 등을 일괄하여 사면하는 것을 들 수 있다.
17) 형이 확정되었다가 일반사면으로 형 선고의 효력이 없어지면, 확정판결도 존재하지 않게 되므로 확정판결의 존재를 이유로 면소판결을 할 수 없다.
18) 대판 1996. 4. 12. 95도2312는 항소심 판결 후 대법원 판결 전에 일반사면이 있는 경우 면소판결을 선고하여야 한다고 판시하고 있다.

특별사면으로 형 선고의 효력이 상실된 유죄의 확정판결이 재심청구의 대상이 될 수 있는지/면소판결 사유인 법 326조 2호 에서 말하는 '사면'의 의미(=일반사면)/재심대상판결 확정 후에 형 선고의 효력을 상실케 하는 특별사면이 있었던 경우, 재심심판절차를 진행하는 법원이 실체판단을 해야 하는지

유죄판결 확정 후에 형 선고의 효력을 상실케 하는 특별사면이 있더라도, 형 선고의 법률적 효과만 장래를 향하여 소멸될 뿐이고 확정된 유죄판결에서 이루어진 사실인정과 그에 따른 유죄 판단까지 없어지는 것은 아니므로, 유죄판결은 형 선고의 효력만 상실된 채로 여전히 존재한다고 보아야 하고, 한편 재심사유(법 420조 각 호)가 있는 피고인은 재심을 통하여 특별사면에도 불구하고 여전히 남아 있는 불이익, 즉 유죄의 선고는 물론 형 선고가 있었다는 기왕의 경력 자체 등을 제거할 필요가 있다.

유죄의 확정판결에 대하여 선고를 받은 자의 이익을 위하여 재심을 청구할 수 있다는 규정(법 420조)은 유죄의 확정판결에 중대한 사실인정의 오류가 있는 경우 이를 바로잡아 피고인의 인권침해를 구제하기 위한 것인데, 만일 특별사면으로 형 선고의 효력이 상실된 유죄판결이 재심청구의 대상이 될 수 없다고 한다면, 이는 특별사면이 있었다는 사정만으로 재심청구권을 박탈하여 명예를 회복하고 형사보상을 받을 기회 등을 원천적으로 봉쇄하는 것과 다를 바 없어서 재심제도의 취지에 반한다.

특별사면으로 형 선고의 효력이 상실된 유죄의 확정판결도 재심청구의 대상이다.[19)]

면소사유인 '사면이 있는 때(법 326조 2호)'의 사면은 일반사면을 의미하고, 특별사면은 여기에 해당하지 않는다.[20)] 따라서 재심대상판결 확정 후에 형 선고의 효력을 상실케 하는 특별사면이 있더라도, 재심심판절차를 진행하는 법원은 유·무죄의 실체 판단을 하여야 한다.[21)]

유죄 확정판결에 대해 형선고의 효력을 상실케 하는 특별사면이 있은 후 재심에서 유죄

특별사면으로 형 선고의 효력이 상실된 유죄의 확정판결에 대하여 재심개시결정이 이루어져 재심심판법원이 다시 심판한 결과 무죄로 인정되면 무죄를 선고하여야 하지만, 유죄로 인정되는 경우에는, 피고인에 대하여 다시 형을 선고하거나 피고인의 항소를 기각하여 제1심판결을 유지시키는 것은, 이미 형 선고의 효력을 상실하게 하는 특별사면을 받은 피고인의 법적 지위를 해치는 결과가 되어 이익재심과 불이익변경금지의 원칙에 반하게 되므로, 법원은 '피고인에 대하여 형을 선고하지 아니한다'는 주문을 선고하여야 한다.[22)]

---

19) 이 부분 판시에 의해 다음 판례들은 변경되었다.
유죄의 확정판결 후 형 선고의 효력을 상실케 하는 특별사면이 있었다면 이미 재심청구의 대상이 존재하지 않아 그러한 판결을 대상으로 하는 재심청구는 부적법하다(대판 1997. 7. 22. 96도2153; 대결 2010. 2. 26. 2010모24).

20) 다음 판례도 같은 취지인 것으로 해석되어 왔다.
법 326조 2호 소정의 면소판결의 사유인 사면이 있을 때란 일반 사면이 있을 때를 말하는 것인데, 피고인은 1998. 3. 사면법에 의하여 1997. 12. 수원지방법원에서 부수법위반죄로 집행유예의 선고를 받은 형의 언도의 효력을 상실케 하는 특별사면을 받았으므로, 위 특별사면 이전에 저지른 것으로 공소제기된 부수법위반의 점은 면소판결의 대상이 아니다(대판 2000. 2. 11. 99도2983).

21) 대판 2015. 5. 21. 2011도1932 전합.

22) 대판 2015. 10. 29. 2012도2938.

병과형 중 일부에 대해 집행면제하거나 형선고의 효력을 상실케 하는 특별사면이 있음
여러 개의 형이 병과된 사람에 대하여 그 병과형 중 일부의 집행을 면제하거나 그에 대한 형의 선고의 효력을 상실케 하는 특별사면이 있는 경우, 특별사면의 효력이 병과된 나머지 형에는 미치지 않는다(형법 41조, 사면법 5조 1항 2호, 7조 등).
징역형의 집행유예와 벌금형이 병과된 신청인에 대하여 징역형의 집행유예의 효력을 상실케 하는 내용의 특별사면이 그 벌금형 선고의 효력까지 상실케 하는 것은 아니다.[23]

특별사면을 받은 자에 대한 누범가중
형의 선고를 받은 자가 특별사면을 받아 형의 집행을 면제받고 또 후에 복권이 되었다 하더라도 형의 선고의 효력이 상실되는 것은 아니므로 실형을 선고받아 복역타가 특별사면으로 출소한 후 3년 이내에 다시 범죄를 저지른 자에 대한 누범가중은 정당하다.[24]

재심사건에 적용할 법률(재심 판결을 하는 현재의 법령), 그 법률이 폐지(면소), 위헌(무죄), 폐지되었지만 처음부터 위헌(무죄/면소에 대한 무죄주장 상고 가능)
재심이 개시된 사건에서 범죄사실에 대하여 적용하여야 할 법령은 재심판결 당시의 법령이므로, 법원은 재심대상판결 당시의 법령이 변경된 경우에는 그 범죄사실에 대하여 재심판결 당시의 법령을 적용하여야 하고, 폐지된 경우에는 법 326조 4호를 적용하여 그 범죄사실에 대하여 면소를 선고하는 것이 원칙이다. 그러나 법원은, 형벌 법령이 헌법재판소의 위헌결정으로 인하여 소급하여 그 효력을 상실하였거나 법원에서 위헌·무효로 선언된 경우, 당해 법령을 적용하여 공소가 제기된 피고사건에 대하여 법 325조에 따라 무죄를 선고하여야 한다. 나아가 형벌에 관한 법령이 재심판결 당시 폐지되었다 하더라도 그 '폐지'가 당초부터 헌법에 위배되어 효력이 없는 법령에 대한 것이었다면 이는 '범죄로 되지 아니한 때(법 325조 전단)'의 무죄사유이지, 면소사유(법 326조 4호)가 아니다. 따라서 면소판결에 대하여 무죄를 주장하면서 상고할 수 없는 것이 원칙이지만, 위와 같은 경우에는 면소가 아니라 무죄 선고를 하여야 하므로 면소판결에 대해 무죄를 주장하는 상고가 가능하다.[25]

(3) 공소의 시효가 완성되었을 때

건축법상 건축물의 무허가 또는 미신고 용도변경
건축법상 허가를 받지 아니하거나 신고를 하지 아니한 채 건축물을 다른 용도로 사용하는 행위는 계속범이어서, 허가 또는 신고 없이 다른 용도로 계속 사용하는 한 용도변경행위는 공소시효가 진행하지 않는다.[26]

---

23) 대결 1997. 10. 13. 96모33.
24) 대판 1986. 11. 11. 86도2004.
25) 대판 2010. 12. 16. 2010도5986.
26) 대판 2001. 9. 25. 2001도3990. 다음은 같은 취지이다.
공유수면인 바닷가를 허가 없이 점·사용하는 공유수면관리법위반(현행 공유수면관리및매립에관한법률위반)죄는 계사회복무요원의 복무이탈죄(병역법 89조의2 1호)는 정당한 사유 없이 계속적 혹은 간헐적으로 행해진 통산 8일 이상의 복무이탈행위 전체가 하나의 범죄를 구성하고, 그 공소시효는 전체 복무이탈행위 중 최종의 복무이탈행위가 마쳐진 때부터 진행한다.[27]

공소장변경된 경우의 공소시효/시효완성 판단 시점은 기소시, 시효기간은 변경된 공소사실을 기준으로 함
공소장변경이 있는 경우에 공소시효의 완성 여부는 당초의 공소제기가 있었던 시점을 기준으로 판단할 것이고 공소장 변경시를 기준으로 삼을 것은 아니다. 공소장변경된 경우에는 변경된 공소사실의 법정형이 공소시효기간의 기준이 된다. 기소 당시 최초의 공소사실을 기준으로 하면 공소시효가 완성되지 않았으나 변경된 공소사실을 기준으로 하면 공소시효가 완성된 경우에는 면소판결을 선고하여야 한다.[28]

(4) 범죄 후의 법령개폐로 형이 폐지되었을 때

법률은 시행될 때부터 폐지될 때까지 효력을 가지는 것이 원칙이다. 그런데 행위시와 재판시 사이에 형법의 개폐가 있게 되면 어느 시점의 법률을 적용하여야 할지 문제된다. 사후입법에 의한 국가형벌권의 남용을 방지할 필요가 있어 행위시법을 적용하는 것이 원칙이다(헌법 13조 1항, 형법 1조 1항). 그렇지만 재판시법이 행위시법보다 피고인에게 유리한 때에는 국가형벌권이 남용되는 것이 아니어서 오히려 재판시법을 적용하는 것이 합리적이다. 그러한 이유로 범죄 후 법률의 변경에 의하여 그 행위가 범죄를 구성하지 아니하거나 형이 구법보다 경한 때에는 예외적으로 신법(재판시법)에 의한다(형법 1조 2항). 재판확정 후 법률의 변경에 의하여 그 행위가 범죄를 구성하지 아니하는 때에는 형의 집행을 면제한다(형법 1조 3항).

(가) 범죄 후 법률의 변경

여기서 법률의 변경은 법률이념의 변경에 의한 것을 말하고, 사정변경에 기인한 것을 포함하지 않는다(아래 ①).[29] 법령개폐가 법률이념의 변경에 따라 이루어진 것이 아니라면 그러한 법령개폐는 면소사유(법 326조 4호)가 아니다(아래 ②). 예컨대 위계에 의한 간음죄의 폐지는 법률이념의 변천으로 인한 것이므로 그 폐지 전에 범한 위계에 의한 간음죄에 대해서는 면소판결을 선고하여야 할 것이고(아래 ③),

---

속범이다(대판 2010. 9. 30. 2008도7678).

27) 대판 2007. 3. 29. 2005도7032.

28) 대판 2001. 8. 24. 2001도2902.

29) 신법에서 신법적용을 배제하는 경과규정을 두는 것은 다음과 같이 가능하다.
형법 1조 2항 및 8조에 의하면 범죄 후 법률의 변경에 의하여 형이 구법보다 경한 때에는 신법에 의한다고 규정하고 있으나 신법에 경과규정을 두어 이러한 신법의 적용을 배제하는 것도 허용되는 것으로서, 형을 종전보다 가볍게 형벌법규를 개정하면서 그 부칙으로 개정된 법의 시행 전의 범죄에 대하여 종전의 형벌법규를 적용하도록 규정한다 하여 헌법상의 형벌불소급의 원칙이나 신법우선주의에 반한다고 할 수 없다(대판 1999. 7. 9. 99도1695). 같은 취지로는 대결 1999. 4. 13. 99초76.

조세범처벌법에서 납세의무자가 1회계년도에 3회 이상 조세체납하는 행위를 처벌하던 것을 폐지한 것은 사정변경으로 인한 것이므로 그 폐지 전에 범한 납세의무자가 1회계년도에 3회 이상 조세체납하는 것을 내용으로 하는 조세범처벌법위반죄에 대해서는 여전히 처벌할 수 있다(아래 ④).

① 법률의 변경이 법률이념의 변경에 의한 것인지 사정변경에 기인한 것인지

형법 1조 2항은 법률이념의 변천에 따라 과거에 범죄로 보던 행위에 대하여 그 평가가 달라져 이를 범죄로 인정하고 처벌한 그 자체가 부당하였다거나 또는 과형이 과중하였다는 반성적 고려에서 법령을 개폐하였을 경우에 적용하여야 한다. 법률이념의 변경이 아니라 다른 사정의 변천에 따라 그때그때의 특수한 필요에 대처하기 위하여 법령을 개폐하는 경우에는 그 전에 성립한 위법행위는 여전히 가벌성이 있으므로 그 법령이 개폐되었다 하더라도 그에 대한 형이 폐지되었다고 할 수 없다.[30]

② 법률이념의 변경이 아닌 법령개폐는 면소사유 아님

형법 1조 2항이나 법 326조 4호의 규정은 형벌법령 제정의 이유가 된 법률이념의 변경에 따라 종래의 처벌 자체가 부당하였다거나 또는 과형이 과중하였다는 반성적 고려에서 법령을 개폐하였을 경우에 적용된다.[31]

③ 위계에 의한 간음죄의 폐지는 법률이념의 변천으로 인한 것임

2012년 개정으로 삭제된 구 형법 304조의 혼인빙자간음죄에 대해서는 위 개정에 앞서 위헌으로 판단되었고,[32] 또한 위 개정 형법 부칙 등에서 그 시행 전의 행위에 대한 벌칙의 적용에 관하여 아무런 경과규정을 두지 아니한 사정 등에 비추어 보면, 구 형법 304조의 삭제는 법률이념의 변천에 따라 음행의 상습 없는 부녀에 대한 위계간음 행위를 처벌하는 것이 부당하다는 반성적 고려에서 비롯된 것이다.

그렇다면 구 형법 304조의 위계간음 행위는 면소판결(법 326조 4호) 대상이다.[33]

④ 납세의무자가 1회계년도에 3회 이상 조세체납

'납세의무자가 정당한 사유 없이 1회계연도에 3회 이상 체납하는 경우'를 처벌하는 구 조세범 처벌법 10조의 삭제는 경제·사회적 여건 변화를 반영한 정책적 조치에 따른 것으로 보일 뿐 법률이념의 변천에 따른 반성적 고려에서 비롯된 것이라고 보기 어려우므로, 위 규정 삭제 이전에 범한 위반행위의 가벌성이 소멸되지 않는다.[34]

---

30) 대판 2011. 9. 8. 2011도7635.
31) 대판 1987. 3. 10. 86도42.
32) 헌재 2009. 11. 26. 2008헌바58 등.
33) 대판 2014. 4. 24. 2012도14253.
34) 대판 2011. 7. 14. 2011도1303.

(나) 법률의 위헌

헌법재판소나 법원에 의해 위헌으로 판단됨

형벌에 관한 법령이 헌법재판소의 위헌결정으로 소급하여 효력을 상실하였거나 법원에서 위헌·무효로 선언된 경우, 법원은 당해 법령을 적용하여 공소가 제기된 피고사건에 대하여 법 325조에 따라 무죄를 선고하여야 한다.[35]

해설: 형벌 법령이 위헌판단으로 소급하여 효력을 상실하거나 무효가 되면 범죄행위 당시부터 처벌법규가 존재하지 않는 것이 되므로 무죄판결을 하여야 한다.[36]

긴급조치의 위헌성을 판단할 심판기관은?[37]

형벌에 관한 법령이 폐지되었지만 당초부터 위헌임

형벌에 관한 법령이 폐지되었다 하더라도 그 '폐지'가 당초부터 헌법에 위배되어 효력이 없는 법령에 대한 것이었다면 그 피고사건은 법 325조 전단이 규정하는 '범죄로 되지 아니한 때'의 무죄사유에 해당하는 것이지, 법 326조 4호에서 정한 면소사유에 해당한다고 할 수 없다.[38]

재심이 개시된 사건에서 적용 법령(긴급조치 4호)이 폐지되었지만 당초부터 위헌임

형벌에 관한 법령이 헌법재판소의 위헌결정으로 인하여 소급하여 그 효력을 상실하였거나 법원에서 위헌·무효로 선언된 경우, 당해 법령을 적용하여 공소가 제기된 피고사건에 대하여는 법 325조에 따라 무죄를 선고하여야 한다. 나아가 재심이 개시된 사건에서 형벌에 관한 법령이 재심판결 당시 폐지되었다 하더라도 그 폐지가 당초부터 헌법에 위배되어 효력이 없는 법령에 대한 것이었다면 법 325조 전단이 규정하는 '범죄로 되지 아니한 때'의 무죄사유에 해당하는 것이지, 법 326조 4호에서 정한 면소사유에 해당한다고 할 수 없다. '유신헌법' 53조에 기한 대통령긴급조치 제4호는 그 발동 요건을 갖추지 못한 채 목적상 한계를 벗어나 민

35) 대판 2011. 9. 29. 2009도12515; 대판 2010. 12. 16. 2010도5986 전합; 대결 2013. 4. 18. 2011초기689 전합.

36) 위헌결정으로 인하여 형벌에 관한 법률 또는 법률조항이 소급하여 그 효력을 상실한 경우에는 당해 법조를 적용하여 기소한 피고사건이 범죄로 되지 아니한 때에 해당한다고 할 것이고, 범죄 후의 법령의 개폐로 형이 폐지 되었을 때에 해당한다거나, 공소장에 기재된 사실이 진실하다 하더라도 범죄가 될 만한 사실이 포함되지 아니하는 때에 해당한다고는 할 수 없다(대판 1992. 5. 8. 91도2825).

37) 헌법재판소는 긴급조치가 법률에 해당된다는 이유로 긴급조치의 위헌 여부의 심사권한이 헌법재판소에 전속된다고 본다. 대법원은 긴급조치는 국회의 입법권 행사라는 실질을 전혀 가지지 못한 것으로서, '법률'에 해당한다고 할 수 없어 긴급조치의 위헌 여부에 대한 심사권은 최종적으로 대법원에 속한다고 한다.
일정한 규범이 위헌법률심판 또는 헌법재판소법 68조 2항에 의한 헌법소원심판의 대상이 되는 '법률'인지 여부는 그 제정 형식이나 명칭이 아니라 그 규범의 효력을 기준으로 판단하여야 한다. 이 사건 긴급조치들은 최소한 법률과 동일한 효력을 가지는 것으로 보아야 하고, 따라서 그 위헌 여부 심사권한도 헌법재판소에 전속한다.
대통령긴급조치 제1, 2, 9호는 모두 헌법에 위반된다(헌재결 2013. 3. 21 2010헌바70, 132, 170).
유신헌법에 근거한 긴급조치는 국회의 입법권 행사라는 실질을 전혀 가지지 못한 것으로서, 헌법재판소의 위헌심판 대상이 되는 '법률'에 해당한다고 할 수 없고, 긴급조치의 위헌 여부에 대한 심사권은 최종적으로 대법원에 속한다(대판 2010. 12. 16. 2010도5986 전합).

38) 대결 2013. 4. 18. 2011초기689 전합.

주주의의 본질적 요소인 표현의 자유를 침해하고, 영장주의에 위배되며, 법관에 의한 재판을 받을 권리와 학문의 자유 및 대학의 자율성 등 헌법상 보장된 국민의 기본권을 침해하는 것이므로, 그것이 폐지되기 이전부터 유신헌법은 물론 현행 헌법에 비추어 보더라도 위헌·무효이다.[39]

해설: 재심이 개시된 사건에서 범죄사실에 대하여 적용하여야 할 법령은 (재심대상판결 당시가 아니라) 재심판결 당시의 법령이다. 재심판결을 할 때에는 재심대상판결 당시의 법령이 폐지되었다면 법 326조 4호에 의해 면소판결을 하는 것이 원칙이다. 그런데 형벌에 관한 법령이 재심판결 당시 폐지되었다 하더라도 그 폐지가 당초부터 헌법에 위배되어 효력이 없는 법령에 대한 것이었다면 법 325조 전단이 규정하는 '범죄로 되지 아니한 때'의 무죄사유에 해당한다.

한편 대법원은 '긴급조치 제9호'도 해제 내지 실효되기 이전부터 유신헌법에 위배되어 위헌·무효라고 판단하였다.[40]

다. 심리와 판단의 특칙

면소의 재판을 할 것이 명백한 사건에서는 피고인의 출석을 요하지 않는다(법 277조 2호). 피고인이 사물을 변별하거나 의사를 결정할 능력이 없거나, 질병으로 인하여 출정할 수 없더라도 면소의 재판을 할 것이 명백한 때에는 공판절차를 정지하지 않고 피고인의 출정 없이 재판할 수 있다(법 306조).

과형상일죄 또는 포괄일죄의 일부에 면소판결을 하고 나머지에 대해 실체판결을 하는 때에, 판결 주문에는 유·무죄의 판단만 표시하고 면소 부분은 판결이유에 기재한다.[41]

3. 공소기각의 재판

공소기각의 재판은 절차상의 하자를 이유로 공소를 부적법하다고 할 때 하는 형식적 재판이다.[42] 공소기각의 재판에는 공소기각의 결정과 공소기각의 판결이 있다. 절차상의 하자가 중대하고 명백한 경우에는 공소기각의 결정을 하고 그렇지 아니하는 때에는 공소기각의 판결을 한다. '공소기각 판결과 결정(법 327조, 328조)'의 사유들은 한정적으로 열거한 것이다.[43]

가. 공소기각의 판결(법 327조)

(1) 피고인에 대하여 재판권이 없는 때(1호)

재판권이 없는 때에는 공소기각의 판결을 한다(법 327조 1호).[44] 다만, 법원은 공소가 제기된 사건에

39) 대판 2013. 5. 16. 2011도2631 전합.
40) 대결 2013. 4. 18. 2011초기689 전합.
41) 대판 1982. 2. 23. 81도3277(포괄일죄에서 일부 면소, 일부 유죄인 경우); 대판 1996. 4. 12. 95도2312(상상적 경합에서 일부 면소, 일부 무죄인 경우).
42) 대판 1986. 9. 23. 86도1547.
43) 대판 1986. 9. 23. 86도1547.
44) 재판권의 존부에 대해서는 형법총론의 형사재판권 부분을 참조하라.

대하여 군사법원이 재판권을 가지게 되었거나 재판권을 가졌음이 판명된 때에는 결정으로 사건을 재판권이 있는 같은 심급의 군사법원으로 이송한다(법 16조의2). 관할권이 없는 경우에는 관할위반의 판결을 선고한다(법 319조).

(2) 공소제기의 절차가 법률의 규정에 위반하여 무효인 때(2호)

본 호는 본조 다른 각 호 이외에 공소제기절차의 하자가 중대하고 보완·추완할 수 없는 경우에 관한 포괄적 규정이다.

위법한 함정수사,[45] 공소사실의 불특정,[46] 친고죄·반의사불벌죄에 관하여 공소를 제기할 당시에 소송조건이 미비된 경우,[47] 소년법상의 보호처분이 있는 경우,[48] 면책특권의 경우,[49] 성명모용의 경우[50] 등이 본 호에 해당한다.

소년법상의 보호처분을 받은 사건을 다시 기소
소년법상의 보호처분을 받은 사건과 동일한 사건에 관하여 다시 공소제기가 되었다면, 공소제기 절차가 법률의 규정에 위배하여 무효인 때에 해당한 경우이므로 공소기각판결을 선고하여야 한다(법 327조 2호).[51]
해설: 소년법 53조는 동법 32조의 보호처분을 받은 소년에 대하여는 그 사건에 관하여 다시 공소를 제기하거나 소년부에 송치할 수 없다고 규정하여 보호처분을 판결과는 다른 것으로 취급하고 있고, 보호처분이 형법 41조에서 정한 형벌이라고 할 수도 없기 때문이다.

가정폭력처벌법에 따른 보호처분이 확정된 후의 공소제기
가정폭력처벌법에 따른 보호처분의 결정이 확정된 경우에는 원칙적으로 가정폭력행위자에 대하여 같은 범죄사실로 다시 공소를 제기할 수 없으나(가정폭력처벌법 16조), 보호처분은 확정판결이 아니고 따라서 기판력도 없으므로, 보호처분을 받은 사건과 동일한 사건에 대하여 다시 공소제기가 되었다면 공소제기의 절차가 법률의 규정에 위배하여 무효인 때에 해당하므로 공소기각판결을 선고하여야 한다(법 327조 2호).[52]

기소될 때까지 기소 여부나 내용을 알 수 없고, 소송기록 열람·등사권이 제한됨
재판공개의 원칙(헌법 109조)은 기소절차에는 적용되지 않으므로, 기소될 때까지 피고인이 그 내용과 기소

45) 대판 2005. 10. 28. 2005도1247.
46) "피고인은 1978. 5. 말경부터 같은 해 9. 말경까지 사이에 상 피고인과 수회 간음하여 각 간통하였다"는 공소사실이 제대로 특정되지 아니하여 공소제기의 절차가 법률의 규정에 반하여 무효인 때에 해당한다(대판 1980. 7. 22. 79도2246).
47) 대판 1984. 3. 13. 84도270; 대판 2002. 7. 12. 2001도6777.
48) 대판 1996. 2. 23. 96도47.
49) 대판 1996. 11. 8. 96도1742; 대판 2011. 5. 13. 2009도14442.
50) 대판 1993. 1. 19. 92도2554.
51) 대판 1996. 2. 23. 96도47.
52) 대판 2017. 8. 23. 2016도5423.

여부를 알 수 없었고 소송기록 열람·등사권이 제한되어 있었어도 그 공소제기절차가 헌법을 위반한 것은 아니다.53)

(가) 친고죄와 반의사불벌죄

친고죄와 반의사불벌죄에 있어서 ① 공소제기 당시부터 소송조건이 결여된 때에는 본조 2호에 의해 공소기각을 하고, ② 공소제기 당시에는 소송조건이 구비되었으나 그 후 제1심 판결선고시까지 ㉮ 고소가 취소된 때에는 본조 5호에 의해 공소기각을 하고, ㉯ 처벌불원의사표시 내지 처벌의사표시의 철회가 있는 때에는 본조 6호에 의해 공소기각을 한다.

수표발행 후 부도의 부수법위반(부수법 2조 2항, 3항)에 있어 부정수표가 회수된 경우 공소를 제기할 수 없도록 하는 것은(부수법 2조 4항) 부정수표가 회수된 경우에는 수표소지인의 처벌불원의사표시가 있는 것처럼 반의사불벌죄로 보겠다는 취지로서 부도수표의 회수나 수표소지인의 처벌불원의사표시가 제1심판결 선고시까지 이루어지는 경우에는 공소기각판결을 선고하여야 하고, 이는 부정수표가 공범에 의하여 회수된 경우에도 마찬가지이다.54)

반의사불벌죄인 업무상·중과실치상의 교특법위반죄

업무상과실치상의 교특법위반(교특법 3조 1항)과 재물손괴의 도교법위반(도교법 151조)은 반의사불벌죄이므로(교특법 3조 2항) 당초부터 처벌을 희망하지 아니하는 의사표시의 부존재라는 조건이 결여되었음에도 불구하고 공소제기가 된 경우에는 법 327조 2호에 의하여 공소기각의 판결을 선고하여야 하고, 공소제기 당시는 위와 같은 소극적 조건이 구비되어 있었으나 공소제기 후에 처벌을 희망하지 아니하는 의사표시를 하거나 처벌희망의 의사표시를 철회한 경우에는 법 327조 6호에 의하여 공소기각의 판결을 선고하여야 한다.55)

위법수사와 공소기각

불법연행 등의 위법사유는 위법한 절차에 의하여 수집된 증거를 배제할 이유가 될 뿐 공소제기의 절차가 위법하여 무효인 경우에 해당한다고 볼 수 없다.56)

부도수표가 제권판결에 의해 무효로 됨

부도수표가 제권판결에 의하여 무효로 된 경우, 수표가 회수되거나 수표소지인의 처벌불원의사표시가 있는 경우에 해당하지 않는다.57)

53) 대판 2008. 12. 24. 2006도1427.
54) 대판 1995. 2. 3. 94도3122; 대판 2005. 10. 7. 2005도4435; 대판 2009. 12. 10. 2009도9939.
55) 대판 1983. 2. 8. 82도2860.
56) 대판 1990. 9. 25. 90도1586.
57) 대판 2006. 5. 26. 2006도1711.

(나) 면책특권

수사기관이 면책특권이 인정되는 국회의원의 직무행위를 조사하여 소추하거나 법원이 이를 심리한다면, 국회의원이 국회에서 자유롭게 발언하거나 표결하는데 지장을 주게 됨은 물론 면책특권을 인정한 헌법에도 반한다.[58] 따라서 국회의원의 면책특권에 속하는 행위는 기소할 수 없으며, 이에 반한 공소제기는 결국 공소권 없이 한 공소제기가 되어 법 327조 2호에 해당되므로 공소를 기각하여야 한다.[59] 면책특권의 대상이 되는 행위는 국회의 직무수행에 필수적인 국회의원의 국회 내에서의 직무상 발언과 표결이라는 의사표현행위 자체에만 국한되지 아니하고 이에 통상적으로 부수하여 행하여지는 행위까지 포함하며, 그와 같은 부수행위인지 여부는 구체적인 행위의 목적·장소·태양 등을 종합하여 개별적으로 판단하여야 한다.[60]

① 국회의원이 국회의 위원회나 국정감사장에서 국무위원·정부위원 등에 대하여 하는 질문이나 질의는 국회의 입법활동에 필요한 정보를 수집하고 국정통제기능을 수행하기 위한 것이므로 당연히 면책특권의 대상이고, 국회 내에서 하는 정부·행정기관에 대한 자료제출의 요구는 입법 및 국정통제 활동의 수행에 필요하므로 그것이 직무상 질문이나 질의를 준비하기 위한 때에는 직무상 발언에 부수하여 행하여진 것으로서 면책특권이 인정된다.[61]

② 국회의원이 국회본회의에서 질문할 원고(반공이 아니라 통일이 국시라는 등의 내용임)를 사전에 배포한 행위는 공개회의에서 행할 발언내용이고(회의의 공개성), 원고의 배포시기가 당초 발언하기로 예정된 회의 시작 30분 전으로 근접되어 있으며(시간적 근접성), 원고 배포의 장소 및 대상이 국회의사당 내에 위치한 기자실에서 국회출입기자들만을 상대로 한정적으로 이루어지고(장소 및 대상의 한정성), 원고 배포의 목적이 보도의 편의를 위한 것(목적의 정당성)이라면, 면책특권의 대상이 되는 직무부수행위에 해당한다.[62]

③ 국회의원이, 국가안전기획부가 대기업 고위관계자와 중앙일간지 사주 간의 사적 대화를 불법 녹음한 자료를 입수하여 그 대화 내용과, 전직 검찰간부가 위 대기업으로부터 금품을 수수하였다는 내용의 보도자료를 작성하여 국회 법제사법위원회 개의 당일 국회 의원회관에서 기자들에게 배포한 행위는 면책특권의 대상이 되는 직무부수행위이다.[63]

④ 국회의원이 국회 예산결산위원회 회의장에서 법무부장관에게 대정부질의를 하던 중 대통령 측근에 대한 대선자금 제공 의혹에 대한 수사를 촉구하는 과정에서 한 발언은 면책특권의 대상이 된다.[64]

---

58) 대판 1996. 11. 8. 96도1742.
59) 대판 1992. 9. 22. 91도3317.
60) 대판 2011. 5. 13. 2009도14442.
61) 대판 1996. 11. 8. 96도1742.
62) 대판 1992. 9. 22. 91도3317.
63) 대판 2011. 5. 13. 2009도14442.
64) 대판 2007. 1. 12. 2005다57752.

(3) 공소가 제기된 사건에 대하여 다시 공소가 제기되었을 때(3호)

이중기소는 피고인에 대하여 동일한 사실로 동일한 법원에 다시 기소하는 것을 의미한다. 이와 달리 동일 사건이 수개의 다른 법원에 계속된 때에는 법 328조 3호의 공소기각결정 사유에 해당한다.[65]

동일법원에 동일사건이 다시 공소된 때에 뒤에 공소된 사건에 대하여 판결이 선고되었더라도 확정되기 전에는 먼저 공소된 사건을 심판하여야 되고 뒤에 공소된 사건은 공소기각판결을 하여야 한다.[66]

1개의 공소장에 동일한 사건이 중복 기재된 것은 단순한 공소장 기재의 착오이므로 법원은 석명권을 행사하여 검사로 하여금 이를 정정케 하든가, 스스로 판결이유에 그 착오사실을 정정 표시하면 족하고 공소기각판결을 할 필요는 없다.[67]

(4) 공소취소 후의 재기소의 경우(4호)

공소취소에 의한 공소기각의 결정이 확정된 때에는 공소취소 후 그 범죄사실에 대한 다른 중요한 증거를 발견한 경우에 한하여 다시 공소를 제기할 수 있다(법 329조). 법 329조에 반하여 공소가 제기된 때에는 공소기각의 판결을 한다(법 327조 4호).

'다른 중요한 증거를 발견한 경우'의 의미
공소취소 후 다시 공소를 제기하는 요건인 '다른 중요한 증거를 발견한 경우'는 공소취소 전의 증거로는 무죄선고의 가능성이 있으나 새로 발견된 증거를 추가하면 유죄선고를 확신할 수 있는 경우를 말한다.[68]

공소취소에 의한 공소기각결정 확정 후의 재기소제한(법 329조)은 단순일죄인 범죄사실에 대한 공소취소로 공소기각결정이 확정된 후 다시 종전 범죄사실 그대로 재기소하는 경우뿐만 아니라 범죄의 태양, 수단, 피해의 정도, 범죄로 얻은 이익 등 범죄사실의 내용을 추가 변경하여 재기소하는 경우에도 적용된다.[69]

---

65) 동일한 사건에 관하여, 서울중앙지방법원에 기소 후 다시 서울중앙지방법원에 기소하면 동일한 법원에 다시 기소한 것이고, 서울중앙지방법원에 기소 후 다시 서울동부지방법원에 기소하면 수 개의 다른 법원에 기소한 것이다.

66) 대판 1969. 6. 24. 68도858.

67) 대판 1983. 5. 24. 82도1199.

68) 대판 1977. 12. 27. 77도1308.

69) 대판 2009. 8. 20. 2008도9634. 구체적인 판시는 다음과 같다.
사실관계
– 2006년 1기 매출처별세금계산서합계표에 기재된 12개의 거래처 중 A와 B 2개의 거래처에 재화·용역을 공급하

포괄일죄에 관하여 공소장변경의 방식으로 공소사실 일부 철회
포괄일죄로 기소된 공소사실 중 일부를 공소장변경의 방식으로 철회하는 경우, 고소취소 후의 재기소의 제한 (법 329조)이 적용되지 않는다.[70)]

(5) 고소가 있어야 죄를 논할 사건에 대하여 고소의 취소가 있은 때(5호)

고소·고발이 부적법하거나 취소된 때 또는 고소·고발이 없음에도 기소된 경우에는 공소제기의 절차가 법률의 규정에 위반하여 무효인 때인 2호가 적용된다. 본 호는 공소가 적법하게 제기되었으나 제1심 판결 선고시까지 고소·고발이 취소된 경우에 적용된다.[71)] 제1심 판결 선고 이후의 고소·고발취소에 대해서는 본 호가 적용되지 않는다. 항소심에서 공소장변경 또는 법원 직권에 의하여 비친고죄를 친고죄로 인정한 경우에도, 항소심에서의 고소취소는 친고죄에 대한 고소취소로서의 효력이 없다.[72)]

(6) 반의사불벌죄에 있어서 처벌을 희망하지 아니하는 의사표시가 있거나 처벌을 희망하는 의사표시가 철회되었을 때(6호)

반의사불벌죄에 있어서 처벌을 희망하지 아니하는 의사표시가 있거나 처벌을 희망하는 의사표시가 철회되었음에도 공소제기된 경우에는 공소제기의 절차가 법률의 규정에 위반하여 무효인 때인 2호가 적용된다. 본 호는 공소가 적법하게 제기되었으나 제1심 판결 선고시까지 처벌을 희망하지 아니하는 의사표시가 있거나 처벌을 희망하는 의사표시가 철회되었을 때 적용된다.

지 않았음에도 이를 공급한 것처럼 허위기재한 매출처별세금계산서합계표를 정부에 제출하였다고 공소제기됨
- 공소취소로 인하여 공소기각결정이 확정됨
- 공소취소 후 매출처별세금계산서합계표의 기재 중 B를 포함한 나머지 11개 매출처에 대한 부분이 허위라는 증거가 새로 발견되자 이에 기하여, B를 포함한 11개 매출처의 매출액에 관한 사항을 허위 기재한 매출처별세금계산서합계표를 정부에 제출하였다고 다시 공소제기함

판단: 하나의 매출·매입처별세금계산서합계표에 여러 사항에 관한 허위사실을 기재하였더라도 전체로서 하나의 매출·매입처별세금계산서합계표를 허위로 작성하여 정부에 제출하는 것이므로 하나의 조세범처벌법위반죄가 성립한다.
공소취소 후 변경된 범죄사실에 대한 다른 중요한 증거를 발견한 경우에 해당하므로 이에 대하여 다시 공소를 제기한 것은 적법하다.

70) 대판 2004. 9. 23. 2004도3203.

71) **흉기휴대공갈의 폭처법위반에 관하여 공소제기 후 처벌불원**
흉기 기타 위험한 물건을 휴대하고 공갈죄를 범하여 '폭처법' 3조 1항, 2조 1항 3호에 의하여 가중처벌되는 경우(현재는 폐지됨)에도 형법상 공갈죄의 성질은 유지되고, 폭처법에서 친족상도례에 관한 형법의 적용을 배제한다는 규정이 없으므로, 형법 354조는 '폭처법 3조 1항 위반죄'에도 적용된다.
피고인과 친족관계에 있는 피해자에 대한 '흉기휴대공갈'의 폭처법위반 피고사건에서 1심판결 선고 전에 법원에 처벌불원의사가 표시된 합의서가 제출되었으면 법 327조 5호에 의하여 공소를 기각하여야 한다(대판 2010. 7. 29. 2010도5795).

72) 대판 1999. 4. 15. 96도1922 전합.

부수법 2조 4항은 같은 조 2항 및 3항의 죄는 수표를 발행하거나 작성한 자가 그 수표를 회수하거나 회수하지 못하였을 경우라도 수표소지인의 명시한 의사에 반하여는 각 공소를 제기할 수 없다고 규정하고 있어 그러한 경우에 해당되면 공소기각의 판결을 선고하여야 하는데, 그와 같은 부도수표 회수나 수표소지인의 처벌을 희망하지 아니하는 의사의 표시는 제1심판결 선고 이전까지 하여야 한다. 제1심판결이 소촉법 23조 본문의 특례 규정에 의하여 선고된 다음 피고인이 책임질 수 없는 사유로 공판절차에 출석할 수 없었다고 하여 같은 법 23조의2의 규정에 의한 재심이 청구되고 재심개시의 결정이 내려진 경우, 피고인으로서는 제1심의 공판절차에서 적절한 방어의 기회를 가지지 못하였다는 이유로 재심청구가 허용되었으므로, 부도수표 회수나 수표소지인의 처벌을 희망하지 아니하는 의사의 표시도 그 재심의 제1심판결 선고 전까지 하면 된다.[73)]

수표 액면금 상당의 돈을 변제공탁하여 수표소지인이 이를 수령한 것만으로는 공소를 제기할 수 없는 사유(부수법 2조 4항)에 해당하지 않는다.[74)]

나. 공소기각의 결정(법 328조)

공소기각 결정의 사유는 다음과 같다.

① 공소가 취소되었을 때(법 328조 1호): 공소취소는 제1심판결의 선고 전까지 할 수 있고, 서면으로 하여야 하지만 공판정에서는 구술로도 할 수 있다(법 255조).

② 피고인이 사망하거나 피고인인 법인이 존속하지 아니하게 되었을 때(법 328조 2호).

③ 법 12조 또는 13조의 규정에 의하여 재판할 수 없는 때(법 328조 3호): 동일 사건이 수 개의 다른 법원에 계속되었을 때가 본 호에 해당한다.

④ 공소장에 기재된 사실이 진실하다 하더라도 범죄가 될 만한 사실이 포함되지 아니하는 때(법 328조 4호).

부수법위반 사건에서 수표가 그 제시기일에 제시되지 아니한 사실이 공소사실 자체에 의하여 명백하다면 이는 공소사실에 범죄가 될 만한 사실이 포함되지 아니하는 때에 해당한다.[75)]
해설: 부수법 2조 2항, 1항 위반에 관한 사안이다. 수표의 지급제시기일은 수표법 29조에 의해, 국내에서

73) 대판 2002. 10. 11. 2002도1228.

74) 대판 1994. 10. 21. 94도789.

75) 대판 1973. 12. 11. 73도2173. 다음은 같은 취지이다.
법 328조 1항 4호에 규정된 공소장에 기재된 사실이 진실하다 하더라도 범죄가 될 만한 사실이 포함되지 아니한 때라 함은 공소장 기재사실 자체에 대한 판단으로 그 사실 자체가 죄가 되지 아니함이 명백한 경우를 말한다.
'정당법상 당원이 될 수 없는 피고인들이 A당에 당원으로 가입하여 당비 명목으로 정치자금을 기부하였다'는 부분은, 피고인들의 당원가입의 효력, 피고인들이 기부한 돈의 성격 등을 검토하여 실체적 판단을 하여야 하므로, 공소장 기재사실 자체에 대한 판단만으로도 죄가 되지 아니함이 명백한 경우라고는 할 수 없다(대판 2014. 5. 16. 2012도12867).

발행하고 지급할 수표의 경우 수표에 적힌 발행일로부터 10일 내이다. 이러한 경우 수표의 실제 발행일(이는 범행일자임), 수표에 적힌 발행일 및 지급제시기일을 모두 공소사실에 기재한다.

다. 공소기각 재판의 특칙과 판단

공소기각의 재판을 할 것이 명백한 사건에서는 피고인의 출석을 요하지 않는다(법 277조 2호). 피고인이 사물을 변별하거나 의사를 결정할 능력이 없거나, 질병으로 인하여 출정할 수 없더라도 공소기각의 재판을 할 것이 명백한 때에는 공판절차를 정지하지 않고 피고인의 출정 없이 재판할 수 있다(법 306조).

과형상일죄 또는 포괄일죄의 일부에 공소기각 재판을 하고 나머지에 대해 실체판결을 하는 때에, 판결 주문에는 유·무죄의 판단만 표시하고 공소기각 부분은 판결이유에 기재한다.[76)]

Ⅱ. 유죄판결

1. 유죄판결의 의의

유죄판결은 피고사건에 대해 범죄의 증명이 있는 때에 하는 실체재판이다.

제1심 판결의 주문은 유죄에 관한 것을 먼저 표시하고, 무죄, 면소, 공소기각 및 치료감호처분, 배상명령의 순으로 기재한다. 유죄에 관한 부분은 주형, 부가형 및 부수처분으로 대별할 수 있다. 유죄판결에는 형선고의 판결, 형면제의 판결, 선고유예의 판결이 있다(법 321조 1항).

2. 유죄판결의 주문

가. 형을 선고하는 판결

피고인에게 형을 선고하는 판결이다. 선고된 형에 대한 집행을 유예하는 집행유예 판결도 형을 선고하는 판결이다.

형의 집행유예, 노역장의 유치기간은 형의 선고와 동시에 판결로써 선고하여야 한다(법 321조 2항).

[주문 기재례]

1. 피고인을 사형(또는 무기징역)에 처한다.
1. 피고인을 징역 3년에 처한다.
1. 피고인을 징역 1년에 처한다. 다만, 이 판결 확정일부터 2년간 위 형의 집행을 유예한다.
1. 피고인을 벌금 300만 원에 처한다. 피고인이 위 벌금을 납입하지 아니하는 경우 5만 원을 1일로

---

76) 대판 1968. 3. 5. 68도105; 대판 1988. 10. 11. 88도4.

환산한 기간 피고인을 노역장에 유치한다.

나. 형면제의 판결

형의 면제는 범죄가 성립하지만 형벌은 과하지 아니하는 유죄판결의 일종이라고 설명하는 것이 보통이다.[77] 형의 선고는 있었으나 재판확정 후의 사유로 인하여 형의 집행만 면제되는 형집행의 면제[78]와는 구별된다.

형의 면제에 관한 규정은 ① 반드시 면제하여야 하는 필요적 면제, ② 반드시 감경 또는 면제하여야 하는 필요적 감면, ③ 감경 또는 면제할 수 있는 임의적 감면의 3가지 형식이 있다.

필요적 면제는 권리행사방해죄 등에 관한 친족간의 범행(형법 328조 1항, 344조, 354조, 361조, 365조 1항)에 규정되어 있다.

필요적 감면은 외국에서 받은 형의 집행(형법 7조), 중지범(형법 26조), 위증과 무고죄에 있어서의 자백, 자수(형법 153조, 157조), 장물범과 본범이 친족간인 경우(형법 365조 2항) 등이 있다.

임의적 감면은 과잉방위(형법 21조 2항), 경합범 중 판결을 받지 아니한 죄(형법 39조 1항 후문) 등이 있다.

형의 면제는 형벌 자체가 면제되므로 선고할 형이 존재하지 않는다. 따라서 형의 내용을 주문이나 이유에서 표시하지 않는다.

[주문 기재례]

1. 피고인에 대한 형을 면제한다.

다. 선고유예의 판결

선고유예는 범정이 경미한 자에 대하여 형의 선고를 유예하고 형의 선고유예를 받은 날부터 2년이 경과한 때에는 면소된 것으로 간주하는 제도이다(형법 59조, 60조). 이는 형의 선고 자체를 유예한다는 점에서 형을 선고하고 그 집행만을 유예하는 집행유예와는 다르다.

1년 이하의 징역이나 금고, 자격정지 또는 벌금의 형을 선고할 경우에 형법 51조의 사항을 참작하여 개전의 정상이 현저한 때에는 그 선고를 유예할 수 있으나 자격정지 이상의 형을 받은 전과가 있는 자에 대하여는 예외로 한다(형법 59조 1항). 형을 병과할 경우에도 형의 전부 또는 일부에 대하여 그 선고를 유예할 수 있다(동조 2항).

형의 선고 자체를 유예하므로 주문에서는 선고를 유예하는 형의 내용을 표시하지 않는다. 그러나

77) 아들이 아버지 소유의 물건을 훔치면 형면제판결을 한다. 증거조사를 하여 유죄가 인정되는 경우에 한하여 형면제판결을 하는 것은 아니다. 유죄의 실체판단을 하지 아니한 채 곧바로 형면제의 판결을 하므로 이는 형식재판이라고 보는 것이 타당하지 않을까 생각된다. 이와 달리 형의 면제도 유죄판결의 일종이므로 그 이유되는 사실 및 증거와 근거규정 등을 설시하여야 한다는 견해도 있다.

78) 형집행의 면제 사유로는 법률의 변경(형법 1조 3항), 형의 시효의 완성(형법 77조), 특별사면(사면법 5조 1항 2호)이 있다.

이유에서는 반드시 유예된 형의 종류와 양을 정하여 기재하여야 한다. 따라서 선고를 유예하는 형이 징역형인 때는 그 형기를, 벌금형일 경우에는 벌금액과 환형유치처분까지 정해 놓아야 한다.

[주문 기재례]

1. 피고인에 대한 형의 선고를 유예한다.

선고유예 판결을 하는 경우에도 선고가 유예된 형에 대한 판단을 하여야 하므로 판결이유에서 선고할 형의 종류와 양, 즉 선고형을 정해 놓아야 하고 선고를 유예하는 형이 벌금형일 경우에는 벌금액 뿐만 아니라 환형유치처분까지 해두어야 한다.[79)]

선고유예 판결을 할 경우에는 유예되는 선고형에 대한 판단이 있어야 하므로, 피고인에 대한 형의 선고를 유예한다고 하면서도 그 이유에서 징역형을 선택하였을 뿐 그 형에 대한 아무런 판단을 하지 않은 것은 위법하다.[80)]

라. 미결구금일수의 산입

모든 미결구금일수는 그 전부를 본형에 산입한다. 미결구금 중 ① 판결 선고 전의 것은 형법 57조 1항에, ② 판결선고 후 판결확정 전 구금일수(판결선고 당일의 구금일수를 포함한다)는 법 482조 1항에, ③ 상소기각 결정을 한 경우 그 송달기간이나 즉시항고기간 중의 미결구금일수는 법 482조 2항에 각각 규정되어 있다. 판결에서 별도로 미결구금일수 산입에 관한 사항을 판단할 필요가 없고, 미결구금일수의 산입은 형집행기관이 담당할 형집행의 문제이다.[81)] 미결구금일수를 본형에 산입함에 있어 구금일수의 1일을 형기의 1일 또는 벌금이나 과료에 관한 유치기간의 1일로 계산한다(형법 57조 2항, 법 482조 3항).

미결구금일수를 본형에 산입하여 집행할 기관

판결선고 전의 구금일수는 그 전부가 유기징역, 유기금고, 벌금이나 과료에 관한 유치기간 또는 구류에 당연히 산입되어야 하고, 병과형 또는 수 개의 형으로 선고된 경우 어느 형에 미결구금일수를 산입하여 집행하느냐는 형집행 단계에서 형집행기관이 할 일이며, 법원이 주문에서 이에 관하여 선고하였더라도 마찬가지이다.[82)]

79) 대판 1988. 1. 19. 86도2654.
80) 대판 1993. 6. 11. 92도3437.
81) 대판 2009. 12. 10. 2009도11448.
82) 대판 2010. 9. 9. 2010도6924.

3. 유죄판결에 명시할 이유

유죄판결은 피고인에게 형사책임을 지우는 불이익한 재판이므로 주문은 물론 판결이유도 구체적으로 명시해야 한다. 유죄판결에 명시할 이유로는 범죄될 사실, 증거의 요지, 법령의 적용, 소송관계인의 주장이 있다(법 323조).

유죄판결의 판결이유에는 범죄사실, 증거의 요지와 법령의 적용을 명시하여야 하므로(법 323조 1항) 유죄판결을 선고하면서 판결이유에 이 중 어느 하나를 전부 누락한 것은 판결에 영향을 미친 법률위반(법 383조 1호)이다.[83)]

가. 범죄사실

(1) 적시하여야 할 범죄사실

범죄될 사실은 해당 법조에서 규정하는 특별구성요건에 해당하는 사실, 목적, 결과, 기수나 미수 여부 등이다. 고의나 과실, 공모관계 등도 필요한 경우에는 적시하여야 한다. 판결에 적시하여야 할 범죄될 사실의 문제는 공소사실의 특정과 밀접한 관련을 가진다.

증뢰죄의 판시에 있어서 죄로 될 사실의 적시는 공무원의 직무 중 개개의 직무행위에 대한 대가관계에 있는 사실까지를 판시할 필요는 없다 할지라도 적어도 공무원의 어떠한 직무권한의 범위에 관한 것인가에 대하여는 구체적으로 판시할 필요가 있다 할 것인바, 피고인이 군납계약 체결에 대한 사례로 뇌물을 공여한 것이라는 이 사건에 있어서 원심이 공여 상대방인 공소외인들이 각종 군용피복의 군납계약체결과 어떠한 관계에 있고 또 어떠한 영향을 줄 수 있는가에 대하여 심리판단하지 않았음은 위법하다.[84)]

---

83) 대판 2010. 10. 14. 2010도9151. 다음은 같은 취지이다.
무죄판결을 파기하고 유죄판결을 선고하면서 범죄사실 및 증거의 요지를 제1심판결의 해당부분을 인용한다고 하였으나 제1심판결에는 범죄사실 및 증거의 요지의 기재가 없음
법 323조 1항에 따르면, 유죄판결의 판결이유에는 범죄사실, 증거의 요지와 법령의 적용을 명시하여야 하는바, 유죄판결을 선고하면서 판결이유에 이 중 어느 하나를 전부 누락한 경우에는 법 383조 1호에 정한 판결에 영향을 미친 법률위반으로서 파기사유가 된다.
원심은 피고인에 대하여 무죄를 선고한 제1심판결을 파기하고 피고인에 대하여 유죄판결을 선고하면서 그 판결이유 중 범죄사실 및 증거의 요지는 법 369조에 의하여 제1심판결의 해당 부분을 그대로 인용한다고 하면서 법령의 적용을 기재하였으나, 피고인에 대하여 무죄를 선고한 제1심판결에는 범죄사실 및 증거의 요지가 기재되어 있지 않으므로 결국 원심판결에는 범죄사실 및 증거의 요지를 전부 누락하여 판결에 영향을 미친 위법이 있다(대판 2012. 6. 28. 2012도4701).

84) 대판 1982. 9. 28. 80도2309.

상해죄의 성립에는 상해의 고의와 신체의 완전성을 해하는 행위 및 이로 인하여 발생하는 인과관계 있는 상해의 결과가 있어야 하므로 상해죄에 있어서는 신체의 완전성을 해하는 행위와 그로 인한 상해의 부위와 정도가 증거에 의하여 명백하게 확정되어야 하고, 상해부위의 판시 없는 상해죄의 인정은 위법하다.[85)]

"면장의 직인을 동 면장의 직인란에 찍혀지게 하고"라는 판시는 동 면장의 직인이 날인된 현상 즉 결과만을 설시하고 그 직인이 인감증명서에 현출되는 과정의 수단, 방법등 행위나 작위에 관하여는 아무런 설명이 없으므로 범죄된 사실을 명시하였다고 볼 수 없다.[86)]

(2) 위법성과 책임 및 처벌조건

구성요건에 해당하면 위법성과 책임은 사실상 추정되므로 위법성과 책임에 대한 별도의 판단을 요하지 않는다. 그러나 사전수뢰죄에 있어서 공무원 또는 중재인이 된 사실(형법 129조 2항)과 같은 객관적 처벌조건은 범죄될 사실로서 적시되어야 할 것이다.

나. 증거의 요지

판결이유에 증거의 요지를 기재하는 이유는 법원으로 하여금 합리적인 사실인정을 하도록 담보하고 당사자와 상소심의 판단자료를 제공하도록 함에 있다. 거시하는 증거는 증거능력이 있고, 적법한 증거조사를 거친 것이어야 한다.

판결이유에 명시할 '증거의 요지'는 어느 증거의 어느 부분에 의하여 범죄사실을 인정하였냐 하는 이유 설명까지 할 필요는 없지만 적어도 어떤 증거에 의하여 어떤 범죄사실을 인정하였는가를 알아볼 정도로 증거의 중요부분을 표시하여야 하고, 피고인의 자백이 그 피고인에게 불이익한 유일의 증거인 때에는 이를 유죄의 증거로 하지 못하므로, "피고인의 법정 진술과 적법하게 채택되어 조사된 증거들"로만 기재된 제1심판결의 증거의 요지를 그대로 인용한 항소심판결은 증거 없이 그 범죄사실을 인정하였거나 법 323조 1항을 위반하였다.[87)]

해설: 자백사건에서 보강증거가 무엇인지도 설시되어야 한다. 증거의 요지를 기재함에 있어 '피고인의 법정 진술과 적법하게 채택되어 조사된 증거들'이라고만 기재한 경우, 자백(피고인의 법정 진술)의 보강증거(적법하게 채택되어 조사된 증거들)가 무엇인지 알 수 없어 자백에 대한 보강증거 없이 범죄사실을 인정하거나 증거의 요지를 기재하지 않은 위법이 있다.

---

85) 대판 1982. 12. 28. 82도2588; 대판 2002. 11. 8. 2002도5016.

86) 대판 1979. 11. 13. 79도1782.

87) 대판 2000. 3. 10. 99도5312.

판결의 범죄사실에 대한 증거를 설시함에 있어서는 어느 증거의 어느 부분에 의하여 어느 범죄사실을 인정한다고 구체적으로 설시하지 아니하고, 또 범죄사실에 배치되는 증거들에 관하여 이를 배척한다는 취지의 판단이나 이유를 설시하지 아니하여도 잘못이라 할 수 없다.[88]

해설: 증거의 채부에 관한 판단이나 그 증거로부터 판시 사실을 인정함에 이른 심증형성의 과정 등에 관한 설명은 원칙적으로 기재할 필요가 없다. 유죄판결의 증거는 적극증거를 거시하면 되고, 소극증거를 배척한다는 판단이나 이유를 설시할 필요는 없다.

다. 법령의 적용

법령의 적용을 명시하는 것은 죄형법정주의의 발현인 동시에, 주문에 선고되는 형이 법정형에서 형의 가중·감면의 단계를 거쳐 처단형으로 형성되는 근거를 제시하는 의미도 있다. 따라서 어떠한 범죄사실에 대하여 어떤 법률을 적용하였는지 객관적으로 알 수 있도록 분명하게 기재하여야 한다. 주형 외에 부수처분, 부가형의 법령상 근거도 기재하여야 한다.

미수를 처벌하는 규정은 반드시 기재하여야 한다. 공동정범(형법 30조), 교사범(형법 31조), 종범(형법 32조), 간접정범(형법 34조 1항)에 관한 총칙 규정도 기재하여야 한다. 신분 없는 자가 신분범에 가담한 경우에는 형법 33조 단서에 의하여 중한 형으로 처벌되지 않으므로 이를 명확히 표시하여야 한다.[89] 합동범의 경우에 형법 30조가 적용되지 않지만, 합동범의 공모공동정범이 성립하는 경우에는 실행행위자에게도 형법 30조를 기재하여야 한다.[90]

피고인을 보증인들과 실행행위를 분담한 공동정범으로 인정한 취지임이 명백한바, 위와 같이 피고인을 보증인들과 실행의 분담을 한 공동정범으로 인정하였음이 판결 이유설시 자체에 비추어 명백한 이상 법률적용에서 형법 30조를 빠뜨려 명시하지 않았다고 하더라도 판결에 영향을 미친 위법이 있다고는 할 수 없다.[91]

간접정범으로 공소가 제기된 공소사실에 대하여 이를 유죄로 인정하면서도 그 법령의 적용에 있어서 이를 공동정범에 해당한다고 보아 이에 해당하는 형법 30조를 적용한 경우, 범행을 주도한 간접정범에 대하여는 어차피 형법 34조 1항, 31조 1항에 의하여 죄를 실행한 자와 동일한 형으로 처벌하는 것이어서 결국 그 판

88) 대판 1987. 10. 13. 87도1240.
89) 대판 1999. 4. 27. 99도883.
90) 갑과 을이 합동하여 절취한 경우(가령 갑은 피해자의 집 앞에서 망을 보고, 을은 집 안에 들어가 피해품을 들고 나옴)에 적용법조로 형법 331조 2항, 1항만 기재한다(형법 30조는 불필요함). 그런데 갑, 을, 병이 절도를 공모하고 그 중 갑과 을만 합동하여 절취한 경우(가령 갑, 을, 병이 절도를 공모하여 갑은 피해자의 집 앞에서 망을 보고, 을은 집 안에 들어가 피해품을 들고 나왔으나 병은 범행 현장에 가지 않음)에 적용법조로 갑, 을, 병 모두에 대해 형법 331조 2항, 1항, 형법 30조를 기재하여야 한다(대판 1998. 5. 21. 98도321 전합).
91) 대판 1990. 4. 27. 90도527; 대판 1992. 10. 27. 92도2196.

결에는 판결 결과에 영향을 미친 위법이 없다.[92)]

판결의 주문에서 부정기형을 선고하였다면 그 이유에서 적용법조를 표시하지 않았더라도 소년법 60조 1항에 따라 부정기형을 선고한 것이 명백하므로 위법이라고 할 수 없다.[93)]

대법원 양형위원회의 양형기준은 형사재판에 있어서의 합리적 양형을 위해 마련된 일반적이고 객관적인 기준이므로 법관의 양형에 있어 존중되어야 하나, 법적인 구속력을 가지지 않는다.[94)]

라. 소송관계인의 주장에 대한 판단

소송관계인이 범죄사실, 적용법조, 증거 등을 다툴 수 있다. 이러한 경우 판결서에서 소송관계인의 일정한 주장에 대해 판단을 해줄 필요가 있다. 법 323조 2항은, 법률상 범죄의 성립을 조각하는 이유 또는 형의 가중, 감면의 이유되는 사실의 진술이 있은 때에는 이에 대한 판단을 명시하여야 한다고 규정하고 있다.

(1) 주장의 존재

판결서에서 판단해줄 필요가 있는 주장은 당사자가 공판절차에서 한 진술에 한한다. 신문, 변론, 최후 진술 등 공판절차의 어느 단계에서 진술되었는지는 무방하지만 변론종결 후 제출된 변론요지서나, 수사단계에서의 진술은 소송관계인의 주장에 포함되지 않는다고 해석된다.

법률상 범죄의 성립을 조각하는 이유 또는 형의 가중, 감면의 이유가 되는 사실(법 323조 2항)의 유무는 피고인의 진술이 있어야만 법원이 심리판단한다.[95)]

(2) 법률상 범죄의 성립을 조각하는 이유로 되는 사실의 주장

범죄구성요건에 해당하는 사실 이외의 것으로서 법률상 범죄의 성립을 조각시키는 사실에 관한 주장이어야 한다. 따라서 범죄구성요건이 존재하지 않는다는 주장에 대해서는 별도로 판단할 필요가 없으며, 주로 위법성 또는 책임의 조각사유에 관한 것이 소송관계인의 주장으로서 판단의 대상이 된다.

---

92) 대판 1997. 7. 11. 97도1180.
93) 대판 1991. 3. 12. 90도2869.
94) 대판 2012. 6. 28. 2012도2631.
95) 대판 1987. 2. 10. 86도2530.

(가) 소송관계인의 주장에 해당하는 것

– 도박죄에 있어서의 위법성의 한계인 일시오락인지,[96]

– 형법 310조의 오로지 공공의 이익에 관한 때,[97]

– 형법 16조의 자기의 행위가 법령에 의하여 죄가 되지 아니하는 것으로 오인한 행위[98]는

각각 소송관계인의 주장에 해당한다.

(나) 소송관계인의 주장에 해당하지 않는 것

– 범죄사실의 부인,[99]

– 공정증서원본불실기재죄에서 실체적권리관계에 부합하는 유효한 등기의 주장,[100]

– 매매계약서의 입회인을 매수인이라고 기재하여 사문서변조한 사안에서 위법성인식이 없다는 주장,[101]

– 작성명의자가 문서를 작성할 권한을 부여하였다거나 그와 같이 추정되어야 한다는 주장,[102]

– 작량감경 사유인 피해회복에 관한 주장[103]은

각각 소송관계인의 주장에 해당하지 않는다.

(3) 법률상 형의 가중·감면의 사유로 되는 사실의 주장

법률상 형의 필요적 가중·감경·면제의 이유로 규정되어 있는 사실을 말한다. 여기에 해당하는 것으로는 누범(형법 30조), 중지미수(형법 26조), 친족상도례(형법 328조 1항, 344조, 354조, 361조, 365조 1항, 2항 본문)[104] 등이다. 형의 감면이 법원의 재량사항인 과잉방위(형법 21조 2항), 장애미수(형법 25조 2항), 불능범(형법 27조 단서) 등은 이에 해당하지 않는다.

---

96) 대판 1985. 11. 12. 85도2096.

97) 대판 2004. 10. 15. 2004도3912.

98) 대판 1998. 6. 23. 97도1189.

99) 대판 1987. 12. 8. 87도2068.

100) 대판 1990. 9. 28. 90도427; 대판 1997. 7. 11. 97도1180. 다음은 같은 취지이다.
피고인들의 행위는 뇌물수수죄가 아니라 공갈죄를 구성하는 것이라거나 뇌물공여죄는 성립되지 않고 공갈죄의 피해자에 불과하다는 주장은, 법률상 범죄의 성립을 조각하는 이유나 형의 감면이유에 해당하는 사실의 주장이 아니다(대판 1994. 12. 22. 94도2528).
무고죄에서 착오로 인한 고소이어서 수사개시 전에 고소를 취소하였다는 주장은 무고의 범의를 부인하는 사실오인의 주장에 불과하다(대판 1995. 9. 5. 94도755).
공정증서원본불실기재죄에서 실체적 권리관계에 부합하는 유효한 등기라고 주장하는 것은 공소사실에 대한 적극부인에 해당하므로 임야가 국가의 소유인 사실을 검사가 입증하여야 한다(대판 2000. 3. 24. 98도105).

101) 대판 1976. 8. 24. 76도1774.

102) 대판 1992. 12. 22. 92도2047.

103) 대판 2017. 11. 9. 2017도14769.

104) 형법 328조 2항의 친족관계 주장은 소송조건에 관한 것이므로 소송관계인의 주장에 해당하지 않는다.

피고인이 음주운전을 할 의사를 가지고 음주만취한 후 운전을 결행하여 교통사고를 일으켰다면 피고인은 음주시에 교통사고를 일으킬 위험성을 예견하였는데도 자의로 심신장애를 야기하였으므로 형법 10조 3항에 의하여 심신장애로 인한 감경 등을 할 수 없다.[105)]

대마초 흡연시에 이미 범행을 예견하고 자의로 심신장애를 야기한 경우 심신장애로 인한 감경 등을 할 수 없다.[106)]

자수는 형의 임의적 감면사유에 불과하므로 자수감경 주장에 대하여 판단하지 않았어도 위법하지 않다.[107)]

공동정범으로 의율된 사안에서 종범에 해당한다는 주장은 피고인의 행위가 종범으로 의율될 것이 아니라고 함을 전제로 하는 것이므로, 특단의 사정이 없는 한 종범에 불과하다는 주장을 판단하여야 하는 것은 아니다.[108)]

Ⅲ. 무죄판결

피고사건이 범죄로 되지 아니하거나 범죄사실의 증명이 없는 때에는 판결로써 무죄를 선고하여야 한다(법 325조).

1. 무죄판결의 유형

가. 피고사건이 범죄로 되지 아니하는 때(법 325조 전단)

피고사건이 범죄로 되지 아니하는 때란 공소사실 자체는 인정되지만 이러한 사실이 구성요건에 해당되지 않거나 위법성조각사유 또는 책임조각사유의 존재로 인하여 범죄가 성립되지 아니하는 것을 의미한다.

형벌에 관한 법령이 헌법재판소의 위헌결정으로 인하여 소급하여 그 효력을 상실하였거나 법원에서 위헌·무효로 선언된 경우, 당해 법령을 적용하여 공소가 제기된 피고사건에 대하여 같은 법 325조에 따라 무죄를 선고하여야 하고, 범죄 후의 법령의 개폐로 형이 폐지 되었을 때에 해당한다거나, 혹은 공소장에 기재된 사

105) 대판 1992. 7. 28. 92도999; 대판 2007. 7. 27. 2007도4484.
106) 대판 1996. 6. 11. 96도857.
107) 대판 1967. 11. 21. 67도1176; 대판 2006. 9. 22. 2006도4883; 대판 2011. 12. 22. 2011도12041.
108) 대판 1981. 3. 24. 81도74.

실이 진실하다 하더라도 범죄가 될 만한 사실이 포함되지 아니하는 때에 해당한다고는 할 수 없다.[109]

피고인이 야간옥외집회를 주최하였다는 취지의 공소사실에 대하여 원심이 집회 및 시위에 관한 법률 23조 1호, 10조 본문을 적용하여 유죄를 인정하였는데, 원심판결 선고 후 헌법재판소가 위 법률조항에 대해 헌법불합치결정을 선고하면서 개정시한을 정하여 입법개선을 촉구하였는데도 위 시한까지 법률 개정이 이루어지지 않은 사안에서, 위 법률조항은 소급하여 효력을 상실하므로 이를 적용하여 공소가 제기된 위 피고사건에 대하여 무죄를 선고하여야 한다.[110]

나. 범죄사실의 증명이 없는 때(법 325조 후단)

공소사실에 관하여 법관으로 하여금 합리적 의심의 여지가 없을 정도로 확신을 가지게 하는 입증이 이루어지지 아니하는 때에는 범죄사실의 증명이 없는 때로 보아 무죄판결을 선고한다.

2. 무죄판결의 주문 표시

일죄에 대하여는 하나의 주문만 있을 뿐이고, 이를 분리하여 일부 유죄, 일부 무죄라는 2개의 주문을 내어서는 아니 된다.[111] 포괄일죄나 상상적 경합관계에 있는 범죄의 일부가 무죄이고, 일부는 유죄인 경우 주문에서는 유죄 표시만 하고 무죄 부분은 이유에서만 기재한다.[112] 포괄일죄나 상상적 경합관계에 있는 범죄의 일부가 무죄이고, 일부는 면소 또는 공소기각인 경우에는 가장 유리한 무죄 부분을 주문에 표시하고 면소 또는 공소기각 부분은 이유에서 설시한다.[113]

3. 무죄판결과 비용보상

국가는 무죄판결이 확정된 경우에는 당해 사건의 피고인이었던 자에 대하여 그 재판에 소요된 비용을 보상하여야 한다(법 194조의2).

---

109) 대판 1992. 5. 8. 91도2825; 대판 2010. 12. 16. 2010도5986 전합.

110) 대판 2011. 6. 23. 2008도7562 전합.

111) 대판 1961. 10. 26. 4294형상449.

112) 포괄일죄의 관계에 있는 공소사실에 대하여는 그 일부가 무죄로 판단되는 경우에도 이를 판결 주문에 따로 표시할 필요가 없으나 이를 판결 주문에 표시하였다 하더라도 판결에 영향을 미친 위법사유가 되는 것은 아니다(대판 1993. 10. 12. 93도1512).

113) 포괄적 일죄의 일부에 대하여는 유죄의 증거가 없고 나머지 부분에 대하여 공소시효가 완성된 경우에는 피고인에게 유리한 무죄를 주문에 표시하고 면소부분은 판결이유에서만 설명하면 족하다(대판 1977. 7. 12. 77도1320).

제 3 절 종국재판의 부수효과

1. 구속영장의 실효

무죄, 면소, 형의 면제, 형의 선고유예, 형의 집행유예, 공소기각 또는 벌금이나 과료를 과하는 판결이 선고된 때에는 구속영장이 효력을 잃으므로(법 331조) 구속피고인은 즉시 석방된다.

2. 압수물의 처분

압수물에 대하여 몰수의 요건이 갖추어진 때에는 몰수 판결을 선고한다. 몰수할 물건을 몰수하기 불능한 때에는 그 가액을 추징한다(형법 48조 2항). 압수물에 대하여 몰수의 선고를 하지 않은 때에는 압수를 해제한 것으로 간주한다(법 332조).

압수한 장물로서 피해자에게 환부할 이유가 명백한 것은 판결로써 피해자에게 환부하는 선고를 하여야 한다(법 333조 1항). 피해자환부는 절도범행으로 취득한 장물에 대해 이루어지는 경우가 많다. 전항의 경우에 장물을 처분하였을 때에는 판결로써 그 대가로 취득한 것을 피해자에게 교부하는 선고를 하여야 한다(동조 2항). 가환부한 장물에 대하여 별단의 선고가 없는 때에는 환부의 선고가 있는 것으로 간주한다(동조 3항). 압수장물의 피해자환부·교부는 이해관계인이 민사소송 절차에 의하여 그 권리를 주장함에 영향을 미치지 아니한다(동조 4항).

3. 가납판결

법원은 벌금, 과료 또는 추징의 선고를 하는 경우에 판결의 확정 후에는 집행할 수 없거나 집행하기 곤란할 염려가 있다고 인정한 때에는 직권 또는 검사의 청구에 의하여 피고인에게 벌금, 과료 또는 추징에 상당한 금액의 가납을 명할 수 있다(법 334조 1항). 가납판결은 형의 선고와 동시에 판결로써 선고하여야 하며, 확정 전에도 즉시 집행할 수 있다(동조 2항, 3항). 부수법 6조는 필요적 가납판결에 대해 규정하고 있다.

제4절 재판의 확정

1. 의 의

재판의 확정은 소송관계인이 재판에 관하여 통상의 불복방법에 의해서는 다툴 수 없는 상태에 이른 것을 의미한다.

재판의 확정시기를 따지는 필요성은, ① 재판은 가납판결(법 334조)이나 유치명령(형법 69조) 등의 예외가 있기는 하지만, 원칙적으로 확정되어야 집행할 수 있으며(법 459조), ② 경합범 중 판결을 받지 아니한 죄가 있는 때에는 그 죄와 판결이 확정된 죄를 동시에 판결할 경우와 형평을 고려하여 그 죄에 대하여 형을 선고하며, 이 경우 그 형을 감경 또는 면제할 수 있고(형법 39조 1항), ③ 집행유예의 선고를 받은 자가 유예기간 중 고의로 범한 죄로 금고 이상의 실형을 선고받아 그 판결이 확정된 때에는 집행유예의 선고는 효력을 잃는다는(형법 63조) 점에 있다.

2. 재판확정의 시기

불복을 할 수 없는 재판은 선고 또는 고지와 동시에 확정된다. 예컨대 법원의 관할 또는 판결 전의 소송절차에 관한 결정은 즉시항고를 할 수 있는 경우이거나, 구금, 보석, 압수나 압수물의 환부에 관한 결정 또는 감정하기 위한 피고인의 유치에 관한 결정인 경우를 제외하고는 불복할 수 없으므로(법 403조) 고지와 동시에 확정된다. 대법원의 판결이나 결정에 대해서는 불복할 방법이 없으므로 선고나 고지 즉시 확정된다.[114]

불복이 허용되는 재판에 대해서는 상소기간이 도과되거나, 불복신청의 포기 또는 상소의 취하, 불복신청을 기각하는 재판의 확정 등에 의해 재판이 확정된다. 다만 통상항고는 항고기간의 제한이 없으므로 원심의 결정을 취소하여도 실익이 없는 때에 확정된다(법 404조).

선고는 공판정에서 재판의 내용을 구술로 선언하는 것이고, 고지는 선고 외의 적당한 방식으로 재판 내용을 관계인에게 알려주는 것이다. 가장 중요한 재판의 형식인 판결은 반드시 선고를 거쳐 공표하여야 하고, 그 밖의 결정·명령은 극소수의 예외(법원조직법 57조 2항의 공판비공개결정의 선고)를 제외하고는 고지에 의해 공표하여야 한다.[115] 판결의 선고는 반드시 공개하여야 하며(헌법 109조 후문, 법원조직법 57조 1항), 판결을 선고함에 있어 피고인이 출석하여야 하는 것이 원칙이지만 피고인이 출석하지 아니한 채 개정할 수 있는 경우에는 불출석한 상태에서 판결을 선고할 수 있다(법 330조).

위와 같이 판결의 선고는 원칙적으로 피고인이 출석한 상태에서 법정에서 구술로 하므로 선고가

---

114) 대결 1987. 1. 30. 87모4.
115) 법원실무제요 형사Ⅱ, 428면.

행해지는 시점이 비교적 명확하다. 그런데 결정을 고지함에 있어서는 공판정에서 재판의 내용을 구술로 선언하지 않고 재판서를 작성하여 송달하는 방식을 사용하는 경우가 있다. 이러한 경우에 결정의 고지시기를 결정일, 결정문이 법원에서 발송된 날 또는 결정문이 피고인에게 송달된 날 중 어느 것으로 볼지에 관하여 논란이 있다. 대법원은 다음과 같이 결정문이 송달된 때를 기준으로 한다.

피고인이 별개의 사건에서 징역형의 집행유예 등을 선고받고 상고하였으나 대법원이 법 380조 본문에 따라 결정으로 상고를 기각하였는데, 그 결정일을 전후하여 피고인이 유사석유제품을 판매 및 보관하였다는 석유 및석유대체연료사업법위반으로 기소된 사안에서, 위 상고기각결정의 등본이 피고인에게 송달되는 등으로 그 결정이 피고인에게 고지된 시기가 피고인의 유사석유제품 판매 및 보관 행위 시 이후이어서 그때 위 판결이 확정되었다면 피고인의 범죄는 '금고 이상의 형에 처한 판결이 확정된 죄'와 '그 판결 확정 전에 범한 죄'의 관계에 있게 되어 형법 37조 후단에서 정하는 경합범관계에 해당하므로, 그에 대한 형을 정할 때 형법 39조 1항에 따라 판결이 확정된 죄를 동시에 판결할 경우와 형평을 고려하여야 함에도, 상고기각결정 등본이 송달된 시기 등을 심리하지 아니한 채 형법 37조 후단, 39조 1항의 적용 없이 형을 정한 제1심판결을 유지한 것은 위법하다.[116]

해설: 집행유예의 실효에 있어서도 위 판례에서와 유사한 문제가 발생할 수 있다. 가령 피고인이 2010. 2. 18. 사기죄로 징역 1년에 집행유예 2년을 선고받아 같은 날 확정되었다(집행유예 기간은 2010. 2. 18.부터 2012. 2. 17.까지임). 피고인은 2010. 10. 31. 다시 절도죄를 범하여 그 무렵 공소제기되었고 항소심에서 징역 10월을 선고받았다. 피고인이 상고하였으나 적법한 기간 내에 상고이유서를 제출하지 않아 대법원은 2012. 1. 17. 법 380조에 의해 상고기각의 결정을 하고 결정문을 발송하였다. 위 결정문은 폐문부재, 이사불명 등의 사유로 송달되지 않다가 2012. 3. 14.에야 송달되었다. 위와 같은 경우에 대법원이 상고기각결정을 한 2012. 1. 17. 고지가 이루어진 것으로 보면 위 집행유예의 선고는 실효되지만, 실제 송달이 이루어진 2012. 3. 14. 고지가 이루어진 것으로 보면 위 집행유예의 선고는 실효되지 않는다.

3. 재판의 확정력

가. 형식적 확정력

재판이 통상의 방법으로는 불복할 수 없게 되는 상태에 이른 것을 재판의 형식적 확정이라고 한다. 재판이 형식적으로 확정되면 소송관계인은 통상의 방법으로는 불복할 수 없게 되는바, 이를 형식적 확정력의 불가쟁적 효력(不可爭的 效力)이라고 하고, 재판을 한 법원 스스로 재판을 변경하거나 철회할 수 없는 것을 불가변적 효력(不可變的 效力)이라고 하기도 한다. 형식적 확정력은 종국재판이건 종국 전의 재판이건, 실체재판이건 형식재판이건 모두 발생한다.

116) 대판 2012. 1. 27. 2011도15914.

나. 내용적 확정력

재판이 형식적으로 확정되어 그 의사표시적 내용이 확정되는 것을 내용적 확정이라고 한다. 특히 실체재판이 확정되면 형벌권의 존부와 범위가 확정되며 이러한 실체재판의 내용적 확정력을 특히 실체적 확정력이라고도 한다. 재판은 원칙적으로 확정되어야 집행력이 발생한다(법 459조).

재판이 확정되면 그 표시된 판단 내용은 후소 법원을 구속하므로 후소 법원은 동일한 사항에 관하여 동일한 사정 하에서는 원래의 재판과 다른 판단을 할 수 없는데 이는 재판의 종류에 따라 발현 형태가 다르다.

관할위반의 판결, 공소기각의 판결, 공소기각의 결정 등의 형식재판이 확정되면 다른 법원은 동일한 사항에 관하여 동일한 사정 하에서는 다른 판단을 할 수 없다. 그렇지만 친고죄의 고소· 고발과 같은 소송조건이 결여되었다는 이유로 공소기각의 판결이 선고된 이후 소송조건을 구비하여 재기소하는 때에는 실체판결을 할 수 있다.

유· 무죄의 실체판결이나 면소판결이 확정되면 그 대외적 효력으로서 동일 사건에 관하여 후소 법원이 심리할 수 없는 효과가 발생한다. 실체판결이나 면소판결에 부여되는 이러한 재소금지의 효력을 기판력 내지 일사부재리의 효력이라고 한다.

4. 기판력

가. 기판력과 일사부재리

기판력은 전통적으로 유· 무죄의 실체판결이 확정되면 동일 사건에 대해 다시 심리하거나 재판하지 못한다는 것을 의미하였다. 이러한 대륙법계의 기판력이 영미법계의 일사부재리와 동일한 것인지에 관한 논의가 있다.[117]

기판력이나 일사부재리의 개념은 이중위험을 금지시킨다거나 전소에서 확정된 재판의 내용을 후소에서 존중하도록 할 필요성에 관하여 각국에서 다양한 형태로 전개되어온 법리들일 뿐 그 동일성 여부를 따지는 것은 무의미하다고 생각된다.

나. 기판력이 발생하는 재판

유· 무죄의 실체판결에서 기판력이 발생한다. 면소판결에 대해서도 기판력을 인정하는 것이 보통인데 그 근거에 대해서는 견해가 나뉜다.

약식명령(법 457조), 즉결심판(즉결심판에 관한 절차법 16조), 범칙금납부(경범죄처벌법 7조, 도교법 164조 3

117) ① 기판력과 일사부재리가 일치한다는 견해, ② 기판력은 재판의 내용적 확정력 가운데 대외적 효과를 의미하는 소송법적 개념이지만 일사부재리의 효력은 피고인의 불안전한 상태를 제거하려는 이중위험금지의 법리에서 유래하므로 서로 다르다는 견해, ③ 기판력 중에서 실체재판에 있어서 동일사건에 대한 재기소금지가 일사부재리라고 보는 견해 등이 있다.

항)에 대해서는 기판력 내지 기판력에 준하는 효력이 인정되고, 소년법 32조의 보호처분에 대해서는 기판력이 인정되지 않는다.

범칙자가 통고처분을 받고 범칙금을 납부한 경우에는 그 범칙행위에 대하여 다시 벌받지 않는 것은(경범죄처벌법 7조 2항), 범칙금의 납부에 확정재판에 준하는 효력을 인정하는 취지이므로 이에 위반한 공소제기는 면소 사유이다.[118)]

즉결심판의 기판력은 폭처법위반죄의 공소사실에도 미친다.[119)]

가정폭력처벌법에 따른 불처분결정이 확정된 사건에 대해 유죄판결 선고

가정폭력처벌법상의 불처분결정(동법 37조 1항 1호)이 확정된 후에 검사가 동일한 범죄사실에 대하여 다시 공소를 제기하였다거나 법원이 이에 대하여 유죄판결을 선고하였더라도 이중처벌금지 내지 일사부재리의 원칙에 위배되지 않는다.[120)]

갑 처벌 후, 갑의 사실상 1인 회사(피고인)를 양벌규정으로 처벌

주식회사의 주식이 사실상 1인의 주주에 귀속하는 1인 회사의 경우에도 회사와 주주는 별개의 인격체로서, 1인 회사의 재산이 곧바로 1인 주주의 소유라고 할 수 없다. 따라서, 갑에 대한 형사처벌 외에 갑의 사실상 1인 회사인 피고인 회사를 양벌규정으로 처벌하는 것은 이중처벌이 아니다.[121)]

통고처분의 권한이 없는 사건에 대해 통고처분하여 범칙금 납부

특가법 8조의 조세범칙사건은 친고죄가 아니어서(특가법 16조), 특가법 8조의 조세포탈죄에 대하여는 세무공무원이 통고처분을 할 권한이 없으므로 피고인이 세무공무원의 통고처분으로 범칙금을 납부하였어도 일사부재리의 원칙이 적용되지 않는다.[122)]

형집행법상의 징벌과 일사부재리

형집행법상의 징벌은 행정상의 질서벌의 일종으로서 사회일반의 형벌법령에 위반한 행위에 대한 형사책임과는 다르므로 징벌을 받은 뒤에 형사처벌을 한다 하여 일사부재리의 원칙에 반하지 않는다.[123)]

---

118) 대판 1986. 2. 25. 85도2664; 대판 2003. 7. 11. 2002도2642.
119) 대판 1996. 6. 28. 95도1270.
120) 대판 2017. 8. 23. 2016도5423.
121) 대판 2018. 4. 12. 2013도6962.
122) 대판 1988. 11. 8. 87도1059.
123) 대판 1987. 11. 24. 87도1463.

다. 기판력이 미치는 범위

(1) 객관적 범위

기판력이 미치는 객관적 범위는 법원의 심판범위와 밀접한 관련을 가진다. 기판력은 피고사건과 단일성 및 동일성이 인정되는 전체 범죄사실에 미친다. 즉 종전 판결의 기판력은 포괄일죄(상습범, 영업범, 계속범)와 상상적 경합 관계에 있는 범죄에는 미치지만, 경합범 관계에 있는 범죄에 대해서는 미치지 않는 것이 원칙이다.

(가) 기판력이 미치지 않는 경우

대표이사가 업무상보관하는 회사의 자금을 횡령하고, 횡령한 위 자금으로 배임증재
회사의 대표이사가 업무상 보관하던 회사 자금을 빼돌려 횡령한 다음 그 중 일부를 더 많은 장비 납품 등의 계약을 체결할 수 있도록 해달라는 취지의 묵시적 청탁과 함께 배임증재에 공여한 사안에서, 횡령 범행과 배임증재 범행은 서로 범의 및 행위의 태양과 보호법익을 달리하는 별개의 행위이므로, 횡령에 대한 약식명령이 확정되었더라도 그 기판력이 배임에 미치지 않는다.[124)]

'과실로 교통사고를 발생시킨 교특법위반죄'와 '고의로 교통사고를 내고 보험금을 받아 사기 및 사기미수죄'
과실로 교통사고를 발생시켰다는 '교특법위반죄'와 고의로 교통사고를 낸 뒤 보험금을 청구하여 수령하거나 미수에 그쳤다는 '사기 및 사기미수죄'는 기본적 사실관계가 동일하지 않다.[125)]

'피고인이 갑과 공모하여 피해자를 칼로 찔러 살해'와 '폭처법상 범죄에 공용될 우려 있는 위험한 물건인 칼 휴대' 및 '피해자를 찔러 살해하는데 사용된 칼을 버려 증거인멸'
공소사실이나 범죄사실의 동일성은 순수한 사실관계의 동일성이라는 관점에서만 파악할 수 없고, 피고인의 행위와 자연적·사회적 사실관계 외에 규범적 요소를 고려하여야 한다.
공소사실: 피고인이 갑과 공모하여 '1997. 4. 3. 21:50경 서울 이태원동에 있는 햄버거 가게 화장실에서 피해자를 칼로 찔러 살해함
유죄확정판결의 범죄사실: '1997. 2. 초순부터 1997. 4. 3. 22:00경까지 정당한 이유 없이 범죄에 공용될 우려가 있는 위험한 물건인 휴대용 칼을 소지하였고, 1997. 4. 3. 23:00경 갑이 범행 후 햄버거 가게 화장실에 버린 칼을 들고 나와 용산 미8군영 내 하수구에 버려 타인의 형사사건에 관한 증거를 인멸함
판단: 공소사실과 유죄가 확정된 폭처법위반(우범자)죄 및 증거인멸죄는 범행의 일시·장소와 행위 태양이 다르고, 살인죄는 폭처법위반(우범자)죄나 증거인멸죄와는 보호법익이 다르며 죄질에서도 현저한 차이가 있으므로, 기본적 사실관계의 동일성이 없다.[126)]

124) 대판 2010. 5. 13. 2009도13463.
125) 대판 2010. 2. 25. 2009도14263.
126) 대판 2017. 1. 25. 2016도15526. (이태원 살인사건)

(나) 기판력이 미치는 경우

'새마을금고 통장과 현금카드 양수'와 '성명불상자와 공동하여 새마을금고 통장을 개설하게 하여 통장 및 접근매체를 갈취'

확정판결의 범죄사실: 피고인은 2013. 5. 12.경 부천시 원미구 새마을금고 앞에서 갑으로부터 그 명의의 새마을금고 통장과 현금카드를 양수함(전자금융거래법위반죄)

공소사실: 피고인과 성명불상자가 공동하여 통장을 만들어주지 않으면 위해를 가할 것처럼 위협적인 말투로 겁을 주어 2013. 5. 12.경 부천시 원미구 새마을금고에서 피해자 갑으로 하여금 자신들이 원하는 비밀번호를 설정하고 피해자 명의의 새마을금고 통장을 개설하게 하여 통장과 접근매체를 갈취함

판단: 공소사실과 확정판결의 범죄사실은 범행 일시·장소, 상대방 및 범행대상인 접근매체가 동일하고, 피고인이 피해자에게 겁을 주어 접근매체를 갈취한 행위는 접근매체 양수를 위한 단일한 범의 아래 진행된 일련의 행위로서 양수의 원인이 되어서 양수행위와 불가분의 밀접한 관계에 있으므로, 기본적 사실관계가 동일하다.[127)]

의료법 27조 1호 위반죄와 '보건범죄 단속에 관한 특별조치법' 5조 1호 위반죄

무면허 의료행위는 그 범죄구성요건의 성질상 동종 범죄의 반복이 예상되는 것이므로, 영리를 목적으로 무면허 의료행위를 업으로 하는 자가 반복적으로 여러 개의 무면허 의료행위를 단일하고 계속된 범의 아래 일정 기간 계속하여 행하고 그 피해법익도 동일한 경우라면 이들 각 행위를 통틀어 포괄일죄로 처단하여야 할 것이다. 한편 포괄일죄의 관계에 있는 범행 일부에 대하여 판결이 확정된 경우에는 사실심 판결선고 시를 기준으로 그 이전에 이루어진 범행에 대하여는 확정판결의 기판력이 미쳐 면소의 판결을 선고하여야 하고, 이러한 법리는 영리를 목적으로 무면허 의료행위를 업으로 하는 자의 여러 개의 무면허 의료행위가 포괄일죄의 관계에 있고 그 중 일부에 대하여 판결이 확정된 경우에도 마찬가지로 적용되며, 그 확정판결의 범죄사실이 '보건범죄 단속에 관한 특별조치법' 5조 1호 위반이 아니라 의료법 27조 1호 위반이라고 하더라도 같다.[128)]

(다) 상상적 경합

명예훼손죄와 업무방해죄가 상상적 경합관계에 있는 경우, 업무방해죄에 대한 확정판결의 기판력은 명예훼손죄에 대하여도 미친다.[129)]

사회적인 사실관계와 규범적 요소를 고려하여 기본적 사실관계가 동일한 것으로 평가한 사례로는 대판 2017. 8. 23. 2015도11679.

127) 대판 2015. 9. 10. 2015도7081.

128) 대판 2014. 1. 16. 2013도11649.

129) 대판 2007. 2. 23. 2005도10233. 다음은 같은 취지이다.
동일인 한도초과 대출로 상호저축은행에 손해를 가하여 상호저축은행법 위반죄와 업무상배임죄가 모두 성립한 경우, 두 죄는 상상적 경합관계에 있고, 상상적 경합관계의 경우에는 그 중 1죄에 대한 확정판결의 기판력은 다른 죄에 대하여도 미친다(대판 2011. 2. 24. 2010도13801; 대판 2012. 6. 28. 2012도2087).

동일한 기회에 동일한 장소에서 A업체의 직원들에게 위력을 행사하여 업무방해

공소사실: 피고인이 '2015. 4. 16. 13:10경부터 14:30경까지 A업체 사무실에서 직원 6명 가량이 있는 가운데 직원들에게 행패를 하면서 피해자 갑의 업무를 방해함

유죄의 확정판결: 피고인은 '2015. 4. 16. 13:30경부터 15:00경 사이에 A업체 사무실에 찾아와 피해자 을, 병과 일반 직원들이 근무를 하고 있음에도 피해자들에게 욕설을 하는 등 큰소리를 지르고 돌아다니며 위력으로 업무를 방해함

판단: 공소사실과 확정판결의 범죄사실은 범행 일시·장소가 동일하고, 범행시간에 근소한 차이가 있으나 같은 시간대에 있었던 일이라고 보아도 무리가 없으며, 각 범행내용 역시 공소사실은 '직원들을 상대로 행패를 부렸다'는 것이고, 확정판결의 범죄사실은 '직원들이 근무를 하고 있는데도 욕설을 하는 등 큰소리를 지르고 돌아다녔다'는 것으로 본질적으로 다르지 않아, 결국 양자는 동일한 기회와 장소에서 다수의 피해자를 상대로 한 위력에 의한 업무방해로서 상상적 경합관계에 있으므로 확정판결의 기판력이 공소사실에 미친다.130)

(라) 포괄일죄

확정판결의 기판력은 사실심판결 선고시까지 미치므로, 상습범으로서 포괄일죄의 관계에 있는 여러 개의 범죄사실 중 일부에 대하여 유죄판결이 확정된 후에, 그 확정판결의 사실심판결 선고시 이전에 저질러진 나머지 범죄에 대하여 새로이 공소가 제기되었다면 이에 대해서는 면소판결을 선고하여야 한다(법 326조 1호). 다만 이러한 법리가 적용되기 위해서는 전의 확정판결에서 피고인이 상습범으로 처벌되었을 것을 필요로 하고, 상습범 아닌 기본 구성요건의 범죄로 처단되는 데 그친 경우에는, 가사 뒤에 기소된 사건에서 비로소 드러났거나 새로 저질러진 범죄사실과 전의 판결에서 이미 유죄로 확정된 범죄사실 등을 종합하여 비로소 그 모두가 상습범으로 판단된다 하더라도 그 기판력이 그 사실심판결 선고 전의 나머지 범죄에 미친다고 볼 수 없다.131)

공소사실: 사회복무요원인 피고인은 ① 2009. 1. 13.부터 2009. 1. 15.까지 3일간, ② 2009. 9. 17.부터 2009. 9. 21.까지 3일간, 2009. 9. 23.부터 2009. 9. 24.까지 2일간 무단결근함으로써 정당한 사유 없이 통산 8일 이상의 기간 복무를 이탈함

확정 판결: 2009. 5. 8. 사회복무요원인 피고인은 ③ '2008. 12. 9.부터 2008. 12. 12.까지 4일간, 2008. 12. 15.부터 2008. 12. 18.까지 4일간 통산 8일 동안 정당한 사유 없이 복무를 이탈하였다'는 내용의 병역법위반죄로 징역 6월에 집행유예 2년의 판결을 선고받아 그 판결이 2009. 5. 16. 확정되었다.

---

130) 대판 2017. 9. 21. 2017도11687.

131) 대판 2004. 9. 16. 2001도3206 전합. 위 판례에 의해 다음 판례들은 변경되었다.
상습범으로서 포괄일죄 관계에 있는 죄 중 일부에 대하여 유죄의 확정판결이 있고, 그 나머지 부분 즉 확정판결의 사실심 선고 전에 저질러진 범행이 나중에 기소된 경우에, 그 확정판결의 범죄가 상습범이었는지와 상관 없이, 확정판결이 있었던 죄와 새로 기소된 죄 사이에 상습범 관계가 인정되면 확정판결의 기판력이 새로 기소된 죄에 미친다(대판 1978. 2. 14. 77도3564 전합; 대판 2002. 10. 25. 2002도1736).
다음은 같은 취지이다.
확정판결에서 조세범 처벌법 10조 3항 각 호의 위반죄로 처단되는 데 그친 경우에는, 확정된 사건 자체의 범죄사실이 뒤에 공소가 제기된 사건과 종합하여 특가법 8조의2 1항 위반의 포괄일죄에 해당하는 것으로 판단되더라도, 뒤늦게 앞서의 확정판결을 포괄일죄의 일부에 대한 확정판결이라고 보아 기판력이 사실심판결 선고 전의 범죄사실에 미친다고 볼 수 없다(대판 2015. 6. 23. 2015도2207).

판단: 판결이 확정된 병역법위반죄의 범죄사실(③)은 이 사건 공소사실(①과 ②)과 동종으로 포괄일죄의 관계에 있다. ①은 ③에 대한 확정판결의 판결선고 이전에 범해졌으므로 ①에 대해서는 면소판결을 선고하여야 한다(법 326조 1호). ②만으로는 통산 8일 이상 복무를 이탈한 경우에 해당하지 않으므로 ②에 대해서는 무죄를 선고하여야 한다.

①은 ③에 대한 판결확정 전에 범한 것이고, ②는 ③에 대한 판결확정 후에 범한 것이다. 그러므로 '①과 ②라는 포괄일죄' 중간에 동종의 범행인 ③에 대한 확정판결이 있는 경우에 해당하여, ①과 ②는 별개의 범죄사실이 된다.[132] 따라서 ①에 대한 면소와 ②에 대한 무죄는 모두 주문에 표시하여야 한다.[133]

포괄일죄의 상상적 경합

단일하고 계속된 범의 아래 같은 장소에서 반복하여 여러 사람으로부터 계불입금을 편취한 경우, 피해자별로 포괄하여 1개의 사기죄가 성립하고 이들 포괄일죄 상호간은 상상적 경합관계에 있다. 그중 일부 피해자에 대한 사기죄에 대하여 확정판결이 있다면 그 기판력은 나머지 피해자들에 대한 사기죄에 대해서도 미친다.[134]

(마) 규범적 요소를 고려한 기판력의 판단

① **유죄확정 장물취득죄**: 피고인이 갑, 을과 공모하여 1992. 9. 24. 02:00경 서울 서초구 방배동에 있는 공중전화박스 옆에서 병 등이 전날인 같은 달 23. 23:40경 서울 구로구 구로동 노상에서 피해자로부터 강취한 피해자 소유의 국민카드 1매를 장물인 정을 알면서도 교부받아 취득함

강도상해죄의 공소사실: 피고인이 갑, 을, 병, 정, 무와 합동하여 1992. 9. 23. 23:40경 서울 구로구 구로동 번지불상 앞길에서 피고인과 을, 정은 망을 보고 갑, 병, 무는 주먹과 발로 피해자의 얼굴 및 몸통부위를 수회 때리고 차 피해자의 반항을 억압한 후 피해자의 상·하의 호주머니에서 피해자 소유의 국민카드 2매, 비씨카드 2매, 현금 60,000원, 주민등록증이 들어 있는 지갑 2개를 꺼내어 가 이를 강취하고, 그로 인하여 피해자에게 치료일수 미상의 안면부 타박상 등을 입힘

판단: 두 죄의 기본적 사실관계가 동일한가의 여부는 그 규범적 요소를 전적으로 배제한 채 순수하게 사회적, 전법률적인 관점에서만 파악할 수는 없다.

유죄로 확정된 장물취득죄와 이 사건 강도상해죄는 범행일시가 근접하고 위 장물취득죄의 장물이 이 사건

132) 포괄일죄의 중간에 동종의 범행에 대한 확정판결이 있으면 포괄일죄는 확정판결의 확정일 전과 후의 두 범행으로 분리된다(대판 2000. 2. 11. 99도4797; 대판 2000. 3. 10. 99도2744). 두 개의 범행으로 분리되는 것은 확정일을 기준으로 한다는 점에서 기판력의 시적 범위가 선고시를 기준으로 하는 것과 다르다.

133) 대판 2011. 3. 10. 2010도9317.
위 사안에 대한 주문은 다음과 같다(수원지판 2010. 7. 1. 2010노1832).
- 이 사건 공소사실 중 2009. 9. 17.부터 2009. 9. 21.까지 3일간, 2009. 9. 23.부터 2009. 9. 24.까지 2일간의 복무이탈 범행 부분은 무죄.
- 이 사건 공소사실 중 2009. 1. 13.부터 2009. 1. 15.까지 3일간의 복무이탈 범행 부분은 면소.

134) 대판 1990. 1. 25. 89도252.

강도상해죄의 목적물 중 일부이기는 하나, 그 범행의 일시, 장소가 서로 다르고, 강도상해죄는 피해자를 폭행하여 상해를 입히고 재물을 강취하였다는 것인 데 반하여 위 장물취득죄는 위와 같은 강도상해의 범행이 완료된 이후에 강도상해죄의 범인이 아닌 피고인이 다른 장소에서 그 장물을 교부받았음을 내용으로 하는 것으로서 그 수단, 방법, 상대방 등 범죄사실의 내용이나 행위가 별개이고, 행위의 태양이나 피해법익도 다르고 죄질에도 현저한 차이가 있어, 위 장물취득죄와 이 사건 강도상해죄 사이에는 동일성이 있다고 보기 어렵고, 따라서 장물취득죄에 대한 판결이 확정되었더라도 강도상해죄에 대하여 면소판결을 선고할 것은 아니다.[135)]

② "악기·라디오·텔레비전·전축·종·확성기·전동기 등의 소리를 지나치게 크게 내거나 큰소리로 떠들거나 노래를 불러 이웃을 시끄럽게 한 행위"인 경범죄처벌법 1조 26호(인근소란등)의 범칙행위에 관하여 통고처분에 의하여 범칙금을 납부하였더라도 그 효력이 흉기인 야채 손질용 칼 2자루를 휴대하여 사람의 신체를 상해한 폭처법위반의 공소사실에 미치지 않는다.[136)]

③ - 피고인이 경범죄처벌법상 '음주소란' 범칙행위로 범칙금 통고처분을 받아 이를 납부하였는데,
- 이와 근접한 일시·장소에서 위험한 물건인 과도를 들고 피해자를 쫓아가며 "죽여 버린다"고 소리쳐 협박하였다는 내용의 폭처법위반으로 기소된 사안에서,

피고인에게 적용된 경범죄처벌법 1조 25호(음주소란등)의 범칙행위와 폭처법위반 공소사실인 흉기휴대협박행위는, 범행 장소와 일시가 근접하고 모두 피고인과 피해자의 시비에서 발단이 된 것으로 보이는 점에서 일부 중복되는 면이 있으나, 범죄사실의 내용이나 행위의 수단 및 태양, 각 행위에 따른 피해법익이 다르고, 죄질에도 현저한 차이가 있으며, 범칙행위의 내용이나 수단 및 태양 등에 비추어 그 행위과정에서나 이로 인한 결과에 통상적으로 흉기휴대협박행위까지 포함된다거나 이를 예상할 수 있다고 볼 수 없어 기본적 사실관계가 동일하지 않으므로, 범칙행위에 대한 범칙금 납부의 효력이 공소사실에 미치지 않는다.[137)]

해설: 위 ①, ②, ③의 판례는 규범적 요소를 고려하지 않으면 기판력이 미친다고 보아 처벌할 수 없는 사안에 관하여 규범적 요소를 고려함으로써 기판력이 미치지 않는 것으로 보아 처벌의 목적을 달성한 것으로 평가된다. 이러한 판례의 입장에 대해서는 찬반론이 있다. ①에서 장물취득죄의 법정형이 7년 이하의 징역 또는 1천 500만 원 이하의 벌금(형법 362조 1항)(피고인은 장물취득죄, 신용카드업법위반, 사기죄로 징역 장기 1년, 단기 10월의 형을 선고받았음), 강도상해죄의 법정형은 무기 또는 7년 이상의 징역(형법 337조)이고, ②에서 인근소란의 법정형은 10만 원 이하의 벌금, 구류 또는 과료(경범죄처벌법 1조)(피고인은 범칙금 3만 원을 납부하였음), 구 폭처법위반의 법정형은 3년 이상의 유기징역(동법 3조 1항, 2조 1항 3호)이다.

---

135) 대판 1994. 3. 22. 93도2080 전합.
136) 대판 2011. 4. 28. 2009도12249.
137) 대판 2012. 9. 13. 2012도6612.

④ **확정된 약식명령**: 피고인은 공인중개사 자격이 없고 중개사무소 개설등록을 하지 않았는데도 갑, 을과 공모하여 부동산 매매계약을 중개한 대가로 병에게서 갑, 을 및 피고인의 수고비 2천만 원을 교부받아 중개행위를 함(공인중개사의업무및부동산거래신고에관한법률위반)
공소사실: 피고인은 피해자 병에게서 갑, 을에 대한 소개비로 2천만 원을 교부받아 병을 위하여 보관하던 중 임의로 사용하여 횡령함(횡령죄)
판단: 약식명령의 공소사실에 의하면 중개수수료로 취득한 2천만 원은 피고인 등의 소유로 확정적으로 귀속되고, 그 이후 이를 소비하는 것은 불가벌적 사후행위에 해당하는데, 횡령의 공소사실은 피고인이 2천만 원을 교부받은 이후에도 이것이 여전히 병의 소유로 남아 있어 피고인은 이를 보관하는 자임을 전제로 하고 있어 약식명령의 공소사실과 양립할 수 없고, 양자의 행위 객체인 금품이 병이 교부한 2천만 원으로 동일한 점에 비추어 양자는 행위 태양이나 피해법익 등을 서로 달리하지만 규범적으로는 공소사실의 동일성이 인정되므로 확정된 약식명령의 기판력이 횡령의 공소사실에 미친다.[138)]

해설: 위 ④ 판례는 위 ①, ②, ③ 판례와 반대로 규범적 요소를 고려하지 않으면 기판력이 미치지 않는다고 보아야 할 사안에서, 규범적 요소를 고려하여 기판력이 미친다고 보아 처벌의 중복을 피하고 있다.

두 죄의 기본적 사실관계가 동일한지를 판단함에 있어 규범적 요소를 참작하자는 위와 같은 판례들의 취지가 공소장변경에 있어서도 그대로 적용된다고 보는데 별다른 이론이 없어 보인다. 그러나 항상 그렇다고 볼 수는 없다고 생각한다. 기판력이 미치는지 여부와 공소장변경을 허용할지 여부가 동일한 원리에 의해 규율되어야 하는 것은 아니기 때문이다. 가령 위 ①의 판례에서 장물취득죄로 재판계속 중에 강도상해범행이 확인되었다면 장물취득죄를 강도상해죄로 공소장변경하여야 할 것이다. 이러한 경우 규범적 요소를 감안하여 두 죄의 기본적 사실관계가 동일하지 않다고 한다면 공소장변경을 할 수 없게 되고 그렇다면 장물취득죄에 관하여 공소취소 후 강도상해죄로 다시 기소하여야 한다는 결론에 이르게 된다. 이는 수긍하기 어렵다. 이러한 사정은 다른 판례들의 사안에서도 같다.

(2) 주관적 범위

기판력은 공소가 제기된 피고인에 대해서만 미친다. 가령 피고인 갑, 피고인 을은 기소중지 중인 공소외 병과 공모하여 피해자로부터 금원을 편취하였다는 내용의 판결이 확정되었고, 이후 병이 위 금원편취에 관하여 기소된 경우 위 판결이 증거로 사용될 수는 있지만, 그 기판력이 병에게 미치는 것은 아니다. 피고인이 성명을 모용한 경우에 판결의 효력은 피모용자에게 미치지 않는다.

(3) 시간적 범위

기판력의 시간적 범위는 사실심리가 가능한 최후의 시점인 사실심 판결선고시까지이다.[139)] 항소

138) 대판 2012. 5. 24. 2010도3950.

된 경우에는 파기자판한 경우이든 항소기각된 경우든 항소심 판결선고시까지 기판력이 미친다.[140] 항소이유서 미제출로 항소기각 결정된 경우 제1심 판결의 확정력이 미치는 시간적 한계는 직권조사사항에 대해서 심리가 가능한 최후의 시점인 항소기각 결정시이다.[141] 약식명령은 발령시까지 기판력이 미치며 송달일을 기준으로 하지 않는다.[142]

라. 기판력의 배제

상소권회복(법 345조 이하), 재심(법 420조), 비상상고(법 441조)의 경우에는 예외적으로 기판력이 배제된다.

제5절 소송비용

1. 소송비용의 의의

형사소송비용 등에 관한 법률은 형사소송비용의 범위에 관하여, 1. 증인·감정인·통역인 또는 번역인의 일당, 여비 및 숙박료, 2. 감정인·통역인 또는 번역인의 감정료·통역료·번역료, 그 밖의 비용, 3. 국선변호인의 일당, 여비, 숙박료 및 보수라고 규정하고 있다(동법 2조).

2. 소송비용의 부담

가. 피고인

형의 선고를 하는 때에는 피고인에게 소송비용의 전부 또는 일부를 부담하게 하여야 한다. 다만, 피고인의 경제적 사정으로 소송비용을 납부할 수 없는 때에는 그러하지 아니하다(법 186조 1항).

---

139) 민사소송에서 사실심 변론종결시까지 기판력이 미치는 것과 비교하면 형사소송에서 기판력이 미치는 시간적 범위가 넓어 피고인에게 유리하다. 심리 가능한 최후의 시점이 변론주의가 적용되는 민사소송에서는 변론종결시이지만, 직권주의가 적용되는 형사소송에서는 사실심판결선고시라는 사정에서 위와 같은 차이가 발생하였을 것이다.

140) 대판 1983. 4. 26. 82도2829.

141) 대판 1993. 5. 25. 93도83.

142) 대판 1994. 8. 9. 94도1318. 유죄의 확정판결의 기판력의 시적범위 즉 어느 때까지의 범죄사실에 관하여 기판력이 미치느냐의 기준시점은 사실심리의 가능성이 있는 최후의 시점인 판결선고시를 기준으로 하여 가리게 되고, 판결절차 아닌 약식명령은 그 고지를 검사와 피고인에 대한 재판서 송달로써 하고 따로 선고하지 않으므로 약식명령에 관하여는 그 기판력의 시적범위를 약식명령의 송달시를 기준으로 할 것인가 또는 그 발령시를 기준으로 할 것인지 이론의 여지가 있으나 그 기판력의 시적 범위를 판결절차와 달리 하여야 할 이유가 없으므로 그 발령시를 기준으로 하여야 한다(대판 1984. 7. 24. 84도1129).

나. 고소·고발인

고소 또는 고발에 의하여 공소를 제기한 사건에 관하여 피고인이 무죄 또는 면소의 판결을 받은 경우에 고소인 또는 고발인에게 고의 또는 중대한 과실이 있는 때에는 그 자에게 소송비용의 전부 또는 일부를 부담하게 할 수 있다(법 188조).

다. 상소 또는 재심청구

검사만이 상소 또는 재심청구를 한 경우에 상소 또는 재심의 청구가 기각되거나 취하된 때에는 그 소송비용을 피고인에게 부담하게 하지 못한다(법 189조). 검사 아닌 자가 상소 또는 재심청구를 한 경우에 상소 또는 재심의 청구가 기각되거나 취하된 때에는 그 자에게 그 소송비용을 부담하게 할 수 있다(법 190조 1항).

라. 소송비용부담의 재판

재판으로 소송절차가 종료되는 경우에 피고인에게 소송비용을 부담하게 하는 때에는 직권으로 재판하여야 한다(법 191조 1항). 전항의 재판에 대하여는 본안의 재판에 관하여 상소하는 경우에 한하여 불복할 수 있다(동조 2항).

재판으로 소송절차가 종료되는 경우에 피고인 아닌 자에게 소송비용을 부담하게 하는 때에는 직권으로 결정을 하여야 하며 위 결정에 대하여는 즉시항고를 할 수 있다(법 192조).

마. 무죄판결과 비용보상

무죄판결이 확정된 경우에는 국가가 당해 사건의 피고인이었던 자에 대하여 그 재판에 소요된 비용을 보상하여야 한다(법 194조의2 1항). 다만 무죄판결이 확정되었더라도 피고인이었던 자가 수사 또는 재판을 그르칠 목적으로 거짓 자백을 하거나 다른 유죄의 증거를 만들어 기소된 것으로 인정된 경우 등에는 국가가 재판에 소요된 비용의 전부 또는 일부를 보상하지 아니할 수 있다(동조 2항).

무죄판결의 확정에 따른 비용보상의 청구는 무죄판결이 확정된 사실을 안 날부터 3년, 무죄판결이 확정된 때부터 5년 이내에 하여야 한다(법 194조의3).

제 8 장

특별한 절차

제 1 절 국민참여재판

1. 의 의

국민참여재판은 배심제나 참심제와는 다르다. 배심제는 일반 국민으로 구성된 배심원단이 독립하여 유·무죄의 평결을 하고 직업법관이 그 평결에 구속되는 제도를 말한다. 참심제는 일반 국민인 참심원과 직업법관이 함께 재판에 관여하여 유·무죄 및 양형판단을 하는 제도를 말한다. 우리의 국민참여재판에서 배심원의 평결은 법관을 구속하지 않고 권고적 효력이 있을 뿐이며 양형에 대해서도 배심원은 의견을 개진할 수 있는데 그친다.

2. 국민참여재판의 장점과 단점

국민참여재판은 국민의 건전한 상식과 경험에 부합하는 재판을 하고, 일반 국민이 재판에 참여함으로써 조서 중심이 아닌 공판중심주의를 실현하며, 사법의 민주적 정당성과 신뢰를 높이기 위하여 도입되었다고 설명된다. 국민참여재판은 모든 국민이 헌법과 법률이 정한 법관에 의하여 재판을 받을 권리를 가진다는 헌법 27조 1항에 위반된다고 보는 견해도 있다. 국민참여재판에 대해서는 비용과 시간이 많이 소요된다거나 법률전문가가 아닌 사람들이 심리하므로 사실인정이 왜곡될 가능성이 높다는 비판이 있다.

3. 국민참여재판의 대상사건

국민참여재판의 대상사건은 1. 법원조직법 제32조 1항(제2호 및 제5호는 제외한다)에 따른 합의부 관할 사건, 2. 제1호에 해당하는 사건의 미수죄·교사죄·방조죄·예비죄·음모죄에 해당하는 사건, 3. 제1호 또는 제2호에 해당하는 사건과 법 제11조에 따른 관련 사건으로서 병합하여 심리하는 사건이다. 다만 피고인이 국민참여재판을 원하지 아니하거나 제9조 제1항에 따른 배제결정이 있는 경우는 국민참여재판을 하지 아니한다(국민참여재판법 5조).

공소사실의 일부 철회 또는 변경으로 인하여 국민참여재판 대상사건에 해당하지 아니하게 된 경우에도 국민참여재판을 계속 진행하며 다만, 법원은 심리의 상황이나 그 밖의 사정을 고려하여 국민참여재판으로 진행하는 것이 적당하지 아니하다고 인정하는 때에는 결정으로 당해 사건을 지방법원 본원 합의부가 국민참여재판에 의하지 아니하고 심판하게 할 수 있다. 지방법원 본원 합의부가 국민참여재판에 의하지 아니하고 심판하는 경우에는 당해 재판에 참여한 배심원과 예비배심원은 해임된 것으로 본다. 이 경우 국민참여재판에서 행한 소송행위는 그 효력에 영향이 없다(동법 6조).

4. 피고인의 의사

피고인이 국민참여재판을 원하지 아니하거나 9조 1항에 따른 배제결정이 있는 경우는 국민참여재판을 하지 아니한다(동법 5조 2항).

가. 피고인 의사의 확인

법원은 대상사건의 피고인에 대하여 국민참여재판을 원하는지 여부에 관한 의사를 서면 등의 방법으로 반드시 확인하여야 한다. 이 경우 피고인 의사의 구체적인 확인 방법은 대법원규칙으로 정하되, 피고인의 국민참여재판을 받을 권리가 최대한 보장되도록 하여야 한다(동법 8조 1항). 피고인은 공소장 부본을 송달받은 날부터 7일 이내에 국민참여재판을 원하는지 여부에 관한 의사가 기재된 서면을 제출하여야 한다. 이 경우 피고인이 서면을 우편으로 발송한 때, 교도소 또는 구치소에 있는 피고인이 서면을 교도소장·구치소장 또는 그 직무를 대리하는 자에게 제출한 때에 법원에 제출한 것으로 본다(동조 2항).

국민참여재판 대상사건이 아닌 때에는 법원이 국민참여재판 여부에 관하여 피고인에게 의사를 확인하지 않거나, 직권으로 판단하지 않은 것은 국민참여재판을 받을 권리를 침해한 위법이 아니다.[1)]

피고인은 공소장 부본을 송달받은 날부터 7일 이내에 국민참여재판에 관한 의사가 기재된 서면(이하 '의사확인서')을 제출하여야 하고, 피고인이 그 기간 내에 의사확인서를 제출하지 아니한 때에는 국민참여재판을 원하지 아니하는 것으로 보며, 공판준비기일이 종결되거나 제1회 공판기일이 열린 이후 등에는 종전의 의사를

1) 대판 2012. 2. 23. 2011도15608.

바꿀 수 없다(국민참여재판법 8조). 위 규정의 취지가 위 기한이 지나면 피고인이 국민참여재판을 신청할 수 없도록 하려는 것이라고는 보기 어려운 점 등에 비추어 볼 때, 공소장부본을 송달받은 날부터 7일 이내에 의사확인서를 제출하지 아니한 피고인도 제1회 공판기일이 열리기 전까지는 국민참여재판 신청을 할 수 있고, 법원은 그 의사를 확인하여 국민참여재판으로 진행할 수 있다.[2)]

국민참여재판법에서 정하는 대상 사건에 해당하는 한 피고인은 원칙적으로 국민참여재판으로 재판받을 권리를 가지므로, 피고인이 법원에 국민참여재판을 신청하였는데도 법원이 이에 대한 배제결정 없이 통상의 공판절차로 재판을 진행하는 것은 위법하고, 이와 같이 위법한 공판절차에서 이루어진 소송행위는 무효이다. 제1심법원이 피고인의 강간치상 사건에 대하여 공소장부본 송달일로부터 7일이 경과하기 전에 제1회 공판기일을 진행하면서 국민참여재판 신청 의사를 확인하지 않고, 피고인이 공판기일 전날 구치소장에게 제출한 국민참여재판 신청서가 공판기일이 진행된 후에 법원에 접수되었으나 신청에 대해 배제결정도 하지 않은 채 통상의 공판절차로 재판을 진행한 사안에서, 피고인이 국민참여재판을 받을 권리를 침해당하였을 뿐 아니라 이를 위해 배제결정에 대하여 즉시항고할 권리조차 박탈당한 위법한 공판절차에서 이루어진 소송행위는 무효이다.[3)]

제1심법원이 국민참여재판 대상이 되는 사건임을 간과하여 이에 관한 피고인의 의사를 확인하지 아니한 채 통상의 공판절차로 재판을 진행하였더라도, 피고인이 항소심에서 국민참여재판을 원하지 아니한다고 하면서 위와 같은 제1심의 절차적 위법을 문제삼지 아니할 의사를 명백히 표시하는 경우에는 하자가 치유되어 제1심 공판절차는 적법하다. 다만 국민참여재판을 받을 권리를 침해한 제1심 공판절차의 하자가 치유된다고 보기 위해서는 피고인에게 국민참여재판절차 등에 관한 충분한 안내와 그 희망 여부에 관하여 숙고할 수 있는 상당한 시간이 사전에 부여되어야 한다.[4)]

나. 국민참여재판 배제결정

1. 배심원·예비배심원·배심원후보자 또는 그 친족의 생명·신체·재산에 대한 침해 또는 침해의 우려가 있어서 출석의 어려움이 있거나 이 법에 따른 직무를 공정하게 수행하지 못할 염려가 있다고

---

2) 대결 2009. 10. 23. 2009모1032.

3) 대판 2011. 9. 8. 2011도7106.

4) 대판 2012. 4. 26. 2012도1225. 다음은 같은 취지이다.
제1심법원이 피고인에게 국민참여재판을 원하는지 확인하지 않고 통상의 공판절차에 따라 재판을 진행하여 유죄를 인정하였는데, 원심법원이 제7회 공판기일에 국민참여재판으로 재판받기를 원하는지 물어보고 그에 관한 안내서를 교부한 후 선고기일을 연기한 다음 피고인이 답변서와 국민참여재판 의사 확인서를 제출하면서 '국민참여재판으로 진행하기를 원하지 않는다'는 의사를 밝히자 제8회 공판기일에 제1심판결을 파기하고 무죄를 선고한 사안에서, 제1심이 피고인의 국민참여재판을 받을 권리를 침해하여 제1심 소송행위가 무효라 하더라도, 원심이 피고인에게 국민참여재판에 관하여 안내하고 숙고의 기회를 부여하였으며, 피고인도 그에 따라 숙고한 후 제1심의 절차적 위법을 문제삼지 않겠다는 의사를 명백히 밝혔으므로, 제1심의 하자는 치유되었다(대판 2012. 6. 14. 2011도15484).

인정되는 경우, 2. 공범 관계에 있는 피고인들 중 일부가 국민참여재판을 원하지 아니하여 국민참여재판의 진행에 어려움이 있다고 인정되는 경우, 3. 성폭법 2조의 범죄로 인한 피해자 또는 법정대리인이 국민참여재판을 원하지 아니하는 경우[5] 또는 4. 그 밖에 국민참여재판으로 진행하는 것이 적절하지 아니하다고 인정되는 경우에는 법원은 공소제기 후부터 공판준비기일이 종결된 다음날까지 국민참여재판을 하지 아니하기로 하는 결정을 할 수 있다(동법 9조 1항).

다. 통상절차 회부

법원은 피고인의 질병 등으로 공판절차가 장기간 정지되거나 피고인에 대한 구속기간의 만료, 성폭력범죄 피해자의 보호, 그 밖에 심리의 제반 사정에 비추어 국민참여재판을 계속 진행하는 것이 부적절하다고 인정하는 경우에는 직권 또는 검사·피고인·변호인이나 성폭력범죄 피해자 또는 법정대리인의 신청에 따라 결정으로 사건을 지방법원 본원 합의부가 국민참여재판에 의하지 아니하고 심판하게 할 수 있다(동법 11조 1항).

5. 필요적 변호사건

국민참여재판은 필요적 변호사건이므로 국민참여재판에 관하여 변호인이 없는 때에는 법원은 직권으로 변호인을 선정하여야 한다(동법 7조).

6. 배심원의 선정

가. 배심원의 자격

배심원은 만 20세 이상의 대한민국 국민이어야 한다(동법 16조). 동법은 배심원 결격사유(동법 17조), 직업 등에 따른 제외사유(동법 18조) 제척사유(동법 19조), 배심원 직무수행 면제(동법 20조), 배심원의 선정 또는 해임에 필요한 보고·서류송부 요구(동법 21조)에 대해서도 규정하고 있다.

나. 배심원후보예정자명부의 작성

지방법원장은 배심원후보예정자명부를 작성하기 위하여 안전행정부 장관에게 매년 그 관할 구역 내에 거주하는 만 20세 이상 국민의 주민등록정보에서 일정한 수의 배심원후보예정자의 성명·생년월일·주소 및 성별에 관한 주민등록정보를 추출하여 전자파일의 형태로 송부하여 줄 것을 요청할 수 있다(동법 22조 1항).

---

5) 피고인이 국민참여재판을 원하는 사건에서 국민참여재판법 9조 1항 3호를 근거로 국민참여재판 배제결정을 하기 위해서는, 성폭력범죄 피해자나 법정대리인이 국민참여재판을 원하지 아니하는 구체적인 이유가 무엇인지 등 여러 사정을 고려하여 신중하게 판단하여야 한다(대결 2016. 3. 16. 2015모2898).

다. 배심원후보자의 결정 및 출석통지

법원은 배심원후보예정자명부 중에서 필요한 수의 배심원후보자를 무작위 추출 방식으로 정하여 배심원과 예비배심원의 선정기일을 통지하여야 한다(동법 23조 1항). 1항의 통지를 받은 배심원후보자는 선정기일에 출석하여야 한다(동조 2항).

라. 선정기일의 진행

법원은 합의부원으로 하여금 선정기일의 절차를 진행하게 할 수 있다. 이 경우 수명법관은 선정기일에 관하여 법원 또는 재판장과 동일한 권한이 있다(동법 24조 1항). 선정기일은 공개하지 아니하며, 선정기일에서는 배심원후보자의 명예가 손상되지 아니하고 사생활이 침해되지 아니하도록 배려하여야 한다(동조 2항, 3항).

법원은 배심원후보자가 28조 1항에서 정하는 사유에 해당하는지의 여부를 판단하기 위하여 질문표를 사용할 수 있다. 배심원후보자는 정당한 사유가 없는 한 질문표에 기재된 질문에 답하여 이를 법원에 제출하여야 한다(동법 25조).

법원은 검사·피고인 또는 변호인에게 선정기일을 통지하여야 한다. 검사와 변호인은 선정기일에 출석하여야 하며, 피고인은 법원의 허가를 받아 출석할 수 있다. 법원은 변호인이 선정기일에 출석하지 아니한 경우 국선변호인을 선정하여야 한다(동법 27조).

마. 배심원후보자에 대한 질문

법원은 배심원후보자가 17조부터 20조까지의 사유에 해당하는지 여부 또는 불공평한 판단을 할 우려가 있는지 여부 등을 판단하기 위하여 배심원후보자에게 질문을 할 수 있다. 검사·피고인 또는 변호인은 법원으로 하여금 필요한 질문을 하도록 요청할 수 있고, 법원은 검사 또는 변호인으로 하여금 직접 질문하게 할 수 있다(동법 28조 1항).

바. 무이유부기피신청

검사와 변호인은 각자 1. 배심원이 9인인 경우는 5인, 2. 배심원이 7인인 경우는 4인, 3. 배심원이 5인인 경우는 3인의 범위 내에서 배심원후보자에 대하여 이유를 제시하지 아니하는 무이유부기피신청을 할 수 있다. 무이유부기피신청이 있는 때에는 법원은 당해 배심원후보자를 배심원으로 선정할 수 없다. 법원은 검사·피고인 또는 변호인에게 순서를 바꿔가며 무이유부기피신청을 할 수 있는 기회를 주어야 한다(동법 30조).

사. 선정결정 및 불선정결정

법원은 출석한 배심원후보자 중에서 당해 재판에서 필요한 배심원과 예비배심원의 수에 해당하는 배심원후보자를 무작위로 뽑고 이들을 대상으로 직권, 기피신청 또는 무이유부기피신청에 따른 불선정

결정을 한다(동법 31조 1항).

아. 배심원의 보호

배심원을 보호하기 위하여 누구든지 배심원· 예비배심원 또는 배심원후보자인 사실을 이유로 해고하거나 그 밖의 불이익한 처우를 하여서는 아니 된다는 등의 규정이 마련되어 있다(동법 50 내지 53조).

7. 배심원의 해임과 임무종료

법원은 선서를 하지 않는 등의 일정한 사유가 있는 때에는 배심원 또는 예비배심원을 해임하는 결정을 할 수 있다(동법 32조). 배심원과 예비배심원은 직무를 계속 수행하기 어려운 사정이 있는 때에는 법원에 사임을 신청할 수 있고, 법원은 위 신청에 이유가 있다고 인정하는 때에는 당해 배심원 또는 예비배심원을 해임하는 결정을 할 수 있다(동법 33조).

배심원의 해임 또는 사임에 따라 배심원이 부족하게 된 경우 예비배심원은 미리 정한 순서에 따라 배심원이 된다. 이 때 배심원이 될 예비배심원이 없는 경우 배심원을 추가로 선정하거나 남은 배심원만으로 계속하여 국민참여재판을 진행한다(동법 34조).

8. 국민참여재판의 절차

가. 필요적 공판준비절차

피고인이 국민참여재판을 원하는 의사를 표시한 경우에 9조 1항의 배제결정이 있는 때를 제외하고는 사건을 공판준비절차에 부쳐야 한다(동법 36조 1항). 국민참여재판에서 공판준비절차를 반드시 거치도록 한 이유는 국민이 배심원으로 참여하는 재판에 있어서는 배심원들의 부담을 경감하고 심리의 원활을 위하여 집중적이고 신속한 심리를 행할 필요가 특히 크기 때문이다.

나. 간이공판절차 규정의 배제

국민참여재판에서는 피고인이 자백하더라도 간이공판절차에 의하여 심판할 수 없다(동법 43조).

다. 공판기일의 통지 및 공판정의 구성

공판기일은 배심원과 예비배심원에게 통지하여야 한다(동법 38조). 공판정은 판사· 배심원· 예비배심원· 검사· 변호인이 출석하여 개정한다(동법 39조 1항). 검사와 피고인 및 변호인은 대등하게 마주 보고 위치한다. 다만, 피고인신문을 하는 때에는 피고인은 증인석에 위치한다(동조 2항).

라. 배심원의 권리와 의무

배심원은 국민참여재판을 하는 사건에 관하여 사실의 인정, 법령의 적용 및 형의 양정에 관한 의견을 제시할 권한이 있다. 배심원은 법령을 준수하고 독립하여 성실히 직무를 수행하여야 한다. 배심원은 직무상 알게 된 비밀을 누설하거나 재판의 공정을 해하는 행위를 하여서는 아니 된다(동법 12조).

배심원과 예비배심원은 피고인·증인에 대하여 필요한 사항을 신문하여 줄 것을 재판장에게 요청하거나 필요하다고 인정되는 경우 재판장의 허가를 받아 각자 필기를 하여 이를 평의에 사용할 수 있다(동법 41조 1항). 배심원 또는 예비배심원은 법원의 증거능력에 관한 심리에 관여할 수 없다(동법 44조).

9. 평의, 평결, 양형의 토의

재판장은 변론이 종결된 후 법정에서 배심원에게 공소사실의 요지와 적용법조, 피고인과 변호인 주장의 요지, 증거능력, 그 밖에 유의할 사항에 관하여 설명하여야 한다. 이 경우 필요한 때에는 증거의 요지에 관하여 설명할 수 있다(동법 46조 1항).

심리에 관여한 배심원은 1항의 설명을 들은 후 유·무죄에 관하여 평의하고, 전원의 의견이 일치하면 그에 따라 평결한다. 다만, 배심원 과반수의 요청이 있으면 심리에 관여한 판사의 의견을 들을 수 있다(동조 2항). 배심원은 유·무죄에 관하여 전원의 의견이 일치하지 아니하는 때에는 평결을 하기 전에 심리에 관여한 판사의 의견을 들어야 한다. 이 경우 유·무죄의 평결은 다수결의 방법으로 한다. 심리에 관여한 판사는 평의에 참석하여 의견을 진술한 경우에도 평결에는 참여할 수 없다(동조 3항).

국민참여재판에서 재판장의 최초 및 최종 설명의무

재판장은 배심원과 예비배심원에 대하여 배심원과 예비배심원의 권한·의무·재판절차, 그 밖에 직무수행을 원활히 하는 데 필요한 사항을 설명하여야 한다고 재판장의 공판기일에서의 최초 설명의무를 규정하고 있다(국민참여재판법 42조 2항). 이러한 재판장의 최초 설명은 재판절차에 익숙하지 아니한 배심원과 예비배심원을 배려하는 차원에서 피고인에게 진술거부권을 고지하기 전에 이루어지는 것으로(국민의 형사재판 참여에 관한 규칙 35조 1항), 원칙적으로 설명의 대상에 검사가 아직 공소장에 의하여 낭독하지 아니한 공소사실 등이 포함된다고 볼 수 없다.

재판장은 변론종결 후 법정에서 배심원에게 공소사실의 요지와 적용법조, 피고인과 변호인 주장의 요지, 증거능력, 그 밖에 유의할 사항에 관하여 설명하여야 하고, 필요한 때에는 증거의 요지에 관하여 설명할 수 있다(국민참여재판법 46조 1항). '그 밖에 유의할 사항'에 관한 설명에는 피고인의 무죄추정, 증거재판주의, 자유심증주의의 각 원칙 등이 포함된다(국민의 형사재판 참여에 관한 규칙 37조 1항). 이러한 재판장의 최종 설명은 배심원의 평결에 미치는 영향이 크므로, 재판장이 설명의무가 있는 사항을 설명하지 않는 것은 원칙적으로 위법하다.[6]

배심원이 사실인정에 관하여 재판부에 제시하는 의견은 증거의 취사와 사실의 인정에 관한 전권을 가지는 사실심 법관의 판단을 돕기 위한 권고적 효력을 가진다.[7]

---

6) 대판 2014. 11. 13. 2014도8377.
7) 대판 2010. 3. 25. 2009도14065.

10. 판결의 선고

판결의 선고는 변론을 종결한 기일에 하여야 한다. 다만, 특별한 사정이 있는 때에는 따로 선고기일을 지정할 수 있다(동법 48조 1항). 변론을 종결한 기일에 판결을 선고하는 경우에는 판결서를 선고 후에 작성할 수 있다(동조 2항).

판결서에는 배심원이 재판에 참여하였다는 취지 및 배심원의 평결결과와 다른 판결을 선고하는 때에는 그 이유를 기재하여야 한다(동법 49조).

배심원이 만장일치의 의견으로 내린 무죄 평결을 재판부가 그대로 채택
배심원이 사실심리의 전 과정에 함께 참여한 후 증거의 취사와 사실의 인정에 관하여 만장일치의 의견으로 내린 무죄평결이 재판부에 의해 채택되었다면, 그러한 판단은 항소심에서 새로운 증거조사를 통해 그에 반대되는 충분하고도 납득할 만한 사정이 나타나지 않는 한 한층 더 존중될 필요가 있다.[8)]

제 2 절 약식절차

1. 의 의

약식절차는 지방법원이 검사의 약식명령 청구에 따라 공판절차를 거치지 아니하고 서면심리에 의해 벌금, 과료 또는 몰수의 형을 과하는 간이한 형사절차를 말한다(법 448조). 이와 달리 검사가 공소를 제기함에 있어 약식명령을 청구하지 아니하는 경우에는 통상의 공판절차에 의하여 심리한다. 실무상 검사가 약식명령을 청구한 사건을 구약식사건, 그렇지 아니한 사건을 구공판사건이라고 호칭한다. 약식절차는 비교적 경미한 사건에 관하여 피고인이 법정에 출석하지 아니하고 서면 기록에 의해서만 심판한다는 특성을 가진다.

2. 약식명령의 대상 사건

약식명령은 지방법원의 관할에 속하며 벌금, 과료 또는 몰수에 처할 수 있는 사건을 대상으로 하며, 추징 기타 부수의 처분을 할 수 있다(법 448조). 법정형에 징역형 등이 규정되어 있더라도 벌금형 등에 처할 수 있는 사건이면 약식명령의 대상이 된다.

---

8) 대판 2010. 3. 25. 2009도14065.

3. 약식명령 청구의 방식

약식명령의 청구는 공소의 제기와 동시에 서면으로 하여야 한다(법 449조). 약식절차에는 공소장일본주의가 적용되지 않는다. 검사는 약식명령의 청구와 동시에 약식명령을 하는데 필요한 증거서류 및 증거물을 법원에 제출하여야 한다(규칙 170조).

검사가 약식명령을 청구하는 때에는 약식명령의 청구와 동시에 약식명령을 하는 데 필요한 증거서류 및 증거물을 법원에 제출하여야 하는바(규칙 170조), 이는 약식절차가 서면심리에 의한 재판이어서 공소장일본주의의 예외를 인정한 것이므로 약식명령의 청구와 동시에 증거서류 및 증거물이 법원에 제출되었다 하여 공소장일본주의를 위반하였다 할 수 없고, 그 후 약식명령에 대한 정식재판청구가 제기되었음에도 법원이 증거서류 및 증거물을 검사에게 반환하지 않고 보관하고 있다고 하여 그 이전에 이미 적법하게 제기된 공소제기의 절차가 위법하게 된다고 할 수도 없다.[9)]

4. 심 리

약식절차는 서면에 의한 심리를 원칙으로 하므로 공판절차가 열릴 것을 전제로 한 법 규정들은 적용되지 않는다. 구두주의, 직접주의, 전문법칙 등은 적용되지 않는다. 그러나 위법수집증거배제법칙, 진술의 임의성, 자백의 보강법칙 등은 적용된다.

약식명령의 청구가 있는 경우에 그 사건이 약식명령으로 할 수 없거나 약식명령으로 하는 것이 적당하지 아니하다고 인정한 때에는 공판절차에 의하여 심판하여야 한다(법 450조). 법정형에 벌금·과료·몰수형이 없다거나, 면소, 공소기각, 관할위반의 재판을 하여야 할 때는 약식명령을 할 수 없는 경우에 해당한다. 벌금형 등에 처하는 것보다 자유형 등을 부과하는 것이 더 적합하다거나 무죄 여부를 심리할 필요가 있는 때는 약식명령이 적당하지 아니한 경우에 해당한다.

공판절차회부된 사건에서 공소장부본을 피고인에게 송달하지 아니함
법원이 약식명령 청구사건을 공판절차에 의하여 심판하기로 함에 있어서는 사실상 공판절차를 진행하면 되고, 특별한 결정을 할 필요는 없다. 이러한 경우 공소장부본을 피고인에게 송달하지 않았어도 검사와 피고인이 공판기일에 출석하여 피고인신문을 하고 피고인도 이의제기 없이 신문에 응하고 변론한 이상 이러한 하자는 치유된다.[10)]

9) 대판 2007. 7. 26. 2007도3906.
10) 대판 2003. 11. 14. 2003도2735.

5. 약식명령의 방식

약식명령에는 범죄사실, 적용법령, 주형, 부수처분과 약식명령의 고지를 받은 날로부터 7일 이내에 정식재판의 청구를 할 수 있음을 명시하여야 한다(법 451조). 약식명령의 고지는 검사와 피고인에 대한 재판서의 송달에 의하여 한다(법 452조).

6. 약식명령의 효력

약식명령은 정식재판의 청구기간이 경과하거나 그 청구의 취하 또는 청구기각의 결정이 확정된 때에는 확정판결과 동일한 효력이 있다.

기판력이 미치는 시적 범위
약식명령은 판결절차가 아니어서 고지를 재판서의 송달로써 하고 따로 선고하지 않으므로 기판력이 미치는 시적 범위의 기준을 송달시로 할지 발령시로 할지 이론의 여지가 있다. 약식명령은 기판력의 시적 범위를 판결과 달리 할 이유가 없으므로 발령시를 기준으로 하여야 한다.[11)]
해설: 통상 약식명령에 기재된 약식명령의 작성일자를 발령일로 본다.

7. 약식명령에 대한 불복

검사 또는 피고인은 약식명령의 고지를 받은 날로부터 7일 이내에 정식재판의 청구를 할 수 있다. 피고인은 정식재판의 청구를 포기할 수 없다. 정식재판의 청구는 약식명령을 한 법원에 서면으로 제출하여야 한다. 정식재판의 청구가 있는 때에는 법원은 지체 없이 검사 또는 피고인에게 그 사유를 통지하여야 한다(법 453조). 정식재판의 청구가 적법한 때에는 공판절차에 의하여 심판하여야 한다(법 455조 3항). 약식명령은 정식재판의 청구에 의한 판결이 있는 때에는 그 효력을 잃는다(법 456조).

정식재판을 청구한 피고인이 2회에 걸쳐 공판기일에 출석하지 아니하는 때에는 피고인의 진술 없이 재판할 수 있다(법 458조 2항, 365조). 약식명령에 불복하여 정식재판을 청구한 피고인이 2회 불출정하여 피고인의 출정 없이 증거조사를 하는 경우, 법 318조 2항에 따른 증거동의가 간주된다.[12)]

정식재판청구의 방식/정식재판청구서에 청구인의 기명날인이 없음에도 접수
약식명령에 대한 정식재판의 청구는 서면으로 제출하여야 하고, 공무원 아닌 자가 작성하는 서류에는 연월일을 기재하고 기명날인(인장이 없으면 지장을 사용)하여야 하므로, 정식재판청구서에 청구인의 기명날인이 없는 경우에는 정식재판의 청구가 법령상의 방식을 위반한 것으로서 그 청구를 결정으로 기각하여야 하고, 이

11) 대판 1984. 7. 24. 84도1129; 대판 1994. 8. 9. 94도1318.
12) 대판 2010. 7. 15. 2007도5776.

는 정식재판의 청구를 접수하는 법원공무원이 청구인의 기명날인이 없는데도 이에 대한 보정을 구하지 아니하고 적법한 청구가 있는 것으로 오인하여 청구서를 접수한 경우에도 마찬가지이다. 다만, 법원공무원의 위와 같은 잘못으로 인하여 적법한 정식재판청구가 제기된 것으로 신뢰한 채 정식재판청구기간을 넘긴 피고인은 자기의 '책임질 수 없는 사유'에 의하여 청구기간 내에 정식재판을 청구하지 못한 때에 해당하여 정식재판청구권의 회복을 구할 수 있을 뿐이다.[13)]

정식재판을 청구한 피고인에 대해 위법한 공시송달에 의하여 공판기일통지를 하고 2회 불출석하자 피고인의 출석 없이 판결

법 458조 2항, 365조에 의하여 피고인의 진술 없이 판결할 수 있기 위해서는 피고인이 적법한 공판기일 소환장을 받고도 정당한 이유 없이 출정하지 아니할 것을 필요로 한다. 그리고 법 63조 제1항에 의하면, 피고인에 대한 공시송달은 피고인의 주거, 사무소, 현재지를 알 수 없는 때에 한하여 이를 할 수 있으므로, 기록상 피고인의 집 전화번호 또는 휴대전화번호 등이 나타나 있는 경우에는 위 전화번호로 연락하여 송달받을 장소를 확인하여 보는 등의 시도를 해 보아야 하고, 그러한 조치를 취하지 아니한 채 곧바로 공시송달의 방법에 의한 송달을 하고 피고인의 진술 없이 판결을 하는 것은 법 63조 1항, 458조 2항, 365조에 위배되어 허용되지 아니한다.[14)]

제 3 절 즉결심판절차

1. 의 의

즉결심판은 즉결심판에 관한 절차법에 의하여 범증이 명백하고 죄질이 경미한 범죄사건을 신속·적정한 절차로 재판하는 것을 말한다. 지방법원, 지원 또는 시·군법원의 판사는 즉결심판절차에 의하여 피고인에게 20만 원 이하의 벌금, 구류 또는 과료에 처할 수 있다(동법 2조). 즉결심판은 주로 경범죄처벌법이나 도교법을 대상으로 하지만 반드시 이에 한정되어야 하는 것은 아니다. 형법상의 범죄, 행정범 등도 즉결심판의 대상이 될 수 있다.

2. 즉결심판의 특징

즉결심판은 경찰서장의 청구에 의해 법관이 공개된 법정에서 피고인을 직접 심리하는 재판이다. 원칙적으로 피고인의 법정 출석이 개정의 요건이긴 하지만 피고인이 불출석 심판을 청구할 수 있고,

13) 대결 2008. 7. 11. 2008모605.
14) 대판 2011. 12. 8. 2011도11210.

벌금, 과료에 대해서는 피고인의 출석 없이도 선고할 수 있으며, 즉결심판 청구자인 경찰서장은 출석하지 않는다는 점에서 당사자주의적 요소는 크지 않다. 즉결심판이 확정되면 확정판결과 동일한 효력을 가진다는 점에서 즉결심판절차는 약식절차나 공판절차와 비슷하다. 그러나 피고인이 즉결심판에 대해 정식재판청구를 하면 공판절차로 이행되고, 판사가 즉결심판청구를 기각하면 경찰서장이 검사에게 사건을 송치하여 검사가 기소 여부를 결정한다는 점에서 공판절차 이전의 특별한 형사소송절차라고 할 수 있다.

3. 즉결심판의 청구

가. 청구권자

즉결심판은 관할 경찰서장 또는 해양경찰서장이 청구한다(동법 3조 1항). 즉결심판청구는 검사의 공소제기와 성질을 같이 하는 소송행위이므로 기소독점주의의 예외라고 할 수 있다.

나. 즉결심판의 대상

즉결심판절차는 20만 원 이하의 벌금, 구류 또는 과료에 처할 사건을 대상으로 한다(동법 2조). 즉결심판으로 할 수 있는지 여부는 선고형을 기준으로 판단한다. 따라서 법정형에 자유형이나 20만 원을 초과하는 벌금형이 규정되어 있더라도 20만 원 이하의 벌금, 구류 또는 과료를 선고할 수 있는 경우에는 즉결심판절차에 의할 수 있다. 경범죄처벌법 9조 1항, 도교법 165조 1항은 즉결심판청구를 의무적으로 하여야 할 경우를 규정하고 있다.

다. 즉결 피의자의 신병

> 법이나 경찰관직무집행법 등의 법률에 정하여진 구금 또는 보호유치 요건에 의하지 아니하고는 <u>즉결심판 피의자라는 사유만으로 피의자를 구금, 유치할 수 있는 아무런 법률상 근거가 없고</u>, 경찰 업무상 그러한 관행이나 지침이 있었다 하더라도 이로써 원칙적으로 금지되어 있는 인신구속을 행할 수 있는 근거로 할 수 없다.[15)]
> 해설: 종래 즉결 피의자를 경찰서에 연행하여 즉결심판을 받으러 갈 때까지 경찰서 보호실에 대기시키는 사례가 많았으나 즉결심판 피의자에 대해서는 인신구속을 행할 근거가 없으므로 가령 현행범체포를 하였더라도 즉결심판 청구대상자로 분류된 때에는 석방하여야 한다.[16)]

라. 청구의 방식

즉결심판을 청구함에는 즉결심판청구서를 제출하여야 하며, 즉결심판청구서에는 피고인의 성명 기타 피고인을 특정할 수 있는 사항, 죄명, 범죄사실과 적용법조를 기재하여야 한다(동법 3조 2항). 즉결

---

15) 대판 1997. 6. 13. 97도877.
16) 법원실무제요 형사Ⅱ, 603면.

심판을 청구할 때에는 사전에 피고인에게 즉결심판의 절차를 이해하는 데 필요한 사항을 서면 또는 구두로 알려주어야 한다(동조 3항).

경찰서장은 즉결심판의 청구와 동시에 즉결심판을 함에 필요한 서류 또는 증거물을 판사에게 제출하여야 한다(동법 4조). 즉결심판절차에서는 공소장일본주의가 적용되지 않는 것이다.

즉결심판에 관한 절차법이 즉결심판의 청구와 동시에 판사에게 증거서류 및 증거물을 제출하도록 한 것은 즉결심판이 범증이 명백하고 죄질이 경미한 범죄사건을 신속·적정하게 심판하기 위한 입법적 고려에서 공소장일본주의가 배제되도록 한 것이라고 보아야 한다.
피고인이 택시 요금을 지불하지 않아 경범죄처벌법위반으로 즉결심판에 회부되었다가 정식재판을 청구한 사안에서, 위 정식재판청구로 제1회 공판기일 전에 사건기록 및 증거물이 경찰서장, 관할 지방검찰청 또는 지청의 장을 거쳐 관할 법원에 송부된다고 하여 그 이전에 이미 적법하게 제기된 경찰서장의 즉결심판청구의 절차가 위법하게 된다고 볼 수 없고, 그 과정에서 정식재판이 청구된 이후에 작성된 피해자에 대한 진술조서 등이 사건기록에 편철되어 송부되었더라도 달리 볼 것은 아니다.[17)]

마. 관 할

즉결심판은 청구권자인 경찰서장을 관할하는 지방법원, 지원 또는 시·군법원이 관할한다(동법 2조).

바. 즉결심판청구의 취소

도교법이나 경범죄처벌법에 의해 범칙금을 납부하도록 통고하는 처분을 받고도 이를 납부하지 아니하여 경찰서장에 의해 즉결심판이 청구된 사람들은 대부분 단순히 납부기일을 놓친 사람들로서 범칙금의 1.5배액을 납부하고 불출석심판을 청구하는 것이 보통이다. 이러한 사정을 반영하여 즉결심판이 청구된 피고인이 즉결심판의 선고 전까지 통고받은 범칙금액에 100분의 50을 더한 금액을 내고 납부를 증명하는 서류를 제출하면 경찰서장은 피고인에 대한 즉결심판 청구를 취소하도록 하고 있다(도교법 165조 2항, 경범죄처벌법 9조 2항).

4. 즉결심판청구사건의 심리

가. 청구기각의 결정

판사는 사건이 즉결심판을 할 수 없거나 즉결심판절차에 의하여 심판함이 적당하지 아니하다고 인정할 때에는 결정으로 즉결심판의 청구를 기각하여야 한다(즉결심판에 관한 절차법 5조 1항). 즉결심판의 대상사건이 아닌 것은 즉결심판을 할 수 없는 경우에 해당하고, 즉결심판의 범위를 벗어나는 형벌을 부과하거나 공판절차에서 유·무죄에 관하여 증거조사를 거쳐 판단

---

17) 대판 2011. 1. 27. 2008도7375.

할 필요가 있는 것은 즉결심판절차에 의하여 심판함이 적당하지 아니한 경우에 해당한다.

즉결심판의 청구를 기각하는 결정이 있는 때에는 경찰서장은 지체 없이 사건을 관할 지방검찰청 또는 지청의 장에게 송치하여야 한다(동조 2항). 위와 같이 송치된 사건은 일반 사건과 동일하게 취급되므로 검사는 이에 관하여 공소를 제기하거나 불기소처분을 할 수 있다.

법원이 경찰서장의 즉결심판청구를 기각하였음에도 검사가 사건기록을 법원에 송부하고, 법원도 그대로 심리를 진행하던 중 뒤늦게 공소장이 제출됨

공소제기에 관하여 서면주의와 엄격한 요식행위를 채용한 것은 심판을 구하는 대상(공소사실 및 피고인)을 명확하게 하고 피고인의 방어권을 보장하기 위함이다. 공소장의 제출은 공소제기라는 소송행위가 성립하기 위한 본질적 요소이므로, 공소장 제출이 없다면 공소제기가 성립되었다고 할 수 없다.

법원이 경찰서장의 즉결심판 청구를 기각하여 경찰서장이 사건을 관할 지방검찰청으로 송치하였는데, 검사가 즉결심판에 대한 피고인의 정식재판청구가 있는 것으로 오인하여 그 사건기록을 법원에 송부한 경우, 검사의 공소장제출이 없는 이상 기록을 법원에 송부한 사실만으로 공소제기가 성립되었다고 볼 수 없다.

본질적인 개념요소가 결여되어 소송행위가 성립되지 않은 때에는 소송행위가 성립되었으나 무효인 경우와는 달리 하자의 치유문제가 발생하지 않으나, 추후 당해 소송행위가 적법하게 이루어진 경우에는 그 때부터 소송행위가 성립된 것으로 볼 수 있다. 원래 공소제기가 없었음에도 피고인의 소환이 이루어지는 등 사실상의 소송계속이 발생한 상태에서 검사가 약식명령을 청구하는 공소장을 제1심법원에 제출하고, 공소장에 기하여 공판절차를 진행한 경우 제1심법원은 유·무죄의 실체판단을 하여야 한다.[18)]

해설: 즉결심판에 대해 피고인이 정식재판청구를 하면 그 사건기록을 검사에게 보내어 검사가 사건 검토 및 기록 관리에 필요한 조치를 취한 후 **사건기록을 법원에 송부**한다. 그러나 경찰서장의 즉결심판청구에 대하여 법원이 기각결정을 하는 경우에는 검사가 공소제기를 할지 여부를 결정하여 필요한 경우에는 **공소제기를 하여야** 한다. 위 판례의 사안은, 경찰서장의 즉결심판청구를 법원이 기각하였는데 검사가 잘못하여 사건기록을 법원에 송부하였고, 법원도 그러한 잘못을 간과한 채 심리를 진행하다가 뒤늦게 검사가 공소장을 제출한 것이다.

나. 심리의 특칙

(1) 즉시 심판

즉결심판의 청구가 있는 때에는 판사는 청구기각의 결정을 하는 경우를 제외하고 즉시 심판을 하여야 한다(동법 6조). '즉시 심판'에 관하여, 청구가 있으면 즉시 기일을 열어 심리하면 족하고 심리 후 선고까지를 즉시 하여야 한다는 것은 아닌 것으로 해석된다. 따라서 유·무죄에 관하여 심증이 형성되지 않는 경우에는 기일을 속행하거나 변경할 수 있다.[19)]

18) 대판 2003. 11. 14. 2003도2735.
19) 법원실무제요 형사Ⅱ, 607면.

(2) 심리장소

즉결심판절차에 의한 심리와 재판의 선고는 공개된 법정에서 행하되, 그 법정은 경찰관서(해양경찰관서를 포함한다) 외의 장소에 설치되어야 한다(동법 7조 1항). 법정은 판사와 법원서기관, 법원사무관, 법원주사 또는 법원주사보가 열석하여 개정한다(동조 2항). 1항 및 2항의 규정에 불구하고 판사는 상당한 이유가 있는 경우에는 개정 없이 피고인의 진술서와 4조의 서류 또는 증거물에 의하여 심판할 수 있다. 이를 서면심리(또는 불개정심판)라고 한다. 다만, 서면심리에 의해서는 구류에 처할 수 없다(동조 3항). 서면심리는 개정을 하지 않는다는 점에서 개정은 하되 피고인이 불출석하는 불출석심판과 다르다.

(3) 피고인의 출석

피고인이 기일에 출석하지 아니한 때에는 이 법 또는 다른 법률에 특별한 규정이 있는 경우를 제외하고는 개정할 수 없다(동법 8조).

그러나 벌금 또는 과료를 선고하는 경우에는 피고인이 출석하지 아니하더라도 심판할 수 있다(동법 8조의2 1항). 피고인 또는 즉결심판출석통지서를 받은 자는 법원에 불출석심판을 청구할 수 있고, 법원이 이를 허가한 때에는 피고인이 출석하지 아니하더라도 심판할 수 있다(동조 2항). 2항의 규정에 의한 불출석심판의 청구와 그 허가절차에 관하여 필요한 사항은 대법원규칙으로 정한다(동조 3항).

(4) 피고인신문 및 증거조사

판사는 피고인에게 피고사건의 내용과 진술거부권이 있음을 알리고 변명할 기회를 주어야 한다(동법 9조 1항). 판사는 필요하다고 인정할 때에는 적당한 방법에 의하여 재정하는 증거에 한하여 조사할 수 있다(동조 2항). 심리의 신속을 위하여 재정증거에 한하여 증거조사를 할 수 있도록 한 것이다. 따라서 법정에 재정하지 않은 증거를 조사할 필요가 있는 때에는 즉결심판절차에 의하여 심판함이 적당하지 아니한 경우라고 보아 즉결심판청구를 기각하는 결정을 하여야 할 것이다. 즉결심판절차에 있어서는 자백의 보강법칙에 관한 법 310조, 사경 작성 피의자신문조서의 증거능력에 관한 법 312조 3항 및 수사기관 이외의 자가 작성한 진술서와 진술기재서면, 감정서의 증거능력에 관한 법 313조의 규정은 적용하지 않는다(동법 10조).

다. 즉결심판

(1) 판결의 선고

판사는 즉결심판을 할 수 있고 즉결심판절차에 의하여 심판함이 적당하다고 인정하는 때에는 즉결심판으로 유죄를 선고를 할 수 있다. 유죄의 즉결심판서에는 피고인의 성명 기타 피고인을 특정할 수 있는 사항, 주문, 범죄사실과 적용법조를 명시하고 판사가 서명·날인하여야 한다(동법 12조). 또한 유죄의 선고를 함에 있어 피고인은 7일 이내에 정식재판을 청구할 수 있다는 것을 고지하여야 한다(동법

11조 1항). 피고인이 판사에게 정식재판청구의 의사를 표시하였을 때에는 이를 2항의 기록에 명시하여야 한다(동조 3항).

동법 7조 3항 또는 8조의2에 의해 피고인의 출석 없이 재판하는 경우에는 법원사무관등은 7일 이내에 정식재판을 청구할 수 있음을 부기한 즉결심판서의 등본을 피고인에게 송달하여 고지한다. 다만, 피고인등이 미리 즉결심판서의 등본송달을 요하지 아니한다는 뜻을 표시한 때에는 그러하지 아니하다(동법 11조 4항). 판사는 사건이 무죄·면소 또는 공소기각을 함이 명백하다고 인정할 때에는 이를 선고(무죄·면소·공소기각 판결의 경우)하거나 고지(공소기각 결정의 경우)할 수 있다(동조 5항).

(2) 유치명령과 가납명령

판사는 구류의 선고를 받은 피고인이 일정한 주소가 없거나 또는 도망할 염려가 있을 때에는 5일을 초과하지 아니하는 기간 경찰서 유치장(지방해양경찰관서의 유치장을 포함한다)에 유치할 것을 명령할 수 있다(동법 17조 1항). 판사가 벌금 또는 과료를 선고하는 경우에 판결의 확정 후에는 집행할 수 없거나 집행하기 곤란한 사정이 있다고 인정한 때에는 가납을 명할 수 있다(동조 3항).

(3) 즉결심판의 효력

즉결심판은 정식재판의 청구기간의 경과, 정식재판청구권의 포기 또는 그 청구의 취하에 의하여 확정판결과 동일한 효력이 생긴다. 정식재판청구를 기각하는 재판이 확정된 때에도 같다(동법 16조).

(4) 즉결심판의 집행

형의 집행은 경찰서장이 하고 그 집행결과를 지체 없이 검사에게 보고하여야 한다(동법 18조 1항). 구류는 경찰서유치장·구치소 또는 교도소에서 집행하며 구치소 또는 교도소에서 집행할 때에는 검사가 이를 지휘한다(동조 2항). 벌금, 과료, 몰수는 그 집행을 종료하면 지체 없이 검사에게 이를 인계하여야 한다(동조 3항).

라. 정식재판의 청구

(1) 청구권자

정식재판의 청구권자는 즉결심판을 받은 피고인 또는 경찰서장이다(동법 14조). 피고인은 무죄를 주장하거나 양형부당을 주장하여 정식재판을 청구할 수 있으나 경찰서장은 양형부당을 주장할 수는 없고 무죄·면소 또는 공소기각의 판결 또는 결정에 대해서만 정식재판을 청구할 수 있으며 관할 지방검찰청 또는 지청의 검사의 승인을 얻어 정식재판청구서를 판사에게 제출하여야 한다(동조 2항).

(2) 청구기간

정식재판 청구기간은 7일이다. 정식재판청구기간이 도과하면 즉결심판이 확정되지만 상소권회복에 관한 규정이 준용된다(동법 14조 4항, 법 345조).

(3) 청구의 방식

정식재판의 청구는 서면으로 한다(즉결심판에 관한 절차법 14조 1항, 2항). 다만 피고인이 판사에게 정식재판청구의 의사를 표시하였을 때는 이를 기록하여야 하고(동법 11조 3항), 이 경우에는 구두로 정식재판을 청구한 것이므로 별도로 정식재판청구서를 제출할 필요가 없다.

정식재판을 청구하고자 하는 피고인은 정식재판청구서를 경찰서장에게 제출하고, 정식재판청구서를 받은 경찰서장은 지체 없이 판사에게 이를 송부하여야 한다(동법 14조 1항). 경찰서장이 정식재판청구를 하는 경우에는 관할 지방검찰청 또는 지청의 검사의 승인을 얻어 정식재판청구서를 판사에게 제출하여야 한다(동조 2항).[20)]

(4) 기록의 송부

판사는 정식재판청구서를 받은 날부터 7일 이내에 경찰서장에게 정식재판청구서를 첨부한 사건기록과 증거물을 송부하고, 경찰서장은 지체 없이 관할 지방검찰청 또는 지청의 장에게 이를 송부하여야 하며, 그 검찰청 또는 지청의 장은 지체 없이 관할법원에 이를 송부하여야 한다(동조 3항). 피고인이나 경찰서장이 정식재판을 청구한 사건에 대해서는 검찰청 또는 지청의 장이 위와 같이 관할법원에 정식재판청구서를 첨부한 사건기록과 증거물을 송부하여야 할 뿐 검사가 공소를 제기하여서는 아니 된다.

마. 정식재판청구에 대한 법원의 처리

(1) 정식재판청구 기각결정

정식재판의 청구가 법령상의 방식에 위반하거나 청구권의 소멸 후인 것이 명백한 때에는 결정으로 기각하여야 한다. 위 결정에 대하여는 즉시항고를 할 수 있다(동법 14조 4항, 법 455조 1항, 2항).

(2) 공판절차에 의한 심리

정식재판의 청구가 적법한 때에는 공판절차에 의하여 심판하여야 한다(즉결심판에 관한 절차법 14조 4항, 법 455조 3항). 즉결심판에 대한 정식재판청구에 의한 공판절차에서 공소유지는 검사가 담당한다. 즉결심판에 대하여 피고인만이 정식재판을 청구한 경우, 불이익변경금지의 원칙이 적용된다.[21)]

> 즉결심판에관한절차법 14조 4항은 법 455조의 규정은 정식재판의 청구에 이를 준용한다고 규정하고 있고, 법 455조 3항은 "정식재판의 청구가 적법한 때에는 공판절차에 의하여 심판하여야 한다."고 규정하고 있는 바, 위 각 규정 내용에 비추어 보면 즉결심판을 받은 피고인이 정식재판청구를 함으로써 공판절차가 개시된 경우에는 통상의 공판절차와 마찬가지로 국선변호인의 선정에 관한 법 283조의 규정이 적용된다.[22)]

20) 법원실무제요 형사Ⅱ, 629면.
21) 대판 1999. 1. 15. 98도2550.
22) 대판 1997. 2. 14. 96도3059.

(3) 즉결심판의 실효

즉결심판은 정식재판의 청구에 의한 판결이 확정되는 때에는 그 효력을 잃는다(동법 15조).

제 4 절 소년보호사건과 소년형사사건

1. 의 의

반사회성이 있는 소년의 환경 조정과 품행 교정을 위한 보호처분 등의 필요한 조치를 하고, 형사처분에 관한 특별조치를 함으로써 소년이 건전하게 성장하도록 돕기 위하여 소년에 대해서는 소년법에 특별한 규정을 두고 있다. 동법에서 소년은 19세 미만인 자를 말한다(동법 2조).

동법 적용 대상인 사건에 대해서는 ① 소년보호사건으로 처리하지만(동법 2장), ② 형사처분의 필요가 있는 경우에는 일반 형사사건으로 처리하되 소년에 대한 특별 규정을 두고 있다(동법 3장).

2. 소년보호사건

가. 소년보호사건의 심리 대상

소년보호사건으로 심리할 대상은 다음과 같다(동법 4조 1항).

1. 죄를 범한 소년(범죄소년).
2. 형벌 법령에 저촉되는 행위를 한 10세 이상 14세 미만인 소년(촉법소년).
3. 다음 각 목에 해당하는 사유가 있고 그의 성격이나 환경에 비추어 앞으로 형벌 법령에 저촉되는 행위를 할 우려가 있는 10세 이상인 소년(우범소년).
   가. 집단적으로 몰려다니며 주위 사람들에게 불안감을 조성하는 성벽이 있는 것.
   나. 정당한 이유 없이 가출하는 것.
   다. 술을 마시고 소란을 피우거나 유해환경에 접하는 성벽이 있는 것.

범죄소년(제1호)과 촉법소년(제2호)은 죄를 범한 경우이고 우범소년(제3호)은 죄를 범할 우려가 있는 경우이다. 제1호는 14세 이상의 소년이 대상이므로 보호처분 외에 형벌을 과할 수도 있다. 제2호는 형사미성년자(형법 9조)가 대상이므로 형벌을 과할 수는 없고, 보호처분을 할 수 있을 뿐이다. 제3호는 죄를 범한 것은 아니어서 형벌을 과할 수는 없고 보호처분을 할 수 있을 뿐이다. 범죄소년(14세 이상)과 촉법소년(10세 이상 14세 미만)은 범행 당시의 나이를 기준으로 하고, 우범소년(10세 이상)은 소년 보호처분 당시의 나이를 기준으로 한다(소년법 38조 2항).

소년이 소년보호사건으로 조사 또는 심리하는 과정에서 19세에 도달하면 소년보호사건으로 처리할 수 없으므로 검사에게 송치하여야 한다(동법 7조 2항).

나. 관 할

소년보호사건의 토지관할은 소년의 행위지, 거주지 또는 현재지로 한다. 소년보호사건의 직무관할은 가정법원 소년부 또는 지방법원 소년부(가정법원 소년부와 지방법원 소년부를 '소년부'라고 함)에 속한다. 보호사건의 심리와 처분 결정은 소년부 단독판사가 한다(동법 3조).

다. 절차의 개시

소년보호사건의 절차가 개시되는 경우는 다음의 4가지이다. 소년보호사건을 송치하는 경우에는 송치서에 사건 본인의 주거·성명·생년월일 및 행위의 개요와 가정 상황을 적고, 그 밖의 참고자료를 첨부하여야 한다(동법 5조).

(1) 경찰서장의 송치

촉법소년과 우범소년은 경찰서장이 직접 소년부에 송치하여야 한다(동법 4조 2항). 그렇지만 범죄소년에 대해서는 경찰서장이 직접 관할 소년부에 송치할 수 없고 먼저 검사에게 송치하여 검사가 소년부에 송치하거나 일반 형사사건으로 공소를 제기하거나 기소유예 등의 불기소처분을 하여야 한다(동법 49조, 49조의2, 49조의3 참조).

(2) 검사의 송치

검사는 소년에 대한 피의사건을 수사한 결과 보호처분에 해당하는 사유가 있다고 인정한 경우에는 사건을 소년부에 송치하여야 한다(동법 49조 1항). 소년부는 1항에 따라 송치된 사건을 조사 또는 심리한 결과 그 동기와 죄질이 금고 이상의 형사처분을 할 필요가 있다고 인정할 때에는 결정으로써 해당 검찰청 검사에게 송치할 수 있다(동조 2항). 검사는 2항에 따라 송치받은 사건을 다시 소년부에 송치할 수 없다(동조 3항).

(3) 법원의 송치

검사가 일반 형사사건으로 공소제기한 사건에 관하여 법원이 보호처분에 해당할 사유가 있다고 인정하면 결정으로써 사건을 소년부에 송치하여야 한다(동법 50조).

(4) 소년부 통고

범죄소년, 촉법소년 또는 우범소년의 어느 하나에 해당하는 소년을 발견한 보호자 또는 학교·사회복리시설·보호관찰소의 장은 이를 소년부에 통고할 수 있다(동법 4조 3항).

라. 소년보호사건의 조사

조사는 의학·심리학·교육학·사회학이나 그 밖의 전문적인 지식을 활용하여 소년과 보호자 또는 참고인의 품행, 경력, 가정 상황, 그 밖의 환경 등을 밝히도록 노력하여야 한다(동법 9조).

소년부 또는 조사관이 범죄 사실에 관하여 소년을 조사할 때에는 미리 소년에게 불리한 진술을 거부할 수 있음을 알려야 한다(동법 10조).

소년부 판사는 조사관에게 사건 본인, 보호자 또는 참고인의 심문이나 그 밖에 필요한 사항을 조사하도록 명할 수 있다. 소년부는 4조 3항에 따라 통고된 소년을 심리할 필요가 있다고 인정하면 그 사건을 조사하여야 한다(동법 11조).

마. 소년보호사건의 심리

(1) 심리불개시결정

소년부 판사는 송치서와 조사관의 조사보고에 따라 사건의 심리를 개시할 수 없거나 개시할 필요가 없다고 인정하면 심리를 개시하지 아니한다는 결정을 하여야 한다(법 19조 1항). 심리를 개시할 수 없는 때로는 만 10세 미만이어서 심리할 수 없다거나, 비행 사실이 존재할 개연성이 부존재한다거나 소년의 심리능력 상실 또는 소재불명을 들 수 있다. 심리를 개시할 필요가 없는 때로는 사안이 매우 경미하거나 다른 사건으로 보호처분이나 형사처벌을 받아 다시 보호처분을 할 필요가 없는 경우가 있다.

(2) 심리개시결정

소년부 판사는 송치서와 조사관의 조사보고에 따라 사건을 심리할 필요가 있다고 인정하면 심리개시결정을 하여야 한다. 위 결정은 사건 본인과 보호자에게 알려야 하며 이 경우 심리 개시 사유의 요지와 보조인을 선임할 수 있다는 취지를 아울러 알려야 한다(동법 20조). 심리개시결정을 하면 심리기일을 지정하고(동법 21조), 심리기일을 연다.

바. 법원의 처분

(1) 이송과 송치

(가) 이 송

보호사건을 송치받은 소년부는 보호의 적정을 기하기 위하여 필요하다고 인정하면 결정으로써 사건을 다른 관할 소년부에 이송할 수 있다. 소년부는 사건이 그 관할에 속하지 아니한다고 인정하면 결정으로써 그 사건을 관할 소년부에 이송하여야 한다(동법 6조).

소년부는 법원으로부터 송치받은 사건(동법 50조)을 조사 또는 심리한 결과 사건의 본인이 19세 이상인 것으로 밝혀지면 결정으로써 송치한 법원에 사건을 다시 이송하여야 한다(동법 51조).

(나) 검찰청 송치

소년부는 경찰서장 또는 검사로부터 송치받은 소년보호사건에 관하여 조사 또는 심리한 결과 금고 이상의 형에 해당하는 범죄 사실이 발견된 경우 그 동기와 죄질이 형사처분을 할 필요가 있다고 인정하면 결정으로써 사건을 관할 지방법원에 대응한 검찰청 검사에게 송치하여 형사사건으로 처리할 수 있도록 하여야 한다. 소년부는 조사 또는 심리한 결과 사건의 본인이 19세 이상인 것으로 밝혀진 경우에도 마찬가지로 송치하여야 한다(동법 7조 1항, 2항).

(2) 보호처분

소년부 판사는 심리 결과 보호처분을 할 수 없거나 할 필요가 없다고 인정하면 그 취지의 결정을 하고, 이를 사건 본인과 보호자에게 알려야 한다(동법 29조). 심판권의 부존재, 소년이 사망하거나 10세 미만인 때, 비행 증명이 없는 경우 등은 보호처분을 할 수 없는 때에 해당하고, 사안이 매우 경미하거나 다른 사건으로 보호처분이나 형사처벌을 받아 다시 보호처분을 할 필요가 없는 경우 등은 보호처분을 할 필요가 없는 때에 해당한다.

소년부 판사는 심리 결과 보호처분을 할 필요가 있다고 인정하면 결정으로써 처분을 하여야 한다(동법 32조 1항).[23]

소년의 보호처분은 그 소년의 장래 신상에 어떠한 영향도 미치지 아니한다(동법 32조 6항). 보호처분을 받은 소년에 대하여는 그 사건에 관하여 다시 공소를 제기하거나 소년부에 송치할 수 없다(동법 53조).

3. 소년형사사건

가. 의 의

소년형사사건은 죄를 범한 소년에 대하여 형사처분을 과할 목적으로 전개되는 소년사건을 의미한다. 소년형사사건은 검사가 범죄소년에 대하여 수사를 하여 공소를 제기함으로써 개시되는 경우(법 246조)가 보통이다. 소년부가 보호사건을 조사 또는 심리한 결과 소년에 대하여 금고 이상의 형에 해당하

---

23) 소년법상의 보호처분은 다음의 10가지이다.

1. 보호자 또는 보호자를 대신하여 소년을 보호할 수 있는 자에게 감호 위탁
2. 수강명령
3. 사회봉사명령
4. 보호관찰관의 단기 보호관찰
5. 보호관찰관의 장기 보호관찰
6. 아동복지법에 따른 아동복지시설이나 그 밖의 소년보호시설에 감호 위탁
7. 병원, 요양소 또는 보호소년 등의 처우에 관한 법률에 따른 소년의료보호시설에 위탁
8. 1개월 이내의 소년원 송치
9. 단기 소년원 송치
10. 장기 소년원 송치

는 범죄 사실이 발견된 경우 그 동기와 죄질이 형사처분을 할 필요가 있다고 인정하거나 소년부의 조사 또는 심리 도중 19세 이상이 된 경우에 결정으로써 사건을 관할 지방법원에 대응한 검찰청 검사에게 송치하고(소년법 7조, 49조 2항), 이에 따라 검사가 공소를 제기함으로써 소년형사사건이 개시되는 경우도 있다. 검사의 공소제기로 소년형사사건이 개시되었으나 수소법원이 결정으로써 소년부 송치한 사건(동법 50조)에 관하여, 사건 본인이 19세 이상인 경우에는 소년부가 사건을 송치한 법원에 다시 이송하여 소년형사사건으로 다루어야 한다(동법 51조).

나. 준거 법률

소년에 대한 형사사건에 관하여는 소년법에 특별한 규정이 없으면 일반 형사사건의 예에 따른다(동법 48조).

다. 심리의 특칙

법원은 소년에 대한 형사사건에 관하여 필요한 사항을 조사하도록 조사관에게 위촉할 수 있다(동법 56조). 소년에 대한 형사사건의 심리는 다른 피의사건과 관련된 경우에도 심리에 지장이 없으면 그 절차를 분리하여야 한다(동법 57조). 소년에 대한 형사사건의 심리는 친절하고 온화하게 하여야 하고 위와 같은 심리를 함에 있어 소년의 심신상태, 품행, 경력, 가정상황, 그 밖의 환경 등에 대하여 정확한 사실을 밝힐 수 있도록 특별히 유의하여야 한다(동법 58조).

라. 재판의 특칙

죄를 범할 당시 18세 미만인 소년에 대하여 사형 또는 무기형으로 처할 경우에는 15년의 유기징역으로 한다(동법 59조).

소년이 법정형으로 장기 2년 이상의 유기형에 해당하는 죄를 범한 경우에는 그 형의 범위에서 장기와 단기를 정하여 선고한다. 다만, 장기는 10년, 단기는 5년을 초과하지 못한다(동법 60조 1항). 소년의 특성에 비추어 상당하다고 인정되는 때에는 그 형을 감경할 수 있다(동조 2항). 동법 60조 1항에 의해 부정기형을 선고하여야 할지 여부, 동조 2항에 의해 소년감경을 하여야 할지는 사실심 판결 선고시를 기준으로 한다.[24] 형의 집행유예나 선고유예를 선고할 때에는 제1항을 적용하지 아니한다(동조 3항). 소년에 대한 부정기형을 집행하는 기관의 장은 형의 단기가 지난 소년범의 행형 성적이 양호하고 교정의 목적을 달성하였다고 인정되는 경우에는 관할 검찰청 검사의 지휘에 따라 그 형의 집행을 종료시킬 수 있다(동조 4항).

18세 미만인 소년에게는 형법 70조에 따른 환형유치처분을 하지 못한다. 다만, 판결선고 전 구속되었거나 소년법 18조 1항 3호의 조치가 있었을 때에는 그 구속 또는 위탁의 기간에 해당하는 기간은 노역장에 유치된 것으로 보아 형법 57조를 적용할 수 있다(소년법 62조).

---

24) 대판 1990. 4. 24. 90도539; 대판 2000. 8. 18. 2000도2704.

제 5 절 배상명령과 형사상 화해

Ⅰ. 의 의

형사절차에는 민사적인 분쟁을 해결할 수 있을 만큼 피고인과 피해자 등이 필요한 주장을 하고 있고 증거도 수집되어 사건의 실체가 규명된 경우들이 있다. 소촉법은 수소법원이 그러한 기회를 이용하여 민사적인 분쟁을 해결함으로써 소송경제를 도모하고 피해자를 신속하게 구제할 수 있도록 배상명령과 형사상 화해 제도를 두고 있다.

배상명령은 공소제기된 범죄로 인한 피해에 관하여 수소법원이 피고인으로 하여금 피해자에게 손해를 배상하도록 명령하는 것이다. 배상명령은 유죄 판결의 선고와 동시에 하며 성질상 민사소송법상의 판결과 비슷하다. 그러나 범죄성립 여부와 양형에 관한 심리를 주로 하는 형사소송절차에서는, 불법행위나 채무불이행의 성립요건, 손해의 범위 등에 관한 주장·입증이 제대로 되지 않는 경우가 많아 배상명령이 행해지는 예는 많지 않다.

형사상 화해는 형사피고사건의 피고인과 피해자가 민사상 다툼에 관하여 합의한 경우 이를 공판조서에 기재함으로써 민사소송법상의 화해와 같은 효력을 부여하는 제도이다. 형사상 화해는 당사자들이 자발적으로 합의하거나 수소법원의 조정을 통해 합의에 이른 경우에 주장·입증이 충분하지 않더라도 이용가능하다는 장점을 가진다. 형사상 화해는 확정판결과 같은 효력을 가지므로 사후에 그 효력을 부인하는 것이 사실상 불가능한 반면에, 배상명령은 확정된 배상명령에 의해 인용된 금액의 범위 내에서만 다른 절차에 의한 손해배상청구가 금지될 뿐이고, 청구이의의 소를 제기하여 사실심 변론종결 이전에 발생한 이유도 주장할 수 있다는 등의 차이가 있다(소촉법 36조 5항, 34조 2항, 4항).

Ⅱ. 배상명령

1. 요 건

가. 배상명령을 할 수 있는 법원

제1심 또는 제2심의 형사공판 절차에서 일정한 범죄에 관하여 유죄판결을 선고할 경우에 수소법원이 배상명령을 할 수 있다(동법 25조 1항). 무죄, 면소, 공소기각의 판결이나 결정을 함에 있어서는 피고인이 범죄를 저질렀다고 단정할 수 없기 때문에 배상명령을 할 수 없다.

나. 직권 또는 피해자의 신청

법원은 직권에 의하여 또는 피해자나 그 상속인의 신청에 의하여 배상을 명할 수 있다(동법 25조 1항).

다. 배상명령의 범위

수소법원은 상해, 강간과 강제추행의 죄 등 동법 25조 1항 각 호에 규정된 범죄행위로 인하여 발생한 직접적인 물적 피해, 치료비 손해 및 위자료의 배상을 명할 수 있다(동법 25조 1항). 피고인과 피해자 사이에 손해배상액에 관하여 합의가 이루어진 때에는 동법 25조 1항 각 호에 규정된 이외의 범죄행위에 관해서도 배상을 명할 수 있다(동조 2항).

라. 배상명령의 제외사유

법원은 배상명령으로 인하여 공판절차가 현저히 지연될 우려가 있거나 형사소송 절차에서 배상명령을 하는 것이 타당하지 아니하다고 인정되는 경우 등에는 배상명령을 하여서는 아니 된다(동조 3항).

배상명령제도는 범죄행위로 인하여 재산상 이익을 침해당한 피해자로 하여금 당해 형사소송절차 내에서 신속히 그 피해를 회복하게 하려는데 그 주된 목적이 있으므로 피해자가 이미 그 재산상 피해의 회복에 관한 집행권원을 가지고 있는 경우에는 이와 별도로 배상명령 신청을 할 이익이 없다.[25)]

2. 배상명령의 절차

가. 검사의 통지

검사는 배상명령의 대상이 되는 범죄로 공소를 제기한 경우에는 지체 없이 피해자 또는 그 법정대리인(피해자가 사망한 경우에는 그 배우자·직계친족·형제자매를 포함한다)에게 배상신청을 할 수 있음을 통지하여야 한다(동법 25조의2).

나. 신 청

법원은 직권에 의하여 또는 피해자나 그 상속인의 신청에 의하여 배상을 명할 수 있다. 피해자는 법원의 허가를 받아 그의 배우자, 직계혈족 또는 형제자매에게 배상신청에 관하여 소송행위를 대리하게 할 수 있다(동법 27조 1항). 피고인의 변호인은 배상신청에 관하여 피고인의 대리인으로서 소송행위를 할 수 있다(동조 2항).

다. 신청서 부본의 송달과 공판기일의 통지

법원은 서면에 의한 배상신청이 있을 때에는 지체 없이 그 신청서 부본을 피고인에게 송달하여야 한다(동법 28조).

법원은 배상신청이 있을 때에는 신청인에게 공판기일을 알려야 한다. 신청인이 공판기일을 통지

25) 대판 1982. 7. 27. 82도1217.

받고도 출석하지 아니하였을 때에는 신청인의 진술 없이 재판할 수 있다(동법 29조).

라. 기록의 열람과 증거조사

신청인 및 그 대리인은 공판절차를 현저히 지연시키지 아니하는 범위에서 재판장의 허가를 받아 소송기록을 열람할 수 있고, 공판기일에 피고인이나 증인을 신문할 수 있으며, 그 밖에 필요한 증거를 제출할 수 있다(동법 30조 1항). 1항의 허가를 하지 아니한 재판에 대하여는 불복을 신청하지 못한다(동조 2항).

3. 배상신청에 대한 재판

가. 배상신청의 각하

법원은 1. 배상신청이 적법하지 아니한 경우, 2. 배상신청이 이유 없다고 인정되는 경우 또는 3. 배상명령을 하는 것이 타당하지 아니하다고 인정되는 경우에는 결정으로 배상신청을 각하하여야 한다(법 32조 1항).

유죄판결의 선고와 동시에 위와 같이 배상신청을 각하하는 결정을 할 때에는 이를 유죄판결의 주문에 표시할 수 있다(동조 2항).

소촉법 25조 1항의 규정에 의한 배상명령은 피고인의 범죄행위로 피해자가 입은 직접적인 재산상 손해에 대하여 그 피해금액이 특정되고, 피고인의 배상책임의 범위가 명백한 경우에 한하여 피고인에게 그 배상을 명함으로써 간편하고 신속하게 피해자의 피해회복을 도모하고자 하는 제도로서, 같은 조 3항 3호의 규정에 의하면, 피고인의 배상책임의 유무 또는 그 범위가 명백하지 아니한 때에는 배상명령을 하여서는 아니 되고, 그와 같은 경우에는 같은 법 32조 1항이 정하는 바에 따라 법원은 결정으로 배상명령 신청을 각하하여야 한다.[26]

사기에 의한 의사표시는 민법상 당연히 무효가 아니라 취소의 대상이 되는 것뿐이므로 피해자가 피고인들과의 이 사건 토지매매계약을 사기에 의한 의사표시임을 이유로 취소 또는 해제하지 않는 한 그 계약의 효력은 그대로 존속하는 것으로서 특단의 사정이 없는 한 그 대금전액의 반환을 구하거나 대금전액 상당의 손해배상을 구할 수는 없는 이치라고 할 것인바, 기록에 의하면 이 사건 토지매매계약의 취소나 해제여부가 분명하지 않으며 피해자 스스로 피고인들에 대하여 이 사건 토지를 포기하는 경우에 10,000,000원, 포기하지 않는 경우에는 13,000,000원을 배상하라고 촉구하고 있는 사정에 비추어 보더라도 위 매매계약의 취소 또는 해제여부가 확정되지 않은 상태임을 알 수 있다.
뿐만 아니라 피고인들이 경작가능한 농지라고 말한 것과는 달리 이 사건 토지의 상당부분이 하천부지로 들어간 사실은 앞서 인정한 바와 같으나 구체적으로 하천부지로 들어간 부분이 몇 평이나 되는지를 기록상 특정할만한 아무런 자료가 없으므로, 매매계약을 취소 또는 해제하지 아니하고 존속한 채로 손해배상을 구하는 취지라고 보는 경우에 그 손해액을 특정할 방도가 없다.

---

26) 대판 1996. 6. 11. 96도945.

결국 이 사건에서는 피고인들의 배상책임의 범위가 명백하지 아니하여 배상명령을 할 수 없음에도 불구하고 이점을 간과한 채 피해자가 교부한 대금액 전액을 피해자가 입은 재산상 손해액으로 보고 그 배상을 명한 1심의 배상명령은 위법하다.[27)]

합의서를 제출하였으나 변제 여부 등을 알 수 없는 경우에 배상명령의 요건
피고인이 재판과정에서 배상신청인과 민사적으로 합의하였다는 내용의 합의서를 제출하였고, 합의서 기재 내용만으로는 배상신청인이 변제를 받았는지 여부 등 피고인의 민사책임에 관한 구체적인 합의 내용을 알 수 없다면, 사실심법원으로서는 배상신청인이 처음 신청한 금액을 바로 인용할 것이 아니라 구체적인 합의 내용에 관하여 심리하여 피고인의 배상책임의 유무 또는 그 범위에 관하여 살펴보는 것이 합당하다.[28)]

나. 배상명령의 선고

배상명령은 유죄판결의 선고와 동시에 하여야 한다. 배상명령은 일정액의 금전 지급을 명함으로써 하고 배상의 대상과 금액을 유죄판결의 주문에 표시하여야 한다. 배상명령의 이유는 특히 필요하다고 인정되는 경우가 아니면 적지 아니한다. 배상명령은 가집행할 수 있음을 선고할 수 있다. 배상명령을 하였을 때에는 유죄판결서의 정본을 피고인과 피해자에게 지체 없이 송달하여야 한다(동법 31조).

4. 불 복

가. 배상신청의 각하 또는 일부 인용

배상신청을 각하하거나 그 일부를 인용한 재판에 대하여 신청인은 불복을 신청하지 못하며, 다시 동일한 배상신청을 할 수 없다(동법 32조 3항). 각하되거나 인용되지 아니한 신청 부분에 대해서는 민사소송 등을 제기할 수 있다(동법 34조 2항).

나. 상 소

유죄판결에 대한 상소가 제기된 경우에는 배상명령은 피고사건과 함께 상소심으로 이심된다(동법 33조 1항). 배상명령은 유죄판결을 전제로 하므로 유죄판결에 대해 상소가 제기된 경우에는 배상명령도 당연히 이심되게 한 것이다.

상소심에서 원심의 유죄판결을 파기하고 피고사건에 대하여 무죄, 면소 또는 공소기각의 재판을 할 때에는 원심의 배상명령을 취소하여야 한다. 이 경우 상소심에서 원심의 배상명령을 취소하지 아니한 때에는 그 배상명령을 취소한 것으로 본다(동조 2항). 피고인과 피해자 사이에 손해배상액에 관하여 합의가 이루어져 법원이 동법 25조 2항에 따라 배상명령을 하였을 때에는 2항을 적용하지 않는다(동법

27) 대판 1985. 11. 12. 85도1765.
28) 대판 2013. 10. 11. 2013도9616.

33조 3항). 상소심은 원심판결을 유지하는 경우에도 원심의 배상명령을 취소하거나 변경할 수 있다(동조 4항).

피고인은 유죄판결에 대하여 상소를 제기하지 아니하고 배상명령에 대하여만 상소 제기기간에 법에 따른 즉시항고를 할 수 있다(동조 5항 본문). 피고인이 배상명령에 대해서만 즉시항고할 수 있는 기간은 상소 제기기간인 7일이다. 다만, 즉시항고 제기 후 상소권자의 적법한 상소가 있는 경우에는 즉시항고는 취하된 것으로 본다(동항 단서). 적법한 상소가 제기되면 배상명령은 피고사건과 함께 당연히 상소심으로 이심되기 때문이다.

> 제1심 판결의 피고사건과 배상신청사건에 불복하여 항소함으로써 배상신청사건이 항소심에 이심되었는데도 항소심이 배상신청사건에 관한 심리판단을 유탈한 것은 그 공판절차에 소촉법 및 동 시행규칙에 위배하여 판결에 영향을 미친 위법이 있는 경우에 해당하여 원심판결은 파기를 면할 수 없다.[29)]

5. 배상명령의 효력

배상명령은 확정판결과 유사한 효력을 가진다. 확정된 배상명령 또는 가집행선고가 있는 배상명령이 기재된 유죄판결서의 정본은 민사집행법에 따른 강제집행에 관하여는 집행력 있는 민사판결 정본과 동일한 효력이 있다(동법 34조 1항). 배상명령이 확정된 경우 피해자는 그 인용된 금액의 범위에서 다른 절차에 따른 손해배상을 청구할 수 없다(동조 2항). 따라서 배상명령신청이 각하되거나 인용되지 아니한 부분에 대해서는 다른 절차에 따른 손해배상을 청구할 수 있다.

Ⅲ. 형사상 화해

1. 의 의

형사피고사건의 피고인과 피해자 사이에 민사상 다툼(해당 피고사건과 관련된 피해에 관한 다툼을 포함하는 경우로 한정한다)에 관하여 합의한 경우, 피고인과 피해자의 신청에 따라 수소법원이 그 합의사실을 공판조서에 기재하는 제도를 형사상 화해라고 한다.

2. 절 차

합의한 피고인과 피해자는 형사피고사건이 계속 중인 제1심 또는 제2심 법원에 합의사실을 공판조서에 기재하여 줄 것을 공동으로 신청할 수 있다(동법 36조 1항).

29) 대판 1984. 6. 26. 83도2898.

위와 같은 합의가 피고인의 피해자에 대한 금전 지불을 내용으로 하는 경우에 피고인 외의 자가 피해자에 대하여 그 지불을 보증하거나 연대하여 의무를 부담하기로 합의하였을 때에는 1항의 신청과 동시에 그 피고인 외의 자는 피고인 및 피해자와 공동으로 그 취지를 공판조서에 기재하여 줄 것을 신청할 수 있다(동조 2항).

1항 및 2항에 따른 신청은 변론이 종결되기 전까지 공판기일에 출석하여 서면으로 하여야 한다(동조 3항). 3항에 따른 서면에는 해당 신청과 관련된 합의 및 그 합의가 이루어진 민사상 다툼의 목적인 권리를 특정할 수 있는 충분한 사실을 적어야 한다(동조 4항).

3. 형사상 화해의 효력

화해를 공판조서에 적은 때에는 그 조서는 확정판결과 같은 효력을 가진다(동법 36조 5항, 민사소송법 220조). 화해를 공판조서에 기재하면 화해는 즉시 확정되어 집행력이 발생하며, 민사 판결에서와 같은 기판력이 인정된다.

제 3 편

상 소

제 1 장

상소 일반

Ⅰ. 상소의 의의

상소는 법원의 재판에 대해 상급법원에 시정을 구하는 불복신청제도를 의미한다. 상소는 재판이 확정되기 전에만 할 수 있으며, 확정된 재판에 대한 불복방법으로는 재심과 비상상고가 있다. 판결에 대한 상소방법은 항소와 상고이다. 결정에 대한 상소방법은 항고(법 402조, 403조), 재항고(법 415조)이다. 명령에 대해서는 원칙적으로 항고 등을 통한 불복이 허용되지 않고 일정한 사유가 있는 경우에 이의신청(법 304조)이나 준항고(법 416조)가 허용된다.

상소는 오판을 시정하고 법령 적용을 통일시키기 위한 제도이다.

Ⅱ. 상소의 일반 요건

1. 상소권자

가. 고유의 상소권자

소송의 주체인 검사와 피고인은 상소를 할 수 있다(법 338조).

나. 결정을 받은 피고인 이외의 자

검사 또는 피고인 아닌 자가 결정을 받은 때에는 항고할 수 있다(법 339조). 출석불응을 이유로 과태료 또는 감치의 결정을 받은 증인은 즉시항고할 수 있다(법 151조 8항, 1항, 2항). 선서나 증언거부를 이유로 과태료 결정을 받은 증인은 즉시항고할 수 있다(법 161조). 소송비용 부담 결정을 받은 피고인 아닌 자는 즉시항고를 할 수 있다(법 192조).

다. 상소대리권자

피고인의 법정대리인은 피고인을 위하여 상소할 수 있다(법 340조). 피고인의 배우자, 직계친족, 형제자매 또는 원심의 대리인이나 변호인은 피고인을 위하여 상소할 수 있다(법 341조 1항). 전항의 상소는 피고인의 명시한 의사에 반하여 하지 못한다(동조 2항).

법 341조 1항에 원심의 변호인은 피고인을 위하여 상소할 수 있다 함은 변호인에게 고유의 상소권을 인정한 것이 아니고 피고인의 상소권을 대리하여 행사하게 한 것에 불과하므로, 변호인은 피고인의 상소권이 소멸된 후에는 상소를 제기할 수 없다.[1]

2. 상소기간

상소의 제기기간은 재판을 선고 또는 고지한 날로부터 진행하며, 상소의 제기는 그 기간 내에 서면으로 한다(법 343조). 항소와 상고의 제기기간은 7일이다(법 358조, 374조).[2] 보통항고는 언제든지 할 수 있으므로 기간의 제한이 없으나 다만 원심결정을 취소하여도 실익이 없게 된 때에는 예외로 하며(법 404조), 즉시항고의 제기기간은 3일이다(법 405조). 위 각 기간을 계산함에 있어 초일은 산입하지 않는다(법 66조).

교도소 또는 구치소에 있는 피고인이 상소의 제기기간 내에 상소장을 교도소장 또는 구치소장 또는 그 직무를 대리하는 자에게 제출한 때에는 상소의 제기기간 내에 상소한 것으로 간주한다. 이 경우에 피고인이 상소장을 작성할 수 없는 때에는 교도소장 또는 구치소장은 소속공무원으로 하여금 대서하게 하여야 한다(법 344조).

재정신청 기각결정에 대한 재항고 등에서 재소자 특칙이 준용되는지

재정신청 기각결정에 대한 재항고나 그 재항고 기각결정에 대한 즉시항고로서의 재항고에 대한 법정기간의 준수 여부는 도달주의 원칙에 따라 재항고장이나 즉시항고장이 법원에 도달한 시점을 기준으로 판단하여야 하고, 거기에 재소자 피고인 특칙(법 344조 1항)은 준용되지 아니한다.[3]

3. 상소권의 소멸

상소를 취하한 자 또는 상소의 포기나 취하에 동의한 자는 그 사건에 대하여 다시 상소를 하지 못

1) 대판 1992. 4. 14. 92감도10; 대판 1998. 3. 27. 98도253.
2) 즉결심판과 약식명령에 대한 정식재판청구기간은 즉결심판을 선고·고지받거나 약식명령을 고지받은 날부터 7일이다(즉결심판에 관한 절차법 14조, 법 453조).
3) 대결 2015. 7. 16. 2013모2347 전합.

한다(법 354조).[4]

4. 상소권의 회복

가. 상소권회복의 요건

법 338조 내지 341조의 규정에 의하여 상소할 수 있는 자는 자기 또는 대리인이 책임질 수 없는 사유로 인하여 상소의 제기기간 내에 상소를 하지 못한 때에는 상소권회복의 청구를 할 수 있다(법 345조).

법 345조의 대리인 중에는 본인의 보조인으로서 본인의 부탁을 받아 상소에 관한 서면을 작성하여 제출하는 등 본인의 상소에 필요한 사실행위를 대행하는 사람을 포함한다. 책임질 수 없는 사유란 상소를 하지 못한 사유가 상소권자 본인 또는 대리인의 고의 또는 과실에 기하지 아니함을 말하므로 상소권자 또는 대리인이 질병으로 입원하였다거나 기거불능하다는 것은 상소권회복의 사유가 아니다.[5]

변호인이 선임되었음에도 약식명령등본이 피고인에게만 송달되어 기간 내에 정식재판청구서를 제출하지 못함
피고인에게 변호인이 있는 경우, 반드시 변호인에게 약식명령 등본을 송달해야 하는지(소극)/정식재판 청구기간은 피고인에 대한 약식명령 고지일을 기준으로 기산하는지(적극)
해설: 약식절차에서 변호인이 선임되었으나, 법원이 약식명령등본을 피고인에게만 송달하였고, 피고인은 변호인이 정식재판청구서를 제출할 것으로 믿고 기간 내에 정식재판을 청구하지 못한 것은 상소권회복의 청구사유(법 345조)에 해당하지 않는다.[6]

위법한 공시송달결정으로 인하여 피고인의 출석 없이 이루어진 판결에 대하여 검사만이 양형부당으로 항소하였으나 항소가 기각된 후에 상고권회복결정이 확정되어 피고인이 상고에 이르게 된 경우, 외관상으로만 볼 때, 제1심판결에 대하여 피고인은 항소하지 않고 검사만 항소하여 그 항소가 기각된 것이므로 항소심판결은 피고인에게 불이익한 판결이 아니어서 피고인은 그 판결에 대하여 상고할 수 없다고 보는 법리에 따르면 피고인의 상고는 부적법하다고 보이기도 하나 위와 같은 법리는 제1심이 통상적인 절차에 따라 진행되어 피고인이 공격·방어권을 제대로 행사할 수 있었던 경우에만 적용될 수 있고, 제1심 및 원심의 소송절차에서 피고인이 부당하게 배제되어 공격·방어권을 전혀 행사할 수 없었던 경우에는 적용될 수 없다고 보아야 할 것이고, 만약 그렇게 해석하지 않고 위 법리에 따라 피고인의 상고가 부적법하다고 해석한다면, 제1심이나 원심에서 피고인의 공격·방어권이 부당하게 침해된 사실을 인정하면서도, 그 위법을 시정하지 않고 오히려 피

---

4) 상소를 포기한 자는 법 354조에 의하여 그 사건에 대하여 다시 상소를 할 수 없다(대판 1998. 3. 27. 98도253). 소송능력이 있는 피고인의 상고포기는 유효하다(대판 1992. 4. 14. 92감도10).

5) 대결 1986. 9. 17. 86모46.

6) 대결 2017. 7. 27. 2017모1557.

고인이 공격·방어권을 행사할 기회조차 영원히 박탈하는 결과에 이르고, 이는 재판을 받을 권리를 기본권으로 규정하는 한편 적법절차를 보장하고 있는 헌법의 정신에 반한다.[7]

교도소 담당직원이 재항고인에게 상소권회복청구를 할 수 없다고 하면서 규칙 177조[8]에 따른 편의를 제공해 주지 않은 것은 상소권회복청구 사유가 될 수 없다.[9]

법 345조의 대리인은 피고인을 대신하여 상소에 필요한 행위를 할 수 있는 지위에 있는 자를 말하는 것이고 교도소장은 피고인을 대리하여 결정정본을 수령할 수 있을 뿐이고 상소권 행사를 돕거나 대신할 수 있는 자가 아니어서 이에 포함되지 아니하므로, 만일 교도소장이 결정정본을 송달받고 1주일이 지난 뒤에 그 사실을 피고인에게 알렸기 때문에 피고인이나 그 배우자가 소정 기간 내에 항고장을 제출할 수 없게 된 것이라면 상소권회복신청은 인용할 여지가 있을 것이다.[10]
제1회 공판기일에 출석하여 주거를 신고한 피고인에 대한 공판기일 소환장이 위 주거지로 송달되지 아니하고 관할 경찰서장에 대한 소재탐지촉탁에 의하여도 피고인의 주거가 확인되지 아니하여 공판기일의 소환장을 공시송달의 방법으로 송달하고 피고인의 출석 없이 판결을 선고하고 판결서등본을 공시송달하였으나 실제로는 피고인과 그의 가족 등은 그때경에 이미 위 주거지를 떠났던 경우, 피고인으로서는 법원에 신고한 주거지를 옮길 때에는 자기의 신주거지를 법원에 제출하거나 기타 소송진행상태를 알 수 있는 방법을 강구하여야 할 것인데도 이러한 조치를 취하지 아니한 탓으로 상소기간을 도과하였다고 할 것이고, 피고인이 미국인이어서 주민등록이 되어 있지 않으며, 피고인이 이사를 가면서 자신에게 오는 우편물이 도달될 수 있도록 우편집배인에게 부탁을 하였다고 하더라도, 피고인이 상소의 제기기간 내에 상소를 하지 못한 것이 자기 또는 대리인이 책임질 수 없는 사유로 인한 것이라고 볼 수는 없다.[11]

재항고인이 상피고인의 기망에 의하여 항소권을 포기하였음을 항소제기 기간이 도과한 뒤에야 비로소 알게 되었다 하더라도 이러한 사정은 재항고인이 책임질 수 없는 사유에 해당한다고 볼 수 없다.[12]

징역 1년의 실형을 선고받았으나 법정구속을 하지 않으므로 형의 집행유예를 선고받은 것으로 잘못 전해 듣고 또한 선고 당시 법정이 소란하여 판결주문을 알아들을 수 없어서 항소제기 기간 내 항소를 하지 못한 것

7) 대판 2003. 11. 14. 2003도4983.
8) **규칙 177조(재소자의 신청 기타 진술)** 교도소장, 구치소장 또는 그 직무를 대리하는 자는 교도소 또는 구치소에 있는 피고인이나 피의자가 법원 또는 판사에 대한 신청 기타 진술에 관한 서면을 작성하고자 할 때에는 그 편의를 도모하여야 하고, 특히 피고인이나 피의자가 그 서면을 작성할 수 없을 때에는 법 344조 2항의 규정에 준하는 조치를 취하여야 한다.
9) 대결 1986. 9. 27. 86모47.
10) 대결 1991. 5. 6. 91모32.
11) 대결 1991. 8. 27. 91모17.
12) 대결 1984. 7. 11. 84모40.

이라면 그 사유만으로는 법 345조의 자기 또는 대리인이 책임질 수 없는 사유로 상소제기 기간 내 상소를 하지 못한 경우에 해당된다고 볼 수 없다.[13)]

거주지변경신고를 하지 않았지만 잘못된 공시송달에 기하여 공판진행 후 판결선고됨
피고인이 소송이 계속 중인 사실을 알면서도 법원에 거주지 변경 신고를 하지 않았다 하더라도, 잘못된 공시송달에 터 잡아 피고인의 진술 없이 공판이 진행되고 피고인이 출석하지 않은 기일에 판결이 선고된 이상, 피고인은 자기 또는 대리인이 책임질 수 없는 사유로 상소제기기간 내에 상소를 하지 못한 것으로 봄이 타당하다.[14)]

나. 상소권회복청구의 방식

상소권회복의 청구는 사유가 끝난 날로부터 상소의 제기기간에 상당한 기간 내에 서면으로 원심법원에 제출하여야 한다. 상소권회복의 청구를 할 때에는 원인된 사유를 소명하여야 한다. 상소권의 회복을 청구한 자는 그 청구와 동시에 상소를 제기하여야 한다(법 346조).

상소권을 회복하려는 재판에 의해 선고·확정된 징역형의 복역 3개월만에 청구
피고인의 불출석 상태에서 징역 1년의 판결이 선고·확정되어, 피고인이 위 징역형의 집행으로 교도소에 수감된 날로부터 3개월여 후에 제출한 상소권 회복청구는 확정판결이 있음을 안 날로부터 상소제기 기간에 상당한 기간이 경과한 후에 제출된 것으로 귀책사유의 존부에 관계 없이 이유 없다.[15)]

다. 법원의 결정

상소권회복의 청구를 받은 법원은 청구의 허부에 관한 결정을 하여야 한다. 위 결정에 대하여는 즉시항고를 할 수 있다(법 347조).

상소권회복의 청구가 있는 때에는 법원은 상소권회복청구 허부의 결정을 할 때까지 재판의 집행을 정지하는 결정을 할 수 있다. 전항의 집행정지의 결정을 한 경우에 피고인의 구금을 요하는 때에는 구속영장을 발부하여야 한다. 단, 법 70조의 구속요건이 구비된 때에 한한다(법 348조).

제1심법원이 상소권회복청구결정시까지 형의 집행을 정지하고, 상소권회복청구에 대하여 기각결정을 하였다면, 그 결정 후에는 형 집행정지의 효력은 상실되어 바로 형의 집행으로 들어간다.

---

13) 대결 1987. 4. 8. 87모19; 대결 2000. 6. 15. 2000모85.
14) 대결 2014. 10. 16. 2014모1557.
15) 대결 1983. 11. 24. 83모50.

위의 경우 항고법원이 따로 즉시항고에 대한 결정시까지 형의 집행을 정지한다는 결정을 한 바 없이 제1심 법원의 상소권회복청구기각결정에 대한 즉시항고를 기각하면서 그 결정고지 전 항고심구금일수를 상소권회복 대상판결의 형에 산입한 것은 잘못이라고 할 것이나 이는 법률상 의미 없는 조치에 불과하고 이로 말미암아 형의 집행일수에 어떤 영향을 미치는 것은 아니다.[16)]

라. 상소절차 속행신청

상소의 포기 또는 취하가 부존재 또는 무효임을 주장하는 자는 그 포기 또는 취하 당시 소송기록이 있었던 법원에 절차속행의 신청을 할 수 있다(규칙 154조 1항). 상소권회복청구는 상소기간 내에 상소하지 못한 때에 제기하는 것임에 반하여 상소절차속행신청은 상소기간 내에 상소를 하였지만 이후 상소를 포기하거나 취하하였다는 이유로 재판 없이 상소절차가 종결된 경우에 제기하는 것이다.

상소권회복은 자기 또는 대리인이 책임질 수 없는 사유로 인하여 상소제기기간 내에 상소를 하지 못한 사람이 이를 청구하는 것이고, 상고를 포기한 후 그 포기가 무효라고 주장하는 경우 상고제기기간이 경과하기 전에는 상고포기의 효력을 다투면서 상고를 제기하여 그 상고의 적법 여부에 대한 판단을 받으면 되고, 별도로 상소권회복청구를 할 여지는 없다.
규칙 154조의 규정에 의한 상소절차속행신청은 상소가 제기된 후 피고인 등이 상소를 포기하거나 취하하는 내용의 서면을 제출하거나 또는 공판정에서 같은 내용의 진술을 하였다는 이유로 재판 없이 상소절차가 종결처리된 경우에 상소포기 또는 취하의 부존재 또는 무효를 주장하여 구제받을 수 있도록 한 제도라고 할 것인바, 피고인이 상고를 포기한 후 상고를 제기한 경우에는 피고인으로서는 그 상고에 의하여 계속된 상고절차나 원심법원의 상고기각결정에 대한 즉시항고절차 등에서 피고인의 상고포기가 부존재하거나 무효임을 주장하여 구제받을 수 있으므로, 위 규정에 의한 상소절차속행신청을 할 수는 없다.[17)]
해설: 상고를 포기하였더라도 상고제기간이 경과하기 전에는 상고를 제기하여 상고포기의 효력을 다툴 수 있으므로 별도로 상소권회복청구를 하거나 상소절차속행신청을 할 수 없다.

상소권을 포기한 후 상소제기기간이 도과한 다음에 상소포기의 효력을 다투는 한편, 자기 또는 대리인이 책임질 수 없는 사유로 인하여 상소제기기간 내에 상소를 하지 못하였다고 주장하는 사람은 상소를 제기함과 동시에 상소권회복청구를 할 수 있고, 그 경우 상소포기가 부존재 또는 무효라고 인정되지 아니하거나 자기 또는 대리인이 책임질 수 없는 사유로 인하여 상소제기기간을 준수하지 못하였다고 인정되지 아니한다면 상소권회복청구를 받은 원심으로서는 상소권회복청구를 기각함과 동시에 상소기각결정을 하여야 한다.[18)]

16) 대결 1997. 5. 23. 97모56.
17) 대결 1999. 5. 18. 99모40.
18) 대결 2004. 1. 13. 2003모451.

Ⅲ. 상소의 이익

1. 상소이익의 필요성

상소권자가 상소를 하기 위해서는 상소의 이익이 있어야 한다. 피고인의 상소는 재판에 대한 불복이므로 피고인에게 이익되는 경우에만 허용된다. 검사는 피고인과 대립하는 당사자로서 피고인에게 불리한 상소를 할 수 있고 공익의 대표자로서 피고인에게 유리한 상소도 할 수 있다.

2. 상소의 이익에 대한 구체적 판단

가. 불리한 상소

누범가중을 하지 아니한 것이 위법하다는 상고
원심이 피고인에게 누범에 해당하는 전과가 있음에도 불구하고 형법 35조 2항에 의한 누범가중을 하지 아니한 것은 위법하다고 할 것이나, 피고인으로서 위와 같은 위법을 주장하는 것은 자기에게 불이익을 주장하는 것이 되므로 이는 적법한 상고이유가 될 수 없다.[19]

나. 재판의 이유만을 다투는 상소

검사는 공익의 대표자로서 법령의 정당한 적용을 청구할 임무를 가지므로 이의신청을 기각하는 등 반대당사자에게 불이익한 재판에 대하여도 그것이 위법일 때에는 위법을 시정하기 위하여 상소로써 불복할 수 있지만 불복은 재판의 주문에 관한 것이어야 하고 재판의 이유만을 다투기 위하여 상소하는 것은 허용되지 않는다.[20]

다. 형식재판에 대한 무죄 주장의 상소

피고인을 위한 상소는 피고인에게 불이익한 재판을 시정하여 이익된 재판을 청구함을 그 본질로 하는 것이므로 피고인은 재판이 자기에게 불이익하지 아니하면 이에 대한 상소권이 없다. 공소기각의 재판이 있으면 피고인은 유죄판결의 위험으로부터 벗어나는 것이므로 그 재판은 피고인에게 불이익한 재판이라고 할 수 없어서 이에 대하여 피고인은 상소권이 없다.[21]

면소판결에 대하여는 실체판결을 구하여 상소를 할 수 없다.[22]

---

19) 대판 1994. 8. 12. 94도1591.
20) 대결 1993. 3. 4. 92모21.
21) 대판 2008. 5. 15. 2007도6793.
22) 대판 1986. 12. 9. 86도1976. 공소시효가 완성되었다는 이유로 면소의 판결을 한 것이 명백한 경우 피고인이 이에 대하여는 실체판결을 구하여 상소를 할 수 없다(대판 2005. 9. 29. 2005도4738).

폐지 또는 실효된 형벌 관련 법령이 당초부터 위헌·무효인 경우 그 법령을 적용하여 공소가 제기된 피고사건에 대하여 법원은 무죄를 선고하여야 하고, 이 경우 예외적으로 면소를 선고한 판결에 대하여 무죄를 주장한 상소가 가능하다.[23)]

라. 항소이유로 삼지 않은 사유를 근거로 한 상고

1심판결에 대해 검사만 양형부당을 이유로 항소한 경우
제1심판결에 대하여 검사만이 양형부당을 이유로 항소하였을 뿐이고 피고인은 항소하지 아니한 경우에는, 피고인으로서는 항소심판결에 대하여 사실오인, 채증법칙 위반, 심리미진 또는 법령위반 등의 사유를 들어 상고이유로 삼을 수 없다.[24)]

피고인의 양형부당을 이유로 한 항소를 기각
피고인이 제1심판결에 대하여 양형부당만을 항소이유로 내세워 항소하였으나 이 주장이 이유 없다 하여 피고인의 항소를 기각한 원심판결에 대하여서는 사실오인 내지 법령위반사유를 들어 상고이유로 삼을 수는 없다.[25)]

3. 상소의 이익이 없는 상소제기에 대한 재판

상소의 이익이 없음이 명백한 때에는 원심법원은 결정으로 상소를 기각하여야 한다(법 360조 1항, 376조 1항, 407조). 원심법원이 이러한 결정을 하지 아니하는 때에는 상소법원이 결정으로 상소를 기각하여야 한다(법 362조 1항, 381조, 413조).

공소기각판결에 대한 무죄 주장의 항소
피고인은 공소를 기각한 제1심판결에 대해 무죄판결을 구하면서 항소하였는바, 공소기각의 재판이 있으면 피고인은 유죄판결의 위험으로부터 벗어나는 것이므로 그 재판은 피고인에게 불이익한 재판이라고 할 수 없어서, 이에 대하여 피고인은 상소권이 없다고 할 것이다. 따라서 피고인의 이 사건 항소는 항소의 제기가 법률상의 방식에 위반한 것이 명백한 때에 해당하므로 법 362조 1항, 360조 1항에 의하여 피고인의 항소를 기각한다.[26)]

제1심의 무죄판결에 대해 검사만 항소하여 기각판결선고시 피고인의 상고
피고인을 위한 상소는 하급심법원의 재판에 대한 불복으로서 피고인에게 불이익한 재판을 시정하여 이익된

23) 대판 2010. 12. 16. 2010도5986 전합.
24) 대판 1991. 12. 24. 91도1796; 대판 2009. 5. 28. 2009도579.
25) 대판 1987. 12. 8. 87도1561.
26) 대판 2008. 5. 15. 2007도6793.

재판을 청구함을 그 본질로 하는 것이므로 하급심법원의 재판이 피고인에게 불이익하지 아니하면 이에 대하여 피고인은 상소권을 가질 수 없는 것이다.
피고인에 대하여 벌금 2천만 원과 2011. 5. 19.경 각 허위공문서작성 및 동행사의 점에 대하여 무죄를 선고한 제1심판결에 대하여 피고인은 항소를 하지 아니하였고, 검사가 무죄부분에 대해 항소하였으나 원심이 검사의 항소를 기각한 때에 원심의 판결은 피고인에게 불이익한 판결이라고 할 수 없다.[27]

Ⅳ. 상소의 제기와 포기, 취하

1. 상소의 제기

가. 상소장의 제출

상소를 함에는 상소장을 원심법원에 제출하여야 한다(법 359조, 375조, 406조). 교도소 또는 구치소에 있는 피고인이 상소의 제기기간 내에 상소장을 교도소장 또는 구치소장 또는 그 직무를 대리하는 자에게 제출한 때에는 상소의 제기기간 내에 상소한 것으로 간주한다(법 344조). 상소가 있는 때에는 법원은 지체 없이 상대방에게 그 사유를 통지하여야 한다(법 356조).

나. 상소제기의 효력

(1) 확정과 집행의 정지

상소를 제기하면 재판의 확정이 정지된다. 벌금, 과료 또는 추징에 상당한 금액의 가납을 명하는 가납판결은 그 확정 후에는 집행할 수 없거나 집행하기 곤란할 염려가 있을 것을 회피하기 위한 것이어서 즉시 집행력을 가지며(법 334조), 상소에 의해 집행정지되지 않는다. 가납판결 이외의 판결은 확정되어야 집행력을 가지므로 상소에 의해 확정되지 않은 판결의 집행이 정지될 여지는 없다. 그러나 결정은 즉시 집행력을 가지며 항고나 재항고에 의해 집행이 정지될 수 있다. 즉 즉시항고가 기간 내에 제기된 때에는 재판의 집행이 정지되며(법 410조), 일반항고는 재판의 집행을 정지하는 효력이 없지만 원심법원 또는 항고법원이 결정으로 항고에 대한 결정이 있을 때까지 집행을 정지할 수 있다(법409조).

(2) 이심의 효력

상소의 제기로 인하여 소송계속이 원심을 떠나 상소심으로 옮겨가는 것을 이심이라고 한다. 이심의 효력이 발생하면 수소법원의 역할은 상소심이 하며, 원심 법원은 더 이상 수소법원이 아니게 된다. 그런데 상소가 제기된 이후 소송기록을 상소심에 송부하기까지는 상당한 시간이 소요되는 경우가 보통이다. 위 기간 동안에 수소법원의 역할을 어느 법원이 하여야 할지가 문제된다. 이와 같이 이심의 효력이 발생하는 시기에 관하여 상소제기를 기준으로 하여야 한다는 견해와 소송기록이 상소심에 송부

27) 대판 2013. 10. 24. 2013도5752.

된 때를 기준으로 하여야 한다는 견해가 있다. 위와 같은 견해의 대립은 다음과 같은 법규정의 적용으로 인하여 제한적인 의미만을 가진다. 즉 "상소기간 중 또는 상소 중의 사건에 관하여 구속기간의 갱신, 구속의 취소, 보석, 구속의 집행정지와 그 정지의 취소에 대한 결정은 소송기록이 원심법원에 있는 때에는 원심법원이 하여야 한다(법 105조)", "상소기간 중 또는 상소 중의 사건에 관한 피고인의 구속, 구속기간갱신, 구속취소, 보석, 보석의 취소, 구속집행정지와 그 정지의 취소의 결정은 소송기록이 상소법원에 도달하기까지는 원심법원이 이를 하여야 한다(규칙 57조 1항)", "이송, 파기환송 또는 파기이송 중의 사건에 관한 1항의 결정은 소송기록이 이송 또는 환송법원에 도달하기까지는 이송 또는 환송한 법원이 이를 하여야 한다(동조 2항)".

형사사건에 있어 항소법원의 소송계속은 제1심판결에 대한 **항소에 의하여 사건이 이심**된 때로부터 그 법원의 판결에 대하여 상고가 제기되거나 그 판결이 확정되는 때까지 유지된다 할 것이니, 항소법원은 항소피고사건의 심리 중 또는 판결선고 후 상고제기 또는 판결확정에 이르기까지 수소법원으로서 법 70조 1항 각 호의 사유 있는 불구속 피고인을 구속할 수 있다 할 것이고 이것은 이미 구속되어 있던 피고인에 대하여 상소기간 중 또는 상소 중의 사건에 관한 소송기록이 있는 원심법원이 상소법원의 권한을 대행하여 구속기간의 갱신 등을 하도록 한 법 105조, 규칙 57조의 각 규정과 아무런 관계가 없다.[28]
해설: 위 판례는 상소제기시에 이심의 효력이 발생하는 것으로 보고 있다.

- (2007년) 4. 5. 제1심이 소촉법 23조에 따라 불출석 상태에서 징역 1년 6월의 형을 선고
- 4. 11. 피고인이 항소를 제기
- 4. 17. 제1심 법원이 피고인에 대한 구속영장을 발부하여 5. 16. 피고인을 구금한 사안에서, 상소제기 후 소송기록이 상소법원에 도달하지 않고 있는 사이에는 피고인을 구속할 필요가 있는 경우에도 기록이 없는 상소법원에서 구속의 요건이나 필요성 여부에 대한 판단을 하여 피고인을 구속하는 것이 실질적으로 불가능하다는 점 등을 고려하면, 상소기간 중 또는 상소 중의 사건에 관한 피고인의 구속을 소송기록이 상소법원에 도달하기까지는 원심법원이 하도록 규정한 규칙 57조 1항의 규정이 법 105조의 규정에 저촉된다고 보기는 어렵다.

불출석상태에서 징역형을 선고받고 항소한 피고인에 대하여 제1심법원이 소송기록이 항소심법원에 도달하기 전에 구속영장을 발부한 것은 적법하다.[29]

2. 상소의 포기, 취하

가. 의 의

상소의 포기는 상소권자가 상소제기기간 내에 법원에 대하여 상소권을 행사하지 않겠다고 적극적

28) 대결 1985. 7. 23. 85모12.
29) 대결 2007. 7. 10. 2007모460.

인 의사표시를 하는 것을 말한다. 상소의 취하는 일단 제기한 상소를 철회하는 것을 말한다.

나. 상소의 포기, 취하권자

검사나 피고인 또는 법 339조에 규정한 자(검사나 피고인이 아니면서 결정을 받은 자)는 상소의 포기 또는 취하를 할 수 있다. 단, 피고인 또는 법 341조에 규정한 자(피고인의 배우자, 직계친족, 형제자매 또는 원심의 대리인이나 변호인)는 사형 또는 무기징역이나 무기금고가 선고된 판결에 대하여는 상소의 포기를 할 수 없다(법 349조).

법정대리인이 있는 피고인이 상소의 포기 또는 취하를 함에는 법정대리인의 동의를 얻어야 한다. 단, 법정대리인의 사망 기타 사유로 인하여 그 동의를 얻을 수 없는 때에는 예외로 한다(법 350조). 피고인의 법정대리인 또는 법 341조에 규정한 자는 피고인의 동의를 얻어 상소를 취하할 수 있다(법 351조).

미성년자의 상고취하
미성년자인 피고인이 상고제기 후 바로 상고취하를 하였다 하여도 친권자의 동의가 없었으면 그 효력이 없다.[30]

다. 상소의 포기, 취하의 방법

상소의 포기 또는 취하는 서면으로 하여야 한다. 단, 공판정에서는 구술로써 할 수 있다. 구술로써 상소의 포기 또는 취하를 한 경우에는 그 사유를 조서에 기재하여야 한다(법 352조). 상소의 포기는 원심법원에, 상소의 취하는 상소법원에 하여야 한다. 단, 소송기록이 상소법원에 송부되지 아니한 때에는 상소의 취하를 원심법원에 제출할 수 있다(법 353조).

변호인의 구술 상소취하에 관하여 피고인이 의견진술을 하지 않았음에도 법원이 피고인이 동의하는지 여부를 확인하지 않음
변호인은 피고인의 동의를 얻어 상소를 취하할 수 있으므로(법 351조, 341조), 변호인의 상소취하에 피고인의 동의가 없다면 상소취하의 효력은 발생하지 아니한다. 한편 변호인이 상소취하를 할 때 원칙적으로 피고인은 이에 동의하는 취지의 서면을 제출하여야 하나(규칙 153조 2항), 피고인은 공판정에서 구술로써 상소취하를 할 수 있으므로, 변호인의 상소취하에 대한 피고인의 동의도 공판정에서 구술로써 할 수 있다. 다만 상소를 취하하거나 상소의 취하에 동의한 자는 다시 상소를 하지 못하는 제한을 받게 되므로(법 354조), 상소취하에 대한 피고인의 구술 동의는 명시적으로 이루어져야만 한다.
공판기일에 변호인이 구술로써 항소를 취하한다고 진술하였으나 피고인이 이에 대하여 아무런 의견도 진술하지 아니하였음에도 법원이 피고인에게 변호인의 항소취하에 대하여 동의하는지 여부에 관한 명시적인 의사를 확인하지 아니한 경우 변호인의 항소취하에 피고인이 동의하였다고 인정하기 어렵다.[31]

---

30) 대판 1983. 9. 13. 83도1774.
31) 대판 2015. 9. 10. 2015도7821.

라. 상소의 포기, 취하의 효과

상소를 취하한 자 또는 상소의 포기나 취하에 동의한 자는 그 사건에 대하여 다시 상소를 하지 못한다. 상소, 상소의 포기나 취하 또는 상소권회복의 청구가 있는 때에는 법원은 지체 없이 상대방에게 그 사유를 통지하여야 한다(법 356조). 교도소 또는 구치소에 있는 피고인이 교도소장, 구치소장 또는 그 직무를 대리하는 자에게 상소의 포기서나 취하서를 제출하는 때에 포기나 취하의 효력이 발생한다(법 355조, 344조).

법 341조 1항에 원심의 변호인은 피고인을 위하여 상소할 수 있다 함은 변호인에게 고유의 상소권을 인정한 것이 아니고 피고인의 상소권을 대리하여 행사하게 한 것에 불과하므로, 변호인은 피고인의 상소권이 소멸된 후에는 상소를 제기할 수 없는 것이고, 상소를 포기한 자는 법 354조에 의하여 그 사건에 대하여 다시 상소를 할 수 없다. 피고인이 상소권을 포기한 후에 변호인이 상소를 제기한 경우, 그 상소는 무효이다.[32)]

상소포기가 착각이라고 하더라도 법 354조에 의하여 다시 상소할 수 없다.[33)]

피고인이 이미 확정되어 있던 징역형의 집행유예 판결의 선고일을 잘못 안 나머지 상고포기서를 제출한 것이라 하더라도, 그와 같은 사정은 상고포기로 이미 확정된 상소권회복 대상판결에 대하여 적법한 상소권회복 청구의 사유가 될 수 없다.[34)]

V. 일부 상소

1. 일부 상소의 의의

당사자가 재판의 일부에 대해서만 상소한 경우에 상소하지 않은 부분의 재판을 상소한 부분의 재판과 분리하여 확정시킬 것인지, 상소한 부분의 재판과 함께 심리하여 재판할 것인지가 일부 상소의 문제이다. 상소는 재판의 일부에 대하여 할 수 있으며 일부에 대한 상소는 그 일부와 불가분의 관계에 있는 부분에 대하여도 효력이 미친다(법 342조). 1개의 주문에 판단된 사실에 있어서는 일부에 관하여 상소하더라도 그 나머지 부분까지 상소의 효력이 미쳐 상소심의 심판대상이 되지만, 주문을 달리하여 판단된 사실에 대해서는 상소불가분의 효력이 발생하지 않는다. 따라서 1개의 주문에 판단된 사실은 재판의 내용이 불가분적이고, 수 개의 주문에 판단된 사실은 재판의 내용이 가분적으로 독립된 판결인

32) 대판 1991. 4. 23. 91도456; 대판 1998. 3. 27. 98도253.
33) 대결 1980. 4. 4. 80모11.
34) 대결 1996. 7. 16. 96모44.

것이다.[35)]

2. 판결의 주문을 내는 방법

가. 경합범인 경우

형법 37조 전단 경합범관계에 있는 범죄들이 모두 유죄인 경우에 ① 흡수주의와 가중주의가 적용되면(형법 38조 1항 1, 2호) 주문이 1개이고, ② 병과주의가 적용되면(형법 38조 1항 3호) 주문이 2개(예컨대 징역형과 벌금형)이다. 형법 37조 전단 경합범관계에 있는 범죄들이 유죄, 무죄, 면소, 공소기각 등에 해당하면 이들은 모두 주문에서 표시하므로 주문이 여러 개가 된다(예컨대 유죄 부분, 무죄 부분, 면소 부분, 공소기각 부분 등이 있으면 이들을 모두 주문에 표시한다).

나. 경합범이 아닌 수죄인 경우

여러 범죄의 중간에 금고 이상의 형에 처한 판결이 확정된 경우, 확정판결의 확정일 이전의 범죄와 이후의 범죄 상호간은 형법 37조에서 말하는 경합범 관계에 있는 것이 아니어서 형을 따로 선고하여야 한다.[36)] 가령 A, B, C, D, E의 범죄가 아래와 같이 순차로 범해지거나 확정되었다고 하자.

① A(범행일)
② B(범행일)
③ C(금고 이상의 형을 선고한 판결의 확정일)
④ D(범행일)
⑤ E(범행일)

'C와 A', 'C와 B'는 각각 형법 37조 후단 경합범 관계에 있고, 'A와 B' 그리고 'D와 E'는 각각 형법 37조 전단 경합범 관계에 있다. 그런데 'A, B'와 'D, E'는 경합범 관계에 있지 않은 수죄이므로 'A, B'에 대한 주문(ⓐ)과 'D, E'에 대한 주문(ⓑ)은 별개로 하여야 한다.

---

35) 다음 판례와 일부 상소에 관한 판례들을 종합적으로 분석하여 얻은 결론이다.
법 342조는 1항에서 일부 상소를 원칙적으로 허용하면서, 2항에서 이른바 상소불가분의 원칙을 선언하고 있다. 따라서 불가분의 관계에 있는 재판의 일부만을 불복대상으로 삼은 경우 그 상소의 효력은 상소불가분의 원칙상 피고사건 전부에 미쳐 그 전부가 상소심에 이심되고, 이러한 경우로는 일부 상소가 피고사건의 주위적 주문과 불가분적 관계에 있는 주문에 대한 것, 일죄의 일부에 대한 것, 경합범에 대하여 1개의 형이 선고된 경우 경합범의 일부 죄에 대한 것 등에 해당하는 경우를 들 수 있다(대판 2008. 11. 20. 2008도5596 전합).
형법 37조 전단의 경합범으로 동시에 기소된 사건에 대하여 일부 유죄, 일부 무죄의 선고를 하거나 일부의 죄에 대하여 징역형을, 다른 죄에 대하여 벌금형을 선고하는 등 판결주문이 수개일 때에는 그 1개의 주문에 포함된 부분을 다른 부분과 분리하여 일부상소를 할 수 있는 것이고 당사자 쌍방이 상소하지 아니한 부분은 분리 확정된다(대판 1992. 1. 21. 91도1402 전합).

36) 대판 1970. 12. 22. 70도2271; 대판 1999. 11. 12. 99도2934; 대판 2005. 1. 28. 2004도7359; 대판 2010. 11. 25. 2010도10985.

다. 일죄인 경우

단순일죄(결합범 포함), 상상적 경합범, 포괄일죄(영업범, 상습범, 협의의 포괄일죄)에 대해서는 하나의 주문만 존재한다.[37] 이를 1죄 1주문의 원칙이라 한다.[38]

상상적 경합 또는 포괄일죄의 일부가 유죄이고, 일부는 무죄인 경우 주문에는 유죄만 나타내고 무죄 부분은 이유에만 기재한다.[39] 상상적 경합 또는 포괄일죄의 일부에 면소, 공소기각 재판을 하고 나머지에 대해 유·무죄의 실체판결을 하는 때에, 판결 주문에는 유·무죄의 판단만 표시하고 면소, 공소기각 부분은 판결이유에 기재한다.[40]

3. 구체적 판단

가. 일 죄

단순일죄, 포괄일죄, 상상적 경합범에 대해서는 하나의 형을 선고하므로 상소불가분의 원칙이 적용된다. 따라서 일죄에 관하여 '일부 유죄', '일부 무죄 또는 형식재판'이 선고되었는데 검사만 '무죄 또는 형식재판' 부분에 관하여 상소하였으면 상소불가분의 원칙이 적용되어 유죄 부분도 이심된다. 다만 일죄에 관하여 '일부 유죄', '일부 무죄 또는 형식재판'에서 피고인만 유죄 부분에 대해 상소하고 검사가 무죄나 형식재판 부분에 대하여 상소하지 않은 경우, 무죄 또는 형식재판 부분은 이심은 되지만 심판 대상이 아니다. 이심은 되지만 심판 대상은 아니라고 본 이유는 피고인을 보호하기 위함이다.

(1) 원칙 — 전부 이심

포괄일죄의 일부 유죄, 일부 무죄에 대하여 검사만 무죄 부분 상소

포괄적 일죄의 관계에 있는 공소사실 중 일부 유죄, 나머지 무죄의 판결에 대하여 검사만이 무죄부분에 대한 상고를 하고 피고인은 상고하지 아니하더라도 상소불가분의 원칙상 검사의 상고는 그 판결의 유죄부분과 무죄부분 전부에 미치는 것이므로 유죄부분도 상고심에 이전되어 그 심판대상이 된다.[41]

---

37) 대판 1961. 10. 26. 4294형상449.

38) 다만, 포괄일죄의 관계에 있는 공소사실에 대하여는 그 일부가 무죄로 판단되는 경우에도 이를 판결 주문에 따로 표시할 필요가 없으나 이를 판결 주문에 표시하였다 하더라도 판결에 영향을 미친 위법사유가 되는 것은 아니다(대판 1993. 10. 12. 93도1512).

39) 일부 유죄, 일부 무죄인 때에는 유죄 부분에 관하여 형을 선고하여야 하므로 유죄 부분을 주문에 표시하여야 한다.

40) 대판 1982. 2. 23. 81도3277(포괄일죄에서 일부 면소, 일부 유죄); 대판 1977. 7. 12. 77도1320(포괄일죄에서 일부 무죄, 일부 면소); 대판 1996. 4. 12. 95도2312(상상적 경합에서 일부 면소, 일부 무죄); 대판 1968. 3. 5. 68도105(상상적 경합에서 일부 공소기각).

41) 대판 1985. 11. 12. 85도1998; 대판 1989. 4. 11. 86도1629. 다음은 같은 취지이다.
상상적 경합범의 전부 유죄 → 일부 유죄, 일부 무죄/동산 양도담보를 점유개정방식으로 이중으로 설정한 자가 목적물을 임의 처분한 사안에서 원심이 두 채권자에 대한 관계에서 모두 배임죄(상상적 경합)를 인정
점유개정의 방식으로 이중의 양도담보 설정계약을 체결한 후 양도담보 설정자가 목적물인 동산을 임의로 처분한 경우, 2차로 설정계약을 체결한 채권자에 대한 관계에서는 배임죄가 성립하지 않음에도 원심이 양도담보 설정계약을 체결한 두 채권자 모두에 대한 관계에서 배임죄가 성립한다고 보아 상상적 경합의 관계에 있는 수 죄 전부를 유죄로

상상적 경합범의 일부 유죄, 일부 무죄에 대하여 검사만 무죄 부분 상소
공소사실: a1, a2, B의 3가지 범죄[a1과 a2는 상상적 경합관계에 있어 죄수론상 A라는 하나의 죄가 성립하며, A(=a1 + a2)와 B는 실체적 경합범관계에 있음]
원심의 판결: a1은 무죄, a2는 유죄, B는 무죄
상소: 검사가 a1(무죄)과 B(무죄)에 대해서만 상소
대법원의 판단: 검사가 a1(무죄)만 상소하였더라도 이와 상상적 경합관계에 있는 a2(유죄)도 이심되어 심판의 대상이 된다.[42)]

상상적 경합범을 실체적 경합범으로 보고 일부 유죄, 일부 무죄 선고하자 검사만 무죄 부분 상소
원심이 두 개의 죄를 경합범으로 보고 한 죄는 유죄, 다른 한 죄는 무죄를 각 선고하자 검사가 무죄부분만에 대하여 불복상고하였다고 하더라도 위 두 죄가 상상적 경합관계에 있다면 유죄부분도 상고심의 심판대상이 된다.[43)]

인정한 사안에서 그 중 일부가 무죄인 경우, 상고심은 항소심판결 전부를 파기하여야 한다.
금전채무를 담보하기 위하여 채무자가 그 소유의 동산을 채권자에게 양도하되 점유개정에 의하여 채무자가 이를 계속 점유하기로 한 경우 특별한 사정이 없는 한 동산의 소유권은 신탁적으로 이전됨에 불과하여 채권자와 채무자 사이의 대내적 관계에서 채무자는 의연히 소유권을 보유하나 대외적인 관계에 있어서 채무자는 동산의 소유권을 이미 채권자에게 양도한 무권리자가 되는 것이어서 다시 다른 채권자와 사이에 양도담보 설정계약을 체결하고 점유개정의 방법으로 인도를 하더라도 선의취득이 인정되지 않는 한 나중에 설정계약을 체결한 채권자는 양도담보권을 취득할 수 없는데, 현실의 인도가 아닌 점유개정으로는 선의취득이 인정되지 아니하므로, 결국 뒤의 채권자는 양도담보권을 취득할 수 없고, 따라서 이와 같이 채무자가 그 소유의 동산에 대하여 점유개정의 방식으로 채권자들에게 이중의 양도담보 설정계약을 체결한 후 양도담보 설정자가 목적물을 임의로 제3자에게 처분하였다면 양도담보권자라 할 수 없는 뒤의 채권자에 대한 관계에서는, 설정자인 채무자가 타인의 사무를 처리하는 자에 해당한다고 할 수 없어 배임죄가 성립하지 않는다(대판 2000. 4. 25. 98도4490; 대판 2004. 6. 25. 2004도1751).

42) 대판 2005. 1. 27. 2004도7488; 대판 2007. 6. 1. 2005도7523.
다음은 같은 취지이다.
피해자가 3개의 문서를 위·변조, 행사하였다고 허위 고소하여 무고
공소사실: 피고인이 피해자가 3개의 문서를 위·변조, 행사하였다고 허위 고소하여 무고함
제1심의 판단: 위 3개의 문서 중 1개의 문서에 대한 고소부분만이 무고라고 보아 주문에서 유죄판단을 하고 나머지 2개의 문서에 대한 고소부분에 대하여는 이유에서 무죄판단을 함
상소: 피고인만 항소함
원심의 판단: 공소사실을 단순일죄로 보고 제1심판결의 무죄부분까지를 심리의 대상으로 삼아 제1심판결을 파기하고 공소사실 전부에 대하여 유죄로 인정
대법원의 판단: 하나의 고소에 의해 동일 피해자에 대해 여러 개의 허위사실을 신고한 것은 무고의 단순일죄이고, 원심의 판단은 정당하다(대판 1990. 1. 25. 89도478; 대판 1991. 6. 25. 91도884).
부실담보를 제공받고 대출한도거래약정을 체결함으로써 배임죄 성립
각 채무자와 사이에 대출한도 및 대출기간의 한도를 정하여 놓고 그 범위 내에서 채무자가 별도의 자금대출신청 및 심사절차를 거침이 없이 자유로이 자금을 차입하거나 상환할 수 있는 내용의 것으로서, 당초 부실한 담보를 제공받고 위와 같은 내용의 대출한도거래약정을 체결한 자체가 불량대출로서 그 한도금액 전체를 손해 및 이득액으로 하는 한 개의 배임죄가 성립할 뿐 그 약정 아래 이루어진 여러 번에 걸친 대출금인출행위를 포괄하여 1죄라고 할 수는 없다.
제1심이 단순일죄의 관계에 있는 공소사실의 일부에 대하여만 유죄로 인정한 경우에 피고인만이 항소하여도 그 항소는 그 일죄의 전부에 미쳐서 항소심은 무죄부분에 대하여도 심판할 수 있다(대판 2001. 2. 9. 2000도5000).

43) 대판 1980. 12. 9. 80도384 전합.

(2) 예외 — 무죄나 형식재판 부분에 대해 검사의 상소가 없는 경우

포괄일죄의 일부 유죄, 일부 무죄에 대해 피고인만 유죄부분 상고
포괄일죄의 일부만이 유죄로 인정된 경우 그 유죄부분에 대하여 피고인만이 상고하였을 뿐 무죄부분에 대하여 검사가 상고를 하지 않았다면 상소불가분의 원칙에 의하여 무죄부분도 상고심에 이심되기는 하나 그 부분은 당사자의 공격방어의 대상이 아니어서 심판대상에서부터 벗어나 상고심은 무죄부분을 판단할 수 없다.[44)]

상상적 경합 관계에 있는 a1과 a2에 대하여 모두 무죄선고되어 검사가 전부 상고하였으나 a2 부분에 대해서는 상고이유로 삼지 않음
상상적 경합관계에 있는 수죄(a1 + a2)에 대하여 모두 무죄가 선고되었고, 검사가 무죄 부분 전부에 대하여 상고하였으나 그 중 일부 무죄 부분(a2)에 대하여는 이를 상고이유로 삼지 않은 경우, 비록 상고이유로 삼지 아니한 무죄 부분(a2)도 상고심에 이심되지만 그 부분은 당사자의 공격방어의 대상으로부터 벗어나 사실상 심판대상에서 이탈하므로, 상고심은 그 무죄 부분(a2)을 판단할 수 없다.[45)]

(3) 주형과 부가형 중 부가형 부분에 대해서만 상소

피고사건의 주위적 주문과 몰수 또는 추징에 관한 부가적 주문은 상호 불가분적 관계에 있어 상소불가분의 원칙이 적용된다. 가령 징역형과 몰수형을 병과하도록 규정하고 있는 관세법 282조 위반 피고사건에서 징역형과 몰수형이 선고되었고 몰수형에 대해서만 상소하는 때에 징역형 부분까지 이심된다. 이러한 경우 일죄에 대해 징역형과 몰수형을 병과하는 것이어서, 경합범에 대한 병과주의를 규정하고 있는 형법 38조 1항 3호가 적용된 것은 아니다.

필수적 몰수(추징)를 정한 마약류관리에 관한 법률위반죄 중 몰수(추징)부분만 상소
마약류관리에 관한 법률 67조는 이른바 필수적 몰수 또는 추징 조항으로서 그 요건에 해당하는 한 법원은 반드시 몰수를 선고하거나 추징을 명하여야 한다. 위와 같은 몰수 또는 추징은 피고사건 본안에 관한 판단에 따른 주형 등에 부가하여 한 번에 선고되고 이와 일체를 이루어 동시에 확정되어야 하고 본안에 관한 주형 등과 분리되어 이심되어서는 아니 되는 것이 원칙이므로, 피고사건의 주위적 주문과 몰수 또는 추징에 관한 주문은 상호 불가분적 관계에 있어 상소불가분의 원칙이 적용되는 경우에 해당한다. 따라서 피고사건의 재판

---

44) 대판 1991. 3. 12. 90도2820. 따라서 상고심으로부터 유죄부분에 대한 항소심판결이 잘못되었다는 이유로 사건을 파기환송받은 항소심은 그 무죄부분에 대하여 다시 심리판단하여 유죄를 선고할 수 없다.
다음은 같은 취지이다.
포괄일죄의 '일부 유죄', '일부 무죄 또는 공소기각'에 대하여 피고인만 유죄 부분 상고
포괄일죄의 일부만이 유죄로 인정된 경우 그 유죄 부분에 대하여 피고인만이 상고하였을 뿐 무죄나 공소기각으로 판단된 부분에 대하여 검사가 상고를 하지 않았다면, 상소불가분의 원칙에 의하여 유죄 이외의 부분도 상고심에 이심되기는 하나 그 부분은 이미 당사자 간의 공격·방어의 대상으로부터 벗어나 사실상 심판대상에서부터도 이탈하게 되므로, 상고심으로서도 그 부분에까지 나아가 판단할 수 없다(대판 2004. 10. 28. 2004도5014).

45) 대판 2008. 12. 11. 2008도8922.

가운데 몰수 또는 추징에 관한 부분만을 불복대상으로 삼아 상소가 제기되었다 하더라도, 상소심으로서는 이를 적법한 상소제기로 다루어야 하고, 그 부분에 대한 상소의 효력은 그 부분과 불가분의 관계에 있는 본안에 관한 판단 부분에까지 미쳐 그 전부가 상소심으로 이심된다.[46)]

나. 경합범

경합범에 관하여 흡수주의 또는 가중주의가 적용되어 하나의 형이 선고된 때에는 일부 상소의 효력이 그 나머지 부분에 대해서도 미친다.

경합범에 관하여 병과주의가 적용되어, 가령 도박죄(형법 246조 1항에 의하여 법정형이 500만 원 이하의 벌금 또는 과료)와 특수절도(형법 331조에 의하여 법정형이 1년 이상 10년 이하의 징역)에 대해 징역 2년(특수절도에 관한 형임) 및 벌금 100만 원(도박죄에 관한 형임)이라는 2개의 형이 선고된 경우에 그 일부에 관한 상소가 있어도 그 나머지 부분까지 이심되는 것은 아니다.

경합범에 관하여 ① '일부 유죄(ⓐ)', '일부 무죄 또는 형식재판(ⓑ)', ② '일부 무죄 또는 형식재판(ⓒ)', '일부 무죄 또는 형식재판(ⓓ)'인 경우 ⓐ와 ⓑ 사이, ⓒ와 ⓓ 사이에서 각각 상소불가분의 원칙은 적용되지 않는다.

경합범의 일부 유죄, 일부 무죄에서 검사만 일부 무죄에 대하여 상소

경합범으로 동시에 기소된 사건에 대하여 일부 유죄, 일부 무죄의 선고를 하거나 일부의 죄에 대하여 징역형을, 다른 죄에 대하여 벌금형을 선고하는 등 판결주문이 수 개일 때에는 그 1개의 주문에 포함된 부분을 다른 부분과 분리하여 일부상소를 할 수 있고 당사자 쌍방이 상소하지 아니한 부분은 분리 확정된다.

경합범 중 일부에 대하여 무죄, 일부에 대하여 유죄를 선고한 항소심 판결에 대하여 검사만이 무죄 부분에 대하여 상고를 한 경우 피고인과 검사가 상고하지 아니한 유죄판결 부분은 상고기간이 지남으로써 확정되어 상고심에 계속된 사건은 무죄판결 부분만이므로 상고심에서 파기할 때에는 무죄 부분만을 파기할 수밖에 없다.[47)]

---

46) 대판 2008. 11. 20. 2008도5596 전합. 위 판례에 의해 피고사건의 본안에 관한 판단 부분에 대하여는 상소하지 아니한 채 몰수 또는 추징 부분에 한하여 상소하는 것은 허용되지 않으므로 이러한 상소는 기각하여야 한다는 취지의 종전 판례(대판 1984. 12. 11. 84도1502; 대판 2007. 11. 15. 2007도6775 등)는 변경되었다.
다음은 같은 취지이다.
필수적 몰수·추징 사안에서 상소심이 원심의 주형 부분을 파기
관세법 282조의 필수적 몰수·추징 규정이 적용되는 피고사건의 재판에 대한 상소심에서 원심의 주형 부분을 파기하는 경우, 부가형인 몰수 또는 추징 부분도 함께 파기하여야 한다(대판 2009. 6. 25. 2009도2807).

47) 대판 1992. 1. 21. 91도1402 전합; 대판 2000. 2. 11. 99도4840; 대판 2001. 6. 1. 2001도70; 대판 2010. 11. 25. 2010도10985. 위 91도1402 전합 판결은 다음 판례들을 폐기하였다.
형법 37조 전단의 경합범 중 일부 공소사실에 대하여는 유죄의 선고를 하고 일부 공소사실에 대하여 무죄 선고를 한 경우로서 검사만 무죄 부분에 대하여 상고한 사건에서 원심이 유죄로 인정한 범죄와 상고된 무죄 부분 공소사실이 경합범으로서 과형상 하나의 형으로 처단하여야 하는 관계에 있기 때문에 2심 판결 전부를 파기하여야 한다(대판 1989. 9. 12. 87도506; 대판 1991. 5. 28. 91도739 등).

해설: 경합범의 일부 유죄, 일부 무죄에서 검사만 일부 무죄에 대해 상소한 경우 일부 유죄는 이심되지 않고 그대로 확정된다. 이러한 경우 유죄 부분에 대한 형이 먼저 분리확정된 이후, 상소된 무죄 부분이 파기되어 다시 형이 선고됨으로써 2개의 형이 선고될 가능성이 있다. 이에 대해서는 과형상의 불가분을 규정한 형법 38조의 취지에 반한다는 이유로 반대하는 견해가 있다.48)

경합범의 일부 유죄, 일부 무죄에 대하여 쌍방이 상소하였으나 피고인이 상고취하

형법 37조 전단의 경합범 관계에 있는 범죄에 관하여 검사는 무죄 부분에 대하여, 피고인은 유죄 부분에 대하여 각 상고하였으나 피고인이 상고를 취하함으로써 유죄 부분은 분리·확정되었으므로, 결국 원심판결 중 무죄 부분만을 파기할 수밖에 없다.49)

경합범의 일부 유죄, 일부 무죄에 대하여 쌍방이 상소(유죄부분에 관한 피고인의 상소가 이유 없음)

항소심이 경합범으로 공소제기된 수 개의 범죄사실 중 그 일부에 대하여 유죄, 일부에 대하여 무죄를 각 선고하였고, 그 중 유죄 부분에 대하여는 피고인이 상고하고 무죄 부분에 대하여는 검사가 상고한 경우에 있어서는, 항소심판결 전부의 확정이 차단되어 상고심에 이심되는 것이고 유죄 부분에 대한 피고인의 상고가 이유 없더라도 무죄 부분에 대한 검사의 상고가 이유 있는 때에는 피고인에게 하나의 형이 선고되어야 하는 관계로 무죄 부분뿐만 아니라 유죄 부분도 함께 파기되어야 한다.50)

상상적 경합범의 일부 무죄 부분에 대하여 검사만 상소한 경우, 상상적 경합범의 일부 유죄 부분 및 이와 실체적 경합관계에 있는 범죄

공소사실: a1, a2, B[a1과 a2는 상상적 경합관계에 있어 죄수론상 A(=a1 + a2)라는 하나의 범죄가 되며 A와 B는 실체적 경합관계에 있음]

항소심 판결: a1(유죄), a2(무죄), B(무죄) (a1과 B는 주문에서 판단하고, a2는 a1의 이유에서 판단함)

---

48) 다음은 이러한 불합리한 결과를 제한하는 판례이다.

경합범의 일부 유죄, 일부 무죄에 대하여 검사가 전부 상소(유죄부분에 관하여 검사가 이유를 기재하지 않음)

형법 37조 전단 경합범 관계에 있는 공소사실 중 일부에 대하여 유죄, 나머지 부분에 대하여 무죄를 선고한 제1심판결에 대하여 검사만이 항소하면서 무죄 부분에 관하여는 항소이유를 기재하고 유죄 부분에 관하여는 이를 기재하지 않았으나 항소 범위는 '전부'로 표시하였다면, 이러한 경우 제1심판결 전부가 이심되어 원심의 심판대상이 되므로, 원심이 제1심판결 무죄 부분을 유죄로 인정하는 때에는 제1심판결 전부를 파기하고 경합범 관계에 있는 공소사실 전부에 대하여 하나의 형을 선고하여야 한다(대판 2011. 3. 10. 2010도17779; 대판 2014. 3. 27. 2014도342).

해설: 일부 유죄, 일부 무죄가 선고된 경합범에서 검사만 일부 무죄에 관하여 상소한 경우 피고인과 검사가 상고하지 아니한 유죄판결 부분은 상고기간이 지남으로써 확정되어 상고심에 계속된 사건은 무죄판결 부분에 대한 공소뿐이라 할 것이므로 상고심에서 이를 파기할 때에는 무죄 부분만을 파기할 수밖에 없다는 것이 일관된 판례이다. 이러한 경우 유죄 부분에 대한 형이 먼저 분리확정된 이후, 상소된 무죄 부분이 파기되어 다시 형이 선고됨으로써 2개의 형이 선고될 가능성이 있다. 위 판결은 위와 같은 불합리가 나타나는 일관된 판례의 적용범위를 제한하는 기능을 한다.

49) 대판 2012. 2. 23. 2011도14441.

50) 대판 1997. 6. 13. 96도2606; 대판 2000. 6. 13. 2000도778; 대판 2007. 6. 28. 2005도7473.

상소: 검사가 a2에 대해서만 상소함
판단: a2와 상상적 경합관계에 있는 a1은 이심되지만, A와 실체적 경합범 관계에 있는 B는 그대로 확정됨[51)]

실체적 경합범에 대하여 이종의 형을 부과하였는데 일부에만 파기사유가 있음
업무상과실선박파괴죄와 해양오염방지법위반 및 선원법위반(일부)을 실체적 경합범으로 보아 업무상과실선박파괴죄와 해양오염방지법위반에 대하여는 하나의 징역형을 선고하고 선원법 위반에 대하여는 이와 별개로 벌금형을 병과한 경우, 하나의 징역형이 선고된 업무상과실선박파괴죄와 해양오염방지법 위반은 소송상 일체로 취급되어야 하므로 업무상과실선박파괴죄에 관한 원심판단에 위법이 있는 이상 해양오염방지법 위반 부분까지 함께 파기를 면할 수 없으나, 별개의 벌금형이 병과된 선원법위반 부분은 소송상 별개로 분리 취급되어야 하므로 이 부분은 파기 범위에 속하지 아니한다.[52)]

징역형과 벌금형이 선택형으로 된 사기죄 등 사건에서 형을 선택하지 아니한 상태로 징역형과 벌금형을 병과
원심이, 징역형과 벌금형이 선택적으로 규정되어 있는 각 사기죄, 각 사문서위조죄, 각 위조사문서행사죄에 대하여 형을 선택하지 아니한 채 피고인에게 징역 1년 및 벌금 200만 원의 형을 선고함으로써 어느 죄에 대하여 징역형이, 어느 죄에 대하여 벌금형이 선택되었는지 특정할 수 없는 사안에서,
경합범 중 일부의 죄에 대하여 징역형이, 나머지 죄에 대하여 벌금형이 선택되어 병과형이 선고된 경우 징역형이나 벌금형 중 어느 하나의 형에 관한 판결 부분만을 상소의 대상으로 할 수 있는 것이지만, 법원이 1개의 죄에 정한 형이 징역형, 벌금형 등 수종임에도 형의 종류를 선택하지 아니한 채 수죄에 대하여 징역형과 벌금형을 병과하는 경우에는 어느 죄에 대하여 징역형이, 어느 죄에 대하여 벌금형이 선고된 것인지 알 수 없게 되어 재판의 내용이 불가분적인 것이 되므로, 징역형이나 벌금형 중 어느 하나의 형에 관한 판결 부분만을 상소의 대상으로 할 수는 없다고 할 것이어서, 징역형이나 벌금형 중 어느 하나의 형에 관한 판결 부분에 대하여만 상소를 하였다고 하더라도 그 일부와 불가분의 관계에 있는 다른 형에 관한 판결 부분에 대하여도 상소의 효력이 미친다.[53)]

다. 금고 이상의 형에 처한 판결 확정 전후의 범죄

금고 이상의 형에 처한 판결이 '확정되기 전의 A죄'와 '확정된 후의 B죄'에 대해 모두 유죄가 선고되고(주문 2개) 피고인이 A죄에 대해서만 항소
법리: 형법 37조 전단의 경합범으로 동시에 기소된 수 개의 공소사실에 대하여 일부 유죄, 일부 무죄를 선고하거나 수 개의 공소사실이 금고 이상의 형에 처한 확정판결 전후의 것이어서 형법 37조 후단, 39조 1항에

51) 대판 1995. 6. 13. 94도3250.
52) 대판 2009. 4. 23. 2008도11921.
53) 대판 2004. 9. 23. 2004도4727.

의하여 각기 따로 유·무죄를 선고하거나 형을 정하는 등으로 판결주문이 수 개일 때에는 그 1개의 주문에 포함된 부분을 다른 부분과 분리하여 일부상소를 할 수 있고, 이때 쌍방이 상소하지 않은 부분은 분리 확정된다.

제1심: 피고인을 금고 이상의 형에 처한 판결이 확정된 후, 확정판결 전의 사기범행(A죄)에 대해 징역 2년을, 확정판결 후의 산지관리법위반 등 범행(B죄)에 대해 징역 6월에 집행유예 2년을 선고하고 피고인만 A에 한하여 항소

판단: B는 항소기간 도과로 확정되고 A만 원심에 계속되므로, 원심은 A만을 심리·판단하여야 한다.[54)]

라. 피고사건과 치료감호사건

피고사건과 치료감호사건 모두에 대하여 항소하였다가 **치료감호사건에 대한 항소만 취하**한 경우, 치료감호법 14조 2항에 의하여 그 항소취하의 효력이 부정되지는 않는다.[55)]

4. 일부 상소 여부의 판단

항소장에 불복의 범위를 명시하라는 규정이 없고 또 상소는 재판의 전부에 대하여 하는 것을 원칙으로 삼고 다만 재판의 일부에 대하여도 상소할 수 있다고 규정한 법 342조의 규정에 비추어 볼 때, 비록 항소장에 경합범으로서 2개의 형이 선고된 죄 중 일죄에 대한 형만을 기재하고 나머지 일죄에 대한 형을 기재하지 아니하였다 하더라도 항소이유서에서 그 나머지 일죄에 대하여도 항소이유를 개진한 경우에는 판결 전부에 대한 항소로 봄이 상당하다.[56)]

Ⅵ. 불이익변경금지의 원칙

1. 의 의

피고인이 항소한 사건과 피고인을 위하여 항소한 사건에 대하여는 원심판결의 형보다 중한 형을 선고하지 못한다(법 368조). 상고법원이 파기자판하는 경우에도 피고인이 상고한 사건과 피고인을 위하

54) 대판 2018. 3. 29. 2016도18553. 같은 취지로는 대판 1999. 11. 12. 99도2934; 대판 2005. 1. 28. 2004도7359; 대판 2010. 11. 25. 2010도10985.

55) 피고인이 징역 10년을 선고한 피고사건의 판결 및 이와 함께 치료감호를 선고한 치료감호사건의 판결에 대하여 모두 항소하였다가 원심 제1차 공판기일에 이르러 치료감호사건에 대한 항소를 취하함으로써 치료감호사건의 제1심판결은 확정되었으므로, 원심이 피고사건에 대하여만 판결을 선고하고 치료감호사건에 대하여는 판결을 선고하지 않은 데에 아무런 위법이 없다(대판 2009. 12. 10. 2009도10558).
해설: "피고사건의 판결에 대하여 상소 및 상소의 포기·취하가 있을 때에는 치료감호청구사건의 판결에 대하여도 상소 및 상소의 포기·취하가 있는 것으로 본다. 상소권회복 또는 재심의 청구나 비상상고가 있을 때에도 또한 같다(치료감호법 14조 2항)."

56) 대판 1991. 11. 26. 91도1937; 대판 2004. 12. 10. 2004도3515.

여 상고한 사건에 대하여는 원심판결의 형보다 중한 형을 선고하지 못한다(법 396조 2항, 368조).

불이익변경금지의 원칙은 피고인측의 상소권을 보호하기 위한 것이다.[57]

2. 적용범위

불이익변경금지의 원칙이 적용되는 '피고인이 상소한 사건'은 피고인만 상소한 사건을 의미한다. 따라서 검사만 상소하였거나 검사와 피고인 모두 상소한 사건에서는 불이익변경금지의 원칙이 적용되지 않는다. 그러나 검사와 피고인 모두 양형부당을 이유로 항소하였으나 원심이 검사의 항소를 이유 없다고 판단하여 이를 배척한 이상 원심은 1심보다 중한 형을 선고하지 못한다.[58] 또한 피고인과 검사 쌍방이 항소하였으나 검사가 항소 부분에 대한 항소이유서를 제출하지 아니하여 결정으로 항소를 기각하여야 하는 경우에는 실질적으로 피고인만이 항소한 경우와 같게 되므로 항소심은 불이익변경금지의 원칙에 따라 제1심판결의 형보다 중한 형을 선고하지 못한다.[59]

'피고인을 위하여 상소한 사건'은 당사자 이외의 상소권자 즉 피고인의 법정대리인(법 340조), 피고인의 배우자, 직계친족, 형제자매 또는 원심의 대리인이나 변호인(법 341조)이 상소한 것을 말한다. 검사가 피고인을 위하여 상소한 사건에서도 불이익변경금지의 원칙이 적용된다고 보는 것이 통설이다. 판례도 "검사의 항소가 특히 피고인의 이익을 위한 취지라고 볼 수 없다면 항소심에서 중한 형을 선고할 수 있다"[60]라고 판시하여 통설과 같은 견해를 취하고 있다.

3. 상소한 사건의 범위

법은 항소사건과 상고사건에 대해서만 불이익변경금지원칙을 규정하고 있기 때문에 항고사건에 대해서도 불이익변경금지원칙이 적용될 수 있는지 논의되고 있다. 항고의 경우에도 집행유예의 취소결정에 대한 항고(법 335조 3항)나 선고유예의 실효결정에 대한 항고(동조 4항, 3항)와 같이 예외적으로 형의 선고에 준하는 경우가 있으므로 이러한 때에는 불이익변경금지원칙을 적용하자는 견해, 위와 같은 때에도 상소심은 하급심의 결정을 취소할지 여부만을 판단할 뿐 새로운 형을 정하는 것은 아니며 법이 상소한 사건에 대해서만 불이익변경금지의 원칙을 규정하고 있다는 점을 들어 항고에 대해서는 불이익변경금지의 원칙을 적용하지 말자는 견해가 있다.

불이익변경금지의 원칙은 즉결심판(즉결심판에 관한 절차법 19조, 법 457조의2)과,[61] 재심사건에서도 적용된다(법 439조).

---

57) 대판 1999. 11. 26. 99도3776.
58) 대판 1976. 10. 12. 74도1785.
59) 대판 1998. 9. 25. 98도2111.
60) 대판 1971. 5. 24. 71도574.
61) 대판 1999. 1. 15. 98도2550.

피고인만의 상고에 의하여 상고심에서 원심판결을 파기하고 사건을 항소심에 환송한 경우에는 환송 전 원심판결과의 관계에서도 불이익변경금지의 원칙이 적용되어 그 파기된 항소심판결보다 중한 형을 선고할 수 없다.[62]

환송 후에 공소장변경이 있어 이에 따라 항소심이 새로운 범죄사실을 유죄로 인정하는 경우에도 불이익변경금지의 원칙이 적용된다.[63]

환송 후 법정형이 가벼운 범죄로 공소장변경하면서 환송 전과 동일한 형 선고
피고인의 상고에 의하여 상고심에서 원심판결을 파기하고 사건을 항소심에 환송하였는데 환송 후의 원심에서 법정형이 가벼운 죄로 공소장의 변경[강도살인죄(사형, 무기) → 강도치사죄(무기, 징역 10년 이상)]이 이루어지고 이에 따라 그 항소심이 새로운 범죄사실을 유죄로 인정하면서 환송 전 원심에서 정한 선고형과 동일한 형을 선고한 경우, 불이익변경금지원칙에 위배되지 않는다.[64]

소송비용부담의 재판에 대하여 상소하였으나, 본안재판에 대한 상소가 이유 없음
소송비용부담의 재판은 본안의 재판에 종속한다. 따라서 소송비용부담의 재판에 대하여는 본안의 재판에 관하여 상소하는 경우에 한하여 불복할 수 있고(법 191조 2항), 소송비용부담의 재판에 대한 불복은 본안의 재판에 대한 상소의 전부 또는 일부가 이유 있는 경우에 한하여 받아들여질 수 있다.[65]

4. 불이익변경금지의 대상

가. 중형선고의 금지

불이익변경금지의 원칙이란 일체의 불이익한 변경을 금지하는 것이 아니라 원심판결의 형보다 중한 형으로의 변경을 금지하는 것을 말하는 것으로서 불이익변경이 금지되는 것은 형의 선고에 한한다.[66] 따라서 원심이 주류 판매량을 1심보다 많이 인정하였다고 하여 불이익변경금지의 원칙에 위반되는 것은 아니다.[67] 제1심이 피고인에게 판시 각 범죄사실을 일괄하여 실체적 경합범으로 보고 징역 4년을 선고한 것을 원심이 위 각 범죄사실이 형법 37조 후단의 경합범이라는 이유로 제1심판결을 파기하고 3개의 주문(징역 1년, 징역 1년, 징역 6월)으로 처단하고 있다고 하더라도, 원심판결이 주형에서 그 형기

62) 대판 1964. 9. 17. 64도298 전합; 대판 1980. 3. 25. 79도2105; 대판 1986. 9. 23. 86도402; 대판 1992. 12. 8. 92도2020; 대판 2006. 5. 26. 2005도8607.
63) 대판 1980. 3. 25. 79도2105.
64) 대판 2001. 3. 9. 2001도192.
65) 대판 2016. 11. 10. 2016도12437. 같은 취지로는, 대판 1996. 1. 23. 95다38233; 대판 2007. 9. 6. 2007다34135; 대판 2008. 7. 24. 2008도4759.
66) 대판 1996. 3. 8. 95도1738.
67) 대판 1996. 3. 8. 95도1738.

를 감축하고 있다면 주문이 3개로 나누어 선고되었다는 사실만으로 제1심판결보다 피고인에게 불이익하게 변경되었다고 할 수는 없다.[68]

항소심이 범죄사실 일부를 무죄로 인정하면서도 1심과 동일한 형을 선고

항소심이 피고인에 대하여 제1심이 인정한 범죄사실의 일부를 무죄로 인정하면서도 제1심과 동일한 형을 선고한 것은 불이익변경금지원칙에 반하지 않는다.[69]

단순일죄의 일부 무죄 사건을 항소심에서 전부 유죄 선고하면서 1심과 동일한 형 선고

제1심이 단순일죄인 공소사실의 일부에 대하여만 유죄로 인정한 경우에 피고인만이 항소하여도 그 항소는 그 일죄의 전부에 미쳐서 항소심은 무죄부분에 대하여도 심판할 수 있다 할 것이므로, 피고인들이 피해자에 대하여 3개의 문서를 위조변조행사하였다 하여 고소함으로써 무고하였다는 공소사실에 대하여 제1심이 그 중 1개의 문서에 대한 고소부분만이 무고라고 보아 주문에 유죄의 선고를 하고 나머지 2개의 문서에 대한 고소부분에 대하여는 이유 중 무죄의 설시를 한 데 대하여 피고인만이 항소하였으나 항소심이 공소사실을 단순일죄로 보고 제1심판결의 무죄부분까지를 심리의 대상으로 삼아 제1심판결을 파기하고 공소사실 전부에 대하여 유죄로 인정하면서 제1심과 동일한 형을 선고한 경우, 불이익변경금지원칙에 반하지 않는다.[70]

항소심이 최초로 소송비용부담의 재판을 함

제1심법원이 소송비용의 부담을 명하는 재판을 하지 않았음에도 항소심법원이 제1심의 소송비용을 피고인에게 부담하도록 한 경우, 소송비용의 부담은 형이 아니고 실질적인 의미에서 형에 준하여 평가되어야 할 것도 아니므로 불이익변경금지원칙의 적용이 없다.[71]

나. 불이익변경의 판단기준

형의 경중의 비교방법

선고된 형이 피고인에게 불이익하게 변경되었는지에 관한 판단은 형법상 형의 경중을 일응의 기준으로 하되, 병과형이나 부가형, 집행유예, 노역장 유치기간 등 주문 전체를 고려하여 피고인에게 실질적으로 불이익한가의 여부에 의하여 판단하여야 할 것이고, 더 나아가 피고인이 상소 또는 정식재판을 청구한 사건과 다른 사건이 병합·심리된 후 경합범으로 처단되는 경우에는 당해 사건에 대하여 선고 또는 고지받은 형과 병합·심리되어 선고받은 형을 단순 비교할 것이 아니라, 병합된 다른 사건에 대한 법정형, 선고형 등 피고인의 법률상 지위를 결정하는 객관적 사정을 전체적·실질적으로 고찰하여 병합심판된 선고형이 불이익한 변경에 해당

---

68) 대판 1988. 7. 26. 88도936.
69) 대판 2003. 2. 11. 2002도5679.
70) 대판 1991. 6. 25. 91도884.
71) 대판 2001. 4. 24. 2001도872.

하는지를 판단하여야 한다.[72)]

주문을 전체적·실질적으로 고찰하여 형의 경중을 판단/제1심: 징역 1년 6월에 집행유예 3년 → 환송 전 원심: 징역 1년 형의 선고를 유예 → 환송 후 원심: 벌금 40,000,000원 형과 금 16,485,250원 추징의 선고를 모두 유예

불이익변경금지의 원칙을 적용함에 있어서는 주문을 개별적·형식적으로 고찰할 것이 아니라 전체적·실질적으로 고찰하여 그 형의 경중을 판단하여야 할 것이다.

제1심: 징역 1년 6월에 집행유예 3년의 형을 선고하고, 피고인만이 항소

환송 전 원심: 징역 1년 형의 선고를 유예하고, 피고인만이 상고

대법원: 판결을 파기하고 사건을 원심에 환송

환송 후 원심: 벌금 4,000만 원과 금 16,485,250원 추징을 선고유예

판단: 환송 후 원심이 제1심이나 환송 전 원심보다 가볍게 그 주형을 징역 1년 6월 형의 집행유예 또는 징역 1년 형의 선고유예에서 벌금 40,000,000원 형의 선고유예로 감경한 점에 비추어, 그 선고를 유예한 금 16,485,250원의 추징을 새로이 추가하였다고 하더라도, 전체적·실질적으로 볼 때 피고인에 대한 형이 제1심판결이나 환송 전 원심판결보다 불이익하게 변경되었다고 볼 수는 없다.[73)]

징역 1년 6월 및 추징 2,615만 원 → 징역 1년 6월에 집행유예 3년, 추징 2,615만 원 및 벌금 5,000만 원

제1심: 뇌물수수죄에 대해 징역 1년 6월, 추징 2,615만 원을 선고하고, 피고인만 항소

원심: 제1심이 누락한 필요적 벌금형 병과규정(특가법 2조 2항)을 적용하여 징역 1년 6월에 집행유예 3년, 추징 2,615만 원 및 벌금 5,000만 원을 선고

판단: 집행유예의 실효·취소가능성, 벌금미납시 노역장유치 가능성과 그 기간 등을 전체적·실질적으로 고찰할 때 원심의 형은 제1심의 형보다 무거워 피고인에게 불이익함[74)]

---

72) 대판 2004. 11. 11. 2004도6784.

73) 대판 1998. 3. 26. 97도1716 전합. 위 전합 판결에 의하여 주문을 개별적·형식적으로 고찰하여 그 형의 경중을 판단하여야 하므로 새로운 형이나 부가적 처분이 추가된 경우에는 피고인에게 불이익하게 변경되었다고 보아야 한다는 취지의 견해를 취한 다음 판례들은 폐기되었다.
피고인만이 항소한 항소심에서 징역 5년형을 선고한 제1심판결을 파기하고 피고인에 대하여 징역 4년 및 벌금 15억 원을 선고한 것은 비록 징역형은 감경되었더라도 벌금형이 새로이 추가되었다는 점에서 제1심의 형보다 중한 형을 선고한 것이므로 불이익변경금지의 원칙에 위배된다(대판 1993. 12. 10. 93도2711).
징역 8월을 선고한 제1심 판결에 대하여 피고인만이 항소한 경우 항소심이 징역 6월과 금 10,000원의 추징의 판결을 선고하였다면 이는 불이익변경금지의 원칙에 위반된다고 할 것이다(대판 1967. 11. 21. 67도1185).

74) 대판 2013. 12. 12. 2012도7198.

(1) 징역형과 금고형의 경중

형기의 변경 없이 금고형을 징역형으로 바꾸어 집행유예를 선고(금고 5월 → 금고 5월, 집행유예 2년, 보호관찰 및 40시간의 수강명령)
제1심: 금고 5월의 실형을 선고하고, 피고인만 항소
원심: 갑죄에 대하여는 금고형을, 을죄와 병죄에 대하여는 징역형을 선택한 후 각 죄를 형법 37조 전단 경합범으로 처벌하면서 피고인에게 금고 5월, 집행유예 2년, 보호관찰 및 40시간의 수강명령을 선고
판단: 금고형과 징역형을 선택하여 경합범 가중을 하는 경우에는 형법 38조 2항에 따라 금고형과 징역형을 동종의 형으로 간주하여 징역형으로 처벌하여야 하고, 형기의 변경 없이 금고형을 징역형으로 바꾸어 집행유예를 선고하더라도 불이익변경금지원칙에 위배되지 않는다.[75]

(2) 집행유예

(가) 집행유예 → 실형

징역 1년에 3년간 집행유예가 선고된 제1심 판결에 대하여 피고인 및 검사가 제기한 항소를 기각하고 직권으로 제1심 판결의 형이 중하다는 이유로 이를 파기한 후 징역 10월의 실형을 선고한 경우에는 불이익변경의 금지규정에 위배된다. 실질적으로 보면 집행유예라는 법률적, 사회적 가치판단은 높게 평가하지 않을 수 없으므로 총체적으로 고려하여 보면 원심의 형(실형 10월)은 제1심의 형(징역 1년 집행유예 3년간)보다 중하다.[76]

제1심에서 징역형의 집행유예를 선고한데 대하여 제2심이 그 징역형의 형기를 단축하여 실형을 선고하는 것도 불이익변경 금지원칙에 위배된다.[77]

---

75) 대판 2013. 12. 12. 2013도6608. 위 판례는 다음 판례가 형기의 변경 없이 집행유예가 선고된 사정을 전체적·실질적으로 고찰하지 않았으므로 위 전합 판결(97도1716)의 취지에 반하는 것임이 분명하여 폐기된 것이라고 판시하였다.
금고 6월 → 징역 6월에 집행유예 1년
제1심이 피고인에게 금고 6월을 선고한 데 대하여 피고인만이 항소하였음에도 불구하고 원심이 제1심판결을 파기하고 피고인에 대하여 징역 6월에 집행유예 1년을 선고한 것은 피고인에게 불이익하게 변경되었다고 보아야 한다(대판 1976. 1. 27. 75도1543).

76) 대판 1965. 12. 10. 65도826 전합.

77) 대결 1986. 3. 25. 86모2. 다음은 같은 취지이다.
금고 1년 6월에 2년간 집행유예 → 금고 8월(대판 1970. 3. 24. 70도33).
재심대상사건에서 징역형의 집행유예 선고 → 재심사건에서 원판결보다 주형을 경하게 하고 집행유예를 없앰(대판 2016. 3. 24. 2016도1131).

집행유예를 선고한 사건의 재심에서 주형을 경하게 하고 집행유예를 없앰
제1심에서 징역형의 집행유예를 선고한 데 대하여 제2심이 징역형의 형기를 단축하여 실형을 선고하는 것은 불이익변경금지원칙에 위배된다.

(나) 실형 → 집행유예

제1심에서 징역 6월의 선고를 받고 피고인만이 항소한 사건에서 징역 8월에 집행유예 2년을 선고한 것은 제1심 형보다 중하고 따라서 불이익변경의 금지원칙에 위반된다.[78)]
제1심의 징역 6월 실형 선고보다 항소심의 징역 6월에 2년간 집행유예와 벌금 20,000원의 선고형이 피고인에게 불이익하다.[79)]

(다) 집행유예기간의 연장

항소심이 제1심과 동일한 형기에다 그 집행유예기간만을 제1심 보다 장기로 하여 형을 선고한 경우라 하더라도 형의 집행유예기간을 연장함은 형벌권의 소멸기간을 연장하여 피고인의 법적 지위를 저하하는 것이므로 불이익변경에 해당된다.[80)]

(라) 집행면제 → 집행유예

피고인을 징역 1년에 처하되 그 형의 집행을 면제한다는 판결을, 피고인을 징역 8월에 처하되, 위 판결확정일로부터 2년간 위 형의 집행을 유예한다는 판결로 바꾼 사안에서, 형의 집행유예의 판결은 소정 유예기간을 특별한 사유 없이 경과한 때에는 그 형의 선고의 효력이 상실되나 형의 집행면제는 그 형의 집행만을 면제하는데 불과하여, 전자가 후자 보다 피고인에게 불이익한 것이라 할 수 없으므로 불이익변경금지에 반하지 않는다.[81)]

(3) 자유형과 벌금형

벌금형은 징역형보다 경한 형임을 알 수 있으니, 설사 소론과 같이 원심이 선고한 벌금형의 환형유치기간이 제1심에서 선고한 징역 1년의 형의 기간을 초과한다고 하더라도, 원심에서 선고한 벌금형이 형법상 징역형보다 경한 형이라고 보아야 할 것이다.[82)]

---

78) 대판 1966. 12. 8. 66도1319 전합.
79) 대판 1970. 5. 26. 70도638.
80) 대판 1983. 10. 11. 83도2034.
81) 대판 1985. 9. 24. 84도2972 전합.
82) 대판 1980. 5. 13. 80도765.

징역 10월에 집행유예 2년을 선고한 제1심판결을 파기하고 벌금 1,000만 원을 선고한 항소심판결은 불이익변경금지원칙에 위반되지 아니한다.[83]

징역형의 형기가 징역 1년에서 징역 10월로 단축되었다면 벌금형의 액수가 같고 벌금형에 대한 환형유치기간이 길어졌다 하더라도 형량이 불이익하게 변경되었다고 할 수 없다.[84]

(4) 징역형의 선고유예와 벌금형

제1심의 징역형의 선고유예의 판결에 대하여 피고인만이 항소한 경우에 제2심이 벌금형을 선고한 것은 제1심판결의 형보다 중한 형을 선고한 것에 해당된다.[85]

(5) 벌금형과 노역장유치

피고인에 대한 벌금형이 제1심보다 감경되었다면 비록 그 벌금형에 대한 노역장유치기간이 제1심보다 더 길어졌다고 하더라도 전체적으로 보아 형이 불이익하게 변경되었다고 할 수는 없다 할 것이고, 피고인에 대한 벌금형이 제1심보다 감경되었을 뿐만 아니라 그 벌금형에 대한 노역장유치기간도 줄어든 경우라면 노역장유치 환산의 기준 금액이 제1심의 그것보다 낮아졌다 하여도 형이 불이익하게 변경되었다고 할 수는 없다.[86]

(6) 주형과 부가형

환송 후 원심판결이 환송 전 원심판결에서 선고하지 아니한 몰수를 새로이 선고하는 것은 불이익변경금지의 원칙에 위배된다.[87]

항소심에서 주형을 감형하면서 추징액을 증액한 경우(제1심의 형량인 징역 2년에 집행유예 3년 및 금 5억여 원 추징을 항소심에서 징역 1년에 집행유예 2년 및 금 6억여 원 추징으로 변경), 불이익변경금지원칙에 반하지 않는다.[88]

83) 대판 1990. 9. 25. 90도1534.
84) 대판 1994. 1. 11. 93도2894.
85) 대판 1999. 11. 26. 99도3776.
86) 대판 2000. 11. 24. 2000도3945.
87) 대판 1992. 12. 8. 92도2020.
88) 대판 1998. 5. 12. 96도2850.

피고인만이 항소한 사건에서 항소심법원이 제1심판결을 파기하고 새로운 형을 선고함에 있어 피고인에 대한 주형에서 그 형기를 감축하고 제1심판결이 선고하지 아니한 압수장물을 피해자에게 환부하는 선고를 추가하였더라도 그것만으로는 피고인에 대한 형이 제1심판결보다 불이익하게 변경되었다고 할 수 없다.[89]

(7) 보안처분과 형벌

부착명령청구사건에 관하여 쌍방이 항소하였으나 검사가 항소이유서를 제출하지 않음

피고인과 검사 쌍방이 피고사건 및 부착명령 청구사건 전부에 대하여 항소하였으나 검사가 부착명령 청구사건에 대한 항소이유서를 제출하지 아니한 경우, 부착명령 청구사건에 관하여 불이익변경금지의 원칙이 적용된다.[90]

구 특정 성폭력범죄자에 대한 위치추적 전자장치 부착에 관한 법률에 의한 전자감시 제도는 성폭력범죄자의 재범 방지와 성행교정을 통한 재사회화를 위하여 그의 행적을 추적하여 위치를 확인할 수 있는 전자장치를 신체에 부착하게 하는 부가적인 조치를 취함으로써 성폭력범죄로부터 국민을 보호함을 목적으로 하는 일종의 보안처분으로서 형벌과 구별되어 그 본질을 달리하는 점에 비추어 본다면, 원심이 피고인에게 징역 장기 7년, 단기 5년 및 5년 동안의 위치추적 전자장치 부착명령을 선고한 제1심판결을 파기한 후 피고인에 대하여 징역 장기 5년, 단기 3년 및 20년 동안의 위치추적 전자장치 부착명령을 선고한 것이 불이익변경금지의 원칙에 어긋나지 않는다.[91]

제1심 법원에서 치료감호처분만 선고되고 피고인만이 항소한 이 사건에서 원심이 공판절차이행에 따라 징역 1년 6월의 형을 선고하였음은 불이익변경금지의 원칙에 반한다.[92]

(8) 정기형과 부정기형

피고인이 1심에서 미성년자이었다가(부정기형) 항소심에서 성년에 달함(정기형)

제1심에서는 미성년자인 피고인에 대하여 징역 단기 6월, 장기 1년에 처하고, 피고인의 항소에 의하여 원심은 성년에 달한 피고인에 대하여 제1심 판결을 파기하고, 징역 1년의 정기형을 선고하였음이 분명한바, 법 368조의 불이익 변경금지 규정을 적용함에 있어서, 정기형과 부정기형 간에 그 경중을 교량할 경우에는 부

89) 대판 1990. 4. 10. 90도16.

90) 대판 2014. 3. 27. 2013도9666.

91) 대판 2010. 11. 11. 2010도7955, 2010전도46. 다음은 유사 취지이다.
아동·청소년 대상 성폭력범죄의 피고인에게 '징역 15년 및 5년 동안의 위치추적 전자장치 부착명령'을 선고한 제1심판결을 파기한 후 '징역 9년, 5년 동안의 공개명령 및 6년 동안의 위치추적 전자장치 부착명령'을 선고한 원심의 조치가 불이익변경금지원칙에 위배되지 않는다(대판 2011. 4. 14. 2010도16939, 2010전도159).

92) 대판 1983. 6. 14. 83도765.

정기형 중 최단기형과 정기형 자체를 비교하여야 하므로, 원심이 제1심을 파기하고, 성년에 달한 피고인에게 대하여 제1심에서 선고한 단기형인 징역 6월 보다 중한 징역 1년의 형을 선고한 것은 위법하다.[93]

(9) 약식명령에 대한 정식재판청구사건

피고인이 정식재판을 청구한 사건에서는 약식명령의 형보다 중한 종류의 형을 선고하지 못하고(형종 상향의 금지), 약식명령의 형보다 중한 형을 선고하는 경우에는 판결서에 양형의 이유를 적어야 한다(법 457조의2).[94] 그러나 약식명령에 대해 검사가 정식재판을 청구한 경우, 불이익변경금지의 원칙이 적용되지 않는다.

사문서위조, 동행사에 관하여 벌금형의 약식명령 발령 후 1심에서 '사서명위조, 동행사(법정형이 유기징역형만 있음)'로 공소장변경

약식명령에 대하여 피고인만이 정식재판을 청구하였는데, 검사가 당초의 공소사실인 사문서위조 및 위조사문서행사에 사서명위조 및 위조사서명행사의 공소사실을 예비적으로 추가하는 내용의 공소장변경을 신청한 사안에서, 피고인에 대하여 사서명위조와 위조사서명행사의 범죄사실이 인정되는 경우에는 비록 사서명위조죄와 위조사서명행사죄의 법정형에 유기징역형만 있다 하더라도 불이익변경금지 원칙이 적용되어 벌금형을 선고할 수 있으므로, 불이익변경금지 원칙을 이유로 공소장변경을 불허할 것은 아니다.[95]

Ⅶ. 파기판결의 구속력

1. 의 의

상급법원의 재판에 있어서의 판단은 당해 사건에 관하여 하급심을 기속한다(법원조직법 8조). 이와 같이 상소심에서 원판결을 파기하여 환송 또는 이송한 경우에 상급심의 판단이 하급심을 구속하는 효력을 파기판결의 구속력 또는 기속력이라고 한다. 구속력을 인정하는 이유는 사건을 환송받은 법원이 자신의 견해가 상급법원의 그것과 다르다는 이유로 이에 따르지 아니하고 다른 견해를 취하는 것을 허용한다면 사건이 하급심법원과 상소심 사이를 여러 차례 왕복할 수밖에 없게 되어 분쟁의 종국적 해결이 지연되거나 불가능하게 되며, 나아가 심급제도 자체가 무의미하게 되는 결과를 초래하게 될 것이므로, 이를 방지함으로써 법령의 해석적용의 통일을 기하고 심급제도를 유지하며 당사자의 법률관계의 안정과 소송경제를 도모하고자 하는 데 있다고 할 수 있다.[96]

93) 대판 1969. 3. 18. 69도114.

94) 약식명령에 대한 '불이익변경의 금지'를 '형종 상향의 금지'로 대체하고 양형 상향 시 양형 이유를 기재하도록 하는 개정 형법은 2017. 12. 19.부터 시행되었다.

95) 대판 2013. 2. 28. 2011도14986.

96) 대판 2001. 3. 15. 98두15597 전합 참조.

2. 구속력이 미치는 범위

가. 구속력이 미치는 법원

구속력이 발생하는 재판은 상소심의 파기판결이다. 상고심의 파기판결은 물론 항소심의 파기판결도 구속력이 생긴다. 파기판결이 구속력을 가지는 것은 파기이송인지, 파기환송인지를 가리지 않는다.

파기판결의 구속력을 받는 것은 당해 사건의 하급심이다(법원조직법 8조). 파기판결의 구속력을 받는 것은 당해 사건의 하급심이지만 판례는 나아가 파기판결을 한 상급법원 스스로도 앞서의 파기이유로 한 판단에 기속되므로 이를 변경하지 못한다고 한다.[97] 다만 대법원의 전원합의체는 종전의 환송판결의 법률상 판단을 변경할 수 있다.[98]

나. 구속력이 미치는 판단

(1) 법률 판단과 사실 판단

구속력이 상급법원의 법률적 판단에 대해서만 발생하는지, 사실 판단에 대해서도 발생하는지에 관하여 견해가 나뉜다. 판례는 법률상의 판단 및 사실상의 판단 모두에 관하여 구속력이 발생하는 것으로 보고 있다.[99]

(2) 파기의 직접 이유가 된 원심판결에 대한 소극적인 부정 판단

상고심 법원의 파기환송 판결의 기속력은 파기의 이유가 된 원심판결의 사실상 및 법률상의 판단이 정당하지 않다는 소극적인 면에서만 발생하는 것이므로 환송 후의 심리과정에서 제시된 새로운 증거에 의하여 혹

---

97) 대판 1987. 4. 28. 87도294; 대판 2006. 1. 26. 2004도517.

98) 대판 2001. 3. 15. 98두15597 전합은 다음과 같이 판시하고 있다.
환송판결의 하급심법원에 대한 기속력을 절차적으로 담보하고 그 취지를 관철하기 위하여서는 원칙적으로 하급심법원뿐만 아니라 상고법원 자신도 동일 사건의 재상고심에서 환송판결의 법률상 판단에 기속된다고 할 것이다. 그러나 한편, 대법원은 법령의 정당한 해석적용과 그 통일을 주된 임무로 하는 최고법원이고, 대법원의 전원합의체는 종전에 대법원에서 판시한 법령의 해석적용에 관한 의견을 스스로 변경할 수 있는 것인바(법원조직법 7조 1항 3호), 환송판결이 파기이유로 한 법률상 판단도 여기에서 말하는 '대법원에서 판시한 법령의 해석적용에 관한 의견'에 포함되는 것이므로 대법원의 전원합의체가 종전의 환송판결의 법률상 판단을 변경할 필요가 있다고 인정하는 경우에는, 그에 기속되지 아니하고 통상적인 법령의 해석적용에 관한 의견의 변경절차에 따라 이를 변경할 수 있다고 보아야 할 것이다.

99) 대판 1986. 6. 10. 85도1996; 대판 1987. 4. 28. 87도294; 대판 2006. 1. 26. 2004도517. 법원조직법 8조는 "상급법원의 재판에 있어서의 판단은 당해 사건에 관하여 하급심을 기속한다"고 규정하고, 민사소송법 436조 2항 후문도 상고법원이 파기의 이유로 삼은 사실상 및 법률상의 판단은 하급심을 기속한다는 취지를 규정하고 있으며, 법에서는 이에 상응하는 명문의 규정은 없지만, 법률심을 원칙으로 하는 상고심도 법 383조 또는 384조에 의하여 사실인정에 관한 원심판결의 당부에 관하여 제한적으로 개입할 수 있는 것이므로 조리상 상고심판결의 파기이유가 된 사실상의 판단도 기속력을 가지는 것이다(대판 2004. 4. 9. 2004도340).

은 환송 전의 증거와 환송 후 제시된 새로운 증거를 결합하여 환송판결의 기속적 판단의 기초가 된 사실관계에 변동이 있었다면 환송판결의 기속력은 이에 미치지 아니하고 환송 후의 원심이나 그에 대한 상고심에서 변동된 사실관계에 따라 환송판결과 다른 결론을 낸다고 하여도 환송판결의 기속력에 저촉된다고 할 수 없다.[100)]

이 사건에서 파기환송판결은, 피고인이 공소외 1 주식회사와의 분쟁을 단지 야당 국회의원을 통하여 정치적으로 해결하려고 하였던 것으로 보이고, 달리 피고인이 공소외 4에게 이를 알리면서 신문에 기사화되도록 특별히 부탁하였다거나 공소외 4가 이를 언론에 공개하여 기사화할 것이 고도로 예상되는 특별한 사정이 있다고 보기 어려우므로, 그 후 국회의원 공소외 4가 여당 대표연설에 대한 비판으로 이를 공개하고, 그것이 신문에 보도되었다고 할지라도 피고인에게 출판물에 의한 명예훼손죄의 책임이 있다고 보기는 어렵다는 이유로 공소사실이 변경되기 전의 출판물에 의한 명예훼손의 공소사실을 유죄로 인정한 환송 전 원심판결에는 출판물에 의한 명예훼손죄의 법리를 오해하였거나 채증법칙에 위배하여 사실을 오인한 위법이 있다는 것이므로, 파기환송판결의 사실판단의 기속력은 파기의 직접 이유가 된 환송 전 원심에 이르기까지 조사한 증거들 만에 의하여서는 출판물에 의한 명예훼손의 공소사실이 인정되지 아니한다는 소극적인 부정 판단에만 미치는 것이다. 따라서 환송 후 원심에서 이 부분 공소사실이 형법 307조 2항의 명예훼손죄의 공소사실로 변경된 이상 환송 후 원심은 이에 대하여 새롭게 사실인정을 할 재량권을 가지게 되는 것이고 더 이상 파기환송판결이 한 사실판단에 기속될 필요는 없게 되었다.[101)]

100) 대판 1987. 8. 18. 87누64; 대판 1983. 2. 8. 82도2672.
101) 대판 2004. 4. 9. 2004도340.

제 2 장

항 소

Ⅰ. 의 의

항소는 제1심의 판결에 대하여 그 직근의 상급법원에 불복을 구하는 것을 말한다. 항소는 판결에 대한 불복을 의미하므로 결정이나 명령에 대한 불복은 항소가 아니다. 또한 항소는 제1심 판결에 관하여 제2심에 불복신청하는 것이며 제1심 판결에 관하여 대법원에 상소하는 비상상고는 항소가 아니다.

Ⅱ. 항소심의 구조

항소심의 구조에 관한 입법 형태로는 복심, 사후심, 속심이 있다. 복심은 제1심의 심리와 재판을 무시하고 제2심이 심리와 재판을 다시 하는 것을 말한다. 사후심은 제2심이 제1심이 수집한 자료에 근거하여 제1심 재판의 당부만을 재심사하는 것을 말한다. 속심은 제2심이 제1심이 수집한 자료와 제2심이 추가로 수집한 자료에 기하여 제1심 재판의 당부를 판단하는 것을 말한다.

현행 법의 태도에 관하여 ① 사후심이라는 견해, ② 원칙적으로 사후심이지만 파기자판하는 경우에는 속심이 된다는 견해도 있으나, ③ 속심이 원칙이고 사후심적 성격을 가진 규정들은 남상소의 폐단을 억제하고 소송경제를 도모하기 위한 필요에서 속심적 성격에 제한을 가한 것이라는 원칙적 속심설이 통설·판례이다.

현행 법상 항소심은 기본적으로 실체적 진실을 추구하는 면에서 속심적 기능이 강조되고 있고, 다만 사후심적 요소를 도입한 법의 조문들이 남상소의 폐단을 억제하고 항소법원의 부담을 감소시킨다는 소송경제상의

필요에서 항소심의 속심적 성격에 제한을 가하고 있음에 불과하다.[1)]

Ⅲ. 항소이유

법 제361조의5(항소이유) 다음 사유가 있을 경우에는 항소이유로 할 수 있다.

1. 판결에 영향을 미친 헌법·법률·명령 또는 규칙의 위반이 있는 때
2. 판결 후 형의 폐지나 변경 또는 사면이 있는 때
3. 관할 또는 관할위반의 인정이 법률에 위반한 때
4. 판결법원의 구성이 법률에 위반한 때
5. 삭제
6. 삭제
7. 법률상 그 재판에 관여하지 못할 판사가 그 사건의 심판에 관여한 때
8. 사건의 심리에 관여하지 아니한 판사가 그 사건의 판결에 관여한 때
9. 공판의 공개에 관한 규정에 위반한 때
10. 삭제
11. 판결에 이유를 붙이지 아니하거나 이유에 모순이 있는 때
12. 삭제
13. 재심청구의 사유가 있는 때
14. 사실의 오인이 있어 판결에 영향을 미친 때
15. 형의 양정이 부당하다고 인정할 사유가 있는 때

1. 항소이유의 분류

항소이유는 법령위반을 이유로 하는 것과 법령위반 이외의 사유를 이유로 하는 것으로 나눌 수 있다. 또한 일정한 사유가 있으면 당연히 항소이유가 되는 '절대적 항소이유'와 일정한 사유가 존재하고 그로 인하여 판결에 영향을 미친 경우(법 361조의5 1호, 14호)에 한하여 항소이유가 되는 '상대적 항소이유'로 나눌 수 있다.

가. 법령위반

(1) 절대적 항소이유

(가) 관할규정의 위반

관할 또는 관할위반의 인정이 법률에 위반한 때는 절대적 항소이유가 된다(동조 3호).

1) 대판 1983. 4. 26. 82도2829, 82감도612.

(나) 법원구성의 위반

판결법원의 구성이 법률에 위반한 때(동조 4호), 법률상 그 재판에 관여하지 못할 판사가 그 사건의 심판에 관여한 때(동조 7호), 사건의 심리에 관여하지 아니한 판사가 그 사건의 판결에 관여한 때(동조 8호)는 법원의 구성이 법령에 위반한 때로 절대적 항소이유가 된다.

합의부 구성원이 충족되지 못한 경우는 판결법원의 구성이 법률에 위반한 때에 해당한다. 제척사유가 있거나 기피사유가 인정된 법관이 심리, 재판에 관여한 경우는 법률상 그 재판에 관여하지 못할 판사가 그 사건의 심판에 관여한 때에 해당한다. 증거조사가 진행된 이후에 법관의 경질이 있었음에도 변론절차 갱신 없이 판결한 경우는 사건의 심리에 관여하지 아니한 판사가 그 사건의 판결에 관여한 때에 해당한다.

(다) 공개재판 규정에 대한 위반

공개재판에 관한 규정을 위반한 때에는 절대적 항소이유가 된다(동조 9호).

(라) 이유불비와 이유모순

이유가 없거나 이유가 모순되는 경우에 절대적 항소이유가 된다(동조 11호).

(2) 상대적 항소이유

절대적 항소이유로 규정된 법령의 위배가 있는 때에는 당연히 항소이유가 된다. 그렇지만 절대적 항소이유 이외의 헌법·법률·명령 또는 규칙의 위반이 있는 때(동조 1호)는 당연히 항소이유가 되는 것이 아니라 그로 인하여 판결에 영향을 미친 경우에 한하여 항소이유가 된다. 이를 상대적 항소이유라고 한다.

헌법재판소의 위헌결정으로 소급하여 그 효력을 상실한 복표발행, 현상 기타 사행행위단속법 9조 중 5조와 관련된 벌칙규정 부분을 적용하여 피고인에 대하여 유죄를 인정한 것은 위법하다.[2)]

법령위배가 있고 그로 인하여 판결에 영향을 미쳐야 항소이유가 된다고 본 사례/무죄를 선고할 것이 분명한 공소사실을 추가하는 공소장변경허가신청

절도죄의 공소사실과 공소장변경허가신청으로 예비적으로 추가한 장물운반죄의 공소사실이 기본적 사실관계는 동일하지만 공소장변경을 허가하여도 주위적·예비적 공소사실 전부에 대하여 무죄를 선고할 것이 분명한 경우, 공소장변경을 허가하지 않은 것은 판결 결과에 영향을 미치지 않았다.[3)]

---

2) 대판 1991. 8. 13. 90도637.

3) 대판 1999. 5. 14. 98도1438.

해설

- 공소장변경신청이 적법한 경우 법원은 의무적으로 허가하여야 한다.[4]
- 위 판례에서 절도죄의 공소사실에 기본적 사실관계가 동일한 장물운반죄를 예비적으로 추가하겠다는 검사의 공소장변경허가신청은 적법하여 법원이 이를 의무적으로 허가하여야 하므로, 허가하지 않은 것은 법령위배에 해당한다.
- 그렇지만 법원이 공소장변경을 허가하였더라도 예비적 공소사실 역시 무죄 선고하였을 것이 명백하므로, 위와 같은 법령위배는 판결결과에 영향을 미치지 않았다.
- 법령위배는 상대적 항소이유이기 때문에, 법원이 공소장변경을 허가하지 않아 법령위배를 하였지만 그로 인하여 판결결과에 영향을 미치지 않았다면 법원의 공소장변경불허가라는 법령위배는 항소이유가 되지 못한다.[5]

법령위배가 있으면 곧바로 판결에 영향을 미쳤다고 본 사례/필요적 국선사건에서 변호인 선정 없이 공판절차 진행

70세 이상인 피고인으로서 사선변호인이 없음에도 국선변호인을 선정하지 아니한 채 개정하여 심리한 원심판결은 소송절차가 법령에 위반하였고 이와 같이 위법한 공판절차에서 이루어진 소송행위는 무효이므로 결국 원심판결은 소송절차가 법령에 위반하여 판결에 영향을 미친 위법을 범한 것이다.[6]

해설:

- 피고인이 70세 이상인 때에는 필요적으로 변호인을 선정하여야 하므로(법 33조 1항 3호), 법원이 변호인을 선정하지 않은 것은 법령위배에 해당한다.
- 필요적 변호사건에서 변호인의 관여 없는 공판절차에서 이루어진 소송행위는 무효이다.[7]
- 위와 같은 법령위배가 항소이유로 되기 위해서는 법령위배로 인하여 판결결과에 영향을 미쳐야 한다.
- 위 판례는 변호인을 선정하지 않은 것이 판결결과에 어떤 영향을 미쳤는지 따지지 않은 채, '필요적 변호사건에서 변호인의 관여 없는 공판절차에서 이루어진 소송행위는 무효이므로 판결결과에 영향을 미쳤다(즉, 항소이유가 된다)'라고 판시함으로써, 아무런 근거 없이 판결에 영향을 미쳤다는 사실을 인정하고 있다.
- 이와 같이 상대적 상소이유에 관하여 '근거를 제시하지 않은 채 판결에 영향을 미쳤다는 사실을 인정'하는 판례가 다수 발견된다.

법령위배가 판결결과에 영향을 미쳤는지에 관한 판단 기준

판결내용 자체가 아니고, 피고인의 신병확보를 위한 구속 등 조치와 공판기일의 통지, 재판의 공개 등 소송절차가 법령에 위반되었음에 지나지 아니한 경우에는, 그로 인하여 피고인의 방어권, 변호인의 변호권이 본

4) 대판 1999. 5. 14. 98도1438; 대판 2012. 4. 13. 2010도16659.
5) 이는, 법령위배가 있더라도 그로 인하여 소송결과에 영향을 미치지 않는 때에는 상소이유가 되지 않는다는 미국에서의 'harmless error' 원칙과 궤를 같이 하는 문제이다.
6) 대판 2006. 1. 13. 2005도5925.
7) 대판 1995. 4. 25. 94도2347; 대판 2011. 4. 28. 2011도2279; 대판 2011. 9. 8. 2011도6325.

질적으로 침해되고 판결의 정당성마저 인정하기 어렵다고 보여지는 정도에 이르지 아니하는 한, 그것 자체만으로는 판결에 영향을 미친 위법이라고 할 수 없다.
원심이 지정된 선고기일에 변호인 출석 없이 피고인만 출석한 상태에서 재판부 구성의 변경을 이유로 변론을 재개할 것을 결정·고지한 다음, 공판절차를 갱신하고 다시 변론을 종결하여 판결을 선고하였으나, 그 이전의 공판기일까지 적법한 증거조사와 변호인의 변론, 피고인의 최후진술까지 모두 이루어졌다면, 공판절차에 다소의 흠이 있다고 하더라도 그로 인하여 피고인의 방어권, 변호인의 변호권이 본질적으로 침해되어 판결에 영향을 미쳤다고 볼 수는 없다.[8]
해설: 위 판례는 법령위배로 인하여 판결결과에 영향을 미쳤는지를, '피고인의 방어권, 변호인의 변호권이 본질적으로 침해되고 판결의 정당성마저 인정하기 어렵다고 보여지느냐'라는 기준에 의하여 판단하고 있다.

나. 법령위반 이외의 항소이유

(1) 절대적 항소이유

(가) 판결 후 형의 폐지, 변경, 사면

판결 후 형의 폐지, 변경, 사면이 있은 때는 판결법원이 법령위반을 한 것은 아니다. 그렇지만 판결 후에 이루어진 형의 폐지, 변경, 사면을 재판에 반영하여야 하므로 이는 절대적 항소이유이다(동조 2호). 그런데 판결 전에 형의 폐지, 변경, 사면이 있었음에도 이를 간과한 것은 상대적 항소이유인 법령위반이 될 수 있다(동조 1호).

(나) 재심청구의 사유(동조 13호)

소촉법에 의한 제1심의 불출석재판에 대하여 검사만 항소하고 항소심도 불출석재판으로 제1심판결을 파기하고 다시 선고된 유죄의 확정판결에 대해 제1심 재심 규정을 유추적용
소촉법 23조(특례 규정)에 따라 진행된 제1심의 불출석 재판에 대하여 검사만 항소하고 항소심도 불출석 재판으로 진행한 후에 제1심판결을 파기하고 새로 또는 다시 유죄판결을 선고하여 유죄판결이 확정된 경우에도, 소촉법 23조의2 1항(재심 규정)을 유추 적용하여 귀책사유 없이 제1심과 항소심의 공판절차에 출석할 수 없었던 피고인은 재심 규정이 정한 기간 내에 항소심 법원에 유죄판결에 대한 재심을 청구할 수 있다. 그리고 피고인이 재심을 청구하지 않고 상고권회복에 의한 상고를 제기하여 위 사유를 상고이유로 주장한다면, 원심판결에 상고이유인 '재심청구의 사유가 있는 때(법 383조 3호)'에 해당한다고 볼 수 있으므로 원심판결에 대한 파기사유가 될 수 있다. 나아가 위 사유로 파기되는 사건을 환송받아 다시 항소심 절차를 진행하는 원심으로서는 피고인의 귀책사유 없이 특례 규정에 의하여 제1심이 진행되었다는 파기환송 판결 취지에 따라, 제1심판결에 항소이유인 재심 규정에 의한 '재심청구의 사유(법 361조의5 13호)'가 있어 직권 파기 사유에 해당한다고 보고, 다시 공소장 부본 등을 송달하는 등 새로 소송절차를 진행한 다음 새로운 심리결과에 따라 다시 판결을 하여야 한다.[9]

---

8) 대판 2005. 5. 26. 2004도1925.
9) 대판 2015. 6. 25. 2014도17252 전합.

(다) 양형부당

형의 양정이 부당하다고 인정할 사유가 있는 때에는 절대적 항소이유가 된다(동조 15호).

양형조건에 변화가 없고 양형이 재량의 합리적인 범위를 벗어나지 않음에도 항소심이 양형부당을 이유로 제1심판결을 파기하는 경우, 양형심리 및 양형판단 방법의 위법 여부(소극)/양형의 조건이 되는 사유를 일일이 명시하지 아니한 경우의 위법 여부(소극)

제1심과 비교하여 양형의 조건에 변화가 없고 제1심의 양형이 재량의 합리적인 범위를 벗어나지 아니하는 경우에는 이를 존중함이 타당하다.

그렇지만 제1심의 양형심리 과정에서 나타난 양형의 조건이 되는 사항과 양형기준 등을 종합하여 볼 때에 제1심의 양형판단이 재량의 합리적인 한계를 벗어났다고 평가되거나, 항소심의 양형심리 과정에서 새로이 현출된 자료를 종합하면 제1심의 양형판단을 그대로 유지하는 것이 부당하다고 인정되는 등의 사정이 있는 경우에는, 항소심은 형의 양정이 부당한 제1심판결을 파기하여야 한다.

항소심이 자신의 양형판단과 일치하지 않는다 하여 양형부당을 이유로 제1심판결을 파기하는 것이 바람직하지 않더라도 위법하다고까지 할 수는 없다. 그리고 원심의 판단에 근거가 된 양형자료와 그에 관한 판단 내용이 모순 없이 설시되어 있는 경우에는 양형의 조건이 되는 사유에 관하여 일일이 명시하지 아니하여도 위법하지 않다.[10)]

(2) 상대적 항소이유

사실의 오인이 있는 경우에는 그로 인하여 판결에 영향을 미칠 때에 한하여 항소이유가 된다(동조 14호).

피고인이 피해자로 하여금 청산염이 혼입된 음료수를 음용케 한 시각이 1988. 4. 29. 12:00경이고 피해자가 사망한 시각이 그 다음날인 1988. 4. 30. 08:00경으로 인정되는데도 원심이 유지한 제1심판결이 위 청산염혼입음료수를 마시게 한 시각을 1988. 4. 28. 12:00경으로, 위 사망시각을 다음날인 1988. 4. 29. 08:00경으로 판시한 것은 단순한 착오에 불과하고 그와 같은 착오가 판시 범행의 인정 여부에 아무런 영향을 미치지 않았다면, 중대한 사실오인으로 판결결과에 영향을 미친 위법이 없다.[11)]

2. 항소심의 절차

가. 항소의 제기

제1심법원의 판결에 대하여 불복이 있으면 지방법원 단독판사가 선고한 것은 지방법원 본원합의부에 항소할 수 있으며, 지방법원 합의부가 선고한 것은 고등법원에 항소할 수 있다(법 357조). 항소의

10) 대판 2015. 7. 23. 2015도3260 전합.

11) 대판 1990. 4. 10. 90도337.

제기기간은 7일로 한다(법 358조). 항소를 함에는 항소장을 원심법원에 제출하여야 한다(법 359조). 항소장에는 불복의 범위를 명시할 필요가 없고, 항소이유를 기재할 필요가 없다. 항소장에 항소이유가 기재된 때에는 별도로 항소이유서를 제출하지 않아도 항소이유를 제출하지 않았다는 이유로 결정으로 항소를 기각할 수 없다(법 361조의4).

항소장에 불복의 범위를 명시하라는 규정이 없고 또 상소는 재판의 전부에 대하여 하는 것을 원칙으로 삼고 다만 재판의 일부에 대하여도 상소할 수 있다고 규정한 법 342조의 규정에 비추어 볼 때, 비록 항소장에 경합범으로서 2개의 형이 선고된 죄 중 일죄에 대한 형만을 기재하고 나머지 일죄에 대한 형을 기재하지 아니하였다 하더라도 항소이유서에서 그 나머지 일죄에 대하여도 항소이유를 개진한 경우에는 판결 전부에 대한 항소로 봄이 상당하다.[12)]

나. 원심법원과 항소법원의 조치

항소의 제기가 법률상의 방식에 위반하거나 항소권소멸 후인 것이 명백한 때에는 원심법원은 결정으로 항소를 기각하여야 한다(법 360조 1항). 전항의 결정에 대하여는 즉시항고를 할 수 있다(동조 2항). 원심법원이 결정으로 항소를 기각하지 않는 때에는 원심법원은 항소장을 받은 날부터 14일 이내에 소송기록과 증거물을 항소법원에 송부하여야 한다(법 361조).

항소법원이 기록의 송부를 받은 때에는 즉시 항소인과 상대방에게 그 사유를 통지하여야 한다(법 361조의2 1항). 이를 소송기록접수통지라고 한다. 위 통지 전에 변호인의 선임이 있는 때에는 변호인에게도 전항의 통지를 하여야 한다(동조 2항). 피고인이 교도소 또는 구치소에 있는 경우에는 원심법원에 대응한 검찰청 검사는 1항의 통지를 받은 날부터 14일 이내에 피고인을 항소법원 소재지의 교도소 또는 구치소에 이송하여야 한다(동조 3항).

피고인에게 소송기록접수통지가 되기 전에 변호인이 선임됨

항소법원이 기록의 송부를 받은 때에는 즉시 항소인과 그 상대방에게 통지하여야 하고 이 통지 전에 변호인의 선임이 있는 때에는 변호인에게도 통지를 하여야 하며, 항소인 또는 변호인은 이 통지를 받은 날로부터 20일 이내에 항소이유서를 제출하도록 되어 있다(법 361조의2와 361조의3 1항). 피고인에게 소송기록접수통지를 한 후에 변호인의 선임이 있는 경우에는 변호인에게 다시 같은 통지를 할 필요가 없고 항소이유서의 제출기간도 피고인이 그 통지를 받은 날로부터 계산하면 되나, 피고인에게 소송기록접수통지가 되기 전에 변호인의 선임이 있는 때에는 변호인에게도 소송기록접수통지를 하여야 하고 변호인의 항소이유서 제출기간은 변호인이 이 통지를 받은 날로부터 계산하여야 한다.[13)]

12) 대판 1991. 11. 26. 91도1937; 대판 2004. 12. 10. 2004도3515.

13) 대판 1996. 9. 6. 96도166; 대결 2011. 5. 13. 2010모1741.

항소대리권자(배우자)의 항소와 소송기록접수통지

항소인이나 변호인이 항소법원으로부터 소송기록접수통지를 받은 날로부터 20일 이내에 항소이유서를 제출하지 않고 항소장에도 항소이유의 기재가 없는 경우에는 결정으로 항소를 기각할 수 있다.[14] 항소이유서 부제출을 이유로 항소기각의 결정을 하기 위해서는 항소인이 적법한 소송기록접수통지서를 받고서도 정당한 이유 없이 20일 이내에 항소이유서를 제출하지 않았어야 한다. 피고인의 항소대리권자인 배우자가 피고인을 위하여 항소한 경우(법 341조)에도 소송기록접수통지는 항소인인 피고인에게 하여야 하는데(법 361조의2), 피고인이 적법하게 소송기록접수통지서를 받지 못하였다면 항소이유서 제출기간이 지났다는 이유로 항소기각결정을 하는 것은 위법하다.[15]

국선변호인이 선정된 사건에서 다른 사건이 병합됨

국선변호인 선정의 효력은 선정 이후 병합된 다른 사건에도 미치므로, 항소심에서 국선변호인이 선정된 이후 변호인이 없는 다른 사건이 병합된 경우에는 항소법원은 지체 없이 국선변호인에게 병합된 사건에 관한 소송기록접수통지를 함으로써 국선변호인으로 하여금 병합된 다른 사건에 관한 항소이유서를 제출할 수 있게 하여야 한다(법 361조의2, 규칙 156조의2).[16]

다. 항소이유서와 답변서의 제출

항소인 또는 변호인은 소송기록접수통지를 받은 날로부터 20일 이내에 항소이유서를 항소법원에 제출하여야 한다. 이 경우 재소자에 대한 특칙인 법 344조를 준용한다(법 361조의3 1항). 항소이유서의 제출을 받은 항소법원은 지체 없이 부본 또는 등본을 상대방에게 송달하여야 한다(동조 2항). 상대방은 전항의 송달을 받은 날로부터 10일 이내에 답변서를 항소법원에 제출하여야 한다(동조 3항). 답변서는 항소이유서와 달리 항소심의 심판범위를 정하는 효력이 없고 이를 제출하지 않았다 하여 그에 대한 제재가 있는 것도 아니다. 답변서의 제출을 받은 항소법원은 지체 없이 그 부본 또는 등본을 항소인 또는 변호인에게 송달하여야 한다(동조 4항).

항소인이나 변호인이 소송기록접수통지를 받은 날로부터 20일 이내에 항소이유서를 제출하지 아니한 때에는 결정으로 항소를 기각하여야 하며, 다만 직권조사사유가 있거나 항소장에 항소이유의 기재가 있는 때에는 예외로 한다(법 361조의4 1항). 전항의 결정에 대하여는 즉시항고를 할 수 있다(동조 2항). 여기서 '직권조사사유'라 함은 법령적용이나 법령해석의 착오 여부 등 당사자가 주장하지 아니하는

14) 형소법 361조의4, 361조의3, 361조의2.

15) 대결 2018. 3. 29. 2018모642. 재항고인의 배우자인 갑이 거주지에서 항소사건 소송기록접수통지서를 송달받았지만 당시 재항고인은 호주로 출국하여 2년 이상 외국에서 머물면서 갑과 함께 생활하지 않고 있었던 이상 갑의 거주지를 재항고인의 주소, 거소 등 적법한 송달장소로 볼 수 없고, 갑을 재항고인의 동거인(법 65조, 민소법 186조 1항)이라고 볼 수도 없으므로 재항고인이 소송기록접수통지서를 송달받았다고 볼 수 없다.

16) 대판 2015. 4. 23. 2015도2046.

경우에도 법원이 직권으로 조사하여야 할 사유를 말한다.[17)]

항소이유서 제출기간 경과 전에 심판할 수 있는지/항소이유서의 제출이 변론종결 후이지만 기간 내에 이루어졌음에도 변론재개 없이 선고

항소심의 구조는 피고인 또는 변호인이 법정기간 내에 제출한 항소이유서에 의하여 심판되는 것이고, 이미 항소이유서를 제출하였더라도 항소이유를 추가·변경·철회할 수 있으므로, 항소이유서 제출기간의 경과를 기다리지 않고는 항소사건을 심판할 수 없다. 따라서 항소이유서 제출기간 내에 변론이 종결되었는데 그 후 위 제출기간 내에 항소이유서가 제출되었다면, 특별한 사정이 없는 한 항소심법원으로서는 변론을 재개하여 항소이유의 주장에 대해서도 심리를 해 보아야 한다.[18)]

검사가 제1심 무죄판결에 대한 항소장의 '항소의 이유'란에 '사실오인 및 법리오해'라고만 기재한 것은 적법한 항소이유의 기재가 아니다.[19)]

단순히 항소장의 '항소의 범위'란에 '양형부당'이라는 문구가 기재된 것은 적법한 항소이유의 기재가 아니다.[20)]

항소인이나 변호인이 항소이유서에 항소이유를 특정하여 구체적으로 명시하지 아니하였다고 하더라도 항소이유서가 법정의 기간 내에 적법하게 제출된 경우에는 이를 항소이유서가 법정의 기간 내에 제출되지 아니한 것과 같이 보아 법 361조의4 1항에 의하여 결정으로 항소를 기각할 수는 없다.[21)]

검사가 일부 유죄, 일부 무죄의 판결 전부에 대하여 항소하면서 유죄 부분에 대하여 양형부당 주장을 하였으나, 그 주장이 실질적으로 구두변론을 거쳐 심리되지 아니함

검사가 공판정에서 구두변론을 통해 항소이유를 주장하지 않았고 피고인도 그에 대한 적절한 방어권을 행사하지 못하는 등 검사의 항소이유가 실질적으로 구두변론을 거쳐 심리되지 않았다면, 항소심법원이 검사의 항소이유 주장을 받아들여 피고인에게 불리하게 제1심판결을 변경하는 것은 허용되지 않는다.

검사가 일부 유죄, 일부 무죄가 선고된 제1심판결 전부에 대하여 항소하면서 유죄 부분에 대하여는 아무런 항소이유도 주장하지 않은 경우에는, 유죄 부분에 대하여 법정기간 내에 항소이유서를 제출하지 않은 것이 되고, 그 경우 설령 제1심의 양형이 가벼워 부당하다 하더라도 이는 직권조사사유나 직권심판사항(법 361조의4 1항 단서, 법 364조 2항)이 아니므로, 항소심이 제1심판결의 형보다 중한 형을 선고하는 것은 허용되

17) 대결 2006. 3. 30. 2005모564.

18) 대판 2015. 4. 9. 2015도1466. 같은 취지로는 대판 2004. 6. 25. 2004도2611; 대판 2007. 1. 25. 2006도8591; 대판 2018. 4. 12. 2017도13748.

19) 대판 2003. 12. 12. 2003도2219.

20) 대판 2008. 1. 31. 2007도8117.

21) 대결 2002. 12. 3. 2002모265; 대결 2006. 3. 30. 2005모564.

지 않는다. 이는 검사가 유죄 부분에 대하여 아무런 항소이유를 주장하지 않은 경우뿐만 아니라 검사가 항소장이나 법정기간 내에 제출된 항소이유서에서 유죄 부분에 대하여 양형부당 주장을 하였으나, 항소이유 주장이 실질적으로 구두변론을 거쳐 심리되지 아니한 경우에도 마찬가지이다.[22]

항소심은 사후심적 성격이 가미된 속심인 점에 비추어 항소인들이 항소이유서에 '위 사건에 대한 원심판결은 도저히 납득할 수 없는 억울한 판결이므로 항소하였다'라고 기재한 경우, 항소심은 이를 제1심판결에 사실오인이나 양형부당의 위법이 있다는 항소이유를 기재한 것으로 선해하여야 한다.[23]

항소법원이 피고인에게 소송기록 접수통지를 함에 있어 2회에 걸쳐 그 통지서를 송달하였더라도, 항소이유서 제출기간의 기산일은 최초 송달의 효력이 발생한 날의 다음날(초일불산입)부터이다.[24]

라. 상소심과 국선변호인

규칙은 항소심에서 국선변호인의 조력을 받을 권리를 보장하기 위하여 다음과 같은 특별 규정을 두고(규칙 156조의2), 상고심에서 이를 준용하고 있다(규칙 164조).

제156조의2(국선변호인의 선정 및 소송기록접수통지) ① 기록의 송부를 받은 항소법원은 제33조 제1항 제1호 내지 제6호의 필요적 변호사건에 있어서 변호인이 없는 경우에는 지체 없이 변호인을 선정한 후 그 변호인에게 소송기록접수통지를 하여야 한다. 법 제33조 제3항에 의하여 국선변호인을 선정한 경우에도 그러하다.

② 항소법원은 항소이유서 제출기간이 도과하기 전에 피고인으로부터 법 제33조 2항의 규정에 따른 국선변호인 선정청구가 있는 경우에는 지체 없이 그에 관한 결정을 하여야 하고, 이 때 변호인을 선정한 경우에는 그 변호인에게 소송기록접수통지를 하여야 한다.

③ 제1항, 제2항의 규정에 따라 국선변호인 선정결정을 한 후 항소이유서 제출기간 내에 피고인이 책임질 수 없는 사유로 그 선정결정을 취소하고 새로운 국선변호인을 선정한 경우에도 그 변호인에게 소송기록접수통지를 하여야 한다.

④ 항소법원이 제2항의 국선변호인 선정청구를 기각한 경우에는 피고인이 국선변호인 선정청구를 한 날로부터 선정청구기각결정등본을 송달받은 날까지의 기간을 법 제361조의3 제1항이 정한 항소이유서 제출기간에 산입하지 아니한다. 다만, 피고인이 최초의 국선변호인 선정청구기각결정을 받은 이후 같은 법원에 다시 선정청구를 한 경우에는 그 국선변호인 선정청구일로부터 선정청구기각결정등본 송달일까지의 기간에 대해서는 그러하지 아니하다.

---

22) 대판 2015. 12. 10. 2015도11696. 같은 취지로는 대판 2008. 1. 31. 2007도8117.
23) 대결 2002. 12. 3. 2002모265.
24) 대판 2010. 5. 27. 2010도3377.

국선변호인이 법정기간 내에 항소이유서를 제출하지 아니함

피고인을 위하여 선정된 국선변호인이 법정기간 내에 항소이유서를 제출하지 아니하면 이는 피고인을 위하여 요구되는 충분한 조력을 제공하지 아니한 것으로 보아야 하고, 이런 경우에 피고인에게 책임을 돌릴 만한 아무런 사유가 없는데도 항소법원이 법 361조의4 1항 본문에 따라 피고인의 항소를 기각한다면, 이는 피고인에게 국선변호인으로부터 충분한 조력을 받을 권리를 보장하고 이를 위한 국가의 의무를 규정하고 있는 헌법의 취지에 반하는 조치이다. 따라서 피고인과 국선변호인이 모두 법정기간 내에 항소이유서를 제출하지 아니하였더라도, 국선변호인이 항소이유서를 제출하지 아니한 데 대하여 피고인에게 귀책사유가 있음이 특별히 밝혀지지 않는 한, 항소법원은 종전 국선변호인의 선정을 취소하고 새로운 국선변호인을 선정하여 다시 소송기록접수통지를 함으로써 새로운 국선변호인으로 하여금 그 통지를 받은 때로부터 법 361조의3 1항의 기간 내에 피고인을 위하여 항소이유서를 제출하도록 하여야 한다.[25)]

국선변호인이 선정되었으나 피고인의 귀책사유 없이 제출기간 내에 항소이유서 미제출

피고인과 국선변호인이 모두 법정기간 내에 항소이유서를 제출하지 아니하였더라도, 국선변호인이 항소이유서를 제출하지 아니한 데 대하여 피고인에게 귀책사유가 있음이 특별히 밝혀지지 않는 한, 항소법원은 종전 국선변호인의 선정을 취소하고 새로운 국선변호인을 선정하여 다시 소송기록접수통지를 함으로써 새로운 국선변호인으로 하여금 그 통지를 받은 때로부터 법 361조의3 1항의 기간 내에 피고인을 위하여 항소이유서를 제출하도록 하여야 한다.[26)]

법 33조 3항에 의해 국선변호인이 선정된 경우 변호인이 소송기록접수통지를 받은 때로부터 항소이유서 제출기간이 기산되고, 항소이유서 제출기한까지는 심판할 수 없음

법원은 피고인이 시각장애인인 경우 장애의 정도를 비롯하여 연령·지능·교육 정도 등을 확인한 다음 권리보호를 위하여 필요하다고 인정하는 때에는 법 33조 3항의 규정에 의하여 피고인의 명시적 의사에 반하지 아니하는 범위 안에서 국선변호인을 선정하여 방어권을 보장해 줄 필요가 있다.

법원이 법 33조 3항에 의하여 국선변호인을 선정한 경우에는 그 변호인에게 소송기록접수통지를 함으로써, 변호인이 통지를 받은 날로부터 소정의 기간 내에 피고인을 위하여 항소이유서를 작성·제출할 수 있도록 하여 변호인의 조력을 받을 피고인의 권리를 보호하여야 하고, 또한 법 361조의3, 364조 등의 규정에 의하면 항소심의 구조는 피고인 또는 변호인이 법정기간 내에 제출한 항소이유서에 의하여 심판되는 것이므로 항소이유서가 제출되었더라도 항소이유서 제출기간의 경과를 기다리지 않고는 항소사건을 심판할 수 없고, 법 33조 3항의 규정에 의하여 선정된 국선변호인의 경우에도 국선변호인의 항소이유서 제출기간 만료 시까지 항소이유서를 제출하거나 수정·추가 등을 할 수 있는 권리는 마찬가지로 보호되어야 한다.[27)]

25) 대결 2012. 2. 16. 2009모1044 전합.
26) 대결 2012. 2. 16. 2009모1044 전합.
27) 대판 2014. 8. 28. 2014도4496.

필요적 변호사건에서 국선변호인을 선정하였다가 항소이유서 제출기간 내에 피고인의 귀책사유 없이 선정결정 취소 후 새로 국선변호인을 선정

필요적 변호사건에 있어서 피고인에게 변호인이 없는 경우에는 기록을 송부받은 항소법원은 지체 없이 변호인을 선정한 후 그 변호인에게 소송기록접수통지를 함으로써 그 변호인이 통지를 받은 날로부터 기산한 소정의 기간 내에 피고인을 위하여 항소이유서를 작성·제출할 수 있도록 하여 변호인의 조력을 받을 피고인의 권리를 보호하여야 한다고 할 것인바(규칙 156조의2), 변호인의 조력을 받을 위와 같은 피고인의 권리는 필요적 변호사건에서 법원이 국선변호인을 선정한 후 그 변호인에게 소송기록접수통지를 하였다가 항소이유서 제출기간 내에 피고인의 귀책사유에 의하지 아니한 사정으로 그 선정결정을 취소하고 새로운 국선변호인을 선정한 경우에도 마찬가지로 보호되어야 한다고 할 것이므로, 국선변호인의 교체가 피고인의 귀책사유에 의하지 아니한 사정으로 이루어진 경우에는 법원은 규칙 156조의2 규정을 적용하여 새로이 선정된 국선변호인에게 소송기록접수통지를 하여야 하고, 그 경우 항소이유서 제출기간은 새로이 선정된 변호인이 소송기록접수통지를 받은 날로부터 20일 이내라 할 것이다.[28)]

필요적 변호사건에서 국선변호인선정 없이 항소이유서제출기간 도과 후 사선변호인 선임

변호인의 조력을 받을 권리(규칙 156조의2)는 필요적 변호사건에서 법원이 정당한 이유 없이 국선변호인을 선정하지 않고 있는 사이에 피고인 스스로 변호인을 선임하였으나 그 때는 이미 피고인에 대한 항소이유서 제출기간이 도과해버린 후이어서 그 변호인이 피고인을 위하여 항소이유서를 작성·제출할 시간적 여유가 없는 경우에도 마찬가지로 보호되어야 한다고 할 것이므로, 그 경우에는 법원은 사선변호인에게도 규칙 156조의2를 유추적용하여 소송기록접수통지를 함으로써 그 변호인이 통지를 받은 날로부터 기산하여 소정의 기간 내에 피고인을 위하여 항소이유서를 작성·제출할 수 있는 기회를 주어야 한다.[29)]

항소심에서 국선변호인선정 후 변호인 없는 다른 사건이 병합됨

국선변호인에게 소송기록 접수통지를 하지 아니함으로써 항소이유서 제출기회를 주지 아니한 채 판결을 선고하는 것은 위법하다. 한편, 국선변호인 선정의 효력은 선정 이후 병합된 다른 사건에도 미치는 것이므로, 항소심에서 국선변호인이 선정된 이후 변호인이 없는 다른 사건이 병합된 경우에는 법 361조의2, 규칙 156조의2의 규정에 따라 항소법원은 지체 없이 국선변호인에게 병합된 사건에 관한 소송기록 접수통지를 함으로써 국선변호인이 통지를 받은 날로부터 기산한 소정의 기간 내에 피고인을 위하여 항소이유서를 작성·제출할 수 있도록 하여야 한다. 항소법원이 국선변호인 선정 이후 병합된 사건에 관하여 국선변호인에게 소송기록 접수통지를 하지 아니함으로써 항소이유서 제출기회를 주지 아니한 채 판결을 선고한 것은 위법하다.[30)]

---

28) 대결 2006. 3. 9. 2005모304.
29) 대판 2000. 12. 22. 2000도4694.
30) 대판 2010. 5. 27. 2010도3377.

항소이유서 제출기간 내에 법 33조 2항의 국선변호인선정청구를 하였으나 3개월이 지나 국선변호인선정하면서 소송기록접수통지 없이 항소이유서 미제출을 이유로 항소기각

피고인이 제1심판결에 대하여 검사와 함께 항소를 제기하면서 항소이유서를 제출하지 않은 채 항소이유서 제출기간 내에 항소법원에 가정형편을 이유로 법 33조 2항의 국선변호인 선정을 청구하였는데, 항소법원이 그로부터 3개월여가 지나서야 국선변호인을 선정하면서 그에게 따로 소송기록 접수통지를 하지 아니한 채 변론을 종결한 다음 곧바로 항소이유서 미제출을 이유로 피고인의 항소를 기각하는 결정을 하고, 선고기일에는 검사의 항소이유를 받아들여 제1심판결을 파기하고 새로운 형을 선고한 것은 위법하다.[31)]

법 33조 1항과 3항에 해당하지 않는 사건에서 항소이유서 제출기간 도과 후 법 33조 2항에 의해 국선변호인을 선정

필요적 변호사건이 아니고 법 33조 3항에 의하여 국선변호인을 선정하여야 하는 경우도 아닌 사건에 있어서 피고인이 항소이유서 제출기간이 도과한 후에야 비로소 법 33조 2항의 규정에 따른 국선변호인 선정청구를 하고 법원이 국선변호인 선정결정을 한 경우에는 그 국선변호인에게 소송기록접수통지를 할 필요가 없고, 이러한 경우 설령 국선변호인에게 같은 통지를 하였다고 하더라도 국선변호인의 항소이유서 제출기간은 피고인이 소송기록접수통지를 받은 날로부터 계산된다고 할 것이다.[32)]

제1심에서 국선변호인이 선정된 경우

제1심에서 피고인의 청구 또는 직권으로 국선변호인이 선정되어 공판이 진행된 경우에는 항소법원은 특별한 사정변경이 없는 한 국선변호인을 선정함이 바람직하다.[33)]

제1심의 집행유예 판결에 대해 양형부당을 이유로 한 검사의 항소를 받아들여 형을 선고하는 경우, 변호인이 선임되지 않은 피고인에 대한 국선변호인 선정 방법

피고인에 대하여 제1심법원이 집행유예를 선고하였으나 검사만이 양형부당을 이유로 항소한 사안에서 항소심이 변호인이 선임되지 않은 피고인에 대하여 검사의 양형부당 항소를 받아들여 형을 선고하는 경우에는 판결 후 피고인을 법정구속한 뒤에 비로소 국선변호인을 선정하는 것보다는, 피고인의 권리보호를 위해 판결 선고 전 공판심리 단계에서부터 법 33조 3항에 따라 피고인의 명시적 의사에 반하지 아니하는 범위 안에서 국선변호인을 선정해 주는 것이 바람직하다.[34)]

---

31) 대판 2011. 2. 10. 2008도4558.
32) 대판 2013. 6. 27. 2013도4114.
33) 대판 2013. 7. 11. 2013도351. 같은 취지로는 대판 2013. 7. 11. 2012도16334.
34) 대판 2016. 11. 10. 2016도7622.

마. 공판기일의 지정 등

공판기일을 지정하여 피고인을 소환하고 검사, 변호인, 보조인 등에게 공판기일을 통지하여야 한다거나, 공판기일 전의 증거조사 등이 가능하다는 점 등은 모두 제1심에서와 같다.

3. 공판절차

항소심의 공판절차에 관하여는 특별한 규정이 없으면 제1심의 공판절차를 따른다(법 370조).

가. 피고인의 출석

항소심에서도 피고인의 출석 없이는 개정하지 못하는 것이 원칙이다(법 370조, 276조).[35] 그런데 항소심에서 피고인이 공판기일에 출정하지 아니한 때에는 다시 기일을 정하여야 하고, 피고인이 정당한 사유 없이 다시 정한 기일에 출정하지 아니한 때에는 피고인의 진술 없이 판결을 할 수 있다(법 365조).

항소심에서 피고인의 출석 없이 개정하기 위한 요건(2회 연속 불출석)
항소심에서 피고인의 출석 없이 개정하려면 불출석이 2회 이상 계속된 바가 있어야 한다.
피고인들이 제1회 공판기일에 불출석하였다가 제2회 공판기일에는 모두 출석하였고, 제3회 공판기일에 다시 불출석하자 원심이 피고인들의 변호인과 검사만 출석한 상태에서 공판절차를 진행하여 변론을 종결한 다음 제4회 공판기일에 피고인들의 항소를 모두 기각하는 판결을 선고한 사안에서,
원심으로서는 피고인들이 제3회 공판기일에 불출석하였다고 하여 바로 개정할 수 없고 제4회 공판기일을 다시 정하여 제4회 공판기일에도 불출석한 때 비로소 피고인들의 출석 없이 개정할 수 있으므로 원심이 피고인들이 2회 이상 계속하여 불출석한 것으로 보고 피고인들의 출석 없이 제3회 공판기일을 개정한 것은 위법하다.[36]
해설: 3회 공판기일을 기준으로 피고인들이 2회 연속 불출석한 것은 아니므로 원심이 3회 공판기일을 연 것은 위법하다. 이러한 경우 원심으로서는 3회 공판기일에 바로 개정할 수는 없고 새로운 기일을 지정하여 정해진 그 공판기일(제4회 공판기일)에 피고인이 다시 불출석함으로써 2회 연속하여 불출석이라는 요건이 갖추어지면 그 때 비로소 공판기일을 열어 판결을 선고할 수 있다.

항소심에서 피고인의 진술 없이 판결할 수 있기 위해서는 피고인이 적법한 공판기일 소환장을 받고서 정당한 이유 없이 출정하지 아니할 것을 필요로 한다. 형사소송절차에서 피고인에 대한 공시송달은 피고인의 주거, 사무소, 현재지를 알 수 없는 때에 한하여 이를 할 수 있으므로(법 63조 1항), 기록상 전화번호(피고인의 집이나 휴대전화) 등이 나타나 있으면 전화로 연락하는 등의 시도를 해야 하고, 그러한 조치 없이 곧바로 공시송달을 하고 피고인의 진술 없이 판결을 하는 것은 위법하다. 이는 피고인이 제1심판결에 대하여 항소를 하여 소송이 계속된 사실을 알면서 법원에 거주지 변경신고를 하지 않은 잘못을 저지른 경우에도 마찬가

35) 대판 2012. 6. 28. 2011도16166.
36) 대판 2016. 4. 2. 2016도2210.

지이다. 왜냐하면, 공시송달에 명백한 위법이 있으므로, 피고인이 거주지 변경신고를 않았다 하여 위법한 공시송달에 기한 재판이 적법하게 되지는 않기 때문이다.[37)]

나. 무변론 항소기각판결의 선고

항소이유 없음이 명백한 때에는 항소장, 항소이유서 기타의 소송기록에 의하여 변론 없이 판결로써 항소를 기각할 수 있다(법 364조 5항). 여기서 변론이라 함은 아래의 사실심리 및 증거조사를 의미한다.

무변론 항소기각판결도 반드시 개정하여 공판정에서 선고할 것을 요한다. 따라서 피고인이 출석하지 아니한 때에는 불출석 판결을 할 수 있는 요건을 구비한 다음 공판정에서 선고하여야 한다. 제1심에서 최하한의 형을 선고받고도 양형부당을 이유로 항소하거나, 집행유예 기간을 도과시키기 위하여 항소한 것이 명백한 경우 등에는 무변론 항소기각판결을 선고할 수 있다.[38)]

다. 사실심리

변론에 들어가면 항소이유와 답변의 진술(서면으로 제출한 항소이유서와 답변서에 대해서는 '위 서면의 기재와 같이 진술한다'라고 진술하는 것)을 하고, 쟁점정리, 증거조사, 피고인신문, 의견진술의 순서로 진행된다.

항소법원은 항소이유에 포함된 사유에 관하여 심판하여야 한다(법 364조 1항). 항소법원은 판결에 영향을 미친 사유에 관하여는 항소이유서에 포함되지 아니한 경우에도 직권으로 심판할 수 있다(동조 2항).

항소심에서도 공소장변경은 허용된다. 파기환송 후의 항소심에서도 공소장변경이 허용된다.[39)]

항소이유 철회의 판단

항소이유서를 제출한 자는 항소심의 공판기일에 항소이유서에 기재된 항소이유의 일부를 철회할 수 있으나 항소이유를 철회하면 이를 다시 상고이유로 삼을 수 없게 되는 제한을 받을 수도 있으므로, 항소이유의 철회는 명백히 이루어져야만 그 효력이 있다.[40)]

라. 증거조사

제1심법원에서 증거로 할 수 있었던 증거는 항소법원에서도 증거로 할 수 있다(법 364조 3항). 예컨대 전문증거가 제1심에서 증거동의 또는 원진술자의 진정성립 인정에 의하여 증거능력을 가지게 되었

37) 대판 2007. 7. 12. 2006도3892; 대판 2010. 1. 28. 2009도12430; 대판 2012. 6. 28. 2011도16166.
38) 법원실무제요 형사Ⅱ, 514면.
39) 대판 2001. 3. 9. 2001도192.
40) 대판 2003. 2. 26. 2002도6834.

으면 항소심은 이를 증거로 사용할 수 있다. 따라서 증거능력을 부여하기 위한 증거조사를 다시 할 필요가 없으며 재판장은 증거조사절차에 들어가기에 앞서 제1심의 증거관계와 증거조사결과의 요지를 고지하면 된다(규칙 156조의5 1항).

항소심에서 새로운 증거조사가 가능하지만 여기에는 일정한 제한이 있다. 법원은 검사, 피고인 또는 변호인이 고의로 증거를 뒤늦게 신청함으로써 공판의 완결을 지연하는 것으로 인정할 때에는 직권 또는 상대방의 신청에 따라 결정으로 이를 각하할 수 있다(법 370조, 294조 2항). 특히 증인신문에 관하여 항소심 법원은, 1. 제1심에서 조사되지 아니한 데에 대하여 고의나 중대한 과실이 없고, 그 신청으로 인하여 소송을 현저하게 지연시키지 아니하는 경우, 2. 제1심에서 증인으로 신문하였으나 새로운 중요한 증거의 발견 등으로 항소심에서 다시 신문하는 것이 부득이하다고 인정되는 경우, 3. 그 밖에 항소의 당부에 관한 판단을 위하여 반드시 필요하다고 인정되는 경우의 어느 하나에 해당하는 경우에 한하여 증인을 신문할 수 있다(규칙 156조의5 2항).

마. 항소에 대한 재판

(1) 공소기각의 결정

법 328조 1항 각 호의 공소기각 결정 사유가 있는 때에는 결정으로 공소를 기각하여야 한다. 위 결정에 대해서는 즉시항고할 수 있다(법 363조).

(2) 항소기각의 결정

항소의 제기가 법률상의 방식에 위반하거나 항소권소멸 후인 것이 명백한 때에는 원심법원 또는 항소법원이 항소기각 결정을 하고(법 360조 1항, 362조 1항), 항소이유서가 제출기한 내에 제출되지 아니한 때에는 항소법원이 항소기각 결정을 한다(법 361조의4).

(3) 항소기각 판결

변론을 열어 심리하였으나 항소이유 없다고 인정한 때에는 판결로써 항소를 기각하여야 한다(법 364조 4항). 다만 항소이유 없음이 명백한 때에는 항소장, 항소이유서 기타의 소송기록에 의하여 항소심이 변론 없이 판결로써 항소를 기각할 수 있다(동조 5항).

(4) 파기판결

항소이유가 있다고 인정한 때에는 원심판결을 파기하고 다시 판결을 하여야 한다(동조 6항). 항소가 이유 있다는 것은 항소이유로 주장된 사유가 정당하다고 인정되는 경우와 직권조사의 결과 판결에 영향을 미친 사유가 있다고 인정되는 경우이다.

절대적 항소이유가 있는 경우에는 당연히 판결을 파기하여야 한다. 그렇지만 상대적 항소이유는 법령적용의 잘못이나 사실오인으로 인하여 판결에 영향을 미친 경우에만 항소이유가 되므로 사실오인 및 법령적용의 위법이 있더라도 결론에 영향을 미치지 않는 경우에는 항소를 기각하고 판결 이유에서 오류를 정정하면 족하다고 해석된다.[41] 피고인을 위하여 원심판결을 파기하는 경우에 파기의 이유가 항소한 공동피고인에게 공통되는 때에는 그 공동피고인에게 대하여도 원심판결을 파기하여야 한다(법 364조의2).

원심재판을 파기한 때 항소심법원은 자판, 환송, 이송 중 어느 하나를 하게 된다.

(가) 파기자판

파기자판은 항소법원이 원심재판을 파기하고 피고사건에 관하여 스스로 다시 재판하는 것을 말한다. 항소이유가 있다고 인정한 때에는 원심판결을 파기하고 자판하는 것이 원칙이다(법 364조 6항). 이를 파기자판의 원칙이라고 한다.

항소심에서 1심의 무죄판결에 일부 반대되는 사실에 관한 개연성 또는 의문이 제기됨

제1심이 증인신문 등의 증거조사 절차를 거친 후에 무죄로 판단한 경우에, 항소심의 심리 결과 일부 반대되는 사실에 관한 개연성 또는 의문이 제기되더라도 제1심이 일으킨 합리적인 의심을 충분히 해소할 수 있을 정도에까지 이르지 않는다면 그와 같은 사정만으로 공소사실을 유죄로 인정하여서는 아니 된다.[42]

항소심이 심증형성에 영향을 미칠 새로운 사유 없이 제1심 사실판단을 뒤집기 위한 요건

항소심은 사후심적 속심의 성격을 가진다. 그러므로 항소심이 심리과정에서 심증의 형성에 영향을 미칠 만한 객관적 사유가 새로 드러난 것이 없음에도 제1심의 판단을 재평가하여 사후심적으로 판단하여 뒤집고자 할 때에는, 제1심의 증거가치 판단이 명백히 잘못되었다거나 사실인정에 이르는 논증이 논리와 경험법칙에 어긋나는 등으로 그 판단을 그대로 유지하는 것이 현저히 부당하다고 볼 만한 합리적인 사정이 있어야 한다.[43]

---

41) 법원실무제요 형사Ⅱ, 520면.

42) 대판 2016. 4. 15. 2015도8610. 다음은 같은 취지이다.
금품 수수 여부가 쟁점이 된 사건에서 금품을 제공하였다는 사람의 진술에 대하여 제1심이 증인신문 절차 등을 거친 후에 합리적인 의심을 배제할 만한 신빙성이 없다고 보아 공소사실을 무죄로 판단한 경우에, 항소심이 제1심 증인 등을 다시 신문하는 등의 추가 증거조사를 거쳐 신빙성을 심사하여 본 결과 제1심이 들고 있는 의심과 일부 어긋날 수 있는 사실의 개연성이 드러남으로써 제1심의 판단에 의문이 생기더라도, 제1심이 제기한 의심이 금품 제공과 양립할 수 없거나 진술의 신빙성 인정에 장애가 되는 사실의 개연성에 대한 합리성 있는 근거에 기초하고 있고 제1심의 증거조사 결과와 항소심의 추가 증거조사 결과에 의하여도 제1심이 일으킨 합리적인 의심을 충분히 해소할 수 있을 정도에까지 이르지 아니한다면, 일부 반대되는 사실에 관한 개연성 또는 의문만으로 진술의 신빙성 및 범죄의 증명이 부족하다는 제1심의 판단에 사실오인의 위법이 있다고 단정하여 공소사실을 유죄로 인정하여서는 아니 된다. 특히 항소심에서도 진술 중의 일부에 대하여 신빙성을 부정함으로써 그에 관한 제1심의 판단을 수긍하는 경우라면, 나머지 진술 부분에 대하여 신빙성을 부정한 제1심의 판단이 위법하다고 인정하기 위해서는 그 부분 진술만은 신뢰할 수 있는 확실한 근거가 제시되는 등의 특별한 사정이 있는지에 관하여 더욱 신중히 판단하여야 한다(대판 2016. 2. 18. 2015도11428).

43) 대판 2017. 3. 22. 2016도18031.

(나) 파기환송

공소기각 또는 관할위반의 재판이 법률에 위반됨을 이유로 원심판결을 파기하는 때에는 판결로써 사건을 원심법원에 환송하여야 한다(법 366조). 이러한 경우에는 공소기각의 사유가 없음에도 공소기각의 재판을 하거나 관할이 있음에도 없다고 재판함으로써 제1심이 충실한 심리를 하지 않았을 수 있으므로 심급의 이익을 박탈하지 않도록 자판하지 않고 환송하는 것이다.

반의사불벌죄가 아님에도 반의사불벌죄로 보아 공소기각한 판결 파기 후의 조치
반의사불벌죄가 아닌 특가법 5조의9 2항 위반의 범죄에 관하여 제1심이 이를 반의사불벌죄로 보아 공소기각의 판결을 한 때에 원심으로서는 제1심의 공소기각 판결이 법률에 위반된다고 판단한 이상 본안에 들어가 심리할 것이 아니라 제1심판결을 파기하고 사건을 제1심법원에 환송하여야 한다.[44]

공소사실 불특정을 이유로 한 공소기각판결 파기 후의 조치
제1심이 이 사건 공소사실이 특정되지 아니하였다는 이유로 공소기각의 판결을 선고하였으나, 원심이 위 공소사실이 구성요건 해당사실을 다른 사실과 구별할 수 있을 정도로 특정되었다고 보아 제1심의 공소기각 판결이 잘못되었다고 판단하는 경우,
법 366조는 "공소기각 또는 관할위반의 재판이 법률에 위반됨을 이유로 원심판결을 파기하는 때에는 판결로써 사건을 원심법원에 환송하여야 한다"고 규정하고 있으므로, 원심으로서는 위와 같이 제1심의 공소기각 판결이 법률에 위배된다고 판단한 이상 본안에 들어가 심리할 것이 아니라 제1심판결을 파기하고 사건을 제1심법원에 환송하여야 한다.[45]

(다) 파기이송

관할이 없음에도 관할을 인정하여 재판한 것이 법률에 위반되는 경우에는 원심판결을 파기하여 판결로써 사건을 관할법원에 이송하여야 한다. 단, 항소법원이 그 사건의 제1심 관할권이 있는 때에는 제1심으로 심판하여야 한다(법 367조).

제1심판결 내용과 제1심에서 적법하게 증거조사를 거친 증거들에 비추어 제1심 증인이 한 진술의 신빙성 유무에 대한 제1심의 판단이 명백하게 잘못되었다고 볼 특별한 사정이 있거나, 제1심의 증거조사 결과와 항소심 변론종결시까지 추가로 이루어진 증거조사 결과를 종합하면 제1심 증인이 한 진술의 신빙성 유무에 대한 제1심의 판단을 그대로 유지하는 것이 현저히 부당하다고 인정되는 예외적인 경우가 아니라면, 항소심으로서는 제1심 증인이 한 진술의 신빙성 유무에 대한 제1심의 판단이 항소심의 판단과 다르다는 이유만으로 이에 대한 제1심의 판단을 함부로 뒤집어서는 아니 된다. 특히 공소사실을 뒷받침하는 증거의 경우에는, 증

44) 대판 1998. 5. 8. 98도631.
45) 대판 2013. 10. 11. 2013도2198.

인신문 절차를 진행하면서 진술에 임하는 증인의 모습과 태도를 직접 관찰한 제1심이 증인의 진술에 대하여 그 신빙성을 인정할 수 없다고 판단하였음에도 불구하고, 항소심이 이를 뒤집어 그 진술의 신빙성을 인정할 수 있다고 판단할 수 있으려면, 진술의 신빙성을 배척한 제1심의 판단을 수긍할 수 없는 충분하고도 납득할 만한 현저한 사정이 나타나는 경우이어야 한다.[46)]

상습사기 등(단독판사 관할사건임)에 관하여 지방법원 단독판사가 제1심으로서 유죄 판결을 하고, 항소심인 지방법원 합의부가 상습사기의 공소사실을 추가하고 죄명을 상습사기에서 특경법위반죄(사기)로, 적용법조에 특경법 3조 1항 2호를 추가(합의부 관할사건임)하는 내용으로 한 공소장변경을 허가한 다음 유죄 판결을 한 사안에서, 항소심에서 공소장변경에 의하여 단독판사의 관할사건이 합의부 관할사건으로 된 경우에도 법원은 사건을 관할권이 있는 법원에 이송하여야 하고, 항소심에서 변경된 위 합의부 관할사건에 대한 관할권이 있는 법원은 고등법원이라고 봄이 상당하다.[47)]

(5) 재판서의 기재

항소법원의 재판서에는 항소이유에 대한 판단을 기재하여야 하며 원심판결에 기재한 사실과 증거를 인용할 수 있다(법 369조).

항소심판결은 항소이유에 대한 판단을 기재함으로써 충분하고 제1심 판결을 파기하여 유죄의 판결을 하는 경우 외에는 판결이유에 범죄된 사실과 증거의 요지를 기재할 필요가 없다고 할 것임은 법 369조의 해석상 명백하므로 양형이 과중하다는 항소이유에 대하여 그 이유 없다고만 판시하여 항소를 기각한 항소심의 판단은 정당하다.[48)]

법 323조 1항은 '형의 선고를 하는 때에는 판결이유에 범죄될 사실, 증거의 요지와 법령의 적용을 명시하여야 한다'고 하고, 같은 법 369조는 '항소법원의 재판서에는 항소이유에 대한 판단을 기재하여야 하며 원심판결에 기재한 사실과 증거를 인용할 수 있다'고 하고 있으므로, 항소심 판결에서 제1심판결에 기재한 범죄될 사실과 증거의 요지는 인용할 수 있으나 법령의 적용은 인용할 수 없다.[49)]

항소심이 양형부당을 이유로 제1심판결을 파기·자판하면서 피고인에 대한 범죄사실을 모두 유죄로 인정한 경우, 항소심은 피고인의 양형부당의 항소이유가 일부 이유 있다고 인정하고 피고인에 대한 범죄사실을 모두 유죄로 인정하여 처단함으로써 결국 사실오인 등의 항소이유나 그 공판 과정에의 주장에 대하여서는 이를

46) 대판 2006. 11. 24. 2006도4994; 대판 2012. 6. 14. 2011도5313.
47) 대판 1997. 12. 12. 97도2463.
48) 대판 1982. 12. 28. 82도2642, 82감도557; 대판 2002. 7. 12. 2002도2134.
49) 대판 2000. 6. 23. 2000도1660.

배척한 것으로 볼 수 있다. 이 사건에서 피고인이 항소이유로 편취의 범의가 없고 피고인의 행위와 피해자의 재산적 처분행위 사이에 인과관계가 없다는 취지의 주장을 하였으나 원심이 그 점에 관하여 명시적으로 판단을 하지 않았다고 하더라도, 원심판결에 상고이유의 주장과 같은 판단누락의 위법이 있다고 할 수 없다.[50]

50) 대판 2011. 6. 24. 2011도5690.

제 3 장

상 고

Ⅰ. 서 론

1. 상고의 의의

상고는 판결에 대해 대법원에 상소하는 것을 말한다. 제2심의 판결에 대해 상소하는 것이 원칙이지만(법 371조), 제1심의 판결에 대해서 항소를 제기하지 않고 곧바로 대법원에 상소하는 비상상고도 인정되고 있다(법 372조). 상고의 주된 기능은 법령해석의 통일에 있다. 그렇지만 상고심은 항소심의 오판을 시정하여 당사자의 권리를 구제하는 기능도 하고 있다. 양형부당이나 사실오인에 관하여 제한된 범위 내에서 상고를 허용하는 것은 당사자의 권리구제와 관련된다.

2. 상고심의 구조

가. 사후심

상고심은 원칙적으로 사후심이다. 따라서 상고심은 원심과 제1심법원이 조사한 증거자료만을 기초로 하여 원판결의 당부를 판단하여야 하고 새로운 증거를 제출하거나 증거조사를 할 수 없다. 또한 공소장변경도 허용되지 않는다.

상고심을 사후심으로 보는 근거는 ① 원심판결을 파기한 경우에 그 소송기록과 원심법원과 제1심법원이 조사한 증거에 의하여 판결하기 충분하다고 인정한 때에만 피고사건에 대하여 직접 판결을 할 수 있고 그 외에는 파기환송 또는 파기이송 판결을 하여야 하며(법 396, 397조), ② 상고장, 상고이유서 기타의 소송기록에 의하여 변론 없이 판결할 수 있으며(법 390조 1항), ③ 상고이유가 원칙적으로 법령위반으로 제한되어 있다는 것(법 383조) 등이다. 그렇기 때문에 기판력의 시적 범위는 사실심 판결선고시를 기준으로 한다.

다만 원심 판결 후의 형의 폐지나 변경 또는 사면, 재심청구의 사유도 상고이유가 된다는 점은(법 383조 2호, 3호) 원심 판결 후의 사정도 심리의 대상이 된다는 점에서 속심적인 요소로 볼 수 있다.

상고심의 심판대상은 항소심판결 당시를 기준으로 하여 그 당부를 심사하는데 있는 것이므로 항소심판결 당시 미성년자에 대한 부정기형의 선고는 동인이 그 후 상고심 계속 중에 성년이 된다 하더라도 위법이 될 수 없다.[1)]

나. 법률심

상고이유는 판결에 영향을 미친 헌법·법률·명령 또는 규칙의 위반이 있거나, 판결 후 형의 폐지나 변경 또는 사면이 있는 때(법 383조 1호, 2호)와 같이 법률적인 것을 대상으로 하는 것이 원칙이다. 재심사유와 중대사건에 있어서의 사실오인 또는 양형부당이 상고이유가 된다는 점에서 상고심이 예외적으로 사실심으로서의 성격도 가진다고 할 수 있다.

다만 대법원은 "임업용 보전산지인 임야를 매도함에 있어, 사실은 매매목적물 중에는 도로가 16% 정도 포함되어 있고 임야에 대한 장래의 개발가능성이 매우 불확실하다는 사정을 의도적으로 고지하지 아니하였다는 사기의 공소사실에 관하여, 이를 유죄로 인정한 원심판결에 자유심증주의에 관한 법리오해나 심리미진 또는 채증법칙 위배의 잘못이 있다"[2)]라거나, "공판에서 획득된 인식과 조사된 증거를 남김없이 고려하지 아니하였고, 이를 모든 관점에서 상호 관련시켜 종합적으로 평가하지 아니하였을 뿐만 아니라 치밀한 논증을 거치지 아니하였으며, 증거의 증명력을 판단함에 있어 경험칙과 논리법칙에 어긋나는 판단을 함으로써, 자유심증주의에 관한 법리 및 간접증거의 증명력 평가에 관한 법리를 오해한 위법이 있다"[3)]라는 등의 판시를 통해 알 수 있듯이 심리미진, 채증법칙, 자유심증주의나 증명력평가에 관한 법리 등의 법령위반 사유를 통해 제한적이나마 사실 인정의 당부를 심리대상으로 삼고 있다.

Ⅱ. 상고이유

법 383조는 상고이유를, 1. 판결에 영향을 미친 헌법·법률·명령 또는 규칙의 위반이 있는 때, 2. 판결 후 형의 폐지나 변경 또는 사면이 있는 때, 3. 재심청구의 사유가 있는 때, 4. 사형, 무기 또는 10년 이상의 징역이나 금고가 선고된 사건에 있어서 중대한 사실의 오인이 있어 판결에 영향을 미친 때 또는 형의 양정이 심히 부당하다고 인정할 현저한 사유가 있는 때로 제한적으로 열거하고 있다.

1) 대판 1986. 12. 9. 86도2181.
2) 대판 2010. 3. 11. 2009도5858.
3) 대판 2004. 6. 25. 2004도2221.

동조 2호, 3호는 판결에 영향을 미쳤는지와 상관없이 상고이유가 된다는 점에서 절대적 상고이유이다. 동조 1호는 법령위반이 판결에 영향을 미친 경우에 한하여 상고이유로 되고, 동조 4호는 사실오인으로 인하여 판결에 영향을 미쳤거나 형의 양정이 심히 부당하다고 인정할 현저한 사유가 있을 경우에 한하여 상고이유로 된다는 점에서 각각 상대적 상고이유가 된다.

동조 1호, 2호, 3호의 상고이유는 항소이유에서 살펴 본 바와 같다.

동조 4호에서 사형, 무기 또는 10년 이상의 징역이나 금고는 실제 선고된 형을 기준으로 하며 법정형을 기준으로 하는 것이 아니다.

피고인이 양형부당만을 이유로 항소를 하였고 이에 대하여 항소심이 제1심판결을 직권으로 파기한 후 제1심과 같은 형을 선고한 사건에서 피고인은 항소심판결에 대하여 법리오해나 사실오인의 점을 상고이유로 삼을 수 없다.[4)]

항소이유로 삼지 않은 내용을 상고이유로 함

피고인은 이 사건 아파트는 선시공 후분양으로 허가받은 것으로서 분양승인을 받지 않은 상태에서는 분양할 수 없으므로 분양승인을 받기 전에 체결된 이 사건 분양계약은 효력이 발생하지 않고, 따라서 피고인은 그 수분양자에 대하여 소유권이전등기절차를 이행할 의무를 부담하고 있지 않으므로 타인의 사무를 처리하는 자의 지위에 있지 아니하다고 주장한다.

그러나 상고심은 항소법원 판결에 대한 사후심이므로 항소심에서 심판대상으로 되지 않은 사항은 상고심의 심판범위에 들지 않는 것이어서, 피고인이 항소심에서 항소이유로 주장하지 아니하였거나 항소심이 직권으로 심판대상으로 삼은 사항 이외의 사유에 대하여는 이를 상고이유로 삼을 수는 없는 것인데, 피고인은 제1심판결에 대하여 항소하면서 위와 같은 사유를 항소이유로 삼은 바도 없으므로, 피고인이 상고이유로 내세우는 위 주장은 적법한 상고이유가 될 수 없다.[5)]

법 383조 4호는 형의 양정이 심히 부당하다고 인정할 현저한 사유가 있어 상고이유로 삼을 수 있는 경우를 '사형·무기 또는 10년 이상의 징역이나 금고가 선고된 사건'으로 제한하고 있으므로, 이에 해당하지 않는 사건에 대한 양형부당의 상고이유는 부적법할 뿐만 아니라, 이러한 경우 사실심인 원심이 피고인에 대한 양형조건이 되는 범행의 동기 및 수법이나 범행 전후의 정황 등의 제반 정상에 관하여 심리를 제대로 하지 아니하였음을 들어 상고이유로 삼을 수도 없다.[6)]

---

4) 대판 2000. 11. 10. 2000도3483; 대판 2000. 12. 8. 99도214.

5) 대판 2009. 5. 28. 2009도2086. 다음은 같은 취지이다.
피고인이 제1심판결에 대하여 양형부당과 함께 다른 항소이유를 내세워 항소하였다고 하더라도 그 후 원심판결 선고 전에 양형부당 이외의 항소이유를 철회한 경우에는 원심판결에 대하여 사실오인 또는 법리오해의 위법이 있다는 것을 상고이유로 삼을 수 없다(대판 2006. 10. 26. 2005도9825).

6) 대판 1994. 8. 12. 94도1705; 대판 2005. 9. 15. 2005도1952; 대판 2010. 2. 11. 2009도12627.

사실오인이 상고이유로 되기 위한 요건

사실의 인정은 사실심의 전권이지만 논리와 경험법칙에 따르지 않고 증거를 근거 없이 채택·사용하는 것은 자유심증주의의 한계를 벗어나는 것으로서 법률 위반에 해당한다. 또한 반드시 필요한 사항에 대한 심리를 다하지도 아니한 채 판단에 섣불리 나아가는 것 역시 실체적 진실발견과 적정한 재판이 이루어지도록 하려는 법의 근본이념에 배치되는 것으로서 위법하다. 그러므로 사실심 법원은 법이 사실의 오인을 항소이유로는 하면서도 상고이유로 삼을 수 있는 사유로는 규정하지 아니한 데에 담긴 의미가 올바르게 실현될 수 있도록 주장과 증거에 대하여 신중하고 충실한 심리를 하여야 하고, 그에 이르지 못하여 자유심증주의의 한계를 벗어나거나 필요한 심리를 다하지 아니하는 등으로 판결 결과에 영향을 미친 때에는, 사실인정을 사실심 법원의 전권으로 인정한 전제가 충족되지 아니하므로 당연히 상고심의 심판대상에 해당한다.[7)]

선고유예의 요건 중 '개전의 정상이 현저한 때'는, 널리 형법 51조의 양형의 조건을 종합적으로 참작하여 볼 때 형을 선고하지 않더라도 피고인이 다시 범행을 저지르지 않으리라는 사정이 현저하게 기대되는 경우를 가리키고, 여기서의 '개전의 정상이 현저한 때'가 반드시 피고인이 죄를 깊이 뉘우치는 경우만을 뜻한다거나, 피고인이 범죄사실을 자백하지 않고 부인할 경우에는 언제나 선고유예를 할 수 없다고 해석할 것은 아니다. 또한 형법 51조의 사항과 개전의 정상이 현저한지 여부에 관한 사항은 널리 형의 양정에 관한 법원의 재량사항에 속하므로 상고심은 법 383조 4호에 의하여 사형·무기 또는 10년 이상의 징역·금고가 선고된 사건에서 형의 양정의 당부에 관한 상고이유를 심판하는 경우가 아닌 이상, 선고유예에 관하여 형법 51조의 사항과 개전의 정상이 현저한지 여부는 상고이유가 아니다.[8)]

해설: 선고유예의 타당성에 관한 주장은 양형에 관한 것이어서 적법한 상고이유가 아니라는 취지이다.

원심이 공소사실을 유죄로 인정하면서 채택한 증거에 제1심 증인 갑의 증언이 포함되어 있었는데, 갑이 원심판결 선고 후 위 증언에 관하여 위증죄로 유죄 확정판결을 받은 사안에서, 갑의 증언은 원심판결 이유 중에서 증거로 채택되어 범죄사실을 인정하는 데 인용되었고, 범죄사실과 직접·간접으로 관련된 내용이므로, 위 증언이 확정판결에 의하여 허위로 증명된 이상 원심판결에는 법 420조 2호의 재심사유가 있는 경우로

7) 대판 2016. 10. 13. 2015도17869. 구체적인 판시는 다음과 같다.
… 비록 사실의 인정이 사실심의 전권이더라도 범죄사실이 인정되는지는 논리와 경험법칙에 따라야 하고, 충분한 증명력이 있는 증거를 합리적 이유 없이 배척하거나 반대로 객관적인 사실에 명백히 반하는 증거를 근거 없이 채택·사용하는 것은 자유심증주의의 한계를 벗어나는 것으로서 법률 위반에 해당한다. 또한 범죄의 유무 등을 판단하기 위한 논리적 논증을 하는 데 반드시 필요한 사항에 대한 심리를 다하지도 아니한 채 합리적 의심이 없는 증명의 정도에 이르렀는지에 대한 판단에 섣불리 나아가는 것 역시 실체적 진실발견과 적정한 재판이 이루어지도록 하려는 형소법의 근본이념에 배치되는 것으로서 위법하다. 그러므로 사실심 법원으로서는, 형소법이 사실의 오인을 항소이유로는 하면서도 상고이유로 삼을 수 있는 사유로는 규정하지 아니한 데에 담긴 의미가 올바르게 실현될 수 있도록 주장과 증거에 대하여 신중하고 충실한 심리를 하여야 하고, 그에 이르지 못하여 자유심증주의의 한계를 벗어나거나 필요한 심리를 다하지 아니하는 등으로 판결 결과에 영향을 미친 때에는, 사실인정을 사실심 법원의 전권으로 인정한 전제가 충족되지 아니하므로 당연히 상고심의 심판대상에 해당한다.

8) 대판 2003. 2. 20. 2001도6138 전합. 같은 취지로는 대판 2016. 12. 27. 2015도14375.

서, 법 383조 3호에서 정한 '재심청구의 사유가 있는 때'에 해당하는 상고이유가 있다.[9)]

Ⅲ. 상고심의 절차

1. 상고장의 접수

상고의 제기기간은 7일로 한다(법 374조). 상고를 함에는 상고장을 원심법원에 제출하여야 한다(법 375조). 상고장을 제출함에 있어서 재소자에 대한 특칙이 적용된다(법 399조, 370조, 344조).

2. 원심법원의 조치

상고의 제기가 법률상의 방식에 위반하거나 상고권소멸 후인 것이 명백한 때에는 원심법원은 결정으로 상고를 기각하여야 한다(법 376조 1항). 전항의 결정에 대하여는 즉시항고를 할 수 있다(동조 2항).

원심법원은 상고의 제기가 법률상의 방식에 위반하거나 상고권소멸 후인 것이 명백하여 상고를 결정으로 기각하는 경우를 제외하고는 상고장을 받은 날부터 14일 이내에 소송기록과 증거물을 상고법원에 송부하여야 한다(법 377조).

3. 상고심의 조치

가. 소송기록접수통지

상고법원이 소송기록의 송부를 받은 때에는 즉시 상고인과 상대방에 대하여 그 사유를 통지하여야 한다(법 378조 1항). 전항의 통지 전에 변호인의 선임이 있는 때에는 변호인에 대하여도 전항의 통지를 하여야 한다(동조 2항).

항소심에서의 국선변호인 선정 및 소송기록접수통지에 관한 규칙 156조의2는 상고심에서 준용한다(규칙 164조).

나. 상고이유서와 답변서의 제출

상고인 또는 변호인이 소송기록접수통지를 받은 날로부터 20일 이내에 상고이유서를 상고법원에 제출하여야 한다. 이 경우에 재소자에 관한 특칙인 법 344조를 준용한다(법 379조 1항).

상고이유서에는 소송기록과 원심법원의 증거조사에 표현된 사실을 인용하여 그 이유를 명시하여야 한다(동조 2항). 상고이유서의 제출을 받은 상고법원은 지체 없이 그 부본 또는 등본을 상대방에 송달하여야 한다(동조 3항).

상고이유서 부본이나 등본을 송달받은 상대방은 송달을 받은 날로부터 10일 이내에 답변서를 상

9) 대판 2012. 4. 13. 2011도8529.

고법원에 제출할 수 있다(동조 4항). 답변서의 제출을 받은 상고법원은 지체 없이 그 부본 또는 등본을 상고인 또는 변호인에게 송달하여야 한다(동조 5항).

검사가 상고한 경우에는 상고법원에 대응하는 검찰청 소속 검사가 소송기록접수통지를 받은 날로부터 20일 이내에 그 이름으로 상고이유서를 제출하여야 한다.
상고를 제기한 검찰청 소속 검사가 그 이름으로 상고이유서를 제출하여도 유효한 것으로 취급되지만 이 경우 상고를 제기한 검찰청이 있는 곳을 기준으로 법정기간인 상고이유서 제출기간이 법 67조에 따라 연장될 수 없다.[10)]

상고법원은 상고이유에 의하여 불복신청한 한도 내에서만 조사·판단할 수 있으므로, 상고이유서에는 상고이유를 특정하여 원심판결의 어떤 점이 법령에 어떻게 위반되었는지에 관하여 구체적이고도 명시적인 이유의 설시가 있어야 할 것이므로, 상고인이 제출한 상고이유서에 위와 같은 구체적이고도 명시적인 이유의 설시가 없이 상고이유로 단순히 원심판결에 사실오인 내지 법리오해의 위배가 있다고만 기재함에 그치고 만 경우는 어느 증거에 관한 취사조치가 채증법칙에 위반되었다는 것인지, 또 어떠한 법령적용의 잘못이 있고 어떠한 점이 부당하다는 것인지 전혀 구체적 사유를 주장하지 아니한 것이어서 적법한 상고이유가 제출된 것이라고 볼 수 없다.[11)]

다. 상고심의 심리

(1) 심판범위

상고법원은 상고이유서에 포함된 사유에 관하여 심판하여야 한다. 그러나 사실오인이나 양형부당을 제외한 법 383조 1호 내지 3호의 상고사유에 대해서는 상고이유서에 포함되지 아니한 때에도 이를 직권으로 심판할 수 있다(법 384조).

법리오인으로 인한 유죄판결에 대해 검사만 다른 이유로 상고
상고법원은 판결에 영향을 미친 법률의 위반이 있는 경우에는 상고이유서에 포함되지 아니한 때에도 직권으로 심판할 수 있다(법 384조, 383조 1호), 이는 법률의 해석·적용을 그르친 나머지 피고인을 유죄로 잘못 인정한 원심판결에 대하여 피고인은 상고를 제기하지 아니하고 검사만이 다른 사유를 들어 상고를 제기하였고, 검사의 상고가 피고인의 이익을 위하여 제기된 것이 아님이 명백하더라도 마찬가지이다.[12)]

10) 대판 2003. 6. 26. 2003도2008.
11) 대판 2000. 4. 21. 99도5513; 대판 2009. 4. 9. 2008도5634.
12) 대판 2016. 10. 27. 2015도16764.

(2) 서면에 의한 심리

상고법원은 상고장, 상고이유서 기타의 소송기록에 의하여 변론 없이 판결할 수 있다(법 390조 1항). 상고를 기각하는 경우이든 원심판결을 파기하는 경우이든 불문하고 변론 없이 판결할 수 있다는 점에서 항소이유 없음이 명백한 때에 한하여 변론 없이 판결로써 항소를 기각할 수 있을 뿐인 항소심(법 364조 5항)과 다르다.

2007년도의 법 개정을 통해 상고법원은 필요한 경우에는 특정한 사항에 관하여 변론을 열어 참고인의 진술을 들을 수 있게 되었다(법 390조 2항).

(3) 변론을 여는 경우

공판기일을 지정하여 변론을 여는 경우에는 법원사무관 등은 피고인 등에게 공판기일통지서를 송달하여야 한다(규칙 161조 1항). 상고심의 공판기일에는 피고인의 출석이 필요하지 않아 피고인의 소환을 요하지 아니하므로(법 389조의2), 소환장이 아닌 공판기일통지서를 송달한다. 따라서 상고심에서는 공판기일을 지정하는 경우에도 피고인의 이감을 요하지 아니한다(규칙 161조 2항). 다만 다른 사유로 상고한 피고인에 대하여 이감이 있는 경우에는 검사는 지체 없이 이를 대법원에 통지하여 대법원이 통지를 정확히 할 수 있게 하여야 한다(동조 3항).

상고심의 공판기일에는 피고인의 출석을 요하지 않으며 피고인은 출석하더라도 변론능력이 없다고 해석된다(법 387조). 다시 말하면 피고인은 수동적으로 재판부의 질문에 답변은 할 수 있으나, 적극적으로 이익되는 사실을 진술하거나 최종 의견진술을 할 수 없다.[13)]

검사와 변호인은 상고이유서에 의하여 변론하여야 한다(법 388조). 따라서 상고이유서에 기재되지 아니한 사항은 변론할 수 없다.

상고심에는 변호인 아니면 피고인을 위하여 변론하지 못한다(법 387조). 상고심에는 변호사 아닌 자를 변호인으로 선임하지 못하며(법 386조), 특별변호인이 선임될 수 없다(법 31조 단서).

필요적 변호사건(법 283조, 282조, 33조)을 제외하고는, 변호인의 선임이 없거나 변호인이 공판기일에 출정하지 아니한 때에는 검사의 진술을 듣고 판결을 할 수 있으며, 이 경우에 적법한 이유서의 제출이 있는 때에는 그 진술이 있는 것으로 간주한다(법 389조).

참고인의 진술절차(법 390조 2항)에 관해서는 '대법원에서의 변론에 관한 규칙'에 상세히 규정되어 있다. 이로써 대법원이 중요한 쟁점에 관하여 참고인의 구두진술을 들을 수 있는 근거가 마련되었다.

---

13) 법원실무제요 형사Ⅱ, 533면.

Ⅳ. 재 판

1. 상고기각 결정

상고인이나 변호인이 상고이유서의 제출 기간 내에 상고이유서를 제출하지 아니한 때에는 결정으로 상고를 기각하여야 하며 상고장에 이유의 기재가 있는 때에는 예외로 한다(법 380조 1항). 상고장 및 상고이유서에 기재된 상고이유의 주장이 383조 각 호의 어느 하나의 사유에 해당하지 아니함이 명백한 때에는 결정으로 상고를 기각하여야 한다(법 380조 2항). 상고의 제기가 법률상의 방식에 위반하거나 상고권소멸 후인 것이 명백함에도 원심법원이 결정으로 상고를 기각하지 않은 경우에는 상고법원이 결정으로 상고를 기각하여야 한다(법 381조).

상고이유서에 법 383조의 상고이유가 포함되지 아니함

법 380조에서 말하는 '상고이유서'라 함은 법 383조 각 호에 규정한 상고이유를 포함하고 있는 서면을 의미하는 것으로 보아야 한다. 따라서 상고인이나 변호인이 '상고이유서'라는 제목의 서면을 제출하였다고 하더라도 위 법조에서 상고이유로 들고 있는 어느 하나에라도 해당하는 사유를 포함하고 있지 않은 때에는 적법한 상고이유서를 제출한 것이라고 할 수 없고, 이 경우 상고법원은 법 380조에 의하여 결정으로 상고를 기각할 수 있다고 할 것이다. 다만, 상고법원은 법 383조 1호 내지 3호의 사유에 관하여는 상고이유서에 포함되지 아니한 때에도 직권으로 이를 심판할 수 있으므로(법 384조 단서), 원심판결에 이에 해당하는 사유가 있는 때에는 상고법원은 판결로 그 사유에 관하여 심판할 수 있다고 할 것이다.

피고인이 제출한 '상고장'에 상고이유의 기재가 없고, '상고이유서'에는 벌금을 감액하여 달라는 뜻이 기재되어 있을 뿐이어서 법 383조 각 호에 규정된 사유의 어느 것에도 해당하지 아니함이 명백하고, 달리 원심판결에 직권으로 심판할 수 있는 사유가 있다고도 인정되지 아니한 사안에서, 법 380조에 의하여 결정으로 상고를 기각할 수 있다.[14)]

2. 공소기각의 결정

법 328조 1항 각 호의 공소기각 사유가 있는 때에는 상고법원은 결정으로 공소를 기각하여야 한다(법 382조).

3. 상고기각 판결

심리한 결과 상고이유 없다고 인정한 때에는 판결로써 상고를 기각하여야 한다(법 399조, 364조 4항).

14) 대판 2010. 4. 20. 2010도759 전합. 위 판결의 취지는 법 380조 2항에 반영되었다.

4. 원심판결의 파기판결

상고가 이유 있는 경우에는 원심판결을 파기한다(법 391조).

적법한 공소를 기각하였다는 이유로 원심판결 또는 제1심판결을 파기하는 경우에는 판결로써 사건을 원심법원 또는 제1심법원에 환송하여야 한다(법 393조).

관할의 인정이 법률에 위반됨을 이유로 원심판결 또는 제1심판결을 파기하는 경우에는 판결로써 사건을 관할 있는 법원에 이송하여야 한다(법 394조).

관할위반의 인정이 법률에 위반됨을 이유로 원심판결 또는 제1심판결을 파기하는 경우에는 판결로써 사건을 원심법원 또는 제1심법원에 환송하여야 한다(법 395조).

상고법원은 원심판결을 파기한 경우에 그 소송기록과 원심법원과 제1심법원이 조사한 증거에 의하여 판결하기 충분하다고 인정한 때에는 피고사건에 대하여 직접 판결을 할 수 있다(법 396조).

원심판결을 파기하는 때에는 법 393조 내지 396조에 의해 파기자판, 환송 또는 이송하는 경우를 제외하고는 사건을 원심법원에 환송하거나 그와 동등한 다른 법원에 이송하여야 한다(법 397조).

피고인의 이익을 위하여 원심판결을 파기하는 경우에 파기의 이유가 상고한 공동피고인에 공통되는 때에는 그 공동피고인에 대하여도 원심판결을 파기하여야 한다(법 392조).

5. 재판서의 기재사항

재판서에는 상고의 이유에 관한 판단을 기재하여야 한다(법 398조).

Ⅴ. 상고심판결의 정정

상고법원은 그 판결의 내용에 오류가 있음을 발견한 때에는 직권 또는 검사, 상고인이나 변호인의 신청에 의하여 판결로써 정정할 수 있다(법 400조 1항). 전항의 신청은 판결의 선고가 있은 날로부터 10일 이내에 하여야 한다(동조 2항). 1항의 신청은 신청의 이유를 기재한 서면으로 하여야 한다(동조 3항).

정정의 판결은 변론 없이 할 수 있으며, 정정할 필요가 없다고 인정한 때에는 지체 없이 결정으로 신청을 기각하여야 한다(법 401조).

> 법 400조가 정하는 판결의 정정은 상고법원의 판결은 최종심의 재판으로서 상소에 의한 시정의 길이 없다는 점을 고려하여 그 판결 자체의 내용에 오류가 있는가를 다시 검토하는 기회를 갖고자 함에 있고 재판절차를 다시 하여 사건을 새로 심리하는 것이 아니므로, 대법원 자판으로 무죄를 선고하거나 또는 사건을 고등법원으로 이송심리하도록 판결을 정정하여 달라는 논지는 적법한 판결정정 신청이유가 될 수 없다.[15)]

15) 대결 1983. 5. 19. 83초17.

법 400조 소정의 상고심 판결의 정정사유인 "오류"라 함은 판결의 내용에 위산, 오기 기타 이에 유사한 것이 있어 명백한 경우를 의미하므로 유죄확정판결(상고기각판결)을 무죄판결로 정정하여 달라는 것, 채증법칙 위배에 대한 판단을 잘못하였으니 무죄판결로 정정하여 달라는 것은 그 이유가 없다.[16)]

상고장에 상고이유의 기재가 있음에도 불구하고 상고이유서의 제출이 없고, 또 상고장에 이유의 기재가 없다 하여 상고기각결정을 한 것은 그 결정내용에 오류가 있음이 명백하므로 판결정정을 할 수 있다. 상고기각결정을 판결정정할 경우에 원심판결 파기의 판결로 그 내용을 변경할 수 있다. 직권에 의하여 판결정정을 하는 경우에는 10일간의 신청기간의 제한을 받지 아니한다.[17)]

대법원이 착오에 의한 송달일자를 신뢰하여 피고인이 법정기간 내에 상고이유서를 제출하였음에도 제출하지 아니하였다는 이유로 한 상고기각결정을 판결로써 정정할 수 있다.[18)]

Ⅵ. 비약적 상고

1. 의 의

비약적 상고는 제1심판결에 불복하는 자가 항소 과정을 생략하고 대법원에 상고하는 것을 말한다. 이는 법령해석에 관하여 중요한 사항을 포함하고 있는 사건에서 신속한 법령해석의 통일을 기하기 위한 제도이다.

2. 비약적 상고의 사유

비약적 상고는, 1. 원심판결이 인정한 사실에 대하여 법령을 적용하지 아니하였거나 법령의 적용에 착오가 있는 때, 2. 원심판결이 있은 후 형의 폐지나 변경 또는 사면이 있는 때에 한하여 할 수 있다(법 372조). '원심판결이 인정한 사실에 대하여 법령을 적용하지 아니하였거나 법령의 적용에 착오가 있는 때'란, 원심이 인정한 사실이 옳은 것을 전제로 하여 볼 때 그에 대한 법령을 적용하지 아니하였거나 법령의 적용을 잘못한 경우를 뜻한다.[19)] 따라서 사실오인이나 양형과중은 비약적 상고의 사유가 되지

16) 대결 1981. 10. 5. 81초60; 대결 1987. 7. 31. 87초40.

17) 대판 1979. 11. 30. 79도952.

18) 대판 2005. 4. 29. 2005도1581. 판시는 다음과 같다.
피고인에 대한 당원의 소송기록접수통지서가 2005. 3. 3. 피고인에게 송달되었음에도 우편집배원의 착오로 우편송달통지서상 송달일자가 '2005. 2. 28.'로 기재된 사실, 피고인의 상고이유서는 그 제출기간 내인 2005. 3. 22. 당원에 접수된 사실, 그런데 당원은 착오에 의한 송달일자를 진실한 것으로 믿고 2005. 3. 25. 피고인이 법정기간 내에 상고이유서를 제출하지 아니하였다는 이유로 피고인의 상고를 기각하는 결정을 한 사실을 알 수 있으므로, 법 400조에 의하여 그 내용에 오류가 있음이 분명한 당원의 위 결정을 정정하기로 한다.

못한다.[20)]

이 사건 농지전용행위와 전에 약식명령을 받은 농지전용행위는 포괄일죄에 해당함에도 별개의 범죄로 잘못 판단한 것은 두 농지전용행위에 대한 범의가 하나이었는가 아니면 각각 별개이었는가에 관한 사실인정과정에 심리미진의 잘못이 있다는 데에 귀착하므로, 이러한 사유는 비약적 상고이유가 되지 못한다.[21)]

원심판결에서 채증법칙을 위배하여 증거 없이 준강도죄를 인정한 위법과 범죄의 상습성 및 사회보호법 5조 2항의 재범의 위험성에 관한 법리오해의 위법이 있다 하더라도 이러한 사유들은 법 372조의 규정에 비추어 제1심 판결에 대한 적법한 비약상고이유로 삼을 수 없다.[22)]
피고인의 행위가 위계에 의한 공무집행방해죄에 해당하는데도 원심이 무죄를 선고하였다는 주장은 군사법원법 443조 1항 1호의 비약적 상고이유에 해당하지 않는다.[23)]

3. 비약적 상고의 제한

비약적 상고가 있게 되면 항소심이 생략되어 상대방은 심급의 이익을 상실할 수 있다. 그렇기 때문에 비약적 상고는 그 사건에 대한 항소가 제기된 때에는 그 효력을 잃고 항소심절차가 진행된다(법 373조 본문). 다만 항소의 취하 또는 항소기각의 결정이 있는 때에는 비약적 상고의 효력이 유지된다(동조 단서).

피고인의 항소제기가 있으면 검사의 비약적 상고는 상고로서의 효력뿐 아니라 항소로서의 효력도 유지되지 않는다.[24)]

---

19) 대판 1994. 5. 13. 94도458; 대판 2006. 10. 27. 2006도619; 대판 2017. 2. 3. 2016도20069.
20) 대판 1984. 2. 14. 83도3236.
21) 대판 1994. 5. 13. 94도458.
22) 대판 1983. 12. 27. 83도2792, 83감도473.
23) 대판 2006. 10. 27. 2006도619.
24) 대판 1971. 2. 9. 71도28.

제 4 장

항 고

1. 항고의 의의와 종류

법원의 결정에 대한 상소를 항고라 한다. 여기서 법원은 수소법원을 의미한다.[1)]

항고에는 일반항고와 재항고(항고법원 또는 고등법원의 결정에 대한 상소)가 있으며, 일반항고는 보통항고와 즉시항고로 나뉜다. 판결은 피고사건에 대한 종국재판의 원칙적인 형태로서 가장 중요한 재판이므로 상소를 허용할 필요성이 크지만, 결정은 원칙적으로 종국재판에 이르는 과정에서의 절차적인 사항에 관한 재판이므로 상소를 허용할 필요성이 작다.

2. 즉시항고

즉시항고는 제기기간이 3일로 제한되어 있는 항고를 말한다(법 405조). 즉시항고는 즉시항고를 할 수 있다는 명문규정이 있는 때에만 허용된다. 공소기각 결정(법 328조, 363조), 상소기각 결정(법 360조 2항, 362조 2항, 376조 2항), 약식명령에 대한 정식재판청구 기각결정(법 455조 2항) 등의 종국재판과 기피신청기각 결정(법 23조), 구속취소 결정(법 97조 4항), 제3자에 대한 소송비용부담 결정(법 192조 2항) 등과 같이 신속한 구제를 요하는 결정에서 즉시항고가 허용되고 있다. 또한 피고인에게 중대한 불이익을 주는 집행유예취소 결정(법 335조 3항), 선고유예한 형의 선고 결정(동조 4항, 3항) 또는 신중한 판단을 요하는 재심청구를 기각하거나 개시하는 결정(법 433조 내지 437조)에 대해서도 즉시항고가 허용된다.

1) 대결 1997. 6. 16. 97모1; 대결 1997. 9. 29. 97모66. 수소법원의 결정에 대해서만 항고할 수 있도록 한 이유는, 항고가 상소의 일종인데 상소는 수소법원이 존재할 것을 전제로 하고 있다는 점, 수임판사의 처분에 대해서는 수소법원의 결정에서와 같은 범위의 불복을 허용할 필요가 없다는 점에 있을 것이다.

접수계장에 대한 기피신청에 관하여 한 법원의 기각결정에 대해 준항고

재항고인의 서울지방법원 동부지원 형사과 접수계장에 대한 기피신청을 동 법원 판사(갑)이 법 25조에 의거하여 기각한 결정은 법원의 기관인 재판장 또는 수명법관으로서가 아니라 법원으로서 한 결정이므로, 이에 대한 불복방법은 준항고가 아니라 즉시항고라 할 것이며 설사 재항고인이 위 기각결정에 대하여 준항고 하였다 하더라도 이를 즉시항고로 보고 … 처리하였음은 정당하다.[2]

해설: 법원사무관 등에 대한 제척 등에 대해서는 법 23조 1항이 준용되므로(법 25조 1항) 법원의 기피신청 기각결정에 대해 즉시항고할 수 있다.

3. 보통항고

법 제402조(항고할 수 있는 재판) 법원의 결정에 대하여 불복이 있으면 항고를 할 수 있다. 단, 이 법률에 특별한 규정이 있는 경우에는 예외로 한다.

법 제403조(판결 전의 결정에 대한 항고) ① 법원의 관할 또는 판결 전의 소송절차에 관한 결정에 대하여는 특히 즉시항고를 할 수 있는 경우 외에는 항고하지 못한다.

② 전항의 규정은 구금, 보석, 압수나 압수물의 환부에 관한 결정 또는 감정하기 위한 피고인의 유치에 관한 결정에 적용하지 아니한다.

가. 보통항고에 관한 법률규정의 분석

법 402조는 법원의 결정에 대해서 항고할 수 있다고 규정하고 있고, 이에 대한 특별규정인 법 403조는 법원의 결정 중 관할 또는 판결 전의 소송절차에 관한 것에 대해서는 원칙적으로 항고하지 못하도록 하고 있다. 그런데 법원의 결정 중 판결 전의 소송절차에 관한 결정을 제외하면 법원의 종국결정만 남는다. 그렇다면 법 402조와 403조의 의미는 다음과 같이 해석된다.

① 법원의 종국 결정에 대해서는 원칙적으로 항고할 수 있다(법 402조). ← 종국 결정이 이루어지면 당해 심급이 종료하므로 종국 결정에 대해서는 원칙적으로 항고할 수 있게 할 필요가 있다.

② 법원의 관할에 관한 결정은 그 결정이 종국 결정인 경우에도 항고할 수 없다(법 403조 1항). ← 관할에 관한 결정은 어느 법원에 관할권이 있다는 것이고, 설령 당해 수소법원에 관할권이 없다는 내용의 것이라 하더라도 일사부재리의 효력이 발생하는 것은 아니므로 불복의 기회를 부여할 필요가 없다.

③ 법원의 결정이 판결 전의 소송절차에 관한 것인 때에는 항고할 수 없지만, ㉮ 즉시항고는 할 수 있고(법 403조 1항), ㉯ 구금, 보석, 압수나 압수물의 환부에 관한 결정 또는 감정하기 위한 피고인의 유치에 관한 결정에 대해서는 항고할 수 있다(법 403조 2항). ← 판결 전의 소송절차에 관

2) 대결 1984. 6. 20. 84모24.

한 결정에 대해서는 종국재판에 대한 상소로 다투면 되고 굳이 항고를 통한 불복의 기회를 부여할 필요가 없으나, 즉시항고할 수 있다는 법률의 규정이 있는 때와 당사자에게 중요한 영향을 미치는 구금, 보석, 압수, 압수물의 환부, 감정유치에 관한 결정에 대해서는 항고로써 다툴 수 있게 할 필요가 있다.

나. 종국결정에 대한 항고

공소기각 결정(법 328조, 363조), 상소기각 결정(법 360조 2항, 326조 2항, 376조 2항), 약식명령에 대한 정식재판청구기각 결정(법 455조 2항) 등 종국결정에 대해서는 즉시항고를 할 수 있다는 규정이 별도로 마련되어 있으므로 법 402조가 적용되지 않는다. 법 402조에 의해 보통항고할 수 있는 경우로는 소년부송치 결정(소년법 50조),[3] 누범발각에 의한 형의 결정 또는 경합범에 관한 형의 분리결정(법 336조)[4]이 발견되고 있을 뿐이다. 다만 판례는 기소전 보증금납입조건부 석방결정(법 214조의2 5항)에 대해서도 법 402조의 보통항고를 할 수 있다고 한다.[5] 최종심인 대법원의 결정에 대해서는 더 이상의 불복이 허용되지 않는다.[6]

소년부송치결정에 대한 항고
형사피고사건에 대한 법원의 소년부송치 결정은 법 403조가 규정하는 판결 전의 소송절차에 관한 결정에 해당하는 것이 아니므로, 이 결정에 대하여 불복이 있을 때에는 같은 법 402조에 의한 항고를 할 수 있다.[7]
해설: 소년부송치 결정은 법원이 피고사건을 심리한 결과 피고인이 소년이고 소년법상의 보호처분에 해당할 사유가 있다고 인정하는 경우에 결정으로써 사건을 관할 소년부에 송치하는 것(소년법 50조)이므로 판결 전의 소송절차에 관한 결정이 아니라 종국결정이라고 할 수 있다.

구속적부심사절차에서의 구속피의자에 대한 보증금납입조건부 석방결정에 대해서는 피의자나 검사가 그 취소의 실익이 있는 한 법 402조에 의하여 항고할 수 있다.[8]
해설: 법 214조의2는 체포·구속적부심사절차를 법원이 진행하는 것으로 규정하고 있고, 위 판례도 체포·구속적부심사절차에서 석방결정을 법원이 하는 것으로 판시하고 있다. 그러나 체포·구속적부심사절차는 공소제기 이전의 피의자가 한 신청에 대해 행해지는 것이어서 체포·구속적부심사절차를 진행하는 법원은 수소법원이라고 보기 어렵다. 따라서 위 판례는 법 402조의 법원은 수소법원을 의미한다는 다른 판례들과 배치된다.

---

3) 대결 1986. 7. 25. 86모9.
4) 법원실무제요 형사Ⅱ, 466~468면.
5) 대결 1997. 8. 27. 97모21.
6) 대결 1987. 1. 30. 87모4는, "대법원이 한 결정에 대하여는 이유 여하를 불문하고 불복 항고할 수 없다"라고 판시하였다.
7) 대결 1986. 7. 25. 86모9.
8) 대결 1997. 8. 27. 97모21.

체포·구속된 피의자가 석방 결정에 대해 항고하는 경우로는 납입하여야 할 보증금의 액수가 과다한 때를 들 수 있다.

다. 판결 전의 소송절차에 관한 결정에 대한 항고

(1) 법원의 결정

구속기간의 연장을 허가하지 아니하는 지방법원 판사의 결정
법 402조, 403조에서 말하는 법원은 법상의 수소법원만을 가리키므로, 같은 법 205조 1항 소정의 구속기간의 연장을 허가하지 아니하는 지방법원 판사의 결정에 대하여는 법 402조, 403조가 정하는 항고의 방법으로는 불복할 수 없고, 나아가 그 지방법원 판사는 수소법원으로서의 재판장 또는 수명법관도 아니므로 그가 한 재판은 법 416조가 정하는 준항고의 대상이 되지도 않는다.[9)]

증거보전청구를 기각한 판사의 결정
법 402조가 말하는 법원은 법상의 수소법원만을 가리키는 것이어서 증거보전청구를 기각한 판사의 결정에 대하여는 402조가 정하는 항고의 방법으로는 불복할 수 없고 나아가 그 판사는 수소법원으로서의 재판장 또는 수명법관도 아니므로 그가 한 재판은 416조에서 정하는 준항고의 대상이 되지도 않으며 또 403조에 관한 재판에는 그 적용이 없다 할 것이어서 결국 증거보전청구의 기각결정에 대하여는 법상 어떠한 방법으로도 불복을 할 수가 없다.[10)]
해설: 위 판례에서 증거보전청구를 기각한 판사는 수소법원이나 수소법원으로서의 재판장 또는 수명법관이 아니라는 판단 부분은 여전히 유효하다. 그러나 법 184조 4항이 신설되어 증거보전청구기각 결정에 대해서도 항고권이 인정된다.

(2) 판결 전의 소송절차에 관한 결정

공소장변경허가신청에 관한 결정
소송사실 또는 적용법조의 추가, 철회 또는 변경의 허가에 관한 결정은 판결 전의 소송절차에 관한 결정이라 할 것이므로, 그 결정을 함에 있어서 저지른 위법이 판결에 영향을 미친 경우에 한하여 그 판결에 대하여 상소를 하여 다툼으로써 불복하는 외에는 당사자가 이에 대하여 독립하여 상소할 수 없다.[11)]

---

9) 대결 1997. 6. 16. 97모1. 다음은 같은 취지이다.
지방법원 판사의 압수영장발부결정
법 402조, 403조에서 규정하는 항고는 법원이 한 결정을 그 대상으로 하는 것이므로 법원의 결정이 아닌 지방법원 판사가 한 압수영장발부의 재판에 대하여 그와 같은 항고의 방법으로도 불복할 수 없다(대결 1997. 9. 29. 97모66).
10) 대결 1986. 7. 12. 86모25.
11) 대결 1987. 3. 28. 87모17.

법원의 열람·등사에 관한 결정(법 266조의4)

법원이 검사에게 수사서류 등의 열람·등사 또는 서면의 교부를 허용할 것을 명한 결정은 판결 전의 소송절차에 관한 결정에 해당하므로, 위 결정에 대하여 법 402조의 항고를 할 수 없다.

제1심법원의 영상녹화물의 열람·등사 허용 결정에 대한 검사의 보통항고는 판결 전의 소송절차에 관한 결정에 대한 것이므로, 법률상의 방식에 위반한 것이어서 항고기각결정을 하여야 한다(법 407조 1항).[12)]

위헌제청신청을 기각하는 결정

위헌여부제청신청에 대하여 그 법률규정이 위헌이 아니라는 이유로 그 위헌제청신청을 기각하는 하급심의 결정은 중간재판적 성질을 가지는 것으로서 이는 본안에 대한 하급심판결이 상소되었을 때에 이와 함께 그 판단도 상소심의 판단을 받는데 불과하고, 위 결정에 대하여 독립하여 항고, 재항고를 할 수는 없다.[13)]

국선변호인선임청구를 기각한 결정

국선변호인선임청구에 대한 기각결정은 판결 전의 소송절차에 관한 것이므로, 즉시항고를 할 수 있는 근거가 없는 이상 그 결정에 대하여는 재항고도 할 수 없다.[14)]

국민참여재판으로 진행하기로 하는 결정

법원이 국민참여재판으로 진행하기로 하는 결정은 판결 전의 소송절차에 관한 결정이며, 이에 대한 즉시항고 허용규정이 없으므로 위 결정에 대하여는 항고할 수 없다.[15)]

(3) 구금, 보석, 압수나 압수물환부에 관한 결정 또는 감정유치결정

보석허가결정

보석허가결정에 대해서는 검사가 법 403조 2항에 의한 보통항고의 방법으로 불복할 수 있다.[16)]

4. 재항고

항고법원, 고등법원 또는 항소법원의 결정은 즉시항고(재항고임)가 허용되며(법 415조, 법원조직법 14조 2호) 보통항고의 대상이 아니다. (항고사건에 대한 항고법원이 아닌) 고등법원 또는 항소법원이 원심법원으로서 한 결정에 대해 제기하는 상소는 그 이전의 항고가 존재하지 않아 논리적으로 재항고라고 보기

12) 대결 2013. 1. 24. 2012모1393.
13) 대결 1986. 7. 4. 85프6; 대결 1986. 7. 18. 85모49.
14) 대결 1986. 9. 5. 86모40; 대결 1993. 12. 3. 92모49.
15) 대결 2009. 10. 23. 2009모1032.
16) 대결 1997. 4. 18. 97모26.

어렵지만, 법률심이자 최종심인 대법원에 상소한다는 점에서 재항고로 다루고 있다. 재항고 절차에 관하여는 법에 아무런 규정을 두고 있지 아니하므로 성질상 상고에 관한 규정을 준용하여야 한다.[17)]

재항고는 재판에 영향을 미친 헌법·법률·명령 또는 규칙의 위반이 있음을 이유로 하는 때에 한하여 할 수 있다(법 415조).

항소법원의 결정에 대하여도 대법원에 재항고하는 방법으로 다투어야 한다.[18)]

원결정에 법령위반이 있다는 취지가 아니고 피고인에게 구속될 사유가 없음에도 제1심이 피고인을 계속 구속할 필요가 있다고 하여 내린 이 사건 구속기간갱신결정을 타당하다고 본 원결정이 부당하다고 주장하는 것으로서 이는 원심의 재량범위에 속하는 사실의 판단을 공격하는데 지나지 아니하여 적법한 재항고이유가 되지 아니한다.[19)]

5. 항고의 방법

보통항고는 불복기간의 제한이 없으므로 원결정을 취소할 실익이 있는 한 언제든지 제기할 수 있다(법 404조). 즉시항고의 제기기간을 3일로 한 법 405조는 즉시항고 제기기간인 3일이 지나치게 짧아 재판청구권을 침해한다.[20)]

항고를 함에는 항고장을 원심법원에 제출하여야 한다(법 406조). 항고이유에는 제한이 없으며 원결정의 위법뿐만 아니라 부당도 항고이유가 된다.

6. 원심 법원의 조치

가. 항고기각 결정

항고의 제기가 법률상의 방식에 위반하거나 항고권소멸 후인 것이 명백한 때에는 원심법원은 결정으로 항고를 기각하여야 하며 위 결정에 대하여는 즉시 항고를 할 수 있다(법 407조).

항고의 대상이 아닌 '국민참여재판으로 진행하기로 하는 결정'에 대한 항고
국민참여재판으로 진행하기로 하는 결정은 판결 전의 소송절차에 관한 것이어서 이에 대해 항고할 수 없음에도, 국민참여재판으로 진행하기로 하는 제1심 법원의 결정에 대해 제기된 항고는 항고의 제기가 법률상의

17) 대결 2012. 10. 29. 2012모1090.
18) 대결 2008. 4. 14. 2007모726.
19) 대결 1987. 2. 3. 86모57.
20) 따라서 헌법불합치결정을 선고하고 입법자는 2019. 12. 31.까지 개선입법을 하여야 한다(헌재 2018. 12. 27. 2015헌바77).

방식을 위반한 때에 해당하여 위 결정을 한 법원이 항고를 기각하여야 하고, 위 결정을 한 법원이 항고기각의 결정을 하지 아니한 때에는 항고법원은 결정으로 항고를 기각하여야 한다.[21)]

재항고의 대상이 아닌 공소제기결정에 대한 재항고
법 415조에 규정된 재항고 절차에 관하여는 법에 아무런 규정을 두고 있지 아니하므로 재항고에 관하여는 성질상 상고에 관한 규정을 준용하여야 하고, 한편 상고에 관한 법 376조 1항에 의하면 상고의 제기가 법률상의 방식에 위반하거나 상고권 소멸 후인 것이 명백한 때에는 원심법원은 결정으로 상고를 기각하여야 하는데, 재항고의 대상이 아닌 공소제기의 결정에 대하여 재항고가 제기된 경우에는 재항고의 제기가 법률상의 방식에 위반한 것이 명백한 때에 해당하므로 원심법원은 결정으로 이를 기각하여야 한다.[22)]

나. 경정 결정

원심법원은 항고가 이유 있다고 인정한 때에는 결정을 경정하여야 한다(법 408조 1항). 결정을 경정하는 것은 원결정을 철회하거나 변경하는 것을 말한다. 판결에 대해서는 상소가 이유 있더라도 원심법원에 의한 판결의 경정이 허용되지 않는 것과 대비된다.

다. 항고장 및 소송기록의 송부

원심법원은 항고의 전부 또는 일부가 이유 없다고 인정한 때에는 항고장을 받은 날로부터 3일 이내에 의견서를 첨부하여 항고법원에 송부하여야 한다(동조 2항). 원심법원이 필요하다고 인정한 때에는 소송기록과 증거물을 항고법원에 송부하여야 한다(법 411조 1항).

라. 항고제기의 효과

즉시항고의 제기기간 내와 즉시항고가 제기된 때에는 재판의 집행이 정지된다(법 410조). 재항고(법 415조)는 즉시항고의 방법으로 하므로 재항고에 대해서도 집행정지의 효력이 발생한다고 보아야 할 것이다. 그러나 즉시항고가 아닌 보통항고는 재판의 집행을 정지하는 효력이 없으며, 원심법원 또는 항고법원이 결정으로 보통항고에 대한 결정이 있을 때까지 집행을 정지할 수 있다(법 409조).

7. 항고심의 조치

가. 소송기록의 송부 및 소송기록접수통지

원심법원이 소송기록과 증거물을 송부하지 않은 경우에도 항고법원이 필요하다고 판단하는 때에는 이를 송부하도록 요구할 수 있다(법 411조 2항). 항고법원이 소송기록과 증거물을 송부받은 때에는 그

---

21) 대결 2009. 10. 23. 2009모1032.
22) 대결 2012. 10. 29. 2012모1090; 대결 1997. 11. 20. 96모119 전합도 같은 취지이다.

로부터 5일 이내에 당사자에게 그 사유를 통지하여야 한다(동조 3항). 검사는 항고사건에 대하여 의견을 진술할 수 있다(법 412조).

소송기록과 증거물의 송부를 받은 항고법원의 소송기록접수통지의무

항고법원은 제1심법원으로부터 소송기록과 증거물을 송부받은 날부터 5일 이내에 당사자에게 그 사유를 통지하여야 한다(법 411조). 이는 당사자에게 의견을 진술하고 유리한 증거를 제출할 기회를 부여하려는 데 그 취지가 있다.

항고법원이 피고인에게 소송기록접수통지서를 발송한 후 피고인이 이를 송달받았는지 확인하지도 않고 피고인이 통지서를 수령한 다음날 피고인의 즉시항고를 기각한 것은 위법하다.[23]

항고법원이 소송기록접수통지서를 송달한 다음날 항고를 기각하였으나 검사의 항고장에 상세한 항소이유서가 제출됨

검사가 항고하면서 항고이유서를 첨부하였는데 항고심이 검사에게 소송기록접수통지서를 송달한 다음날 항고를 기각한 사안에서, 검사가 항고장에 상세한 항고이유서를 첨부하여 제출함으로써 의견진술을 하였으므로 법 412조에 따라 별도로 의견을 진술하지 아니한 상태에서 항고를 기각하였더라도 위법하지 않다.[24]

나. 항고심의 재판

항고의 제기가 법률상의 방식에 위반하거나 항고권 소멸 후인 것이 명백함에도 원심법원이 결정으로 항고를 기각하지 아니한 때에는 항고법원은 결정으로 항고를 기각하여야 한다(법 413조, 407조).

항고를 이유 없다고 인정한 때에는 결정으로 항고를 기각하여야 한다(법 414조 1항). 항고이유 있다고 인정한 때에는 결정으로 원심결정을 취소하고 필요한 경우에는 항고사건에 대하여 직접 재판을 하여야 한다(동조 2항). 여기서 '필요한 경우'는 원심결정을 취소하는 것만으로는 당해 사건이 완결되지 아니하는 경우를 말하고, '직접 재판을 하여야 한다'는 것은 일반적으로 항고법원이 자판하는 것을 뜻하지만, 경우에 따라서는 환송할 수도 있다고 할 것이다.[25]

항고법원이 법 413조(항고기각의 결정) 또는 법 414조(항고기각과 항고이유 인정)에 규정한 결정을 한 때에는 즉시 그 결정의 등본을 원심법원에 송부하여야 한다(규칙 165조). 항고법원의 결정에 대해서는 재항고할 수 있다(법 415조).

---

23) 대결 2006. 7. 25. 2006모389. 다음은 같은 취지이다.
정식재판청구권회복청구를 기각한 제1심법원으로부터 소송기록을 송부받은 항고법원이 항고인에게 소송기록접수통지서를 송달한 날 곧바로 즉시항고를 기각한 것은 당사자에게 항고에 관하여 그 이유서를 제출하거나 의견을 진술하고 유리한 증거를 제출할 기회를 부여하였다고 할 수 없으므로 위법하다(대결 2008. 1. 2. 2007모601).

24) 대결 2012. 4. 20. 2012모459.

25) 법원실무제요 형사Ⅱ, 547면.

8. 준항고

가. 의 의

준항고는 재판장이나 수명법관의 재판에 대하여 그 소속법원(법 416조) 또는 검사나 사경의 처분에 대하여 그 관할법원(법 417조)에 재판이나 처분의 취소 또는 변경을 청구하는 불복방법을 말한다. 준항고는 상급법원에 불복을 신청하는 것이 아니므로 엄밀한 의미에서 상소는 아니다. 그렇지만 준항고는 성질상 항고와 유사하기 때문에 법은 준항고를 항고의 장에 규정하고 항고에 관한 일부 규정을 준용하고 있다(법 419조).

나. 준항고의 대상

(1) 재판장 또는 수명법관의 재판

준항고의 대상이 되는 재판장 또는 수명법관의 재판은, 1. 기피신청을 기각한 재판, 2. 구금, 보석, 압수 또는 압수물환부에 관한 재판, 3. 감정하기 위하여 피고인의 유치를 명한 재판, 4. 증인, 감정인, 통역인 또는 번역인에 대하여 과태료 또는 비용의 배상을 명한 재판이다(법 416조 1항).[26] 여기서 재판장 또는 수명법관은 수소법원의 구성원을 의미한다.[27]

지방법원 판사가 한 압수영장발부의 결정

수사기관의 청구에 의하여 압수영장 등을 발부하는 지방법원 판사는 수소법원의 구성원으로서의 재판장 또는 수명법관에 해당된다고 볼 수 없으므로, 지방법원 판사가 한 압수영장발부의 재판에 대하여는 법 416조에서 정한 준항고로 불복할 수 없다.[28]

해설: 법 205조 1항 소정의 구속기간의 연장을 허가하지 아니하는 지방법원 판사의 결정,[29] 검사의 체포영장 또는 구속영장 청구에 대한 지방법원 판사의 재판[30]도 수소법원의 구성원으로서의 재판장 또는 수명법관이 아닌 판사에 의해 행해진 것이므로 준항고의 대상이 될 수 없다.

---

26) '1. 기피신청을 기각한 재판'은 기피신청이 소송의 지연을 목적으로 함이 명백하거나 기피신청의 관할 규정을 위반하여 (법원이 아닌) 법관이 결정으로 기피신청을 기각한 때를 말한다(법 20조 1항). '2. 구금, 보석, 압수 또는 압수물환부에 관한 재판'은 법 80조, 136조에 따라 재판장 또는 수명법관이 합의부의 일원으로서 구속 또는 압수를 담당하는 경우를 말하며, 보석이나 압수물환부에 관한 재판을 합의부원이 행하는 경우는 없다. '3. 감정하기 위하여 피고인의 유치를 명한 재판'은 법 175조 또는 172조 7항에 의하여 재판장 또는 수명법관이 하는 감정유치의 재판을 말한다. '4. 증인, 감정인, 통역인 또는 번역인에 대하여 과태료 또는 비용의 배상을 명한 재판'은 법 167조, 177조에 의하여 수명법관이 증인신문 또는 감정인신문을 행하면서 한 과태료부과 결정과 소송비용부담 결정을 말한다(법원실무제요 형사Ⅱ, 550면).

27) 대결 1997. 9. 29. 97모66.

28) 대결 1997. 9. 29. 97모66.

29) 대결 1997. 6. 16. 97모1.

30) 대결 2006. 12. 18. 2006모646.

(2) 수사기관의 처분

수사기관의 구금, 압수 또는 압수물의 환부에 관한 처분과 법 243조의2에 따른 변호인의 참여 등에 관한 처분이 준항고의 대상이다(법 417조). 수사기관의 처분에 대한 준항고는 성질상 행정소송 중 항고소송이라고 볼 수 있는데 형사절차와 관련되어 이루어지는 수사에 관한 처분이어서 간이·신속하게 처리할 수 있도록 준항고 제도를 마련한 것이다. 가령 수사기관의 변호인접견불허가처분에 관하여 준항고에 의해 그 취소를 구할 수 있다.

(가) 구금에 관한 처분

구속영장상의 구금 장소가 경찰서 유치장인 피의자를 안기부 청사에 구금

구속영장에는 청구인을 구금할 수 있는 장소로 서울 서초경찰서 유치장으로 기재되어 있었는데, 청구인에 대하여 위 구속영장에 의하여 서초경찰서 유치장에 구속이 집행되었다가 그 신병이 조사차 국가안전기획부 직원에게 인도된 후 계속하여 국가안전기획부 청사에 사실상 구금되어 있다면, 이러한 사실상의 구금장소의 임의적 변경은 청구인의 방어권이나 접견교통권의 행사에 중대한 장애를 초래하여 위법하므로 피의자는 구금장소변경처분의 취소를 구하는 준항고를 할 수 있다.[31)]

(나) 압수 또는 압수물의 환부에 관한 처분

검사가 몰수의 선고가 없어 압수가 해제된 압수물의 인도를 거부

법 417조의 규정은 검사 또는 사경이 수사단계에서 압수물의 환부에 관하여 처분을 할 권한을 가지고 있을 경우에 그 처분에 불복이 있으면 준항고를 허용하는 취지라고 보는 것이 상당하므로 몰수의 선고가 없어 법 332조의 규정에 의하여 압수가 해제된 것으로 되었음에도 불구하고 검사가 그 해제된 압수물의 인도를 거부하는 조치에 대해서는 법 417조가 규정하는 준항고로 불복할 대상이 될 수 없다.[32)]

검사가 압수·수색영장의 청구 등을 위한 조치를 취하지 아니한 것 자체에 대한 준항고

검사가 수사과정에서 증거수집을 위한 압수·수색영장의 청구 등 강제처분을 위한 조치를 취하지 아니하고 그로 인하여 증거를 확보하지 못하고 불기소처분에 이르렀다면, 그 불기소처분에 대하여 법상의 재정신청이나 검찰청법상의 항고·재항고 등으로써 불복하는 것은 별론으로 하고, 검사가 압수·수색영장의 청구 등 강제처분을 위한 조치를 취하지 아니한 것 그 자체를 법 417조 소정의 '압수에 관한 처분'으로 보아 이에 대해 준항고로써 불복할 수는 없다.[33)]

31) 대결 1996. 5. 15. 95모94.
32) 대결 1984. 2. 6. 84모3.
33) 대결 2007. 5. 25. 2007모82.

검사의 압수물 국고귀속결정 및 압수물환부불허결정을 취소하고 압수물을 환부하는 결정
세관이 시계행상이 소지하고 있던 외국산시계를 관세장물의 혐의가 있다고 하여 압수하였던 것을 검사가 그 것이 관세포탈품인지를 확인할 수 없어 그 사건을 기소중지처분하였다면 위 압수물은 관세장물이라고 단정할 수 없으므로 국고에 귀속시킬 수 없음은 물론 압수를 더 이상 계속할 필요도 없다. 검사의 압수물에 대한 국고귀속결정 및 이에 기한 압수물환부불허결정을 모두 법 419조, 414조 2항에 따라 취소하고, 같은 법 133조 1항에 따라 그 압수물건을 소유자인 준항고인에게 환부하는 결정은 정당하다.[34)]

필요적 몰수 대상인 선박에 대한 압수처분 취소
압수된 선박이 관세법 199조 1호에 의하여 장차 필요적으로 몰수되어야 할 성질의 물건이라 할지라도 법원이 반드시 그것을 압수할 필요가 없다고 보고 법 417조에 의해 압수처분을 취소하였다 하여 위법은 아니다.[35)]

압수물을 환부하여 달라는 준항고절차 진행 중에 압수물을 환부함
검사가 압수물환부신청에 응하지 아니하였다가, 압수물을 환부하여 달라는 취지의 준항고 절차가 진행되는 도중에 압수물을 환부하였으나, 원심이 검사가 압수물의 환부를 거부한 행위를 취소한 사안에서,
수사기관의 압수물의 환부에 관한 처분의 취소를 구하는 준항고는 일종의 항고소송이므로, 통상의 항고소송에서와 마찬가지로 그 이익이 있어야 하고, 소송계속 중 준항고로써 달성하고자 하는 목적이 이미 이루어졌거나 시일의 경과 또는 그 밖의 사정으로 인하여 그 이익이 상실된 경우에는 준항고는 그 이익이 없어 부적법하다.[36)]

(다) 변호인의 참여 등에 관한 처분

변호인은 수사기관의 변호인접견신청불허 처분의 취소를 구하는 준항고를 할 수 있다.[37)] 구금된 피의자는 그에 대한 피의자신문에 변호인의 입회를 불허하는 수사기관의 처분에 대해 준항고를 수 있다.[38)] 변호인의 조력을 받을 권리를 실질적으로 보장하기 위하여는 변호인과의 접견교통권의 인정이 당연한 전제가 되므로, 임의동행의 형식으로 수사기관에 연행된 피의자에게도 변호인 또는 변호인이 되려는 자와의 접견교통권은 당연히 인정된다고 보아야 하고, 임의동행의 형식으로 연행된 피내사자의 경우에도 이는 마찬가지이다.[39)]

34) 대결 1988. 12. 14. 88모55. 같은 취지로는 대결 1991. 4. 22. 91모10.
35) 대결 1967. 12. 26. 67모61.
36) 대결 2015. 10. 15. 2013모1970.
37) 대결 2007. 1. 31. 2006모656. 변호인접견불허가처분 취소결정을 하면서 국가안전기획부장(사경이 아님)을 상대방으로 표시한 경우의 효력에 대해서는 대결 1991. 3. 28. 91모24.
38) 대결 2003. 11. 11. 2003모402. 위 판례의 취지는 2007년도의 법개정으로 법 417조에 반영되었다.
39) 대결 1996. 6. 3. 96모18.

정당한 사유 없이 피의자신문에 참여한 변호인에게 퇴실을 명한 처분을 취소
사경인 재항고인은 피의자신문을 하면서 피의자 옆에 앉아 있는 변호인에게 피의자로부터 떨어진 곳으로 옮겨 앉을 것을 요구하였으나 변호인이 이에 불응하자 변호인에게 퇴실을 명하였으며, 당시 변호인이 피의자신문을 방해하거나 수사기밀을 누설할 염려가 있었다는 등의 특별한 사정은 발견할 수 없으므로 위와 같이 변호인에게 퇴실을 명한 행위는 변호인의 피의자신문참여권을 침해한 처분에 해당하므로, 이를 이유로 재항고인의 위 처분을 취소한 것은 옳다.[40)]

변호사들과 피의자들과의 접견불허가처분을 취소
변호인으로 선임되었거나 선임되려는 변호사들이 피의자들을 접견하려고 1989. 7. 31. 서울구치소장에게 접견신청을 하였으나 다음 달 9.까지도 접견이 허용되지 아니하여, 접견이 신청일로부터 상당한 기간이 경과하도록 허용되지 않는 것은 접견불허처분과 동일시되므로 검사의 '신청인들인 변호사들과 피의자들과의 접견불허처분'을 취소하는 결정은 정당하다.[41)]

다. 관 할

법관의 재판에 대한 준항고는 그 법관이 소속된 합의부가 관할한다(법 416조 1항, 2항). 수사기관의 처분에 대한 준항고는 그 직무집행지의 법원 또는 검사의 소속 검찰청에 대응하는 법원에서 관할하며, 사물관할에 대해서는 특별 규정이 없으므로 법 416조 2항의 반대해석상 단독판사에 속하는 것으로 본다.[42)]

라. 준항고의 방식

준항고를 제기하기 위해서는 서면을 관할법원에 제출하여야 한다(법 418조). 법관의 재판에 대한 준항고는 재판의 고지가 있는 날로부터 3일 내에 하여야 한다(법 416조 3항). 준항고에 대해서 항고에 관한 규정들인 법 409조(보통항고와 집행정지), 413조(항고기각의 결정), 414조(항고기각과 항고이유 인정), 415조(재항고)를 준용한다(법 419조).

---

40) 대결 2008. 9. 12. 2008모793.
41) 대결 1990. 2. 13. 89모37.
42) 법원실무제요 형사Ⅱ, 551면.

제 4 편

재판확정 후의 절차

제 1 절 재판의 집행

1. 의 의

재판의 집행은 재판의 의사표시 내용을 국가권력에 의해 강제적으로 실현하는 것을 말한다. 재판의 집행은 ① 형에 관한 것—사형, 징역, 금고, 자격상실, 자격정지, 벌금, 구류, 과료, 몰수(또는 추징)(형법 41조, 48조), ② 형 이외의 제재에 관한 것—과태료, 비용배상, 보증금 몰수 등, ③ 법원이나 법관이 발부한 각종 영장의 집행 등으로 분류할 수 있다.

2. 재판집행의 시기와 조건

가. 확정 후 즉시집행의 원칙

재판은 확정한 후에 즉시 집행하는 것이 원칙이다(법 459조).

나. 확정 후 즉시집행의 원칙에 대한 예외

(1) 확정 전 집행

결정이나 명령은 고지하거나 명령을 발한 때 즉시 집행할 수 있는 것이 원칙이며, 이에 대해 즉시항고가 있는 때에는 집행정지의 효력이 발생한다(법 409조, 410조, 416조).

법원은 벌금, 과료 또는 추징의 선고를 하는 경우에 판결의 확정 후에는 집행할 수 없거나 집행하기 곤란할 염려가 있다고 인정한 때에는 직권 또는 검사의 청구에 의하여 피고인에게 벌금, 과료 또는 추징에 상당한 금액의 가납을 명할 수 있는데 이러한 가납판결이 선고된 때에는 이를 즉시 집행할 수 있다(법 334조).

(2) 확정 후 일정기간 경과 후의 집행

(가) 소송비용

소송비용부담의 재판을 받은 자가 빈곤으로 인하여 이를 완납할 수 없는 때에는 그 재판의 확정 후 10일 이내에 재판을 선고한 법원에 소송비용의 전부 또는 일부에 대한 재판의 집행면제를 신청할 수 있다(법 487조). 소송비용부담의 재판의 집행은 위와 같은 소송비용집행면제의 신청기간 내와 그 신청이 있는 때에는 그 신청에 대한 재판이 확정될 때까지 정지된다(법 472조).

(나) 벌금과 과료

벌금과 과료의 납입기간은 판결확정일로부터 30일 내로 되어 있고(형법 69조), 벌금과 과료를 위 기간 내에 납입하지 아니한 때 노역장유치의 집행을 할 수 있다(형법 60조). 따라서 벌금형과 과료형이 확정된 후 30일 동안은 노역장유치의 집행을 할 수 없다. 다만 벌금형에 관하여 유치명령을 한 때에는 벌금형이 확정되면 즉시 노역장유치의 집행을 할 수 있고 30일의 경과를 기다릴 필요가 없다(형법 69조 1항 단서). 가납판결은 선고되면 즉시 집행할 수 있지만, 유치명령은 확정되어야 집행할 수 있다.

(다) 사 형

사형은 확정되더라도 법무부장관의 명령이 없으면 집행할 수 없다(법 463조).

(라) 보석허가결정의 집행

법 98조 1호(서약서), 2호(보증금 납입약정서), 5호(출석보증서), 7호(피해자의 권리회복) 및 8호(보증금의 납입 또는 담보제공)의 조건은 이를 이행한 후가 아니면 보석허가결정을 집행하지 못하며, 법원은 필요하다고 인정하는 때에는 다른 조건에 관하여도 그 이행 이후 보석허가결정을 집행하도록 정할 수 있다(법 100조 1항).

다. 형의 시효

형의 선고를 받은 자는 시효의 완성으로 인하여 그 집행이 면제된다(형법 77조). 형의 시효 기간은 1. 사형은 30년, 2. 무기의 징역 또는 금고는 20년, 3. 10년 이상의 징역 또는 금고는 15년, 4. 3년 이상의 징역이나 금고 또는 10년 이상의 자격정지는 10년, 5. 3년 미만의 징역이나 금고 또는 5년 이상의 자격정지는 5년, 6. 5년 미만의 자격정지, 벌금, 몰수 또는 추징은 3년, 7. 구류 또는 과료는 1년이다(형법 78조). 다만, 특정공무원범죄에 관한 몰수·추징의 시효는 형법 78조에도 불구하고 10년으로 한다(공무원범죄에 관한 몰수특례법 9조의4).

시효는 형의 집행의 유예나 정지 또는 가석방 기타 집행할 수 없는 기간은 진행되지 아니한다(형법 79조). 시효는 사형, 징역, 금고와 구류에 있어서는 수형자를 체포함으로, 벌금, 과료, 몰수와 추징에 있어서는 강제처분을 개시함으로 인하여 중단된다(형법 80조).

확정된 벌금형을 집행하기 위한 검사의 집행명령에 기하여 집행관이 집행을 개시하였다면 이로써 벌금형에 대한 시효는 중단되는 것인바(형법 80조), 이 경우 압류물을 환가하여도 집행비용 외에 잉여가 없다는 이유로 집행불능이 되었다고 하더라도 이미 발생한 시효중단의 효력이 소멸하지는 않는다.[1)]

수형자가 벌금의 일부를 납부한 경우에는 이로써 집행행위가 개시된 것으로 보아 그 벌금형의 시효가 중단된다고 봄이 상당하고, 이 경우 벌금의 일부 납부란 수형자 본인이 스스로 벌금을 일부 납부한 경우, 즉 벌금의 일부를 수형자 본인 또는 그 대리인이나 사자가 수형자 본인의 의사에 따라 이를 납부한 경우를 말하는 것이고, 수형자 본인의 의사와는 무관하게 제3자가 이를 납부한 경우는 포함되지 아니한다.[2)]

---

1) 대결 1992. 12. 28. 92모39.
2) 대결 2001. 8. 23. 2001모91.

해설: 수형자의 장인이 수형자에 대하여 확정된 31억 8,500만 원의 벌금형 중 2만 원을 우체국 통상환증서로 우편송부한 사안이다.

추징금의 시효는 검사의 집행명령에 따라 집행관이 강제처분인 집행행위를 개시함으로써 중단되고, 이러한 집행행위는 유체동산 압류시 압류할 유체동산을 찾기 위해 추징금 납부의무자의 주거를 수색함으로써 이미 개시되므로 그 때 시효중단의 효력은 발생하며, 수색 결과 압류할 물건을 찾아 압류집행한 경우는 물론 이를 찾지 못하여 집행불능이 된 경우나 특정 유체동산을 압류하였으나 나중에 제3자가 그 소유권을 주장하며 제3자 이의의 소를 제기하여 해당 유체동산에 대한 압류가 취소된 경우에도 이미 발생한 시효중단의 효력은 소멸하지 않는다.[3)]

3. 집행지휘와 형집행의 순서

가. 집행지휘

재판의 집행은 그 재판을 한 법원에 대응한 검찰청 검사가 지휘한다. 단, 재판의 성질상 법원 또는 법관이 지휘할 경우에는 예외로 한다(법 460조 1항). 상소의 재판 또는 상소의 취하로 인하여 하급법원의 재판을 집행할 경우에는 상소법원에 대응한 검찰청 검사가 지휘한다. 단, 소송기록이 하급법원 또는 그 법원에 대응한 검찰청에 있는 때에는 그 검찰청 검사가 지휘한다(동조 2항).

나. 구금된 자와 구금되지 아니한 자에 대한 형의 집행

구금된 자에 관하여 형이 확정된 때에는 검찰 집행사무 담당직원은 검사의 형집행지휘서에 의하여 집행원부 및 지휘서송부부에 소정의 사항을 기재하고 형집행지휘서를 해당 구치소 또는 교도소의 장에게 송부하여야 한다(자유형등에 관한 검찰집행사무규칙 5조).

구금되지 아니한 자 또는 구금되었다가 석방된 자에 관하여 형이 확정되거나 형집행정지의 취소, 집행유예 및 가석방의 실효 또는 취소등으로 집행하지 아니한 형을 집행하여야 할 사유가 생긴 때에는 검찰 집행사무 담당직원은 형미집행자명부에 소정의 사항을 기재하고, 형미집행자 기록을 작성하여야 한다(동규칙 6조 1항). 사형, 징역, 금고 또는 구류의 선고를 받은 자가 구금되지 아니한 때에는 검사는 형을 집행하기 위하여 이를 소환하여야 한다(법 473조 1항). 소환에 응하지 아니한 때에는 검사는 형집행장을 발부하여 구인하여야 한다(동조 2항). 형집행장에는 형의 선고를 받은 자의 성명, 주거, 연령, 형명, 형기 기타 필요한 사항을 기재하여야 한다(법 474조 1항). 형집행장은 구속영장과 동일한 효력이 있다(동조 2항). 형집행장의 집행에 대해서는 피고인의 구속에 관한 규정을 준용한다(법 475조).

---

3) 대판 2001. 7. 27. 2001두3365.

형집행장의 집행과 피고인의 구속에 관한 규정의 준용

벌금형에 따르는 노역장유치는 실질적으로 자유형과 동일한 것으로서 그 집행에 대하여는 자유형의 집행에 관한 규정이 준용된다(법 492조). 구금되지 아니한 당사자에 대하여 형의 집행기관인 검사는 그 형의 집행을 위하여 당사자를 소환할 수 있고, 당사자가 소환에 응하지 아니한 때에는 형집행장을 발부하여 구인할 수 있다(법 473조). 법 475조는 이 경우 형집행장의 집행에 관하여 법 제1편 제9장에서 정하는 피고인의 구속에 관한 규정을 준용한다고 규정하고 있고, 여기서 '피고인의 구속에 관한 규정'은 '피고인의 구속영장의 집행에 관한 규정'을 의미하므로, 형집행장의 집행에 관하여는 구속의 사유에 관한 법 70조나 구속이유의 고지에 관한 법 72조가 준용되지 않는다.

사경이 벌금형을 받은 사람을 그에 따르는 노역장유치의 집행을 위하여 구인하려면 검사로부터 발부받은 형집행장을 그 상대방에게 제시하여야 하지만(법 85조 1항 참조), 형집행장을 소지하지 아니한 경우에 급속을 요하는 때에는 그 상대방에 대하여 형집행 사유와 형집행장이 발부되었음을 고하고 집행할 수 있다(법 85조 3항 참조). 그리고 형집행장의 제시 없이 구인할 수 있는 '급속을 요하는 때'란 애초 사경이 적법하게 발부된 형집행장을 소지할 여유가 없이 형집행의 상대방을 조우한 경우 등을 가리킨다.[4)]

해설: 구금된 자에 대한 사형, 징역, 금고 또는 구류형은 검사의 형집행지휘서에 의해 곧바로 집행하면 된다. 그러나 구금되지 아니한 자에 대한 사형, 징역, 금고 또는 구류형을 집행하기 위해서는 형의 선고를 받은 자의 신병을 먼저 확보할 필요가 있다. 신병을 확보함에 있어 소환을 하거나 형집행장을 발부하여 집행한다(법 473조). 형집행장에 의해 사형, 징역, 금고 또는 구류형의 선고를 받은 자의 신병을 확보하여 인치, 구금하는 것은 피의자나 피고인을 체포·구속하는 것과 유사하다. 이러한 이유로 법은 형집행장이 구속영장과 동일한 효력을 가지고, 형집행장의 집행에 대해서는 피고인의 구속에 관한 규정을 준용하는 것으로 하고 있다(법 475조).

그런데 위 판례는 '피고인의 구속에 관한 규정'은 '피고인이 구속영장의 집행에 관한 규정'을 의미한다고 해석한다. 즉 형집행장의 집행에 있어, 피고인에 대해 발부된 구속영장의 집행에 관한 규정만 준용되고, 피고인에 대해 구속영장을 발부하기까지의 과정에 관한 규정은 준용되지 않는다는 것이다. 구속사유에 관한 법 70조와 구속이유의 고지에 관한 법 72조는 피고인에 대한 구속영장을 발부하기까지의 과정에 관한 규정들이므로,[5)] 형집행장의 집행에 있어 준용되지 않는다.

이상의 법리는 벌금형에 관한 노역장유치에 대해서도 그대로 적용된다. 벌금형에 따르는 노역장유치집행에 대해서는 형의 집행에 관한 규정을 준용하기 때문이다(법 492조).

경찰관이 형집행장이 발부된 벌금미납자 갑을 조우하여 형집행장이 발부되어 있는 사실을 고지하지 않은 채, 노역장유치 집행을 위하여 구인하려다가 갑에 의해 구타당함

벌금형에 따르는 노역장 유치는 실질적으로 자유형과 동일하므로, 그 집행에 대하여는 자유형의 집행에 관한 규정이 준용된다(법 492조). 구금되지 아니한 당사자에 대하여 형의 집행기관인 검사는 그 형의 집행을 위

4) 대판 2013. 9. 12. 2012도2349.

5) 형집행장을 발부함에 있어서는 법 473조의 요건을 갖추면 되고, 구속사유에 관한 법 70조의 요건을 구비할 필요는 없다. 구속이유의 고지에 관한 법 72조는 피고인에 대한 구속영장 발부의 요건일 뿐 집행의 요건이 아니라는 것이 대법원의 견해이다(대결 2000. 11. 10. 2000모134).

하여 이를 소환할 수 있으나, 당사자가 소환에 응하지 아니한 때에는 형집행장을 발부하여 이를 구인할 수 있는데(법 473조), 이 경우의 형집행장의 집행에 관하여는 피고인의 구속에 관한 규정이 준용된다(법 475조). 그리하여 사경이 벌금형을 받은 이를 그에 따르는 노역장 유치의 집행을 위하여 구인하려면 검사로부터 발부받은 형집행장을 상대방에게 제시하여야 하지만(법 85조 1항), 형집행장을 소지하지 아니한 경우에 급속을 요하는 때에는 상대방에 대하여 형집행 사유와 형집행장이 발부되었음을 고하고 집행할 수 있고(법 85조 3항), 여기서 형집행장의 제시 없이 구인할 수 있는 '급속을 요하는 때'란 애초 사경이 적법하게 발부된 형집행장을 소지할 여유가 없이 형집행의 상대방을 조우한 경우 등을 가리킨다.

사경이 벌금 미납으로 인한 노역장 유치의 집행의 상대방에게 형집행 사유와 더불어 벌금 미납으로 인한 지명수배 사실을 고지하였더라도 특별한 사정이 없는 한 그러한 고지를 형집행장이 발부되어 있는 사실도 고지한 것이라거나 형집행장이 발부되어 있는 사실까지도 포함하여 고지한 것이라고 볼 수 없으므로, 이와 같은 사경의 직무집행은 위법하다.

경찰관 갑이 도로를 순찰하던 중 벌금 미납으로 지명수배된 피고인과 조우하게 되어 벌금 미납 사실을 고지하고 벌금납부를 유도하였으나 피고인이 이를 거부하자 벌금 미납으로 인한 노역장 유치의 집행을 위하여 구인하려 하였는데, 피고인이 이에 저항하여 갑의 가슴을 양손으로 수차례 밀쳐 공무집행방해죄로 기소된 사안에서, 피고인에 대하여 확정된 벌금형의 집행을 위하여 형집행장이 이미 발부되어 있었으나, 갑이 피고인을 구인하는 과정에서 형집행장이 발부되어 있는 사실은 고지하지 않았던 사정에 비추어 갑의 위와 같은 직무집행은 위법하므로 공소사실은 무죄이다.[6]

다. 형집행의 순서

2이상의 형의 집행은 자격상실, 자격정지, 벌금, 과료와 몰수 외에는 그 중한 형을 먼저 집행한다(법 462조). 검사는 2이상의 자유형의 집행을 동시에 지휘할 때에는 집행할 순서를 정하여 지휘하여야 한다(자유형등에 관한 검찰집행사무규칙 16조 1항).

징역형과 '자격상실, 자격정지, 벌금, 과료 또는 몰수'는 동시에 집행할 수 있으므로 징역형을 먼저 집행하여야 하는 것은 아니다. 그렇지만 벌금을 징수하지 못하여 노역장유치 집행을 하는 경우에는 이를 징역형과 동시에 집행을 할 수가 없다. 이러한 경우에는 형을 집행할 순서를 정하여야 하고 중한 자유형을 먼저 집행하는 것이 원칙이다. 그런데 가령 3년 이상의 징역형의 시효는 10년이고 벌금형의 시효는 3년이기 때문에(형법 78조 4호, 6호), 징역형을 집행하는 도중에 벌금형의 시효가 완성될 우려가 있는 경우 형집행순서를 변경하여 벌금형에 관한 노역장유치 집행을 먼저 하여야 한다. 이와 같이 중한 형의 집행을 정지하고 다른 형의 집행을 하기 위해서는 검사가 법무부장관의 허가를 얻어야 한다(법 462조 1항 단서).

6) 대판 2017. 9. 26. 2017도9458.

4. 사형의 집행

사형이 확정된 자는 사형을 집행할 때까지 교정시설에 수용하며 사형이 확정된 자의 처우와 권리 등에 대해서는 형의 집행 및 수용자의 처우에 관한 법률 10장에서 규정하고 있다. 사형은 법무부장관의 명령에 의하여 집행한다(법 463조). 사형을 선고한 판결이 확정된 때에는 검사는 지체 없이 소송기록을 법무부장관에게 제출하여야 한다(법 464조).

사형집행의 명령은 판결이 확정된 날로부터 6월 이내에 하여야 한다(법 465조 1항). 위 6개월의 기간은 훈시규정으로 이해되고 있다. 상소권회복의 청구, 재심의 청구 또는 비상상고의 신청이 있는 때에는 그 절차가 종료할 때까지의 기간은 전항의 기간에 산입하지 아니 한다(동조 2항).

법무부장관이 사형의 집행을 명한 때에는 5일 이내에 집행하여야 한다(법 466조). 사형의 집행에는 검사와 검찰청서기관과 교도소장 또는 구치소장이나 그 대리자가 참여하여야 한다(법 467조 1항).

사형의 선고를 받은 자가 심신의 장애로 의사능력이 없는 상태에 있거나 잉태 중에 있는 여자인 때에는 법무부장관의 명령으로 집행을 정지한다(법 469조 1항). 전항의 규정에 의하여 형의 집행을 정지한 경우에는 심신장애의 회복 또는 출산 후 법무부장관의 명령에 의하여 형을 집행한다(동조 2항).

5. 자유형의 집행

가. 자유형의 집행 대상 및 교정시설

형의 집행 및 수용자의 처우에 관한 법률은 징역형·금고형 또는 구류형의 선고를 받아 그 형이 확정된 사람과 벌금 또는 과료를 완납하지 아니하여 노역장 유치명령을 받은 사람에 대한 형의 집행에 관하여 규정하고 있다.

징역형이 확정된 자는 정역에 복무하게 하고, 금고형과 구류형이 확정된 자는 구치할 뿐 정역에 복무케 하는 것은 아니다(형법 67조, 68조). 벌금형 또는 과료형이 확정된 자가 벌금 또는 과료를 완납하지 아니하여 노역장유치 집행을 하는 때에는 작업에 복무케 하여야 한다(형법 69조). 따라서 징역형이 확정된 자, 벌금 또는 과료의 미납으로 노역장유치 집행을 받는 자는 자신에게 부과된 작업과 그 밖의 노역을 수행하여야 할 의무가 있으나, 금고형이나 구류형이 확정된 자에 대해서는 신청에 따라 작업을 부과할 수 있다(형의 집행 및 수용자의 처우에 관한 법률 66조, 67조).

형이 확정된 수형자는 교도소에 수용하고, 형이 확정되지 아니한 미결수용자는 구치소에 수용하는 것이 원칙이지만 형이 확정된 수형자도 예외적으로 구치소에 수용할 수 있다(동법 11조, 12조). 법원 및 검찰청에 출석하여 재판과 수사를 받아야 하는 미결수용자를 수용하는 구치소는 법원 및 검찰청에 대응하여 설치되며 그 인근에 소재하는 것이 보통이다.

나. 형기의 계산 및 미결구금일수의 산입

형기는 판결이 확정된 날로부터 기산한다(형법 84조 1항). 그러나 구금되지 아니한 자에 대해서는 실제로 형집행이 이루어진 날로부터 기산하여야 한다. 형의 집행과 시효기간의 초일은 시간을 계산함이 없이 1일로 산정한다(형법 85조). 석방은 형기종료일에 하여야 한다(형법 86조).

판결선고 전의 구금일수는 그 전부가 유기징역, 유기금고, 벌금이나 과료에 관한 유치기간 또는 구류에 당연히 산입되어야 하고, 병과형 또는 수 개의 형으로 선고된 경우 어느 형에 미결구금일수를 산입하여 집행하느냐는 형집행 단계에서 형집행기관이 할 일이며, 법원이 주문에서 이에 관하여 선고하였더라도 이는 마찬가지이다.[7]

다. 자유형의 집행정지

(1) 필요적 집행정지

징역, 금고 또는 구류의 선고를 받은 자가 심신의 장애로 의사능력이 없는 상태에 있는 때에는 형을 선고한 법원에 대응한 검찰청 검사 또는 형의 선고를 받은 자의 현재지를 관할하는 검찰청 검사의 지휘에 의하여 심신장애가 회복될 때까지 형의 집행을 정지한다(법 470조 1항).

(2) 임의적 집행정지

징역, 금고 또는 구류의 선고를 받은 자에 대하여 1. 형의 집행으로 인하여 현저히 건강을 해하거나 생명을 보전할 수 없을 염려가 있는 때, 2. 연령 70세 이상인 때, 3. 잉태 후 6월 이상인 때, 4. 출산 후 60일을 경과하지 아니한 때, 5. 직계존속이 연령 70세 이상 또는 중병이나 장애인으로 보호할 다른 친족이 없는 때, 6. 직계비속이 유년으로 보호할 다른 친족이 없는 때 또는 7. 기타 중대한 사유가 있는 때에는 형을 선고한 법원에 대응한 검찰청 검사 또는 형의 선고를 받은 자의 현재지를 관할하는 검찰청 검사의 지휘에 의하여 형의 집행을 정지할 수 있다(법 471조 1항).

6. 자격형의 집행

자격상실은 사형, 무기징역 또는 무기금고의 판결을 받은 경우 그 형의 효력으로서 당연히 1. 공무원이 되는 자격, 2. 공법상의 선거권과 피선거권, 3. 법률로 요건을 정한 공법상의 업무에 관한 자격 및 4. 법인의 이사, 감사 또는 지배인 기타 법인의 업무에 관한 검사역이나 재산관리인이 되는 자격을 상실하는 것을 말한다(형법 43조 1항). 개별 법률에서 자격상실을 규정하고 있는 경우는 없다.

이와 달리 자격정지에 대해서는 개별 법률에서 규정하고 있는 경우가 있으며 가령 형법 129조(수뢰, 사전수뢰)는 선택형으로, 형법 114조(범죄단체의 조직)는 병과형으로 각각 자격정지형을 두고 있다. 개

---

7) 헌재 2009. 6. 25. 2007헌바25; 대판 2009. 12. 10. 2009도11448; 대판 2010. 9. 9. 2010도6924.

별 법률에 규정된 자격정지형에 의해 자격(형법 43조 1항 1호 내지 4호)의 전부 또는 일부를 정지할 수 있으며, 이러한 경우 자격정지는 1년 이상 15년 이하로 한다(형법 44조 1항).

7. 재산형 등의 집행

가. 재산형의 집행방식

(1) 민사집행법의 준용

벌금, 과료, 몰수, 추징, 과태료, 소송비용, 비용배상 또는 가납의 재판은 검사의 명령에 의하여 집행한다(법 477조 1항). 전항의 명령은 집행력 있는 집행권원과 동일한 효력이 있다(동조 2항). 1항의 재판의 집행에는 민사집행법의 집행에 관한 규정을 준용한다. 단, 집행 전에 재판의 송달을 요하지 아니한다(동조 3항).

(2) 국세체납처분

벌금, 과료, 몰수, 추징, 과태료, 소송비용, 비용배상 또는 가납의 재판은 국세징수법에 따른 국세체납처분의 예에 따라 집행할 수 있다(동조 4항).

(3) 노역장 유치

벌금과 과료를 선고받은 자가 이를 납부하지 아니하는 때에는 노역장유치를 집행한다(형법 69조 내지 71조). 벌금 또는 과료를 완납하지 못한 자에 대한 노역장유치의 집행에는 형의 집행에 관한 규정을 준용한다(법 492조). 2009년에 제정된 벌금 미납자의 사회봉사 집행에 관한 특례법은 벌금 미납자에 대한 노역장 유치를 사회봉사로 대신하여 집행할 수 있는 제도를 새로 도입하였다.

벌금형이 확정된 벌금미납자가 사회봉사를 신청할 수 있는 시기

'벌금 미납자의 사회봉사 집행에 관한 특례법'은 벌금 미납자에 대한 노역장 유치를 사회봉사로 대신하여 집행할 수 있는 제도를 새로 도입하면서, 벌금형이 확정된 벌금 미납자는 검사의 '납부명령일부터 30일 이내에' 사회봉사를 신청할 수 있다고 규정하고 있다(4조 1항). 벌금 미납자가 사회봉사의 대체집행 신청을 할 수 있는 처음 시점, 즉 시기를 특별히 제한하여 해석할 이유는 없으므로, 신청은 벌금형이 확정된 때부터 가능하다고 볼 것이다. 따라서 위 규정은 신청을 할 수 있는 종기만을 규정한 것으로 새기는 것이 타당하고, 그 종기는 검사의 납부 '명령일'이 아니라 납부명령이 벌금 미납자에게 '고지된 날'로부터 30일이 되는 날이라고 해석하는 것이 옳다.[8)]

8) 대결 2013. 1. 16. 2011모16.

나. 재산형 집행을 위한 조사

검사는 벌금, 과료, 몰수, 추징, 과태료, 소송비용, 비용배상 또는 가납의 재판을 집행하기 위하여 필요한 조사를 할 수 있다. 이 경우 검사는 법 199조 2항을 준용하여 사실조회를 할 수 있다(법 477조 5항).

다. 집행의 대상에 대한 특칙

몰수 또는 조세, 전매 기타 공과에 관한 법령에 의하여 재판한 벌금 또는 추징은 그 재판을 받은 자가 재판확정 후 사망한 경우에는 그 상속재산에 대하여 집행할 수 있다(법 478조).

법인에 대하여 벌금, 과료, 몰수, 추징, 소송비용 또는 비용배상을 명한 경우에 법인이 그 재판확정 후 합병에 의하여 소멸한 때에는 합병 후 존속한 법인 또는 합병에 의하여 설립된 법인에 대하여 집행할 수 있다(법 479조).

8. 몰수형의 집행과 압수물의 처분

몰수물은 검사가 처분하여야 한다(법 483조). 검사는 몰수물이 압수되어 있지 아니한 때에는 몰수의 선고를 받은 자에게 몰수물제출명령서에 의하여 몰수물의 제출을 명하고, 몰수물 제출명령에 응하지 아니한 때에는 검사는 몰수집행명령서를 작성하여 집행관에게 강제집행을 명하여야 한다(검찰압수물사무규칙 40조).

위조 또는 변조한 물건을 환부하는 경우에는 그 물건의 전부 또는 일부에 위조나 변조인 것을 표시하여야 한다(법 485조 1항). 위조 또는 변조한 물건이 압수되지 아니한 경우에는 그 물건을 제출하게 하여 전항의 처분을 하여야 한다. 단, 그 물건이 공무소에 속한 것인 때에는 위조나 변조의 사유를 공무소에 통지하여 적당한 처분을 하게 하여야 한다(동조 2항).

검사의 몰수판결 집행업무란 몰수를 명한 판결이 확정된 후 검사의 집행지휘에 의하여 몰수집행을 하는 것을 뜻하는 것으로서 몰수물이 압수되어 있는 경우에는 집행지휘만으로 집행이 종료되게 되며, 몰수물이 압수되어 있지 아니한 경우에는 검사가 몰수선고를 받은 자에게 그 제출을 명하고, 이에 불응할 경우 몰수집행명령서를 작성하여 집행관에게 강제집행을 명하는 방법으로 집행하는 것으로 족하다.[9)]

9. 재판집행에 대한 구제방법

가. 소송비용부담 재판의 집행면제

소송비용부담의 재판을 받은 자가 빈곤으로 인하여 이를 완납할 수 없는 때에는 그 재판의 확정 후 10일 이내에 재판을 선고한 법원에 소송비용의 전부 또는 일부에 대한 재판의 집행면제를 신청할

9) 대판 1995. 5. 9. 94도2990.

수 있다(법 487조).

나. 재판의 해석에 대한 의의신청(疑義申請)

형의 선고를 받은 자는 집행에 관하여 재판의 해석에 대한 의의가 있는 때에는 재판을 선고한 법원에 의의신청을 할 수 있다(법 488조).

다. 재판집행에 대한 이의신청(異議申請)

재판의 집행을 받은 자 또는 그 법정대리인이나 배우자는 집행에 관한 검사의 처분이 부당함을 이유로 재판을 선고한 법원에 이의신청을 할 수 있다(법 489조).

> 법 488조의 의의신청은, 판결의 취지가 명료하지 않아 그 해석에 대한 의의가 있는 경우에 적용되는 것이고 같은 법 489조의 이의신청은 재판의 집행에 관한 검사의 처분이 부당함을 이유로 하는 경우에 적용되는 것이므로 재판의 내용 자체가 부당하다고 주장하는 것은 이에 해당되지 아니한다.[10]

> 법 489조에 규정한 '재판의 집행에 관한 검사의 처분에 대한 이의신청'은, 법 460조에 규정한 검사의 형의 집행지휘, 법 477조에 규정한 검사의 재산형 등의 집행명령 등 검사가 법의 규정에 기하여 한 재판의 집행에 관한 일체의 처분을 그 대상으로 한다고 풀이되고, 벌금형 등의 재판의 집행에 관한 사항을 정한 검찰징수사무규칙 17조에 규정한 '검사의 벌금 등의 징수명령'은 위에서 본 검사의 재산형 등의 집행명령과 같은 것이라고 해석되므로, 검사가 한 징수명령이 법 489조에 규정한 이의신청의 대상이 됨은 당연하다.
> 법 489조에 의한 이의신청은 재판의 집행에 대한 검사의 처분을 시정하기 위한 것으로서 이미 재판의 집행이 종료된 후에는 이의신청의 실익이 없어 허용되지 아니한다.[11]

> 보호감호판결이 확정되어 감호수용 중 보호감호의 집행정지결정을 받고 출소한 후 다시 치료감호를 선고받아 확정된 자에 대하여 검사가 보호감호 집행정지결정을 취소하는 결정을 함과 아울러 잔여 보호감호 집행을 지휘하는 처분을 한 경우, 그 처분이 부당함을 이유로 시정을 구하는 취지에서 준항고장이라는 서면을 제출하였다면 이를 사회보호법 42조와 법 489조에 따라 재판을 선고한 법원(합의부)에 재판의 집행에 관한 검사의 처분에 대한 이의신청을 한 것으로 보아 판단하여야 한다.[12]

라. 신청의 취하

위 각 신청은 법원의 결정이 있을 때까지 취하할 수 있다(법 490조).

---

10) 대판 1987. 8. 20. 87초42, 87도1057.
11) 대결 2001. 8. 23. 2001모91.
12) 대결 1993. 8. 6. 93모55.

마. 불 복

위 각 신청에 대해 법원은 결정을 하여야 하며, 위 결정에 대해서는 즉시항고를 할 수 있다(법 491조).

제 2 절 형사보상

1. 의 의

형사소송 절차에서 무죄재판 등을 받은 자에 대한 형사보상 및 명예회복을 위한 방법과 절차 등에 대해서는 형사보상 및 명예회복에 관한 법률이 규율하고 있다.

2. 요 건

가. 적극적 요건

법에 따른 일반 절차 또는 재심이나 비상상고 절차에서 무죄재판을 받아 확정된 사건의 피고인이 미결구금을 당하였을 때에는 국가에 대하여 그 구금에 대한 보상을 청구할 수 있다(동법 2조 1항). 상소권회복에 의한 상소, 재심 또는 비상상고의 절차에서 무죄재판을 받아 확정된 사건의 피고인이 원판결에 의하여 구금되거나 형 집행을 받았을 때에는 구금 또는 형의 집행에 대한 보상을 청구할 수 있다(동조 2항). 위와 같이 구금 등에 의한 형사보상은 무죄 판결이 확정되고, 구금 또는 형의 집행이 있었을 것을 요건으로 한다.

> 피고인이 '국가안전과 공공질서의 수호를 위한 대통령긴급조치'(이하 '긴급조치 제9호'라 한다)를 위반하였다는 공소사실로 제1, 2심에서 유죄판결을 선고받고 상고하여 상고심에서 구속집행이 정지된 한편 긴급조치 제9호가 해제됨에 따라 면소판결을 받아 확정된 다음 사망하였는데, 그 후 피고인의 처 갑이 형사보상을 청구한 사안에서, 긴급조치 제9호는 헌법에 위배되어 당초부터 무효이고, 이와 같이 위헌·무효인 긴급조치 제9호를 적용하여 공소가 제기된 경우에는 법 325조 전단의 '피고사건이 범죄로 되지 아니한 때'에 해당하므로 법원은 무죄를 선고하였어야 하는데, 피고인이 면소판결을 받은 경위 및 그 이유, 원판결 당시 법원이 긴급조치 제9호에 대한 사법심사를 자제하는 바람에 그 위반죄로 기소된 사람으로서는 재판절차에서 긴급조치 제9호의 위헌성을 다툴 수 없었던 사정 등을 종합하여 보면, 이 결정에서 긴급조치 제9호의 위헌·무효를 선언함으로써 비로소 면소의 재판을 할 만한 사유가 없었더라면 무죄재판을 받을 만한 현저한 사유가 피고인에게 생겼다고 할 것이므로, 갑은 형사보상 및 명예회복에 관한 법률 26조 1항 1호, 3조 1항, 11조를 근거로 긴급조치 제9호 위반으로 피고인이 구금을 당한 데 대한 보상을 청구할 수 있다.[13]

13) 대결 2013. 4. 18. 2011초기689 전합.

나. 소극적 요건

다만, 1. 형법 9조 및 10조 1항의 사유로 무죄재판을 받은 경우, 2. 본인이 수사 또는 심판을 그르칠 목적으로 거짓 자백을 하거나 다른 유죄의 증거를 만듦으로써 기소, 미결구금 또는 유죄재판을 받게 된 것으로 인정된 경우 또는 3. 1개의 재판으로 경합범의 일부에 대하여 무죄재판을 받고 다른 부분에 대하여 유죄재판을 받았을 경우에는 법원이 재량으로 보상청구의 전부 또는 일부를 기각할 수 있다(동법 4조).

다. 다른 손해배상청구권과의 관계

형사보상 및 명예회복에 관한 법률에 의하여 보상을 받더라도 민법이나 기타 다른 법률에 따라 손해배상을 청구할 수 없는 것은 아니며, 다른 법률에 따라 손해배상을 받을 자가 같은 원인에 대하여 이 법에 따른 보상을 받았을 때에는 그 보상금의 액수를 빼고 손해배상의 액수를 정하여야 한다(동법 6조).

형사절차에서 억울하게 구금 또는 형의 집행을 받은 자는 공무원의 귀책사유를 입증하여 손해배상을 받을 수도 있고, 공무원의 귀책사유를 입증할 필요 없이 형사보상을 받는 방법을 통하여 간편·신속하게 피해를 구제받을 수도 있는데, 형사보상제도가 마련된 취지에 비추어 손해배상에 앞서 형사보상을 먼저 받은 자에게 불이익이 생겨서는 안 되는 점이나 손해배상과 형사보상 모두가 동일한 피해에 대한 손해전보 수단으로서 기능을 같이 하는 점 등에 비추어, 손해배상액을 산정하는 과정에서 위 관련 규정에 의하여 먼저 받은 형사보상금을 공제할 때에는 이를 손해배상채무의 변제액 공제에 준하여 민법에서 정한 변제충당의 일반 원칙에 따라 형사보상금을 지급받을 당시 손해배상채무의 지연손해금과 원본 순서로 충당하여 공제하는 것이 타당하다.[14]

형사보상법 3조 2호에 의하여 법원이 보상청구의 전부 또는 일부를 기각하기 위해서는 본인이 단순히 허위의 자백을 하거나 또는 다른 유죄의 증거를 만드는 것만으로는 부족하고 본인에게 '수사 또는 심판을 그르칠 목적'이 있어야 한다. 여기서 '수사 또는 심판을 그르칠 목적'은 헌법 28조가 보장하는 형사보상청구권을 제한하는 예외적인 사유임을 감안할 때 신중하게 인정하여야 하고, 형사보상청구권을 제한하고자 하는 측에서 입증하여야 한다. 수사기관의 추궁과 수사 상황 등에 비추어 볼 때 본인이 범행을 부인하여도 형사처벌을 면하기 어려울 것이라는 생각으로 부득이 자백에 이르게 된 것이라면 '수사 또는 심판을 그르칠 목적'이 있었다고 섣불리 단정할 수 없다.
군용물손괴죄로 구금된 공군 중사가 수사기관에서 범행을 자백하다가 다시 부인하며 다투어 무죄의 확정판결을 받고 형사보상청구를 한 사안에서, 자신이 범인으로 몰리고 있어서 형사처벌을 면하기 어려울 것이라는 생각과 거짓말탐지기 검사 등으로 인한 심리적인 압박 때문에 허위의 자백을 한 것이므로, 형사보상청구의 기각 요건인 '수사 또는 심판을 그르칠 목적'에 해당하지 않는다.[15]

---

14) 대판 2012. 3. 29. 2011다38325.
15) 대결 2008. 10. 28. 2008모577.

제 3 절 특수한 재판의 변경

1. 집행유예의 취소

가. 의 의

집행유예의 취소란 일정한 사유가 있는 때에 법원이 확정된 집행유예의 선고를 결정으로 취소하는 것을 말한다. 법원이 결정에 의해 집행유예의 선고를 취소하는 것이므로, 집행유예의 선고를 받은 자가 유예기간 중 고의로 범한 죄로 금고 이상의 실형을 선고받아 그 판결이 확정됨으로써 법원의 관여 없이 당연히 집행유예가 실효(형법 63조)되는 것과 구별된다.

나. 집행유예 취소의 종류

(1) 필요적 취소

피고인에 대해 3년 이하의 징역 또는 금고의 형을 선고할 경우에 형법 51조의 사항을 참작하여 그 정상에 참작할 만한 사유가 있는 때에는 1년 이상 5년 이하의 기간 형의 집행을 유예할 수 있다. 다만, 금고 이상의 형을 선고한 판결이 확정된 때부터 그 집행을 종료하거나 면제된 후 3년까지의 기간에 범한 죄에 대하여 형을 선고하는 경우에는 그러하지 아니하다(형법 62조). 피고인이 형법 62조 단서에 해당하여 집행유예를 받을 수 없음에도 집행유예의 선고를 받은 후 형법 62조 단서의 사유가 발각된 때에는 법원은 집행유예의 선고를 취소하여야 한다(형법 64조 1항).

형법 64조 1항에 의하면 집행유예의 선고를 받은 후 형법 62조 단행의 사유가 발각된 때에는 집행유예의 선고를 취소한다고 규정되어 있는바, 여기에서 집행유예를 선고받은 후 형법 62조 단행의 사유 즉 금고 이상의 형의 선고를 받아 집행을 종료한 후 또는 집행이 면제된 후로부터 5년을 경과하지 아니한 자인 것이 발각된 때라 함은 집행유예 선고의 판결이 확정된 후에 비로소 위와 같은 사유가 발각된 경우를 말하고 그 판결확정 전에 결격사유가 발각된 경우에는 이를 취소할 수 없으며, 이때 판결확정 전에 발각되었다고 함은 검사가 명확하게 그 결격사유를 안 경우만을 말하는 것이 아니라 당연히 그 결격사유를 알 수 있는 객관적 상황이 존재함에도 부주의로 알지 못한 경우도 포함된다.
집행유예 선고의 판결확정 전에 이미 수사단계에서 검사가 집행유예 결격사유가 되는 전과의 존재를 당연히 알 수 있는 객관적 상황이 존재하였음에도 부주의로 알지 못한 경우에는 집행유예의 선고를 취소할 수 없다.[16)]
해설: 형법 62조 단서의 집행유예 결격요건은 2005년도의 형법개정으로 기준이 판결선고시점에서 범행시점으로, 기간이 5년에서 3년으로 각각 변경되었다.
집행유예의 선고를 받은 후 그 선고의 실효 또는 취소됨이 없이 유예기간을 경과한 때에는 형법 65조가 정

16) 대결 1976. 4. 14. 76모12; 대결 2001. 6. 27. 2001모135.

하는 바에 따라 형의 선고는 효력을 잃는 것이고, 그와 같이 유예기간이 경과함으로써 형의 선고가 효력을 잃은 후에는 형법 62조 단행의 사유가 발각되었다고 하더라도 그와 같은 이유로 집행유예를 취소할 수 없고 그대로 유예기간 경과의 효과가 발생한다.[17]

(2) 임의적 취소

법원은 형의 집행을 유예하는 경우에 피고인에게 보호관찰을 받을 것을 명하거나 사회봉사 또는 수강을 명할 수 있다(형법 62조의2). 이와 같이 보호관찰이나 사회봉사 또는 수강을 명한 집행유예를 받은 자가 준수사항이나 명령을 위반하고 그 정도가 무거운 때에는 법원은 집행유예의 선고를 취소할 수 있다(형법 64조 2항). 형법 64조 2항에 따른 집행유예의 취소는 검사가 보호관찰소의 장의 신청을 받아 법원에 청구한다(보호관찰 등에 관한 법률 47조 1항).

다. 절 차

(1) 청 구

형의 집행유예를 취소할 경우에는 검사는 피고인의 현재지 또는 최후의 거주지를 관할하는 법원에 청구하여야 한다(법 335조 1항). 관할은 판결법원이 아니라 피고인의 현재지 또는 최후의 거주지를 관할하는 법원에 속한다. 집행유예취소의 청구를 함에 있어 검사는 취소의 사유를 구체적으로 기재한 서면으로 하여야 하고(규칙 149조), 취소의 사유가 있다는 것을 인정할 수 있는 자료를 제출하여야 한다(규칙 149조의2).

(2) 심리 및 재판

집행유예취소의 청구를 받은 법원은 피고인 또는 그 대리인의 의견을 물은 후에 결정을 하여야 한다(법 335조 2항). 집행유예취소의 결정(가령 피고인에 대한 ○○사건에 관하여 위 법원이 언제 선고한 집행유예의 선고를 취소한다)에 대하여는 즉시항고를 할 수 있다(동조 3항). 집행유예취소의 청구를 받은 법원은 법 335조 2항의 규정에 의한 의견을 묻기 위하여 필요하다고 인정할 경우에는 집행유예의 선고를 받은 자 또는 그 대리인의 출석을 명할 수 있다(규칙 150조).

2. 선고유예의 실효

가. 의 의

선고유예의 실효란 일정한 사유가 있는 때에 법원이 유예한 형을 결정으로 선고하는 것을 말한다.

---

17) 대결 1999. 1. 12. 98모151.

나. 선고유예 실효의 종류

(1) 필요적 실효

1년 이하의 징역이나 금고, 자격정지 또는 벌금의 형을 선고할 경우에 형법 51조의 사항을 참작하여 개전의 정상이 현저한 때에는 그 선고를 유예할 수 있다. 단, 자격정지 이상의 형을 받은 전과가 있는 자에 대하여는 예외로 한다(형법 59조).

피고인이 형법 59조 단서에 해당하여 선고유예의 대상이 아님에도 선고유예를 받은 후 형법 59조 단서의 사유가 발각되거나, 유예기간 중 자격정지 이상의 형에 처한 판결이 확정된 때에는 법원은 유예한 형을 선고하여야 한다(형법 61조 1항).

형법 60조, 61조 1항, 법 335조, 336조 1항의 각 규정에 의하면, 형의 선고유예를 받은 자가 유예기간 중 자격정지 이상의 형에 처한 판결이 확정되더라도 검사의 청구에 의한 선고유예 실효의 결정에 의하여 비로소 선고유예가 실효되는 것이고, 또한 형의 선고유예의 판결이 확정된 후 2년을 경과한 때에는 형법 60조가 정하는 바에 따라 면소된 것으로 간주되고, 그와 같이 유예기간이 경과함으로써 면소된 것으로 간주된 후에는 실효시킬 선고유예의 판결이 존재하지 아니하므로 선고유예 실효의 결정(선고유예된 형을 선고하는 결정)을 할 수 없으며, 이는 원결정에 대한 집행정지의 효력이 있는 즉시항고 또는 재항고로 인하여 아직 그 선고유예 실효 결정의 효력이 발생하기 전 상태에서 상소심에서 절차 진행 중에 그 유예기간이 그대로 경과한 경우에도 마찬가지이다.[18]

(2) 임의적 실효

법원은 형의 선고를 유예하는 경우에 재범방지를 위하여 지도 및 원호가 필요한 때에는 보호관찰을 받을 것을 명할 수 있다(형법 59조의2). 보호관찰을 명한 선고유예를 받은 자가 보호관찰기간 중에 준수사항을 위반하고 그 정도가 무거운 때에는 법원은 유예한 형을 선고할 수 있다(형법 61조 2항). 형법 61조 2항에 따른 선고유예의 실효는 검사가 보호관찰소의 장의 신청을 받아 법원에 청구한다(보호관찰 등에 관한 법률 47조 1항).

다. 절차 및 심리

검사는 선고유예한 형의 선고를 청구하는 때에는 그 범죄사실에 대한 최종판결을 한 법원에 하여야 한다(법 336조 1항). 여기서 상소기각한 법원은 최종판결을 한 법원에 해당하지 않으며, 파기자판한 법원은 최종판결을 한 법원에 해당한다. 선고유예의 실효를 청구함에 있어 검사는 실효의 사유를 구체적으로 기재한 서면으로 하여야 하고, 실효의 사유가 있다는 것을 인정할 수 있는 자료를 제출하여야 한다(규칙 150조의2, 149조, 149조의2).

---

18) 대결 2007. 6. 28. 2007모348.

선고유예실효의 청구를 받은 법원은 피고인 또는 그 대리인의 의견을 물은 후에 결정을 하여야 한다(법 335조 4항, 2항).

라. 재 판

선고유예한 형을 선고할 때(가령 피고인에 대한 00사건에 관하여 선고유예한 형을 선고한다. 피고인을 00에 처한다)에는 결정이유에 범죄될 사실, 증거의 요지와 법령의 적용을 명시하여야 하고, 법률상 범죄의 성립을 조각하는 이유 또는 형의 가중, 감면의 이유되는 사실의 진술이 있은 때에는 이에 대한 판단 그리고 선고유예를 해제하는 이유를 명시하여야 한다(법 336조, 323조). 다시 말하면 종전의 선고유예 판결에서 '선고유예의 이유' 부분을 제외한 나머지를 이기하고 선고유예를 해제하는 이유를 명시하여야 한다.[19]

3. 누범발각에 의하여 형을 다시 정하는 절차

가. 의 의

판결선고 후 누범인 것이 발각된 때에는 그 선고한 형을 통산하여 다시 형을 정할 수 있다. 단, 선고한 형의 집행을 종료하거나 그 집행이 면제된 후에는 예외로 한다(형법 36조).

나. 절 차

판결선고 후 누범인 것이 발각되어 형을 다시 정할 경우에는 검사는 그 범죄사실에 대한 최종판결을 한 법원에 청구하여야 한다(법 336조). 이 경우 집행유예취소 절차 및 심리에 관한 규칙 149조, 149조의2 및 150조를 준용한다(규칙 151조).

다. 재 판

법원은 형을 다시 정하거나(가령 00사건에 관하여 선고한 징역 2년의 형을 징역 3년으로 다시 정한다), 검사의 청구를 기각하는 결정을 한다. 법 336조 2항이 즉시항고에 관한 법 335조 3항을 준용하고 있지 않으므로 법원의 위 결정에 대해서는 즉시항고를 할 수 없고, 법 402조에 의한 보통항고를 할 수 있다.[20]

4. 경합범에 관한 형의 분리

가. 의 의

경합범에 의한 판결의 선고를 받은 자가 경합범 중의 어떤 죄에 대하여 사면 또는 형의 집행이 면제된 때에는 다른 죄에 대하여 다시 형을 정한다(법 336조 1항, 형법 39조 3항).[21]

---

19) 법원실무제요 형사Ⅱ, 459면.
20) 법원실무제요 형사Ⅱ, 466면.
21) 법 336조 1항에서 '형법 39조 4항' 부분은 '형법 39조 3항'의 착오이다.

나. 절 차

경합범 중의 어떤 죄에 대하여 사면 또는 형의 집행이 면제되어 형을 다시 정할 경우에는 검사는 그 범죄사실에 대한 최종판결을 한 법원에 청구하여야 한다(법 336조). 이 경우 집행유예취소 절차 및 심리에 관한 규칙 149조, 149조의2 및 150조를 준용한다(규칙 151조).

다. 재 판

법원은 형을 다시 정하거나(가령 피고인에 대한 00사건에 관하여 선고한 형 중 00죄의 형을 징역 00로 정한다), 검사의 청구를 기각하는 결정을 한다. 법 336조 2항이 즉시항고에 관한 법 335조 3항을 준용하고 있지 않으므로 법원의 위 결정에 대해서는 즉시항고를 할 수 없고, 법 402조에 의한 보통항고를 할 수 있다.

5. 형의 소멸의 재판

가. 의 의

징역 또는 금고의 집행을 종료하거나 집행이 면제된 자가 피해자의 손해를 보상하고 자격정지 이상의 형을 받음이 없이 7년을 경과한 때에는 본인 또는 검사의 신청에 의하여 그 재판의 실효를 선고할 수 있다(형법 81조).

자격정지의 선고를 받은 자가 피해자의 손해를 보상하고 자격정지 이상의 형을 받음이 없이 정지기간의 2분의 1을 경과한 때에는 본인 또는 검사의 신청에 의하여 자격의 회복을 선고할 수 있다(형법 82조).

그러나 형의 실효 등에 관한 법률은 일정 기간이 경과하면 형이 자동으로 실효되도록 규정하고 있어(동법 7조) 형법에 의해 형이 소멸될 여지는 많지 않다.

나. 청구 및 심리

형법 81조 또는 82조의 규정에 의한 선고는 그 사건에 관한 기록이 보관되어 있는 검찰청에 대응하는 법원에 대하여 신청하여야 한다(법 337조 1항). 전항의 신청에 의한 선고는 결정으로 한다(동조 2항). 1항의 신청을 각하하는 결정에 대하여는 즉시항고를 할 수 있다(동조 3항).

제 4 절 비상구제절차

Ⅰ. 재 심

1. 서 론

가. 재심의 의의

재심은 유죄의 확정판결에 존재하는 사실오인을 시정하는 비상구제절차이다. 확정 판결에 대한 구제절차라는 점에서 확정되지 아니한 재판에 대한 구제절차인 상소와 구별된다. 재심은 확정판결에 존재하는 사실오인을 대상으로 한다는 점에서, 법령위반을 대상으로 하는 비상상고와 구별된다.

현행 재심은 유죄의 확정판결에 존재하는 사실오인을 시정하여 유죄판결로 인하여 불이익을 받는 자의 권리구제를 목적으로 하며, 판결을 받은 자를 불이익하게 하는 재심은 허용되지 않는다. 위와 같이 이익재심만을 허용하고 불이익재심은 허용하지 않는 근거에 관하여 법적 안정성(확정판결을 함부로 변경하지 않는 것)과 정의의 구현(사실오인을 시정하는 것)이라는 이념 사이에서 입법적 결단을 내린 것이라는 입법정책설과 헌법 12조 1항의 적법절차 원칙과 13조 1항의 일사부재리 원칙에 기반하고 있다는 헌법적 근거설이 있다.[22)]

재심은 헌법재판소법 등 특별법에 의해서도 인정되고 있다.

나. 재심의 구조

재심은 1) 유죄의 확정판결에 일정한 사실오인이 있어 재심을 개시할 것인지를 판단하는 '재심개시절차'와 2) 재심을 개시하여 심판하는 절차로 나뉜다. 재심을 개시한 이후에 심판하는 '재심심판절차'는 통상의 피고사건과 다를 바 없으므로 재심절차의 중점은 재심을 개시할 것인지를 판단하는 재심개시절차에 놓여 있다.

법상 재심절차는 재심개시절차와 재심심판절차로 구별되는 것이므로, 재심개시절차에서는 법이 규정하고 있는 재심사유가 있는지 여부만을 판단하여야 하고, 나아가 재심사유가 재심대상판결에 영향을 미칠 가능성이 있는가의 실체적 사유는 고려하여서는 아니 된다.[23)]

---

22) 모든 국민은 신체의 자유를 가진다. 누구든지 법률에 의하지 아니하고는 체포·구속·압수·수색 또는 심문을 받지 아니하며, 법률과 적법한 절차에 의하지 아니하고는 처벌·보안처분 또는 강제노역을 받지 아니한다(헌법 12조 1항).

23) 대결 2008. 4. 24. 2008모77.

다. 재심의 대상

재심은 유죄의 확정판결에 대해서만 청구할 수 있고, 또한 그 선고를 받은 자의 이익을 위해서만 청구할 수 있다(법 420조).

항소 또는 상고의 기각판결은 유죄판결 자체는 아니지만 유죄판결에 대한 항소 또는 상고를 기각함으로써 원심의 유죄판결이 확정되기 때문에 유죄판결에 대해 재심을 청구할 수 있는 것과 별도로 항소 또는 상고의 기각판결에 대해서도 재심을 청구할 수 있도록 하고 있다(법 421조). 따라서 여기서의 항소 또는 상고의 기각판결은 항소기각 판결 또는 상고기각 판결 자체를 말하는 것이지 그러한 판결로 인하여 확정된 원심의 유죄판결을 의미하는 것이 아니다.

무죄, 면소, 공소기각 또는 관할위반의 판결은 재심으로 다투어야 할 정도로 피고인에게 불이익한 것이라고는 볼 수 없어 재심의 대상이 되지 않는다. 공소기각, 항고기각, 재정신청기각 등의 결정도 유죄판결이 아니므로 재심 대상이 되지 않는다.

법상 재심청구는 유죄의 확정판결에 대하여서만 할 수 있고 결정에 대하여는 재심청구가 허용되지 않는다.[24]

재항고기각 결정은 유죄의 확정판결이 아님은 물론 이로 인하여 유죄의 판결이 확정되는 것도 아니어서 재심청구의 대상이 되지 아니한다.[25]

유죄의 확정판결 또는 유죄 판결에 대한 항소 또는 상고의 기각판결에 대하여만 재심을 청구할 수 있으므로(법 420조, 421조), 항소심에서 파기되어버린 제1심판결에 대해서는 재심을 청구할 수 없는 것이므로, 위 제1심판결을 대상으로 하는 재심청구는 법률상의 방식에 위반한 것이다.[26]

확정된 공소기각결정에 대한 재심개시결정이 확정됨

재심은 유죄의 확정판결에 대하여 그 선고를 받은 자의 이익을 위하여 청구할 수 있다(법 420조 본문). 항소심의 유죄판결에 대하여 상고가 제기되어 상고심 재판이 계속되던 중 피고인이 사망하여 법 382조, 328조 1항 2호에 따라 공소기각결정이 확정되었다면 항소심의 유죄판결은 이로써 당연히 그 효력을 상실하게 되므로, 이러한 경우에는 법상 재심절차의 전제가 되는 '유죄의 확정판결'이 존재하지 않는다. 그런데 피고인 등이 이와 같이 공소기각결정으로 효력을 상실한 항소심의 유죄판결을 대상으로 하여 재심을 청구한 경우, 법원이 일단 이를 대상으로 재심개시결정을 한 후 이에 대하여 검사나 피고인 등이 모두 불복하지 아니함으로

24) 대결 1986. 10. 29. 86모38.
25) 대결 1991. 10. 29. 91재도2.
26) 대결 2004. 2. 13. 2003모464.

써 재심개시결정이 확정된 때에는, 재심개시결정에 의하여 재심이 개시된 대상은 항소심의 유죄판결로 확정되고, 재심개시결정에 따라 재심절차를 진행하는 법원이 재심이 개시된 대상을 변경할 수는 없다. 그러나 이 경우 재심개시결정은 재심을 개시할 수 없는 항소심의 유죄판결을 대상으로 한 것이므로, 재심개시결정에 따라 재심절차를 진행하는 법원은 심판 대상이 없어 아무런 재판을 할 수 없다.[27)]

면소판결을 대상으로 한 재심청구

형사재판에서 재심은 유죄 확정판결 및 유죄판결에 대한 항소 또는 상고를 기각한 확정판결에 대하여만 허용된다(법 420조, 421조 1항). 면소판결은 유죄 확정판결이라 할 수 없으므로 면소판결을 대상으로 한 재심청구는 부적법하다.[28)]

정식재판청구에 의해 효력을 상실한 약식명령에 대한 재심개시결정

법 420조 본문은 재심은 유죄의 확정판결에 대하여 그 선고를 받은 자의 이익을 위하여 청구할 수 있도록 하고, 456조는 약식명령은 정식재판의 청구에 의한 판결이 있는 때에는 그 효력을 잃도록 규정하고 있다. 위 각 규정에 의하면, 약식명령에 대하여 정식재판 청구가 이루어지고 그 후 진행된 정식재판 절차에서 유죄판결이 선고되어 확정된 경우, 재심사유가 존재한다고 주장하는 피고인 등은 효력을 잃은 약식명령이 아니라 유죄의 확정판결을 대상으로 재심을 청구하여야 한다. 그런데도 피고인 등이 약식명령에 대하여 재심의 청구를 한 경우, 법원으로서는 재심의 청구에 기재된 재심을 개시할 대상의 표시 이외에도 재심청구의 이유에 기재된 주장 내용을 살펴보고 재심을 청구한 피고인 등의 의사를 참작하여 재심청구의 대상을 무엇으로 보아야 하는지 심리·판단할 필요가 있다. 그러나 법원이 심리한 결과 재심청구의 대상이 약식명령이라고 판단하여 그 약식명령을 대상으로 재심개시결정을 한 후 이에 대하여 검사나 피고인 등이 모두 불복하지 아니함으로써 그 결정이 확정된 때에는, 그 재심개시결정에 의하여 재심이 개시된 대상은 약식명령으로 확정되고, 그 재심개시결정에 따라 재심절차를 진행하는 법원이 재심이 개시된 대상을 유죄의 확정판결로 변경할 수는 없다. 이 경우 그 재심개시결정은 이미 효력을 상실하여 재심을 개시할 수 없는 약식명령을 대상으로 한 것이므로, 그 재심개시결정에 따라 재심절차를 진행하는 법원으로서는 심판의 대상이 없어 아무런 재판을 할 수 없다.[29)]

2. 재심의 이유

법 제420조(재심이유) 재심은 다음 각 호의 1에 해당하는 이유가 있는 경우에 유죄의 확정판결에 대하여 그 선고를 받은 자의 이익을 위하여 청구할 수 있다.

1. 원판결의 증거된 서류 또는 증거물이 확정판결에 의하여 위조 또는 변조인 것이 증명된 때

27) 대판 2013. 6. 27. 2011도7931.
28) 대결 2018. 5. 2. 2015모3243.
29) 대판 2013. 4. 11. 2011도10626.

2. 원판결의 증거된 증언, 감정, 통역 또는 번역이 확정판결에 의하여 허위인 것이 증명된 때
3. 무고로 인하여 유죄의 선고를 받은 경우에 그 무고의 죄가 확정판결에 의하여 증명된 때
4. 원판결의 증거된 재판이 확정재판에 의하여 변경된 때
5. 유죄의 선고를 받은 자에 대하여 무죄 또는 면소를, 형의 선고를 받은 자에 대하여 형의 면제 또는 원판결이 인정한 죄보다 경한 죄를 인정할 명백한 증거가 새로 발견된 때
6. 저작권, 특허권, 실용신안권, 의장권 또는 상표권을 침해한 죄로 유죄의 선고를 받은 사건에 관하여 그 권리에 대한 무효의 심결 또는 무효의 판결이 확정된 때
7. 원판결, 전심판결 또는 그 판결의 기초된 조사에 관여한 법관, 공소의 제기 또는 그 공소의 기초된 수사에 관여한 검사나 사법경찰관이 그 직무에 관한 죄를 범한 것이 확정판결에 의하여 증명된 때. 단, 원판결의 선고 전에 법관, 검사 또는 사법경찰관에 대하여 공소의 제기가 있는 경우에는 원판결의 법원이 그 사유를 알지 못한 때에 한한다.

법 제421조(동전) ① 항소 또는 상고의 기각판결에 대하여는 전조 제1호, 제2호, 제7호의 사유 있는 경우에 한하여 그 선고를 받은 자의 이익을 위하여 재심을 청구할 수 있다.

② 제1심 확정판결에 대한 재심청구사건의 판결이 있은 후에는 항소기각판결에 대하여 다시 재심을 청구하지 못한다.

③ 제1심 또는 제2심의 확정판결에 대한 재심청구사건의 판결이 있은 후에는 상고기각판결에 대하여 다시 재심을 청구하지 못한다.

가. 재심이유의 분류

재심이유는 허위증거에 의한 재심이유(falsa형의 재심이유)와 새로운 증거에 의한 재심이유(nova형의 재심이유)로 나누는 것이 보통이다. 법 420조 5호는 새로운 증거에 의한 재심이유이고, 그 나머지는 모두 허위증거에 의한 재심이유이다. 허위증거에 의한 재심이유가 확정판결에 의해 증명되어야 하는 반면, 새로운 증거에 의한 재심이유는 확정판결에 의해 증명될 필요가 없다는 점에서 재심의 이유로 가장 자주 주장되고 있다.

나. 허위증거에 의한 재심이유

① 원판결의 증거된 서류 또는 증거물이 확정판결에 의하여 위조 또는 변조인 것이 증명된 때(1호)

② 원판결의 증거된 증언, 감정, 통역 또는 번역이 확정판결에 의하여 허위인 것이 증명된 때(2호)

법 420조 2호 소정의 재심사유에 해당하기 위하여는 원판결의 증거된 증언이 확정판결에 의하여 허위인 것이 증명되어야 하는바, 여기에서 말하는 '원판결의 증거된 증언'이라 함은 원판결의 이유 중에서 증거로 채택되어 '죄로 되는 사실'(범죄사실)을 인정하는 데 인용된 증언을 뜻하므로, 원판결의 이유에서 증거로 인용된 증언이 '죄로 되는 사실'과 직접 혹은 간접적으로 관련된 내용의 것이라면 위 법조 소정의 '원판결의 증거된 증언'에 해당한다.

법 420조 2호 소정의 '원판결의 증거된 증언'이 나중에 확정판결에 의하여 허위인 것이 증명된 이상, 그 허위증언 부분을 제외하고서도 다른 증거에 의하여 그 '죄로 되는 사실'이 유죄로 인정될 것인지 여부에 관계없이 법 420조 2호의 재심사유가 있는 것으로 보아야 한다.30)

이 사건 재심대상 판결에서 증인으로 출석하여 증언한 증인의 증언 중 "증인은 피고인(재항고인)이 1983. 8. 3.자로 보냈다는 답변서를 받은 바 없습니다"라는 부분이 위증죄로 인정되어 유죄확정되었으나, 위 증언 부분은 재심대상 판결에서의 재항고인의 범죄사실과는 관련이 없는 부분으로 위 범죄사실 인정에 아무런 영향을 미치지 아니하는 증언 즉, 그 증언 부분이 재심대상 판결에서 증거로 되지 아니하였다고 보아 재심청구를 기각한 결정은 정당하다.31)

'원판결의 증거된 증언이 확정판결에 의하여 허위인 것이 증명된 때'라 함은 그 증인이 위증을 하여 그 죄에 의하여 처벌되어 그 판결이 확정된 경우를 말하는 것이고, 원판결의 증거된 증언을 한 자가 그 재판 과정에서 자신의 증언과 반대되는 취지의 증언을 한 다른 증인을 위증죄로 고소하였다가 그 고소가 허위임이 밝혀져 무고죄로 유죄의 확정판결을 받은 경우는 위 재심사유에 포함되지 아니한다.32)

원판결의 증거된 증언이라 함은 법률에 의하여 선서한 증인의 증언을 말하고 공동피고인의 공판정에서의 진술은 여기에 해당하지 않는다.33)

재심대상이 된 피고사건과 별개의 사건에서 증언이 이루어지고 그 증언을 기재한 증인신문조서나 그 증언과 유사한 진술이 기재된 진술조서가 재심대상이 된 피고사건에 서증으로 제출되어 이것이 채용된 경우는 법 420조 2호에 규정된 '원판결의 증거된 증언'에 해당한다고 할 수 없으므로, 그 증언이 확정판결에 의하여 허위인 것으로 증명되었더라도 위 2호 소정의 재심사유에 포함될 수 없다.34)
해설: 위 증인신문조서에 기재된 증언이 확정판결에 의하여 허위인 것으로 증명되었음은 5호의 재심사유가 될 여지가 있다.

③ 무고로 인하여 유죄의 선고를 받은 경우에 그 무고의 죄가 확정판결에 의하여 증명된 때(3호)

④ 원판결의 증거된 재판이 확정재판에 의하여 변경된 때(4호)

30) 대결 1997. 1. 16. 95모38; 대판 2010. 9. 30. 2008도11481; 대판 2012. 4. 13. 2011도8529.
31) 대결 1987. 4. 23. 87모11.
32) 대판 2005. 4. 14. 2003도1080.
33) 대결 1985. 6. 1. 85모10.
34) 대결 1999. 8. 11. 99모93.

"원판결의 증거된 재판"이라 함은 원판결의 이유 중에서 증거로 채택되어 죄로 되는 사실을 인정하는데 인용된 타의 재판을 뜻한다.[35]

⑤ 저작권, 특허권, 실용신안권, 의장권 또는 상표권을 침해한 죄로 유죄의 선고를 받은 사건에 관하여 그 권리에 대한 무효의 심결 또는 무효의 판결이 확정된 때(6호)

⑥ 원판결, 전심판결 또는 그 판결의 기초된 조사에 관여한 법관, 공소의 제기 또는 그 공소의 기초된 수사에 관여한 검사나 사법경찰관이 그 직무에 관한 죄를 범한 것이 확정판결에 의하여 증명된 때. 단, 원판결의 선고 전에 법관, 검사 또는 사법경찰관에 대하여 공소의 제기가 있는 경우에는 원판결의 법원이 그 사유를 알지 못한 때에 한한다(7호).

법 420조 7호는 "원판결, 전심판결 또는 그 판결의 기초된 조사에 관여한 법관, 공소의 제기 또는 그 공소의 기초된 수사에 관여한 검사나 사경이 그 직무에 관한 죄를 범한 것이 확정판결에 의하여 증명된 때"를 별도의 재심사유로 규정하고 있는데, 이는 원판결이 위 공무원의 범죄행위로 얻어진 것이라는 점에 관하여 별도의 확정판결이나 법 422조 소정의 확정판결에 대신하는 증명이 있다고 볼 수 있는 경우라야 한다.[36]

재심청구인을 직접 조사하지는 않았으나 수사지휘 품신을 올리고 구속통지를 하였을 뿐 아니라 검찰에 사건 송치를 함에 있어 의견서를 작성

갑이 재항고인에 대하여 공소제기된 형사사건의 수사과정에서 비록 재항고인을 직접 조사하지는 않았으나 검사에 대해 수사지휘 품신을 올리고 재항고인에게 구속통지를 하였을 뿐 아니라 검찰에 사건 송치를 함에 있어 의견서까지 작성한 사실이 엿보이므로 이러한 과정에 관여한 이상 갑이 법 420조 7호의 '공소의 기초가 된 수사에 관여'하였다고 보아야 할 것이고, 또한 법 420조 7호의 재심사유 해당 여부를 판단함에 있어 사경 등이 범한 직무에 관한 죄가 사건의 실체관계에 관계된 것인지 여부나 당해 사경이 직접 피의자에 대한 조사를 담당하였는지 여부는 고려할 사정이 아니다.[37]

영장주의를 배제하는 위헌적 법령(긴급조치 9호)에 따라 영장 없는 체포·구금을 함

수사기관이 영장주의를 배제하는 위헌적 법령에 따라 영장 없는 체포·구금을 한 경우, 불법체포·감금의 직무범죄가 인정되는 경우에 준하는 것으로 보아 법 420조 7호의 재심사유가 있다.

사실관계 및 판단

- 피고인은 1979. 7. 4. 천안경찰서 소속 사법경찰관들에 의하여 긴급조치 9호 8항[38]에 따라 영장 없이 체

35) 대결 1986. 8. 28. 86모15.

36) 대결 1996. 8. 29. 96모72.

37) 대결 2006. 5. 11. 2004모16.

38) 동항은 "이 조치 또는 이에 의한 주무부장관의 조치에 위반한 자는 법관의 영장 없이 체포·구속·압수 또는 수색할 수 있다"라고 규정하고 있다.

포되어 구속영장 발부일인 1979. 7. 13.까지 영장 없이 구금되었고, 그 수사를 기초로 공소가 제기되어 재심대상판결이 확정됨
- 긴급조치 9호는 헌법상 보장된 국민의 기본권을 침해한 것으로 그것이 해제 또는 실효되기 이전부터 유신헌법에 위배되어 위헌·무효임
- 피고인을 체포·구금한 사법경찰관들은 영장주의를 배제하는 위헌적 법령에 따라 피고인을 영장 없이 체포·구금한 것이므로 재심대상판결 중 수사를 기초로 공소가 제기되어 유죄가 확정된 부분에는 법 420조 7호의 재심사유가 있다.[39]

다. 새로운 증거에 의한 재심이유

유죄의 선고를 받은 자에 대하여 무죄 또는 면소를, 형의 선고를 받은 자에 대하여 형의 면제 또는 원판결이 인정한 죄보다 경한 죄를 인정할 명백한 증거가 새로 발견된 때(5호)는 새로운 증거에 의한 재심이유가 된다.

(1) '무죄나 면소' 또는 '형의 면제나 경한 죄'를 인정할 증거일 것

'원판결이 인정한 죄보다 경한 죄'라 함은 원판결이 인정한 죄와는 별개의 죄로서 그 법정형이 가벼운 죄를 말하는 것이므로, 동일한 죄에 대한 공소기각 사유는 여기에서의 경한 죄에 해당하지 않으므로 간통죄의 고소가 취소된 것은 법 420조 5호의 재심사유가 아니다.[40]

'원판결이 인정한 죄보다 경한 죄'라 함은 원판결이 인정한 죄와는 별개의 죄로서 그 법정형이 가벼운 죄를 말하므로, 필요적이건 임의적이건 형의 감경사유를 주장하는 것은 포함하지 않는다.
피고인이 사설마권을 판매하고 관리하는 '총책'이 아니라 마권구매, 마권대금 전달을 하는 '모집책'이더라도 유사경매행위로 인한 한국마사회법 위반죄의 공동정범임에는 변함이 없고, 종범으로 보더라도 형의 필요적 감경사유(형법 32조 2항)에 불과하다.[41]

법 420조 5호는 형의 선고를 받은 자에 대하여 형의 면제를 인정할 명백한 증거가 새로 발견된 때의 형의 면제는 형의 필요적 면제의 경우만을 말하고 임의적 면제는 해당하지 않는다.[42]

"원판결이 인정한 죄보다 경한 죄를 인정할" 경우라 함은 원판결에서 인정한 죄와는 별개의 죄로서 그보다 경한 죄를 말한다 할 것이고 인정한 죄 자체에는 변함이 없고 다만 양형상의 자료에 변동을 가져올 사유는

39) 대결 2018. 5. 2. 2015모3243.
40) 대결 1986. 8. 28. 86모15; 대결 1997. 1. 13. 96모51.
41) 대판 2007. 7. 12. 2007도3496.
42) 대결 1984. 5. 30. 84모32.

여기에 해당하지 않는다.
재항고인의 이 사건 유인물 배포행위는 포괄하여 1개의 죄에 해당한다고 할 것인데 위 유인물 중 재항고인이 주장하는 각 70장을 배포하였음은 재항고인도 이를 인정하고 있으며 유인물 중 각 680장을 배포한 행위 부분이 새로 발견된 명백한 증거로 인하여 무죄로 인정되더라도 이로 인하여 피고인이 위 유인물 중 각 70장을 배포한 행위가 원판결이 인정한 죄보다 경한 죄에 해당한다고 할 수도 없다.[43)]

(2) 증거의 신규성과 명백성

증거의 신규성은 새로운 증거가 원판결 당시에 이미 존재하고 있었으나 알려져 있지 않았던 경우, 원판결 당시에 그 존재를 알고 있었으나 제출이나 조사가 불가능했던 경우, 원판결 후에 새로 생긴 경우에 인정된다.

증거의 신규성을 누구를 기준으로 판단할 것인지에 대하여 그 범위를 제한하고 있지 않으므로 그 대상을 법원으로 한정할 것은 아니다. 그러나 재심은 당해 심급에서 또는 상소를 통한 신중한 사실심리를 거쳐 확정된 사실관계를 재심사하는 예외적인 비상구제절차이므로, 피고인이 판결확정 전 소송절차에서 제출할 수 있었던 증거까지 거기에 포함된다고 보게 되면, 판결의 확정력이 피고인이 선택한 증거제출시기에 따라 손쉽게 부인될 수 있게 되어 형사재판의 법적 안정성을 해치고, 헌법이 대법원을 최종심으로 규정한 취지에 반하여 제4심으로서의 재심을 허용하는 결과를 초래할 수 있다. 따라서 피고인이 재심을 청구한 경우 재심대상이 되는 확정판결의 소송절차 중에 그러한 증거를 제출하지 못한 데 과실이 있는 경우에는 그 증거는 '증거가 새로 발견된 때'에서 제외된다고 해석함이 상당하다.[44)]

법 420조 5호에 정한 '무죄 등을 인정할 **명백한 증거**'에 해당하는지 여부를 판단할 때에는 법원으로서는 새로 발견된 증거만을 독립적·고립적으로 고찰하여 그 증거가치만으로 재심의 개시 여부를 판단할 것이 아니라, 재심대상이 되는 확정판결을 선고한 법원이 사실인정의 기초로 삼은 증거들 가운데 새로 발견된 증거와 유기적으로 밀접하게 관련되고 모순되는 것들은 함께 고려하여 평가하여야 하고, 그 결과 단순히 재심대상이 되는 유죄의 확정판결에 대하여 그 정당성이 의심되는 수준을 넘어 그 판결을 그대로 유지할 수 없을 정도로 고도의 개연성이 인정되는 경우라면 그 새로운 증거는 위 조항의 '명백한 증거'에 해당한다. 만일 법원이 새로 발견된 증거만을 독립적·고립적으로 고찰하여 명백성 여부를 평가·판단하여야 한다면, 그 자체만으로 무죄 등을 인정할 수 있는 명백한 증거가치를 가지는 경우에만 재심 개시가 허용되어 재심사유가 지나치게 제한되는데, 이는 새로운 증거에 의하여 이전과 달라진 증거관계 아래에서 다시 살펴 실체적 진실을 모색하도록 하기 위해 '무죄 등을 인정할 명백한 증거가 새로 발견된 때'를 재심사유의 하나로 정한 재심제도의 취지에 반하기 때문이다.

43) 대결 1992. 8. 31. 92모31.
44) 대결 2009. 7. 16. 2005모472 전합.

재항고인이 재심사유로 내세우고 있는 증거, 즉 자신이 무정자증이 아니라는 정액검사결과와 유기적으로 밀접하게 관련되는 증거로는 재심대상사건 기록상 재심대상인 확정판결의 사실인정에 기초가 된 증거들 가운데 국립과학수사연구소장의 감정의뢰회보와 검찰주사의 수사보고 등이 있는바, 위 감정의뢰회보의 내용은 피해자의 체내에서 채취한 가검물에서 정액 양성반응이 나타났을 뿐 정자는 검출되지 않았다는 것이고, 위 수사보고는 이러한 감정의뢰회보에 비추어 범인은 무정자증으로 추정된다는 것인데, 위 감정의뢰회보의 내용과 같이 정액 양성반응이 있으나 정자가 검출되지 않은 이유에는 무정자증 이외에도 채취한 가검물의 상태나 그 보존 과정 등에서의 여러 가지 요인에 의하여 정자가 소실되는 등의 다른 원인이 있을 수 있으므로, 위 감정의뢰회보만으로 범인이 반드시 무정자증이라고 단정할 수는 없고, 여러 가지 가능성 중의 하나로서 단순히 추측하는 내용에 불과한 위 수사보고 역시 별다른 증거가치를 인정할 수 없다. 재항고인이 무정자증이 아니라는 사실을 인정할 수 있는 자료에 불과한 위 정액검사결과는 위 증거들을 함께 고려하더라도 이 사건 재심대상판결을 그대로 유지할 수 없을 정도로 고도의 개연성이 인정되는 증거가치를 가지지 못하므로, 결국 이 사건에서 무죄를 인정할 명백한 증거에는 해당하지 않는다.[45)]

재심청구이유의 요지: 재심대상사건 기록에 편철된 국립과학수사연구소의 감정의뢰회보 및 검찰수사관의 수사보고서에 의하면 이 사건 발생 직후 채취한 피해자의 질 내용물에서 정액 양성반응을 보였으나 피해자의 유전자형 외에 여타 관련 남성의 유전자형은 검출되지 않았고 정자가 발견되지 않은 것으로 보아 범인은 무정자증인 것으로 추정된다는 것이나, 2004. 11.경 정액검사 결과 피고인은 무정자증이 아니라는 사실이 새로 밝혀졌으므로 법 420조 5호의 재심사유가 있다.[46)]

해설: 증거의 명백성의 의미에 관하여 개연성설, 무죄추정설, 진지한 의무설 등이 있고, 명백성의 판단방법에 관하여 단독평가설, 종합평가설 등이 있는데 위 판례는 개연성설과 종합평가설을 취하고 있는 것으로 평가된다.

동일피고사건에서 공범들만 상소하여 받은 무죄의 확정판결

재항고인이 상소를 하지 아니한 탓으로 이 사건에서 유죄의 확정판결을 받았고 공범자들은 상소함으로써 재항고인을 유죄로 한 같은 자료로 인정된 같은 사실이 국가보위에 관한 특별조치법 9조 1항의 단체행동권을 행사한 경우에 해당하지 아니한다는 이유로 무죄의 선고를 받은 확정판결이 재심사유에 해당한다는 것이니, 그 확정판결의 증거가 아닌 확정판결 자체로서는 그 유죄의 확정판결에 대한 재심사유에 해당하는 새로운 증거라고 할 수 없다.[47)]

확정판결의 소송절차에서 증거조사한 증인이 판결확정 후 진술내용을 번복

"무죄로 인정할 명백한 증거가 발견된 때"란 확정판결의 소송절차에서 발견되지 못하였거나 발견되었어도

---

45) 대결 2009. 7. 16. 2005모472 전합; 대판 2010. 10. 14. 2009도4894. 위 전합 결정에 의해 다음 판례들은 변경되었다. 새로 발견된 증거의 증거가치만을 기준으로 하여 '무죄를 인정할 명백한 증거'인지 여부를 판단한다(대결 1990. 11. 5. 90모50; 대결 1991. 9. 10. 91모45; 대결 1999. 8. 11. 99모93).

46) 원심인 서울고결 2005. 8. 19. 2005재노12.

47) 대결 1984. 4. 13. 84모14.

제출할 수 없었던 증거로서 증거가치에 있어 다른 증거에 비해 객관적으로 우위성이 인정되는 증거를 말하는 것이므로 확정판결의 소송절차에서 이미 증거로 조사채택된 증인이 판결확정 후 전의 진술내용을 번복함과 같은 것은 이에 해당하지 않는다.[48]

법원이 형벌에 관한 법령이 당초부터 위헌·무효라고 선언

법 420조 5호의 재심사유에서 무죄 등을 인정할 '증거가 새로 발견된 때'란 재심대상이 되는 확정판결의 소송절차에서 발견되지 못하였거나 또는 발견되었다 하더라도 제출할 수 없었던 증거로서 이를 새로 발견하였거나 비로소 제출할 수 있게 된 때는 물론이고, 형벌에 관한 법령이 당초부터 헌법에 위배되어 법원에서 위헌·무효라고 선언한 때에도 역시 이에 해당한다.

재항고인의 '긴급조치 9호' 위반 공소사실에 대하여 유죄를 선고한 재심대상판결이 확정되었는데, 그 후 재항고인이 위 판결에 대하여 재심을 청구한 사안에서, 대법원이 긴급조치 제9호가 당초부터 위헌·무효라고 판단[49]한 이상, 이는 '유죄의 선고를 받은 자에 대하여 무죄를 인정할 명백한 증거가 새로 발견된 때'에 해당한다.[50]

조세부과처분을 취소하는 행정판결의 확정과 조세심판원의 재조사결정에 따른 과세처분취소

① 과세관청은 이 사건 외주공사비가 가공경비라는 이유 등으로 그 금액을 손금불산입하고 피고인이 실질적으로 운영하는 A주식회사에 법인세 부과처분을 하였고,

② 피고인이 위 외주공사비를 손금에 산입함으로써 법인세를 포탈하였다는 공소사실에 대하여 유죄판결이 선고되었고,

③ 위 외주공사비에 관하여 조세심판원이 재조사결정을 하였고,

④ 과세관청이 위 외주공사비 관련하여 ①의 법인세 부과처분 중 일부를 취소한 사안에서,

조세의 부과처분을 취소하는 행정판결이 확정된 경우 부과처분의 효력은 처분 시에 소급하여 효력을 잃게 되어 그에 따른 납세의무가 없으므로 확정된 행정판결은 조세포탈에 대한 무죄 내지 원심판결이 인정한 죄보다 경한 죄를 인정할 명백한 증거에 해당한다. 조세심판원이 재조사결정을 하고 그에 따라 과세관청이 후속처분으로 당초 부과처분을 취소하였다면 부과처분은 처분 시에 소급하여 효력을 잃게 되어 원칙적으로 그에 따른 납세의무도 없어지므로, 법 420조 5호에 정한 재심사유에 해당한다.[51]

라. 항소기각판결 또는 상고기각판결에 대한 재심이유

항소 또는 상고의 기각판결에 대하여는 법 422조 1호, 2호, 7호의 사유가 있는 경우에 한하여 그 선고를 받은 자의 이익을 위하여 재심을 청구할 수 있다(법 421조 1항). 제1심 확정판결에 대한 재심청구사

48) 대결 1984. 2. 20. 84모2.
49) 대결 2013. 4. 18. 2011초기689 전합.
50) 대결 2013. 4. 18. 2010모363.
51) 대판 2015. 10. 29. 2013도14716.

건의 판결이 있은 후에는 항소기각판결에 대하여 다시 재심을 청구하지 못한다(동조 2항). 제1심 또는 제2심의 확정판결에 대한 재심청구사건의 판결이 있은 후에는 상고기각판결에 대하여 다시 재심을 청구하지 못한다(동조 3항).

원심의 유죄판결 자체에는 재심이유가 없어도 상소기각 판결에 재심이유가 있을 수 있다. 그러한 경우에 재심에 의해 상소기각판결을 파기하여 상소심에 계속된 상태로 되돌리는데 상소기각판결을 재심대상으로 하는 의미가 있다. 그런데 확정된 하급심 판결에 대한 재심청구사건의 판결이 있는 때에는 상소기각판결에 대하여 다시 재심을 청구하지 못한다. 이러한 경우에는 원판결 자체에 대해 재심판결이 이루어졌기 때문에 원판결에 대한 상소기각 판결에 대해 별도로 재심을 허용할 필요가 없다고 본 것이다.

법 421조 1항에서 항소 또는 상고의 기각판결이라 함은 위 상고기각판결에 의하여 확정된 1심 또는 항소판결을 의미하는 것이 아니고, 항소기각 또는 상고기각판결 자체를 의미한다.[52)]

상고를 기각한 확정판결에 대한 재심청구는 그 확정판결 자체에 법 420조 1, 2, 7호 소정의 각 사유가 있는 경우에 한하여 허용된다 할 것이므로 본안 피고사건의 범죄사실에 관하여 증거에 의하여 사실인정을 하지 않았던 원 상고심판결에 대하여 원판결 후 진범인이 검거되어 현재 공판진행 중이라는 사유를 내세워 재심청구를 할 수 없다. 법률상의 방식에 위반된 경우에 해당하므로 법 433조에 의하여 결정으로 청구를 기각한다.[53)]

상고를 기각한 확정판결에 대한 재심청구는 그 확정판결 자체에 법 421조 1항 소정의 사유, 즉 같은 법 420조에 정한 사유 중 1호, 2호, 7호의 사유가 있는 경우에 한하여 허용되는 것인바, 원심판결에 법령위배가 없음을 이유로 상고를 기각한 재심대상판결에 대하여 같은 법 420조 1호 소정의 재심사유가 있다는 것은 적법한 재심사유로 삼을 수가 없는 것이다.[54)]

형사소송에 있어서의 재심은 유죄의 확정판결에 대한 사실오인의 과오를 시정하여 그에 의하여 불이익을 받는 피고인을 구제하려는 제도로서 이를 청구할 수 있는 사유는 법 420조 각 호에 규정된 것에 한하고, 더욱이 상고를 기각한 확정판결에 대한 재심청구는 그 확정판결 자체에 같은 조 1호, 2호, 7호 소정의 각 사유가 있는 경우에 한하여 허용되므로, 그 제도의 목적과 성질을 달리 하는 민사소송법상의 재심사유(전원합의체에 의하지 아니한 채 불이익변경금지에 관한 종래의 견해를 변경함으로써 법률에 의하여 판결법원을 구성하지 아니하였다는 것)를 여기에 준용할 수 없다.[55)]

52) 대결 1984. 7. 27. 84모48.
53) 대판 1986. 5. 14. 86소1.
54) 대결 1990. 12. 6. 90모50, 90재도1.
55) 대결 1995. 3. 29. 94재도9.

마. 확정판결에 대신하는 증명

법 420조, 421조의 규정에 의하여 확정판결로써 범죄가 증명됨을 재심청구의 이유로 할 경우에 그 확정판결을 얻을 수 없는 때에는 그 사실을 증명하여 재심의 청구를 할 수 있다. 단, 증거가 없다는 이유로 확정판결을 얻을 수 없는 때에는 예외로 한다(법 422조).

공소의 기초가 된 수사에 관여한 사경이 불법감금죄 등으로 고소되었으나 검사에 의하여 무혐의 불기소결정이 되어 그 당부에 관한 재정신청이 있자, 재정신청을 받은 고등법원이 29시간 동안의 불법감금 사실은 인정하면서 여러 사정을 참작하여 검사로서는 기소유예의 불기소처분을 할 수 있었다는 이유로 재정신청기각결정을 하여 그대로 확정된 경우, 이는 법 422조에서 정한 "확정판결로써 범죄가 증명됨을 재심청구의 이유로 할 경우에 그 확정판결을 얻을 수 없는 때로서 그 사실을 증명한 경우"에 해당하므로, 법 420조 7호의 재심사유인 "공소의 기초된 수사에 관여한 사경이 그 직무에 관한 죄를 범한 것이 확정판결에 대신하는 증명으로써 증명된 때"에 해당한다.[56]

피고인(조봉암)이 북한 괴뢰집단의 주장과 같은 평화통일을 정강정책으로 하는 진보당을 결성하여 그 중앙위원장에 취임하고, 진보당이 목적하는 실행사항을 협의하였으며, 공동피고인 甲을 통하여 북한의 지령을 받아 이에 호응하여 금품을 수수하고, 제반 남한정세 및 진보당 중앙당위원 명단 등 문건을 북한에 제보 내지 제공하였다는 등의 내용으로 공소가 제기되었고, 이에 대해 재심대상판결인 대판 1959. 2. 27. 4291형상559에서 그 중 구 국가보안법위반, 군정 법령 5호 위반, 간첩행위의 공소사실이 각 유죄로 인정되어 사형이 집행되었는데, 피고인의 자녀들이 위 판결에 대하여 재심을 청구한 사안에서, 일반인에 대한 수사권한이 없는 육군특무부대 소속 수사관들이 피고인 및 공동피고인 甲을 피의자로 신문한 행위는 구 헌병과 국군정보기관의 수사한계에 관한 법률 3조 위반죄 및 구 형법 123조의 타인의 권리행사방해죄를 구성하고, 이들 범죄는 모두 법 420조 7호에 정한 사경의 직무에 관한 죄에 해당하며, 한편 위 각 죄에 대한 공소시효가 완성되어 같은 법 422조의 '확정판결을 얻을 수 없는 때'에 해당하므로, 결국 위 대상판결은 그 공소의 기초된 수사에 관여한 사경이 그 직무에 관한 죄를 범하였고 그러한 사실이 증명되었다고 할 것이어서, 같은 법 420조 7호에 정한 재심사유가 있다.[57]

매매계약서 변조를 들어 법 420조 1호 소정의 재심사유를 주장함에 있어 매매계약서 변조의 점에 대하여 공소시효완성을 이유로 한 검사의 불기소처분으로써 같은 법 422조에 의한 확정판결에 대신하는 증명으로 삼기 위하여는 그와 같은 불기소처분이 있었다는 것만으로는 부족하고 나아가 그와 같은 범죄사실의 존재가 적극적으로 입증되어야 한다.[58]

56) 대결 1997. 2. 26. 96모123.
57) 대결 2010. 10. 29. 2008재도11 전합.
58) 대결 1994. 7. 14. 93모66.

해설: 검사가 불기소처분을 함에 있어서 형식판단이 실체판단에 우선하므로 공소시효완성을 이유로 공소권없음의 처분을 하는 경우에는 매매계약서가 변조되었는지에 관한 실체판단을 할 필요가 없다. 따라서 매매계약서 변조가 공소시효 완성되어 공소권없음 처분된 경우에는 확정판결을 대신할 정도로 매매계약서가 변조되었다는 점이 적극적으로 입증되어야 한다.

3. 특별법상의 재심

가. 소촉법

제1심 공판절차에서 피고인에 대한 송달불능보고서가 접수된 때부터 6개월이 지나도록 피고인의 소재를 확인할 수 없는 경우에는 대법원규칙으로 정하는 바에 따라 피고인의 진술 없이 재판할 수 있다. 다만, 사형, 무기 또는 장기 10년이 넘는 징역이나 금고에 해당하는 사건의 경우에는 그러하지 아니하다(동법 23조).

그런데 위 특칙에 따라 유죄판결을 받고 그 판결이 확정된 자가 책임을 질 수 없는 사유로 공판절차에 출석할 수 없었던 경우 법 424조(재심청구권자)에 규정된 자는 그 판결이 있었던 사실을 안 날부터 14일 이내에, 재심청구인이 책임질 수 없는 사유로 위 기간 내에 재심청구를 하지 못한 경우에는 그 사유가 없어진 날로부터 14일 이내에, 제1심 법원에 재심을 청구할 수 있다(동법 23조의2 1항).

나. 헌법재판소법

헌법재판소법 제47조(위헌결정의 효력) ② 위헌으로 결정된 법률 또는 법률의 조항은 그 결정이 있는 날부터 효력을 상실한다.
③ 제2항에도 불구하고 형벌에 관한 법률 또는 법률의 조항은 소급하여 그 효력을 상실한다. 다만, 해당 법률 또는 법률의 조항에 대하여 종전에 합헌으로 결정한 사건이 있는 경우에는 그 결정이 있는 날의 다음 날로 소급하여 효력을 상실한다.
④ 제3항의 경우에 위헌으로 결정된 법률 또는 법률의 조항에 근거한 유죄의 확정판결에 대하여는 재심을 청구할 수 있다.

위헌결정의 효력이 종전의 합헌 결정이 있는 날의 다음 날로 소급되는 경우(간통죄), 소급 이전의 범행이지만 소급 이후에 확정된 판결에 대한 재심청구
헌법재판소법 47조 4항에 따라 재심을 청구할 수 있는 '위헌으로 결정된 법률 또는 법률의 조항에 근거한 유죄의 확정판결'이란 헌법재판소의 위헌결정으로 인하여 같은 조 3항의 규정에 의하여 소급하여 효력을 상실하는 법률 또는 법률의 조항을 적용한 유죄의 확정판결을 의미한다. 따라서 위헌으로 결정된 법률 또는 법률의 조항이 같은 조 3항 단서에 의하여 종전의 합헌결정이 있는 날의 다음 날로 소급하여 효력을 상실하는 경우 합헌결정이 있는 날의 다음 날 이후에 유죄판결이 선고되어 확정되었다면, 비록 범죄행위가 그 이전에 행하여졌더라도 그 판결은 위헌결정으로 인하여 소급하여 효력을 상실한 법률 또는 법률의 조항을 적용한 것으로서 '위헌으로 결정된 법률 또는 법률의 조항에 근거한 유죄의 확정판결'에 해당하므로 이에 대하여 재심을 청구할 수 있다.[59]

다. 5·18민주화운동 등에 관한 특별법

동법 4조는 5·18민주화운동과 관련된 행위 등으로 유죄의 확정판결을 선고받은 자에 대한 특별재심 규정을 두고 있다.

4. 재심청구의 절차

가. 관 할

재심의 청구는 원판결의 법원이 관할한다(법 423조). 여기서 원판결이라고 하는 것은 재심청구인이 재심사유가 있다고 하여 재심청구의 대상으로 하고 있는 그 판결을 말한다.[60]

군사법원 판결이 확정된 후 군에서 제적
군사법원 판결이 확정된 후 군에서 제적되어 군사법원에 재판권이 없는 경우에는 재심사건이라 할지라도 그 관할은 원판결을 한 군사법원이 아니라 일반 법원에 있다.[61]

나. 재심청구권자

재심을 청구할 수 있는 자는 1. 검사, 2. 유죄의 선고를 받은 자, 3. 유죄의 선고를 받은 자의 법정대리인, 4. 유죄의 선고를 받은 자가 사망하거나 심신장애가 있는 경우에는 그 배우자, 직계친족 또는 형제자매이다(법 424조). 공익의 대표자인 검사는 피고인을 위하여 재심을 청구할 수 있다.

원판결, 전심판결 또는 그 판결의 기초된 조사에 관여한 법관, 공소의 제기 또는 그 공소의 기초된 수사에 관여한 검사나 사경이 그 직무에 관한 죄를 범한 것이 확정판결에 의하여 증명된 것을 재심이유로 한 재심의 청구는 유죄의 선고를 받은 자가 그 죄를 범하게 한 경우에는 검사가 아니면 하지 못한다(법 425조).

검사 이외의 자가 재심의 청구를 하는 경우에는 변호인을 선임할 수 있다(법 426조 1항). 전항의 규정에 의한 변호인의 선임은 재심의 판결이 있을 때까지 그 효력이 있다(동조 2항). 즉 재심개시절차에서 선임된 변호인은 재심심판절차에서도 변호인의 지위를 유지하는 것이다. 그렇지만 재심판결에 대해 상

59) 대결 2016. 11. 10. 2015모1475.
60) 대결 1986. 6. 12. 86모17.
61) 대판 1985. 9. 24. 84도2972 전합.

소하는 때에는 심급대리의 원칙상 변호인을 다시 선임하여야 한다.

재심청구대상사건이 필요적 변호사건이더라도 명문 규정이 없으므로 재심개시절차에서는 국선변호인을 선정할 필요는 없다. 다만, 재심개시결정 이후의 재심심판절차는 일반 공판절차와 다를 바 없으므로 필요적 변호사건인 경우 국선변호인을 선정하여야 한다.

다. 재심청구의 시기

재심청구에는 시기적 제한이 없다. 재심의 청구는 형의 집행을 종료하거나 형의 집행을 받지 아니하게 된 때에도 할 수 있다(법 427조).

사망자 또는 회복할 수 없는 심신장애인을 위해서도 재심의 청구를 할 수 있으며, 이러한 경우에 공소기각의 결정(법 328조 1항 2호)을 하지 않고 공판절차를 정지하지도(법 306조 1항) 않는다.

라. 재심청구의 방식

재심의 청구를 함에는 재심청구의 취지 및 재심청구의 이유를 구체적으로 기재한 재심청구서에 원판결의 등본 및 증거자료를 첨부하여 관할법원에 제출하여야 한다(규칙 166조).

> 증거보전이란 장차 공판에 있어서 사용하여야 할 증거가 멸실되거나 또는 그 사용하기 곤란한 사정이 있을 경우에 당사자의 청구에 의하여 공판 전에 미리 그 증거를 수집보전하여 두는 제도로서 제1심 제1회 공판기일 전에 한하여 허용되는 것이므로 재심청구사건에서는 증거보전절차는 허용되지 아니한다.[62]

마. 재심청구의 효력

재심이 청구되었다 하여 형의 집행이 정지되는 것은 아니다. 다만 관할 법원에 대응한 검찰청 검사는 재심청구에 대한 재판이 있을 때까지 형의 집행을 정지할 수 있다(법 428조). 이는 법원이 재심의 청구가 이유 있다고 인정하여 재심개시의 결정을 할 때에 결정으로 형의 집행을 정지할 수 있는 것과 대비된다(법 435조).

바. 재심청구의 취하

재심의 청구는 취하할 수 있다(법 429조 1항). 재심의 청구를 취하한 자는 동일한 이유로 다시 재심을 청구하지 못한다(동조 2항).

5. 재심청구사건에 대한 심리

가. 사실조사

재심의 청구에 대해서는 법원의 결정의 형태로 종결하므로(법 433조 내지 435조) 판결의 경우와 달리

62) 대결 1984. 3. 29. 84모15.

반드시 구두변론에 의할 필요는 없으며, 공개할 필요도 없다(법 37조 2항).

재심이유의 존부는 청구인이 제출한 각종 서류나 증거물에 의하여 판단하며, 필요한 경우 재심관할법원이 직권으로 사실조사를 실시한다(동조 3항). 재심의 청구를 받은 법원은 필요하다고 인정한 때에는 합의부원에게 재심청구의 이유에 대한 사실조사를 명하거나 다른 법원 판사에게 이를 촉탁할 수 있다(법 431조 1항). 전항의 경우에는 수명법관 또는 수탁판사는 법원 또는 재판장과 동일한 권한이 있다(동조 2항).

나. 의견진술의 기회부여

재심의 청구에 대하여 결정을 함에는 청구한 자와 상대방의 의견을 들어야 한다. 다만, 유죄의 선고를 받은 자의 법정대리인이 청구한 경우에는 유죄의 선고를 받은 자의 의견을 들어야 한다(법 432조).

법 432조가 재심청구에 대하여 결정을 함에는 청구한 자와 상대방의 의견을 듣도록 한 것은 심리의 신중과 결정의 합리성을 도모하려는 것으로서 최소한 재심을 청구한 자와 상대방에게 명시적으로 의견을 진술할 기회를 주어야 하는 것이며 이는 재심청구서의 제출과 별도로 요구되는 절차라고 할 것이므로 재심청구서나 그 보충이유서에 재심청구인의 주장이 기재되어 있다 하여도 이는 재심청구이유를 기재한 것에 지나지 아니하므로 재심청구에 대하여 결정을 함에는 별도로 위 432조에 따른 의견을 진술할 기회를 주어야 한다. 의견을 듣는 방법이나 시기는 원칙적으로는 법원의 재량으로서 서면에 의하건 구두에 의하건 상관이 없고, 재심청구인과 상대방에게 동시에 의견을 요청할 수도 있고 따로 할 수도 있으나 사안에 따라서는 먼저 상대방의 의견을 듣고 이에 대한 반론으로서 재심청구인의 의견을 요청하여야 합리적인 경우가 있을 것이고, 재심에서 사실조사 등의 심리를 하는 경우에는 이를 마치고 의견진술의 기회를 주는 것이 필요할 경우도 있을 것이다. 재심청구인에게 의견을 진술할 기회를 주지 아니한 채 재심청구에 대한 결정을 한 원심의 조치는 위법하다.[63]

6. 재심청구사건에 대한 재판

가. 재심청구기각 결정

(1) 재심청구가 부적법한 경우

재심의 청구가 법률상의 방식에 위반하거나 청구권의 소멸 후인 것이 명백한 때에는 결정으로 기각하여야 한다(법 433조). 위 결정에 대해서 즉시항고를 할 수 있다(법 437조).

(2) 재심청구가 이유 없는 경우

재심의 청구가 이유 없다고 인정한 때에는 결정으로 기각하여야 한다(법 434조 1항). 전항의 결정이 있는 때에는 누구든지 동일한 이유로 다시 재심을 청구하지 못한다(동조 2항). 위 결정에 대해서 즉시항

63) 대결 1993. 2. 24. 93모6.

고를 할 수 있다(법 437조).

(3) 재심청구의 경합

상소를 기각한 확정판결에 대하여 재심이 청구된 한편, 위 상소기각에 의해 확정된 하급심법원의 판결에 대해서도 재심이 청구된 경우에 상소기각판결을 한 법원은 하급심법원의 소송절차가 종료할 때까지 소송절차를 정지하여야 한다(규칙 169조).

상소를 기각한 확정판결에 대하여 재심을 청구하는 한편, 위 상소기각에 의해 확정된 하급심법원의 판결에 대해서도 재심을 청구한 경우에 하급심법원이 재심청구를 받아들여 재심의 판결을 한 때에는 상소기각판결을 한 법원은 재심청구를 기각하여야 한다(법 436조).

나. 재심개시결정

재심의 청구가 이유 있다고 인정한 때에는 재심개시의 결정을 하여야 한다(법 435조 1항). 재심개시의 결정을 할 때에는 결정으로 형의 집행을 정지할 수 있다(동조 2항). 재심개시의 결정에 대해서 즉시항고를 할 수 있다(법 437조).

경합범 관계에 있는 수개의 범죄사실을 유죄로 인정하여 한 개의 형을 선고한 불가분의 확정판결에서 그 중 일부의 범죄사실에 대하여만 재심청구의 이유가 있는 것으로 인정된 경우에는 형식적으로는 1개의 형이 선고된 판결에 대한 것이어서 그 판결 전부에 대하여 재심개시의 결정을 할 수밖에 없지만, 비상구제수단인 재심제도의 본질상 재심사유가 없는 범죄사실에 대하여는 재심개시결정의 효력이 그 부분을 형식적으로 심판의 대상에 포함시키는데 그치므로 재심법원은 그 부분에 대하여는 이를 다시 심리하여 유죄인정을 파기할 수 없고, 다만 그 부분에 관하여 새로이 양형을 하여야 하므로 양형을 위하여 필요한 범위에 한하여만 심리를 할 수 있을 뿐이다.[64)]

재심개시결정에 대하여는 법 437조에 규정되어 있는 즉시항고에 의하여 불복할 수 있고, 이러한 불복이 없이 확정된 재심개시결정의 효력에 대하여는 더 이상 다툴 수 없으므로, 설령 재심개시결정이 부당하더라도 이미 확정되었다면 법원은 더 이상 재심사유의 존부에 대하여 살펴볼 필요 없이 법 436조의 경우가 아닌 한 그 심급에 따라 다시 심판을 하여야 한다. 확정된 재심개시결정이 부당하다는 이유로 본안심리를 하지 아니한 채 재심대상판결을 그대로 인용하여 판결을 선고한 것은 위법하다.
재심대상사건의 기록이 보존기간의 만료로 이미 폐기되었다 하더라도 가능한 노력을 다하여 그 기록을 복구하여야 하며, 부득이 기록의 완전한 복구가 불가능한 경우에는 판결서 등 수집한 잔존자료에 의하여 알 수 있는 원판결의 증거들과 재심공판절차에서 새롭게 제출된 증거들의 증거가치를 종합적으로 평가하여 원판결의 원심인 제1심판결의 당부를 새로이 판단하여야 한다.[65)]

64) 대판 2001. 7. 13. 2001도1239.
65) 대판 2004. 9. 24. 2004도2154.

7. 재심개시결정 이후의 절차

가. 재시개시결정의 확정

재심개시결정에 대해서 즉시항고 없이 즉시항고 제기기간인 3일을 경과하거나, 재심개시결정에 대한 즉시항고가 있더라도 즉시항고가 기각확정된 때에 재심개시결정이 확정된다. 재심개시의 결정이 확정된 사건에 대하여는 법 436조(청구의 경합과 청구기각의 결정)의 경우 외에는 법원은 그 심급에 따라 다시 심판을 하여야 한다(법 438조).

가령 제1심의 확정판결에 대해 재심개시결정이 이루어지면 제1심의 공판절차가 재개되고, 상소기각의 확정판결에 대해 재심개시결정이 이루어지면 해당 상소심(제2심 또는 제3심)의 공판절차가 재개된다. 재심개시결정 이후의 재판은 피고사건 자체에 관하여 하며, 재심대상판결의 당부에 관하여 하는 것이 아니다. 가령 재심청구의 대상이 제1심의 유죄판결이라면 재심의 소송절차에서는 인정신문, 모두진술, 증거조사, 피고인신문, 의견진술, 최후진술 등 제1심의 소송절차를 새로 거쳐야 한다.

재심개시결정이 확정된 사건에서 '심급에 따라 다시 심판한다'의 의미
재심개시의 결정이 확정한 사건에 대하여는 법 436조(청구의 경합과 청구기각의 결정)의 경우 외에는 법원은 그 심급에 따라 다시 심판하여야 한다(법 438조 1항). 여기서 '다시' 심판한다는 것은 재심대상판결의 당부를 심사하는 것이 아니라 피고 사건 자체를 처음부터 새로 심판하는 것을 의미하므로, 재심대상판결이 상소심을 거쳐 확정되었더라도 재심사건에서는 재심대상판결의 기초가 된 증거와 재심사건의 심리과정에서 제출된 증거를 모두 종합하여 공소사실이 인정되는지를 새로이 판단하여야 한다.[66]

나. 재심심판절차에서 적용할 법령

재심이 개시된 사건에서 범죄사실에 대하여 적용하여야 할 법령은 재심판결 당시의 법령이고, 재심대상판결 당시의 법령이 변경된 경우 법원은 범죄사실에 대하여 재심판결 당시의 법령을 적용하여야 하며, 법령을 해석할 때에도 재심판결 당시를 기준으로 하여야 한다.[67]

재심사유가 없는 범죄사실에 관한 법령이 재심대상판결 후 개정·폐지된 경우에는 그 범죄사실에 관하여도 재심판결 당시의 법률을 적용하여야 하고 양형조건에 관하여도 재심대상판결 후 재심판결시까지의 새로운 정상도 참작하여야 하며, 재심사유 있는 사실에 관하여 심리 결과 만일 다시 유죄로 인정되는 경우에는 재심사유 없는 범죄사실과 경합범으로 처리하여 한 개의 형을 선고하여야 한다.[68]

---

66) 대판 2015. 5. 14. 2014도2946.
67) 대결 2011. 1. 20. 2008재도11 전합; 대판 2011. 10. 27. 2009도1603.
68) 대판 1996. 6. 14. 96도477.

재심이 개시된 사건에서 재심사유가 없는 범죄사실에 관한 법령이 재심대상판결 후 개정·폐지된 경우에는 그 범죄사실에 관하여도 재심판결 당시 법률을 적용하여야 하는데, 이러한 법리는 재심사유가 없지만 재심의 심판대상에 포함되는 재판 계속 중에 있는 보호감호 청구사건에 관한 법령이 재심대상판결 후 개정·폐지된 경우에도 마찬가지로 적용된다고 보는 것이 타당하다.
재심이 개시된 피고인에 대한 재심대상판결의 범죄사실 중 보호감호 청구원인사실인 상습사기죄에는 재심사유가 없으나, 그 근거 법률인 구 사회보호법이 재심대상판결 후 폐지된 사안에서, 구 사회보호법 폐지법률 시행 당시 재판 계속 중에 있는 보호감호 청구사건에 관하여는 청구기각 판결을 하도록 규정한 위 폐지법률 부칙 3조에 따라 위 보호감호 청구가 기각되어야 한다.[69]

불가분의 확정판결이 이루어진 경합범 중 일부에만 재심사유가 있음에도 전부에 관하여 재심개시를 하여 새로이 형을 선고
경합범 관계에 있는 수 개의 범죄사실을 유죄로 인정하여 1개의 형을 선고한 불가분의 확정판결에서 그중 일부의 범죄사실에 대하여만 재심청구의 이유가 있는 것으로 인정되었으나 형식적으로는 1개의 형이 선고된 판결에 대한 것이어서 판결 전부에 대하여 재심개시의 결정을 한 경우, 재심법원은 재심사유가 없는 범죄에 대하여는 새로이 양형을 하여야 하는 것이므로 이를 이중처벌금지 원칙의 위반이라고 할 수 없고, 다만 재심사건에는 불이익변경금지원칙이 적용되어 원판결의 형보다 중한 형을 선고하지 못한다(법 439조).[70]

한 개의 형이 선고된 경합범 중 일부 범죄사실에 대하여만 재심청구가 이유 있음
경합범 관계에 있는 수개의 범죄사실을 유죄로 인정하여 한 개의 형을 선고한 불가분의 확정판결에서 그중 일부의 범죄사실에 대하여만 재심청구의 이유가 있는 것으로 인정된 경우에는 형식적으로는 1개의 형이 선고된 판결에 대한 것이어서 그 판결 전부에 대하여 재심개시의 결정을 할 수밖에 없지만, 재심사유가 없는 범죄사실에 대하여는 재심개시결정의 효력이 그 부분을 형식적으로 심판의 대상에 포함시키는 데 그치므로 재심법원은 그 부분에 대하여는 이를 다시 심리하여 유죄인정을 파기할 수 없고 다만 그 부분에 관하여 새로운 양형을 위하여 필요한 범위에 한하여 심리할 수 있을 뿐이다.[71]

원판결의 집행유예 선고가 유예기간 경과로 실효된 후, 재심판결에서 새로운 형 선고
재심판결이 확정됨에 따라 원판결이나 그 부수처분의 법률적 효과가 상실되고 형 선고가 있었다는 기왕의 사실 자체의 효과가 소멸하는 것은 재심의 본질상 당연한 것으로서, 원판결의 효력 상실 그 자체로 인하여 피고인이 어떠한 불이익을 입는다 하더라도 이를 두고 재심에서 보호되어야 할 피고인의 법적 지위를 해치는 것이라고 볼 것은 아니다.

69) 대판 2011. 6. 9. 2010도13590.
70) 대판 2014. 11. 13. 2014도10193.
71) 대판 2016. 3. 24. 2016도1131.

따라서 원판결이 선고한 집행유예가 실효 또는 취소됨이 없이 유예기간이 지난 후에 새로운 형을 정한 재심판결이 선고되는 경우에도, 그 유예기간 경과로 인하여 원판결의 형 선고 효력이 상실[72]되는 것은 원판결이 선고한 집행유예 자체의 법률적 효과로서 재심판결이 확정되면 당연히 실효될 원판결 본래의 효력일 뿐이므로, 이를 형의 집행과 같이 볼 수는 없고, 재심판결의 확정에 따라 원판결이 효력을 잃게 되는 결과 그 집행유예의 법률적 효과까지 없어진다 하더라도 재심판결의 형이 원판결의 형보다 중하지 않다면 불이익변경금지의 원칙이나 이익재심의 원칙에 반한다고 볼 수 없다.[73]

다. 재심심판절차의 특칙

재심심판절차에서는 공판절차에 관한 규정이 통상의 피고사건에서와 마찬가지로 적용된다. 다만 재심의 특성상 몇 가지 특칙이 적용되고 있다.

(1) 피고인의 사망 또는 심신장애

재심피고인이 사망하거나 심신장애인인 때에도 공판절차의 정지에 관한 법 306조 1항과 공소기각 결정에 관한 법 328조 1항 2호의 규정을 적용하지 아니한다(법 438조 2항). 재심피고인이 사망하거나 심신장애인인 때에는 피고인이 출정하지 아니하여도 심판을 할 수 있으나, 변호인이 출정하지 아니하면 개정하지 못한다(동조 3항). 재심피고인이 사망하거나 심신장애인인 경우, 재심을 청구한 자가 변호인을 선임하지 아니한 때에는 재판장은 직권으로 변호인을 선임하여야 한다(동조 4항).

재심청구인이 재심청구에 대한 결정이 확정되기 전에 사망

법이나 규칙에는 재심청구인이 재심의 청구를 한 후 청구에 대한 결정이 확정되기 전에 사망한 경우에 재심청구인의 배우자나 친족 등에 의한 재심청구인 지위의 승계를 인정하거나 법 438조와 같이 재심청구인이 사망한 경우에도 절차를 속행할 수 있는 규정이 없으므로, 재심청구절차는 재심청구인의 사망으로 당연히 종료하게 된다.[74]

(2) 공소취소의 제한

제1심판결이 선고된 이상 동 판결이 확정되어 이에 대한 재심소송절차가 진행 중에 있다 하여 공소취소를 할 수 없다.[75]

---

72) **형법 제65조(집행유예의 효과)** 집행유예의 선고를 받은 후 그 선고의 실효 또는 취소됨이 없이 유예기간을 경과한 때에는 형의 선고는 효력을 잃는다.

73) 대판 2018. 2. 28. 2015도15782.

74) 대판 2014. 5. 30. 2014모739.

75) 대판 1976. 12. 28. 76도3203.

(3) 불이익변경금지

재심에는 원판결의 형보다 중한 형을 선고하지 못한다(법 439조). 재심이 유죄의 선고를 받은 자의 이익을 위해서만 허용된다는 점에서 당연한 규정이다.

(4) 무죄판결의 필요적 공시

법 제440조(무죄판결의 공시) 재심에서 무죄의 선고를 한 때에는 그 판결을 관보와 그 법원 소재지의 신문지에 기재하여 공고하여야 한다. 다만, 다음 각 호의 어느 하나에 해당하는 사람이 이를 원하지 아니하는 의사를 표시한 경우에는 그러하지 아니하다.[76)]

1. 제424조제1호부터 제3호까지의 어느 하나에 해당하는 사람이 재심을 청구한 때에는 재심에서 무죄의 선고를 받은 사람
2. 제424조제4호에 해당하는 사람이 재심을 청구한 때에는 재심을 청구한 그 사람

재심의 무죄는 법원이 공고의 선고를 할 필요도 없고, 무죄 판결이 확정되지 않아도 공고하여야 한다는 점에서, 일반적인 무죄판결의 공시(형법 58조)가 법원이 공시할 것을 선고하는 판결이 확정되어야만 할 수 있는 것과 다르다.

라. 재심판결 확정의 효력

누범전과인 확정판결이 재심판결이 확정됨으로써 효력상실됨

법리: 유죄의 확정판결에 대하여 재심개시결정이 확정되어 법원이 그 사건에 대하여 다시 심판을 한 후 재심의 판결을 선고하고 그 재심판결이 확정된 때에는 종전의 확정판결은 당연히 효력을 상실한다.

판단: ① 원심이 상해죄에 대해 확정판결을 누범전과로 하여 누범가중을 한 판결을 선고하였는데, ② 위 확정판결에 재심사유가 존재하여 재심판결이 선고·확정된 경우, ③ 재심판결이 확정됨으로써 확정판결은 당연히 효력을 상실하여, ④ 누범전과는 존재하지 않게 되므로, 상해죄에 대해 누범가중을 한 원심판결은 위법하게 된다.[77)]

Ⅱ. 비상상고

1. 비상상고의 의의와 기능

비상상고는 확정판결에 대하여 그 심리 또는 재판에 법령위반이 있음을 이유로 하여 인정되는 비

76) 재심에서 무죄판결을 선고받은 경우 재심무죄판결을 필요적으로 공고하면 그로 인해 오히려 무죄판결을 선고받은 피고인의 사생활이 침해되거나, 인격·명예가 훼손되는 경우가 발생한다는 비판이 있으므로 피고인 등 재심을 청구한 사람이 원하지 아니하는 경우에는 재심무죄판결을 공시하지 않을 수 있도록 한 규정이다.

77) 대판 2017. 9. 21. 2017도4019.

상구제절차이다. 비상상고는 법령의 해석·적용의 통일을 주된 목적으로 함에 반하여 재심은 사실인정의 착오의 시정을 목적으로 한다. 비상상고에 의하여 원판결이 파기되어 유죄의 선고를 받은 자에게 유리하게 변경되는 것은 법령의 해석·적용의 통일의 반사적 효과에 불과하지만 재심은 사실인정의 착오를 시정하여 유죄의 선고를 받은 자를 구제하는 것을 주된 목적으로 한다.

2. 비상상고의 대상

비상상고의 대상은 모든 확정판결이다. 따라서 유·무죄의 판결은 물론 관할위반, 공소기각, 면소의 판결뿐만 아니라 공소기각이나 상소기각의 결정도 비상상고의 대상이 된다고 보아야 할 것이다. 또한 확정된 약식명령이나 즉결심판도 비상상고의 대상이 된다.

법 380조에 의한 상고기각의 결정은 공소심판결을 확정시키는 효력이 있는 해당사건에 관한 종국적인 재판이므로 그 결정에 대하여 법령위반이 있음을 발견한 때에는 비상상고를 할 수 있다고 해석함이 타당하다.

사면된 범죄에 대하여 상고기각 결정

사면된 범죄에 대하여 사면된 것을 간과하고 상고기각의 결정을 한 때에는 그 결정은 법령에 위반한 것이 되어 비상상고를 할 수 있다.[78)]

공소시효가 완성되었음에도 약식명령 발령

공소시효가 완성된 사실을 간과한 채 피고인에 대하여 약식명령을 발령한 원판결에 대해서는 비상상고를 할 수 있다.[79)]

3. 비상상고의 사유

비상상고는 확정된 판결의 심판이 법령을위반한 것을 사유로 한다(법 441조). 여기서 심판은 심리와 재판을 의미한다 할 것이므로 소송절차와 재판의 법령위반이 비상상고의 사유가 된다(법 446조). 여기서의 재판은 판결과 판결에 준하는 것만 포함된다.

① 비상상고 제도는 법령 적용의 오류를 시정함으로써 법령의 해석·적용의 통일을 도모하려는 데에 주된 목적이 있는 것이므로, '그 사건의 심판이 법령에 위반한 것'이라고 함은 확정판결에서 인정한 사실을 변경하지 아니하고 이를 전제로 한 실체법의 적용에 관한 위법 또는 그 사건에 있어서의 절차법상의 위배가 있음을

78) 대판 1963. 1. 10. 62오4.
79) 대판 2006. 10. 13. 2006오2.

뜻하는 것이므로, 단순히 그 법령 적용의 전제사실을 오인함에 따라 법령위반의 결과를 초래한 것과 같은 경우는 법령의 해석적용을 통일한다는 목적에 유용하지 않으므로 '그 사건의 심판이 법령에 위반한 것'에 해당하지 않는다고 해석함이 상당하다.
법원이 원판결의 선고 전에 피고인이 이미 사망한 사실을 알지 못하여 공소기각의 결정을 하지 않고 실체판결에 나아감으로써 법령위반의 결과를 초래하였다고 하더라도, 이는 법 441조에 정한 '그 심판이 법령에 위반한 것'에 해당한다고 볼 수 없다.[80)]

② 판결 선고 당시 19세 미만인 소년에 대하여 정기형을 선고한 것은 법령에 위반한 것으로서 비상상고의 대상이 된다.[81)]

③ 약식명령이 조세포탈죄가 기수에 이른 때로부터 5년의 공소시효 기간이 경과한 이후에 청구되었음에도 이를 간과한 채 피고인에 대하여 약식명령을 발령한 원판결은 법령을 위반한 잘못이 있고 피고인에게 불이익하므로 이 점을 지적하는 비상상고는 타당하다.[82)]
해설: 피고인이 사망한 사실을 법원이 알지 못할 수 있으므로 ①에서 비상상고의 사유가 되지 않았다. 그러나 재판기록에 주민등록번호, 범행일자 등이 나타나므로 판결 선고 당시 소년인지 또는 약식명령의 청구 당시 공소시효가 만료되었는지 여부는 법원이 몰랐다고 할 수 없으므로 ②, ③에서 비상상고의 사유가 된다.

4. 비상상고의 절차

가. 신 청

비상상고의 신청권자는 검찰총장이고, 관할법원은 대법원이다(법 441조). 비상상고를 함에는 그 이유를 기재한 신청서를 대법원에 제출하여야 한다(법 442조). 상고와 달리 신청서 자체에 이유를 기재하여야 한다.

나. 심 리

비상상고사건에서는 반드시 공판기일을 열어 검사가 비상상고장에 의하여 진술하여야 한다(법 443조). 비상상고에서 직권조사사항은 존재하지 않으며, 대법원은 신청서에 포함된 이유에 한하여 조사하여야 한다(법 444조 1항). 비상상고사건을 심리함에 있어 법원의 관할, 공소의 수리와 소송절차에 관하여는 사실조사를 할 수 있다(동조 2항). 필요하다고 인정한 때에는 합의부원에게 사실조사를 명하거나 다른 법원 판사에게 이를 촉탁할 수 있다(동조 3항, 431조).

80) 대판 2005. 3. 11. 2004오2.
81) 대판 1963. 4. 4. 63오1.
82) 대판 2006. 10. 13. 2006오2.

다. 판 결

(1) 기각판결

비상상고가 이유 없다고 인정한 때에는 판결로써 이를 기각하여야 한다(법 445조).

(2) 파기판결

비상상고가 이유 있다고 인정한 때에는 원판결 또는 소송절차를 파기하는 판결을 하여야 한다.

원판결이 법령에 위반한 때에는 그 위반된 부분을 파기한다. 이 경우 원판결이 피고인에게 불이익한 때에는 원판결을 파기하고 피고사건에 대하여 다시 판결을 한다(법 446조 1호).

원심소송절차가 법령에 위반한 때에는 그 위반된 절차를 파기한다(동조 2호). 이 경우에는 원판결을 파기하지 않는다.

원판결의 법령위반 부분을 파기하거나, 원심소송절차의 법령위반부분을 파기하는 경우에는 법령위반을 시정할 뿐 그 효력이 피고인에게 미치지 않는다. 다만 원판결의 법령위반을 파기하면서 원판결이 피고인에게 불리하여 피고사건을 다시 판결하는 때에 그 판결은 피고인에게 영향을 미친다(법 447조).

Ⅰ-Ⅰ. 사례형 문제

사례 01. 친고죄

갑이 공연히 미성년자인 아들 을에게 '애꾸눈, 병신'이라고 욕설함으로써 모욕죄를 범하였다.[1] 갑을 처벌할 수 있는가?

사례 02. 친족상도례

아버지가 아들을 상대로 사기 범행을 저질러서 아들의 어머니가 아버지를 고소한 경우 검사와 법원이 취할 조치는?

사례 03. 친족상도례

2012. 1. 3. 갑은 이종사촌의 아들인 을로부터 "병이 중고 승용차를 1,000만 원이라는 저렴한 가격에 판매하려고 하니 구입하라"라는 말을 들어 이를 믿고 같은 달 5. 을에게 1,000만 원을 건네주었다. 을은 처음부터 승용차를 사주겠다는 위 약속을 이행할 능력과 의사가 없었다. 을은 같은 달 10. 위 돈을 이용하여 병으로부터 승용차를 을 자신의 명의로 구입하고 바로 가출해 버렸다. 갑은 같은 달 15. 이종사촌으로부터 위와 같은 사실을 전해 듣고 을이 사기범행을 저질렀음을 알게 되었다. 갑은 같은 해 7. 9. 을을 사기죄로 고소하였다. 위 고소는 유효한가?

사례 04. 친족상도례

피해자 갑은 을, 병, 정이 합동하여 갑의 물품을 절취하였다고 고소하였다. 갑은 '을, 병'과 동거하지 않는 4촌간이고, 을과 병은 형제간이며, 갑과 정 사이에는 친족관계가 없다. 검사가 을, 병, 정을 특수절도죄로 기소하였고, 갑은 제1심판결 선고 전에 을에 대해서만 고소를 취소하였다. 법원은 어떤 재판을 하여야 하는가?

사례 05. 친고죄 종합

중학교 2학년인 갑(13세)은 2017. 4. 7. 광주 동신중학교 2학년 2반 교실에서 칠판에 "갑은 개새끼다. 쓰레기같은 갑은 죽어라"라고 적혀 있고 을, 병, 정 등 급우들이 이를 읽어보고 있는 것을 발견하였으나, 누가 위와 같은 글을 썼는지는 알지 못하였다. 2017. 6. 5. 갑은 을로부터 갑에 대해 악감정을 가진 무와 기가 칠판에 위와 같이 적는 현장을 촬영한 동영상 파일을 전달받고 무와 기가 공모하여 위 모욕 범행을 저질렀음을 알게 되었다. 갑은 위 범행에 관

---

1) 사안은 모욕죄에 해당한다(대판 1994. 10. 25. 94도1770).

하여 고소장을 작성하여 광주 북부경찰서에 제출하였는데, 고소장에는 무는 처벌하되, 기는 처벌하지 말아달라고 기재되어 있다. 무가 가출한 상태여서 무에 대한 조사가 이루어지지 않던 중이던 2018. 2. 10. 갑은 아버지 경에게 위와 같은 범행 피해사실을 털어놓으면서 그 범인이 무라고 말해주었다. 이에 경은 위 범행에 관하여 무를 처벌하여 달라는 고소장을 위 경찰서에 제출하였다. 이후 검사는 2018. 4. 10. 무와 기가 공모하여 위 모욕 범행을 저질렀다는 내용으로 공소제기하였다. 법원은 어떠한 판단을 하여야 하는가?

사례 06. 압수·수색·검증

검사는 갑의 배임죄 피의사건에 관하여 법원으로부터 압수·수색·검증영장을 발부받았다. 위 영장상의 압수·수색 장소는 광주 북구 중흥동 모아아파트 1055동 1203호 소재 갑의 집에 설치된 갑의 인터넷용 PC이다.

1. 검사가 위 영장에 의해 압수·수색·검증을 시작하는 때부터 종료하기까지의 절차를 설명하라.
2. 위 컴퓨터에 너무 많은 정보가 저장되어 있어 위 컴퓨터의 저장매체 자체를 반출하거나, 그 전체를 하드카피 등의 방법으로 복제하기 위한 요건은?
3. 위 압수·수색·검증절차의 일부 과정이 위법하다고 보았을 때 갑이 불복하는 방법 및 법원의 조치는?

사례 07. 압수·수색

사법경찰관 갑은 을의 집에서 을의 음란물유포 혐의로 압수·수색영장을 집행하는 중 을이 판매할 목적으로 보관 중인 마약을 서랍에서 꺼내는 것을 발견하였다. 을의 위와 같은 마약보관 행위는 마약류 관리에 관한 법률 58조 1항 1호를 위반한 범죄(법정형이 무기 또는 5년 이상의 징역임)이다.

갑이 위 마약을 압수하여 증거로 사용하기 위해 취하여야 할 조치를 설명하시오.

사례 08. 공소시효

세모 주식회사에서 갑은 대표이사, 을은 재무이사, A는 판매과장, B는 총무과장으로 근무하고 있다. 이들이 2012. 2. 1. 오후 9시경 함께 식사하면서 을이 A의 업무처리에 대해 불만을 표시하여 언쟁을 벌이다가 갑이 손바닥으로 A의 뺨을 3회 때리고, 을도 이에 가세하여 주먹과 발로 A의 얼굴과 몸통을 수십 회 가격하고 밀어 넘어뜨리는 등 하였다. 이로 인하여 A는 전치 4주의 상해를 입었다.

2012. 3. 2. A와 B는, "갑이 2010. 1.부터 2012. 2.까지 매월 25일에 500만 원씩을 인터넷뱅킹을 이용하여 위 주식회사의 예금계좌에서 갑의 개인 예금계좌로 이체한 다음 그 직후 이를 임의로 사용함으로써 26개월 동안 합계 1억 3,000만 원을 횡령하였으니 처벌하여 달라"는 내용의 고소장을 수사기관에 제출하였다.

1. 갑과 을의 범행에 대해서 폭처법 2조 2항 3호, 형법 257조 1항을 적용한다면 이에 대한 공소시효는 언제 완성되는가?

2. 갑의 업무상횡령죄에 대한 공소시효는 언제 완성되는가?

사례 09. 공소시효

갑은 을에게 1억 원을 빌려주면서 을로부터 차용증을 작성받았는데, 나중에 위 금원을 변제받았음에도 위 차용증을 반환하지 아니하고 소지하고 있었다. 이를 기화로 갑은 2015. 7. 12. 광주지방법원에서 "을은 갑에게 1억 원을 지급하라"라는 취지의 소장을 접수하면서 위 차용증을 그 증거로 제출하였다. 2015. 12. 21. 갑의 패소 판결이 선고되었고, 이에 갑이 항소하였으나 2016. 5. 10. 항소기각판결이 선고되었으며, 2016. 5. 17. 위 항소기각판결이 확정되었다. 갑은 을로부터 소송사기죄로 고소하겠다는 말을 듣던 중 마침 중국에 있는 친지의 초청을 받자, 2016. 6. 2. 중국으로 출국하였다가 2016. 7. 2. 귀국하였다. 갑의 위와 같은 소의 제기는 소송사기에 해당한다. 갑의 위 소송사기 범행에 대한 공소시효는 언제 완성되는가?

사례 10. 불기소처분에 대한 불복

A주식회사에서 갑은 대표이사, 을은 상무이사, 병은 자재과장, 정은 경리계장이다. 갑과 을은 병과 정이 업무처리를 제대로 하지 못한다는 이유로 병과 정을 폭행하기로 공모하였다. 위와 같은 공모에 따라 을은 병과 정을 을의 사무실로 부른 다음 주먹으로 병의 얼굴과 복부를 1회씩 때리고, 손바닥으로 정의 얼굴을 2회 때려 폭행을 가하였다.

이에 병과 정은, 갑과 을이 공모하여 위와 같이 폭행하였고, 갑과 을이 공모하여 A주식회사가 납부하여야 할 부가가치세 3,000만 원 상당을 포탈하였으니 폭행죄와 조세범처벌법위반죄(조세범처벌법상 관할 세무서장 등의 고발이 있어야 하는 친고죄임)로 처벌하여 달라는 내용의 고소장을 작성하여 경찰서에 제출, 접수케 하였다. 사법경찰관이 위 각 사건을 수사하였고, 검사는 갑과 을에 대하여 폭행죄 부분은 공소제기하고, 조세범처벌법위반죄 부분은 혐의없음 처분을 하였다.

1. 병과 정은 조세범처벌법위반죄에 관하여 항고와 재정신청을 할 수 있는가?
2. 검사가 위와 같이 조세범처벌법위반죄 부분에 관하여 혐의없음 처분하였다가 관할 세무서장으로부터 위 조세범처벌법위반죄에 관하여 고발을 받은 다음 이에 관하여 공소제기한 것은 적법한가?

사례 11. 법원의 사물관할

갑이 혈중알콜농도 0.30퍼센트의 주취상태에서 운전한 도교법위반(음주운전)죄의 사물관할은? (도교법 148조의2, 법원조직법 32조를 참조하라)

사례 12. 공소장변경, 직권에 의한 범죄사실의 인정

공소사실: 피고인은 2017. 5. 5. 23:00경 광주 북구 중흥동 모아아파트 1055동 1203호 소재 피고인의 집에서 평소 돈을 낭비하며 피고인을 무시해오던 처인 피해자 정옥자(55세)가 밤늦게 귀가하면서 피고인에게 무능한 사람이라고 말하는데 격분하여 피해자를 살해할 것을 마음먹었다. 피고인은 신발장 서랍에서 가위와 청테이프를 들고 와 그곳 거실 소파에 앉아 있는

피해자를 일으켜 세운 다음 주먹으로 피해자의 얼굴을 5회 때리고 밀어 넘어뜨린 다음 복부를 발로 3회 세게 찼다. 이어 피고인은 위 가위와 청테이프를 이용하여 피해자의 양손과 양발을 묶은 다음 피해자를 끌고 그곳 베란다로 가 저항하는 피해자의 얼굴을 주먹으로 수회 친 다음 피해자를 베란다 밖으로 밀어내어 피해자로 하여금 위 아파트 앞 화단에 추락하게 하여 두개골골절상, 심장파열상 등으로 즉석에서 사망에 이르게 함으로써 피해자를 살해하였다.
피고인의 주장 및 인정되는 사실: 심리한 결과 피고인이 위 공소사실과 같이 폭행하고, 가위와 청테이프를 이용하여 피해자를 묶은 사실은 인정되며, 피고인도 이 부분을 자백하고 있다. 그러나 피고인이 피해자를 베란다 밖으로 밀어 내어 살인하였다는 사실이 합리적인 의심을 넘는 정도로 증명된 것은 아니다.

1. 법원은 검사에게 공소사실을 살인죄에서 감금죄로 변경하도록 요구할 의무가 있는가?
2. 검사는 공소사실을 살인죄에서 감금죄로 변경할 수 있는가?
3. 법원은 공소장변경 없이 직권으로 감금죄를 인정할 수 있는가?

사례 13. 공소장변경

2016. 1. 6.[2] 이전에 흉기를 휴대하여 상해를 가한 범행에 관하여 검사가 '폭처법상의 흉기휴대상해(2016. 1. 6. 법률 제13718호로 개정되기 이전의 폭처법 3조 1항, 2조 1항 3호, 형법 257조)로 기소한 경우, 2016. 1. 6. 이후 법원은 어떤 재판을 하여야 하는가?

사례 14. 포괄일죄의 이중기소

갑은 아래의 ① 범죄로 공소제기되어 재판계속 중, 아래의 ②, ③ 범죄로 추가 기소되었다. 법원이 심리하는 과정에서 ①, ②, ③은 상습사기의 포괄일죄 관계에 있음이 밝혀졌다.

① 갑은 2015. 5. 5. 피해자 을로부터 3,000만 원을 편취(단순 사기)
② 갑은 상습으로 2015. 4. 5. 피해자 병으로부터 1,000만 원을 편취(상습사기)
③ 갑은 상습으로 2015. 6. 5. 피해자 정으로부터 1,000만 원을 편취(상습사기)

법원이 취하여야 할 조치는?

사례 15. 공동피고인의 진술, 자백의 보강법칙

검사가 갑을 뇌물공여죄로, 을을 뇌물수수죄로 함께 기소하여 갑과 을에 대한 심리가 제1심의 동일한 변론절차에서 이루어지는 것을 전제로 다음 물음에 답하시오.
갑은 피고인으로서 을에게 뇌물을 공여하였다고 진술하고, 을은 피고인으로서 갑으로부터 뇌물을 수수하지 않았다고 진술한다. 수사기관 작성의 갑에 대한 피의자신문조서에는 을에게 뇌물을 공여하였다는 자백 진술이 기재되어 있고, 수사기관 작성의 을에 대한 피의자신문조서에는 갑으로부터 뇌물을 수수하지 않았다는 부인 진술이 기재되어 있다. 증인으로 출석한 병은

2) 2016. 1. 6. 폭처법의 '단체의 위력이나 흉기휴대 등에 의한 폭력범죄'를 폐지하고 형법상 특수상해죄(형법 258조의2)를 신설·시행하였다.

갑으로부터 을에게 뇌물을 공여하였다는 말을 들었다고 증언하였다.

1. 병의 증언은 증거능력이 있는가?
2. 증거로는 위와 같은 갑과 을의 법정 진술, 병의 법정 증언, 수사기관 작성의 갑과 을에 대한 피의자신문조서만 있는 경우, 제1심 법원이 갑과 을에게 뇌물죄로 유죄판결을 선고할 수 있는가?

사례 16. 공동피고인의 진술, 공동피고인에 대한 피의자신문조서

공동피고인 갑, 을, 정의 공소사실은 다음과 같다.

> **공소사실**
>
> 1. 피고인 갑과 을은
>
> 2015. 7. 5. 광주 북구 용봉동 피해자 병의 주택에 이르러 갑은 대문 앞에서 망을 보고, 을은 열려진 대문을 통해 안방에 들어가 장롱에서 피해자 소유의 다이아몬드 반지 1개 시가 500만 원 상당을 들고 나왔다. 이로써 갑과 을은 합동하여 위 반지를 절취하였다.
>
> 2. 피고인 정은
>
> 2015. 8. 5. 광주 북구 중흥동 상호불상 커피숍에서 상피고인 갑으로부터 그가 위와 같이 절취한 다이아몬드를 그 정을 알면서도 200만 원에 매수하여 장물을 취득하였다.

1. 수사기관(사경과 검사) 작성의 갑에 대한 피의자신문조서들에는 공소사실(갑이 을과 함께 절취한 사실과 갑이 정에게 다이아몬드를 매각한 사실)을 자백하는 진술이 기재되어 있다. 을과 정이 위 피의자신문조서들에 대해 증거부동의하였다. 위 피의자신문조서들이 을과 정의 범행을 인정하는 증거로 사용되기 위한 요건은?
2. 갑은 법정에서 피고인으로서 “공소사실 1. 기재와 같이 을과 함께 절취하였고, 공소사실 2. 기재와 같이 정에게 다이아몬드를 매각하였다”라고 진술하였다. 갑의 위 진술은 을과 정의 범행을 인정하는 증거로 사용될 수 있는가?
3. 검사 무 작성의 갑에 대한 피의자신문조서에는 갑이 을과 함께 절취하였다는 자백 진술이 기재되어 있다. 갑은 위 피의자신문조서에 대하여 진정성립을 부인하고 있다. 무가 법정에 출석하여 선서 후 증인으로서 “갑은 검찰에서 조사받을 당시 무에게 을과 함께 절취하였다고 자백하였다. 위 피의자신문조서를 현재 열람하여 내용을 읽어보니, 조사 당시 갑이 진술한 내용 그대로 적혀 있고, 갑의 서명날인과 간인은 모두 갑이 한 그대로이다”라고 증언하였다. 무의 법정증언과 위 피의자신문조서가 갑의 범행을 인정하는 증거로 사용될 수 있는가?

사례 17. 녹음테이프, 공동피고인에 대한 피의자신문조서, 공동피고인의 진술

갑은 을이 경영하는 슈퍼마켓의 종업원이다. 2018. 3. 3. 위 슈퍼마켓의 금고에서 현금 10만 원 상당이 빈 것을 발견한 을은 갑에게 위 현금을 훔쳤느냐고 추궁하였고, 이에 갑이 그날 10만 원을 가져갔다고 시인하였으며, 을은 보이스펜을 이용하여 갑 몰래 갑이 위와 같이 말하는

것을 녹음하였다.
을은 위와 같은 갑의 자백 진술을 듣자 화가 나 갑의 얼굴을 손바닥으로 3회 때리고, 발로 갑의 정강이를 2회 차 갑의 얼굴과 정강이에 멍이 들고 피부가 벗겨지는 등으로 갑에게 약 2주간의 치료를 요하는 상처를 입혔다.
위와 같은 범행에 관하여 갑은 절도죄로, 을은 상해죄로 각각 2018. 5. 5. 약식명령을 발령받았으나 갑과 을 모두 정식재판청구를 하여 갑과 을에 대한 절도죄와 상해죄가 재판계속 중에 있다.

1. 을은 위와 같이 몰래 녹음한 보이스펜의 녹음 내용을 녹음테이프에 복사한 다음 그 대화를 적은 녹취서를 작성하여 수사기관에 제출하였고, 이것이 법정에 증거로 신청되었다. 위 녹음테이프와 녹취서가 증거로 사용되기 위한 요건은?
2. 사경이 작성한 을에 대한 피의자신문조서에는 2018. 3. 3. 현금 10만 원을 절취당한 사실이 기재되어 있고, 갑은 절도 범행을 부인하면서 위 피의자신문조서에 대해 증거부동의하고 있다. 위 피의자신문조서가 증거로 사용되기 위한 요건은?
3. 을은 법정에서 검사의 피고인신문에 대해, "2018. 3. 3. 위 슈퍼마켓의 금고에서 현금 10만 원 상당이 빈 것을 발견하고 갑에게 위 현금을 절도하였느냐고 추궁하였고, 이에 갑이 그날 10만 원을 을 몰래 가져갔다고 시인하는 것을 듣고 화가 나 갑을 때렸다."라고 진술하였다. 을의 위 진술은 갑과 을에 대해 증거로 사용될 수 있는가?

사례 18. 상습범의 기판력, 포괄일죄와 확정판결

공소사실(상습도박)

피고인은 상습으로,

1. 2016. 6. 20. 화투 50장을 이용하여 속칭 고스톱이라는 도박을 함
2. 2016. 7. 20. 화투 50장을 이용하여 속칭 고스톱이라는 도박을 함
3. 2016. 8. 20. 화투 50장을 이용하여 속칭 고스톱이라는 도박을 함
4. 2016. 9. 20. 화투 50장을 이용하여 속칭 고스톱이라는 도박을 함
5. 2016. 10. 20. 화투 50장을 이용하여 속칭 고스톱이라는 도박을 함
6. 2016. 11. 20. 화투 50장을 이용하여 속칭 고스톱이라는 도박을 함
7. 2016. 12. 20. 화투 50장을 이용하여 속칭 고스톱이라는 도박을 함

범죄경력자료 및 수사보고

순번	판결·약식명령의 선고·발령일	선고·발령 법원	죄명	처분결과	확정일
1	2016. 4. 30.	대전지방법원	도박	벌금 50만 원	2015. 5. 22.
2	2016. 8. 18.	대전지방법원	도박	벌금 100만 원	2016. 8. 25.
3	2016. 11. 10.	대전지방법원	공갈	징역 1년에 집행유예 2년	2016. 11. 17.

(위 범죄경력자료 및 수사보고의 순번 2의) **판결**

범죄사실(단순도박): 1. 2016. 4. 20. 화투 50장을 이용하여 속칭 고스톱이라는 도박을 함
1. 2016. 6. 20. 화투 50장을 이용하여 속칭 고스톱이라는 도박을 함
선고 내용: 벌금 100만 원
판결 선고: 2016. 8. 18.
판결 확정: 2016. 8. 25.

인정되는 사실
공소사실과 위 판결상의 도박죄는 모두 도박의 상습성이 발현된 상습도박의 포괄일죄임

문제. 공소사실에 관하여 죄수, 경합범 관계, 기판력을 설명하라.

사례 19. 경합범, 기판력

사실관계
다음 각 범죄의 범행일, 판결 선고일, 판결 확정일은 다음과 같다.
① 2015. 1. 10. A범죄(횡령죄)의 범행일
② 2015. 2. 10. B범죄(배임죄)의 범행일
③ 2015. 3. 10. A범죄로 징역형을 선고받은 판결의 확정일
④ 2015. 4. 10. C범죄(폭행죄)의 범행일
⑤ 2015. 5. 10. D범죄(공갈죄)의 범행일
⑥ 2015. 6. 10. E범죄(무고죄)의 범행일
⑦ 2015. 7. 10. F범죄(상습사기죄)의 범행일
⑧ 2015. 8. 10. D범죄로 벌금형을 선고받은 판결의 확정일
⑨ 2015. 9. 10. G범죄(상습사기죄)의 범행일
⑩ 2015. 10. 10. H범죄(상습사기죄)의 범행일
⑪ 2015. 11. 10. G범죄로 징역형의 판결을 선고한 선고일
⑫ 2015. 12. 10. I범죄(상습사기죄)의 범행일
⑬ 2016. 1. 10. G범죄로 징역형을 선고한 판결의 확정일
⑭ 2016. 2. 10. J범죄(상습사기죄)의 범행일
⑮ 2016. 3. 10. K범죄(상습사기죄)의 범행일

문제. 위 각 범죄 중 판결이 확정되지 아니한 범죄들이 공소제기되어 재판 대상이라고 할 때 위 각 범죄와 확정판결 사이에서 발생하는 경합범관계, 기판력, 죄수 등 재판에 반영할 사항을 설명하라. 위 각 확정판결의 기판력은 판결선고시까지 미치는 것으로 한다.

사례 20. 일부상소

갑은 변호사법위반죄, 사기죄 및 절도죄로 공소제기되었고, 위 변호사법위반죄와 사기죄는 상상적경합관계, 위 '변호사법위반죄 및 사기죄'와 절도죄는 실체적 경합관계에 있다. 제1심법원

은 변호사법위반죄에 대해서는 면소판결을, 사기죄에 대해서는 유죄판결을, 절도죄에 대해서는 유죄판결을 선고하면서 사기죄에 대해서는 징역형을 선택하여 징역 8월을 선고하고, 절도죄에 대해서는 벌금형을 선택하여 벌금 100만 원을 선고하였다. 검사는 항소하지 않았고, 갑이 사기죄에 대해서만 항소하였다면 항소심은 변호사법위반죄와 절도죄에 대해 심리, 판단할 수 있는가?

사례 21. 재심

갑은 유신헌법 53조에 기한 대통령긴급조치 제4호 위반죄로 징역 3년을 선고받아 확정되었다. 위 대통령긴급조치 제4호는 갑이 위 형의 집행을 마친 직후 폐지되었다. 유신헌법 53조에 기한 대통령긴급조치 제4호는 당초부터 헌법에 위배되어 효력이 없는 법령이다. 그 후 갑의 대통령긴급조치 제4호 위반죄에 대해서 형선고의 효력을 상실케 하는 특별사면이 시행되었다. 위 특별사면 후 갑은 위와 같이 징역 3년의 형을 선고한 판결에 대해 재심을 청구하였다. 법원이 취할 조치는?

Ⅰ-Ⅱ. 사례형 문제 해설

사례 01. 친고죄 해설

친고죄(형법 311조)인 모욕죄에 있어서, 피해자 을의 고소는 소송조건이다. 갑은 을의 직계존속이므로, 을이 갑을 고소할 수는 없다(법 224조). 그런데 갑은 미성년자인 을의 부로서 법정대리인이므로, 사안은 피해자의 법정대리인이 피의자인 때에 해당하여 피해자의 친족이 독립하여 고소할 수 있다(법 226조). 따라서 피해자 을의 친족(예컨대 모 등)이 갑을 모욕죄로 고소하면 모욕죄의 소송조건이 구비되므로, 갑을 모욕죄로 처벌할 수 있다.[1)]

사례 02. 친족상도례 해설

직계혈족 사이의 사기죄는 형면제 사유에 해당하므로(형법 354조, 328조) 검사는 공소권없음의 처분을, 법원은 법 322조에 의하여 형면제의 판결을 하여야 한다. [형면제판결은 면소판결(법 326조)과는 다름]

사례 03. 친족상도례 해설

1. 친고죄

사기죄에는 친족상도례가 적용된다(형법 354조, 328조). 갑과 을은 5촌인 당숙과 조카의 관계여서 민법 777조의 8촌 이내의 혈족인 친족이고, 형법 328조 2항에 의해 설문의 사기죄는 친고죄에 해당한다.

2. 고소기간

친고죄에 대하여는 범인을 알게 된 날로부터 6월을 경과하면 고소하지 못한다(법 230조 1항). 갑은 2012. 1. 15.부터 을이 사기범행을 저질렀음을 알게 되었으므로 고소기간은 초일불산입의 원칙에 따라 2012. 1. 16.부터 시작된다. 2012. 7. 9.은 위 고소기간 기산일로부터 6개월을 경과하지 않았으므로 설문에서의 고소는 적법하다.

사례 04. 친족상도례 해설

특수절도죄는 상대적 친고죄이므로(형법 331조 2항, 344조, 328조) 을과 병의 특수절도죄는 친고죄이고, 정의 특수절도죄는 비친고죄이다. 상대적 친고죄에 있어서 고소불가분의 원칙은 신분자들 상호간에만 적용되고 비신분자에 대해서는 적용되지 않는다. 따라서 을에 대한 고소

1) 아버지(피고인)가 딸을 상대로 범한 강제추행죄(당시 친고죄)에 관하여, 피해자인 딸의 생모가 한 고소가 적법하다고 본 대판 1986. 11. 11. 86도1982 참조.

취소의 효력은 병에 대해서도 미치지만, 친족관계 없는 공범 정에 대해서는 미치지 않는다. 법원은 을과 병에 대해서는 공소기각판결을 선고하여야 하지만(법 327조 5호), 정에 대해서는 공소기각판결을 선고할 수 없다.

사례 05. 친고죄 종합 해설

1. 모욕죄는 친고죄이다(형법 312조 1항, 311조).

2. 갑의 고소에 관하여

가. 고소능력

고소능력은 피해를 받은 사실을 이해하고 고소에 따른 사회생활상의 이해관계를 알아차릴 수 있는 사실상의 의사능력이 있으면 충분하므로 민법상의 행위능력이 없는 자라도 위와 같은 능력을 갖춘 자에게는 고소능력이 인정되며 11세 남짓한 초등학교 6학년생은 고소능력이 긍정된다.[2) 따라서 갑의 고소능력은 인정된다.

나. 고소의 주관적 불가분의 원칙

친고죄의 공범 중 1인 또는 수인에 대한 고소와 그 취소는 다른 공범에 대해서도 효력이 있다. 고소인의 자의에 의하여 공범의 처벌에 있어 불공평한 결과가 생기는 것을 방지하기 위한 것이다. 여기서의 공범은 임의적 공범 외에 필요적 공범도 포함된다.[3) 따라서, 공범 중 일부에 대하여만 처벌을 구하고 나머지에 대하여는 처벌을 원하지 않는 내용의 고소는 부적법하다.[4)

갑이, "무는 처벌하되, 기는 처벌하지 말아달라"는 취지를 기재한 고소장을 수사기관에 제출한 것은 적법한 고소가 아니다.

3. 경의 고소에 관하여

가. 법정대리인의 고소권과 고소기간

피해자의 법정대리인은 독립하여 고소할 수 있다(법 225조 1항). '독립하여'의 의미에 관하여 독립대리권설과 고유권설이 있다. 판례는, "법정대리인의 고소권은 무능력자의 보호를 위하여 법정대리인에게 주어진 고유권이어서 피해자의 고소권 소멸 여부에 관계없이 고소할 수 있는 것이며, 그 고소기간은 법정대리인 자신이 범인을 알게 된 날로부터 진행한다"는 입장을 취하고 있다.[5)

경은 갑으로부터 피해사실을 전해들어 범인을 알게 된 2018. 2. 10.로부터 고소기간인 6개월(법 230조) 이내에, 또한 검사가 공소제기한 2018. 4. 10. 이전에[6) 고소장을 제출하였으므로 경의 고소는 적법하다.

나. 고소불가분의 원칙

고소의 주관적 불가분 원칙에 의해, 무를 처벌하여 달라는 경의 고소의 효력은 기에게도

---

2) 대판 1999. 2. 9. 98도2074; 대판 2011. 6. 24. 2011도4451.
3) 대판 1985. 11. 12. 85도1940.
4) 대판 2009. 1. 30. 2008도7462.
5) 대판 1984. 9. 11. 84도1579.
6) 대판 1982. 9. 14. 82도1504.

미친다. 고유권설의 입장에서 기에 대한 처벌을 원치 않은 갑의 의사에 반한 경의 고소는 유효하다.

4. 법원의 재판
갑의 고소는 부적법하지만, 경이 한 적법한 고소의 효력이 무와 기에게 미치므로 법원은 실체재판을 하여야 한다.

사례 06. 압수·수색·검증 해설

1. 검사가 위 영장에 의해 압수·수색·검증을 시작하는 때부터 종료하기까지의 절차를 설명하라.

가. 영장의 유효기간 내에 집행에 착수
법 215조에 의한 압수·수색영장은 수사기관의 압수·수색에 대한 허가장으로서 거기에 기재되는 유효기간은 집행에 착수할 수 있는 종기를 의미한다.[7]

나. 당사자 등의 참여권 보장
피의자 또는 변호인은 압수·수색영장의 집행에 참여할 수 있으므로(법 121조, 219조), 압수·수색영장을 집행함에는 피의자 또는 변호인에게 미리 집행의 일시와 장소를 통지하여야 하며, 다만, 참여하지 아니한다는 의사를 명시한 때 또는 급속을 요하는 때에는 예외로 한다(법 122조, 219조). '급속을 요하는 때'라고 함은 압수·수색영장 집행 사실을 미리 알려주면 증거물을 은닉할 염려 등이 있어 압수·수색의 실효를 거두기 어려울 경우이다.[8]

다. 영장의 제시
압수·수색영장의 집행에 있어서는 타인의 비밀을 유지하여야 하며 처분받는 자의 명예를 해하지 아니하도록 주의하여야 한다(법 116조, 219조). 압수·수색영장은 처분을 받는 자에게 반드시 제시하여야 한다(법 118조, 219조). 압수·수색영장은 현장에서 압수·수색을 당하는 사람이 여러 명일 경우에는 그 사람들 모두에게 개별적으로 영장을 제시해야 하는 것이 원칙이다.[9] <u>피처분자가 현장에 없거나 현장에서 그를 발견할 수 없는 경우 등 영장제시가 현실적으로 불가능한 경우</u>에는 영장을 제시하지 아니한 채 압수·수색을 하더라도 위법하다고 볼 수 없다.[10]

라. 서면의 작성, 교부
수색하였으나 증거물 또는 몰수할 물건이 없는 때에는 그 취지의 증명서를 교부하여야 한다(법 128조, 219조). 압수한 경우에는 압수물목록을 작성하여 소유자, 소지자, 보관자 기타 이에 준하는 자에게 교부하여야 한다(법 129조, 219조). 압수물목록은 압수 직후 현장에서 바로 작성하여 교부해야 하는 것이 원칙이다.[11]

---

7) 대결 1999. 12. 1. 99모161.
8) 대판 2012. 10. 11. 2012도7455.
9) 대판 2009. 3. 12. 2008도763.
10) 대판 2015. 1. 22. 2014도10978 전합.
11) 대판 2009. 3. 12. 2008도763.

2. 위 컴퓨터에 너무 많은 정보가 저장되어 있어 위 컴퓨터의 저장매체 자체를 반출하거나, 그 전체를 하드카피 등의 방법으로 복제하기 위한 요건은?

압수의 목적물이 '컴퓨터용 디스크, 그 밖에 이와 비슷한 정보저장매체(정보저장매체 등)'인 경우에는 기억된 정보의 범위를 정하여 출력하거나 복제하여 제출받아야 한다. 다만, 범위를 정하여 출력 또는 복제하는 방법이 불가능하거나 압수의 목적을 달성하기에 현저히 곤란하다고 인정되는 때에는 정보저장매체 등을 압수할 수 있다(법 106조 3항, 219조). 다시 말하면, 정보저장매체에서 정보를 획득하는 방법은 유관정보만을 출력하거나 파일을 복제하는 것이 원칙이고, 예외적으로 유관정보만을 출력하거나 파일 복제하는 것이 불가능 또는 현저히 곤란한 경우에,[12] 저장매체 자체를 반출하거나 저장매체 전체를 복제할(하드카피, 이미징 등) 수 있다.[13]

당사자가 동의하면 저장매체 자체를 반출하거나 저장매체 전체를 복제할(하드카피, 이미징 등) 수 있다(임의 제출).

3. 위 압수·수색·검증절차의 일부 과정이 위법하다고 보았을 때 갑이 불복하는 방법 및 법원의 조치는?

가. 불복하는 방법

수사기관에 의한 압수, 압수물의 환부, 가환부 등에 관한 처분에 대하여 준항고를 제기할 수 있다(법 417조). 다만, 수사기관이 제출인 등의 환부·가환부청구에 대해 거부한 때에는 소속 검찰청에 대응한 법원에 환부 또는 가환부의 결정을 청구할 수 있다(법 218조의 2 2항, 4항). 이는 법 417조에 대한 특별 규정이다.

나. 압수·수색·검증절차의 일부의 위법에 대한 법원의 판단

전자정보에 대한 압수·수색 과정에서 이루어진 현장에서의 저장매체 압수·이미징·탐색·복제 및 출력행위 등 수사기관의 처분은 하나의 영장에 의한 압수·수색 과정에서 이루어지는 것이다. 그러한 일련의 행위가 모두 진행되어 압수·수색이 종료된 이후에는 특정단계의 처분만을 취소하더라도 그 이후의 압수·수색을 저지한다는 것을 상정할 수 없고 수사기관으로 하여금 압수·수색의 결과물을 보유하도록 할 것인지가 문제될 뿐이다. 그러므로 이 경우에는 준항고인이 전체 압수·수색 과정을 단계적·개별적으로 구분하여 각 단계의 개별 처분의 취소를 구하더라도 준항고법원으로서는 특별한 사정이 없는 한 그 구분된 개별 처분의 위법이나 취소 여부를 판단할 것이 아니라 당해 압수·수색 과정 전체를 하나의 절차로 파악하여 그 과정에서 나타난 위법이 압수·수색 절차 전체를 위법하게 할 정도로 중대한지 여부에 따라 전체적으로 그 압수·수색 처분을 취소할 것인지를 가려야 한다.

---

12) 대결 2011. 5. 26. 2009모1190에서는 저장매체 자체를 반출하거나 저장매체 전체를 복제할 수 있도록 영장에 기재되어 있고 실제로 유관정보만을 출력하거나 파일 복제하는 것이 불가능 또는 현저히 곤란한 사정이 발생한 때에 한하여 저장매체 자체를 반출하거나 저장매체 전체를 복제하는 것이 예외적으로 허용된다고 판시하였다.

13) 대결 2015. 7. 16. 2011모1839 전합.

사례 07. 압수·수색 해설

1. 음란물유포 혐의에 관한 압수·수색영장에 의한 마약의 압수
수사기관은 압수·수색영장을 발부받은 해당 사건과 관계가 있다고 인정할 수 있는 것에 한정하여 그 영장에 의하여 압수·수색을 할 수 있다(법 215조). 을의 마약은 갑이 발부받은 압수·수색영장의 해당 사건과 관계가 없으므로, 을이 발부받은 영장에 의해 위 마약을 압수할 수 없다. 이에 반한 마약의 압수는 위법수집증거에 해당하여 증거능력이 없고, 그 절차적 위법은 헌법상 영장주의 내지 적법절차의 실질적 내용을 침해하는 중대한 위법에 해당하여 예외적으로 증거능력을 인정할 수도 없다.[14)]

2. 임의제출
법원은 소유자, 소지자 또는 보관자가 임의로 제출한 물건 또는 유류한 물건은 영장 없이 압수할 수 있다(법 108조). 임의제출물을 영치할 수 있는 위 규정을 수사기관에 대해 준용하는 규정은 없지만(법 219조 참조), 수사기관 역시 임의제출물을 영치할 수 있음은 당연하다. 갑은 마약을 소유, 소지 또는 보관하는 을로부터 마약을 임의제출받아 압수할 수 있다.

3. 사전 영장 및 증거보전청구
갑은 사전 영장을 받아 마약을 압수할 수 있다. 사전영장을 받아 압수함에는 상당한 시간이 소요되므로 압수물이 은닉되는 등으로 수사에 지장이 있을 수 있다. 증거보전절차에 의거하여 수임판사로 하여금 압수를 하도록 청구할 수도 있다(법 184조).

4. 현행범체포 또는 긴급체포 현장에서의 압수
을에 대해서는 현행범체포, 긴급체포의 요건이 구비되어 있다. 갑은 을을 현행범체포 또는 긴급체포하면서 체포현장에서 압수할 수 있다(법 216조 1항 2호).

5. 범죄장소에서의 압수
범행 중 범죄 장소에서 긴급을 요하여 법원판사의 영장을 받을 수 없는 때에는 영장 없이 압수를 할 수 있다(법 216조 3항). 갑은 을을 체포하지 않더라도 마약류관리에관한법률위반의 범행 중인 을의 마약을 위와 같이 영장 없이 압수할 수 있다.

6. 긴급체포 후의 압수
을은 마약류관리에관한법률위반의 현행범인이기는 하지만, 현행범인에 대한 긴급체포가 금지되는 것은 아니므로 을은 긴급체포의 대상이 된다. 또한 수사기관은 긴급체포된 자가 소유·소지 또는 보관하는 물건에 대하여 긴급히 압수할 필요가 있는 경우에는 체포한 때부터 24시간 이내에 한하여 영장 없이 압수할 수 있다(법 217조 1항). 따라서 갑이 을을 긴급체포하는 경우에는 그로부터 24시간 내에 을이 소유, 소지 또는 보관하는 마약을 압수할 수 있다.

7. 사후영장의 발부
임의제출받거나 사전영장에 의해 적법하게 압수한 마약은 증거능력 있다. 범행 중 범죄 장

---

14) 대판 2014. 1. 16. 2013도7101.

소에서 긴급압수한 마약은 사후에 지체없이 영장을 받아야 증거로 사용할 수 있다(법 216조 3항). 현행범체포 또는 긴급체포 현장에서 압수한 마약과 긴급체포 후에 압수한 마약에 대해서는 지체 없이 압수·수색영장을 청구하되 압수·수색영장의 청구가 체포한 때부터 48시간 이내이어야 하며, 압수·수색영장을 발부받아야 마약을 증거로 사용할 수 있다(법 217조 2항, 3항).

사례 **08.** 공소시효 해설

1. 공소시효는 법정형을 기준으로 한다. 법정형이 여러 개의 형 중에서 1개를 선택하도록 규정된 경우에는 그 중 가장 중한 형을 기준으로 한다. 이 사건 폭처법위반의 가장 중한 법정형은 상해죄(형법 257조 1항)의 가장 중한 법정형인 징역 7년에 1/2을 가중한 징역 10.5년이다. 폭처법이라는 특별법에 의한 가중은 형법상의 가중이 아니어서 공소시효의 기준이 되는 법정형에 해당한다. 징역 10.5년은 법 249조 1항 3호의 장기 10년 이상의 징역 부분에 해당하여 공소시효기간이 10년이다. 공소시효를 계산함에 있어 초일은 산입하고, 연과 월은 역서에 따른다. 따라서 공소시효가 완성되는 2022. 1. 31. 24:00까지 법원에 공소를 제기하여야 한다.

2. 업무상횡령죄의 가장 중한 법정형은 10년의 징역이다. 따라서 법 249조 1항 3호의 장기 10년 이상의 징역 부분에 해당하므로 공소시효기간이 10년이다. 그런데 공소시효는 범죄행위를 종료한 때부터 진행한다. 사안에서 범죄행위의 종료가 예금을 이체한 시점이냐, 그 후 실제 사용한 시점이냐가 문제될 수 있으나, 횡령죄의 구성요건으로서의 횡령행위란 불법영득의사를 실현하는 일체의 행위를 말하는 것으로서 불법영득의사가 외부에 인식될 수 있는 객관적 행위가 있을 때 횡령죄가 성립한다는 판례[15]에 비추어 예금이체 시점에 횡령이 기수에 이르렀다고 볼 수 있다.
   1억 3,000만 원의 횡령은 전부가 업무상횡령이라는 하나의 포괄일죄를 구성하므로 1억 3,000만 원의 횡령 전부에 대해 마지막 범행일자인 2012. 2. 25.을 기산일로 하여 10년의 공소시효가 완성되는 2022. 2. 24. 24:00까지 공소를 제기하여야 한다.
   참고로, 갑의 업무상횡령으로 인한 피해자는 세모 주식회사이고 A와 B가 아니다. 따라서 사안에서의 고소는 정확히 표현하면 고발에 해당한다. 검사가 갑의 업무상횡령 피의사실에 대하여 혐의없음 처분을 하는 경우, 고발인들인 A와 B는 검찰항고를 할 수 있으나 재정신청은 할 수 없다.

사례 **09.** 공소시효 해설

1. 공소시효의 기산
   공소시효는 범죄행위가 종료한 때로부터 진행한다. 법원을 기망하여 유리한 판결을 얻어내고 이에 터잡아 상대방으로부터 재물이나 재산상 이익을 취득하려고 소송을 제기하였다가 법원으로부터 패소의 종국판결을 선고받고 그 판결이 확정되는 등 법원으로부터 유리

15) 대판 2004. 12. 9. 2004도5904 참조.

한 판결을 받지 못하고 소송이 종료됨으로써 미수에 그친 경우에, 그러한 소송사기미수죄의 범죄행위의 종료시기는 위와 같이 소송이 종료된 때이다.[16]

설문에서 항소기각판결 선고일로부터 상고기간 7일이 지난 2016. 5. 17. 24:00에 항소기각판결이 확정됨으로써(선고일인 2016. 5. 10.은 초일이어서 불산입됨) 소송사기미수범행이 종료되었으므로 그 다음 날인 2016. 5. 18. 00:00부터 공소시효가 기산된다.

2. 공소시효기간의 판단

공소시효를 정하는 기준이 되는 형은 법정형이다. 따라서 형법에 의하여 형을 가중 또는 감경한 경우에는 가중 또는 감경하지 아니한 형에 의하여 법 249조의 규정을 적용한다(법 251조). 또한 법정형이 2개 이상의 형을 병과하거나 2개 이상의 형 중에서 1개를 선택하도록 규정되어 있는 경우에는 그 중 가장 중한 형에 의한다(법 250조).

그렇다면 소송사기미수죄의 공소시효는 사기죄(형법 347조) 중 가장 중한 법정형인 징역 10년을 기준으로 하고, 이 경우 공소시효는 10년이 경과함으로써 완성된다(법 249조 1항 3호).

공소시효기간이 10년인 소송사기미수죄의 공소시효는 기산일인 2016. 5. 18.로부터 10년이 지난 2026. 5. 17. 24:00에 완성된다.

3. 공소시효의 정지

공소시효는 일정한 사유가 있으면 그 진행이 정지된다. 시효정지는 해당 사유가 존재하는 동안에만 이루어지고 그 사유가 소멸되면 다시 나머지의 기간이 진행된다. 범인이 형사처분을 면할 목적으로 국외에 있는 경우 그 기간 동안 공소시효는 정지된다(법 253조 3항). 여기서, '형사처분을 면할 목적'은 국외 체류의 유일한 목적으로 되는 것에 한정되지 않고 범인이 가지는 여러 국외 체류 목적 중에 포함되어 있으면 족하고, 범인이 국외에 있는 것이 형사처분을 면하기 위한 방편이었다면 '형사처분을 면할 목적'이 있었다고 볼 수 있으며, '형사처분을 면할 목적'과 양립할 수 없는 범인의 주관적 의사가 명백히 드러나는 객관적 사정이 존재하지 않는 한 국외 체류기간 동안 '형사처분을 면할 목적'은 계속 유지된다. 그리고 '형사처분을 면할 목적'이 유지되지 않았다고 볼 사정이 있는 경우 그럼에도 그러한 목적이 유지되고 있었다는 점은 검사가 증명하여야 한다.[17]

설문에서 갑은 을로부터 소송사기죄로 고소하겠다는 말을 듣던 중 마침 중국에 있는 친지의 초청을 받자, 중국으로 출국하였다가 약 1개월만에 귀국하였다. 갑의 위와 같은 출국이 '형사처분을 면할 목적'에 의한 것이라고 볼 것인지는 명확하지 않다.

갑의 출국이 '형사처분을 면할 목적'에 의한 것이라고 본다면, 갑이 중국으로 출국하였다가 귀국한 2016. 6. 2.부터 2016. 7. 2.까지의 30일간은 공소시효가 정지된다. 그렇다면 범행종료일로부터 10년이 지난 2026. 5. 17. 24:00로부터 공소시효가 정지된 30일이 더 진행된 2026. 6. 16. 24:00에 공소시효가 완성된다.[18]

---

16) 대판 2000. 2. 11. 99도4459.

17) 대판 2012. 7. 26. 2011도8462.

18) 연 또는 월로 정한 기간은 역서에 따라 계산한다(법 66조 2항). 그런데 갑의 국외도피로 인하여 공소시효가 정지되

사례 10. 불기소처분에 대한 불복 해설

1. 병과 정은 조세범처벌법위반죄에 관하여 항고와 재정신청을 할 수 있는가?

가. 갑과 을이 제출한 고소장의 법적 성격

범죄로 인한 피해자는 고소할 수 있다(법 223조). 법은 위와 같은 피해자 아닌 자에게도 일정한 경우에 고소권을 인정하고 있다. 이에 해당하는 경우로는 피해자의 법정대리인(법 225조 1항), 피해자가 사망한 경우의 그 배우자 등(법 225조 2항), 사자의 명예훼손죄에 있어서 사자의 친족 등(법 227조), 친고죄에 관하여 고소할 자가 없을 때 검사의 지정을 받은 자(법 228조) 등이 있다.

병과 정은 갑과 을이 범한 폭행죄의 피해자이지만 갑과 을이 범한 조세범처벌법위반죄의 피해자가 아니고 기타 법이 정한 비피해자인 고소권자도 아니다. 따라서 병과 정이 갑과 을에 대해 조세범처벌법위반죄로 처벌하여 달라는 내용으로 고소장을 작성, 제출한 것은 실질적으로 고발에 해당한다.

나. 검찰항고

검찰항고는 검사의 불기소처분에 불복이 있는 고소인 또는 고발인이 그 검사 소속의 지방검찰청 또는 지청을 거쳐 서면으로 관할 고등검찰청 검사장에게 불기소처분의 시정을 구하는 것을 말한다(검찰청법 10조). 병과 정은 고발인의 자격으로 검사가 갑과 을의 조세범처벌법위반죄에 관하여 한 혐의없음 처분에 관하여 항고를 제기할 수 있다.

다. 재정신청

재정신청제도는 검사의 불기소처분에 불복하는 고소·고발인의 신청에 대하여 법원이 불기소처분의 당부를 판단하는 것을 말한다. 고소권자로서 고소를 한 자와 형법 123조부터 126조까지의 죄에 대하여 고발을 한 자는 검사로부터 공소를 제기하지 아니한다는 통지를 받은 때에는 그 검사 소속의 지방검찰청 소재지를 관할하는 고등법원에 그 당부에 관한 재정을 신청할 수 있다(법 260조 1항). 다만, 위와 같은 재정신청을 하려면 원칙적으로 검찰항고를 먼저 거쳐야 한다(동조 2항).

병과 정은 갑과 을의 조세범처벌법위반죄에 관하여 고발인의 지위에 있을 뿐이다. 따라서, 병과 정이 검사가 한 갑과 을의 조세범처벌법위반죄에 관한 혐의없음 처분에 대해 항고하여 항고기각 결정이 있더라도 병과 정은 이에 대해 재정신청을 할 수 없다. 병과 정은 위 항고기각 결정에 대해 재항고를 할 수 있다.

2. 검사가 위와 같이 조세범처벌법위반죄 부분에 관하여 혐의없음 처분하였다가 관할 세무서장으로부터 위 조세범처벌법위반죄에 관하여 고발을 받은 다음 이에 관하여 공소제기한 것은 적법한가?

는 기간은 연 또는 월로 정한 기간에 해당하지 않으므로, 공소시효정지기간을 일단위로 계산한다(일단위로 계산한 대법원 판례가 있고, 검찰실무 과목에서도 일단위로 계산하는 것으로 강의함)(국외도피 초일인 2016. 6. 2. 당일과 국외도피 말일인 2016. 7. 2. 당일이 공소시효정지기간에 산입되는지 여부는 불분명하며, 6월은 30일이라는 점을 감안하여 공소시효정지기간을 30일로 처리함). 공소시효정지 사유가 있는 때에는 위와 같이 공소시효가 완성되는 일자를 확정한 다음 그로부터 공소시효가 정지된 기간만큼 더 진행된 일자가 최종적인 공소시효 완성일이다.

가. 친고죄에 관한 고소·고발 이전의 수사

법률에 의하여 고소나 고발이 있어야 논할 수 있는 죄에 있어서 고소 또는 고발은 이른바 소추조건에 불과하고 당해 범죄의 성립요건이나 수사의 조건은 아니므로, 위와 같은 범죄에 관하여 고소나 고발이 있기 전에 수사를 하였더라도, 그 수사가 장차 고소나 고발의 가능성이 없는 상태 하에서 행해졌다는 등의 특단의 사정이 없는 한, 고소나 고발이 있기 전에 수사를 하였다는 이유만으로 그 수사가 위법하게 되는 것은 아니다.[19]

검사가 조세범처벌법위반죄 부분에 관하여 혐의없음 처분하였다가 뒤늦게 관할 세무서장으로부터 위 조세범처벌법위반죄에 관하여 고발을 받은 다음 조세범처벌법위반죄로 공소제기하였더라도 위 수사가 장차 고소나 고발의 가능성이 없는 상태 하에서 행해졌다는 등의 특단의 사정이 발견되지 않는 위 설문에서의 수사는 적법하다.

나. 혐의없음 처분 후의 공소제기

검사의 불기소처분에는 기판력이나 일사부재리의 효력이 미치지 않는다. 또한 검사가 불기소처분 후 공소제기하였다고 하여 곧바로 공소권남용이 되는 것도 아니다. 따라서 검사가 혐의없음 처분 후에 공소제기하는 것에 어떠한 위법이 있는 것은 아니다.

사례 11. 법원의 사물관할 해설

도교법위반(음주운전)죄가 성립하는 경우 혈중알콜농도가 0.2퍼센트 이상인 사람은 1년 이상 3년 이하의 징역이나 500만 원 이상 1천만 원 이하의 벌금에 처하므로(도교법 148조의2 3항 1호), 갑의 도교법위반(음주운전)죄는 '단기 1년 이상의 징역에 해당하는 사건(법원조직법 32조 1항 3호)'이어서 합의부 관할로 보이지만, 법원조직법 32조 1항 3호 사목의 예외에 해당하여 단독판사의 관할사건이다.

사례 12. 공소장변경, 직권에 의한 범죄사실의 인정 해설

1. 법원은 검사에게 공소사실을 살인죄에서 감금죄로 변경하도록 요구할 의무가 있는가?

법원은 심리의 경과에 비추어 상당하다고 인정할 때에는 공소사실 또는 적용법조의 추가 또는 변경을 요구하여야 한다(법 298조 2항). 공소장변경의 권한을 가진 검사가 공소장을 변경하지 않아 명백히 죄를 범한 자를 처벌하지 못하는 일이 없도록 하기 위함이다. 법원의 공소장변경 요구가 재량사항인지 의무사항인지에 관하여 견해가 나뉜다. 판례는 일관하여 의무가 아닌 것으로 보고 있다.[20]

2. 검사는 공소사실을 살인죄에서 감금죄로 변경할 수 있는가?

공소장변경은 검사가 법원의 허가를 받아 공소사실의 동일성을 해하지 않는 범위 내에서 범죄사실 또는 적용법조를 추가, 철회 또는 변경하는 것을 말한다(법 298조 1항).

공소사실의 동일성 판단기준에 관하여는 ① 공소사실을 그 기초가 되는 사회적 사실로 환원하여 그러한 사실 사이에 다소의 차이가 있더라도 기본적인 점에서 동일하다면 동일성

19) 대판 2011. 3. 10. 2008도7724.

20) 대판 1999. 12. 24. 99도3003; 대판 2009. 5. 14. 2007도616; 대판 2011. 1. 13. 2010도5994 등.

이 인정된다는 기본적 사실동일설(다수설, 판례), ② 소인의 주요부분을 공통으로 할 때에 동일성이 인정된다는 소인공통설, ③ 구성요건이 상당한 정도로 부합하는 때에 동일성이 인정된다는 구성요건공통설, ④ 구성요건의 유형적 본질, 즉 죄질의 동일성이 인정될 때에 동일성이 인정된다는 죄질공동설 등이 있다.

기본적 사실관계가 동일한 범위 내에서 살인죄를 감금죄로 공소장변경할 수 있다.

3. 법원은 공소장변경 없이 직권으로 감금죄를 인정할 수 있는가?

가. 직권에 의한 범죄사실의 인정

법원이 공소장의 변경 없이 직권으로 공소장에 기재된 공소사실과 다른 범죄사실이나 적용법조를 인정할 수 있는 한계에 관하여, ① 공소장에 기재된 사실과 실질적으로 다른 사실을 인정할 때에는 공소장변경이 필요하며 여기서 실질적 차이가 있는지의 여부는, 형식적으로 사실의 변화가 사회적으로 의미를 달리하고 실질적으로 피고인의 방어권행사에 불이익을 초래하느냐를 기준으로 한다는 사실기재설이 통설·판례이다. 그 외에도 ② 구체적 사실관계가 다르더라도 그 벌조에 변경이 없는 한 공소장변경을 할 필요가 없다는 동일벌조설, ③ 구체적 사실관계가 다르더라도 그 구성요건에 변경이 없는 한 공소장변경을 할 필요가 없다는 동일구성요건설, ④ 구체적 사실관계가 다르더라도 그 법률구성에 영향이 없는 때에는 공소장변경이 불필요하다는 법률구성설 등이 있다.

심리한 결과 피고인이 감금한 점이 인정되고, 피고인도 이를 자백하고 있어, 공소장변경 없이 감금죄를 인정하더라도 피고인의 방어권행사에 불이익이 없다고 보여지므로 공소장변경 없이 직권으로 감금죄를 인정할 수 있다.

나. 범죄사실 직권인정의 의무성

위와 같이 법원은 공소장변경 없이도 감금죄를 인정할 수 있고, 다음 판례에 의하면 더 나아가 감금죄를 인정할 의무가 있다고 보여진다.

공소장변경 없이 법원은 공소사실의 동일성이 인정되는 범위 내에서 심리의 경과에 비추어 피고인의 방어권 행사에 실질적인 불이익을 초래할 염려가 없다고 인정되는 때에는 공소장이 변경되지 않았더라도 직권으로 공소장에 기재된 공소사실과 다른 범죄사실을 인정할 수 있고, 이와 같은 경우 공소가 제기된 범죄사실과 대비하여 볼 때 실제로 인정되는 범죄사실의 사안이 가볍지 아니하여 공소장이 변경되지 않았다는 이유로 이를 처벌하지 않는다면 적정절차에 의한 신속한 실체적 진실의 발견이라는 형사소송의 목적에 비추어 현저히 정의와 형평에 반하는 것으로 인정되는 경우라면 법원으로서는 직권으로 그 범죄사실을 인정하여야 한다.[21)]

※ 공소장변경 제도에는 ① 공소장변경의 허용한계, ② 직권에 의한 범죄사실 인정, ③ 직권에 의한 범죄사실 인정의 의무성, ④ 일죄의 일부가 재판계속 중임에도 그 나머지 부분을 공소장변경으로 추가하지 않고 추가 기소한 경우의 처리라고 하는 4개의 측면이 있음을 이해하여야 한다.

※ 직권에 의해 범죄사실을 인정하기 위해서는 기본적 사실관계가 동일할 것이 전제된다.

---

21) 대판 2009. 5. 14. 2007도616.

※ 공소장변경이 허용되어야 함에도 허용되지 않는다고 본 답안이 상당히 많다. 특히 공소장변경은 허용되지 않는다고 하면서도 직권에 의한 범죄사실의 인정은 가능하다고 보는 답안도 제법 있는데, 이는 불고불리의 원칙과 공소장변경 제도를 제대로 이해하지 못하여 발생한 오류이다.

사례 13. 공소장변경 해설

형법상의 특수상해죄(257조의2)의 법정형이 폭처법의 그것보다 경하고, 폭처법상의 처벌규정 폐지는 종전의 형벌규정이 과중하다는 데에서 나온 반성적 조치이므로,[22] 피고인의 방어권을 침해할 특별한 사정이 없는 한, 법원은 직권으로 형법상의 특수상해죄를 적용할 수 있다. 더 나아가 법원이 직권으로 형법상의 특수상해죄를 적용하지 않고 폭처법위반죄에 대하여, 범죄 후의 법령개폐로 형이 폐지되었을 때에 해당한다는 이유로 법 326조 3호에 의해, 면소판결을 선고하는 것은 현저히 정의와 형평에 반하므로 법원은 형법상의 특수상해죄를 적용할 의무가 있다.

사례 14. 포괄일죄의 이중기소 해설

포괄일죄(협의의 포괄일죄, 영업범, 상습범 등) 및 상상적 경합 관계에 있는 범죄들 사이에서는 공소사실의 기본적 사실관계가 동일하므로 공소장변경의 방법으로 공소사실에 그와 일죄의 관계에 있는 다른 공소사실을 추가할 수 있다(기본적 사실동일설). 공소사실의 동일성 판단 기준으로는 기본적 사실동일설 외에, 소인공통설, 구성요건공통설, 죄질공동설 등이 있다. 일죄의 관계에 있는 범죄들임에도 공소장변경을 하지 않고 추가기소한 경우에 어떻게 처리할 것인지 문제된다. 이러한 경우 검사로서는 원칙적으로 먼저 기소한 사건의 범죄사실에 추가기소의 공소장에 기재한 범죄사실을 추가하여 전체를 상습범행으로 변경하고 그 죄명과 적용법조도 이에 맞추어 변경하는 공소장변경 신청을 하고, 추가기소한 사건에 대하여는 공소취소를 하는 것이 법의 규정에 충실한 온당한 처리이다.[23] 법원은 위와 같이 공소장변경을 하도록 요구할 수 있다(법 298조 2항).

공소제기의 효력은 그 공소사실과 동일성이 있는 전체에 대해 미치고 공소제기 이후에 범한 것이라고 하더라도 일죄의 추가기소는 이중기소에 해당하여 부적법하므로 법원으로서는 공소기각의 판결(법 327조 3호)을 하는 것이 원칙이다(공소기각판결설). 그렇지만 일죄의 관계에 있는 범죄를 이중기소한 경우에는 위법하므로 공소기각판결을 하여야 한다는 원칙을 일관하면 소송경제적 관점에서 부적절하고, 피고인에게 유리할 것도 없고, 일죄 여부의 판단이 늘 명백한 것은 아니며 법원에서의 심리 후에 비로소 밝혀질 수도 있다는 점에서 판례는 공소장변경의제설이나 석명후판단설을 취하기도 한다.

일죄의 추가기소에 관하여, 공소기각판결설에 의하면 법원은 공소기각판결을 선고하여야 하고, 공소장변경의제설에 의하면, 공소장변경이 이루어진 것으로 보고, 석명후판단설에 의하면 검사에게 석명을 구하여 추가기소의 진정한 취지가 공소장변경인지 추가기소인지 확인하여 그에 따라 처리하면 된다.

---

22) 대판 2016. 3. 24. 2016도1131; 대판 2016. 1. 28. 2015도17907; 대판 2016. 1. 28. 2015도18280.

23) 대판 1996. 10. 11. 96도1698.

사례 15. 공동피고인의 진술, 자백의 보강법칙 해설

1. 병의 증언의 증거능력

가. 갑에 대한 증거로서의 증거능력

갑을 기준으로, 병의 증언은 '피고인 아닌 자(병)'의 증언이 '피고인(갑)'의 진술을 내용으로 하므로 법 316조 1항에 의해 갑에 대하여 증거능력이 있다.[24]

나. 을에 대한 증거로서의 증거능력

을을 기준으로, 병의 증언은 '피고인 아닌 자(병)'의 증언이 '피고인의 아닌 자(갑)'의 진술을 내용으로 한다. 그런데 법 316조 2항에서 말하는 피고인 아닌 자라고 함은 제3자는 말할 것도 없고 공동피고인이나 공범자를 모두 포함한다.[25] 따라서 원진술자로서 공동피고인인 갑이 법정에 출석하고 있으므로 병의 증언은 법 316조 2항에 의해 을에 대하여 증거능력이 없다.[26]

2. 갑과 을에 대한 유죄판결의 가부

가. 사실관계

갑은 자백하고, 을은 부인하며, 병의 증언은 갑으로부터 자백 진술을 들었다는 내용이다.

나. 갑에 대한 유죄판결의 가부

(1) 갑은 자백하고 있다.

(2) 병의 증언은 갑에 대해 증거능력이 있으나, 병의 증언은 갑의 자백과 동일한 내용의 반복에 불과하여 보강증거가 될 수 없다.[27]

(3) 수사기관에서 한 갑의 자백 진술도 갑의 법정 자백과 동일한 내용의 반복에 불과하여 보강증거가 될 수 없다.

(4) 갑은 자백하고 있으나 이를 보강할 증거가 없으므로 자백의 보강법칙(법 310조)에 따라 범죄의 증명이 없는 경우에 해당하므로 법 325조 후단에 의하여 무죄를 선고하여야 한다.

다. 을에 대한 유죄판결의 가부

(1) 을은 부인하고 있다.

(2) 공범인 공동피고인인 갑이 피고인으로서 한 진술도 을에 대해 증거능력 있다.

(3) 병의 증언은 을에 대해 증거능력이 없다.

(4) 을에 대한 유죄판결을 하기 위해서 '공범인 공동피고인(갑)'이 한 진술에 보강증거가 필요한지(즉 공범인 공동피고인의 진술을 보강증거가 필요한 피고인의 자백으로 볼 것인지)에 관하여 견해가 나뉘나, 판례는 법 310조의 '피고인의 자백'에 공범인 공동피고인의 진술은 포함되지 아니하므로 공범인 공동피고인의 진술은 다른 공동피고인에 대한 범죄사실을 인정하는 증거로 할 수 있다고 본다.[28]

---

24) 특신상태는 통상 문제되지 않으므로 증거능력이 있는 것으로 처리하였다.

25) 대판 2007. 2. 23. 2004도8654.

26) 대판 1984. 11. 27. 84도2279; 대판 2000. 12. 27. 99도5679.

27) 대판 1981. 7. 7. 81도1314; 대판 2008. 2. 14. 2007도10937.

28) 대판 1986. 10. 28. 86도1773; 대판 1990. 10. 30. 90도1939.

(5) 을에 대해서는 유죄판결을 할 수 있다.

사례 16. 공동피고인의 진술, 공동피고인에 대한 피의자진문조서 해설

1. 수사기관 작성의 갑에 대한 피신의 증거능력

가. 을의 공소사실에 관하여

을의 공소사실에 있어서, 갑에 대한 피신은 수사기관이 작성한 공범에 대한 피신에 해당한다.

을이 증거동의하면 (수사기관 작성의) 갑에 대한 피신이 증거능력을 가지지만 사안에서 을은 증거부동의하고 있다.

을이 사경 작성의 갑에 대한 피신에 대하여 그 내용을 부인하거나, 내용을 부인하는 취지로 부동의하면 사경 작성의 갑에 대한 피신은 증거로 사용될 수 없다(이는 법 312조 3항설이다).[29] 이와 달리 법 312조 4항설도 있다.

검사 작성의 갑에 대한 피신은 법 312조 4항의 요건을 갖추면 증거능력을 가진다(이는 법 312조 4항설이다).[30] 이와 달리 법 312조 1항설도 있다.

나. 정의 공소사실에 관하여

정의 공소사실에 있어서, 갑에 대한 피신은 수사기관이 작성한 공범 아닌 자에 대한 피신에 해당한다.

정이 증거동의하면 (수사기관 작성의) 갑에 대한 피신이 증거능력을 가지지만 사안에서 정이 증거부동의하고 있다.

수사기관 작성의 갑에 대한 피신은 법 312조 4항의 요건을 갖추면 증거능력을 가지며, 이때 갑의 진정성립 인정진술은 증인으로서 한 것만 유효하고, 갑이 수사기관 작성의 갑에 대한 피신에 대해 피고인으로서 진정성립을 인정하더라도 정의 공소사실을 인정하는 증거로 사용할 수 없다.[31]

2. 갑의 법정 진술의 증거능력

갑의 법정 진술이 공동피고인인 을과 정에 대해 증거능력을 가지는지의 문제이다. 판례는 다음과 같이 처리하며, 이에 관한 학설은 다양하다.

가. 공범인 을의 공소사실에 관하여

공범인 공동피고인(갑)은 피고인 을과의 관계에 있어 피고인의 지위에 있으므로 피고인으로 신문할 수 있고 이에 대해 당해 피고인 을의 반대신문권은 보장되고 있다. 따라서 갑이 피고인으로 한 진술은 을의 범죄사실을 증명하는 증거로 사용될 수 있다. 참고로, 변론절차를 분리하면 공동피고인(갑)을 증인으로 신문할 수 있다.[32]

---

29) 대판 1994. 3. 22. 93도3612; 대판 2010. 2. 25. 2009도14409 등 다수 판례 있음. 사법연수원, 형사증거법 및 사실인정론, 2017, 118면.

30) 대판 1996. 3. 8. 95도2930.

31) 대판 1982. 9. 14. 82도1000. 사법연수원, 형사증거법 및 사실인정론, 2017, 119면.

32) 공동피고인은 변론절차를 분리하지 않는 한 피고인의 지위에 있어 증인적격이 부정되므로 증인으로 신문할 수 없다.

나. 공범 아닌 정의 공소사실에 관하여

공범 아닌 공동피고인 갑은 당해 피고인 정과의 관계에 있어 증인의 지위에 있을 뿐이므로 갑의 진술을 증거로 사용하기 위해서는 갑을 증인으로 신문하여야 한다. 이때 갑을 증인으로 신문하기 위해서 변론절차를 분리하여야 하는지에 관하여 견해가 나뉘나, 사법연수원은 변론절차를 분리하여야 한다는 입장이다.[33] 따라서 갑이 피고인으로서 한 진술은 정의 범죄사실을 증명하는 증거로 사용될 수 없다.

3. 조사자증언

과거에 조사자의 증언은 수사기관이 작성한 피조사자에 대한 조서의 증거능력과 동일하게 취급되었다. 따라서 사안의 경우 피조사자에 대한 조서가 피조사자의 진정성립 불인정으로 인하여 증거능력이 부정되므로 조사자의 증언 역시 증거능력이 인정되지 않았다. 그렇지만 2007년도의 법의 개정으로 조사자증언제도가 채택되었으므로, 무의 증언은 법 316조 1항의 요건을 갖추면 증거능력을 가진다. 다만 실무상 조사자증언을 증거로 채택하지 않으려는 경향이 강하다.

영상녹화물 기타 객관적 방법에 의하여 실질적 진정성립을 인정할 수 있는데, 객관적 방법에 조사자의 증언이 포함되는지에 관하여 견해가 나뉜다. 판례는 조사자증언에 의한 조서의 진정성립 인정을 허용하지 않는다.[34] 따라서 무가 갑에 대한 피의자신문조서의 진정성립을 인정하였더라도 위 피의자신문조서는 증거로 사용될 수 없다.

사례 17. 녹음테이프, 공동피고인에 대한 피의자신문조서, 공동피고인의 진술 해설

1. 을은 위와 같이 몰래 녹음한 보이스펜의 녹음 내용을 녹음테이프에 복사한 다음 그 대화를 적은 녹취서를 작성하여 수사기관에 제출하였고, 이것이 법정에 증거로 신청되었다. 위 녹음테이프와 녹취서가 증거로 사용되기 위한 요건은?

가. 증거자료

증거자료가 되는 것은 보이스펜에 녹음된 대화내용 자체이다.[35]

나. 진술 기재서류의 증거능력 인정

을이 갑의 절도죄에 관하여 갑이 한 진술을 녹음한 것은 법 313조의 피고인의 진술을 기재한 서류에 해당한다.[36]

피고인의 진술기재서류가 증거로 사용되려면 진술자인 피고인이 진정성립을 인정하거나(313조 1항 본문), 작성자인 을이 진정성립을 인정하여야 하고(313조 1항 단서), 피고인의 진술기재서류는 진술서가 아니므로 313조 2항에 의해 (객관적 방법으로 진정성립을 인정함으로써) 증거로 사용할 수는 없다.

법 314조에 의해서 증거로 사용될 수 있다.

진정성립이 인정되지 않더라도 피고인이 증거동의하면 증거능력을 가진다(법 318조).

---

33) 사법연수원, 형사증거법 및 사실인정론, 2017, 117면.

34) 대판 2016. 2. 18. 2015도16586.

35) 대판 1996. 10. 15. 96도1669; 대판 2005. 12. 23. 2005도2945.

36) 대판 2001. 10. 9. 2001도3106; 대판 2008. 12. 24. 2008도9414.

보이스펜은 그 성질상 작성자 또는 진술자의 자필로 기재되거나 서명 또는 날인이 있을 필요가 없다.[37]

대화의 당사자인 을이 갑의 진술을 몰래 녹음하였으므로 통신비밀보호법위반은 아니다.

다. 원본이 아닌 사본의 증거사용

사안에서 원본인 보이스펜이 아니라 이를 복사한 녹음테이프와 녹취서가 증거로 신청되었으므로 복사과정에서 편집되는 등의 인위적 개작 없이 원본의 내용 그대로 복사된 사본임이 입증되어야만 한다.[38]

2. 사경이 작성한 을에 대한 피의자신문조서에는 2018. 3. 3. 현금 10만 원을 절취당한 사실이 기재되어 있고, 갑은 절도 범행을 부인하면서 위 피의자신문조서에 대해 증거부동의하고 있다. 위 피의자신문조서가 증거로 사용되기 위한 요건은?

갑의 절도범행에 관하여, 을은 갑과 공범 아닌 공동피고인의 관계에 있다. 따라서 갑의 절도범행에 관하여, 사경 작성의 을에 대한 피의자신문조서는, 법 312조 4항의 요건을 갖추면 증거로 사용될 수 있다. 이때 진정성립의 인정은, 을에 대한 변론절차를 분리한 다음[39] 을이 증인으로서의 증언에 의한 것만 유효하고,[40] 을이 피고인으로서 진정성립을 인정하는 것만으로는 위 피의자신문조서가 증거능력을 가질 수 없다.

법 312조 4항이 적용되므로, 을이 진술불능이면 법 314조에 의해서도 증거로 사용될 수 있다.

3. 을은 법정에서 검사의 피고인신문에 대해, "2018. 3. 3. 위 슈퍼마켓의 금고에서 현금 10만 원 상당이 빈 것을 발견하고 갑에게 위 현금을 절도하였느냐고 추궁하였고, 이에 갑이 그 날 10만 원을 을 몰래 가져갔다고 시인하는 것을 듣고 화가 나 갑을 때렸다."라고 진술하였다. 을의 위 진술은 갑과 을에 대해 증거로 사용될 수 있는가?

가. 갑의 범죄사실에 대한 증거능력

을은 갑과 공범 아닌 공동피고인의 관계에 있으므로, 을이 피고인으로서 한 진술은 갑의 범죄사실에 대한 증거로 사용될 수 없다.

나. 을의 범죄사실에 대한 증거능력

진술거부권을 가진 피고인이 진술거부권을 행사하지 아니하고 한 진술이므로 피고인 자신의 범죄사실에 대한 증거로 사용될 수 있다. (이 부분 을의 진술을 자백이라고 보고, 을의 범죄사실에 대한 증거로 을의 법정자백이 유일하다면 자백의 보강법칙에 따라 위 자백만으로 유죄판결을 할 수 없을 뿐 위 자백의 증거능력이 부정되는 것은 아님)

---

37) 대판 2005. 12. 23. 2005도2945.

38) 대판 2005. 12. 23. 2005도2945; 대판 2007. 3. 15. 2006도8869; 대판 2014. 8. 26. 2011도6035; 대판 2008. 12. 24. 2008도9414.

39) 변론절차를 분리하지 말아야 한다는 견해도 있다.

40) 대판 2006. 1. 12. 2005도7601. 사법연수원, 형사증거법 및 사실인정론, 119면, 2017.

사례 18. 상습범의 기판력, 포괄일죄와 확정판결 해설

상습범으로서 포괄일죄 관계에 있는 여러 개의 범죄사실 중 일부에 대하여 유죄판결이 확정된 경우에, 그 확정판결의 사실심판결 선고 전에 저질러진 나머지 범죄에 대하여 새로이 공소가 제기되었다면 그 새로운 공소는 확정판결이 있었던 사건과 동일한 사건에 대하여 다시 제기된 데 해당하므로 이에 대하여는 면소판결을 선고하여야 한다(법 326조 1호). 다만 이러한 법리가 적용되기 위해서는 전의 확정판결에서 당해 피고인이 상습범으로 기소되어 처단되었을 것을 필요로 하는 것이고, 상습범 아닌 기본 구성요건의 범죄로 처단되는 데 그친 경우에는, 그 기판력이 그 사실심판결 선고 전의 나머지 범죄에 미치지 않는다.[41]

따라서, 위 범죄경력자료 및 수사보고의 순번 1, 2의 도박죄에 관하여 확정된 약식명령 또는 판결의 기판력은 그 발령일 또는 선고일 이전에 범해진 공소사실 1, 2항의 상습도박죄에 미치지 않는다.

포괄일죄의 중간에 확정판결이 확정되었더라도 그 확정판결이 금고 이상의 형에 처한 경우에 한하여 포괄일죄가 둘로 나뉘는바, 위 범죄경력자료 및 수사보고의 순번 1, 2의 도박죄에 관한 확정된 약식명령 또는 판결은 벌금형에 처하였을 뿐이므로 범죄가 둘로 나누어지지 않는다(형법 37조 후단).

위 범죄경력자료 및 수사보고의 순번 3의 공갈죄에 관해서는 징역형에 처한 판결이 확정되었는바, 포괄일죄의 중간에 다른 종류의 범죄에 대한 확정판결이 있는 경우에 해당하므로, 그 확정일 전의 범죄인 공소사실 1 내지 5와 그 확정일 이후의 범죄인 공소사실 6, 7은 별개의 범죄로 나뉘지 않고 공소사실 전부를 위 판결의 확정일 이후 범죄로 본다.[42]

사례 19. 경합범, 기판력 해설

1. 형법 37조 후단 경합범(사후적 경합범)

금고 이상의 형에 처한 판결이 확정된 죄와 그 판결확정 전에 범한 죄를 37조 후단 경합범(또는 사후적 경합범)이라고 한다(형법 37조 후단).

가. A범죄

징역형에 처한 판결이 확정된 A범죄와 그 확정일 이전에 범한 B범죄는 37조 후단 경합범관계에 있다.

나. D범죄

벌금형에 처한 판결이 확정된 D범죄는 37조 후단 경합범을 구성하는 금고 이상의 형에 처한 판결이 확정된 죄가 아니므로 D범죄는 다른 범죄와 사이에 37조 후단 경합범 관계에 있지 않다.

다. G범죄

징역형에 처한 판결이 확정된 G범죄와 그 확정일 이전에 범한 C, E범죄는 37조 후단 경합범관계에 있다.

그런데 위 G범죄와 그 확정일 이전에 범한 B범죄와 사이에는 37조 후단 경합범관계에

41) 대판 2004. 9. 16. 2001도3206 전합.

42) 대판 2001. 8. 21. 2001도3312; 대판 2002. 7. 12. 2002도2029.

있지 않다. 왜냐하면 형법 37조 후단 경합범이 되기 위해서는 아직 판결을 받지 아니한 죄(B)가 이미 판결이 확정된 죄(G)와 동시에 판결할 수 있었어야 하는데, B죄와 G죄 사이에 A죄에 관하여 금고 이상의 형에 처한 판결이 확정되었기 때문에 B죄와 G죄는 확정판결 전후에 범해진 범죄들로서 각각의 범죄에 대하여 별도로 형을 정하여 선고하여야 할 뿐 동시에 판결할 수 있는 것이 아니기 때문이다.[43)]

2. 금고 이상에 처한 확정 판결 전후의 범죄

금고 이상의 형에 처한 판결의 확정 전후로 범해진 범죄들은 경합범 관계에 있는 것이 아니므로,[44)] 앞에서 언급한 바와 같이 각각의 범죄에 대하여 별도로 형을 정하여 선고하여야 한다.

징역형에 처한 판결이 확정된 A범죄에 관하여 그 확정일 이전에 범한 'B범죄'와 그 확정일 이후에 범한 'C 이하의 범죄(C부터 K까지의 범죄)'에 대해서는 별도로 형을 정하여 선고하여야 한다.

징역형에 처한 판결이 확정된 G범죄에 관하여 그 확정일 이전에 범한 'C부터 I까지의 범죄'와 그 확정일 이후에 범한 'J, K의 범죄'에 대해서는 별도로 형을 정하여 선고하여야 한다.

3. 포괄일죄의 중간에 존재하는 확정판결

포괄일죄[45)]는 그 중간에 동종의 죄에 관한 확정판결이 있는 경우에 그 확정판결에 의하여 그 확정판결의 전후로 분리되며, 이와 같이 분리된 각 사건은 서로 동일성이 있다고 할 수 없어 각 사건에 대하여 각각의 주문을 선고하여야 한다.[46)]

'F, H, I, J, K'의 각 범죄는 상습사기의 포괄일죄 관계에 있다. 위 상습사기의 포괄일죄 중간에 이와 동종의 죄인 G범죄에 관하여 징역형에 처한 판결이 확정되었다. 따라서 'F, H, I, J, K'의 포괄일죄는 G범죄에 관하여 징역형에 처한 판결의 확정일 이전인 'F, H, I'범죄와 그 이후인 'J, K'범죄로 나뉘므로 각 사건에 대하여 각각의 주문을 선고하여야 한다.

그런데 'F, H' 범죄와 G범죄는 상습사기죄의 포괄일죄인 관계에 있고, G범죄의 기판력은 G범죄에 대한 판결선고시인 2015. 11. 10까지 미치므로 그 이전에 범해진 'F, H'범죄에 대해서는 면소판결을 선고하여야 한다. 1죄 1주문의 원칙에 따라 1죄의 관계에 있는 'F, H, I'범죄 중 I범죄에 대해서 실체판결을 하고 그와 일죄의 관계에 있는 'F, H' 범죄에 대한 면소판결은 이유에서 판단하여야 한다.

포괄일죄가 확정판결의 선고일과 확정일 사이에 존재하는 경우, 실무는 위와 같은 판례이론에 약간의 변경을 가하여 처리하고 있다.[47)]

---

43) 대판 2014. 3. 27. 2014도469 참조.

44) 대판 1970. 12. 22. 70도2271.

45) 판례 원문에는 '원래 실체법상 상습사기의 일죄로 포괄될 수 있는 관계에 있는 일련의 사기 범행'이라고 표현되어 있다.

46) 대판 2000. 2. 11. 99도4797.

47) 사법연수원, 2016년도 법학전문대학원 형사재판실무 강의노트, 488면.

4. 형법 37조 전단 경합범
C범죄, E범죄 그리고 상습사기의 포괄일죄인 'F, H, I'범죄는 형법 37조 전단 경합범관계에 있다. J범죄와 K범죄는 포괄일죄이며, 형법 37조 전단 경합범관계에 있지 않다.

5. 경합범에 대한 처리
형법 37조 전단 경합범 관계에 있는 범죄에 대해서는 형법 38조에 의해 처단하여야 하고, 형법 37조 후단 경합범 관계에 있는 범죄에 대해서는 형법 39조에 의해 처단하여야 한다.

사례 20. 일부상소 해설
당사자가 재판의 일부에 대해서만 상소한 경우에 상소하지 않은 부분의 재판을 상소한 부분의 재판과 분리하여 확정시킬 것인지, 상소한 부분의 재판과 함께 심리하여 재판할 것인지가 일부 상소의 문제이다. 상소는 재판의 일부에 대하여 할 수 있으며 일부에 대한 상소는 그 일부와 불가분의 관계에 있는 부분에 대하여도 효력이 미친다(법 342조).
일부 상소의 문제는 판결의 주문과 밀접한 관계에 있다. 1개의 주문에 판단된 사실에 있어서는 일부에 관하여 상소하더라도 그 나머지 부분까지 상소의 효력이 미쳐 상소심의 심판대상이 되지만, 주문을 달리하여 판단된 사실에 대해서는 상소불가분의 효력이 발생하지 않는 것이 원칙이다.
사기죄에 대한 항소는 이와 일죄의 관계에 있어 불가분의 관계에 있는 변호사법위반죄에 대해서도 미친다. 다만 상소불가분의 원칙에 의하여 면소부분도 이심되기는 하나 그 부분은 이미 당사자 간의 공격방어의 대상으로부터 벗어나 사실상 심판대상에서부터도 벗어나게 되어 항소심으로서도 그 면소부분에 대해 다시 심리, 판단할 수는 없다.[48]
절도죄에 대해서는 별도의 형이 선고되었으므로 절도죄 부분은 '사기죄(및 변호사법위반죄)에 대한 항소'와 분리하여 확정된다.

사례 21. 재심 해설
1. 형선고의 효력을 상실케 하는 특별사면
유죄판결 확정 후에 형 선고의 효력을 상실케 하는 특별사면이 있었다고 하더라도, 형 선고의 법률적 효과만 장래를 향하여 소멸될 뿐이고 확정된 유죄판결에서 이루어진 사실인정과 그에 따른 유죄 판단까지 없어지는 것은 아니므로, 유죄판결은 형 선고의 효력만 상실된 채로 여전히 존재하는 것으로 보아야 하고, 한편 법 420조 각 호의 재심사유가 있는 피고인으로서는 재심을 통하여 특별사면에도 불구하고 여전히 남아 있는 불이익, 즉 유죄의 선고는 물론 형 선고가 있었다는 기왕의 경력 자체 등을 제거할 필요가 있다.
그리고 법 420조가 유죄의 확정판결에 대하여 선고를 받은 자의 이익을 위하여 재심을 청구할 수 있다고 규정하고 있는 것은 유죄의 확정판결에 중대한 사실인정의 오류가 있는 경우 이를 바로잡아 무고하고 죄 없는 피고인의 인권침해를 구제하기 위한 것인데, 만일 특별사면으로 형 선고의 효력이 상실된 유죄판결이 재심청구의 대상이 될 수 없다고 한다

48) 대판 1991. 3. 12. 90도2820.

면, 이는 특별사면이 있었다는 사정만으로 재심청구권을 박탈하여 명예를 회복하고 형사보상을 받을 기회 등을 원천적으로 봉쇄하는 것과 다를 바 없어서 재심제도의 취지에 반하게 된다.

따라서 특별사면으로 형 선고의 효력이 상실된 유죄의 확정판결도 법 420조의 '유죄의 확정판결'에 해당하여 재심청구의 대상이 될 수 있다.

면소판결 사유인 법 326조 2호의 '사면이 있는 때'에서 말하는 '사면'이란 일반사면을 의미할 뿐, 형을 선고받아 확정된 자를 상대로 이루어지는 특별사면은 여기에 해당하지 않으므로, 재심대상판결 확정 후에 형 선고의 효력을 상실케 하는 특별사면이 있었다고 하더라도, 재심개시결정이 확정되어 재심심판절차를 진행하는 법원은 그 심급에 따라 다시 심판하여 실체에 관한 유·무죄 등의 판단을 하여야 하고, 특별사면이 있음을 들어 면소판결을 하여서는 아니 된다.[49]

2. 재심절차에서 적용할 법률

재심이 개시된 사건에서 범죄사실에 대하여 적용하여야 할 법령은 재심판결 당시의 법령이다.[50]

3. 형의 폐지와 법령의 위헌무효

재심판결에서 적용하여야 할 유신헌법 53조에 기한 대통령긴급조치 제4호가 폐지되었으므로 갑에 대해서는 면소판결을 선고하는 것이 원칙이다(법 326조 4호). 그러나 법원은, 형벌에 관한 법령이 헌법재판소의 위헌결정으로 인하여 소급하여 그 효력을 상실하였거나 법원에서 위헌·무효로 선언된 경우, 당해 법령을 적용하여 공소가 제기된 피고사건에 대하여 같은 법 325조에 따라 무죄를 선고하여야 한다. 나아가 형벌에 관한 법령이 재심판결 당시 폐지되었다 하더라도 그 '폐지'가 당초부터 헌법에 위배되어 효력이 없는 법령에 대한 것이었다면 같은 법 325조 전단이 규정하는 '범죄로 되지 아니한 때'의 무죄사유에 해당하는 것이지, 같은 법 326조 4호의 면소사유에 해당한다고 할 수 없다.[51]

'유신헌법' 53조에 기한 대통령긴급조치 제4호는 그 발동 요건을 갖추지 못한 채 목적상 한계를 벗어나 민주주의의 본질적 요소인 표현의 자유를 침해하고, 영장주의에 위배되며, 법관에 의한 재판을 받을 권리와 학문의 자유 및 대학의 자율성 등 헌법상 보장된 국민의 기본권을 침해하는 것이므로, 그것이 폐지되기 이전부터 유신헌법은 물론 현행 헌법에 비추어 보더라도 위헌·무효이다.[52]

4. 결론

유신헌법' 53조에 기한 대통령긴급조치 제4호는 그것이 폐지되기 이전부터 유신헌법은 물론 현행 헌법에 비추어 보더라도 위헌·무효이므로 갑에 대해서는 무죄를 선고하여야 한다.

---

49) 대판 2015. 5. 21. 2011도1932 전합.
50) 대판 2010. 12. 16. 2010도5986.
51) 대판 2010. 12. 16. 2010도5986.
52) 대판 2013. 5. 16. 2011도2631 전합.

Ⅱ. 시험용 형사기록의 이해

01. 기록의 구성

앞 부분은 공판기록이고, 뒷 부분은 증거기록임

가. 공판기록

(1) 표지

(2) 목록

(3) 증거목록

① 검사가 신청한 증거서류 등

② 검사가 신청한 증인 등

③ 피고인(변호인)이 신청한 증거서류 등

④ 피고인(변호인)이 신청한 증인 등

(4) 공소장 및 공소장 첨부서류(공소장일본주의 관련) - 체포, 구속, 변호인 선임계, 수용증명

(5) 의견서(임의적 제출) - 공판기일을 열기 전에 당사자로부터 사건 전반에 관한 의견을 들어 쟁점 정리 및 심리계획 수립에 참조

(6) 공판조서

제1회 공판기일: 진술거부권 고지 → 인정신문 → 주소변경신고고지 → 검사의 기소요지 진술 → 피고인의 공소사실 인부 → 검사의 증거신청(증거목록[1]) → 피고인측 증거의견(증거목록에 ○, × 표시) → 피고인 증거신청 → 검사의 증거의견(증거목록에 ○, × 표시)[2] → (증거서류 등에 대한) 증거결정 → 증거조사 → 증거조사에 대한 의견

제2회 이후의 공판기일: 증거조사(증인신문, 압수물 검증 등, '피고인신문' 또는 '변론절차분리 후 피고인에 대한 증인신문') → 증거조사에 대한 의견 → 의견진술(검사의 논고 등) → 변론종결 → 선고

기본되는 공판조서에는 공판기일에 행해진 여러 가지 사항을 기재하며, 피고인신문 내용은

---

1) 증거목록은 수사기록을 그대로 증거로 제출하는 경우(자백사건, 구약식사건 등이 이에 해당)에는 수사기록목록과 일치하지만(이 때는 작성하거나 제출한 시간적 순서에 따라 편철됨), 증거기록분리제출제도에 따라 수사기록의 일부만을 증거로 신청하는 경우에는 증거신청 순서가 수사기록의 목록과 일치하지 않고, 특히 검사가 수집한 증거를 사경이 수집한 증거의 앞부분에 위치시키는 경우가 있음.

2) 일부 판례는 피고인이 신청한 증거는 증거능력을 구비할 필요 없이 증거로 사용할 수 있다고 한다. 전문법칙에 의해 증거능력이 없는 증거도 탄핵증거로는 사용가능하며, 이는 통상 피고인의 무죄주장에 부합하는 형태로 사용된다. 사법연수원, 형사증거법 및 사실인정론, 2018, 220면.

기본되는 공판조서에, 증인 등에 대한 신문 내용은 별지에 기재한다.

나. 증거기록

수사기록 중 검사가 증거로 신청하려고 한 증거를 선별하여 별도로 만든 것이 증거기록임(공소장일본주의와 관련하여 증거기록 중 증거능력이 인정된 것만 법원에 제출되는 것이 실무이지만, 시험기록에서는 증거능력이 있는 것과 없는 것 모두 증거기록에 첨부됨)

02. 기록의 검토 방법

가. 공소장

공소사실을 통해, 변론요지서(또는 검토보고서)[3]의 작성 대상이 되는 공소사실이 무엇인지를 확인하고 아울러,

- 범행종료로부터 5년 이상 도과된 범죄여서 공소시효 완성이 문제되는지,[4]
- 친고죄, 반의사불벌죄와 같이 소송조건의 존부가 문제되는지,
- 기록에 확정된 판결(약식명령)이 첨부된 경우에는 기판력으로 인한 면소판결 사유인지,[5]
- 피고인이 복수인 경우 그들 상호간에 어느 범죄가 공범관계에 해당하는지(이것은 공동피고인의 증인적격과 관련됨)를 검토한다.[6]

※ **친고죄와 반의사불벌죄**

친고죄: 비밀침해죄, 업무상비밀누설죄(형법 316~318조), 조세포탈의 조세범처벌법위반, 지식재산권법(특허, 저작권 등) 등

친족상도례: 재산범죄(강도죄와 손괴죄는 제외)에서 범인과 피해자가 친족관계이면 상대적 친고죄이고[다만, 범인과 피해자가 직계혈족, 배우자, 동거친족, 동거가족 또는 그 배우자간인 경우에는 형소법 322조의 형면제판결(면소판결이 아님)을 함], 장물죄에서도 친족상도례 적용됨

---

3) 보석허가청구서를 작성하도록 하는 경우도 드물게 있다. 변론요지서는 피고인에게 유리하게 작성하고, 검토보고서는 객관적으로 작성하는 것이지만, 시험용 기록의 특성상 변론요지서도 객관적으로 작성(즉 피고인에게 불리하더라도 정답을 기재함)하면서 피고인에게 유리한 변론을 하여야 할 것이다.

4) 형법 기타 특별법에 최대 법정형이 자격정지, 구류, 과료 또는 몰수로 되어 있는 경우는 거의 없기 때문에 범행종료 후 공소제기시까지 다음과 같이 적어도 5년이 경과되어야 공소시효 도과가 가능하다.
형소법 제249조(공소시효의 기간) ① 공소시효는 다음 기간의 경과로 완성한다.
1. 사형에 해당하는 범죄에는 25년
2. 무기징역 또는 무기금고에 해당하는 범죄에는 15년
3. 장기 10년 이상의 징역 또는 금고에 해당하는 범죄에는 10년
4. 장기 10년 미만의 징역 또는 금고에 해당하는 범죄에는 7년
5. 장기 5년 미만의 징역 또는 금고, 장기10년 이상의 자격정지 또는 벌금에 해당하는 범죄에는 5년
6. 장기 5년 이상의 자격정지에 해당하는 범죄에는 3년
7. 장기 5년 미만의 자격정지, 구류, 과료 또는 몰수에 해당하는 범죄에는 1년

5) 기판력이 미치는 객관적 범위를 정하는 기준은 기본적 사실의 동일성이다. 죄수론상 일죄(협의의 포괄일죄, 영업범, 상습범, 상상적 경합)인 경우와 범죄사실이 양립불가능한 경우에 기본적 사실의 동일성이 인정된다.

6) 총칙상의 공범 여부에 따르며, 절도범과 장물범은 공범이 아니다.

반의사불벌죄: (존속)폭행·협박(형법 260조, 283조),[7] 과실치상(형법 266조), 교특법위반(교특법 3조 2항 본문), 도교법위반(도교법 151조, 교특법 3조 2항 본문), 부수법위반[8] 등

명예에 관한 죄: 명예훼손, 출판물에 의한 명예훼손은 반의사불벌죄, 사자명예훼손, 모욕은 친고죄임(형법 312조), 정통망법위반(명예훼손)은 반의사불벌죄(정통망법 70조)

나. 제1회 공판조서

피고인의 공소사실 인부를 통해 자백하는 부분과 부인하는 부분을 명확히 파악한다.

자백하는 공소사실에 관하여: 법정 자백 자체가 증거로 되고, 법정 자백의 신빙성이 문제되는 경우는 거의 없다. 따라서 보강증거가 없거나 법률적 판단 자체로 무죄가 되는 경우를 제외하고는 무죄가 되는 경우는 상정하기 어려우므로 주로 형식재판 사유가 있는지를 검토한다.

다투는 공소사실에 관하여: 공소사실을 다투는 때에는 증거부족을 이유로 무죄의견을 개진하는 경우가 대부분이다. 따라서 다투는 공소사실에 대해서는 증거목록과 기록을 읽어가면서 증거능력 없는 증거와 신빙성이 부족한 증거를 곧바로 판단하여야 한다.

증거의 증거능력과 신빙성은 통상 피고인이 다투는 공소사실에서만 문제된다. 따라서 위와 같이 자백하는 공소사실과 다투는 공소사실을 파악하였으면, 그에 따라 증거의견이 개진되었을 것으로 짐작하고 (증거목록상의 증거의견을 읽어 볼 필요 없이) 기록을 읽어가면서, ① 증거능력이 있는 증거. ② 증거능력이 확정적으로 없는 증거, ③ 일정한 조건을 갖추면 증거능력을 가지게 되는 증거를 대충 가늠해보고 증거능력이 갖추어지는 과정에 관심을 둔다.

03. 증거목록을 보는 방법

가. 증거신청과 증거인부에 대한 공판조서의 기재

시험용 기록에서는 보통 제1회 공판기일에 검사가 증거신청하고, 피고인이 증거인부를 한다.[9]

나. 기본적인 증거인부(증거의견의 개진)의 방법

조서 등의 증거서류에 관하여 증거인부하는 방법은 실무상 상당히 다양하게 이루어지고 있고 그러한 현상이 발생하는 이유도 다양하여 일의적으로 말할 수 없다. 그러나 시험기록상 피고인은 증거인부함에 있어 자기에게 유리한 증거에 대해서는 증거로 사용할 수 있도록 하고, 자기에게 불리한 증거에 대해서는 증거로 사용할 수 없도록 하는 것이 보통이다.

증거의견은 증거목록의 증거의견란에 표시된다.[10] 증거의견란에 표시된 증거의견은 통상 피고

7) 공동폭행·협박의 폭처법위반죄(폭처법 2조 4항), 상습존속폭행죄(형법 260조 3항, 264조)는 반의사불벌죄가 아니다.

8) **부정수표단속법 제2조(부정수표 발행인의 형사책임)** ② 수표를 발행하거나 작성한 자가 수표를 발행한 후에 예금부족, 거래정지처분이나 수표계약의 해제 또는 해지로 인하여 제시기일에 지급되지 아니하게 한 경우에도 제1항과 같다. ③ 과실로 제1항과 제2항의 죄를 범한 자는 3년 이하의 금고 또는 수표금액의 5배 이하의 벌금에 처한다. ④ 제2항과 제3항의 죄는 수표를 발행하거나 작성한 자가 그 수표를 회수한 경우 또는 회수하지 못하였더라도 수표 소지인의 명시적 의사에 반하는 경우 공소를 제기할 수 없다.

9) 증거신청을 언제 하였는지는 증거목록의 신청기일에 기재되고, 피고인이 증거인부에 관한 의견을 개진한 일자는 증거의견란의 기일 부분에 기재된다.

10) 증거의견은 서면으로 작성하여 제출하는 방식이 많이 사용되지만 구두로 증거의견을 개진하는 경우도 많다.

인으로서 진술한 것이다. 이와 같이 증거의견이 개진되고 증거조사가 이루어지면 증거의견의 변경은 원칙적으로 불가능하다.[11]

다. 증거신청과 증거조사에 관한 공판조서의 기재례

판 사
  증거조사를 하겠다고 고지
증거관계 별지와 같음(검사)
판 사
  각 증거조사결과에 대한 의견을 묻고 권리를 보호함에 필요한 증거를 신청할 수 있음을 고지
피고인들 및 변호인
  각 별 의견 없다고 진술

공판조서상 검사의 기소요지 진술, 피고인과 변호인의 모두진술 다음에 위와 같은 내용이 기재되는 것이 보통이다. 위와 같은 내용의 기재는 대체로 다음과 같은 절차를 진행하였음을 의미한다.

검사의 증거신청 → 피고인의 증거의견 → 증거결정 → 증거능력이 인정된 증거에 대한 증거조사(법 291조의2부터 293조의3까지 등) → 증거조사결과에 대한 피고인의 의견(법 293조)

라. 증거능력의 판단

(1) 피고인 자신에 대한 조서(통상 피의자신문조서이지만 진술서나 진술조서의 형식일 수 있음)

- 피고인은 조서의 내용이 피고인에게 불리하면 내용 부인(사경 피신) 또는 진정성립을 부인(검사 피신)함으로써 증거로 사용될 수 없게 하고, 피고인에게 유리하면 적법성/진정성립/임의성/내용을 모두 인정하여 증거로 사용하게 한다. 그러므로 증거목록에 × 표시가 되어 있는 것은 피고인이 다투는 범죄사실에 관하여 피고인에게 불리한 진술이 기재되어 있는 것이라고 보면 된다.

  따라서 공소사실을 다투는 피고인에 대한 조서에 관하여,
- 피고인이 내용이나 진정성립을 부인하고 있으면 해당 조서에는 피고인이 공소사실을 자백하는 취지의 (피고인에게는 불리한) 진술이 기재되어 있음을 짐작할 수 있고,
- 피고인이 내용이나 진정성립 등을 인정하고 있으면 해당 조서에는 피고인이 공소사실을 부인하는 취지의 (피고인에게는 유리한) 진술이 기재되어 있거나 공소사실과 무관한 내용이 기재되어 있음을 짐작할 수 있다.
- 사경 피신에 대하여 내용 부인하면 법 312조 3항에 의하여 종국적으로 증거능력이 없다. 검사 피신에 대하여 진정성립 불인정하면 법 312조 1항에 의하여 일응 증거능력이 없으나, 나중에 영상녹화물 기타 객관적인 방법으로 진정성립을 증명하면 법 312조 2항에 의하여 증거능력을 갖추게 된다.

---

11) 대판 2004. 6. 25. 2004도2611; 대판 2008. 7. 10. 2007도7760.

(2) 공동피고인에 대한 조서

공동피고인에 대한 조서에 관하여

- 피고인이 증거동의를 하였다면 증거능력이 인정되고, 이때 해당 조서에는 피고인에게 유리한 진술이 기재되어 있을 것으로 짐작할 수 있다.
- 피고인이 증거부동의를 하였다면(해당 증거의 증거능력은 사경 작성의 공범에 대한 피신인 경우 법 312조 3항에 의하고, 그 외의 것인 경우 법 312조 4항에 의함) 해당 조서에는 피고인에게 불리한 진술이 기재되어 있을 것으로 짐작할 수 있다.
- 사경 작성의 공범에 대한 피신 이외의 조서에 관하여 피고인이 증거부동의를 한 경우 법 312조 4항에 따라 진정성립의 인정과 반대신문권의 보장 등이 필요한데, 여기서 진정성립의 인정을 공동피고인의 증인적격과 동일하게 본다. 즉 공범인 경우에는 피고인이나 증인의 지위에서 한 진정성립인정 진술이 모두 유효하지만 공범이 아닌 때에는 증인의 지위에서 한 진정성립인정 진술만 유효하다.

(3) 참고인에 대한 조서

- 피고인이 증거동의를 하였다면 증거능력이 인정되고, 이때 해당 조서에는 피고인에게 유리한 진술이 기재되어 있을 것이고,
- 피고인이 증거부동의를 하였다면 해당 조서에는 피고인에게 불리한 진술이 기재되어 있을 것이며,
- 피고인이 증거부동의를 한 경우에는 법 312조 4항에 의해 진정성립의 인정과 반대신문권의 보장 등의 요건을 갖추거나 법 314조의 진술불능의 사유가 인정되면 증거능력이 있다.

(4) 전문진술

공동피고인이나 참고인의 수사기관 진술(또는 법정 증언)이 피고인 또는 타인의 진술을 내용으로 하는 때에는 그 진술이 원본증거 내지 본래증거인지(이때는 전문증거 아님), 전문진술인지(이때는 법 316조의 요건을 갖추어야 증거능력 있음), 재전문진술인지(이때는 증거능력 없음)를 판단하여야 한다.[12)]

(5) 조서의 분류

수사기관이 피의자 갑과 참고인 을을 대질조사하여 갑에 대한 피의자신문조서에 을의 진술을 기재하였고, 그 후 갑에 대한 공소가 제기된 경우, 위 피의자신문조서에 기재된 을의 진술은 피고인 갑을 기준으로 하면 참고인 진술조서이므로 법 312조 4항에 의해 증거능력을 판단하여야 한다.

수사과정에서 작성한 진술서는 법 312조 1 내지 4항을 준용한다(동조 5항).

(6) 내용과 진정성립의 구별

내용의 인정 여부는 사경 작성의 피고인에 대한 피의자신문(공범에 대한 피의자신문도 포함

---

12) 전문진술 또는 재전문진술 여부를 판단함에 있어서는 서류로 작성되었는지 여부를 묻지 않고 오로지 사람의 진술만을 기준으로 한다. 예컨대, 사경이 갑을 상대로 을의 진술을 내용으로 하는 진술조서를 작성한 것은 전문진술이다(정확히는 전문진술이 기재된 진술조서).

하며 여기서 공범이 공동피고인인지 여부를 묻지 않음)에서만 문제되며, 내용의 인정과 진정성립의 인정은 엄격하게 구분하여야 한다.

갑이 을을 폭행하였다는 폭행죄로 기소된 사안에서,

- 수사기관 작성의 을에 대한 진술조서에 "갑이 을을 폭행하였다"라는 내용이 기재되어 있고, 증인 을이 법정에서, "위 진술조서에 적혀 있는 대로 진술한 것은 사실이지만 갑으로부터 폭행당하지는 않았다"라고 증언한 경우, 을은 위 진술조서의 실질적 진정성립을 인정하면서 다만 진술을 번복하고 있을 뿐이다.
- 사경 작성의 갑에 대한 피신에 "갑이 을을 폭행하였다"라는 내용이 기재되어 있고, 증거목록상 위 피신에 관한 갑의 증거의견으로 ○ 표시가 되어 있는 경우라면, 이후에 갑이 법정에서 을을 폭행하지 않았다고 공소사실을 다투는 경우에도, 위 피신은 증거능력이 있다는 것이 실무이다. 다만, 예외적으로 일정한 경우에 일부 판례와 학설은 증거능력이 없다고 본다.[13)]
- 검사 작성의 갑에 대한 피신에 "갑이 을을 폭행하였다"라는 내용이 기재되어 있고, 증거목록상 위 피신에 관한 갑의 증거의견으로 ○ 표시가 되어 있는 경우라면, 이후에 갑은 이 피고인신문과정에서 을을 폭행하지 않았다고 공소사실을 다투면서 위 피신의 진정성립을 부인하더라도 증거의견은 증거조사 종료 후에는 취소·철회 불가로 처리함이 원칙이다.

마. 제1회 공판기일 이후에 이루어진 증거신청

증거신청이 제1회 기일 이후에 이루어지는 때에는

- 공소제기 후의 강제수사는 원칙적으로 위법하다는 점,
- 법정에서 피고인에게 유리하게 증언한 것을 검사가 소환하여 일방적으로 번복시킨 진술조서의 증거능력이 없다는 점(증거동의시 증거능력 있으나 부동의하면 법 312조 4항의 요건을 갖추더라도 증거능력 없고, 다만 법정 증언 자체는 증거능력 있음),
- 공소제기 후의 피고인 조사는 가능하지만 피고인을 피의자 취급하여 진술거부권을 고지하여야 하는 점 등을 유의하여야 한다.

04. 변론의 대상

변론요지서의 작성은 법원이 재판할 때 공소사실을 대상으로 판단하며, 공소사실의 일부를 인정하지 않는 때에는 그에 대한 판단을 반드시 하는 것과 같은 방법으로 하여야 한다.

축소사실을 인정할 때는 인정되지 않는 부분에 관하여 이유에서 무죄 판단을 한다.[14)]

폭처법상의 공동폭행으로 기소되었으나 단독 폭행인 것으로 인정되면 ① 폭처법상 공동폭행의 점은

---

13) 공소사실이 최초로 심리된 제1심 제4회 공판기일부터 피고인이 공소사실을 일관되게 부인하여 경찰 작성 피의자신문조서의 진술 내용을 인정하지 않는 경우, 제1심 제4회 공판기일에 피고인이 위 서증의 내용을 인정한 것으로 공판조서에 기재된 것은 착오 기재 등으로 보아 위 피의자신문조서의 증거능력을 부정하여야 한다(대판 2010. 6. 24. 2010도5040).

피고인이 제1심 법정 이래 공소사실을 계속 부인하는 경우, 증거목록에 피고인이 경찰 작성의 피의자신문조서의 내용을 인정한 것으로 기재되었더라도 이는 착오 기재거나 조서를 잘못 정리한 것이어서 위 피의자신문조서가 증거능력을 가지게 되는 것은 아니라고 한 사례(대판 2006. 5. 26. 2005도6271).

14) 1죄에 대해서는 하나의 주문만을 기재한다. 이를 1죄 1주문의 원칙이라 한다.

무죄, ② 축소사실의 인정, ③ 인정되는 부분에 대한 판단(유죄 및 정상관계 또는 형식재판 사유 등)의 순서로 서술한다.

공무집행 중인 공무원에 대해 소리치고 드러눕고, 공무원의 팔을 때려 공무집행을 방해하였다는 공소사실에 대해 팔을 때린 사실이 인정되지 않으면 증거부족을 이유로 무죄의 의견을 개진하고, 소리치고 드러누운 것은 위력에 해당하여 공무집행방해죄의 폭행, 협박에 해당하지 않는다는 취지를 부기하면 족하다.

교특법위반에서 교특법 3조 2항의 신호위반, 중앙선침범, 음주운전, 무면허운전 등 소송조건이 인정되지 않아 공소기각판결을 하여야 할 경우, 이 부분이 일부 무죄가 되는 것은 아니지만 인정되지 않는 이유를 설시하여야 한다.

05. 형식재판

형식재판을 하는 때에는 공소사실의 요지를 다시 기재하지 않는다.[15] 형식재판 우선의 원칙이 적용되므로 공소사실이 인정되는 근거 역시 기재하지 않는다.

가. 기록에 판결이 존재하는 경우

- 판결이 확정된 경우, 확정 판결의 범죄와 재판 계속 중인 범죄(판결 확정 전의 것)가 동종의 범죄이면 기판력의 문제(단순범죄로 처벌받고 현재 상습범죄로 기소된 때에는 기판력이 미치지 않음), 동종의 범죄가 아니면 형법 37조 후단 경합범으로 처리한다.
- 판결이 미확정이면 이중기소 및 공소장변경(포괄일죄의 이중기소)의 문제로 처리한다.

나. 친고죄나 반의사불벌죄에서의 유의사상

(1) 적법한 고소 - 피해자, 법정대리인 기타의 고소권자가 범인을 안 날로부터 6개월 이내에 한 고소가 수사기관에 도달해야 한다.

(2) 고소불가분의 원칙 - 상대적 친고죄에서 신분관계 없는 자와 고발을 소추조건으로 하는 친고죄에서는 적용되지 않는다.

(3) 고소취소 - 적법한 고소권자가 한 고소취소의 의사표시가 수사기관에(공소제기 후에는 법원에) 도달해야 한다. 피해자와 법정대리인이 모두 고소한 경우에는, 법정대리인의 고소권이 고유권이므로 모두 고소취소해야 소극적 소송조건으로 기능한다.

06. 증거부족으로 무죄 의견을 개진하는 방법

가. 피고인의 주장

공소사실이 존재하고 이에 대해 피고인의 주장이 제기됨으로써 쟁점이 드러나고, 향후의 의견개진이 위 쟁점에 관하여 이루어짐을 알 수 있게 한다. 다음은 주장을 개진하는 예이다.

- 피고인은 (수사기관 이래) 폭행사실을 부인하고 있습니다.
- 피고인은 공소사실 기재 일시 장소에서 피고인을 만난 것은 사실이나 때리지 않았다고 주장합니다.

---

15) 다시 기재하는 예들이 많으나 불필요하다.

- 피고인은 공소사실 기재와 같이 피해자를 때린 것은 사실이나 그로 인하여 피해자가 상해를 입은 것은 아니라고 주장합니다.
- 피고인이 공소사실 기재와 같이 피해자를 때려 상해를 가한 것은 사실이나 이는 정당행위(또는 정당방위)에 해당합니다.

나. 피고인의 주장에 부합하는 증거

다. 공소사실에 부합하는 증거

(1) 증거능력이 없는 증거 - 증거능력이 없는 이유를 각각 판단한다.

(2) 증거능력은 있으나 공소사실을 인정하기에 부족한 증거에 관하여 신빙성이 부족한 이유를 언급한다. 여기서 증거능력이 인정되는 이유는 설명하지 않는 것이 원칙이다.[16)]

신빙성 부족의 사유는 다음과 같은 것들을 망라하여 언급할 필요가 있다.

- 진술의 번복 또는 모순 (신빙성 판단에서 가장 중요한 부분임)
  (예컨대 사경에게는 …라고, 검사에게는 …라고, 법정에서는 …라고 각각 진술하여 그 진술이 번복되거나 모순된다고 기재한다)
- 기억의 불완전(오래 전의 일, 취중에 경험한 일, 어두운 곳이나 먼 곳에서 목격)
- 이해관계로 인하여 의도적 허위진술의 가능성(피고인과 친족관계, 직장 선후배 관계, 원한 관계 등)
- 경험칙이나 상식에 반함
- 기타

라. 결론

이 사건 공소사실은 합리적인 의심이 없는 정도로 입증되었다고 볼 수 없어 형소법 325조 후단에 의하여 무죄를 선고하여 주시기 바랍니다.

마. 법 325조 전단 무죄와 후단 무죄의 구별

법 325조 전단 무죄는 '피고사건이 범죄로 되지 아니하는 때'를 말하고, 법 325조 후단 무죄는 '범죄사실의 증명이 없는 때'를 말한다. '피고사건이 범죄로 되지 아니하는 때'는 공소사실이 범죄를 구성하지 아니하는 경우 또는 법 323조 2항의 법률상 범죄의 성립을 조각하는 이유가 있다고 인정되는 경우를 말한다. '범죄사실의 증명이 없는 때'는 합리적인 의심의 여지가 없을 정도로 심증이 형성되지 아니한 경우를 말하며 보강증거가 없는 경우, 증거능력 있는 증거가 없는 경우, 보강증거나 증거능력 있는 증거는 있지만 신빙성이 부족한 경우로 대별할 수 있다.

---

16) 다만, 피해자에 대한 진술조서에 관하여 피해자가 법정에 출석하여 진정성립을 인정하지는 않았으나 피해자가 진술불능이어서 법 314조에 의해 증거능력이 부여되는 경우 등과 같은 이례적인 경우에는 증거능력이 인정되는 이유를 간단히 설시할 필요가 있을 수도 있다.

Ⅲ-Ⅰ. 증거능력 판단(3가지 유형) 문제

문제 01. 피고인이 1명인 경우

<table>
<tr><th colspan="9">증 거 목 록
신청인 검사 000</th></tr>
<tr><th rowspan="2">순번</th><th rowspan="2">작성</th><th rowspan="2">증거명칭</th><th rowspan="2">증거의 내용</th><th rowspan="2">성명</th><th rowspan="2">신청 기일</th><th colspan="3">증거의견</th></tr>
<tr><th>기일</th><th colspan="2">내용</th></tr>
<tr><td>1</td><td>사경</td><td>고소장</td><td>김갑동이 고소인을 째려보기에 왜 그러느냐고 따졌더니, '너 이 개새끼 죽여버려'라고 말하면서 발로 고소인의 정강이를 5회 차고, 주먹으로 고소인의 얼굴을 3회 침 (자필로 작성되고 서명날인됨)</td><td>이을남</td><td>1</td><td>1</td><td colspan="2">×</td></tr>
<tr><td>2</td><td>사경</td><td>진술조서</td><td>고소장 기재와 같음</td><td>이을남</td><td>1</td><td>1</td><td colspan="2">×</td></tr>
<tr><td>3</td><td>사경</td><td>피의자 신문조서</td><td>이을남을 발로 차고 주먹으로 때려 얼굴이 찢어지게 함</td><td>김갑동</td><td>1</td><td>1</td><td colspan="2">○/○/○/×</td></tr>
<tr><td>4</td><td>사경</td><td>상해진단서 (이을남)</td><td>상해의 원인: 김갑동에 의해 정강이와 얼굴을 구타당함 (환자의 진술에 의함)
상해의 부위와 내용: 안면부열상, 정강이좌상 등
치료기간: 3주</td><td>명진료</td><td>1</td><td>1</td><td colspan="2">×</td></tr>
<tr><td>5</td><td>검사</td><td>피의자 신문조서</td><td>이을남을 향해 발길질을 하고, 주먹질을 하였으나 이을남이 피하여 구타하지는 못함</td><td>김갑동</td><td>1</td><td>1</td><td colspan="2">×</td></tr>
<tr><td rowspan="2">6</td><td rowspan="2">검사</td><td rowspan="2">피의자 신문조서</td><td rowspan="2">김갑동 진술: 이을남을 향해 발길질을 하고, 주먹질을 하였으나 이을남이 피하여 구타하지는 못함
이을남 진술: 김갑동에 의해 정강이를 5회, 얼굴을 3회 구타당함</td><td rowspan="2">김갑동 (이을남과 대질)</td><td rowspan="2">1</td><td rowspan="2">1</td><td>피고인 진술 부분</td><td>○/×/○</td></tr>
<tr><td>이을남 진술 부분</td><td>×</td></tr>
</table>

Ⅰ. 공소사실

피고인은 발로 피해자 이을남의 정강이를 5회 차고, 주먹으로 피해자의 얼굴을 3회 쳐 피해자에게 전치 3주의 안면부열상 등을 가함

Ⅱ. 공판조서 중 공소사실 인정 여부에 관한 피고인의 진술

피해자가 피고인을 때리려고 달려들기에 피하기만 하였을 뿐 피해자를 때리지 않았고, 피해자의 상처는 경찰관이 출동하기 전에 피해자가 다툼 현장에서 자해한 것이라고 진술

Ⅲ. 공판조서 중 피해자에 대한 증인신문조서

검사

문 피고인으로부터 어떻게 구타당하였나요.

답 피고인이 저를 째려보기에 왜 그러느냐고 따졌더니, '너 이 개새끼 죽여버려'라고 말하면서 발로 제 정강이를 5회 차고, 주먹으로 제 얼굴을 3회 쳤습니다.

문 증거목록 1번의 고소장, 2번의 진술조서, 6번의 피의자신문조서를 증인에게 각 제시한 다음, 사실대로 작성되었나요.

답 고소장은 제가 작성한 내용이 맞고, 진술조서와 피의자신문조서에는 제가 말한 그대로 적혀 있으며 서명날인도 제가 한 것이 맞습니다.

피고인의 변호인

문 피고인에 대한 처벌을 원하는가요.

답 지난 주에 피고인의 아버지 김병만이 찾아와 '피고인이 저를 때리는 것을 옆에서 다 보았는데, 그러한 구타에 대해 미안하다고 사과하였고, 합의금도 받았기 때문에 처벌을 원하지는 않습니다.

Ⅳ. 공판조서 중 피고인신문

검사

문 피해자를 때리지 않았나요.

답 피해자가 피고인을 때리려고 달려들기에 피하기만 하였을 뿐 피해자를 때리지는 않았습니다.

증거목록 5번과 6번의 각 피의자신문조서를 제시한 다음,

문 위 피의자신문조서에는 피고인이 피해자를 향해 발길질을 하고, 주먹질을 하였으나 피해자가 피하여 실제 구타를 하지는 못하였다고 진술한 것으로 되어 있는데, 왜 지금은 발길질하거나 주먹질한 사실조차 부인하는가요.

답 검찰에서 그와 같이 진술했고, 진술한 대로 피의자신문조서에 기재되어 있는 것은 사실인데 … 제가 그 때는 기억을 잘못했습니다. 지금 생각해보니 제가 피해자를 구타하려고 했던 적조차 없고 저는 다만 피해자가 저를 때리려는 것을 피하였을 뿐입니다.

Ⅴ. 증인소환장

증인 명진료에 대한 증인소환장은 이사불명으로 반송됨

Ⅵ. 문제

피고인의 상해죄에 관하여

- 검사가 신청한 증거의 증거능력은?
- 피해자가 한 법정 증언의 증거능력은?

문제 02. 공범인 공동피고인이 2명인 경우

증 거 목 록

① 피고인 김갑동
② 피고인 박병서
신청인 검사 000

순번	작성	증거명칭	증거의 내용	성명	신청 기일	증거의견	
						기일	내용
1	사경	고소장	피의자 김갑동은 발로 피해자 이을남의 정강이를 5회 차고, 피의자 박병서는 주먹으로 피해자의 얼굴을 3회 쳐 피해자가 전치 3주의 안면부열상 등을 입음 (자필로 작성되고 서명날인됨)	이을남	1	1	① ○ ② ×
2	사경	진술조서	고소장 기재와 같음.	이을남	1	1	① ○ ② ×
3	사경	피의자 신문조서	피의자 김갑동은 발로 피해자 이을남의 정강이를 5회 차고, 피의자 박병서는 주먹으로 피해자의 얼굴을 3회 쳤다.	김갑동	1	1	① ○ ② ×
4	사경	피의자 신문조서	피의자 김갑동은 발로 피해자 이을남의 정강이를 5회 차고, 피의자 박병서는 주먹으로 피해자의 얼굴을 3회 쳤다.	박병서			① ○ ② ×
5	사경	상해진단서 (이을남)	상해의 원인: 김갑동, 박병서에 의해 정강이와 얼굴을 구타당함(환자의 진술에 의함) 상해의 부위와 내용: 안면부열상, 정강이좌상 등 치료기간: 3주	명진료	1	1	① ○ ② ×
6	검사	피의자 신문조서	피의자 김갑동은 발로 피해자 이을남의 정강이를 5회 차고, 피의자 박병서는 주먹으로 피해자의 얼굴을 3회 쳤다.	김갑동	1	1	① ○ ② ×
7	검사	피의자 신문조서	피의자 김갑동은 발로 피해자 이을남의 정강이를 5회 찼을 뿐 피해자의 얼굴을 친 것은 아니고, 피의자 박병서는 피해자의 얼굴을 1회 밀었을 뿐이다.	박병서	1	1	① ×

Ⅰ. 공소사실

피고인 김갑동은 발로 피해자 이을남의 정강이를 5회 차고, 피고인 박병서는 주먹으로 피해자의 얼굴을 3회 쳐 피해자에게 전치 3주의 안면부열상 등을 입게 하였다. 이로써 피고인들은 공동하여 피해자에게 상해를 가함

Ⅱ. 공판조서 중 공소사실 인정 여부에 관한 피고인들의 진술 등

피고인 김갑동: 발로 피해자의 정강이를 발로 5회 찬 사실을 인정한다고 진술
피고인 박병서: 피고인 김갑동이 피해자의 정강이를 발로 차고 피해자의 얼굴을 주먹으로 쳐서 이를 말렸을 뿐 피해자를 구타한 사실은 없다고 진술

증거목록 7번의 피의자신문조서의 증거의견에 관한 재판장의 질문에 대해
피고인 박병서: 진술을 거부한다고 진술

Ⅲ. 공판조서 중 피해자에 대한 증인신문조서

검사

문 피고인들로부터 어떻게 구타당하였나요.

답 피고인 김갑동이 저를 째려보기에 왜 그러느냐고 따졌더니, '너 이 개새끼 죽여버려'라고 말하면서 발로 제 정강이를 5회 차고, 피고인 박병서도 이에 가세하여 주먹으로 제 얼굴을 3회 쳤습니다.

문 증거목록 1번의 고소장과 2번의 진술조서를 증인에게 제시한 다음, 사실대로 작성되었나요.

답 고소장은 제가 자필로 작성하였고 서명날인도 제가 한 것이 맞으며, 진술조서에는 제가 말한 그대로 적혀 있으며 서명날인도 제가 한 것이 맞습니다.

피고인 박병서의 변호인

문 피고인 박병서는 피고인 김갑동과 증인 사이의 다툼을 말리기만 하였을 뿐이라는데 어떤가요.

답 피고인 김갑동에게 발로 정강이를 여러 차례 차이고 아파서 정신이 없는 사이에 누군가에게 주먹으로 얼굴을 3회 맞았는데 그 때 고개를 들어보니 누군가가 '너 몇 대를 더 맞아야 정신 차릴래'라고 하였고, 박병서가 저를 뒤로 밀기에 주먹으로 제 얼굴을 때린 사람이 박병서로 짐작하였습니다.

Ⅳ. 공판조서 중 증인 명진료에 대한 증인신문조서

적법하게 증인신문이 이루어졌고, 상해진단서의 진정성립 및 서명날인을 인정하고, 및 피고인 박병서에게 반대신문의 기회가 부여됨

Ⅴ. 공판조서 중 증인 최참여에 대한 증인신문조서

검사가 피고인 박병서에 대해 증거목록 7번 피의자신문조서 기재와 같이 피의자신문을 할 때 입회한 최참여는, "위 피의자신문조서는 박병서가 진술한대로 기재되었고, 서명날인 기타 적법절차가 준수되었으며, 박병서가 '피의자 김갑동은 발로 피해자 이을남의 정강이를 5회 찼을 뿐 피해자의 얼굴을 친 것은 아니고, 피의자 박병서는 피해자의 얼굴을 1회 밀었을 뿐이라고 진술하였다'라고 증언하였으며, 피고인 박병서에게 반대신문의 기회가 부여됨

Ⅵ. 공판조서 중 피고인 김갑동에 대한 피고인신문

검사

문　피해자를 어떻게 때렸나요.

답　저는 발로 피해자 이을남의 정강이를 5회 차고, 피고인 박병서는 주먹으로 피해자의 얼굴을 3회 쳤습니다.

피고인 박병서의 변호인

문　피고인 박병서는 피고인과 피해자의 다툼을 말리기만 하였을 뿐이라는데 어떤가요.

문　아닙니다. 피고인 박병서가 주먹으로 피해자의 얼굴을 3회 때린 것은 사실입니다.

Ⅶ. 문제

피고인 박병서의 폭력행위등처벌에관한법률위반(공동상해)에 관하여

- 검사가 신청한 증거의 증거능력은?
- 증인 최참여와 피고인 김갑동이 한 법정 진술의 증거능력은?

문제 03. 공범 아닌 공동피고인이 2명인 경우

증 거 목 록

① 피고인 김갑동
② 피고인 이을남
신청인 검사 000

순번	작성	증거명칭	증거의 내용	성명	신청 기일	증거의견 기일	증거의견 내용
1	사경	고소장	고소인 김갑동이 이을남의 돈 100만 원을 횡령하지 않았는데, 이을남이 고소인에게 횡령한 돈을 5배로 갚지 않으면, 조직폭력배를 동원하여 병신을 만들어주겠다는 내용의 문자메시지를 보내왔으니 공갈죄로 처벌해 달라. (자필로 작성되고 서명날인됨)	김갑동	1	1	① ○ ② ×
2	사경	진술조서	고소장 기재와 같음	김갑동	1	1	① ○ ② ×
3	사경	피의자 신문조서	김갑동에게 100만 원을 주면서 박병서에게 전달해 달라고 부탁했는데, 김갑동이가 그 돈을 유흥주점에서 사용했기에, "횡령한 돈을 5배로 갚지 않으면 조직폭력배를 동원하여 병신을 만들어주겠다"라는 내용의 문자메시지를 보냈다.	이을남	1	1	① × ② ○
4	사경	피의자 신문조서	이을남으로부터 박병서에게 전달해 달라는 부탁과 함께 현금 100만 원을 건네받아 보관하던 중 유흥주점에서 모두 사용했다. (김갑동이 이을남의 돈을 횡령한 사실이 확인되자, 사경이 김갑동의 횡령 범행을 인지하면서 김갑동을 상대로 횡령죄에 관하여 신문함)	김갑동	1	1	① × ② ○
5	검사	피의자 신문조서	사경 작성의 이을남에 대한 피의자신문조서와 같은 내용임	이을남	1	1	① × ② ○
6	검사	피의자 신문조서	이을남으로부터 박병서에게 전달해 달라는 부탁과 함께 현금 100만 원을 건네받아 보관하던 중 이을남의 동의를 받아 유흥주점에서 사용했다.	김갑동	1	1	① × ② ×

Ⅰ. 공소사실

1. 피고인 김갑동의 횡령

공동피고인인 피해자 이을남으로부터 공소외 박병서에게 전달해달라는 부탁과 함께 현금 100만 원을 교부받아 피해자를 위하여 보관하던 중 유흥주점에서 임의 소비하여 이를 횡령

2. 피고인 이을남의 공갈미수
공동피고인인 피해자 김갑동으로부터 500만 원을 갈취할 목적으로, 휴대전화기를 이용하여 "횡령한 내 돈 100만 원을 5배로 갚지 않으면, 조직폭력배를 동원하여 병신을 만들어주겠다"라는 내용의 문자메시지를 작성한 다음 피해자의 휴대전화기로 전송하여 피해자로 하여금 읽어보게 하였으나, 피해자가 수사기관에 신고하는 바람에 그 뜻을 이루지 못하고 미수에 그침

Ⅱ. 공판조서 중 공소사실 인정 여부에 관한 피고인들의 진술

피고인 김갑동: 유흥주점에서 유흥비를 지출한 것은 맞지만 피고인의 돈을 사용하였을 뿐 이을남의 돈을 사용하여 횡령한 것은 아니라고 진술

피고인 이을남: 김갑동이 피고인의 돈 100만 원을 횡령하였기에 그 돈의 5배를 변제하라는 내용의 문자메시지를 보낸 것이라고 진술

Ⅲ. 공판조서 중 피고인들에 대한 피고인신문

검사
피고인 김갑동에게

문 유흥주점에서 사용한 돈은 누구의 것인가요.

답 피고인이 유흥주점에서 유흥비를 소비한 것은 맞지만 피고인 자신의 돈을 사용하였을 뿐 이을남이 박병서에게 전달해달라고 맡긴 돈을 사용한 것은 아니며, 이을남이 박병서에게 돈을 전달해달라고 심부름을 시킨 사실은 없습니다.

피고인 이을남에게

문 김갑동에게 100만 원을 주면서 박병서에게 전달해달라고 부탁한 일이 있나요.

답 그렇습니다. 김갑동에게 현금 100만 원을 주면서 박병서에게 전달해 달라고 부탁했는데, 김갑동이가 그 돈을 유흥주점에서 사용했기에, "횡령한 돈을 5배로 갚지 않으면 조직폭력배를 동원하여 병신을 만들어주겠다"라는 내용의 문자메시지를 김갑동에게 보냈더니 김갑동이가 경찰에게 이를 신고하여 피고인이 조사를 받게 되었습니다.

피고인 김갑동의 변호인
피고인 이을남에게

문 김갑동 피고인은 박병서에게 돈을 전달해달라는 부탁을 받지 않았다고 하는데 어떤가요.

답 제가 바빠서 박병서에게 전달해달라고 김갑동 피고인에게 부탁한 것은 사실입니다.

Ⅳ. 문제

피고인 김갑동의 횡령죄에 관하여
- 검사가 신청한 증거의 증거능력은?
- 피고인 이을남이 한 법정 진술의 증거능력은?

Ⅲ-Ⅱ. 증거능력 판단(3가지 유형) 해설

문제 01. 피고인이 1명인 경우 해설

1. 증거서류의 증거능력

순번	작성	증거명칭	증거능력의 요건	증거능력 판단
1	사경	고소장	법 313조 (피고인 아닌 자의 진술서)	진술자가 진정성립 인정하고 자필 기재 등으로 증거능력 있음
2	사경	진술조서	법 312조 4항	진술자가 진정성립 인정 및 반대신문기회 부여로 증거능력 있음
3	사경	피의자 신문조서	법 312조 3항	피고인이 내용부인하므로 증거능력 없음
4	사경	상해진단서	법 313조 1항 (피고인 아닌 자의 진술서)[1]	진술자가 진정성립을 인정한 바 없고, 증인소환장이 이사불명으로 송달되지 아니한 사실만으로는 법 314조의 진술불능이라고 볼 수 없으므로 증거능력 없음
5	검사	피의자 신문조서	법 312조 1, 2항	피고인이 실질적 진정성립을 부인하고, 영상녹화물 등의 객관적인 방법으로 실질적 진정성립이 증명되지도 아니하였으므로 증거능력 없음 피고인이 증거의견으로 실질적 진정성립을 부인한 이상 피고인신문과정에서 피고인으로서 실질적 진정성립을 인정하는 취지의 진술을 하였더라도 이로써 진정성립을 인정한 것으로 볼 수는 없음[2]
6	검사	피의자 신문조서	피고인 진술 부분: 법 312조 1, 2항 피해자 진술 부분: 법 312조 4항	피고인 진술 부분: 위와 같음 피해자 진술 부분: 진술자가 진정성립 인정하고 반대신문의 기회가 부여되어 증거능력 있음

2. 피해자가 한 법정 증언의 증거능력

'피해자의 법정 증언 중 김병만의 진술을 내용으로 하는 부분'은 피고인 아닌 피해자의 진술이 피고인 아닌 김병만의 진술을 내용으로 하므로 법 316조 2항에 의해 원진술자인 김병만이 진술불능이어야 그 증거능력을 인정할 수 있는데, 김병만이 진술불능이라는 점이 증명되지 아니하여 증거능력 없음

---

1) 사인인 의사가 작성한 진단서는 법 313조 1항에 의한다(대판 1960. 9. 14. 4293형상247).

2) 대판 2008. 10. 23. 2008도2826.

문제 02. 공범인 공동피고인이 2명인 경우 해설

1. 증거서류의 증거능력

순번	작성	증거명칭	증거능력의 요건	증거능력 판단
1	사경	고소장	법 313조 1항(피고인 아닌 자의 진술서)	진술자가 진정성립 인정하고 자필 기재 등으로 증거능력 있음
2	사경	진술조서	법 312조 4항	진술자가 진정성립 인정 및 반대신문기회 부여로 증거능력 있음
3	사경	피의자 신문조서	법 312조 3항	사경 작성의 공범에 대한 피의자신문조서에 대해 피고인이 내용부인의 취지로 증거부동의하므로 증거능력 없음
4	사경	피의자 신문조서	법 312조 4항	피고인이 내용부인하므로 증거능력 없음
5	사경	상해진단서	법 313조 (피고인 아닌 자의 진술서)	진술자가 진정성립 인정하여 증거능력 있음 다만, 상해의 원인 부분은, 피고인 아닌 명진료의 진술이 피고인 아닌 이을남의 진술을 내용으로 하는데, 이을남이 법정에 출석하여 소재불명이 아니므로 법 316조 2항의 요건을 갖추지 못하여 증거능력 없음
6	검사	피의자 신문조서	법 312조 4항	원진술자인 피고인 김갑동이 진정성립을 인정하고(증거의견 부분에서 피고인으로서 진정성립 인정함) 반대신문의 기회가 부여되었으므로 증거능력 있음
7	검사	피의자 신문조서	법 312조 1, 2항	피고인이 진정성립을 인정한 바 없고, 진정성립 여부를 묻는 질문에 대하여 정당하게 진술거부권을 행사하였으므로 법 314조의 진술불능을 인정할 수 없어 증거능력 없음 피고인을 피의자로 조사하는데 참여하였던 조사관 등은 '영상녹화물이나 그 밖의 객관적인 방법'이라고 볼 수 없어, 조사관의 증언에 의해 실질적 진정성립을 인정할 수도 없음[3]

2. 법정 진술의 증거능력

가. 증인 최참여

최참여의 증언 중 '박병서의 진술을 내용으로 하는 부분'은 조사자(피고인 아닌 자)의 진술이 피고인의 진술을 내용으로 하는 때에 해당하므로 법 316조 1항의 요건을 구비하면 증거능력 있음

나. 피고인 김갑동

피고인 김갑동의 법정 진술은 박병서에 대해 공범인 공동피고인으로서의 진술이므로 증거능력 있음

---

3) 대판 2016. 2. 18. 2015도16586.

문제 03. 공범 아닌 공동피고인이 2명인 경우 해설

1. 증거서류의 증거능력

순번	작성	증거명칭	피고인 김갑동의 횡령범행에 관한 증거능력의 요건 및 증거능력의 판단
1	사경	고소장	법 313조 (피고인 아닌 자의 진술서) 김갑동이 진정성립 인정 등 하여 증거능력 있음
2	사경	진술조서	법 312조 4항[4] 김갑동이 진정성립을 인정하는 등으로 증거능력이 있다고 보아야 함
3	사경	피의자 신문조서	법 312조 4항 공범 아닌 공동피고인 이을남이 증인으로서 진정성립을 인정한 바 없어 증거능력 없음
4	사경	피의자 신문조서	법 312조 3항 피고인이 내용부인하므로 증거능력 없음
5	검사	피의자 신문서조	법 312조 4항 공범 아닌 공동피고인 이을남이 증인으로서 진정성립을 인정한 바 없어 증거능력 없음
6	검사	피의자 신문조서	법 312조 1, 2항 피고인이 진정성립을 부인하여 증거능력 없음

2. 피고인 이을남이 한 법정 진술의 증거능력
   피고인 김갑동의 범행에 관하여 증인의 지위에 있는 피고인 이을남이 피고인으로서 한 진술은 피고인 김갑동의 범행에 관하여 증거능력 없음

4) 사법연수원, 형사증거법 및 사실인정론, 2018, 123면.

Ⅳ-Ⅰ. 공소기각 기재례 문제

문제 01. 축소사실의 인정, 친고죄

공소사실

1. 강도

피고인 이을남은 2012. 5. 20. 갑동주식회사 사무실에서 피해자 김갑동에게 "신용카드를 주지 않으면 회사 토지를 마음대로 처분한 것을 경찰에 알려 콩밥을 먹게 하겠다. 내게는 힘 좀 쓰는 동생들도 있다."라고 협박하여 피해자의 반항을 억압하고 피해자로부터 피해자 명의의 신용카드 1장을 빼앗아 강취하였다.

2. 절도, 여신전문금융업법위반

피고인 이을남은 2012. 5. 21. 서울 서초구 서초동 456-2에 있는 신한은행 현금자동지급기 코너에서 위와 같이 강취한 피해자 김갑동의 신용카드를 현금자동지급기에 투입하고, 피해자가 위 신용카드 교부시 알려준 신용카드 비밀번호와 금액을 입력하여 피해자의 예금계좌에서 현금 100만 원을 인출하였다. 이로써 피고인 이을남은 강취한 신용카드를 사용하여 피해자의 재물을 절취하였다.

기록 내용

① 고소장

서초경찰서 접수인 (6633호) 2013. 6. 3.

고소인: 김갑동
피고소인: 이을남
고소 내용: 공소사실 기재와 같음
작성일: 2013. 6. 3.
작성자: 고소인 김갑동
첨부: 신용카드 사용내역(이을남이 2012. 5. 21. 강취한 신용카드로 100만 원을 인출한 사실이 기재됨)

② 김갑동의 진술

김갑동이 "신용카드를 주지 않으면 회사 토지를 마음대로 처분한 것을 경찰에 알려 콩밥을 먹게 하겠다. 내게는 힘 좀 쓰는 동생들도 있다."라고 협박하여 신용카드를 주었더니 다음 날 위 신용카드를 이용하여 현금 100만 원을 인출해 갔다. 이을남은 사촌 동생이다.

③ 이을남의 진술

김갑동에게 건강한 동생들 이야기를 하면서, 회사 재산을 처분한 잘못을 경찰에 알릴 수 있는데 신용카드를 주면 참겠다고 말하여 신용카드를 받았다. 김갑동은 사촌 형님이다. 이을남이 사경에게 제출한 가족관계증명서에 김갑동과 이을남이 사촌지간인 사실이 기재되어 있다.

문제. 피고인 이을남에 대한 변론요지서(또는 검토보고서)를 작성하라.

문제 02. 축소사실의 인정, 반의사불벌죄

공소사실
자동차 운전 중 업무상과실로 교통사고를 내어 피해자에게 전치 5주의 상해를 입게 하고도 구호조치 없이 도주하여 특가법위반(도주치상)

사실관계
- 도주의 점이 인정되지 아니함
종합보험가입증명서가 수사기록에 편철되어 있음

문제. 변론요지서(또는 검토보고서)를 작성하라.

문제 03. 반의사불벌죄

공소사실
갑, 을, 병은 허위 사실을 적시하여 피해자 정의 명예를 훼손하기로 공모하였다. 갑, 을, 병은 함께 언제, 어디에서 사실은 .... 임에도 ...라고 허위 사실이 기재된 가로, 세로 각 1미터인 용지를 아파트 출입구에 부착하여 그곳 경비원 000 등 다수의 사람들이 읽어보게 하였다. 이로써 갑, 을, 병은 허위 사실을 적시하여 피해자의 명예를 훼손함

사실관계
- 갑, 을은 자백하고, 병은 가담 사실을 부정하며 무죄를 주장함
- 공소제기 후 법정에 증인으로 출석한 정이 갑과 을에 대한 처벌불원의사표시를 하였거나, 합의서(처벌불원서 등
- 처벌불원의사표시가 기재된 서면)을 제출함

문제. 변론요지서(또는 검토보고서)를 작성하라.

문제 04. 친족상도례

사실관계
갑(피해자의 아버지), 을(피해자의 동거하지 않는 4촌), 병(피해자의 동거하지 않는 4촌), 정(피해자와 친족관계에 있지 않음), 무(피해자와 친족관계에 있지 않음)는 합동하여 피해자의 집에서 피해자 소유의 금반지 등 시가 100만 원 상당을 들고 나와 특수절도의 죄를 범하였다. 범행 다음 날 피해자는 을만 고소하였고, 그 외의 사람들에 대해서는 고소하지 아니하였다.
갑, 을, 병, 정, 무가 특수절도죄로 공소제기되었고, 피해자는 법정에서 증언하면서 갑과 을에 대해서만 처벌을 원치 않는다는 진술을 하였다.

문제. 변론요지서(또는 검토보고서)를 작성하라.

문제 05. 반의사불벌죄

시간적인 순서에 따른 사건의 경과는 다음과 같다.

1. A 주식회사의 상무이사인 갑이 광주북부경찰서에 을을 고발하였다. 고발 내용은 을, 병, 정이 공모하여 A의 대표이사인 무에게 출판물에 의한 명예훼손죄를 범하였다는 것이다.
2. 고발장에는 을, 병, 정이 A의 주주 50명과 임원 5명에게 우편으로 발송하여 배포하였다는 '무의 횡령 내역'이라는 제목의 인쇄물과 편지봉투가 첨부되어 있다.
3. '무의 횡령 내역'은 컴퓨터 워드프로세서로 작성되고 프린트된 A4용지 7쪽 분량의 인쇄물로서, 무가 2013년부터 2015년까지 약 2년간 10회에 걸쳐 이중계약의 체결, 허위 영수증 첨부 등의 방법으로 A의 돈 1억 원을 횡령하였다는 사실이 기재되어 있다.
4. 사경과 검사 작성의 을, 병에 대한 각 피의자신문조서에는 무가 횡령한 사실은 없지만 주가조작과 경영권 탈취를 위해 허위의 내용인 '무의 횡령 내역'을 작성하여 A의 주주 50명과 임원 5명에게 우편으로 발송하여 배포하였다는 자백이 각 기재되어 있으나, 사경과 검사 작성의 정에 대한 각 피의자신문조서에는 정의 부인 진술이 기재되어 있다.
5. 갑은 검사에게 을과 병에 대한 고발을 취하한다는 고발취하서를 제출하였다.
6. 검사는 2015. 8. 5. 을, 병, 정을 출판물에 의한 명예훼손죄로 기소하였다. 공소사실은 다음과 같다.
   을, 병, 정은 공모하여 언제, 어디에서 사실은 A 주식회사의 대표이사인 무가 A의 돈을 횡령한 바 없음에도, 무를 비방할 목적으로 을과 병이 함께 컴퓨터 워드프로세서를 이용하여 "무가 2013년부터 2015년까지 약 2년간 10회에 걸쳐 이중계약의 체결, 허위 영수증 작성 등의 방법으로 A의 돈 1억 원을 횡령하였다"는 허위 내용으로 된 '무의 횡령 내역'이라는 제목의 글을 작성하여 A4용지 7쪽 분량으로 인쇄하고 그 다음 날 A의 주주 50명과 임원 5명에게 우편으로 발송하여 그 무렵 동인들이 이를 읽어보게 함으로써 출판물에 의하여 무의 명예를 훼손하였다.
7. 제1회 공판기일에 을과 병은 자백하고 정은 부인하였다.
8. 제3회 공판기일에 출석한 갑은 다음과 같이 증언하였다.
   무슨 이유에서인지 무는 을, 병, 정에 대한 처벌을 원치 않았기 때문에 상무이사인 갑이 을, 병, 정을 고발했다. 무는 현재 정과 합의하여 정에 대해서는 처벌을 원치 않는다. 무가 정에 대해서 이 사건에 관하여 민형사상 일체의 책임을 묻지 않는다는 취지의 합의서를 작성하여 인감도장을 날인하고 인감증명서를 첨부해주어 가지고 왔는데 이를 제출한다. (위 합의서는 법원에 제출되어 기록에 편철되었다)

문제. 을, 병, 정에 대해 변론하라. (피의자신문조서의 증거능력은 판단할 필요 없음)

Ⅳ-Ⅱ. 공소기각 기재례 해설

문제 01. 축소사실의 인정, 친고죄 해설

1. 강도의 점

공소사실 기재와 같이 협박을 한 것은 사회통념상 객관적으로 상대방의 반항을 억압하거나 항거불능케 할 정도의 것이라고 할 수 없어 강도죄는 성립하지 않습니다.

피고인이 김갑동에게 공소사실 기재와 같이 말하여 신용카드를 건네받은 것은 사람의 의사결정의 자유를 제한하거나 의사실행의 자유를 방해할 정도로 겁을 먹게 할 만한 해악을 고지하여 재물을 취득한 것으로 공갈죄에 해당할 것입니다. 피고인이 공소사실 기재와 같이 협박한 사실을 자백하고 있고, 공갈죄가 강도죄의 축소사실에 해당하여 법원이 공소장변경 없이 직권으로 공갈죄를 인정하더라도 피고인의 방어권행사에 실질적인 불이익은 없어 보입니다.

그런데 피고인과 김갑동은 동거하지 않는 4촌 사이이므로 본건 공갈죄는 친고죄(상대적 친고죄)에 해당합니다. 피해자인 김갑동은 피고인이 범인임을 안 2012. 5. 20.[1]로부터 고소기간인 6개월이 훨씬 지난 2013. 5. 6.에야 피고인을 고소하였으므로 위 고소는 부적법합니다. 따라서 본건은 부적법한 고소에 기하여 공소제기된 것이어서 공소제기의 절차가 법률의 규정에 위반하여 무효인 때에 해당하므로 법 327조 2호에 의하여 공소기각판결을 선고하여 주시기 바랍니다.[2]

2. 절도의 점

그런데 갈취한 신용카드를 이용하여 피해자의 승낙에 의하여 현금카드를 사용할 권한을 부여받아 이를 이용하여 현금자동지급기에서 현금을 인출한 행위는 피해자의 예금을 갈취하고자 하는 피고인의 단일하고 계속된 범의 아래에서 이루어진 일련의 행위로서 포괄하여 하나의 공갈죄를 구성하므로, 따로 절도죄가 성립하지 않습니다.[3]

본건은 범죄로 되지 않는 경우에 해당하므로 법 325조 전단에 의하여 무죄를 선고하여 주시기 바랍니다.

---

1) 공갈범행이 종료된 2012. 5. 21.(예금 인출일)을 고소기간의 기산일로 보는 것이 사실관계에 부합하지만, 검사가 공소제기한 공소사실을 기준으로 공소시효를 계산하여야 할 것이므로 신용카드를 갈취한 때를 공소시효의 기산일로 보았다.

2) 판결문 작성시 강도 부분은 이유에서 무죄 판단하고, 주문에는 공소기각만 표시한다.

3) 대판 2007. 5. 10. 2007도1375. 같은 취지로는 대판 1996. 9. 20. 95도1728.

3. 여신전문금융업법위반의 점

신용카드를 이용하여 현금지급기에서 예금을 인출하는 것은 신용카드에 장착된 현금카드의 기능을 이용한 것이어서 신용카드를 그 본래의 용법에 따라 사용하는 것은 아니므로 여전법상의 신용카드 부정사용에 해당하지 않습니다.[4]

본건은 범죄로 되지 않는 경우에 해당하므로 법 325조 전단에 의하여 무죄를 선고하여 주시기 바랍니다.

문제 02. 축소사실의 인정, 반의사불벌죄 해설

- 도주의 점은 인정되지 아니하므로 무죄
- 피고인의 방어권행사에 실질적인 불이익이 없으므로 법원이 축소사실인 교특법위반에 대해 심리·판단할 수 있음
- 본건 교특법위반죄는 종합보험에 가입되어 있는 때에는 공소를 제기할 수 없는 범죄임(교특법 4조)
- 피고인은 종합보험에 가입하였음

본건은 법 327조 2호에 의한 공소기각판결 대상임

문제 03. 반의사불벌죄 해설

- 허위사실 적시에 의한 명예훼손죄는 반의사불벌죄임(형법 312조 2항)
- 공소제기 후, 제1심판결 선고 전에 피해자가 갑과 을에 대한 처벌불원의사표시를 함
- 갑과 을에 대해서는 법 327조 6호에 의해 공소기각판결을 하여야 함
- 반의사불벌죄에 대해서는 고소, 고소취소의 불가분의 원칙이 준용되지 아니하므로 갑과 을에 대한 처벌불원의사표시는 병에 대한 처벌불원의사표시로서의 효력이 없음
- 병에 대해서는 실체 재판을 하여야 함

문제 04. 친족상도례 해설

관련 법리

1. 친족상도례(형법 344조, 328조)를 적용하여 갑은 형면제판결 대상이고, 을, 병의 특수절도죄는 상대적 친고죄, 정, 무의 특수절도죄는 비친고죄이다.
2. 고소불가분의 원칙

   피해자가 을만 고소하였더라도 고소의 주관적 불가분의 원칙에 따라 병에 대해서도 고소가 존재하는 것이 되어 을과 병에 대한 공소제기는 친고죄의 소추조건을 갖춘 적법한 것이다. 친고죄가 아닌 정과 무의 범행에 대한 공소제기는 고소가 없더라도 적법하다.
3. 공소제기 후의 고소취소는 수소법원에 대하여 한다.[5]
4. 피해자가 을에 대해 처벌불원의 의사표시를 한 것은 고소불가분의 원칙에 따라 병에 대해

4) 대판 2003. 11. 14. 2003도3977.

5) 대판 2012. 2. 23. 2011도17264.

서도 고소를 취소한 것이 된다.

상대적 친고죄에 있어서의 피해자의 고소취소는 친족관계 없는 공범자에게는 그 효력이 미치지 아니한다.[6]

변론요지서

1. 갑은 피해자와 부자간이어서 형법 344조, 328조에 의해 형면제판결 사유에 해당하므로 갑에 대해서는 법 322조에 의하여 형면제의 판결을 선고하여 주시기 바랍니다.
2. 을과 병은 피해자와 동거하지 않는 4촌 사이이므로 을과 병의 특수절도죄는 형법 344조, 328조에 의해 친고죄입니다. 피해자의 고소가 을에 대해서만 이루어졌더라도 고소불가분의 원칙에 의해 을과 병에 대한 공소제기는 적법합니다. 피해자는 법정에서 을에 대한 고소취소의 의사표시를 명백히 하였고, 공범 중 1인에 대한 고소취소는 다른 공범에 대해서도 효력이 있으므로, 을과 병의 특수절도죄는 친고죄에 관하여 공소제기 후에 고소의 취소가 있는 때에 해당하여 법 327조 5호에 의하여 공소기각판결을 선고하여 주시기 바랍니다.
3. 정과 무에 대해서는 실체판결을 선고하여 주시기 바랍니다.

문제 05. 반의사불벌죄 해설

1. 반의사불벌죄에 관하여

   출판물에 의한 명예훼손죄는 반의사불벌죄입니다(형법 309조, 312조 2항). 반의사불벌죄에 있어서는 처벌불원의사표시가 존재할 때 소극적 소송조건으로 기능할 뿐 고소가 없더라도 공소제기가 가능합니다. 따라서 이 사건에서 피해자 아닌 갑이 고발하였을 뿐 피해자인 무의 고소가 없지만 검사의 공소제기는 적법합니다. 또한 갑이 을과 병에 관하여 수사기관에 처벌불원의 의사표시를 하였지만 갑이 피해자가 아닌 이상 위와 같은 의사표시를 반의사불벌죄의 소극적 소송조건인 처벌불원의사표시라고 할 수 없어 이로 인하여 공소제기가 부적법해지는 것은 아닙니다.

2. 정에 대하여

   갑의 증언과 합의서의 기재에 의해 피해자인 무가 공소제기 이후에 정에 대해 처벌을 원치 아니하는 의사를 법원에 표시하였음을 인정할 수 있습니다. 처벌불원의사의 존부는 자유로운 증명의 대상이 된다 할 것이므로 위 합의서에 의해 처벌불원의사의 존재를 인정할 수 있습니다.[7] 또한 위 처벌불원의사표시는 제1심 판결 선고 이전에 이루어졌으므로 정에 대해서는 법 327조 6호에 의하여 공소기각의 판결을 선고하여 주시기 바랍니다.

3. 을과 병에 대하여

   고소와 고소취소의 불가분의 원칙은 반의사불벌죄에 대해 준용되지 않으므로, 을과 병에 대한 공소제기는 소송조건을 구비하고 있습니다.

---

6) 대판 1964. 12. 15. 64도481.
7) 대판 1999. 2. 9. 98도2074.

그러나 을과 병이 작성하여 배포한 인쇄물은 컴퓨터 워드프로세서로 작성되고 프린트된 A4용지 7쪽 분량의 인쇄물로서, 등록·출판된 제본 인쇄물이나 제작물도 아니고 그와 같은 정도의 효용과 기능을 가지고 사실상 출판물로 유통·통용될 수 있는 외관을 가진 인쇄물로서 높은 전파성, 신뢰성, 보존가능성 등을 가지고 사실상 유통·통용될 수 있는 출판물이라고 보기 어려워 출판물에 의한 명예훼손죄는 성립될 수 없습니다.[8] 그렇다면 이 부분 공소사실은 범죄로 되지 아니하는 경우에 해당하므로 법 325조 전단에 의하여 무죄를 선고하여 주시기 바랍니다.

[축소사실(허위사실적시에 의한 명예훼손)의 인정 여부에 관한 언급 필요함][9]

8) 대판 1998. 10. 9. 97도158; 대판 2000. 2. 11. 99도3048.
9) 대판 1997. 2. 14. 96도2234; 대판 2008. 11. 13. 2006도7915.

V-Ⅰ. 면소 기재례 문제

문제 01. 포괄일죄(영업범)

공소사실(피고인 이을남)

피고인은 2016. 8. 4.부터 2017. 5. 4.까지 광주 북구 용봉동 100에서 관할 관청에 신고를 하지 아니한 채 고향식당이라는 상호로 약 10평의 바닥 면적에 식탁 10개, 의자 40개, 주방시설 등을 갖추고 설렁탕 등을 하루 평균 15만 원 상당 판매함으로써 일반음식점 영업을 하여 식품위생법을 위반함

약식명령

범죄사실: 피고인 이을남은 2015. 12. 1.부터 2016. 8. 3.까지 광주시 북구 용봉동 100에서 관할 관청에 신고를 하지 아니한 채 고향식당이라는 상호로 약 10평의 바닥 면적에 식탁 10개, 의자 40개, 주방시설 등을 갖추고 설렁탕 등을 하루 평균 20만 원 상당 판매함으로써 일반음식점 영업을 하여 식품위생법을 위반함

약식명령 발령일자: 2016. 9. 20.

약식명령 확정일자: 2016. 10. 5.

인정되는 사실

광주 북구청장의 고발장, 피고인의 진술, 약식명령 등에 의하면 피고인은 2015. 12. 1.부터 광주 북구 용봉동 100에서 고향식당이라는 상호로 약 10평의 바닥면적에 식탁 10개, 의자 40개, 주방시설 등을 갖추고 설렁탕 등을 하루 평균 15만 원 상당 판매하여 오던 중 2016. 8. 3. 광주 북구청 직원들에 의해 위 미신고영업을 적발당하였음에도 계속 영업을 해오던 중 2017. 5. 4. 다시 광주 북구청 직원들에 의해 미신고영업을 적발당함

문제. 법원은 어떠한 재판을 하여야 하는가?

문제 02. 상상적 경합

공소사실(피고인 김갑인)

1. 사문서위조

피고인은 화성시 봉담읍 동화리 567에 있는 '사구팔 부동산중개소'에서 사실은 같은 리 283 소재 최정오 소유의 대지 1,503㎡에 관하여 매도인 최정오와 매수인 박병진 사이에 매매대금을 3억 원으로 한 매매계약서가 이미 작성되었음에도 불구하고, 매매대금을 5억 원으로 하는 매매계약서를 위조하여 박병진에게 교부하기로 마음먹었다.

피고인은 2012. 5. 25.경 위 '사구팔 공인중개소'에서 부동산매매계약서 용지의 부동산 표시란에 '화성

시 봉담읍 동화리 283 대 1,503㎡", 매매대금란에 '금 5억 원', 매수인란에 '박병진'이라고 기재한 다음, 박병진 이름 옆에 가지고 있던 박병진의 도장을 찍었다.

이로써 피고인은 행사할 목적으로 권리의무에 관한 사문서인 박병진 명의의 부동산매매계약서 1장을 위조하였다.

2. 위조사문서행사

피고인은 2012. 5. 25.경 서울 서초구 서초1동 150에 있는 박병진의 집에서 위와 같이 위조한 부동산매매계약서를 그 사실을 모르는 박병진에게 마치 진정하게 작성된 것처럼 교부하여 행사하였다.

약식명령

범죄사실: 피고인은 화성시 봉담읍 동화리 567에 있는 '사구팔 부동산중개소'에서 사실은 같은 리 283 소재 최정오 소유의 대지 1,503㎡에 관하여 매도인 최정오와 매수인 박병진 사이에 매매대금을 3억 원으로 한 매매계약서가 이미 작성되었음에도 불구하고, 매매대금을 5억 원으로 하는 매매계약서를 위조하여 박병진에게 교부하기로 마음먹었다.

피고인은 2012. 5. 25.경 화성시 봉담읍 동화리 567에 있는 '사구팔 부동산중개소'에서 부동산매매계약서 용지의 부동산 표시란에 '화성시 봉담읍 동화리 283 대 1503㎡", 매매대금란에 '금 5억 원', 매도인란에 '최정오'라고 기재한 다음, 최정오의 이름 옆에 임의로 새긴 최정오의 도장을 찍었다. 이로써 피고인은 행사할 목적으로 권리의무에 관한 사문서인 최정오 명의의 부동산매매계약서 1장을 위조하고, 2012. 5. 25.경 서울 서초구 서초1동 150에 있는 박병진의 집에서 위와 같이 위조한 부동산매매계약서를 그 사실을 모르는 박병진에게 마치 진정하게 작성된 것처럼 교부하여 행사하였다.

발령일자: 2012. 10. 24.

확정일자: 2012. 11. 29.

인정되는 사실

피고인은 화성시 봉담읍 동화리 567에 있는 '사구팔 부동산중개소'에서 사실은 같은 리 283 소재 최정오 소유의 대지 1,503㎡에 관하여 매도인 최정오와 매수인 박병진 사이에 매매대금을 3억 원으로 한 매매계약서가 이미 작성되었음에도 불구하고, 매매대금을 5억 원으로 하는 매매계약서를 위조하여 박병진에게 교부하기로 마음먹었다.

피고인은 2012. 5. 25.경 행사할 목적으로, 권한없이 위 '사구팔 공인중개소'에서 부동산매매계약서 용지의 부동산 표시란에 '화성시 봉담읍 동화리 283 대 1503㎡", 매매대금란에 '금 5억 원', 매도인란에 '최정오', 매수인란에 '박병진'이라고 각 기재한 다음, 최정오와 박병진의 이름 옆에 가지고 있던 동인들의 도장을 찍었다.

피고인은 2012. 5. 25.경 서울 서초구 서초1동 150에 있는 박병진의 집에서 위와 같이 위조한 부동산매매계약서를 그 사실을 모르는 박병진에게 마치 진정하게 작성된 것처럼 교부하여 행사하였다.

문제. 법원은 어떠한 재판을 하여야 하는가?

문제 03. 상습범

공소사실(이달수)

피고인은 2011. 10. 10. 23:00경 서울 서초구 서초동 소재 피해자 장희빈 경영의 '룰루' 유흥주점에서 마치 술값 등을 제대로 지급할 것처럼 행세하며 술 등을 주문하여 이에 속은 피해자로부터 100만 원에 해당하는 술과 서비스 등을 제공받았다. 그러나 피고인은 현금 2만 원만 가지고 있어 그 대금을 지급할 의사나 능력이 없었음

약식명령

범죄사실: 피고인은 2009. 10. 30. 서울중앙지방법원에서 상습사기죄로 벌금 300만 원의 약식명령을 받는 등 동종 전력이 3회 있는 자로서, 상습으로, 수중에 현금이나 신용카드 등 다른 대금지급수단이 없어 술값 등을 지급할 의사나 능력이 없음에도, 2011. 10. 25. 23:00경 강릉시 경포동 113에 있는 피해자 이미순 경영의 '경포' 유흥주점에서 마치 술값 등을 제대로 지급할 것처럼 행세하여 술 등을 주문하여 이에 속은 피해자로부터 80만 원에 해당하는 술과 서비스를 제공받아 이를 편취함

발령일자: 2011. 11. 20.

확정일자: 2011. 12. 17.

☐ 범죄경력자료

연번	입건일	입건관서	작성번호	송치번호	형제번호
	처분일	죄명		처분관서	처분결과
1	2000. 9. 2.	서울강동경찰서	003323	2000-131	****-***-*****
	2001. 1. 22.	성폭력범죄의처벌및피해자보호등에관한법률위반(주거침입강간등)		서울지방법원 동부지원	징역 3년 집행유예 5년
2	2006. 3. 26.	서울강남경찰서	003421	2006-3877	****-***-*****
	2006. 5. 21.	사기		서울중앙지방법원	벌금 100만 원
3	2007. 9. 2.	서울강남경찰서	004323	2007-9900	****-***-*****
	2007. 11. 22.	상습사기		서울중앙지방법원	벌금 200만 원
4	2009. 9. 2.	서울강남경찰서	004357	2009-9999	****-***-*****
	2009. 10. 30.	상습사기		서울중앙지방법원	벌금 300만 원

문제. 법원은 어떠한 재판을 하여야 하는가?

문제 04. 공소시효와 그 정지

1. 광주 북구에서 00유흥주점을 운영하는 갑은 2008. 2. 2. 위 주점을 관할하는 ○○세무서에서 세무조사 업무를 담당하는 공무원 을에게 위 주점의 운영과 관련한 세무조사를 하지 말아달라고 부탁하였다. 이에 을은 세무조사를 막아주겠다며 전세자금 1억 원을 빌려달라고 하였고 갑은 무이자로 이를 빌려주기로 하였다. 2008. 2. 12. 갑은 빌린 돈을 갚는다면서 그 정을 모르는 병으로 하여금 을에게 1억 원을 가져다주게 하였다. 을은 2012. 2. 11. 1억 원을 갑에게 갚았다.
2. 2013. 3. 3. 갑은 정으로부터 3억 원을 빌리고 제 때 갚지 못하여 사기죄로 고소당하여 처벌받게 될 것을 염려하여 위 주점의 운영을 병에게 위임하고 2013. 4. 3. 중국으로 출국하였다.
3. 그런데 뜻밖에 을이 00세무서에서 △△세무서로 전보발령을 받아 이동하고 을의 후임으로 온 무가 위 주점에 대한 세무조사에 착수하였다.
4. 이에 갑이 2013. 8. 8. 급히 귀국하여 세무조사를 무마코자 하였으나 무의 세무조사는 계속 진행되었고 급기야 갑이 위 주점의 수입금을 은행에 입금하여 보관하다가 그 중 1억 원을 원을 인출한 사실을 확인하여 병을 상대로 조사하면서 갑과 을 사이의 뇌물수수를 밝혀내었다.
5. 갑은 뇌물제공사실이 탄로나자 형사처분을 면할 목적으로 2013. 9. 9. 일본으로 출국하였다.
6. 2013. 12. 12. 검사는"병은 갑(기소중지 중임)과 공모하여 2012. 2. 12. 을에게 뇌물 1억 원을 원을 건네주어 뇌물을 공여하고, 을은 같은 날 병으로부터 위 금원을 건네받아 뇌물을 수수하였다"라는 내용으로 병과 을을 특가법상의 뇌물공여죄와 뇌물수수죄로 기소하였다.
7. 2014. 1. 20. 갑은 도피생활을 포기하고 귀국하였다.
8. 2014. 3. 20.
   - 을이 금융기관으로부터 1억 원을 2008. 2. 12.부터 2012. 2. 11.까지 차용하는 경우 대출이자는 연 5푼 4년간 대출이자액 합계 2,000만 원이라는 신한은행의 사실조회회신이 도착하고,
   - 검사가 이 사건의 뇌물이 '4년간 합계 대출이자액 2,000만 원'이고, 죄명과 적용법조가 형법상의 '뇌물공여죄와 뇌물수수죄'라고 예비적 공소사실을 추가하는 공소장변경신청을 하여 법원이 이를 허가하는 결정을 하였다.
9. 병은 2014. 8. 28. 광주지방법원에서 증거부족으로 무죄판결을 선고받아 같은 달 19. 위 판결이 확정되었고, 을은 2015. 3. 3. 광주고등법원에서 징역 1년에 집행유예 2년, 추징 2,000만 원의 형을 선고받아 같은 달 10. 위 형이 확정되었다.
10. 검사는 2015. 9. 3. 갑에 대해 주위적으로 '특가법상의 뇌물공여죄'로 공소제기하고 다음 달 3. 형법상의 '뇌물공여죄'를 예비적 공소사실로 추가하는 공소장변경허가신청을 하고, 법원이 이를 허가하는 결정을 하였다.

참고 법령

특정범죄 가중처벌 등에 관한 법률 제2조(뇌물죄의 가중처벌) ① 형법 제129조·제130조 또는 제132조에 규정된 죄를 범한 사람은 그 수수·요구 또는 약속한 뇌물의 가액(이하 이 조에서 "수뢰액"이라 한다)에 따라 다음 각 호와 같이 가중처벌한다.

1. 수뢰액이 1억원 이상인 경우에는 무기 또는 10년 이상의 징역에 처한다.
2. 수뢰액이 5천만원 이상 1억원 미만인 경우에는 7년 이상의 유기징역에 처한다.

3. 수뢰액이 3천만원 이상 5천만원 미만인 경우에는 5년 이상의 유기징역에 처한다.

형법 제129조(수뢰, 사전수뢰) ① 공무원 또는 중재인이 그 직무에 관하여 뇌물을 수수, 요구 또는 약속한 때에는 5년 이하의 징역 또는 10년 이하의 자격정지에 처한다.

제133조(뇌물공여등) ① 제129조 내지 제132조에 기재한 뇌물을 약속, 공여 또는 공여의 의사를 표시한 자는 5년 이하의 징역 또는 2천만 원 이하의 벌금에 처한다.

제134조(몰수, 추징) 범인 또는 정을 아는 제삼자가 받은 뇌물 또는 뇌물에 공할 금품은 몰수한다. 그를 몰수하기 불능한 때에는 그 가액을 추징한다.

형사소송법 제253조(시효의 정지와 효력) ① 시효는 공소의 제기로 진행이 정지되고 공소기각 또는 관할위반의 재판이 확정된 때로부터 진행한다.

② 공범의 1인에 대한 전항의 시효정지는 다른 공범자에게 대하여 효력이 미치고 당해 사건의 재판이 확정된 때로부터 진행한다.

V-Ⅱ. 면소 기재례 해설

문제 01. 포괄일죄(영업범) 해설

구성요건의 성질상 동종행위의 반복이 당연히 예상되는 영업범에 해당하는 행위로서 일정한 기간 동안 같은 장소에서 계속적으로 반복된 수 개의 행위는 특별한 사정이 없는 한 포괄일죄를 구성한다.[1] 따라서 피고인이 2015. 12. 1.부터 2017. 5. 4.까지 광주 북구 용봉동 100에서 고향 식당이라는 상호로 미신고 일반음식점 영업을 한 식품위생법위반죄는 영업범으로서 포괄일죄를 구성한다.

피고인 이을남은 2015. 12. 1.부터 2016. 8. 3.까지 위 장소에서 미신고 일반음식점 영업을 하여 2016. 9. 20. 벌금 300만 원의 약식명령을 발령받고, 2016. 10. 5. 위 약식명령이 확정되었으며, 그 기판력은 발령시인 2016. 9. 20.까지 미친다.

그러므로 본건 공소사실 중 위 약식명령의 기판력이 미치는 2016. 8. 4.부터 2016. 9. 20.까지의 범행은 확정판결이 있는 때에 해당하므로 법 326조 1호에 의해 면소판결을 선고하여야 하고, 그 나머지 범행에 대해서는 실체재판(유죄판결)을 하여야 한다.

문제 02. 상상적 경합 해설

문서에 2인 이상의 작성명의인이 있을 때에는 각 명의자마다 1개의 문서가 성립되므로 2인 이상의 연명으로 된 문서를 위조한 때에는 작성 명의인의 수대로 수 개의 문서위조죄가 성립하고 또 그 연명문서를 위조하는 행위는 자연적 관찰이나 사회통념상 하나의 행위라 할 것이어서 상상적 경합범에 해당한다.[2] 따라서 최정오 명의의 부동산매매계약서 위조죄와 박병진 명의의 부동산매매계약서 위조죄는 상상적 경합관계에 있다.

또한, 2인 이상의 연명으로 된 위조문서를 행사하는 때에는 작성 명의인의 수대로 수 개의 위조문서행사죄가 성립하고 그 상호간은 상상적 경합범관계에 있다.[3]

최정오 명의의 부동산매매계약서 위조죄에 관한 확정된 약식명령의 기판력은 그와 상상적 경합관계에 있는 박병진 명의의 부동산매매계약서 위조죄에 미치고, 최정오 명의의 위조된 부동산매매계약서 행사죄에 관한 확정된 약식명령의 기판력은 그와 상상적 경합관계에 있는 박병진 명의의 위조된 부동산매매계약서 행사죄에 미친다.

그러므로 본건 공소사실은 확정판결이 있는 때에 해당하므로 법 326조 1호에 의해 면소판결

---

1) 대판 2005. 12. 23. 2005도5665.

2) 대판 1987. 7. 21. 87도564.

3) 이는 실무 관행으로 확립된 법리이다. 여러 개의 위조문서를 일괄하여 제시, 교부하는 때에도 각 위조문서행사죄는 상상적 경합관계에 있는 것으로 본다.

을 선고하여야 한다.

문제 03. 상습범 해설

피고인은 2011. 11. 20. 상습사기죄로 벌금 300만 원의 약식명령을 발령받아 2011. 12. 17. 위 약식명령이 확정되었다.

위 약식명령의 범죄사실과 본건 공소사실은 범행수단과 방법이 유사하고 범행시기가 근접하며, 피고인에게 동종의 범행전력이 수회 있는 점에 비추어 동일한 사기 습벽이 발현되어 저질러진 상습사기의 포괄일죄 관계에 있다.

위 약식명령의 기판력은 발령시인 2011. 11. 20.까지 미치는바, 그 이전에 범해진 본건 공소사실은 확정판결이 있는 때에 해당하여 법 326조 1호에 의하여 면소판결을 선고하여야 한다.

문제 04. 공소시효와 그 정지 해설

법리

1. 갑이 사기죄로 처벌받을 것을 피하려고 중국으로 도주한 것은 공소시효 정지사유 아님[4)]
2. 병에 대한 공소제기는 병이 공범이 아니므로 공소시효 정지사유 아님[5)]
3. 을은 공소제기로 인하여 공소시효가 정지되는 공범이라 할 수 없음[6)]
4. 뇌물이 금품의 무상차용인 경우 범인이 받은 부정한 이익은 대출이율을 기준으로 한 금융이익 상당액임[7)]

   따라서 주위적 공소사실에 대해서는 이유에서 무죄를 선고하여야 함
5. 금전을 무이자로 차용한 경우의 공소시효 기산점은 금전을 차용한 때임[8)]
6. 공소장변경절차에 의하여 공소사실이 변경됨에 따라 그 법정형에 차이가 있는 경우에는 변경된 공소사실에 대한 법정형이 공소시효기간의 기준이 됨. 따라서 공소제기 당시의 공소사실에 대한 법정형을 기준으로 하면 공소제기 당시 아직 공소시효가 완성되지 않았으나 변경된 공소사실에 대한 법정형을 기준으로 하면 공소제기 당시 이미 공소시효가 완성된 경우에는 공소시효의 완성을 이유로 면소판결을 선고하여야 함[9)]

   따라서 예비적으로 추가된 공소사실인 형법상의 '뇌물공여죄와 뇌물수수죄'의 공소시효는 애초의 공소제기시점인 2013. 12. 12.을 기준으로 함

공소시효 기재례

갑의 뇌물공여죄의 가장 중한 법정형이 징역 5년이므로, 법 249조 1항 4호에 의해 공소시효가 7년이다. 공소시효의 계산에 있어 초일은 산입하고, 말일이 공휴일이나 토요일이더라도 이를 기간에 산입한다(법 66조).

---

4) 대판 2014. 4. 24. 2013도9162.
5) 대판 1999. 3. 9. 98도4621.
6) 대판 2015. 2. 12. 2012도4842.
7) 대판 2004. 5. 28. 2004도1442; 대판 2008. 9. 25. 2008도2590.
8) 대판 2012. 2. 23. 2011도7282.
9) 대판 2001. 8. 24. 2001도2902; 대판 2002. 10. 11. 2002도2939.

공소시효는 범죄행위가 종료된 때부터 기산하여야 할 것인데, 이 사건과 같이 금전을 무이자로 빌려주어 수뢰자로 하여금 재산상의 이익을 취득하게 하는 경우, 갑이 을에게 금전을 무이자로 빌려준 2008. 2. 12.을 공소시효의 기산일로 본다. 위 기산일로부터 초일을 산입하여 7년이 지난 2015. 2. 11. 24:00 공소시효가 도과된다. 그런데 갑이 형사처분을 면할 목적으로 국외에 있었던 것으로 인정되는 2013. 9. 9.부터 2014. 1. 20.까지는 공소시효가 정지된다 할 것인바, 위 기간은 4개월 10일(또는 4개월 11일)이다. 그렇다면 결국 갑에 대한 공소시효가 완성되는 때는 2015. 2. 11. 24:00로부터 4개월 10일(또는 4개월 11일) 후인 2015. 6. 21. 24:00이다.

그렇다면 특가법위반의 점은 무죄이고(이유에서만 판단), 형법상의 뇌물공여죄는 주위적 공소사실에 대한 공소제기시를 기준으로 하여 이미 공소시효가 완성되었으므로 법 326조 3호의 면소사유에 해당한다.

※ 참고로 공범인 을에 대한 공소제기로 갑에 대한 공소시효가 정지되는 경우에 갑의 00죄에 대한 공소시효는 을에 대한 공소의 제기로 정지되고, 을에 대한 (선고일자가 아니라) 재판이 확정된 때로부터 다시 진행된다(법 253조).

판례색인

◀ **대법원 결정·판결** ▶

◂ **헌법재판소 결정** ▸

사항색인

◂ **기타** ▸

[저자 약력]

최 병 천

서울대학교 법과대학 법학 학사·석사·박사
검사(1996~2004)
미국 DUKE대학 방문학자 연수
사법시험 1·2차 출제위원
변호사(2004~2013)
전남대학교 법학전문대학원 교수

주요 저서 및 논문

고소의 제문제(법률정보센터, 2004)
형법각론(피앤씨미디어, 2016)
형법총론(피앤씨미디어, 2017)
증거개시와 피고인의 방어권보장(박사학위논문, 2012)
간통죄와 고소(법조, 2004. 11)
미국의 전문법칙과 대면권에 비추어본 참고인진술조서의 증거능력(저스티스, 2012. 8)
공판조서의 증거능력 –전문법칙의 예외인 미국의 '종전 증언'과의 비교법적 고찰–(법조, 2012. 11)
공판조서와 피고인의 반대신문권 –일본과의 비교법적 고찰–(경찰법연구, 2012. 12)
탄핵증거이론의 재구성 –미국과의 비교법적 고찰–(경찰법연구, 2015. 6)

제3판
판례중심 형사소송법

초판발행 2013년 9월 5일
제2판발행 2016년 3월 15일
제3판인쇄 2019년 3월 25일
제3판발행 2019년 3월 30일

지은이 최병천
펴낸이 김중용

총괄기획 박노일·최준규
편 집 심성보·김인숙

펴낸곳 도서출판 정독
경기도 파주시 책향기로 441, 1004동 1004호(동패동, 책향기마을)
등록 제406-2014-000093호
전 화 070)7550-3758 **팩 스** 02)718-8554
홈페이지 www.jeongdok.co.kr **이메일** pnc@pncmedia.co.kr
ISBN 979-11-89675-06-6 93360

정 가 38,000원